H. MEURIG EVANS, M.A., M.Ed.

Ganed H. Meurig Evans yn yr Hendy, gerllaw Pontarddulais, ond magwyd ef yng Nghae'rbryn, Llandybïe. Addysgwyd ef yn Ysgol Sir Dyffryn Aman ac yng Ngholeg Prifysgol Cymru, Aberystwyth. Bu'n aelod o staff y Llyfrgell Genedlaethol ac yna'n athro yng Nghaernarfon cyn dychwelyd i'w fro enedigol yn bennaeth Adran y Gymraeg yn Ysgol Ramadeg Rhydaman. Ym 1988 anrhydeddwyd ef â gradd M.Ed. gan y Brifysgol. Ef yw geiriadurwr cyfoes Cymru. Bu'n aelod ar rai o baneli'r Cyd-bwyllgor Addysg a fu'n trosi termau technegol i'r Gymraeg, a chawsom fwy nag un gymwynas â'r iaith o'i ddwylo. Bu'n rhannol gyfrifol am *Y Geiriadur Newydd, Y Geiriadur Bach* a'r *Geiriadur Mawr*, a chyhoeddodd lu o lyfrau yn ymdrin â theithi'r iaith – *Llwybrau'r Iaith, Cerddi Diweddar Cymru* (Golygydd), *Cymraeg Heddiw* (I, II, III, IV), *Sgyrsiau Cymraeg Byw, Dilyn Cymraeg Byw, Rhodio Gyda'r Gymraeg, Darllen a Gweddi, Y Mabinogi Heddiw*, a *Sylfeini'r Gymraeg*. Eto, dichon mai'r gyfrol bwysig hon, *Y Geiriadur Cyfoes*, yw ei gymwynas fwyaf â'n hiaith.

H. Meurig Evans was born in Hendy, Dyfed, but he was brought up in Cae'rbryn, Llandybïe. After attending the Amman Valley County School and the University College of Wales, Aberystwyth, he joined the staff of the National Library and then taught in Caernarfon before returning to his native area as head of the Amman Valley Grammar School Welsh Department. In 1988 he was awarded the honorary degree of M.Ed. by the University of Wales for his scholastic work. He is one of the most important dictionary experts of today. Serving on the Welsh Joint Education Committee, he helped translate technical terms into Welsh. He is also partly responsible for *The New Welsh Dictionary, The Pocket Welsh Dictionary* and *The Complete Welsh Dictionary*, and has published many books concerned with the Welsh language, namely, *Llwybrau'r Iaith, Cerddi Diweddar Cymru* (Editor), *Cymraeg Heddiw* (I, II, III, IV), *Sgyrsiau Cymraeg Byw, Dilyn Cymraeg Byw, Rhodio Gyda'r Gymraeg, Darllen a Gweddi, Y Mabinogi Heddiw*, and *Sylfeini'r Gymraeg*. But it may be that this important volume, *The Dictionary of Modern Welsh*, is his greatest contribution to date for the Welsh language.

Y GEIRIADUR CYFOES

THE MODERN WELSH DICTIONARY

H. Meurig Evans, M.A., M.Ed.

CHRISTOPHER DAVIES

Cyhoeddwyd gan
Christopher Davies (Cyhoeddwyr) Cyf.
Blwch Post 403, Sgeti
Abertawe, SA2 9BE

ISBN 0 7154 00725 2

*Argraffwyd yng Nghymru gan
Wasg Dinefwr
Heol Rawlings, Llandybïe
Dyfed, SA18 3YD*

Published by
Christopher Davies (Publishers) Ltd.
P.O. Box 403, Sketty
Swansea, SA2 9BE

ISBN 0 7154 0725 2

*Printed in Wales by
Dinefwr Press
Rawlings Road, Llandybïe
Dyfed, SA18 3YD*

I

GOFIO'N DDYLEDUS

FY RHIENI ANNWYL,

SARAH A HENRY JAMES EVANS

CYNNWYS — CONTENTS

*   *   *

ENGLISH — WELSH (SAESNEG — CYMRAEG)

RHAGLITH/PREFACE

Cyfnewidiol yw nodwedd amlycaf pob bywyd a chymdeithas, ac o ganlyniad gwir yw hynny o safbwynt iaith hithau. Erbyn hyn darfu am laweroedd o eiriau cynhenid a chyfarwydd ein hiaith a chollwyd hen briod-ddulliau lliwgar a thrawiadol, gwir gyfoeth y Gymraeg. Er hynny tyfu a datblygu sy'n hanfodol iddi os yw am fyw, felly mabwysiadwyd a lluniwyd swm enfawr o eiriau newydd gwyddonol, thechnegol a technolegol i gyfarfod â'r gofyn. Cynhwysir amrywiaeth o'r rhain yn y gyfrol hon ynghyd â hanes yr iaith, rheolau ynganu, y treigladau a phwyntiau gramadegol.

Felly mae i'r geiriadur hwn apêl uniongyrchol a chyfoes i bob un sy'n ymwneud â'r Gymraeg ymhob agwedd ar wybodaeth. Dyna brawf o fywiogrwydd y Gymraeg yn yr oes dechnegol a gwyddonol hon.

Rhaid cydnabod fy nyled ddifesur i'm cydweithiwr hynaws gynt, y diweddar W. O. Thomas, Crai, ac i'r Dr. Stephen J. Williams, paneli iaith Prifysgol Cymru a Chyd-bwyllgor Addysg Cymru. Gwerthfawrogaf eu cymorth parod.

Yn bennaf, diolchaf yn gynnes i Wasg Dinefwr am yr argraffu gofalus a manwl, yn enwedig i Mr. Eddie John am ei amynedd a'i gywirdeb.

Myfi sydd i'w feio am bob amryfusedd a bai sydd ynddi.

Change is characteristic of every life and society, and consequently this is also true of language. Today many of the familiar and intrinsic words of our language have ceased to exist and numerous old, colourful and striking idioms, the true riches of Welsh, have disappeared. Yet it is essential that the language grows and develops if it is to live, and so a large number of new scientific, technical and technological terms have been adopted and fashioned to meet the demand. A variety of these is included in this volume together with the history of the language, rules of pronunciation, the mutations, and grammatical points.

Therefore, this dictionary has a direct and contemporary appeal to all who deal with Welsh in every aspect of knowledge. This is proof of the vivacity of Welsh in this scientific and technical age.

I must acknowledge my immeasurable debt to my former genial co-worker, the late W. O. Thomas, Cray, to Dr. Stephen J. Williams, the linguistic panels of the University of Wales and Welsh Education Committee. I appreciate their ready assistance.

Above all I thank sincerely Dinefwr Press for their careful production, especially Mr. Eddie John for his patience and accuracy.

I myself am to blame for any error or discrepancy.

Mawrth/March 1992   H. MEURIG EVANS

INTRODUCTION

The Welsh Language

WELSH is a member of the Italo-Celtic branch of the Indo-European (or Aryan) family of languages. The Italic languages of this branch are represented by modern languages derived from Latin. The Celtic languages from the same branch are divided by philologists into two main groups, the Goidelic and the Brythonic. The Goidelic (or Q) group comprises Irish, Scots Gaelic and Manx, and the Brythonic (or P) group comprises Welsh, Cornish and Breton (together with a continental language long dead and referred to as Gaulish).

The Cornish language ceased to be spoken in the eighteenth century, but in recent years there has been a vigorous movement to revive it. The number of people who speak Manx habitually is very small, and it is said that the number of Gaelic-speakers in Scotland is dwindling.

The decline of Welsh, Irish and Breton as spoken languages has been largely offset by the success of certain nationalistic movements (not necessarily political) aimed at promoting their study, and extending their use in the fields of literature, education, general culture and administration. In Wales and Brittany these movements have been mainly cultural in character, and in Wales the language and culture movement has in recent years found a strong and welcome ally in the Welsh Department of the Ministry of Education, while other education institutions have shown an increasing desire to recognize the cultural value of the Welsh language and to raise its status.

Wales is rightly proud of her fine literary tradition, which, as scholars claim, has remained unbroken from the sixth century to the present day. The language, of course, has changed much during this long period, and for the purposes of study it is usually divided into five periods:

1. Early Welsh, from the time of the development of the language from Brythonic to the end of the eighth century.
2. Old Welsh, from the beginning of the ninth to about the end of the eleventh century.
3. Medieval Welsh, from the beginning of the twelfth to about the end of the fourteenth century.
4. Early Modern Welsh, fron the fourteenth century (with the *cywyddau* of Dafydd ap Gwilym) to the sixteenth.
5. Late Modern Welsh, from the sixteenth century (the translation of the Scriptures in 1588) to the present day.

The impetus given to Welsh scholarship and letters by the linguistic and literary revival of the first decade of the present century has been more than maintained, and there can be no doubt of the quality and variety of books issuing from the Welsh press of today. The circulation, however, of books written in the language of a numerically small nation must of necessity be restricted. The restriction becomes greater with the increases in book prices made necessary by the mounting costs of production, and publishers have tended to become less enterprising than they once were. Various means have been suggested to aid and encourage the publishers, and any method that seems feasible is worthy of trial. But the most satisfactory and most fruitful solution of the problem will be reached by the determination, and even the sacrifice, of the Welsh reading public and would-be readers to buy and read

11

more and more Welsh books. The reading and writing of Welsh, quite as much as the speaking of the language, have their part to play in handing down to posterity what is noblest in Welsh tradition. Such activities can most enjoyably and profitably be indulged in with the use of a reliable Dictionary.

By today the written language has very largely been standardized, mainly by the efforts of scholars and writers directly or indirectly associated with the Welsh Departments of the University of Wales. Ordinary spoken Welsh, however, is usually recognizable as belonging to one of the four main spoken dialects:

(1) Venedotian, spoken in Gwynedd or North West Wales — 'Y Wyndodeg'.
(2) Powysian, spoken in Powys, i.e., North East and Mid Wales — 'Y Bowyseg'.
(3) Demetian, spoken in Dyfed, or South West Wales — 'Y Ddyfedeg'.
(4) Gwentian, spoken in Gwent and Morgannwg, or South East Wales — 'Y Wenhwyseg'.

Hints on Pronunciation of Welsh

WELSH is written almost phonetically and its pronunciation is therefore a fairly simple matter. There are a few sounds to which the non-Welsh ear and tongue may not be accustomed, but once these are mastered, pronunciation and intonation should not present serious difficulty.

The language is unphonetic only to the extent that, (a) **y** is a symbol which has two distinct sounds, (b) **i** and **w** may be either vocalic or consonantal, (c) **ng** in a very few words stands for a sound different from the normal, (d) the length of vowels (short or long) is not always shown in writing, and (e) the position of the stress is not always marked in irregularly accented words. These points are dealt with more fully below:

1. **The Alphabet** (where no pronunciation is given, the sound is the same as, or near to, that of English):

A   (1) long, as in *calf:*TAD 'father';CÂN 'song';
         (2) short, as in Fr. *à la*: MAM 'mother'; AR 'on'
         (It is not the *æ* sound heard in Eng. *hand, cap*)

B

C   always the *k* sound as in *take*: ACW 'yonder'; CATH 'cat'. (It never has the sound of *s*)

CH   as in Scottish *loch*: BACH 'small'; CHWECH 'six'. (It has the sound of Eng. *ch* only in some foreign words left unchanged, e.g. *China*)

12

D

DD   like *th* in *this, that* : ADDO 'to promise'; DDOE 'yesterday'

E   (1) long, like the pure vowel sound of *made* as heard in Wales and Northern England: PÊL 'ball' BEDD 'grave'
(2) short, as in *yet*: PEN 'head'; MERCH 'girl'

F   like *v* in *vine,* or *f* in *of:* FY 'my'; EF 'he'

FF   like *f* in *if*: FFON 'stick'; FFA 'beans'

G   as in *go* (never as in *George*): DEG 'ten'; GARDD 'garden'

NG   as in *singing*: LLONG 'ship'; ANGEN 'need'. In a few words as in *finger*: DANGOS 'to show'; BANGOR

H   as in *hand* (never silent as in *hour*): HAF 'summer'; HI 'she'

I   (1)vowel, long, like *ee* in *feed*: CI 'dog'; HIR 'long'; short, as in *pig, lip*: GWISGO 'to dress'; DIM 'something, nothing'.
(2) consonant, like *y* in *yet*: IACH 'healthy'; CANIAD 'song'.

J   occurs only in borrowed words like JAM, JÎP.

L

LL   a voiceless unilateral *l*; the nearest Eng. equivalent is *tl* in *antler*. It is produced with the tongue in the same position as in pronouncing *l*, by emitting the breath sharply without any voice: LLAW 'hand'; CALL 'wise'; LLANELLI.

M

N

O   (1) long, as in *nose, tone:* NOS 'night'; BOD 'to be'; TÔN 'tune'.
(2) short, as in *not*: TON 'wave'; FFORDD 'way'.

P

PH   as in *phone*: EI PHEN 'her head'; A PHAN 'and when'.

R   well trilled as in *horrid* or Scottish *farm*: AR 'on'; GARDD 'garden'.

RH   not heard in Eng., but compare *rh* in *perhaps* (especially in Scotland): RHIFO 'to count'; RHAFF 'rope'; UNRHYW 'any'.

S   as in *sat* (never as in *lose*): SEDD 'seat'; GWISGO 'to dress'.

T

TH   as in *think* (never as in *this*): ATHRO 'teacher'; EI THAD 'her father'.

U   no equivalent in English:
      (1) long, somewhat as in Fr. *tu,* but not rounded: UN 'one'; CUL 'narrow'.
      (2) short, PUMP 'five'; PUNT 'pound, £1'.
      N.B. — In South Wales *u* is generally pronounced like *i.*

W   (1) vowel, long, like *oo* in *cool*: DRWS 'door'; GŴR 'man, husband'.
      short, like *oo* in *took*: TRWM 'heavy'; HWN 'this (masc.)'.
      (2) consonant, as in *war*; GWYN 'white'; Y WENNOL 'the swallow'.

Y   (1) obscure sound like *o* in *honey*: LLYGAD 'eye'; YN 'in'; TYFU 'to grow'.
      (2) clear sound, long = long u; DYN 'man'; HŶN 'older'; GWŶR 'men, husbands'.
      short = short u: BRYN 'hill'; PLENTYN 'child'; HYN 'this'.
      Note that HYNNY 'that' has the obscure sound in the first syllable, and the clear in the second.

As a general rule the clear sound of Y occurs in the last syllable of a word and in monosyllables, and the obscure sound elsewhere, but there are exceptions (e.g. obscure in FY 'my', DY 'thy', Y, YR 'the', YN 'in', SYR 'sir', and clear in certain diphthongs where Y is the consonantal element, such as LLWYNI 'groves', TEYRNAS, 'kingdom').

2. Length of Vowels

All vowels in unaccented syllables are short (or nearly so). Vowels in accented syllables may be either short or long. The following rules with regard to length of vowels in monosyllables will serve as a guide:

(a)   The vowel is short if followed by two or more consonants, or by P, T, C, M, NG, e.g. CANT 'hundred', HARDD 'beautiful', MAM 'mother', LLONG 'ship', CIP 'glance', LLAC 'loose', AT 'to'. In South Wales monosyllables ending in *-sb, -st, -llt* conform to this rule, the vowel being short as in COSB 'punishment', TYST 'witness', CWSG 'sleep', GWALLT 'hair', GWELLT 'grass, straw'. In these it is long in North Wales.

(b)   The vowel is long when followed by B, D, G, F, FF, TH, CH, S, e.g. TAD 'father', HAF 'summer', RHAFF 'rope', POB 'every', MAB 'son', CIG 'meat', RHODD 'gift', HOFF 'fond', CATH 'cat', COCH 'red', NOS 'night'.

Exceptions: In BYTH 'ever' the vowel may be long or short, and in some borrowings it is short, contrary to the rule, e.g. BAG 'bag', COB 'cob, embankment', BATH 'bath'. AB (from FAB, MAB) 'son (of)' in a personal name has its vowel short, and also a few common words like OS 'if', NES 'until', RHAG 'against, lest'.

14

(c) Before L, N, R, the vowel in a monosyllable may be either long or short, and when long the circumflex is used thus: TÔN 'tune', FFÔL 'foolish', DŴR 'water', TÂL 'payment', ÔL 'mark, trace, back', GŴR 'man', LLÊN 'literature', MÂN 'small'. There are a few common words of this class where it is not considered necessary to use the circumflex to show that the vowel is long, e.g. HEN 'old', LLUN 'form, shape'. The vowel is short in words such as TON 'wave', CWR 'edge', TAL 'tall'.

(d) Before LL the length of the vowel varies — mostly long in South Wales and short in North Wales — e.g. DALL 'blind', COLL 'lost', PWLL 'pit', DRYLL 'piece', GWELL 'better'. The vowel is always short in TWLL 'hole', HYLL 'ugly', MWLL 'sultry', MALL 'corrupt', Y FALL 'the evil one'.

(e) The grave or heavy accent is used in a few words to denote a short vowel, e.g. CLÒS 'close (adj)', CÙL 'a lanky fellow'.

(f) The acute accent is used to denote stress on a final syllable having a short vowel, e.g. TECÁU 'to make or become fair', CASÁU 'to hate', FFARWÉL 'farewell'.

An H at the beginning of a final syllable is enough to show that the syllable is stressed: PARHAU 'to last', GLANHAU 'to clean', MWYNHAD 'enjoyment', etc.

3. Stress or Accent

There is less difference in Welsh than in English between stressed and unstressed syllables. In this respect Welsh accentuation resembles that of French. In words of more than one syllable the stress falls normally on the last but one, the penultimate, If a syllable is added, the stress moves accordingly, e.g.

CÁRTREF, CARTRÉFI, CARTREFLÉOEDD

There are however many words which are stressed on the last syllable, such as:

(a) Verb-nouns ending in -AU, -HAU, -EU, -OI (because these represent contractions). Many of these have the stress indicated by the acute accent: IACHÁU 'to heal', GWACÁU 'to empty', TECÁU 'to make or become fair', CASÁU 'to hate'. But most are written without any accent-mark: DILEU 'to delete', PARHAU 'to last or continue', PARATOI 'to prepare', CYFLEU 'to convey'.

(b) The Emphatic Personal Pronouns: MYFI, TYDI, HYHI, EFE, NYNI, CHWYCHWI, HWYNT-HWY. The third singular masculine is written EFÔ (to distinguish between it and the preposition EFO 'with').

(c) Some words beginning with YS, YM- and YNGH-: YSGRECH 'screech', YSTAD 'estate', YMHELL 'far', YSTRYD 'street', (yr) YSBAEN 'Spain', YSTAEN 'stain', YMHEN 'at the end of', YNGHYD 'together', YNGHYLCH 'about, concerning'. The circumflex marks length and stress in YNGLŶN 'in connection with', YMLÂDD 'to tire oneself', YMDDŴYN 'to bear or conceive' (as distinct from YMLADD 'to fight', YMDDWYN 'to behave' — both regularly accented).

(d)   Some words borrowed from English are stressed as in English: POLISI
'policy', PARAGRAFF 'paragraph', FIOLED 'violet', MELODI 'melody', EROPLÊN
'aeroplane'. Many technical terms (originally from Greek or Latin) follow
English stress and pronunciation: FFOSFFORWS 'phosphorus', BASŴN
'bassoon', OCSIGEN 'oxygen'. But there is a very strong tendency to stress
borrowings regularly, i.e. on the last syllable but one: SOFFYDDIAETH
'sophism', PARADOCSAU 'paradoxes', CEMEGOL 'chemical', PANTHÊISTIAETH
'pantheism'.

In the great majority of words the various sounds of *wy* are not indicated in writing.
To help the beginner an indication of the sounds is given in brackets after the word
in some cases in the Welsh — English portion of this Dictionary, thus:

(ŵy) as in **cwyn** (ŵy), **wyth** (ŵy) (**w** being a vowel).
(wỳ) as in **gwyll** (wỳ), **chwyn** (wỳ) (**w** being consonantal and y short).

The Mutations — Y Treigladau

THE mutation of initial consonants is a feature common to all Celtic languages. Mutations are sound-changes similar in origin to those that have occurred in the development of the forms of words in all modern languages. Although they were originally purely phonological the initial mutations have become an essential feature of Welsh syntax, e.g. the case of a noun may be denoted by mutation or non-mutation: **Clywodd ci** (with radical) means 'A dog heard', **ci** being in the nominative case; but **Clywodd gi** (with mutation) means 'He heard a dog', **gi** being in the accusative case.

In Welsh there are three kinds of initial mutation and nine consonants which are mutable. But, as the following table shows, there are only three consonants (**p, t, c**) that can undergo all three changes; three others (**b, d, g**) undergo two changes; and the remaining three (**ll, m, rh**) can change in only one way.

For the guidance of beginners the chief rules of mutation are given below after the table.

It is important to notice that (with very few exceptions) words are shown in the Dictionary in their radical form. It is therefore essential that beginners should make themselves familiar with the table, so that on seeing a mutated word in a written sentence they may know under which initial letters to look for it in the Dictionary.

TABLE

1 Cytsain (Consonant)	2 Cysefin (Radical)	3 Meddal (Soft)	4 Trwynol (Nasal)	5 Llaes (Spirant)
p	pen, 'head'	ei ben, 'his head'	fy mhen, 'my head'	ei phen, 'her head'
t	tad, 'father'	ei dad	fy nhad	ei thad
c	ceg, 'mouth'	ei geg	fy ngheg	ei cheg
b	brawd, 'brother'	ei frawd	fy mrawd	
d	dant	ei ddant	fy nant	No change
g	gardd, 'garden' gwlad, 'country'	ei ardd ei wlad	fy ngardd fy ngwlad	
ll	llaw, 'hand'	ei law		
m	mam, 'mother'	ei fam	No Change	No change
rh	rhaff, 'rope'	ei raff		

The Chief Rules (Y Prif Reolau)

A. THE SOFT MUTATION (Y TREIGLAD MEDDAL)

1. Nouns

(a)   Fem. sing. noun after the article: y **b**ont, y **d**on
Exceptions **ll, rh:** y llong, y rhaw.

(b)   After the prepositions:

am	ar	at	gan
tros	trwy	wrth	dan
heb	hyd	o	i

am **dd**im, tros **f**ôr, at **d**ref, gan **f**achgen, dan **b**ont.

(c)   After the personal pronouns:
dy, 'th, ei, 'i, 'w (his):
dy **b**en, i'th **l**e; ei **g**i, o'i **d**ŷ, i'w **g**i.

(d)   After the predicative **yn:**
Y mae hi **yn f**erch **dd**a, yn **g**ath, yn **a**rdd.

Exceptions are **ll, rh:** yn llong, yn rhaff.

(e)   After the numerals **un** (fem. sing.), **dau, dwy, saith, wyth:**
un **f**am, dau **f**rawd, saith **b**unt.
Exceptions are **ll, rh**, after **un:**
un llong, un rhwyd.

(f)   After the ordinals in fem. nouns:
y drydedd **f**erch, y bedwaredd **g**anrif.

(g)   After positive adjectives which precede nouns:
hen **b**ont, annwyl **f**am, prif **l**ys, unig **o**baith.

(h)   The object of a personal verb:
clywais **g**ân.

(i)   Noun used as an adjective after fem. sing. noun:
het **w**ellt, gwal **g**errig, llwy **g**awl.

(j)   After the conjunction **neu:**
cath neu **g**i.

(k)   After a break in the normal order of words:
Yr oedd dyn yno. Yr oedd yno **dd**yn.
Mae ceiniog gennyf. Mae gennyf **g**einiog.

(l)   After **pa, pa ryw, pa fath, rhyw, unrhyw, cyfryw, amryw:**
pa **l**yfr? ('which book?'). rhyw **l**yfr ('some book').

18

(m)   After **dyma, dyna, dacw:**
      dyma geffyl, dacw long.

(n)   After **ambell, aml, holl, naill, ychydig, y fath:**
      yr holl blant ('all the children').
      aml dro ('many a time').
      y fath le ('such a place).

2.   Adjectives

(a)   After fem. sing. noun:
      gwraig **dd**a, pont fawr.

(b)   After the predicative **yn:**
      Mae hi yn garedig, yn **dd**a.
      Exceptions are **ll, rh:**
      Mae hi yn *ll*wm, yn *rh*ydd.

(c)   In comparison after **cyn, mor:**
      cyn goched, mor goch.
      Exceptions are **ll, rh:**
      cyn *ll*awned; mor **rh**ydd.

(d)   Adjectives used as adverbs after **yn:**
      Gweithia ef yn **dd**a, yn galed.
      Exceptions are **ll, rh:**
      Canodd yn *ll*on.
      Rhedodd yn *rh*ydd.

(e)   After the adverbs **go, rhy:**
      go **dd**rwg, rhy fawr,

3.   Verbs

(a)   After the relative pronoun **a:**
      y bachgen a welais.

(b)   After the conjunction **pan:**
      pan **dd**aeth.

(c)   After the particles **fe, mi:**
      fe glywais, mi welais.

(d)   After the negative **ni, na,** and interrogative **oni** (except **p, t, c**):
      ni **dd**aw, oni **dd**aethant?

NOTE – ni bu, ni bydd etc. *are used as well as* ni fu, ni fydd etc.

(e)   After interrogative **a:**
      a glywsoch chwi?

19

B. THE NASAL MUTATION (Y TREIGLAD TRWYNOL)

(a) After **fy:**
   fy mrawd, fy nhŷ.

(b) After **yn** ('in'):
   yn + p = ym mh-
   yn + c = yng ngh-.
   yn + d = yn n-
   yn + t = yn nh-
   yn + b = ym m-
   yn + g = yng ng-
   yng Nghaerfyrddin, ym Mhenfro, ym môn y clawdd.

(c) **Blwydd, blynedd, diwrnod** after **pum, saith, wyth, naw, deng, deuddeng, pymtheng, deunaw, ugain, deugain, trigain, can:**

   deng mlynedd, pum niwrnod.

C. THE SPIRANT MUTATION (Y TREIGLAD LLAES)

(a) After **tri, chwe:**
   tri pheth. chwe cheffyl.

(b) After **ei, 'i, 'w** ('her'):
   ei thŷ, o'i thŷ, i'w chi.

(c) After **tra** ('very'):
   tra charedig.

(d) After negative **ni, na,** and interrogative **oni:**
   ni chefais, oni thalodd?

(e) After **a** ('and'), **â** ('with, as'), **gyda, tua:**
   bara a chaws, â chyllell.

(f) After conjunction **oni** (until, unless):
   oni chaf wybod.

(g) After **na** with a comparative adjective:
   yn gochach na thân.

D. ASPIRATION OF VOWELS

1. Nouns, adjectives and verb-nouns beginning in a vowel are aspirated after the following pronouns: **'m, ei, 'i, 'w,** (fem.); **ein, 'n; eu, 'u, 'w,** e.g.: ei **h**arian, 'her money'; a'm **h**anfon, 'and sending me'; a'i **h**annwyl fam, 'and her dear mother'; o'i **h**achos hi, 'on her account'; i'w **h**ewythr, 'to her uncle'; ein **h**achub, 'saving us'; i'n **h**ochr ni, 'to our side'; eu **h**ewyllys, 'their will'; a'u **h**enwau, 'and their names'; i'w **h**anfon, 'to send them'.

2. Finite verbs beginning in a vowel are aspirated after the pronouns **'m; 'i** (masc. and fem.); **'n; 'u;** e.g.:
Ef a'm **h**arwain, 'he leads me'; Gwen a'i **h**anfonodd ef/hi, 'It was Gwen who sent him/her'; Pwy a'n **h**achub? 'Who will save us?'; Fe'u **h**enwyd, 'They were named'.

3. **Ugain,** 'twenty', is aspirated after the prep. **ar** in compound numerals:
un ar **h**ugain; deg ar **h**ugain.

One may say conversely that:

b- is the Soft Mutation of **p-**
d- is the Soft Mutation of **t-**
g- is the Soft Mutation of **c-**
f- is the Soft Mutation of **b-**, **m-**
dd- is the Soft Mutation of **d-**
-- is the Soft Mutation of **g-**
l- is the Soft Mutation of **ll-**
r- is the Soft Mutation of **rh-**

mh- is the Nasal Mutation of **p-**
nh- is the Nasal Mutation of **t-**
ngh- is the Nasal Mutation of **c-**
m- is the Nasal Mutation of **b-**
n- is the Nasal Mutation of **d-**
ng- is the Nasal Mutation of **g-**

ph- is the Spirant Mutation of **p-**
th- is the Spirant Mutation of **t-**
ch- is the Spirant Mutation of **c-**

21

BYRFODDAU — ABBREVIATIONS

a.	*adjective*	*ansoddair*
ad.	*adverb*	*adferf*
c.	*conjunction*	*cysylltair*
c.n.	*collective noun*	*enw torfol*
coll.	*colloquial*	*llafar*
contr.	*contraction*	*cywasgiad*
def. art.	*definite article*	*y fannod*
dem.	*demonstrative*	*dangosol*
d.n.	*dual noun*	*enw deuol*
f.	*feminine*	*benywaidd*
gram.	*grammar*	*gramadeg*
ind. art.	*indefinite article*	*bannod amhenodol*
i.	*interjection*	*ebychiad*
int. pn.	*interrogative pronoun*	*rhagenw gofynnol*
maths.	*mathematics*	*mathemateg*
n.	*noun*	*enw*
n.pl.	*noun plural*	*enw lluosog*
part.	*particle*	*geiryn*
pers.	*person*	*person*
pl.	*plural*	*lluosog*
pn.	*pronoun*	*rhagenw*
prp.	*preposition*	*arddodiad*
px.	*prefix*	*rhagddodiad*
rel.	*relative*	*perthynol*
v.	*verb*	*berf*

A, *int, part. & rel. pn.* WHO, THAT, WHICH
a, ac, *c.* AND
â, ag, *c.* AS
â, ag, *prp.* WITH, BY MEANS OF
a, *i.* AH, OH!
ab, ap, *n.m.* SON OF
âb, (abau, abiaid), *n.m.f.* APE
abacws, *n.m.* ABACUS
abad, (-au), *n.m.* ABBOT
abadaeth, (-au), *n.f.* ABBACY, ABBOTSHIP
abades, (-au), *n.f.* ABBESS
abaty, (abatai), *n.m.* ABBEY
abdomen, (-au), *n.m.* ABDOMEN
aber, (-oedd, ebyr), *n.m.f.*
  CONFLUENCE, ESTUARY, STREAM,
  CONDUIT
aberfa, (-oedd), *n.f.* HAVEN, ESTUARY
abergofi, *v.* FORGET
abergofiant, *n.m.* FORGETFULNESS,
  OBLIVION
aberth, (-au, ebyrth), *n.m.f.* SACRIFICE,
  PREY, VICTIM
aberthged, *n.f.* OBLATION, SHEAF OF CORN
  IN GORSEDD CEREMONY
aberthol, *a.* SACRIFICIAL
aberthu, *v.* SACRIFICE, OFFER UP
aberthwr, (-wyr), *n.m.* SACRIFICER
aberu, *v.* FLOW INTO
abid, *n.m.f.* APPAREL, (MONK'S) HABIT
abiéc. *n.m.f.* ALPHABET
abl, *a.* STRONG, ABLE RICH, CAPABLE
abladol, *a.* ABLATIVE
abladu, *v.* ABLATE
ablawt, *n.m.* ABLAUT
abledd, *n.m.* ABILITY, ABUNDANCE,
  OPULENCE
abl-iach, *a.* FIT
ablwch, *n.m.* PLENTY
abnormaledd, (-au), *n.m.* ABNORMALITY
abo, abwy, *n.m.* CARCASE, PREY
abraidd, *a.* SCARCELY
abseil, (-iau), *n.m.* ABSEIL
abseilu, *v.* ABSEIL
absen, *n.m.* ABSENCE, SLANDER
absennol, *a.* ABSENT
absennu, *v.* SLANDER, BACKBITE
absennwr, (absenwyr), *n.m.*
  SLANDERER, BACKBITER
absenoldeb, (-au), *n.m.* ABSENCE
absenoli, *v.* ABSENT
absenoliaeth, (-au), *n.m.* ABSENTEEISM
absenolwr, (-wyr), *n.m.* ABSENTEE

absisa, *n.m.* ABSCISSA
absolfen(iad), *n.m.* PARDON
absol(i)wt, *a.* ABSOLUTE.
absol(i)wtaeth, *n.m.* ABSOLUTISM
abwth, *n.m.* FRIGHT, INJURY
abwydfa, (-feydd), *n.f.* WORMERY
abwyd(yn), (-od), *n.m.* EARTHWORM.
  BAIT
ac, a, *c.* AND
academaidd, *a.* ACADEMIC(AL)
academi, (-ïau), *n.m.* ACADEMY
academig, *a.* SCHOLARLY, ACADEMIC
acen, (-nau, -ion), *n.f.* INTONATION,
  ACCENT
aceniad, (-au), *n.m.* ACCENTUATION,
  STRESS
acennod, (acenodau), *n.f.* ACCENT-
  MARK
acennol, *a.* ACCENTUAL
acennu, *v.* ACCENTUATE, STRESS, ACCENT
acenyddiaeth, *n.f.* ACCENTUATION
acer, (-i), *n.f.* ACRE
acesia, *n.m.* ACACIA
acetabwlwm, (-bwla), *n.m.*
  ACETABULUM
acne, *n.m.* ACNE
acolâd, (-au), *n.m.* ACCOLADE
acolit, (-iaid), *n.m.* ACOLYTE
acosmaeth, *n.m.* ACOSMISM
acrilan, *n.m.* ACRILAN
acrilig, *a.* ACRYLIC
acrobat, (-iaid), *n.m.* ACROBAT
acromatig, *a.* ACHROMATIC
acrostig, *n.m.* ACROSTIC
acses, *n.m.f.* (FIT OF) AGUE
acsiom, (-au), *n.m.* AXIOM
acsiomatig, *a.* AXIOMATIC
acsiwn, (-iynau), *n.f.* AUCTION
acson, *n.m.* AXON
acstri, acstro, *n.m.* AXLE
act, (-au), *n.f.* ACT, STATUTE
actadwy, *a.* ACTABLE
actif, *a.* ACTIVE
actifadu, *v.* ACTIVATE
actifadur, (-on), *n.m.* ACTIVATOR
actifedd, (-au), *n.m.* ACTIVITY
actifiant, (-iannau), *n.m.* ACTIVATION
actifydd, *n.m.* ACTIVIST
actin, *n.m.* ACTIN
actiniwm, *n.m.* ACTINIUM
actinomorffig, *a.* ACTINOMORPHIC
actio, *v.* ACT

actiwr, (-wyr), *n.m.* ACTOR
actol, *a.* PERFORMABLE, ACTION
actor, (-ion), *n.m.* ACTOR
actores, (-au), *n.f.* ACTRESS
actwr, (-wyr), *n.m.* ACTOR
acw, *ad.* THERE, YONDER
acwa, *n.m.* AQUA
acwariwm, (acwaria), *n.m.* AQUARIUM
acwatint, *n.m.* AQUATINT
acwitans, *n.m.* ACQUITTANCE
acwsteg, *n.m.f.* ACOUSTICS
acwstig, *a.* ACOUSTIC
ach, *i,* UGH!
ach, (-au, -oedd), *n.f.* LINEAGE.
   PEDIGREE, GENERATION
acha, *prp.* ASTRIDE, ON, BY MEANS OF
achen, (-au), *n.f.* LINEAGE, COAT OF ARMS,
   ACHENE
acheuwr, (-wyr), *n.m.* GENEALOGIST
achlân, *ad.* ENTIRELY, WHOLLY
achles, (-oedd), *n.m.f.* REFUGE,
   PROTECTION, MANURE
achlesu, *v.* SHELTER, PROTECT, MANURE
achleswr, (-wyr), *n.m.* SUCCOURER,
   PROTECTOR
achlod, *n.m.* SHAME, DISGRACE
achlud, *a.* OCCLUDED
achludiad, (-au), *n.m.* OCCLUSION
achlust, *n.m.* RUMOUR, WHISPER
   a. ATTENTIVE
achlysur, (-on), *n.m.* OCCASION, CAUSE,
   ADVANTAGE
achlysuraeth, *n.f.* OCCASIONALISM
achlysurol, *a.* OCCASIONAL
achofydd, (-ion), *n.m.* GENEALOGIST
achos, (-ion), *n.m.* REASON, CAUSE,
   ACTION, CASE, OCCASION, FACTOR
   c. BECAUSE, FOR
achoseg, *n.f.* AETIOLOGY
achosegol, *a.* AETIOLOGICAL
achosi, *v.* CAUSE, PROCURE
achosiaeth, (-au), *n.m.* | CAUSATION,
achosiant, (-nnau), *n.m.* | CAUSALITY
achosionaeth, *n.f.* CASUISTRY
achredu, *v.* ACCREDIT
achres, (-au, -i), *n.f.* GENEALOGICAL
   TABLE
achromatig, *a.* ACHROMATIC
achryn, *n.m.* SHIVERING
achrynu, *v.* SHIVER
achub, *v.* SAVE, SNATCH, SEIZE, RESCUE
   achub y blaen, FORESTALL
   achub y cyfle, SEIZE THE OPPORTUNITY

achubiadu, *v.* SALVAGE
achubiaeth, (-au), *n.f.* SALVATION,
   RESCUE
achubol, *a.* SAVING
achubwr, (-wyr), *n.m.* | SAVIOUR,
achubydd, (-ion), *n.m.* | RESCUER
achul, *a.* THIN, EMACIATED
achwyn, *v.* COMPLAIN
   (-ion), *n.m.* COMPLAINT, PLAINT
achwyngar, *a.* QUERULOUS, COMPLAINING
achwyniad, (-au), *n.m.* COMPLAINT,
   ACCUSATION
achwynwr, -ydd, (-wyr), *n.m.*
   COMPLAINER, GRUMBLER, PLAINTIFF
achydd, (-ion), *n.m.* GENEALOGIST
achyddiaeth, (-au), *n.f.* GENEALOGY
achyddol, *a.* GENEALOGICAL
ad-, *prx.* VERY, SECOND, BAD, RE-
adacen, (-ion), *n.f.* SECONDARY ACCENT
adagio, *n.m.* ADAGIO
adain, (adanedd), *n.f.* WING, FIN, SPOKE,
   BOARD
adain-hwrdd, (adanedd-hwrdd), *n.f.*
   RAM-WING
adalw, *v.* RECALL
adamant, *n.m.* ADAMANT, DIAMOND
adameg, *n.f.* SPEECH, RIDDLE, TALE
adaptor, (-au), *n.m.* ADAPTOR
adar, *n.pl.* BIRDS, FOWLS
adara, *v.* CATCH BIRDS, FOWL
adareg, *n.f.* ORNITHOLOGY
adarfogi, *v.* REARM
adargi, (-gwn), *n.m.* SETTER, RETRIEVER,
   SPANIEL
adargraffiad, (-au), *n.m.* REPRINT
adargraffu, *v.* REPRINT
adarwr, (-wyr), *n.m.* FOWLER
ad-arwyddo, *v.* COUNTER-SIGN
adarydd, (-ion), *n.m.* ORNITHOLOGIST
adaryddiaeth, *n.f.* ORNITHOLOGY
adbelydru, *v.* REFLECT
adborth, *n.m.* FEED-BACK
adborthi, *v.* FEED-BACK
adbrint, (-iau), *n.m.* REPRINT
adbrintio, *v.* REPRINT
adbrofi, *v.* RE-TEST, TRY AGAIN
adbrynu, *v.* REDEEM, REPURCHASE
ad-drefnu, *v.* REARRANGE, REORGANISE
ad-ddail, *n.pl.* SPROUTS, SHOOTS
ad-ddynodi, *v.* RE-CODE
adechelin, -ol, *a.* ADAXIAL
adeg, (-au), *n.f.* TIME, OCCASION, SEASON,
   OPPORTUNITY

adegol, *a.* SPASMODIC
adeilad, (-au), *n.m.f.* BUILDING,
  CONSTRUCTION
adeiladaeth, (-au), *n.f.* CONSTRUCTION,
  STRUCTURE, ARCHITECTURE,
  EDIFICATION
adeiladol, *a.* EDIFYING, CONSTRUCTIVE
adeiladwaith, (-weithiau), *n.m.*
  CONSTRUCTION, STRUCTURE
adeiladu, *v.* BUILD, CONSTRUCT
adeiladwr, (-wyr), *n.m.* | BUILDER,
adeiladydd, (-ion), *n.m.* | CONTRACTOR
adeiledig, *a.* BUILT-UP
adeinig, *n.f.* AILERON
adeiniog, *a.* WINGED
aden, (-ydd), *n.f.* WING, BOARD
adend, (-au), *n.m.* ADDEND
adendriad, (-au), *n.m.* ATTAINDER
aden-hwrdd, *n.f.* RAM-WING
adeni, *v.* REGENERATE
  n.m. AFTERBIRTH, REVIVAL
adennill, *v.* REGAIN, RECOVER, RECLAIM
aderyn, (adar), *n.m.* BIRD
adethol, *v.* RE-ELECT
adfach, (-au), *n.m.* BARB
adfachyn, (-fachau), *n.m.* BARBULE
adfail, (-feilion), *n.m.* RUIN, DECAY
adfeddiannu, *v.* RECOVER (POSSESSION)
adfeddiant, (-nnau), *n.m.*
  APPROPRIATION
adfeddu, *v.* APPROPRIATE, RECOVER
adfeiliad, *n.m.* DECAY, RUIN
adfeiliedig, *a.* DECAYED, IN RUINS
adfeilio, *v.* FALL, BECOME A RUIN
Adfent, *n.m.* ADVENT
adfer(ol), *a.* REMEDIAL
adfer, -u, -yd, *v.* REVIVE, RETURN,
  RESTORE TO HEALTH
adferf, (-au), *n.m.* ADVERB
adferfol, *a.* ADVERBIAL
adferiad, (-au), *n.m.* RESTORATION,
  RECOVERY
adferol, *a.* RESTORATIVE, REMEDIAL
adferwr, (-wyr), *n.m.* RESTORER
adfewni, *v.* RE-ENTER
adfewniad, (-au) *n.m.* RE-ENTRY
adfilwr, (-wyr), *n.m.* RECRUIT
adflas, (-au), *n.m.* BAD TASTE
adflith, (-ion), *n.m.* SECOND MILK
adfocad, *n.m.* ADVOCATE
adforio, *v.* RE-EXPORT
adfowson, *n.m.* ADVOWSON
adfraw, *n.m.* GREAT FRIGHT

adfresych, (-en, *n.f.*), *n.pl.* SPROUTS
  (BRUSSELS)
adfwl, (-fyliaid), *n.m.* GELDED BULL
adfyd, *n.m.* ADVERSITY, AFFLICTION
adfydus, *a.* ADVERSE, MISERABLE
adfyfyrdod, (-au), *n.m.* REFLECTION
adfyfyrio, *v.* REFLECT
adfynach, (-od), *n.m.* RENEGADE MONK
adfyw, *a.* HALF DEAD, REVIVED
adfywhau, *v.* REVIVE
adfywiad, (-au), *n.m.* REVIVAL,
  REANIMATION
adfywio, *v.* REVIVE, RESUSCITATE
adfywiol, *a.* REFRESHING, STIMULANT
adiabatig, *a.* ADIABATIC
adiad, (-au, adiaid), *n.m.* DRAKE,
  ADDITION
adio, *v.* ADD
  n.m. ADDITION
adiol, *a.* ADDITIVE
adiolyn, (adiolion), *n.m.* ADDITIVE
adlach, (-(i)au), *n.f.* BACKLASH
adladd, adlodd, *n.m.* AFTERMATH,
  AFTERGRASS
adlais, (-leisiau), *n.m.* ECHO,
  REVERBERATION
adlam, (-au), *n.m.* REBOUND
  cic adlam, DROP-KICK
adlamu, *v.* REBOUND, RECOIL
adlef, (-au), *n.f.* ECHO
adleisio, *v.* RESOUND, ECHO
adlenwi, *v.* REFILL
adlewyrch(iad), (-au), *n.m.* REFLECTION
adlewyrchu, *v.* REFLECT
adlewyrchydd, (-ion), *n.m.* REFLECTOR
adlif, (-oedd), *n.m.* FLOW, EBB,
adlifo, *v.* FLOW BACK, REFLOW
adlodd, see *adladd*
adlog, (-au), *n.m.* COMPOUND INTEREST
adloniadol, *a.* ENTERTAINING,
  RECREATIVE
adloniant, (-iannau), *n.m.*
  ENTERTAINMENT, RECREATION
adlonni, *v.* ENTERTAIN, REFRESH
adluniad, (-au), *n.m.* RECONSTRUCTION
adlunio, *v.* REMODEL, RECONSTRUCT
adlyn, (-ion), *n.m.* ADHESIVE
adlyniad, (-au), *n.m.* ADHESION
admiraliaeth, *n.f.* ADMIRALTY
adnabod, *v.* KNOW, RECOGNISE, IDENTIFY,
  DIAGNOSE
adnabyddiaeth, *n.f.* KNOWLEDGE,
  ACQUAINTANCE, IDENTIFICATION

adnabyddus, *a.* FAMILIAR, WELL-KNOWN
adnaid, (-neidiau), *n.f.* REBOUND
adnau, (-euon), *n.m.* DEPOSIT, PLEDGE
adnawd, *n.m.* ADNATE
adneirio, *v.* REPROACH
adneuo, *v.* DEPOSIT
adneuwr, (-wyr), *n.m.* DEPOSITOR
adnewidiadol, *a.* MODIFIED
adnewid, *v.* MODIFY
adnewyddiad, (-au), *n.m.* RENEWAL,
   RENOVATION
adnewyddu, *v.* RENEW, RENOVATE
adnewyddwr, (-wyr), *n.m.* RENEWER,
   RENOVATOR
adnod, (-au), *n.f.* VERSE
adnoddau, *n.pl.* RESOURCES
adolesens, *n.m.* ADOLESCENCE
adolesent, *a. & n.m.* ADOLESCENT
adolwg, (-ygon), *n.f.* RETROSPECT
adolygiad, (-au), *n.m.* REVIEW
adolygu, *v.* REVIEW, REVISE, EDIT
adolygwr, (-wyr),
adolygydd, (-ion) *n.m.* | REVIEWER
adraddoli, *v.* REGRADE
adraddu, *v.* AGGRADE
adran, (-nau), *n.f.* DIVISION, SECTION,
   DEPARTMENT
adrannol, *a.* DEPARTMENTAL
adref, *ad.* HOMEWARDS
adrefu, *v.* RETURN HOME,
adrewi, *v.* REGELATION
adrodd, *v.* RELATE, RECITE
adroddgan, (-iadau), *n.f.* RECITATIVE
adroddiad, (-au), *n.m.* ACCOUNT,
   REPORT, RECITATION, NARRATION
adroddiant, (-nnau), *n.m.* NARRATIVE
adroddwr, (-wyr), *n.m.* NARRATOR,
   RECITER
adroddyddiaeth, *n.f.* ELOCUTION
adsefydliad, *n.m.* REHABILITATION
adsefydlu, *v.* REHABILITATE
adsugniad, (-au), *n.m.* ADSORPTION
adsugno, *v.* ADSORB
aduniad, (-au), *n.m.* REUNION
aduno, *v.* REUNITE
adwaith, (-weithiau), *n.m.* REACTION
adwasgaeth, *n.f.* REPRESSION
adweinyddiaeth, (-au), *n.f.*
   ADMINISTRATION
adweithio, *v.* REACT
adweithiol, *a.* REACTIVE; REACTIONARY
adweithydd, (-ion), *n.m.* REACTOR,
   REAGENT

adweled, *v.* SEE AGAIN
adwerthu, *v.* RETAIL
adwerthwr, (-wyr), *n.m.* RETAILER
adwthiad, (-au), *n.m.* REPRESSION
adwthio, *v.* REPRESS
adwy, (-au, -on), *n.f.* GAP, BREACH, PASS
adwybod, *n.m.* RECOGNITION
adwyo, *v.* BREACH
adŵyr, *a.* CROOKED
adwyth, (-au), *n.m.* EVIL, MISFORTUNE
adwythig, *a.* EVIL, BANEFUL, MALIGNANT
adydd, (-ion), *n.m.* ADDER (OF FIGURES)
adyn, *n.m.* WRETCH, SCOUNDREL
adyrgop, -yn, *n.m.* SPIDER
addail, *n.pl.* FOLIAGE, GRASS, SALAD
addas, *a.* FITTING, PROPER, SUITABLE
addasadwy, *a.* ADJUSTABLE, ADAPTABLE
addasiad, (-au), *n.m.* ADJUSTMENT,
   ADAPTATION
addasrwydd, *n.m.* FITNESS, SUITABILITY
addasu, *v.* FIT, ADAPT, SUIT
addasydd, (-ion), *n.m.* ADAPTOR
addaw, addo, *v.* PROMISE
addaweb, (-au), *n.f.* PROMISSORY NOTE
addawol, *a.* PROMISING
addawr, (-wyr), *n.m.* PROMISSOR
addef, *v.* CONFESS, OWN, ADMIT
addefiad, (-au), *n.m.* ADMISSION,
   CONFESSION
addewid, (-ion), *n.m.f.* PROMISE
addfain, *a.* SLENDER, SHAPELY
addfed, *a.* see *aeddfed*
addfwyn, *a.* GENTLE, MEEK, MILD
addfwynder, *n.m.* MEEKNESS,
   GENTLENESS
addo, *v.* PROMISE
addod, *n.m.* DEPOSITORY
   ŵy addod, NEST-EGG
addoediad, *n.m.* PROROGATION
addoldy, (-dai), *n.m.* PLACE OF WORSHIP
addolgar, *a.* DEVOUT, REVERENT
addolgarwch, *n.m.* DEVOUTNESS,
   REVERENCE
addoli, *v.* WORSHIP, ADORE
addoliad, (-au), *n.m.* WORSHIP,
   ADORATION
addolwr, (-wyr), *n.m.* WORSHIPPER
adduned, (-au), *n.f.* RESOLUTION, VOW
addunedol, *a.* VOTIVE
addunedu, *v.* VOW
addurn, (-au, -iadau), *n.m.* ORNAMENT,
   ADORNMENT, DÉCOR
addurnedig, *a.* DECORATED

addurniad, (-au), *n.m.* ORNAMENTATION
addurno, *v.* ADORN, DECORATE
addurnol, *a.* ORNAMENTAL, DECORATIVE
addurnwaith, (-weithiau), *n.m.*
ORNAMENT
addurnwr, (-wyr), *n.m.* DECORATOR
addysg, *n.f.* EDUCATION, INSTRUCTION
addysg drydyddol, TERTIARY
EDUCATION
addysg oedolion, ADULT EDUCATION
addysgadwy, *a.* EDUCABLE
addysgfa, (-oedd, -feydd), *n.f.*
SEMINARY
addysgiadol, *a.* INSTRUCTIVE
addysgiaethwr (-wyr), *n.m.*
EDUCATIONIST
addysgol, *a.* EDUCATIONAL, SCHOLASTIC
addysgu, *v.* EDUCATE, INSTRUCT, TEACH
addysgwr, (-wyr), EDUCATIONALIST,
addysgydd, (-ion), *n.m.* INSTRUCTOR,
TUTOR
aeddfed, *a.* RIPE, MATURE
aeddfedrwydd, *n.m.* RIPENESS, MATURITY,
PUBERTY
aeddfedu, *v.* RIPEN, GATHER
ael, (-iau), *n.f.* BROW
ael, (-oedd), *n.f.* LITTER
aele, *a.* SAD, WRETCHED
aelgam, *a.* LEERING
aelge(r)th, see *elgeth*
aelio, *v.* PROTRUDE
aelod, (-au), *n.m.* LIMB, MEMBER
aelodaeth, *n.f.* MEMBERSHIP
aelwyd, (-ydd), *n.f.* HEARTH, HOME,
FIRESIDE
aeolaidd, *a.* AEOLIAN
aer, (-ion), *n.m.* HEIR, AIR
aeres, (-au), *n.f.* HEIRESS
aerfa, (-feydd), *n.f.* WAR, BATTLE,
SLAUGHTER
aerglo, (-eon, -eau), *n.m.* AIR-LOCK
aerglos, *a.* AIRTIGHT
aergorff, *n.m.* AIR-MASS
aerobig, *a.* AEROBIC
aerodynameg, *n.m.f.* AERODYNAMICS
aerofod, *n.m.* AEROSPACE
aeroleg, *n.f.* AEROLOGY
aeron, (-en, *n.f.*), *n.pl.* FRUITS, BERRIES
aeronawteg, *n.m.f.* AERONAUTICS
aeronawtig, *a.* AERONAUTICAL
aerosol, *n.m.* AEROSOL
aerwy, (-on, -au), *n.m.* COW-COLLAR,
COLLAR, CHAIN, TORQUE

aestifiaeth, *n.f.* AESTIVATION
aestheteg, *n.f.* AESTHETICS
aesthetig, *a.* AESTHETIC
aeth, *n.m.* AWE, PAIN, GRIEF, SHOCK
aether, *n.m.* AETHER·
aethnen, (-nau), *n.f.* ASPEN
aethus, *a.* GRIEVOUS, POIGNANT
afagddu, *n.f.* UTTER DARKNESS
afal, (-au), *n.m.* APPLE
afal croen mochyn, RUSSET APPLE
afalans, (-au), *n.m.* AVALANCHE
afallen, (-nau), *n.f.* APPLE-TREE
afan, (-en, *n.f.*), *n.pl.* RASPBERRIES
afanc, (-od), *n.m.* BEAVER
afiach, *a.* UNHEALTHY, SICK
afiachog, *a.* INVALID
afiaith, *n.m.* MIRTH, GLEE, ZEST
afiechyd, (-on), *n.m.* DISEASE, ILLNESS
afieithus, *a.* MIRTHFUL, GLEEFUL
aflafar, *a.* HARSH, UNMELODIOUS
aflan, *a.* DIRTY, UNCLEAN, FOUL
aflawen, *a.* SAD, DISMAL
aflednais, *a.* IMMODEST, INDELICATE
afledneisrwydd, *n.m.* IMMODESTY,
INDELICACY
aflem, *a.* OBTUSE
aflendid, *n.m.* UNCLEANNESS, FILTH
afleoli, *v.* DISLOCATE
afleoliad, (-au), *n.m.* DISLOCATION
aflêr, *a.* UNTIDY, SLOVENLY
aflerdwf, *n.m.* SPRAWL
aflerwch, *n.m.* UNTIDINESS
afles, *n.m.* DISADVANTAGE, HURT
aflesol, *a.* DISADVANTAGEOUS
afliwio, *v.* DISCOLOUR
aflonydd, *a.* RESTLESS, ANXIOUS
aflonyddu, *v.* DISTURB, MOLEST
aflonyddwch, *n.m.* DISTURBANCE, UNREST
aflonyddwr, (-wyr), *n.m.* DISTURBER,
MOLESTER
afloyw, *a.* OPAQUE
afluniad, (-au), *n.m.* DISTORTION
afluniaidd, *a.* DEFORMED, UNSHAPELY
aflunio, *v.* DEFORM, DISFIGURE, DISTORT
aflwydd, *n.m.* MISFORTUNE, CALAMITY
aflwyddiannus, *a.* UNSUCCESSFUL,
ABORTIVE
aflwyddiant, (-nnau), *n.m.* FAILURE
aflwyddo, *v.* FAIL
aflym, *a.* BLUNT, OBTUSE
aflywodraeth, (-au), *n.f.* MISRULE,
ANARCHY
aflywodraethus, *a.* UNGOVERNABLE,
UNCONTROLLABLE

afon, (-ydd), *n.f.* RIVER
   dalgylch afon, DRAINAGE BASIN
   afon ladrad, RIVER CAPTURE
   gwrthwaered afon, UPSTREAM
   ystum afon, MEANDER
afonfarch, (-feirch), *n.m.*
   HIPPOPOTAMUS
afonig, (-au), *n.f.* BROOK, RIVULET
afonol, *a.* FLUVIAL
afradlon, *a.* WASTEFUL, PRODIGAL
afradlonedd, *n.m.* PRODIGALITY
afradloni, *v.* WASTE, SQUANDER
afradu, *v.* WASTE, LAVISH
afraid, *a.* NEEDLESS, UNNECESSARY
afrasol, *a.* UNGRACIOUS
afreidiol, *a.* UNNECESSARY
afreolaeth, *n.f.* DISORDER, UNRULINESS
afreolaidd, *a.* IRREGULAR, DISORDERLY
afreoleidd-dra, *n.m.* IRREGULARITY
afreolus, *a.* UNRULY, DISORDERLY
afreswm, *n.m.* ABSURDITY
afresymol, *a.* UNREASONABLE, ABSURD
afresymoldeb, *n.m.* UNREASONABLENESS
əfrifed, *a.* INNUMERABLE
afrllad, -en, (-au; -ennau), *n.f.* WAFER
afrosgo, *a.* CLUMSY, UNGAINLY
afrwydd, *a.* DIFFICULT, STIFF, AWKWARD
afrwyddineb, *n.m.* DIFFICULTY
afrwyddo, *v.* OBSTRUCT, HINDER
afryw(iog), *a.* PERVERSE, HARSH,
   IMPROPER
afrywiogrwydd, *n.m.* CHURLISHNESS,
   ROUGHNESS
afu, (-oedd), *n.m.* LIVER
   afu (g)las, GIZZARD
afwyn, (-au), *n.f.* REIN
affaith, (-eithiau), *n.m.* AFFECT, AIDING
   (A CRIME)
affeithiad, (-au), *n.m.* AFFECTION
   (GRAMMAR)
affeithiwr, (-wyr), *n.m.* ACCESSORY,
   ACCOMPLICE
affeithrwydd, *n.m.* AFFECTIVITY
afferol, *a.* AFFERENT
afferu, *v.* AFFEER
affin, *n.m.* AFFINE
affinedd, (-au), *n.m.* AFFINITY
afflau, *n.m.* BOSOM, HUG, GRIP
affliw, *n.m.* SHRED, PARTICLE
affrae, (-on), *n.f.* AFFRAY
affrithiol, *a.* AFFRICATIVE
affrwythog, *a.* HYPOGYNOUS
affwys, *n.m.* ABYSS
affwysedd, *n.m.* BATHOS

affwysol, *a.* ABYSMAL, BATHETIC
ag, *c.* AS   ⎫
prp. WITH ⎬ see *â*
agalen, (-nau, ni), *n.f.* WHETSTONE
agen, (-nau), *n.f.* CLEFT, CHINK, SLOT,
   RIFT
agenda, (-âu), *n.m.* AGENDA
agendor, (-au), *n.f.* GAP, GULF, ABYSS
agennu, *v.* SPLIT, SLOT
ager, *n.m.* VAPOUR, STEAM
agerlong, (-au), *n.f.* STEAMSHIP
ageru, *v.* STEAM, EVAPORATE
aget, (-au), *n.m.* AGATE
agolch, *n.m.* SWILL,
agor, -yd, *v.* OPEN, EXPAND
agorawd, (-au), *n.f.* OVERTURE
agored, *a.* OPEN, LIABLE
agorell, *n.f.* REAMER, OPENER
agorfa, (-oedd), *n.f.* OPENING, VENT,
   APERTURE
agoriad, (-au), *n.m.* OPENING, KEY, SLOT
   agoriad cudd, CONCEALED OPENING
   agoriad undarn, CONTINUOUS WRAP
agoriadol, *a.* INAUGURAL, OPENING
agorwr, (-wyr), *n.m.* ⎫
agorydd, (-ion), *n.m.* ⎬ OPENER
agos, *a.* NEAR, DEAR, NIGH, APPROXIMATE
   ad. ALMOST
agosaol, *a.* APPROACHING
agosatrwydd, *n.m.* INTIMACY
agosáu, *v.* DRAW NEAR, APPROACH
agosrwydd, *n.m.* PROXIMITY, NEARNESS
agreg, (-iadau), *n.m.* AGGREGATE
agregu, *v.* AGGREGATE
agronomeg, *n.f.m.* AGRONOMY
agronomegwr, (-wyr), *n.m.*
   AGRONOMIST
agwedd, (-au), *n.f.m.* FORM, ASPECT,
   ATTITUDE
agweddi, (-ïau), *n.m.* DOWER, MARRIAGE
   GIFT
angall, *a.* UNWISE, FOOLISH
angau, (angheuoedd), *n.m.f.* DEATH
angel, (angylion, engyl), *n.m.* ANGEL
angen, (anghenion), *n.m.* WANT, NEED
angenoctid, *n.m.* PRIVATION
angenrheidiol, *a.* NECESSARY
angenrheidrwydd, *n.m.* NECESSITY
angerdd, *n.m.f.* PASSION, VIOLENCE,
   FORCE, INTENSITY, HEAT
angerddol, *a.* INTENSE, VIOLENT,
   PASSIONATE
angerddoldeb, *n.m.* VEHEMENCE,
   INTENSITY

anghaffael, *n.m.* MISHAP, FAILURE, DEFECT
angharedig, *a.* UNKIND
angharedigrwydd, *n.m.* UNKINDNESS
anghelfydd, *a.* CLUMSY, UNSKILFUL
anghellog, *a.* ACELLULAR
anghenfil, (angenfilod), *n.m.* MONSTER
anghenraid, (angenrheidiau), *n.m.* NECESSITY
anghenus, *a.* NEEDY, INDIGENT
angheuol, *a.* DEADLY, FATAL, MORTAL
anghlod, *n.m.* DISHONOUR, DISPRAISE
anghlydwr, *n.m.* EXPOSURE
anghoelio, *v.* DISBELIEVE
anghofiedig, *a.* FORGOTTEN
anghofio, *v.* FORGET
anghofrwydd, *n.m.* FORGETFULNESS
anghofus, *a.* FORGETFUL
anghred, *n.f.* UNBELIEF
anghredadun, (-iaid), *n.m.* UNBELIEVER
anghrediniaeth, *n.f.* UNBELIEF, INFIDELITY
anghrediniol, *a.* UNBELIEVING
anghredu, *v.* DISBELIEVE
anghrefyddol, *a.* IRRELIGIOUS
anghrisialaidd, *a.* NON-CRYSTALLINE
anghrist, (-iau), *n.m.* ANTICHRIST
anghrist(io)nogol, *a.* UNCHRISTIAN
anghroesawus, *a.* INHOSPITABLE
anghronnol, *a.* NON-CUMULATIVE
anghryno, *a.* INCOMPACT
anghwrtais, *a.* DISCOURTEOUS
anghwrteisi, *n.m.* DISCOURTESY
anghydbwysedd, *n.m.* IMBALANCE
anghydfod, (-au), *n.m.* DISAGREEMENT
anghydffurfiaeth, *n.f.* NONCONFORMITY
anghydffurfiol, *a.* NONCONFORMIST
anghydffurfiwr, (-wyr), *n.m.* NONCONFORMIST
anghydlifiad, *n.m.* DIFFLUENCE
anghydnaws, *a.* UNCONGENIAL
anghydrif, *a. & n.m.* ODD NUMBER
anghydryw, *a.* HETEROGENEOUS
anghydsynio, *v.* DISAGREE, DISSENT
anghydweddol, *a.* INCOMPATIBLE
anghyfaddas, *a.* UNSUITABLE, UNFIT
anghyfaddasu, *v.* UNFIT, DISQUALIFY
anghyfanhedd-dra, *n.m.* DESOLATION
anghyfanheddol *a.* DESOLATING, DESERT
anghyfannedd, *a.* UNINHABITED, DESERT
anghyfansoddiadol, *a.* UNCONSTITUTIONAL
anghyfartal, *a.* UNEVEN, UNEQUAL
anghyfartaledd, *n.m.* DISPARITY

anghyfarwydd, *a.* UNFAMILIAR, UNSKILLED
anghyfeb, *a.* BARREN
anghyfeillgar, *a.* UNFRIENDLY, UNSOCIABLE
anghyfiaith, *a.* FOREIGN, ALIEN (SPEECH)
anghyfiawn, *a.* UNJUST, UNFAIR
anghyfiawnder, (-au), *n.m.* INJUSTICE, UNFAIRNESS
anghyfieithus, *a.* FOREIGN
anghyflawn, *a.* INCOMPLETE, TRANSITIVE
anghyflawnhad, *n.m.* NONCONSUMMATION
anghyfleus, *a.* INCONVENIENT
anghyfleustra, *n.m.* INCONVENIENCE
anghyflogadwy, *a.* UNEMPLOYABLE
anghyflogaeth, (-au), *n.m.* UNEMPLOYMENT, REDUNDANCY
anghyfnewidiol, *a.* CHANGELESS
anghyfochrog, *a.* SCALENE
anghyfraith, *n.f.* ILLEGALITY, WRONG-DOING, LAWLESSNESS
anghyfras, *a.* INCOGNATE
anghyfreithlon, *a.* ILLEGAL, ILLEGITIMATE
anghyfreithus, *a.* ILLEGITIMATE
anghyfrifol, *a.* IRRESPONSIBLE
anghyffredin, *a.* RARE, UNCOMMON
anghyffredinedd, *n.m.* STRANGENESS, ODDITY
anghyffwrdd, *a.* INTANGIBLE
anghyffyrddus, *a.* UNCOMFORTABLE
anghymedrol, *a.* IMMODERATE
anghymedroldeb, *n.m.* IMMODERATION
anghymen, *a.* RASH, UNTIDY, IMPROPER
anghymeradwy, *a.* UNACCEPTABLE
anghymeradwyo, *v.* DISAPPROVE
anghymesur, *a.* ASYMMETRIC
anghymharol, *a.* INCOMPARABLE
anghymharus, *a.* ILL-MATCHED
anghymhwyso, *v.* UNFIT, DISQUALIFY
anghymodlon, *a.* IMPLACABLE
anghymwys, *a.* UNFIT, UNSUITABLE
anghymwyster, *n.m.* INCAPACITY, INCOMPETENCE, DISQUALIFICATION
anghynefin, *a.* UNFAMILIAR
anghynefindra, *n.m.* UNFAMILIARITY
anghynhyrchiol, *a.* UNPRODUCTIVE
anghynnes, *a.* ODIOUS, SAVAGE, FRIGID
anghysbell, *a.* REMOTE, INACCESSIBLE
anghyson, *a.* INCONSISTENT
anghysondeb, -der, (-au), *n.m.* INCONSISTENCY
anghysur, (-on), *n.m.* DISCOMFORT

anghysuro, v. DISCOMFORT
anghysurus, a. UNCOMFORTABLE
anghysylltus, a. INCOHERENT
anghytbwys, a. UNBALANCED
anghytgord, (-iau), n.m. DISCORD.
DISSENSION
anghytûn, a. DISUNITED. DISSONANT.
INCOMPATIBLE
anghytundeb, (-au), n.m.
DISAGREEMENT
anghytuno, v. DISAGREE
anghywair, a. SLOVEN. UNSKILFUL
n.m. DISREPAIR
anghyweithas, a. FROWARD. PERVERSE
anghywir, a. WRONG. FALSE
anghywirdeb, (-au), n.m. MISTAKE.
INACCURACY
angladd, (-au), n.m.f. BURIAL. FUNERAL
angladdol, a. FUNER(E)AL
angoel, (-ion), n.m.f. DISBELIEF
angof, n.m. FORGETFULNESS. OBLIVION
angor, n.m. MISER
angor, (-au, -ion), n.f. ANCHOR
angorfa, (-oedd, -feydd, -fâu), n.f.
ANCHORAGE
angori v. ANCHOR
angorle, (-oedd), n.m. ROADSTEAD
angwanegu, v. INCREASE
angylaidd, a. ANGELIC
angyles, (-au), n.f. FEMALE ANGEL
ai, ad. IS IT? WHAT?
ai, c. OR. EITHER. IF
aidd, n.m. ZEAL. ARDOUR
aig, (eigiau), n.f. HOST. SHOAL
aig, n.f. SEA. OCEAN
ail, a. SECOND, LIKE
ail-, prx. RE-. AGAIN
ailadrodd, v. REPEAT. RECAPITULATE
ailadroddiad, (-au), n.m. REPETITION.
RECAPITULATION
ailbrint, (-iau), n.m. REPRINT
ailbrisiad, n.m. REVALUATION
ailenedigaeth, n.f. REBIRTH
aileni, v. REGENERATE
ailennill, v. RECLAIM, REGAIN
Ailfedyddiaeth, n.f. ANABAPTISM
Ailfedyddiwr, (-wyr), n.m. ANBAPTIST
ailfoelyd, v. RELAPSE
ail-law, a. SECOND-HAND
ailolygiad, n.m. RECENSION
aillt, n.m. VILLEIN, SUBJECT, CLIENT
ais, see asen, eisen
âl, (alau, aloedd), n.f. PARTURITION
alabastr, n.m. ALABASTER

alaeth, n.m. WAILING. SORROW, GRIEF
alaethu, v. LAMENT. GRIEVE. MOURN
alaethus, a. LAMENTABLE. MOURNFUL
alar, n.m. SURFEIT
alarch, (-od, elyrch), n.m. SWAN
alaredd, n.m. BOREDOM
alaru, v. SURFEIT. LOATHE
alaw, (-on), n.f. AIR. MELODY. TUNE, LILY
alban, n.m. EQUINOX, SOLSTICE
Alban, Yr n.f. SCOTLAND
Albanwr, (-wyr), n.m. SCOT
albinedd, n.m. ALBINISM
albwmen, (-au), ALBUMEN
alcali, (-ïau), n.m. ALKALI
alcalinaidd, a. ALKALINE
alcalinedd, n.m. ALKALINITY
alcam, n.m. TIN
alcemeg, n.f. | ALCHEMY
alcemi n.m. |
alcohol, n.m. ALCOHOL
alcoholiaeth, n.f. ALCOHOLISM
alcoholig, a. & n.m.f. ALCOHOLIC
alch, (-au, eilch), n.f. GRID-IRON
ale, (-au, -on), n.f. AISLE, GANGWAY,
ALLEY
alegori, (-ïau), n.f. ALLEGORY
alfeolus, n.m. ALVEOLUS
alga, (-u), n.m. ALGA
algebra, (-âu), n.m.f. ALGEBRA
algebraidd, a. ALGEBRAIC
algebreg, n.f. ALGEBRA
algorithm, (-au), n.m. ALGORITHM
ali, (-ïau), n.f. ALLEY (MARBLE)
aliniad, n.m. ALIGNMENT
alinio, v. ALIGN
aliwn, n.m.& a. ALIEN
aliwneiddiad, n.m. ALIENATION
Almaen, Yr n.f. GERMANY
Almaenaidd, a. GERMAN
Almaeneg, n.f. GERMAN LANGUAGE
Almaenes, GERMAN WOMAN
Almaenig, a. GERMAN
Almaenwr, (-wyr), n.m. GERMAN
almanac, (-iau), n.m. ALMANAC
almanaciwr, (-wyr), n.m. COMPILER OF
ALMANACS
almon, (-au), n.f. ALMOND
almonwr, (-wyr), n.m. ALMONER
aloe, (-s), n.m. ALOE
alói, (aloeon), n.m. ALLOY
alotio, v. ALLOT
alotropi(aeth), n.m. ALLOTROPY
alp, (-au), n.m. ALP
Yr Alpau, THE ALPS

alpafr, (-eifr), *n.f.* IBEX
alpaidd, *a.* ALPINE
altimedr, (-au), *n.m.* ALTIMETER
alto, *n.f.* ALTO
alwm, *n.m.* ALUM
alwminiwm, (-iymau), *n.m.* ALUMINIUM
alwys, *n.m.* ALOE
allafon, (-ydd), *n.f.* DISTRIBUTARY
allan, *ad.* OUT, OUTSIDE
allanedd, (-au), *n.m.* EXTERIOR
allanfa, (-feydd), *n.f.* EXIT
allanol, *a.* EXTERNAL, OUTWARD,
EXTERIOR
allanoldeb, *n.m.* EXTERNALITY
allanoli, *v.* PROJECT
allanus, *a.* EXTRANEOUS
allblyg, -ol, *a.* EXTROVERT
allblygiad, *n.m.* EXTROVERSION
allblygwr, (-wyr), *n.m.* EXTROVERT
allborth, (-byrth), *n.m.* OUTPORT
allbwn, (-bynnau), *n.m.* OUTPUT
alldafliad, (-au), *n.m.* FALL-OUT
alldaflu, *v.* EXCRETE
alldaith, (-deithiau), *n.f.* EXPEDITION
alldarddiad, *n.m.* EXOGENESIS
allddod, *v.* EMERGE
allddodol, *a.* EMERGENT
allddodyn, (-ddodion), *n.m.*
SUBSTITUTE
alledu, *v.* EFFUSE
alleg, (-au, -ion), *n.f.* ALLEGORY
allergedd, *n.m.* ALLERGY
allergol, *a.* ALLERGIC
allfa, (-feydd), *n.f.* OUTLET
allfan, *n.m.* ALIBI
allforio, *v.* EXPORT
allforion, *n.pl.* EXPORTS
allforiwr, (-wyr), *n.m.* EXPORTER
allfrig, *a.* OFF-PEAK
allfro, *n.m.* FOREIGN LAND, FOREIGNER
allfudo, *v.* EMIGRATE
allfudwr, (-wyr), *n.m.* EMIGRANT
allfwriaeth, *n.m.* EXORCISM
allfwriol, *a.* CENTRIFUGAL
allfwriwr, (-wyr), *n.m.* EXORCIST
allfwrw, *v.* CENTRIFUGE, EXORCISE
allfwrydd, (-ion), *n.m.* CENTRIFUGE
allganol, *a.* ECENTRE
allgaredd, *n.m.* ⎤
allgarwch, *n.m.* ⎦ ALTRUISM
allgarwr, (-wyr), *n.m.* ALTRUIST
allgasedd, *n.m.* XENOPHOBIA
allgau, *v.* EXCLUDE

allglofan, (-nau), *n.m.* EXCLAVE
allgylch, (-oedd), *n.m.* ESCRIBED CIRCLE
allgylchu, *v.* ESCRIBE
allog, *n.m.* ALUM
allor, (-au), *n.f.* ALTAR
allosod, *v.* EXTRAPOLATE, REPLACE
allt, (elltydd), *n.f.* HILL, CLIFF, WOOD
alltaith, (-teithiau), *n.f.* EXPEDITION
alltraeth, *a.* OFFSHORE
alltro, (-eon), *n.m.* EXTROVERSION
alltröedig, *a.* EXTROVERT
alltud, (-ion), *n.m.* EXILE, ALIEN
alltudiaeth, (-au), *n.f.* EXILE,
BANISHMENT
alltudio, *v.* BANISH, EXILE
allwedd, (-au, -i), *n.f.* KEY, CLEFF
allweddell, *n.f.* KEYBOARD
allwyriad, (-au), *n.m.* DEFLECTION
allyrredd, *n.m.* EMISSIVITY
allyriant, (-iannau), *n.m.* EMISSION
am, *prp.* ROUND, ABOUT, FOR, AT, ON
c. BECAUSE, PROVIDED THAT
amaeth, *n.m.* AGRICULTURE
amaethdy, (-dai), *n.m.* FARM-HÓUSE
amaethu, *v.* FARM, CULTIVATE
amaethwr, (-wyr), *n.m.* FARMER
amaethyddiaeth, *n.f.* AGRICULTURE
amaethyddol, *a.* AGRICULTURAL
amalgam, (-au), *n.m.* AMALGAM
amarch, *n.m.* DISHONOUR, DISRESPECT
amatur, (-iaid), *n.m. & a.* AMATEUR
amaturaidd, *a.* AMATEURISH
amaturiaeth, *n.m.* AMATEURISM
amau, *v.* DOUBT, SUSPECT, DISPUTE
(amheuon), *n.m.* DOUBT
ambegwn, *a.* CIRCUMPOLAR
ambell, *a.* OCCASIONAL
ambell waith, OCCASIONALLY
ambiwlans, (-ys), *n.m.* AMBULANCE
ambr, *a. & n.m.* AMBER
amcan, (-ion), *n.m.* PURPOSE, NOTION,
GUESS
ar amcan, AT RANDOM, APPROX-
IMATELY
amcangyfrif, *v.* ESTIMATE
(-on), *n.m.* ESTIMATE
amcaniad, *n.m.* PROJECTION
amcanol, *a.* NOTIONAL
amcanu, *v.* INTEND, AIM, GUESS
amcanus, *a.* PURPOSED, SKILFUL
amchwaraefa, (-feydd), *n.f.*
AMPHITHEATRE
amdaith, (-deithiau), *n.f.* CIRCUIT,
DETOUR

amdo, (-oeau), *n.m.f.* SHROUD
amdoi, *v.* SHROUD. ENSHROUD
amdorch, (-dyrch), *n.f.* CHAPLET.
WREATH
amdro, *a.* ROTARY
am-droi, *v.* WIND. ROTATE. CONVERT
amddeheurwydd, *n.m.* AMBIDEXTERITY
amddifad, *n.m.* & *a.* ORPHAN. DESTITUTE
amddifadiad, *n.m.* DEPRIVATION
amddifadrwydd, *n.m.* DESTITUTION.
PRIVATION
amddifadu, *v.* BEREAVE. DEPRIVE
amddifadus, *a.* DEPRIVED
amddiffyn, *v.* PROTECT. DEFEND
(-ion), *n.m.* DEFENCE
amddiffynfa, (-feydd), *n.f.* FORTRESS
amddiffyniad, (-au), *n.m.* PROTECTION.
DEFENCE
amddiffynneb, (-ynebau), *n.f.*
PROTECTION ORDER
amddiffynnwr, (-ynwyr), *n.m.*
DEFENDER.
amddiffynnydd, (-ynyddion),
PROTECTOR. DEFENDANT
amedr, (-on), *n.m.* AMMETER
amen, (-au), *n.m.* AMEN
amersu, *v.* AMERCE
ameu, see *amau*
amfeddiad, (-au), *n.m.* IMPROPRIATION
amfeddu, *v.* IMPROPRIATE
amfesur, (-au), *n.m.* PERIMETER
amffibus, *a.* AMPHIBIOUS
amffitheatr, (-au), *n.m.* AMPHITHEATRE
amgaeëdig, *a.* ENCLOSED
amganol, *a.* CIRCUMCENTRE
amgant, (-au), *n.m.* REGION. BOUNDS.
PERIPHERY
amgantol, *a.* PERIPHERAL
amgarn, (-au), *n.m.f.* CIRCLE. FERRULE.
RING
amgáu, *v.* ENCLOSE. SHUT IN
amgen, *a.* & *ad.* OTHER. ELSE.
OTHERWISE. DIFFERENT
nid amgen, NAMELY
amgenach, *a.* & *ad.* OTHERWISE. BETTER
amgenu, *v.* SUBSTITUTE
amgrwm, *a.* CONVEX
amgueddfa, (-feydd), *n.f.* MUSEUM
amgueddfa werin, FOLK MUSEUM
amgyffred, *v.* COMPREHEND. GRASP.
COMPRISE
(-ion), *n.m.* COMPREHENSION
amgyffrediad, (-au), *n.m.*
COMPREHENSION

amgylch, (-oedd), *n.m.* CIRCUIT.
ENVIRONS
o amgylch, ROUND ABOUT. ABOUT
amgylch, (-au), *n.m.* CIRCUMSCRIBED
CIRCLE
amgylchedd, (-au, -ion), *n.m.*
ENVIRONMENT
amgylcheddwr, (-wyr), *n.m.* ENVIRON-
MENTALIST
amgylchen, (-ni), *n.f.* ARCHITRAVE
amgylchfyd, *n.m.* ENVIRONMENT
amgylchfydol, *a.* ENVIRONMENTAL
amgylchiad,' (-au), *n.m.* OCCASION.
CIRCUMSTANCE
amgylchiadol, *a.* CIRCUMSTANTIAL
amgylchion, *n.pl.* ENVIRONS
amgylchol, *a.* ENVIRONMENTAL
amgylchu, *v.* ENCIRCLE. SURROUND.
CIRCUMSCRIBE
amgylchynol, *a.* SURROUNDING
amgylchynu, *v.* SURROUND
amharch, see *amarch*
amharchu, *v.* DISHONOUR. DISRESPECT
amharchus, *a.* DISRESPECTFUL.
DISHONOURABLE
amhariad, (-au), *n.m.* IMPAIRMENT.
DAMAGE
amharod, *a.* UNREADY. UNPREPARED
amharodrwydd, *n.m.* UNREADINESS
amharu, *v.* HARM. IMPAIR. DAMAGE
amharus, *a.* DECAYED. RUINOUS. FEEBLE
amhendant, *a.* INDEFINITE. VAGUE
amhenderfynol, *a.* IRRESOLUTE
amhenodol, *a.* INDEFINITE. VAGUE
amhenodrwydd, *n.m.* INDETERMINACY
amherffaith, *a.* IMPERFECT
amherffeithrwydd, *n.m.* IMPERFECTION
amhersonol, *a.* IMPERSONAL
amherthnasol, *a.* IRRELEVANT
amheuaeth, (-au), *n.f.* DOUBT. SUSPICION
amheugar, *a.* SUSPICIOUS. SCEPTICAL
amheus, *a.* DOUBTING. DOUBTFUL
amheuthun, *a.* DAINTY. SAVOURY. CHOICE
(-ion), *n.m.* DELICACY.
TREAT
amheuwr, (-wyr), *n.m.* DOUBTER.
SCEPTIC
amhin(i)og, (-au, -ion), *n.m.*
ARCHITRAVE. DOOR-POST. THRESHOLD
amhlantadwy, *a.* CHILDLESS. BARREN
amhleidiaeth, *n.f.* NEUTRALITY
amhleidiol, *a.* IMPARTIAL. NEUTRAL
amhoblog, *a.* THINLY POPULATED

amhoblogaidd, *a.* UNPOPULAR
amhoblogrwydd, *n.m.* UNPOPULARITY
amhosibl, *a.* IMPOSSIBLE
amhosibilrwydd, *n.m.* IMPOSSIBILITY
amhositif, *a.* NON-POSITIVE
amhriodol, *a.* IMPROPER
amhrisiadwy, *a.* PRICELESS, INVALUABLE
amhrofiadol, *a.* INEXPERIENCED
amhûr, *a.* IMPURE, FOUL
amhurdeb, (-au) *n.m.* ⎪ IMPURITY,
amhuredd,(-au,-ion),*n.m.* ⎰ DROSS
amhuriad, (-au), *n.m.* POLLUTION
amhwyllo, *v.* GO MAD
amhwyllog, *a.* FOOLISH, MAD
aminedd, *n.m.* AMINATION
aml, *a.* FREQUENT, ABUNDANT
 ad. OFTEN
 gan amlaf, MOST OFTEN, MOSTLY
amlap, (-au), *n.m.* WRAP
amlarfod, (-au, -ion), *n.m.f. & a.*
 MULTI-RANGE
amlder, **-dra**, (-au), *n.m.* ABUNDANCE
amldduwiaeth, *n.f.* POLYTHEISM
amledd, (-au), *n.m.* FREQUENCY
amleiriog, *a.* WORDY, VERBOSE, PROLIX
amlen, (-ni), *n.f.* ENVELOPE
amlffurf, *a.* POLYMORPHIC
amlffurfiaeth, *n.f.* POLYMORPHISM
amlgainc, *a.* SYMPODIAL
amlgellog, *a.* MULTICELLULAR
amlhad, *n.m.* INCREASE, INCREASING
amlhau, *v.* INCREASE, MULTIPLY
amlinell, (-au), *n.f.* OUTLINE, CONTOUR
amlinelliad, (-au), OUTLINE
amlinellu, *v.* OUTLINE
aml-lawr, *a.* MULTI-STOREY
aml-lunio, *v.* REPLICATE
amlochrog, *a.* MULTILATERAL, VERSATILE
amlosgfa, (-feydd), *n.f.* CREMATORIUM
amlosgi, *v.* CREMATE
amlwg, *a.* EVIDENT, CLEAR, PLAIN,
 FAMOUS, PROMINENT
amlwreiciaeth, *n.f.* POLYGAMY
amlwyth, (-i), *n.m.* CONTAINER
amlwythiant, *n.m.* CONTAINERISATION
amlygiad, (-au), *n.m.* MANIFESTATION,
 EXPOSURE
amlygrwydd, *n.m.* PROMINENCE,
 LIMELIGHT
amlygu, *v.* MANIFEST, REVEAL, HIGHLIGHT
amlyniad, (-au), *n.m.* ADHERENCE
amnaid, (-neidiau), *n.f.* BECK, NOD, SIGN
amneidio, *v.* BECKON, NOD

amnesia, *n.m.* AMNESIA
amnest, (-au), *n.m.* AMNESTY
amnewid, *v.* PERMUTE, SUBSTITUTE
amnewidiad, (-au), *n.m.* PERMUTATION,
 SUBSTITUTION
amnifer, (-oedd), *n.m.* MULTITUDES, ODD
 (NUMBER)
 a. COUNTLESS, UNEQUAL
amnyth, *a.* NESTED
amod, (-au), *n.m.f.* CONDITION, PROVISO
 amodau, TERMS
amodi, *v.* AGREE, COVENANT, STIPULATE
 CONDITION
amodiad, (-au), *n.m.* STIPULATION
amoeba, *n.m.* AMOEBA
amonia, (amoniâu), *n.m.* AMMONIA
amorffus, *a.* AMORPHOUS
amper, (-au), *n.m.* AMPERE
amrant, (-au, -rannau), *n.m.* EYELID
amrantiad, *n.m.* WINK, INSTANT,
 TWINKLING
amred, **-iad**, (-au), *n.m.* RANGE
amrig, *a.* OFF-PEAK
amrwd, *a.* UNCOOKED, RAW, CRUDE
amrwym, *n.m.* SWATHE
amrwymo, *v.* SWATHE
amrydedd, *n.m.* RAWNESS
amryddawn, *a.* VERSATILE, ALL-ROUND
amryfaen, (-fain, -feini), *n.m.* CON-
 GLOMERATE
amryfal, *a.* VARIOUS, SUNDRY, MULTIPLE
amryfalaeth, *n.m.* DIVERSIFICATION
amryfalu, *v.* DIVERSIFY
amryfath, *a.* MULTIFARIOUS
amryfodd, *a.* VARIOUS
amryfus, *a.* ERRONEOUS, FORGETFUL
amryfusedd, (-au), *n.m.* ERROR,
 OVERSIGHT
amryfuso, *v.* ERR
amrygoll, *a.* STRANDED
amryliw, *a.* VARIEGATED, MULTICOLOURED
amryw, *a.* SEVERAL, VARIOUS
amrywedd, (-au), *n.m.* VARIABILITY
amrywiad, (-au), *n.m.* VARIATION,
 VARIANT
amrywiaeth, (-au), *n.m.* VARIETY,
 DIVERSITY
amrywiant, (-iannau), *n.m.* VARIANCE,
 DIVERSIFICATION
amrywio, *v.* VARY, DIFFER
amrywiol, *a.* VARIOUS, SUNDRY,
 MISCELLANEOUS
amrywiolion, *n.pl.* VARIANTS

amser, (-au, -oedd), *n.m.* TIME. TEMPO.
TENSE
amser adwaith, REACTION TIME
amser rhydd, TIME OFF
amseriad, (-au), *n.m.* TIMING. TEMPO.
DATE
amseriadur, *n.m.* PACEMAKER (HEART)
amserlen, (-ni), *n.f.* TIMETABLE
amsernod, (-au), *n.m.* TIME-SIGNAL
amserol, *a.* TIMELY. TEMPORAL
amseru, *v.* DATE. TIME
amserwr, (-wyr), *n.m.* TIME-KEEPER
amserydd, (-ion), *n.m.* CHRONOLOGIST.
TIMER
amseryddiaeth, *n.f.* CHRONOLOGY
amseryddol, *a.* CHRONOLOGICAL
amsugniad, (-au), *n.m.* ABSORPTION
amsugno, *v.* ABSORB
amsugnol, *a.* ABSORBENT
amwisg, (-oedd), *n.f.* SHROUD.
COVERING
amwisgo, *v.* SHROUD. ENWRAP
amwyll, *a.* MAD. FOOLISH
n.m. MADNESS. MADMAN
amwynder, (-au), *n.m.* AMENITY
amwys, *a.* AMBIGUOUS
amwysedd, *n.m.* AMBIGUITY
amyd, *n.m.* MIXED CORN. MASHLUM
amylu, *v.* OVERSEW
amyn, *c. & prp.* UNLESS. EXCEPT. BUT
amynedd, *n.m.* PATIENCE
amyneddgar, *a.* PATIENT
an-, *px.* UN-. IN-. DE-. DIS-
anabl, *a.* DISABLED
anabledd, *n.m.* DISABILITY
anabolaeth, *n.f.* ANABOLISM
anacroniad, (-au), *n.m.* ANACHRONISM
anad, *a.* BEFORE
yn anad dim, ABOVE ALL, MORE THAN
anadferadwy, *a.* IRREPARABLE
anadl, (-au, -on), *n.m.f.* BREATH
anadliad, (-au), *n.m.* BREATH.
BREATHING. INHALATION
anadlu, *v.* BREATHE. INHALE
anadnabyddus, *a.* UNKNOWN. STRANGE
anaddas, *a.* UNFIT. UNSUITABLE
anaddasedd, *n.m.* UNFITNESS
anaddasu, *v.* UNFIT
ana(e)ddfed, *a.* UNRIPE
anaeddfedrwydd, *n.m.* UNRIPENESS
anaele, *a.* AWFUL. DIREFUL
anaemia, *n.m.* ANAEMIA
anaesthetig, *n.m.* ANAESTHETIC

anaesthetigo, *n.m.* ANAESTHETIZE
anaesthetydd, *n.m.* ANAESTHETIST
anaf, (-au, -iadau), *n.m.* BLEMISH.
INJURY. WOUND
anafu, *v.* BLEMISH. HURT
anafus, *a.* BLEMISHED. MAIMED. INJURED
anair, (-eiriau), *n.m.* ILL REPORT.
SLANDER
analog, (-au), *n.m.* ANALOGUE
analytig, *a.* ANALYTICAL
anallu(edd), (-oedd), *n.m.* INABILITY.
IMPOTENCE
analluog, *a.* UNABLE. INCAPABLE
analluogi, *v.* INCAPACITATE. DISABLE
anaml, *a.* RARE. INFREQUENT
ad. RARELY. SELDOM
anamlwg, *a.* OBSCURE
anamserol, *a.* UNTIMELY. MISTIMED
anap, (anhapon), *n.m.f.* MISHAP. MIS-
CHANCE
anaraul, *a.* SUNLESS. CHEERLESS
anarchaidd, *a.* ANARCHIC
anarchiaeth, *n.f.* ANARCHY
anarchydd, (-ion), *n.m.* ANARCHIST
anarchyddol, *a.* ANARCHISTIC
anarferol, *a.* UNUSUAL
anataliad, (-au), *n.m.* INCONTINENCE
anatomaidd, *a.* ANATOMICAL
anatomeg, *n.f.m.* ⎤
anatomi, *n.f.m.* ⎦ ANATOMY
anathraidd, *a.* IMPERMEABLE
anawd, (anodau), *n.m.* ANNATE
anawyrfyw, *a.* ANAEROBIC
ancr, *n.m.* ANCHORITE
ancwyn, (-ion), *n.m.* DINNER. SUPPER.
DESSERT. DELICACY
anchwiliadwy, *a.* UNSEARCHABLE
andras, *n.m.* CURSE. EVIL. DEVIL. DEUCE
andwyo, *v.* HARM. SPOIL. RUIN
andwyol, *a.* HARMFUL. RUINOUS
aneddfa, see *anheddfa*
aneffeithiol, *a.* INEFFECTUAL
aneglur, *a.* OBSCURE. INDISTINCT
anegni, *n.m.* INERTIA
aneirif, *a.* INNUMERABLE
aneliad, (-au), *n.m.* AIM; ANNEALING
anelio, *v.* ANNEAL
anelog, *a.* GUIDED. AIMING
anelu, *v.* AIM. ATTEMPT
anelwigrwydd, *n.m.* INDISTINCTNESS
anemia, *n.m.* ANAEMIA
anemomedr, (-au), *n.m.* ANEMOMETER

anenwog, *a.* UNRENOWNED

anerchiad, (-au), *n.m.* ADDRESS,
SALUTATION

anesboniadwy, *a.* INEXPLICABLE

anesgor(ol), *a.* INEVITABLE, INESCAPABLE

anesmwyth, *a.* RESTLESS, UNEASY

anesmwythder, -dra, *n.m.* UNREST,
UNEASINESS

anesmwytho, *v.* BE OR MAKE UNEASY

anesmwythyd, *n.m.* UNEASINESS,
DISQUIET

aneurin, *n.m.* ANEURIN

anewyllysgar, *a.* UNWILLING

anfad, *a.* WICKED, VILLAINOUS,
MONSTROUS, CRIMINAL

anfadrwydd, *n.m.* WICKEDNESS, VILLAINY

anfadwaith, *n.m.* VILLAINY, CRIME

anfaddeugar, *a.* UNFORGIVING

anfaddeuol, *a.* UNPARDONABLE

anfantais, (-teision), *n.f.*
DISADVANTAGE

anfanteisiol, *a.* DISADVANTAGEOUS

anfarwol, *a.* IMMORTAL, UNDYING

anfarwoldeb, *n.m.* IMMORTALITY

anfarwoli, *v.* IMMORTALISE

anfedrus, *a.* UNSKILFUL, CLUMSY

anfedrusrwydd, *n.m.* UNSKILFULNESS

anfeidraidd, *a.* INFINITE

anfeidredd, *n.m.* INFINITY

anfeidrol, *a.* INFINITE

anfeidroldeb, *n.m.* INFINITY

anferth, *a.* HUGE, MONSTROUS, GIGANTIC,
PRODIGIOUS

anferthedd, *n.m.* HUGENESS,
MONSTROSITY

anferthol, *a.* HUGE

anferthwch, *n.m.* ABNORMALITY

anfetelau, *n.pl.* NON-METALS

anfodlon, *a.* DISCONTENTED, UNWILLING

anfodloni, *v.* DISCONTENT, DISSATISFY

anfodlonrwydd, *n.m.* DISCONTENT

anfodd, *n.m.* UNWILLINGNESS, GRIEVANCE

anfoddlon, *a.* see *anfodlon*

anfoddog, *a.* UNWILLING, DISSATISFIED

anfoddogrwydd, *n.m.* DISSATISFACTION,
DISCONTENT

anfoes, *n.f.* UNSEEMLINESS, IMMORALITY

anfoesgar, *a.* UNMANNERLY, RUDE

anfoesgarwch, *n.m.* INCIVILITY, BAD
MANNERS

anfoesol, *a.* IMMORAL

anfoesoldeb, *n.m.* IMMORALITY

anfon, *v.* TRANSMIT, SEND

anfoneb, (-au), *n.f.* INVOICE

anfonedig, *a.* SENT

anfoneddigaidd, *a.* UNGENTLEMANLY

anfonheddig, *a.* IGNOBLE, DISCOURTEOUS

anfonog, (-ion), *n.m.* DELEGATE

anfri, *n.m.* DISRESPECT, DISHONOUR,
DISGRACE

anfucheddol, *a.* IMMORAL

anfuddiol, *a.* UNPROFITABLE

anfwriadol, *a.* UNINTENTIONAL

anfwyn, *a.* UNKIND, UNGENTLE

anfynych, *a.* SELDOM, RARE

anfytynaidd, *a.* CLUMSY

anfyw, *a.* INANIMATE

anffaeledig, *a.* INFALLIBLE

anffaeledigrwydd, *n.m.* INFALLIBILITY

anffafriol, *a.* UNFAVOURABLE

anffawd, (-ffodion), *n.f.* MISFORTUNE

anffit, *a.* UNFIT

anffitrwydd, *n.m.* UNFITNESS

anfflamadwy, *a.* NON-FLAMMABLE

anffodus,　　　　*a.* UNFORTUNATE
anffortunus,

anffrwythlon, *a.* STERILE

anffrwythlonedd, *n.m.* STERILITY

anffurf, -iad, (-(i)au), *n.m.*
DISFIGUREMENT, DEFORMATION

anffurfiant, (-iannau), *n.m.* DEFORMITY

anffurfio, *v.* DISFIGURE, DEFORM, DISTORT

anffurfiol, *a.* INFORMAL

anffyddiaeth, *n.f.* ATHEISM, INFIDELITY

anffyddiwr, (-wyr), *n.m.* ATHEIST,
INFIDEL

anffyddlon, *a.* UNFAITHFUL

anffyddlondeb, *n.m.* UNFAITHFULNESS

anffynadwy, *a.* UNSUCCESSFUL

anhaeddiannol, *a.* UNDESERVED

anhaeddiant, *n.m.* UNWORTHINESS

anhael, *a.* MISERLY
n.m. MISER

anhafal, *a.* UNEQUAL

anhafaledd, *n.m.* INEQUALITY

anhapus, *a.* UNHAPPY, UNLUCKY

anhardd, *a.* UGLY

anharddwch, *n.m.* UGLINESS

anhawdd, *a.* HARD, DIFFICULT

anhawddgar, *a.* UNAMIABLE

anhawster, (anawsterau), *n.m.*
DIFFICULTY

anheddau, *n.pl.* PREMISES, DWELLINGS

anheddeg, *n.f.* EKISTICS

anheddfa, (-feydd), *n.f.* DWELLING-
PLACE, SETTLEMENT

anheddiad, (-au), *n.m.* SETTLEMENT
anheddol, *a.* HABITABLE
anheddu, *v.* SETTLE. HOUSE
anheddwr, (-wyr), *n.m.* SETTLER
anheintedd, *n.m.* IMMUNITY
anheintiol, *a.* STERILE
anheintus, *a.* IMMUNE
anhepgor, (-ion), *n.m.* ESSENTIAL.
  REQUISITE
anhepgorol, *a.* INDISPENSABLE
anhraethadwy, *a.* UNUTTERABLE
anhraethol, *a.* UNSPEAKABLE.
  INDESCRIBABLE
anhrefn, *n.m.* DISORDER. CHAOS
anhrefnu, *v.* DISORGANISE
anhrefnus, *a.* DISORDERLY. UNTIDY
anhreiddiadwy, *a.* IMPENETRABLE
anhreiddiol, *a.* IMPERVIOUS.
  IMPENETRABLE
anhreisgyrch, *n.m.* NON-AGGRESSION
anhreuliedig, *a.* UNDIGESTED. UNSPENT
anhrigiwr, (-wyr), *n.m.* NON-RESIDENT
anhringar, *a.* UNMANAGEABLE
anhrugarog, *a.* MERCILESS
anhudded, *n.m.* COVERING. SHROUD
anhuddo, *v.* COVER
anhun, *n.m.* SLEEPLESSNESS
anhunanol, *a.* UNSELFISH
anhunedd, *n.m.* WAKEFULNESS. DISQUIET
anhunol, *a.* SLEEPLESS
anhwyldeb, -der, (-au), *n.m.* DISORDER.
  SICKNESS. MALAISE
anhwylus, *a.* UNWELL. INCONVENIENT
anhwylustod, *n.m.* ILLNESS.
  INCONVENIENCE
anhyblyg, *a.* INFLEXIBLE. STUBBORN.
  RIGID
anhyboen, *a.* IMPASSIBLE
anhydawdd, *a.* INSOLUBLE
anhydraidd, *a.* IMPERMEABLE, IMPERVIOUS
anhydrid, *n.m.* ANHYDRIDE
anhydrin, *a.* UNMANAGEABLE
anhydwyth, *a.* STIFF, RIGID, INELASTIC
anhydyn, *a.* INTRACTABLE. OBSTINATE
anhydynrwydd, *n.m.* OBSTINACY
anhyddysg, *a.* IGNORANT, UNLEARNED
anhyfedr, *a.* CLUMSY, UNSKILFUL
anhyfryd, *a.* UNPLEASANT
anhyfrydwch, *n.m.* DISAGREEABLENESS.
  GRIEF
anhygar, *a.* UNAMIABLE. UNPLEASANT
anhyglyw, *a.* INAUDIBLE
anhygoel, *a.* INCREDIBLE

anhygyrch, *a.* INACCESSIBLE
anhygyrchedd, *n.m.* INACCESSIBILITY
anhylaw, *a.* UNSKILFUL.
anhynod, *a.* INDISTINCT, NOT FAMOUS
anhysbys, *a.* UNKNOWN, UNVERSED
anhywaith, *a.* INTRACTABLE. WILD
anhywasg, *a.* INCOMPRESSIBLE
anial, *a.* DESOLATE, GRIEVOUS. DESERT
  n.m. WILDERNESS. DESERT
anialdir, ⎫ (-oedd), *n.m.* WILDERNESS.
anialwch, ⎭ DESERT
anian, (-au, -oedd), *n.f.m.* NATURE.
  INSTINCT. GENIUS. DISPOSITION
anianawd, *n.m.* TEMPERAMENT.
  DISPOSITION
anianeg, *n.f.* PHYSICS, PHYSIOLOGY
anianol, *a.* NATURAL
aniawn, *a.* CROOKED. WRONG
anifail, (-ifeiliaid), *n.m.* ANIMAL. BEAST
anifeilaidd, *a.* ANIMAL, BEASTLY
animistiad, (-iaid), *n.m.* ANIMIST
animistiaeth, *n.f.* ANIMISM
anïon, (-au), *n.m.* ANION
anlwc, *n.m.* MISFORTUNE. BAD LUCK
anlwcus, *a.* UNLUCKY
anllad, *a.* WANTON. LEWD. OBSCENE
anlladrwydd, *n.m.* WANTONNESS.
  LEWDNESS. OBSCENITY
anlladu, *v.* WANTON
anllosgadwy, *a.* INCOMBUSTIBLE.
  FIREPROOF. ASBESTINE
anllygredig, *a.* INCORRUPT. PURE
anllygredigaeth, *n.f.* PURITY.
  INCORRUPTION
anllythrennedd, *n.m.* ILLITERACY
anllythrennog, *a.* ILLITERATE
anllywodraeth, *n.f.* ANARCHY, MISRULE
annaearol, *a.* UNEARTHLY, WEIRD
annarbodaeth, *n.m.f.* IMPROVIDENCE
annarbodrwydd, *n.m.* DISECONOMY
annarogan, *a.* UNPREDICTABLE
annaturiol, *a.* UNNATURAL
anneallus, *a.* UNINTELLIGENT
annedwydd, *a.* MISERABLE. UNHAPPY
annedwyddwch, *n.m.* UNHAPPINESS
annedd, (anheddau), *n.m.f.* DWELLING.
  SETTLEMENT, HABITATION, QUARTERS
  anheddau teuluol, MARRIED QUARTERS
  annedd ar wasgar, DISPERSED
  SETTLEMENT
anneddfol, *a.* ILLEGITIMATE, LAWLESS
annel, (anelau), *n.m.f.* TRAP. PURPOSE,
  PROP, AIM

annelwig, *a.* SHAPELESS, VAGUE.
INDISTINCT
anner, (aneirod, -i, -au), *n.f.* HEIFER
anner flith, IN MILK HEIFER
annerbyniadwy, *a.* INADMISSIBLE
annerbyniol, *a.* UNACCEPTABLE
annerch, (anerchion), *n.m.* GREETING.
ADDRESS, SALUTATION
v. GREET, ADDRESS
annethau, *a.* CLUMSY
annethol, *a.* NON-SELECTIVE
annhaclus, *a.* UNTIDY
annhebyg, *a.* UNLIKE(LY)
annhebygol, *a.* UNLIKELY, IMPROBABLE
annhebygolrwydd, *n.m.* IMPROBABILITY
annhebygrwydd, *n.m.* UNLIKENESS
annheg, *a.* UNFAIR, UNJUST
annhegwch, *n.m.* UNFAIRNESS, INJUSTICE
annheilwng, *a.* UNWORTHY
annheilyngdod, *n.m.* UNWORTHINESS
annheimladrwydd, *n.m.* INSENSIBILITY
annherfynol, *a.* INFINITE, ENDLESS
annhirion, *a.* CRUEL, UNGENTLE
annhoddadwy, *a.* INSOLUBLE
annhueddol, *a.* DISINCLINED
annhyngwr, (-wyr), *n.m.* NONJUROR
annhymig, *a.* UNTIMELY, ABORTIVE
anniïau, *a.* UNCERTAIN
anniben, *a.* UNTIDY, SLOW
annibendod, *n.m.* UNTIDINESS, SLOWNESS
annibyniaeth, (-au), *n.f.* INDEPENDENCE
annibynnol, *a.* INDEPENDENT
Annibynnwr, (-ynwyr), *n.m.*
INDEPENDENT, CONGREGATIONALIST
annichon, -adwy, *a.* IMPOSSIBLE
annidor, *a.* DISCONTINUOUS
anniddig, *a.* PEEVISH, IRRITABLE, FRETFUL
anniddigrwydd, *n.m.* RESTLESSNESS
anniddos, *a.* LEAKY
annieithr, *a.* INALIENABLE
anniflanedig, *a.* IMPERISHABLE,
UNFADING
annifyr, *a.* MISERABLE, UNPLEASANT
annifyrrwch, *n.m.* MISERY,
UNPLEASANTNESS
annhigonedd, *n.m.* INSUFFICIENCY
annigonfwyd, *a.* UNDERFED
annigonol, *a.* INSUFFICIENT, INADEQUATE
annigonolrwydd, *n.m.* INADEQUACY
annigwyddiad, (-au), *n.m.* NON-EVENT
annileadwy, *a.* INDELIBLE
annilys, *a.* SPURIOUS, INVALID
annillyn, *a.* UNSEEMLY, CLUMSY

annioddefol, *a.* UNBEARABLE
anniogel, *a.* UNSAFE, INSECURE
anniolchgar, *a.* UNGRATEFUL
anniolchgarwch, *n.m.* INGRATITUDE
annirfodol, *a.* NON-EXISTENTIAL
annirnadwy, *a.* INCOMPREHENSIBLE
annisgrifiadwy, *a.* INDESCRIBABLE
annisgwyliadwy, *a.* UNEXPECTED
anniwair, *a.* UNCHASTE, LEWD
anniwall, *a.* INSATIABLE
annodi, *v.* ANNOTATE
annoeth, *a.* UNWISE
annoethineb, *n.m.* FOLLY, INDISCRETION
annog, *v.* URGE, ABET, INCITE
annormal, *a.* ABNORMAL, INVERTED
(GRAMMAR)
annormalaeth, (-au), *n.m.*
ABNORMALITY
annos, *v.* INCITE, URGE, SET (A DOG) ON
annosbarth, *n.m.* DISORDER
annosbarthedig, *a.* UNCLASSIFIED
annosbarthus, *a.* DISORDERLY, UNRULY
annuw, -iad, (-iaid), *n.m.* ATHEIST
annuwiaeth, *n.f.* ATHEISM
annuwiol, *a.* UNGODLY, GODLESS
annuwioldeb, *n.m.* UNGODLINESS
annwn, *n.m.* THE UNDERWORLD, HELL,
ABYSS
annwyd, (anwydau, -on), *n.m.* COLD.
NATURE, PASSION
annwyl, *a.* DEAR, BELOVED
annyledus, *a.* UNDUE
annymunol, *a.* UNDESIRABLE,
UNPLEASANT
annynol, *a.* INHUMAN, CRUEL
annysgedig, *a.* UNLEARNED
anobaith, *n.m.* DESPAIR
anobeithio, *v.* DESPAIR
anobeithiol, *a.* HOPELESS
anochel, -adwy, *a.* UNAVOIDABLE
anod, (-au), *n.m.* ANODE
anodîn, (-au), *n.m.* ANODYNE
anodd, *a.* DIFFICULT, HARD
anoddi, *v.* ISSUE
anoddefgar, *a.* INTOLERANT, IMPATIENT
anogaeth, (-au), *n.f.* EXHORTATION,
INDUCEMENT
anolygus, *a.* UNSIGHTLY, UGLY
anomaledd, (-au), *n.m.* ANOMALY
anomalus, *a.* ANOMALOUS
anonest, *a.* DISHONEST
anonestrwydd, *n.m.* DISHONESTY
anorchfygol, *a.* INVINCIBLE

anomi, *n.m.* ANOMY
anorecsia, *n.m.* ANOREXIA
anorfod, *a.* INEVITABLE, INSUPERABLE
anorffen, *a.* ENDLESS, UNENDING
anorffenedig, *a.* INCOMPLETE, UNFINISHED
anorthrech, *a.* INVINCIBLE, IRREPRESSIBLE
anostwng, *a.* IRREDUCIBLE
anraddedig, *a.* UNGRADED, NON-GRADUATE
anrasol, *a.* GRACELESS
anrhaith, (-rheithiau), *n.f.* SPOIL, PREY,
  DESTRUCTION
anrheg, (-ion), *n.f.* GIFT, PRESENT
anrhegu, *v.* PRESENT, GIVE
anrheithio, *v.* PLUNDER, PREY, SPOIL
anrheithiwr, (-wyr), *n.m.* SPOILER,
  PLUNDERER
anrheolaidd, *a.* ANOMALOUS
anrhesymol, *a.* IRRATIONAL
anrhydedd, (-au), *n.m.* HONOUR
anrhydeddu, *v.* HONOUR
anrhydeddus, *a.* HONOURABLE,
  HONORARY
anrhywiol, *a.* ASEXUAL
ansad, *a.* UNSTEADY, FICKLE, UNSTABLE
ansadrwydd, *n.m.* INSTABILITY,
  FICKLENESS
ansathredig, *a.* UNFREQUENTED,
  UNCOMMON, OBSOLETE
ansawdd, (-soddau, -soddion), *n.m.f.*
  QUALITY, CONDITION, TEXTURE, NATURE
ansefydlog, *a.* UNSETTLED, UNSTABLE,
  FICKLE
ansefydlogi, *v.* UNSETTLE
ansicr, *a.* UNCERTAIN, DOUBTFUL
ansicredig, *a.* UNSECURED
ansicrwydd, *n.m.* DOUBT, UNCERTAINTY
ansiofi, *n.m.* ANCHOVY
ansoddair, (-eiriau), *n.m.* ADJECTIVE
ansoddeiriol, *a.* ADJECTIVAL
ansoddol, *a.* QUALITATIVE
ansoddyn, (ansoddau), *n.m.*
  CONSTITUENT
ansyber(w), *a.* UNTIDY, DISCOURTEOUS
ansymudoledd, *n.m.* IMMOBILITY
antarctig, *a. & n.m.* ANTARCTIC
anterliwd, (-iau), *n.f.* INTERLUDE
anterth, *n.m.* MERIDIAN, PRIME, ZENITH,
  CULMINATION
antibiotig, (-ion), *a. & n.m.* ANTIBIOTIC
antibodi, (-ïau), *n.m.* ANTIBODY
antiffon, (-au), *n.f.* ANTIPHON
antiseiclon, (-au), *n.m.* ANTICYCLONE
antur, (-iau), *n.m.* ATTEMPT, VENTURE
  ar antur, AT RANDOM

anturiaeth, (-au), *n.f.* ADVENTURE,
  ENTERPRISE
anturiaethus, *a.* ADVENTUROUS,
  ENTERPRISING
anturiaethwr, (-wyr), *n.m.* ADVENTURER
anturio, *v.* VENTURE, ADVENTURE
anturus, *a.* ADVENTUROUS
anthem, (-au), *n.f.* ANTHEM
anther, (-i), *n.m.* ANTHER
anthropoid, (-au), *n.m.* ANTHROPOID
anthropoleg, *n.m.f.* ANTHROPOLOGY
anthropolegol, *a.* ANTHROPOLOGICAL
anthropolegwr, (-wyr), *n.m.*
  ANTHROPOLOGIST
anudon, -edd, (-au), *n.m.* ⎫ PERJURY
anudoniaeth, *n.f.*   ⎭
anudonwr, (-wyr), *n.m.* PERJURER
anufudd, *a.* DISOBEDIENT
anufudd-dod, *n.m.* DISOBEDIENCE
anufuddhau, *v.* DISOBEY
anunfaint, *a.* UNEQUAL
anunion, *a.* CROOKED, UNJUST, INDIRECT
anuniondeb, *n.m.* INJUSTICE, INIQUITY
anunion(gyrchol), *a.* INDIRECT
anurddo, *v.* SPOIL, MAR
anwadal, *a.* FICKLE, UNSTABLE,
  CHANGEABLE
anwadaliad, (-au), *n.m.* FLUCTUATION
anwadalu, *v.* WAVER, VACILLATE,
  FLUCTUATE
anwadalwch, *n.m.* FICKLENESS
anwahanadwy, *a.* INSEPARABLE
anwar, *a.* UNCIVILISED, WILD, SAVAGE
  (-iaid), *n.m.* SAVAGE
anwaraidd, *a.* SAVAGE, UNCOUTH, CRUEL
anwastad, *a.* UNEVEN, UNSTABLE, FICKLE
anwe, (-oedd), *n.f.* WOOF, WEFT
anwedd, (-au), *n.m.* STEAM, VAPOUR
anweddaidd, *a.* UNSEEMLY, INDECENT
anweddeidd-dra, *n.m.* INDECENCY
anweddiad, *n.m.* VAPORIZATION,
  EVAPORATION
anweddu, *v.* EVAPORATE, VAPORISE
anweddus, *a.* INDECENT, UNSEEMLY
anwedduster, (-au), *n.m.* INDECENCY
anweddwr, -ydd, *n.m.* EVAPORATOR
anweledig, *a.* INVISIBLE, UNSEEN
anwelladwy, *a.* INCURABLE
anwes, (-au), *n.m.* FONDNESS, FONDLING,
  CARESS, INDULGENCE
  capel anwes, CHAPEL OF EASE
anwesog, *a.* PAMPERED, AFFECTIONATE
anwesu, *v.* FONDLE, CARESS, PAMPER

anwir, *a.* FALSE. UNTRUE. LYING
anwiredd, (-au), *n.m.* UNTRUTH.
  INIQUITY
anwireddu, *v.* FALSIFY
anwireddus, *a.* UNTRUTHFUL. LYING
anwirfodd, *a.* NON-VOLUNTARY
anwirio, *v.* FALSIFY
anwiw, *a.* UNWORTHY
anwlws, (anwli), *n.m.* ANNULUS
anwr, (-wyr), *n.m.* WRETCH. COWARD
anŵraidd, *a.* COWARDLY
anŵryd, *n.m.* UNMANLINESS
anwybod, (-au), *n.m.* IGNORANCE.
  DISCOURTESY
anwybodadwy, *a.* UNKNOWABLE
anwybodaeth, *n.f.* IGNORANCE
anwybodus, *a.* IGNORANT
anwybyddu, *v.* IGNORE
anwydog, *a.* CHILLY. COLD. HAVING A
  COLD
anwyldeb, *n.m.* BELOVEDNESS. DEARNESS
anwyliaid, *n.pl.* BELOVED ONES
anwylo, *v.* CHERISH. CARESS
anwylyd, *n.m.f.* BELOVED
anwylyn, *n.m.* PET. FAVOURITE
anwythiad, (-au), *n.m.* INDUCTION
anwytho, *v.* INDUCE. INDUCT
anwythol, *a.* INDUCTING. INDUCED.
  INDUCTED
anwyw, *a.* EVERGREEN
anymadweithiol, *a.* UNREACTIVE
anymarferol, *a.* IMPRACTICABLE
  UNPRACTICAL
anymatal, *n.m.* INCONTINENCE
anymddiried, *v. & n.m.* MISTRUST.
  DISTRUST
anymochredd, *n.m.* NONALIGNMENT
anymwybod, *n.m.* UNAWARENESS.
  UNCONSCIOUSNESS
anymwybodol, *a.* UNCONSCIOUS
anymwybyddiaeth, *n.f.* UNCONSCIOUSNESS
anymyrraeth, *n.f.* NON-INTERVENTION
anynad, *a.* PEEVISH. BRAWLING
anysgrythurol, *a.* UNSCRIPTURAL
anystwyth, *a.* INFLEXIBLE. STIFF. RIGID
anystwytho, *v.* STIFFEN
anystyriaeth, *n.f.* HEEDLESSNESS.
  RASHNESS
anystyriol, *a.* HEEDLESS. RECKLESS
anystywallt, *a.* UNMANAGEABLE. WILD
aorta, (aortae), *n.m.* AORTA
ap,   see *ab*
apanaeth, *n.m.* APPANAGE

apartment, (-au), *n.m.* APARTMENT
apartheid, (-au), *n.m.* APARTHEID
apêl, (apel(i)au), *n.m.f.* ⎫
                              ⎬ APPEAL
apeliad, (-au), *n.m.*   ⎭
apelio, *v.* APPEAL
apeliwr, apelydd, (-wyr), *n.m.*
  APPELLANT
apendics, *n.m.* APPENDIX
apig, (-au), *n.m.* APEX
apoleg, *n.m.* APOLOGY
apostol, (-ion), *n.m.* APOSTLE
apostolaidd, *a.* APOSTOLIC
aprofi, *v.* APPROVE
aps, (-iau), *n.f.* APSE
apwyntiad, (-au), *n.m.* APPOINTMENT
apwyntio, *v.* APPOINT
âr, *n.m.* PLOUGHED LAND. TILTH
  a. ARABLE
ar, *prp.* ON. UPON. OVER. AT. IN
  ar dramp, ON TOUR
  ar siawns, AT RANDOM
  ar y pryd, IMPROMPTU
arab, *a.* PLEASANT. WITTY. FACETIOUS
arabedd, *n.m.* WIT. FACETIOUSNESS
arabésg, *a. & n.m.* ARABESQUE
arabus, *a.* WITTY
aradegedd, *n.m.* GRADUALISM
aradr, (erydr), *n.m.* PLOUGH
aradrwr, (-wyr), *n.m.* PLOUGHMAN
arae, (-au), *n.m.* ARRAY
araen, (-au), *n.m.* COATING
araf(aidd), *a.* SLOW. GENTLE. SOFT
arafiad, *n.m.* DECELERATION.
  RETARDATION
arafu, *v.* SLOW. MODERATE. QUIET.
  DECELERATE. RETARD
arafwch, *n.m.* SLOWNESS.
  BACKWARDNESS. MODERATION
arail, *v.* GUARD. FOSTER. CARE
araith, (areithiau), *n.f.* SPEECH.
  ADDRESS
arall, (eraill), *a. & pn.* ANOTHER.
  OTHER. ELSE
  n.m. ALTERNATIVE
aralleg, (-au), *n.f.m.* ALLEGORY
aralleiriad, (-au), *n.m.* PARAPHRASE
aralleirio, *v.* PARAPHRASE
arallenw, *n.m.* ALIAS
arallenwad, (-au), *n.m.* PERIPHRASIS
arallgymheiriad, *n.m.* ALLOSYNDESIS
aralliad, (-au), *n.m.* ALIENATION
arallrwydd, *n.m.* OTHERNESS
arallu, *v.* ALIENATE

aranadliad, (-au), *n.m.* INSUFFLATION
araul, *a.* SUNNY. SUNLIT. SERENE
arawd, (arodion), *n.f.* SPEECH. ORATION.
    PRAYER
arbed, *v.* SPARE. SAVE
arbediad, (-au), *n.m.* SAVE. SALVAGE
arbedu, *v.* SALVAGE
arbedwr, (-wyr), *n.m.* SAVIOUR. MISER
arbelydriad, (-au), *n.m.* IRRADIATION
arbelydru, *v.* IRRADIATE
arbenigaeth, (-au), *n.f.* EXPERTISE.
    SPECIALISATION
arbenigedd, (-au), *n.m.* SPECIALITY
arbenigo, *v.* SPECIALISE
arbenigol, *a.* SPECIALISED
arbenigrwydd, *n.m.* SPECIALITY.
    DISTINCTION
arbenigwr, (-wyr), *n.m.* SPECIALIST
arbennig, *a.* SPECIAL. DISTINCT
arbetelaidd, *a.* EPIPETALOUS
arbor, (-au), *n.m.* ARBOR
arbost, (arbyst), *n.m.* IMPOST
arbrawf, (arbrofion), *n.m.* EXPERIMENT
arbrisiad, *n.m.* APPRECIATION
arbrofi, *v.* EXPERIMENT
arbrofol, *a.* EXPERIMENTAL
arbrofwr, (-wyr), *n.m.* EXPERIMENTER
arbymthegyn, (-egion), *n.m.* TEENAGER
arc, (-au), *n.f.* ARC
arcêd, (arcedau), *n.f.* ARCADE
arch, (eirchion), *n.f.* REQUEST. PETITION
    (eirch), *n.f.* COFFIN. ARK
arch- *px.* CHIEF. ARCH-. WORST
archadeiladydd, (-wyr), *n.m.*
    ARCHITECT
archaeoleg, *n.f.* ARCHAEOLOGY
archaeolegwr, (-wyr), *n.m.*
    ARCHAEOLOGIST
archangel, (-ylion), *n.m.* ARCHANGEL
archddiacon, (-iaid), *n.m.* ARCHDEACON
archddyfarniad, *n.m.* DECREE
archeb, (-ion), *n.f.* ORDER
    archeb bost, POSTAL ORDER
archebu, *v.* ORDER. PRECEPT
archen, -ad, *n.f.* SHOE. CLOTHING
archesgob, (-ion), *n.m.* ARCHBISHOP
archesgobaeth, (-au), *n.f.*
    ARCHBISHOPRIC
archfarchnad, (-oedd), *n.f.*
    HYPERMARKET
archgyhuddiad, (-au), *n.m.*
    IMPEACHMENT
archgyhuddo, *v.* IMPEACH

archiad (-au), *n.m.* BIDDING. MANDATE
archif, (-au), *n.m.* ARCHIVE
archifdy, (-dai), *n.m.* RECORD OFFICE
archifol, *a.* ARCHIVAL
archifydd, (-ion), *n.m.* ARCHIVIST
architraf, *n.m.* ARCHITRAVE
archoffeiriad, (-iaid), *n.m.* HIGH PRIEST
archoll, (-ion), *n.m.f.* WOUND
archolli, *v.* WOUND
archwaeth, *n.m.* TASTE. APPETITE
archwaethu, *v.* SAVOUR. RELISH. TASTE
archweinyddu, *v.* PONTIFICATE
archwiliad, (-au), *n.m.* EXAMINATION.
    AUDIT. SCRUTINY
archwilio, *v.* EXAMINE. AUDIT. SCAN.
    EXPLORE
archwiliwr, (-wyr), *n.m.* AUDITOR,
    EXAMINER, SCRUTINEER, EXPLORER
archwys, *n.m.* EXUDATION
ardal, (-oedd), *n.f.* REGION. DISTRICT.
    AREA
ardal adeiledig, BUILT UP AREA
ardalydd, (-ion), *n.m.* MARQUIS
ardalyddes, (-au), *n.f.* MARCHIONESS
ardaro, *v.* IMPINGE
ardeleriad, (-au), *n.m.* CAPITULATION
ardeleru, *v.* CAPITULATE
ardoll, (-au), *n.f.* LEVY
ardonydd, *n.m.* SUPERTONIC
ardrawiad, (-au), *n.m.* IMPACT
ardraws, *a.* TRANSVERSE
ardrawslin, (-iau), *n.m.* TRANSVERSAL
ardrem, (-iau), *n.f.* FACE. VIEW. LOOK
ardreth, (-i), *n.f.* RATE
ardrethol, *a.* RATEABLE
ardrethu, *v.* RATE
ardro, (-eon), *n.m.* CURVE
ardyfiant, (-iannau), *n.m.* EPIPHYTE
ardyst, *a.* ATTESTED
ardystiad, (-au), *n.m.* ATTESTATION.
    PLEDGE. ENDORSEMENT
ardystiedig, *a.* ATTESTED, ENDORSED,
    CERTIFIED
ardystio, *v.* ATTEST. ENDORSE
arddaearol, *a.* EPIGEAL
arddangos, *v.* SHOW. EXHIBIT. DISPLAY.
    DEMONSTRATE
arddangosfa, (-feydd), *n.f.* SHOW.
    EXHIBITION
arddangosiaeth, *n.f.* EXHIBITIONISM
arddegol, *a.* TEENAGE
arddegyn, (-egion), *n.m.* TEENAGER
arddel, *v.* OWN. CLAIM. AVOW

arddeliad, (-au), *n.m.* APPROVAL.
UNCTION. CONVICTION
arddelw, (-au), *n.f.* EFFIGY, PLEA
ardderchog, *a.* EXCELLENT. SPLENDID
ardderchowgrwydd, *n.m.* EXCELLENCY,
SPLENDOUR
arddodi, *v.* IMPOSE
arddodiad, (-au), *n.m.* IMPOSITION
arddodiad, (-iaid), *n.m.* PREPOSITION
arddu, *v.* PLOUGH
arddull, (-iau), *n.m.f.* STYLE
arddulleg, *n.f.* STYLISTICS
arddulliaeth, *n.f.* STYLIZATION
arddulliwr (-wyr), *n.m.* STYLIST
arddun, *a.* SUBLIME. BEAUTIFUL
arddunedd, *n.m.* ⎤
ardduniant, *n.m.* ⎦ SUBLIMITY
arddunol, *a.* SUBLIME. BEAUTIFUL
arddunoli, *v.* SUBLIMATE
arddwr, (-wyr), *n.m.* PLOUGHMAN
arddwrn, (-yrnau), *n.m.* WRIST
arddwys, *a.* INTENSIVE
arddwysedd, (-au), *n.m.* INTENSITY
arddywediad, (-au), *n.m.* DICTATION
arddywedyd, *v.* DICTATE
aredig, *v.* PLOUGH
areinio, *v.* ARRAIGN
areitheg, *n.f.* RHETORIC
areithio, *v.* SPEAK. MAKE A SPEECH
areithiwr, (-wyr), *n.m.* SPEAKER. ORATOR
areithydd, (-ion), *n.m.* ELOCUTIONIST
areithyddiaeth, *n.f.* ORATORY. RHETORIC.
ELOCUTION
arel, *n.m.* LAUREL
aren, (-nau), *n.f.* KIDNEY
arena, (arenâu), *n.f.* ARENA
aresgid, (-iau), *n.f.* GOLOSH
arestiad, (-au), *n.m.* ARREST
arestio, *v.* ARREST
areulder, *n.m.* SERENITY.
areuledd, *n.m.* PLEASANTNESS
arf, (-au), *n.m.f.* WEAPON. TOOL *pl.* ARMS
arfaeth, (-au), *n.f.* PURPOSE. DECREE.
DESIGN
arfaethu, *v.* PLAN. INTEND
arfbais, (-beisiau), *n.f.* COAT OF ARMS
arfdy, (-dai), *n.m.* ARMOURY
arfeddyd, *n.m.* PURPOSE. INTENTION
arfer, *v.* USE. ACCUSTOM. PRACTISE
(-ion), *n.m.f.* USE. CUSTOM. HABIT.
USAGE
arferiad, (-au), *n.m.f.* USE. CUSTOM. HABIT
arferol, *a.* USUAL. CUSTOMARY

arfin, *a.* KNIFE-EDGE
arfod, (-au, -on), *n.f.* STROKE OF A
WEAPON. RANGE
arfog, *a.* ARMED
arfogaeth, *n.f.* ARMOUR. ARMAMENTS
arfogi, *v.* ARM
arfoll, (-au), *n.m.* PLEDGE. OATH
arfor, *a.* MARITIME
arfordir, (-oedd), *n.m.* COAST. LITTORAL
arfordirol, *a.* COASTAL. LITTORAL
arforol, *a.* MARITIME
arfwisg, (-oedd), *n.f.* ARMOUR
arffed, (-au), *n.f.* LAP
arffedog, (-au), *n.f.* APRON
arffin, (-iau), *n.f.* BOUND
arg, (-iau), *n.m.* ARGUMENT (MATHS)
argadw, *n.m.* RETENTION
argae, (-au), *n.m.* DAM. EMBANKMENT.
ENCLOSED PLACE
argaen, -iad, (-au), *n.m.* VENEER
argaenwaith, *n.m.* MARQUETRY
argáu, *v.* DAM
argeg, (-au), *n.m.* PHARYNX
argeisio, *v.* SEEK
argel, (-ion), *n.m.f.* SECRET PLACE.
OCCULT. REFUGE
   a. HIDDEN. SECRET
arglwydd, (-i), *n.m.* LORD
Arglwyddi'r Gororau, LORDS
MARCHER
Arglwydd Raglaw, LORD LIEUTENANT
arglwyddaidd, *a.* LORDLY
arglwyddes, (-au), *n.f.* LADY
arglwyddiaeth, (-au), *n.f.* LORDSHIP.
DOMINION. SEIGNORY
arglwyddiaethu, *v.* HAVE DOMINION
argoed, (-ydd), *n.m.* ENCLOSURE OF
TREES
argoel, (-ion), *n.f.* SIGN. OMEN. TOKEN
argoeli, *v.* PORTENT. AUGUR
argoeliad, (-au), *n.m.* SIGN. PORTENT.
OPINION
argoelus, *a.* OMINOUS. PORTENTOUS
argofio, *v.* RECALL
argolyn, *a.* PIVOTED
argraff, (-ion, -au), *n.f.* PRINT.
IMPRESSION
argraffdy, (-dai), *n.m.* PRINTING-HOUSE
argraffedig, *a.* PRINTED
argraffiad, (-au), *n.m.* EDITION
argraffiadaeth, (-au), *n.f.*
IMPRESSIONISM
argraffiadus, *a.* IMPRESSIONISTIC

41

argrafflen, (-ni), *n.f.* BROADSHEET
argraffu, *v.* PRINT. IMPRESS
argraffwaith, *n.m.* IMPRESSIONISM
argraffwasg, (-weisg), *n.f.* PRINTING-
PRESS
argraffwr, (-wyr), *n.m.* ⎤ PRINTER
argraffydd, (-ion), *n.m.* ⎦
argrwm, -wn, *a.* CONVEX
arguddiad, (-au), *n.m.* OCCULATION.
OCCLUSION
argychwyn, *v.* INAUGURATE
argyfwng, (-yngau, -yngoedd), *n.m.*
CRISIS, EMERGENCY
argyfyngol, *a.* CRITICAL
argyhoeddi, *v.* CONVINCE. REPROVE
argyhoeddiad, (-au), *n.m.* CONVICTION
argyhoeddiadol, *a.* CONVINCING
argyhuddo, *v.* INCRIMINATE
argymell, *v.* RECOMMEND. URGE. SUBMIT
argymhelliad, *n.m.* INDUCEMENT.
SUBMISSION
argyweirio, *v.* OVERHAUL
arholi, *v.* EXAMINE
arholiad, (-au), *n.m.* EXAMINATION
arholwr, (-wyr), *n.m.* EXAMINER
arhosfa, (arosfeydd), *n.f.* ABODE.
STOPPING-PLACE, STOP
arhosiad, *n.m.* STAY. STAYING
arhosol, *a.* LASTING, PERMANENT
aria, (-u), *n.f.* ARIA
arial, *n.m.f.* VIGOUR, LIVELINESS
arian, (-nau, -noedd), *n.m.* SILVER
arian, (-nnoedd), *n.m.* MONEY
  arian breiniol, CURRENCY
  arian byw, MERCURY
  arian gleision/gwynion, SILVER
  arian llwgr, COUNTERFEIT MONEY
  arian parod, CASH
  arian pen, EXACT MONEY
  arian pitw, PETTY CASH
  arian tocyn, TOKEN MONEY
ariandwyll, *n.m.* EMBEZZLEMENT
ariandy, (-dai), *n.m.* BANK
ariangar, *a.* FOND OF MONEY
ariangarwch, *n.m.* LOVE OF MONEY.
AVARICE
ariannaid, *a.* SILVERY, SILVER PLATED
ariannaidd, *a.* SILVERY
arianneg, *n.f.m.* FINANCE
ariannog, *a.* WEALTHY. RICH
ariannwr, (arianwyr), *n.m.* CASHIER,
FINANCIER
ariannol, *a.* FINANCIAL. MONETARY

ariannu, *v.* SILVER
Arieg, *n.f.* ARYAN (LANGUAGE)
arien, *n.m.* HOAR-FROST. RIME
aristocrat, (-iaid), *n.m.* ARISTOCRAT
arlais, (-leisiau), *n.f.* TEMPLE
arle, (-oedd), *n.m.* ACCOMMODATION
arloesi, *v.* PIONEER, CLEAR
arloeswr, (-wyr), *n.m.* ⎤ PIONEER
arloesydd, (-wyr), *n.m.* ⎦
arlog, (-au), *n.m.* COMPOUND INTEREST
arluniaeth, *n.f.* PORTRAITURE. PAINTING
arlunio, *v.* DRAW.. PAINT. PORTRAY
arlunydd, (-wyr), *n.m.* ARTIST
arlwy, (-au, -on), *n.m.f.* FEAST.
PREPARATION
arlwyaeth, *n.m.* CATERING
arlwyngig, *n.m.* SIRLOIN
arlwyo, *v.* PREPARE. PROVIDE
arlywydd, (-ion), *n.m.* PRESIDENT (OF
COUNTRY)
arlywyddiaeth, *n.f.* PRESIDENCY
arlywyddol, *a.* PRESIDENTIAL
arlliw, (-iau), *n.m.* HUE. TINT. SHADE.
TRACE
arlliwio, *v.* SHADE. TINT
arllwys, *v.* POUR. EMPTY
arllwysfa, (-feydd), *n.f.* OUTFALL. VENT
arllwysiad, (-au), *n.m.* DISCHARGE
armatur, (-au), *n.m.* ARMATURE
armel, *n.m.* SECOND MILK
arnawdd, -odd, (-au), *n.m.f.* PLOUGH-
BEAM
arnawf, *a.* FLOATING
arnodi, *v.* ENDORSE
arobryn, *a.* WORTHY. PRIZE-WINNING
arofal, (-on), *n.m.* MAINTENANCE
arofun, *v.* INTEND. PURPOSE
arofun, -ed, *n.m.* INTENTION
arogl, (-au), *n.m.* SCENT. PERFUME.
aroglau, (-euon), *n.m.* SMELL
arogldarth, *n.m.* INCENSE
arogldarthu, *v.* BURN INCENSE
arogleuo, *v.* SCENT. SMELL
arogleuog, -ol, *a.* FRAGRANT. ODOROUS.
OLFACTORY
arogli, *v.* SCENT. SMELL
arogliad, *n.m.* SENSE OF SMELL
aroglus, *a.* ODOROUS
aroledd, *n.m.* INCLINATION
aroleddu, *v.* INCLINE
arolwg, (-ygon), *n.m.* SURVEY
arolygiad, (-au), *n.m.* INSPECTION
arolygiaeth, *n.f.* SUPERINTENDENCY.
SURVEILLANCE

arolygu, *v.* SURVEY, SUPERINTEND
arolygwr, (-wyr), *n.m.* SURVEYOR,
SUPERINTENDENT, CONTROLLER,
INSPECTOR
aromatig, *a.* AROMATIC
arorwt, *n.m.* ARROWROOT
aros, *v.* WAIT, STAY, AWAIT, STOP, ABIDE,
REMAIN
arosfa, (-feydd), *n.f.* HALT
arosgo, *a.* OBLIQUE
arosod, *v.* SUPERPOSE, SUPERIMPOSE
arosodiad, (-au), *n.m.* SUPERPOSITION
arpar, (-ion), *n.m.* OUTFIT
arrae, *n.m.* ARRAY
arseddog, *a.* SEDENTARY
arsenig, *n.m.* ARSENIC
arsugno, *v.* ADSORB
arswn, *n.m.* ARSON
arswyd, *n.m.* DREAD, HORROR, TERROR
arswydaidd, *a.* NUMINOUS
arswydo, *v.* DREAD, DEAR, SHUDDER
arswydus, *a.* FEARFUL, TERRIBLE
arsylwad, (-au), *n.m.* OBSERVATION
arsylwi, *v.* OBSERVE
arsyllfa, (-feydd), *n.f.* OBSERVATORY
arsyllu, *v.* OBSERVE
artaith, (-teithiau), *n.f.* TORTURE, AGONY,
PANG
arteffact, (-au), *n.m.* ARTEFACT
arteithglwyd, (-i), *n.f.* RACK
arteithio, *v.* TORTURE, RACK
arteithiol, *a.* EXCRUCIATING, RACKING
artesaidd, *a.* ARTESIAN
artiffisial, *a.* ARTIFICIAL
artileri, *n.m.* ARTILLERY
artisiog, *n.m.* ARTICHOKE
artist, (-iaid), *n.m.* ARTIST
artistig, *a.* ARTISTIC
arth, (eirth), *n.m.* BEAR
arthes, (-au), *n.f.* SHE-BEAR
arthio, -u, *v.* BARK, GROWL
arthog, *a.* SURLY
arthritis, *n.m.* ARTHRITIS
aruchel, *a.* LOFTY, SUBLIME, MAJESTIC
arucheledd, *n.m.* LOFTINESS, SUBLIMITY
aruniad, (-au), *n.m.* AMALGAMATION
arunig, *a.* ISOLATED
arunigedd, *n.m.* ISOLATION(ISM)
arunigwr, (-wyr), *n.m.* ISOLATIONIST
aruno, *v.* AMALGAMATE
aruthr, *a.* MARVELLOUS, TERRIBLE,
STRANGE
aruthredd, *n.m.* WONDER, HORROR

aruthrol, *a.* HUGE, PRODIGIOUS
arwahanol, *a.* DISCRETE
arwahanrwydd, *n.m.* OTHERNESS,
INDIVIDUALITY, SEPARATISM,
APARTHEID
arwain, *v.* LEAD, CONDUCT, GUIDE
arwaith, (-weithiau), *n.m.* ACTION,
PROJECT
arwead, (-au), *n.m.* TEXTURE
arwedd, (-au, -ion), *n.f.* CONDUCT,
BEARING, ASPECT, FEATURE
arweddu, *v.* BEAR
arweddwr, (-wyr), *n.m.* BEARER
arweingwn, *n.pl.* GUIDE-DOGS
arweiniad, (-au), *n.m.* GUIDANCE,
LEADERSHIP, INTRODUCTION
arweiniol, *a.* LEADING, INTRODUCTORY
arweinydd, (-ion), *n.m.* LEADER, GUIDE,
CONDUCTOR
arweinyddiaeth, *n.f.* LEADERSHIP
arwerthiant, (-iannau), *n.m.* AUCTION,
SALE
arwerthu, *v.* SELL BY AUCTION
arwerthwr, (-wyr), *n.m.* AUCTIONEER
arwest, *n.f.* STRING, MINSTRELSY
arwisg, (-oedd), *n.f.* OUTER GARMENT,
CLOAK
arwisgiad, *n.m.* INVESTITURE
arwisgo, *v.* ENROBE, INVEST
arwr, (-wyr), *n.m.* HERO
arwres, (-au), *n.f.* HEROINE
arwrgerdd, (-i), *n.f.* EPIC POEM
arwriaeth, *n.f.* HEROISM
arwrol, *a.* HEROIC, EPIC, GALLANT
arwybod, (-au), *n.m.* AWARENESS
arwydryn, (-nau), *n.m.* COVERSLIP
arwydd, (-ion), *n.m.f.* SIGN, SIGNAL,
ENSIGN
arwyddair, (-eiriau), *n.m.* MOTTO
arwyddiant, (-iannau), *n.m.* SIGNATURE
arwyddlun, (-iau), *n.m.* EMBLEM,
SYMBOL
arwyddluniol, *a.* EMBLEMATIC, SYMBOLIC
arwyddnod, (-au), *n.m.* MARK, TOKEN,
SIGNAL
arwyddo, *v.* SIGN, SIGNIFY, ISSUE
arwyddocâd, *n.m.* SIGNIFICANCE
arwyddocaol, *a.* SIGNIFICANT
arwyddocáu, *v.* SIGNIFY, INDICATE,
DENOTE
arwyddwr, (-wyr), *n.m.* SIGNATORY
arwyl, (-ion), *n.f.* FUNERAL RITES,
FUNERAL

arwylaidd, *a.* FUNEREAL
arwyneb, (-au), *n.m.* PLANE. SURFACE
arwynebedd, *n.m.* AREA
arwynebol, *a.* SUPERFICIAL
arwynebolrwydd, *n.m.* SUPERFICIALITY
arwystl, (-on), *n.m.* LEGAL CHARGE
aryneilio, *v.* ALTERNATE
arysgrif, (-au), *n.f.* ⎱ INSCRIPTION
arysgrifen, (-nau), *n.f.* ⎰
arysgrifennu, *v.* INSCRIBE
as, *n.f.* ACE. PARTICLE. DONKEY
asb, (-iaid), *n.f.* ASP
asbaragws, *n.m.* ASPARAGUS
asbestos, (-au), *n.m.* ASBESTOS
asbig, *n.m.* ASPIC
asbri, *n.m.* ANIMATION. VIVACITY. SPIRITS
ased, (-ion, -i, -au), *n.m.* ASSET
asedod, *n.m.* ASEITY
aseiniad, (-au), *n.m.* ASSIGNMENT
asen, (-nau, ais), *n.f.* RIB
  (-nod), *n.f.* SHE-ASS
asennol, *a.* COSTAL
aseptig, *a.* ASEPTIC
asesiad, (-au), ASSESSMENT
asesu, *v.* ASSESS
aseswr, (-wyr), *n.m.* ASSESSOR
asetylin, *n.m.* ACETYLENE
asetyn, (-ion), *n.m.* ACETATE
aseth, (esyth), *n.f.* STAKE. SPAR. LATH
asffalt, *n.m.* ASPHALT
asgell, (esgyll), *n.f.* WING. FIN. AISLE
asgell-gomander, (-iaid), *n.m.* WING-
  COMMANDER
asgellog, *a.* WINGED
asgellwr, (-wyr), *n.m.* WING. OUTSIDE-
  FORWARD
asgellwynt, (-oedd), *n.m.* SIDE-WIND
asgen, (-nau), *n.f.* TENDENCY. HARM
asgennu, *v.* ASCEND
asgetiaeth, *n.f.* ASCETICISM
asgetig, *a.* ASCETIC
asgetigiaeth, *n.f.* ASCETICISM
asglodyn, (asglod(ion)), *n.m.* CHIP (OF
  WOOD)
asgorbig, *a.* ASCORBIC
asgre, *n.f.* BOSOM. HEART
asgwrn, (esgyrn), *n.m.* BONE
  asgwrn y gynnen, BONE OF CONTEN-
  TION
asgwrneiddiad, (-au), *n.m.*
  OSSIFICATION
asgwrneiddio, *v.* OSSIFY
asgyrnog, *a.* BONY

asiad, (-au), *n.m.* JOINT. SUTURE. WELD
asiant, (-au), *n.m.* AGENT
asiantaeth, (-au), *n.f.* AGENCY
asid, (-au), *n.m.* ACID
asidaidd, *a.* ACIDULATED
asideiddio, *v.* ACIDIFY
asidig, *a.* ACIDIC
asidrwydd, *n.m.* ACIDITY
asiedydd, (-ion), *n.m.* JOINER
asimwth, (-mythau), *n.m.* AZIMUTH
asio, *v.* JOIN. WELD. SOLDER. BLEND
asma, *n.m.* ASTHMA
astalch, (estylch), *n.f.* SHIELD
astell, (astyll(od)), *n.f.* PLANK, SHELF,
  LEDGE. BOARD. BATTEN
  astell feiston, SURF-BOARD
  astell lafnog, LAMINBOARD
asteroid, (-au), *n.m.* ASTEROID
astroffiseg, *n.m.f.* ASTROPHYSICS
astroleg, *n.f.* ASTROLOGY
astrolegwr, -ydd, (-wyr), *n.m.*
  ASTROLOGIST
astrus, *a.* DIFFICULT. ABSTRUSE
astrusi, *n.m.* CONFUSION. AMBIGUITY
astud, *a.* ATTENTIVE. DILIGENT
astudiaeth, (-au), *n.f.* STUDY
astudio, *v.* STUDY
astudrwydd, *n.m.* ATTENTIVENESS
asur, *a.* AZURE
aswiriant, (-iannau), *n.m.* ASSURANCE
aswy, *a.* LEFT
asymtot, (-au), *n.m.* ASYMPTOTE
asyn, (-nod), *n.m.* ASS, DONKEY
asynnaidd, *a.* ASININE
at, *prp.* TO. TOWARDS. FOR. AT. BY
atafael, *v.* CONFISCATE. DISTRAIN
atafael(iad), *n.m.* CONFISCATION.
  ATTACHMENT, DISTRAINT, DISTRESS
atafaelu, *v.* DISTRAIN
atafiaeth, *n.m.* ATAVISM
atal, *v.* STOP. PREVENT. WITHOLD
  (-ion), *n.m.* HINDRANCE. IMPEDIMENT
  atal dweud, STAMMER
ataleb, (-au), *n.f.* INJUNCTION
atalfa, (-feydd), *n.f.* STOPPAGE. CHECK
  atalfa wynt, WIND-BREAK
ataliad, (-au), *n.m.* STOPPAGE.
  PREVENTION. INHIBITION. DETERRENT.
  SANCTION
ataliol, *a.* PREVENTIVE. DETERRENT
atalnod, (-au), *n.f.* STOP. POINT.
  PUNCTUATION MARK
atalnodi, *v.* PUNCTUATE

atalnwyd, (-au), *n.f.* COMPLEX. INHIBITION

atblyg, (-ion), *n.m.* REFLEX

atblygol, *a.* REFLEXIVE. REFLECTED

atbor, (-ion), *n.m.* REMNANTS. SCRAPS

atborth, *n.m.* FEEDBACK

atbreis, (-iau), *n.m.* REPRISE

atchwel, (-au), *n.m.* RE-ENTRANCE

atchweliad, (-au), *n.m.* REGRESSION

ateb, (-ion), *n.m.* ANSWER. REPLY *v.* ANSWER. REPLY

atebiadol, *a.* RESPONSORY

atebol, *a.* LIABLE. ANSWERABLE. RESPONSIBLE

ateboliaeth, *n.f.*
atebolrwydd, *n.m.* } LIABILITY

ateg, (-ion), *n.f.* PROP. STAY. SUPPORT. BUTTRESS

ategiad, (-au), *n.m.* AFFIRMATION

ategol, *a.* SUPPORTING. AUXILIARY. ACCESSORY. ANCILLARY. CORROBORATIVE
golwg ategol, AUXILIARY VIEW

ategolion, *n.pl.* ACCESSORIES

ategu, *v.* SUPPORT. PROP

ategwaith, (-weithiau), *n.m.* ABUTMENT

atfor, *a.* SEAWARD

atgas, *a.* HATEFUL. ODIOUS. PERVERSE

atgasedd, *n.m.*
atgasrwydd, *n.m.* } HATRED. ODIUM

atgenhedliad, *n.m.* REGENERATION. REPRODUCTION

atgenhedlu, *v.* REGENERATE. REPRODUCE

atgno, (-eau), *n.m.* REMORSE. SECOND CHEWING

atgof, (-ion), *n.m.* REMEMBRANCE. RECOLLECTION. REMINISCENCE

atgofiannol, *a.* REMINISCENT

atgofio, *v.* RECOLLECT. REMIND

atgofus, *a.* REMINISCENT

atgoffa,-áu, *v.* RECALL, REMIND

atgraffiad, (-au), *n.m.* OFFSET PRINTING

atgwymp, *n.m.* RELAPSE

atgwympo, *v.* RELAPSE

atgyd, (-au), *n.m.* ADJOINT

atgydiol, *a.* ADJOINT

atgyfannu, *v.* RE-INTEGRATE

atgyflyru, *v.* RECONDITION. RECYCLE

atgyfnerthiad, (-au), *n.m.* BOOST. BOOSTER

atgyfnerthion, *n.pl.* REINFORCEMENTS

atgyfnerthol, *a.* REINFORCING

atgyfnerthu, *v.* REINFORCE

atgyfodi, *v.* RISE. RESURRECT. REVIVE

atgyfodiad, *n.m.* RESURRECTION

atgynhyrchiad, (-au), *n.m.* REPRODUCTION

atgynhyrchydd, *n.m.* REPRODUCER

atgynnull, *v.* REASSEMBLE

atgyrch, (-ion), *n.m.* REFLEX

atgyweiriad, (-au), *n.m.* REPAIR. RESTORATION

atgyweirio, *v.* REPAIR. REFIT. RESTORE

atgyweiriwr, (-wyr), *n.m.* REPAIRER. RESTORER

atig, (-au), *n.m.f.* ATTIC

atir, *a.* LANDWARD

atlas, (-au), *n.m.* ATLAS

atmosffer, (-au), *n.m.* ATMOSPHERE

atmosfferig, *a.* ATMOSPHERIC

atodeg, *n.f.* RIDER

atodi, *v.* APPEND. ADD. AFFIX

atodiad, (-au), *n.m.* APPENDIX

atodion, *n.pl.* ATTACHMENTS

atodlen, (-ni), *n.f.* SCHEDULE

atodol, *a.* ADDITIONAL. SUPPLEMENTARY

atodyn, (atodion), *n.m.* ATTACHMENT

atol, (-au), *n.m.* ATOLL

atolwg, *i,* PRAY! PLEASE!

atolygu, *v.* BEG

atom, (-au), *n.m.* ATOM

atomadur, (-on), *n.m.* ATOMISER

atomeg, *n.f.* ATOMICS

atomegwr, (-wyr), *n.m.* ATOMICIAN

atomeiddio, *v.* ATOMISE

atomfa, (-feydd), *n.f.* NUCLEAR POWER STATION

atomiaeth, *n.f.* ATOMISM

atomig, *a.* ATOMIC

atomigedd, *n.m.* ATOMICITY

atonedd, *n.m.* ATONY

atosodiad, *n.m.* SUPPOSITION

atred, (-au), *n.m.* OFF-SET

atroffi, *n.m.* ATROPHY

atroi, *v.* TURN BACK

atsain, (atseiniau), *n.f.* ECHO

atseinio, *v.* RESOUND. ECHO

atseiniol, *a.* RESOUNDING. RESONANT

atsugno, *v.* ABSORB

atwf, *n.m.* SECOND GROWTH

atwynt, *a.* WINDWARD

atyfiant, *n.m.* GERMINATION

atygol, *a.* AFFERENT

atynfa, (-feydd), *n.f.* ATTRACTION.

atyniad, (-au), *n.m.* CAPILLARITY ATTRACTION

atyniadaeth, (-au), *n.f.* POLARITY

atyniadol, *a.* ATTRACTIVE, ENTICING
athletau, *n.pl.* ATHLETICS
athletaidd, *a.* ⎫ ATHLETIC
athletig, *a.* ⎭
athletwr, (-wyr), *n.m.* ATHLETE
athraidd, *a.* PERMEABLE
athraw, *n.m.* see *athro*
athrawes, (-au), *n.f.* FEMALE TEACHER, GOVERNESS, SCHOOLMISTRESS
athrawiaeth, (-au), *n.f.* DOCTRINE
athrawiaethol, *a.* DOCTRINAL
athrawiaethu, *v.* INSTRUCT. INDOCTRINATE
athreiddedd, (-au), *n.m.* PERMEABILITY
athreuliad, *n.m.* ATTRITION
athrist, *a.* SORROWFUL, PENSIVE
athro, (athrawon), *n.m.* TEACHER. PROFESSOR
athrod, (-ion, -au), *n.m.* SLANDER
athrodgar, *a.* SLANDEROUS
athrodi, *v.* SLANDER
athrodus, *a.* SLANDEROUS
athrodwr, (-wyr), *n.m.* SLANDERER
athrofa, (-feydd), *n.f.* COLLEGE. ACADEMY, INSTITUTE
athrofaol, *a.* COLLEGIATE, ACADEMICAL
athroniaeth, (-au), *n.f.* PHILOSOPHY
athronydd, (-wyr), *n.m.* PHILOSOPHER
athronyddol, *a.* PHILOSOPHICAL
athronyddu, *v.* PHILOSOPHISE
athrylith, (-oedd), *n.f.* TALENT. GENIUS. INTUITION, INGENUITY
athrylithgar, *a.* TALENTED, INTUITIVE. HAVING GENIUS
athrywynwr, (-wyr), *n.m.* INTERMEDIARY
athyriad, (-au), *n.m.* AGGLOMERATE
athyrru, *v.* AGGLOMERATE
au, (euon), *n.m.* LIVER
aur, *n.m.* GOLD
aur coeth : aur mâl, PURE OR REFINED GOLD
awch, *n.m.* EDGE, ARDOUR, RELISH. ZEST. APPETITE
awchlym, *a.* SHARP-EDGED, KEEN, ACUTE
awchlymu, *v.* SHARPEN, WHET
awchus, *a.* SHARP, ARDENT, EAGER, KEEN
awdiogram, (-au), *n.m.* AUDIOGRAM
awditoriwm, *n.m.* AUDITORIUM
awdl, (-au), *n.f.* ODE (in strict metres)
awdlaidd, *a.* PERTAINING TO AN ODE
awdlwr, (-wyr), *n.m.* COMPOSER OF ODES
awdur, (-on), *n.m.* AUTHOR

awdurdod, (-au), *n.m.f.* AUTHORITY
awdurdodaeth, *n.f.* JURISDICTION
awdurdodedig, *a.* AUTHORISED
awdurdodi, *v.* AUTHORISE
awdurdodiad, (-au), *n.m.* AUTHORISATION
awdurdodol, *a.* AUTHORITATIVE
awdurdodus, *a.* AUTHORITARIAN
awdurdodusrwydd, *n.m.* AUTHORITARIANISM
awdures, (-au), *n.f.* AUTHORESS
awel, (-on), *n.f.* BREEZE
awelog, *a.* BREEZY
awen, (-au), *n.f.* REIN, POETIC GIFT, THE MUSE
awenus, *a.* GIFTED
awenydd, (-ion), *n.m.* POET
awenyddiaeth, *n.f.* POETRY, POESY
awenyddol, *a.* POETICAL
awff, *n.m.* LOUT, OAF, RASCAL
awgrym, *n.m.* SUGGESTION, HINT
awgrymadwy, *a.* SUGGESTIBLE
awgrymebu, *v.* PROMPT
awgrymiad, (-au), *n.m.* SUGGESTION
awgrymiadol, ⎫
awgrymog, ⎬ *a.* SUGGESTIVE
awgrymus, ⎭
awgrymu, *v.* SUGGEST
awgrymusrwydd, *n.m.* SUGGESTIVENESS
awr, (oriau), *n.f.* HOUR, TIME
awr frys, RUSH HOUR
awrdal, (-oedd), *n.m.* HOURLY RATE
awrlais, (-leisiau), *n.m.* CLOCK
awrora, (-âu), *n.m.* AURORA
awrwydr, (-au), *n.m.* HOUR-GLASS
Awst, *n.m.* AUGUST
awstenit, (-iau), *n.m.* AUSTENITE
awtarchiaeth, *n.m.* AUTARCHY
awtistig, *a.* AUTISTIC
awtobahn, (-au), *n.m.* AUTOBAHN
awtocrat, (-iaid), *n.m.* AUTOCRAT
awtocratiaeth, *n.f.* AUTOCRACY
awtocratig, *a.* AUTOCRATIC
awtomasiwn, *n.m.* AUTOMATION
awtomatiaeth, *n.f.* AUTOMATION
awtomatig, *a.* AUTOMATIC
awtomeiddio, *v.* AUTOMATE
awtomorffig, *a.* AUTOMORPHIC
awtonomaidd, *a.* AUTONOMOUS
awtonomi(aeth), *n.m.* AUTONOMY
awtopsi, *n.m.* AUTOPSY
awydd, (-au), *n.m.* DESIRE, EAGERNESS
awyddfryd, *n.m.* ZEAL, EARNEST DESIRE

awyddfrydig, *a.* EAGER
awyddu, *v.* DESIRE
awyddus, *a.* DESIROUS. EAGER, ZEALOUS
awyr, *n.f.* AIR, SKY
  awyr goprog, OVERCAST SKY
  awyr traeth, CIRRO-CUMULUS
awyrblan, (-au), *n.f.* AEROPLANE
awyrbwysedd, *n.m.* AIR-PRESSURE
awyrell, (-au), *n.f.* VENT
awyren, (-nau), *n.f.* AEROPLANE
awyrendy, (-dai), *n.m.* HANGAR
awyrenfa, (-feydd), *n.f.* AIRFIELD
awyrennaeth, *n.m.f.* AERONAUTICS
awyrennwr, (-enwyr), *n.m.* AIRMAN.
  AVIATOR
awyrfaen, *n.m.* METEORITE
awyrfeidr, *n.m.* AEROMETER

awyrgorff, (-gyrff), *n.m.* AIR MASS
awyrgylch, (-au, -oedd), *n.m.f.*
  ATMOSPHERE. AIR
awyrgylchol, *a.* ATMOSPHERIC
awyriad, *n.m.* VENTILATION
awyriadur, (-on), *n.m.* VENTILATOR
awyrladrad, (-au), *n.m.* AIR PIRACY
awyrlong, (-au), *n.f.* AIRSHIP
awyrlun, (-iau), *n.m.* AERIAL
  PHOTOGRAPH
awyro, *v.* AIR, VENTILATE
awyrofod, (-au), *n.m.* AEROSPACE
awyrog, *a.* AERATED
awyrol, *a.* AERIAL, AIRY
awyru, *v.* AIR, VENTILATE, AERATE
awyrydd, (-ion), *n.m.* VENTILATOR

baban, (-od), *n.m.* BABY
babanaidd, *a.* CHILDLIKE. CHILDISH.
  BABYISH
babandod, *n.m.* INFANCY. BEGINNING.
  BABYHOOD
babanladdiad, (-au), *n.m.* INFANTICIDE
babanu, *v.* PET. GROW CHILDISH
babi, *n.m.f.* BABY
babŵn, *n.m.* BABOON
bacas, (-au, bacsau), *n.f.* FOOTLESS
  STOCKING. FETLOCK HAIR
bacilws, *n.m.* BACILLUS
bacio, *v.* BACK
baciwr, (-wyr), *n.m.* BACKER
baco, *n.m.* TOBACCO
bacteria, *n.pl.* BACTERIA
bacterioleg, *n.f.m.* BACTERIOLOGY
bacteriolegwr, -ydd, (-wyr), *n.m.*
  BACTERIOLOGIST
bacteriwm, (bacteria), *n.m.* BACTERIUM
bacwn, (-cynau), *n.m.* BACON
  bacwn brith, STREAKY BACON
  bacwn mwg, SMOKED BACON
bach, (-au), *n.m.* HOOK. HINGE. NOOK.
  CORNER. BEND
  bachau petryal, SQUARE BRACKETS
  bach a dolen, HOOK AND EYE
  a. SMALL. DEAR
bachell, (-au), *n.f.* CORNER. SNARE. CLUTCH
bachgen, (bechgyn), *n.m.* BOY
bachgendod, *n.m.* BOYHOOD
bachgennaidd, *a.* BOYISH. CHILDISH
bachgennes, *n.f.* GIRL
bachgennyn, *n.m.* LAD. LITTLE BOY
bachiad, (-au), *n.m.* HITCH. FLAW. HOLD.
  SLIT. HOOK
bachigol, *a.* DIMINUTIVE
bachigyn, (bachigion), *n.m.*
  DIMINUTIVE. LITTLE BIT
bachog, *a.* HOOKED. INCISIVE. WINDING
bachu, *v.* HOOK. GRAPPLE. BEND. SKULK
bachwr, (-wyr), *n.m.* HOOKER. GRAPPLE
bachyn, (bachau), *n.m.* HOOK
bad, (-au), *n.m.* BOAT. CRAFT
  bad clwm, STAKEBOAT
badwr, (-wyr), *n.m.* BOATMAN
baddo, *v.* BATH
baddon, (-au), *n.m.* BATH
  baddon cawod, SHOWER BATH
bae, (-au), *n.m.* BAY. BIGHT
  (bae(a)s), *n.f.* LAUREL
baeas, *n.m.* BAIZE
baedd, (-od), *n.m.* BOAR
  baedd coed/gwyllt, WILD BOAR

baeddu, *v.* BEAT. THUMP. SOIL
baetio, *v.* BAIT
bag, (-(i)au), *n.m.* BAG
bagad, (-au), *n.m.* HOST. CLUSTER.
  BUNCH. TROOP. FLOCK
bagatél, *n.m.* BAGATELLE
bagio, *v.* BAG. BACK. STAMP
bagl, (-au), *n.f.* CRUTCH. LEG. CROZIER
baglan, *n.f.* CRUTCH. CROOK
  v. STUMBLE. TRIP. RUN AWAY
baglor, (-ion), *n.m.* BACHELOR
  (UNIVERSITY)
bagloriaeth, (-au), *n.f.* BACHELORSHIP
baglu, *v.* TRIP. ENTANGLE
bai, (beiau), *n.m.* FAULT. BLAME. DEFECT
baich, (beichiau), *n.m.* LOAD. BURDEN.
  MAIN POINT
bais, *n.m.* BOTTOM. FORD
bal, *a.* HAVING A WHITE SPOT
balans, (-au), *n.m.* BALANCE
balast, *n.m.* BALLAST
balc, (-iau), *n.m.* MISTAKE. FAULT. BALK
balcio, *v.* BALK
balcon(i), (-au, -ïau), *n.m.* BALCONY
balch, *a.* PROUD. FINE. STATELY
balchder, *n.m.* PRIDE. GLORY.
balchedd, *n.m.* DIGNITY. VANITY
baldordd, *n.m.* BABBLE. CLAMOUR.
  CHATTER
baldorddi, *v.* BABBLE. CLAMOUR. CHATTER
baldorddus, *a.* BABBLING. CHATTERING
baldorddwr, (-wyr), *n.m.* BABBLER
bale, *n.m.* BALLET
baled, (-i), *n.f.* BALLAD
baledol, *a.* BALLADIC
baledwr, (-wyr), *n.m.* COMPOSER OF
  BALLADS. BALLAD-MONGER
balisteg, *n.m.f.* BALLISTICS
balistig, *a.* BALLISTIC
balm, *n.m.* BALM
balmaidd, *a.* BALMY
balog, (-au, -ion), *n.f.* TONGUE. COD-
  PIECE. FLAP
balot, (-au), *n.m.* BALLOT
balsa, *n.m.* BALSA
balsam, (-au), *n.m.* BALSAM
balustr, *n.m.* BALUSTER
balŵn, (.balwnau), *n.f.* BALLOON
balwstrad, *n.m.* BALUSTRADE
bambŵ, (-au), *n.m.* BAMBOO
ban, (-nau), *n.m.f.* PEAK. CORNER. TOP.
  CREST. QUARTER. ARM. BRANCH. VERSE.
  PART OF LINE
  a. LOFTY. LOUD

banadl, (banhadlen *n.f.*), *n.pl.* BROOM
banana, (-âu), *n.m.* BANANA
banc, (-iau, bencydd), *n.m.* MOUND.
BANK. HILLOCK
banc cynilo, SAVINGS BANK
cyfrifen banc, BANK STATEMENT
bancio, *v.* BANK
bancradd, (-au), *n.f.* BANK RATE
bancrafft, *a.* BANKRUPT
bancwr,-er, (-wyr), *n.m.* BANKER
band, (-iau), *n.m.* BAND. BINDING. BOND
bandin, (-au), *n.m.* BANDING
bando, *n.m.* BANDY
bandor, (-au), *n.m.* BANJO
baner, (-i, -au), *n.f.* BANNER. FLAG
banerog, *a.* BANNERED
banerwr, (-wyr), *n.m.* STANDARD-
BEARER
bangor, (-au, bengyr), *n.f.m.* WATTLED
FENCE. MONASTERY. COLLEGE
bangoren, *n.f.* WATTLE
bangori, *v.* WATTLE
bangorwaith, *n.m.* WATTLE
banhadlog, *a.* FULL OF BROOM
banjo, (-au), *n.m.* BANJO
banllef, (-au), *n.f.* LOUD SHOUT
bannig, (banigion), *n.m.* SEMIBREVE
bannod, (banodau), *n.f.* LINE. CLAUSE.
PART, INDEFINITE ARTICLE
bannog, *a.* HORNED. HIGH. FAMOUS.
TURRETED
banon, *n.f.* QUEEN
banwes, (-au), *n.f.* YOUNG SOW. GILT
bar, (-rau), *n.m.* BAR. MEASURE
bar tamaid a llwnc, SNACK BAR
bâr, *n.m.* ANGER. ADVERSITY. FURY.
GREED
bara, *n.m.* BREAD
bara brith, CURRANT BREAD
bara byr, SHORTBREAD
bara ceirch, OATCAKE
bara croyw, UNLEAVENED BREAD
bara henbob, STALE BREAD
bara lawr/lafwr, LAVER BREAD
baratri, *n.m.* BARRATRY
barbaraidd, *a.* BARBAROUS, SAVAGE,
FIERCE
barbareiddiwch, *n.m.* BARBARITY
barbariad, (-iaid), *n.m.* BARBARIAN
barbitwrad, *n.m.* BARBITURATE
barbwr, (-wyr), *n.m.* BARBER
barc, *n.m.* BARQUE
barcer, (-iaid), *n.m.* TANNER

barcio, *v.* TAN
barclod, (-au), *n.m.* APRON
barcty, (-tai), *n.m.* TANNERY
barcut, *n.m.* HANGLIDER, KITE
barcut, *n.m.* HANG-GLIDER, KITE
barcut(an), (-iaid, -od), *n.m.* KITE
barcutwr, (-wyr), *n.m.* HANGLIDER
bardas, (-en, *n.f.*), *n.pl.* SHRIMPS
bardd, (beirdd), *n.m.* BARD. POET
barddas, *n.m.f.* POETRY. POETICS
barddol, *a.* POETIC. BARDIC
barddoni, *v.* COMPOSE POETRY
barddoniaeth, *n.f.* POETRY
barddonllyd, *a.* AFFECTEDLY POETIC
barddonol, *a.* POETIC
bared, (-au), *n.m.* BARRAGE
barf, (-au), *n.f.* BEARD
barfog, *a.* BEARDED
bargeinio, *v.* BARGAIN. DEAL
bargen, (-iau, barge(i)nion), *n.f.*
BARGAIN. DEAL. CONTRACT
bargenna, *v.* BARGAIN
bargod, (-ion), *n.m.* EAVES. EDGE
bargodfaen, (-feini), *n.m.* DRIPSTONE
bargodi, *v.* PROJECT. OVERHANG
bargyfreithiwr, (-wyr), *n.m.* BARRISTER
bariaeth, *n.f.m.* EVIL. GRIEF. WRATH
baric, (-s), *n.m.* BARRACK
barier, (-i), *n.m.* BARRIER
baril, (-au), *n.f.* BARREL
bario, *v.* BAR
bariton, (-au), *n.m.&a.* BARITONE
bariwm, *n.m.* BARIUM
bariwns, *n.m.* MOVABLE BARRIER
barlad, *n.m.* ⎫
barlat, *n.m.* ⎬ DRAKE. MALLARD
barlys, (-yn, *m.* -en, *f.*), *c.n.* BARLEY
barn, (-au, -ion), *n.f.* OPINION.
JUDGEMENT. SENTENCE
barnais, (-eisiau), *n.f.* VARNISH
barnedigaeth, (-au), *n.f.* JUDGEMENT.
PUNISHMENT
barneisio, *v.* BURNISH. VARNISH
barnllyd, *a.* CRITICAL
barnol, *a.* CRITICAL. JUDGING. TERRIBLE
barnu, *v.* JUDGE. ADJUDICATE. ASSESS.
CONSIDER
barnwr, (-wyr), *n.m.* JUDGE.
ADJUDICATOR. CRITIC
barnwrol, *a.* JUDICIAL
barograff, (-au), *n.m.* BAROGRAPH
baromedr, (-au), *n.m.* BAROMETER
baromedrig, *a.* BAROMETRIC

barriff, *n.m.* BARRIER REEF
barrug, *n.m.* HOAR-FROST. RIME
barter, (-au), *n.m.* BARTER
barugo, *v.* RIME
barugog, *a.* COVERED WITH HOAR-FROST
barus, *a.* GREEDY. ANGRY
barwn, (-iaid), *n.m.* BARON
barwnes, (-au), *n.f.* BARONESS
barwniaeth, (-au), *n.f.* BARONAGE.
  BARONY
barwnig, *n.m.* BARONET
barwnol, *a.* BARONIAL
barysffer, *n.m.* BARYSPHERE
bas, (bais, beis), *a.* SHALLOW
  (beisiau), *n.m.f.* BASS. BASE
basaidd, *a.* SHALLOW. BASS
basalt, *n.m.* BASALT
basâr, (-s, -au), *n.m.* BAZAAR
basg, (-au), *n.f.* MESH OF NET
basged, (-au, -i), *n.f.* BASKET
basgedwaith, *n.m.* BASKET-WORK
basgedwr, (-wyr), *n.m.* BASKET-MAKER
basgerfiad, (-au), *n.m.* BAS-RELIEF
basgerflun, (-iau), *n.m.* BAS-RELIEF
basgrwth, (-grythau), *n.m.* DOUBLE- BASS
basgwch, (-gychod), *n.m.* PUNT
basig, *a.* BASE. BASIC
basigrwydd, *n.m.* BASICITY
basil, *n.m.* BASIL
basle, (-oedd), *n.m.* SHOAL. SHALLOWS
baslun, (-iau), *n.m.* BAS-RELIEF
baslyn, (-noedd), *n.m.* LAGOON
basn, (-au, -ys), *n.m.* BASIN
bastard(d), (-iaid), *n.m.* BASTARD
bastardiaeth, *n.f.* BASTARDY
baster, *n.m.* SHALLOWNESS
baswn, (baswnau), *n.m.* BASSOON
baswr, (-wyr), *n.m.* BASS. BASEMAN
bat, (-iau), *n.m.* BAT
bataliwn, (-iynau), *n.m.* BATTALION
batiad, (-au), *n.m.* INNINGS
bating(en), (-au, -od), *n.m.f.* TURF
  PARED FOR BURNING
batingo, *v.* PARE TURF. HOE
batio, *v.* BAT
batiwr, (-wyr), *n.m.* BATSMAN
batog, (-au), *n.f.* MATTOCK. HOE
batri, (-ïau, -s), *n.m.* BATTERY
bats, (-ys), *n.f.* BATCH
batwn, (batynau), *n.m.* BATON
bath, (-iau), *n.m.* KIND. BATH. COIN.
  STAMP
bath, *a.* MINTED. SUCH
  arian bath, MONEY

bàth, (-s), *n.m.* BATH
bathdy, (-dai), *n.m.* MINT
bathiad, *n.m.* COINAGE. MINTAGE
bathodi, *v.* COIN. FORM
bathodyn, (-nau), *n.m.* BADGE. MEDAL
bathol, *a.* COINED
bathos, (-au), *n.m.* BATHOS
bathrwm, (-s), *n.m.* BATHROOM
bathu, *v.* COIN. SHAPE
bathygraff, *n.m.* BATHYGRAPH
baw, *n.m.* DIRT. DUNG. FILTH. MUCK
bawaidd, *a.* DIRTY. ILL. NIGGARDLY
bawd, (bodiau), *n.m.* THUMB. BIG TOE
bawdy, (-dai), *n.m.* CLOSET. TOILET
bawddyn, (-ion), *n.m.* VILE WRETCH.
  DASTARD
baweidd-dra, *n.m.* MEANNESS
baw(i)ach, *n.pl.* RASCALS. TRASH
bawlyd, *a.* DIRTY. FILTHY. NASTY
becsio, *v.* WORRY. VEX
becwêdd, (becweddau), *n.m.* BEQUEST
becwedda, *v.* BEQUEATH
becwn, (-au), *n.m.f.* WELSH DRESS.
  NIGHTDRESS
bechan, *a.f.* SMALL. LITTLE
bechyn, *n.m.* SMALL HOOK
bedel, (-au), *n.m.* BEADLE
bedlam, (-od, -iaid), *n.m.f.* MADMAN.
  VAGRANT. CONFUSION
bedwen, (bedw), *n.f.* BIRCH
  bedwen Fai, MAYPOLE
bedydd, *n.m.* BAPTISM. CHRISTENING
bedyddfa, (-fâu, -feydd), *n.f.*
  BAPTISTERY. FONT
bedyddfaen, (-feini), *n.m.* FONT
bedyddfan, (-nau), *n.f.* BAPTISTERY
bedyddiad, (-au), *n.m.* BAPTISM.
  BAPTIZING
bedyddiedig, *a.* BAPTIZED, BAPTIST
bedyddio, *v.* BAPTIZE. CHRISTEN
bedyddiol, *a.* BAPTIZED. BAPTISMAL.
  BELIEVING
Bedyddiwr, (-wyr), *n.m.* BAPTIST
bedd, (-au), *n.m.* GRAVE. TOMB.
  SEPULCHRE
beddargraff, (-iadau), *n.m.* EPITAPH
beddfaen, (-feini), *n.m.* TOMBSTONE
beddgell, (-oedd), *n.f.* VAULT.
  CATACOMB
beddrod, (-au), *n.m.* GRAVE. TOMB
befel, (-au), *n.m.* BEVEL
befer, (-od), *n.m.* BEAVER
  het befer, BEAVER HAT

begegyr, (-on), *n.m.* HORNET
beger, (-iaid), *n.m.* BEGGAR
begera, *v.* BEG
begerllyd, *a.* BEGGING, BEGGARLY
begian, ⎱ *v.* BEG
begio, ⎰
bei, (-au), *n.m.* BYE
beias, *n.m.* BAIZE
Beibl, (-au), *n.m.* BIBLE
Beiblaidd, *a.* BIBLICAL
Beiblydd, *n.m.* BIBLICIST
beic, (-iau), *n.m.* BICYCLE
beicio, *v.* CYCLE
beichiad, (-au), *n.m.* LOWING,
  BELLOWING
beichio, *v.* BURDEN, LOW, BELLOW, SOB
beichiog, *a.* PREGNANT, BURDENED
beichiogaeth, (-au), *n.f.* PREGNANCY
beichiogi, *v.* CONCEIVE, IMPREGNATE
  n.m. FOETUS
beichiogiad, (-au), *n.m.* ⎱ PREGNANCY
beichiogrwydd, *n.m.* ⎰
beichus, *a.* BURDENSOME
beidr, *n.f.* LANE
beiddgar, *a.* DARING, BOLD,
  PRESUMPTUOUS
beiddgarwch, *n.m.* BOLDNESS,
  PRESUMPTUOUSNESS
beiddio, *v.* DARE, VENTURE
beilî, (-ïon), *n.m.* BAILEE
beili, (-ïaid, -ïau), *n.m.* BAILIFF
  (-ïau), *n.m.* BAILEY, YARD
beilïaeth, *n.f.* BAILIWICK
beilïo, *v.* ENCLOSE
beindell, (-au), *n.f.* BINDER, BINDING
  ATTACHMENT
beindin, (-nau), *n.m.* BINDING
beindio, *v.* BIND
beio, *v.* BLAME, ACCUSE, CENSURE
beirniad, (beirniaid), *n.m.*
  ADJUDICATOR, CRITIC
beirniadaeth, (-au), *n.f.* ADJUDICATION,
  CRITICISM
beirniadol, *a.* CRITICAL
beirniadu, *v.* ADJUDICATE, CRITICIZE
beisfa, (-feydd), *n.f.* SHALLOW PLACE
beisgawn, (-au), *n.f.* STACK, RICK
beisgawnu, *v.* STACK
beisicl, (-au), *n.m.* BICYCLE
beisio, *v.* WALK, FORD, SOUND
beiston, (-nau), *n.f.* BEACH, SHALLOWS,
  SURF, STRAND

beius, *a.* FAULTY, CULPABLE, GUILTY,
  AMISS
beiusrwydd, *n.m.* GUILT, CULPABILITY
bel, (-au), *n.m.* BEL
bela, bele, (balaon), *n.m.* MARTEN (PINE)
belái, *n.m.* BELAY
Belg, *n.f.* BELGIUM
bellach, *ad.* AT LENGTH, NOW, FURTHER
belt, (-iau), *n.m.* BELT
bêm, (-au, -ydd), *n.m.* BEAM
ben, (-ni), *n.f.* WAGGON, CART, VAN
bendigaid, *a.* BLESSED, ADORABLE, HOLY
bendigedig, *a.* BLESSED, GLORIOUS,
  ADORABLE
bendigo, *v.* PRAISE, BLESS
bendith, (-ion), *n.f.* BLESSING, GRACE
  gofyn bendith, TO SAY GRACE
bendithio, *v.* BLESS, PRAISE
bendithiol, *a.* CONFERRING BLESSINGS,
  BENEFICENT
bendithiwr, (-wyr), *n.m.* BLESSER
bensen, *n.m.* BENZENE
benthyca, *v.* BORROW, LEND
benthyciad, (-au), *n.m.* LOAN, ADVANCE
  PAYMENT
benthycio, *v.* LEND
benthyciwr, (-wyr), *n.m.* BORROWER,
  LENDER
benthyg, (benthycion), *n.m.* LOAN
  a. LOANED, BORROWED
benyw, (-od), *n.f.* WOMAN, FEMALE
  a. FEMALE
benywaeth, *n.f.* FEMININITY
benywaidd, *a.* FEMALE, FEMININE
benyweta, *v.* WENCH, WHORE
ber, (-rau), *n.m.f.* LEG
  a.f. SHORT
bera, (-on, -âu), *n.f.m.* RICK, STACK,
  PYRAMID
berdasen, (berdas), *n.f.* SHRIMP
berdysyn, (berdys), *n.m.* SHRIMP
bere, *n.m.* BERET
berem, (-au), *n.m.* YEAST
beret, (-au), *n.m.* BERET
berf, (-au), *v.* VERB
berfa, (-âu), *n.f.* WHEELBARROW
berfenw, (-au), *n.m.* VERB-NOUN
berfol, *a.* VERBAL
beri, (-ïon), *n.m.* KITE
beril, *n.m.* BERYL
berllysg, (-au), *n.f.* MACE, ROD, SCEPTRE
berman, *n.m.* YEAST
berth, *a.* BEAUTIFUL, VALUABLE

berw, *a.* BOILING. SEETHING
  n.m. A BOILING. TURMOIL. TUMULT.
  CRESS
  berw'r dŵr, WATER CRESS
berwad, *n.m.* A BOILING
berwedig, *a.* BOILED. SEETHING, BOILING
berwedydd, (-ion), *n.m.* BOILER
berwi, *v.* BOIL
berwig, (-au), *n.f.* PERIWIG
berwr, *n.m.* CRESS
beryliwm, *n.m.* BERYLLIUM
beryn, (-nau), *n.m.* BEARING
berywen, (beryw), *n.f.* JUNIPER
bet, *n.m.f.* HATRED
  (-iau), *n.f.* BET. WAGER
betgwn, *n.m.f.* WELSH DRESS. BEDGOWN
betin(g), (-au), *n.m.* PARED TURF.
  BEATING
betio, *v.* BET. GAMBLE
betiwr, (-wyr), *n.m.* GAMBLER
betws, (-ysau), *n.m.* HOUSE OF PRAYER.
  ORATORY
betysen, (betys), *n.f.* BEET
  betys coch, BEETROOT
beth, *px.* WHAT
bethma, *a. & n.m.* WHAT-D'YOU-CALL-IT
beudy, (-dái, -au), *n.m.* COWSHED. BYRE
beunos, *ad.* NIGHTLY. CONSTANTLY
beunydd, -iol, *ad.* DAILY. CONSTANTLY
bias, (-au), *n.m.* BIAS
biasu, *v.* BIAS
bib, (-iau), *n.m.* BIB
bicer (-i, -au), *n.m.* BEAKER. VICAR
bicini, (-ïau), *n.m.* BIKINI
bid, *v.* BE IT
  (-iau), *n.f.* LOPPED HEDGE
  (-iau), *n.m.* BID
bidio, *v.* SET A HEDGE. BID
bidog, (-au), *n.m.f.* BAYONET
biff, (-iau), *n.m.* BEEF
bigitian, *v.* TEASE. PROVOKE
bigotri, *n.m.* BIGOTRY
bing, (-oedd), *n.m.* ALLEY. BIN
bingo, *n.m.* BINGO
bihafio, *v.* BEHAVE
bil, (-iau), *n.m.* BILL. BILLHOOK
bilain, (-einiaid), *n.m.* VILLEIN
bildio, *v.* BUILD
biliard(s), *n.m.* BILLIARDS
bilidowcar, *n.m.* CORMORANT
biled, (-au), *n.m.* BILLET
biledu, *v.* BILLET
biliwn, (biliynau), *n.m.* BILLION

bilwg, (-ygau), *n.m.* BILLHOOK
bin, (-iau), *n.m.* BIN
bindodwr, (-wyr), *n.m.* BINITARIAN
binomaidd, *a.* BINOMIAL
binomial, (-au), *n.m.* BINOMIAL
biocemeg, *n.f.m.* BIOCHEMISTRY
biocemegwr, (-wyr), *n.m.* BIOCHEMIST
bioffiseg, *n.m.f.* BIOPHYSICS
biohinsoddeg, *n.f.* BIOCLIMATOLOGY
bioleg, *n.m.f.* BIOLOGY.
biolegwr,
biolegydd, } (biolegwyr), *n.m.* BIOLOGIST
biomecaneg, *n.m.f.* BIOMECHANICS
bioteg, *n.f.m.* BIOTICS
biotig, *a.* BIOTIC
bioymoleuedd, *n.f.* BIOLUMINESCENCE
bir, (-oedd), *n.m.* BEER
biro, (-au), *n.m.* BIRO
bisâr, *a.* BIZARRE
bisged, -en, (-au, -i), *n.f.* BISCUIT
  bisgedi Berffro, SHORTBREAD
bisgïen, (bisgis), *n.f.* BISCUIT
bisi, *a.* BUSY. MEDDLESOME
biswail, *n.m.* DUNG. SLURRY
bitelwr, (-wyr), *n.m.* VICTUALLER
bitw, *a.* TINY
biwbo, -a, *n.m.* JEW'S HARP
biwgl, (-au), *n.m.* BUGLE
biwréd, (-au), *n.m.* BURETTE
biwrô, (biwroau), *n.m.* BUREAU
biwrocrat, (-iaid), *n.m.* BUREAUCRAT
biwrocratiaeth, *n.f.* BUREAUCRACY
blacin, *n.m.* BLACKING
blacmêl, *n.m.* BLACKMAIL
blaen, *a.* FOREMOST. FIRST. FRONT
  (-au, -ion), *n.m.* POINT. END.
  SOURCE. LIMIT. LEAD
  a. ANTERIOR, FRONT, FORE
blaenasgell, -wr, (-wyr, -esgyll), *n.f.m.*
  WING-FORWARD
  blaenasgell olau, OPEN-SIDE WING-
  FORWARD
  blaenasgell dywyll, BLIND-SIDE WING-
  FORWARD
blaenberfformiad, (-au), *n.m.* PREMIÈRE
blaenbori, *v.* BROWSE. CROP
blaenbwl, *a.* BLUNT
blaendal, *v.* PREPAYMENT. DEPOSIT
blaendarddu, *v.* SPROUT
blaendir, (-oedd), *n.m.* MARCHES.
  PROMONTORY. FOREGROUND
blaendorri, *v.* TRUNCATE. LOP
blaenddalen, (-nau), *n.f.* TITLE PAGE

blaenddant, (-ddannedd), *n.m.* INCISOR
blaenddodiad, (-iaid), *n.m.* PREFIX
blaened, *n.f.* BLACKQUARTER
blaeneudir, (-oedd), *n.m.* UPLAND
blaenffrwyth, (-au), *n.m.* FIRST FRUITS
blaen-gantores, (-au), *n.f.* PRIMADONNA
blaengar, *a.* PROMINENT. SHARP. PRO-
GRESSIVE
blaengaredd, *n.m.* PROGRESSIVENESS.
INITIATIVE
blaengrwm, *a.* BOW FRONTED
blaengynllun, (-iau), *n.m.* BLUE-PRINT
blaenhwyl, (-iau), *n.f.* FORESAIL
blaeniant, (-iannau), *n.m.* PRIORITY
blaenlanc, (-iau), *n.m.* JUVENILE
blaenllaw, *a.* PROMINENT. PREVIOUS.
FOREHAND. READY. PROGRESSIVE
blaenllym, *a.* POINTED. ACUTE. SHARP
blaenllymu, *v.* SHARPEN. WHET
blaenor, (-iaid), *n.m.* LEADER. DEACON.
ELDER, PREDECESSOR
blaenores, (-au), *n.f.* LEADING LADY.
DEACONESS
blaenori, *v.* PRECEDE. LEAD. SURPASS
blaenoriaeth, (-au), *n.m.f.* PRIORITY.
PREFERENCE. PRECEDENCE. SUPREMACY.
DEACONSHIP
blaenorol, *a.* PRECEDING. PREVIOUS.
FORMER. CHIEF
blaenswm, (-symiau), *n.m.* ADVANCE
blaenu, *v.* LEAD. ADVANCE. PRECEDE. SURPASS
blaenweddu, *v.* POINT. PRECEDE
blaenweled, *v.* PREVIEW
blaenwr, (-wyr), *n.m.* FORWARD, LEADER
(OF ORCHESTRA)
blaguro, *v.* SPROUT. BUD. SHOOT
blaguryn, (blagur), *n.m.* BUD. SHOOT
blaidd, (bleiddiaid, bleiddiau), *n.m.*
WOLF
blanc, (-au), *a.& n.m.* BLANK
n.m. COLT. FOAL
blanced, (-i), *n.f.* BLANKET
blanced drydan, ELECTRIC BLANKET
blansio, *v.* BLANCH
blas, (-au), *n.m.* TASTE. FERVOUR. ZEST
blasenw, (-au), *n.m.* NICKNAME
blaslyn, (-nau, -noedd), *n.m.* SAUCE
blast, (-au), *n.m.* BLAST
blasu, *v.* TASTE. RELISH. FLAVOUR
blasus, *a.* TASTY. SAVOURY. DELICIOUS
blasusau, *n.pl.* SAVOURIES
blasusfwyd, (-ydd), *n.m.* SAVOURY DISH
blasyn, *n.m.* APPETIZER

blawd, (blodiau, blodion), *n.m.*
FLOUR. MEAL. POLLEN
blawd codi, SELF-RAISING FLOUR
blawd gwenith cyfan, WHOLEMEAL
FLOUR
blawd pysgod, FISH MEAL
ble, *ad.* WHERE
bleidd(i)ast, (-(i)eist), *n.f.* WOLF-BITCH
bleiddgi, (-gwn), *n.m.* WOLF-HOUND
bleind, (-iau), *n.m.* BLIND
blend, (-iau), *n.m.* BLEND
blendio, *v.* BLEND
blêr, *a.* UNTIDY. NEGLIGENT
blerdwf, *n.m.* SPRAWL
blerwch, *n.m.* UNTIDINESS. NEGLECT
blesawnt, *n.m.* BLAZON
blesyn, *n.m.* LITTLE TASTE
blew, (-yn, *n.m.*), *n.pl.* HAIR. FUR. SMALL
BONES OF FISH
blewog, *a.* HAIRY. SHAGGY
blewyn, (blew), *n.m.* HAIR. FUR. BLADE
OF GRASS. SMALL FISH BONE
blingo, *v.* SKIN. FLAY
blingwr, (-wyr), *n.m.* FLAYER. SKINNER
blin, *a.* TIRED. TIRESOME. GRIEVOUS.
CROSS. TROUBLOUS
blinder, (-au), *n.m.* WEARINESS.
TROUBLE. ADVERSITY. AFFLICTION
blinderog, *a.* WEARY. TIRESOME
blinderus, *a.* DISTURBED. GRIEVOUS
blinedig, *a.* WEARISOME. TIRED. GRIEVOUS
blinfyd, *n.m.* ADVERSITY. AFFLICTION
blino, *v.* TIRE. VEX. SUFFER FROM
blisg, *n.pl.* SHELLS. HUSKS
blith, *a.* MILCH. FULL OF MILK
n.m. MILK
blith draphlith, *ad.* IN CONFUSION.
HELTER-SKELTER
bliw, (-iau), *n.m.* BLUE
bloc(yn), (blociau), *n.m.* BLOCK
blocâd, *n.m.* BLOCKADE
blocio, *v.* BLOCK
blodamlen, (-ni), *n.f.* CALYX
blodau, (*blodeuyn, n.m.*), *n.pl.* FLOWERS
blodeugerdd, (-i), *n.f.* ANTHOLOGY
blodeuglwm, *n.m.* BUNCH. BOUQUET
blodeuo, *v.* FLOWER. FLOURISH
blodeuog, *a.* FLOWERY. BLOSSOMING
blodfresych, (-en, *n.f.*), *n.pl.*
CAULIFLOWERS
blodfresych caled/gaeaf, BROCCOLI
blodiadur, (-on), *n.m.* ANTHOLOGY

blodigyn, *n.m.* FLORET
blodiog, *a.* FLOURY. FLOWERY
blodyn, (blodau), *n.m.* FLOWER
bloedd, (-iau, -iadau), *n.m.f.* SHOUT
bloeddian, |
bloeddio, | *v.* SHOUT
bloeddiwr, (-wyr), *n.m.* SHOUTER
bloesg, *a.* INDISTINCT. HUSKY.
INARTICULATE
bloesgedd, *n.m.* | LISPING. INDISTINCT
bloesgni, *n.m.* | SPEECH
blong, (*blwng*, *m.*), *a.f.* SURLY. ANGRY.
FROWNING. SAD
bloneg, (-au), *n.m.* LARD. FAT. GREASE.
BELLY. SAP
blonegen, *n.f.* LAYER OF FAT. GREASE.
LARD
blonegog, *a.* FAT. GREASY
blors, (-iaid), *n.m.* PLOVER
blot, (-iau), *n.m.* BLOT
blotio, *v.* BLOT. BLACKEN
blotiog, *a.* BLOTTED
blows, (-ys), *n.m.f.* BLOUSE
blwch, (blychau), *n.m.* BOX. CHEST
blwff, (blyffiau), *n.m.* BLUFF
blwng, *a.* SURLY. ANGRY. FROWNING. SAD
blŵm, *n.m.* BLOOM (INDUSTRIAL)
blwydd, (-i), *n.f.* & *a.* YEAR OLD.
YEARLING
blwydd-dâl, (-daliadau), *n.m.* ANNUITY
blwyddiadur, (-on), *n.m.* YEAR-BOOK.
CALENDAR
blwyddlyfr, (-au), *n.m.* YEAR-BOOK.
CALENDAR
blwyddnod, (-au), *n.m.* ANNAL
blwyddol, *a.* ANNUAL
blwyddyn, (blynyddoedd), *n.f.* YEAR
blyngder, *n.m.* ANGER. SULLENNESS
blynedd, *n.f.pl.* YEARS (TIME)
blynyddol, *a.* ANNUAL. YEARLY
blys, (-iau), *n.m.* LUST. CRAVING. LONGING
blysig, *a.* LUSTFUL. GREEDY
blysigrwydd, *n.m.* LUSTFULNESS.
GREEDINESS
blysio, *v.* LUST. CRAVE
bo, *n.m.* BUGBEAR
bo, *n.m.* BO. WORD
boba, *n.f.* AUNT
bobin, (-iau), *n.m.* BOBBIN
bocs, *n.m.* BOX-TREE
(-ys), *n.m.* BOX
bocsach, *n.m.* BOAST. JEALOUSY
bocsachu, *v.* BOAST. BE JEALOUS

bocsachus, *a.* BOASTFUL
bocseit, **bocsid**, *n.m.* BAUXITE
bocsio, *v.* BOX
bocsiwr, (-wyr), *n.m.* BOXER
bocys, *n.m.* BOX-TREE
boch, (-au), *n.f.* CHEEK
bochdwll, (-dyllau), *n.m.* DIMPLE
bochgern, (-au), *n.f.* CHEEK
bochgoch, *a.* ROSY-CHEEKED
bochian, |
bochio, | *v.* GOBBLE. BULGE
bochog, *a.* FULL-CHEEKED
bod, *v.* BE. EXIST
(-au), *n.m.* EXISTENCE. BEING
Y Bod Mawr, GOD
boda, (-od), *n.m.* BUZZARD
bodan, *n.f.* SWEETHEART. GIRL
bodegaeth, *n.f.* ONTOLOGY
bodiad, (-au), *n.m.* HANDLING.
FINGERING
bodiaid, *n.f.* A PINCH
bodio, *v.* THUMB. FINGER
bodis, (-iau), *n.m.* BODICE
bodiwr, (-wyr), *n.m.* FEELER. HITCH-
HIKER
bodlon, *a.* WILLING. PLEASED. CONTENT
bodlondeb, *n.m.* SATISFACTION.
WILLINGNESS
bodlongar, *a.* PLEASING. PLEASED
bodloni, *v.* PLEASE. SATISFY. BE
CONTENTED
bodlonrwydd, *n.m.* SATISFACTION.
WILLINGNESS
bodlonus, *a.* COMPLACENT
bodo, **-a**, **-y**, *ad.* EVERYONE. ONE AND ALL
bodo, *n.f.* AUNT
bodolaeth, *n.f.* EXISTENCE. BEING
bodoli, *v.* BE. EXIST
bodd, *n.m.* WILL. PLEASURE. CONSENT
wrth ei fodd, HAPPY. CONTENTED
rhyngu bodd, TO PLEASE
boddar, |
bodder, | *n.m.* BOTHER. NUISANCE
boddfa, (-feydd), *n.f.* WETTING. FLOOD
boddhad, *n.m.* SATISFACTION. PLEASURE
boddhaol, *a.* SATISFACTORY. PLEASING
boddhau, *v.* PLEASE. SATISFY
boddhaus, *a.* PLEASED
boddi, *v.* DROWN. BE DROWNED. FLOOD
boddiant, *n.m.* SATISFACTION
boddio, *v.* SATISFY. PLEASE. BE SATISFIED
boddlon, *a.* WILLING. PLEASED. CONTENT
boddlonrwydd, *n.m.* SATISFACTION.
WILLINGNESS

boddro, -ran, *v.* BOTHER
boed, *v.* BE IT
boeler, (-i), *n.m.* BOILER
bogail, (bogeiliau), *n.m.f.* NAVEL, NAVE (OF WHEEL)
bogeilin, *n.m.* UMBILICAL CORD
bogel, (-au), *n.m.f.* NAVE (OF WHEEL), BOSS (OF SHIELD)
bogi, (-au), *n.m.* BOGEY
boglwm, (-lymau), *n.m.* ⎫ BUCKLE,
　　　　　　　　　　　　　　　CLUSTER,
boglyn, (-nau), *n.m.* ⎬ BOSS, BUBBLE
boglynnog, *a.* EMBOSSED
boglynnu, *v.* EMBOSS, BUBBLE, CLASP
boglynwaith, (-weithiau), *n.m.* EMBOSSING
bohemiad, (-iaid), *n.m.* BOHEMIAN
bol, (-iau), *n.m.* ⎫ BELLY, STOMACH,
bola, (bolâu), *n.m.* ⎬ ABDOMEN
bolard, (-au), *n.m.* BOLLARD
bolchwydd(i), *n.m.* TYMPANITES, POMP
bolchwyddo, *v.* SWELL, BOAST
boldyn, *a.* FULL-BELLIED, FAT
bolera, *v.* GORGE
bolero, (-au), *n.m.* BOLERO
bolerwr, (-wyr), *n.m.* GLUTTON, SPONGER, CAROUSER
bolgi, (-gwn), *n.m.* GOURMAND, GLUTTON
bolgno, *n.m.* ⎫ GRIPES, COLIC
bolgnofa, *n.f.* ⎬
bolgodog, *a.* MARSUPIAL
bolheulo, *v.* SUNBATHE
bolio, *v.* BELLY, GORGE, BULGE
boliog, *a.* CORPULENT, FAT
bolrwth, *a.* GREEDY, GLUTTONOUS
bolrwym, *a.* CONSTIPATED
bolrwymedd, ⎫
bolrwymiad, ⎬ *n.m.* CONSTIPATION
bolrwymyn, (-nau), *n.m.* BELLY-BAND
bolrythu, *v.* GORGE
bolsbryd, *n.m.* BOWSPRIT
bolsiefig, (-ion), *a. & n.m.* BOLSHEVIK
bolwst, *n.m.f.* COLIC, GRIPES
bollt, (-au, byllt), *n.m.f.* BOLT, DART, THUNDERBOLT
bom, (-iau), *n.m.f.* BOMB
　bom atomig, ATOMIC BOMB
　bom hidrogen, HYDROGEN BOMB
　bom newtron, NEUTRON BOMB
bôm, *n.m.* BALM
bomio, *v.* BOMB
bôn, (bonau, bonion), *n.m.* BASE, TRUNK, STUMP, STEM, COUNTERFOIL

bon-asiad, *n.m.* BUTT-WELD
bonblu, *n.pl.* DOWN
bonc, -yn, *n.m.f.* BANK
boncath, (-od), *n.m.* BUZZARD
bonclust, (-iau), *n.m.* BOX ON THE EARS
bonclustio, *v.* BOX THE EAR
boncyff, (-ion), *n.m.* STUMP, LOG, TRUNK
bond, (-iau, -ion), *n.m.* AGREEMENT, BOND, COLLAR, BAND
bondid, (-au), *n.f.* MAIN PLOUGH-CHAIN
bondigrybwyll, *a.* HARDLY MENTIONABLE
bondio, *v.* BOND
bondo, (-eau, -eon), *n.m.* EAVES
bondrwm, *a.* PROPER (FRACTION)
bondsmon, (-myn), *n.m.* BONDSMAN
boned, -t, (-i, -au), *n.f.* BONNET
bonedd, *n.m.* NOBILITY, DESCENT; *n.pl.* GENTRY, *a.* PUBLIC
boneddigaidd, *a.* NOBLE, GENTLE, MANNERLY
boneddigeiddrwydd, *n.m.* NOBILITY, GENTLENESS
boneddiges, (-au), *n.f.* LADY
boneddigion, *n.pl.* GENTLEMEN, GENTRY
bonesig, *n.f.* LADY, MISS
bongam, *a.* BANDY-LEGGED
bongamu, *v.* WADDLE, STRADDLE
bon-golfach, *n.f.* BUTT HINGE
bongorff, (-gyrff), *n.m.* TRUNK
bonheddig, *a.* NOBLE, GENTLE
bonheddwr, (-wyr), *n.m.* NOBLEMAN, GENTLEMAN
bonion, *n.pl.* TRUNKS
bonllef, (-au), *n.f.* LOUD SHOUT
bonllwm, *a.* BARE-BOTTOMED, BREECHLESS
bontin, *n.f.* STUMP, BUTTOCK
bonws, (bonysau), *n.m.* BONUS
bonyn, (bonion), *n.m.* STUMP, STOCK, STUB, STAKE, COUNTERFOIL
bopa, *n.f.* AUNT
bôr, (borau), *n.m.* BORE
boracs, *n.m.* BORAX
bord, (-ydd, -au), *n.f.* TABLE, BOARD
bordar, (-iaid), *n.m.* BORDERER
borden, (-ni), *n.f.* MOULD-BOARD
border, -or, *n.m.f.* BORDER, BOUNDARY
bore, (-au), *n.m.* MORNING
　a. EARLY, MORNING
　yn fore, EARLY
borebryd, (-au), *n.m.* BREAKFAST
boreddydd, (-iau), *n.m.* BREAK OF DAY, MORNING
borefwyd, (-ydd), *n.m.* BREAKFAST

boregwaith, *n.f.* ONE MORNING
boreol, *a.* MORNING. EARLY
borio, *v.* BORE
bors, *n.f.* HERNIA
bost, *n.m.* BOAST
bostfawr, *a.* BOASTFUL
bostio, *v.* BOAST. BURST
bostiwr, (-wyr), *n.m.* BOASTER
bostus, *a.* BOASTFUL
boswn, *n.m.* BO'SUN
botaneg, *n.f.m.* BOTANY
botanegol, *a.* BOTANICAL
botanegwr, (-wyr), *n.m.* BOTANIST
botasen, (botias), *n.f.* BUSKIN. BOOT.
    LEG-HARNESS
botgin, (-iau), *n.m.* BODKIN
botwlaeth, *n.m.* BOTULISM
botwm, (botymau), *n.m.* BUTTON. BOSS
botymu, *v.* BUTTON
both, (-au), *n.f.* HUB. BOSS (OF SHIELD).
    NAVE (OF WHEEL)
bothell, (-i, -au), *n.f.* BLISTER
bothog, *a.* CHUBBY
bowlen, (-ni), *n.f.* BOWL
bowliad, (-au), *n.m.* BOWL. BALL
bowlin, *n.f.* BOWLINE
bowlio, *v.* BOWL
bowliwr, (-wyr), *n.m.* BOWLER
bowls, *n.f.* BOWLS (GAME)
bownd, (-iadau), *n.m.* BOUND
    a. CERTAIN. BOUND
bowt, (-iau), *n.m.* BOUT
brac, *a.* READY. GENEROUS. FREE. LIGHT (OF
    SOIL)
braced, (-i), *n.f.* BRACKET
bracsan, -o, *v.* WADE, PADDLE
bracty, (-tai), *n.m.* BREWERY
brad, (-au), *n.m.* TREACHERY. BETRAYAL.
    TREASON
bradog, *a.* TREACHEROUS. TRAITOROUS
bradu, *v.* BETRAY. COMMIT TREASON. PLOT.
    WASTE
bradwr, (-wyr), *n.m.* TRAITOR.
    BETRAYER. BLACKLEG
bradwriaeth, (-au), *n.f.* TREACHERY.
    TREASON
bradwriaethus, *a.* TREACHEROUS
bradychu, *v.* BETRAY
bradychwr, (-wyr), *n.m.* TRAITOR.
    BETRAYER
braddug, *n.m.* RASCAL
braen, *a.* ROTTEN. CORRUPT. WITHERED.
    BRITTLE

braenar, (-au), *n.m.* FALLOW LAND
braenaru, *v.* FALLOW
braenedd, *n.m.* FASCIOLASIS
braenllyd, *a.* PUTRID. ROTTEN
braenu, *v.* ROT. PUTREFY
braf, *a.* FINE. NICE. PLEASANT
brag, (-au), *n.m.* MALT
bragaldian, *v.* JABBER. PRATE.
bragaldio, *v.* RANT
bragdy, (-dai), *n.m.* BREWERY
bragio, *v.* BOAST. BRAG
bragiwr, (-wyr), *n.m.* BOASTER
bragod, (-au, -ydd), *n.m.* BRAGGET
bragu, *v.* BREW. MALT
bragwair, *n.m.* MOORLAND HAY
bragwr, (-wyr), *n.m.* MALTSTER, BREWER
braich, (breichiau), *n.m.f.* ARM. LIMB
    braich olwyn, SPOKE OF A WHEEL
    braich-gerdded, ARM WALKING.
    breichiau'n blyg, ARMS BEND
braidd, *ad.* NEAR. ALMOST. RATHER. JUST.
    SCARCELY
    o'r braidd, HARDLY
braint, (breintiau, breiniau), *n.f.*
    PRIVILEGE. RIGHT. STATUS. HONOUR
braisg, *a.* FAT, STRONG, PREGNANT, THICK
braith, *a.f.* SPECKLED. MOTLEY
bral, (-au), *n.m.* RAG
bram, *n.f.* FART
bramio, -u, *v.* FART
bran, *n.m.* BRAN
brân, (brain), *n.f.* CROW. ROOK. RAVEN.
    CROWBAR
    brân dyddyn / syddyn, CARRION
    CROW
brand, (-iau), *n.m.* BRAND
brandi, *n.m.* BRANDY
bras, *a.* THICK. FAT. LARGE. RICH. GREASY.
    WEALTHY, COARSE, GENERAL, ROUGH,
    APPROXIMATE
bras-actio, *n.m.* BLOCKING
brasamcan, (-iōn), *n.m.*
    APPROXIMATION
brasamcanu, *v.* APPROXIMATE
brasáu, *v.* FATTEN
brasbwytho, *v.* BASTE
brasgamu, *v.* STRIDE
brasgywir, *a.* APPROXIMATE
brasliain, (-lieiniau), *n.m.* CANVAS
braslun, (-iau), *n.m.* OUTLINE. SKETCH
braslunio, *v.* OUTLINE. SKETCH
brasnaddu, *v.* ROUGH-HEW
bras-osod, *v.* ROUGH-OUT

braster, (-au), *n.m.* GROSSNESS. FAT

brasteru, *v.* BASTING. BASTE

brat, (-(i)au), *n.m.* RAG. PINAFORE. APRON

bratiog, *a.* RAGGED. IMPERFECT

brath(iad), (-au), *n.m.* BITE. STING. STAB. WOUND

brathu, *v.* BITE. STING. STAB

brau, *a.* BRITTLE. FRAGILE. FRAIL

braw, (-iau), *n.m.* TERROR. FRIGHT. AMAZEMENT. ANXIETY

brawd, (brodyr), *n.m.* BROTHER. FRIEND. FRIAR

(brodiau), *n.f.* JUDGEMENT

brawdgarwch, *n.m.* BROTHERLY LOVE

brawdladdiad *n.m.* FRATRICIDE

brawdle, (-oedd), *n.m.* COURT OF LAW

brawdlys, (-oedd), *n.m.* COURT OF LAW. ASSIZES

brawdol, *a.* BROTHERLY. FRATERNAL

brawdoliaeth, (-au), *n.f.* BROTHERHOOD. FRATERNITY. FELLOWSHIP. ORDER

brawddeg, (-au), *n.f.* SENTENCE

brawddegol, *a.* PERTAINING TO SENTENCE(S)

brawddegu, *v.* CONSTRUCT SENTENCES

brawedig, *a.* ALARMED

brawychiaeth, *n.f.* TERRORISM

brawychu, *v.* TERRIFY. FRIGHTEN

brawychus, *a.* TERRIBLE. FRIGHTFUL. ALARMING

brawychwr, (-wyr), *n.m.* TERRORIST. TERRIFIER

bre, (-on, -oedd), *n.f.* HILL. HIGHLAND

brebwl, (-byliaid), *n.m.* BLOCKHEAD. BABBLER

brêc, (-iau), *n.m.* BREAK (CRICKET). BRAKE

breci, (-au), *n.m.* WORT. DRUNKENNESS *te breci,* STRONG TEA

brecwast, (-au), *n.m.* BREAKFAST

brecwasta, *v.* BREAKFAST

brech, (-au), *n.f.* ERUPTION. VACCINATION. POX *brech goch,* MEASLES *brech wen,* SMALLPOX *y frech,* VACCINATION

brech, (*brych, m.*), *a.f.* BRINDLED. FRECKLED

brechdan, (-au), *n.f.* SLICE OF BUTTERED BREAD *brechdan gig,* MEAT SANDWICH

brechedig, *a.* VACCINATED

brechiad, (-au), *n.m.* INOCULATION. VACCINATION

brechlyn, *n.m.* VACCINE

brechu, *v.* VACCINATE. INOCULATE

brêd, (-iau), *n.m.* BRAID

bredych, (-au, -ion), *n.m.* RASCAL

bref, (-iadau), *n.f.* BLEATING. LOWING. BRAY

breferad, *n.m.* BELLOWING *v.* BELLOW. ROAR

brefiad, (-au), *n.m.* LOWING. BLEATING

brefiari, (-ïau), *n.m.* BREVIARY

brefu, *v.* BLEAT. LOW. BRAY. ROAR

breg, (-iau), *n.m.* JOINT (GEOLOGY)

bregiant, (-iannau), *n.m.* JOINING

bregliach, *v.* JABBER *n.m.* PRATTLE

bregog, *a.* JOINTED

bregus, *a.* FRAIL. FRAGILE. RICKETY

bregysu, *v.* FERMENT

breib, (-iau), *n.m.* BRIBE

breibio, *v.* BRIBE

breichled, (-au), *n.f.* BRACELET. ARMLET

breichydd, (-ion), *n.m.* BRACER

breil, *n.m.* BRAILLE

breindal, (-iadau), *n.m.* ROYALTY

breinig, *a.* ROTTEN

breinio, *v.* PRIVILEGE. HONOUR. VEST IN. MAKE FREE

breiniol, *a.* PRIVILEGED. DIGNIFIED

breinlen, (-ni), *n.f.* CHARTER

breintal, *n.m.* BONUS. ROYALTY

breintiedig, *a.* PATENTED. PATENT. PRIVILEGED

breintio, *v.* PRIVILEGE. HONOUR. MAKE FREE

breintlythyr, (-on, -au), *n.m.* PATENT

breithin, *n.f.* UNSETTLED WEATHER

brelyn, *n.m.* RAG

brêm, *n.m.* BREAM

bremain, *v.* FART

brenhines, (breninesau), *n.f.* QUEEN. QUEEN-BEE

brenhingyff, *n.m.* DYNASTY

brenhiniaeth, (-au), *n.f.* KINGDOM. REIGN. SOVEREIGNTY

brenhinllin, (-oedd), *n.f.* DYNASTY

brenhinol, *a.* ROYAL. KINGLY. NOBLE

brenhinwr, (-wyr), *n.m.* ROYALIST

brenin, (brenhinoedd), *n.m.* KING

brennig, (*brenigen, n.f.*), *n.pl.* LIMPETS

bres, (-i, -ys), *n.m.* BRACE

brest, (-iau), *n.f.* BREAST. CHEST

bresu, *v.* BRACE

bresych, (*-en, n.f.*), *n.pl.* CABBAGES
brethyn, (-nau), *n.m.* CLOTH
    brethyn cartref, HOMESPUN CLOTH
brethynnwr, (-ynwyr), *n.m.* DRAPER
breuan, (-au), *n.m.* MORTAR, QUERN
breuder, *n.m.* BRITTLENESS, FRIABILITY
breuddwyd, (-ion), *n.m.f.* DREAM
    breuddwyd gwrach, WISHFUL
THINKING
breuddwydio, *v.* DREAM
breuddwydiol, *a.* DREAMY
breuddwydiwr, (-wyr), *n.m.* DREAMER
breuo, *v.* BECOME BRITTLE
brewlan, *v.* DRIZZLE, BRAWL, PRATE
bri, *n.m.* FAME, HONOUR, DISTINCTION
briallu, (*briallen, n.f.*), *n.pl.* PRIMROSES
    briallu Mair, COWSLIPS
bribis, bribys, (*bripsyn, n.m.*),
    n.pl. FRAGMENTS, BITS
bric, (-iau, -s), *n.f.* BRICK
briciwr, (-wyr), *n.m.* BRICK-LAYER
brics, (*-en, n.f.*), *n.pl.* BRICKS
bricwaith, (-weithiau), *n.m.*
    BRICKWORK
brid, (bridiau), *n.m.* BREED
bridio, *v.* BREED
bridiwr, (-wyr), *n.m.* BREEDER
brif, (-iau), *n.m.* BREVE
brifo, *v.* HURT, WOUND, CRUMBLE
briff, (-iau), *n.m.* BRIEF
briffio, *v.* BRIEF
brig, (-au), *n.m.* TOP, SUMMIT, OUTCROP,
    TWIG(S)
    brig y nos, DUSK
brigâd, (-au), *n.f.* BRIGADE
brigadydd, (-ion), *n.m.* BRIGADIER
brigantin, *n.f.* BRIGANTINE
brigbori, *v.* BROWSE
brigdonni, *v.* SURF-BATHE
brigdonnwr, (-wyr), *n.m.* SURFER
brigdorri, *v.* PRUNE, LOP
brigdrawst, (-iau), *n.m.* CATWALK
briger, (-au), *n.m.f.* HAIR, HEAD, ANTHER
brigeryn, *n.m.* STAMEN
briglo, *n.m.* OPEN-CAST COAL
briglwyd, *a.* HOARY-HEADED
brigo, *v.* BRANCH, SPROUT, OUTCROP, TOP
brigog, *a.* BRANCHY, HAIRY
brigwr tonnau, *n.m.* SURF-RIDER
brigwth, *n.m.* UPTHRUST
brigyn, (brigau), *n.m.* TWIG
bril(yn), (-iau), *n.m.* RAG, FOOL,
    RAGAMUFFIN

brîs, *n.m.* BREEZE
bris, -yn, (-iau), *n.m.* BREEZE
brisg, *a.* QUICK, BRISK
brisged, *n.f.* BRISKET
brith, (*braith, f.*), *a.m.* SPECKLED,
MOTLEY, VAGUE, INDISTINCT, PARTLY
GREY, SHADY
    brith gof, FAINT RECOLLECTION
brithedd, *n.m.* VARIEGATION
brithfyd, *n.m.* TROUBLE, ADVERSITY
brithgi, (-gwn), *n.m.* MONGREL
brithlen, (-ni), *n.m.* TAPESTRY
brithlwyd, *a.* DAPPLE-GREY, MOULDY
brithlys, *n.m.* PIMPERNEL
britho, *v.* DAPPLE, TURN GREY
brithwaith, *n.m.* MISCELLANY, MOSAIC,
POOR WORK
Brithwr, (-wyr), *n.m.* PICT
brithyll, (-od, -iaid), *n.m.* TROUT
briw, *a.* BROKEN, SORE, BRUISED
    (-iau), *n.m.* WOUND, CUT, SORE
briwdda, *n.m.* MINCEMEAT
briwedig, *a.* BROKEN, BRUISED, WOUNDED
briwell, (-au), *n.f.* MINCER
briwfwyd, *n.m.* CRUMBS, MINCE
briwgig, (-au, -oedd), *n.m.* MINCE
briwio, *v.* MINCE
briwlan, *v.* DRIZZLE
briwlio, *v.* BROIL
briwo, *v.* WOUND, DAMAGE, TEAR
briws, *n.m.* BREW-HOUSE, DAIRY, BACK-
KITCHEN
briwsion, (*-yn, n.m.*), *n.pl.* CRUMBS,
FRAGMENTS
briwsiongrwst, *n.pl.* CRUMBLE
briwsioni, *v.* CRUMB, CRUMBLE
briwsionllyd, *a.* CRUMBY, CRUMBLY
bro, (bröydd), *n.f.* REGION, COUNTRY,
VALE, LOWLAND
    bro a bryn, HILL AND DALE
broc, *a.* ROAN, GRIZZLED, ROUGH, QUEER,
MIXED COLOUR
    n.m. DRIFTWOOD, WRECKAGE
brocâd, (brocadau), *n.m.* BROCADE
brocer, (-iaid), *n.m.* BROKER
broceriaeth, *n.f.* BROKERAGE
brocoli, *n.f.* BROCCOLI
broch, (-od), *n.m.* BADGER, FOAM,
TUMULT, ANGER
    a. ANGRY
brochi, *v.* FOAM, CHAFE, ROAR, BE ANGRY
brochlyd, *a.* FUMING, BLUSTERING
brochus,

brodiad, (-au), *n.m.* EMBROIDERY
brodio, *v.* EMBROIDER, DARN
brodir, (-oedd), *n.m.f.* REGION.
COUNTRY
brodor, (-ion), *n.m.* NATIVE
brodordy, (-dai), *n.m.* FRIARY
brodoredig, *a.* NATURALIZED
brodori, *v.* NATURALIZE
brodorol, *a.* NATIVE
brodwaith, (-weithiau), *n.m.*
EMBROIDERY
broes, (-iau), *n.m.* BROACH
broe(t)sio, *v.* TAP (CASK)
broga, (-od, -ed), *n.m.* FROG
brogarwch, *n.m.* AFFECTION FOR
LOCALITY
brogle, *a.* ROAN. GRIZZLED
brol, (-iau), *n.m.* BOAST
brolgi, (-gwn), *n.m.* BOASTER. BABBLER
brolian, brolio, *v.* BOAST
broliant, (-iannau), *n.m.* BLURB
broliwr, (-wyr), *n.m.* BOASTER
bromid, *n.m.* BROMIDE
bromin, *n.m.* BROMINE
bron, *ad.* ALMOST
(-nau), *n.f.* BREAST. HEART
(-nydd), *n.f.* BREAST OF HILL
brôn, (bronau), *n.m.* BRAWN
broncitis, *n.m.* BRONCHITIS
bronfraith, (-freithod), *n.f.* SONG
THRUSH
bronglymau, *n.m.* BRASSIERE
brongoch, (-iaid), *n.f.* ROBIN
bronhau, *v.* SUCKLE
bronneg, (bronegau), *n.f.* BREASTPLATE.
BRASSIERE
bronnog, *a.* FULL-BREASTED. ROUNDED
bront, *a.f.* DIRTY. CRUEL. SURLY
bronten, *n.f.* SLUT. SLATTERN
bronwen, *a.* WHITE-BREASTED
n.f. WEASEL
brown, *a.* BROWN
brownin, *n.m.* GRAVY BROWNING
bru, (-oedd), *n.m.* WOMB. BELLY
brud, (-iau), *n.m.* CHRONICLE. STORY.
HISTORY. DIVINATION
brudiwr, (-wyr), *n.m.* WIZARD.
SOOTHSAYER
brwchan, *n.m.* THIN FLUMMERY
brwd, *a.* HOT. FERVENT. WARM
brwdaniaeth, *n.f.* HEAT. FERVOUR
brwdfrydedd, *n.m.* ENTHUSIASM. ARDOUR
brwdfrydig, *a.* ENTHUSIASTIC

brwmstan, *n.m.* BRIMSTONE
brwnt, (bryntion), *a.* DIRTY. FOUL.
OBSCENE. CRUEL. SURLY
brws, (-ys), *n.m.* BRUSH. BROOM
brwsio, *v.* BRUSH
brwyden, *n.m.* EMBROIDERY.
EMBROIDERING FRAME
brwydlen, (-ni), *n.m.* BROCADE
brwydo, *v.* EMBROIDER
brwydr, (-au), *n.f.* BATTLE. CONFLICT
brwydrwr, (-wyr), *n.m.* FIGHTER
brwydwaith, (-weithiau), *n.m.*
EMBROIDERY
brwyliad, (-iaid), *n.m.* BROILER
brwylio, *v.* BROIL
brwynen, (brwyn), *n.f.* RUSH
brwyniad, (-iaid), *n.m.* SMELT. ANCHOVY
brwynog, *a.* RUSHY
brwysg, *a.* DRUNK. LIVELY. FIERCE
brwysged, *n.f.* BRISKET
brwysgedd, *n.m.* DRUNKENNESS. VIGOUR
brwysio, *v.* BRAISING. BRAISE
brych, (*brech, f.*), *a.m.* SPOTTED.
MOTTLED. FRECKLED
n.m. AFTER-BIRTH (OF COW)
brychan, (-au), *n.m.* PLAID
brycheuyn, (brychau), *n.m.* SPOT. MOTE.
SPECK
brychni, *n.m.* SPOTS. FRECKLES
brychu, *v.* SPOT. FRECKLE. FLECK
bryd, (-iau), *n.m.* MIND. THOUGHT.
INTENT
brydaniaeth, *n.f.* WARMTH. ENTHUSIASM.
PASSION
brydio, *v.* BURN. BOIL. INFLAME. THROB
brygawthan, *v.* JABBER. PRATE
bryn, (-iau), *n.m.* HILL. BRAE
bryncyn, (-nau), *n.m.* HILLOCK
bryndir, (-oedd), *n.m.* HILL-COUNTRY.
UPLAND. BRAE
bryngaer, (-au), *n.f.* HILL FORT
bryniog, *a.* HILLY
brynt(n)i, *n.m.* FILTH. DIRTINESS.
OBSCENITY
brys, *n.m.* HASTE
brysged, *n.f.* BRISKET
brysgyll, *n.m.* MACE
brysio, *v.* HURRY. SPEED
brysiog, *a.* HURRIED. HASTY
brysneges, (-au), *n.f.* TELEGRAM
Brython, (-iaid), *n.m.* BRITON.
WELSHMAN
Brythoneg, *n.f.* BRITISH LANGUAGE.
WELSH

brywes, (-au), *n.m.* BREWIS
bual, (buail), *n.m.* BUFFALO. BISON
buan, *a.* SWIFT. QUICK. FAST. SOON
buander, -dra, *n.m.* SPEED. VELOCITY
buarth, (-au), *n.m.* FARMYARD
buchedd, (-au), *n.f.* LIFE. CONDUCT.
MORALITY
bucheddol, *a.* RIGHT-LIVING. MORAL
bucheddu, *v.* LIVE. FLOURISH
buches, (-au), *n.f.* HERD (OF COWS)
buchfrechu, *v.* VACCINATE
budr, (-on), *a.* DIRTY. NASTY. VILE. FOUL
budredd(i), *n.m.* FILTH. DIRT
budr-elw, *n.m.* FILTHY LUCRE
budro, *v.* DEFILE. SOIL
budd, (-ion), *n.m.* BENEFIT. PROFIT. BOTE
buddai, (-eiau), *n.f.* CHURN
buddel(w), (-ydd), *n.m.* COW-HOUSE POST
buddged, (-au), *n.f.* TROPHY. AWARD
buddiant, (-iannau), *n.m.* GAIN.
WELFARE, INTEREST(S)
buddiol, *a.* BENEFICIAL PROFITABLE.
EXPEDIENT
buddioldeb, *n.m.* PROFITABLENESS.
EXPEDIENCY
buddiolwr, (-wyr), *n.m.* BENEFICIARY
buddran, (-nau), *n.f.* DIVIDEND
buddsoddi, *v.* INVEST
buddsoddiad, (-au), *n.m.* INVESTMENT
buddsoddwr, (-wyr), *n.m.* INVESTOR
buddugol, *a.* VICTORIOUS. WINNING
buddugoliaeth, (-au), *n.f.* VICTORY
buddugoliaethus, *a.* VICTORIOUS.
TRIUMPHANT
buddugwr, (-wyr), *n.m.* WINNER. VICTOR
buelydd, *n.m.* HERDSMAN
bufedd, (-i), *n.m.* BOVATE
bugail, (-eiliaid), *n.m.* SHEPHERD.
PASTOR
bugeileg, (-ion), *n.f.* PASTORAL POEM
bugeiles, (-au), *n.f.* SHEPHERDESS
bugeiliaeth, (-au), *n.f.* PASTORATE
bugeilio, *v.* SHEPHERD. WATCH
bugeiliol, *a.* PASTORAL
bugeilyddiaeth, *n.f.* PASTORIALISM
bugunad, *v. & n.m.* BELLOW. ROAR
bùl, (-au), *n.m.* PAPAL BULL
(-ion), *n.m.* BOLL
bulwg, *n.m.* CORN-COCKLE
bun, *n.f.* MAID. MAIDEN
burgyn, (-nod), *n.m.* CARCASE. CARRION
buria, (-âu), *n.m.* CARCASE. WRETCH
burman, *n.m.* BARM. YEAST.

burum, *n.m.* FOAM. YEAST
busnes, (-ion, -au), *n.m.f.* BUSINESS,
AFFAIRS
busnesa, -u, *v.* MEDDLE. INTERFERE
busnesgar, *a.* ⎱ MEDDLESOME
busneslyd, *a.* ⎰
bustach, (bustych), *n.m.* BULLOCK.
STEER
bustachu, *v.* BUNGLE. EXERT IN VAIN.
FLOUNDER
bustl, (-au), *n.m.* BILE. CHOLER. GALL
bustlaidd, *a.* LIKE GALL, BITTER
butan, *n.m.* BUTANE
buwch, (buchod), *n.f.* COW
bwa, (bwâu), *n.m.* BOW. ARCH
bwa'r drindod / arch, RAINBOW
bwa gwaddod, ALLUVIAL FAN
bwaog, *a.* ARCHED. ARCUATE
bwbach, (-od), *n.m.* BOGEY. BUGBEAR.
SCARECROW
bwbwl, (bybylau), *n.m.* BUBBLE
bwced, (-i), *n.m.f.* BUCKET
bwci, (-ïod), *n.m.* BOGEY. GHOST
bwcio, *v.* BOOK
bwcl, (byclau), *n.m.* BUCKLE
bwcled, (-i), *n.f.m.* BUCKLER
bwclo, *v.* BUCKLE
bwch, (bychod), *n.m.* BUCK, STOOK
bwdram, -n, *n.m.* FLUMMERY. GRUEL
bwff, *n.m.* BUFF
bwgan, (-od), *n.m.* BOGEY. GHOST.
SCARECROW
bŵgi-ŵgi, *n.m.* BOOGIE-WOOGIE
bwgwl, (bygylau), *n.m.* THREAT
bwgwth, see *bygwth*
bwng, (byngau), *n.m.* BUNG
bwhwman, *v.* GO TO AND FRO. WAVER
bwi, (-ïau), *n.m.* BUOY
bŵl, (bylau), *n.m.* KNOB. BALL. GLOBE
bwlas, *n.m.* BULLACE
bwlch, (bylchau), *n.m.* GAP. PASS.
NOTCH. HIATUS
bwldagu, *v.* HALF-CHOKE
bwled, (-i), *n.f.* BULLET
bwlefard, *n.m.* BOULEVARD
bwli, (-ïod), *n.m.* BULLY
bwlio, *v.* BULLY OFF
bwliwn, *n.m.* ⎱ BULLION
bwlion, ⎰
bwlyn, (bwliau), *n.m.* KNOB
bwmbeili, *n.m.* BUM-BAILIFF
bwn, (byniaid), *n.m.* BITTERN
bwnc, *n.m.* BUNK

bwncath, (-od), *n.m.* BUZZARD
bwncer, (-i), *n.m.* BUNKER
bwnd, (byndiau), *n.m.* BUND
bwngler, (-iaid), *n.m.* BUNGLER
bwnglera, *v.* BUNGLE. FLUFF
bwnglerach, *n.m.* AWKWARDNESS
bwr, *n.m.* BURR
bwrdais, (-deisiaid), *n.m.* BURGESS.
  FREEMAN. BOURGEOIS
bwrdeisiol, *a.* MUNICIPAL. BOROUGH
bwrdeistref, (-i, -ydd), *n.f.* BOROUGH
bwrdeistrefol, *a.* MUNICIPAL
bwrdd, (byrddau), *n.m.* TABLE. BOARD.
  PLANK. DECK
  bwrdd ffibr, FIBRE BOARD
  bwrdd llawes, SLEEVE BOARD
  bwrdd sbring, TRAMPOLINE
  bwrdd sglefrio, SKATE-BOARD
  tasfyrddau, NEST OF TABLES
bwred, (-i), *n.f.* BURETTE
bwrgler, (-iaid), *n.m.* BURGLAR
bwrgleraeth, *n.f.* BURGLARY
bwriad, (-au), *n.m.* PURPOSE. INTENTION.
  RESOLUTION
bwriadol, *a.* INTENTIONAL. INTENDED
bwriadu, *v.* INTEND
bwriadus, *a.* INTENTIONAL
bwriadwaith, (-weithiau), *n.m.*
  PROJECT
bwriant, (-nnau), *n.m.* INTENTION.
  ASSUMPTION
bwrlésg, *n.m.f.* BURLESQUE
bwrlwm, (byrlymau), *n.m.* BUBBLE.
  GURGLING
bwrn, (byrnau), *n.m.* BALE. BURDEN
bwrnais, *n.m.* BURNISH
bwrneisio, *v.* BURNISH
bwrneisydd, (-ion), *n.m.* BURNISHER
bwrw, *v.* CAST. SHED. STRIKE. COUNT.
  IMAGINE
  n.m. THROW. BLOW
  bwriwr cythreuliaid, EXORCIST
bws, (bysiau, bysys), *n.m.* BUS
bwsh, (-ys), *n.m.* BUSH
bwst, (bystiau), *n.m.* BUST
bwster, (-i), *n.m.* BOOSTER
bwtler, (-iaid), *n.m.* BUTLER
bwtres, (-i), *n.m.f.* BUTTRESS
bwtri, *n.m.* BUTTERY. DAIRY. PANTRY
bwth, (bythod), *n.m.* HUT. BOOTH.
  CABIN. COTTAGE
bwthyn, (bythynnod), *n.m.* COTTAGE.
  CABIN.

bwyall, -ell, (bwyeill), *n.f.* AXE. HATCHET
bwyd, (-ydd), *n.m.* FOOD
  bwyd ar glud, MEALS ON WHEELS
  bwyd bwrlwm, BUBBLE AND SQUEAK
bwyda, -o, *v.* FEED
bwydlen, (-ni), *n.f.* MENU
bwydlys, (-iau), *n.m.* VEGETABLE
bwydwaith, *n.m.* CATERING
bwydwr, (-wyr), *n.m.* FEEDER
bwygilydd, *ad.* TO THE OTHER
bwylltid, (-au), *n.m.* SWIVEL
bwysel, (-i, -au), *n.m.* BUSHEL
bwysgyn, (-s), *n.m.* BUSKIN
bwystfil, (-od), *n.m.* WILD BEAST. BRUTE
bwystfilaidd, *a.* BEASTLY. BRUTISH
bwystfileiddiwch, *n.m.* BEASTLINESS.
  BESTIALITY
bwyta, *v.* EAT. CORRODE
bwytadwy, *a.* EDIBLE
bwytäwr, (-wyr), *n.m.* EATER
bwyteig, *a.* GREEDY. DELICIOUS
bwytiad, *n.m.* CONSUMPTION
bwyty, (-tai), *n.m.* CAFÉ. RESTAURANT
bychan, (*bechan, f.*), *a.m.* LITTLE. SMALL.
  PETTY
bychander, -dra, *n.m.* SMALLNESS
bychanigion, (-*igyn, n.m.*), *n.pl.*
  DIMINUTIVES
bychanu, *v.* BELITTLE. DISPARAGE
bychanus, *a.* BELITTLING. DISPARAGING
bychanwr, (-wyr), *n.m.* DETRACTOR
byd, (-oedd), *n.m.* WORLD. LIFE. STATE
bydaf, (-au), *n.m.f.* BEEHIVE. SWARM
bydio, *v.* LIVE. FLOURISH
bydol, *a.* WORLDLY. SECULAR
bydolddyn, (-ion), *n.m.* WORLDLY MAN.
  MISER
bydolrwydd, *n.m.* WORLDLINESS
bydwr, (-wyr), *n.m.* OBSTETRICIAN
bydwraig, (-wragedd), *n.f.* MIDWIFE
bydwreigiaeth, *n.f.* MIDWIFERY
bydysawd, *n.m.* UNIVERSE. MACROCOSM
byddar, *a.* DEAF
  (-iaid), *n.m.* DEAF PERSON
byddardod, *n.m.* DEAFNESS
byddarol, *a.* DEAFENING
byddaru, *v.* DEAFEN. STUN
byddin, (-oedd), *n.f.* ARMY. HOST
byddino, *v.* MOBILISE. MARSHAL
byffer, *n.m.* BUFFER
bygwth, *v.* THREATEN
  (bygythion, -iau), *n.m.* THREAT.
  MENACE

bygylu, *v.* THREATEN. TERRORISE
bygylydd, *n.m.* TERRORIST
bygythiad, (-au), *n.m.* THREAT
bygythio, *v.* THREATEN
bygythiol, *a.* THREATENING. MENACING
byng, (-au), *n.m.* BUNG
byl, (-au), *n.m.f.* EDGE. BRIM
bylb, (-au), *n.m.* BULB
bylchfur, (-iau), *n.m.* BATTLEMENT
bylchog, *a.* GAPPED. INDENTED.
　　BREACHED. NOTCHED
bylchu, *v.* BREACH. NOTCH. BREAK
　　THROUGH. MAKE A GAP
bylchus, *a.* LACUNARY
byngalo, (-s, -au), *n.m.* BUNGALOW
bynnag, *pn.* -SOEVER. -EVER
bynnen,
bynsen, (byns), *n.f.* | BUN
byr, (-ion), *a.* SHORT. BRIEF. STINGY
byrbryd, (-au), *n.m.* SNACK. LUNCH
byrbwyll, *a.* RASH. IMPULSIVE. HASTY
byrbwylltra, *n.m.* RASHNESS.
　　IMPULSIVENESS
byrder, -dra, *n.m.* SHORTNESS.
　　CONCISENESS
byrdwn, (-ynnau), *n.m.* BURDEN.
　　REFRAIN
byrddio, *v.* BOARD
byrddwr, (-wyr), *n.m.* BOARDER
byrfodd, (-au), *n.m.* ABBREVIATION
byrfyfyr, *a.* IMPROMPTU
byrgorn, *a.* SHORTHORN
byrgrwn, *a.* OBLATE
byrhau, *v.* SHORTEN. ABBREVIATE
byrhoedledd, *n.m.* SHORTNESS OF LIFE
byrion, *n.pl.* BRIEFS. SHORTS
byrlymu, *v.* BUBBLE. GURGLE. FLOW
　　FREELY
byrllysg, (-au), *n.m.f.* MACE. SCEPTRE
byrner, (-i), *n.m.* BURNER
byrnio, -u, *v.* BALE. BUNDLE
byrnwr, (-wyr), *n.m.* BALER

bys, (-edd), *n.m.* FINGER. TOE
byseddu, *v.* FINGER. HANDLE
bysell, (-au), *n.f.* KEY (OF PIANO, ETC.)
bysu, *v.* FINGER
bytio, *v.* BUTT
byth, *ad.* EVER, STILL, ALWAYS, NEVER
　　(-oedd), *n.m.* ETERNITY
bytheiad, (-aid), *n.m.* HOUND
bytheirio, *v.* BELCH. THREATEN
bythgofiadwy, *a.* MEMORABLE
bythol, *a.* EVERLASTING. ETERNAL
bytholi, *v.* PERPETUATE
byth(ol)wyrdd, *a. & n.m.* EVERGREEN.
　　PERPETUITY
bythynnwr, (-ynwyr), *n.m.* COTTAGER
byw, *v.* LIVE. DWELL
　　a. LIVING. ALIVE
　　n.m. LIFE, QUICK
bywadwy, *a.* VIABLE
bywgraffiad, (-au), *n.m.* BIOGRAPHY
bywgraffiadol, *a.* BIOGRAPHICAL
bywgraffiadur, (-on), *n.m.*
　　BIOGRAPHICAL DICTIONARY
bywgraffydd, (-ion), *n.m.* BIOGRAPHER
bywgraffyddol, *a.* BIOGRAPHICAL
bywgysgell, (-oedd), *n.f.* BEDSITTER
bywhau, *v.* ANIMATE
bywiocáu, *v.* ENLIVEN
bywiog, *a.* LIVELY. VIVACIOUS
bywiogi, *v.* ENLIVEN
bywiogrwydd, *n.m.* LIVELINESS, VIVACITY
bywiogus, *a.* INVIGORATING
bywiogydd, *n.m.* ACTIVATOR
bywiol, *a.* LIVING. ANIMATE
bywoliaeth, (-au), *n.f.* LIVELIHOOD
bywyd, (-au), *n.m.* LIFE, EXISTENCE
bywydaeth, *n.f.* VITALISM
bywydeg, *n.m.f.* BIOLOGY
bywydegwr, (-wyr), *n.m.* BIOLOGIST
bywydfad, (-au), *n.m.* LIFEBOAT
bywydol, *a.* VITAL. ANIMATE
bywyn, (-nau), *n.m.* PITH, CORE, CRUMB,
　　QUICK

cabal, (-iau), *n.m.* CABAL
caban, (-au), *n.m.* CABIN. SMALL
COTTAGE
cabarlatsio, *v.* TALK NONSENSE
cabetsen, (cabets), *n.f.* CABBAGE
cabi, *n.m.* BICARBONATE OF SODA
cabidwl, (-dylau), *n.m.* CHAPTER (IN
CATHEDRAL), LESSON (IN CHURCH)
cabidyldy, (-dai), *n.m.* CHAPTER HOUSE
cabin, (-au), *n.m.* CABIN
cabinet, (-au), *n.m.* CABINET
cabl, (-au), *n.m.* BLASPHEMY. SLANDER
cabledd, (-au), *n.m.* BLASPHEMY
cableddu, *v.* BLASPHEME. SLANDER
cableddus, *a.* BLASPHEMOUS
cablen, (-ni), *n.f.* CABLE
cablu, *v.* BLASPHEME
cablwr, -ydd, (-wyr), *n.m.* BLASPHEMER.
REVILER
cabol, -edig, *a.* POLISHED. REFINED
caboli, *v.* POLISH. REFINE
cacamwci, *n.m.* BURDOCK
cacen, (-nau, -ni), *n.f.* CAKE
cacen garwe, SEED CAKE
cacoffoni, *n.m.* CACOPHONY
cacynen, (cacwn), *n.f.* WASP. BUMBLE-
BEE
yn gacwn gwyllt, FURIOUS
cachadur, (-es, f.), *n.m.* COWARD. KNAVE
cachgi, (-gwn), *n.m.* COWARD. SNEAK
cachu, *v.* DEFECATE
n.m. EXCREMENT
cad, (-au), *n.f.* BATTLE. ARMY. HOST. STRIFE
cadach, (-au), *n.m.* CLOTH. KERCHIEF.
CLOUT
cadair, (-eiriau), *n.f.* CHAIR. SEAT. UDDER
cadair godi, CHAIR LIFT
cadarn, *a.* STRONG. FIRM. MIGHTY
cadarnhad, *n.m.* AFFIRMATION.
CONFIRMATION
cadarnhaol, *a.* AFFIRMATIVE. EMPHATIC.
POSITIVE
cadarnhau, *v.* STRENGTHEN. CONFIRM
cad-drefniad, (-au), *n.m.* MANOEUVRE
cadeiren, (-nau), *n.f.* TILLER (BOTANY)
cadeirfardd, (-feirdd), *n.m.* CHAIRED
BARD
cadeirio, *v.* CHAIR
cadeiriog, *a.* CHAIRED. BRANCHING
cadeiriol, *a.* CHAIR. CATHEDRAL
cadeirlan, (-nau), *n.f.* CATHEDRAL
cadeirydd, (-ion), *n.m.* CHAIRMAN
cadernid, *n.m.* STRENGTH. MIGHT

cadfarch, (-feirch), *n.m.* WAR-HORSE
cadfridog, (-ion), *n.m.* GENERAL
cadgamlan, *n.f.* RABBLE. CONFUSION
cadi, (-ïaid), *n.m.* EFFEMINATE MALE.
CADDIE
cadis, *n.m.* CADDICE. BRAID. GIRDLE
cadlanc, (-iau), *n.m.* CADET
cadlas, (-esydd), *n.f.* ENCLOSURE. RICK-
YARD
cadlong, (-au), *n.f.* WARSHIP
cadlys, (-oedd), *n.f.* CAMP.
HEADQUARTERS
cadno, (cadnoid, cadnawon), *n.m.*
FOX
cadnöes, cadnawes, (-au), *n.f.* VIXEN
cadoediad, *n.m.* ARMISTICE. TRUCE
cadofydd, (-ion), *n.m.* STRATEGIST
cadoffer, *n.pl.* ARMAMENTS
cadw, *v.* KEEP. SAVE. PRESERVE. DETAIN.
GUARD, MAINTAIN
cadwedig, *a.* SAVED. PRESERVED
cadwedigaeth, *n.f.* SALVATION.
PRESERVATION. SAFETY
cadw-mi-gei, *n.m.* MONEY-BOX
cadwolyn, (-olion), *n.m.* PRESERVATIVE
cadwraeth, *n.f.* KEEPING. PRESERVATION.
CONSERVATION, MAINTENANCE
cadwrol, *a.* CONSERVATIVE
cadwrus, *a.* IN GOOD CONDITION
cadwrydd, *n.m.* OBSERVANT
cadwyn, (-au, -i), *n.f.* CHAIN. SERIES.
RANGE
cadwyno, *v.* CHAIN. ENSLAVE. LINK
cadwynog, *a.* CHAINED. CONNECTED
caddug, (-au), *n.m.* MIST. FOG. DARKNESS
caddug ffrynt, FRONTAL FOG
caddug rheiddiad, RADIATION FOG
caddugo, *v.* DARKEN. CLOUD. FOG
caddugol, *a.* MISTY. DARK. FOGGY
cae, (-au), *n.m.* FIELD. ENCLOSURE.
FENCE. BROOCH
caead, (-au), *n.m.* COVER. LID. CLASP
a. CLOSED. FENCED
caeadle, (-oedd), *n.m.* ENCLOSURE
caeadu, *v.* SHUTTER
caeëdig, *a.* CLOSED. FENCED
cael, *v.* HAVE. GET. FIND
caen, (-au), *n.f.* LAYER. PEEL. COATING
caenen, (-nau), *n.f.* COVERING. LAYER.
FILM
caenu, *v.* COAT. FINISH
caer, (-au, ceyrydd), *n.f.* WALL. CASTLE.
CITADEL

caeriwrch, (-iyrchod), *n.m.* ROEBUCK
caerog, *a.* FORTIFIED. BROCADED
caets, (-ys), *n.m.* CAGE
caeth, *a.* BOUND. CAPTIVE. CONFINED
(-ion), *n.m.* BONDMAN. SLAVE
caethder, *n.m.* STRICTNESS. DYSPNOEA.
RESTRICTION. ASTHMA
caethfab, (-feibion), *n.m.* SLAVE
caethfasnach, *n.f.* SLAVE-TRADE
caethferch, (-ed), *n.f.* SLAVE
caethglud, *n.f.* CAPTIVITY
caethgludiad, (-au), *n.m.* CAPTIVITY
caethgludo, *v.* LEAD CAPTIVE
caethiwed, *n.m.* SLAVERY. CAPTIVITY
caethiwo, *v.* ENSLAVE. CONFINE
caethiwus, *a.* CONFINED. TIED
caethlong, (-au), *n.f.* SLAVE-SHIP
caethwas, (-weision), *n.m.* SLAVE
caethwasanaeth, *n.m.* SLAVERY
cafalîr, *n.m.* CAVALIER
cafeat, *n.m.* CAVEAT
cafell, (-au), *n.f.* CHOIR STALL
cafiâr, *n.m.* CAVIARE
cafn, (-au), *n.m.* TROUGH. FLUME
cafnedd, *n.m.* CONCAVITY
cafnio, -u, *v.* SCOOP. HOLLOW. GOUGE
cafod, (-au, -ydd), *n.f.* SHOWER
caff, (-iau), *n.m.* GRASP. GRIP
caffael, *v.* OBTAIN. GET. ACQUIRE
caffaeledd, *n.m.* AVAILABILITY
caffaeliad, (-au), *n.m.* ACQUISITION.
PREY. SPOIL
caffe, -i, (-s), *n.m.* CAFÉ. RESTAURANT
caffeteria, *n.m.* CAFETERIA
caffio, *v.* SNATCH. GRAPPLE
cafflo, *v.* CHEAT. ENTANGLE. SNARL
cagl, (-au), *n.m.* SHEEP-DUNG. CLOTTED
DIRT
caglu, *v.* BEFOUL
cangell, (-hellau), *n.f.* CHANCEL.
SANCTUARY
cangelloriaeth, *n.f.* CHANCELLORSHIP
cangen, (-hennau), *n.f.* BRANCH. KNOT
(IN TIMBER)
canghellor, (cangellorion), *n.m.*
CHANCELLOR
canghennog, *a.* BRANCHY. KNOTTY.
DENDRITIC
canghennu, *v.* BRANCH
caián, *n.m.* CAYENNE
caib, (ceibiau), *n.f.* PICKAXE. MATTOCK.
HOE

cail, (ceiliau), *n.f.* FOLD. FLOCK
caill, (ceilliau), *n.f.* TESTICLE. POD
cain, *a.* FAIR. ELEGANT. FINE
cainc, (ceinciau, cangau). *n.f.* BRANCH.
STRAND. KNOT. TUNE
cais, (ceisiau, ceisiadau), *n.m.*
APPLICATION. ATTEMPT. TRY
cal(a), (-iau), *n.f.* PENIS
calamin, *n.m.* CALAMINE
calan, (-nau, -ni), *n.m.* FIRST DAY OF
MONTH
calc(yn), *n.m.* CALKIN. CALK
calcio, *v.* CAULK
calcwlws, (calcwli), *n.m.* CALCULUS
calch, (-oedd), *n.m.* LIME
calchaidd, *a.* CALCAREOUS
calchbibonwy, *n.m.* STALACTITE
calchbost, (-byst), *n.m.* STALAGMITE
calchen, *n.f.* LIMESTONE
calchfaen, *n.m.* LIMESTONE
calchgar, *a.* CALCICOLE
calchgas, *a.* CALCIFUGE
calcho, -u, *v.* LIME
caled, *a.* HARD. SEVERE. HARDY.
DIFFICULT
calededd, *n.m.* CALLOSITY. CALLUS
caleden, (-nau), *n.f.* CALLUS
caledfwrdd, *n.m.* HARDBOARD
caledi, *n.m.* HARDSHIP. SEVERITY
calediant, *n.m.* INDURATION
caledu, *v.* HARDEN. SOLIDIFY. AIR
(CLOTHES)
caledwch, *n.m.* HARDNESS. DIFFICULTY
calen, (-nau, -ni), *n.m.* WHETSTONE
calendr, (-au), *n.m.* CALENDAR
calennig, *n.m.f.* NEW-YEAR'S GIFT
calibr, (-au), *n.m.* CALIBRE
calibro, *v.* CALIBRATE
calico, (-au), *n.m.* CALICO
caliprau, *n.pl.* CALIPERS
calon, (-nau), *n.f.* HEART. PLUCK. CORE
calondid, *n.m.* ENCOURAGEMENT
calongaledwch, *n.m.* HARD-
HEARTEDNESS
calonnog, *a.* HEARTY. HIGH-SPIRITED
calonogi, *v.* ENCOURAGE. HEARTEN
calori, (-ïau), *n.m.* CALORIE
calorimedr, *n.m.* CALORIMETER
calsiwm, *n.m.* CALCIUM
call, *a.* WISE. SENSIBLE. RATIONAL
callestr, (cellystr), *n.f.* FLINT
callineb, *n.m.* WISDOM. SENSE
callor, (-au), *n.m.* CAULDRON. CALDERA

cam, (-au), *n.m.f.* STEP. STRIDE
   a. CROOKED. BENT. FALSE. BANDY
(-au), *n.m.* WRONG, INJURY, TORT
cam-, *px.* WRONG. MIS-
camaddasiad, (-au), *n.m.*
   MALADJUSTMENT
camarfer, *v.* ABUSE. MISUSE
(-ion), *n.m.f.* MISUSE
camarwain, *v.* MISLEAD
camarweiniad, (-au), *n.m.*
   MISREPRESENTATION
camarweiniol, *a.* MISLEADING
camber, (-i), *n.m.* CAMBER
cambren, (-ni), *n.m.* GAMBREL
cambrig, *n.m.* CAMBRIC
camdafliad, (-au), *n.m.* FOUL THROW
camdaflu, *v.* FOUL THROW
camder, -dra, *n.m.* CROOKEDNESS
camdreuliad, *n.m.* INDIGESTION
cam-drin, *v.* ABUSE. ILL-TREAT
camdriniaeth, (-au), *n.f.* ILL-
   TREATMENT. INJUSTICE
camdro, (-eau, -eon), *n.m.* CRANK
camdroad, (-au), *n.m.* WARP
cam-droi, *v.* PERVERT. WARP
cam-dyb, (-iau), *n.f.* ERROR.
   MISCONJECTURE
camdystiolaeth, (-au), *n.f.* FALSE
   WITNESS
camdystiolaethu, *v.* BEAR FALSE WITNESS
camddeall, *v.* MISUNDERSTAND
camddealltwriaeth, (-au), *n.f.*
   MISUNDERSTANDING
camddefnydd, *n.m.* MISUSE
camddefnyddio, *v.* MISUSE
camedd, *n.m.* BEND. CURVATURE
camedd y droed, INSTEP
camedd y gar, KNEE-JOINT
cameg, (-au, cemyg), *n.f.* FELLOE.
   ARCH. ARC
camel, (-od), *n.m.* CAMEL
cameo, (-s), *n.m.* CAMEO
camenw, (-au), *n.m.* MISNOMER
camera, (-âu), *n.m.* CAMERA
camfa, (-feydd), *n.f.* STILE. HURDLE
camfarnu, *v.* MISJUDGE
camgastio, *v.* MISCAST
camgred, (-oau), *n.f.* MISBELIEF. HERESY
camgredwr, (-wyr), *n.m.* HERETIC
camgyfrif, *v.* MISCALCULATE
camgyhuddo, *v.* ACCUSE FALSELY
camgymeriad, (-au), *n.m.* MISTAKE
camgymryd, *v.* ERR. MISTAKE

camlas, (-esi, -esydd), *n.f.* CANAL.
   DITCH
camliwiad, (-au), *n.m.*
   MISREPRESENTATION
camliwio, *v.* MISREPRESENT
camochri, *v.* BE OFFSIDE
camog, (-au), *n.f.* FELLOE
camosod, *v.* MISPLACE
camp, (-au), *n.f.* FEAT. GAME. EXPLOIT.
   EXCELLENCE
campfa, (-feydd), *n.f.* GYMNASIUM
campio, *v.* PRANCE, GAMBOL, CAMP
campus, *a.* EXCELLENT, GRAND, SPLENDID
campwaith, (-weithiau), *n.m.*
   MASTERPIECE
campwr, (-wyr), *n.m.* CHAMPION.
   EXPERT
camre, *n.m.* WALK. FOOTSTEPS
camsiafft, *n.m.* CAMSHAFT
camsyniad, (-au), *n.m.* MISTAKE. ERROR
camsynied, *v.* MISTAKE
camsyniol, *a.* MISTAKEN
camu, *v.* STEP. STRIDE. BEND. STOOP
camwedd, (-au), *n.m.* TRANSGRESSION.
   SIN. TORT
camweddu, *v.* TRANSGRESS
camweddwr, (-wyr), *n.m.*
   TRANSGRESSOR
camwerthyd, (-oedd), *n.f.* CRANKSHAFT
camwri, *n.m.* INJURY. WRONG. VIOLENCE
camymddwyn. *v.* MISBEHAVE
camymddygiad, *n.m.* MISBEHAVIOUR
cân, (caneuon, caniadau), *n.f.* SONG.
   POEM
can, (-iau), *n.m.* FLOUR, TIN, CAN
   a. WHITE, BLEACHED, HUNDRED
cancr, *n.m.* CANCER, CANKER
cancro, *v.* CANKER, FESTER
candryll, *a.* SHATTERED
candi, *n.m.* CANDY
canerdy, (-dai), *n.m.* CANNERY
canfasio, *v.* CANVASS
canfod, *v.* SEE, PERCEIVE
canfodiad, (-au), *n.m.* PERCEPT
canfyddadwy, *a.* PERCEPTIBLE, APPARENT
canfyddiad, (-au), *n.m.* PERCEPTION
canhwyllbren, (-ni, -nau), *n.m.*
   CANDLESTICK
canhwyllnerth, *n.m.* CANDLE POWER
canhwyllwr, (-wyr), *n.m.* CHANDLER
canhwyllyr, (canwyllyriau), *n.m.*
   CHANDELIER
caniad, (-au), *n.m.* SONG. RINGING.
   SOUNDING

caniadaeth, *n.f.* MUSIC. SINGING
caniatâd, *n.m.* PERMISSION. CONSENT.
PERMIT
caniataol, *a.* PERMITTED. GRANTED
caniatáu, *v.* PERMIT. ALLOW
caniedydd, (-ion), *n.m.* SONG-BOOK
canio, *v.* CAN
canion, (-au), *n.m.* CANYON
canlyn, *v.* FOLLOW. ENSUE. COURT
canlyneb, (-au), *n.f.* COROLLARY
canlyniad, (-au), *n.m.* CONSEQUENCE.
RESULT
canlyniadol, *a.* RESULTANT
canlynol, *a.* FOLLOWING. ENSUING
canlynwr, (-wyr), *n.m.* FOLLOWER.
SUCCESSOR
canllaw, (-iau), *n.f.m.* HANDRAIL
canllawio, *v.* HANDRAIL
canmlwyddiant, *n.m.* CENTENARY
canmol, *v.* PRAISE. COMMEND
canmoladwy, *a.* PRAISEWORTHY
canmoliaeth, *n.f.* PRAISE. COMPLIMENT
canmoliaethus, *a.* COMMENDATORY.
COMPLIMENTARY
cannaid, *a.* WHITE. LUMINOUS. BRIGHT
cannu, *v.* BLEACH. WHITEN
cannwyll, (canhwyllau), *n.f.* CANDLE
cannydd, (canyddion), *n.m.* BLEACH
canol, (-au), *n.m.* MIDDLE. CENTRE
canolbarth, (-au), *n.m.* MIDLAND.
MIDDLE PART
canolbris, (-iau), *n.m.* AVERAGE PRICE
canolbwynt, (-iau), *n.m.* CENTRE POINT.
ESSENCE. FOCUS
canolbwyntio, *v.* CENTRE. CONCENTRATE.
FOCUS
canoldir, (-oedd), *n.m.* INLAND REGION
canolddydd, *n.m.* NOON. MERIDIAN
canolfan, (-nau), *n.m.f.* CENTRE. BASE
canolffo, *a.* CENTRIFUGAL
canoli, *v.* CENTRE. ARBITRATE. CENTRALIZE
canoliad, *n.m.* CENTRALISATION.
AVERAGE
canoliaeth, *n.f.* CENTRALISM
canolig, *a.* MIDDLING. ORDINARY
canoloesol, *a.* MEDIAEVAL
canolog, *a.* CENTRAL. ESSENTIAL
canolradd(ol), *a.* INTERMEDIATE
canolrif, (-au), *n.m.* MEDIAN
canolrwydd, *n.m.* CENTRALITY
canolwr, (-wyr), *n.m.* MEDIATOR.
REFEREE. CENTRE. ARBITRATOR.
CENTRE-HALF

canon, (-au), *n.f.m.* CANON (LAW)
(-iaid), *n.m.* CANON
canonaidd, *a.* CANONICAL
canoneidd-dra, *n.m.* CANONICITY
canoneiddio, *v.* CANONISE
canoniaeth, *n.f.* CANONRY
canonwr, (-wyr), *n.m.* CANONIST
canopi, (-ïau), *n.m.* CANOPY
canradd, (-au), *a. & n.f.* CENTIGRADE.
PERCENTILE
canran, (-nau), *n.m.* PERCENTAGE
canrannol, *a.* PERCENTAGE
canrif, (-oedd), *n.f.* CENTURY
cansen, (-ni, -nau), *n.f.* CANE
canser, *n.m.* CANCER
canslad, (-au), *n.m.* CANCELLATION
canslo, *v.* CANCEL
cant, (-au), *n.m.* CIRCLE. RIM. TYRE
cant, (cannoedd), *n.m.* HUNDRED.
HUNDREDWEIGHT
cantawd, (-au), *n.f.* CANTATA
cantel, (-au), *n.m.* RIM. BRIM
cantigl, (-au), *n.f.* CANTICLE
cantîn, (cantinoedd), *n.f.* CANTEEN
cantilifer, (-au), *n.m.* CANTILEVER
cantor, (-ion), *n.m.* SINGER
cantores, (-au), *n.f.* SONGSTRESS
cantref, (-i, -ydd), *n.m.* HUNDRED
cantwr, (-wyr), *n.m.* SINGER
canu, *v.* SING. PLAY. RING. CROW
canu gwlad, COUNTRY MUSIC
canŵ, (-od), *n.m.* CANOE
canŵo, *v.* CANOE
canwr, (-wyr), *n.m.* SINGER
canwriad, (-iaid), *n.m.* CENTURION
canŵyr, (-au, -ion), *n.m.* PLANE
(CARPENTER)
canys, *c.* BECAUSE. FOR
caolin, (-au), *n.m.* KAOLIN
cap, (-iau), *n.m.* CAP. HOOD
capan, (-au), *n.m.* CAP. LINTEL
capel, (-i, -au), *n.m.* CHAPEL
capelwr, (-wyr), *n.m.* CHAPEL-GOER
caper, *n.m.* CAPER
capilaredd, *n.m.* CAPILLARITY
capio, *v.* CAP. BOW
caplan, (-iaid), *n.m.* CHAPLAIN
caplaniaeth, *n.f.* CHAPLAINCY
capoc, *n.m.* KAPOK
caprwn, (-yniaid), *n.m.* CAPON
capswl, (-au), *n.m.* CAPSULE
capten, (-iaid), *n.m.* CAPTAIN
capte(i)niaeth, *n.f.* CAPTAINCY

capwt, *n.m.* KAPUT
car, (ceir), *n.m.* CAR, VEHICLE
   car llusg, SLEDGE
câr, (ceraint), *n.m.* FRIEND, KINSMAN
carafán (-nnau), *n.f.* CARAVAN
carafanna, *n.n.* CARAVANNING
carat, (-au), *n.m.* CARAT
carbohydrad, (-au), *n.m.*
   CARBOHYDRATE
carbon, (-au), *a. & n.m.* CARBON
carbonad, (-au), *n.m.* CARBONATE
carbonadu, *v.* CARBONATE
carbonaidd, *a.* CARBONACEOUS
carboneiddiad, *n.m.* CARBONISATION
carboneiddio, *v.* CARBONISE
carbwl, *a.* AWKWARD, CLUMSY
carbwradur, *n.m.* CARBURETTOR
carc, *n.m.* CARE, RESPONSIBILITY
carco, *v.* MIND, TAKE CARE
carcus, *a.* ANXIOUS, CAREFUL, THRIFTY
carchar, (-au), *n.m.* PRISON
carchardy, (-dai), *n.m.* PRISON-HOUSE
carchariad, *n.m.* IMPRISONMENT
carcharor, (-ion), *n.m.* PRISONER
carcharu, *v.* IMPRISON
cardbord, (-au, -ydd), *n.m.* CARDBOARD
carden, (cardiau), *n.f.* CARD
cardigan, (-au), *n.f.* CARDIGAN
cardinal, (-iaid), *n.m. & a.* CARDINAL
cardod, (-au), *n.f.* ALMS, CHARITY
cardota, *v.* BEG
cardotyn, (-wyr), *n.m.* BEGGAR
cardydwyn, *n.m.* WEAKEST OF LITTER
caredig, *a.* KIND
caredigrwydd, *n.m.* KINDNESS
caregl, (-au), *n.m.* CHALICE
caregog, *a.* STONY
caregu, *v.* PETRIFY
caregwaith, (-weithiau), *n.m.*
   STONEWORK
carennydd, *n.m.* KINSHIP
caretsen, (carets), *n.f.* CARROT
carfaglog, *a.* CLUMSY, AWKWARD
carfan, (-au), *n.f.m.* SWATH, GROUP,
   WEAVER'S BEAM, FACTION, SQUAD
   carfan fach, CLOTH BEAM
   carfan fawr, WARP BEAM
carfer, *n.m.* CARVER
carfio, *v.* CARVE
cargo, (-au), *n.m.* CARGO
cariad, (-au), *n.m.* LOVE, CHARITY
   (-on, -au), *n.m.f.* LOVER,
cariadfab, (-feibion), *n.m.* LOVER,
   SWEETHEART

cariadferch, (-ed), *n.f.* LADY-LOVE,
   MISTRESS
cariadlawn, *a.* FULL OF LOVE
cariadus, *a.* DEAR, BELOVED
caridým, (-s), *n.m.* RAGAMUFFIN
cario, *v.* CARRY, BEAR
carisma, *n.m.* CHARISMA
carismatig, *a.* CHARISMATIC
cariwr, (-wyr), *n.m.* CARRIER
carlam, (-au), *n.m.* GALLOP, PRANCE
carlamu, *v.* GALLOP, PRANCE
carlwm, (-lymod), *n.m.* STOAT, ERMINE
carn, (-au), *n.m.* HOOF, HILT, HANDLE,
   CROWD
carn, (-au),
carnedd, (-au, -i), } *n.f.* CAIRN
cárnifal, *n.m.* CARNIVAL
carniforus, *a.* CARNIVOROUS
carnog, -ol, (-ion), *a.* HOOFED
carn-tro, *n.m.* BRACE
carob, *n.m.* CAROB
carol, (-au), *n.m.f.* CAROL
carotid, *a.* CAROTID
carotin, *n.m.* CAROTENE
carp, (-iau), *n.m.* RAG, CLOUT
carped, (-au, -i), *n.m.* CARPET
carpio, *v.* SHRED
carpiog, *a.* RAGGED, TORN
carrai, (careiau), *n.f.* LACE, THONG
carreg, (cerrig), *n.f.* STONE, ROCK, PIP,
   TESTICLE
   carreg galch, LIMESTONE
   carreg hogi, WHETSTONE
   carreg nadd, DRESSED STONE
carrog, *n.f.* STREAM
carst, (-au), *n.m.* KARST
cart, (ceirt, certi), *n.m.f.* CART, WAIN
cartél, (-au), *n.m.* CARTEL
cartiant, (-nnau), *n.m.* CARTAGE
cartilag, (-au), *n.m.* CARTILAGE
cartograffeg, *n.f.* CARTOGRAPHY
carton, (-au), *n.m.* CARTON
cartref, (-i, -ydd), *n.m.* HOME
   cartref cadw, REMAND HOME
cartrefle, (-oedd), *n.m.* ABODE
cartrefol, *a.* HOMELY, INTIMATE, CIVIL
cartrefolrwydd, *n.m.* HOMELINESS
cartrefu, *v.* DWELL, SETTLE
cartŵn, (cartwnau), *n.m.* CARTOON
cartwnydd, (-ion), *n.m.* CARTOONIST
carth, (-ion), *n.m.* TOW, OFFSCOURING
carthbair, *n.m.* LAXATIVE
carthbwll, (-byllau), *n.m.* CESSPOOL

carthen, (-ni), *n.f.* WELSH BLANKET,
COVERLET
carthffos, (-ydd), *n.f.* SEWER, DRAIN
carthffosaeth, *n.f.* SEWAGE
carthiad, *n.m.* PURGE, CLEANSING
carthlyn, *n.m.* CATHARTIC
carthu, *v.* CLEANSE, SCOUR, PURGE,
DREDGE, CLEAR (THROAT)
carthwr, (-wyr), *n.m.* CLEANSER,
SCAVENGER
carthysu, *v.* SCAVENGE
caru, *v.* LOVE, LIKE, COURT
caruaidd, *a.* LOVING, AFFECTIONATE
carw, (ceirw), *n.m.* STAG, DEER
carwden, (-ni), *n.f.* BACK-CHAIN, TALL
CLUMSY FELLOW
carwr, (-wyr), *n.m.* LOVER, WOOER
carwriaeth, (-au), *n.f.* COURTSHIP
carwsél, (-au), *n.m.* CAROUSEL
cas, *a.* HATEFUL, HATED, NASTY,
DISAGREEABLE
n.m. HATRED, ENMITY
cas, (caseion), *n.m.* HATER, ENEMY
(-ys, -iau), *n.m.* CASE, CASING
casafa, *n.m.* CASSAVA
casáu, *v.* DETEST, HATE
casáwr, (-wyr), *n.m.* HATER
casbeth, (-au), *n.m.* AVERSION
caseg, (cesig), *n.f.* MARE
casein, *n.m.* CASEIN
caserol, (-au), *n.m.* CASSEROLE
casét, (-iau), *n.m.* CASSETTE
casgen, (-ni, casgiau), *n.f.* CASK
casgl, (-ion), *n.f.m.* COLLECTION, ABSCESS
casgliad, (-au), *n.m.* COLLECTION,
CONCLUSION, GATHERING, SET,
INFERENCE
casglifiad, *n.m.* COLLUVIUM
casglu, *v.* COLLECT, GATHER, INFER,
FESTER, DEDUCE
casglwr, (-wyr),
casglydd, (-ion), | *n.m.* COLLECTOR
casin, *n.m.* CASEIN, CASING
casineb, (-au), *n.m.* HATRED, ENMITY
casment, (-au), *n.m.* CASEMENT
casmir, *n.m.* CASHMERE
cast, (-iau), *n.m.* TRICK, CAST, PRANK,
CASTE, KNACK
castan, (-au), *n.f.* CHESTNUT
castanedau, *n.pl.* CASTANETS
castanwydd, (-en, *n.f.*), *n.pl.* CHESTNUT-
TREES
castell, (cestyll), *n.m.* CASTLE

castellog, *a.* CASTLED
castellu, *v.* BESIEGE, ENCAMP
castin, (-iau), *n.m.* CASTING
castio, *v.* CHEAT, TRICK, CAST
castiog, *a.* WILY, FULL OF TRICKERY
castor, *n.m.* CASTOR
casul, (-iau), *n.m.f.* CHASUBLE, CASSOCK
caswir, *n.m.* UNPALATABLE TRUTH
caswist, *n.m.* CASUIST
casyn, (casiau), *n.m.* CASE, CASING
cat, (-iau), *n.m.* BIT, PIECE, PIPE
catabolaeth, *n.m.* CATABOLISM
catacwm, (-au, -s), *n.m.* CATACOMB
cataledd, *n.m.* CATALYSIS
catalog, (-au), *n.m.* CATALOGUE
catalogio, *v.* CATALOGUE
catalogwr, -ydd, (-wyr, -ion), *n.m.*
CATALOGUER
catalydd, (-ion), *n.m.* CATALYST
catár, (-au), *n.m.* CATARRH
cataract, (-au), *n.m.* CATARACT
cateceisio, *v.* CATECHIZE
catecism, (-au), *n.m.f.* CATECHISM
categori, (-ïau), *n.m.* CATEGORY
catel, *c.n.* CHATTELS, CATTLE
caten, (catiau), *n.f.* BAIL (CRICKET)
catffwl, (-ffyliaid), *n.m.* NUMSKULL,
NINCOMPOOP
catgor, (-iau), *n.m.* FAST, EMBER
catgwt, *n.m.* CATGUT
catod, (-au), *n.m.* CATHODE
catrawd, (-rodau), *n.f.* REGIMENT
catwad, (-au), *n.m.* CHUTNEY
cath, (-od), *n.f.* CAT
catharsis, *n.m.* CATHARSIS
cathl, (-au), *n.f.* MELODY, SONG
cathlu, *v.* SING, CHIRP
cathôd, (-au), *n.m.* CATHODE
catholig, *a.* CATHOLIC
Catholigiaeth, *n.f.* CATHOLICISM
catholigrwydd, *n.m.* CATHOLICITY
cau, *a.* HOLLOW, CONCAVE, SHUT
v. SHUT, CLOSE, ENCLOSE, BLOCK
caul, (ceuliau), *n.m.* CURD, RENNET,
MEW, CHYLE
caw, (-iau), *n.m.* BAND, SWADDLING-
CLOTHES
cawc, (-iau), *n.m.* CALKIN
cawcws, *n.m.* CAUCUS
cawdel, *n.m.* MESS, HOTCHPOTCH
cawell, (cewyll), *n.m.* BASKET, CREEL,
CRADLE, QUIVER
cawellwr, (-wyr), *n.m.* BASKET-MAKER

cawg, (-iau), *n.m.* BOWL, BASIN, PITCHER
cawl, (-iau), *n.m.* BROTH, SOUP, MESS
cawlach, *n.m.* HOTCH-POTCH
cawn, (-*en*, *n.f.*), *n.pl.* REEDS
cawod, (-ydd), *n.f.* SHOWER, SWARM
cawoden, (-nau), *n.f.* SHOWER BATH
cawodog, *a.* SHOWERY
cawr, (cewri), *n.m.* GIANT
cawraidd, *a.* GIGANTIC
cawres, (-au), *n.f.* GIANTESS
cawrfil, (-od), *n.m.* ELEPHANT
caws, (-iau), *n.m. & n.c.* CHEESE, CURD
cawsai, *n.m.f.* CAUSEWAY
cawsaidd, *a.* CHEESY
cawsellt, (-au, -i, -ydd), *n.m.* CHEESE-
   VAT
cawsio, *v.* CURD, CURDLE
cayac, *n.m.* KAYAK
cebl, (-au), *n.m.* CABLE
cebystr, (-au), *n.m.* HALTER, TETHER
   (CATTLE)
cêc, *n.m.* CAKE
cecian, *v.* STAMMER
cecren, *n.f.* SHREW, SCOLD
cecru, *v.* QUARREL, BICKER
cecrus, *a.* QUARRELSOME, CONTENTIOUS
cecryn, (-nod), *n.m.* WRANGLER,
   BRAWLER
ced, (-ion, -au, -oedd), *n.m.f.* GIFT,
   BOUNTY
ceden, (-od, -au), *n.f.* COARSE HAIR, SHAG
cedor, (-au), *n.f.m.* PUBIC HAIR
cedrwydd, (-*en*, *n.f.*), *n.pl.* CEDAR TREES
cefn, (-au), *n.m.* BACK, RIDGE, SUPPORT
cefndedyn *n.m.* MESENTERY, SWEETBREAD
cefnder, (cefndyr), *n.m.* FIRST COUSIN
   (MALE)
cefndeuddwr, (-ddyrau), *n.m.*
   WATERSHED
cefndir, (-oedd), *n.m.* BACKGROUND
cefndraeth, (-au), *n.m.* BACKSHORE
cefndres, (-i), *n.f.* BACKCHAIN
cefnell, (-au), *n.f.* BACKREST
cefnen, (-nau), *n.f.* RIDGE
cefnfor, (-oedd), *n.m.* OCEAN
   a. OCEANIC
cefnforeg, *n.f.* OCEANOGRAPHY
cefnfur, (-iau), *n.m.* BACKWALL
cefnffordd, (-ffyrdd), *n.m.* TRUNK ROAD
cefngrwm, *a.* HUMP-BACKED
cefnlais, (-leisiau), *n.m.* DUBBING
cefnlen, (-ni), *n.m.* BACKCLOTH
cefnlu, *n.m.* RESERVES

cefnodi, *v.* ENDORSE
cefnodiad, (-au), *n.m.* ENDORSEMENT
cefnog, *a.* RICH, STRONG, AFFLUENT
cefnogaeth, *n.f.* SUPPORT,
   ENCOURAGEMENT
cefnogi, *v.* SUPPORT, ENCOURAGE, BACK,
   SECOND, ABET
cefnogydd, (-wyr), *n.m.* ACCESSARY,
   ABETTOR, SUPPORTER
cefnu, *v.* BACK, FORSAKE, DESERT
cefnwlad, (-wledydd), *n.f.* HINTERLAND
cefnwr, (-wyr), *n.m.* BACK, FULL-BACK
ceffyl, (-au), *n.m.* HORSE
ceg, (-au), *n.f.* MOUTH, ORIFICE,
   ENTRANCE
cega, *v.* MOUTH, PRATE
cegan, (-au), *n.f.* SNACK
cegddu, *n.m.* HAKE
cegen, (-nau), *n.f.* GORGE, WINDPIPE
cegid, (-*en*, *n.f.*), *n.pl.* HEMLOCK
cegiden, *n.f.* GREEN WOODPECKER
cegin, (-au), *n.f.* KITCHEN
ceginlofft, *n.f.* BEDSITTER
cegrwth, *a.* GAPING
cengl, (-au), *n.f.* GIRTH, BAND, HANK
cenglu, *v.* HANK, GIRTH, WIND
cei, (-au), *n.m.* QUAY, WHARF
ceibio, *v.* PICK, DIG
ceibr, (-au), *n.m.* RAFTER, CHEVRON
ceidwad, (ceidwaid), *n.m.* KEEPER,
   GUARDIAN, SAVIOUR
ceidwadaeth, *n.f.* CONSERVATISM,
   CUSTODY
ceidwadol, *a.* CONSERVATIVE
Ceidwadwr, (-wyr), *n.m.* CONSERVATIVE
ceidwadwy, *a.* PRESERVABLE
ceiliagwydd, *n.m.* GANDER
ceiliog, (-od), *n.m.* COCK(EREL)
ceilysyn, (ceilys), *n.m.* SKITTLE
ceinach, (-od), *n.f.* HARE
ceincio, *v.* BRANCH, SING, STRAND
ceinciog, *a.* BRANCHING
ceinder, *n.m.* BEAUTY, ELEGANCE
ceiniog, (-au), *n.f.* PENNY
ceiniogwerth, (-au, -i), *n.f.*
   PENNYWORTH
ceinion, *n.pl.* BEAUTIES, GEMS
ceinlinoledd, *n.m.* CALLIGRAPHY
ceinmygu, *v.* HONOUR, PRAISE
ceintach, *v.* GRUMBLE
ceintachlyd, *a.* QUERULOUS, PLAINTIVE
ceintachwr, (-wyr), *n.m.* GRUMBLER
ceirch, (-*en*, *n.f.*), *c.n.* OATS

ceirios, (-en, n.f.), n.pl. CHERRIES
ceisbwl, (-byliaid), n.m. CATCHPOLE.
BAILIFF
ceiseb, (-ion), n.f. APPLICATION
ceisfa, n.f. IN-GOAL
ceisio, v. SEEK. ASK. TRY. APPLY. FETCH
ceislen, (-ni), n.f. APPLICATION FORM
ceisyriau, n.pl. ANTENNAE
cêl, a. HIDDEN. SECRET
n.pl. KALE
n.m. CONCEALMENT. SHELTER
celain, (celanedd), n.f. CARCASS. DEAD
BODY
celanedd, c.n.f. SLAUGHTER
celanedd-dy, (-dai), n.m. KNACKERY
celc, n.m.f. HOARD. CONCEALMENT
celcio, v. HIDE. STEAL
celf, (-au), n.f. ART. CRAFT
celfi, (-cyn, n.m.), n.pl. TOOLS. GEAR.
FURNITURE
celfydd, -gar, a. SKILFUL. INGENIOUS
celfyddyd, (-au), n.f. ART. CRAFT. SKILL
celfyddyd ddiriaethol, CONCRETE
ART
celfyddyd ddyneiddiol, HUMANISTIC
ART
celfyddyd gynrychiadus,
REPRESENTATIONAL ART
celfyddydau graffig, GRAPHIC ARTS
celfyddydol, a. ARTIFICIAL
celffaint, n.m. WITHERED STUMP
Celi, n.m. GOD
celrym, n.m. HORSE-POWER
celsach, (-au), n.f. HOLDALL
Celt, (-iaid), n.m. CELT
Celtaidd, -ig, a. CELTIC
Celteg, n.f. CELTIC LANGUAGE
celu, v. HIDE. SECRETE
celwrn, (-yrnau), n.m. TUB. PAIL.
BARREL
celwydd, (-au), n.m. LIE. UNTRUTH
celwyddgi, (-gwn), n.m. LIAR
celwyddog, a. LYING. FALSE
celwyddwr, (-wyr), n.m. LIAR
celyn, (-nen, n.f.), n.pl. HOLLY
cell, (-oedd, -au), n.f. CELL. CHAMBER
celloedd cenhedlu, GERM CELLS
enyniad y celloedd, CELLULITIS
celleg, n.f.m. CYTOLOGY
cellen, (-nau), n.f. MANHOLE
celli, (-ïau, -ïoedd), n.f. GROVE. COPSE
cellog, a. CELLULAR
cellwair, (-weiriau), n.m. JOKE. FUN

cellwair, v. JOKE. JEST
cellweiriwr, (-wyr), n.m. TRIFLER.
JESTER
cellweirus, a. JOCULAR
cemaes, (-iau), n.m. ARENA. STADIUM
cemeg, n.m.f. CHEMISTRY
cemegol, a. CHEMICAL
cemegolyn, (-ion), n.m. CHEMICAL
cemegwr, -ydd, (-wyr), n.m. CHEMIST
cemegyn, (cemegau), n.m. CHEMICAL
cemist, n.m. CHEMIST
cemotherapeg, n.m.f. CHEMOTHERAPY
cen, (-nau), n.f. SKIN. SCALES. FILM.
LAYER. LICHEN
cenadwri, (-ïau), n.f. MESSAGE.
DISPATCH
cenau, (cenawon), n.m. CUB. RASCAL
cenedl, (cenhedloedd), n.f. NATION.
RACE. GENDER
cenedlaethol, a. NATIONAL
cenedlaetholdeb, n.m. NATIONALISM
cenedlaetholi, v. NATIONALISE
cenedlaetholwr, (-wyr), NATIONALIST
cenedl-ddyn, (-ion), n.m. GENTILE
cenedligrwydd, n.m. NATIONALITY.
NATIONAL IDENTITY
cenfaint, (-feiniau), n.f. HERD
cenfetreg, n.f. LICHENOMETRY
cenfigen, (-nau), n.f. JEALOUSY. ENVY
cenfigennu, v. ENVY
cenfigennus, a. ENVIOUS. JEALOUS
cenhadaeth, (cenadaethau), n.f.
MISSION. COMMISSION
cenhadol, a. MISSIONARY
cenhadu, v. ALLOW. CONDUCT A MISSION
cenhadwr, (-wyr), n.m. MISSIONARY
cenhedlaeth, (cenedlaethau), n.f.
GENERATION
cenhedlig, a. GENTILE. PAGAN. NATIONAL
cenhedlu, v. BEGET. PROCREATE
cenhinen, (cennin), n.f. LEEK
cenllif, (-oedd), n.m. TORRENT. DELUGE.
FLOOD
cenllysg, n.pl. HAILSTONES
cennad, (-hadau, -hadon), n.f.
PERMISSION. MESSENGER
cennin, (-hinen, n.f.), n.pl. LEEKS
cennog, a. SCURFY. SCALY
cennu, v. SCURF. SCALE
censer, (-i), n.m. CENSER
centimetr, (-au), n.m. CENTIMETRE
cêr, n.f. GEAR. TOOLS. TRAPPINGS
cerameg, n.m.f. CERAMICS

ceramig, *a.* CERAMIC
cerbyd, (-au), *n.m.* CARRIAGE. CHARIOT. VEHICLE. CAR
cerbydol, *a.* VEHICULAR
cerbydwr, (-wyr), *n.m.* COACHMAN
cerdyn, (cardiau), *n.m.* CARD
cerdd, (-i), *n.f.* SONG. POEM. MUSIC. POETRY
cerddbrenni, *n.pl.* WOOD-WINDS
cerddbresi, *n.pl.* BRASS SECTION (ORCHESTRA)
cerdded, *v.* WALK. GO. TRAVEL. PROGRESS
cerddediad, *n.m.* WALKING. GAIT. PACE
cerddgar, *a.* MUSICAL. MELODIOUS
cerd(d)in, (-*en, n.f.*), *n.pl.* ROWAN. MOUNTAIN ASH
cerddor, (-ion), *n.m.* SINGER. MUSICIAN
cerddoreg, *n.f.* MUSICOLOGY
cerddorfa, (-feydd), *n.f.* ORCHESTRA
cerddorfaol, *a.* ORCHESTRAL
cerddoriaeth, *n.f.* MUSIC
cerddorol, *a.* MUSICAL. MELODIOUS
cerddwr, (-wyr), *n.m.* WALKER
cerebral, *a.* CEREBRAL
cerebrum, *n.m.* CEREBRUM
cerfddelw, (-au), *n.f.* STATUE. GRAVEN IMAGE
cerfio, *v.* CARVE
cerflun, (-iau), *n.m.* STATUE.
cerfluniaeth, *n.f.* SCULPTURE
cerflunydd, (-lunwyr), *n.m.* SCULPTOR
cerfwaith, *n.m.* CARVING. SCULPTURE
cerfwedd, (-au), *n.f.* RELIEF
ceriach, *n.pl.* ODDS AND ENDS. RIFF-RAFF
cerigyn, (cerigos), *n.m.* PEBBLE
ceriwb, (-iaid), *n.m.* CHERUB
cerlan, *n.f.* (RIVER) TERRACE
cerlyn, *n.m.* CHURL
cern, (-au), *n.f.* CHEEK. JAW
cernlun, (-iau), *n.m.* PROFILE
cernod, (-iau), *n.f.* BUFFET. BLOW ON THE CHEEK
cernodio, *v.* BUFFET
cerpyn, (carpiau), *n.m.* RAG. CLOUT
cerrynt, (cerhyntau). *n.m.* CURRENT. COURSE
cert, (-i, ceirt), *n.m.* CART
certiwr, (-wyr), *n.m.* CARTER
certwain, (-weiniau), *n.f.* CART. WAIN
certh, *a.* CERTAIN. TERRIBLE
cerub, see *ceriwb*
cerwyn, (-i), *n.f.* TUB. VAT
cerydd, (-on), *n.m.* REBUKE. CHASTISEMENT. CENSURE

ceryddu, *v.* REBUKE. REPROVE. CORRECT
ceryddwr, (-wyr), *n.m.* CHASTISER. REBUKER
cesail, (-eiliau), *n.f.* ARMPIT. RECESS
cesail y fawd, FINGER-JOINT
cesair, *n.pl.* HAILSTONES. HAIL
cest, (-au), *n.f.* BELLY. RECEPTACLE
cestog, *a.* CORPULENT. ROUND
cetsyp, *n.m.* KETCHUP
cetyn, (catiau), *n.m.* BIT. PIECE. PIPE
cethern, *c.n.f.* FIENDS. MOB
cethin, *a.* DUSKY. FIERCE. UGLY
cethren, (-nau), *n.f.* NAIL. SPEAR. SPIKE
cethru, *v.* GOAD. PIERCE
ceubont, *n.f.* TUBULAR BRIDGE
ceubren, (-nau), *n.m.* HOLLOW TREE
ceubwll, (-byllau), *n.m.* CESSPIT. POT-HOLE
ceudod, (-au), *n.m.* CAVITY. ABDOMEN. HEART. MIND
ceuffordd, (-ffyrdd), *n.f.* TUNNEL. SUBWAY. ADIT
ceuffos, (-ydd), *n.f.* DRAIN
ceugrwm, *a.* CONCAVE
ceugrymedd, (-au), *n.* CONCAVITY
ceulan, (-nau, -lennydd), *n.f.* BANK. BRINK
ceuled, *n.m.* RENNET. CURD
ceuliad, (-au), *n.m.* COAGULATION
ceulo, *v.* CURDLE. CLOT
ceunant, (-nentydd), *n.f.* RAVINE. GORGE
ceunwyddau, *n.pl.* HOLLOW WARE
cewyn, (-nau), *n.m.* NAPKIN
ci, (cŵn), *n.m.* DOG
cïaidd, *a.* DOG-LIKE. BRUTAL. INHUMAN
cib, (-au), *n.m.* POD. HUSK
cibddall, *a.* PURBLIND. RASH
ciblys, *n.pl.* LEGUMES
cibo, *v.* FROWN. SCOWL
cibog, *a.* FROWNING. SCOWLING
cibron, *n.m.* SEPAL
cibwst, *n.f.* CHILBLAINS
cibwts, (-au), *n.m.* KIBBUTZ
cibyn, (-nau, cibau), *n.m.* HUSK. SHELL. HALF A BUSHEL
cic, (-iau), *n.f.* KICK
cic a chwrs, UP AND UNDER
cic bwt, GRUBBER KICK
cic letraws, DIAGONAL KICK
cic wib, FLY KICK
cicaion, *n.m.* GOURD
cicio, *v.* KICK

ciciwr, (-wyr), *n.m.* KICKER
cid, *a.* KID
cidwm, (-ymod), *n.m.* WOLF. KNAVE
cieidd-dra, *n.m.* BRUTALITY
cig, (-oedd), *n.m.* MEAT. FLESH
　cig marw, GANGRENE
cigfran, (-frain), *n.f.* RAVEN
cignoeth, *a.* RAW. PAINFUL. CRUEL
cigwain, (-weiniau), *n.f.* FLESH-HOOK.
　SPEAR
cigydd, (-ion), *n.m.* BUTCHER
cigyddiaeth, *n.f.* BUTCHER'S TRADE.
　CARNAGE
cigyddio, *v.* SLAUGHTER
cigysol, *a.* CARNIVOROUS
cigysydd, (-ion), *n.m.* CARNIVORE
cil, (-iau), *n.m.* BACK. RETREAT. CORNER.
　BYE, CUD
　a. REVERSE
cilagor, *v.* OPEN PARTLY
cilagored, *a.* PARTLY OPEN
cilan, (-nau), *n.f.* RETREAT. COVE. RECESS
cilbost, (-byst), *n.m.* GATE-POST
cilbren, (-nau), *n.m.* KEEL
cilcyn, *n.m.* FRAGMENT. SCRAP. CURB
cilchwyrn, (-en, *n.f.*), *n.pl.* GLANDS
cildorri, *v.* CHOP
cildrem, (-iau), *n.f.* LEER
cildroad, (-au), *n.m.* REVERSAL.
　REVERSION
cildroi, *v.* REVERSE
cildwrn, *n.m.* TIP. GRATUITY
cildyn, *a.* STUBBORN. OBSTINATE
cildynrwydd, *n.m.* OBSTINACY
cilddant, (-ddannedd), *n.m.* MOLAR
cilddwr, (-ddyfroedd), *n.m.* BACKWATER
cilfach, (-au), *n.f.* NOOK. RECESS. COVE.
　INLET, CREEK
cilfae, (-au), *n.m.* CUT OFF BAY
cilfantais, (-eision), *n.f.* PERK.
　FRINGE BENEFIT
cilfilyn, (-filod), *n.m.* RUMINANT
cilffordd, (-ffyrdd), *n.f.* BY-ROAD. BYWAY
cilgant, (-nnau), *n.m.* CRESCENT
cilgantaidd, *a.* CRESCENTIC
cilgnoi, *v.* CHEW THE CUD
cilgynnyrch, (-gynhyrchion), *n.m.* BY-
　PRODUCT
ciliad, (-au), *n.m.* RECESSION.
　WITHDRAWAL
cilio, *v.* RETREAT. RECEDE. FLEE
cilocalori, (-ïau), *n.m.* KILOCALORIE
cilogram, (-au), *n.m.* KILOGRAMME

cilometr, (-au), *n.m.* KILOMETRE
ciloseicl, *n.m.* KILOCYCLE
cilowat, (-au), *n.m.* KILOWATT
cilwenu, *v.* LEER. SIMPER. OGLE
cilwg, (-ygon), *n.m.* FROWN. SCOWL
cilydd, (-ion), *n.m.* COMPANION. FELLOW
cilyddol, *a.* RECIPROCAL. MUTUAL
cimwch, (-ychiaid), *n.m.* LOBSTER
cinc, (-iau), *n.m.* KINK
cinemateg, *n.m.f.* KINEMATICS
cineteg, *n.f.* KINETICS
cinetig, *a.* KINETIC
cingroen, *n.f.* STINK-HORN
ciniawa, *v.* DINE
cinio, (ciniawau), *n.m.f.* DINNER
　cinio bach, LUNCHEON
cinnyn, *n.m.* SHRED. SNIP. RAG
cïog, *a.* CANINE
ciosg, (-au), *n.m.* KIOSK
cip, (-iau, -ion), *n.m.* SNATCH. PLUCK.
　GLIMPSE
cipair, (-eiriau), *n.m.* CATCHWORD
cipar, -er, (-eriaid), *n.m.* GAMEKEEPER
cipdrem, (-iau), *n.m.* GLIMPSE. GLANCE
cipedrych, *v.* GLANCE. GLIMPSE
ciper, (-au), *n.m.* KIPPER
cipial, *v.* GRUMBLE. YELP
cipio, *v.* SNATCH
cipiwr, (-wyr), *n.m.* SNATCHER
cipolwg, (-ygon), *n.m.* GLANCE. GLIMPSE
ciprys, (-au), *n.m.* & *v.* TUSSLE.
　SCRAMBLE
cipyn, (-nau), *n.m.* PICKUP
cirosis, *n.m.* CIRRHOSIS
cirws, (ciri), *n.m.* CIRRUS
cis, (-ion, -iau), *n.m.f.* BLOW. SLAP. TAP
　chwarae cis, TO PLAY TOUCH
cist, (-iau), *n.f.* CHEST. COFFER. COFFIN
citrus, *a.* CITRUS
ciw, (-iau), *n.m.* CUE. QUEUE
ciwb, (-iau), *n.m.* CUBE
ciwbaeth, *n.m.* CUBISM
ciwbig, *a.* CUBIC(AL)
ciwbio, *v.* CUBE
ciwboid, *a.* CUBOID
ciwbydd, (-ion), *n.m.* CUBIST
ciwdod, (-au), *n.f.* TRIBE. NATION.
　COMMONALTY
ciwed, *n.f.* RABBLE. MOB
ciwrad, (-iaid), *n.m.* CURATE
ciwt, *a.* CUTE. CLEVER
cladd, (-au), *n.m.* CLAMP
claddedigaeth, (-au), *n.f.* BURIAL.
　FUNERAL

claddfa, (-feydd), *n.f.* BURIAL-PLACE.
CEMETERY
claddgell, (-oedd), *n.f.* CRYPT. BURIAL
CHAMBER
claddu, *v.* BURY. DIG
claddwr, (-wyr), *n.m.* UNDERTAKER
claear, *a.* LUKEWARM. MILD. COOL
claearineb, *n.m.* LUKEWARMNESS
claearu, *v.* BECOME MILD. SOOTHE. COOL
claer, *a.* BRIGHT. CLEAR
claerder, *n.m.* BRIGHTNESS. CLEARNESS
claerwelediad, *n.m.* CLAIRVOYANCE
claf, (cleifion), *a.* ILL. SICK.
n.m. SICK PERSON. PATIENT
clafdy, (-dai), *n.m.* INFIRMARY
clafr, *n.m.* MANGE. SCURF. ITCH. SCAB
clafrllyd, *a.* MANGY
clafychu, *v.* SICKEN. BECOME OVERCAST
clai, (cleiau), *n.m.* CLAY
cletir clai, CLAY PAN
clais, (cleisiau), *n.m.* BRUISE. STRIPE.
LODE. STREAM. DITCH
clamp, (-iau), *n.m.* LUMP. MASS.
MONSTER. CLAMP
clampio, *v.* CLAMP
clan, (-iau), *n.m.* CLAN
clandro, *v.* CALCULATE
clap, (-iau), *n.m.* LUMP. GOSSIP. CLACK
clapgi, (-gwn), *n.m.* TALEBEARER
clapio, *v.* LUMP. STRIKE. GOSSIP. CLAP
clapiog, *a.* LUMPY. ROUGH
clarc, (-od), *n.m.* CLERK
clared, *n.m.* CLARET
clarinét, (-au), *n.m.* CLARINET
clas, *n.m.* CLOISTER. MONASTIC
COMMUNITY
clasb, (-iau), *n.m.* CLASP
clastir, (-oedd), *n.m.* GLEBE-LAND
clasur, (-on), *n.m.* CLASSIC
clasurol, *a.* CLASSICAL
clasuroldeb, *n.m.* CLASSICALNESS
clasurwr, (-wyr), *n.m.* CLASSICAL
SCHOLAR OR AUTHOR
clau, *a.* QUICK. SWIFT. SOON. LOUD. TRUE
clawdd, (cloddiau), *n.m.* HEDGE. DYKE.
EMBANKMENT
clawr, (cloriau), *n.m.* COVER. LID.
SURFACE. BOARD
clawstr, (-au), *n.m.* CLOISTER.
MONASTERY
clawstroffobia, *n.m.* CLAUSTROPHOBIA
clebar, -er, *n.m.* GOSSIP. TATTLE
clebran, *v.* CHATTER. GOSSIP. PATTER

clebryn, (clebren, *n.f.*), *n.m.* TATTLER
clec, (-iau, -s), *n.f.* CLICK. CRACK. GOSSIP
clecian, *v.* CLICK. SMACK. SNAP
clecyn, (*clecen, n.f.*), *n.m.* GOSSIP.
TELLTALE
cledfwrdd, *n.m.* HARDBOARD
cledr, (-au), *n.f.* POLE. RAIL. STAVE. PALM
(OF HAND). RAFTER
cledro, -u, *v.* PALE. RAIL. CUFF
cledd, (-au), *n.m.* DOOR-BRACE. CLEAT.
SWORD
cleddyf, cleddau, (cleddyfau), *n.m.*
SWORD
cleddyfwr, (-wyr), *n.m.* SWORDSMAN.
FENCER
clefis, (-iau), *n.m.* CLEVIS
clefyd, (-au, -on), *n.m.* DISEASE. FEVER
clefyd adwythig, MALIGNANT
DISEASE
clefyd coch, SCARLET FEVER
clefyd melys, DIABETES
clefyd melyn, JAUNDICE
cleff, (-iau), *n.m.* CLEF
clegar, *n.m. & v.* CACKLE. CLUCK
clegyr, (-au), *n.m.* ROCK. CLIFF. CRAG
clegyrog, *a.* CRAGGY
cleient, (-ydd), *n.m.* CLIENT
cleilenwi, *v.* PUG
cleinsio, *v.* CLINCH
cleiog, *a.* CLAYEY
cleiriach, *n.m.* DECREPIT PERSON
cleisio, *v.* BRUISE
clem, (-iau), *n.f.* SLICE. NOTION. LOOK.
GAZE
clemiau, *n.pl.* GRIMACES
clên, *a.* AFFABLE. AGREEABLE
clensio, *v.* CLENCH
clep, (-iau), *n.f.* CLAP. CLACK. GOSSIP
clepgi, (-gwn), *n.m.* CHATTER. GOSSIP
clepian, *v.* CLAP. SLAM. GOSSIP
clêr, *c.n.f.* WANDERING MINSTRELS. BARDS
clêr, (*cleren, n.f.*), *n.pl.* FLIES
clera, *v.* WANDER OR BEG AS MINSTRELS
clerc, (-od), *n.m.* CLERK
clercyddol, *a.* CLERICAL
clerigol, *a.* CLERICAL
clerigwr, (-wyr), *n.m.* CLERGYMAN.
CLERIC
clerwr, (-wyr), *n.m.* WANDERING
MINSTREL
clerwriaeth, *n.f.* MINSTRELSY
clesbyn, (clasbiau), *n.m.* CLASP
cletir, *n.m.* HARDPAN

clewt, -en, (-iau), *n.m.* CLOUT
clewtan, *v.* CLOUT
clewyn, (-nau), *n.m.* BOIL
clîc, (cliciau), *n.m.* CLIQUE
clicied, (-au), *n.f.* LATCH. TRIGGER. BOLT.
CATCH
climach, (-od), *n.m.* TALL SLIM FELLOW
clincer, *n.m.* CLINKER
clindarddach, *v.* CRACKLE
n.m. CRACKLING
clinic, -g, (-au), *n.m.* CLINIC
clinigol, *a.* CLINICAL
clinomedr, (-au), *n.m.* CLINOMETER
clip, (-iau), *n.m.* CLIP
clipio, *v.* CLIP
clir, *a.* CLEAR
clirffordd, (-ffyrdd), *n.f.* CLEARWAY
cliriad, (-au), *n.m.* CLEARANCE
clirio, *v.* CLEAR
clitoris, *n.m.* CLITORIS
clo, (cloeau, cloeon), *n.m.* LOCK.
CONCLUSION
cload, (-au), *n.m.* CLOSURE
clobyn, (*cloben, n.f.*), *n.m.* MONSTER
cloc, (-iau), *n.m.* CLOCK
clocian, *v.* CLUCK
clocsen, (clocsiau), *n.f.* CLOG
clocsiwr, (-wyr), *n.m.* CLOG-MAKER
clocwedd, *a.* CLOCKWISE
cloch, (clych, clychau), *n.f.* BELL
o'r/ar gloch, O'CLOCK
clochaidd, *a.* RESONANT. NOISY
clochdar, *v.* CLUCK. CACKLE
clochdy, (-dai), *n.m.* BELFRY. STEEPLE
clochen, (-nau), *n.f.* BELL-JAR
clochydd, (-ion), *n.m.* SEXTON. BELL-
MAN
clod, (-ydd), *n.m.f.* PRAISE. FAME. CREDIT
clodfori, *v.* PRAISE
clodwiw, *a.* PRAISEWORTHY
cloddfa, (-feydd), *n.f.* QUARRY. MINE
cloddilion, *n.pl.* FOSSILS
cloddio, *v.* DIG. QUARRY. MINE. EXCAVATE
cloddiwr, (-wyr), *n.m.* DIGGER.
EXCAVATOR
cloddwaith, *n.m.* OPENCAST
cloëdig, *a.* LOCKED. CLOSED
cloer, (-iau), *n.m.* LOCKER, NICHE, PIGEON-
HOLE
clofan, (-nau), *n.m.* ENCLAVE
clofen, (-ennau, clofs), *n.f.* CLOVE
cloff, *a.* LAME
cloffi, *v.* LAME
n.m. LAMENESS

cloffni, *n.m.* LAMENESS
cloffrwym, (-au), *n.m.* FETTER
clog, (-au), *n.m.* CLOAK. MANTLE
n.f. CRAG. CLIFF
clogfaen, (-feini), *n.m.* BOULDER
cloglai, *n.m.* BOULDER CLAY
clogwyn, (-i, -au), *n.m.* CLIFF. CRAG.
PRECIPICE
clogyn, (-nau), *n.m.* CLOAK. CAPE
clogyrnaidd, *a.* CLUMSY. ROUGH. RUGGED
cloi, *v.* LOCK. CLOSE
cloig, (-au), *n.f.* HASP. HITCH. CLEVIS
cloistr, (-i), *n.m.* CLOISTER
clonc, (-iau), *n.f.* CLANG. GOSSIP
a. ADDLED
clonciog, *a.* UNEVEN. LUMPY
clopa, (-âu), *n.m.* KNOB. CLUB. HEAD
clopáu, *v.* JUMP UP
cloren, (-nau), *n.f.* RUMP. TAIL
cloresgyll, *n.pl.* WING CASES
clorian, (-nau), *n.m.f.* BALANCE. SCALES
cloriannu, *v.* WEIGH. BALANCE
clorid, (-iau), *n.m.* CHLORIDE
clorin, *n.m.* CHLORINE
clorino, -adu, *v.* CHLORINATE
cloroffyl, *n.m.* CHLOROPHYLL
clorofform, *n.m.* CHLOROFORM
cloron, (-en, *n.f.*), *n.pl.* POTATOES.
TUBERS. GROUND-NUTS
clòs, *a.* CLOSE
clos, (-ydd), *n.m.* YARD. CLOSE
(-au), *n.m.* TROUSERS. BREECHES
closet, *n.m.* CLOSET
closio, *v.* DRAW NEAR. CLOSE
clostroffobia, *n.m.* CLAUSTROPHOBIA
clots, (-en, *n.f.*), *n.pl.* CLODS. SODS
clown, (-iaid), *n.m.* CLOWN
clöyn, *n.m.* BOSS. KNOB. BOIL
cludadwy, *a.* PORTABLE
cludair, (-eiriau), *n.f.* HEAP. WOOD-PILE
clud-bêl, *n.f.* BALL-BEARING
cludfelt, (-iau), *n.m.* CONVEYOR BELT
cludiad, (-au), *n.m.* CONVEYANCE.
CARRIAGE
cludiant, (-nnau), *n.m.* TRANSPORT.
HAULAGE
cludo, *v.* CARRY. TRANSPORT. HAUL
cludwr, (-wyr), *n.m.* CARRIER. PORTER.
CONVEYOR
cludydd, (-ion), *n.m.* CONVEYOR. BEARER
clul, (-iau), *n.m.* KNELL
clun, (-iau), *n.f.* HIP. THIGH. LEG
n.m. MEADOW. MOOR
clunhercian, *v.* LIMP

clunhercyn, *n.m.* LAME PERSON
cluro, *v.* RUB. SMEAR
clust, (-iau), *n.f.m.* EAR. HANDLE. LUG
clusten, (-nau, -ni), *n.f.* AURICLE. LOBE
clustfeinio, *v.* LISTEN INTENTLY
clustffôn, (-ffonau), *n.m.* EARPHONE
clustgell, (-oedd), *n.f.* AURICLE
clustnod, (-au), *n.m.* EARMARK
clustnodi, *v.* EARMARK
clustog, (-au), *n.f.m.* CUSHION. PILLOW
clustogwaith, *n.m.* UPHOLSTERY
clustogwlad, *n.f.* BUFFER-STATE
clwb, (clybiau), *n.m.* CLUB
clwc, *a.* ADDLED. BROODY
clwcian, *v.* CLUCK
clwm, (clymau), *n.m.* TIE. KNOT. BUNCH
clwpa, (-od), *n.m.* KNOB. BOSS. DOLT.
 CLUB. BLUDGEON
clws, (*clos, f.*), *a.* PRETTY
clwstwr, (clystyrau), *n.m.* CLUSTER.
 MASS. BUNCH
clwt, (clytiau), *n.m.* PATCH. RAG. CLOUT
clwyd, (-au, -i, -ydd), *n.f.* GATE.
 HURDLE. RACK. ROOST
clwyden, (-ni), *n.f.* HURDLE. WATTLE
clwydo, *v.* ROOST. WATTLE
clwyf, (-au), *n.m.* WOUND, SORE, ULCER.
 DISEASE
 clwyf pennau, MUMPS
 clwy'r croen, DERMATITIS
 clwyf gwenerol, VENEREAL DISEASE
 clwyf byr/du, BLACKLEG
 clwyf coch, BRAXY
 clwy'r traed, FOOT ROT
 clwy'r traed a'r genau, FOOT AND
 MOUTH DISEASE
clwyfo, *v.* WOUND
clwyfus, *a.* WOUNDED. SICK. SORE
clwysty, (-tai), *n.m.* CLOISTER
clybodeg, *n.f.* ACOUSTICS
clybodig, *a.* ACOUSTIC
clyd, *a.* COSY. SNUG. SHELTERED, WARM
clydwch, *n.m.* SHELTER. WARMTH
clydwr, *n.m.* SHELTER
clyfar, *a.* CLEVER. AGREEABLE. PLEASANT
clymblaid, (-bleidiau), *n.f.* CLIQUE.
 COALITION
clymdref, (-i), *n.f.* CONURBATION
clymlin, (-iau), *n.m.* TIE-LINE
clymog, *a.* KNOTTY. ENTANGLED
clymu, *v.* TIE. KNOT. HITCH. BIND
clymwellt, *n.pl.* LYME GRASS
clytio, *v.* PATCH. REPAIR

clytiog, *a.* PATCHED. RAGGED
clyts, *n.m.* CLUTCH (OF CAR)
clytwaith, (-weithiau), *n.m.*
 PATCHWORK
clyw, *n.m.* HEARING. EARSHOT
clywadwy, *a.* AUDIBLE
clywed, *v.* HEAR. FEEL. TASTE. SMELL
clywededd, *n.m.* AUDIBILITY
clywedigaeth, *n.f.* HEARING
clywedol, *a.* AURAL
clyweled, *a.* AUDIO-VISUAL
clyweliad, (-au), *n.m.* AUDITION
cnac, (-iau), *n.m.* TRICK. KNACK.
 QUARREL
cnaciog, *a.* FULL OF TRICKS
cnaf, (-on), *n.m.* RASCAL. KNAVE
cnafaidd, *a.* KNAVISH
cnaif, (cneifiau), *n.m.* SHEARING.
 FLEECE
cnap, (-iau), *n.m.* KNOB. BOSS. PROCESS.
 BOOZE
cnapan, (-au), *n.m.* BALL. KIND OF GAME
cnapo, *v.* BOOZE
cnau, (*cneuen, n.f.*), *n.pl.* NUTS
cnawd, *n.m.* FLESH
cnawdol, *a.* CARNAL. FLESHY
cnawdolrwydd, *n.m.* SENSUALITY.
 WORLDLINESS
cneifio, *v.* SHEAR. FLEECE
cneifiwr, (-wyr), *n.m.* SHEARER
cnepyn, (-nau), *n.m.* NODULE. LUMP
cneua, *v.* GO NUTTING
cneuen, (cnau), *n.f.* NUT
cnewian, *v.* GNAW
cnewyllyn, (cnewyll), *n.m.* KERNEL.
 NUCLEUS
cnicht, *n.m.* PEAK. LUMP
cnith, (-iau, -ion), *n.m.* TAP. BLOW.
 PLUCK
cnithio, *v.* TAP. PLUCK. SCRAPE
cno, (cnoeon), *n.m.* BITE. CHEW.
 GNAWING
cnoc, (-iau), *n.m.f.* KNOCK. RAP
cnocio, *v.* KNOCK. STRIKE. BEAT
cnodwe, (-oedd), *n.f.* TISSUE
cnofa, (-feydd), *n.f.* GNAWING. ACHE
cnoi, *v.* BITE. CHEW. ACHE. GNAW
cnofil, (-od), *n.m.* RODENT
cnot, (-iau), *n.m.* KNOT. BERRY
cnotyn, *n.m.* BED (GARDEN)
cnu, (-oedd), *n.m.* FLEECE
cnuch, (-iau), *n.m.* COPULATION
cnuchio, *v.* COPULATE

cnuchiwr, (-wyr), *n.m.* FORNICATOR
cnud, (-oedd), *n.m.* PACK OF WOLVES
cnuf, (-iau), *n.m.* FLEECE
cnul, (-iau), *n.m.* KNELL. PEAL
cnwc, (cnycau), *n.m.* HILLOCK. LUMP.
 BUTTE
cnwd, (cnydau), *n.m.* CROP. COVERING
 cnwd gwerthu, CASH CROP
 cnwd gwraidd, ROOT CROP
 cnwd saib, BREAK CROP
 byrgnwd, CATCH CROP
 cnwd cynnal, SUBSISTENCE CROP
cnydfawr, *a.* PRODUCTIVE. FRUITFUL
cnydio, *v.* CROP. YIELD
cnydiog, *a.* PRODUCTIVE. FRUITFUL
cob, (-au), *n.f.* COAT. CLOAK
còb, (-iau), *n.m.* EMBANKMENT. COB
cobalt, (-au), *n.m.* COBALT
coban, (-au), *n.f.* NIGHT-SHIRT
cobl, (-au), *n.m.* COBBLE
cobler, (-iaid), *n.m.* COBBLER
cobl(i)o, *v.* COBBLE
coblyn, (-nod), *n.m.* SPRITE. GOBLIN
cobyn, (-nau), *n.m.* TUFT. TOP
côc, *n.m.* COKE
coco, *n.m.* COCOA
coconyt, (-au), *n.m.* COCONUT
cocos, cocs, (*cocsen, n.f.*), *n.pl.*
 COCKLES
cocpit, (-iau), *n.m.* COCKPIT
cocs, (-iaid), *n.m.* COX
cocsen, (-ni), *n.f.* COG
coctel, (-i), *n.m.* COCKTAIL
cocwyllt, *a.* RANDY. LUSTFUL
coch, (-ion), *a.* & *n.m.* RED
coch-gam, *n.f.* ROBIN
cochder,
cochni, } *n.m.* REDNESS
cochi, *v.* REDDEN. BLUSH. CURE
cochl, (-au), *n.m.f.* CLOAK. MANTLE
côd, (codau), *n.m.* CODE
cod, (-au), *n.f.* BAG. POUCH. POD
codecs, *n.m.* CODEX
codeiddiad, *n.m.* CODIFICATION
codeiddio, *v.* CODIFY
codell, *n.f.* TAKE-UP LEVER
coden, (-nau), *n.f.* BAG. POUCH. POD.
 CAPSULE. CYST
codi, *v.* RISE. RAISE. ERECT. LIFT. PRODUCE.
 LEVY. CHARGE
codiad, (-au), *n.m.* RISING. RISE. SOURCE.
 ADVANCE. ELEVATION. ERECTION
codiant, (-nnau), *n.m.* LIFT. RISE

codisil, (-iau), *n.m.* CODICIL
codlo, *v.* CODDLE. PAMPER
codlysiau, *n.pl.* PULSES
codog, *a.* BAGGY. RICH
 n.m. MISER. SAINFOIN
codwm, (codymau), *n.m.* FALL. TUMBLE.
 DROP
codwr, (-wyr), *n.m.* RISER. RAISER.
 ELEVATOR
 codwr byrnau, BALE LOADER
codydd, (-ion), *n.m.* RAISING AGENT
codymu, *v.* WRESTLE
codded, *n.m.* ANGER. VEXATION
coddi, *v.* ANGER. OFFEND
coed, (-ydd), *c.n.m.* TREES. TIMBER.
 WOOD
 coed bach, BRUSHWOOD
coeden, (coed, coedydd), *n.f.* TREE.
 WOOD. TIMBER
 coeden goch, REDWOOD
coedio, *v.* TIMBER. CUDGEL
coediog, *a.* WOODED
coedlan, (-nau), *n.f.* COPSE
coedlo, *n.m.* LIGNITE
coedol, *a.* ARBOREAL
coedwal, (-au), *n.f.* THICKET. COVERT
coedwig, (-oedd), *n.f.* FOREST.
 WOODLAND
coedwigaeth, *n.f.* AFFORESTATION.
 FORESTRY
coedwigo, *v.* AFFORESTATE
coedwigwr, (-wyr), *n.m.* FORESTER
coedyddiaeth, *n.f.* ARBORICULTURE
coedd, *a.* PUBLIC
 ar goedd, IN PUBLIC
coeg, *a.* EMPTY. VAIN. SILLY. BLIND
coegddyn, (-ion), *n.m.* FOP. FOOL
coegddysgedig, *a.* PEDANTIC
coegedd, *n.m.* VANITY. FRIVOLITY
coegen, (-nod), *n.f.* COQUETTE. WENCH
coegfalch, *a.* VAIN. AFFECTED
coegi, *v.* MOCK. DERIDE
coeglyd, *a.* VAIN. SATIRICAL
coegni, *n.m.* VANITY. SARCASM. EVIL
coegwr, (-wyr), *n.m.* KNAVE. FOOL
coegwych, *a.* GARISH. GAUDY
coegyn, (-nod), *n.m.* COXCOMB. FOP
coel, (-ion, -iau), *n.f.* BELIEF. TRUST.
 CREDIT
coelbren, (-ni, -nau), *n.f.* LOT. BALLOT.
 FATE
coelcerth, (-i), *n.f.* BONFIRE. BLAZE
coelgrefydd, (-au), *n.f.* SUPERSTITION
coelio, *v.* BELIEVE. TRUST. CREDIT

coes, (-au), *n.f.* LEG. SHANK
  n.f.m. HANDLE. STALK. STEM
coesarn, (-au), *n.m.* LEG-HARNESS.
  BUSKIN. GAITER
coesgam, *a.* BANDY-LEGGED
coesgrwm, *a.* BOW-LEGGED
coeten, -an, (-au), *n.f.* DISK. QUOIT
coetgae, *n.m.* HEDGE. FIELD
coetio, *v.* PLAY QUOITS
coetir, *n.m.* WOODLAND
coetmon, (-myn), *n.m.* LUMBERJACK
coetmona, *v.* LUMBERING
coetref, (-i, -ydd), *n.f.* WOODLAND
  HOMESTEAD
coets, (-ys), *n.f.* COACH
coeth, *a.* REFINED. PURE. ELEGANT
coethder, (-au), *n.m.* REFINEMENT.
  ELEGANCE
coethi, *v.* REFINE. PUNISH. PRATE
coethwr, (-wyr), *n.m.* REFINER.
  INSTIGATOR
cof, (-ion), *n.m.* MEMORY. REMEMBRANCE
cofadail, (-adeiladau), *n.f.* MONUMENT
cofalent, *a.* COVALENT
cofeb, (-ion), *n.f.* MEMORIAL.
  MEMORANDUM
cofgolofn, (-au), *n.f.* MONUMENT
cofiadur, (-on), *n.m.* RECORDER
cofiadwy, *a.* MEMORABLE
cofiannydd, (-ianyddion), *n.m.*
  BIOGRAPHER
cofiant, (-nnau), *n.m.* BIOGRAPHY
cofio, *v.* REMEMBER. RECOLLECT
cofl, (-au), *n.f.* BOSOM. LAP. BURDEN
coflaid, (-eidiau), *n.f.* ARMFUL. BURDEN.
  LAP. EMBRACE. DARLING
coflech, (-au), *n.f.* MEMORIAL TABLET
cofleidio, *v.* EMBRACE. HUG
coflyfr, (-au), *n.m.* RECORD. REGISTER
cofnod, (-ion), *n.m.* MEMORANDUM.
  MINUTE. RECORD
cofnodedig, *a.* RECORDED
cofnodi, *v.* RECORD. REGISTER
cofrestr, (-au, -i), *n.f.* REGISTER.
  RECORD
cofrestrad, (-au), *n.m.* ENROLMENT
cofrestrfa, (-feydd), *n.f.* REGISTRY
cofrestru, *v.* REGISTER. ENROL
cofrestrydd, (-ion), *n.m.* REGISTRAR
cofrodd, (-ion), *n.f.* KEEPSAKE. SOUVENIR
cofus, *a.* MEMORABLE. THOUGHTFUL
cofweini, *v.* PROMPT
cofweinydd, (-ion), *n.m.* PROMPTER

coffa, *n.m.* REMEMBRANCE. MEMORIAL
coffâd, *n.m.* REMEMBRANCE
coffadwriaeth, (-au), *n.f.*
  REMEMBRANCE. MEMORY
coffadwriaethol, *a.* COMMEMORATIVE.
  MEMORIAL
coffaoliaeth, *n.m.* MEMORIALISM
coffáu, *v.* RECOLLECT. REMIND. RECORD.
  COMMEMORATE
coffi, *n.m.* COFFEE
coffr, (-au), *n.m.* COFFER. CHEST
còg, (cogiau), *n.f.* COG. COG-WHEEL
cog, (-au), *n.f.* CUCKOO
  n.m. COOK
cogfran, (-frain), *n.f.* JACKDAW
coginiaeth, *n.f.m.* COOKERY
coginio, *v.* COOK
coginiol, *a.* CULINARY
cogio, *v.* PRETEND. SHAM. COG
cogiwr, (-wyr), *n.m.* PRETENDER.
  SWINDLER
cogor, *v.* CHATTER. CROAK
  n.m. CHATTERING
cogwrn, (-yrnau), *n.m.* STACK OF CORN.
  CONE. KNOB. SHELL
cogydd, (-ion), *n.m.* COOK
cogyddes, (-au), *n.f.* COOK
cogyddiaeth, *n.f.* COOKERY
congl, (-au), *n.f.* CORNER
conglen, *n.f.* TWIN-NUT. LITTLE NOOK
conglfaen, (-feini), *n.m.* CORNER-STONE
coil, (-iau), *n.m.* COIL
col, (-au), *n.m.* COL
  (-ion), *n.m.* SPIKE. STING. **BEARD,** AWN
côl, *n.f.* LAP. BOSOM
coladiad, (-au), *n.m.* COLLATION
coladol, *a.* COLLATED
coladu, *v.* COLLATE
colâg, *n.m.* COLLAGE
colander, (-i, -au), *n.m.* COLANDER
còlect, (-au), *n.m.* COLLECT
coledd, -u, *v.* CHERISH. FOSTER. NURTURE
coleddwr, (-wyr), *n.m.* CHERISHER.
  FOSTERER
coleg, (-au), *n.m.* COLLEGE
colegol, *a.* COLLEGIATE
colegwr, (-wyr), *n.m.* COLLEGIAN
coler, (-i, -au), *n.f.m.* COLLAR. HALTER
colera, *n.m.* CHOLERA
colesterol, *n.m.* CHOLESTEROL
colet, (-au), *n.m.* COLLET
colfach, (-au), *n.m.* HINGE
colfachu, *v.* PIVOT. HINGE

colfen, (-ni, -nau), *n.f.* BRANCH. TREE
colig, (-au), *n.m.* COLIC
colio, *v.* STING
coliog, *a.* AWNED
colma, *v.* JAUNT
colofn, (-au), *n.f.* COLUMN. PILLAR
colofnfa, (-feydd), *n.f.* COLONNADE
colofnog, *a.* COLUMNAR
colofnres, (-i), *n.f.* COLONNADE
colofnydd, (-ion), *n.m.* COLUMNIST
coloidaidd, *a.* COLLOIDAL
colomen, (-nod), *n.f.* PIGEON. DOVE
colomendy, (-dai), *n.m.* DOVE-COTE
colon, (-au), *n.m.* COLON
  n.f. GREAT GUT. COLON
colonâd, *n.m.* COLONNADE
colsyn, (cols), *n.m.* EMBER
coltar, *n.m.* COAL TAR
coluddion, *n.pl.* BOWELS. INTESTINES
colur, (-au), MAKE-UP. COLOUR
coluro, *v.* MAKE-UP. CONCEAL
colwyn, (-od), *n.m.* PUPPY
colyn, (-nau), *n.m.* STING. PIVOT. HINGE
colynnog, *a.* STINGING. HINGED
colynnol, *a.* PIVOTAL
colynnu, *v.* STING
coll, (-iadau), *n.m.* LOSS. DEFECT.
  PERDITION
colladwy, *a.* PERISHABLE
collddail, *a.* DECIDUOUS
colled, (-ion), *n.m.f.* LOSS. INJURY.
  DEPRIVATION
colledig, *a.* LOST. DAMNED
colledigaeth, *n.f.* PERDITION. LOSS
colledu, *v.* CAUSE LOSS. DAMAGE
colledus, *a.* FRAUGHT WITH LOSS
colledwr, (-wyr), *n.m.* LOSER
collen, (cyll), *n.f.* HAZEL
coll-ennill, (coll-enillion), *n.m.* LOSS OF
  EARNINGS
collfarn, (-au), *n.f.* DOOM.
  CONDEMNATION. CONVICTION
collfarnu, *v.* CONDEMN
collgof, (-ion), *n.m.* AMNESIA
colli, *v.* LOSE. SPILL. FAIL. SHED. BE LOST
collnod, (-au), *n.m.* APOSTROPHE
collwr, (-wyr), *n.m.* LOSER
côma, (comâu), *n.m.* COMA
coma, (-s), *n.m.* COMMA
comander, (-iaid), *n.m.* COMMANDER
combác, (-s), *n.m.* GUINEA-FOWL
combein, (-au), *n.m.* COMBINE-
  HARVESTER
comed, (-au), *n.f.* COMET

comedi, (-ïau), *n.f.* COMEDY
comedïwr, *n.m.* COMEDIAN, COMEDIST
comig, -c, *a.* & *n.m.* COMICAL. COMIC
  PAPER
comin, (-s), *n.m.* COMMON LAND
cominadwy, *a.* COMMONABLE
cominwr, (-wyr), *n.m.* COMMONER
comisiwn, (-iynau), *n.m.* COMMISSION
comisiynu, *v.* COMMISSION
comisiynwr, (-wyr), *n.m.* COMMISSIONER
comiwnydd, (-ion), *n.m.* COMMUNIST
comiwnyddiaeth, *n.f.* COMMUNISM
comiwnyddol, *a.* COMMUNIST
comodôr, (comodoriaid), *n.m.*
  COMMODORE
compendiwm, *n.m.* COMPENDIUM
compost, *n.m.* COMPOST
comtism, *n.m.* COMTISM
comun, (-au), *n.m.* COMMUNE
comunol, *a.* COMMUNAL
côn, (conau), *n.m.* CONE
conaidd, *a.* CONOID
conach, conan, *v.* GRUMBLE. MUTTER
conclaf, *n.m.* CONCLAVE
concordans, *n.m.* CONCORDANCE
concordat, (-au), *n.m.* CONCORDAT
concrit, (-iau), *n.m.* CONCRETE
concro, *v.* CONQUER
concwerwr, (-wyr), *n.m.* CONQUEROR
concwest, (-au), *n.f.* VICTORY. CONQUEST
eondemniad, (-au), *n.m.*
  CONDEMNATION
condemnio, *v.* CONDEMN
condom, (-au), *n.m.* CONDOM, CALGWD
confennau, *n.pl.* CONDIMENTS
confensiwn, (-iynau), *n.m.* CONVENTION
confentigl, (-au), *n.m.* CONVENTICLE
conffederasiwn, (-asiynau), *n.m.*
  CONFEDERATION
conffirmasiwn, *n.m.* CONFIRMATION
conffirmio, *v.* CONFIRM
congau, *n.pl.* CONGAS
conifferaidd, *a.* CONIFEROUS
conig(ol), *a.* CONIC(AL)
cono, *n.m.* FOGEY, KNAVE, WAG
consentrig, *a.* CONCENTRIC
consérn, -árn, *n.m.* CONCERN
consesiwn, (-iynau), *n.m.* CONCESSION
consistor, *n.m.* CONSISTOR
consol, (-au), *n.m.* CONSOLE
consul, (-iaid), *n.m.* CONSUL
consuriaeth, *n.m.* CONJURING
consurio, *v.* CONJURE
consuriwr, (-wyr), *n.m.* CONJURER

conswl, *n.m.* CONSUL
conswlad, *n.m.* CONSULATE
consýrn, *n.m.* CONCERN
cont, (-au), *n.f.* FEMALE GENITALS
contact, *n.m.* CONTACT
continuwm, *n.m.* CONTINUUM
contract(or), *n.m.* CONTRACT(OR)
conwydd, (-*en, n.f.*), *n.pl.* CONIFEROUS
 TREES
conyn, (-nod), *n.m.* STALK. STING.
 STUMP. GRUMBLER
cop, -yn, (-nod, -nau), *n.m.* SPIDER
copa, (-âu, -on), *n.m.* TOP. SUMMIT.
 HEAD
copi, (-ïau), *n.m.* COPY. COPY-BOOK
copiddaliad, *n.m.* COPYHOLD
copin, (-au), *n.m.* COPING
copïo, *v.* COPY
copïwr, (-wyr), *n.m.* COPYIST. IMITATOR
copr, (-au), *n.m.* COPPER
copraidd, *a.* COPPERY
copri, copro, *v.* COPPER. BECOME DULL
coprig, *a.* CUPRIC
côr, (corau), *n.m.* CHOIR. CHANCEL. PEW.
 STALL
cor, (-rod), *n.m.* DWARF. SPIDER
corâl, (-au), *n.f.* CHORALE
corawd, (-au), *n.f.m.* CHORUS
corawl, *a.* CHORAL
corbenfras, *n.m.* HADDOCK
corblanhigyn, (-higion), *n.m.* DWARF
 PLANT
corbwll, (-byllau), *n.m.* WHIRLPOOL.
 PUDDLE
corbysen, (-bys), *n.f.* LENTIL
corbysog, *a.* LENTICULAR
corcyn, (cyrc), *n.m.* CORK
cord, (-iau), *n.m.* CHORD. CORD
cordeddiad, (-au), *n.m.* INTERMINGLING.
 TWIST
cordeddu, *v.* TWIST. TWINE. INTERMINGLE
corden, (-ni), *n.f.* CORD
cordiog, *a.* AGREEING. HARMONIOUS
cordiol, *a.* CHORDAL
cordwal, *n.m.* CORDOVAN LEATHER
corddi, *v.* CHURN. FOAM. AGITATE
corddiad, (-au), *n.m.* CHURNING
corddwr, (-wyr), *n.m.* CHURN. CHURNER
cored, (-au), *n.f.* WEIR. DAM. FISHGARTH
corelwr, (-wyr), *n.m.* MORRIS DANCER
coreograffiaeth, *n.f.* CHOREOGRAPHY
coreograffydd, (-wyr), *n.m.*
 CHOREOGRAPHER

corfan, (-nau), *n.m.* METRICAL FOOT
corfannu, *v.* SCAN
côr-feistr, (-i, -iaid), *n.m.* CHOIR-
 MASTER
côrferch, (-ed), *n.f.* CHORUS GIRL
corff, (cyrff), *n.m.* BODY. CAPITAL
corffilaidd, *a.* CORPUSCULAR
corffilyn, (-ilod), *n.m.* CORPUSCLE
corfflu, (-oedd), *n.m.* CORPS
corffol, *a.* CORPULENT
corffolaeth, *n.f.* STATURE. SIZE
corffoledd, *n.m.* PHYSIQUE
corfforaeth, (-au), CORPORATION
corfforaethol, *a.* CORPORATE
corfforedig, *a.* INCORPORATED
corffori, *v.* INCORPORATE
corfforol, *a.* BODILY. CORPORAL
corffrwd, *n.f.* RUNNEL
corffyn, *n.m.* LITTLE BODY. BODICE
corgan, (-au), *n.f.* CHANT
corganu, *v.* CHANT
corgi, (-gwn), *n.m.* CUR. CORGI
corgimwch, (-gimychiaid), *n.m.* PRAWN
córidor, (coridorau), *n.m.* CORRIDOR
corlan, (-nau), *n.f.* FOLD. CORRAL
corlannu, *v.* FOLD. PEN
corm, (-au), *n.m.* CORM
corn, (cyrn), *n.m.* HORN. TUBE. ROLL.
 CORN. CHIMNEY. MAIZE
 corn pori/gwynt, WINDPIPE
cornant, (-nentydd), *n.f.* BROOK. RILL
cornbiff, *n.m.* CORNBEEF
cornchwiglen, (-chwiglod), *n.f.*
 LAPWING. PLOVER
cornea, (-u), *n.m.* CORNEA
corned, (-au), *n.m.* CORNET
cornel, (-i, -au), *n.m.f.* CORNER
cornelu, *v.* CORNER
cornicyll, (-od), *n.m.* LAPWING. PLOVER
cornio, *v.* GORE. BUTT
corniog, *a.* HORNED
cornis, (-au), *n.m.* CORNICE
cornor, (-iaid), *n.m.* HORN PLAYER
cornwyd, (-ydd), *n.m.* BOIL. SORE.
 ABSCESS. ULCER
corola, (-âu), *n.m.* COROLLA
coron, (-au), *n.f.* CROWN
coronaidd, *a.* CORONARY
corongylch, *n.m.* CORONA
coroni, *v.* CROWN
 n.m. CORONATION
coroniad, (-au), *n.m.* CORONATION
coronig, *n.f.* COROLLA

coronog, *a.* CROWNED
coronol, *a.* CORONARY
corporal, (-iaid), *n.m.* CORPORAL
corpws, *n.m.* BODY
corrach, (corachod), *n.m.* DWARF.
PYGMY
corryn, (corynnod), *n.m.* SPIDER
cors, (-ydd), *n.f.* BOG. FEN. SWAMP
corsen, (-nau, cyrs), *n.f.* REED. STALK.
STEM
corstir, (-oedd), *n.m.* SWAMP. FEN
cortisôn, *n.m.* CORTISONE
cortyn, (-nau), *n.m.* CORD. TWINE.
STRING
corun, (-au), *n.m.* CROWN (OF HEAD).
TOP. TONSURE
corwg(l), (-yg(l)au), *n.m.* CORACLE
corws, *n.m.* CHORUS
corwynt, (-oedd), *n.m.* WHIRLWIND.
HURRICANE
corydd, (-ion), *n.m.* CHORISTER
cos, (-feydd), *n.f.* ITCH
cosb, (-au), *n.f.* PUNISHMENT
cosb ddihenydd, CAPITAL
PUNISHMENT
cosbadwy, *a.* PUNISHABLE
cosbedigaeth, (-au), *n.f.* PUNISHMENT
cosbi, *v.* PUNISH. CHASTISE
cosbol, *a.* PUNITIVE. PENAL
cosec, *n.m.* COSECH
cosecant, (-nnau), *n.m.* COSECANT
cosfa, (-feydd), *n.f.* ITCH. IRRITATION.
THRASHING
cosh, (-ys), *n.m.* COSH
cosi, *v.* TICKLE. ITCH. SCRATCH
n.m. ITCHING
cosin, (-au), *n.m.* COSINE
cosmaeth, *n.m.* COSMISM
cosmetigau, *n.pl.* COSMETICS
cosmig, *a.* COSMIC
cosmogeneg, *n.m.* COSMOGONY
cosmoleg, *n.f.m.* COSMOLOGY
cosmopolitaidd, *a.* COSMOPOLITAN
cosmopolitan, *a.* COSMOPOLITAN
cosmos, *n.m.* COSMOS
cost, (-au), *n.f.* COST, EXPENSE
costiad, (-au), *n.m.* COSTING
costio, *v.* COST
costiwm, (-tiymau), *n.m.f.* COSTUME
costog, *a.* SNARLING. SURLY
(-ion), *n.m.* MASTIFF. CUR
costrel, (-au, -i), *n.f.* BOTTLE
costrelu, *v.* BOTTLE

costus, *a.* COSTLY. EXPENSIVE
cosyn, (-nau), *n.m.* A CHEESE
cot, (cotiau), *n.f.* COAT. THRASHING
côt, (cotiau), *n.f.* COAT
cotangiad, (-au), *n.m.* COTANGENT
coter, *n.m.* COTTER
cotwm, *n.m.* COTTON
cotwm trwch, CANDLEWICK
cotwm sglein, GLAZED COTTON
cotwm ceinciog, STRANDED COTTON
cotŷwr, (-wyr), *n.m.* COTTAR
coth, *n.m.* COTH
cowlas, (-au), *n.m.f.* BAY (OF BUILDING).
HAY-MOW
cowmon, -an, (-myn), *n.m.* COW-MAN
cownt, (-iau), *n.m.* COUNT. ACCOUNT.
ESTEEM
cownter, -ar, (-au, -i), *n.m.* COUNTER
cowntio, *v.* COUNT. CALCULATE
cowper, (-iaid), *n.m.* COOPER
cowpog, *n.m.* COWPOX, VACCINATION
crablyd, *a.* CRABBED. STUNTED
crabys, -as, (-yn, *n.m.*), *n.pl.* CRAB-
APPLES
crac, (-iau), *n.m.* CRACK. FRACTURE
cracellu, *v.* CRACKLE
cracio, *v.* CRACK. FRACTURE
crachach, *n.pl.* SNOBS
crachboer, *n.m.* PHLEGM
crachen, (crach), *n.f.* SCAB
crachfardd, (-feirdd), *n.m.* POETASTER
crachfeddyg, (-on), *n.m.* QUACK-
DOCTOR
crachfonheddwr, (-wyr), *n.m.* SNOB.
UPSTART
crachlyd, *a.* SCABBY. MANGY
craen, (-iau), *n.m.* CRANE
craets, *n.m.* CRATCH
craf, *c.n.* GARLIC
crafanc, (-angau), *n.f.* CLAW. TALON.
CLUTCH
crafangio, *v.* CLAW. CLUTCH
crafat, *n.m.f.* SCARF, TIE
crafell, -ydd, *n.f.* SCRAPER. SLICE
crafellu, *v.* GRATE
crafiad, (-au), *n.m.* SCRATCH
crafion, *n.pl.* SCRAPINGS. SHAVINGS
crafog, *a.* SHARP. SARCASTIC
crafu, *v.* SCRAPE. SCRATCH
n.m. ITCH
crafwr, (-wyr), *n.m.* SCRATCHER.
SCRAPER
crafwyd, (-ydd), *n.m.* ROUGHAGE

craff, *a.* KEEN. CLOSE. OBSERVANT. SAGACIOUS
  n.m. HOLD. CLASP

craffter, *n.m.* KEENNESS. SAGACITY

craffu, *v.* LOOK INTENTLY. GRASP. NOTE

craffus, *a.* KEEN. OBSERVANT. CUTTING

cragen, (cregyn), *n.f.* SHELL. GILL

crai, *a.* NEW. FRESH. RAW. CLEAR

craidd, (creiddiau), *n.m.* MIDDLE. CENTRE. EPICENTRE. CENTROID

craig, (creigiau), *n.f.* ROCK. CRAG

crair, (creiriau), *n.m.* RELIC

craith, (creithiau), *n.f.* SCAR. DARN

crâl, (cralau), *n.m.* KRAAL

cramen, (-nau), *n.f.* SCAB. CRUST

cramennol, *a.* CRUSTAL

cramenogion, *n.pl.* CRUSTACEA

crameniad, (-au), *n.m.* INCRUSTATION

cramp, (-iau), *n.m.* CRAMP

cramwythen, (cramwyth), *n.f.* PANCAKE

cranc, (-od, -iau), *n.m.* CRAB. CRANK

crand, *a.* GRAND

crandrwydd, *n.m.* GRANDEUR. FINERY

crap, (-iau), *n.m.* GRIP. SMATTERING

crapio, *v.* GRAPPLE. SNATCH

cras, (creision), *a.* BAKED. ARID. HARSH. RUDE

crasboeth, *a.* TORRID

crasen, (-ni, -nau), *n.f.* SLAP. CLOUT

crasfa, (-feydd), *n.f.* THRASHING

craslyd, *a.* HARSH. SCORCHED

craster, *n.m.* ARIDITY. HARSHNESS

crasu, *v.* BAKE. SCORCH. AIR. DRY

crater, (-au, -i), *n.m.* CRATER

crats, (-ys), *n.m.* CRATCH. MANGER. RACK

crau, (creuau), *n.m.* HOLE. SOCKET. EYE. STY, BLOOD, GORE

crawc, (-iau), *n.f.* CROAK

crawcian, -io, *v.* CROAK. CAW

crawen, (-nau), *n.f.* CRUST

crawn, *n.m.* PUS. MATTER

crawni, *v.* FESTER

crawniad, (-au), *n.m.* ABSCESS

crawnllyd, *a.* PURULENT

cread, *n.m.* CREATION

creadigaeth, (-au), *n.f.* CREATION. CONSTRUCTION

creadigedd, *n.m.* CREATIVITY

creadigol, *a.* CREATIVE

creadur, (-iaid), *n.m.* CREATURE. ANIMAL

creadures, (-au), *n.f.* FEMALE CREATURE

creawdwr, (-wyr), *n.m.* CREATOR

crebach, *a.* WITHERED. SHRUNK

crebachlyd, *a.* WRINKLED. CRABBED

crebachol, *a.* CONTRACTILE

crebachu, *v.* SHRINK. SHRIVEL. WITHER

crebwyll, (-ion), *n.m.* INVENTION. FANTASY. COMPREHENSION

crecian, *v.* CLACK. CHIRP

crechwen, *n.f.* LOUD LAUGHTER

crechwenu, *v.* LAUGH LOUDLY. MOCK

cred, (-au), *n.f.* BELIEF. FAITH. TRUST. OATH, CHRISTENDOM

credadun, (credinwyr), *n.m.* BELIEVER

credadwy, *a.* CREDIBLE

credadwyaeth, *n.f.* CREDIBILITY

crediniaeth, *n.f.* BELIEF. FAITH

crediniol, *a.* BELIEVING

credlythyrau, *n.pl.* CREDENTIALS

credo, (-au), *n.m.f.* CREED. BELIEF

credorfodaeth, *n.f.* INDOCTRINATION

credorfodi, *v.* INDOCTRINATE

credu, *v.* BELIEVE

credwr, (-wyr), *n.m.* BELIEVER

credyd, (-on), *n.m.* CREDIT

credydu, *v.* CREDIT

credydwr, (-wyr), *n.m.* CREDITOR

cref, *a. f.* of *cryf*

crefás, (-au), *n.m.* CREVASSE

crefu, *v.* BEG. IMPLORE

crefydd, (-au), *n.f.* RELIGION

crefydda, *v.* BE RELIGIOUS

crefyddgan, (-ganeuon), *n.f.* SPIRITUAL

crefyddlyd, *a.* OUTWARDLY RELIGIOUS

crefyddol, *a.* RELIGIOUS. DEVOUT

crefyddolder, *n.m.* RELIGIOUSNESS. PIETY

crefyddwr, (-wyr), *n.m.* RELIGIOUS PERSON

crefft, (-au), *n.f.* CRAFT. TRADE

crefftus, *a.* SKILLED, WORKMANLIKE

crefftwaith, *n.m.* CRAFTWORK

crefftwr, (-wyr), *n.m.* CRAFTSMAN

creffyn, (-nau), *n.m.* CLAMP. BRACE

cregyn, (*cragen, n.f.*), *n.pl.* SHELLS

creider, *n.m.* FRESHNESS

creifion, *n.pl.* SCRAPINGS. PARINGS

creigardd, (-erddi), *n.f.* ROCK-GARDEN

creigfa, (-feydd), *n.f.* ROCKERY. ROCKY PLACE

creigiog, *a.* ROCKY

creigiwr, (-wyr), *n.m.* QUARRYMAN (ROCK FACE)

creigle, (-oedd), *n.m.* ROCKY PLACE

creinio, v. WALLOW, GROVEL
creirfa, (-feydd), n.f. RELIQUARY,
   MUSEUM, SHRINE
creision, n.pl. FLAKES, CRISPS
creithio, v. SCAR, BECOME SCARRED, DARN
crematoriwm, (crematoria), n.m.
   CREMATORIUM
crempog, (-au), n.f. PANCAKE
crenellu, v. CRENELLATE
crensio, v. CRUNCH
creol, (-iaid), n.m. CREOLE
creon, n.m. CRAYON
crepach, n.m. NUMBNESS
   a. NUMB, WITHERED
crest, (-au), n.m. SCURF, SCAB, CRESTING
cretasig, a. CRETACEOUS
creu, v. CREATE
creugarwch, n.m. CREATIVITY
creulon, a. CRUEL, SAVAGE
creulondeb, -er, (-au), n.m. CRUELTY
crëwr, (crewyr), n.m. CREATOR
crëyr, (crehyrod), n.m. HERON
cri, (-au), n.m.f. CRY, LAMENT
   a. RAW, FRESH, UNLEAVENED
criafol(en), n.f. MOUNTAIN ASH
crib, (-au), n.f. CREST, SUMMIT, RIDGE,
   ARÊTE, COMB
cribddail, n.m. EXTORTION, EXACTION
cribddeilio, v. EXTORT
cribddeiliwr, (-wyr), n.m. EXTORTIONER
cribin, (-iau), n.f.m. RAKE, SKINFLINT
cribinio, v. RAKE
cribo, v. COMB, CARD
cribwr, (-wyr), n.m. CARDER, HEDDLE
cric, (-iau), n.m. CRACK, CRICK
criced, n.m. CRICKET
cricedwr, (-wyr), n.m. CRICKETER
crimog, (-au), n.f. SHIN, GREAVE
crimp, (-iau), n.m. SHIN, RIDGE
   a. CRISP, SHRUNK
crimpyn, n.m. MISER, ANYTHING SHRUNK
crin, a. WITHERED, DRY
crinelliad, n.m. DECREPITATION
crino, v. WITHER, DRY UP
crintach, -lyd, a. MEAN, MISERLY
crintachrwydd, n.m. NIGGARDLINESS
crintachu, v. SCRIMP, STINT
crio, v. SHOUT, WEEP
cripell, n.m. OUTCROP
cripian, -io, v. SCRATCH, CREEP
cris, n.m. CREASE
crisbin, a CRISP, WITHERED
crisial, (-au), a. & n.m. CRYSTAL

crisialeg, n.f.m. CRYSTALLOGRAPHY
crisialu, v. CRYSTALLISE
crism, n.m. CHRISM
Cristion, (-(io)nogion), n.m. CHRISTIAN
Crist(io)nogaeth n.f. CHRISTIANITY
Crist(io)nogol 'a. CHRISTIAN
Cristoleg, n.f. CHRISTOLOGY
critig, (-iaid), n.m. CRITIC
criw, (-iau), n.m. CREW
crïwr, (-wyr), n.m. CRIER
crocbren, (-ni), n.m. GALLOWS, CROSS
crocbris, (-iau), n.m. EXORBITANT PRICE
crocus, -ws, (-au), n.m. CROCUS
croch, a. LOUD, VOCIFEROUS
crochan, (-au), n.m. POT, CAULDRON
crochenwaith, (-weithiau), n.m.
   POTTERY, WARE
crochenydd, (-ion), n.m. POTTER
crochlefain, v. CLAMOUR
croen, (crwyn), n.m. SKIN, PEEL, RIND
croendenau, a. THIN-SKINNED
croeni(o), v. FORM A SKIN
croenol, a. CUTANEOUS
croenyn, (-nau), n.m. MEMBRANE
croes, (-au), n.f. CROSS
   a. CROSS, CONTRARY, TRANSVERSE
croesad, n.m. CROSSBREED
croesair, (-eiriau), n.m. CROSSWORD
croesan, (-iaid), n.m. BUFFOON, JESTER
croesaw, see croeso
croesawgar, a. HOSPITABLE
croesawiad, n.m. WELCOME
croesawu, v. WELCOME
croesawus, a. HOSPITABLE
croesbren, (-nau), n.m. CROSS
croes-doriad, (-au), n.m. CROSS SECTION
croesddweud, v. CONTRADICT
croesfan, (-nau), n.f. CROSSING
croesffordd, (-ffyrdd), n.f. CROSS-ROAD
croesffurf, a. CRUCIFORM
croesgad, (-au), n.f. CRUSADE
croesgadwr, (-wyr), n.m. CRUSADER
croeshoeliad, n.m. CRUCIFIXION
croeshoelio, v. CRUCIFY
croesholi, v. CROSS-EXAMINE
croesholiad, (-au), n.m. CROSS-
   EXAMINATION
croesi, v. CROSS, OPPOSE
croesiad, (-au), n.m. HYBRID, TRANSIT
croeslath, (-au), n.f. PURLIN
croeslin, (-iau), a. & n.m. DIAGONAL
croeso, -aw, n.m. WELCOME
croesrym, (-oedd), n.m. SHEAR

croesryw, *a. & n.m.* HYBRID
croestoriad, (-au), *n.m.* INTERSECTION
croestorri, *v.* INTERSECT
croesymgroes, *a.* CRISS-CROSS
croew,   see *croyw*
crofen, (-nau, -ni), *n.f.* RIND. CRUST
crofft, (-ydd, -au), *n.f.* CROFT
crofftio, *v.* CROFT
crofftwr, (-wyr), *n.m.* CROFTER
crog, *n.f.* CROSS. ROOD
    a. HANGING. SUSPENSION
crogi, *v.* HANG. CRUCIFY. SUSPEND
croglen, (-ni), *n.f.* ROOD SCREEN
croglofft, (-ydd), *n.f.* GARRET
crogrent, (-i), *n.m.* RACK-RENT
crogwr, (-wyr), *n.m.* HANGMAN
cronglwyd, (-i, ydd), *n.f.* ROOF. ROOF-
    HURDLE
cromatig, *a.* CHROMATIC
cromatograffi, *n.m.* CHROMATOGRAPHY
crombil, (-iau), *n.f.m.* CROP. BOWELS.
    BELLY. DEPTH
cromen, (-ni, -nau), *n.f.* DOME. VAULT
cromfach, (-au), *n.f.* BRACKET.
    PARENTHESIS
cromgell, (-oedd, -au), *n.f.* VAULT
cromiwm, *n.m.* CHROMIUM
cromlech, (-au, -i), *n.f.* CROMLECH
cromlin, (-iau), *n.f.* CURVE. CHORD.
    SECTION
cromosom, (-au), *n.m.* CHROMOSOME
cron, *a. f.* of *crwn*
cronadur, (-on), *n.m.* ACCUMULATOR
cronedig, *a.* ACCUMULATED
cronfa, (-feydd), *n.f.* RESERVOIR. FUND
croniant, (-nnau), *n.m.* ACCUMULATION.
    ACCRETION
cronicl, (-au), *n.m.* CHRONICLE
croniclo, *v.* CHRONICLE. RECORD
croniclydd, (-wyr), *n.m.* CHRONICLER
cronig, *a.* CHRONIC
cronlyn, (-noedd), *n.m.* DAMMED LAKE
cronnedd, (croneddau), *n.m.*
    ACCUMULATION
cronni, *v.* COLLECT. DAM
cronnus, *a.* CUMULATIVE
cronolegol, *a.* CHRONOLOGICAL
cropa, (-od), *n.f.* CROP. GIZZARD
cropian, *v.* CRAWL. GROPE
crosiet, (-au, -i), *n.m.* CROTCHET
crosio, *v.* CROCHET
crotalau, *n.pl.* CROTALES
croten, (-nod), *n.f.* ⎤
crotes, (-i), *n.f.* ⎦ LASS

croth, (-au), *n.f.* WOMB. CALF (OF LEG)
crothateg, (-ion), *n.f.* PESSARY
croyw, *a.* CLEAR. PLAIN. NEW.
    UNLEAVENED
croywder, *n.m.* CLARITY. FRESHNESS
croywi, *v.* PURIFY. FRESHEN
crud, (-iau), *n.m.* CRADLE
crudio, *v.* CRADLE
crug, (-iau), *n.m.* HILLOCK. CAIRN. HOST.
    BARROW. BOIL. SWELLING
cruglwyth, (-i), *n.m.* PILE. HEAP
crugo, *v.* PILE. FRET. VEX. SWELL
crupl, (-iaid), *a. & n.m.* CRIPPLE
crwb, (-iau), *n.m.* HUMP
crwban, (-od), *n.m.* TORTOISE. TURTLE
crwbi, *n.m.* HUMP
    a. HUNCH-BACKED
crwc, (cryciau), *n.m.* PAIL. TUB
crwca, *a.* CROOKED. BENT. BOWED
crwm, (*crom, f.*), *a. m.* CONVEX. BENT.
    CURVED
crwman, (-au), *n.m.* RUMP
crwn, *a.* ROUND. COMPLETE
crwndwll, (-dyllau), *n.m.* PORT
crwner, (-iaid), *n.m.* CORONER
crwper, (-au), *n.m.* CRUPPER. RUMP
crwsâd, (-adau), *n.m.f.* CRUSADE
crwsadwr, (-wyr), *n.m.* CRUSADER
crwsibl, (-au), *n.m.* CRUCIBLE
crwst, (crystiau), *n.m.* CRUST. PASTRY
crwt, (cryts), *n.m.* BOY. LAD
crwth, (crythau), *n.m.* CROWD. FIDDLE.
    PURRING
crwybr, (-au), *n.m.* GROUNDFROST. MIST.
    HONEYCOMB
crwybro, *n.m.* HONEYCOMBING
crwydr, -ad, (-au), *n.m.* WANDERING
crwydro, *v.* WANDER. STRAY. ERR
crwydrol, -us, *a.* WANDERING. NOMADIC
crwydrwr, (-wyr), *n.m.* WANDERER
crwydryn, (crwydraid), *n.m.* VAGRANT.
    TRAMP
crwynfa, (-feydd), *n.f.* TANNERY
crwynwr, (-wyr), *n.m.* SKINNER
crwys, (-au), *n.f.* CROSS
crybwyll, *v.* MENTION
    (-ion), *n.m.* MENTION
crybwylliad, (-au), *n.m.* MENTION.
    REFERENCE
crych, *a.* CURLY. RIPPLING. QUAVERING
    n.m. (-au), CREASE. RIPPLE. WRINKLE
crychell, *n.f.* GATHERER
crychlais, *n.m.* TREMOLO

crychlyd, *a.* WRINKLED. SHRIVELLED
crychnaid, (-neidiau), *n.f.* BOUND.
  CAPER
crychneidio, *v.* SKIP. CAPER
crychni, *n.m.* CURLINESS. WRINKLE
crychu, *v.* WRINKLE. CURL. RIPPLE
crychwaith, *n.m.* CROCHET
crychyn, (-au), *n.m.* RUCHING
cryd, (-iau), *n.m.* SHIVERING. AGUE.
  FEVER
crydd, (-ion), *n.m.* SHOEMAKER. COBBLER
crydda, *v.* COBBLE
cryddiaeth, *n.f.* SHOEMAKING
cryf, (*cref, f.*), *a.* STRONG. POWERFUL
cryfder, -dwr, (-au), *n.m.* STRENGTH
cryfhaol, *a.* STRENGTHENING
cryfhau, *v.* STRENGTHEN. BECOME STRONG
cryffa, *v.* CONVALESCE. BECOME STRONG
cryg, (*creg, f.*), *a. m.* HOARSE
cryglyd, *a.* HOARSE. HARSH
crygni, *n.m.* HOARSENESS
crygu, *v.* BECOME HOARSE
cryman, (-au), *n.m.* SICKLE
crymder, (-au), *n.m.* CAMBER
crymderu, *v.* CAMBER
crymedd (-au), *n.m.* CURVE. CURVATURE
crymu, *v.* BEND. CURVE. STOOP. BOW
cryn, *a.* MUCH. CONSIDERABLE
crŷn, *a. & n.m.* SHIVERING
cryndafodi, *n.m.* FLUTTERTONGUING
crynder, *n.m.* ROUNDNESS
cryndo. (-oeon, -oeau), *n.m.* DOME
cryndod, (-au), *n.m.* TREMBLING.
  SHIVERING
cryndoi, *v.* CONCENTRATE
crynedig, *a.* TREMBLING. FEARFUL
crynhoad, *n.m.* COLLECTION. DIGEST.
  COMPENDIUM
crynhoi, *v.* GATHER. COLLECT. SUMMARISE.
  FESTER
cryno, *a.* COMPACT. TIDY. NEAT
crynodeb, (-au), *n.m.* SUMMARY.
  COMPACTNESS. ABSTRACT
crynodedig, *a.* CONCENTRATED
crynodiad, (-au), *n.m.* CONCENTRATION.
  CONTENT
crynofa, (-feydd), *n.f.* GATHERING.
  FESTERING
crynswth, *n.m.* MASS. WHOLE. ENTIRETY
Crynwr, (-wyr), *n.m.* QUAKER
crynwreiddyn, (-wreiddiau), *n.m.*
  CORM

cryogeneg, *n.f.m.* CRYOGENICS
crypt, (-iau), *n.m.* CRYPT
crys, (-au), *n.m.* SHIRT
crysalis, (-au), *n.m.* CHRYSALIS
crysbais, (-beisiau), *n.f.* JERKIN. JACKET
crystyn, (crystiau), *n.m.* CRUST
crythor, (-ion), *n.m.* VIOLINIST. FIDDLER
cryw, (-iau), *n.m.* CREEL. WEIR
cu, *a.* DEAR. FOND. BELOVED
cucumer, (-au), *n.m.* CUCUMBER
cuchio, *v.* FROWN. SCOWL
cuchiog, *a.* FROWNING. SCOWLING
cudyll, (-od), *n.m.* HAWK. KESTREL
cudyn, (-nau), *n.m.* LOCK (OF HAIR). TUFT
cudynnog, *a.* TUFTED
cudd, *a.* HIDDEN. CONCEALED
cuddfa, -n, (-feydd), *n.f.* HIDING PLACE.
  HOARD
cudd-gomiwnydd, *n.m.* CRYPTO-
  COMMUNIST
cuddgynhyrfwr, (-wyr), *n.m.* AGENT
  PROVOCATEUR
cuddiad, (-au), *n.m.* CONCEALMENT
cuddiedig, *a.* HIDDEN. CONCEALED
cuddio, *v.* HIDE
cuddwedd, (-au), *n.f.* CAMOUFLAGE
cuert, (-au), *n.m.* COVERT
cufydd, (-au), *n.m.* CUBIT
cul, (-ion), *a.* NARROW. LEAN
culfa, (-feydd), *n.f.* NARROWS
culfor, (-oedd), *n.m.* STRAIT. CHANNEL
culffordd, (-ffyrdd), *n.f.* DEFILE
culhau, *v.* NARROW. SHRINK. GROW LEAN
culni, *n.m.* NARROWNESS
cun, *a.* DEAR. FINE. LOVELY
cunffurf, (-iau), *n.m.* CUNEIFORM
cunnog, (cunogau), *n.f.* PAIL
cur, (-iau), *n.m.* PAIN. THROB. ACHE
curad, (-iaid), *n.m.* CURATE
curadiaeth, (-au), *n.f.* CURACY
curadwy, *a.* MALLEABLE
curfa, (-feydd), *n.f.* BEATING. DEFEAT.
  BATTERY
curiad, (-au), *n.m.* BEAT. PULSE. THROB
curiadedd, (-au), *n.m.* PULSATION
curiedd, *n.m.* EMACIATION
curio, *v.* PINE. LANGUISH
curlaw, (-ogydd), *n.m.* PELTING RAIN
curn, (-au), *n.f.* MOUND.
curnen, (-nau), *n.f.* RICK
curo, *v.* STRIKE. BEAT. THROB. KNOCK.
  CLAP
curydd, (-ion), *n.m.* BEATER

curyll, (-od), *n.m.* HAWK, KESTREL
cusan, (-au), *n.m.f.* KISS
   cusan adfer, KISS OF LIFE
cusanu, *v.* KISS
cusb, (-iau), *n.m.* CUSB
cut, (-iau), *n.m.* HOVEL. STY. SHED
cuwch, (cuchiau), *n.m.* FROWN. SCOWL
cwac, (-iaid), *n.m.* QUACK
cwadrant, (-au), *n.m.* QUADRANT
cwafar, -er, (-au,-s), *n.m.* QUAVER,
   FLOURISH
cwafrio, *v.* QUAVER. TRILL
cwanteiddiad, (-au), *n.m.*
   QUANTISATION
cwantwm, (cwanta), *n.m.* QUANTUM
cwar, (-rau), *n.m.* QUARRY
cwarantin, *n.m.* QUARANTINE
cwarel, (-i, -au), *n.m.* PANE
cwart, (-au), *n.m.* QUART
cwarter, (-i), *n.m.* QUARTER
cwarto, (-au), *n.m.* QUARTO
cwb, (cybiau), *n.m.* KENNEL. COOP. STY
cwbl, *a. & n.m.* ALL. TOTAL. WHOLE
cwblhad, *n.m.* FULFILMENT
cwblhau, *v.* COMPLETE. FINISH. FULFIL
cwcer, (-au), *n.m.* COOKER
cwcsog, *a.* MOODY
cwcw, (-od), *n.f.* CUCKOO
cwcwll, (cycyllau), *n.m.* COWL. HOOD
cwch, (cychod), *n.m.* BOAT. HIVE
cwd(yn), (cydau), *n.m.* BAG, SACK, POUCH
   POUCH
cweir, (-iau), *n.m.* THRASHING. HIDING
cweryl, (-on), *n.m.* QUARREL
cweryla, *v.* QUARREL
cwerylgar, *a.* QUARRELSOME
cwest, (-au), *n.m.* INQUEST
cwestiwn, (-iynau), *n.m.* QUESTION.
   SUBJECT
cwestiyna, *v.* QUESTION
cwfaint, (-feintiau),*n.m.* CONVENT.
   MONASTERY
cwfl, (cyflau), *n.m.* COWL. HOOD
cwff, (cyffiau), *n.m.* CUFF. BLOW
cwffio, *v.* FIGHT. BOX
cwffiwr, (-wyr), *n.m.* FIGHTER
cwgen, (cwgod), *n.f.* BREAD ROLL
cwgn, (cygnau), *n.m.* JOINT. KNUCKLE.
   KNOT
cwhwfan, *v.* WAVE. FLUTTER
cwîl, (-iau), *n.m.* BOBBIN. PIN
cwilsyn, -en, (-nau), *n.m.f.* QUILL
cwilt, (-iau), *n.m.* QUILT

cwins, (-ys), *n.m.* QUINCE. QUINZY
cwir, (-oedd), *n.m.* QUIRE
cwirc, (-iau), *n.m.* QUIRK
cwit, *ad.* COMPLETE. QUICK
cwla, *a.* AILING. FEEBLE
cwlbren, (-ni), *n.m.* CUDGEL. STAFF
cwlff, -yn, (cylffiau), *n.m.* HUNK.
   CHUNK
cwlt, (cyltiau), *n.m.* CULT
cwltws, *n.m.* CULTUS
cwlwm, (cylymau), *n.m.* KNOT. BUNCH.
   NUMBER. BOW
   cwlwm rhedeg, SLIP-KNOT
   dolen a chwlwm, LOOP AND TIE
cwlltwr, (cylltyrau), *n.m.* COULTER
cwm, (cymoedd), *n.m.* VALLEY. GLEN.
   COOMBE
cwman, *n.m.* STOOP. RUMP
cwmanog, *a.* CROOKED. HUNCHBACKED.
   BENT
cwmanu, *v.* STOOP
cwmni, (-ïau, -ïoedd), *n.m.* COMPANY
   cwmni cyfyngedig, LIMITED
   COMPANY
   cwmni siartr, CHARTERED COMPANY
cwmnïaeth, *n.f.* COMPANIONSHIP
cwmpas, (-oedd, -au), *n.m.*
   SURROUNDINGS. REGISTER. COMPASS
cwmpasog, *a.* SURROUNDING. VERBOSE.
   PERIPHRASTIC
cwmpasu, *v.* SURROUND. WIND
cwmpawd, (-odau), *n.m.* COMPASS
cwmpeini, *n.m.* ⎤
             ⎟ COMPANY
cwmpni, *n.m.* ⎦
cwmwd, (cymydau), *n.m.* COMMOTE
cwmwl, (cymylau), *n.m.* CLOUD
cwmwlws, *n.m.* CUMULUS
cwndid, (-au), *n.m.* SONG. CAROL
cwndit, (-au), *n.m.* CONDUIT. CHANNEL
cwningar, (-oedd), *n.m.* WARREN
cwningen, (-ingod), *n.f.* RABBIT
cwnnu, *v.* RISE. RAISE. SPRING
cwnsel, (-au, -i, -oedd), *n.m.* COUNCIL.
   ADVICE
cwnsela, *v.* COUNSEL
cwnsler, (-iaid), *n.m.* COUNSELLOR.
   COUNSEL
cwnstabl, (-iaid), *n.m.* CONSTABLE
cworwm, *n.m.* QUORUM
cwota, (-âu), *n.m.* QUOTA
cwpan, (-au), *n.m.f.* CUP. CHALICE
cwpeliad, (-au), *n.m.* CUPELLATION
cwpelu, *v.* CUPELLATE

cwpenyn, (-nau), *n.m.* CUPULE
cwpl, (cyplau), *n.m.* COUPLE. COUPLING.
TRUSS
cwpla, *v.* | FINISH. COMPLETE
cwpláu, *v.* |
cwpled, (-i, -au), *n.m.* COUPLET
cwplws, (cyplysau), *n.m.* COUPLING.
CHEVRON (ARCHIT.)
cwpon, (-au), *n.m.* COUPON
cwpwrdd, (cypyrddau), *n.m.* CUPBOARD
cwr, (cyrrau, cyrion), *n.m.* EDGE.
CORNER. BORDER. FRINGE
cwrbyn, *n.m.* KERB
cwrcwd, (cyrcydau), *n.m.* STOOPING.
SQUATTING
cwrdd, (cyrddau), *n.m.* MEETING
cwrdd(yd), *v.* MEET. TOUCH
cwrel, (-au), *n.m.* CORAL
cwrelaidd, *a.* CORALLIAN
cwricwlwm, (cwricwla), *n.m.* CURRICULUM
cwrier, *n.m.* COURIER
cwrio, *v.* CURE
cwrlid, (-au), *n.m.* COVERLET. COVERING.
CLOAK
cwrpan, (-au), *n.m.* BEDSPREAD
cwrsio, *v.* COURSE, DRIVE OFF
cwrs, (cyrsiau), *n.m.* COURSE
cwrs carlam, CRASH COURSE
a. COARSE
cwrt, (cyrtiau), *n.m.* COURT
cwrt lît, COURT LEET
cwrt pledion cyffredin, COURT OF
COMMON PLEAS
cwrtais, *a.* COURTEOUS. POLITE
cwrteisi, *n.m.* COURTESY
cwrw, (cyrfau), *n.m.* BEER. ALE
cwrwg(l), see *corwg(l)*
cwsb, *n.m.* CUSB
cwsbaidd, *a.* CUSPATE
cwsg, *n.m.* SLEEP. NUMBNESS
a. ASLEEP. NUMB
cwsmer, (-iaid), *n.m.* CUSTOMER.
CONSUMER
cwsmeriaeth, *n.f.* CUSTOM
cwstard, (-iau), *n.m.* CUSTARD
cwstwm, (cystymau), *n.m.* CUSTOM.
PATRONAGE
cwt, (cytiau), *n.m.f.* HUT. STY. WOUND.
QUEUE. TAIL
cwta, *a.* SHORT. ABRUPT
cwter, (-i, -ydd), *n.f.* GUTTER. CHANNEL
cwticl, (-au), *n.m.* CUTICLE
cwtleri, *n.pl.* CUTLERY

cwtogi, *v.* SHORTEN. SHRINK
cwtws, (cytysau), *n.m.* LOT. SHARE
n.f. TAIL
cwthr, (cythrau), *n.m.* ANUS. RECTUM
cwthwm, (cythymau), *n.m.* GUST
cwymp, -iad, (-au), *n.m.* FALL.
COLLAPSE
cwympo, *v.* FALL. FELL. COLLAPSE
cwympol, *a.* CADUCOUS
cwyn, (-ion), *n.m.f.* COMPLAINT.
LAMENT. SUIT
cwynfan, (-au, -on), *v. & n.m.*
COMPLAIN. LAMENT
cwynfanllyd, *a.* MOANFUL
cwynfanus, *a.* LAMENTING. MOANING
cwyno, *v.* COMPLAIN. LAMENT
cwynwr, (-wyr), *n.m.* SUITOR.
COMPLAINANT. PLAINTIFF
cŵyr, (-au), *n.m.* WAX
cwyrdeb, (-au), *n.m.* RENNET
cwys, (-i, -au), *n.f.* FURROW. GRAVE
cwysed, (-i), *n.f.* GUSSET
cybôl, (-olion), *n.m.* NONSENSE.
BALLYHOO
cybolfa, (-feydd), *n.f.* MESS.
HOTCHPOTCH
cyboli, *v.* TALK NONSENSE. MUDDLE. MESS
cybydd, (-ion), *n.m.* MISER
cybydda, *v.* STINT. HOARD
cybydd-dod, | *n.m.* MISERLINESS
cybydd-dra, |
cybyddlyd, *a.* MISERLY. MEAN
cychwr, (-wyr), *n.m.* BOATMAN.
BOATMAKER
cychwyn, *v.* RISE. START. SET OUT. STIR
n.m. BEGINNING. START
cychwynfa, *n.f.* START. STARTING-POINT
cychwyniad, (-au), *n.m.* START.
BEGINNING
cyd, *a.* JOINT. UNITED. COMMON
cyd-, *px.* TOGETHER. INTER-. MUTUAL
cydaddysg, (-au), *n.m.* CO-EDUCATION
cydaid, (-eidiau), *n.m.* BAGFUL
cydamrywiant, (-nnau), *n.m.*
COVARIANCE
cydamseriad, (-au), *n.m.*
SYNCHRONIZATION
cydberchnogaeth, *n.f.* COLLECTIVISM,
JOINT OWNERSHIP
cydberthynas, (-au), *n.f.* CORRELATION
cydbriodi, *v.* INTERMARRY
cydbwysedd, *n.m.* BALANCE. EQUILIBRIUM
cyd-destun, (-au), *n.m.* CONTEXT

cyd-ddant, *n.m.* SYNCHROMESH
cydfod, *n.m.* AGREEMENT. HARMONY
cydfodolaeth, *n.f.* COEXISTENCE
cydfyn(e)d, *v.* GO WITH. AGREE
cydfyw, *v.* COHABIT
cydfywyd, *n.m.* SYMBIOSIS
cydffederasiwn, *n.m.* CONFEDERATION
cydffurfio, *v.* CONFORM
cydglosiad, *n.m.* DÉTENTE
cydgordio, *v.* HARMONISE. AGREE
cydgordiol, *a.* CONCORDANT
cydgwmni, (-ïau), *n.m.* CONSORTIUM
cyd-gymeriad, (-au), *n.m.* SYNECDOCHE
cyd-hanfodol, *a.* CO-ESSENTIAL
cydiad, (-au), *n.m.* JOINT. COUPLING.
 JUNCTION
cydiedig, *a.* ADJOINED
cydio, *v.* JOIN. GRASP. BITE
cydiwr, (-wyr), *n.m.* CLUTCH
cydlifiad, (-au), *n.m.* CONFLUENCE
cydlyniad, *n.m.* COHESION
cydlynol, *a.* COHERENT
cydlywodraeth, *n.f.* CONDOMINIUM
cydnabod, *v.* ACKNOWLEDGE. HONOUR.
 REMUNERATE
 n.m. ACQUAINTANCE
cydnabyddeb, (-au), *n.f.* ACCEPTANCE
cydnabyddiaeth, *n.f.*
 ACKNOWLEDGEMENT. RECOGNITION
cydnabyddus, *a.* ACQUIRED. FAMILIAR
cydnaws, *a.* CONGENIAL. COMPATIBLE
cydnerth, *a.* STRONGLY BIULT, THICKSET
cydoesi, *v.* BE CONTEMPORARY
cydoesol, *a.* COEVAL
cydoeswr, (-wyr), *n.m.* CONTEMPORARY
cydol, *a.* & *n.m.f.* WHOLE
cydradd, *a.* EQUAL
 (-au), *n.m.* CO-ORDINATE
cydraddoldeb, (-au), *n.m.* EQUALITY
cydraddolwr, (-wyr), *n.m.* EGALITARIAN
cydran, (-nau), *n.f.* EQUAL SHARE.
 COMPONENT
cydrannol, *a.* COMPONENT
cydredol, *a.* PARALLEL. CONCURRENT
cydrennydd, (-enyddion), *n.m.*
 RESOLVENT
cydrymedd, *n.m.* BALANCE OF POWER
cydryw(iol), *a.* HOMOGENEOUS
cydrywiaeth, *n.f.* HOMOGENEITY
cyd-rhwng, *prp.* BETWEEN
cydsylweddiad, *n.m.*
 CONSUBSTANTIATION
cydsylweddu, *v.* CONSUBSTANTIATE

cydsyniad, (-au), *n.m.* CONSENT.
 AGREEMENT
cydsyniaeth, (-au), *n.f.* ASSENT
cydsynied, -io, *v.* AGREE. ALLOW
cydwaddodi, *v.* CO-PRECIPITATE
cydwastad, *a.* LEVEL (with)
cydwedd, (-au), *n.m.* ANALOGUE
 a. ANALOGOUS
cydweddog, *a.* CONJUGAL. YOKED
 TOGETHER
 (-ion), *n.m.* CONSORT. PARTNER
cydweddu, *v.* AGREE. CONFORM. MATCH.
 ASSIMILATE
cydweithfa, (-feydd), *n.f.* CO-OPERATIVE
cydweithrediad, (-au), *n.m.* CO-
 OPERATION
cydweithredol, *a.* CO-OPERATIVE
cydweithredu, *v.* CO-OPERATE
cydwel(e)d, *v.* AGREE
cydwelediad, (-au), *n.m.* AGREEMENT
cydwladol, *a.* INTERNATIONAL
cydwladwr, (-wyr), *n.m.* COMPATRIOT
cydwybod, (-au), *n.f.* CONSCIENCE
cydwybodol, *a.* CONSCIENTIOUS
cydwybodolrwydd, *n.m.*
 CONSCIENTIOUSNESS
cydymaith, (cymdeithion), *n.m.*
 COMPANION
cydymdeimlad, (-au), *n.m.* SYMPATHY
cydymdeimlo, *v.* SYMPATHISE
cydymdrafod, *v.* NEGOTIATE
cydymffurfiad, *n.m.* CONFORMITY
cydymffurfio, *v.* CONFORM
cydymgeisydd, (-wyr), *n.m.* RIVAL.
 COMPETITOR
cyddwysiad, (-au), *n.m.* CONDENSATION
cyddwysydd, (-ion), *n.m.* CONDENSER
cyfadfer, *v.* COMPENSATE
cyfadran, (-nau), *n.f.*
 FACULTY (COLLEGE). PERIOD (MUSIC)
cyfaddas, *a.* FITTING. SUITABLE.
 CONVENIENT
cyfaddasiad, (-au), *n.m.* ADAPTAION
cyfaddasrwydd, *n.m.* APPROPRIATENESS.
 SUITABILITY
cyfaddasu, *v.* FIT. ADAPT
cyfaddawd, (-au), *n.m.* COMPROMISE
cyfaddawdu, *v.* COMPROMISE
cyfaddef, *v.* CONFESS. ADMIT
cyfaddefiad, (-au), *n.m.* CONFESSION.
 ADMISSION
cyfagos, *a.* NEAR. CLOSE. ADJACENT
cyfagosrwydd, *n.m.* CONTIGUITY

cyfangiad, (-au), *n.m.* CONTRACTION
cyfangu, *v.* CONTRACT
cyfaill, (-eillion), *n.m.* COMPANION.
  FRIEND
cyfaint, (-eintiau), *n.m.* VOLUME
cyfair, (-eiriau), ACRE
cyfalaf, (-au, -oedd), *n.m.* CAPITAL
cyfalafiaeth, *n.f.* CAPITALISM
cyfalafol, *a.* CAPITALISTIC
cyfalafwr, (-wyr), *n.m.* CAPITALIST
cyfalaw, (-on), *n.f.* COUNTER-MELODY.
  DESCANT
cyfamod, (-au), *n.m.* COVENANT.
  CONTRACT
cyfamodai, (-eion), *n.m.* COVENANTEE
cyfamodi, *v.* COVENANT
cyfamodol, *a.* COVENANTED. FEDERAL
cyfamodwr, (-wyr), *n.m.* COVENANTER
cyfamser, *n.m.* MEANTIME. INTERVAL
cyfamserol, *a.* TIMELY. SYNCHRONOUS
cyfamseru, *v.* SYNCHRONISE
cyfan, *a.* & *n.m.* WHOLE
cyfandir, (-oedd), *n.m.* CONTINENT
cyfandirol, *a.* CONTINENTAL
cyfandiroledd, *n.m.* CONTINENTALITY
cyfanfyd, *n.m.* UNIVERSE. COSMOGONY
cyfanfydedd, *n.m.* UNIVERSALISM
cyfangorff, (-gyrff), *n.m.* MASS. WHOLE
cyfangu, *v.* CONTRACT
cyfan gwbl, *a.* ALTOGETHER. COMPLETE
cyfanheddol, *a.* HABITABLE
cyfanheddu, *v.* INHABIT. DWELL
cyfanheddwr, (-wyr), *n.m.* INHABITANT
cyfaniad, *n.m.* INTEGRATION
cyfannedd, (-anheddau), *n.m.*
  HABITATION. INHABITED PLACE
  a. INHABITED
cyfannol, *a.* INTEGRATED. INTEGRAL
cyfannu, *v.* INTEGRATE. UNITE
cyfanrif, (-au), *n.m.* TOTAL. INTEGER
cyfanrwydd, *n.m.* WHOLENESS. ENTIRETY.
  INTEGRITY
cyfansawdd, (-soddau), *a.* & *n.m.*
  COMPOUND. COMPOSITE
cyfansoddi, *v.* COMPOSE. CONSTITUTE
cyfansoddiad, (-au), *n.m.* COMPOSITION.
  CONSTITUTION
cyfansoddiadol, *a.* CONSTITUTIONAL.
  COMPOSITIONAL
cyfansoddol, *a.* COMPONENT.
  CONSTITUTIONAL
cyfansoddwr, (-wyr), *n.m.* COMPOSER
cyfansoddyn, (-ion), *n.m.* CONSTITUENT.
  COMPOUND

cyfanswm, (-symiau), *n.m.* TOTAL.
  AMOUNT
cyfantoledd, (-au), *n.m.* EQUILIBRIUM
cyfanwaith, (-weithiau), *n.m.*
  COMPLETE COMPOSITION. WHOLE
cyfanwerth, *n.m.* WHOLESALE
cyfanwerthol, *a.* WHOLESALE
cyfanwerthu, *v.* WHOLESALE
cyfanwerthwr, (-wyr), *n.m.*
  WHOLESALER
cyfar, *n.m.* COVER-POINT
cyfarch, *v.* GREET. ADDRESS
cyfarchiad, (-au), *n.m.* GREETING.
  SALUTATION
cyfarchol, *a.* GREETING. VOCATIVE
cyfaredd, (-au, -ion), *n.f.* CHARM.
  ENCHANTMENT
cyfareddol, *a.* ENCHANTING. FASCINATING
cyfareddu, *v.* CHARM. BEWITCH
cyfarfod, (-ydd), *n.m.* MEETING.
  ASSEMBLY
  v. MEET. ENCOUNTER
cyfarfyddiad,(-au), *n.m.* MEETING
  ENCOUNTER
cyfarganfod, *n.m.* APPERCEPTION
cyfarpar, *n.m.* EQUIPMENT. APPARATUS.
  DIET
cyfarparu, *v.* EQUIP
cyfartal, *a.* EQUAL. EQUATIVE
cyfartaledd, (-au), *n.m.* EQUALITY.
  AVERAGE. MEAN
cyfartalion, *n.pl.* ISOTOPES
cyfartalog, *a.* AVERAGE
cyfartalrif, (-au), *n.m.* AVERAGE
  NUMBER
cyfartalu, *v.* EQUALISE. PROPORTION.
  AVERAGE
cyfarth, *v.* & *n.m.* BARK
cyfarthiad, (-au), *n.m.* BARKING
cyfarwydd, *a.* SKILLED. FAMILIAR
cyfarwydd-deb, *n.m.* FAMILIARITY
cyfarwyddeb, (-au), *n.f.* DIRECTIVE
cyfarwyddiad, (-au), *n.m.* GUIDANCE.
  ADVICE
cyfarwyddiadur, (-on), *n.m.*
  DIRECTORY. REFERENCE BOOK. GUIDE-
  BOOK
cyfarwyddo, *v.* DIRECT. GUIDE.
  FAMILIARIZE
cyfarwyddwr, (-wyr), *n.m.* DIRECTOR.
  GUIDE, COACH, SUPERVISOR
cyfarwyddyd, (-au), *n.m.* GUIDANCE.
  INSTRUCTION
cyfatal, *a.* UNSETTLED. HINDERING

cyfateb, v. CORRESPOND. AGREE. TALLY
cyfatebiaeth, (-au), n.f.
  CORRESPONDENCE. ANALOGY
cyfatebol, a. CORRESPONDING.
  PROPORTIONATE
cyfatebolrwydd, n.m. COMPLEMENTARITY
cyfath, a. CONGRUENT
cyfathiant, (-nnau), n.m. CONGRUENCE
cyfathrach, (-au, -on), n.f.
  INTERCOURSE, LIAISON, AFFINITY
cyfathrachu, v. HAVE INTERCOURSE
cyfathrachwr, (-wyr), n.m. KINSMAN.
  ALLY
cyfathreb, (-au), n.m. COMMUNICATION
cyfathrebu, v. COMMUNICATE
cyfdrefydd, n.pl. CONURBATION
cyfddydd, (-iau), n.m. DAY-BREAK. DAWN
cyfeb(r), (-ion), a. PREGNANT (OF MARE)
cyfeb(r)u, v. CONCEIVE. IMPREGNATE (OF
  MARE, ETC.)
cyfechelin, a. COAXIAL
cyfeddach, (-au), n.f. CAROUSAL
  v. CAROUSE
cyfeddiannaeth, n.m.f. ANNEXATION.
  APPROPRIATION
cyfeddiannu, v. ANNEXE. APPROPRIATE
cyfeiliant, (-nnau), n.m.
  ACCOMPANIMENT (MUSIC)
cyfeilio, v. ACCOMPANY
cyfeiliorn, n.m. ERROR
  ar gyfeiliorn, ASTRAY
cyfeiliornad, (-au), n.m. ERROR. HERESY
cyfeiliorni, v. ERR. STRAY
cyfeiliornus, a. MISTAKEN. FALSE
cyfeilydd, (-ion), n.m. ACCOMPANIST
cyfeillach, (-au), n.f. FELLOWSHIP.
  FELLOWSHIP-MEETING
cyfeillachu, v. ASSOCIATE
cyfeilles, (-au), n.f. FEMALE FRIEND
cyfeillgar, a. FRIENDLY. SOCIABLE
cyfeillgarwch, n.m. FRIENDSHIP
cyfeireb, (-au), n.f. RUBRIC. REFERENCE
cyfeiriad, (-au), n.m. DIRECTION.
  REFERENCE
cyfeiriadaeth, (-au), n.f. ORIENTATION
cyfeiriadu, v. ORIENTATE
cyfeiriadur, (-on), n.m. DIRECTORY
cyfeiriannu, n.m. ORIENTEERING
cyfeiriant, (-nnau), n.m. BEARING
cyfeirio, v. DIRECT. REFER
cyfeirlin, n.m. BEARING LINE
cyfeirnod, (-au), n.m. DIRECT.
  REFERENCE (on letter etc.)
cyfeirydd, (-ion), n.m. INDICATOR. GUIDE

cyfenw, (-au), n.m. SURNAME
cyfenwi, v. SURNAME
cyfer, n.m. DIRECTION
  ar gyfer, OPPOSITE. FOR
cyferbwynt, (-iau), n.m. ANTIPODES.
  COVER (CRICKET)
cyferbyn, a. OPPOSITE. CONTRARY
cyferbyniad, (-au), n.m. CONTRAST
cyferbyniol, a. OPPOSING. CONTRASTING
cyferbynnu, v. CONTRAST. COMPARE
cyfergyd, n.f. CONCUSSION
cyfernod, (-au), n.m. COEFFICIENT
cyfersin, (-au), n.m. COVERSINE
cyfesur, a. COMMENSURABLE
  v. COORDINATE
cyfethol, v. CO-OPT
cyfewin, a. EXACT. PRECISE
cyfiaith, a. OF THE SAME LANGUAGE
cyfiau, n.m. CONJUGATE
cyfiawn, a. RIGHTEOUS. JUST
cyfiawnder, (-au), n.m. RIGHTEOUSNESS.
  JUSTICE
cyfiawnhad, (-au), n.m. JUSTIFICATION
cyfiawnhau, v. JUSTIFY
cyfieithiad, (-au), n.m. TRANSLATION.
  VERSION
cyfieithu, v. TRANSLATE. INTERPRET
cyfieithydd, (-wyr), n.m. TRANSLATOR.
  INTERPRETER
cyflafan, (-au), n.f. MASSACRE, WRONG-
  DOING
cyflafareddu, v. ARBITRATE
cyflafareddwr, (-wyr), n.m.
  ARBITRATOR
cyflaith, (cyfleithiau), n.m. TOFFEE.
  CONFECTION
  cyflaith menyn, BUTTERSCOTCH
cyflas, (-au), n.m. FLAVOUR
cyflawn, a. COMPLETE. FULL.
  INTRANSITIVE
cyflawnder, (-au), n.m. FULNESS.
  ABUNDANCE
cyflawnhad, n.m. CONSUMMATION
cyflawni, v. FULFIL. ACCOMPLISH
cyflawniad, n.m. FULFILMENT.
  COMPLETION
cyflawnrwydd, n.m. COMPLETENESS
cyfle, (-oedd), n.m. CHANCE.
  OPPORTUNITY
cyflead, n.m. IMPLICATION.
  ARRANGEMENT
cyfled, a. HOW WIDE
cyflegr, (-au), n.m. GUN. CANNON
cyflegru, v. BOMBARD

cyflehau, *v.* COLLATE

cyflenwad, (-au), *n.m.* SUPPLY.
CONSIGNMENT

cyflenwi, *v.* SUPPLY

cyflenwol, *a.* COMPLIMENTARY

cyflenwoldeb, (-au), *n.m.*
COMPLEMENTARITY

cyflenwydd, (-ion), *n.m.* FEEDER

cyfleu, *v.* IMPLY. CONVEY. PLACE

cyfleus, *a.* CONVENIENT. EXPEDIENT

cyfleustra, -ter, (-terau), *n.m.*
CONVENIENCE, OPPORTUNITY

cyflifiad, (-au), *n.m.* CONFLUENCE

cyflin, (-iau), *a. & n.m.* PARALLEL

cyflinydd, (-ion), *n.m.* COLLIMATOR

cyfliw, *a.* OF THE SAME COLOUR

cyflo, *a.* IN CALF

cyflog, (-au), *n.m.f.* HIRE. WAGES.
SALARY

cyflogadwy, *a.* EMPLOYABLE

cyflogaeth, *n.f.* EMPLOYMENT

cyflogedig, (-ion), *n.m.* EMPLOYEE

cyflogi, *v.* HIRE. EMPLOY

cyflogwr, (-wyr), *n.m.* EMPLOYER

cyflun, *a.* SIMILAR
(-iau), *n.m.* REPLICA. IMAGE

cyfluniad, (-au), *n.m.* CONFIGURATION.
CONSTRUCTION

cyflusg, (-oedd), *n.f.* SLUR (MUSIC)

cyflwr, (-lyrau), *n.m.* CONDITION. CASE.
STATE

cyflwyniad, (-au), *n.m.* PRESENTATION.
CONSECRATION

cyflwyniant, (-nnau), *n.m.*
COMMENDATION

cyflwyno, *v.* PRESENT. DEDICATE.
PRODUCE

cyflwynydd, (-ion), *n.m.* COMPÈRE

cyflychw(y)r, *n.m.* DUSK. TWILIGHT

cyflym, *a.* SWIFT. SPEEDY. QUICK. KEEN

cyflymder, -dra, (-au), *n.m.* SWIFTNESS.
SPEED. VELOCITY

cyflymedig, *a.* ACCELERATED

cyflymiad, (-au), *n.m.* ACCELERATION.
VELOCITY

cyflymiadur, (-on), *n.m.* ACCELERATOR

cyflymu, *v.* HASTEN. ACCELERATE

cyflymydd, (-ion), *n.m.* ACCELERATOR

cyflyniad, (-au), *n.m.* ADHESION

cyflyru, *v.* CONDITION

cyflyrydd, (-ion), *n.m.* CONDITIONER

cyflythreniad, (-au), *n.m.* ALLITERATION

cyfnerthu, *v.* ASSIST. CONFIRM.
STRENGTHEN. CORROBORATE

cyfnerthydd, (-ion, -wyr), *n.m.*
STRENGTHENER. BOOSTER

cyfnesaf, (-iaid, -eifiaid), *n.m.f.*
KINSMAN
a. NEXT. NEAREST

cyfnesafiaeth, *n.f.* KINSHIP

cyfnewid, *v.* EXCHANGE. CHANGE

cyfnewidfa, (-feydd), *n.f.* EXCHANGE.
CLEARING HOUSE

cyfnewidiad, (-au), *n.m.* CHANGE.
ALTERATION

cyfnewidiol, *a.* CHANGEABLE.
RECIPROCAL

cyfnewidiwr, (-wyr), *n.m.* EXCHANGER.
MERCHANT

cyfnewidydd, (-ion), *n.m.* CONVERTER

cyfnifer, (-oedd), *n.m.* EVEN NUMBER

cyfnither, (-oedd), *n.f.* FEMALE COUSIN

cyfnod, (-au), *n.m.* PERIOD. AGE. EPOCH.
PHASE

cyfnodedd, (-au), *n.m.* PERIODICITY

cyfnodol, *a.* PERIODIC(AL)

cyfnodolyn, (-olion), *n.m.* PERIODICAL
PUBLICATION

cyfnos, (-au), *n.m.* DUSK. TWILIGHT
(EVENING)

cyfochredd, *n.m.* PARALLELISM

cyfochrog, *a.* PARALLEL. COLLATERAL

cyfodi, *v.* RISE. RAISE. ARISE. ERECT

cyfodiad, (-au), *n.m.* RISE. RISING.
ERECTION

cyfodol, *a.* EMERGED

cyfoed, *a.* CONTEMPORARY. OF SAME AGE
(-ion), *n.m.* CONTEMPORARY

cyfoen, *a.* IN-LAMB

cyfoes, *a.* CONTEMPORARY

cyfoesedd, *n.m.* CONTEMPORANEITY

cyfoesi, *v.* BE CONTEMPORARY

cyfoeswr, (-wyr), *n.m.* CONTEMPORARY

cyfoeth, *n.m.* WEALTH. RICHES

cyfoethog, *a.* RICH. WEALTHY. POWERFUL

cyfoethogi, *v.* ENRICH. GROW RICH

cyfog, *n.m.* VOMITING. EMETIC

cyfogi, *v.* VOMIT. EMESIS

cyfoglyn, (-nau, -oedd), *n.m.* EMETIC

cyforiog, *a.* OVERFLOWING. ABOUNDING

cyfosodiad, (-au), *n.m.* SYNTHESIS.
APPOSITION. DISPOSITION

cyfradael, *v.* ABANDON

cyfradd, (-au), *n.f.* RATE
a. OF EQUAL RANK

cyfraddiad, (-au), *n.m.* RATING
cyfraid, (-reidiau), *n.m.* NECESSITY
cyfraith, (-reithiau), *n.f.* LAW.
  Cyfraith Cwmnïau, COMPANY LAW
  Cyfraith Sifil, CIVIL LAW
  Cyfraith Trosedd, CRIMINAL LAW
cyfran, (-nau), *n.f.* PORTION. SHARE.
  QUOTA
  blaen-gyfrannau, PREFERENCE
  SHARES
  cyfrannau llawndal, PAID UP SHARES
cyfranc, (-rangau), *n.f.m.* MEETING.
  BATTLE. STORY. ADVENTURE
cyfranddaliad, (-au), *n.m.* SHARE
cyfranddaliwr, (-wyr), *n.m.*
  SHAREHOLDER
cyfraniad, (-au), *n.m.* CONTRIBUTION
cyfrannedd, (cyfraneddau), *n.m.*
  PROPORTION (MATHS)
cyfrannog, *a.* PARTAKING
  (-anogion), *n.m.* PARTAKER
cyfrannol, *a.* CONTRIBUTING. SHARING.
  PROPORTIONAL
cyfrannu, *v.* CONTRIBUTE. IMPART
cyfrannwr, (-anwyr), *n.m.*
  CONTRIBUTOR
cyfranogi, *v.* PARTAKE. PARTICIPATE
cyfranogiad, (-au), *n.m.* PARTICIPATION
cyfranogwr, (-wyr), *n.m.* PARTAKER
cyfranoli, *v.* INTERPOLATE
cyfrdroad, (-au), *n.m.* PERMUTATION
cyfrdroi, *v.* PERMUTE
cyfredol, *a.* CURRENT. CONCURRENT
cyfreidiol, *a.* NECESSARY
cyfreitha, *v.* GO TO LAW
cyfreitheg, *n.f.* JURISPRUDENCE
cyfreithiad, *n.m.* LITIGATION
cyfreithio, *v.* GO TO LAW
cyfreithiol, *a.* LEGAL. CORRECT
cyfreithiwr, (-wyr), *n.m.* LAWYER.
  SOLICITOR
cyfreithlon, *a.* LAWFUL
cyfreithlonedd, *n.m.* LEGITIMACY
cyfreithloni, *v.* LEGALISE. JUSTIFY
cyfreithus, *a.* LEGITIMATE
cyfreolus, *a.* REGULAR
cyfres, (-i, -au), *n.f.* SERIES. SUITE
  (MUSIC). SERIAL. ORDRE
cyfresol, *a.* SERIAL
cyfresu, *v.* SERIALISE
cyfreswm, (-resymau), *n.m.* SYLLOGISM
cyfresymu, *v.* SYLLOGISE
cyfrgoll, -edig, *a.* UTTERLY LOST.
  DAMNED

cyfrgolli, *v.* LOSE UTTERLY. DAMN
cyfrgrwn, *a.* ROTUND
cyfrif, *v.* COUNT. RECKON. DEEM
  (-on, -au), *n.m.* ACCOUNT.
  RECKONING. OPINION
cyfrifdy, (-dai), *n.m.* COUNTING HOUSE
cyfrifeg, *n.m.f.* ACCOUNTANCY
cyfrifiad, (-au), *n.m.* CENSUS.
  COMPUTATION
cyfrifiadur, (-on), *n.m.* COMPUTER
cyfrifiadureg, *n.f.* COMPUTER SCIENCE
cyfrifiannu, *v.* COMPUTE
cyfrifiant, (-iannau), *n.m.*
  COMPUTATION
cyfriflyfr, (-au), *n.m.* LEDGER
cyfrifol, *a.* RESPONSIBLE. OF REPUTE.
  CALCULABLE
cyfrifoldeb, (-au), *n.m.* RESPONSIBILITY.
  ESTEEM
cyfrifydd, (-ion), *n.m.* ACCOUNTANT.
  RECKONER
cyfrifyddiaeth, *n.f.* ACCOUNTANCY
cyfrin, *a.* SECRET. MYSTIC. PRIVY
cyfrinach, (-au), *n.f.* SECRET. MYSTERY
cyfrinachol, *a.* SECRET. PRIVATE.
  CONFIDENTIAL
cyfrinachu, *v.* TELL A SECRET. KEEP A
  SECRET
cyfrinachwr, (-wyr), *n.m.* CONFIDANT
cyfrinfa, (-feydd), *n.f.* LODGE (OF
  SOCIETY)
cyfrin-gyngor, *n.m.* PRIVY COUNCIL
cyfriniaeth, *n.f.* MYSTICISM
cyfriniol, *a.* MYSTIC. MYSTERIOUS
cyfriniwr, -ydd (-wyr), *n.m.* MYSTIC
cyfro, *v.* COVER
cyfrodedd, *a.* TWISTED. TWINED
cyfrodeddu, *v.* TWIST. TWINE
cyfrol, (-au), *n.f.* VOLUME
cyfrwng, (-yngau), *n.m.* AGENT.
  AGENCY. MEDIUM. MEANS
cyfrwy, (-au), *n.m.* SADDLE
cyfrwyo, *v.* SADDLE
cyfrwys, *a.* CUNNING. CRAFTY
cyfrwyster, -tra, *n.m.* CUNNING.
  CRAFTINESS
cyfrwywr, (-wyr), *n.m.* SADDLER
cyfryngdod, (-au), *n.m.f.* MEDIATION.
  INTERCESSION
cyfryngiad, *n.m.* MEDIATION.
  INTERVENTION
cyfryngu, *v.* MEDIATE. INTERVENE
cyfryngwr, (-wyr), *n.m.* MEDIATOR.
  INTERCESSOR

cyfryw, *a.* SUCH, LIKE
cyfuchlinedd, (-au), *n.m.* CONTOUR
cyfuchliniau, *n.pl.* CONTOURS
cyfun, *a.* AGREEING, COMPREHENSIVE,
UNITED
cyfundeb, (-au), *n.m.* UNION, CONNEXION
cyfundebol, *a.* CONNEXIONAL
cyfundoddi, *v.* MERGE
cyfundrefn, (-au), *n.m.* SYSTEM, ORDER,
REGIME
cyfundrefniant (-nnau), *n.f.*
SYSTEMATIZATION
cyfundrefnu, *v.* SYSTEMATIZE
cyfuniad, (-au), *n.m.* COMBINATION,
INTEGRATION
cyfuniadol, *a.* COMBINATIONAL
cyfunion, *a.* ALIGNED
cyfunioni, *v.* ALIGN
cyfuno, *v.* COMBINE, UNITE
cyfunoliad, *n.m.* COLLECTIVISATION
cyfunrywiol, *a.* HOMOSEXUAL
cyfurdd, *a.* OF EQUAL RANK
cyfuwch, *a.* AS HIGH, ACCORDANT
cyfweled, *v.* INTERVIEW
cyfweliad, (-au), *n.m.* INTERVIEW
cyfwella, *v.* CONVALESCE
cyfwellhad, *n.m.* CONVALESCENCE
cyfwerth, *a.* OF EQUAL VALUE, EQUAL
cyfwng, (-yngau), *n.m.* SPACE,
INTERVAL, CRISIS, CONTINGENCY
cyfwisgoedd, *n.pl.* ACCESSORIES
cyfwrdd, *v.* MEET
cyfwydydd, *n.pl.* ACCOMPANIMENTS
cyfwyneb, *a.* FLUSH
cyfydod, (-au), *n.m.* COUNTY
(COMITATUS)
cyfyng, *a.* NARROW, CONFINED
(-oedd), *n.m.* DEFILE
cyfyngder, (-au), *n.m.* TROUBLE,
DISTRESS
cyfyngdra, *n.m.* NARROWNESS, DISTRESS
cyfyngedig, *a.* CONFINED, RESTRICTED,
LIMITED
cyfyng-gyngor, *n.m.* PERPLEXITY,
QUANDARY
cyfyngiad, (-au), *n.m.* NARROWING,
LIMITATION, CONSTRICTION
cyfyngu, *v.* NARROW, CONFINE, RESTRICT
cyfyngydd, (-ion), *n.m.* CONSTRAINT
cyfyl, (-ion), *n.m.* VICINITY, BORDER,
LOCALITY
cyfyrder, (cyfyrdyr), *n.m.* SECOND
COUSIN

cyfyrddwr, (-wyr), *n.m.* COMMONER
cyfystlys, *a.* PARALLEL
cyfystyr, *a.* SYNONYMOUS
(-on), *n.m.* SYNONYM
cyfystyredd, *n.m.* TAUTOLOGY
cyff, (-ion), *n.m.* STOCK, LINEAGE
cyff, (-s), *n.m.* CUFF
cyffaith, (-ffeithiau), *n.m.* CONFECTION,
PRESERVE
cyffelyb, *a.* LIKE, SIMILAR
cyffelybiaeth, (-au), *n.f.* LIKENESS,
SIMILE
cyffelybrwydd, *n.m.* SIMILARITY,
COMPARISON
cyffelybu, *v.* LIKEN, COMPARE
cyffen, (cyffs), *n.f.* CUFF
cyffes, (-ion), *n.f.* CONFESSION
cyffesgell, (-oedd), *n.f.* CONFESSIONARY
cyffesiad, (-au), *n.m.* CONFESSION
cyffesu, *v.* CONFESS, ADMIT
cyffeswr, (-wyr), *n.m.* CONFESSOR
cyffesydd, (-ion, -wyr), *n.m.*
CONFESSANT
cyffiad, (-au), *n.m.* STIFFENING
cyffin, (-iau), *n.m.* BORDER, VICINITY,
PRECINCT
cyffindir, (-oedd), *n.m.* FRONTIER,
MARCH
cyffindwyllo, *v.* GERRYMANDER
cyffiniwr, (-wyr), *n.m.* BORDERER,
MARCHER
cyffinwlad, (-wledydd), *n.f.* FRONTIER
STATE
cyffio, *v.* STIFFEN, FETTER
cyffion, *n.pl.* STOCKS
cyffocal, *a.* CONFOCAL
cyffordd, (-ffyrdd), *n.f.*
JUNCTION (RAILWAY, ROAD)
cyfforddus, *a.* COMFORTABLE
cyffredin, *a.* COMMON, ORDINARY,
VULGAR
cyffredinedd, (-au), *n.m.* COMMONNESS,
PLATITUDE
cyffredinol, *a.* ORDINARY, GENERAL,
UNIVERSAL
cyffredinolaeth, *n.m.* UNIVERSALISM
cyffredinoli, *v.* GENERALIZE
cyffredinoliad, (-au), *n.m.*
GENERALISATION
cyffredinrwydd, *n.m.* COMMONNESS
cyffro, -ad, (-adau), *n.m.* EXCITEMENT,
COMMOTION, INCITEMENT, RAGE
cyffroi, *v.* EXCITE, MOVE, PROVOKE

cyffrous, *a.* EXCITING. MOVING
cyffröwr, (-wyr), *n.m.* AGITATOR
cyffsen, *n.f.* CUFF
cyffug, (-iau), *n.m.* FUDGE
cyffur, (-iau), *n.m.* DRUG. MEDICINE
  cyffur caled, HARD DRUG
  cyffur rhyddhau, LAXATIVE
  cyffuriau lledrithiol, HALUCOGENICS
cyffurf(iol), *a.* CONFORMAL
cyffuriaeth, *n.f.* PHARMACY
cyffurieg, *n.m.f.* PHARMACOLOGY
cyffuriwr, (-wyr), *n.m.* PHARMACIST.
  DRUGGIST
cyffwrdd, *v.* CONTACT. MEET. TOUCH
cyffylog, (-od), *n.m.* WOODCOCK
cyffyn, (-nau), *n.m.* SHOOT
cyffyrddiad, (-au), *n.m.* TOUCH.
  CONTACT
cyffyrddol, *a.* TACTILE
cyffyrddus, *a.* COMFORTABLE
cygnog, *a.* KNOTTY. GNARLED
cygrychu, *v.* SHIRRING
cyngan *a.* SUITABLE. HARMONIOUS
cynganeddol, *a.* RELATING TO
  CYNGHANEDD. CONCORDANT
cynganeddu, *v.* FORM *CYNGHANEDD*
cynganeddwr, (-wyr), *n.m.* WRITER OF
  CYNGHANEDD
cyngaws, (cynghawsau), *n.m.* LAW-SUIT
cyngerdd, (-herddau), *n.m.f.* CONCERT
cynghanedd, (cynganeddion), *n.f.*
  METRICAL CONSONANCE. HARMONY
cynghori, *v.* ADVISE. COUNSEL. EXHORT
cynghorwr, (-wyr), *n.m.* ADVISER.
cynghorydd, (-ion), *n.m.* COUNCILLOR.
  EXHORTER
cynghrair, (-eiriau), *n.m.f.* ALLIANCE.
  LEAGUE
cynghreiddig, *a.* CONCENTRIC
cynghreiriad, (-iaid), *n.m.* ALLY.
cynghreiriwr, (-wyr), *n.m.*
  CONFEDERATE
cyngor, (-nghorau), *n.m.* COUNCIL
  (-nghorion), *n.m.* COUNSEL.
  ADVICE
cyngres, (-au, -i), *n.f.* CONGRESS
cyngresol, *a.* CONGRESSIONAL
cyngresydd, (-wyr), *n.m.* SENATOR
cyngwystl, (-on), *n.m.f.* WAGER. PLEDGE
cyngwystlo, *v.* BET. PLEDGE
cyhoedd, *a.* & *n.m.* PUBLIC
cyhoeddeb, (-au), *n.f.* EDICT
cyhoeddi, *v.* PUBLISH. PROCLAIM. ISSUE

cyhoeddiad, (-au), *n.m.* PUBLICATION.
  ISSUE. ANNOUNCEMENT. ENGAGEMENT
cyhoeddus, *a.* PUBLIC
cyhoeddusrwydd, *n.m.* PUBLICITY
cyhoeddwr, (-wyr), *n.m.* PUBLISHER.
  ANNOUNCER
cyhuddiad, (-au), *n.m.* ACCUSATION.
  CHARGE
cyhuddo, *v.* ACCUSE. CHARGE
cyhŵ, *n.m.* COOING
cyhwfan, *v.* WAVE
cyhyd, *a.* AS/SO LONG
cyhydedd, (-au, -ion), *n.m.* EQUATOR
cyhydeddol, *a.* EQUATORIAL, EQUINOCTIAL
cyhydnos, (-au), *n.f.* EQUINOX
cyhyr(yn), (-au), *n.m.* MUSCLE, FLESH
cyhyrog, *a.* MUSCULAR. STRONG
cylch, (-oedd, -au), *n.m.* CIRCLE. HOOP.
  CLASS. GIRDLE. REGION. COIL. CIRCUIT
cylchbais, *n.f.* FARTHINGALE
cylchdaith, (-deithiau), *n.f.* CIRCUIT.
  PROGRESS
cylchdro, (-eon, -adau), *n.m.* ORBIT.
  REVOLUTION
  a. ROTATION(AL)
cylchdroi, *v.* REVOLVE. ROTATE
cylched, (-au), *n.m.* CIRCUIT. COVERLET
cylchedd, (-au), *n.m.* CIRCUMFERENCE.
  COMPASS. CIRCLE
cylchfa, (-oedd, -fâu), *n.f.* ZONE
cylchfäedd, *n.m.* ZONATION
cylchffordd, (-ffyrdd), *n.f.* RING ROAD
cylchgan, (-euon), *n.f.* ROUNDELAY
cylchgrawn, (-gronau), *n.m.* MAGAZINE.
  PERIODICAL
cylchglip, *n.m.* CIRCLIP
cylchlif, (-iau), *n.f.* BANDSAW
cylchlythyr, (-au), *n.m.* CIRCULAR
cylcho, *v.* HOOP. CIRCLE
cylchol, *a.* RECURRING. ANNULAR. CYCLIC
cylchred, (-au), *n.f.* CYCLE
cylchredeg, *v.* CIRCULATE
cylchrediad, (-au), *n.m.* CIRCULATION
cylchres, (-i), *n.f.* ROUND. ROTA
cylchu, *v.* CIRCLE. HOOP
cylchwr, (-wyr), *n.m.* COOPER. HOOPER
cylchwyl, (-iau), *n.f.* ANNIVERSARY
cylchyn, (-nau), *n.m.* CIRCLE (LINE), HOOP
cylchynol, *a.* CIRCULATING
cylchynu, *v.* SURROUND
cylfat, (-iau), *n.m.* CULVERT
cylionen, (cylion), *n.f.* FLY. GNAT

cyltig, *a.* CULTIC
cylymu, *v.* TIE. KNOT
cyll, *(collen, n.f.), n.pl.* HAZEL-TREE
cylla, (-on), *n.m.* STOMACH
cyllell, (cyllyll), *n.f.* KNIFE
cyllid, (-au), *n.m.* REVENUE. FINANCE
cyllideb, (-au), *n.f.* BUDGET
cyllidol, *a.* FINANCIAL. FISCAL
cyllidwr, (-wyr), *n.m.* FINANCIER
cym, *n.m.* CYME
cymaidd, *a.* CYMOSE
cymaint, *a.* AS LARGE. AS MUCH. AS MANY
cymal, (-au), *n.m.* JOINT. CLAUSE.
PHRASE
cymalog, *a.* JOINTED. WITH MANY
CLAUSES
cymalwst, *n.f.* RHEUMATISM. ARTHRITIS
cymanfa, (-oedd), *n.f.* ASSEMBLY.
FESTIVAL
cymantoledd, (-au), *n.m.* EQUILIBRIUM
cymanwlad, (-wledydd), *n.f.*
COMMONWEALTH
cymar, (-heiriaid), *n.m.* FELLOW.
PARTNER
cymarebol, *a.* RATIONAL
cymaroldeb, *n.m.* RELATIVITY
cymathiad, (-au), *n.m.* ASSIMILATION
cymathu, *v.* ASSIMILATE
cymdeithas, (-au), *n.f.* SOCIETY.
ASSOCIATION
cymdeithaseg, *n.f.m.* SOCIOLOGY
cymdeithasegol, *a.* SOCIOLOGICAL
cymdeithasegwr, (-wyr), *n.m.*
SOCIOLOGIST
cymdeithasfa, (-oedd), *n.f.* CHURCH
ASSOCIATION
cymdeithasgar, *a.* SOCIABLE. FRIENDLY
cymdeithasgarwch, *n.m.* SOCIABILITY
cymdeithasol, *a.* SOCIAL
cymdeithasu, *v.* ASSOCIATE.
SOCIALIZATION
cymdeithion, *(cydymaith, n.m.), n.pl.*
COMPANIONS
cymdogaeth, (-au), *n.f.*
NEIGHBOURHOOD
cymdogol, *a.* NEIGHBOURLY
cymdogrwydd, *n.m.* NEIGHBOURLINESS
cymedr, (-au), *n.m.* MEAN (MATHS).
AVERAGE
cymedrig, *a.* MEAN
cymedrol, *a.* MODERATE. TEMPERATE
cymedroldeb, *n.m.* MODERATION.
TEMPERANCE

cymedroli, *v.* MODERATE
cymedrolwr, (-wyr), *n.m.* MODERATOR.
MODERATE PERSON
cymell, *v.* INDUCE. PRESS. URGE
cymelliadaeth, (-au), *n.f.* MOTIVATION
cymen, *a.* TIDY. WISE. NEAT.
PROPER (FRACTION)
cymer, (-au), *n.m.* CONFLUENCE.
JUNCTION
cymeradwy, *a.* ACCEPTABLE. APPROVED
cymeradwyaeth, *n.f.* APPROVAL.
APPLAUSE
cymeradwyo, *v.* APPROVE. RECOMMEND
cymeriad, (-au), *n.m.* CHARACTER.
REPUTE
cymeriadaeth, (-au), *n.f.*
CHARACTERISATION
cymeriadu, *v.* CHARACTERISE
cymeryd, *v.* see *cymryd*
cymesur, *a.* PROPORTIONATE.
SYMMETRICAL
cymesuredd, (-au), *n.f.* PROPORTION.
SYMMETRY
cymhareb, (cymarebau), *n.f.* RATIO
cymhariaeth, (cymariaethau), *n.f.*
COMPARISON. SIMILE
cymharol, *a.* COMPARATIVE
cymharu, *v.* COMPARE. PAIR
cymharus, *a.* WELL-MATCHED
cymharydd, *n.m.* COMPARATOR
cymhathu, *v.* CORRELATE
cymheiriad, (-heiriaid), *n.m.* PEER
cymhelliad, (-hellion), *n.m.* MOTIVE.
DRIVE. INDUCEMENT
cymhelliant, (-nnau), *n.m.* MOTIVATION
cymhendod, *n.m.* WISDOM. TIDINESS.
AFFECTATION
cymhennu, *v.* TIDY. SCOLD
cymhercyn, *a. & n.m.* HOBBLING.
FEEBLE. CLUMSY
cymhlan, *a.* COPLANAR
cymhleth, (-au), *a.* COMPLEX.
COMPLICATED
cymhlethdod, (-au), *n.m.* COMPLEXITY
cymhlethu, *v.* COMPLICATE
cymhlyg, (-au), *n.m.* COMPLEX
cymhorthdal, (cymorthdaloedd),
n.m. SUBSIDY. SUBVENTION
cymhwysedd, *n.m.* ADAPTABILITY
cymhwysiad, (-au), *n.m.* ADJUSTMENT.
APPLICATION. ACCOMMODATION
cymhwyso, *v.* ADAPT. QUALIFY. ADJUST
cymhwyster, (cymwysterau), *n.m.*
SUITABILITY. QUALIFICATION

cymhwysydd, (-ion), *n.m.* ADAPTOR
cymod, *n.m.* RECONCILIATION
cymodi, *v.* CONCILIATE, RECONCILE, BE
RECONCILED
cymodiad, (-au), *n.m.* CONCILIATION
cymon, *a.* ORDERLY, SEEMLY
cymorth, (cymhorthion), *n.m.* AID,
ASSISTANCE
cympowndio, *v.* AID, HELP, COMPOUND
Cymraeg, *a.* & *n.f.m.* WELSH (IN
LANGUAGE)
Cymraes, (-au), *n.f.* WELSHWOMAN
cymrawd, (-odyr), *n.m.* FELLOW,
COMRADE
Cymreictod, *n.m.* WELSHNESS
Cymreig, *a.* PERTAINING TO WALES
Cymreigaidd, *a.* WELSHY (ACCENT, etc.)
Cymreiges, (-au), *n.f.* WELSHWOMAN
Cymreigio, *v.* TRANSLATE INTO WELSH
cymriwio, *v.* LACERATE
Cymro, (Cymry), *n.m.* WELSHMAN
cymrodedd, *n.m.* COMPROMISE,
ARBITRATION
cymrodeddu, *v.* COMPROMISE, RECONCILE
cymrodor, (-ion), *n.m.* FELLOW
cymrodoriaeth, *n.f.* FELLOWSHIP,
COMRADESHIP
Cymru, *n.f.* WALES
cymrwd, *n.m.* MORTAR
Cymry, see *Cymro*
cymryd, *v.* ACCEPT, TAKE
cymryd ar, PRETEND
cymudadur, (-on), *n.m.* COMMUTATOR
cymudiad, (-au), *n.m.* COMMUTATION
cymudo, *v.* COMMUTE
cymudol, *a.* COMMUTATIVE
cymudwr, (-wyr), *n.m.* COMMUTER
cymun, -deb, *n.m.* COMMUNION,
FELLOWSHIP
cymuned, (-au), *n.f.* COMMUNITY
cymunedol, *a.* COMMUNITY
cymuno, *v.* COMMUNICATE, TAKE
COMMUNION
cymunwr, (-wyr), *n.m.* COMMUNICANT,
cymwy, *n.m.* AFFLICTION
cymwynas, (-au), *n.f.* FAVOUR, KINDNESS
cymwynasgar, *a.* KIND, OBLIGING
cymwynasgarwch, *n.m.* KINDNESS
cymwynaswr, (-wyr), *n.m.* BENEFACTOR
cymwys, *a.* FIT, SUITABLE, STRAIGHT,
EXACT
cymwysedig, *a.* APPLIED
cymydog, (cymdogion), *n.m.*
NEIGHBOUR

cymyledd, *n.m.* CLOUDINESS
cymylog, *a.* CLOUDY
cymylogrwydd, *n.m.* CLOUDINESS
cymylu, *v.* CLOUD, OBSCURE
cymyndod, *n.m.* BURIAL, COMMITTAL
cymynnu, *v.* BEQUEATH
cymynnwr, (-wyr), *n.m.* TESTATOR
cymynrodd, (-ion), LEGACY
cymynroddi, *v.* BEQUEATH
cymynu, *v.* HEW, FELL
cymynwr, (-wyr), *n.m.* HEWER, FELLER
cymysg, *a.* MIXED
cymysgedd, (-au), *n.m.* MIXTURE,
MISCELLANY
cymysgfa, *n.f.* JUMBLE, MEDLEY
cymysgiad, (-au), *n.m.* ADMIXTURE
cymysglyd, *a.* CONFUSED, MUDDLED
cymysgryw, *a.* MONGREL, HYBRID,
HETEROGENEOUS
(-iau), *n.m.* INTERSEX
cymysgu, *v.* MIX, CONFUSE
cymysgwch, *n.m.* JUMBLE, MEDLEY
cymysgwr, (-wyr), *n.m.* MIXER, BLENDER
cymysgwy, (-au), *n.m.* SCRAMBLED EGG
cymysgydd, (-ion), *n.m.* MIXER
cyn, *c.* AS
prp. BEFORE, PREVIOUS
px. FIRST, FORMER, EX-
cŷn, (cynion), *n.m.* CHISEL, WEDGE,
CUTTER
cŷn crwn, GOUGE
cynadledda, *v.* CONFER
cynaeafu, *v.* HARVEST
cynaeafydd, *n.m.* COMBINE HARVESTER
cynamserol, *a.* PREMATURE, UNTIMELY
cynaniad, (-au), *n.m.* ENUNCIATION,
PRONUNCIATION
cynanu, *v.* PRONOUNCE, UTTER
cyndad, (-au), *n.m.* FOREFATHER
cynderfynol, *a.* SEMI-FINAL
cyndyn, *a.* OBSTINATE, STUBBORN
cyndynrwydd, *n.m.* OBSTINACY
cynddaredd, (-au), *n.m.f.* MADNESS,
RAGE, RABIES, FURY
cynddeiriog, *a.* MAD, RABID, FURIOUS
cynddeiriogi, *v.* ENRAGE, MADDEN
cynddelw, (-au), *n.f.* ARCHETYPE,
MODEL, EXEMPLAR
cynddrwg, *a.* AS BAD
cynddydd, (-iau), *n.m.* DAWN
cynefin, *a.* ACQUAINTED, FAMILIAR
(-oedd), *n.m.* HABITAT, HAUNT
cynefindra, *n.m.* FAMILIARITY
cynefino, *v.* ACCUSTOM, NATURALISE

cynefinol, *a.* USUAL. ACCUSTOMED
cyneginyn, *n.m.* PLUMULE
cynelwad, (-au), *n.m.* EMBRYO
cynfas, (-au), *n.m.* SHEET. CANVAS
cynfilyn, *n.m.* PROTOZOA
cynfod, *n.m.* PRE-EXISTENCE
cynfrodor, (-ion), *n.m.* ABORIGINE
cynfrodorol, *a.* ABORIGINAL
cynfyd, *n.m.* ANCIENT WORLD. ANTIQUITY
cynfydol, *a.* PREMUNDANE
cynffon, (-nau), *n.f.* TAIL
cynffonna, *v.* FAWN. FLATTER
cynffonnwr, (-onwyr), *n.m.* SYCOPHANT.
   TOADY
cynffrwyth, (-au), *n.m.* PISTIL.
   GYNAECIUM
cyn-geni, *a.* ANTE-NATAL
cyngyflwr, (-gyflyrau). *n.m.* PROPHASE
cynhadledd, (cynadleddau), *n.f.*
   CONFERENCE
cynhaeaf, (cynaeafau). *n.m.* HARVEST
cynhaliaeth, (cynaliaethau), *n.f.*
   MAINTENANCE. SUPPORT. LIVELIHOOD
cynhaliol, *a.* SUSTAINING. SUPPORTING
cynhaliwr, (-wyr), *n.m.* SUSTAINER.
   SUPPORTER
cynhalydd, (cynalyddion), *n.m.* REST.
   HOLDER
cynhanesiol, *a.* PREHISTORIC
cynhaniad, (cynaniadau). *n.m.*
   ENUNCIATION
cynhemlad, *n.m.* CONTEMPLATION
cynhenid, *a.* INNATE. NATIVE. INDIGENOUS.
   CONGENITAL, ABSOLUTE
cynhennu, *v.* QUARREL
cynhennus, *a.* QUARRELSOME
cynhennwr, (-henwyr). *n.m.* WRANGLER
cynhesol, *a.* WARMING. AMIABLE
cynhesrwydd, *n.m.* WARMTH
cynhesu, *v.* WARM. GET WARM
cynhinio, *v.* SHRED
cynhinyn, (-hinion), *n.m.* SHRED
cynhoriad, (-au), *n.m.* INITIATION
cynhorio, *v.* INITIATE
cynhorthwy, (cynorthwyon). *n.m.*
   HELP. AID
cynhwynol, *a.* INNATE. NATURAL
cynhwysiaeth, *n.f.* COMPREHENSION
cynhwysedd, (cynwyseddau), *n.m.*
   CAPACITY. CAPACITANCE
cynhwysfawr, *a.* CAPACIOUS.
   COMPREHENSIVE
cynhwysiad, *n.m.* INCLUSION. CONTENTS.
   PRODUCTION

cynhwysion, *(cynhwysyn, n.m.),* *n.pl.*
   INGREDIENTS
cynhwysol, *a.* INCLUSIVE
cynhwysor, *n.m.* CONDENSER (ELECTRIC)
cynhyrchedd, *n.m.* PRODUCTIVITY
cynhyrchiad, (-au), PRODUCTION
cynhyrchiol, *a.* PRODUCTIVE
cynhyrchu, *v.* PRODUCE. GENERATE
cynhyrchydd, (-ion, cynhyrchwyr),
   n.m. PRODUCER, GENERATOR
cynhyrfawr, *a.* EXCITABLE
cynhyrfiad, (cynyrfiadau). *n.m.* STIR.
   IMPULSE. AGITATION
cynhyrfu, *v.* EXCITE. AGITATE
cynhyrfus, *a.* EXCITING. AGITATED
cynhyrfwr, (-wyr), AGITATOR
cynhysgaeth, (cynysgaethau), *n.f.*
   DOWRY. INHERITANCE. ENDOWMENT
cyni, *n.m.* DISTRESS. ADVERSITY
cynifer, *a.* & *n.m.* SO MANY. AS MANY
cyniferydd, (-ion), *n.m.* QUOTIENT
cynigiad, (-au), *n.m.* PROPOSAL. MOTION
cynigiwr, (-wyr), *n.m.* PROPOSER.
cynigydd, (-ion), *n.m.* MOVER. BIDDER
cynildeb, (-au), *n.m.* ECONOMY.
   FRUGALITY
cynilion, *n.pl.* SAVINGS
cynilo, *v.* SAVE. ECONOMISE
cynio, *v.* CHISEL. GOUGE
cyniwair, *v.* HAUNT. GO TO AND FRO
cyniweirfa, (-feydd), *n.f.* HAUNT.
   RESORT
cynllun, (-iau), *n.m.* PLAN. DESIGN.
   SCHEME. PROJECT
cynlluniad, (-au), *n.m.* PLANNING.
   DESIGN
cynllunio, *v.* PLAN. DESIGN
cynlluniwr, (-wyr), *n.m.* DRAUGHTSMAN
cynllunydd, (-ion, -wyr), *n.m.*
   DESIGNER. STYLIST
cynllwyn, (-ion), *n.m.* PLOT.
   CONSPIRACY. INTRIGUE
cynllwynio, *v.* CONSPIRE. PLOT
cynllwynwr, (-wyr), *n.m.* CONSPIRATOR
cynllyfan, (-au), *n.m.* LEASH
cynnal, *v.* SUPPORT. HOLD. MAINTAIN
cynnar, *a.* EARLY. SOON
cynnau, *v.* LIGHT. KINDLE
cynneddf, (cynheddfau), *n.f.* QUALITY.
   FACULTY. NATURE
cynnen, (cynhennau), *n.f.* CONTENTION.
   STRIFE
   asgwrn y gynnen. BONE OF
   CONTENTION

cynnes, *a.* WARM
cynnig, *v.* ATTEMPT, TRY, OFFER, PROPOSE, APPLY, BID
(cynigion), *n.m.* ATTEMPT, OFFER, MOTION, PROPOSAL, BID
cynnil, *a.* THRIFTY, DELICATE, ECONOMICAL, SUBTLE
cynnin, (-hinion), *n.m.* SHRED, PIECE, CLOUT
cynnor, (cynhorau), *n.f.* DOOR-POST
cynnud, (cynudau), *n.m.* FIREWOOD, FUEL
cynnull, *v.* GATHER, ASSEMBLE, MUSTER
cynnwrf, (cynhyrfau, cynyrfiadau), *n.m.* AGITATION, STIR, COMMOTION
cynnwys, *v.* CONTAIN, INCLUDE, COMPRISE, (cynhwysion), *n.m.* CONTENT(S)
cynnydd, (cynyddion), *n.m.* PROGRESS, GROWTH, INCREASE
cynnyrch, (cynhyrchion), *n.m.* PRODUCE, PRODUCT
cynodiad, (-au), *n.m.* CONNOTATION
cynoesol, *a.* PRIMEVAL
cynorthwyo, *v.* ASSIST, HELP
cynorthwyol, *a.* AUXILIARY, ASSISTANT, ACCESSARY
cynorthwywr, -ydd, (-wyr), *n.m.* HELPER, ASSISTANT
cynosod, *v.* POSTULATE
cynosodiad, (-au), *n.m.* POSTULATE
cynradd, *a.* PRIMARY
cynrhon, (-*yn, n.m.*), *n.pl.* MAGGOTS
cynrychioladol, *a.* REPRESENTATIVE
cynrychiolaeth, (-au), *n.f.* REPRESENTATION, DELEGATION
cynrychioli, *v.* REPRESENT
cynrychioliad, (-au), *n.m.* REPRESENTATION
cynrychiolwr, (-wyr), *n.m.* REPRESENTATIVE,
cynrychiolydd, (-ion), *n.m.* DELEGATE
cynrhonyn, (cynrhon), *n.m.* MAGGOT
cynsail, (-seiliau), *n.m.* RUDIMENT, PREMISE, PRECEDENT
cynt, *a.* EARLIER, QUICKER, SOONER
cyntaf, *a. & ad.* FIRST, EARLIEST
cyntedd, (-au, -oedd), *n.m.* PORCH, COURT, LOBBY
cyntedda, *v.* LOBBY
cynteddwr, (-wyr), *n.m.* LOBBYIST
cyntefig, (-ion), *a. & n.m.* PRIMITIVE, PRIMAL

cyntefigedd, *n.m.* ⎤ PRIMITIVISM
cyntefigiaeth, *n.f.* ⎦
cyntun, *n.m.* NAP
cynudydd, (-ion), *n.m.* FUEL CELL
cynulleidfa, (-oedd), *n.f.* CONGREGATION
cynulleidfaol, *a.* CONGREGATIONAL
cynulliad, (-au), *n.m.* ASSEMBLY, GATHERING, CONGREGATION
cynullydd, (-wyr), *n.m.* CONVENER
cynuta, *v.* GATHER FUEL
cynydydd, (-ion), *n.m.* FUEL CELL
cynydd, (-ion), *n.m.* MASTER OF HOUNDS, HUNTSMAN
cynyddol, *a.* INCREASING, PROGRESSIVE
cynyddu, *v.* INCREASE, GROW
cynysgaeddu, *v.* ENDOW, SUPPLY
cyplad, (-au), *n.m.* COPULA (GRAMMAR)
cypladu, *v.* COPULATE
cyplu, *v.* COUPLE, MATE
cyplydd, (-ion), *n.m.* COUPLER
cyplysnod, (-au), *n.m.* BRACE (MUSIC), HYPHEN
cyplysu, *v.* PAIR, COUPLE
cyraeddadwy, *a.* ATTAINABLE
cyraeddiadau, *n.pl.* ATTAINMENTS
cyrbibion, *n.pl.* ATOMS, SMITHEREENS
cyrcydu, *v.* SQUAT, COWER, CROUCH
cyrch, (-au, -oedd), *n.m.* ATTACK, RAID,
cyrchfa, (-feydd), *n.f.* RESORT,
cyrchfan, (-nau), *n.f.* HAUNT
cyrch-filwr, (-wyr), *n.m.* GUERILLA
cyrchnod, (-au), *n.m.* DESTINATION
cyrchu, *v.* GO, MAKE FOR, FETCH
cyrhaeddgar, *a.* TELLING, INCISIVE
cyrhaeddiad, (cyraeddiadau), *n.m.* ARRIVAL, ATTAINMENT
cyrhaeddyd, see *cyrraedd*
cyrl, (-iau, -s), *n.m.* CURL
cyrliog, *a.* CURLY
cyrnol, (-iaid), *n.m.* COLONEL
cyrraedd, *v.* REACH, ARRIVE, ATTAIN
cyrren, (*cyrensen, n.f.*), *n.pl.* CURRANTS
cyrri, (cyrïau), *n.m.* CURRY
cyrten, (-ni), *n.m.* CURTAIN
cyrtsi, *n.m.* CURTSY
cyrydiad, *n.m.* CORROSION
cyrydol, *a.* CORROSIVE
cyrydu, *v.* CORRODE
cysàct, *a.* PRECISE, PUNCTILIOUS
cysactrwydd, *n.m.* PRECISION
cysain, *a.* HARMONIOUS, RESONANT
n.m. HARMONIC
cysawd, (-sodau), *n.m.* CONSTELLATION

cysefin, *a.* ORIGINAL. PRIME, RADICAL
(GRAM.)
cysegr, (-au, -oedd), *n.m.* SANCTUARY
cysegredig, *a.* SACRED
cysegredigrwydd, *n.m.* SACREDNESS
cysegriad, (-au), *n.m.* CONSECRATION
cysegru, *v.* CONSECRATE. DEDICATE
cysein, (-i), *n.m.* COSINE
cyseinedd, *n.m.* HARMONY. ALLITERATION
cyseiniant, (-nnau), *n.m.* RESONANCE
cyseinydd, (-ion), *n.m.* RESONATOR
cysêt, *n.m.* PRIGGISHNESS
cysetlyd, *a.* FASTIDIOUS
cysgadrwydd, *n.m.* SLEEPINESS,
DROWSINESS
cysgadur, (-iaid), *n.m.* SLEEPER
cysgiad, (-au), *n.m.* DORMANCE
cysglyd, *a.* SLEEPY
cysgod, (-ion, -au), *n.m.* SHADE.
SHADOW. SHELTER
cysgodfa, (-nnau), *n.f.* SHELTER
cysgodi, *v.* SHADE. SHELTER. SCREEN
cysgodlen, (-ni), *n.f.* SHADE
cysgodlun, (-iau), *n.m.* SILHOUETTE
cysgodol, *a.* SHADY, SHELTERED
cysgu, *v.* SLEEP, BE BENUMBED
cysidro, *v.* CONSIDER
cysodi, *v.* SET TYPE
cysodydd, (-wyr), *n.m.* COMPOSITOR
cyson, *a.* CONSISTENT, REGULAR, STEADY
cysondeb, (-au), *n.m.* CONSISTENCY.
REGULARITY, RELIABILITY
cysoni, *v.* RECONCILE
cysonydd, *n.m.* COMPENSATOR
cysonyn, (cysonion), *n.m.* CONSTANT
cystadleuaeth, (-au, cystadlaethau),
n.f. COMPETITION
cystadleuol, *a.* COMPETITIVE
cystadleuwr, -ydd, (-wyr), *n.m.*
COMPETITOR
cystadlu, *v.* COMPETE. COMPARE
cystal, *a.* AS/SO GOOD. EQUAL
ad. AS/SO WELL
cystradau, *n.pl.* MEASURES, SERIES (OF
STRATA)
cystradau glo, COAL MEASURES
cystrawen, (-nau), *n.f.* SYNTAX,
CONSTRUCTION
cystrawennaeth, *n.f.* CONSTRUCTION
cystudd, (-iau), *n.m.* AFFLICTION, ILLNESS
cystuddiedig, *a.* AFFLICTED. CONTRITE
cystuddio, *v.* AFFLICT. TROUBLE
cystuddiol, *a.* AFFLICTED

cystwyad, *n.m.* CASTIGATION
cystwyo, *v.* CHASTISE. BEAT
cysur, (-on), *n.m.* COMFORT.
CONSOLATION
cysuro, *v.* COMFORT. CONSOLE
cysurus, *a.* COMFORTABLE
cysurwr, (-wyr), *n.m.* COMFORTER
cyswllt, (-ylltiadau, -ylltau), *n.m.*
CONNECTION, UNION, JOINT, LIAISON
cysylltair, (-eiriau), *n.m.* CONJUNCTION
cysylltedd, *n.m.* LINKAGE, CONNECTIVITY
cysylltiad, (-au), *n.m.* CONNECTION.
JOINING
cysylltiadol, *a.* ASSOCIATIVE
cysylltiol, *a.* CONNECTING. ASSOCIATED.
CONNECTED
cysylltiolyn, (-olion), *n.m.* CONTACT
cysylltnod, (-au), *n.m.* LIGATURE, HYPHEN
cysylltu, *v.* JOIN, CONNECT
cysylltydd, (-ion), *n.m.* CONNECTOR
cysyniad, (-au), *n.m.* CONCEPT
cytal, *v.* LIVE TOGETHER
cytbell, *a.* EQUIDISTANT
cytbwys, *a.* WELL BALANCED, OF EQUAL
WEIGHT/STRESS
cytbwysedd, *n.m.* BALANCE
cytew, *n.m.* BATTER
cytgan, (-au), *n.f.m.* CHORUS
cytgnawd, *n.m.* COPULATION
cytgord, (-iau), *n.m.* CONCORD, CO-
ORDINATION
cytgroes, *a.* CONCURRENT, CONVERGENT
cytio, *v.* PEN, CUT
cytir, (-oedd), *n.m.* COMMON LAND
cytled, (-i), *n.f.* CUTLET
cytoleg, *n.f.* CYTOLOGY
cytras, *a.* ALLIED, COGNATE
cytref, *n.f.* COLONY (OF ORGANISMS, etc.)
cytrefiad, (-au), *n.m.* CONURBATION
cytsain, (-seiniaid), *n.f.* CONSONANT
cytsain, *n.f.* HARMONY
cytser, (-au), *n.m.* CONSTELLATION
cytûn, *a.* AGREED, UNANIMOUS,
COMPATIBLE
cytundeb, (-au), *n.m.* AGREEMENT. PACT,
CONTRACT
cytundebwr, (-wyr), *n.m.* CONTRACTOR
cytunedd, (-au), *n.m.* COMPATIBILITY
cytuniad, (-au), *n.m.* AGREEMENT.
TREATY
cytuniaeth, (-au), *n.f.* ACCORDANCE
cytuno, *v.* AGREE, CONSENT. BLEND
cytunwr, (-wyr), *n.m.* ACCEPTOR

cythlwng, *n.m.* FASTING, HUNGER
cythraul, (-euliaid), *n.m.* DEVIL
cythreuldeb, *n.m.* DEVILMENT
cythreulig, *a.* DEVILISH, FIENDISH
cythru, *v.* SNATCH, RUSH
cythrudd, *n.m.* ANNOYANCE,
PROVOCATION
cythruddo, *v.* ANNOY, IRRITATE
cythrwfl, *n.m.* UPROAR
cythryblu, *v.* TROUBLE, AGITATE
cythryblus, *a.* TROUBLED, AGITATED
cyw, (-ion), *n.m.* CHICK, YOUNG (ANIMAL)
cywain, *v.* CARRY, GARNER
cywair, (-eiriau), *n.m.* PITCH, KEY, TUNE,
CONDITION, REPAIR
cywaith, (-weithiau), *n.m.* COLLECTIVE
WORK, PROJECT
cywarch, (-au), *n.m.* HEMP
cywasg, -edig, *a.* COMPRESSED,
DIMINISHED
cywasgedd, (-au), *n.m.* COMPRESSION
cywasgfwrdd, *n.m.* COMPOBOARD
cywasgiad, (-au), *n.m.* CONTRACTION,
COMPRESSION
cywasgu, *v.* CONTRACT, COMPRESS
cywasgydd, (-ion), *n.m.* COMPRESSOR
cyweiraidd, *a.* TONAL
cyweiredd, *n.m.* TONALITY
cyweirgorn, (-gyrn), *n.m.* KEY (TUNING)
cyweiriad, (-au), *n.m.* REPAIR
cyweiriadur, (-on), *n.m.* MODULATOR
cyweirio, *v.* REPAIR, DRESS, EQUIP, SET IN
ORDER, TUNE, CASTRATE
cyweirnod, (-au), *n.m.* TONIC, PITCH,
KEY-NOTE

cyweithas, *n.m.* COMPANY, SOCIETY,
COMITY
a. GENIAL, SOCIABLE
cyweithfa, (-feydd), *n.f.* COLLECTIVE
cyweithgarwch, *n.m.* CO-OPERATIVE
ACTIVITY, COLLECTIVISM
cywely, *n.m.f.* BEDFELLOW
cywen, (-nod), *n.f.* PULLET
cywerth, *a.* EQUIVALENT
cywilydd, *n.m.* SHAME
cywilydd-dra, *n.m.* SHAMEFULNESS
cywilyddgar, *a.* BASHFUL, SHY
cywilyddio, *v.* SHAME, BE ASHAMED
cywilyddus, *a.* SHAMEFUL, DISGRACEFUL
cywir, *a.* CORRECT, SINCERE, EXACT,
HONEST, LOYAL, TRUE
cywirdeb, (-au), *n.m.* CORRECTNESS,
EXACTNESS, LOYALTY, INTEGRITY
cywiriad, (-au), *n.m.* CORRECTION
cywiriadur, (-on), *n.m.* CORRECTIVE
BOOK
cywiro, *v.* CORRECT, AMEND, REPROVE
cywirwr, (-wyr), *n.m.* CORRECTOR
cywirydd, (-ion), *n.m.* CORRECTIVE
cywladu, *v.* NATURALIZE
cywrain, *a.* SKILFUL, CURIOUS
cywreinbeth, (-au), *n.m.* CURIO
cywreindeb, *n.m.* SKILL, INGENUITY
cywreinion, *n.pl.* CURIOSITIES, BRIC-A-
BRAC
cywreinrwydd, *n.m.* SKILL, CURIOSITY
cywydd, (-au), *n.m.* WELSH
ALLITERATIVE POEM
cywyddwr, (-wyr), *n.m.* COMPOSER OF
CYWYDDAU

chwa, (-on), *n.f.* BREEZE. GUST. PUFF
chwaer, (chwiorydd), *n.f.* SISTER
chwaeroliaeth, *n.f.* SISTERHOOD
chwaeth, (-au, -oedd), *n.f.* TASTE
chwaethach, *ad.* MUCH LESS. NOT TO
    MENTION. RATHER
chwaethu, *v.* TASTE. SAVOUR
chwaethus, *a.* IN GOOD TASTE. PALATABLE
chwaith, *ad.* (N)EITHER
chwâl, *a.* SCATTERED. LOOSE
chwalfa, (-feydd), *n.f.* DISPERSAL.
    UPHEAVAL
chwalu, *v.* SCATTER. SPREAD. DEMOLISH
chwalwr, (-wyr), *n.m.* SCATTERER.
    SPREADER. DEMOLISHER
chwaneg, *a. & n.m.* MORE
chwanegiad, (-au), *n.m.* ADDITION
chwanegol, *a.* ADDITIONAL
chwanegu, *v.* ADD. INCREASE
chwannen, (chwain), *n.f.* FLEA
chwannog, *a.* EAGER. GREEDY. INCLINED.
    PRONE
chwant, *n.m.* DESIRE. APPETITE. LUST
chwanta, -u, *v.* DESIRE. LUST
chwantach, *n.m.* SEXUAL DESIRE
chwantus, *a.* DESIROUS. LUSTFUL. SENSUAL
chwap, (-iau), *n.m.* SUDDEN BLOW.
    MOMENT
    ad. INSTANTLY
chwarae, chware, *v.* PLAY. PERFORM
chwarae, (-on), *n.m.* PLAY. GAME
chwaraedy, (-dai), *n.m.* PLAYHOUSE.
    THEATRE
chwaraefa, (-feydd), *n.f.* PITCH.
    PLAYGROUND
chwaraegar, *a.* PLAYFUL
chwaraele, (-oedd), *n.m.* PLAYGROUND
chwaraewr, (-wyr), *n.m.* PLAYER.
    ACTOR. PERFORMER
chwaraeyddol, *a.* HISTRIONIC
chwarddiad, (-au), *n.m.* LAUGH
chwarel, (-au, -i, -ydd), *n.f.* QUARRY
chwarennol, *a.* GLANDULAR
chwarren, (-arennau), *n.f.* GLAND
    chwarren brostad, PROSTATE GLAND
    chwarren thyroid, THYROID GLAND
chwareus, *a.* PLAYFUL
chwart, (-au), *n.m.* QUART
chwartel, (-au, -i), *n.m.* QUARTILE
chwarter, (-i, -au), *n.m.* QUARTER
chwarterol, *a.* QUARTERLY
chwarterolyn, (-olion), *n.m.*
    QUARTERLY (MAGAZINE)

chwarteru, *v.* QUARTER
chwe, *a.* SIX (WITH SINGULAR NOUN)
chweban, (-nau), *n.m.* SESTET. SEXTAIN
chwech, *a.* SIX
chwechawd, (-au), *n.m.* SEXTET
chwedl, (-au), *n.f.* TALE. FABLE. SAYING
chwedleua, *v.* TALK. GOSSIP
chwedleugar, *a.* TALKATIVE. GOSSIPY
chwedleuwr, (-wyr), *n.m.* STORY-TELLER
chwedloniaeth, *n.f.* MYTHOLOGY
chwedlonol, *a.* MYTHICAL. MYTHOLOGICAL
chwedlonydd, (-wyr), *n.m.*
    MYTHOLOGIST
chwedyn, *ad.* AFTER
    na chynt na chwedyn, NEITHER
    BEFORE NOR AFTER
Chwefror, Chwefrol, *n.m.* FEBRUARY
chwegr, (-au), *n.f.* MOTHER-IN-LAW
chwegrwn, (-ynau), *n.m.* FATHER-IN-
    LAW
chwennych, chwenychu, *v.* DESIRE.
    COVET
chwenychiad, (-au), *n.m.* DESIRE
chweongl, (-au), *n.m.* HEXAGON
chwerfan, (chwerfain) *n.f.* PULLEY.
    WHORL
chwerthin, *n.m. & v.* LAUGH
chwerthiniad, (-au), *n.m.* LAUGHTER
chwerthinllyd, *a.* LAUGHABLE.
    RIDICULOUS
chwerthinog, *a.* LAUGHING. MERRY
chwerw, *a.* BITTER. SEVERE. SHARP. CRUEL
chwerwder, -dod, *n.m.* ⎫
chwerwedd, *n.m.* ⎬ BITTERNESS
chwerwi, *v.* EMBITTER. GROW BITTER
chweugain, (chweugeiniau) *a. &*
    n.m.f. FIFTY (NEW) PENCE
chwi, chi, *pn.* YOU
chwib, (-iau), *n.m.* WHISTLE
chwiban, *v. & n.m.* WHISTLE
chwibaniad, (-au), *n.m.* WHISTLING.
    WHISTLE
chwibanogl, (-au), *n.f.* WHISTLE. FLUTE.
    CURLEW
chwibanu, *v.* WHISTLE. HISS
chwibon, (-iaid), *n.m.* CURLEW. STORK
chwidr, *a.* WILD. RASH. TRIFLING
chwifio, *v.* WAVE. BRANDISH
chwiff, (-iau), *n.f.* WHIFF. PUFF
chwiffiad, *n.m.* WHIFF. JIFFY
chwig, (-iaid), *n.m.* WHIG
chwil, (-od), *n.m.f.* BEETLE
    a. REELING. WHIRLING. INTENSE. DRUNK
chwilbawa(n), *v.* DAWDLE. TRIFLE

chwilboeth, *a.* SCORCHING HOT
chwildroi, *v.* WHIRL, SPIN
chwilen, (chwilod), *n.f.* BEETLE, WHIM,
  FAD
chwilenna, *v.* PRY, PILFER
chwiler, (-od), *n.m.* CHRYSALIS, PUPA
chwilfriw, *a.* SHATTERED, SMASHED TO
  ATOMS
chwilfriwio, *v.* SHATTER, SMASH
chwilfrydedd, *n.m.* CURIOSITY
chwilfrydig, *a.* INQUISITIVE, CURIOUS
chwilgar, *a.* INQUISITIVE
chwilgarwch, *n.m.* INQUISITIVENESS,
  CURIOSITY
chwilgorn, *a.* REELING
chwilibawa(n), *v.* DAWDLE, TRIFLE
chwiliad, (-au), *n.m.* SEARCH, SCRUTINY
chwilio, *v.* SEARCH, EXAMINE
chwiliwr, (-wyr), *n.m.* SEARCHER,
  EXAMINER
chwilolau, (-oleuadau), *n.m.*
  SEARCHLIGHT
chwilmantan, *v.* PRY, RUMMAGE
chwilota, *v.* SEARCH
chwilotwr, (-wyr), n.m. SEARCHER,
  RUMMAGER
chwilys, (-oedd), *n.m.* INQUISITION
chwim, *a.* NIMBLE, SWIFT, ACTIVE
chwimder, -dra, *n.m.* NIMBLENESS,
  SWIFTNESS
chwimiad, *n.m.* ACCELERATION
chwimio, *v.* MOVE, STIR, ACCELERATE
chwimwth, *a.* NIMBLE, QUICK
chwinc, *n.m.* WINK
chwinciad, *n.m.* TWINKLING
chwiorydd, see *chwaer*
chwip, (-iau), *n.f.* WHIP
chwipiad, (-au), *n.m.* WHIPPING, CAST (ON
  WALL)
chwipio, *v.* WHIP, CAST
chwipyn, *ad.* IMMEDIATELY
  a. QUICK, SWIFT
chwirligwgan, *n.m.* WHIRLIGIG, WATER-
  BEETLE
chwisg, (-iau) *n.m.* WHISK
chwisgi, (-ïau), *n.m.* WHISKY
chwisgo, *v.* WHISK
chwisl, (-au), *n.m.* WHISTLE
chwistrell, (-au, -i), *n.m.* SYRINGE,
  SPRAY, JET (LIQUID)
chwistrelliad, (-au), *n.m.* INJECTION
chwistrellu, *v.* INJECT, SQUIRT, SPRAY
chwit, (-iau), *n.m.* WHISTLE

chwit-chwat, *a.* FICKLE, CHANGEABLE
  n.m.f. FICKLE PERSON
chwith, *a.* LEFT, STRANGE, SAD
chwithau, *pn.* YOU TOO
chwithdod, -dra, *n.m.* STRANGENESS,
  SENSE OF LOSS
chwithedd *n.m.* EMBARRASSMENT
chwithig, *a.* STRANGE, AWKWARD
chwithigrwydd, *n.m.* AWKWARDNESS,
  CLUMSINESS
chwiw, (-iau), *n.f.* FIT, WHIM
chwiwgar, *a.* FICKLE
chwiwgi, (-gwn), *n.m.* SNEAK, THIEF,
  PILFERER, SLASHER
chwiwladrata, *v.* PILFER
chwiwleidr, (-ladron), *n.m.* PILFERER
chwychwi, *pn.* YOU YOURSELVES
chwŷd, *n.m.* ⎤
chwydiad, *n.m.* ⎦ VOMIT
chwydbair, *n.m.* EMETIC
chwydu, *v.* VOMIT
  n.m. EMESIS
chwydd, -i, (-au), *n.m.* SWELLING,
  BULGE
chwyddhad, *n.m.* MAGNIFICATION
chwyddiant, (-nnau), *n.m.* INFLATION,
  INFLAMMATION
chwyddo, *v.* SWELL INCREASE, AMPLIFY
chwyddwydr, (-au). *n.m.* MICROSCOPE,
  MAGNIFYING GLASS
chwŷl, (chwylion), *n.m.f.* TURN,
  COURSE, CHANGE
chwyldro, (-adau), *n.m.* ROTATION,
  REVOLUTION
chwyldroad, (-au), *n.m.* REVOLUTION
chwyldroadol, *a.* REVOLUTIONARY
chwyldroadwr, (-wyr), *n.m.*
  REVOLUTIONARY
chwyldroi, *v.* ROTATE, REVOLVE,
  REVOLUTIONISE
chwylolwyn, (-ion), *n.f.* FLYWHEEL
chwyn, (*chwynnyn, n.m.*), *c.n.* & *n.pl.*
  WEEDS
chwynladdwr, *n.m.* WEED-KILLER
chwynleiddiad, (-au), *n.m.* WEEDICIDE
chwynnogl, (chwynoglau), *n.m.* HOE
chwynnu, *v.* WEED
chwyrligwgan, (-od), *n.m.* SPINNING
  TOP, WHIRLIGIG
chwyrlïo, *v.* SPIN, WHIZ, WHIRL, WHISK
chwyrlwynt, (-oedd), *n.m.* WHIRLWIND
chwyrlydd, (-ion), *n.m.* WHISK
chwyrn, *a.* RAPID, SWIFT, VIOLENT,
  ASPIRATE

chwyrnell, (-au), *n.m.* WHIRLIGIG
chwyrnellu, *v.* SPIN, WHIZ, WHIRL
chwyrnu, *v.* SNORE, SNARL
chwyrnwr, (-wyr), *n.m.* SNORER,
  SNARLER
chwys, *n.m.* SWEAT, PERSPIRATION
chwysen, (-ni), *n.f.* SWEATER
chwysfa, (-feydd), *n.f.* SWEATING
chwysiant, *n.m.* EXUDATION
chwysigen, (chwysigod), *n.f.* BLISTER,
  BLADDER, VESICLE
chwysigennu, *v.* BLISTER

chwyslyd, *a.* SWEATING, SWEATY
chwysu, *v.* SWEAT, PERSPIRE
chwyth, -ad, *n.m.* BREATH, BLAST
chwythbib, (-au), *n.f.* BLOWPIPE
chwythbrenni, *n.pl.* WOODWINDS
chwythell, (-i), *n.f.* JET
chwythiad, (-au), *n.m.* BLOW, BLAST
chwythlamp, (-au), *n.f.* BLOWLAMP
chwythu, *v.* BLOW, BLAST, HISS, BREATHE
chwythwm, (-ymau), *n.m.* GUST
chwythwr, (-wyr), *n.m.* BLOWER (PERSON)
chwythydd, (-ion), *n.m.* BLOWER

da, *a.* GOOD, WELL
(-oedd), *n.m.* GOOD, GOODS, STOCK,
CATTLE
dab, *n.m.* DAB
dacron, *n.m.* DACRON
da-da, *n.m.* SWEETS
dacw, *ad.* THERE IS/ARE, BEHOLD YONDER
dad-, dat-, *px.* DIS-, UN-, RE-,
dadafael, *v.* CEDE
dadafaeliad, (-au), *n.m.* CESSION
dadaiaeth, *n.m.* DADAISM
dadannudd, *n.m.* DISCLOSURE,
UNCOVERING
dadansoddi, *v.* ANALYSE
dadansoddiad, (-au), *n.m.* ANALYSIS
dadansoddol, *a.* ANALYTIC (AL)
dadansoddwr, (-wyr), *n.m.* ANALYST
dadansoddydd, (-wyr) *n.m.* ANALYSER
dadchwyddiant, (-nnau), *n.m.*
DEFLATION
dad-doi, *v.* UNROOF
dad-ddyfrïo, *v.* DEHYDRATE
dadebriad, *n.m.* RESUSCITATION
dadebru, *v.* REVIVE
dadelfeniad, (-au), *n.m.* DECOMPOSITION
dadelfennu, *v.* DECOMPOSE, REFINE
dadeni, *n.m.* RENAISSANCE, REBIRTH
v. REGENERATE
dadentaelio, *v.* DISENTAIL
dadfachu, *v.* UNHITCH, UNFASTEN
dadfathiad, (-au), *n.m.* DISSIMILATION
dadfeiliad, *n.m.* DECAY
dadfeilio, *v.* FALL TO RUIN, DECAY
dadflino, *v.* REST, REFRESH
dadfodylu, *v.* DEMODULATE
dadfreinio, *v.* DISFRANCHISE
dadgyplu, *v.* DECOUPLE
dadi, *n.m.* DADDY
dadl, (-euon), *n.f.* DEBATE, ARGUMENT,
PLEA, DOUBT, DISPUTE
dadlaith, *n.m.* THAW, MELTING
v. THAW, MELT
dadlau, *n.m.* & *v.* DEBATE, ARGUE,
PLEAD
dadleniad, (-au), *n.m.* DISCLOSURE,
EXPOSURE, DENOUEMENT
dadlennol, *a.* DISCLOSING, EXPOSING
dadlennu, *v.* DISCLOSE, EXPOSE, REVEAL
dadleoli, *v.* DISLOCATE
dadleoliad, (-au), *n.m.* DISLOCATION
dadleuaeth, *n.f.* POLEMICS, CONTROVERSY
dadleugar, *a.* ARGUMENTATIVE
dadleuol, *a.* POLEMICAL, CONTROVERSIAL,
DISPUTABLE

dadleuwr, (-wyr), *n.m.* DEBATER,
ADVOCATE, ARGUER
dadlherwa, *n.m.* FILIBUSTERING
dadlherwr, (-wyr), *n.m.* FILIBUSTERER
dadluddedu, *v.* REST, REFRESH
dadlwytho, *v.* UNLOAD, DISCHARGE
dadlygru, *v.* DECONTAMINATE
dadmer, *v.* THAW, DISSOLVE
dadnitreiddiad, *n.m.* DENITRIFICATION
dado, (-au), *n.m.* DADO
dadorchuddio, *v.* UNVEIL, UNCOVER
dadreolaeth, *n.f.* DECONTROL
dadrewlifiant, *n.m.* DEGLACIATION
dadrithiad, (-au), *n.m.*
DISILLUSIONMENT
dadrithio, *v.* DISILLUSION
dadsefydlu, *v.* DISESTABLISH
daduniad, (-au), *n.m.* DISSOCIATION
daduno, *v.* DISSOCIATE, DISUNITE
dadwaddoli, *v.* DISENDOW
dadwefru, *v.* DISCHARGE
dadwenwyniad, *n.m.* DETOXICATION
dadwneud,
dadwneuthur, } *v.* UNDO, UNMAKE
dadwrdd, *n.m.* NOISE, UPROAR, BUSTLE,
STIR
dadymafael, *n.f.* DISENGAGEMENT
dadymchwel, -yd, *v.* UPSET, OVERTHROW,
OVERTURN
daear, (-oedd), *n.f.* EARTH, SOIL,
GROUND, LAIR
daeardy, (-dai), *n.m.* DUNGEON
daeareg, *n.f.m.* GEOLOGY
daearegol, *a.* GEOLOGICAL
daearegwr, (-wyr), *n.m.* GEOLOGIST
daearen, *n.f.* THE EARTH, LAND, COUNTRY
daearfochyn, (-foch), *n.m.* BADGER
daeargell, (-oedd), *n.f.* DUNGEON,
VAULT
daeargi, (-gwn), *n.m.* TERRIER
daeargryd, (-iau), *n.m.* EARTH TREMOR
daeargryn, (-fâu, -feydd), *n.m.f.*
EARTHQUAKE
daearol, *a.* EARTHLY, EARTHY
daearu, *v.* EARTH, INTER
daearyddiaeth, *n.f.m.* GEOGRAPHY
daearyddol, *a.* GEOGRAPHICAL
daearyddwr, (-wyr), *n.m.* GEOGRAPHER
däed, *a.* AS GOOD AS
daer, *n.f.* EARTH
dafad, (defaid), *n.f.* SHEEP, WART
dafaden, (-nau), *n.f.* WART
dafaden wyllt, CANCER

dafn, (-au), *n.m.* DROP, SIP
dafnu, *v.* TRICKLE
dagr, (-au) *n.m.* DAGGER, BAYONET, DIRK
dagreuol, *a.* TEARFUL, SAD, LACHRYMAL
dail, *(dalen, deilen, n.f.), n.pl.* LEAVES, FOLIAGE
daint, (dannedd), *n.m.* TOOTH
daioni, *n.m.* GOODNESS, GOOD
daionus, *a.* GOOD, BENEFICIAL, BENEFICENT
dal(a), *v.* HOLD, BEAR, CATCH, ARREST, CONTINUE
dalbren, *n.m.* BENCH HOLDFAST
dalen, (-nau), *n.f.* LEAF, SHEET, LEAFLET
dalfa, (-feydd), *n.f.* CATCH, HOLD, CUSTODY, ARREST
dalfod, *n.m.* ENDURANCE
dalgylch, (-oedd), *n.m.* CATCHMENT AREA
daliad, (-au), *n.m.* HOLDING, TENURE, BELIEF, CATCH, SUSPENDED NOTE
daliadaeth, (-au), *n.m.* TENURE
daliant, (-nnau), *n.m.* SUSPENSION
daliwr, (-wyr), *n.m.* JIG, CATCHER
dalyn, (-nau), *n.m.* SUPPORTER, BRACE
dall, (deillion), *a.* BLIND
dallbleidiaeth, *n.f.* BIGOTRY
dallbleidiwr, (-wyr), *n.m.* BIGOT
dallgeibio, *v.* BLUNDER
dallineb, *n.m.* BLINDNESS
dallu, *v.* BLIND, DAZZLE
dallydd, *n.m.* BLINDER
damcaniaeth, (-au), *n.f.* THEORY, SUPPOSITION, HYPOTHESIS
damcaniaethol, *a.* THEORETICAL, HYPOTHETICAL
damcaniaethwr, (-wyr), *n.m.* THEORIST
damcanu, *v.* THEORISE
dameg, (damhegion), *n.f.* PARABLE
damhegol, *a.* ALLEGORICAL, PARABOLICAL
damhegwr, (-wyr), *n.m.* ALLEGORIST
damnedig, *a.* DAMNED, DAMNABLE
damnedigaeth, *n.f.* DAMNATION
damnio, *v.* DAMN
damniol, *a.* DAMNING, DAMNABLE
dampar, (-s), *n.m.* DAMPER
damsang, *v.* TREAD, TRAMPLE
damwain, (-weiniau), *n.f.* ACCIDENT, CHANCE
damweinio, *v.* OCCUR, CHANCE
damweiniol, *a.* ACCIDENTAL, CASUAL
dan, *prp.* UNDER

danad(l), *(danhadlen, n.f.), n.pl.* NETTLES
danas, *c.n.* DEER
dandi, *n.m.* DANDY
dandïaidd, *a.* DANDY
dandwn, *v.* PAMPER, PET
danfon, *v.* SEND, TRANSMIT, ESCORT
dangos, *v.* SHOW, REVEAL
dangosbeth, (-au), *n.m.* EXHIBIT
dangoseg, (-ion), *n.f.* INDEX
dangosol, *a.* INDICATIVE, DEMONSTRATIVE
dangosydd, *n.m.* INDICATOR
danheddog, *a.* JAGGED, SERRATED, TOOTHED
dannod, *v.* TAUNT, REPROACH
dannoedd, *n.f.* TOOTHACHE
danodiad, (-au), *n.m.* REPROACH
dansoddol, *a.* ABSTRACT
dant, (dannedd), *n.m.* TOOTH, COG, TINE
danteithfwyd, (-ydd), *n.m.* DAINTY, AMBROSIA
danteithiol, *a.* DELICIOUS, DAINTY
danteithion, *n.pl.* DELICACIES
danys, *n.m.* FALLOW-DEER
darbod, *v.* PREPARE, PROVIDE
darbodaeth, *n.f.* PROVISION, THRIFT
darbodus, *a.* PROVIDENT, THRIFTY
darbwyllo, *v.* CONVINCE, PERSUADE
darddull, (-iau), *n.m.* MANNER
darfath, (-au), *n.m.* SWAGE
darfelydd, (-ion), *n.m.* IMAGINATION, FANCY
darfod, *v.* END, FINISH, WASTE AWAY, HAPPEN, DIE
darfodadwy, *a.* TRANSITORY, PERISHABLE
darfodedig, *a.* TRANSIENT, DECAYED
darfodedigaeth, *n.m.* TUBERCULOSIS, PHTHISIS, CONSUMPTION
darfodiant, (-iannau), *n.m.* DOWNWASH
darfudiad, (-au), *n.m.* CONVECTION
darfudo, *v.* CONVECTION
darfudol, *a.* CONVECTIONAL
darfyddiad, *n.m.* FINISHING, ENDING
dargadw, *v.* RETAIN
darganfod, *v.* DISCOVER
darganfyddiad, (-au), *n.m.* DISCOVERY
darganfyddwr, (-wyr), *n.m.* DISCOVERER
dargludedd, *n.m.* CONDUCTIVITY
dargludiant, *n.m.* CONDUCTANCE
dargludo, *v.* CONDUCT
dargludydd, (-ion), *n.m.* CONDUCTOR

dargopïo. *v.* TRACE
dargyfeiredd, *n.m.* DIVERGENCE
dargyfeirio, *v.* DIVERGE
darheuliad, *n.m.* INSOLATION
darlifo, *v.* PERFUSE
darlith, (-iau, -oedd), *n.f.* LECTURE
darlithfa, (-feydd), LECTURE ROOM
darlithio, *v.* LECTURE
darlithiwr, (-wyr), *n.m.* ⎤
darlithydd, (-ion), *n.m.* ⎦ LECTURER
darlosgi, *v.* CREMATE
darlun, (-iau), *n.m.* PICTURE
darluniad, (-au), *n.m.* DESCRIPTION,
  PORTRAYAL
darluniadol, *a.* PICTORIAL
darluniaeth, *n.f.* IMAGERY
darlunio, *v.* DESCRIBE, PORTRAY, DRAW,
  ILLUSTRATE
darluniol, *a.* PICTORIAL
darllaw, *v.* BREW
darllawdy, (-dai), *n.m.* BREWERY
darllawydd, *n.m.* BREWER
darllediad, (-au), *n.m.* BROADCAST
darlledu, *v.* BROADCAST
darlledwr, (-wyr), *n.m.* BROADCASTER
darllen, *v.* READ
darllenadwy, *a.* READABLE, LEGIBLE
darllenawd, (-au), *n.m.* DICTATION
darllenfa, (-feydd), *n.f.* READING-ROOM,
  STUDY, LECTERN
darlleniad, (-au), *n.m.* READING,
  LECTION
darlleniadur, (-on), *n.m.* LECTERN
darllenwr, (-wyr), *n.m.* ⎤
darllenydd, (-ion), *n.m.* ⎦ READER
darmerth, *n.m.* CATERING, PROVISION
darmerthu, *v.* CATER
darn, (-au), *n.m.* PIECE, FRAGMENT, PART
darnguddio, *v.* CONCEAL A PART
darniad, (-au), *n.m.* FRAGMENTATION
darnio, *v.* CUT UP, TEAR
darnlun, (-iau), *n.m.* COLLAGE
darnodi, *v.* DISTINGUISH, PRESCRIBE,
  DENOTE, DEFINE
darnodiad, (-au), *n.m.* DEFINITION,
  PRESCRIPTION
darofun, *v.* WISH, INTEND
darogan, (-au), *n.f.* PREDICTION,
  PROPHECY, FORECAST
  v. PREDICT, FORETELL
daroganu, *v.* PREDICT, FORETELL
daroganwr, (-wyr), *n.m.* PREDICTOR,
  PROPHET, SOOTHSAYER, FORECASTER

darostwng, *v.* SUBDUE, LOWER, SUBJECT
darostyngiad, (-au), *n.m.* SUBJECTION,
  SUBJUGATION
darpar, (-iadau), *n.m.* PREPARATION,
  PROVISION
  v. PREPARE
  a. INTENDED, ELECT
darpariaeth, (-au), *n.f.* PREPARATION,
  PROVISION
darparu, *v.* PREPARE, PROVIDE
darparwr, (-wyr), *n.m.* PREPARER,
  PROVIDER
darseinydd, (-ion), *n.m.* LOUDSPEAKER
dart, (-iau), *n.m.* DART
darwden, (-nau), *n.f.* RINGWORM
das, (-au, deisi), *n.f.* RICK, STACK, HEAP
dasu, *v.* STACK, HEAP UP
dât, (datau, datys), *n.m.* DATE
data, *n.m.* DATA
datblygiad, (-au), *n.m.* DEVELOPMENT,
  EVOLUTION
datblygol, *a.* NASCENT, DEVELOPING
datblygu, *v.* DEVELOP, EVOLVE, EXPAND
datblygus, *a.* DEVELOPMENTAL
datblygydd, (-ion), *n.m.* DEVELOPER
datbroffesu, *v.* RECANT
datchwyddiant, *n.m.* DEFLATION
datgan, *v.* DECLARE, RECITE, RENDER
datganiad, (-au), *n.m.* DECLARATION,
  RENDERING, RECITAL
datganoli, *v.* DEVOLVE, DECENTRALIZE
datganoli(ad), *n.m.* DEVOLUTION
datgeiniad, (-iaid), *n.m.* SINGER,
  NARRATOR
datgeliad, (-au), *n.m.* DETECTION
datgelu, *v.* DETECT
datgloi, *v.* UNLOCK
datglymu, *v.* UNHITCH, UNDO
datgorffori, *v.* DISSOLVE, DISPERSE
datgorfforiad, *n.m.* DISSOLUTION
datguddiad, (-au), *n.m.* REVELATION,
  DISCLOSURE
datguddio, *v.* REVEAL, DISCLOSE
datgyflymu, *v.* DECELERATE
datgyffesu, *v.* RECANT
datgymaliad, (-au), *n.m.* LUXATION,
  DISLOCATION
datgymalu, *v.* DISLOCATE, DISMEMBER
datgysylltiad, (-au), *n.m.*
  DISCONNEXION, DISASSOCIATION,
  DISESTABLISHMENT
datgysylltu, *v.* DISCONNECT, DISESTABLISH
datgyweddu, *v.* DISENGAGE

datnwyo, *v.* EVACUATE (CEMEG)
datod, *v.* UNDO, SOLVE, LOOSE
datrannu, *v.* DISSECT
datru, *v.* DE-CODE
datrys, *v.* SOLVE, UNRAVEL, RESOLVE
datrysiad, (-au), *n.m.* SOLUTION,
  RESOLUTION
datsain, *n.f.* REVERBERATION, RING, PEAL
datseinio, *v.* REVERBERATE
datsgwar, (-au), *n.m.* SQUARE ROOT
datysen, (datys), *n.f.* DATE
dathliad, (-au), *n.m.* CELEBRATION
dathlu, *v.* CELEBRATE
dau, (*dwy, f.*), *a. & n.m.* TWO
dau-, deu-, *px.* TWO, BI-
dauddyblyg, *a.* TWOFOLD, DOUBLE, FALSE
daufiniog, *a.* DOUBLE-EDGED
dauwynebog, *a.* TWO-FACED
daw, (dofion), *n.m.* SON-IN-LAW
dawn, (doniau) *n.m.f.* GIFT, TALENT,
  APTITUDE, BOON
dawns, (-iau), *n.f.* DANCE
  dawnsiau gwledig, COUNTRY DANCES
  dawnsiau gwerin, FOLK DANCES
  twmpath dawns, PUBLIC DANCE (FOLK)
dawnsfa, (-eydd), *n.f.* BALLROOM
dawnsio, *v.* DANCE
dawnsiwr, (-wyr), *n.m.* DANCER
dawnus, *a.* GIFTED, TALENTED
de, *a.* SOUTHERN, RIGHT
  n.m. SOUTH
  n.f. RIGHT SIDE
deall, *v.* UNDERSTAND
  n.m. UNDERSTANDING, INTELLIGENCE,
  INTELLECT
dealladwy, *a.* INTELLIGIBLE
deallaeth, *n.f.* INTELLECTUALISM
deallgar, *a.* INTELLIGENT, WISE
deallol, *a.* INTELLECTUAL
dealltwriaeth, (-au), *n.f.*
  UNDERSTANDING, INTELLIGENCE
deallus, *a.* INTELLIGENT
deallusion, *n.pl.* INTELLIGENTSIA
deallusrwydd, *n.m.* INTELLIGENCE
dealluswr, *n.m.* INTELLECTUAL
deallusyn, *n.m.* EGGHEAD
deau, *a. & n.m.* RIGHT, SOUTH
debentur, (-on), *n.m.* DEBENTURE
debyd, (-au), *n.m.* DEBIT
debydu, *v.* DEBIT
dec, (-iau, -s), *n.m.* DECK
decibel, (-au), *n.m.* DECIBEL

decilitr, (-au), *n.m.* DECILITRE
decimetr, (-au), *n.m.* DECIMETRE
decstros, *n.m.* DEXTROSE
dectant, *n.m.* TEN-STRINGED
  (INSTRUMENT), PSALTERY
dechrau, *v.* BEGIN, ORIGINATE
  n.m. BEGINNING, ORIGIN
dechreuad, (-au), *n.m.* BEGINNING
dechreuadol, *a.* INITIAL, ORIGINAL
dechreunos, *n.f.* DUSK
dechreuol, *a.* INITIAL, ORIGINAL
dechreuwr, (-wyr), *n.m.* BEGINNER,
  STARTER, NOVICE
dedfryd, (-au), *n.f.* VERDICT, SENTENCE
dedfrydu, *v.* SENTENCE
dedwydd, *a.* HAPPY, BLESSED
dedwyddwch, -yd, *n.m.* HAPPINESS, BLISS
deddf, (-au), *n.f.* LAW, ACT, STATUTE
  deddf galanas, HOMICIDE ACT
  deddf leol, BY-LAW
  trosedd yn erbyn y ddeddf,
  STATUTORY OFFENCE
deddfeg, *n.f.* JURISPRUDENCE
deddfegwr, (-wyr), *n.m.* JURIST
deddflyfr, (-au), *n.m.* STATUTE BOOK
deddfol, *a.* LEGAL, LEGITIMATE, LEGALISTIC
deddfoliaeth, *n.f.* LEGALISM
deddfu, *v.* LEGISLATE
deddfwr, (-wyr), *n.m.* LEGISLATOR
deddfwriaeth, (-au), *n.f.* LEGISLATION
deddfwriaethol, *a.* LEGISLATIVE
defeidiog, (-au), *n.f.* SHEEP-WALK
defni, *v.* DRIP, TRICKLE
defnydd, (-iau), *n.m.* MATERIAL, USE,
  PURPOSE, CLOTH-FABRIC
  defnyddiau anllosg, FIRE-PROOF
  MATERIALS
  defnydd swmp, BULK MATERIAL
defnyddiad, (-au), *n.m.* USE
defnyddio, *v.* USE, UTILIZE
defnyddiol, *a.* USEFUL
defnyddioldeb, *n.m.* USEFULNESS, UTILITY
defnyddioliaeth, *n.f.* UTILITARIANISM
defnyddiwr, (-wyr), *n.m.* USER,
  CONSUMER
defnyn, (-nau), *n.m.* DROP
defnynnu, *v.* DRIP, DISTIL
defod, (-au), *n.f.* CUSTOM, CEREMONY,
  RITUAL, ORDINANCE
defodaeth, *n.f.* RITUALISM
defodi, *v.* ORDAIN, DECREE, PRACTISE
  (AS CUSTOM)
defodol, *a.* CUSTOMARY, RITUALISTIC
defosiwn, (-iynau), *n.m.* DEVOTION

defosiynol, *a.* DEVOTIONAL, DEVOUT
deffro(i), *v.* AWAKE, ROUSE, AWAKEN
deffroad, (-au), *n.m.* AWAKENING
deg, (-au), *a.* TEN
   n.m. TEN
degad, degawd, (-au), *n.m.f.* DECADE
degaidd, *a.* DENARY
degiad, (-au), *n.m.* DECIMAL
degol, (-ion), *n.m. & a.* DECIMAL
   pwynt degol, DECIMAL POINT
   system ddegol, DECIMAL SYSTEM
degoli, *v.* DECIMALISE
degoliad, *n.m.* DECIMALISATION
degolyn, (degolion), *n.m.* DECIMAL
degradd, (-au), *n.m.* DECILE
degwm, (-ymau), *n.m.* TENTH, TITHE
   degwm cil-dwrn, TIP
degymiad, (-au), *n.m.* TITHING
degymol, *a.* DECILE
degymu, *v.* TITHE, DECIMATE
deng, *a.* TEN
dengair, *n.m.* THE TEN COMMANDMENTS
dengyn, *a.* OBSTINATE, ROUGH, BRAVE
dehau, deheu, see *deau*
deheubarth, -dir, *n.m.* SOUTH
deheuig, *a.* SKILFUL, DEXTEROUS
deheulaw, *n.f.* RIGHT HAND
   a. SKILFUL
deheuol, *a.* SOUTHERN, AUSTRAL
deheurwydd, *n.m.* SKILL, DEXTERITY
deheuwr, (-wyr), *n.m.* SOUTHERNER
deheuwynt, (-oedd), *n.m.* SOUTH WIND
dehongli, *v.* INTERPRET
dehongliad, (-au), *n.m.* INTERPRETATION
dehonglwr, -ydd, (-wyr, -ion), *n.m.*
   INTERPRETER, EXPONENT
deholiad, (-au), *n.m.* EXILE
dehydrad, (-au), *n.m.* DEHYDRATION
dehydru, *v.* DEHYDRATE
dei, *n.m.* DIE
deial, (-au), *n.m.* DIAL
deialog, (-au), *n.m.f.* DIALOGUE
deialu, *v.* DIAL
deic, (-iau), *n.m.* DYKE
deiet, *n.m.f.* DIET
deieteg, *n.m.f.* DIETETICS
deif, (-iau), *n.m.* DIVE
deifio, *v.* DIVE, SINGE, SCORCH, BLAST
deifiol, *a.* SCORCHING, SCATHING
deifiwr, (-wyr), *n.m.* DIVER
deigryn, (dagrau), *n.m.* TEAR
deilbridd, *n.m.* HUMUS
deildy, (-dai), *n.m.* BOWER, ARBOUR

deilen, (dail), *n.f.* LEAF
deilgoll, *a.* DECIDUOUS
deiliad, (deiliaid), *n.m.* TENANT,
   SUBJECT
deiliadaeth, (-au), *n.f.* TENANCY, TENURE
deiliant, (-nnau), *n.m.* FOLIAGE
deilio, *v.* LEAF
deiliog, *a.* LEAFY
deiliosen, (deilios), *n.f.* LEAFLET
deilliad, (-au), *n.m.* DERIVATION,
   DERIVATIVE
deilliant, (-nnau), *n.m.* DERIVATION
deillio, *v.* EMANATE, ISSUE, DERIVE
dein, (-iau), *n.m.* DYNE
deinameg, *n.f.m.* DYNAMICS
deinamig, *a.* DYNAMIC
deinamo, (-s, -au), *n.m.* DYNAMO
deincod, *n.m.* TEETH ON EDGE
deincryd, *n.m.* GNASHING OF TEETH
deintio, *v.* NIBBLE
deintrod, (-au), *n.f.* COG
deintur, (-iau), *n.m.* INDENTURE, TENTER
deintydd, (-ion), *n.m.* DENTIST
deintyddiaeth, *n.f.* DENTISTRY
deintyddol, *a.* DENTAL
deir, *a.* SLOW, TEDIOUS
deiseb, (-au), *n.f.* PETITION
deisebu, *v.* PETITION
deisebwr, (-wyr), *n.m.* PETITIONER
dëist(i)aeth, *n.f.* DEISM
deisyf(u), *v.* DESIRE, BESEECH
deisyfiad, (-au), *n.m.* REQUEST, PETITION
del, *a.* PRETTY, NEAT
dêl, (*delen, n.f.*), *c.n.* DEAL, PINE
delfryd, (-au, -ion), *n.m.* IDEAL
delfrydiaeth, *n.f.* IDEALISM
delfrydol, *a.* IDEAL, IDEALISTIC
delfrydwr, (-wyr), *n.m.* IDEALIST
delff, *n.m.* CHURL, OAF, IDIOT
delio, *v.* DEAL
delincwensi, *n.m.* DELINQUENCY
delincwent, *n.m.* DELINQUENT
deliwr, (-wyr), *n.m.* DEALER
delta, (-âu), *n.f.* DELTA
delw, (-au), *n.f.* IMAGE, IDOL, FORM,
   MANNER
delwedd, (-au), *n.f.* IMAGE
delweddaeth, *n.f.* IMAGERY
delweddu, *v.* VISUALISE, IMAGE
delwi, *v.* BE WOOL-GATHERING, PALE, BE
   PARALYSED WITH FRIGHT
delysg, *c.n.* DULSE
dellni, *n.m.* BLINDNESS

dellt, (*-en, n.f.*), *n.pl.* LATHS, LATTICE, SPLINTERS
demên, (demenau), *n.f.* DEMESNE
democrat, (-iaid), *n.m.* DEMOCRAT
democratiaeth, (-au), *n.f.* DEMOCRACY
democratig, *a.* DEMOCRATIC
demograffeg, *n.f.* DEMOGRAPHY
demograffig, *a.* DEMOGRAPHIC
demonaeth, *n.f.* DEMONISM
demyrru, *v.* DEMUR
dengar, *a.* ATTRACTIVE, ALLURING
dengarwch, *n.m.* ATTRACTIVENESS
deniadau, *n.pl.* ATTRACTIONS
deniadol, *a.* ATTRACTIVE, ENTICING
denu, *v.* ATTRACT, ENTICE
deon, (-iaid), DEAN
deondy, (-dai), *n.m.* DEANERY (HOUSE)
deoniaeth, (-au), *n.f.* DEANERY
deor(i), *v.* BROOD, HATCH, PREVENT
deorfa, (-fâu, -feydd), *n.f.* HATCHERY
deorydd, (-ion), *n.f.* INCUBATOR
depot, (-au), *n.m.* DEPOT
dera, *n.f.* STAGGERS
derbyn, *v.* RECEIVE, ACCEPT, ADMIT
derbynadwy, *a.* ADMISSIBLE
derbyniad, *n.m.* RECEPTION
derbyniol, *a.* ACCEPTABLE, RECEPTIVE, ACCUSATIVE
derbyniwr, (-wyr), *n.m.* ACCEPTOR
derbynneb, (-ynebau, -ynebion), *n.f.* RECEIPT, VOUCHER
derbynnedd, *n.m.* INTAKE
derbynnydd, (-ynyddion), *n.m.* RECEIVER
derbynwest, (-i), *n.f.* RECEPTION (MEAL)
deri, (*dâr, n.f.*) *n.pl.* OAK-TREES, OAK
deric, (-iau), *n.m.* DERRICK
dermatitis, *n.m.* DERMATITIS
dernyn, (-nau), *n.m.* PIECE, FRAGMENT
derwen, (derw), *n.f.* OAK-TREE
derwydd, (-on), *n.m.* DRUID
derwyddiaeth, *n.f.* DRUIDISM
derwyddol, *a.* DRUIDIC
desg, (-iau), *n.f.* DESK, BUREAU, LECTERN
desgant, (-au), *n.m.* DESCANT
desibel, (-au), *n.m.* DECIBEL
despot, *n.m.* DESPOT
despotiaeth, *n.f.* DESPOTISM
destlus, *a.* NEAT, TRIM, TIDY
destlusrwydd, *n.m.* NEATNESS, TIDINESS
detector, (-au), *n.m.* DETECTOR
determinant, (-au), *n.m.* DETERMINANT
detritws, *n.m.* DETRITUS

dethau, *a.* SKILFUL, TIDY
dethol, *a.* CHOICE, SELECT
  v. CHOOSE, SELECT
detholedd, *n.m.* SELECTIVITY
detholiad, (-au), *n.m.* SELECTION, ANTHOLOGY
detholus, *a.* SELECTIVE
deu-, see *dau-*
deuad, (-au), *n.m.* DYAD
deuaidd, *a.* BINARY
deuamgrwm, *a.* BICONVEX
deuatyniadaeth, *n.f.* BIPOLARITY
deuawd, (-au), *n.m.f.* DUET
deubarthiad, *n.m.* DICHOTOMY
deubarthol, *a.* DICHOTOMOUS
deublyg, *a.* DOUBLE, TWOFOLD
deuddecsygn, *n.m.* SIGNS OF ZODIAC
deuddeg, *a. & n.m.* TWELVE
deuddegol, *a. & n.m.* DUODECIMAL
deuddegsygn, *n.m.* SIGNS OF ZODIAC
deuelectryn, (-nau), *n.m.* DIELECTRIC
deufin, *a.* TWO-EDGED
deuffocal, *a.* BIFOCAL
deugain, *a. & n.m.* FORTY
deuglust, *a.* BINAURAL
deugraff, *n.m.* DIGRAPH
deugroesryw,
deuhybrid, } *a.* DIHYBRID
deulygadur, *n.pl.* BINOCULARS
deunaw, *a. & n.m.* EIGHTEEN
deunydd, (-iau), *n.m.* MATERIAL, STUFF
deuocsid, *n.m.* DIOXIDE
deuod, (-au), *n.m.* DIODE
deuol, *a.* DUAL, BINARY
deuoliaeth, *n.f.* DUALISM, DUALITY
deuparth, *d.n.* TWO THIRDS, DOUBLE PORTION
deupol, (-au), *n.m.* DIPOLE
deurannol, *a.* BIPARTITE
deuris, *a.* TWO-TIER
deurodur, *n.m.* BICYCLE
deurudd, *d.n.* THE CHEEKS
deuryw, *a.* BISEXUAL
deurywyn, *n.m.* HERMAPHRODITE
deusain, *d.n.* DIPHTHONG
deuswllt, (-sylltau), *n.m.* FLORIN
deuteron, *n.m.* DEUTERON
deutu, *d.n.* ABOUT, AROUND, ON BOTH SIDES
dewin, (-iaid), *n.m.* MAGICIAN, WIZARD, DIVINER
dewina, *v.* DIVINE

dewindabaeth, *n.f.* DIVINATION, MAGIC, PROPHECY

dewines, (-au), *n.f.* WITCH, SORCERESS

dewiniaeth, *n.f.* DIVINATION, WITCHCRAFT

dewino, *v.* DIVINE

dewin(i)ol, *a.* PROPHETIC, DIVINATORY

dewis, *v.* CHOOSE, SELECT
    n.m. CHOICE, DESIRE

dewisiad, (-au), *n.m.* SELECTION, CHOICE, OPTION

dewisol, *a.* CHOICE, DESIRABLE

dewr, (-ion), *a.* BRAVE, BOLD
    n.m. BRAVE MAN, HERO

dewrder, *n.m.* BRAVERY, COURAGE

dewteron, (-au), *n.m.* DEUTERON

di-, *px.* WITHOUT, NOT, UN-, NON-

diabetig, *a. & n.m.f.* DIABETIC

diacon, (-iaid), *n.m.* DEACON

diaconaidd, *a.* DIACONAL

diacones, (-au), *n.f.* DEACONESS

diaconiaeth, *n.f.* DIACONATE

diadelffus, *a.* DIADELPHOUS

diadell, (-oedd, -au), *n.f.* FLOCK

diadlam, *a.* NOT TO BE RECROSSED

diaddurn, *a.* UNADORNED, PLAIN

diaelodi, *v.* DISMEMBER, EXPEL A MEMBER

diafael, *a.* SLIPPERY, CARELESS

diafol, (dieifl), *n.m.* DEVIL

diaffram, (-au), *n.m.* DIAPHRAGM

diagnosis, *n.m.* DIAGNOSIS

diagram, (-au), *n.m.* DIAGRAM

diangen, *a.* UNNECESSARY, FREE FROM WANT

dianghendod, *n.m.* REDUNDANCY

dianghenraid, *a.* UNNECESSARY

di-ail, *a.* UNRIVALLED, PEERLESS

dial, *v.* AVENGE, REVENGE
    (-on), *n.m.* VENGEANCE, REVENGE

dialedd, (-au), *n.m.* VENGEANCE, NEMESIS

dialgar, *a.* VINDICTIVE

di-alw-amdano, *a.* REDUNDANT, UNCALLED FOR

dialwr, (-wyr), *n.m.* ⎫
                 ⎬ AVENGER
dialydd, (-ion), *n.m.* ⎭

diamau, *a.* DOUBTLESS

diamcan, *n.* AIMLESS, PURPOSELESS

diamedr, (-au), *n.m.* DIAMETER

diamedral, *a.* DIAMETRAL

diamheuol, *a.* UNDOUBTED

diamod, *a.* UNCONDITIONAL, ABSOLUTE

diamodaeth, *n.f.* ABSOLUTISM

diamodol, *a.* UNCONDITIONAL, ABSOLUTE

diamwys, *a.* UNAMBIGUOUS

diamynedd, *a.* IMPATIENT

dianc, *v.* ESCAPE

diannod, *a.* WITHOUT DELAY, SWIFT, SUMMARY

diapason. *n.m.* DIAPASON

diarchenu, *v.* TAKE OFF ONE'S SHOES, UNDRESS

diarddel, *v.* DISOWN, EXPEL, DISQUALIFY, EXCOMMUNICATE

diarddeliad, (-au), *n.m.* EXPULSION, DISQUALIFICATION, EXCOMMUNICATION

diarfogi, *v.* DISARM

diarfogiad, *n.m.* DISARMAMENT

diarffordd, *a.* OUT OF THE WAY, INACCESSIBLE

diargyhoedd, *a.* BLAMELESS

diarhebol, *a.* PROVERBIAL

diaroglydd, (-ion), *n.m.* DEODORANT

diarwybod, *a.* UNAWARES

diasbad, (-au), *n.f.* SHOUT, CRY, SCREAM

diasbedain, *v.* RESOUND, RING, SCREAM

diatom, (-au), *n.m.* DIATOM

diatreg, *a.* IMMEDIATE

diau, *a.* CERTAIN, DOUBTLESS

diawl, (-iaid), *n.m.* DEVIL

diawledig, *a.* DEVILISH

di-baid, *a.* UNCEASING, CONSTANT

di-ball, *a.* UNFAILING, SURE

diben, (-ion), *n.m.* END, OBJECT, AIM

di-ben-draw, *a.* ENDLESS

dibendrawdod, *n.m.* ENDLESSNESS

dibeniad, (-au), *n.m.* ENDING, CONCLUSION, PREDICATE

di-benllanw, *a.* OFF PEAK

dibennu, *v.* END, FINISH

dibenyddiaeth, *n.f.* TELEOLOGY

dibenyddiol, *a.* TELEOLOGICAL

di-berfeddu, *v.* GUT, DISEMBOWEL

dibetrus, *a.* UNHESITATING

diboblogaeth, *n.f.* DEPOPULATION

diboblogi, *v.* DEPOPULATE

dibrin, *a.* ABUNDANT, LAVISH

dibriod, *a.* UNMARRIED, SINGLE

dibris, *a.* RECKLESS, NEGLIGENT, CONTEMPTUOUS

dibrisio, *v.* DEPRECIATE, DESPISE

dibristod, *n.m.* NEGLIGENCE, CONTEMPT

dibwys, *a.* UNIMPORTANT, TRIVIAL

dibwysiant, (-nnau), *n.m.* DEPRESSION

dibyn, (-nau), *n.m.* PRECIPICE, STEEP, BRINK

dibynadwy, *a.* RELIABLE

dibynadwyedd, *n.m.* RELIABILITY
dibynfentro, *n.m.* BRINKMANSHIP
dibyniad, (-au), *n.m.* DEPENDENCY
dibyniant, *n.m.* DEPENDENCE
dibynnedd, *n.m.* RELIABILITY
dibynnol, *a.* DEPENDING, DEPENDENT,
　SUBJUNCTIVE
dibynnu, *v.* DEPEND, RELY
dibynnydd, (-ynyddion), *n.m.*
　DEPENDANT
dibynwlad, (-wledydd), *n.f.*
　DEPENDENCY
dicáu, *n.m.* ⎤ TUBERCULOSIS,
dicléin, *n.m.* ⎦ CONSUMPTION
dicllon, *a.* ANGRY, WRATHFUL
dicllonrwydd, *n.m.* INDIGNATION, WRATH
dicotomi, (-ïau), *n.m.* DICHOTOMY
dicotomus, *a.* DICHOTOMOUS
dicra, *a.* SQUEAMISH, SLOW
dictadur, (-iaid), *n.m.* DICTATOR
dictadurol, *a.* DICTATORIAL
dictaffon, *n.m.* DICTAPHONE
dicter, (-au), *n.m.* ANGER
dichell, (-ion), *n.f.* WILE, TRICK, DECEIT
dichelledd, *n.f.* DECEPTION
dichellgar, *a.* CUNNING, WILY
dichlyn, *a.* CAREFUL, EXACT
dichlynaidd, *a.* WELL-BEHAVED
dichon, *v.* BE ABLE, MAY BE
dichonadwy, *a.* POSSIBLE, CONCEIVABLE
dichonol, *a.* POTENTIAL
didaro, *a.* UNAFFECTED, UNCONCERNED
di-dact, *a.* TACTLESS
didactig, *a.* DIDACTIC
di-daw, *a,* CEASELESS, CLAMANT
diden, (-nau), *n.f.* NIPPLE, TEAT, DUMMY
diderfyn, *a.* UNLIMITED
didoli, *v.* SEPARATE, SEGREGATE, SCREEN
didoliad, (-au), *n.m.* SEPARATION,
　SEGREGATION
didolnod, (-au), *n.m.f.* DIAERESIS, COLON
di-dor, *a.* UNBROKEN, UNINTERRUPTED
didoreth, *a.* SHIFTLESS, FICKLE
didoriad, *a,* INTACT, UNBROKEN, UNTAMED
didorredd, *n.m.* CONTINUITY
di-drais, *a.* NON-VIOLENT, MEEK
di-drech, *a.* DRAWN
didreisedd, *n.m.* NON-VIOLENCE
diduedd, *a.* IMPARTIAL
didwyll, *a.* GUILELESS, SINCERE
didwylledd, *n.m.* GUILELESSNESS,
　SINCERITY
didynnu, *v.* SUBTRACT, DEDUCT

di-ddadl, *a.* UNQUESTIONABLE, SURE
diddan, *a.* AMUSING, INTERESTING
diddanion, *n.pl.* JOKES
diddanu, *v.* AMUSE, DIVERT, COMFORT
diddanwch, *n.m.* COMFORT,
　CONSOLATION, ENTERTAINMENT
diddanwr, (-wyr), *n.m.* ⎤ ENTERTAINER,
diddanydd, (-ion), *n.m.* ⎦ COMFORTER
diddarbod, *a.* SHIFTLESS
didderbyn wyneb, *a.* OUTSPOKEN
diddig, *a.* CONTENTED, PLEASED
diddim, *a.* & *n.m.* VOID
diddordeb, (-au), *n.m.* INTEREST, HOBBY
diddori, *v.* INTEREST
diddorol, *a.* INTERESTING
diddos, *a.* WATERTIGHT, SNUG, SHELTERED
diddosi, *v.* MAKE WEATHER-PROOF,
　SHELTER
diddosrwydd, *n.m.* SHELTER, SAFETY
di-dduw, *a.* UNGODLY *n.m.* ATHEIST
di-ddweud, *a.* TACITURN, STUBBORN
diddwythiad, (-au), *n.m.* DEDUCTION
diddwytho, *v.* DEDUCE
dieithr, *a.* STRANGE, UNFAMILIAR
difater, *a.* UNCONCERNED, INDIFFERENT
difaterwch, *n.m.* INDIFFERENCE, APATHY
difeddiannu, *v.* DISPOSSESS, DEPRIVE
di-fefl, *a.* BLAMELESS, FLAWLESS
di-feind, *a.* HEEDLESS
difeio, *v.* EXCULPATE
difeius, *a.* BLAMELESS, FAULTLESS
difenwad, (-au), *n.m.* DEFAMATION
difenwi, *v.* REVILE, ABUSE
diferiog, *a.* CUNNING, FURIOUS
diferlif, *n.m.* STREAM, ISSUE
diferol, *a.* DRIPPING
diferu, *v.* DRIP, DROP, TRICKLE
diferyn, (-nau, diferion), *n.m.* DROP
difesur, *a.* HUGE, IMMEASURABLE, UNSTINTED
di-feth, *a.* UNFAILING, INFALLIBLE
difetha, *v.* DESTROY, SPOIL
difethwr, (-wyr), *n.m.* DESTROYER
Difiau, *n.m.* THURSDAY
difidend, (-au), *n.m.* DIVIDEND
difinio, *v.* DIVINE
difinydd, (-ion), *n.m.* THEOLOGIAN,
　DIVINE
difinyddiaeth, *n.f.* DIVINITY
diflanbwynt, *n.m.* VANISHING POINT
diflan(edig), *a.* LOST, FLEETING,
　TRANSIENT, VANISHING
diflannu, *v.* VANISH, DISAPPEAR
di-flas, *a.* TASTELESS

diflas, *a.* DISTASTEFUL, DULL, WEARISOME
diflastod, *n.m.* DISGUST
diflasu, *v.* DISGUST, SURFEIT
diflin(o), *a.* UNTIRING, INDEFATIGABLE
difod, (-ion), *n.m.* DIVOT
difodi, *v.* EXTERMINATE
difodiad, -iant, *n.m.* EXTINCTION
di-foes, *a.* RUDE, UNMANNERLY
difraw, *a.* INDIFFERENT, APATHETIC
difrawder, *n.m.* INDIFFERENCE, APATHY
difreinio, *v.* DEPRIVE, DISFRANCHISE
difrïaeth, (-au), *n.f.* ABUSE, CALUMNY
difrif, *a.* SERIOUS, EARNEST
difrifol, *a.* SERIOUS, EARNEST, SOLEMN
difrifoldeb, *n.m.* SERIOUSNESS,
   EARNESTNESS, SOLEMNITY
difrifoli, *v.* SOBER, SOLEMNIFY
difrifwch, see *difrifoldeb*
difrïo, *v.* ABUSE, SCOLD, MALIGN
difrod, (-au), *n.m.* DAMAGE, WASTE,
   DEVASTATION
difrodi, *v.* DESTROY, SPOIL, DAMAGE,
   DEVASTATE
difrodol, *a.* DESTRUCTIVE
difrodwr, (-wyr), *n.m.* DEVASTATOR,
   DESTROYER
difrycheulyd, *a.* SPOTLESS, IMMACULATE
di-fudd, *a.* UNPROFITABLE, USELESS,
   FUTILE
difuddio, *v.* DEPRIVE
di-fwlch, *a.* CONTINUOUS, WITHOUT A
   BREAK
difwyniad, (-au), *n.m.* ADULTERATION,
   POLLUTION
difwyniant, *n.m.* DEFILEMENT
difwyno, *v.* CONTAMINATE, ADULTERATE,
   MAR, SPOIL, RUIN, SOIL
difyfyr, *a.* IMPROMPTU
difynio, *v.* DISSECT, VIVISECT
difyr, *a.* PLEASANT, AMUSING,
   ENTERTAINING
difyrion, *n.pl.* AMUSEMENTS
difyrru, *v.* DIVERT, AMUSE, ENTERTAIN
difyrrus, *a.* ENTERTAINING, AMUSING,
difyrrwr, (-yrwyr), *n.m.* ENTERTAINER
difyrwaith, (-weithiau), *n.m.* HOBBY
difywyd, *a.* INERT
diffaith, *a.* WASTE, DESERT, VILE, MEAN,
   BAD
   (-ffeithydd), *n.m.* WILDERNESS,
   DESERT
diffeithdra, *n.m.* DERELICTION
diffeithio, *v.* LAY WASTE

diffeithwch, (-ychau), *n.m.*
   WILDERNESS, DESERT
differadwy, *a.* DIFFERENTIABLE
differiad, (-au), *n.m.* DIFFERENTIATION
differol, *a.* DIFFERENTIAL
differu, *v.* DIFFERENTIATE
differyn, (-nau), *n.m.* DIFFERENTIAL
diffinedig, *a.* DEFINED
diffiniad, (-au), *n.m.* DEFINITION
diffinio, *v.* DEFINE
diffodd(i), *v.* EXTINGUISH, QUENCH
diffoddiad, *n.m.* EXTINCTION
diffoddiadur, (-on), *n.m.* EXTINGUISHER
diffoddwr, (-wyr), FIREMAN
diffreithiant, (-nnau), *n.m.*
   DIFFRACTION
diffrwyth, *a.* UNPROFITABLE, BARREN,
   NUMB, PARALYSED
diffrwythder, -dra, *n.m.* BARRENNESS,
   NUMBNESS
diffrwytho, *v.* MAKE BARREN, PARALYSE,
   DESTROY
difftheria, *n.m.* DIPHTHERIA
diffuant, *a.* GENUINE, SINCERE
diffuantrwydd, *n.m.* GENUINENESS,
   SINCERITY
di-ffurf, *a.* AMORPHOUS
diffwys, *a.* WILD, STEEP, WONDERFUL
   (-au, -ydd, -oedd), *n.m.* PRECIPICE,
   DESERT
diffyg, (-ion), *n.m.* DEFECT, WANT,
   LACK, FAILURE, ECLIPSE, FLAW
diffygdalu, *v.* DEFAULT
diffygdalwr, (-wyr), *n.m.* DEFAULTER
diffygiant, *n.m.* DEFICIENCY
diffygio, *v.* FAIL, WEARY
diffygiol, *a.* DEFECTIVE, WEARY, TIRED
diffyndoll, (-au), *n.f.* TARIFF
diffyndollaeth, *n.f.* PROTECTIONISM
diffyniad, (-au), *n.m.* DEFENCE,
   PROTECTION
diffyniaeth, *n.m.* APOLOGETICS
diffynnydd, (-ynyddion), *n.m.*
   DEFENDANT, ACCUSED
dig, *a.* ANGRY, WRATHFUL
   n.m. ANGER, WRATH, IRE
digalon, *a.* DISHEARTENED, SAD,
   DEPRESSED, DISMAL
digalondid, *n.m.* DEPRESSION, OBJECTION
digalonni, *v.* DISCOURAGE, LOSE HEART
digamsyniol, *a.* UNMISTAKEABLE
digasedd, *n.m.* HATRED
digeniad, (-au), *n.m.* DESQUAMATION

digennu, *v.* DESQUAMATE, SCALE, PEEL
digid, (-au), *n.m.* DIGIT
digidiad, (-au), *n.m.* DIGITATION
digidol, *a.* DIGITAL
digio, *v.* ANGER, OFFEND, TAKE OFFENCE
di-glem, *a.* INEPT, AWKWARD
digllon, *a.* ANGRY, WRATHFUL
digofaint, *n.m.* ANGER, WRATH,
   INDIGNATION
digofus, *a.* ANGRY, INDIGNANT
digolledu, *v.* INDEMNIFY, COMPENSATE
digon, *n.m.* ENOUGH, PLENTY, ABUNDANCE
   a. & ad. SUFFICIENT(LY)
digonedd, *n.m.* ABUNDANCE, PLENTY
digoni, *v.* SATISFY, SUFFICE, COOK
digonol, *a.* SUFFICIENT, SATISFIED,
   COMPETENT, ADEQUATE
digonolrwydd, *n.m.* SUFFICIENCY,
   ABUNDANCE
digornio, *v.* DEHORN
di-gred, *a.* INFIDEL
di-grefft, *a.* UNSKILLED
digrif, -ol, *a.* MERRY, AMUSING
digriflun, (-iau), *n.m.* CARICATURE,
   CARTOON
digrifwas, (-weision), *n.m.* CLOWN,
   BUFFOON
digrifwch, *n.m.* MIRTH, FUN, AMUSEMENT
di-griw, *a.* UNMANNED
digroeso, *a.* INHOSPITABLE
digroniad, *n.m.* FIXATION
digwydd, *v.* HAPPEN, OCCUR
digwyddiad, (-au), *n.m.* HAPPENING,
   INCIDENT, EVENT
digwyddol, *a.* FORTUITOUS
digyfnewid, *a.* UNCHANGEABLE
digyfnod, *a.* APERIODIC
digyfryngedd, *n.m.* IMMEDIACY
digyffelyb, *a.* INCOMPARABLE
digymhellrwydd, *n.m.* SPONTANEITY
digymysg, *a.* UNMIXED
digyrrith, *a.* LIBERAL, UNSPARING
digyswllt, *a.* INCOHERENT
digywair, *a.* ATONAL
digywilydd, *a.* SHAMELESS, IMPUDENT,
   BARE-FACED
digywilydd-dra, *n.m.* IMPUDENCE
dihafal, *a.* UNEQUALLED, PEERLESS
dihafarch, *a.* BRAVE, STRONG
dihangfa, (diangfâu, -feydd), *n.f.*
   ESCAPE
dihangol, *a.* SAFE, ESCAPED
dihangyn, (-ion), *n.m.* ESCAPER

dihalog, *a.* UNDEFILED, PURE
dihalogadwy, *a.* SACROSANCT
dihareb, (diarhebion), *n.f.* PROVERB,
   BYWORD
dihatru, *v.* STRIP, UNDRESS
dihefelydd, *a.* UNEQUALLED
dihedrol, *a.* DIHEDRAL
diheintiad, (-au), *n.m.* DISINFECTION
diheintio, *v.* DISINFECT
diheintydd, (-ion), *n.m.* DISINFECTANT,
   STERILIZER
dihenydd, *n.m.* END, DOOM, DEATH,
   EXECUTION
   yr hen Ddihenydd, ANCIENT OF DAYS
   a. OBSOLETE
diheurbrawf, (-brofion), *n.m.* ORDEAL
diheuriad, *n.m.* ACQUITTAL
diheurio, *v.* ACQUIT
diheuro, *v.* EXCUSE, APOLOGISE, ACQUIT
dihewyd, *n.m.* DESIRE, DEVOTION
di-hid(io), *a.* HEEDLESS, INDIFFERENT,
   RECKLESS
dihidlo, *v.* DROP, DISTIL
dihidrwydd, *n.m.* INDIFFERENCE,
   RECKLESSNESS
dihirwch, *n.m.* WICKEDNESS, TEDIUM
dihiryn, (dihirod), *n.m.* RASCAL,
   SCOUNDREL
dihoeni, *v.* LANGUISH, PINE, WASTE AWAY
dihuno, *v.* WAKEN, AWAKEN
di-hwb, *a.* LIFELESS
di-hwyl, *a.* OUT OF SORTS
dihwylio, *v.* BECALM
dihydradu, *v.* DEHYDRATE
dihysbydd, *a.* INEXHAUSTIBLE, EMPTY
dihysbyddu, *v.* EMPTY, EXHAUST
dil, (-iau), *n.m.*
   dil mêl, HONEYCOMB
   diliau rhos, ROSE PETALS
di-lai, *a.* CERTAIN
dilead, (-au), *n.m.* ABOLITION, DELETION,
   REMISSION
dilechdid, *n.m.* DIALECTIC
diledryw, *a.* PURE, GENUINE, THOROUGH
diletant, (-iaid), *n.m.* DILETTANTE
dileu, *v.* DELETE, ABOLISH, EXTERMINATE,
   ERASE
dilëwr, (-ëwyr), *n.m.* ERASER
dilewyrch, *a.* GLOOMY, UNPROSPEROUS
dilëydd, (-ion), *n.m.* ELIMINANT, ERASER
dilin, *a.* REFINED
diliwio, *v.* BLEACH
dilorni, *v.* ABUSE, REVILE

di-lun, *a.* SHAPELESS, SLOVENLY
dilychwin, *a.* SPOTLESS
dilyffethair, *a.* UNINCUMBERED, UNFETTERED
dilyn, *v.* FOLLOW, PURSUE
dilyniad, (-au), *n.m.* FOLLOWING
dilyniaeth, (-au), *n.f.* SUCCESSION
dilyniant, (-nnau), *n.m.* SEQUENCE, PROGRESSION
   dilyniant rhifyddol, ARITHMETICAL PROGRESSION
dilynol, *a.* FOLLOWING, CONSEQUENT
dilynwr, (-wyr), *n.m.* FOLLOWER, ADHERENT
dilys, *a.* PURE, AUTHENTIC, VALID
dilysiant, (-nnau), *n.m.* VALIDATION
dilysnod, (-au), *n.m.* HALLMARK
dilysrwydd, *n.m.* GENUINESS, CERTAINTY, VALIDITY
dilysu, *v.* CERTIFY, GUARANTEE
di-lyth, *a.* UNFAILING, UNFLAGGING
dilyw, *n.m.* FLOOD
dillad, (*dilledyn, n.m.*), *n.pl.* CLOTHES, CLOTHING
   dillad segura, CASUALS
   hors dillad, CLOTHES HORSE
dilladaeth, *n.f.* DRAPERY
dilladu, *v.* CLOTHE
dilledydd, *n.m.* DRAPER, TAILOR
dilledyn, (dillad, dilladau), *n.m.* GARMENT
dillyn, *a.* REFINED, NEAT, ELEGANT, BEAUTIFUL
dillynder, *n.m.* REFINEMENT, ELEGANCE, DAINTINESS
dim, *n.m.* ANYTHING, ANY, NOTHING, NIL, LOVE, SILVER FISH
   a. ANY, NO
dimai, (-eiau), *n.f.* HALFPENNY
dimensiwn, (-iynau), *n.m.* DIMENSION
dimensiynol, *a.* DIMENSIONAL
din, (-au), *n.m.* CITY, FORTRESS
dinab-man, *a.* REMOTE
di-nam, *a.* FAULTLESS, PERFECT
dinas, (-oedd), *n.f.* CITY
dinasol, *a.* MUNICIPAL
dinaswr, (-wyr), *n.m.* CITIZEN
dinasyddiaeth, *n.f.* CITIZENSHIP
dincod, see *deincod*
dinesig, *a.* CIVIC, URBAN
dinesydd, (dinasyddion), *n.m.* CITIZEN
dingi, *n.m.* DINGHY
dinistr(iad), *n.m.* DESTRUCTION
dinistrio, *v.* DESTROY

dinistriol, *a.* DESTRUCTIVE
dinistriwr, (-wyr), *n.m.* DESTROYER
diniwed, *a.* INNOCENT, HARMLESS, SIMPLE
diniweidrwydd, *n.m.* INNOCENCE
di-nod, *a.* INSIGNIFICANT, OBSCURE
dinodedd, *n.m.* INSIGNIFICANCE, OBSCURITY
dinoethi, *v.* BARE, EXPOSE, DENUDE
dinoethiad, (-au), *n.m.* EXPOSURE
dinoethiant, (-nnau), *n.m.* DENUDATION
diod, (-ydd), *n.f.* DRINK
diodi, *v.* GIVE DRINK
diodlyn, (-nau), *n.m.* BEVERAGE
diodoffrwm, (-ymau), *n.m.* LIBATION
dioddefaint, *n.m.* SUFFERING, PASSION
dioddefgar, *a.* PATIENT, FORBEARING
dioddefgarwch, *n.m.* PATIENCE
dioddefwr, -ydd, (-wyr), *n.m.* SUFFERER, PATIENT
di-oed, *a.* WITHOUT DELAY
diofal, *a.* CARELESS
diofalwch, *n.m.* CARELESSNESS, INDIFFERENCE
diofryd, *n.m.* VOW, TABOO
diofrydu, *v.* VOW, BAN, RENOUNCE
diog, *a.* SLUGGISH, LAZY, SLOW
diogel, *a.* SAFE, SECURE, CERTAIN
diogelu, *v.* SAFEGUARD, SECURE
diogelwch, *n.m.* SAFETY
diogell, (-ion), *n.m.* SAFE
diogi, *n.m.* LAZINESS
   v. IDLE, BE LAZY
dioglyd, *a.* LAZY, SLUGGISH, INDOLENT
diogyn, *n.m.* IDLER, SLUGGARD
diolch, *v.* THANK, GIVE THANKS
   (-iadau), *n.m.* THANKS
diolchgar, *a.* THANKFUL, GRATEFUL
diolchgarwch, *n.m.* THANKFULNESS, THANKSGIVING
diolwg, *a.* UGLY
diorseddiad, (-au), *n.m.* DEPOSITION
diorseddu, *v.* DETHRONE, DEPOSE
di-os, *a.* WITHOUT DOUBT
diosg, *v.* DIVEST, UNDRESS, STRIP
diosgwr, (-wyr), *n.m.* MALE STRIPPER
diosgwraig, (-wragedd), *n.f.* STRIPPER
diota, *v.* TIPPLE
diotwr, (-wyr), *n.m.* BOOZER, DRUNKARD
dioty, (-tai), *n.m.* PUBLIC HOUSE
dip, (-iau), *n.m.* DIP
dipell, *n.m.* DIPPER
diploma, (-âu), *n.m.f.* DIPLOMA
diplomateg, *n.f.* DIPLOMACY
diplomydd, (-ion), *n.m.* DIPLOMAT

diplomyddol, *a.* DIPLOMATIC
dipswits, *n.f.* DIPSWITCH
dipton, (-au), *n.f.* DIPHTHONG
diptych, *n.m.* DIPTYCH
dir, *a.* SURE, CERTAIN, NECESSARY
diraddiad, (-au), *n.m.* DEGRADATION
diraddio, *v.* DEGRADE
diraddiol, *a.* DEGRADING
diraen, *a.* SHABBY, DULL
dirbechod, (-au), *n.m.* VICE
dirboen, (-au), *n.m.* EXTREME PAIN,
  TORTURE
dirboeni, *v.* TORTURE, EXCRUCIATE
dirdra, *n.m.f.* EVIL, VIOLENCE
dirdro, *n.m.* TORSION
dirdyniad, (-au), *n.m.* CONVULSION
dirdynnol, *a.* EXCRUCIATING
dirdynnu, *v.* TORTURE
direidi, *n.m.* MISCHIEF, NAUGHTINESS
direidus, *a.* MISCHIEVOUS, NAUGHTY
direol, *a.* UNRULY, DISORDERLY
direwydd, *n.m.* DEFROSTER
dirfawr, *a.* ENORMOUS, VAST, HUGE
dirfod, *n.m.* EXISTENCE, REALITY
dirfodaeth, *n.f.* EXISTENTIALISM
dirfodol, *a.* EXISTENTIAL
dirfodolwr, (-wyr), *n.m.* EXISTENTIALIST
dirgel, *a.* SECRET
  (-ion), *n.m.* SECRET
dirgeledigaeth, (-au), *n.m.f.* MYSTERY
dirgelwch, *n.m.* SECRECY, MYSTERY,
  SECRET, PRIVATE PARTS
dirgroes, *a.* OPPOSITE
dirgryn, *a.* VIBRATORY
dirgryniad, (-au), *n.m.* TREMOR, VIBRATION
dirgrynol, *a.* VIBRATING
dirgrynu, *v.* VIBRATE
diriaeth, (-au), *n.m.* CONCRETENESS
diriaethol, *a.* CONCRETE
diriant, (-nnau), *n.m.* STRESS
dirlawn, *a.* SATURATED
dirlawnder, (-au), *n.m.* SATURATION
dirmyg, (-au, -on), *n.m.* CONTEMPT, SCORN
dirmygu, *v.* DESPISE, SCORN
dirmygus, *a.* CONTEMPTUOUS, DESPICABLE
dirnad, *v.* APPREHEND, DISCERN
dirnadaeth, *n.f.* APPREHENSION,
  DISCERNMENT
dirnadwy, *a.* DISCERNIBLE
dirprwy, (-on), *n.m.* DEPUTY, DELEGATE,
  PROXY
dirprwyaeth, (-au), *n.f.* DEPUTATION,
  DELEGATION
dirprwyad, (-au), *n.m.* SUBSTITUTION

dirprwyo, *v.* DEPUTISE, DELEGATE
dirwasgiad, (-au), *n.m.* DEPRESSION,
  RECESSION
dirwedd, (-au), *n.m.* REALITY
dirweddol, *a.* REAL
dirweddwr, (-wyr), *n.m.* REALIST
dirwest, (-au), *n.m.f.* ABSTINENCE,
  TEMPERANCE
dirwestol, *a.* TEMPERATE, ABSTEMIOUS
dirwestwr, (-wyr), *n.m.* ABSTAINER
dirwy, (-on), *n.f.* FINE, AMERCEMENT,
  FORFEIT
dirwyn, *v.* WIND, TWIST
dirwyo, *v.* FINE, FORFEIT
di-rym, |
dirym, | *a.* POWERLESS, FEEBLE, VOID
dirymdra, *n.f.* NULLITY
dirymiad, (-au), *n.m.* REVOCATION,
  ANNULMENT
dirymu, *v.* NULLIFY, CANCEL, ANNUL
diryw, *a.* NEUTER
dirywiad, (-au), *n.m.* DETERIORATION,
  DEGENERATION, MORAL DECAY
dirywiaeth, *n.f.* DEGENERACY
dirywiedig, *a.* DEGENERATE
dirywio, *v.* DETERIORATE, DEGENERATE
dirywiol, *a.* DECADENT, RETROGRADE
dîs, (-iau), *n.m.f.* DICE, CUBE
di-sad, *a.* FICKLE
di-sail, *a.* GROUNDLESS, UNFOUNDED
disbaddu, *v.* CASTRATE, GELD, SPAY
disbaddwr, (-wyr), *n.m.* CASTRATOR,
  GELDER
disbaidd, *n.m.* EUNUCH, CASTRATION
  a. CASTRATED
disbeinio, *v.* PILLAGE, DENUDE, HUSK
disberod, *a.* WANDERING
disbrofi, *v.* DISPROVE
disbydd, *a.* DRAINED, DRIED UP
disbyddedig, *a.* EXHAUSTED
disbyddu, *v.* EMPTY, EXHAUST
disbyddwr, *n.m.* EXHAUST
disco, (-au), *n.m.* DISCO
disel, *n.m.* DIESEL
disenter, (-s), *n.m.* NONCONFORMIST,
  INDEPENDENT, DISSENTER
diserch, *a.* SULLEN, SULKY, LOVELESS
disg, (-iau), *n.m.* DISK, RECORD
disgen, (disgiau), *n.f.* DISCUS
di-sgil, *a.* UNSKILLED
disglair, *a.* BRIGHT, BRILLIANT
disgleirdeb, -der, *n.m.* BRIGHTNESS,
  BRILLIANCE
disgleirio, *v.* SHINE, GLITTER
disgloff, *a.* NIMBLE

disgownt, (-iau, -s), *n.m.* DISCOUNT
disgrifiad, (-au), *n.m.* DESCRIPTION
disgrifiadaeth, *n.f.* DESCRIPTIVE POWER
disgrifiadol, *a.* DESCRIPTIVE
disgrifio, *v.* DESCRIBE
disgwyl, *v.* LOOK, EXPECT, WAIT (for)
disgwylfa, (-feydd), *n.f.* WATCH-TOWER. LOOK-OUT
disgwylgar, *a.* WATCHFUL. EXPECTANT
disgwyliad, (-au), *n.m.* EXPECTATION. HOPE
disgybl, (-ion), *n.m.* DISCIPLE. PUPIL. NOVICE. ADHERENT
disgyblaeth, (-au), *n.f.* DISCIPLINE
disgyblu, *v.* DISCIPLINE. INSTRUCT
disgyblwr, (-wyr), *n.m.* DISCIPLINARIAN
disgyn, *v.* DESCEND. FALL. ALIGHT. POUNCE
disgynfa, (-feydd), *n.f.* DESCENT. LANDING-PLACE
disgyniad, (-au), *n.m.* DESCENT. FALL
disgynneb, (-ynebau), *n.f.* ANTICLIMAX. BATHOS
disgynnol, *a.* DESCENDING
disgynnydd, (-ynyddion), *n.m.* DESCENDANT
disgyrchedd, *n.m.* GRAVITATION
disgyrchiad, -iant, *n.m.* GRAVITY
  craidd disgyrchiad, CENTRE OF GRAVITY
disgyrchu, *v.* GRAVITATE
disgyrnu, *v.* GNASH. SNARL
di-sigl, *a.* STEADFAST. FIRM
disio, *v.* DICE
disiog, *a.* DICED
disodli, *v.* DISPLACE, TRIP UP, REPLACE
di-sôn, *a.* ⎫ WITHOUT MENTION. NOISELESS
dison, *a.* ⎭
dist, (-iau), *n.m.* JOIST. BEAM
distadl, *a.* INSIGNIFICANT. BASE. MEAN
distadledd, *n.m.* INSIGNIFICANCE. OBSCURITY
di-staen, *a.* STAINLESS
distain, (-einiaid), *n.m.* CONTROLLER. STEWARD, SENESCHAL
distaw, *a.* SILENT. CALM. QUIET
distawrwydd, *n.m.* SILENCE. QUIET
distemper, (-au), *n.m.* DISTEMPER
distewi, *v.* SILENCE. BE SILENT
distryw, *n.m.* DESTRUCTION. DESOLATION
distrywgar, *a.* DESTRUCTIVE
distrywio, *v.* DESTROY
distrywiwr, (-wyr), *n.m.* DESTROYER

distyll, (-ion, -iau), *n.m.* LOW TIDE. EBB. ABATEMENT
distylliad, (-au), *n.m.* DISTILLATION. EBBING
distyllu, *v.* DISTIL
di-sut, *a.* ⎫ SLIGHT. WEAKLY. PUNY. INEPT
disut, *a.* ⎭
diswta, *a.* SUDDEN. ABRUPT
diswyddiad, (-au), *n.m.* DISMISSAL. DEPOSITION
diswyddo, *v.* DISMISS. DEPOSE
disychedu, *v.* QUENCH THIRST
disychiadur, (-on), *n.m.* DESSICATOR
di-syfl, *a.* STEADFAST, IMMOVABLE
disyfyd, *a.* SUDDEN. INSTANTANEOUS
disyml, *a.* GENTLE. FREE
disymudedd, *n.m.* REST
disymwth, *a.* SUDDEN. ABRUPT
disynnwyr, *a.* SENSELESS
ditectif, (-s), *n.m.* DETECTIVE
ditiadwy, *a.* INDICTABLE
ditio, *v.* INDICT
ditiol, *a.* INDICTABLE
ditment, (-au), *n.m.* INDICTMENT
diwahân, *a.* INSEPARABLE. INDISCRIMINATE
diwahanu, *v.* DESEGREGATION
diwair, *a.* CHASTE. PURE
di-waith, *a.* UNEMPLOYED. IDLE
diwala, *a.* INSATIABLE. VORACIOUS
diwall, *a.* SATISFIED. PERFECT. ABUNDANT
diwallu, *v.* SATISFY. SUPPLY
diwarafun, *a.* UNFORBIDDEN. UNGRUDGING
diwasgedd, (-au), *n.m.* DEPRESSION (WEATHER)
diwedydd, (-iau), *n.m.* EVENING, EVENTIDE
diwedd, *n.m.* END. CONCLUSION. DEATH. DESTRUCTION
diweddar, *a.* LATE. MODERN
diweddaru, *v.* MODERNISE
diweddarwch, *n.m.* LATENESS. MODERNITY. SLOWNESS
diweddeb, (-au), *n.f.* CADENCE
diweddglo, (-eon), *n.m.* CONCLUSION. FINALE. EPILOGUE
diweddu, *v.* END. FINISH. CONCLUDE
diweirdeb, *n.m.* CHASTITY. PURITY
diweithdra, *n.m.* UNEMPLOYMENT
diwel, *v.* POUR. EMPTY
diwelfa, (-feydd), *n.f.* WATERSHED
diwethaf, *a.* LAST, LATEST

diwethafwr, (-wyr), *n.m.* ESCHATOLOGIST
diwinydd, (-ion), *n.m.* THEOLOGIAN
diwinyddiaeth, *n.f.* THEOLOGY, DIVINITY
diwinyddol, *a.* THEOLOGICAL
diwlychiad, (-au), *n.m.* DELIQUESCENCE
diwreiddio, *v.* UPROOT, ERADICATE
diwrnod, (-au), *n.m.* DAY
diwrthdro, *a.* INEXORABLE
diws, (-iau), *n.m.* DEUCE
diwyd, *a.* DILIGENT, PERSEVERING
diwydianfa, *n.f.* INDUSTRIAL ESTATE
diwydiannaeth, *n.f.* INDUSTRIALISATION,
INDUSTRIALISM
diwydiannol, *a.* INDUSTRIAL
cymhlyg diwydiannol, INDUSTRIAL
COMPLEX
offeriant diwydiannol, INDUSTRIAL
PLANT
diwydiannwr, (-ianwyr), *n.m.*
INDUSTRIALIST
diwydiant, (-nnau), *n.m.* INDUSTRY
diwydiant ategol, ANCILLARY
INDUSTRY
diwydiant echdyn(nol), EXTRACTIVE
INDUSTRY
diwydiant deilliedig, SPIN-OFF
INDUSTRY
diwydrwydd, *n.m.* DILIGENCE
diwyg, *n.m.* FORM, DRESS, CONDITION,
FORMAT, AMENDMENT
diwygiad, (-au), *n.m.* REFORM,
REFORMATION, REVIVAL
diwygiadol, *a.* REFORMATORY,
REVIVALISTIC
diwygiedig, *a.* REFORMED, REVISED
diwygio, *v.* AMEND, REFORM, REVISE
diwygiol, *a.* REFORMATORY
diwygiwr, (-wyr), *n.m.* REFORMER,
REVIVALIST
diwylliadol, *a.* CULTURAL
diwylliannol, *a.* CULTURAL
diwylliant, (-nnau), *n.m.* CULTURE
diwylliedig, *a.* CULTURED
diwyllio, *v.* CULTIVATE
diwyllydd, (-ion), *n.m.* CULTIVATOR
diwyno, *v.* MAR, SPOIL, SULLY
diymadferth, *a.* HELPLESS, INERT
diymadferthedd, *n.m.* HELPLESSNESS
diymarbed, *a.* UNSPARING, CEASELESS
diymdroi, *a.* WITHOUT DELAY
diymhongar, *a.* UNASSUMING
diymod, *a.* STEADFAST, IMMOVABLE
diymwad, *a.* UNDENIABLE

diysgog, *a.* STEADFAST, STABLE, RESOLUTE
diysgogrwydd, *n.m.* STEADFASTNESS,
STABILITY
diystyr, *a.* INCONSIDERATE,
CONTEMPTUOUS, MEANINGLESS
diystyrllyd, *a.* CONTEMPTUOUS, SCORNFUL
diystyru, *v.* DESPISE, DISREGARD
diystyrwch, *n.m.* DISREGARD, CONTEMPT,
SCORN
do, *ad.* YES
doc, (-iau), *n.m.* DOCK
docfa, (-feydd), *n.f.* BERTH
docio, *v.* SHORTEN, DOCK, BERTH
doctor, (-iaid), *n.m.* DOCTOR
doctora, *v.* DOCTOR
dod, *v.* see *dyfod*
dodi, *v.* PUT, PLACE, GIVE
dodrefn, (-yn, *n.m.*) *n.pl.,* FURNITURE
dodrefnau, *n.pl.* FURNISHINGS
dodrefnu, *v.* FURNISH
dodrefnwr, (-wyr), *n.m.* FURNISHER
dodwy, *v.* LAY (EGGS)
dodyn, (dodion), *n.m.* DATUM
doe, (-au), *ad.* YESTERDAY
doeth, *a.* WISE
doethair, (-eiriau), *n.m.* APOPHTHEGM
doethineb, (-au), *n.f.* WISDOM, DISCRETION
doethinebu, *v.* DISCOURSE WISELY,
PONTIFICATE
doethor, (-iaid), *n.m.* ⎤ DOCTOR
doethur, (-iaid), *n.m.* ⎦ (OF UNIVERSITY)
doethoriaeth, (-au), *n.f.* ⎤ DOCTORATE
doethuriaeth, (-au), *n.f.* ⎦
doethyn, *n.m.* WISEACRE
dof, (-ion), *a.* TAME, DOMESTICATED
dofednod, *n.pl.* POULTRY, FOWLS
dofi, *v.* TAME, APPEASE, DOMESTICATE
dofn, *a.* f. of *dwfn*
Dofydd, *n.m.* GOD, LORD
dogfen, (-ni, -nau), *n.f.* DOCUMENT
dogfeniad, *n.m.* DOCUMENTATION
dogfennaeth, *n.f.* DOCUMENTATION
dogfennen, (-ennau), *n.f.*
DOCUMENTARY
dogfennol, *a.* DOCUMENTARY
dogma, (dogmâu), *n.m.* DOGMA,
dogmatig, *a.* DOGMATIC
dogn, (-au), *n.m.* RATION, SHARE, DOSE,
ALLOWANCE
dogni, *v.* RATION, MEASURE
doili, *n.m.* D'OYLEY
dol, (-iau), *n.f.* DOLL
dôl, (dolydd, dolau), *n.f.* MEADOW,
DALE

116

dôl, *n.m.* DOLE
dolbren, BLOCKHEAD. PUPPET
dolbridd, (-oedd), *n.m.* ALLUVIUM.
  MEADOW SOIL
doldir, (-oedd), *n.m.* MEADOW-LAND
doldrymau, *n.pl.* DOLDRUMS
dolef, (-au), *n.f.* CRY. SHOUT
dolefain, *v.* CRY OUT
dolefus, *a.* PLAINTIVE. WAILING
dolen, (-nau, -ni), *n.f.* LOOP. LINK. RING.
  BOW, HANDLE (OF CUP)
dolennen, (dolennau), *n.f.* LOOP
dolennog, *a.* SERPENTINE
dolennu, *v.* LOOP. MEANDER. WIND
doler, (-i), *n.f.* DOLLAR
dolffin, *n.m.* DOLPHIN.
doli, (dolïau, -s), *n.f.* DOLLY. DOLL
dolur, (-iau), *n.m.* HURT, SORE, AILMENT
dolurio, *v.* HURT. ACHE. WOUND. GRIEVE
dolurus, *a.* SORE. GRIEVOUS. PAINFUL
dominiwn, (dominiynau), *n.m.*
  DOMINION
dominyddiaeth, *n.f.* DOMINATION
dominyddu, *v.* DOMINATE
domisil, (-iau), *n.m.* DOMICIL(E)
donio, *v.* ENDOW, ENDUE
doniog, *a.* TALENTED. GIFTED
doniol, *a.* WITTY. HUMOROUS
donioldeb, -wch, *n.m.* WIT. HUMOUR
dôr, (dorau), *n.f.* DOOR
dorglwyd, (-i), *n.f.* WATTLE-GATE
dormach, *n.m.* OPPRESSION
dormer, (-au), *n.m.* DORMER
dormitori, *a.* DORMITORY
dos, (-ys, -au), *n.f.* DOSE
dosbarth, (-au, -iadau), *n.m.* CLASS.
  STANDARD. DISTRICT
dosbarthiad, (-au), *n.m.*
  CLASSIFICATION. DISTRIBUTION
dosbarthol, *a.* DISTRIBUTIVE
dosbarthu, *v.* CLASSIFY. DIVIDE.
  DISTRIBUTE
dosbarthus, *a.* ORDERLY. DISCERNING
dosbarthwr,
dosbarthydd, } (-wyr), *n.m.* DISTRIBUTOR
dosio, *v.* DOSE
dosraniad, (-au), *n.m.* ANALYSIS.
  DISTRIBUTION
dosrannu, *v.* DIVIDE. ANALYSE.
  DISTRIBUTE. APPORTION
dostaliad, (-au), *n.m.* DISBURSEMENT
dot, *n.f.* GIDDINESS
  (-iau), *n.m.f.* DOT

dotio, *v.* DOTE. DOT
dotwaith, (-weithiau), *n.m.* STIPPLE
dowcio, *v.* PLUNGE. DUCK
dowciwr, (-wyr), *n.m.* DIVER
dow-dow, *ad.* LEISURELY
dowel, (-i), *n.m.* DOWEL
downdir, (-oedd), *n.m.* DOWNLAND
drachefn, *ad.* AGAIN
dracht, (-iau), *n.m.* DRAUGHT (OF
  LIQUOR. etc.)
drachtio, *v.* DRINK DEEP
draen, (-iau), *n.f.* DRAIN
draen, -en, (drain), *n.f.* THORN
draeniad, (-au), *n.m.* DRAINAGE
draenio, *v.* DRAIN
draenog, (-od, -iaid), *n.m.* HEDGEHOG
draenogyn, (-ogiaid), *n.m.* PERCH
drafft, (-iau), *n.m.* DRAFT. DRAUGHT
draffts, *n.pl.* DRAUGHTS
drag, (-iau), *n.m.* FRAGMENT
dragio, *v.* TEAR. MANGLE
draig, (dreigiau), *n.f.* DRAGON
drain, see *draen(en)*
drama, (dramâu), *n.f.* DRAMA
  drama ddihangol, ESCAPIST PLAY
  drama gyffro, THRILLER
  drama'r Geni, NATIVITY PLAY
dramateiddio, *v.* DRAMATISE
dramatig, *a.* DRAMATIC
dramodiad, (-au), *n.m.* DRAMATISATION
dramodwr, (-wyr), *n.m.* DRAMATIST
draw, *ad.* YONDER. AWAY
drefa, (drefâu), *n.f.* THRAVE
dreflan, *v.* DRIBBLE
dreng, *a.* PERVERSE. BITTER. SULLEN.
  MOROSE
dreif, (-iau), *n.m.* DRIVE
dreifio, *v.* DRIVE
dreifiwr, (-wyr), *n.m.* DRIVER
drensiwr, (-wyr), *n.m.* DRENCHER
dres, (-ys), *n.f.* DRESS
dresel, -er, (-i, -ydd), *n.m.* DRESSER
dresin, (-iau), *n.m.* DRESSING
dresio, *v.* DRESS
drewdod, *n.m.* STINK. STENCH
drewi, *v. & n.m.* STINK
drewllyd, *a.* STINKING
dribl, (-au), *n.m.* DRIBBLE
driblo, *v.* DRIBBLE
drifft, (-iau), *n.m.* DRIFT
dringfa, (-feydd), *n.f.* CLIMB. ASCENT
dringiedydd, *n.m.* CREEPER
dringo, *v.* CLIMB
dringwr, (-wyr), *n.m.* CLIMBER

dril, (-iau), *n.m.* DRILL
drilio, *v.* DRILL
dripsych, *a.* DRIP DRY
dropsi, *n.m.* DROPSY
drôr, (drors), *n.m.* DRAWER
dros, see *tros*
drud, *a.* DEAR. PRECIOUS. VALUABLE
drudaniaeth, *n.m.f.* SCARCITY. DEARNESS
drudfawr, *a.* COSTLY. EXPENSIVE
drudwen, *n.f.* |
drudwy, *n.m.* | STARLING
drwg, *a.* EVIL. BAD. WICKED
drwgdybiaeth, (-au), *n.f.* SUSPICION
drwgdybio, *v.* SUSPECT
drwgdybus, *a.* SUSPICIOUS
drwglosgiad, *n.m.* ARSON
drwgweithredwr, (-wyr), *n.m.*
    OFFENDER, EVIL-DOER, CRIMINAL
drwm, (drymiau), *n.m.* DRUM
drŵp, *n.m.* DROUPE
drws, (drysau), *n.m.* DOOR. ENTRANCE.
    GAP. PASS
drwy, see *trwy*
drycin, (-oedd), *n.f.* STORM
drycinog, *a.* STORMY
drych, (-au), *n.m.* SPECTACLE. MIRROR.
    PATTERN. IMAGE. STATE
drychfeddwl, (-feddyliau), *n.m.* IDEA
drychiad, (-au), *n.m.* ELEVATION.
    MANIFESTATION
drychiolaeth, (-au), *n.f.* APPARITION.
    ILLUSION
dryg, (-iau), *n.m.* DRUG
drygair, (-eiriau), *n.m.* SCANDAL. ILL
    REPORT
dryganadl, *n.m.* HALITOSIS
drygfyd, *n.m.* ADVERSITY
drygioni, *n.m.* WICKEDNESS, EVIL
drygionus, *a.* WICKED. BAD
drygnaws, *a.* MALEVOLENT
drygu, *v.* HURT. DAMAGE. BECOME BAD
dryll, (-iau), *n.m.* PIECE. PORTION
    n.m.f. RIFLE. GUN
dryllfetel, (-au, -oedd), *n.m.* GUN
    METAL
drylliad, (-au), *n.m.* BREAKING. WRECK
drylliedig, *a.* BROKEN
dryllio, *v.* CUT UP. TEAR. CRUSH
drymlin, (-au), *n.f.* DRUMLIN
drysfa, (-feydd), *n.f.* LABYRINTH. MAZE
drysi, (-*ïen*, *n.f.*), *n.pl.* THORNS, BRIERS
dryslwyn, (-i), *n.m.* THICKET
dryslyd, *a.* CONFUSED. PUZZLING

drysor, (-ion), *n.m.* PORTER. DOOR-
    KEEPER
drysu, *v.* CONFUSE. TANGLE
dryswch, *n.m.* CONFUSION. TANGLE.
    PERPLEXITY
drythyll, *a.* WELL-FED. LIVELY. WANTON
dryw, (-od), *n.m.f.* WREN
du, (-on), *a.* & *n.m.* BLACK. BITTER
duc, dug, (-iaid), *n.m.* DUKE
dueg, *n.f.* SPLEEN. BILE. MELANCHOLY
dugiaeth, *n.f.* DUCHY
dulio, *v.* BEAT. KNOCK. STAMP
dull, (-iau), *n.m.* FORM. MODE. MANNER
dullwedd, (-au), *n.m.* MANNERISM
duo, *v.* BLACKEN. DARKEN
duodenwm, (-dena), *n.m.* DUODENUM
dur, (-oedd), *n.m.* & *a.* STEEL
duraidd, *a.* STEELY
duralwmin, *n.m.* DURALUMIN
durio, *v.* HARDEN. STEEL
duryn, (-nau), *n.m.* STEM
duw, (-au), *n.m.* GOD, *Duw*, **GOD**
düwch, *n.m.* BLACKNESS
duwdod, *n.m.* GODHEAD. DEITY
duwies, (-au), *n.f.* GODDESS
duwiol, (-ion), *a.* GODLY. PIOUS
duwioldeb, *n.m.* GODLINESS, DEVOUTNESS
duwiolfrydig, *a.* PIOUS. GODLY
dŵb, *n.m.* DAUB
dwbio, *v.* DAUB. PLASTER
dwbl, (dyblau), *a.* DOUBLE. BINARY
    n.m. DOUBLE
dwbled, (-au), *n.f.* DOUBLET
dwbler, *n.m.* DOUBLER
dwblo, *v.* DOUBLE
dweud, *v.* SAY. SPEAK. TELL
dwfn, *a.* DEEP. PROFOUND
dwfr, dŵr, (dyfroedd), *n.m.* WATER.
    PUS. ACIDITY
dwl, *a.* DULL. FOOLISH
dwli, *n.m.* NONSENSE
dwlu, *v.* DOTE
dwmbwr-dambar, *ad.* HELTER-SKELTER
dwndwr, *n.m.* NOISE. BABBLE. HUBBUB
dwned, (-au), *n.m.* GRAMMAR. POETIC
    PRINCIPLES
dwnsiwn, (-iynau), *n.m.* DUNGEON
dŵr, see *dwfr*
    dŵr achlysurol, CASUAL WATER
    traphont dŵr, AQUEDUCT
dwralwmin, *n.m.* DURALUMIN
dwrdio, *v.* SCOLD. THREATEN
dwrglos, *a.* WATERTIGHT. WATERPROOF

dwrlawn, *a.* WATERLOGGED
dwrn, (dyrnau), *n.m.* FIST. KNOB.
  HANDLE. HILT
dwsel, (-au, -i), *n.m.* TAP. FAUCET. SPOUT
dwsin, (-au), *n.m.* DOZEN
dwsmel, (-au), *n.m.* DULCIMER
dwst, *n.m.* DUST. POWDER
dwster, (-i), *n.m.* DUSTER
dwthwn, *n.m.* DAY
dwy, see *dau*
dwybleidiol, *a.* BIPARTISAN
dwyfol, *a.* DIVINE. HOLY. DEVOUT
dwyfoldeb, *n.m.* DIVINITY. DEITY.
  GODLINESS
dwyfoli, *v.* DEIFY
dwyfoliad, *n.m.* DIVINIZATION, DEIFICATION
dwyfron, (-nau), *n.f.* BREAST. CHEST.
  BOSOM. HEART
dwyfronneg, *n.f.* BREASTPLATE. CORSELET
dwyieitheg, *n.f.* STUDY OF BILINGUALISM
dwyieithog, *a.* BILINGUAL
dwyieithedd,
dwyieithrwydd, | *n.m.* BILINGUALISM
dwylo, *d.n. & pl.* TWO HANDS. STAFF. CREW
dwyn, *v.* BEAR. BRING. STEAL. TAKE
dwyochredd, *n.m.* BILATERALISM
dwyochrol, *a.* BILATERAL
dwyradd, *a.* QUADRATIC. TWO-TIER
dwyrain, *a. & n.m.* EAST
dwyraniad, *n.m.* DICHOTOMY
dwyrannu, *v.* BISECT
dwyrannydd, (-anyddion), *n.m.*
  BISECTOR
dwyreiniad, (-iaid), *n.m.* EASTING
dwyreiniol, *a.* EASTERLY. ORIENTAL
dwyreiniwr, (-wyr), *n.m.* ORIENTAL
dwys, *a.* GRAVE. INTENSE. PROFOUND.
  THICK. DENSE. CONCENTRATED
  dwys-ddysgu, CRASH COURSE
dwysáu, *v.* DEEPEN. INTENSIFY
dwysbigo, *v.* PRICK. STING
dwysedd, (-au), *n.m.* DENSITY
dwysfwyd, *n.m.* CONCENTRATE
dwyster, *n.m.* EARNESTNESS. GRAVITY
dwythell, (-au), *n.f.* DUCT
dy, *pn.* THY. THINE. YOUR
dyall, see *deall*
dyblu, *v.* DOUBLE. REPEAT
dyblyg, *a.* TWOFOLD. DOUBLE. DUPLICATE
dyblygiad, (-au), *n.m.* DUPLICATION
dyblygu, *v.* DOUBLE. FOLD. DUPLICATE
dyblygydd, (-ion), *n.m.* DUPLICATOR
dybryd, *a.* DIRE. MONSTROUS. FLAGRANT.
  SHAMEFUL. GROSS

dychan, (-au), *n.f.* SATIRE. ABUSE.
  LAMPOON
dychangerdd, (-i), *n.f.* SATIRICAL POEM
dychanol, *a.* SATIRICAL
dychanu, *v.* SATIRIZE. LAMPOON
dychanwr, (-wyr), *n.m.* SATIRIST
dychlamu, *v.* THROB. LEAP. PALPITATE
dychmygadwy, *a.* IMAGINABLE
dychmygol, *a.* IMAGINARY
dychmygu, *v.* IMAGINE. INVENT
dychmygus, *a.* IMAGINATIVE. INVENTIVE
dychryn, (-iadau), *n.m.* FRIGHT. DREAD.
  TREMBLING
  v. FRIGHTEN. BE HORRIFIED
dychrynllyd, *a.* FRIGHTFUL. DREADFUL.
  HORRENDOUS
dychrynu, *v.* FRIGHTEN. BE FRIGHTENED
dychweledig, *a.* RETURNED
dychweledigion, *n.pl.* CONVERTS
dychweliad, (-au), *n.m.* RETURN.
  CONVERSION
dychwelyd, *v.* RETURN. CONVERT. RESTORE
dychymyg, (dychmygion), *n.m.*
  IMAGINATION. FANCY. IDEA. RIDDLE
dydd, (-iau), *n.m.* DAY
dyddfu, *v.* FLAG. FAINT. PINE
dyddgwaith, *n.m.* A (CERTAIN) DAY. TIME
dyddhau, *v.* DAWN
dyddiad, (-au), *n.m.* DATE. DATING
dyddiadur, (-on), *n.m.* DIARY
dyddiedig, *a.* DATED
dyddio, *v.* DAWN. DATE. ARBITRATE
dyddiol, *a.* DAILY. DIURNAL
dyddiwr, (-wyr), *n.m.* MEDIATOR.
  ARBITRATOR
dyddlyfr, (-au), *n.m.* DIARY. DAY-BOOK
dyddodyn, (-odion), *n.m.* DEPOSIT
dyfais, (-feisiau), *n.f.* DEVICE. INVENTION
dyfal, *a.* DILIGENT. CAREFUL. INTENSIVE.
  PERSISTENT. SLOW
dyfalbarhad, *n.m.* PERSEVERANCE
dyfalbarhau, *v.* PERSEVERE
dyfaliad, (-au), *n.m.* GUESS. CONJECTURE
dyfalu, *v.* GUESS. COMPARE. IMAGINE
dyfarniad, (-au), *n.m.* VERDICT.
  DECISION. ADJUDICATION. JUDGEMENT
dyfarnu, *v.* ADJUDGE. SENTENCE. UMPIRE
dyfarnwr, (-wyr), *n.m.* JUDGE. UMPIRE
dyfeisio, *v.* DEVISE. INVENT. IMAGINE
dyfeisiwr, (-wyr), *n.m.* INVENTOR
dyfn, *a.* DEEP
dyfnant, (-nentydd), *n.f.* RAVINE
dyfnder, (-au, -oedd), *n.m.* DEEP.
  DEPTH

dyfnhau, *v.* DEEPEN
dyfod, dod, *v.* BECOME. COME
dyfodfa, (-feydd), *n.f.* ACCESS. ENTRY
dyfodiad, (-au), *n.m.* COMING. ARRIVAL.
  ADVENT
  (-iaid), *n.m.* INCOMER,
  STRANGER
dyfodol, *a.* FUTURE. COMING
  n.m. FUTURE
dyfodoliaeth, *n.f.* FUTURISM
dyfradwy, *a.* WATERED
dyfredig, *a.* IRRIGATED
dyfrffos, (-ydd), *n.f.* CANAL.
  WATERCOURSE. ACQUEDUCT
dyfrgi, (-gwn), *n.m.* OTTER
dyfrhad, *n.m.* IRRIGATION
dyfrhau, *v.* WATER. IRRIGATE
dyfrllyd, *a.* WATERY. DAMP
dyfrol, *a.* AQUATIC
dyfyniad, (-au), *n.m.* QUOTATION
dyfynnod, (-ynodau), *n.m.* QUOTATION
  MARK
dyfynnol, *a.* CITATORY. SUMMONED
dyfynnu, *v.* CITE. QUOTE. SUMMON
dyffl, *n.m.* DUFFEL
dyffryn, (-noedd), *n.m.* VALLEY. DALE
dyffryndir, (-oedd), *n.m.* LOW COUNTRY.
  VALE
dygiedydd, (-ion), *n.m.* BEARER
dygn, *a.* HARD. SEVERE. GRIEVOUS. DIRE
dygnedd, *n.m.* ENDURANCE
dygnu, *v.* STRIVE. PERSEVERE
dygnwch, *n.m.* PERSEVERANCE. ASSIDUITY
dygwr, (-wyr), *n.m.* TAKER, THIEF
dygwydd, *n.m.* INCIDENCE
dygwyl, *n.m.* FESTIVAL. FEAST DAY
dygwympo, *v.* COLLAPSE
dygyfor, *v. & n.m.* SURGE. MUSTER
dygymod, *v.* PUT UP (with), SETTLE (with)
dyhead, (-au), *n.m.* ASPIRATION.
  YEARNING. PANTING
dyheu, *v.* LONG. YEARN. ASPIRE. PANT
dyhiryn, see *dihiryn*
dyhuddiant, *n.m.* PROPITIATION.
  RECONCILIATION
dyhuddo, *v.* PROPITIATE. CONSOLE
dyladwy, *a.* DUE. SUITABLE
dylanwad, (-au), *n.m.* INFLUENCE
dylanwadol, *a.* INFLUENTIAL
dylanwadu, *v.* INFLUENCE
dyled, (-ion), *n.f.* DEBT. DUE. OBLIGATION
dyledeb, (-au), *n.f.* DEBENTURE
dylednod, (-au), *n.m.* DEBIT NOTE

dyledog, (-ion), *a. & n.m.* OBLIGATORY.
  DUE. LIEGE-LORD
dyledogaeth, *n.f.* ALLEGIANCE
dyledus, *a.* DUE, OWING
dyledwr, (-wyr), *n.m.* DEBTOR
dyletswydd, (-au), *n.f.* DUTY.
dylif, (-on), *n.m.* FLOOD. FLUX
  n.f. WARP
dylifo, *v.* FLOW. STREAM. WARP. POUR
dylni, *n.m.* STUPIDITY. DULLNESS
dyluniad, (-au), *n.m.* DESIGN. DRAWING
dylunio, *v.* DESIGN
dylunydd, (-ion), *n.m.* DESIGNER
dylyfu gên, *v.* YAWN
dylluan, see *tylluan*
dyma, *ad.* HERE IS. HERE ARE
dymbel, *n.m.* DUMB-BELL
dymchweliad, (-au), *n.m.* OVERTHROW.
  DEMOLITION
dymchwel(yd), *v.* OVERTHROW. UPSET.
  CAPSIZE. COLLAPSE
dymuniad, (-au), *n.m.* WISH. DESIRE
dymuno, *v.* WISH. DESIRE
dymunol, *a.* DESIRABLE. PLEASANT
dyn, (-ion), *n.m.* MAN. PERSON
dyna, *ad.* THERE IS. THERE ARE
dynad, *n.pl.* NETTLES
dynameg, *n.f.m.* DYNAMICS
dynamegol, *a.* DYNAMICAL
dynameit, *n.m.* DYNAMITE
dynamo, (-s, -au), *n.m.* DYNAMO
dynamomedr, (-au), *n.m.* DYNAMOMETER
dynatron, (-au), *n.m.* DYNATRON
dyndod, *n.m.* MANHOOD, HUMANITY
dyndwll, (-dyllau), *n.m.* MANHOLE
dyneddon, *n.pl.* DWARFS. PYGMIES
dyneiddiaeth, *n.f.* HUMANISM
dyneiddiol, *a.* HUMANISTIC
dyneiddiwr, (-wyr), *n.m.* HUMANIST
dynes, *n.f.* WOMAN
dynesfa, (-feydd), *n.f.* APPROACH
dynesiad, *n.m.* APPROACH
dynesu, *v.* APPROACH. DRAW NEAR
dynfarch, (-feirch), *n.m.* CENTAUR
dyngar, *a.* HUMANE
dyngaris, *n.pl.* DUNGAREES
dyngarol, *a.* PHILANTHROPIC, HUMAN-
  ITARIAN
dyngarwch, *n.m.* PHILANTHROPY
dyngarwr, (-wyr), *n.m.* PHILANTHROPIST
dyngasedd, *n.m.* MISANTHROPY
dyniaethau, *n.pl.* HUMANITIES
dyniawed, (dyniewaid), *n.m.* YEARLING.
  STEER

dyn-laddiad, *n.m.* MANSLAUGHTER
dynodi, *v.* DENOTE. CODE
dynodiad, (-au), *n.m.* DENOTATION
dynol, *a.* HUMAN
dynoliaeth, *n.f.* HUMANITY
dynolryw, *n.f.* MANKIND
dynwared, *v.* IMITATE. MOCK, MIMIC
dynwarededd, *n.m.* MIMICRY
dynwarediad, (-au), *n.m.* IMITATION.
  MIMICRY
dynwaredol, *a.* IMITATIVE
dynwaredwr, (-wyr), IMITATOR. MIMIC
dyraddiant, *n.m.* DEGRADATION
dyraniad, (-au), *n.m.* ALLOCATION
dyrchafael, *n.m.* ASCENSION
  v. RISE. ASCEND. EXALT
dyrchafedig, *a.* EXALTED
dyrchafiad, (-au), *n.m.* PROMOTION.
  ELEVATION
dyrchafol, *a.* ELEVATING
dyrchafu, *v.* RAISE. EXALT. ASCEND. RISE
dyri, (-ïau), *n.f.* BALLAD. POEM. LAY
dyrnaid, (-eidiau), *n.m.* HANDFUL
dyrnfedd, (-i), *n.f.* HILT, GAUNTLET, HAND
  (MEASURE)
dyrnio, *v.* PUNCH
dyrnod, (-iau), *n.f.m.* BLOW. CUFF.
  STROKE. PUNCH
dyrnu, *v.* THRESH. THUMP
dyrnwr, (-wyr), *n.m.* THRESHER
  dyrnwr medi, COMBINE HARVESTER

dyrys, *a.* INTRICATE. CONFUSED.
  DIFFICULT
dyrysbwnc, (-bynciau), *n.m.* PROBLEM '
dysentri, *n.m.* DYSENTERY
dysg, *n.m.f.* LEARNING
dysgawdwr, (-wyr), TEACHER
dysgedig, *a.* LEARNED
dysgeidiaeth, *n.f.* TEACHING. DOCTRINE
dysgl, (-au), *n.f.* DISH. PLATTER. DISK
dysglöen, *n.f.* SPLINTER
dysgu, *v.* TEACH. LEARN
dysgwr, (-wyr), TEACHER. LEARNER
dyspepsia, *n.m.* DYSPEPSIA
dysych, *a.* DESSICATED
dywal, *a.* SAVAGE. BRAVE. FIERCE
dywalgi, (-gwn), *n.m.* TIGER
dywediad, (-au), *n.m.* SAYING
dywedwst, *a.* TACITURN
dywedyd, *v.* SAY. TELL. SPEAK
dyweddi, (-ïau), *n.f.* BETROTHAL.
  FIANCÉ(E)
dyweddïad, *n.m.* BETROTHAL.
  ENGAGEMENT
dyweddïedig, *a.* ENGAGED
dyweddïo, *v.* BECOME ENGAGED
dyweddïwr, (-wyr), *n.m.* FIANCÉ.
  BRIDEGROOM
dywenydd, *n.m.* HAPPINESS. JOY

eang, *a.* WIDE. AMPLE. LARGE. BROAD.
  IMMENSE

eangder, see *ehangder*

eangfrydedd, *n.m.* MAGNANIMITY

eangfrydig, *a.* BROAD-MINDED.
  MAGNANIMOUS

eb, ebe, ebr *v.* SAID. QUOTH. SAYS

ebargofi, *v.* FORGET

ebargofiant, *n.m.* OBLIVION

ebargofus, *a.* OBLIVIOUS. FORGETFUL

ebill, (-ion), *n.m.* BIT. AUGER. GIMLET.
  PEG. PIN

ebillio, *v.* BORE. PEG. TAP

ebol, (-ion), *n.m.* COLT. FOAL. BUCK (GYM.)

eboles, (-au), *n.f.* FOAL. FILLY

ebolfarch, (-feirch), *n.m.* YOUNG
  STALLION. COLT

eboni, *n.m.* EBONY

ebran, (-nau), *n.m.* FODDER. BAIT.
  PROVENDER

ebrannu, *v.* FODDER. BAIT

Ebrill, *n.m.* APRIL

ebrwydd, *a.* QUICK. SWIFT. SOON. READY
  yn ebrwydd, IMMEDIATELY

ebwch, (-ychau), *n.m.* GASP. SIGH.
  EJACULATION. BLAST. SPASM

ebychiad, (-au), *n.m.* SIGHING. GASPING.
  EJACULATION. INTERJECTION

ebychu, *v.* GASP. SIGH. EJACULATE

eciwmenaidd, *a.* ECUMENICAL

eclectiaeth, *n.f.* ECLECTICISM

eclectig, *a.* ECLECTIC

eclip(s), (-au), *n.m.* ECLIPSE

ecliptig, *a. & n.m.* ECLIPTIC

eclog, (-au), *n.f.m.* ECLOGUE

eco, *n.m.* ECHO

ecoleg, *n.f.m.* ECOLOGY

ecolegol, *a.* ECOLOGICAL

ecolegwr, (-wyr), *n.m.* ECOLOGIST

economaidd, *a.* ECONOMIC

economeg, *n.f.m.* ECONOMICS

economegol, *a.* ECONOMIC

economegwr, (-wyr), ⎤
economegydd, (-ion), ⎦ *n.m.* ECONOMIST

econometreg, *n.m.f.* ECONOMETRICS

econometrydd, *n.m.* ECONOMETRICIAN

economi, (-ïau), *n.m.* ECONOMY

economydd, *n.m.* ECONOMIST

ecotôn, *n.m.* ECOTONE

ecsbloetio, *v.* EXPLOIT

ecsbloetiwr, (-wyr), *n.m.* EXPLOITER

ecseis, *n.m.* EXCISE

ecseismon, (-myn), *n.m.* EXCISEMAN

ecsema, *n.m.* ECZEMA

ecsentredd, (-au), *n.m.* ECCENTRICITY

ecsentrig, *a.* ECCENTRIC (MATHS.)

ecstasi, *n.m.* ECSTASY

ecstatig, *a.* ECSTATIC

ecstri, (-s), *n.m.* AXLE. AXLE-TREE

ecstro, *n.m.* BRACE AND BIT. AXLE. PIVOT.
  BAR

ecwiti, (-ïau), *n.m.* EQUITY

echblyg, *a.* EXPLICIT. OUTWARD

echblygol, *a.* EXTROVERT

echdoe, (-au), *ad.* DAY BEFORE
  YESTERDAY

echdoriad, (-au), *n.m.* ERUPTION
  echdoriad folcanig, VOLCANIC
  ERUPTION

echdorri, *v.* ERUPT

echdygol, *a.* EFFERENT

echdyniad, (-au), *n.m.* EXTRACT

echdynnu, *v.* EXTRACT

echdynnydd, *n.m.* EXTRACTOR

echel, (-au), *n.f.* AXLE. AXIS
  echel plyg, AXIS OF FOLD

echelin, (-au), *n.m.* AXIS

echelinol, *a.* AXIAL

echelog, *a.* AXIAL

echelu, *v.* PUT ON AN AXLE. TURN

echlifol, *a.* ELUVIAL

echludo, *v.* ELUTE

echlysiant, *n.m.* ELISION

echnos, *n.f.* NIGHT BEFORE LAST

echreiddiad, (-au), *n.m.* ECCENTRICITY

echreiddig, *a.* ECCENTRIC. ODD

echryd, *n.m.* TREMBLING. HORROR. DREAD

echrydu, *v.* QUAKE. SHUDDER. FEAR

echrydus, *a.* HORRIBLE. SHOCKING

echrys(lon), *a.* HORRIBLE. MONSTROUS.
  DIRE

echryslondeb, -der, (-au), *n.m.* HORROR.
  ATROCIOUSNESS

echwthiol, *a.* EXTRUSIVE

echwyn, (-ion), *n.m.* LOAN.
  ADVANCE (BANK)

echwynna, *v.* BORROW. LEND

echwynnwr, (-wynwyr), *n.m.*
  MONEYLENDER. CREDITOR

echwyno, *v.* COMPLAIN. LAMENT

edafedd, *n.pl.* YARN

edafeddog, *n.f.* CUDWEED

edafog, *a.* FIBROUS. FILAMENTOUS

edaffig, *a.* EDAPHIC

edau, (edafedd), *n.f.* THREAD. YARN.

edau dacio, TACKING COTTON
edau sglein, SYLKO
edefyn, (-ion), *n.m.* SHRED, FILAMENT
edefyn nerfol, NERVE FIBRE
edfryd, *v.* RESTORE, REPAY
edict, *n.m.* EDICT
edifar, *a.* SORRY, PENITENT
edifaredd, (-au), *n.m.* REGRET
edifarhau, *v.* REPENT
edifaru, *v.* REGRET
edifarus, *a.* PENITENT, REPENTANT
edifeir(i)og, *a.* ⎱
edifeiriol, *a.* ⎰ REPENTANT, PENITENT
edifeirwch, *n.m.* REPENTANCE, PENITENCE
edliw, *v.* REPROACH, TAUNT
edliwgar, *a.* REPROACHFUL, TAUNTING
edliwiad, (-au), *n.m.* REPROACH, TAUNT
edliwio, *v.* REPROACH, TAUNT
edlych, (-od), *n.m.* WEAKLING, FEEBLE
PERSON
edmygedd, *n.m.* ADMIRATION
edmygol, *a.* ADMIRING
edmygu, *v.* ADMIRE, REVERE
edmygwr, (-wyr), *n.m.* ⎱ ADMIRER,
edmygydd, (-ion), *n.m.* ⎰ RESPECTER
edn, (-od), *n.m.* BIRD, FOWL
ednog, *a.* WINGED
ednogaeth, *n.f.* ORNITHOLOGY
edrych, -yd, *v.* LOOK, EXAMINE, SEEM, SEE,
EXPECT
edrychiad, (-au), *n.m.* LOOK,
APPEARANCE
edrychwr, (-wyr), *n.m.* SPECTATOR,
OBSERVER
edwi, *v.* ⎱ DECAY, WITHER,
edwino, *v.* ⎰ FADE, SHRINK
edwythiad, (-au), *n.m.* EDUCTION
edwytho, *v.* EDUCE
eddi, (-iau), *n.m.* THRUMS, FRINGE
ef, efe, *pn.* HE, HIM, IT
efallai, *ad.* PERHAPS, POSSIBLY, MAYBE
efengyl, (-au), *n.f.* GOSPEL
efengylaidd, *a.* EVANGELICAL
efengyleiddiad, *n.m.* EVANGELIZATION
efengyleiddio, *v.* EVANGELIZE
efengylu, *v.* EVANGELIZE
efengylwr, (-wyr), *n.m.* EVANGELIST
efelychiad, (-au), *n.m.* IMITATION
efelychiadol, *a.* IMITATIVE
efelychiant, (-nnau), *n.m.* IMITATION
(MUSIC)
efelychu, *v.* IMITATE
efelychwr, (-wyr), *n.m.* IMITATOR

efelychydd, (-ion), *n.m.* SIMULATOR
eferw, *a.* EFFERVESCENT
eferwad, (-au), *n.m.* EFFERVESCENCE
eferwi, *v.* EFFERVESCE
eflyn, *n.m.* SLIGHT BREEZE
efo, *prp.* WITH, BY MEANS OF
efô, *pn.* HE, HIM, IT
efol(i)wt, (-iau), *n.m.* EVOLUTE
efr(au), *n.pl.* TARES, DARNEL, VETCH
efryd, (-iau), *n.m.* STUDY, MEDITATION
efrydfa, (-feydd), *n.f.* STUDY
efrydiaeth, *n.f.* STUDY, MEDITATION
efrydu, *v.* STUDY
efrydydd, (-iaid, -ion), *n.m.* STUDENT
efrydd, (-ion, -iaid), *a.* DISABLED,
MAIMED, CRIPPLED
n.m. CRIPPLE
efryddu, *v.* DISABLE, CRIPPLE
efwr, *n.m.* COW PARSNIP, HOG-WEED
efydd, (-au), *n.m.* BRONZE, BRASS,
COPPER
a. OF BRONZE, BRASS
efydden, (-nau), *n.f.* CAULDRON, BRASS
efyddyn, (-nau), *n.m.* BRASS POT OR PAN
efyddu, *v.* BRAZING
effa, *n.f.m.* EPHAH
effaith, (-eithiau), *n.f.* EFFECT
effeithio, *v.* EFFECT, AFFECT
effeithiol, *a.* EFFECTIVE, OPERATIVE,
EFFECTUAL
effeithioli, *v.* INFLUENCE, IMPEL, RENDER
EFFECTUAL
effeithiolrwydd, *n.m.* EFFICACY,
EFFECTIVENESS
effeithlon, *a.* EFFICIENT
effeithlonedd, *n.m.* EFFICIENCY (OF
MACHINE, etc.)
effeithlonrwydd, *n.m.* EFFICIENCY
effemeris, *a.* EPHEMERIS
effro, *a.* AWAKE, VIGILANT, ALERT
effros, *c.n.* EYEBRIGHT
eger, (-au), *n.m.* BORE, EAGRE
egin, (-yn), *n.pl.* SHOOTS, SPROUTS,
OFFSPRING
eginhad, eginiad, (-au), *n.m.*
GERMINATION, SPROUTING
egino, *v.* SPROUT, GERMINATE, SHOOT
eginol, *a.* GERMINAL, SHOOTING
eginyn, (egin), *n.m.* SPROUT
eglos, *a.* PRETTY, NEAT
eglur, *a.* CLEAR, PLAIN, EVIDENT
eglurdeb, -der, *n.m.* CLEARNESS,
BRIGHTNESS

eglureb, (-au, -ion), *n.f.* ILLUSTRATION
eglurhad, (-au), *n.m.* EXPLANATION. DEMONSTRATION. EXAMPLE
eglurhaol, *a.* EXPLANATORY
egluro, *v.* EXPLAIN. ILLUSTRATE
eglwys, (-i, -ydd), *n.f.* CHURCH. THE CHURCH
eglwysig, *a.* ECCLESIASTICAL
eglwysigiaeth, *n.f.* ECCLESIASTICISM
eglwysoleg, *n.f.* ECCLESIOLOGY
eglwyswr, (-wyr), *n.m.* ANGLICAN
eglwyswraig, (-wragedd), *n.f.* CHURCHWOMAN
egni, (-ïon), *n.m.* ENERGY. MIGHT. EFFORT
egni cinetig, KINETIC ENERGY
egnïaeth, *n.m.* ENERGISM
egnïo, *v.* ENDEAVOUR. MAKE AN EFFORT
egnïol, *a.* VIGOROUS. ENERGETIC
egnioli, *v.* ENERGISE
ego, *n.m.* EGO
egoistiaeth, *n.m.* EGOISM
egosentrig, *a.* EGOCENTRIC
egöydd, *n.m.* EGOIST
egr, *a.* SHARP. SOUR. SEVERE. TART. CHEEKY. ROUGH
egrmwnt, *n.m.* AGRIMONY
egroes, (-en, *n.f.*), *n.pl.* HIPS
egru, *v.* GROW STALE. PROVOKE. SHARPEN
egwan, *a.* FEEBLE. WEAK. FAINT
egwyd, (-ydd), *n.f.* FETLOCK. SHACKLE. FETTER
egwyddor, (-ion, -au), *n.f.* RUDIMENT. PRINCIPLE. ALPHABET
egwyddorol, *a.* HIGH-PRINCIPLED. ELEMENTARY
egwyl, (-iau, -ion), *n.f.* LULL. INTERVAL. RESPITE
egwyriant, (-nnau), *n.m.* ABERRATION
enghraifft, (-eifftiau), *n.f.* EXAMPLE. INSTANCE
enghreifftiol, *a.* EXEMPLARY. ILLUSTRATIVE
englyn, (-ion), *n.m.* WELSH ALLITERATIVE STANZA
englyna, -u, *v.* COMPOSE *ENGLYNION*
englynwr, (-wyr), *n.m.* COMPOSER OF *ENGLYNION*
engyl, see *angel*
ehangder, (eangderau), *n.m.* BREADTH. EXPANSE. IMMENSITY
ehangfryd, *a.* MAGNANIMOUS
ehangiad, (-au), *n.m.* EXTENSION. EXPANSION

ehangu, *v.* EXTEND. ENLARGE
ehedbridd, *n.m.* BLOWN SOIL
ehedbysg, *n.pl.* FLYING FISH
ehedeg, *v.* FLY. RUN TO SEED
ehedfa, (-feydd), *n.f.* FLIGHT
ehedfan, *v.* FLY. HOVER
ehediad, (-iaid), *n.m.* BIRD. FOWL (-au), *n.m.* FLIGHT (OF FANCY)
ehedog, *a.* FLYING
ehedol, *a.* VOLANT
ehedwr, (-wyr), *n.m.* FLIER
ehedydd, (-ion), *n.m.* LARK. FLIER
ehofnder, -dra, *n.m.* AUDACITY. DARING. BOLDNESS
ehud, *a.* RASH. ARDENT. SWIFT. FOOLISH. CREDULOUS
ehudrwydd, *n.m.* RASHNESS. FOLLY. DECEIT
ei, *pn.* HIS, HER, ITS
eicon, (-au), *n.m.* ICON
eich, *pn.* YOUR
eidion, (-nau), *n.m.* STEER. BULLOCK
eidionyn, *n.m.* BEEFBURGER
eiddew, *n.m.* IVY
eiddgar, *a.* ZEALOUS. ARDENT. KEEN
eiddgarwch, *n.m.* ZEAL. ARDOUR. FERVOUR
eiddigedd, *n.m.* JEALOUSY
eiddigeddu, *v.* ENVY. BE JEALOUS
eiddigeddus, eiddigus, *a.* JEALOUS. ENVIOUS
eiddil, *a.* FEEBLE. FRAIL. SLENDER
eiddilwch, *n.m.* FEEBLENESS. FRAILTY. SLENDERNESS
eiddiorwg, *c.n.* IVY
eiddo, *n.m.* PROPERTY. *pn.* HIS, etc.
rhestr eiddo, INVENTORY
trosglwyddo eiddo, PROPERTY CONVEYANCE
eidduno, *v.* DESIRE. VOW. PRAY
eiddunol, *a.* OPTATIVE. DESIRABLE
Eifftaidd, *a.* EGYPTIAN
Eifftiad, (-iaid), *n.m.* ⎫
Eifftiwr, (-wyr), *n.m.* ⎬ EGYPTIAN
eigian, *v.* see *igian*
eigion, (-au), *n.m.* OCEAN. DEPTH. BOTTOM
eigioneg, *n.f.m.* OCEANOGRAPHY
eigionol, *a.* PELAGIC
eingion, (-au), *n.f.* ANVIL
Eingl, *n.pl.* ANGLES. ENGLISHMEN
Eingl-Gymro, (-Gymry), *n.m.* ANGLO-WELSHMAN

Eingl-Sais, (-Saeson), *n.m.* ANGLO-
SAXON
Eingl-Seisnig, *a.* ANGLO-SAXON
eil-, *px.* SECOND
eil, (-iau, -ion), *n.f.* SHELTER. SHED.
AISLE
eiladur, (-on), *n.m.* ALTERNATOR
eilaidd, *a.* REPEATING. SECONDARY
eilchwyl, *ad.* AGAIN
eileb, (-au), *n.f.* COPY. MOMENT
eilededd, *n.m.* ALTERNATION
eiledol, *ad.* ALTERNATELY
eiledu, *v.* ALTERNATE
eilflwydd, *a.* & *n.f.* BIENNIAL
eilfydd, *a.* LIKE. SIMILAR
eilfyw, *a.* REVIVED
eiliad, (-au), *n.m.f.* SECOND. MOMENT.
PEN
eiliadur, (-on), *n.m.* ALTERNATOR
eilio, *v.* SECOND. PLAIT. COMPOSE. SING
eiliw, *n.m.* HUE. FORM. COLOUR.
APPEARANCE
   a. LIKE. SIMILAR
eiliwr, (-wyr), *n.m.* SECONDER
eilradd(ol), *a.* SECONDARY, INFERIOR
eilrif, (-au), *n.m.* EVEN NUMBER
eilun, (-od), *n.m.* IDOL. IMAGE
eilunaddolgar, *a.* IDOLATROUS
eilunaddoli, *v.* WORSHIP IDOLS
eilunaddoliad, *n.m.* | IDOLATRY
eilunaddoliaeth, *n.f.* |
eilunaddolwr, (-wyr), *n.m.* IDOLATOR
eilwaith, *ad.* AGAIN. A SECOND TIME
eilwers, *ad.* AGAIN. ANEW
   bob eilwers, ALTERNATELY
eilydd, (-ion), *n.m.* SECONDER. RESERVE
eillio, *v.* SHAVE. TRIM
eilliwr, (-wyr), *n.m.* SHAVER. BARBER
ein, *pn.* OUR
einioes, *n.f.* LIFE. LIFETIME
einion, (-au), *n.f.* ANVIL
eira, -y, (-oedd), *n.m.* SNOW
eiraog, -ol, *a.* SNOWY
eirchiad, (-iaid), *n.m.* SUITOR. SUPPLIANT
eirchion, see *arch*
eiriach, *v.* SPARE. AVOID. LACK
eirias, *a.* RED HOT. GLOWING. FIERY
eiriasedd, *n.m.* INCANDESCENCE
eirin, (-en), *n.pl.* PLUMS. TESTICLES.
BULLACE
   eirin duon, DAMSONS
   eirin duon bach, SLOES
   eirin Mair, GOOSEBERRIES
eiriog, *a.* SNOWY

eiriol, *v.* BESEECH. PRAY. INTERCEDE
eiriolaeth, *n.f.* ENTREATY. INTERCESSION
eiriolwr, (-wyr), *n.m.* INTERCESSOR.
MEDIATOR
eirlaw, (-ogydd), *n.m.* SLEET
eirlin, (-iau), *n.m.* SNOWLINE
eirlithrad, (-au), *n.m.* AVALANCHE
eirlys, (-iau), *n.m.* SNOWDROP
eirllyd, *a.* SNOWY
eironi, *n.m.* IRONY
eironig, *a.* IRONIC
eisen, (ais, -nau), *n.f.* RIB. LATH
eisglwyf, *n.m.* PLEURISY
eisiau, *n.m.* NEED. WANT. LACK. POVERTY
eisin, *c.n.* HUSK. BRAN
eising, *n.m.* ICING
eisio, *v.* ICE
eisoes, *ad.* ALREADY
eistedd, *v.* SIT. SEAT
eisteddfa, (-oedd, -fâu), *n.f.* SEAT.
THRONE. ABODE. STAND
eisteddfainc, (-feinciau), *n.f.* THRONE
eisteddfod, (-au), *n.f.* MEETING.
CONGRESS. SEAT. EISTEDDFOD
eisteddfodol, *a.* EISTEDDFODIC
eisteddfodwr, (-wyr), *n.m.* FREQUENTER
OF *EISTEDDFODAU*
eisteddfota, *v.* FREQUENT *EISTEDDFODAU*
eisteddiad, (-au), *n.m.* SITTING. SESSION.
SEAT
eisteddle, (-oedd), *n.m.* SEAT. PEW.
STAND
eisteddol *a.* SEATED. SEDENTARY
eitem, (-au), *n.f.* ITEM
eithaf, (-ion, -oedd), *n.m.* & *a.*
EXTREMITY. END. TERMINAL. EXTREME.
SUPERLATIVE
   i'r eithaf, TO THE UTMOST
eithaf, *ad.* VERY. QUITE
eithafbwynt, (-iau), *n.m.* EXTREMITY.
APOGEE
eithafiaeth, *n.f.* EXTREMISM
eithafol, *a.* EXTREME
eithafu, *v.* EXTREMISE
eithafwr, (-wyr), *n.m.* | EXTREMIST
eithafydd, (-ion), *n.m.* |
eithin, (-en, *n.f.*), *n.pl.* GORSE. FURZE
eithinog, *a.* FURZY. PRICKLY
eithr, *pr.* EXCEPT. BESIDES
   c. BUT
eithriad, (-au), *n.m.* EXCEPTION. PROVISO
eithriadol, *a.* EXCEPTIONAL
eithrio, *v.* EXCEPT. EXCLUDE. OPT

elain, (elanedd), *n.f.* FAWN. HIND
elastig, *a. & n.m.* ELASTIC
elastigedd, *n.m.* ELASTICITY
electrig, *a.* ELECTRIC
electrod, (-au), *n.m.* ELECTRODE
electrofforesis, *n.m.* ELECTROPHORESIS
electrolysis, *n.m.* ELECTROLYSIS
electromagneteg, *n.f.m.*
  ELECTROMAGNETISM
electromedr, (-au), *n.m.* ELECTROMETER
electron, (-au), *n.m.* ELECTRON
electroneg, *n.f.m.* ELECTRONICS
electronig, *a.* ELECTRONIC
electroplatio, *v.* ELECTROPLATE
electrosgop, (-au), *n.m.* ELECTROSCOPE
electrostateg, *n.f.m.* ELECTROSTATICS
electrwm, *n.m.* ELECTRUM
elegeiog, *a.* ELEGIAC. MOURNFUL
eleni, *ad.* THIS YEAR
elfen, (-nau), *n.f.* ELEMENT. PARTICLE.
  FACTOR. TENDENCY
elfennig, *a.* ELEMENTAL
elfennol, *a.* ELEMENTARY. CONSTITUENT.
  SIMPLE
elfennu, *v.* ANALYSE
eli, (elïau), *n.m.* OINTMENT. SALVE.
  REMEDY
elifiant, (-nnau), *n.m.* EFFLUENCE
elifyn, (elifion), *n.m.* EFFLUENT
eliffant, (-od, -iaid), *n.m.* ELEPHANT
eliffantaidd, *a.* ELEPHANTINE
elin, (-au, -oedd), *n.f.* ELBOW. BEND.
  FOREARM
elino, *v.* ELBOW
elinog, *a.* ANGULAR
elïo, *v.* ANOINT. SMEAR
elips, (-au), *n.m.* ELLIPSE
elipsoid, (-au), *n.m.* ELLIPSOID
eliptig, *a.* ELLIPTIC
elît, *n.m.* ELITE
elitydd, *n.m.* ELITIST
elor, (-au), *n.f.* BIER. STRETCHER
elorgerbyd, (-au), *n.m.* HEARSE
elorlen, (-ni), *n.f.* PALL
elusen, (-nau), *n.f.* ALMS. BOUNTY.
  CHARITY
elusendy, (-dai), *n.m.* ALMSHOUSE.
  ALMONRY
elusengar, *a.* BENEVOLENT. CHARITABLE
elusengarwch, *n.m.* BENEVOLENCE.
  CHARITY
elusennwr, (-enwyr), *n.m.* ALMONER
elw, (-on), *n.m.* PROFIT. GAIN

elw annisgwyl, WINDFALL
elw gros, GROSS PROFIT
elw net, NET PROFIT
elwa, *v.* PROFIT. GAIN
elwlen, (elwlod), *n.f.* KIDNEY
ellyll, (-on), *n.m.* FIEND. GOBLIN. GHOST
ellyllaidd, *a.* FIENDISH. GHOSTLY
ellylles, (-au), *n.f.* SHE-DEMON. FURY
ellyn, (-au, od), *n.m.* RAZOR
embargo, (-au), *n.m.* EMBARGO
embeslad, (-au), *n.m.* EMBEZZLEMENT
embeslo, *v.* EMBEZZLE
emboliaeth, (-au), *n.f.* EMBOLISM
embryo, *n.m.* EMBRYO
embryoleg, *n.f.* EMBRYOLOGY
emeri, *n.m.* EMERY
emosiwn, (-iynau), *n.m.* EMOTION
emosiynol, *a.* EMOTIONAL
emosiynus, *a.* EMOTIVE
empeiraeth, *n.f.* EMPIRICISM
empeiraidd, *a.* ⎫
                  ⎬ EMPIRICAL
empirig, *a.* ⎭
emrallt, *n.m.* EMERALD
emŵladur, (-on), *n.m.* EMULATOR
emwlsio, *v.* EMULSIFY
emwlsiwn, *n.m.* EMULSION
emylsydd, *n.m.* EMULSIFIER
emyn, (-au), *n.m.* HYMN
emyn-dôn, (-au), *n.f.* HYMN-TUNE
emyniadur, (-on), *n.m.* HYMNAL
emynol, *a.* HYMNIC
emynwr, (-wyr), ⎫
                ⎬ *n.m.* HYMNIST
emynydd, (-ion), ⎭
emynyddiaeth, *n.f.* HYMNOLOGY
enaid, (eneidiau), *n.m.* SOUL. LIFE
enamel, (-au), *n.m.* ENAMEL
enamlo, *v.* ENAMELLING
enbyd, -us, *a.* DANGEROUS. AWFUL
enbydrwydd, *n.m.* PERIL. RISK. DISTRESS
enbydu, *v.* IMPERIL. ENDANGER
encil, (-ion), *n.m.* RETREAT. FLIGHT.
  RECESSION
  a. RECESSIVE
encilfa, (-feydd), *n.f.* RETREAT
enciliad, (-au), *n.m.* RETREAT.
  DESERTION
encilio, *v.* RETREAT. DESERT. WITHDRAW
enciliwr, (-wyr), *n.m.* RETREATER.
  DESERTER
enclitig, *a.* ENCLITIC
encôr, *n.m.* ENCORE
encuddio, *v.* CONCEAL
encyd, *n.m.* SPACE. MOMENT. WHILE

enchwythu, *v.* INFLATE
endemig, *a.* ENDEMIC
endid, *n.m.* ENTITY. EXISTENCE
endif, *n.m.* ENDIVE
endorri, *v.* INCISE
endothermig, *a.* ENDOTHERMIC
eneideg, *n.m.* PSYCHOLOGY
eneidiog, *a.* ANIMATE
eneidiol, *a.* ANIMATIC. LIVING
eneidydd, (-ion), *n.m.* ANIMIST
eneiniad, (-au), *n.m.* ANOINTING.
UNCTION. INSPIRATION
eneinio, *v.* ANOINT. CONSECRATE
eneiniog, *a.* ANOINTED
Yr Eneiniog, THE MESSIAH. CHRIST
eneinlyn, *n.m.* LINIMENT. LOTION
enfawr, *a.* ENORMOUS. VAST. IMMENSE
enfys, (-au), *n.f.* RAINBOW
enffeodaeth, (-au), *n.f.* ENFEOFFMENT
engrafiad, (-au), *n.m.* ENGRAVING
engrafu, *v.* ENGRAVE
enhuddo, see *anhuddo*
enigma, *n.m.* ENIGMA
enigmatig, *a.* ENIGMATIC
enillfawr, *a.* LUCRATIVE. REMUNERATIVE
enillgar, *a.* LUCRATIVE. ATTRACTIVE
enillion, *n.pl.* PROFITS. EARNINGS
enillwr, (-wyr), *n.m.* | EARNER,
enillydd, (-wyr), *n.m.* | VICTOR, WINNER
enllib, (-ion, -iau), *n.m.* LIBEL. SCANDAL
enllibaidd, *a.* LIBELLOUS
enllibio, *v.* LIBEL
enllibiwr, (-wyr), *n.m.* LIBELLER
enllibus, *a.* LIBELLOUS
enllyn, *n.m.* RELISH (EATEN WITH BREAD)
enllyn caws, WELSH RAREBIT
ennaint, (eneiniau), *n.m.* OINTMENT.
UNCTION. BATH
ennill, *v.* PROFIT, GAIN, GET, WIN, EARN
ennill, (enillion), *n.m.* GAIN. PROFIT.
ADVANTAGE
ennyd, *n.m.f.* WHILE. MOMENT. INSTANT
ennyn, *v.* KINDLE, BURN, INFLAME. EXCITE
enrhif, (-au), *n.m.* VALUE
enrhifo, *v.* EVALUATE
enseilio, *v.* ENSEAL
ensym, (-au), *n.m.* ENZYME
ensymaidd, *a.* ENZYME
ensyniad, (-au), *n.m.* INSINUATION.
INNUENDO
ensynio, *v.* INSINUATE
entael, *n.m.* ENTAIL
enterig, *a.* ENTERIC

enteritis, *n.m.* ENTERITIS
entomoleg, *n.f.m.* ENTOMOLOGY
entomolegwr, (-wyr), *n.m.*
ENTOMOLOGIST
entro, *v.* ENTER. BEGIN
entropi, *n.m.* ENTROPY
entrych, (-ion, -oedd), *n.m.*
FIRMAMENT. ZENITH. HEIGHT
enw, (-au), *n.m.* NAME. NOUN. FAME
enwad, (-au), *n.m.* DENOMINATION. SECT
enwadaeth, *n.f.* SECTARIANISM
enwadol, *a.* SECTARIAN, DENOMINATIONAL
enwadur, (-on), *n.m.* GLOSSARY.
DENOMINATOR
enwaededig, *a.* CIRCUMCISED
enwaediad, (-au), *n.m.* CIRCUMCISION
enwaedu, *v.* CIRCUMCISE
enwebai, (-eion), *n.m.* NOMINEE
enwebiad, (-au), *n.m.* NOMINATION
enwebu, *v.* NOMINATE
enwedig, *a.* SPECIAL
yn enwedig, ESPECIALLY
enwi, *v.* NAME. NOMINATE
enwog, *a.* FAMOUS. NOTED. RENOWNED
enwogi, *v.* MAKE OR BECOME FAMOUS
enwogrwydd, *n.m.* RENOWN. FAME
enwol, *a.* NOMINAL. NOMINATIVE
enwyn, *n.m.* BUTTERMILK
enydus, -aidd, *a.* INSTANTANEOUS
enynfa, (-oedd), *n.f.* INFLAMMATION.
enyniad, (-au), *n.m.* ITCHING.
IRRITATION
enynnol, *a.* INFLAMED. INFLAMMATORY
eofn, *a.* BOLD. DARING. FORWARD
eog, (-iaid), *n.m.* SALMON
eog mwg, SMOKED SALMON
eog-frithyll, (-od, -iaid), *n.m.* SEWIN.
SEA-TROUT
eolithig, *a.* EOLITHIC
eos, (-iaid, -au), *n.f.* NIGHTINGALE
epa, (-od), *n.m.* APE
epeirogenetig, *a.* EPEIROGENETIC
epidemig, *a.* & *n.m.* EPIDEMIC
episeicloid, (-au), *n.m.* EPICYCLOID
epiffyt, (-au), *n.m.* EPIPHYTE
epig, *n.f.* EPIC
epiglotis, (-au), *n.m.* EPIGLOTTIS
epigram, (-au), *n.m.* EPIGRAM
epigynaidd, -us, *a.* EPIGYNOUS
epil, (-iaid), *n.m.* OFFSPRING. PROGENY.
BROOD
epilepsi, *n.m.* EPILEPSY
epilgar, *a.* PROLIFIC. TEEMING

epiliad, (-au), *n.m.* REPRODUCTION
epilio, *v.* REPRODUCE. BREED. TEEM
epiliog, *a.* PROLIFIC. TEEMING
epilog, *n.m.* EPILOGUE
episod, (-au), *n.m.* EPISODE
epistemeg, *n.f.* EPISTEMOLOGY
epistol, (-au), *n.m.* EPISTLE
epistolaidd, *a.* EPISTOLARY
eples, (-au), *n.m.* LEAVEN. FERMENT
eplesiad, (-au), *n.m.* FERMENTATION
eplesu, *v.* LEAVEN. FERMENT
epoc, (-au), *n.m.* EPOCH
epoled, (-au), *n.m.* EPAULETTE
er, *prp.* FOR. SINCE. IN ORDER TO
    c. THOUGH
    er mwyn, FOR THE SAKE OF, IN ORDER TO
era, (erâu), *n.m.* ERA
eraill, see *arall*
erbyn, *prp.* BY. AGAINST. OPPOSITE. IN
    PREPARATION FOR
erchi, *v.* ASK. COMMAND. DEMAND. PRAY
erchwyn, (-ion), *n.m.* SIDE. BEDSIDE.
    EDGE
erchyll, *a.* HORRIBLE. HIDEOUS. AWFUL
erchyllter, (-au), *n.m.* ⎱ HORROR. ATROCITY
erchylltod, -tra, *n.m.* ⎰
erddigan, (-au), *n.f.* HARMONY.
    MADRIGAL. TUNE
erfin, (*-en, n.f.*), *n.pl.* TURNIPS
erfyn, *v.* BEG. PRAY. EXPECT. IMPLORE
    (arfau), *n.m.* WEAPON. TOOL
erfyniad, (-au), *n.m.* REQUEST.
    ENTREATY. PETITION
erg, (-iau), *n.m.* ERG
ergonomeg, *n.m.* ERGONOMICS
ergyd, (-ion), *n.m.f.* BLOW. SHOT.
    STROKE. HIT. IMPULSE
ergydiant, (-nnau), *n.m.* IMPULSE
ergydio, *v.* STRIKE. SHOOT. AIM
ergydiwr, (-wyr), *n.m.* STRIKER.
    THROWER
erial, (-au), *n.m.* AERIAL
erioed, *ad.* EVER
erledigaeth, (-au), *n.f.* PERSECUTION
erlid, *v.* PURSUE. PERSECUTE
    (-iau), *n.m.* PURSUIT. PERSECUTION
erlidiwr, (-wyr), *n.m.* PURSUER.
    PERSECUTOR
erlyn, *v.* PROSECUTE
erlyniad, (-au), *n.m.* PROSECUTION
erlynydd, (-ion), *n.m.* PROSECUTOR
ern, -es, (-au), *n.f.* SECURITY. EARNEST.
    PLEDGE. DEPOSIT

erno, *v.* PLEDGE
erodrom, (-au), *n.m.f.* AERODROME
eroplen, (-au), *n.f.* AEROPLANE
erotig, *a.* EROTIC
ers, *prp.* SINCE (*ER YS*) ... AGO
ertrai, (-treiau), *n.m.* NEAP TIDE
erthygl, (-au), *n.m.f.* ARTICLE. CLAUSE
erthyl, (-od), *n.m.* ABORTION
    a. STILL-BORN
erthylaidd, *a.* ABORTIVE
erthyliad, (-au), *n.m.* ABORTION.
    MISCARRIAGE
erthylu, *v.* ABORT. MISCARRY
    cyffur erthylu, ABORTIFACIENT
erthylydd, (-ion), *n.m.* ABORTIONIST
erw, (-au, -i), *n.f.* ACRE
erwain, *n.pl.* MEADOW-SWEET
erwydd, *n.m.* STAVE
    n.pl. LATHS. STAVES. RODS
erydiad, (-au), *n.m.* EROSION
erydol, *a.* EROSIVE
erydu, *v.* ERODE
erydydd, (-ion), *n.m.* EROSIVE AGENT
eryr, (-od), *n.m.* EAGLE.
eryri, -od, *n.pl.* SHINGLES
esblygiad, (-au), *n.m.* EVOLUTION
esblygiadaeth, *n.f.* EVOLUTIONISM
esboniad, (-au), *n.m.* EXPLANATION.
    COMMENTARY. EXPOSITION
esboniadaeth, *n.f.* EXPOSITION. EXEGESIS
esboniadol, *a.* EXPOSITORY. EXPLANATORY
esbonio, *v.* EXPLAIN. INTERPRET
esboniwr, (-wyr), *n.m.* EXPOSITOR.
    ANNOTATOR
esbonydd, (-ion), *n.m.* EXPONENT
esbonyddol, *a.* EXPONENTIAL
esburdalu, *v.* EXPIATE
escaladur, (-on), *n.m.* ESCALATOR
escatoleg, *n.f.* ESCHATOLOGY
escatolegol, *a.* ESCHATOLOGICAL
esgair, (-eiriau), *n.f.* LEG. RIDGE. ESKER
esgeirlwm, *a.* EXPOSED. WIND-SWEPT
esgeulus, *a.* NEGLIGENT. CARELESS
esgeulusedig, *a.* NEGLECTED
esgeuluso, *v.* NEGLECT
esgeulustod, -tra, (-ion), *n.m.*
    NEGLIGENCE
esgid, (-iau), *n.f.* BOOT. SHOE
esgob, (-ion), *n.m.* BISHOP
esgobaeth, (-au), *n.f.* BISHOPRIC. SEE.
    DIOCESE
esgobol, *a.* EPISCOPAL
esgobwr, (-wyr), *n.m.* EPISCOPALIAN
esgoli, *v.* ESCALATE

esgoliad, *n.m.* ESCALATION
esgor, *v.* GIVE BIRTH, BEAR
  n.m. DELIVERY, BIRTH
esgoriad, (-au), *n.m.* PARTURITION
esgud, *a.* QUICK, ACTIVE, NIMBLE
esgudogyll, *n.m.* WOODLARK
esgus, (-ion), *n.m.* EXCUSE, PRETENCE
esgusawd, (-odion), *n.m.* EXCUSE,
  APOLOGY
esgusodi, *v.* EXCUSE
esgusodol, *a.* EXCUSABLE, EXEMPT
esgymun, *a.* EXECRABLE,
  EXCOMMUNICATE
esgymuno, *v.* EXCOMMUNICATE
esgyn, *v.* ASCEND, RISE, MOUNT
esgynbren, (-nau), *n.m.* PERCH, ROOST
esgynfa, (-feydd), *n.f.* ASCENT, RISE,
  TAKE OFF
esgynfaen, (-feini), *n.m.* HORSE-BLOCK
esgyniad, (-au), *n.m.* ASCENT, ASCENSION
esgynneb, (esgynebau), *n.f.* CLIMAX
esgynnol, *a.* ASCENDING, PROGRESSIVE
esgyrn, see *asgwrn*
esgyrnog, *a.* BONY
esgytsiwn, *n.m.* ESCUTCHEON
esiampl, (-au), *n.f.* EXAMPLE
esmwyth, *a.* SOFT, EASY, COMFORTABLE
esmwythâd, *n.m.* RELIEF, EASE
esmwytháu, *v.* SOOTHE, EASE
esmwythder, -dra, *n.m.* EASE, RELIEF
esmwytho, *v.* SOOTHE, EASE
esmwythyd, *n.m.* EASE, LUXURY
estron, (-iaid), *n.m.* FOREIGNER,
  STRANGER, ALIEN
estron, *a.* FOREIGN, STRANGE, ALIEN
estronol, *a.* FOREIGN, ALIEN, STRANGE
estronwr, (-wyr), *n.m.* ALIEN
estrys, (-iaid, -od), *n.m.f.* OSTRICH
estyll, (-en, *n.f.*), *n.pl.* PLANKS, BOARDS
estyn, *v.* REACH, STRETCH, SPREAD,
  PROLONG
estynadwy, *a.* EXTENSIBLE
estyniad, (-au), *n.m.* EXTENSION,
  PROJECTION, REACH
estynion, *n.pl.* EXTENSION PIECES
estynnell, *n.f.* STRETCHER
estheteg, *n.m.f.* AESTHETICS
esthetig, *a.* AESTHETIC
etesaidd, *a.* ETESIAN
etewyn, (-ion), *n.m.* FIREBRAND, TORCH
etifedd, (-ion), *n.m.* HEIR, CHILD,
  INHERITOR
etifeddeg, *n.f.* HEREDITY

etifeddiaeth, (-au), *n.f.* INHERITANCE
etifeddol, *a.* HEREDITARY, INHERITABLE
etifeddu, *v.* INHERIT
eto, *ad.* AGAIN, YET, STILL
  c. YET, STILL
ether, *n.m.* ETHER
ethnig, (-iaid), *n.m.* HEATHEN
  a. ETHNIC
ethnoleg, *n.f.* ETHNOLOGY
ethnolegwr, (-wyr), *n.m.f.* ETHNOLOGIST
ethol, *v.* ELECT, SELECT, CHOOSE
etholadwy, *a.* ELIGIBLE
etholaeth, (-au), *n.f.* CONSTITUENCY,
  ELECTORATE
etholedig, (-ion), *a.* ELECT, CHOSEN
  yr etholedigion, THE ELECT
etholedigaeth, *n.f.* ELECTION (THEOL.)
etholeg, *n.f.* ETHOLOGY
etholfraint, (-freintiau), *n.f.* FRANCHISE
etholfreinio, *v.* ENFRANCHISE
etholiad, (-au), *n.m.* ELECTION
etholiadol, *a.* ELECTORAL
etholwr, (-wyr), *n.m.* ELECTOR, VOTER
ethos, *n.m.* ETHOS
eu, *pn.* THEIR
euad, (-aid), *n.m.* LIVER-ROT, SPEEDWELL
euclidaidd, *a.* EUCLIDEAN
eudden, (euddod), *n.m.* MITE
eunuch, (-iaid), *n.m.* EUNUCH
euod, *c.n.* LIVER-FLUKE
euog, *a.* GUILTY
euogfarn, (-au), *n.f.* CONDEMNATION,
  CONVICTION
euogfarnu, *v.* CONVICT
euogrwydd, *n.m.* GUILT
euraid, -aidd, *a.* GOLD, GOLDEN
eurbinc, (-od), *n.m.* GOLDFINCH
eurem, (-au), *n.m.* GOLD JEWEL
eurgrawn, *n.m.* TREASURY, MAGAZINE
euro, *v.* GILD
eurof, (-aint), *n.m.* GOLDSMITH
euron, *n.f.* LABURNUM
eurych, (-iaid, -od), *n.m.* GOLDSMITH
eurych(i)aeth, *n.f.* GOLDSMITH'S ART
euryn, *n.m.* PIECE OF GOLD
ewa, *n.m.* UNCLE (dial.)
ewach, (-od), *n.m.* WEAKLING, SCRAG
ewffoniwm, (-onia), *n.m.* EUPHONIUM
ewgeneg, *n.m.f.* EUGENICS
ewig, (-od), *n.f.* HIND, DOE
ewin, (-edd), *n.m.f.* NAIL, CLAW, TALON,
  HOOF
ewino, *v.* SCRATCH, CLAW
ewinor, *n.m.* WHITLOW

ewinrhew, *n.m.* FROSTBITE

ewlychiad, (-au), *n.m.* EFFLORESCENCE

ewlychol, *a.* EFFLORESCENT

ewn, *a.* see *eofn*

Ewrop, *n.f.* EUROPE

Ewropead, (-aid), *n.m.* EUROPEAN

Ewropeaidd, *a.* EUROPEAN

ewstatig, *a.* EUSTATIC

ewyllys, (-iau, -ion), *n.f.* WILL, DESIRE, TESTAMENT

ewyllysgar, *a.* WILLING

ewyllysgarwch, *n.m.* WILLINGNESS, GOOD WILL

ewyllysio, *v.* WISH, WILL

ewyllysiwr, (-wyr), *n.m.* TESTATOR

ewyn, *n.m.* FROTH, FOAM, SURF

ewynnog, *a.* FROTHING, FOAMING

ewynnu, *v.* FROTH, FOAM

ewythr, (-edd, -od), *n.m.* UNCLE

fagddu, y *n.f.* UTTER DARKNESS,
    BLACKOUT, HELL
fagina, (-u), *n.m.* VAGINA
falans, (-ys), *n.m.* VALANCE
falant, *n.f.* VALENTINE
falf, (-iau), *n.f.* VALVE
falid, *a.* VALID
falidedd, *n.m.* VALIDITY
famwst, y *n.f.* HYSTERIA
fan, (-iau), *n.f.* VAN
fandal, (-iaid), *n.m.* VANDAL
fandaleiddio, *v.* VANDALISE
fandaliaeth, *n.f.* VANDALISM
fanila, *n.m.* VANILLA
fario, *v.* VARY
farnais, (-eisiau), *n.m.* VARNISH
farneisio, *v.* VARNISH
fasal, (-au), *n.m.* VASSAL
fe, *pn.* HE, HIM, IT, PARTICLE BEFORE
    VERBS
feallai, *ad.* PERHAPS
fector, (-au), *n.m.* VECTOR
fectoraidd, *a.* VECTORIAL
fei, *n.m.* VIEW
feiol, (-au), *n.f.* VIOL, FIDDLE
feis, (-ys, -iau), *n.f.* VICE, WASH-UP, TAP
fel, *c.* AS, SO, LIKE
felly, *ad.* SO, THUS
fent, (-iau), *n.f.* VENT
fentrigl, (-au), *n.m.* VENTRICLE
feranda, (-s, -âu), *n.f.* VERANDA
ferdigris, *n.m.* VERDIGRIS
fermiliwn, -ion, *n.m.* VERMILION
fersin, (-au), *n.m.* VERSINE
fersiwn, (-siynau), *n.m.* VERSION
fertig, (-au,), *n.m.* VERTEX
fertigol, *a.* VERTICAL, PLUMB
fesigl, (-au), *n.m.* VESICLE
fest, (-ys), *n.f.* VEST

festri, (-ïoedd, -ïau), *n.f.* VESTRY
feto, (-au), *n.m.* VETO
ficer, (-iaid), *n.m.* VICAR
ficerdy, (-dai), *n.m.* VICARAGE
ficeriaeth, (-au), *n.f.* VICARIATE
fifariwm, (-aria), *n.m.* VIVARIUM
fila, (-âu), *n.m.* VILLA
finegr, (-au), *n.m.* VINEGAR
fiola, (-s), *n.f.* VIOLA
firgat, (-au), *n.m.* VIRGATE
firws, (-au, fira), *n.m.* VIRUS
fitamin, (-au), *n.m.* VITAMIN
fo, *pn.* HE, HIM, IT
folant, (-au), *n.m.* VALENTINE
folcanig, *a.* VOLCANIC
folcano, (-au), *n.f.* VOLCANO
foli, (-ïau), *n.m.* VOLLEY
folian, *v.* VOLLEY
foliwm, (-au), *n.m.* VOLUME
folt, (-iau), *n.f.* VOLT
foltamedr, (-au), *n.m.* VOLTAMETER
foltedd, (-au), *n.m.* VOLTAGE
foltmedr, (-au), *n.m.* VOLTMETER
fortais, (-eisiau), *n.m.* VORTEX
forteisedd, *n.m.* VORTICITY
fôt, (fotiau), *n.f.* VOTE
fotiwr, (-wyr), *n.m.* VOTER
fowart, *n.f.* VANGUARD
fowt, (-iau), *n.f.* VAULT
fowtio, *v.* VAULT
fry, *ad.* ABOVE, ALOFT
fwlgar, *a.* VULGAR
fwlgariaeth, *n.f.* VULGARITY, VULGARISM
Fwlgat, Y, *n.m.* THE VULGATE
fwltur, (-iaid), *n.m.* VULTURE
fy, *pn.* MY
fylcanigrwydd, *n.m.* VULCANICITY
fyny, i *ad.* UP, UPWARDS

ffa, *(ffäen, ffeuen, n.f.)*, *n.pl.* BEANS.
BROAD BEANS
ffa'r gors, BUCKBEANS
ffa pob, BAKED BEANS
ffabrig, (-au), *n.m.* FABRIC
ffabrig dodrefnu, FURNISHING
FABRIC
ffabrig lwrecs, LUREX FABRIC
ffabrigedig, *a.* FABRICATED
ffabrigo, *v.* FABRICATE
ffacbys, *n.pl.* VETCHES, LENTILS
ffacsimile, *n.m.* FACSIMILE
ffactor, (-au), *n.m.f.* FACTOR
ffactor cyffredin mwyaf, HIGHEST
COMMON FACTOR
ffactorau amgylchedd,
ENVIRONMENTAL FACTORS
ffactor cysefin, PRIME FACTOR
ffactori, -o, *v.* FACTORIZE
ffactoriad, (-au), *v.* FACTORIZATION
ffael, (-ion), *n.m.* FAULT
ffaeledig, *a.* FALLIBLE, AILING
ffaeledigrwydd, *n.m.* FALLIBILITY
ffaeledd, (-au), *n.m.* FAULT, DEFECT.
FAILING
ffaelu, *v.* FAIL, MISS
ffafr, (-au), *n.f.* FAVOUR, RESPECT.
PRIVILEGE
ffafr(i)aeth, (-au), *n.f.* FAVOURITISM.
FAVOUR
ffafr(i)o, *v.* FAVOUR
ffafriol, *a.* FAVOURABLE
ffagl, (-au), *n.f.* BLAZE, TORCH, FLAME
ffaglog, *a.* BLAZING, FLAMING
ffaglu, *v.* BLAZE, FLAME
ffagod, -en, (ffagodau), *n.f.* FAGGOT.
BUNDLE
ffagodi, *v.* FAGGOT
ffagodwaith, *n.m.* FAGGOTTING
ffagotsen, (ffagots), *n.f.* FAGGOT
ffair, (ffeiriau), *n.f.* FAIR, BUSTLE, FIGHT
ffair sborion, JUMBLE-SALE
ffaith, (ffeithiau), *n.f.* FACT
ffald, (-au), *n.f.* FOLD, POUND, FARMYARD
ffals, (ffeilsion), *a.* FALSE, CUNNING, SLY
ffalsedd, *n.m.* FALSENESS, DECEIT
ffalseto, *n.m.* FALSETTO
ffalsiwr, (-wyr), *n.m.* FLATTERER
ffalst, *a.* CUNNING, FALSE
ffalster, *n.m.* DECEIT, FALSEHOOD.
CUNNING
ffaltwng, *n.m.* FALTUNG
ffalwm, *n.m.* WHITLOW

ffan, (-nau), *n.f.* FAN
ffanatig, *n.m.* FANATIC
ffanatigiaeth, *n.f.* FANATICISM
ffanfowt, *n.m.* FAN VAULTING
ffanffer, (-au), *n.m.* FANFARE
ffanleu, *n.m.* FANLIGHT
ffansi, (-ïau), *n.f.* FANCY
ffansïo, *v.* FANCY
ffansïol, *a.* FANCIFUL
ffansïwr, (-wyr), *n.m.* FANCIER
ffantasi(a), (-ïau), *n.f.m.* FANTASY
ffâr, *n.m.* FARE
ffarad, (-au), *n.m.* FARAD
ffarier, *n.m.* VETERINARY SURGEON.
FARRIER
ffarm, (ffermydd), *n.f.* FARM
ffarm âr, ARABLE FARM
ffarm laeth, DAIRY FARM
ffarmio, *v.* FARM
ffarmio arddwys, INTENSIVE
FARMING
ffarmio ymgynnal, SUBSISTENCE
FARMING
ffarmwr, (-wyr), *n.m.* FARMER
ffars, (-iau), *n.f.* FARCE
ffarsi, *n.m.* FARCY
ffarwél, *n.f.* FAREWELL
ffarwelio, *v.* BID FAREWELL
ffaryncs, (-au), *n.m.* PHARYNX
ffas, (-ys, -au), *n.f.* FACE, COAL-FACE
ffasâd, (ffasadau), *n.m.* FACADE
ffased, *n.m.* FACET
ffasg, (-au), *n.f.* BUNDLE
ffasgu, *v.* TIE, BIND
ffasgydd, *n.m.* } FASCIST
ffasist, (-iaid), *n.m.* }
ffasistiaeth, *n.f.* FASCISM
ffasiwn, (-iynau), *n.m.f.* FASHION
ffasiynol, *a.* FASHIONABLE
ffasner, (-i), *n.m.* FASTENER
ffasnin, (-au), *n.m.* FASTENING
ffasno, *v.* FASTEN
ffasnydd, (-ion), *n.m.* FASTENER
ffast, *a.* FAST, SOUND
ffat, (-iau), *n.f.* SLAP, PAT, BLOW
ffatio, *v.* SLAP, PAT
ffatri, (-ïoedd), *n.f.* FACTORY
ffatrïaeth, *n.f.* MANUFACTURING
ffau, (ffeuau), *n.f.* DEN, LAIR
ffawd, (ffodion), *n.f.* FATE, FORTUNE,
JOY, BLESSING
ffawdelw, *n.m.* WINDFALL
ffawdheglu, *v.* HITCH-HIKE

ffawdheglwr, (-wyr), *n.m.* HITCH-HIKER
ffawna, *n.f.* FAUNA
ffawt, (-iau), *n.m.* FAULT
  ffawt arosgo, OBLIQUE FAULT
  ffawt dwbl, DOUBLE FAULT
  ffawt cilwthiol, REVERSE FAULT
ffawtiad, (-au), *n.m.* FAULTING
ffawtlin, *n.m.* FAULT LINE
ffawtus, *a.* FAULTY
ffawydd, (-*en, n.f.*), *n.pl.* BEECH TREES
ffederal, *a.* FEDERAL
ffederaliaeth, *n.f.* FEDERALISM
ffederasiwn, (-iynau), *n.m.* FEDERATION
ffed(e)reiddio, *v.* FEDERATE
ffedog, (-au), *n.f.* APRON
ffedral, *a.* FEDERAL
ffedraliaeth, *n.f.* FEDERALISM
ffefar, (-au, -s), *n.f.* FEVER
ffefryn, (-nau), *n.m.* FAVOURITE
ffei, *i.* FIE. BEGONE!
ffeil, (-iau), *n.f.* FILE
ffeilio, *v.* FILE, HEM
ffein(d), *a.* FINE, KIND, AGREEABLE
ffeindio, *v.* FIND
ffeindrwydd, *n.m.* KINDNESS, AMIABILITY
ffeinio, *v.* FINE
ffeintio, *v.* FAINT, SWOON
ffeirio, *v.* BARTER, EXCHANGE
ffel, *a.* DEAR, CUNNING, KNOWING, SHARP
ffelder, *n.m.* SHYNESS, SAGACITY
ffelon, (-iaid), *n.m.* FELON
ffelonaidd, *a.* FELONIOUS
ffeloni(aeth), (-au), *n.f.* FELONY
ffelt, *n.m.* FELT
ffeltin, *n.m.* FELTING
ffelwm, *n.m.* WHITLOW
ffelwn, (-au), *n.m.* FELON
ffemwr, (ffemora), *n.m.* FEMUR
ffen, (-iau), *n.m.* FEN
ffendir, *n.m.* FENLAND
ffenestr, (-i), *n.f.* WINDOW
  ffenestr do, SKYLIGHT WINDOW
  ffenestr fwa, BOW WINDOW
ffenigl, *n.m.* FENNEL
ffenomen, (-au), *n.f.* PHENOMENON
ffens, (-ys), *n.f.* FENCE
ffensio, *v.* FENCE
ffeodaeth, *n.f.* FEOFFMENT
ffeodaethwr, (-wyr), *n.m.* FEOFFER
ffeoffment, *n.m.* FEOFFMENT
ffêr, (fferau), *n.f.* ANKLE
ffer, (-*en, n.f.*), *n.pl.* FIR-TREES
fferdod, *n.m.* NUMBNESS

fferf, *a.f.* THICK, SOLID, FIRM
fferi, (-iau), *n.f.* FERRY
fferinau, ⎤
fferins, ⎦ *n.pl.* SWEETS, DAINTIES
fferllyd, *a.* CHILLY, BENUMBED
fferm, (-ydd), *n.f.* FARM
ffermdy, (-dai), *n.m.* FARM-HOUSE
ffermio, *v.* FARM
ffermwr, (-wyr), *n.m.* FARMER
fferru, *v.* FREEZE, CONGEAL, PERISH WITH COLD
fferrus, *a.* FERROUS
fferwl, (-au), *n.m.f.* FERRULE
fferyllfa, (-feydd), *n.f.* DISPENSARY, PHARMACY
fferylliaeth, *n.f.* PHARMACY
fferyllol, *a.* CHEMICAL, PHARMACEUTICAL
fferyllydd, (-ion, -wyr), *n.m.* PHARMACIST
ffesant, (-s, -au), *n.m.f.* PHEASANT
ffesin, (-iau), *n.m.* FACING
  ffesin cudd, INTERFACING
  ffesin twll llawes, ARMHOLE FACING
ffest, *a.* FAST, DILIGENT
  (-au), *n.f.* FEAST. FETE
ffestu, *v.* HURRY
ffetis, *n.m.* FETISH
ffetisaeth, *n.m.* FETISHISM
ffetus, *a.* CLEVER, CRAFTY
ffi, *i.* FIE!
ffi, (-oedd), *n.f.* FEE
  ffi entael, FEE TAIL
  ffi batent, FEE PATENT
  ffi rydd, FEE SIMPLE
ffiaidd, *a.* FOUL, LOATHSOME
ffibr, (-au), *n.m.* FIBRE
ffibrog, -us, *a.* FIBROUS
ffibwla, (-ae), *n.m.* FIBULA
Ffichtiad, (-iaid), *n.m.* PICT
ffid(i)l, (-au), *n.f.* FIDDLE
ffidiwr, *n.m.* FEED DOG
ffidlan, *v.* FIDDLE. DAWDLE
ffidler, (-iaid), *n.m.* FIDDLER
ffidl(i)o, *v.* FIDDLE
ffieiddbeth, (-au), *n.m.* ABOMINATION
ffieidd-dod, ffieidd-dra, *n.m.* ABHORRENCE. DISGUST. ABOMINATION
ffieiddio, *v.* LOATHE. DETEST
ffigur, (-au), *n.m.* FIGURE. TYPE
ffigurol, *a.* FIGURATIVE. METAPHORICAL
ffiguryn, (-nau), *n.m.* FIGURINE
ffigys, (-*en, n.f.*), *n.pl.* FIGS
ffigysbren, (-nau), *n.m.* FIG-TREE
ffilament, (-au), *n.m.* FILAMENT

ffildio, *v.* FIELD
ffildiwr, (-wyr), *n.m.* FIELDER, OUTFIELDER
ffiled, (-au, -i), *n.f.* FILLET
ffilharmonig, *a.* PHILHARMONIC
ffilm, (-iau), *n.f.* FILM
ffilmio, *v.* FILM
ffilmstribed, (-i), *n.f.* FILMSTRIP
ffiloreg, *n.f.* NONSENSE, RIGMAROLE
ffilter, (-au, -i), *n.m.* FILTER
ffiltro, *v.* FILTER
ffin, (-iau), *n.f.* BOUNDARY, LIMIT, MARGIN
ffindir, (-oedd), *n.m.* BORDERLAND
ffinedig, *a.* BOUNDED
ffinio, *v.* BORDER, ABUT
ffiniol, *a.* BORDERING
ffiol, (-au), *n.f.* PHIAL, BOWL, CUP
ffiord, (-au), *n.f.* FJORD
ffircyn, *n.m.* FIRKIN
ffiseg, *n.f.* PHYSICS
ffisegol, *a.* PHYSICAL
ffisegwr, (-wyr), *n.m.* PHYSICIST
ffisig, *n.m.* MEDICINE
ffisigwr, (-wyr), *n.m.* PHYSICIAN
ffisigwriaeth, *n.f.* MEDICINE, PHYSIC
ffisioleg, *n.f.m.* PHYSIOLOGY
ffit, *a.* FIT
     (-iau), *n.f.* FIT, PAROXYSM
ffit-ffatio, *v.* FLIP-FLAP
ffitiad, (-au), *n.m.* FITTING
ffitio, *v.* FIT
ffitiwr, (-wyr), *n.m.* FITTER
ffitrwydd, *n.m.* FITNESS
ffiwdal, *a.* FEUDAL
ffiwdalhad, *n.m.* FEUDALISATION
ffiwdalhau, *v.* FEUDALISE
ffiwdaliaeth, *n.f.* FEUDALISM
ffiwg, (-iau), *n.f.* FUGUE
ffiws, (-iau), *n.m.* FUSE
ffiwsiliwr, (-wyr), *n.m.* FUSILIER
ffiwsio, *v.* FUSE
fflacsid, *a.* FLACCID
fflach, (-iau), *n.f.* ⎱ FLASH, GLEAM
fflachiad, (-au), *n.m.* ⎰
fflachennu, *v.* SCINTILLATE
fflachio, *v.* FLASH
fflachiog, *a.* FLASHING
fflag, (-iau), *n.f.* FLAG
fflagen, (-ni), *n.f.* FLAGON, FLAG-STONE
fflangell, (-au), *n.f.* SCOURGE, WHIP
fflangelliad, (-au), *n.m.* FLAGELLATION
fflangellu, *v.* SCOURGE, FLOG, WHIP
fflaim, (-eimiau), *n.f.* LANCET

fflam, (-au), *n.f.* FLAME
fflamadwy, *a.* INFLAMMABLE
fflamgoed, *n.f.* THE SPURGE
fflamio, *v.* BLAZE, FLAME
fflamllyd, *a.* FLAMING
fflamwydden, *n.f.* ERYSIPELAS
fflan, (-iau), *n.m.* FLAN
fflans, (-ys), *n.m.f.* FLANGE
fflap, (-iau), *n.m.* FLAP
fflasg, (-iau), *n.f.* FLASK, BASKET
fflat, *a.* FLAT
     (-iau), *n.f.* FLAT *n.m.* FLAT-IRON
fflatio, *v.* FLAT, FLATTEN
fflatwadn, *a.* FLATFOOTED
fflaw, (-iau), *n.m.* SPLINTER, FAULT, FLAKE, MOTE
fflawen, (-nau), *n.f.* SPLINTER, FLAW
fflawiog, *a.* FLAKED
fflebitis, *n.m.* PHLEBITIS
fflecnod, *n.m.* FLECNODE
fflecs, (-ys), *n.m.* FLEX
ffleimio, *v.* LANCE
fflêm, fflem, *n.f.* PHLEGM
fflêr, *n.m.* FLARE
fflic-fflac, *n.m.* FLICK-FLACK, FLIP-FLOP
fflicio, *v.* FLICK
fflint, *n.m.* FLINT
ffliworoleuedd, *n.m.* FLUORESCENCE
ffliwt, (-iau), *n.f.* FLUTE
ffloc, *n.m.* FLOCK
ffloch, (-au), *n.m.* FLOE
    ffloch iâ, ICE FLOE
fflodiad, (-au), *n.f.* ⎱ FLOODGATE
fflodiart, (-au), *n.f.* ⎰
fflons, *a.* LIVELY, CHEERFUL, AMIABLE
fflora, (fflorae), *n.m.* FLORA
ffloring, (-od), *n.m.* FLORIN
fflowns, (-ys), *n.f.* FLOUNCE
ffluorin, *n.m.* FLUORINE
fflurben, *n.m.* INFLORESCENCE
fflurddail, *n.pl.* PERIANTH
fflurol, *a.* FLORAL
fflurolau, *a.* FLUORESCENT
ffluroleuedd, *n.m.* FLUORESCENCE
fflwcs, *n.pl.* FLUFF, RUBBISH
fflwch, *a.* VAST, FULL, BOUNTIFUL
fflwff, *n.m.* FLUFF
fflworideiddiad, *n.m.* FLUORIDATION
fflworideiddio, *v.* FLUORIDATE
fflworin, *n.m.* FLUORINE
fflŵr, *n.m.* MEAL, FLOUR, FLOWER
fflŵr-de-lis, *n.m.* FLEUR-DE-LIS
fflwroleuedd, *n.m.* FLUORESCENCE

fflycs, (-ys), *n.m.* FLUX
fflyd, (-oedd), *n.f.* FLEET, LARGE NUMBER
fflyrtan, *v.* FLIRT
fflyrten, *n.f.* A FLIRT
ffo, *n.m.* FLIGHT, RETREAT
   ar ffo, FLEEING
ffoadur, (-iaid), *n.m.* FUGITIVE, REFUGEE
ffobia, (-u), *n.m.* PHOBIA
ffocal, *a.* FOCAL
ffocus, (-au), *n.m.* FOCUS
ffocws, (ffocysau), *n.m.* FOCUS
ffocysu, *v.* FOCUS
ffodus, *a.* LUCKY, FORTUNATE
ffoëdigaeth, *n.f.* FLIGHT
ffoëdigion, *n.pl.* FUGITIVES
ffoi, *v.* FLEE, RETREAT
ffoil, (-iau), *n.m.* FOIL
ffôl, *a.* FOOLISH, SILLY
ffolant, *n.m.* VALENTINE
ffoledd, *n.m.* FOLLY, FOOLISHNESS
ffolen, (-nau, -ni), *n.f.* BUTTOCK, HAUNCH
ffoli, *v.* DOTE, INFATUATE, FOOL
ffolineb, (-au), *n.m.* FOOLISHNESS, FOLLY
ffolio, (-s), *n.m.* FOLIO
ffolog, (-od), *n.f.* SILLY WOMAN
ffollach, (-au, -od), *n.f.* BUSKIN, CLOG
ffôn, (ffonau), *n.m.* PHONE
ffon, (ffyn), *n.f.* STICK, STAFF, CUDGEL, BAR, SPOKE, RUNG
   ffon dafl, SLING
   ffon fagl, CRUTCH
ffondorio, *v.* CUDGEL
ffoneg, *n.m.f.* PHONICS
ffonetig, *a.* PHONETIC
ffoniad, (-au), *n.f.* STROKE,
ffonnod, (ffonodiau), *n.f.* BLOW
ffonio, *v.* PHONE
ffonodio, *v.* CUDGEL, BEAT
ffont, (-ydd), *n.m.* FONT
fforc, (ffyrc), *n.f.* TABLE-FORK
fforch, (ffyrch), *n.f.* FORK
fforchi, *v.* FORK
fforchog, *a.* FORKED, CLEFT, CLOVEN
ffordd, (ffyrdd), *n.f.* WAY, MANNER, DISTANCE, ROAD
   ffordd gysylltu, TRUNK ROAD
   Ffordd y Blaenau, HEADS OF THE VALLEYS ROAD
fforddio, *v.* AFFORD
fforddol, -yn, (-ion), *n.m.* WAYFARER, TRAVELLER
fforest, (-ydd), *n.f.* FOREST

fforestiad, (-au), *n.m.* AFFORESTATION
fforestu, *v.* AFFORESTATE
fforestwr, (-wyr), *n.m.* FORESTER
fforffed, (-ion), *n.m.* FORFEIT
fforffedu, *v.* FORFEIT
fforiad, (-au), *n.m.* EXPLORATION
fforio, *v.* EXPLORE, SCOUT
fforiwr, (-wyr), *n.m.* EXPLORER
fform, (-au, -ydd), *n.f.* FORM, BENCH
fforman, (-iaid), *n.m.* FOREMAN
fformat, *n.m.* FORMAT
fformica, *n.m.* FORMICA
fform(i)wla, (-âu), *n.f.* FORMULA
ffortiwn, (-iynau), *n.f.* ⎫
ffortun, (-au), *n.f.*   ⎬ FORTUNE
ffortunus, *a.* FORTUNATE
fforwm, (-ymau), *n.m.* FORUM
ffos, (-ydd), *n.f.* DITCH, TRENCH, MOAT
ffosffad, (-au), *n.m.* PHOSPHATE
ffosffor, *n.m.* PHOSPHOR
ffosfforws, *n.m.* PHOSPHORUS
ffosil, (-au), *n.m.* FOSSIL
ffosilaidd, *a.* FOSSIL
ffotomedreg, *n.m.f.* PHOTOMETRY
ffothell, (-au, -i), *n.f.* BLISTER
ffowl, (-iau), *n.m.* FOUL
ffowlyn, (ffowls), *n.m.* FOWL
ffowndri, (-ïau), *n.f.* FOUNDRY
ffracsiwn, (-iynau), *n.m.* FRACTION
   ffracsiwn bondrwm/cymen, PROPER FRACTION
   ffracsiwn cyffredin, VULGAR FRACTION
   ffracsiwn pendrwm/anghymen, IMPROPER FRACTION
ffracsiynol, *a.* FRACTIONAL
ffradach, *n.m.* SQUASH, MESS
ffrae, (-au, -on), *n.f.* QUARREL, FRAY
ffraegar, *a.* QUARRELSOME
ffraeo, *v.* QUARREL, BICKER
ffraeth, *a.* WITTY, GENEROUS, READY
ffraetheb, (-ion), *n.f.* WITTICISM, JOKE
ffraethineb, *n.m.* WIT, ELOQUENCE
Ffrainc, *n.f.* FRANCE
ffrâm, (-iau), *n.f.* FRAME, CHASSIS
fframio, *v.* FRAME
fframwaith, (-weithiau), *n.m.* FRAMEWORK
ffranc, (-od), *n.m.* FRANC
Ffrancwr, (-wyr), *n.m.* FRENCHMAN
Ffrangeg, *n.f.* FRENCH (LANGUAGE)
ffransies, *n.m.* FRANCHISE
ffras, (-au, -ys), *n.f.* PHRASE

ffrasil, (-au), *n.m.* FRAZIL
ffregod, (-au), *n.f.* CHATTER, FOOLISH
TALK
Ffrengig, *a.* FRENCH
ffrenoleg, *n.m.f.* PHRENOLOGY
ffres, *a.* FRESH, PURE
ffresgo, (-au), *n.m.* FRESCO
ffresni, *n.m.* FRESHNESS
ffretwaith, *n.m.* FRETWORK
ffreutur, (-au), *n.f.* REFECTORY
ffrewyll, (-au), *n.f.* SCOURGE, WHIP
ffrewyllio, -u, *v.* SCOURGE, WHIP
ffri, *a.* FREE, LIBERAL
ffridd, (-oedd), *n.f.* MOUNTAIN PASTURE,
SHEEP-WALK
ffrigad, (-au), *n.f.* FRIGATE
ffril, (-iau), *n.m.* FRILL
ffrimpan, (-au), *n.f.* FRYING PAN
ffrind, (-iau), *n.m.* FRIEND
ffrio, *v.* FRY, HISS
ffris, (-iau), *n.f.* FRIEZE
ffriswr, (-wyr), *n.m.* FRIEZEMAN
ffrit, (-iau), *n.m.* FRIT, FLOP
a. WORTHLESS, UNSUBSTANTIAL
ffriter, (-au), *n.m.* FRITTER
ffrith, (-oedd), *n.f.* MOUNTAIN PASTURE,
SHEEP-WALK
ffrithiant, (-nnau), *n.m.* FRICTION
ffroch, -wyllt, *a.* FURIOUS
ffroen, (-au), *n.f.* NOSTRIL, MUZZLE
ffroenell, (-au), *n.f.* NOZZLE
ffroenffrydiad, *n.m.* CORYZA
ffroeni, *v.* SNORT, SNIFF
ffroenuchel, *a.* HAUGHTY, DISDAINFUL
ffroenucheledd, *n.m.* HAUGHTINESS
ffroenwst, *n.m.* RHINITIS
ffroes, (-en, *n.f.*), *n.pl.* PANCAKES
ffrog, (-iau), *n.f.* FROCK
ffroga, (-ed, -od), *n.m.* FROG,
FROG (HORSE'S HOOF)
ffrom, *a.f.* ANGRY, TOUCHY
ffromder, *n.m.* ANGER
ffromi, *v.* FUME, RAGE
ffromllyd, *a.* ANGRY, IRATE
ffrond, *n.m.* FROND
ffrost, *n.m.* BOAST, POMP
ffrostgar, *a.* BOASTFUL
ffrostio, *v.* BOAST, VAUNT
ffrostiwr, (-wyr), *n.m.* BOASTER
ffrwcsio, *v.* HASTEN
ffrwctos, (-au), *n.m.* FRUCTOSE
ffrwd, (ffrydiau), *n.f.* STREAM, FLOW,
TORRENT

ffrwgwd, (ffrygydau), *n.m.* SQUABBLE,
FRAY, BRAWL
ffrwmpo, *v.* TAKE OFFENCE, FEEL GRIEVED
ffrwmpyn, (-en, *n.f.*), *n.m.* PRIG
ffrwst, *n.m.* HASTE, HURRY, BUSTLE
ffrwstwm, (ffrwstymau), *n.m.* FRUSTUM
ffrwtian, *v.* SPLUTTER
ffrwydrad, (-au), *n.m.* EXPLOSION
ffrwydro, *v.* EXPLODE
ffrwydrol, *a.* EXPLOSIVE
ffrwydrydd, (-ion), *n.m.* EXPLOSIVE
ffrwydryn, (-nau, ffrwydron), *n.m.*
MINE, EXPLOSIVE
ffrwyn, (-au), *n.f.* BRIDLE, RESTRAINT
ffrwyn ddall, BRIDLE WITH BLINKERS
ffrwynglymu, *v.* TETHER
ffrwyno, *v.* BRIDLE, RESTRAIN
ffrwyth, -yn, (-au), *n.m.* FRUIT, RESULT,
STRENGTH
ffrwythlon, *a.* FRUITFUL, FERTILE
ffrwythlondeb, -der, *n.m.*
FRUITFULNESS, FERTILITY
ffrwythlonedd, *n.m.* FECUNDITY
ffrwythloni, *v.* FERTILISE, BE FRUITFUL
ffrwythloniad, (-au), *n.m.*
IMPREGNATION, FERTILISATION
ffrwytho, *v.* BEAR FRUIT
ffrwythus, *a.* FRUITY
ffrwythyn, *n.m.* SINGLE FRUIT
ffrydio, *v.* STREAM, GUSH
ffrydlif, (-oedd), *n.m.f.* STREAM, FLOOD,
TORRENT
ffrynt, (-iau), *n.m.* FRONT
ffrynt achludol, OCCLUDED FRONT
ffrynt pegynol, POLAR FRONT
ffryntiad, (-au), *n.m.* FRONTAGE
ffrystio, *v.* HASTEN
ffuant, *n.m.* DECEIT, SHAM, PRETENCE
ffuantu, *v.* PRETEND, SHAM
ffuantus, *a.* FALSE, INSINCERE
ffuantwr, (-wyr), *n.m.* DISSEMBLER
ffug, *a.* FICTITIOUS, FALSE, PSEUDO-
(-ion), *n.m.* DELUSION, SHAM,
FORGERY, DECEPTION, FAKE
ffug-bas, (-ys), *n.f.* DUMMY
ffugbasio, *v.* DUMMY
ffugchwedl, (-au), *n.f.* NOVEL
ffugenw, (-au), *n.m.* NOM-DE-PLUME,
PSEUDONYM
ffugiad, (-au), *n.m.* FORGERY
ffugio, *v.* PRETEND, DISGUISE, FORGE,
FEINT
ffugiwr, (-wyr), *n.m.* IMPOSTER, FORGER

ffuglen, *n.f.* FICTION
ffugliw, (-iau), *n.m.* CAMOUFLAGE
ffugliwio, *v.* CAMOUFLAGE
ffugrew, *n.m.* ICING
ffull, (-ion), *n.m.* HASTE, SPEED, BUD
ffullio, *v.* HASTEN, BUD
ffumer, (-au), *n.m.* CHIMNEY, FUNNEL
ffunen, (-nau, -ni), *n.f.* BAND, KERCHIEF
ffunud, (-au), *n.m.* FORM, MANNER
   yr un ffunud â, EXACTLY LIKE
ffured, (-au), *n.f.* FERRET
ffureta, *v.* FERRET
ffurf, (-iau), *n.f.* FORM, SHAPE, FORMATION
ffurfafen, (-nau), *n.f.* FIRMAMENT, SKY
ffurfdro, (-eon), *n.m.* INFLECTION
ffurfeb, (-au), *n.f.* FORMULA
ffurfiad, (-au), *n.m.* FORMATION,
   STRUCTURE
ffurfiant, (-nnau), *n.m.* ACCIDENCE,
   FORMATION
ffurfio, *v.* FORM, SHAPE
ffurfiol, *a.* FORMAL
ffurfiolaeth, *n.f.* FORMALISM
ffurfioldeb, (-au), *n.m.* FORMALITY
ffurflen, (-ni), *n.f.* FORM (PRINTED, etc.)
   ffurflen cais, APPLICATION FORM
   ffurflen gais, CLAIM FORM
ffurflin, (-iau), *n.m.* FORMLINE
ffurflunio, *v.* CAST
ffurfwasanaeth, *n.f.* LITURGY
ffurfwedd, (-au), *n.f.* CONFIGURATION
ffurfwisg, (-oedd), *n.f.* UNIFORM
ffurfyn, (-nau), *n.m.* FORMANT
ffust, (-iau), *n.f.* FLAIL
ffust(i)o, *v.* BEAT, THRESH
ffwdan, (-au), *n.f.* FUSS, BUSTLE, TROUBLE
ffwdanllyd, *a.* FUSSY, BUSTLING
ffwdanu, *v.* FUSS, BUSTLE
ffwdanus, *a.* FUSSY, FIDGETY
ffwete, *n.f.* FOUETTÉ
ffwng, (ffyngoedd, ffyngau), *n.m.*
   FUNGUS
ffwngleiddiad, (-au), *n.m.* FUNGICIDE
ffwl, (ffyliaid), *n.m.* FOOL
ffwlbart, (-iaid, -od), *n.m.* POLECAT
ffwlbri, *n.m.* NONSENSE, TRASH,
   TOMFOOLERY
ffwlcrwm, (-crymau), *n.m.* FULCRUM
ffwlcyn, (*ffolcen, n.f.*), *n.m.* FOOL,
   NINCOMPOOP
ffwlsgap, (-au), *n.m.* FOOLSCAP
ffwndamentaliaeth, *n.f.* FUNDAMENTALISM
ffwndamentalydd, (-wyr), *n.m.*
   FUNDAMENTALIST

ffwndro, *v.* FOUNDER, BECOME CONFUSED
ffwndrus, *a.* CONFUSED, BEWILDERED
ffwndwr, *n.m.* CONFUSION, BUSTLE
ffwr, (ffyrrau), *n.m.* FUR
ffwr-bwt, *a. & ad.* ABRUPT, HASTY
ffwrch, (ffyrch), *n.f.* FORK, HAUNCH
ffwrdd, *n.m.* WAY
   i ffwrdd, AWAY
ffwrdd-â-hi, *a.* SLAPDASH
ffwrn, (ffyrnau), *n.f.* OVEN, FURNACE
ffwrnais, (-eisi, -eisiau), *n.f.* FURNACE
ffwrwm, (ffyrymau), *n.f.* FORM, BENCH
ffws, *n.m.* FUSS
ffwyl, (-au), *n.m.* FOIL, STOKE
ffwylio, *v.* FOIL
ffwyliwr, (-wyr), *n.m.* FOILIST
ffwythiannaeth, *n.f.* FUNCTIONALITY
ffwythiannedd, *n.m.* FUNCTIONAL
ffwythiannol, *a.* FUNCTIONAL
ffwythiant, (-nnau), *n.m.* FUNCTION
   ffwythiant echblyg, EXPLICIT FUNCTION
   ffwythiant ymhlyg, IMPLICIT FUNCTION
   ffwythiant nod, OBJECTIVE FUNCTION
   ffwythiant elw, RETURN FUNCTION
ffydd, *n.f.* FAITH
ffyddiog, *a.* STRONG IN FAITH, TRUSTFUL
ffyddlon, *a.* FAITHFUL, LOYAL
ffyddlondeb, -der, *n.m.* FAITHFULNESS
ffyn, *n.pl.* STICKS (HOCKEY), RUNGS
ffynadwy, *a.* PROSPEROUS
ffynhonnell, (ffynonellau), *n.f.* SOURCE,
   FOUNT
ffyniannus, *a.* PROSPEROUS, SUCCESSFUL
ffyniant, (-nnau), *n.m.* PROSPERITY,
   SUCCESS
ffynidwydd, (-*en, n.f.*), *n.pl.* FIR-TREES,
   PINE-TREES
ffynnel, *n.f.* FUNNEL
ffynnon, (ffynhonnau), *n.f.* WELL,
   SPRING, ORIGIN
ffynnu, *v.* THRIVE, PROSPER, PREVAIL
ffyrf, (*fferf, a.f.*), *a.m.* THICK, STOUT,
   LARGE, FIRM
ffyrfder, *n.m.* THICKNESS, STRENGTH
ffyrfhau, *v.* BECOME THICK
ffyrl(l)ing, (-au, -od), *n.f.* FARTHING
ffyrm, (-iau), *n.f.* FIRM
ffyrnaid, *n.f.* OVENFUL
ffyrnig, *a.* VIRULENT, FIERCE, SAVAGE,
   CRUEL
ffyrnigo, *v.* ENRAGE, GROW FIERCE
ffyrnigrwydd, *n.m.* FEROCITY
ffyrrwr, (ffyrwyr), *n.m.* FURRIER

gadael, gadu, *v.* LEAVE, LET, DESERT,
ALLOW

gadawaeth, *n.f.* ABANDONMENT

gadawiad, (-au), *n.m.* DEPARTURE

gaeaf, (-au), *n.m.* WINTER

gaeafaidd, -ol, *a.* WINTRY

gaeafgwsg, (-gysgau), *n.m.*
HIBERNATION

gaeafgysgu, *v.* HIBERNATE

gaeafu, *v.* WINTER

gafael, -yd, *v.* GRASP, HOLD, GRIP

gafael, (-ion), *n.f.* HOLD, GRASP, TENURE

gafaelai, *n.f.* VICE

gafaelfach, (-au), *n.m.* GRAPNEL, BARB

gafaelgar, *a.* GRIPPING, TENACIOUS,
IMPRESSIVE

gafaeliad, (-au), *n.m.* GRIP

gafaeliau, *n.pl.* HOLDS

gafaelydd, *n.m.* HOLDER

gafl, (-au), *n.f.* FORK, WOMB

gafr, (geifr), *n.f.* GOAT

gafrewig, (-od), *n.f.* ANTELOPE, GAZELLE

gaing, (geingiau), *n.f.* CHISEL
    gaing galed, COLD CHISEL
    gaing gau, GOUGE

gair, (geiriau), *n.m.* WORD

gala, (galâu), *n.m.* GALA

galaeth, (-au), *n.m.f.* GALAXY

galanas, (-au), *n.f.* BLOOD-FEUD,
HOMICIDE, CARNAGE, MASSACRE

galanastra, *n.m.* SLAUGHTER

galar, *n.m.* MOURNING, GRIEF

galargan, (-euon), *n.f.* DIRGE

galarnad, (-au), *n.f.* LAMENTATION

galarnadu, *v.* LAMENT

galaru, *v.* MOURN, LAMENT, GRIEVE

galarus, *a.* MOURNFUL, SAD

galarwr, (-wyr), *n.m.* MOURNER

galeri, (-ïau), *n.m.* GALLERY

galfanomedr, (-au), *n.m.*
GALVANOMETER

gali, (-ïau), *n.m.* GALLEY

galiard, *n.m.* GALLIARD

galiwn, (-iynau), *n.m.* GALLEON

galw, *v.* CALL, SUMMON

galwad, (-au), *n.f.* CALL, CALLING,
DEMAND
    galw(ad) brig, PEAK DEMAND

galwedigaeth, (-au), *n.f.* VOCATION,
OCCUPATION, PROFESSION, CALLING

galwedigaethol, *a.* PROFESSIONAL,
OCCUPATIONAL
    prawf galwedigaethol, VOCATIONAL
TEST
    therapi galwedigaethol,
OCCUPATIONAL THERAPY

galwyn, (-i), *n.m.* GALLON

gallt, (gelltydd), *n.f.* HILL, CLIFF, WOOD

gallu, (-oedd), *n.m.* ABILITY, POWER
v. BE ABLE

galluedd, (-au), *n.m.* FACULTY

galluog, *a.* ABLE, MIGHTY, POWERFUL

galluogi, *v.* ENABLE

gamblo, *v.* GAMBLE

gamblwr, (-wyr), *n.m.* GAMBLER

gamet, (-au), *n.m.* GAMETE

gamopetalus, *a.* GAMOPETALOUS

gamwn, (-au), *n.m.* GAMMON

gan, *prp.* WITH, BY, FROM, SINCE

gar, (-rau), *n.f.m.* THIGH, SHANK, HOCK

garan, (-od), *n.f.* HERON, CRANE

Garawys, *n.m.* LENT

gard, (-iau), *n.m.* GUARD

gardas, -ys, (-ysau), *n.m.f.* GARTER

gardd, (gerddi), *n.f.* GARDEN, YARD,
GARTH

gardd-ddinas, (-oedd), *n.f.* GARDEN
CITY

garddio, -u, *v.* GARDEN
    n.m. GARDENING

garddwr, (-wyr), *n.m.* GARDENER

garddwriaeth, *n.f.* HORTICULTURE

garet, *n.f.* GARRET

garej, (-ys), *n.m.* GARAGE

gargam, *a.* KNOCK-KNEED

garged, *n.f.* GARGET, MASTITIS

gargoil, (-iau), *n.m.* GARGOYLE

garlant, (-au), *n.m.* GARLAND

garllegen, (garlleg), *n.f.* GARLIC

garnais, *n.m.* GARNISH

garneisio, *v.* GARNISH

garsiwn, (-iynau), *n.m.* GARRISON,
RABBLE

gartref, *ad.* AT HOME

garth, *n.m.* ENCLOSURE, HILL, GARDEN,
PROMONTORY

garw, (geirwon), *a.* COARSE, ROUGH,
HARSH, GRIEVOUS, GREAT

garwder, -edd, *n.m.* ROUGHNESS,
CRUELTY

garwdiroedd, *n.pl.* BADLANDS

garwfwyd, (-ydd), *n.m.* ROUGHAGE

garwhau, *v.* ROUGHEN, RUFFLE

gast, (geist), *n.f.* BITCH
gastrig, *a.* GASTRIC
gât, (gatiau), *n.f.* GATE
gau, *a.* FALSE
gawr, (gewri), *n.f.* SHOUT
gaws, *n.m.* GAUSS
gefail, (gefeiliau), *n.f.* SMITHY, FORGE
gefel, (gefeiliau), *n.f.* TONGS, PINCERS,
 TWEEZERS
 gefel gnau, NUTCRACKER
gefelen, (gefeiliau), *n.f.* PLIERS
 gefelen lygaden, EYELET PLIERS
gefell, (gefeilliaid), *c.n.* TWIN
gefelldref, (-i), *n.f.* TWIN-TOWN
gefyn, (-nau), *n.m.* FETTER, SHACKLE
gefynnu, *v.* FETTER, SHACKLE
geingio, *v.* GOUGE, CHISEL
geilwad, (-aid), *n.m.* CALLER (FOLK
 DANCE) DRIVER (OF PLOUGH-TEAM)
geirda, *n.m.* GOOD REPORT, TESTIMONIAL
geirdarddiad, (-au), *n.m.* ETYMOLOGY
geirdarddiadol, *a.* ETYMOLOGICAL
geirddall, *a.* WORD BLIND
geirddallineb, *n.m.* WORD BLINDNESS
geirfa, (-oedd), *n.f.* VOCABULARY
geiriad, *n.m.* WORDING, PHRASEOLOGY
geiriadur, (-on), *n.m.* DICTIONARY
geiriadurol, *a.* LEXICOGRAPHICAL
geiriadurwr, (-wyr), *n.m.*
 LEXICOGRAPHER
geirio, *v.* WORD, PHRASE, ENUNCIATE
geiriol, *a.* VERBAL
geirioledd, *n.m.* VERBALISM
geirwir, *a.* TRUTHFUL
geiryn, (-nau), *n.m.* PARTICLE
geiser, (-au), *n.m.* GEYSER
gel, *n.m.* GEL
gelatin, (-au), *n.m.* GELATINE
gele(n), (gelod), *n.f.* LEECH
gelyn, (-ion), *n.m.* ENEMY, FOE
gelyniaeth, *n.f.* ENMITY, HOSTILITY
gelyniaethus, *a.* HOSTILE
gellyg, (-*en, n.f.*), *n.pl.* PEARS
gem, (-au), *n.f.* GEM, JEWEL
gêm, (gêmau), *n.f.* GAME
gemog, *a.* JEWELLED, GEMMED
gemwaith, (-weithiau), *n.m.* JEWELLERY
gemydd, (-ion), *n.m.* JEWELLER
gên, (genau), *n.f.* JAW, CHIN
genau, (geneuau), *n.m.* MOUTH,
 OPENING
genau-goeg, (-ion), *n.f.* LIZARD, NEWT
genedigaeth, (-au), *n.f.* BIRTH

genedigol, *a.* BORN, NATIVE, NATAL
generadu, *v.* GENERATE
generadur, (-on), *n.m.* GENERATOR
generig, *a.* GENERIC
geneteg, *n.f.m.* GENETICS
genetegwr, (-wyr), *n.m.* GENETICIST
genetig, *a.* GENETIC
geneth, (-od), *n.f.* GIRL
genethig, *n.f.* LITTLE GIRL
geneufor, (-oedd), *n.m.* GULF, BIGHT
geneuol, *a.* ORAL
genfa, (-fâu), *n.f.* BIT
gen-glo(ad), *n.m.* LOCK-JAW, TRISMUS
geni, *v.* GIVE BIRTH, BEAR
genni, *v.* BE CONTAINED
genwair, (-eiriau), *n.f.* FISHING-ROD
genweirio, *v.* ANGLE, FISH
genweiriwr, (-wyr), *n.m.* ANGLER
genws, (genysau), *n.m.* GENUS
genychol, *a.* NASCENT
genyn, (-nau), *n.m.* GENE
geocemeg, *n.f.m.* GEOCHEMISTRY
geodedd, *n.m.* GEODESY
geoffiseg, *n.m.f.* GEOPHYSICS
geometreg, *n.f.m.* GEOMETRY
geometrig, *a.* GEOMETRIC
geomorffoleg, *n.m.* GEOMORPHOLOGY
geotropedd, *n.m.* GEOTROPISM
ger, *prp.* AT, BY, NEAR
gêr, (gerau), *n.m.f.* GEAR, TACKLE,
 RUBBISH
gerbron, *prp.* IN THE PRESENCE OF
gercin, (-au), *n.m.* GHERKIN
gerfydd, *prp.* BY
gergist, (-iau), *n.m.* GEARBOX
geri, *n.m.* BILE, GALL, CHOLERA
geriach, *c.n.* TRIFLES, TRASH
geriatreg, *n.pl.* GERIATRICS
gerllaw, *prp.* NEAR, BY
 ad, AT HAND
germ, (-au), *n.m.f.* GERM
germleiddiad, (-au), *n.m.* GERMICIDE
gerwin, *a.* ROUGH, SEVERE, HARSH
gerwindeb, -der, *n.m.* SEVERITY,
 ROUGHNESS
gerwino, *v.* BECOME ROUGH
geto, (-au, -s), *n.m.* GHETTO
geudeb, -edd, *n.m.* DECEIT, FALSITY,
 SPURIOUSNESS
geudy, (-dai), *n.m.* CLOSET, TOILET
geuedd, *n.m.* SPURIOUSNESS
gewyn, (-nau), *n.m.* SINEW, TENDON
gewynnog, *a.* SINEWY

geyser, (-au), *n.m.* GEYSER
gïach, (-od), *n.m.* SNIPE
gïau, *n.pl.* GRISTLE, NERVES, SINEWS
gïeuwst, *n.m.* NEURALGIA
gil, (-iau), *n.m.* GILL
gild, (-iau), *n.m.* GUILD
gildio, *v.* YIELD, PRODUCE, GILD
gilotîn, (-au), *n.m.* GUILLOTINE
gilt, *a.* GILT-EDGED
gilydd, *n.m.*
   ei gilydd, EACH OTHER
   gyda'i gilydd, TOGETHER
gimbill, (-ion), *n.f.* GIMLET
gimig, (-au), *n.m.* GIMMICK
gini, *n.f.* GUINEA
giro, *n.m.* GIRO
gitâr, (gitarau), *n.f.* GUITAR
gladiator, (-iaid), *n.m.* GLADIATOR
glafoerio, *v.* DRIVEL
glafoerion, *n.pl.* DRIVEL
glaif, (gleifiau), *n.m.* LANCE, SWORD
glain, (gleiniau), *n.m.* JEWEL, GEM, BEAD
   glain baderau, ROSARY
glân, *a.* CLEAN, PURE, HOLY, BEAUTIFUL
glan, (-nau, glennydd), *n.f.* BANK,
   SHORE, LAND
glandeg, *a.* HANDSOME, COMELY
glandir, (-oedd), *n.m.* MARGIN
glanedol, *a.* DETERGENT
glanedydd, (-ion), *n.m.* DETERGENT
glanfa, (-feydd), *n.f.* LANDING-PLACE,
   WHARF
glanhad, *n.m.* CLEANSING, PURIFICATION
glanhaol, *a.* CLEANSING, PURIFYING
glanhäwr, (-wyr), *n.m.* CLEANER
glanhau, *v.* CLEAN, CLEANSE
glaniad, (-au), *n.m.* LANDING
glanio, *v.* LAND, DISEMBARK
glanwaith, *a.* CLEAN, TIDY
glanweithdra, *n.m.* CLEANLINESS
glas, *a.* GREEN, BLUE, GREY, PALE, YOUNG,
   RAW
   gorau glas, LEVEL BEST
   n.m. BLUE
glasbrint, (-iau), *n.m.* BLUEPRINT
glasglwyf, (-au), *n.m.* CYANOSIS
glasgoch, *a.* PURPLE, PUCE
glasier, (-au), *n.m.* GLACIER
glaslain, (-leiniau), *n.f.* LYNCHET
glaslanc, (-iau), *n.m.* (RAW) YOUTH
glaslun, (-iau), *n.m.* BLUEPRINT
glasoed, *n.m.* ADOLESCENCE
glasog, (-au), *n.f.* CROP, GIZZARD

glasrew, *n.m.* FROZEN RAIN, BLACK ICE
glastwr, *n.m.* MILK AND WATER
glasu, *v.* BECOME BLUE, GREY, GREEN,
   TURN PALE, DAWN, SPROUT
glaswellt, *c.n.* GRASS
glaswelltir, (-oedd), *n.m.* GRASSLAND
glaswelltyn, *n.m.* BLADE OF GRASS,
   TIGRIDIA
glaw, (-ogydd), *n.m.* RAIN
   glaw mân, DRIZZLE
   glaw darfudol, CONVECTIONAL RAIN
glawiad, (-au), *n.m.* RAINFALL
glawio, *v.* RAIN
glawlen, (-ni), *n.f.* UMBRELLA
glawlin, (-au), *n.m.* ISOHYET
glawog, *a.* RAINY PLUVIAL
glawsgodfa, *n.f.* RAIN SHADOW
glei, *n.m.* GLEY
gleider, -au, *n.m.* GLIDER
gleiniad, (-au), *n.m.* BEADING
gleinwaith, *n.m.* BEADING
gleisiad, (-iaid), *n.m.* SEWIN
gleision, *n.pl.* WHEY
glendid, *n.m.* CLEANNESS, BEAUTY, PURITY
glesni, *n.m.* BLUENESS, VERDURE
glew, *a.* BRAVE, DARING, STOUT
glewder, -dra, *n.m.* COURAGE, PROWESS
glin, (-iau), *n.m.* KNEE
gliwcos, (-au), *n.m.* GLUCOSE
glo, *n.m.* COAL
   glo brig, OPEN-CAST COAL
glôb, (globau), *n.m.* GLOBE
globwl, (-au), *n.m.* GLOBULE
gloddest, (-au), *n.m.* CAROUSAL,
   REVELLING
gloddesta, *v.* CAROUSE, REVEL
gloddestwr, (-wyr), *n.m.* REVELLER
gloddolion, *c.n.* FOSSILS
gloes, (-au), *n.f.* PAIN, PANG, SWOON
glofa, (-feydd), *n.f.* COLLIERY
glofaol, *a.* MINING
glós, (-au), *n.m.* GLOSS, COMMENT,
   EXPLANATION
glotis, (-au), *n.m.* GLOTTIS
glöwr, (-wyr), *n.m.* COLLIER
glowty, (-tai), *n.m.* COW-HOUSE
glöyn, (-nod), *n.m.* COAL
   glöyn byw, BUTTERFLY
gloyw, (-on), *a.* CLEAR, BRIGHT, SHINY
gloywder, *n.m.* CLEARNESS, BRIGHTNESS
gloywedd, (-au), *n.m.* LUSTRE
gloywi, *v.* BRIGHTEN, POLISH, CLARIFY
glud, (-ion), *n.m.* GLUE, BIRD-LIME

gludedd, *n.m.* VISCOSITY
gludio, *v.* GLUE
gludiog, *a.* GLUEY
gludydd, (-ion), *n.m.* ADHESIVE
glwcôs, *n.m.* GLUCOSE
glwten, *n.m.* GLUTEN
glwth, (glythau), *n.m.* COUCH
   (glython), *n.m.* GLUTTON
   a. GLUTTONOUS
glwys, *a.* FAIR, HOLY
glycogen, *n.m.* GLYCOGEN
glyn, (-noedd), *n.m.* GLEN, VALLEY
glynol, *a.* ADHESIVE, RESINOUS
glynu, *v.* STICK, ADHERE
glyserin, *n.m.* GLYCERINE
glythineb, *n.m.* GLUTTONY
gnawd, *a.* CUSTOMARY, USUAL
Gnosticiaeth, *n.f.* GNOSTICISM
Gnostig, (-iaid), *n.m.* GNOSTIC
go, *ad.* RATHER, SOMEWHAT
goachul, *a.* LEAN, POORLY, PUNY
gobaith, (-eithion), *n.m.* HOPE
gobeithio, *v.* HOPE
gobeithiol, *a.* HOPEFUL
gobeithlu, (-oedd), *n.m.* BAND OF HOPE
gobennydd, (-enyddiau), *n.m.* PILLOW
   gobennydd mawr, BOLSTER
goblygiad, (-au), *n.m.* IMPLICATION
goblygu, *v.* FOLD, WRAP, IMPLY
gochel(yd), *v.* AVOID, BEWARE OF
gocheladwy, *a.* AVOIDABLE
gochelffordd, (-ffyrdd), *n.f.* BY-PASS
gochelgar, *a.* CAUTIOUS, WARY
gocheliad, (-au), *n.m.* AVOIDANCE
gochelyd, see *gochel*
godard, (-au), *n.f.* CUP, MUG, TANKARD
godet, *n.m.* GODET
godidog, *a.* EXCELLENT, SPLENDID
godidowgrwydd, *n.m.* EXCELLENCE
godineb, *n.m.* ADULTERY
godinebu, *v.* COMMIT ADULTERY
godinebus, *a.* ADULTEROUS
godinebwr, (-wyr), *n.m.* ADULTERER
godre, (-on), *n.m.* BOTTOM, SKIRT, EDGE,
   BORDER
godrefryniau, *n.pl.* FOOTHILLS
godr(i)ad, *n.m.* MILKING
godro, *v.* MILK
   n.m. MILKING
goduth, *n.m.* JOG-TROT
godwrdd, *n.m.* DIN, MURMUR
goddaith, (-eithiau), *n.f.* BONFIRE,
   BLAZE, MUIRBURN

goddef, *v.* BEAR, ALLOW, SUFFER, PERMIT
goddefedd, *n.m.* TOLERANCE, SANCTION
goddefgar, *a.* TOLERANT, FORBEARING
goddefgarwch, *n.m.* TOLERANCE,
   FORBEARANCE
goddefol, *a.* TOLERABLE, PASSIVE
goddefus, *a.* PERMISSIVE
goddiweddyd, *v.* ⎤
goddiwes, *v.* ⎦ OVERTAKE
goddiwylliannu, *v.* ACCULTURATE
goddrych, (-au), *n.m.* SUBJECT
goddrychedd, *n.m.* SUBJECTIVITY
goddrychiaeth, *n.f.* SUBJECTIVISM
goddrychol, *a.* SUBJECTIVE, PERSONAL
gof, (-aint), *n.m.* BLACKSMITH, SMITH
gofal, (-on), *n.m.* CARE, ANXIETY,
   CHARGE
gofalaeth, *n.f.* MAINTENANCE, CARE
gofalu, *v.* CARE, WORRY, TAKE CARE
gofalus, *a.* CAREFUL, WORRIED
gofalwr, (-wyr), *n.m.* CARETAKER,
   CUSTODIAN
gofaniad, (-au), *n.m.* FORGING
gofaniaeth, *n.f.* SMITH'S CRAFT
gofannu, *v.* FORGE
gofer, (-ydd), *n.m.* STREAM, OVERFLOW
   OF WELL
goferu, *v.* FLOW, POUR
goferwi, *v.* PARBOIL
gofid, (-iau), *n.m.* GRIEF, TROUBLE,
   AFFLICATION
gofidio, *v.* GRIEVE, VEX
gofidus, *a.* SAD, GRIEVOUS
gofod, (-au), *n.m.* SPACE, GAP
gofoden, (-nau), *n.f.* SPACE-SHIP
gofodol, *a.* SPATIAL
gofodolaeth, *n.f.* SUBSISTENCE
gofodoli, *v.* SUBSIST
gofodwr, (-wyr), *n.m.* ASTRONAUT
gofodydd, (-ion), *n.m.* SPACER
gofwy, (-on), *n.m.* VISIT, TRIBULATION
gofwyo, *v.* VISIT
gofyn, *v.* ASK, REQUIRE, DEMAND
   (-ion), *n.m.* REQUEST, DEMAND
gofyniad, (-au), *n.m.* QUESTION
gofynnod, (-ynodau), *n.m.* QUESTION
   MARK
gofynnol, *a.* NECESSARY, REQUIRED
gogan, (-au), *n.f.* SATIRE
goganu, *v.* SATIRIZE, REVILE, DEFAME
goganwr, (-wyr), *n.m.* SATIRIST, REVILER
goglais, *v. & n.m.* TICKLE
gogledd, (-au), *n.m. & a.* NORTH

gogleddol, *a.* NORTHERN
gogleddwr, (-wyr), *n.m.* NORTHERNER
gogleisio, *v.* TICKLE
goglyd, *n.m.* TRUST, RELIANCE
gogoneddiad, *n.m.* GLORIFICATION
gogoneddu, *v.* GLORIFY
gogoneddus, *a.* GLORIOUS
gogoniant, *n.m.* GLORY
gogor, (-ion), *n.f.* FODDER
gogr, (-au), *n.m.* SIEVE, RIDDLE
gogwydd, (-au), *n.m.* INCLINATION,
  SLANT
gogwyddiad, (-au), *n.m.* INCLINATION,
  DECLINATION, DIP
gogwyddo, *v.* INCLINE, SLOPE
gogyfer, *a.* OPPOSITE, FOR, BY
gogyfran, (-nau), *n.m.* EPISODE
gogyfrif, *n.m.* DEAD RECKONING
gogyfuwch, *a.* EQUAL, EVEN
gogyhyd, *a.* OF EQUAL LENGTH
gogymaint, *a.* EQUAL IN SIZE
gohebiaeth, (-au), *n.f.* CORRESPONDENCE
gohebol, *a.* CORRESPONDING
gohebu, *v.* CORRESPOND
gohebydd, (-ion, -wyr), *n.m.*
  CORRESPONDENT, REPORTER
gohiriad, (-au), *n.m.* POSTPONEMENT,
  ADJOURNMENT
gohiriant, (-nnau), *n.m.*
  SUSPENSION (MUSIC)
gohirio, *v.* POSTPONE, DELAY, ADJOURN
goitr, (-au), *n.m.* GOITRE
gôl, (goliau), *n.f.* GOAL
golau, *a.* LIGHT, FAIR
  (goleuadau), *n.m.* LIGHT
golch, (-ion), *n.m.* WASH, LOTION, LYE
golchdrwyth, *n.m.* LOTION
golchdy, (-dai), *n.m.* WASH-HOUSE,
  LAUNDRY
golchfa, (-feydd), *n.f.* WASHING-PLACE,
  LAUNDRY
golchiad, (-au), *n.m.* WASHING, CRATING,
  PLATING
golchion, *n.pl.* SLOPS, SUDS
golchwr, (-wyr), *n.m.* WASHER
golchwraig, (-wragedd), *n.f.*
  WASHERWOMAN
golchydd, (-ion), *n.m.* WASHER,
  WASHING MACHINE
  golchydd tro, ROTARY WASHING
  MACHINE
  golchydd tyrfell canol, CENTRAL
  AGITATOR WASHER

goledd(f), (-au), *n.m.* SLANT, DIP, SLOPE,
  INCLINE
goledd(f)u, *v.* MODIFY, DIP, SLANT,
  QUALIFY, CANT
goleddiad, (-au), *n.m.* DECLINATION
golethr, (-au), *n.m.* DIP, SLOPE
goleuad, (-au), *n.m.* LIGHT, LUMINARY
goleuant, (-nnau), *n.m.* ILLUMINATION
goleudy, (-dai), *n.m.* LIGHTHOUSE
goleuedd, (-au), *n.m.* LUMINOSITY
goleufa, *n.f.* BEACON
goleulong, (-au), *n.f.* LIGHTSHIP
goleuni, *n.m.* LIGHT
goleuo, *v.* LIGHT, ENLIGHTEN, GLITTER
golff, *n.m.* GOLF
golffwr, (-wyr), *n.m.* GOLFER
goliwog, (-iaid), *n.m.* GOLLIWOG
golosg, *n.m.* COKE, CHARCOAL
golosgi, *v.* CHAR, SINGE
golud, (-oedd), *n.m.* WEALTH, RICHES
goludlon, *a.* AFFLUENT
goludlonedd, *n.m.* AFFLUENCE
goludog, *a.* WEALTHY, RICH
golwg, (-ygon), *n.f.m.* SIGHT, VIEW,
  ELEVATION, APPEARANCE
  pl. EYES
  golwg doriadol, SECTIONAL VIEW
  golwg ochrol, SIDE VIEW
golwr, (-wyr), *n.m.* GOALKEEPER
golwyth, (-on), *n.m.* RASHER, CHOP
golygfa, (-feydd), *n.f.* SCENE, VIEW,
  SCENERY
golygiad, (-au), *n.m.* VIEW, ASPECT
golygu, *v.* VIEW, MEAN, IMPLY, EDIT
golygus, *a.* HANDSOME, COMELY
golygydd, (-ion), *n.m.* EDITOR
golygyddiaeth, *n.f.* EDITORSHIP
golygyddol, *a.* EDITORIAL
gollwng, *v.* LET GO, LEAK, DROP, RELEASE,
  LOOSE
gollyngdod, (-au), *n.m.* RELEASE,
  ABSOLUTION
gollyngiad, *n.m.* DISPENSATION
gomedd, *v.* REFUSE
gomeddiad, (-au), *n.m.* REFUSAL
gonest, *a.* HONEST, SINCERE
gonestrwydd, *n.m.* HONESTY, SINCERITY
göoer, *a.* COOL
gôr, (gorion), *n.m.* MATTER, PUS, GORE
goramser, *n.m.* OVERTIME
gor-, *px.* OVER-, SUPER-, GREAT-
gorau, *a.* BEST
  o'r gorau, VERY WELL

gorawen, (-au), *n.f.* JOY, ELATION,
RAPTURE
gorawydd, *n.m.* MANIA
gorbenion, *n.pl.* OVERHEADS
gorboblogaeth, *n.f.* OVERPOPULATION
gorboblogi, *v.* OVERPOPULATE
gorbris, (-iau), *n.m.* OVERCHARGE
gorbwyso, *v.* OUTWEIGH
gorchest, (-ion), *n.f.* FEAT, EXPLOIT
gorchestol, *a.* EXCELLENT, MASTERLY
gorchestwaith, (-weithiau), *n.m.*
MASTERPIECE
gorchfygiad, (-au), *n.m.* DEFEAT
gorchfygu, *v.* DEFEAT, SUBDUE
gorchfygwr, (-wyr), *n.m.* CONQUEROR,
VICTOR
gorchmynnol, *a.* IMPERATIVE
gorchudd, (-ion), *n.m.* COVER,
COVERING, VEIL
gorchudd gwely, BEDSPREAD
gorchudden, (-nau), *n.f.* COVERT
gorchuddio, *v.* COVER
gorchwyl, (-ion), *n.m.* TASK, EMPLOY,
UNDERTAKING, PURSUIT
gorchymyn, *v.* COMMAND, ORDER
(gorchmynion), *n.m.* COMMAND,
ORDER, COMMANDMENT
gordal, (-iadau), *n.m.* SURCHARGE
gordo, (-eau, -eon), *n.m.,* OVERHANG
gor-doi, *v.* COVER, OVERSPREAD
gordreth, (-i), *n.f.* SURTAX
gordyfiant, *n.m.* HYPERTROPHY
gordyrru, *v.* CONGEST, OVERCROWD
gordd, (gyrdd), *n.f.* SLEDGE-HAMMER,
MALLET
gorddadwy, *a.* MALLEABLE
gordderch, (-adon), *n.f.* CONCUBINE
gordderchu, *v.* COMMIT ADULTERY
gorddibyniaeth, *n.m.* ADDICTION
gorddirlawn, *a.* SUPERSATURATED
gorddor, (-au), *n.f.* WICKET, HATCH
gor-ddôs, *n.f.* OVERDOSE
gorddwy, *n.m.* OPPRESSION, VIOLENCE
gorddyfnder, (-au), *n.m.* DEEP
gorddyledus, *a.* OVERDUE
gorelw, (-au), *n.m.* EXCESS PROFIT
goresgyn, *v.* OVERRUN, CONQUER
goresgyniad, (-au), *n.m.* INVASION,
CONQUEST
goresgynnwr, (-esgynwyr), *n.m.*
INVADER,
goresgynnydd, (-ynyddion), *n.m.*
CONQUEROR

gorest, (-au), *n.f.* WASTE
goreuaeth, *n.f.* OPTIMISM
goreuro, *v.* GILD
goreuydd, (-ion), *n.m.* OPTIMIST
gorewyn, *n.m.* SURF
gorewynnu, *v.* SURFING, SURF-BATHE
gorfannol, *a.* ALVEOLAR
gorfarchnad, (-au, -oedd), *n.f.*
HYPERMARKET
gorflinder, *n.m.* EXHAUSTION
gorflwch, (-flychau), *n.m.* CUP, GOBLET
gorfod, *v.* BE OBLIGED, OVERCOME
gorfod(aeth), *n.m.f.* OBLIGATION,
NECESSITY, COMPULSION, CONSCRIPTION
gorfodeb, (-au), *n.f.* INJUNCTION
gorfodi, *v.* COMPEL, CONSCRIPT
gorfodog, (-ion), *n.m.* CONSCRIPT
gorfodol, *a.* COMPULSORY, OBLIGATORY
gorfoledd, *n.m.* JOY, REJOICING
gorfoleddu, *v.* REJOICE
gorfoleddus, *a.* JOYFUL, TRIUMPHANT
gorfychan, *a.* INFINITESIMAL
gorfychanyn, (-ion), *n.m.*
INFINITESIMAL
gorffen, *v.* FINISH, CONCLUDE, COMPLETE
gorffenedig, *a.* FINISHED, PERFECT
gorffeniad, (-au), *n.m.* FINISH,
COMPLETION
Gorffennaf, *n.m.* JULY
gorffennol, *a. & n.m.* PAST
gorffennu, *v.* FINISH OFF
gorffwyll, *a.* MAD, INSANE
gorffwylledd, *n.m.* INSANITY, MANIA
gorffwyllo, *v.* RAGE
gorffwyllog, *a.* MAD, INSANE
(-ion), *n.m.* MANIAC
gorffwylltra, *n.m.* MADNESS, INSANITY
gorffwys, *v. & n.m.* REST
gorffwysfa, (-feydd), *n.f.* RESTING-
PLACE, REST
gorffwyso, *v.* REST
gorgyflogaeth, *n.f.* OVERMANNING
gorgyflogi, *v.* OVERMAN
gorgyffwrdd, *v.* OVERLAP
gorged, *n.m.* SURPLUS
gorgyfnod, (-au), *n.m.* ERA
gorhendaid, *n.m.* GREAT-GREAT-
GRANDFATHER
gori, *v.* HATCH, BROOD, FESTER
gorifyny, *n.m.* ASCENT, STEEP CLIMB
goris, *prp.* BELOW, UNDER, BENEATH
goriwaered, *n.m.* DESCENT, DECLIVITY
gorlanw, (-au), *n.m.* HIGH TIDE, SPRING
TIDE

gorlawn, *a.* OVERFLOWING.
  OVERCROWDED
gorlenwi, *v.* OVERFILL. OVERCROWD
gorlif, (-ogydd), *n.m.* OVERSPILL
gorlifo, *v.* FLOOD
gorliwio, *v.* OVER-COLOUR. EXAGGERATE
gorludded, *n.m.* EXHAUSTION
gorlun, (-iau), *n.m.* CARICATURE
gorllewin, *n.m.* WEST
gorllewineiddio, *n.m.* WESTERNIZE
gorllewinol, *a.* WESTERLY. WESTERN
gorllwyn, *v.* WAIT FOR. AMBUSH
gormes(iad), (-au), *n.m.* OPPRESSION.
  TYRANNY
gormesol, *a.* OPPRESSIVE. TYRANNICAL.
  BURDENSOME
gormesu, *v.* OPPRESS, TYRANNISE
gormeswr, (-wyr), *n.m.* OPPRESSOR
gormesydd, (-ion), *n.m.* TYRANT
gormod, (-ion), *n.m.* TOO MUCH
gormodedd, *n.m.* EXCESS. EXAGGERATION
gormodi, *v.* OVERESTIMATE
gormodiaith, *n.f.* HYPERBOLE.
  EXAGGERATION
gormodol, *a.* EXCESSIVE
gornest, (-au), *n.f.* CONTEST. BATTLE.
  MATCH
  gornest gwpan, CUP-TIE
gornestu, *v.* CONTEST
goroedi, *v.* OUTDATE
goroer, *a.* SUPERCOOL
goroesi, *v.* OUTLIVE. SURVIVE
goroesiad, (-au), *n.m.* SURVIVAL
goroeswr, (-wyr), *n.m.* SURVIVOR
goror, (-au), *n.m.f.* BORDER. CONFINE.
  COAST. FRONTIER. MARCH
  Y Gororau, THE MARCHES
gorsaf, (-oedd), *n.f.* STATION
gorsedd, (-au), *n.f.*
gorseddfa, (-oedd), *n.f.* } THRONE
gorseddfainc, (-feiniau), *n.f.*
gorseddu, *v.* ENTHRONE. THRONE. INSTALL
gorsin(g), (-au), *n.f.* DOOR-POST.
  SUSTAINER. JAMB
gorswyno, *v.* HYPNOTISE
gortho, (-au), *n.m.* CANOPY
gorthrech, *n.m.* OPPRESSION. COERCION.
  VIOLENCE
  a. DOMINANT (GENETICS)
gorthrechu, *v.* OPPRESS. COERCE.
  OVERCOME
gorthrwm, *n.m.* OPPRESSION
gorthrymder, (-au), *n.m.* OPPRESSION.
  TRIBULATION

gorthrymedig, *a.* OPPRESSED
gorthrymu, *v.* OPPRESS
gorthrymus, *a.* OPPRESSIVE
gorthrymwr, -ydd, (-wyr), *n.m.*
  OPPRESSOR
gorthwr, (-yrau), *n.m.* KEEP
goruchaf, *a.* MOST HIGH. SUPREME
goruchafiaeth, (-au), *n.f.* SUPREMACY.
  ASCENDANCY. TRIUMPH. HEGEMONY
goruchel, *a.* SUBLIME. LOFTY. EXALTED
goruchwyliaeth, (-au), *n.f.* SUPERVISION.
  OVERSIGHT. MANAGEMENT
goruchwylio, *v.* OVERSEE. SUPERVISE
goruchwyliwr, (-wyr), *n.m.* OVERSEER.
  MANAGER
goruniad, (-au), *n.m.* LAP JOINT
gorunig, *a.* UNIQUE
goruwch, *prp.* ABOVE. OVER
goruwchnaturiaeth, *n.f.*
  SUPERNATURALISM
goruwchnaturiol, *a.* SUPERNATURAL
gorwedd, *v.* LIE, LIE DOWN
gorweddfa, (-feydd), *n.f.* RESTING-
  PLACE.
gorweddfan, (-nau), *n.f.* BED
gorweddian, *v.* LOUNGE. LOLL
gorweddog, *a.* BEDRIDDEN
gorweddol, *a.* RECUMBENT
gorwel, (-ion), *n.m.* HORIZON
gorwthiad, (-au), *n.m.* OVER THRUST
gorwych, *a.* GORGEOUS. SUPERB
gorŵydd, (-on), *n.m.* STEED, HORSE
gorŵydd, *n.m.* EDGE OF WOOD, WOODED
  SLOPE
gorŵyr, (-ion), *n.m.* GREAT-GRANDSON
gorymadrodd, (-ion), *n.m.* PLEONASM
gorymdaith, (-deithiau), *n.f.*
  PROCESSION
gorymdeithio, *v.* MARCH (IN PROCESSION)
gorynys, (-oedd), *n.f.* PENINSULA
goryrru, *v.* SPEED
gosber, (-au), *n.m.* VESPER, EVENING.
  EVENSONG
gosgedd, (-au), *n.m.* FORM, FIGURE
gosgeiddig, *a.* COMELY. SHAPELY.
  GRACEFUL
gosgordd, (-ion), *n.f.* RETINUE, TRAIN,
  ESCORT
gosgorddlu, (-oedd), *n.m.* RETINUE.
  BODYGUARD
goslef, (-au), INTONATION, TONE
gosod, *v.* PLACE. PUT, SET LET
  a. FALSE, ARTIFICIAL, APPLIED
gosodiad, (-au), *n.m.* ASSERTION.

ARRANGEMENT. SETTING. PROVISION.
THESIS. IMPOSITION
gosodiant, (-iannau), *n.m.*
INSTALLATION
gosodyn, (gosodion), *n.m.* FIXTURE
gosteg, (-ion), *n.f.* SILENCE. HUSH. CALM
gostegion, BANNS
gostegu, *v.* SILENCE. STILL. SUBDUE
gostwng, *v.* LOWER. REDUCE. BOW. DROP.
DECREASE. HUMBLE. LET DOWN.
DEPRESS
gostyngedig, *a.* HUMBLE
gostyngeiddrwydd, *n.m.* HUMILITY
gostyngiad, (-au), *n.m.* REDUCTION.
DECREASE. DEDUCTION. HUMILIATION
gostyngol, *a.* REDUCED
gowt, *n.m.* GOUT
gradell, (-au, gredyll), *n.f.* GRIDDLE.
BAKESTONE
gradd, (-au), *n.m.f.* GRADE. DEGREE.
STAGE. SEQUENCE
graddedig, (-ion), *a.* GRADUATED.
GRADED
graddedigaeth, *n.f.* GRADUATION
graddedigion, *n.pl.* GRADUATES
graddeg, (-au), *n.f.* SCALE. GRADIENT
gradden, *n.f.* DIVISION OF SCALE
graddfa, (-fâu, -feydd), *n.f.* SCALE
graddfa deallusrwydd, SCALE OF
INTELLIGENCE
graddfâu cyflogau, SALARY SCALES
graddiad, (-au), *n.m.* GRADATION.
GRADUATION. PROGRESSION
graddiant, (-nnau), *n.m.* GRADIENT
graddio, *v.* GRADUATE. GRADE. SCALE
graddliwio, *v.* SHADE
graddluniad, (-au), *n.m.* SCALE
DRAWING
graddnodi, *v.* GRADUATE
graddol, *a.* GRADUAL
graddoliad, *n.m.* GRADATION
graean, (*greyenyn, n.m.*), *c.n.* GRAVEL.
GRIT, SHINGLE
graeanog, *a.* GRAVELLY
graeanu, *v.* GRIT
graeanwst, *n.m.* GRAVEL (ILLNESS)
graen, *n.m.* GRAIN. GLOSS. CONDITION
graenio, *v.* GRAIN
graenus, *a.* OF GOOD QUALITY, GLOSSY,
SLEEK
grafel, *n.m.* GRAVEL
graff, (-iau), *n.m.* GRAPH

graffeg, | *n.m.* GRAPHICS
graffigwaith, |
graffit, *n.m.* GRAPHITE
graffito, (-i), *n.m.* GRAFFITO
grafftio, *v.* GRAFT
gram, (-iau), *n.m.* GRAM
gramadeg, (-au), *n.m.* GRAMMAR
gramadegol, *a.* GRAMMATICAL
gramadegwr, -ydd, (-wyr), *n.m.*
GRAMMARIAN
gramoffôn, (-onau), *n.m.* GRAMOPHONE
gran, (-nau), *n.m.* CHEEK
grant, (-iau), *n.m.* GRANT
gras, (-au, -usau), *n.m.* GRACE
graslawn, -lon, *a.* GRACIOUS. FULL OF
GRACE
graslonrwydd, *n.m.* GRACIOUSNESS
grasol, | *a.* GRACIOUS
grasusol, |
grât, grat, (gratiau), *n.m.f.* GRATE
grategl, (-au), *n.m.* GRATICULE
grater, (-i), *n.m.* GRATER
gratin, (-au), *n.m.* GRATING
grawn, (*gronyn, n.m.*), *n.pl.* GRAIN.
GRAPES, ROE, BERRIES
grawnfwyd, (-ydd), *n.m.* CEREAL
grawnffrwyth, (-au), *n.m.* GRAPEFRUIT
grawnwin, (*-en, n.f.*), *n.pl.* GRAPES
Grawys, *n.m.* LENT
gre, (-oedd), *n.f.* STUD. HERD
greddf, (-au), *n.f.* INSTINCT. INTUITION
greddfol, *a.* INSTINCTIVE. INTUITIVE
grefi, *n.m.* GRAVY
gregaredd, *n.m.* GREGARIOUSNESS
grenâd, (-adau), *n.m.* GRENADE
gresyn, *n.m.* PITY
gresyndod, *n.m.* MISERY. WRETCHEDNESS
gresynu, *v.* DEPLORE. PITY
gresynus, *a.* MISERABLE. WRETCHED
grid, (-iau), *n.m.* GRID
gridyll, (-au), *n.m.f.* GRIDDLE. GRILL
gridyllio, | *v.* GRILL
gridyllu, |
griddfan, *v.* MOAN. GROAN
(-nau), *n.m.* MOAN. GROAN
gril, (-iau), *n.m.* GRILLE. GRILL
grilio, *v.* GRILL
grillian, *v.* SQUEAK. CHIRP. CRUNCH
grîn, (-s, -au), *n.m.* GREEN
gris, (-iau), *n.m.* STEP. STAIR
grisffordd, (-ffyrdd), *n.m.* STAIRWAY
grisial, *n.m.* CRYSTAL
grisialaidd, *a.* CRYSTAL(LINE)

grisialeg, *n.f.* CRYSTALLOGRAPHY
grit, (-iau), *n.m.* GRIT
griwel, (-au), *n.m.* GRUEL
gro, (*gröyn, n.m.*), *c.n.* GRAVEL.
PEBBLES
  gro chwipio, PEBBLE DASH
Groeg, *n.f.* GREECE. GREEK
  a. GREEK
Groegaidd, *a.* GRECIAN. GREEK
Groegwr, (-wyr), *n.m.* GREEK. GRECIAN
grog, *n.m.* GROG
gronell, (-au), *n.f.* ROE
gronyn, (-nau), *n.m.* GRAIN. PARTICLE.
  A LITTLE (WHILE), GRANULE
gronyniad, (-au), *n.m.* GRANULATION
gronynnog, *a.* GRANULAR
gros, *a. & n.m.* GROSS
groser, (-iaid), *n.m.* GROCER
groserion, *n.pl.* GROCERIES
grôt, (grotiau), *n.m.* GROAT. FOURPENCE
grotésg, *a.* GROTESQUE
groto, *n.m.* GROTTO
growt, *n.m.* GROUT
growtio, *v.* GROUT
grual, *n.m.* GRUEL
grudd, (-iau), *n.m.f.* CHEEK
grug, *n.m.* HEATHER
grugiar, (-ieir), *n.f.* GROUSE
grut, (-iau), *n.m.* GRIT
grutaidd, *a.* GRITTY
grutiog, *a.* GRITACEOUS
grwgnach, *v.* GRUMBLE. COMPLAIN
grwgnachlyd, *a.* GRUMBLING
grwgnachwr, (-wyr), *n.m.* GRUMBLER
grwn, (grynnau), *n.m.* RIDGE (IN FIELD)
grŵn, *n.m.* HUM. PURR
grwnan, *v.* HUM. PURR. CROON
grwndwal, (-au), *n.m.* FOUNDATION
grŵp, (grwpiau), *n.m.* GROUP
  grŵp curo, BEAT GROUP
  ffactorau grŵp, GROUP FACTORS
grŵp-gapten, (-iaid), *n.m.* GROUP-
CAPTAIN
grwpio, *a.* GROUP
grwyn, (-i), *n.m.* GROYNE
grym, (-oedd), *n.m.* FORCE. POWER.
STRENGTH
grymedd, *n.m.* STRESS
grymial, *v.* MURMUR. MUTTER. GRUMBLE
grymus, *a.* POWERFUL. STRONG. MIGHTY
grymuso, *v.* STRENGTHEN
grymuster, -tra, (-au), *n.m.* POWER.
MIGHT

gwacáu, *v.* EMPTY. EXHAUST
gwacäwr, *n.m.* EXHAUST
gwacsaw, *a.* FRIVOLOUS. TRIVIAL
gwacter, *n.m.* EMPTINESS
gwactod, (-au), *n.m.* VACUUM
gwachul, *a.* LEAN. GAUNT. FEEBLE
gwad(iad), *n.m.* DENIAL. DISAVOWAL
gwadn, (-au), *n.m.* SOLE
gwadnu, *v.* SOLE, FOOT IT
gwadu, *v.* DENY. DISOWN. FORSAKE
gwadwr, (-wyr), *n.m.* DENIER
gwadd, (-od), *n.f.* MOLE
gwadd, *a.* INVITED
  v. INVITE
gwaddod, (-ion), *n.m.* SEDIMENT. DREGS.
PRECIPITATE
gwaddodi, *v.* DEPOSIT SEDIMENT.
PRECIPITATE
gwaddol, (-ion, -iadau), *n.m.* DOWRY.
ENDOWMENT
gwaddoledig, *a.* ENDOWED
gwaddoli, *v.* ENDOW. DOWER
gwaddoliad, (-au), *n.m.* ENDOWMENT
gwae, (-au), *n.m.f.* WOE
gwaed, *n.m.* BLOOD
gwaedlif, (-au), *n.m.* HAEMORRHAGE
gwaedlyd, *a.* BLEEDING. BLOODY. CRUEL
gwaedllw, *n.m.* BLOOD-OATH
gwaedoliaeth, *n.f.* BLOOD. RACE
gwaedu, *v.* BLEED
gwaedd, (-au), *n.f.* CRY. SHOUT
gwäeg, (gwaëgau), *n.f.* CLASP. BUCKLE
gwael, *a.* POOR. POORLY. BASE. VILE
gwaeledd, *n.m.* ILLNESS. POORNESS.
BASENESS, LOWLINESS
gwaelod, (-ion), *n.m.* BOTTOM. BASE.
DEPOSIT
  gwaelodion, SEDIMENT
gwaelodi, *v.* DEPOSIT
gwaelodlin, (-iau), *n.m.* BASE LINE
gwaelodol, *a.* UNDERLYING
gwaelu, *v.* SICKEN
gwäell, -en, (gweill, gwëyll), *n.f.*
KNITTING-NEEDLE, SKEWER
gwäellu, *v.* TRUSS
gwaered, *n.m.* DESCENT
gwaeth, *a.* WORSE
gwaethafydd, *n.m.* PESSIMIST
gwaethygu, *v.* WORSEN
gwag, (gweigion), *a.* EMPTY. VAIN.
VACANT. BARREN
gwagedd, (-au), *n.m.* VANITY. VOID
gwagen, (-ni), *n.f.* WAGGON

gwagio, *v.* EMPTY
gwagle, (-oedd), *n.m.* SPACE. VOID
gwagnod, (-au), *n.m.* ZERO. NOUGHT
gwagr, (-au), *n.m.* SIEVE
gwagsymera, *v.* DAWDLE
gwagyn, *n.m.* VACUOLE
gwahân, *n.m.* SEPARATION. DIFFERENCE
   ar wahân, SEPARATELY. APART
gwahanadwy, *a.* SEPARABLE
gwahanfa, *n.f.* DIVIDE
gwahanfur, (-iau), *n.m.* DIVIDING WALL.
   DIVISION
gwahangleifion, *n.pl.* LEPERS
gwahanglwyf, *n.m.* LEPROSY
gwahanglwyfus, *a.* LEPROUS
   n.m. LEPER
gwahangyflwr, *n.m.* ANAPHASE
gwahaniad, (-au), *n.m.* SEPARATION.
   SEGREGATION
gwahaniaeth, (-au), *n.m.* DIFFERENCE.
   SEPARATION
   gwahaniaeth cymedrig, MEAN
   DIFFERENCE
gwahaniaethiad, *n.m.* DISCRIMINATION
gwahaniaethol, *a.* DIFFERENTIAL
gwahaniaethydd, (-ion), *n.m.*
   DIFFERENTIAL
gwahanion, *n.pl.* SEPARATES
gwahanol, *a.* DIFFERENT. VARIOUS
gwahanolyn, (-olion), *n.m.*
   DISCRIMINANT
gwahanredol, *a.* DISTINCTIVE
gwahanu, *v.* SEPARATE. DIVIDE. PART.
   SPACE. DISTINGUISH
gwahardd, *v.* FORBID. PROHIBIT
gwaharddiad, (-au), *n.m.* PROHIBITION.
   VETO, EMBARGO
gwahodd, *v.* INVITE
gwahoddedigion, *n.pl.* GUESTS
gwahoddiad, (-au), *n.m.* INVITATION
gwahoddwr, (-wyr), *n.m.* INVITER. HOST
gwain, (-einiau), *n.f.* SHEATH. NUT.
   SPATHE, VAGINA
gwair, (gweiriau), *n.m.* HAY
gwaith, (gweithiau), *n.m.* WORK.
   COMPOSITION, WORKS
   gwaith maes, FIELDWORK
   o'r maes, EX-WORKS
gwaith, (gweithiau), *n.f.* TIME. TURN
   c. FOR, BECAUSE
gwâl, (gwalau), *n.f.* LAIR. BED
gwal, (-iau, gwelydd), *n.f.* WALL.
   HOUSING

gwala, *n.f.* SUFFICIENCY. ENOUGH
gwalch, (gweilch), *n.m.* HAWK. RASCAL
gwald, (-iau), *n.f.* WELT
gwaldu, *v.* WELT
gwaled, (-au), *n.f.* WALLET
gwaltas, *n.f.* WELT
gwall, (-au), *n.m.* MISTAKE. DEFECT.
   WANT
gwalleb, *n.m.* FALLACY
gwallfaethiad, (-au), *n.m.*
   MALNUTRITION
gwallgof, *a.* MAD. INSANE
gwallgofdy, (-dai), *n.m.* MADHOUSE.
   MENTAL HOME
gwallgofddyn, (-gofiaid), *n.m.*
   MADMAN
gwallgofi, *v.* BECOME MAD. RAVE
gwallgofrwydd, *n.m.* MADNESS
gwallog, *a.* FALLACIOUS. FAULTY
gwallt, (-iau, -au), *n.m. & c.n.* HAIR
   (OF HEAD)
gwalltog, *a.* HAIRY
gwallus, *a.* FAULTY. ERRONEOUS.
   INACCURATE
gwallusrwydd, *n.m.* INACCURACY
gwamal, *a.* FICKLE. FRIVOLOUS
gwamalrwydd, *n.m.* FICKLENESS.
   FRIVOLITY
gwan, (gweinion, gweiniaid), *a.* WEAK.
   FEEBLE, DILUTE
gwanaf, (-au), *n.f.* LAYER. SWATH. ROW.
gwanas, (-au), *n.m.f.* STAY. PEG. PROP
   BUTTRESS
gwanc, *n.m.* GREED
gwancus, *a.* GREEDY. RAPACIOUS
gwanedig, *a.* DILUTED
gwanedu, *v.* DILUTE
gwaneg, (-au, gwenyg), *n.f.* WAVE.
   ROLLER (SEA)
gwangalon, *a.* FAINT-HEARTED
gwangalonni, *v.* LOSE HEART
gwanhad, *n.m.* ATTENUATION
gwanhadur, (-on), *n.m.* ATTENUATOR
gwanhau, *v.* WEAKEN
gwanllyd, *a.* ⎫
gwannaidd, *a.* ⎬ WEAK, DELICATE
gwant, *n.m.* BREAK. CAESURA
gwantan, *a.* FEEBLE. POOR, FICKLE
gwanu, *v.* PIERCE. STAB. THRUST
gwanwyn, (-au), *n.m.* SPRING
gwanwynol, *a.* VERNAL
gwanychiad, (-au), *n.m.* WEAKENING.
   DAMPING

gwanychu, v. WEAKEN
gwanydd, (-ion), n.m. PIERCER
gwâr, a. TAME. GENTLE. CIVILISED
gwar, (-rau), n.m.f. SHOULDERS, BACK,
    WITHERS
gwaradwydd, (-iadau), n.m. SHAME.
    DISGRACE
gwaradwyddo, v. SHAME. DISGRACE
gwaradwyddus, a. SHAMEFUL.
    DISGRACEFUL
gwarafun, v. FORBID. GRUDGE. REFUSE
gwaraidd, a. CIVILISED. GENTLE
gwarant, (-au), n.f.m. WARRANT.
    SECURITY. GUARANTEE
gwarantedig, a. GUARANTEED
gwarantu, v. WARRANT. GUARANTEE
gwarantwr, -ydd, (-wyr), n.m.
    GUARANTOR
gwarchae, v. BESIEGE
    (-oedd), n.m. SIEGE
gwarchaeëdig, a. BESIEGED
gwarcheidiol, a. GUARDIAN
gwarcheidwad, n.m. GUARDIAN, KEEPER
gwarcheidwaith, n.m. GUARDIANSHIP
gwarchod, v. WATCH. GUARD.
    MIND, BABY-SIT
gwarchodaeth, (-au), n.f. WARD.
    CUSTODY, CONSERVATION, CONSERVANCY
gwarchodfa, (-feydd, -fau), n.f.
    GUARD-HOUSE. RESERVE
gwarchodfilwr, (-wyr), n.m. GUARDSMAN
gwarchodlu, (-oedd), n.m. GUARDS.
    GARRISON
gwarchodwr, -ydd, (-wyr), n.m.
    KEEPER. GUARDIAN. WARDEN.
    CHAPERON, BABY-SITTER
gwarchodwraig, (-wragedd), n.f. BABY
    SITTER
gward, (-iau), n.m. WARD. GUARD
gwarden, (-einiaid), n.m. WARDEN.
    GUARDIAN
gwarder, n.m. GENTLENESS, KINDNESS
gwardrob, n.m.f. WARDROBE
gwared, v. DELIVER. REDEEM. RID, SAVE
gwaredigaeth, n.f. DELIVERANCE.
    RIDDANCE
gwaredigion, n.pl. REDEEMED PERSONS
gwaredu, v. SAVE, REDEEM, RID, DELIVER
gwaredwr, (-wyr), n.m. SAVIOUR.
    DELIVERER
gwaredd, n.m. GENTLENESS, MILDNESS
gwareiddiad, (-au), n.m. CIVILIZATION
gwareiddiedig, a. CIVILIZED

gwareiddio, v. CIVILIZE. TAME
gwargaled, a. OBSTINATE. STIFFNECKED
gwargaledwch, n.m. OBSTINACY
gwargam, a. STOOPING
gwargamu, v. STOOP
gwarg(r)ed, (-ion), n.m. REMAINS.
    LEAVINGS, SURPLUS
gwargrwm, a. ROUND-SHOULDERED.
    STOOPING
gwargrymu, v. STOOP
gwariant, (-nnau), n.m. EXPENDITURE
gwarineb, n.m. CIVILITY
gwario, v. SPEND
gwarsyth, a. OBSTINATE, STIFFNECKED
gwarth, n.m. SHAME. DISGRACE
gwarthaf, n.m. SUMMIT. TOP
    ar warthaf, UPON. ON TOP OF
gwarthafl, (-au), n.f. STIRRUP
gwartheg, n.pl. COWS. CATTLE
gwarthnod, (-au), n.m. STIGMA
gwarthnodi, v. BRAND
gwarthol, (-ion), n.f. STIRRUP
gwarthrudd, n.m. SHAME. DISGRACE
gwarthruddo, v. SHAME. DISGRACE
gwarthus, a. SHAMEFUL. DISGRACEFUL
gwas, (gweision), n.m. LAD. SERVANT
    yr hen was, THE DEVIL
gwasaidd, a. SERVILE. SLAVISH
gwasanaeth, (-au), n.m. SERVICE. USE
gwasanaethferch, (-ed), n.f.
    MAIDSERVANT
gwasanaethgar, a. SERVICEABLE.
    OBLIGING
gwasanaethu, v. SERVE. MINISTER
gwasanaethwr, (-wyr), n.m. ⎤ SERVANT.
gwasanaethydd, (-ion), n.m. ⎦ MANSERVANT
gwasarn, (-au), n.m. LITTER. BOOTY.
    DEEP LITTER
gwascogydd, (-ion), n.m. PRESSURE-
    COOKER
gwaseidd-dra, n.m. SERVILITY
gwasg, (-au, -oedd, gweisg), n.f.
    PRESS, PRESSURE
    n.m. WAIST, STRESS
gwasgar, n.m. DISPERSION
gwasgaredig, a. SCATTERED
gwasgariad, (-au), n.m. DISPERSION.
    DISTRIBUTION, SCATTERING, DIASPORA
gwasgarog, a. SCATTERED, SPARSE
gwasgaru, v. SCATTER. SPREAD
gwasgedd, (-au), n.m. COMPRESSION,
    PRESSURE
gwasgeddu, v. PRESSURIZE

148

gwasgell, *n.m.* FOOT PRESSER
gwasgfa, (-feydd, -feuon), *n.f.*
SQUEEZE. PANG. FIT. DISTRESS
gwasgfoliant, (-nnau), *n.m.* BLURB
gwasgod, (-au), *n.f.* WAISTCOAT
gwasgu, *v.* PRESS. SQUEEZE. WRING. CRUSH
gwasgwcer, (-i), *n.m.* PRESSURE COOKER
gwasgwr, -ydd, (-wyr, -ion), *n.m.*
WRINGER
gwasod, *a.* IN HEAT (OF COW)
gwastad, *a.* FLAT. LEVEL. EVEN.
CONSTANT. EQUABLE
yn wastad, ALWAYS
gwastad(edd), (-au), *n.m.* LEVEL PLACE.
PLAIN
gwastadiant, *n.m.* PLANATION
gwastadol, *a.* PERPETUAL. CONTINUAL
gwastadrwydd, *n.m.* CONSTANCY.
EVENNESS
gwastadwres, *n.m.* HOMOTHERMAL
gwastatáu, *v.* LEVEL. SUBDUE. SETTLE
gwastatir, (-oedd), *n.m.* LEVEL GROUND.
PLAIN
gwastraff, (-au, -oedd), *n.m.* WASTE.
EXTRAVAGANCE
gwastraffu, *v.* WASTE
gwastraffus, *a.* WASTEFUL. EXTRAVAGANT
gwastraffwr, (-wyr), *n.m.* WASTER
gwastrawd, (-odion), *n.m.* GROOM
gwastrodaeth, -odi, *v.* MASTERY,
DISCIPLINE
gwaswlad, (-wledydd), *n.f.* VASSAL STATE
gwatwar, *v.* MOCK. MIMIC
n.m. MOCKERY
gwatwareg, *n.f.* SARCASM. SATIRE
gwatwariaeth, *n.f.* IRONY
gwatwarus, *a.* MOCKING. DERISIVE
gwatwarwr, (-wyr), *n.m.* MOCKER.
SCOFFER
gwau, *v.* WEAVE. KNIT
gwaudd, *n.f.* DAUGHTER-IN-LAW
gwaun, (gweunydd), *n.f.* DAMP
MEADOW. MOOR
gwawch, (-iau), *n.f.* SCREAM. YELL
gwawchio, *v.* SCREAM. YELL
gwawd, *n.m.* SCORN. SATIRE. SCOFF
gwawdio, *v.* SCORN. MOCK. JEER
gwawdiwr, (-wyr), *n.m.* MOCKER.
JEERER
gwawdlun, (-iau), *n.m.* CARTOON
gwawdlyd, *a.* MOCKING. SCORNFUL.
JEERING
gwawl, *n.m.* LIGHT

gwawn, *n.m.* GOSSAMER
gwawr, *n.f.* DAWN, HUE, NUANCE, SHADE
gwawriad, (-au), *n.m.* DAWNING
gwawrio, *v.* DAWN
gwayw, (gwewyr), *n.m.* PANG. PAIN.
BRAXY
gwaywfwyall, (-fwyeill), *n.f.* HALBERD
gwaywffon, (-ffyn), *n.f.* SPEAR
gwden, (-ni, -nau), *n.f.* WITHE. COIL
gwdennu, *v.* TWIST. COIL
gwdihŵ, (-od), *n.m.* OWL
gwddf, (gyddfau), *n.m.* NECK. THROAT.
NECKLINE
gwddfdlws, (-dlysau), *n.m.* LOCKET
gwddfdorch, (-au), *n.f.* NECKLACE
gwe, (-oedd), *n.f.* WEB. TEXTURE
gwead, *n.m.* KNITTING. WEAVING.
STRUCTURE
gweadedd, (-au), *n.m.* TEXTURE
gweadwaith, (-weithiau), *n.m.* TEXTILE
gwedi, *pr.* AFTER
ad. AFTERWARDS
gwedd, (-au), *n.f.* ASPECT. FORM.
APPEARANCE. TEXTURE. FACIES
(-oedd), *n.f.* YOKE. TEAM
(HORSES, etc.)
gweddaidd, *a.* BEAUTIFUL. DECENT
gwedder, (gweddrod), *n.m.* WETHER
cig gwedder, MUTTON
gweddi, (-ïau), *n.f.* PRAYER
gweddigar, *a.* PRAYERFUL
gweddill, (-ion), *n.m.* REMAINDER. REST.
BALANCE (MONEY)
pl. REMAINS. SURPLUS
a. RESIDUAL
gweddilleb, *n.f.* RESIDUAL
gweddillio, *v.* LEAVE REMNANT
gweddïo, *v.* PRAY
gweddïwr, (-ïwyr), PRAY-ER.
SUPPLICATOR
gweddnewid, *v.* TRANSFORM.
TRANSFIGURE
gweddol, *a. & ad.* FAIR, FAIRLY
gweddu, *v.* SUIT. BECOME
gweddus, *a.* PROPER. SEEMLY. DECENT
gwedduster, -tra, *n.m.* DECENCY.
PROPRIETY
gweddw, (-on), *n.f.* WIDOW
a. SINGLE. WIDOW(ED)
gweddwdod, *n.m.* WIDOWHOOD
gwefl, (-au), *n.f.* LIP (OF ANIMAL). BEZEL
gwefr, *n.m.* THRILL, EXCITEMENT, CHARGE,
AMBER

gwefreiddio, *v.* THRILL. ELECTRIFY
gwefreiddiol, *a.* THRILLING
gwefru, *v.* CHARGE
gwefus, (-au), *n.f.* LIP
gwefusol, *a.* LABIAL
gwefusoliad, *n.m.* LABIALISATION
gwegi, *n.m.* VANITY
gwegian, *v.* TOTTER. SWAY
gwegil, (-au), *n.m.f.* NAPE OF NECK
gwehelyth, *n.m.f.* LINEAGE. STOCK
gwehilion, *n.pl.* REFUSE. TRASH.
UNTOUCHABLES
gwehydd, (-ion), *n.m.* WEAVER
gwehyddiad, *n.m.* WEAVE
gwehynnu, *v.* DRAW. EMPTY. POUR
gwehynnwr, (-ynwyr), *n.m.* DRAWER.
POURER
gwehynnydd, (-ynyddion), *n.m.*
HYDRO-EXTRACTOR
gweiddi, *v.* SHOUT. CRY
gweilgi, *n.f.* SEA. TORRENT. OCEAN
gweili, *a.* EMPTY. SPARE. EXTRA
gweinell, (-au), *n.f.* NUT
gweini, *v.* SERVE. ATTEND. MINISTER
gweinidog, (-ion), *n.m.* MINISTER.
SERVANT
gweinidogaeth, *n.f.* MINISTRY. SERVICE
gweinidogaethu, *v.* MINISTER
gweinio, *v.* SHEATHE
gweinydd, (-ion), *n.m.* ATTENDANT.
CELEBRANT
gweinyddes, (-au), *n.f.* ATTENDANT.
NURSE
gweinyddiad, (-au), *n.m.*
ADMINISTRATION
gweinyddiaeth, (-au), *n.f.*
ADMINISTRATION. MINISTRY
gweinyddol, *a.* ADMINISTRATIVE,
EXECUTIVE
gweinyddu, *v.* AMDINISTER. OFFICIATE
gweinyddwr, (-wyr), *n.m.* ADMINISTRATOR
gweirglodd, (-iau), *n.f.* MEADOW
gweisgioni, *v.* HUSK
gweitied, -io, *v.* WAIT
gweithdrefn, *n.f.* PROCEDURE
gweithdy, (-dai), *n.m.* WORKSHOP
gweithfa, (-feydd), *n.f.* WORKS
gweithfaol, *a.* INDUSTRIAL
gweithgar, *a.* HARD-WORKING.
INDUSTRIOUS
gweithgaredd, (-au), *n.m.* ⎤
gweithgarwch, *n.m.* ⎦ ACTIVITY

gweithgareddau, *n.pl.* PROCEEDINGS.
ACTIVITIES
gweithgor, (-au), *n.m.* WORKING PARTY
gweithgynhyrchu, *v.* MANUFACTURE
gweithgynhyrchydd, *n.m.*
MANUFACTURER
gweithiadwy, *a.* WORKABLE
gweithiedig, *a.* WORKED
gweithio, *v.* WORK. FERMENT. OPERATE
gweithiol, *a.* WORKING, EXECUTIVE
gweithiwr, (-wyr), *n.m.* WORKER
gweithiwr di-sgil/di-grefft,
UNSKILLED WORKER
gweithiwr hyffordd, SKILLED
WORKER
gweithle, (-oedd), *n.m.* ESTABLISHMENT
gweithred, (-oedd), *n.f.* ACT. DEED.
gweithrediad, (-au), *n.f.* ACTION.
OPERATION
gweithrediadol, *a.* FUNCTIONAL
gweithrediant, *n.m.* OPERATION
gweithredol, *a.* ACTIVE. ACTUAL.
OPERATIVE, ACTING
gweithredu, *v.* ACT. OPERATE. EXECUTE
gweithredwr, (-wyr), *n.m.* DOER.
OPERATOR, EXECUTIVE
gweithredydd, (-ion), *n.m.* AGENT.
OPERATOR
gweithwyr, *n.pl.* LABOUR FORCE
gweladwy, *a.* VISIBLE
gweled, gweld, *v.* SEE. PERCEIVE
gwelededd, *n.m.* VISIBILITY
gwelediad, (-au), *n.m.* SIGHT.
APPEARANCE
gweledig, *a.* VISIBLE
gweledigaeth, (-au), *n.f.* VISION
gweledol, *a.* VISUAL
gweledydd, (-ion), *n.m.* SEER. PROPHET
gweli, (-ïau), *n.m.* WOUND. SORE
gwelw, (-on), *a.* PALE
gwelwi, *v.* PALE
gwely, (-au, gwelâu), *n.m.* BED
gwelyfod, (-ion), *n.m.* CONFINEMENT
gwell, *a.* BETTER, SUPERIOR
gwella, *v.* BETTER, IMPROVE. CURE, MEND
gwellau, -aif, (-eifiau), *n.m.* SHEARS
gwellen, (gweill), *n.f.* KNITTING-NEEDLE
gwellhad, *n.m.* BETTERING, CURE,
IMPROVEMENT
gwellhau, *v.* IMPROVE, BETTER
gwelliant, (-nnau), *n.m.* AMENDMENT.
IMPROVEMENT

150

gwellt, (*-yn, n.m.*), *c.n.* GRASS, SWARD, STRAW
gwelltglas, *n.m.* GRASS
gwelltog, *a.* GRASSY
gwelltyn, *n.m.* BLADE OF GRASS, A STRAW
gwempl, *n.m.* WIMPLE
gwên, (gwenau), *n.f.* SMILE
gwen, *a.* f. of *gwyn*
gwenci, (-ïod, *n.f.* WEASEL, STOAT
gwendid, (-au), *n.m.* WEAKNESS
  gwendid y lleuad, WANE OF THE MOON
Gwener, *n.f.* VENUS
  dydd Gwener, FRIDAY
gwenerol, *a.* VENEREAL
gwenfflam, *a.* BLAZING
gweniaith, *n.f.* FLATTERY
gwenieithio, *v.* FLATTER
gwenieithiwr, (-wyr), *n.m.* FLATTERER
gwenieithus, *a.* FLATTERING
gwenith, (*-en, n.f.*), *n.pl.* WHEAT
gwenithfaen, *n.m.* GRANITE
gwennol, (gwenoliaid), *n.f.* SWALLOW, MARTIN, SHUTTLE, SHUTTLECOCK
gwenu, *v.* SMILE
gwenwisg, (-oedd), *n.f.* SURPLICE
gwenwyn, *n.m.* POISON, JEALOUSY
gwenwyniad, (-au), *n.m.* POISONING, TOXAEMIA
gwenwynig, -ol, *a.* POISONOUS
gwenwynllyd, *a.* SPITEFUL, JEALOUS
gwenwyno, *v.* POISON, BE JEALOUS
gwenyn, (*-en, n.f.*), *n.pl.* BEES
gwenyna, *v.* KEEP BEES
gwenynfa, (-feydd), *n.f.* APIARY
gwenynwr, (-wyr), *n.m.* BEE-KEEPER
gwep, (-iau), *n.f.* GRIMACE, VISAGE
gwêr, (gwerau), *n.m.* TALLOW
gŵer, *n.m.* SHADE, COOL
gwerdd, *a.* f. of *gwyrdd*
gwerddon, (-au), *n.f.* GREEN PLACE, OASIS
gweren, *n.f.* WARBLE
gwerin, *c.n.f.* ORDINARY FOLK, PEASANTRY, CHESSMEN, DEMOCRACY
gwerinaidd, *a.* DEMOCRATIC
gweriniaeth, (-au), *n.f.* DEMOCRACY, REPUBLIC
gweriniaethol, *a.* REPUBLICAN
gwerinlywodraeth, (-au), *n.f.* REPUBLIC, COMMONWEALTH
gwerinol, *a.* PLEBEIAN
gwerinos, *c.n.f.* THE RABBLE, MOB

gwerinwr, (-wyr), *n.m.* DEMOCRAT, COMMONER
gwern, (-i, -ydd), *n.f.* SWAMP, MEADOW, ALDER-GROVE
gwern, (*-en, n.f.*), *n.pl.* ALDER-TREES
gwerniar, (-ieir), *n.f.* BUSTARD
gwers, (-i), *n.f.* LESSON, WHILE, VERSE
gwerseb, (-au), *n.f.* MAXIM, DOCTRINE
gwerslyfr, (-au), *n.m.* TEXTBOOK
gwersyll, (-oedd), *n.m.* CAMP
gwersyllu, *v.* ENCAMP
gwerth, (-oedd), *n.m.* WORTH, VALUE
  ar werth, FOR SALE
  gwerth cynhenid, INTRINSIC VALUE
  gwerth par, PAR VALUE
gwerthadwy, *a.* SALEABLE, MARKETABLE
gwerthfawr, *a.* VALUABLE, PRECIOUS
gwerthfawrogi, *v.* APPRECIATE
gwerthfawrogiad, (-au), *n.m.* APPRECIATION
gwerthiant, (-nnau), *n.m.* SALE
gwerthostyngiad, *n.m.* DEVALUATION
gwerthu, *v.* SELL
gwerthusiad, *n.m.* EVALUATION
gwerthuso, *v.* EVALUATE
gwerthwr, (-wyr), *n.m.* SELLER, SALESMAN
gwerthyd, (-oedd), *n.f.* SPINDLE, AXLE, SHAFT, SPOOL
gweryd, (-au), *n.m.* EARTH, SOIL, GRAVE
gweryriad, (-au), *n.m.* NEIGH
gweryru, *v.* NEIGH
gwesgi, (-ïau), *n.m.* SQUEEGEE
gwestai, (-eion), *n.m.* GUEST, HOST
gwesty, (-au, -tai), *n.m.* HOTEL, INN
gwestyaeth, *n.f.* HOTEL MANAGEMENT
gwestywr, (-wyr), *n.m.* HOST
gweu, *v.* KNIT, WEAVE
gweundir, (-oedd), *n.m.* MOORLAND, MEADOW LAND
gweuwaith, *n.m.* KNITWEAR
gwewyr, see *gwayw*
gwg, *n.m.* FROWN, SCOWL, ANGER
gwgli, *n.m.* GOOGLY
gwgu, *v.* FROWN, SCOWL
gwialen, (gwiail), *n.f.* ROD, STICK, PENIS
gwialenodio, *v.* BEAT WITH STICK
gwiail, *n.pl.* WICKER
gwib, (-iau), *n.f.* WANDERING, FLASH
  a. DARTING, WANDERING
  ar wib, AT FULL SPEED
gwibdaith, (-deithiau), *n.f.* EXCURSION, TRIP
gwiber, (-od), *n.f.* VIPER

gwibfaen, (-feini), *n.m.* METEORITE
gwibgart, *n.m.* GO-KART
gwibio, *v.* FLIT. FLASH. DART. WANDER
gwibiog, -iol, *a.* FLITTING. WANDERING
gwich, (-iau, -iadau), *n.f.* SQUEAK.
  CREAK. SQUEAL. WHEEZE
gwichiad, (-iaid), *n.m.* PERIWINKLE.
  WINKLE
gwichian, *v.* SQUEAK. CREAK. SQUEAL.
  WHEEZE
gwichlyd, *a.* SQUEAKY. CREAKY. WHEEZY
gwidw, (-od), *n.f.* WIDOW
gwiddon, -an, (-od), *n.f.* WITCH. HAG
  n.pl. MITES
gwif, (-ion), *n.m.* CROWBAR, LEVER
gwifrad, (-au), *n.m.* WIRING
gwifren, (gwifrau), *n.f.* WIRE
gwifro, *v.* WIRE
gwig, (-oedd), *n.f.* WOOD
gwingo, *v.* WRIGGLE. WRITHE. STRUGGLE
gwin, (-oedd), *n.m.* WINE
gwina, *v.* TIPPLE WINE
gwinau, *a.* BAY. AUBURN. BROWN
gwinegr, *n.m.* VINEGAR
gwinllan, (-nau, -noedd), *n.f.*
  VINEYARD
gwinllannwr, (-anwyr), *n.m.* VINE-
  DRESSER
gwinwr, (-wyr), *n.m.* VINTNER
gwinwryf, (-oedd), *n.m.* WINE-PRESS
gwinwydd, (-*en, n.f.*), *n.pl.* VINES
gwinwyddiaeth, (-au), *n.f.* VITICULTURE
gwir, *n.m.* TRUTH
  a. TRUE. REAL. NET
  yn wir, INDEED
gwireb, (-au), *n.f.* TRUISM. MAXIM.
  GNOME
gwiredd, (-au), *n.m.* TRUTH
gwireddu, *v.* VERIFY
gwireddydd, *n.m.* VERIFER
gwirfodd, *n.m.* GOODWILL. OWN ACCORD
gwirfoddol, *a.* VOLUNTARY
gwirfoddoli, *v.* VOLUNTEER
gwirfoddolrwydd, *n.m.* VOLUNTARINESS
gwirfoddolwr, (-wyr), *n.m.* VOLUNTEER
gwiriad, (-au), *n.m.* CHECK
gwirio, *v.* CHECK. ASSERT
gwirion, (-iaid), *n.m.* INNOCENT. SIMPLE.
  FOOLISH, SILLY
gwiriondeb, *n.m.* INNOCENCE.
  FOOLISHNESS, SILLINESS
gwirionedd, (-au), *n.m.* TRUTH. REALITY
gwirioneddol, *a.* TRUE. REAL. ACTUAL

gwirioni, *v.* DOTE. INFATUATE
gwirionyn, *n.m.* SIMPLETON. IMBECILE
gwirod, (-ydd), *n.m.* LIQUOR. SPIRIT
gwirodlyn, (-nnau), *n.m.* LIQUEUR
gwisg, (-oedd), *n.f.* DRESS. GARMENT.
  COSTUME
gwisgi, *a.* LIVELY. BRISK. RIPE
gwisgo, *v.* DRESS. WEAR. ROBE
gwiw, *a.* FIT. WORTHY. MEET
gwiwer, (-od), *n.f.* SQUIRREL
gwlad, (gwledydd), *n.f.* COUNTRY. LAND
  cefn gwlad, COUNTRYSIDE
gwladaidd, *a.* COUNTRYFIED. RUSTIC.
  BOORISH
gwladeiddiwr, (-wyr), *n.m.* PEASANT
gwladfa, (-oedd, -feydd), *n.f.* COLONY.
  SETTLEMENT
gwladgarol, *a.* PATRIOTIC
gwladgarwch, *n.m.* PATRIOTISM
gwladgarwr, (-wyr), *n.m.* PATRIOT
gwladol, *a.* CIVIL. COUNTRY. STATE.
  NATIONAL
  diwydiant gwladol, NATIONALIZED
  INDUSTRY
  cynilion gwladol, NATIONAL SAVINGS
gwladoli, *v.* NATIONALISE
gwladweiniaeth, *n.f.* STATESMANSHIP
gwladweinydd, (-ion, -wyr), *n.m.*
  STATESMAN
gwladwr, (-wyr), *n.m.* COUNTRYMAN.
  PEASANT
gwladwriaeth, (-au), *n.f.* STATE
gwladwriaethol, *a.* STATE. POLITICAL
gwladychfa, (-oedd), *n.f.* SETTLEMENT.
  COLONY
gwladychiad, (-au), *n.m.* COLONIZATION
gwladychwr, (-wyr), *n.m.* SETTLER.
  COLONIST
gwlân, (gwlanoedd), *n.m.* WOOL
gwlana, *v.* GATHER WOOL, DAY-DREAM
gwlanen, (-ni), *n.f.* FLANNEL
gwlanog, *a.* WOOLLY
gwlatgar, *a.* PATRIOTIC
gwlaw, see *glaw*
gwleb, *a.* f. of *gwlyb*
gwledig, *a.* RURAL. RUSTIC. BOORISH
  n.m. LORD. PRINCE. RULER
gwledigrwydd, *n.m.* RUSTICITY
gwledd, (-oedd), *n.f.* FEAST. BANQUET
gwledda, *v.* FEAST
gwleidydd, (-ion), *n.m.* POLITICIAN.
  STATESMAN
gwleidyddeg, *n.m.* POLITICIAL THOUGHT

gwleidyddiaeth, *n.f.* POLITICS
gwleidyddol, *a.* POLITICAL
gwlff, (gylffau), *n.m.* GULF
gwli, (-ïau), *n.m.* GULLY
gwlith, (-oedd), *n.m.* DEW
gwlithbwynt, (-iau), *n.m.* DEWPOINT
gwlithlaw, (-ogydd), *n.m.* DRIZZLE
gwlitho, *v.* DEW
gwlithog, *a.* DEWY
gwlithyn, *n.m.* DEWDROP
gwlyb, (-ion), *a. & n.m.* WET, LIQUID
gwlybaniaeth, *n.m.* MOISTURE, WET,
   HUMIDITY
gwlybedd, *n.m.* MOISTURE
gwlybwr, (-yron), *n.m.* MOISTURE,
   LIQUID
gwlybyrog, *a.* WET, DAMP, LIQUID
gwlych, *n.m.* WET
gwlychu, *v.* WET, GET WET, MOISTEN
gwlydd, (-yn, *n.m.*), *n.pl.* HAULM,
   STALKS, WEEDS
gwm, (gymiau), *n.m.* GUM
gwn, (gynnau), *n.m.* GUN
gŵn, (gynau), *n.m.* GOWN
   gŵn gwisgo, DRESSING GOWN
gwndwn, see *gwyndwn*
gwneud, gwneuthur, *v.* MAKE, DO,
   MANUFACTURE
gwneuthuriad, *n.m.* MAKING, MAKE,
   MANUFACTURE
gwneuthurwr, (-wyr), *n.m.* MAKER,
   DOER, MANUFACTURER
gwnïad, (-au), *n.m.* SEWING, SEAM
gwniadur, (-iau), *n.m.* THIMBLE
gwniadwaith, *n.m.* NEEDLEWORK,
   DRESSMAKING
gwniadwraig, (-wragedd), *n.f.* | SEAM-
gwniadyddes, (-au), *n.f.* | STRESS
gwnïo, *v.* SEW, STITCH
gwniyddes, (-au), *n.f.* SEAMSTRESS
gwobr, (-au), *n.f.* PRIZE, REWARD
gwobrwyo, *v.* REWARD, AWARD PRIZE TO
gwobrwywr, (-wyr), *n.m.* REWARDER
gŵr, (gwŷr), *n.m.* MAN, HUSBAND,
   VASSAL
gwra, *v.* SEEK OR MARRY A HUSBAND
gwrach, (-od, -ïod), *n.f.* HAG, WITCH
gwrachen, (gwrachod), *n.f.* ROACH
gwraidd, (gwreiddiau), *c.n.* ROOTS
gwraig, (gwragedd), *n.f.* WIFE, WOMAN
gwrandaw, see *gwrando*
gwrandawiad, (-au), *n.m.* LISTENING,
   HEARING

gwrandawr, (-wyr), *n.m.* LISTENER,
   HEARER
gwrando, *v.* LISTEN
gwrcath, (-od), *n.m.* TOM-CAT
gwregys, (-au), *n.m.* GIRDLE, BELT,
   TRUSS
gwregysu, *v.* GIRD, GIRDLE
gwrêng, *n.m. & c.n.* PLEBEIAN, COMMON
   PEOPLE (ONE OF)
gwreica, *v.* SEEK OR MARRY A WIFE
gwreicty, (-tai), *n.m.* HAREM
gwreichion, (-en, *n.f.*), *n.pl.* SPARKS
gwreichioni, *v.* SPARK, SCINTILLATE
gwreiddair, (-eiriau), *n.m.* ROOT-WORD
gwreiddflaen, *n.m.* ROOTCAP
gwreiddffwng, (ffyngoedd), *n.m.*
   MYCORRHIZA
gwreiddgyffiol, *a.* RHIZOMATOUS
gwreiddio, *v.* ROOT, GROUND
gwreiddiol, *a.* RADICAL, ORIGINAL
gwreiddioldeb, (-au), *n.m.* ORIGINALITY
gwreiddyn, (gwreiddiau, gwraidd),
   n.m. ROOT
gwreigan, *n.f.* LITTLE WOMAN
gwres, (-au), *n.m.* HEAT, WARMTH, ZEST
   gwres cudd, LATENT HEAT
   trawiad gwres, HEATSTROKE
gwresfesurydd, (-ion), *n.m.* THERMOMETER
gwresog, *a.* WARM, FERVENT, HOT
gwresogi, *v.* WARM, HEAT
gwresogydd, (-ion), *n.m.* HEATER
gwrhau, *v.* DO HOMAGE
gwr(h)yd, (-oedd), *n.m.* FATHOM
gwrhydri, *n.m.* VALOUR, EXPLOIT
gwrid, *n.m.* BLUSH, FLUSH
gwrido, *v.* BLUSH, FLUSH
gwridog, *a.* | ROSY-CHEEKED, RUDDY
gwritgoch, *a.* |
gwrit, (-iau), *n.m.* WRIT
gwrogaeth, *n.f.* HOMAGE, VASSALAGE
gwrogi, *v.* DO HOMAGE
gwrol, *a.* BRAVE, COURAGEOUS
gwroldeb, *n.m.* BRAVERY, COURAGE
gwroli, *v.* BECOME BRAVE
gwron, (-iaid), *n.m.* HERO
gwroniaeth, *n.f.* HEROISM
gwrtaith, (-teithiau), *n.m.* MANURE,
   FERTILISER
gwrteithiad, *n.m.* MANURING,
   CULTIVATION
gwrteithio, *v.* MANURE, CULTIVATE
gwrth-, *px.* CONTRA-, COUNTER-, ANTI-
gwrthateb, (-ion), *n.m.* REJOINDER

gwrthatyniad, (-au), *n.m.* COUNTER
ATTRACTION
gwrthban, (-au), *n.m.* BLANKET
gwrthblaid, *n.f.* OPPOSITION (PARTY)
gwrthblot, (-iau), *n.m.* COUNTER PLOT
gwrthbrawf, (-brofion), *n.m.* DISPROOF.
REFUTATION
gwrthbrofi, *v.* DISPROVE. REFUTE
gwrthbwynt, (-iau), *n.m.* COUNTERPOINT
gwrthbwyntiol, *a.* CONTRAPUNTAL
gwrthbwyso, *v.* COUNTERBALANCE.
COMPENSATE
gwrthchwyldro, *n.m.*
COUNTERREVOLUTION
gwrthdaro, *v.* CLASH. COLLIDE
gwrthderfysgaeth, *n.f.* ANTI-TERRORISM
gwrthdir, (-oedd), *n.m.* UPLAND
gwrthdrawiad, (-au), *n.m.* COLLISION.
CLASH
gwrthdro, *a.* INVERTED
gwrthdroad, (-au), *n.m.* INVERSION
gwrthdrychiad, (-au), *n.m.* REFRACTION
gwrthdystio, *v.* PROTEST
gwrthddadl, (-euon), *n.f.* OBJECTION
gwrthddadlau, *v.* OBJECT. SPEAK AGAINST
gwrthddangosiad, *n.m.*
COUNTEREXPOSITION
gwrthddalen, (-ni), *n.f.* COUNTERFOIL
gwrth-ddŵr, *a.* WATER REPELLENT
gwrthddywediad, (-au), *n.m.*
CONTRADICTION
gwrthddywedyd, *v.* CONTRADICT
gwrtheb, (-ion), *n.m.* REPARTEE
gwrthebiad, (-au), *n.m.* ANTILOGISM
gwrthebiaeth, *n.f.* ANTINOMY
gwrthfiotig, *n.m.* & *a.* ANTIBIOTIC
gwrthfflam, *a.* FLAME-RESISTANT
gwrthganoli(ad), *n.m.*
DECENTRALISATION
gwrthgenhedlu, *n.m.* CONTRACEPTION
gwrthgiliad, (-au), *n.m.* BACKSLIDING.
APOSTASY
gwrthgilio, *v.* BACKSLIDE. RETIRE
gwrthgiliwr, (-wyr), *n.m.* BACKSLIDER.
SECEDER
gwrthglawdd, (-gloddiau), *n.m.*
RAMPART
gwrthgloc, *a.* ANTICLOCKWISE
gwrthgorffyn, *n.m.* ANTIBODY
gwrthgrych, *a.* CREASE RESISTING
gwrthgydiol, *a.* NON-STICK
gwrthgyferbyniad, (-au), *n.m.*
CONTRAST. ANTITHESIS

gwrthgyferbyniol, *a.* OPPOSITE
gwrthgyferbynnedd, *n.m.* OPPOSITENESS
gwrthgyferbynnu, *v.* CONTRAST
gwrth-heintus, *a.* ANTISEPTIC
gwrthiant, (-nnau), *n.m.* RESISTANCE
gwrthiddewiaeth, *n.m.* ANTI-SEMITISM
gwrthio, *v.* COUNTER
gwrthlaw, *n.f.* BACKHAND
gwrth-law, *a.* RAIN PROOF
gwrthlogarithm, (-au), *n.m.*
ANTILOGARITHM
gwrthnaws, *a.* REPUGNANT
gwrthnawsedd, *n.m.* ANTIPATHY.
AVERSION
gwrthnysig, *a.* OBSTINATE. REBELLIOUS.
INCOMPATIBLE
gwrthod, *v.* REFUSE. REJECT
gwrthodedig, *a.* REJECTED. FORSAKEN
gwrthodiad, *n.m.* REFUSAL. REJECTION
gwrthodwr, (-wyr), *n.m.* REFUSER
gwrthol, *n.m.* & *ad.* BACK
ôl a gwrthol, TO AND FRO
gwrthrew, *n.m.* ANTIFREEZE
gwrthrwd, *a.* RUSTLESS
gwrthrych, (-au), *n.m.* OBJECT
gwrthrychol, *a.* OBJECTIVE
gwrthrycholdeb, *n.m.* OBJECTIVITY
gwrthrycholiad, *n.m.* OBJECTIFICATION
gwrthrychu, *v.* OBJECTIFY
gwrthryfel, (-oedd), *n.m.* REBELLION.
MUTINY. INSURRECTION
gwrthryfela, *v.* REBEL. MUTINY
gwrthryfelgar, *a.* REBELLIOUS, MUTINOUS
gwrthryfelwr, (-wyr), *n.m.* REBEL.
MUTINEER
gwrthsafiad, *n.m.* RESISTANCE
gwrthsaim, *a.* GREASEPROOF
gwrthsefyll, *v.* RESIST
gwrthsoddi, *v.* COUNTERSINK
gwrthsur, (-ion), *n.m.* ALKALI
gwrthun, *a.* ODIOUS. OFFENSIVE. ABSURD
gwrthuni, *n.m.* ODIOUSNESS
gwrthuno, *v.* MAR. DEFORM
gwrthwedd, *n.m.* ANTIPHASE
gwrthweithio, *v.* COUNTERACT, REACT
gwrthwenwyn, *n.m.* ANTIDOTE
gwrthwenwynol, *a.* ANTIDOTAL
gwrthwyneb, *n.m.* OPPOSITE. CONTRARY
gwrthwynebiad, (-au), *n.m.* OPPOSITION
gwrthwynebol, *a.* OPPOSED
gwrthwynebu, *v.* OPPOSE, RESIST.
CHALLENGE
gwrthwynebus, *a.* OPPOSING, ANTAGONISTIC

gwrthwynebwr, -ydd, (-wyr), *n.m.*
OPPONENT, OBJECTOR, ANTAGONIST
gwrthydd, (-ion), *n.m.* RESISTOR
gwrthymosod, *v.* COUNTERATTACK
gwrthyrru, *v.* REPEL
gwrych, (-oedd), *n.m.* HEDGE
gwrych, (-yn, *n.m.***),** *n.pl.* BRISTLES
gwryd, (-hydau), *n.m.* FATHOM
gwryd, *n.m.* BRAVERY
gwryf, (-oedd), *n.m.* PRESS
gwrym, (-iau), *n.m.* SEAM, WEAL, BAND,
CORRUGATION
gwrymiog, *a.* SEAMED, RIBBED,
CORRUGATED
gwrysg, (-en, *n.f.***),** *n.pl.* HAULM, STALKS
gwryw, *a.* MALE
(-od), *n.m.* MALE
gwrywaeth, *n.f.* MASCULINITY
gwrywaidd, -ol, *a.* MASCULINE
gwrywgydiaeth, *n.f.* HOMOSEXUALITY
gwrywgydiol, *a.* HOMOSEXUAL
gwrywgydiwr, (-wyr), *n.m.*
HOMOSEXUAL
gwrywol, *a.* MALE
gwsberen, (gwsberys), *n.f.* GOOSEBERRY
gwth, (-iau), *n.m.* PUSH, THRUST, GUST
gwthiad, (-au), *n.m.* HEAVE, THRUST
gwthio, *v.* PUSH, THRUST, SHOVE
gwthiwr, (-wyr), *n.m.* PUSHER
gwyar, *n.m.* BLOOD
gwybed, (-yn, *n.m.***),** *n.pl.* GNATS
gwybod, *v.* KNOW
(-au), *n.m.* KNOWLEDGE
gwybodaeth, (-au), *n.f.* KNOWLEDGE
gwybodeg, *n.f.* EPISTEMOLOGY
gwybodaeth, (-au), *n.f.* KNOWLEDGE,
COGNITION
gwybyddus, *a.* KNOWN
gwych, *a.* FINE, SPLENDID, BRILLIANT
gwychder, *n.m.* SPLENDOUR, POMP
gwŷd, (gwydiau), *n.m.* PASSION, VICE
gwydlawn, -lon, *a.* VICIOUS, PASSIONATE
gwydn, *a.* TOUGH, TENACIOUS
gwydr, (-au), *n.m.* GLASS
gwydredd, (-au), *n.m.* GLAZE
gwydrfaen, *a. & n.m.* OBSIDIAN
gwydriad, (-au), *n.m.* GLAZING
gwydrin, *a.* OF GLASS
gwydro, *v.* GLAZE
gwydrwr, (-wyr), *n.m.* GLAZIER
gwydryn, (gwydrau), *n.m.* DRINKING-
GLASS
gwydus, *a.* VICIOUS

gwŷdd, *a.* WILD
n.m. PRESENCE
(gwyddau), *n.f.* GOOSE
gwŷdd (gwydden, *n.f.***),** *n.pl.* TREES
(gwyddion, gwehyddion),
n.m. PLOUGH, LOOM, WEAVER
gwyddbwyll, *n.f.* CHESS
Gwyddel, (-od, Gwyddyl), *n.m.*
IRISHMAN
Gwyddeleg, *n.f.* IRISH LANGUAGE
Gwyddelig, *a.* IRISH
gwyddfa, *n.f.* TOMB, TUMULUS
gwyddfid, *n.m.* HONEYSUCKLE
gwyddfod, *n.m.* PRESENCE
gwyddgrug, (-iau), *n.m.* BARROW
gwyddoneg, *n.m.f.* SCIENTOLOGY
gwyddoniadur, (-on), *n.m.*
ENCYCLOPAEDIA
gwyddoniaeth, *n.f.* SCIENCE
gwyddonias, *a.* SCIENCE THRILLER
gwyddonol, *a.* SCIENTIFIC
gwyddonydd, (-wyr), *n.m.* SCIENTIST
gwyddor, (-ion), *n.f.* RUDIMENT, SCIENCE
yr wyddor, THE ALPHABET
gwyfyn, (-od), *n.m.* MOTH
gwyg, *c.n.* TARES, VETCH
gwygl, *a.* SULTRY
gŵyl, (gwyliau), *n.f.* FEAST, FESTIVAL,
HOLIDAY
gŵyl, *a.* MODEST, BASHFUL
gwylan, (-od, gwylain), *n.f.* SEAGULL
gwylder, *n.m.* | MODESTY,
gwyleidd-dra, *n.m.* | BASHFULNESS
gwylfa, (-fâu, -feydd), *n.f.* WATCH, VIEW-
POINT
gwyliadwriaeth, *n.f.* WATCHFULNESS,
WATCH, GUARD
gwyliadwrus, *a.* WATCHFUL, CAUTIOUS
gwyliedydd, (-ion), *n.m.* SENTINEL,
WATCHMAN
gwylio, *v.* WATCH, MIND, BEWARE
gwyliwr, (-wyr), *n.m.* SENTINEL,
WATCHMAN
gwylmabsant, (-au), *n.f.* WAKE
gwylnos, (-au), *n.f.* VIGIL, WATCH-NIGHT
gwylog, (-od), *n.f.* GUILLEMOT
gŵyll, (gwyllion), *n.f.* WITCH, GHOST,
FIEND
gwyll, *n.m.* DARKNESS
gwylliad, (-iaid), *n.m.* BANDIT, ROBBER
gwyllt, (-ion), *a.* MAD, WILD, RAPID
gwylltineb, *n.m.* WILDNESS, FURY, RAGE
gwylltio, -u, *v.* FLY INTO A TEMPER,
FRIGHTEN

gwymon, *n.m.* SEAWEED
gwymp, (*gwemp, f.*), *a.* FINE. FAIR
gwyn, (*gwen,* f. -ion), *a.* WHITE. BLESSED
gwŷn, (gwyniau), *n.m.* ACHE. LUST. RAGE
gwynad, *a.* SMARTING. ANGRY
gwynder, -dra, *n.m.* WHITENESS
gwyndwn, *n.m.* UNPLOUGHED LAND. LEY
gwynegon, *n.m.* RHEUMATISM
gwynegu, *v.* SMART. ACHE
gwynfa, *n.f.* PARADISE
gwynfyd, (-au), *n.m.* BLESSEDNESS. BLISS
gwynfydau, *n.pl.* BEATITUDES
gwynfydedig, *a.* BLESSED. HAPPY
gwynfydedd, *n.m.* BLESSEDNESS
gwyngalch, *n.m.* WHITEWASH
gwyngalchog, *a.* WHITEWASHED
gwyngalchu, *v.* WHITEWASH
gwyniad, (-iaid), *n.m.* WHITING
gwynias, *a.* WHITE-HOT. INCANDESCENT
gwyniasedd, *n.m.* INCANDESCENCE
gwyniedyn, *n.m.* SEWIN
gwynio, *v.* SMART. ACHE
gwynnin, *n.m.* SAPWOOD
gwynnu, *v.* WHITEN. BLEACH
gwynnwy, *n.m.* WHITE OF EGG
gwynt, (-oedd), *n.m.* WIND. SMELL.
BREATH. FLATULENCE
bwlch gwynt, WIND GAP
gwynt cyffredin, PREVAILING WIND
gwyntoedd trafnid, TRADE WINDS
gwyntell, (-i), *n.f.* ROUND BASKET
gwyntfesurydd, *n.m.* ANEMOMETER
gwyntglos, *a.* WINDPROOF
gwyntio, *v.* SMELL
gwyntog, *a.* WINDY. BOMBASTIC
gwyntyll, (-au), *n.f.* FAN
gwyntylliad, (-au), *n.m.* VENTILATION.
WINNOWING
gwyntyllio, -u, *v.* VENTILATE. WINNOW
gŵyr, *a.* CROOKED. INCLINED. ASLANT
gwŷr, (*gŵr, n.m.*), *n.pl.* MEN. HUSBANDS
gwyraeth, *n.f.* DEVIATIONISM
gwyrain, (*gwyran, n.f.*), *n.pl.* BARNACLES
gwyrdraws, *a.* PERVERSE
gŵyrdro, (-eon, -eau), *n.m.* PERVERSION
gwyrdroi, *v.* PERVERT. DISTORT
gwyrdd, (-ion), *a. & n.m.* GREEN
gŵyrddenu, *v.* DISTRACT
gwyrddfaen, (-feini), *n.m.* EMERALD
gwyrddlas, *a.* GREEN. VERDANT
gwyrddlesni, *n.m.* ⎫
gwyrddni, *n.m.* ⎬ GREENNESS. VERDURE
gwyrddmon, (-myn), *n.m.* VERDERER

gwyrddu, *v.* GREEN
gwyredd, (-au), *n.m.* ABERRATION. RAKE
gwyrf, *a.* PURE, FRESH, UNSALTED
gwyrgam, *a.* CROOKED
gwyriad, (-au), *n.m.* DEVIATION.
AFFECTION (GRAM), REMOVE, SWERVE
gwyrni, *n.m.* CROOKEDNESS, PERVERSENESS
gwyro, *v.* SWERVE, DEVIATE. INCLINE. BEND
gwyrwyr, (-wyr), *n.m.* DEVIATIONIST
gwyrth, (-iau), *n.f.* MIRACLE
gwyrthiol, *a.* MIRACULOUS
gwyry(f), (gwyryfon), *n.f.* VIRGIN
gwyryfdod, *n.m.* VIRGINITY
gwyryfol, *a.* VIRGIN. MAIDEN
gwŷs, (gwysion), *n.f.* SUMMONS
gwysio, *v.* SUMMON
gwysiwr, (-wyr), *n.m.* SUMMONER
gwystl, (-on), *n.m.* PLEDGE. HOSTAGE
gwystlo, *v.* PLEDGE. PAWN
gwystno, *v.* SHRIVEL. DRY
gŵyth, *n.m.* ANGER. WRATH
gwythi, (-*ien, n.f.*), *n.pl.* VEINS. GRISTLE
gwythlon, *a.* ANGRY. WRATHFUL
gwythwch, *n.f.* WILD PIG
gwyw, *a.* WITHERED. FADED. SEAR
gwywo, *v.* WITHER. FADE
gyda, -g, *prp.* TOGETHER WITH
gyddfol, *a.* GUTTURAL
gyferbyn, *prp.* OPPOSITE
gylfin, (-od), *n.m.* BEAK. BILL
gylfinir, *n.m.* CURLEW
gym, (-iau), *n.m.* GUM
gymnasiwn, (-asia), *n.m.* GYMNASIUM
gymnasteg, *n.f.* GYMNASTICS
gynaecoleg, *n.f.m.* GYNAECOLOGY
gynaecolegydd, (-wyr), *n.m.f.*
GYNAECOLOGIST
gynnau, *ad.* JUST NOW, A WHILE AGO
gynnwr, (gynwyr), *n.m.* GUNNER
gynt, *ad.* FORMERLY
gynwal, (-au), *n.m.* GUNWALE
gypswn, *n.m.* GYPSUM
gyr, (-roedd), *n.m.* DROVE
gyrfa, (-oedd, -feydd), *n.f.* RACE.
CAREER. COURSE
gyriad, (-au), *n.m.* DRIVE
gyriedydd, (-ion), *n.m.* DRIVER
gyrosgop, (-au), *n.m.* GYROSCOPE
gyrru, *v.* DRIVE. SEND. WORK
gyrrwr, (gyrwyr), *n.m.* DRIVER. SENDER
gyrwynt, (-oedd), *n.m.* WHIRLWIND.
TORNADO
gysb, *n.m.* STAGGERS

ha, *i.* HA! HEY!

hac, -(i)au), *n.m.f.* NOTCH. HACK. CUT

hacio, *v.* HACK. CUT

haclif, (-iau), *n.f.* HACKSAW

hach, (-au), *n.m.* HOOSE. HUSK

had, (-au), *c.n.* SEED

hadfaes, (-feysydd), *n.m.* LEY

hadlestr, (-i), *n.m.* SEED-VESSEL. OVARY

hadlif, *n.m.* GONORRHOEA. SPERM

hadog, (-au), *n.m.* HADDOCK
     a. HAVING SEED

hadred, *n.m.* GONORRHOEA

had-rith, *n.m.* OVULE. OVARY

hadu, *v.* SEED. RUN TO SEED

hadwr, (-wyr), *n.m.* SEEDSMAN. SOWER

hadyd, *c.n.* SEED CORN. SEED POTATOES

haearn, (heyrn), *n.m.* IRON
     a. OF IRON. IRON
     haearn gwrymiog, GALVANISED IRON
     haearn bwrw, CAST IRON
     haearn gyr, WROUGHT IRON
     sborion haearn, SCRAP IRON
     haearn ongl, ANGLE IRON
     haearn crai, PIG IRON

haearnaidd, *a.* LIKE IRON. RIGID

haedd, (-ion), *n.f.* MERIT

haeddedigaeth, (-au), *n.f.* DESERT.
MERIT

haeddiannol, *a.* MERITORIOUS.
DESERVING. MERITED

haeddiant, (-iannau), *n.m.* MERIT.
DESERT

haeddol, *a.* MERITORIOUS. DESERVING

haeddu, *v.* MERIT. DESERVE

haeddus, *a.* MERITORIOUS. DESERVING

haeërnin, *a.* OF IRON

hael, *a.* GENEROUS. LIBERAL

haelder, *n.m.* GENEROSITY. LIBERALITY

haelfrydedd, *n.m.* NOBLENESS.
GENEROSITY

haelfrydig, *a.* NOBLE. GENEROUS

haelioni, *n.m.* GENEROSITY. LIBERALITY

haelionus, *a.* GENEROUS. LIBERAL

haels, (-en, *n.f.*), *n.pl.* SHOTS

haemoffilia, *n.m.* HAEMOPHILIA

haemoglobin, *n.m.* HAEMOGLOBIN

haen, (-au), *n.f.* LAYER. STRATUM. SEAM.
BED. COATING

haenell, (-au), *n.m.* PLATE

haenellu, *v.* PLATE

haenen, (-nau), *n.f.* LAYER. FILM

haeniad, (-au), *n.m.* STRATIFICATION

haenog, *a.* LAMINATE(D). FLAKY

haenol, *a.* BEDDING

haenu, *v.* STRATIFY

haeriad, (-au), *n.m.* ASSERTION.
PRETENCE

haerllug, *a.* IMPUDENT

haerllugrwydd, *n.m.* IMPUDENCE

haeru, *v.* ASSERT. AFFIRM

haf, (-au), *n.m.* SUMMER

hafaidd, *a.* SUMMER-LIKE. SUMMERY

hafal, *a.* EQUAL. LIKE
     yn hafal i, EQUALS (=)
     nod hafalu, EQUAL SIGN
     hafal a dirgroes, EQUAL AND OPPOSITE

hafaledd, *n.m.* EQUALITY

hafaliad, (-au), *n.m.* EQUATION
     hafaliad cydamserol, SIMULTANEOUS
EQUATION
     hafaliad dwyradd, QUADRATIC
EQUATION
     hafaliad syml, SIMPLE EQUATION
     hafaliad teirgradd, CUBIC EQUATION
     hafaliad unradd, LINEAR EQUATION

hafalochrog, *a.* EQUILATERAL

hafalonglog, *a.* EQUIANGULAR

hafalu, *v.* EQUATE

hafan, (-au), *n.f.* HAVEN. PORT. HARBOUR

hafdy, (-dai), *n.m.* SUMMER-HOUSE

hafddydd, (-iau), *n.m.* SUMMER'S DAY

haflug, *n.m.* ABUNDANCE. PLENTY

hafn, (-au), *n.f.* HOLLOW. RAVINE. GORGE

hafod, (-ydd), *n.f.* SUMMER DWELLING

hafog, *n.m.* HAVOC. WASTE. ABUNDANCE

hafol, *a.* OF SUMMER

hafoty, (-tai), *n.m.* CHALET. HOLIDAY-
COTTAGE

haff, (-iau), *n.m.* SNATCH

haffio, *v.* SNATCH. SEIZE

hafflau, *n.m.* LAP. GRASP

hagis, *n.m.* HAGGIS

hagr, *a.* UGLY. UNWORTHY

hagru, *v.* DISFIGURE. MAKE UGLY

hagrwch, *n.m.* UGLINESS

hanger, (-i), *n.m.* HANGER. HANGAR

hai, *i,* MAKE HASTE!

haid, (heidiau), *n.f.* SWARM. FLOCK.
DROVE

haidd, *(heidden, n.f.),* *c.n.* BARLEY

haig, (heigiau), *n.f.* SHOAL

haint, (heintiau), *n.f.* DISEASE.
INFECTION. PESTILENCE. PLAGUE. FAINT.
FIT
     haint y nodau, BUBONIC PLAGUE
     haint digwydd, EPILEPSY
     haint dofednod, FOWL PEST

hala, *v.* SEND. SPEND. SPREAD
hald, *n.m.* TROTTING. SHAKING. JOGGING
haldian, *v.* TROT. SHAKE. JOG
haleliwia, *i. & n.f.* HALLELUJAH
halen, (-au), *n.m.* SALT. BRINE
halenaidd, *a.* SALTY
haliad, (-au), *n.m.* HEAVE
halian, halio, *v.* HAUL. DRAG
halibwt, *n.m.* HALIBUT
halo, (-au), *n.m.* HALO
halog(edig), *a.* POLLUTED. CORRUPT
halogedd, *n.m.* CORRUPTION
halogen, (-au), *n.m.* HALOGEN
halogi, *v.* POLLUTE. DEFILE
halogiad, halogrwydd, *n.m.* POLLUTION.
   CORRUPTION. CONTAMINATION
halogwr, (-wyr), *n.m.* DEFILER
halogyn, (halogion), *n.m.*
   CONTAMINANT
haloffyt, *n.m.* HALOPHYTE
halwyn, (-au), *n.m.* SALT
halwynedd, *n.m.* SALINITY
hallt, *a.* SALTY. SEVERE
   talu'n hallt, PAY DEARLY
halltedd,
halltineb,   } *n.m.* SALTNESS
halltrwydd,
halltu, *v.* SALT
halltwr, (-wyr), *n.m.* SALTER
ham, (-iau), *n.f.* HAM
hambwrdd, (-byrddau), *n.m.* TRAY
hamdden, *n.m.f.* LEISURE. RESPITE
   oriau hamdden, SPARE TIME
hamddenol, *a.* LEISURELY
hamddenoldeb, *n.m.* LEISURELINESS
hamddena,
hamddenu,   } *v.* TAKE RESPITE
hamog, (-au), *n.m.* HAMMOCK
hamper, (-i, -ydd), *n.f.* HAMPER
hances, (-i), *n.f.* HANDKERCHIEF
handicap, (-au), *n.m.* HANDICAP
hanedig, *a.* DESCENDED
hanercof, *a.* HALF-WITTED
hanercylch, *n.m.* MENISCUS
hanergylch, (-au), *n.m.* SEMICIRCLE
   a. SEMICIRCULAR
hanerlled, *n.m.* AMPLITUDE
hanerob, (-au), *n.f.* FLITCH OF BACON
hanerog, *a.* BY HALVES. HALF AND HALF
hanertonol, *a.* CHROMATIC
haneru, *v.* HALVE. BISECT
hanerwr, (-wyr), *n.m.* HALF-BACK
   (GAMES)

hanerydd, (-ion), *n.m.* BISECTOR
hanes, (-ion), *n.m.* HISTORY. STORY.
   TALE. REPORT
   hanes achos, CASE HISTORY
   hanes cyfansoddiadol,
   CONSTITUTIONAL HISTORY
hanesiaeth,
hanesigrwydd,   } *n.f.* HISTORICITY
hanesydd, (-ion, -wyr), *n.m.* HISTORIAN
hanesyddiaeth, *n.f.* HISTORIOGRAPHY
hanesyddol, *a.* HISTORICAL, HISTORIC
hanesyn, (-nau), *n.m.* ANECDOTE
hanfath, *n.m.* VARIETY
hanfod, *v.* ISSUE FROM
   n.m. ESSENCE, EXISTENCE
hanfodiad, *n.m.* EXISTENCE. BEING
hanfodol, *a.* ESSENTIAL. INTEGRAL
haniad, *n.m.* DESCENT
haniaeth, (-au), *n.m.* ABSTRACTION.
   ABSTRACT
haniaethol, *a.* ABSTRACT
haniaethu, *v.* ABSTRACT
hanner, (hanerau, haneri), *n.m.* HALF
hanner-cylch, (-au), *n.m.* SEMI-CIRCLE
hansiad, (-au), *n.m.* HAUNCH
hanu, *v.* ISSUE FROM. DESCEND FROM
hap, (-(i)au), *n.f.* CHANCE. LUCK.
   RANDOM
hapbrynu, *v.* SPECULATION
hapbrynwr, *n.m.* BULL (STOCK MARKET)
hapfasnachu, *v.* SPECULATE
hapio, *v.* HAPPEN
haploid, (-au), *n.m. & a.* HAPLOID
hapnod, (-ion), *n.m.* ACCIDENTAL
haprif, (-au), *n.m.* SAMPLE NUMBER
hapsampl, (-au), *n.m.* RANDOM SAMPLE
hapus, *a.* HAPPY
hapusrwydd, *n.m.* HAPPINESS
hapwerthwr, (-wyr), *n.m.* BEAR (STOCK
   MARKET)
harbwr, *n.m.* HARBOUR
hardd, (heirdd)ion), *a.* BEAUTIFUL.
   COMELY, HANDSOME
harddineb, *n.m.* BEAUTY
harddu, *v.* ADORN. BEAUTIFY
harddwch, *n.m.* BEAUTY. HANDSOMENESS
harddwych, *a.* GORGEOUS
haricot, (-au), *n.m.* HARICOT
harîm, *n.m.* HAREM
harmoni, (-ïau), *n.m.* HARMONY
harmonig, *n.m.* HARMONIC
harnais, (harneisiau), *n.m.* HARNESS.
   TRAPPINGS
harneisio, *v.* HARNESS

harpsicord, (-iau), *n.m.* HARPSICHORD
hatling, (-au, -od)), *n.f.* MITE
hau, *v.* SOW, DISSEMINATE
haul, (heuliau), *n.m.* SUN
　cysawd yr haul, SOLAR SYSTEM
hawc, (-iau), *n.m.* HOD, HAWK
hawdd, *a.* EASY, PROSPEROUS
hawddamor, *n.m.f.* WELCOME,
　GREETINGS, HAIL!
hawddfyd, *n.m.* EASE, PROSPERITY
hawddgarwch, *n.m.* AMIABILITY
hawl, (-iau), *n.f.m.* CLAIM, DEMAND,
　RIGHT, QUESTION
　hawl ac ateb, QUESTION AND ANSWER
hawlen, (-ni), *n.f.* PERMIT
hawlfraint, (-freintiau), *n.f.* PRIVILEGE,
　COPYRIGHT
hawliad, (-au), *n.m.* DEMAND
hawlio, *v.* CLAIM, DEMAND
hawl(i)wr, (-wyr), *n.m.* ⎱ CLAIMANT,
hawlydd, (-ion), *n.m.* ⎰ PLAINTIFF
hawlysgrif, (-au), *n.f.* COPYRIGHT
haws, *a.* EASIER
hawster, ⎱
hawstra, ⎰ *n.m.* EASE
head, *n.m.* SOWING
heb, *prp.* WITHOUT, BESIDES, BY
heblaw, *prp.* BESIDES
heboca, *v.* HUNT WITH A HAWK
hebog, (-au), *n.m.* HAWK
hebogaidd, *a.* HAWK-LIKE
hebogydd, *n.m.* FALCONER
hebogyddiaeth, *n.f.* FALCONRY
Hebraeg, *n.f.* HEBREW LANGUAGE
Hebreig, *a.* HEBREW
Hebrëwr, (Hebrëwyr; *Hebrëes, n.f.*),
　n.m. HEBREW
hebrwng, *v.* LEAD, ACCOMPANY, ESCORT
hebryngydd, (-ion), *n.m.* LEADER, GUIDE
hec, *n.f.* HOP
hecian, *v.* HOP, HOBBLE
hecsadegol, (-ion), *n.m.* HEXADECIMAL
hecsagon, (-au), *n.m.* HEXAGON
hecsagonal, *a.* HEXAGONAL
hecsahedron, (-au), *n.m.* HEXAHEDRON
hecsos, *n.m.* HEXOSE
hectar, (-au), *n.m.* HECTARE
hecyn, *n.m.* SMALL NOTCH
hedbridd, (-oedd), *n.m.* BLOWN SOIL
hedeg, *v.* FLY
　n.m. FLIGHT
hedegog, *a.* FLYING, VOLATILE
hedfa, (-feydd), *n.f.* FLIGHT, COURSE

hedfan, *v.* FLY
hedfanaeth, (-au), *n.f.* AVIATION
hedfaniad, *n.m.* FLIGHT
hedfanog, *a.* FLYING
hedfanwr, (-wyr), *n.m.* FLYER
hediad, (-au), *n.m.* FLIGHT
hedion, *n.pl.* CHAFF
hedlam, (-au), *n.m.* FLYING LEAP
hedoniaeth, *n.f.* HEDONISM
hedonistaidd, *a.* HEDONISTIC
hedonydd, (-ion), *n.m.* HEDONIST
hedwr, (-wyr), *n.m.* FLYER
hedydd, *n.m.* FLYER, LARK
hedyn, (hadau), *n.m.* SEED
hedd, *n.m.* PEACE, TRANQUILLITY
heddferch, (-ed), *n.f.* POLICEWOMAN
heddgeidwad, (-waid), *n.m.* POLICEMAN
heddiw, *ad.* TODAY
heddlu, (-oedd), *n.m.* POLICE FORCE
heddwas, (-weision), *n.m.* POLICEMAN
heddwch, *n.m.* PEACE, QUIET
heddychfa, *n.f.* APPEASEMENT
heddychiaeth, *n.f.* PACIFICSM
heddychlon, ⎱
heddychol, ⎰ *a.* PEACEFUL
heddychu, *v.* PACIFY, APPEASE
heddychwr, (-wyr), *n.m.* PEACEMAKER,
　PACIFIST, APPEASER
heddynad, (-on), *n.m.* JUSTICE OF THE
　PEACE
hefin, *a.* AESTIVAL
hefo, *prp.* WITH, TOGETHER WITH
hefyd, *ad.* ALSO, EITHER, BESIDES
heffer, (heffrod), *n.f.* HEIFER
hegémoni, (-ïau), *n.m.* HEGEMONY
hegl, (-au), *n.f.* LEG, LIMB, PLOUGH
　HANDLE
heglog, *a.* LEGGY, LONG-LEGGED
heglu, *v.* RUN AWAY
heibiad, (-au), *n.m.* BY-PASS
heibiadu, *v.* BY-PASS
heibio, *ad.* PAST, BY, BEYOND
heidio, *v.* SWARM, TEEM, THRONG
heidiog, *a.* SWARMING, TEEMING
heidiol, *a.* SWARMING, TEEMING
heidden, (*heiddyn, n.m.*), *n.f.* GRAIN OF
　BARLEY
heigiad, (-au), *n.m.* INFESTATION
heigiannu, *v.* INFEST
heigio, *v.* SHOAL
heigiog, *a.* TEEMING
heini(f), *a.* ACTIVE, LIVELY, AGILE, NIMBLE
heintiad, (-au), *n.m.* INFECTION

heintiedig, *a.* INFECTED
heintio, *v.* INFECT
heintrydd, *a.* IMMUNE
heintryddid, *n.m.* IMMUNITY
heintus, *a.* DISEASED, INFECTIOUS,
  CONTAGIOUS
heislan, (-od), *n.f.* HATCHEL
heislanu, *v.* HACKLE
heistain, (-einiau), *n.f.* STRICKLE
hel, *v.* GATHER, COLLECT, SEND, DRIVE
hela, *v.* HUNT, SEND, SPEND
helaeth, *a.* LARGE, WIDE, EXTENSIVE,
  ABUNDANT
helaethder, -dra, *n.m.* LARGENESS,
  SPACIOUSNESS, ABUNDANCE
helaethiad, -iant, *n.m.* ENLARGEMENT,
  EXTENSION
helaethrwydd, *n.m.* ABUNDANCE, EXTENT
helaethu, *v.* ENLARGE, EXTEND
helaethwych, *a.* SUMPTUOUS
helbul, (-on), *n.m.* TROUBLE, AFFLICTION,
  ADVERSITY
helbulus, *a.* TROUBLED, DISTRESSED
heldir, (-oedd), *n.m.* HUNTING GROUND,
  GAME LAND
heldrin, (-oedd), *n.m.f.* TROUBLE,
  BOTHER, FUSS
helfa, (-feydd, -fâu), *n.f.* HUNTING,
  CATCH, PREY
helfarch, (-feirch), *n.m.* HUNTER (HORSE)
helgi, (-gwn), *n.m.* HOUND
helgig, (-oedd), *n.m.* GAME
helgorn, (-gyrn), *n.m.* HUNTING-HORN
heli, *n.m.* BRINE, SALT WATER, SEA
heliad, (-au), *n.m.* GATHERING
heliaidd, *a.* SALINE, BRACKISH
helical, *a.* HELICAL
helicoid, (-au), *a.* HELICOID
helicopter, (-coptrau), *n.m.*
  HELICOPTER
helics, (-au), *n.m.* HELIX
heligog, *n.m.* GUILLEMOT
heligol, *a.* HELICAL
heliwm, *n.m.* HELIUM
heliwr, (-wyr), *n.m.* HUNTSMAN,
  GATHERER
heliotropedd, *n.m.* HELIOTROPISM
helm, (-ydd), *n.f.* STACK, RICK, SHED
  (OPEN)
  helm drol, CARTSHED
  (-au), *n.f.* HELM (OF SHIP), HELMET
helmog, *a.* HELMETED
helmu, *v.* STACK, RICK

helogan, *n.f.* CELERY
help, *n.m.* HELP, ASSISTANCE
helpio,
helpu, | *v.* HELP, ASSIST
help(i)wr, (-wyr), *n.m.* HELPER
helw, *n.m.* PROTECTION, PROFIT, GAIN
helwriaeth, *n.f.* GAME, HUNTING
helyg, (-en, *n.f.*), *n.pl.* WILLOWS
helyglys, *n.m.* WILLOW-HERB
  n.pl. WILLOWS
helynt, (-ion, -oedd), *n.m.* COURSE,
  STATE, TROUBLE, FUSS, BUSINESS
helyntus, *a.* TROUBLOUS
helltni, *n.m.* SALTINESS
helltydd, (-ion), *n.m.* SALTER
hem, (-iau), *n.f.* HEM, BORDER
  hem ffug, FALSE HEM
  (-au), *n.m.* RIVET
hematid, *n.m.* HEMATITE
hemell, (-i, -au), *n.m.* HEMMER
hemio, *v.* HEM, RIVET
hemisffer, (-au), *n.m.* HEMISPHERE
hemisfferig, *a.* HEMISPHERIC
hen, *a.* OLD, AGED, ANCIENT
henadur, (-iaid), *n.m.* ALDERMAN, ELDER
Henaduriad, (-iaid), *n.m.* PRESBYTERIAN
henaduriaeth, (-au), *n.f.* PRESBYTERY,
  ELDERSHIP
Henaduriaeth, *n.f.* PRESBYTERIANISM
Henadurol, *a.* PRESBYTERIAN
henafgwr, (-gwyr), *n.m.* OLD MAN,
  ELDER
henafol, *a.* ANCIENT, ANTIQUE
henaidd, *a.* OLDISH, OLD-FASHIONED
henaint, *n.m.* OLD AGE, SENILITY
henc, *n.m.* LIMP
hencian, *v.* LIMP
hendad, (-au), *n.m.* FOREFATHER,
  GRANDFATHER
hendaid, (-deidiau), *n.m.* GREAT
  GRANDFATHER
hender,
hendra, | *n.m.* OLDNESS
hendraul, *a.* THREADBARE
hendref, (-i, -ydd), *n.f.* WINTER
  DWELLING, ESTABLISHED HABITATION
hendrefa,
hendrefu, | *v.* WINTER
hendrwm, *a.* RANK, STALE
henddyn, (-ion), *n.m.* OLD MAN, ADULT
henebion, *n.pl.* ANCIENT MONUMENTS
heneiddio, *v.* GROW OLD, AGE
heneiddiol, *a.* AGEING

henfam, (-au), *n.f.* GRANDMOTHER
henffasiwn, *a.* OLD-FASHIONED
henffel, *a.* PRECOCIOUS, CUNNING
henffych, *i.* HAIL!
hengall, *a.* PRECOCIOUS
hengraff, *a.* CUTE, SHREWD
henllydan, *n.m.* THE PLANTAIN
henllys, (-oedd), *n.m.* OLD MANSION
hen-nain, (-neiniau), *n.f.* GREAT-
　GRANDMOTHER
heno, *ad.* TONIGHT
henoed, *n.m.* OLD AGE, OLD PEOPLE
henoriaeth, *n.f.* SENIORITY
henuriad, (-iaid), *n.m.* ELDER,
　PRESBYTER, ALDERMAN
henwr, (-wyr), *n.m.* OLD MAN
henŵraidd, *a.* FEEBLE, INFIRM
heol, (-ydd), *n.f.* ROAD, STREET, WAY
heolan, *n.f.* LANE
hepatitis, *n.m.* HEPATITIS
hepgor, *v.* SPARE, OMIT, DISCARD,
　DISPENSE WITH
　(-ion), *n.m.* WHAT MAY BE
　OMITTED
hepian, *v.* SLUMBER, DOZE
hepianus, *a.* DROWSY
heptagon, (-au), *n.m.* HEPTAGON
her, (-iau), *n.f.* CHALLENGE, DEFIANCE
herc, (-iau), *n.f.* HOP, LIMP
　herc a cham a naid, HOP, SKIP (STEP)
　AND JUMP
hercian, *v.* HOP, LIMP, STUTTER
herclif, (-iau), *n.f.* JIGSAW
hercyd, *v.* FETCH, REACH
hereditament, (-au), *n.m.*
　HEREDITAMENT
héresi, (-ïau), *n.f.* HERESY
heretic, (-iaid), *n.m.* HERETIC
hereticaidd, *a.* HERETICAL
herfeiddio, *v.* DARE, DEFY
herfeiddiol, *a.* DARING, DEFIANT
hergod, *n.m.* SOMETHING BIG
hergwd, *n.m.* PUSH, SHOVE, THRUST
hergydio, *v.* PUSH, SHOVE
herian, }
herio, } *v.* CHALLENGE, DARE, DEFY
heriog, *a.* DEFIANT, STUBBORN
heriol, *a.* CHALLENGING
heriot, (-au), *n.m.* HERIOT
heriwr, (-wyr), *n.m.* CHALLENGER
herlodes, (-i), *n.f.* DAMSEL, GIRL
herlodyn, *n.m.* KNAVE, RASCAL, STRIPLING
herllyd, *a.* DEFIANT, STUBBORN

hermenewteg, *n.m.* HERMENEUTICS
hernia, *n.m.* HERNIA
herodraeth, *n.f.* HERALDRY
herodrol, *a.* HERALDIC
herw, *n.m.* RAID, WANDERING, OUTLAWRY
　ar herw, OUTLAWED
herwa, *v.* RAID, ROVE, PROWL, PLUNDER
herwfilwr, (-wyr), *n.m.* GUERRILLA
herwgipio, *v.* HIJACK
herwgipiwr, (-wyr), *n.m.* HIJACKER
herwgydio, *v.* KIDNAP
herwgydiwr, (-wyr), *n.m.* KIDNAPPER
herwhela, *v.* POACH, MARAUD
herwheliwr, (-wyr), *n.m.* POACHER,
　MARAUDER
herwlong, (-au), *n.f.* PIRATE SHIP
herwr, (-wyr), *n.m.* ROVER, PROWLER,
　ROBBER, MARAUDER, OUTLAW
herwriaeth, *n.f.* OUTLAWRY, BANISHMENT
herwydd, *prp.* ACCORDING TO, BY
　o'r herwydd, ON ACCOUNT OF THAT
　yn herwydd, ACCORDING TO
hesb, (*hysb, m.*), *a.f.* DRY, BARREN,
　DRIED UP
hesben, (-nau), *n.f.* HASP
hesbin, (-od), *n.f.* YEARLING EWE
hesbin(h)wch, (-(h)ychod), *n.f.* YOUNG
　SOW, GILT
hesbio, *v.* BECOME DRY
hesbwrn, (-byrniaid), *n.m.* YEARLING
　RAM
hesg, (-*en, n.f.*), *n.pl.* SEDGES, RUSHES
hesglif, (-iau), *n.f.* WHIP-SAW
hesian, *n.m.* HESSIAN
hestor, (-au), *n.f.* TWO-BUSHEL MEASURE
het, (-(i)au), *n.f.* HAT
heterodein, *n.m.* HETERODYNE
heterogenaidd, *a.* HETEROGENEOUS
heterogenedd, *n.m.* HETEROGENEITY
heterogenus, *a.* HETEROGENEOUS
heteronomiaeth, *n.f.* HETERONOMY
heterosis, *n.m.* HETEROSIS
heterosygus, *a.* HETEROZYGOUS
hetiwr, (-wyr), *n.m.* HATTER
heth, *n.f.* SEVERE COLD SPELL
heu, *v.* SOW
heuad, *n.m.* SOWING
heulaidd, *a.* HELIAC(AL)
heuldes, *n.m.* SUNSHINE, SUN-HEAT
heuldro, *n.m.* SOLSTICE
heulfynag, (-aig), *n.m.* SUN-DIAL
heul-len, (-ni), *n.f.* SUNSHADE
heulo, *v.* BE SUNNY

heulog, *a.* SUNNY
heulor, *n.m.* MANGER, RACK
heulsaf, (-au), *n.m.* SOLSTICE
heulwen, *n.f.* SUNSHINE
heulyd, *a.* SUNNY
heuslau, (*-leuen, n.f.*), *n.pl.* SHEEP-LICE
heusor, (-ion), *n.f.* HERDSMAN
heuwr, (-wyr), *n.m.* SOWER
hewcan, *v.* WANDER
hewer, *n.m.* HOE
hewian, *v.* CHALLENGE, DEFY
hewl, (-ydd), *n.f.* ROAD, WAY
hewristig, *a.* HEURISTIC
hi, *pn.* SHE, HER, IT
hic, (-iau), *n.m.* NOTCH
hicio, *v.* HACK, SLIT
hicyn, (-nau), *n.m.* SLIT
hid, *n.m.* HEED
hidio, *v.* HEED, MIND
hidl, (-au), *n.f.* STRAINER, FILTER
hidl, *a.* PROFUSE, COPIOUS, SHEDDING
hidlen, (-ni), *n.f.* STRAINER
hidliad, *n.m.* FILTRATION
hidlif, *n.m.* FILTRATE
hidlo, *v.* DISTIL, FILTER, STRAIN
hidlydd, (-ion), *n.m.* FILTER
hidroleiddio, hidrolu, *v.* HYDROLYSE
hidrostateg, *n.f.* HYDROSTATICS
hidrostatig, *a.* HYDROSTATIC
hidrus, *a.* HYDROUS
hierarchaeth, (-au), *n.f.* HIERARCHY
hil, (-ion, -iau), *n.f.* RACE, LINEAGE, OFFSPRING
hilio, *v.* BREED, TEEM
hiliog, *a.* TEEMING
hiliogaeth, *n.f.* DESCENDANTS, ISSUE
hiliol, *a.* RACIAL
hiliwr, *n.m.* RACIST
hiliaeth, *n.f.* RACISM, RACIALISM
hil-laddiad, *n.m.* GENOCIDE
hilwm, *n.m.* HILUM
hin, *n.f.* WEATHER
hindreuliad, (-au), *n.m.* WEATHERING
hindreulio, *v.* WEATHER
hindda, *n.f.* FAIR WEATHER
hiniog, (-au), *n.f.* THRESHOLD, DOOR-FRAME
hinon, *n.f.* FAIRWEATHER
hinoni, *v.* CLEAR UP (WEATHER)
hinsawdd, (-soddau), *n.f.* CLIMATE
hinsoddeg, *n.f.* CLIMATOLOGY
hinsoddi, *v.* ACCLIMATIZE
hinsoddol, *a.* CLIMATIC

hip, (-iau), *n.m.* TAP, RAP
hipogynaidd, *a.* HYPOGYNOUS
hir, *a. & px.* LONG
hiraeth, *n.m.* NOSTALGIA, LONGING, GRIEF, HOMESICKNESS
hiraethu, *v.* LONG, SORROW, YEARN
hiraethus, *a.* LONGING, HOMESICK
hirbell, *a.* DISTANT
hirben, *a.* SHREWD, LONG-HEADED
hirfys, (-edd), *n.m.* MIDDLE FINGER
hirgrwn, *a.* OVAL
hirgul, *a.* OBLONG
hirgylch, (-au, -oedd), *n.m.* ELLIPSE
hirhoedledd, *n.m.* LONGEVITY
hirhoedlog, *a.* LONG-LIVED
hirlwm, *n.m.* LEAN PERIOD AT WINTER'S END
hirnod, (-au), *n.m.* CIRCUMFLEX
hirwyntog, *a.* LONG-WINDED
hirymarhous, *a.* LONGSUFFERING
hirymaros, *v.* SUFFER LONG, ENDURE
hisian, *v.* HISS
histamin, (-au), *n.m.* HISTAMINE
histoleg, *n.m.f.* HISTOLOGY
histrionig, *a.* HISTRIONIC
hithau, *pn.* SHE, SHE (ALSO)
hiwmaniaeth, *n.f.* HUMANISM
hiwmor, *n.m.* HUMOUR
hobaid, (-eidiau), *n.f.* PECK
hobi, (hobïau), *n.m.* HOBBY
hoced, (-ion), *n.f.* DECEIT, FRAUD
hocedu, *v.* DECEIVE, CHEAT, FRAUD
hocedwr, (-wyr), *n.m.* ROGUE, QUACK, CHEAT
hoci, *n.m.* HOCKEY
hocsed, *n.m.* HOGSHEAD
hocys, (-en, *n.f.*), *n.pl.* MALLOWS
hodi, *v.* SHOOT, EAR
hodograff, (-iau), *n.m.* HODOGRAPH
hoe, *n.f.* SPELL, REST
hoeden, (-nod, -nau), *n.f.* FLIRT, HOYDEN
hoedl, (-au), *n.f.* LIFE, LIFETIME
hoel, -en, (-ion), *n.f.* NAIL
   hoelen dro, SCREW
   hoelen fain, BRAD NAIL
   hoelen glopa, STUD
hoelbren, (-nau), *n.m.* DOWEL
hoelio, *v.* NAIL
hoen, *n.m.* JOY, VIVACITY, VIGOUR
hoenus, *a.* JOYOUS, LIVELY, GAY
hoenusrwydd, *n.m.* LIVELINESS, JOY
hoenyn, (-nau), *n.m.* TRAP, HAIR, SNARE

hoewal, *n.f.* HOVEL. CART-HOUSE. STREAM. FLOOD
hof, (-iau), *n.f.* HOE
hofel, (-au), HOVEL
hofio, *v.* HOE
hofran, *v.* HOVER
hofrenfad, (-au), *n.m.* HOVERCRAFT
hofrennydd, (-enyddion), *n.m.* HELICOPTER
hoff, *a.* DEAR. FOND. FAVOURITE
hoffi, *v.* LIKE. LOVE
hoffter, *n.m.* FONDNESS. LIKING
hogalen, *n.f.* WHETSTONE
hogen, (-nod), *n.f.* GIRL. LASS
hogfaen, (-feini), *n.m.* HONE. WHETSTONE
hogi, *v.* SHARPEN. WHET
hogsied, *n.m.* HOGSHEAD. CASK
hogyn, (hogiau), *n.m.* LAD. BOY
hongiad, (-au), *n.m.* SUSPENSION
hongian, *v.* HANG. DANGLE
honglath, *n.f.* BALANCE-BEAM
hôl, *v.* FETCH
holdol, (-au), *n.m.* HOLDALL
holeb, (-au), *n.f.* ENQUIRY, INTERROGATION
holgar, *a.* INQUISITIVE. CURIOUS
holi, *v.* ASK. QUESTION. INQUIRE. EXAMINE
holiad, (-au), *n.m.* INTERROGATION
holiadur, (-on), *n.m.* QUESTIONNAIRE
holwr, (-wyr), *n.m.* INTERROGATOR. EXAMINER, QUESTIONER
holwyddoreg, (-au), *n.f.* CATECHISM
holwyddori, *v.* CATECHISE
holwyddorol, *a.* CATECHETIC
holl, *a.* ALL. WHOLE
hollalluog, *a.* ALMIGHTY
hollalluowgrwydd, *n.m.* OMNIPOTENCE
holldduwiaeth, *n.f.* PANTHEISM
hollfyd, *n.m.* UNIVERSE
hollfydedd, *n.m.* GLOBALISM
hollfydol, *a.* GLOBAL
hollgyfoethog, *a.* ALMIGHTY
holliach, *a.* WHOLE. SOUND
hollol, *a. & ad.* WHOLE, ENTIRE
hollt, (-au), *n.f.* SLIT. SPLIT. CLEFT. RIFT. SAND-CRACK
holltedd, *n.m.* SPLIT. SLIT
hollwybodaeth, *n.f.* OMNISCIENCE
hollwybodol, *a.* OMNISCIENT
hollysol, *a.* OMNIVOROUS
hollysydd, (-ion), *n.m.* OMNIVORE
homili, (-ïau), *n.f.* HOMILY

homogenedd, *n.f.* HOMOGENEITY
homogenus, *a.* HOMOGENEOUS
homolog, (-au), *n.m.* HOMOLOGUE
hon, *a. & pn.f.* THIS
hôn, (honau), *n.m.* HONE
honc, (-iau), *n.f.* LIMP. JOLT
honcian, -io, *v.* WAGGLE. LIMP. JOLT
honedig, *a.* ALLEGED. REPUTED
honiad, (-au), *n.m.* ASSERTION. CLAIM. ALLEGATION
honiadol, *a.* ASSUMPTIVE
honni, *v.* ALLEGE. ASSERT. PROFESS. PRETEND, CLAIM
honno, *a. & pn.f.* THAT ONE (ABSENT)
honorariwm, *n.m.* HONORARIUM
hopgefn, (-au), *n.m.* HOGBACK
hopran, *n.f.* HOPPER, MOUTH
hopys, *n.pl.* HOPS
hormôn, (-onau), *n.m.* HORMONE
horob, (-au), *n.f.* FLITCH OF BACON
hors, (-au), *n.m.* CLOTHES HORSE
horst, *n.m.* HORST
hosan, (-au), *n.f.* STOCKING
hostel, (-i), *n.m.* HOSTEL
hotel, (-au), *n.m.* HOTEL
howld, *n.m.* HOLD
hoyw, *a.* LIVELY. ALERT. SPRIGHTLY, GAY
hoywder, -deb, *n.m.* LIVELINESS
hoywi, *v.* BRIGHTEN. SMARTEN
hual, (-au), *n.m.* FETTER. SHACKLE
hualu, *v.* FETTER. SHACKLE
huan, *n.m.* SUN
huawdl, *a.* ELOQUENT
huchen, (-nau), *n.f.* FILM, PELLICLE
hud, (-ion), *n.m.* MAGIC. CHARM. ENCHANTMENT
hudlath, (-au), *n.f.* MAGIC WAND
hudo, *v.* CHARM. ALLURE
hudol, *a.* ENCHANTING
    n.m. MAGICIAN
hudoles, (-au), *n.f.* ENCHANTRESS. SORCERESS
hudoliaeth, (-au), *n.f.* ENCHANTMENT. ALLUREMENT
hudolus, *a.* ENCHANTING. ALLURING
hudwg, *n.m.* BUGBEAR
hudwr, (-wyr), *n.m.* ENTICER. ALLURER
huddo, *v.* COVER
huddygl, *n.m.* SOOT
hufen, (-nau), *n.m.* CREAM
    hufen rhew/iâ, ICE CREAM
hufenfa, (-feydd), *n.f.* CREAMERY
hufennog, *a.* CREAMY

hufennu, *v.* CREAM (OFF)
hug, -an, (-au), *n.f.* CLOAK, RUG, COVERING
hulio, *v.* SPREAD, SET, COVER
hun, (-au), *n.f.* SLEEP
hun(an), (-ain), *pn.* SELF
   px. SELF-
hunan-barch, *n.m.* SELF-RESPECT
hunan-dyb, *n.m.* SELF-CONCEIT
hunanddigonedd, *n.m.* SELF-SUFFICIENCY
hunanddyrchafydd, *n.m.* CAREERIST
hunangar, *a.* SELF-LOVING, SELFISH
hunangarwch, *n.m.* SELF-LOVE
hunangofiant, *n.m.* AUTOBIOGRAPHY
hunaniaeth, *n.f.* EGOTISM, IDENTITY, INDIVIDUALTY
hunanladdiad, (-au), *n.m.* SUICIDE
hunanol, *a.* SELFISH
hunanoldeb, *n.m.* SELFISHNESS, CONCEIT
hunanreolaeth, *n.f.* AUTONOMY
hunanreolus, *a.* AUTONOMIC
hunanus, *a.* SELF-WILLED
hunanymwadiad, (-au), *n.m.* SELF-DENIAL
hunanysgogaeth, *n.f.* AUTOMATION
hunell, (-au), *n.f.* WINK (OF SLEEP)
hunglwyf, (-au), *n.m.* COMA
hunllef, *n.f.* NIGHTMARE
huno, *v.* SLEEP, FALL ASLEEP
huodledd, *n.m.* ELOQUENCE
hur, (-iau), *n.m.* HIRE, WAGE
hurbwrcasu, *v.* HIRE PURCHASE
hurfilwr, (-wyr), *n.m.* MERCENARY
hurio, *v.* HIRE
huriwr, (-wyr), *n.m.* HIRER, HIRELING
hurt, *a.* STUPID, DULL, STUNNED
hurtio, *v.* STUN, STUPEFY
hurtrwydd, *n.m.* STUPIDITY
hurtyn, (-nod), *n.m.* STUPID PERSON, BLOCKHEAD
hustyng, (-au), *n.m.* WHISPER, HUSTING
huw, *n.m.* LULLABY, SLEEP
huwcyn, *n.m.* SLEEP
hwb, (hybiau), *n.m.* PUSH, EFFORT, LIFT
hwbwb, *n.m.* HUBBUB
hwch, (hychod), *n.f.* SOW, PIG
hwde, (pl. hwdiwch), *v.* TAKE, ACCEPT
hwiangerdd, (-i), *n.f.* LULLABY
hwlc, *n.m.* HULK
hwlcyn, *n.m.* LOUT, BOOR
hwmws, *n.m.* HUMUS
hwmerws, *n.m.* HUMERUS
hwn, (hon, f.), a. & pn. THIS (ONE)
hwnnw, (honno, f.), a. & pn. THAT ONE (ABSENT)

hwnt, *ad.* BEYOND, ASIDE, AWAY
   tu hwnt, BEYOND
hŵp, (hwpiau), *n.m.* HOOP
hwp, *n.m.* PUSH
hwp(i)o, *v.* PUSH
hŵr, -en, *n.f.* WHORE
hwrdd, (hyrddiau), *n.m.* PUSH, THRUST, IMPULSE
hwrdd, (hyrddod), *n.m.* RAM
hwre, *v.* see *hwde*
hwrgi, (-gwn), *n.m.* FORNICATOR
hwrswn, *n.m.* WHORESON
hwsmon, (-myn), *n.m.* FARM-BAILIFF
hwsmonaeth, *n.f.* HUSBANDRY
hwstyng, (-au), *n.m.* HUSTING
hwt, *i.* AWAY!
hwtio, *v.* HOOT, HISS
hwy, *pn.* THEY, THEM
hwy, *a. comp.* LONGER
hwyad, -en, (hwyaid), *n.f.* DUCK
hwyhad, *n.m.* ELONGATION, PROLONGATION
hwyhau, *v.* LENGTHEN, ELONGATE
hwyl, (-iau), *n.f.* SAIL, FERVOUR, MOOD, HUMOUR, RELIGIOUS FERVOUR
   pob hwyl, BEST OF LUCK, CHEERIO!
hwylbren, (-nau, -ni), *n.m.* MAST
hwylforio, *v.* WIND-SURFING
hwylio, *v.* SAIL
hwyliog, *a.* ELOQUENT, FERVENT
hwylus, *a.* HEALTHY, CONVENIENT, EASY, JOLLY
hwylusedd, *n.m.* FACILITATION
hwyluso, *v.* FACILITATE
hwylustod, *n.m.* EASE, CONVENIENCE, FACILITY, EXPEDIENCY
hwynt, *pn.* THEM, THEY
hwynt-hwy, *pn.* THEY, THEY THEMSELVES
hwyr, *a.* LATE
   n.m. (LATE) EVENING
hwyrach, *ad.* PERHAPS
hwyrdrwm, *a.* SLUGGISH, DROWSY
hwyrddydd, (-iau), *n.m.* EVENING
hwyrfrydig, *a.* RELUCTANT, SLOW, TARDY
hwyrfrydigrwydd, *n.m.* RELUCTANCE, TARDINESS
hwyrgan, (-ganeuon), *n.f.* SERENADE, NOCTURNE
hwyrgloch, *n.f.* CURFEW
hwyrglwb, (-glybiau), *n.m.* NIGHTCLUB
hwyrhau, *v.* GET LATE
hwythau, *pn.* THEY, THEY ALSO
hy, *a.* BOLD

hybarch, *a.* VENERABLE
hyblyg, *a.* FLEXIBLE. PLIABLE. PLIANT
hyblygrwydd, *n.m.* FLEXIBILITY
hybrid, *a. & n.m.* HYBRID
hybu, *v.* RECOVER. PROMOTE
hyd, (-au, -oedd, -ion), *n.m.* LENGTH.
  WHILE
  prp. TO. TILL. AS FAR AS
hydawdd, *a.* SOLUBLE
hydawddlif, (-oedd), *n.m.* SOLVENT
hydeimledd, *n.m.* SENSITIVITY.
  IRRITABILITY
hyder, *n.m.* CONFIDENCE. TRUST
hyderu, *v.* CONFIDE. TRUST. RELY
hyderus, *a.* CONFIDENT
hydoddedd, *n.m.* SOLUBILITY
hydr, *a.* STRONG. BOLD. POWERFUL
hydradu, *v.* HYDRATE
hydrawlig, *a.* HYDRAULIC
hydraidd, *a.* POROUS. PENETRABLE
hydrant, *n.m.* HYDRANT
hydred, (-ion), *n.m.* LONGITUDE
hydredol, *a.* LONGITUDINAL
hydref, (-au), *n.m.* AUTUMN. OCTOBER
hydrefol, *a.* AUTUMNAL
hydreiddedd, *n.m.* POROSITY
hydrin, *a.* TRACTABLE. DOCILE.
  MALLEABLE
hydrinedd, *n.m.* TRACTABILITY.
  MALLEABILITY
hydrocarbon, *n.m.* HYDROCARBON
hydroceffalws, *n.m.* HYDROCEPHALUS
hydroclorig, *a.* HYDROCHLORIC
hydrocsid, *n.m.* HYDROXIDE
hydrodynameg, *n.m.* HYDRODYNAMICS
hydro-electrig, *a.* HYDROELECTRIC
hydroffobia, *n.m.* HYDROPHOBIA
hydroffoil, (-au), *n.m.* HYDROFOIL
hydroffyt, *n.m.* HYDROPHYTE
hydrogen, *n.m.* HYDROGEN
hydroid, *n.m. & a.* HYDROID
hydroleg, *n.m.f.* HYDROLOGY
hydrolig, *a.* HYDRAULIC
hydrolu, *v.* HYDROLYSE
hydrolysis, *n.m.* HYDROLYSIS
hydromedr, (-au), *n.m.* HYDROMETER
hydroponeg, *n.m.* HYDROPONICS
hydrosffer, *n.m.* HYDROSPHERE
hydrostateg, *n.f.m.* HYDROSTATICS
hydrostatig, *a.* HYDROSTATIC
hydrotropedd, *n.m.* HYDROTROPISM
hydrus, *a.* HYDROUS
hydwf, *a.* LUXURIANT. TALL

hydwyll, *a.* GULLIBLE
hydwylledd, *n.m.* GULLIBILITY
hydwyth, *a.* SUPPLE. RESILIENT
hydwythedd, *n.m.* SUPPLENESS.
  RESILIENCE
hydyn, *a.* DUCTILE. TRACTABLE
hydd, (-od), *n.m.* STAG
hyddysg, *a.* LEARNED. WELL-VERSED
hyena, *n.m.f.* HYENA
hyf, *a.* BOLD
hyfder, -dra, *n.m.* BOLDNESS
hyfedr, *a.* EXPERT. CLEVER. SKILFUL
hyfedredd, *n.m.* PROFICIENCY. SKILL
hyfryd, *a.* PLEASANT. DELIGHTFUL.
  AGREEABLE
hyfrydwch, *n.m.* DELIGHT. PLEASURE
hyfwyn, *a.* KINDLY. GENIAL
hyfyw, *a.* VIABLE
hyfywdra, *n.m.* VIABILITY
hyfflam, *a.* INFLAMMABLE
hyfforddi, *v.* TRAIN. DIRECT. INSTRUCT
hyfforddiadol, *a.* TRAINING
hyfforddiant, (-nnau), *n.m.* TRAINING.
  INSTRUCTION
hyfforddus, *a.* DEXTEROUS. TRAINED
hyfforddwr, (-wyr), *n.m.* INSTRUCTOR.
  GUIDE
hygar, *a.* AMIABLE
hygarwch, *n.m.* AMIABILITY
hyglod, *a.* RENOWNED. CELEBRATED
hyglyw, *a.* AUDIBLE
hygoel, *a.* CREDIBLE. CREDULOUS
hygoeledd, *n.m.* CREDIBILITY. CREDULITY
hygoelus, *a.* CREDULOUS. GULLIBLE
hygred, *a.* CREDIBLE
hygrededd, *n.m.* CREDIBILITY
hygromedr, (-au), *n.m.* HYGROMETER
hygyrch, *a.* ACCESSIBLE
hygyrchedd, *n.m.* ACCESSIBILITY
hyhi, *pn.f.* SHE. HER (EMPHATIC)
hylan, *a.* HYGIENIC
hylaw, *a.* HANDY. DEXTEROUS
hylawrwydd, *n.m.* HANDINESS
hylendid, *n.m.* HYGIENE
hylif, (-au), *n.m. & a.* FLUID. LIQUID
hylifiant, *n.m.* LIQUEFACTION
hylifol, *a.* FLUID. LIQUID
hylifydd, *n.m.* LIQUIDISER
hylithr, *a.* SLIPPERY. FLUENT
hylosg, *a.* COMBUSTIBLE
hylwydd, *a.* PROSPEROUS. FAMOUS
hyll, *a.* UGLY. HIDEOUS
hylltra, *n.m.* UGLINESS

hyllu, *v.* DISFIGURE, MAR
hymen, *n.m.* HYMEN
hymbygoliaeth, *n.m.* HUMBUG
hymn, (-au), *n.f.* HYMN
hyn, *a. & pn.* THIS, THESE
hynafaidd, *a.* ARCHAIC
hynafgwr, (-wyr), *n.m.* OLD MAN, ELDER
hynafiad, (-iaid), *n.m.* ANCESTOR
hynafiaeth, (-au), *n.f.* ANTIQUITY
hynafiaethol, *a.* ANTIQUARIAN
hynafiaethwr, -ydd, (-wyr), *n.m.*
   ANTIQUARY
hynaflyd, *a.* ARCHAIC
hynafol, *a.* ANCIENT
hynafolyn, (-olion), *n.m.* ANTIQUE
hynawf, *a.* BUOYANT
hynaws, *a.* KIND, GENIAL
hynawsedd, *n.m.* KINDNESS, GENIALITY
hynny, *a. & pn.* THAT, THOSE
hynod(ol), *a.* NOTED, NOTABLE, SINGULAR,
   REMARKABLE
hynodi, *v.* DISTINGUISH, CHARACTERISE
hynodion, *n.pl.* PECULIARITIES
hynodrwydd, *n.m.* PECULIARITY
hynodwedd, *n.m.* IDIOSYNCRASY
hynodyn, (-ion), *n.m.* SINGULARITY
hynofedd, *n.m.* BUOYANCY
hynt, (-iau, -oedd), *n.f.* WAY, COURSE
hypnoteiddio, *v.* HYPNOTISE
hypotenws, (-nysau), *n.m.* HYPOTENUSE
hypsograffeg, *n.m.f.* HYPSOGRAPHY
hyrdi-gyrdi, *n.m.* HURDY-GURDY
hyrddio, -u, *v.* HURL, PUSH
hyrddwr, (-wyr), *n.m.* RAMMER

hyrwydd, *a.* FACILE, EXPEDITIOUS
hyrwyddo, *v.* PROMOTE, FACILITATE,
   SPONSOR
hyrwyddwr, (-wyr), *n.m.* PROMOTER,
   SPONSOR
hysain, *a.* EUPHONIOUS
hysb, (*hesb, f.*), *a.* DRY, BARREN
hysbio, *v.* DRY
hysbyddu, *v.* DRAIN, EXHAUST
hysbys, *a.* MANIFEST, KNOWN, EVIDENT
hysbyseb, (-ion), *n.f.m.* ADVERTISEMENT
hysbysebu, *v.* ADVERTISE
hysbysebwr, (-wyr), *n.m.* ADVERTISER
hysbysfwrdd, (-fyrddau), *n.m.* NOTICE-
   BOARD
hysbysiad, (-au), *n.m.* ANNOUNCEMENT,
   NOTICE
hysbysiaeth, *n.f.* INFORMATION
hysbysrwydd, *n.m.* NOTIFICATION
hysbysu, *v.* INFORM, CALL
hysbyswr, (-wyr), *n.m.* INFORMER,
   INFORMANT
hysian, -io, *v.* SET ON, HISS, INCITE
hysteria, *n.m.* HYSTERIA
hysterig, *a.* HYSTERICAL
hyswïaeth, *n.f.* HOUSEWIFERY, THRIFT
hytrach, *a.* RATHER
hytraws, *n.m.* DIAMETER
hytrawst, (-iau), *n.m.* GIRDER
hywaith, *a.* DEXTEROUS, INDUSTRIOUS
hywasg, *a.* COMPRESSIBILITY
hywedd, *a.* TRAINED, DOCILE
hyweddu, *v.* TRAIN, TAME

i, *prp.* TO, INTO, FOR
i, *pn.* I, ME
iâ, *n.m.* ICE
  ffloch iâ, ICE FLOE
  llen iâ, ICE-SHEET
  mynydd iâ, ICEBERG
iach, *a.* HEALTHY, SANE, WHOLE
  yn iach, FAREWELL!
iachâd, *n.m.* HEALING, CURE
iachaol, *a.* HEALING
iacháu, *v.* HEAL, SAVE
iachawdwr, (-wyr), *n.m.* SAVIOUR
iachawdwriaeth, *n.f.* SALVATION
iachäwr, (-wyr), *n.m.* HEALER
iachlendid, *n.m.* SANITATION
iachus, *a.* HEALTHY, WHOLESOME
iachusol, *a.* HEALTH-GIVING
iad, (-au), *n.f.* PATE, SKULL
iäen, (-nau), *n.f.* PIECE OF ICE, GLACIER
iaith, (ieithoedd), *n.f.* LANGUAGE
  iaith lafar, SPOKEN LANGUAGE
iâr, (ieir), *n.f.* HEN
  iâr fatri, BATTERY HEN
  ieir maes, FREE RANGE HENS
iard, (ierdydd), *n.f.* YARD
iarll, (ieirll), *n.m.* EARL
iarllaeth, (-au), *n.f.* EARLDOM
iarlles, (-au), *n.f.* COUNTESS
iarll-farsial, (-iaid), *n.m.* EARL
  MARSHAL
ias, (-au), *n.f.* THRILL, SHIVER, TEMPER
iasbis, *n.m.* JASPER
iasoer, *a.* CHILLY
  stori iasoer, THRILLER
iasol, *a.* THRILLING, INTENSELY COLD
iau, (ieuau), *n.m.* LIVER
  (ieuau, ieuoedd), *n.m.* YOKE
Iau, *n.m.* THURSDAY, JUPITER
iawn, *ad.* VERY
  a. RIGHT
  n.m. COMPENSATION, RIGHT,
  ATONEMENT, REPARATION
iawndal, (-oedd), *n.m.* COMPENSATION,
  DAMAGES, INDEMNITY
iawnder, (-au), *n.m.* JUSTICE, RIGHT,
  RECTITUDE
iawndyllu, *v.* REAM
iawndyllwr, (-wyr), *n.m.* REAMER
icon, (-au), *n.m.* ICON
iconoclastig, *a.* ICONOCLASTIC
ideal, (-au), *n.m.* IDEAL
idealaeth, *n.f.* IDEALISM
idealiad, (-au), *n.m.* IDEALISATION
ideoleg, *n.f.* IDEOLOGY

idiolegol, *a.* IDEOLOGICAL
idiom, (-au), *n.m.* IDIOM
idd, *prp.* TO
Iddew, (-on), *n.m.* JEW
Iddewaidd, }
Iddewig, } *a.* JEWISH
Iddewiaeth, *n.f.* JUDAISM
iddw(f), *n.m.* ERYSIPELAS
ie, *ad.* YES, YEA
iechyd, *n.m.* HEALTH, SALVATION
iechydaeth, *n.f.* SANITATION
iechydeg, *n.f.* HYGIENE
iechydfa, (-feydd), *n.f.* SANATORIUM
iechydol, *a.* HYGIENIC, SANITARY
iechydwriaeth, *n.f.* SALVATION, HEALING
ieitheg, *n.f.* PHILOLOGY
ieithegol, *a.* PHILOLOGICAL
ieithegydd, (-wyr, -ion), *n.m.*
  PHILOLOGIST
ieithol, *a.* LINGUISTIC
ieithwedd, (-au), *n.f.* DICTION
ieithydd, (-ion), *n.m.* LINGUIST
ieithyddiaeth, *n.f.* LINGUISTICS
ieithyddol, *a.* LINGUISTIC, PHILOLOGICAL
iet, (-iau), *n.f.* GATE
ieuanc, (-ainc), *a.* YOUNG, UNMARRIED,
  JUVENILE
ieuenctid, *n.m.* YOUTH
ieuengrwydd, *n.m.* YOUTHFULNESS,
  JUVENILITY
ieuo, *v.* YOKE, JOIN
ifanc, (-ainc), *a.* YOUNG
ifancaidd, *a.* JUVENILE
ifancwr, (-wyr), *n.m.* JUVENILE
ifori, *n.m.* IVORY
ig, (-ion), *n.m.* HICCUP
igam-ogam, *a.* ZIGZAG
igam-ogamu, igamogi, *v.* SIDE-STEP
igian, igio, *v.* SOB, HICCUP
iglŵ, (-au), *n.m.* IGLOO
igneaidd, *a.* IGNEOUS
ing, (-oedd), *n.m.* ANGUISH, AGONY,
  DISTRESS
ingol, *a.* AGONIZING
ildfrydedd, *n.m.* DEFEATISM
ildfrydwr, (-wyr), DEFEATIST
ildiad, *n.m.* SURRENDER, CESSION
ildio, *v.* YIELD, SURRENDER, CEDE
ill, *pn.* BOTH, THEY, THEM
imbill, *n.f.* GIMLET
imp, (impiau), *n.m.* SHOOT, SPROUT,
  DESCENDANT, SCION
imperialaeth, *n.f.* IMPERIALISM

imperialydd, (-wyr), *n.m.* IMPERIALIST
impio, *v.* SPROUT, BUD, GRAFT
impiwr, (-wyr), *n.m.* GRAFTER
impyn, (impion), *n.m.* SHOOT, BUD
imwnedd, *n.m.* IMMUNITY
imwneiddiad, (-au), *n.m.* IMMUNISATION
imwneiddio, *v.* IMMUNISE
imwnoleg, *n.m.* IMMUNOLOGY
inc, (-iau), *n.m.* INK
  inc cadw, INDELIBLE INK
incil, (-iau), *n.m.* TAPE
inclein, (-iau), *n.m.* INCLINE
incwm, (-cymau), *n.m.* INCOME,
  REVENUE
indecs, (-au), *n.m.* INDEX
indemneb, indemniad, (-au), *n.f.*
  INDEMNITY
indemnio, *v.* INDEMNIFY
indentur, (-au), *n.m.* INDENTURE
indrawn, *n.m.* MAIZE
inert, *a.* INERT
inertia, (-iau), *n.m.* INERTIA
infolwt, (-iau), *n.m.* INVOLUTE
injan, -jin, (-s), *n.f.* ENGINE
inspector, (-s), *n.m.* INSPECTOR
inswlin, *n.m.* INSULIN
integr, (-au), *n.m.* INTEGER
integredig, *a.* INTEGRATED
integrol, *a.* INTEGRAL
integru, *v.* INTEGRATE
integryn, (-nau), *n.m.* INTEGRAL
intercom, (-au), *n.m.* INTERCOM
interegnwm, *n.m.* INTERREGNUM
interliwd, (-iau), *n.f.* INTERLUDE
iod, *n.m.* IOTA, JOT
ïodid, (-iau), *n.m.* IODIDE
ïodin, *n.m.* IODINE
iolyn, *n.m.* NINCOMPOOP
ïon, (-au), *n.m.* ION
ïoneiddiad, (-au), *n.m.* IONISATION
ïoneiddio, *v.* IONISE
Iôn, *n.m.* THE LORD
Ionawr, Ionor, *n.m.* JANUARY
ionc, -yn, *n.m.* NINCOMPOOP
ïonosffer, *n.m.* IONOSPHERE
Iôr, *n.m.* THE LORD
iorwg, *n.m.* IVY
ir, -aidd, *a.* FRESH, GREEN, SUCCULENT
irad, *a.* DIRE, SAD, TERRIBLE
irai, *n.m.* GOAD
iraid, (ireidiau), *n.m.* LUBRICANT,
  GREASE, OINTMENT
irder, *n.m.* FRESHNESS, SUCCULENCE

ireidio, *v.* GREASE
ireidd-dra, *n.m.* FRESHNESS
ireiddio, *v.* FRESHEN
iriad, (-au), *n.m.* LUBRICATION,
  GREASING
iridiwm, *n.m.* IRIDIUM
iro, *v.* GREASE, ANOINT, OIL, SMEAR,
  LUBRICATE
irwr, (-wyr), *n.m.* GREASER
iryn, (-nau), *n.m.* CREAM
is, *a.* LOWER, INFERIOR
  prp. BELOW, UNDER
  px. SUB-, UNDER-, VICE-
isadran, (-nau), *n.f.* SUBSECTION
isafon, (-ydd), *n.f.* TRIBUTARY
isafu, *v.* MINIMISE
Isalmaeneg, *n.f.* DUTCH LANGUAGE
isalobar, (-au), *n.m.* ISALLOBAR
isawyrol, *a.* SUBAERIAL
isbridd, (-oedd), *n.m.* SUB-SOIL
isbrisiad, (-au), *n.m.* DEPRECIATION
isbrisio, *v.* DEPRECIATE
is-bwerdy, (-dai), *n.m.* SUB-STATION
is-bwyllgor, (-au), *n.m.* SUB-COMMITTEE
isdrofannol, *a.* SUBTROPICAL
isel, *a.* LOW, HUMBLE, BASE, DEPRESSED
iselder, *n.m.* LOWNESS, DEPRESSION,
  HUMILITY, LOWLINESS
iseldir, (-oedd), *n.m.* LOWLAND
iseldra, *n.m.* DEPRESSION
iselfryd, *a.* HUMBLE
iselhau, iselu, *v.* LOWER, DEGRADE, ABASE
is-etholiad, (-au), *n.m.* BY-ELECTION
is-faeth, *a.* UNDERFED
is-feidon, *n.f.* SUBMEDIANT
isfyd, (-oedd), *n.m.* UNDERWORLD
is-gadeirydd, (-ion), *n.m.* VICE-
  CHAIRMAN
is-gadfridog, (-ion), *n.m.* MAJOR
  GENERAL
is-gapten, (-teiniaid), *n.m.* LIEUTENANT
isgell, *n.m.* BROTH, STOCK
is-gil, *n.m.* PILLION
  ad. BEHIND
is-goch, *a.* INFRA-RED
is-gorpral, (-iaid), *n.m.* LANCE-
  CORPORAL
is-gwmni, (-ïau), *n.m.* SUBSIDIARY
  COMPANY
is-gynnyrch, (-gynhyrchion), *n.m.* BY-
  PRODUCT
is-harmonig, (-au), *n.m.* SUB-HARMONIC
isiarll, (-ieirll), *n.m.* VISCOUNT

isl, (-au), *n.m.* EASEL
islaith, *a.* SUBHUMID
islaw, *prp.* BELOW. BENEATH
islawr, (-loriau), *n.m.* BASEMENT
islif, (-ogydd), *n.m.* CURRENT
is-lywydd, (-ion), *n.m.* VICE-PRESIDENT.
  SUB-DOMINANT
isnormal, (-iaid), *n.m.* SUB-NORMAL
  a. SUB-NORMAL. INFERIOR
isobar, (-rau), *n.m.* ISOBAR
isobarig, *a.* ISOBARIC
isobath, (-au), *n.m.* ISOBATH
isoclein, (-iau), *n.m.* ISOCLINE
isocleiniog, *a.* ISOCLINAL
isod, *ad.* BELOW. BENEATH
isogamedd, *n.m.* ISOGAMY
isogon, (-au), *n.m.* ISOGON
isogonal, *a.* ISOGONAL
isohyed, (-au), *n.m.* ISOHYET
isomedrig, *a.* ISOMETRIC
isomer, *n.m.* ISOMER
isomeredd, *n.m.* ISOMERISM
isomerig, *a.* ISOMERIC
isomorff, *n.m.* ISOMORPH
isomorffedd, *n.m.* ISOMORPHISM
isoneff, (-au), *n.m.* ISONEPH
isorew, *n.m.* ISORYME
isosgeles, *a.* ISOSCELES
isosod, *v.* SUBLET
isostad, (-au), *n.m.* ISOSTADE

isostatig, *a.* ISOSTATIG
isotop, (-au), *n.m.* ISOTOPE
isotopig, *a.* ISOTOPIC
isotherm, (-au), *n.m.* ISOTHERM
isothermal, *a.* ISOTHERMAL
isradd, (-au), *n.m.* ROOT. SUBORDINATE
  a. SUBORDINATE
israddol, *a.* INFERIOR. SUBSIDIARY.
  SUBORDINATE
israddoldeb, (-au), *n.m.* INFERIORITY
israniad, (-au), *n.m.* SUBDIVISION
isrannu, *v.* SUBDIVIDE
istrofannol, *a.* SUBTROPICAL
iswasanaethgar, *a.* SUBSERVIENT
isymwybod, *n.m.* SUBCONSCIOUS
isymwybodol, *a.* SUBCONSCIOUS
isymwybyddiaeth, *n.f.*
  SUBCONSCIOUSNESS
item, (-au), *n.m.* ITEM
iteru, *v.* ITERATE
iterus, *a.* ITERATIVE
ithfaen, *n.m.* GRANITE
iypi, (-s), *n.m.* YUPPIE
iwnifform, *n.f.* UNIFORM
iwrch, (iyrchod), *n.m.* ROEBUCK
iwrea, *n.m.* UREA
iws, *n.m.* USE, INTEREST (ON MONEY)
iwtopaidd, *a.* UTOPIAN
iwtopia, *n.m.* UTOPIA
iwtopiaeth, *n.f.* UTOPIANISM

jab, *n.f.* JAB
jac, *n.f.* JACK
jacio, *v.* JACK
Jacobaidd, *a.* JACOBEAN
Jacobin, (-iaid), *n.m.* JACOBIN
jac-y-do, *n.m.* JACKDAW
jam, (-iau), *n.m.* JAM
jamio, *v.* JAM, MAKE JAM
janglen, *n.f.* GOSSIP
jangl(i)o, *v.* GOSSIP
janisariad, (-iaid), *n.m.* JANISSARY
jar, (-iau), *n.f.* JAR, HOT WATER BOTTLE
jargon, *n.m.* JARGON
jasbis, *n.m.* JASPER
jêl, *n.f.* JAIL
jeli, (-ïau), *n.m.* JELLY
jelio, *v.* JAIL, JELL
jenni, *n.f.* JENNY
jermon, (-myn), *n.m.* JOURNEYMAN
jersi, (-s), *n.f.* JERSEY
jet, (-iau), *n.m.* JET
   peiriant jet, JET ENGINE
jeti, (-ïau), *n.m.* JETTY
jetlif, *n.m.* JET STREAM

ji-binc, (-od), *n.f.* CHAFFINCH
jig, (-iau), *n.f.* JIG
jigio, *v.* JIG
jinc, (-iau), *n.m.* JINK
jincio, *v.* JINK
jingoistiaeth, *n.f.* JINGOISM
jîns, *n.pl.* JEANS
jîp, *n.m.* JEEP
jiwbilî, (-au), *n.f.* JUBILEE
jiwt, *n.m.* JUTE
job, (-sys), *n.f.* JOB
jobwr, (-wyr), *n.m.* JOBBER
jobyn, *n.m.* JOB
jôc, (-s), *n.f.* JOKE
jocan, *v.* JOKE
joci, (-s), *n.m.* JOCKEY
joch, (-iau), *n.m.* GULP, SPLASH
joule, (joulau), *n.m.* JOULE
juggernaut, *n.m.* JUGGERNAUT
junta, *n.m.* JUNTA
jwg, (jygiau), *n.m.f.* JUG
jwncet, *n.m.* JUNKET
Jwrasig, *a.* JURASSIC
jyngl, (-oedd), *n.m.* JUNGLE

lab, (-iau), *n.m.* BLOW, STROKE
labar, *n.m.f.* LABOUR
label, (-i), *n.f.* LABEL
labelu, *v.* LABEL
labio, *v.* SLAP
labordy, (-dai), *n.m.* LABORATORY
labro, *v.* LABOUR
labrwr, (-wyr), *n.m.* LABOURER
lacr, (-au), *n.m.* LACQUER
lactig, *a.* LACTIC
lactos, *n.m.* LACTOSE
lafa, (lafâu), *n.m.* LAVA
    golif lafa, LAVA OUTFLOW
lafant, (-au), *n.m.* LAVENDER
lafwr, *n.m.* LAVER
    bara lafwr, LAVER BREAD
lagŵn, *n.m.* LAGOON
lamina, (-e), *n.m.* LAMINA
laminadu, *v.* LAMINATE
laminaidd, *a.* LAMINAR
laminedig, *a.* LAMINATED
laminiad, (-au), *n.m.* LAMINATION
laminitis, *n.m.* LAMINITIS
laminol, *a.* LAMINAR
lamp, (-au), *n.f.* LAMP
lamplen, (-ni), *n.f.* LAMPSHADE
lan, *ad.* UP
landret, *n.m.* LAUNDERETTE
landri, *n.m.* LAUNDRY
landrofer, (-au, -i), *n.m.* LAND-ROVER
lanset, (-au), *n.m.* LANCET
lansio, *v.* LAUNCH
lantern, (-au, -i), *n.f.* LANTERN
lap, *n.m.* LAP
lapio, *v.* WRAP, LAP
lard, (-iau), *n.m.* LARD
larder, *n.f.* LARDER
lardfa, (-feydd), *n.f.* LARDER
largo, *n.m.* LARGO
larwm, *n.m.* ALARM
laryncs, *n.m.* LARYNX
laser, (-au), *n.m.* LASER
lasio, *v.* LACE
lastig, (-au), *n.m.* ELASTIC
latecs, *n.m.* LATEX
laterit, (-au), *n.m.* LATERITE
latis, (-au), *n.m.* LATTICE
latsen, (lats), *n.f.* LATH
latus-rectum, *n.m.* LATUS-RECTUM
latholith, *n.m.* LATHOLITH
lawnt, (-iau), *n.m.f.* LAWN
lawr,
lawr, i, | *ad.* DOWN

lawryf, (-au), *n.m.* LAUREL, BAY TREE
lefain, *n.m.* LEAVEN
lefeinio, *v.* LEAVEN, TAINT
lefeinllyd, *a.* LEAVENED
lefel, (-au), *n.f.* LEVEL
    a. LEVEL
lefelu, *v.* LEVEL
lefelwr, (-wyr), *n.m.* LEVELLER
lefi, *n.m.* LEVY
lefiathan, *n.m.* LEVIATHAN
lêg, *n.m.* LEAGUE
legad, (-au), *n.m.* LEGATE
legwm, (-au), *n.m.* LEGUME
leicio, *v.* LIKE
lein, (-iau), *n.f.* LINE, CORD, LINE-OUT,
    RAILWAY
    lein fach, LIGHT RAILWAY
leiner, (-au), *n.m.* LINER
leinin, *n.m.* LINING
leinio, *v.* FORM A LINE-OUT
leino, (-au), *n.m.* LINO
leitmotif, *n.m.* LEITMOTIV
lelog, *n.m.* LILAC
lema, *n.m.* LEMMA
leming, *n.m.* LEMMING
lemon, lemwn, (-au), *n.m.* LEMON
    lleden lemon, LEMON SOLE
lemur, *n.m.* LEMUR
lens, (-au, -ys), *n.m.* LENS
    lens flaen, OBJECTIVE LENS
lentisel, (-au), *n.m.* LENTICEL
les, (-i), *n.f.* LEASE
    n.m. LACE
lesbiad, (-iaid), *n.f.* LESBIAN
lesbiaeth, *n.f.* LESBIANISM
lesddaliwr, (-wyr), *n.m.* LEASEHOLDER
lest, *n.f.* LAST
letani, *n.f.* LITANY
letysen, (letys), *n.f.* LETTUCE
liana, *n.m.* LIANA
libart, *n.m.* GROUND SURROUNDING
    HOUSE, RUN, BACK-YARD, LIBERTY
    (FRANCHISE)
libreto, (-s), *n.f.* LIBRETTO
libretydd, *n.m.* LIBRETTIST
licer, *n.m.* LIQUOR
licras, *n.m.* LIQUORICE
lid, (-iau), *n.m.* LEAD (WIRE, etc.)
lifer, (-i), *n.m.* LEVER
lifrai, (-eion), *n.m.* LIVERY
lifft, (-iau), *n.m.* LIFT
lifftenant, (-iaid), *n.m.* LIEUTENANT
lignid, *n.m.* LIGNITE
ligwl, *n.m.* LIGULE

lingri, (-ïau), *n.m.* LINGERIE
lili, (-ïau), *n.f.* LILY
limrig, (-au), *n.m.* LIMERICK
linc, (-iau), *n.f.* LINK
lincyn-loncyn, *ad.* SLOWLY, LEISURELY
lindys, (-*yn, n.m.*), *n.pl.* CATERPILLARS
liniment, (-iau), *n.m.* LINIMENT
linolewm, (-au), *n.m.* LINOLEUM
linoteip, *n.m.* LINOTYPE
lint, *n.m.* LINT
lintel, (-au, -i), *n.m.* LINTEL
listio, *v.* ENLIST
litani, *n.f.* LITANY
litmws, *n.m.* LITMUS
litr, (-au), *n.m.* LITRE
litwrgi, (-ïau), *n.f.* LITURGY
litwrgïaidd, *a.* LITURGICAL
litholeg, (-au), *n.f.* LITHOLOGY
lithosffer, *n.m.* LITHOSPHERE
liwt, (-iau), *n.f.* LUTE
lob, (-iau), *n.m.* DOLT, LOB
lobio, *v.* LOB
lobsgows, *n.m.* LOBSCOUSE, HOTCH-POTCH
loc, (-iau), *n.m.* LOCK (CANAL)
loced, (-i), *n.f.* LOCKET
locer, *n.m.* LOCKER
locomotif, (-au), *n.m.* LOCOMOTIVE
locsen, (locsys), *n.f.* ⎱ WHISKER
locsyn, *n.m.* ⎰
locust, (-iaid), *n.m.* LOCUST
locwm, (loci), *n.m.* LOCUM
locws, (loci), *n.m.* LOCUS
loch, *n.m.* LOCH
lodes, (-i), *n.f.* LASS, DAMSEL
lodj, (-iau), *n.m.* LODGE
loes, (-au), *n.f.* ACHE, PAIN
loés, *n.m.* LOESS
loetran, *v.* LOITER
log, (-iau), *n.m.* LOG
loganau, *n.pl.* LOGANBERRIES
logarithm, (-au), *n.m.* LOGARITHM
logia, (-iâu), *n.m.* LOGGIA
logisteg, *n.f.* LOGISTICS

loj, *n.f.* LODGE
lol, *n.m.* NONSENSE
lolfa, *n.f.* LOUNGE
  lolfa'r actorion, GREEN ROOM
lolian, *v.* TALK NONSENSE, LOUNGE
lolyn, (loliaid), *n.m.* FOOL
lôm, (lomau), *n.m.* LOAM
lôn, (lonydd), *n.f.* LANE, ROAD
loncian, *v.* JOG
lonciwr, (-wyr), *n.m.* JOGGER
lons, (-ys), *n.f.* LAUNCH
lonsio, *v.* LAUNCH
lori, (-ïau), *n.m.f.* LORRY
losin, (-en), *n.p.* LOZENGES, SWEETS
lot, (-iau), *n.f.* LOT, MANY
  lot a sgot, LOT AND SCOT
loteri, (-ïau), *n.f.* LOTTERY
lotment, (-au), *n.m.* ALLOTMENT
lowsed, (-i), *n.f.* VENTILATION HOLE IN
  COWSHED, etc.
lumen, *n.m.* LUMEN
lwans, *n.m.* ALLOWANCE
lwc, *n.f.* LUCK
lwcs, (-au), *n.m.* LUX
lwcus, *a.* LUCKY
lwfans, (-au, -ys), *n.m.* ALLOWANCE
  lwfans cynnal, SUBSISTENCE
  (ALLOWANCE)
lwfer, (-au), *n.m.* LOUVRE, CHIMNEY,
  HOOD
lwfio, *v.* ALLOW
lwgys, *c.n.* LUGS, SAND-WORMS
lwmp, (lymp(i)au), *n.m.* LUMP
lŵn, (lynau), *n.m.* LUNE
lwrecs, *n.m.* LUREX
lwts, *n.m.* MASH
lwyn, (-au), *n.m.f.* LOIN
  lwyn drwch, CHUMP END OF LOIN
  lwyn flaen, FORE LOIN
lymberjac, *n.m.* LUMBERJACK
lymff, *n.m.* LYMPH
lyncs, *n.m.* LYNX
lysti, *a.* LUSTY

llabed, (-au), *n.f.* LAPEL. FLAP. LOPE.
LAPPET
llabeden, (-nau), *n.f.* LOBULE
llabedi, *n.pl.* REVERS
llabedu, *v.* LABEL
llabi, (-ïod), *n.m.* BOOBY
llabwst, (-ystiau), *n.m.* LOUT. LUBBER
llabyddio, *v.* STONE. KILL
llac, *a.* SLACK. LOOSE. LAX
(-iau), *n.m.* SLACK
llaca, *n.m.* MUD. MUCK. DIRT. MIRE
llacio, *v.* SLACKEN. RELAX. LOOSEN
llacrwydd, *n.m.* SLACKNESS. LOOSENESS.
LAXITY
llacs, *n.m.* MUD. DIRT
llacsog, *a.* MUDDY. DIRTY
llach, (-iau), *n.f.* SLASH. LASH
llachar, *a.* BRIGHT. BRILLIANT. FLASHING
llacharedd, (-au), *n.m.* GLARE
llachio, *v.* SLASH. BEAT. LASH
llad, (-au), *n.m.* GRACE. GIFT
Lladin, *n.f.* LATIN
lladmerydd, (-ion), *n.m.* INTERPRETER
lladrad, (-au), *n.m.* THEFT. ROBBERY
a. FURTIVE. CLANDESTINE
lladradaidd, *a.* STEALTHY. FURTIVE
lladrata, *v.* ROB. STEAL
lladron, (*lleidr, n.m.*), *n.pl.* THIEVES.
ROBBERS
lladrones, (-au), *n.f.* FEMALE THIEF
lladronllyd, *a.* PILFERING. THIEVISH
lladd, *v.* KILL. CUT. SLAUGHTER
lladd ar, DENOUNCE
lladd sŵn, SOUND-RESISTING
lladd-dy, (-dai), *n.m.* SLAUGHTER-HOUSE
lladdedig, (-ion), *a.* KILLED
lladdedigaeth, (-au), *n.f.*
SLAUGHTER. MASSACRE
lladdfa, (-feydd), *n.f.* ⎱ KILLING,
lladdiad, (-au), *n.m.* ⎰ CUTTING,
SLAUGHTER
lladdwr, (-wyr), *n.m.* KILLER
llaes, *a.* LOOSE. LONG. TRAILING
treiglad llaes, SPIRANT MUTATION
llaesiad, (-au), *n.m.* RELAXATION
llaesod(r), *n.f.* LITTER (UNDER ANIMALS)
llaesu, *v.* SLACKEN. RELAX. LOOSEN.
LENGTHEN, TRAIL, FLAG
llaeth, (-au), *n.m.* MILK. BUTTERMILK (coll.)
a. DAIRY
llaetha, *v.* YIELD MILK. LACTATE
llaethdy, (-dai), *n.m.* DAIRY
llaethfwyd, (-ydd), *n.m.* MILK DIET

llaethiad, (-au), *n.m.* LACTATION
llaethig, *a.* LACTIC
llaethog, *a.* MILKY
llaethwr, (-wyr), *n.m.* MILKMAN
llaethyddiaeth, (-au), *n.f.* DAIRYING
llafar, *n.m.* SPEECH. UTTERANCE
a. COLLOQUIAL. LOUD. RESOUNDING
llafar gwlad, EVERYDAY SPEECH
llafaredd, *n.f.* ORACITY
llafareg, *n.f.* SPEECH TRAINING
llafariad, (-iaid), *n.f.* VOWEL
llafarog, *a.* VOCALIC
llafarol, *a.* VOCAL
llafn, (-au), *n.m.* BLADE. YOUTH. LAMINA
llafnau, *n.pl.* CUTTERS
llafniad, (-au), *n.m.* LAMINATION
llafnog, *a.* LAMINATED
llafrwyn, (-*en, n.f.*), *n.pl.* BULRUSHES.
PAPYRI
llafur, (-iau), *n.m.* LABOUR. TOIL.
TILLAGE. CORN
cysylltiadau llafur, LABOUR
RELATIONS
tir llafur, TILLAGE
llafurfawr, *a.* LABORIOUS. ELABORATE
llafurio, *v.* LABOUR. TOIL. TILL
llafurlu, (-oedd), *n.m.* MANPOWER.
LABOUR FORCE. WORK FORCE
llafurus, *a.* LABORIOUS. PAINSTAKING.
INDUSTRIOUS
llafurwr, (-wyr), *n.m.* LABOURER.
HUSBANDMAN
llai, *a.* SMALLER. LESS
llaib, (lleibiau), *n.m.* LAPPING. LICKING
llaid, *n.m.* MUD. MIRE
llain, (lleiniau), *n.f.* PATCH. STRIP. PITCH.
FILLET
llain-bori, STRIP-GRAZING
llais, (lleisiau), *n.m.* VOICE. SOUND. VOTE
llaith, *a.* DAMP. MOIST. SOFT
llall, (lleill), *pn.* THE OTHER. ANOTHER
llam, (-au), *n.m.* LEAP. JUMP. BOUND.
STRIDE
llamhidydd, (llamidyddion), *n.m.*
PORPOISE. JUMPER. ACROBAT
llamprai, (-eion), *n.m.* LAMPREY
llamsachus, *a.* CAPERING. PRANCING
llamu, *v.* LEAP. STRIDE. BOUND
llan, (-nau), *n.f.* MESS. LUMBER.
CONFUSION, CHURCH, ENCLOSURE
llanc, (-iau), *n.m.* YOUTH. LAD
llances, (-i, -au), *n.f.* YOUNG WOMAN.
LASS

llannerch, (llennyrch, llanerchau), *n.f.*
GLADE, OPEN SPACE

llanw, (-au), *n.m.* FLOW (OF TIDE),
INFLUX, FILLING

trai a llanw, EBB AND FLOW

v. FLOW, FILL

llanwad, (-au), *n.m.* FILLER

llaprwth, *n.m.* LOUT, LUBBER

llariaidd, *a.* MEEK, MILD, GENTLE, DOCILE

llarieidd-dra, *n.m.* MEEKNESS, DOCILITY,
GENTLENESS

llarieiddio, *v.* SOOTHE, APPEASE, SOFTEN

llarp, (-iau), *n.m.* SHRED, CLOUT

llarpio, *v.* TEAR, REND, DEVOUR

llarpiog, *a.* TATTERED, RAGGED

llarwydden, (llarwydd), *n.f.* LARCH

llaswyr, (-au), *n.m.* PSALTER, ROSARY

llatai, (-eion), *n.m.f.* LOVE-MESSENGER

llath, (-au), *n.f.* YARD, WAND, ROD

llathaid, (-eidiau), *n.f.* YARD

llathen, (-ni), *n.f.* YARD, YARDSTICK

llathr, *a.* BRIGHT, GLOSSY, SMOOTH

llathraidd, *a.* SMOOTH, OF FINE GROWTH,
BRIGHT

llathredd, *n.m.* POLISH

llathrudd, *n.m.* ABDUCTION, KIDNAPPING

llathruddo, *v.* KIDNAP, ABDUCT, SEDUCE

llathrydd, (-ion), *n.m.* POLISHER, POLISH

llau, (lleuen, *n.f.*), *n.pl.* LICE

llau defaid, KEDS

llaw, (dwylo, -aw), *n.f.* HAND

maes o law, PRESENTLY

rhag llaw, HENCEFORTH

llawagored, *a.* GENEROUS

llawcio, *v.* GULP, GOBBLE

llawchwith, *a.* LEFT-HANDED

llawchwithedd, *n.m.* LEFTHANDEDNESS

llawd, *n.m.* HEAT (OF SOW)

llawdr, (llodrau), *n.m.* TROUSERS,
BREECHES

llawdrin, *v.* MANIPULATE

llawdde, *a.* SKILFUL, DEXTEROUS

llawddryll, (-iau), *n.m.* PISTOL,
REVOLVER

llawen, *a.* CHEERFUL, MERRY, GLAD

llawen-chwedl, *n.f.* GLAD TIDINGS

llawenhau, *v.* REJOICE, GLADDEN

llawenychu, *v.* REJOICE

llawenydd, *n.m.* JOY, GLADNESS,
REJOICING

llawer, (-oedd), *n.m., a. & ad.* MANY,
MUCH

llaweredd, *n.m.* ABUNDANCE

llawes, (llewys), *n.f.* SLEEVE

llawfaeth, *a.* REARED BY HAND

llawfeddyg, (-on), *n.m.* SURGEON

llawfeddygaeth, *n.f.* SURGERY

llawfeddygol, *a.* SURGICAL

llaw-fer, *n.f.* SHORTHAND

llawfom, (-iau), *n.f.* GRENADE

llawforwyn, (-forynion), *n.f.* HAND-
MAID

llawfrydedd, *n.m.* MELANCHOLY, SADNESS

llawffon, (-ffyn), *n.f.* WALKING-STICK

llawgaead, *a.* STINGY, MEAN

llawio, *v.* HANDLE

llawlif, (-iau), *n.f.* HAND-SAW

llawlyfr, (-au), *n.m.* HAND-BOOK,
MANUAL

llawn, (-ion), *a.* FULL

ad. ENOUGH, QUITE

llawnder, -dra, *n.m.* ABUNDANCE,
FULLNESS

llawngyflogaeth, *n.f.* FULL EMPLOYMENT

llawnllonaid, *a. & n.m.* FULL, FULL
MOON

llawnodi, *v.* SIGN

llawnodiad, (-au), *n.m.* SIGNATURE

llawr, (lloriau), *n.m.* FLOOR, GROUND,
STOREY, EARTH

llawr y neuadd, AUDITORIUM

llawr sglefrio, RINK FLOOR

llawryf, (-on -oedd), *n.m.* LAUREL

llawryfog, -ol, *a.* LAUREATE

llawr-sgleinydd, *n.m.* FLOOR POLISHER

llawsafiad, (-au), *n.m.* HANDSTAND

llawsefyll, *v.* HANDSTAND

llawysgrif, (-au), *n.f.* MANUSCRIPT

llawysgrifen, (-iadau), *n.f.* HANDWRITING

lle, (-oedd, llefydd), *n.m.* PLACE, ROOM
ACCOMMODATION

yn lle, INSTEAD OF

ad, WHERE

lleban, (-od), *n.m.* CLOWN, LOUT

llecyn, (-nau), *n.m.* SPOT, PLACE

llech, (-au, -i), *n.f.* SLAB, FLAG, SLATE

llecheira, *n.m.* CHILBLAINS

llechen, (llechi), *n.f.* SLATE

llechfaen, *n.m.* BAKESTONE

llechfeddiant, (-nnau), *n.m.*
ENCROACHMENT

llechgi, (-gwn), *n.m.* SNEAK

llechian, *v.* SKULK

llechres, (-i), *n.f.* LIST, TABLE, INVENTORY

llechu, *v.* HIDE, LURK, SHELTER, SKULK

llechwedd, (-au, -i), *n.m.* SLOPE,
HILLSIDE

llechwraidd, -us, *a.* STEALTHY,
  SNEAKING, SLY
lled, (-au), *n.m.* BREADTH, WIDTH
  ar led, ABROAD
  ad. RATHER, PARTLY, ALMOST
lledach, (-au), *n.f.* ONE OF MIXED
  DESCENT
lledaeniad, (-au), *n.m.* PROPAGATION
lledaenu, *v.* SPREAD, CIRCULATE,
  DISSEMINATE
lledamcan, (-ion), *n.m.* APPROXIMATION
lledamcanu, *v.* APPROXIMATE
lleden, (-od), *n.f.* FLAT-FISH, PLAICE
lledferwi, *v.* SIMMER, PARBOIL
lledfyw, *a.* HALF DEAD
llediaith, *n.f.* 'ACCENT', FOREIGN ACCENT,
  PROVINCIALISM
lledled, *prp.* THROUGHOUT
llednais, *a.* MODEST, MEEK, GENTLE
llednant, (-nentydd), *n.f.* TRIBUTARY
lledneisrwydd, *n.m.* MODESTY, MEEKNESS,
  GENTLENSS
lled-orwedd, *v.* RECLINE, LOLL, LOUNGE
lledr, (-au), *n.m.* LEATHER
  lledr y gwefusau, GUMS
lledred, (-ion, -au), *n.m.* LATITUDE
lledrith, *n.m.* MAGIC, ILLUSION,
  APPARITION
  hud a lledrith, MAGIC AND FANTASY
lledrithio, *v.* APPEAR, HAUNT
lledrithiol, *a.* ILLUSORY
lledryw, *a.* DEGENERATE
lledu, *v.* SPREAD, WIDEN, EXPAND,
  BROADEN, OPEN
lledwastad, (-eddau), *n.m.* PENEPLAIN
lleddf, *a.* OBLIQUE, SLANTING, FLAT,
  MINOR, PLAINTIVE
lleddfolyn, (-olion), *n.m.* SEDATIVE
lleddfu, *v.* SOOTHE, EASE, ABATE,
  MODERATE
llef, (-au), *n.f.* VOICE, CRY
llefain, *v.* CRY
llefareg, *n.f.* SPEECH TRAINING
llefaru, *v.* SPEAK, UTTER
llefarwr, (-wyr), *n.m.* ⎫ SPEAKER
llefarydd, (-ion), *n.m.* ⎭
llefelyn, *n.m.* STYE (IN EYE)
lleferydd, *n.m.f.* UTTERANCE, SPEECH,
  VOICE
llefn, *a.* f. of *llyfn*
llefrith, *n.m.* MILK
llefrithen, *n.f.* STYE (IN EYE)
llegach, *a.* FEEBLE, WEAK, DECREPIT,
  INFIRM

lleng, (-oedd), *n.f.* LEGION
lleiaf, *a.* SMALLEST, LEAST
  o leiaf, AT LEAST
lleiafrif, (-au, -oedd), *n.m.* MINORITY
lleian, (-od), *n.f.* NUN
lleiandy, (-dai), *n.m.* NUNNERY
lleibio, *v.* LAP, LICK
lleidiog, *a.* MUDDY, MIRY, DIRTY
lleidlif, (-au), *n.m.* MUDFLOW
lleidr, (lladron), *n.m.* ROBBER, THIEF,
  BANDIT
lleiddiad, (-iaid), *n.m.* KILLER, ASSASSIN
lleihad, *n.m.* DECREASE, DIMINUTION,
  LITOTES
lleihaol, *a.* DECREASING
lleihau, *v.* LESSEN, DIMINISH, REDUCE,
  DECREASE
lleilai, *ad.* LESS AND LESS
lleill, see *llall*
lleinasio, *v.* FILLET WELD
lleiniog, *a.* FILLETED
lleisio, *v.* SOUND, UTTER, SHOUT, BAWL
lleisiol, *a.* VOCAL
lleisiwr, (-wyr), *n.m.* VOCALIST
lleisw, *n.m.* URINE
lleithder, -dra, (-au), *n.m.* DAMP,
  MOISTURE
lleithedd, (-au), *n.m.* MOISTURE
lleithig, *n.f.* COUCH, FOOTSTOOL
llem, *a.* f. of *llym*
llemain, *v.* LEAP, HOP, SKIP
llemprog, (-od), *n.f.* LAMPREY
llen, (-ni), *n.f.* SHEET, CURTAIN, VEIL
  llen iâ, ICE SHEET
llên, *n.f.* LITERATURE, LORE, LEARNING
  llên a lleyg, CLERGY AND LAITY
llencyn, *n.m.* LAD
llencyndod, *n.m.* ADOLESCENCE
llencynnol, *a.* ADOLESCENT
llenfetel, (-au), *n.m.* SHEET METAL
llengar, *a.* LITERARY, LEARNED
llengig, (-oedd), *n.f.* DIAPHRAGM,
  MIDRIFF
  tor llengig, RUPTURE
llên-ladrad, (-au), *n.m.* PLAGIARISM
llenor, (-ion), *n.m.* LITERARY MAN
llen-tân, *n.m.* SAFETY-CURTAIN
llenwad, (-au), *n.m.* FILLING, FILL
llenwi, *v.* FILL, FLOW IN
llenydda, *v.* PRACTISE LITERATURE
llenyddiaeth, (-au), *n.f.* LITERATURE
llenyddol, *a.* LITERARY
lleol, *a.* LOCAL

lleolaeth, (-au), *n.f.* DISTRIBUTION
lleolbwynt, (-iau), *n.m.* ORIGIN
lleoli, *v.* LOCATE. LOCALISE. PLACE
lleoliad, (-au), *n.m.* LOCATION.
   LOCALIZATION
llercian, *v.* LURK. LOITER
llerciwr, (-wyr), *n.m.* LURKER. LOITERER
llerw, *a.* SUCCULENT. SLENDER
lles, *n.m.* BENEFIT. PROFIT. GOOD.
   ADVANTAGE
   y wladwriaeth les, THE WELFARE
   STATE
llesâd, *n.m.* ADVANTAGE. BENEFIT. PROFIT
llesaol, *a.* BENEFICIAL. PROFITABLE
llesáu, *v.* BENEFIT. PROFIT. AVAIL
llesg, *a.* FEEBLE. WEAK. FAINT. SLOW.
   SLUGGISH
llesgáu, *v.* LANGUISH. WEAKEN. FAINT
llesgedd, *n.m.* WEAKNESS. FEEBLENESS.
   DEBILITY. LANGUOR
llesiant, (-nnau), *n.m.* BENEFIT.
   ADVANTAGE. WELFARE
llesmair, (-meiriau), *n.m.* FAINT.
   SWOON. SYNCOPE
llesmeirio, *v.* FAINT. SWOON
llesmeiriol, *a.* FAINTING. ENCHANTING
llesol, *a.* BENEFICIAL. PROFITABLE.
   ADVANTAGEOUS
llestair, (-eiriau), *n.m.* OBSTRUCTION.
   HINDRANCE. HAZARD
llesteiriant, (-nnau), *n.m.* FRUSTRATION
llesteirio, *v.* HINDER. OBSTRUCT.
   FRUSTRATE. BAULK
llestr, (-i), *n.m.* VESSEL
llesyddiaeth, *n.f.* UTILITARIANISM
lletbai, *a.* AWKWARD. AWRY. OBLIQUE
lletben, (-nau), *n.m.* CHEEK
lletchwith, *a.* AWKWARD. CLUMSY
lletem, (-au), *n.f.* WEDGE
   lletem bysgod, FISH FINGER
lletemu, *v.* WEDGE
lletgam, *a.* CROOKED
   n.m. SIDE-STEP
lletgamu, *v.* SIDE-STEP
lletraws, *n.f.* DIAGONAL
   a. DIAGONAL. OBLIQUE
lletro, (-eon), *n.m.* HALF TURN
lletwad, (-au), *n.f.* LADLE
llety, (-au), *n.m.* LODGING(S)
lletya, *v.* LODGE
lletyaeth, *n.f.* LODGING
lletygar, *a.* HOSPITABLE
lletygarwch, *n.m.* HOSPITALITY

lletywr, (-wyr), *n.m.* LODGER. HOST
lletywraig, (-wragedd), *n.f.* LANDLADY
llethen, (-nau), *n.f.* WAFER
llethol, *a.* OPPRESSIVE. OVERWHELMING
llethr, (-au, -i), *n.m.f.* SLOPE. STEEP.
   INCLINE
llethrog, *a.* SLOPING. STEEP
llethu, *v.* OPPRESS. OVERPOWER. CRUSH.
   SMOTHER. OVERWHELM
lleuad, (-au), *n.f.* MOON
   lleuad gilgant, CRESCENT
   encil y lleuad, MOON-WANE
   blaen lleuad, MOON-WAX
lleufer, *n.m.* LIGHT. LUMINARY
lleugylch, (-au), *n.m.* HALO
lleuog, *a.* LOUSY
lleurith, (-iau), *n.m.* IMAGE. MIRAGE
llew, (-od), *n.m.* LION
llewa, *v.* DEVOUR. GULP
llewes, (-au), *n.f.* LIONESS
llewndid, *n.m.* FULLNESS. ABUNDANCE
llewpart, (-iaid), *n.m.* LEOPARD
llewych, *n.m.* BRIGHTNESS. LIGHT. GLEAM.
   LUSTRE
llewychiant, (-nnau), *n.m.* LUMINOSITY
llewychol, *a.* LUMINOUS
llewychu, *v.* SHINE
llewyg, (-on), *n.m.* FAINT. SWOON
llewygu, *v.* FAINT. SWOON
llewyrch, *n.m.* BRIGHTNESS. LIGHT.
   GLEAM. LUSTRE
   v. SHINE. GLEAM
llewyrchus, *a.* BRIGHT. PROSPEROUS
llewyrchyn, *n.m.* GLIMMER
lleyg, (-ion), *a.* LAY
lleygwr, (-wyr), *n.m.* LAYMAN
lliain, (-einiau), *n.m.* LINEN. CLOTH.
   TOWEL. NAPKIN
lliaws, *n.m.* HOST. MULTITUDE
llibin, *a.* LIMP. FEEBLE. CLUMSY. DROOPING
llid, *n.m.* WRATH. IRRITATION.
   INFLAMMATION. PASSION
   llid y coluddion, COLITIS
   llid y ffedog, PERITONITIS
   llid (pilen) yr ymennydd,
   MENINGITIS
   llid yr ysgyfaint, PNEUMONIA
llidiart, (-ardau), *n.f.m.* GATE
llidio, *v.* BECOME ANGRY. CHAFE. INFLAME
llidiog, *a.* ANGRY. WRATHFUL. INFLAMED
llidiowgrwydd, *n.m.* WRATH.
   INDIGNATION
llidus, *a.* INFLAMED

llidwynebu, *n.m.* CONFRONTATION
llieingig, *n.m.* PERITONEUM
llif, (-iau), *n.f.* SAW
(-ogydd), *n.m.* FLOW, FLOOD, DELUGE,
CURRENT
llifanu, *v.* GRIND, SHARPEN
llifbridd, *n.m.* ALLUVIUM
llifdaflen, (-ni), *n.f.* FLOW-SHEET
llifddol, (-ydd), *n.f.* WATER MEADOW
llifddor, (-au), *n.f.* FLOODGATE, LOCK
llifddur, (-au), *n.f.* FILE, RASP
llifddwfr, (-ddyfroedd), *n.m.* FLOOD,
TORRENT
llifedig, *a.* DYED, GROUND (of tool)
llifedd, *n.m.* FLUIDITY
llifeiriant, (-iaint), *n.m.* FLOOD
llifeirio, *v.* FLOW, STREAM
llifeiriol, *a.* STREAMING, OVERFLOWING
llifglawdd, (-gloddiau), *n.m.* LEVEE
llifio, *v.* SAW
llifiwr, (-wyr), *n.m.* SAWYER
llifo, *v.* FLOW, DYE, GRIND (TOOL)
llifolau, (-oleuadau), *n.m.* SPOTLIGHT,
FLOODLIGHT
llifoleuo, *v.* FLOODLIGHT
llifwaddod, (-ion), *n.m.* ALLUVIUM
llifwaddodol, *a.* ALLUVIAL
llifwr, (-wŷr), *n.m.* DYER
llifwydd, *n.pl.* PLANKS, BOARDS
llifydd, (-ion), *n.m.* FLUID
llifyddol, *a.* FLUID
llifyn, (-nau, -ion), *n.m.* DYE
llignaidd, *a.* LIGNEOUS
lligneiddio, *v.* LIGNIFY
llignin, *n.m.* LIGNIN
llilin, *a.* STREAMLINE
llilinio, *v.* STREAMLINE
llin, *n.m.* FLAX, LINEAGE, LINE, RANK
had llin, LINSEED
llinach, (-au), *n.f.* LINEAGE, PEDIGREE
llindagu, *v.* STRANGLE, THROTTLE, CHOKE
llindys, (-yn, *n.m.*), *n.pl.* CATERPILLARS
llinell, (-au), *n.f.* LINE, AXIS, LINE-OUT
llinell darddiad, SPRING LINE
llinell fas, BASE LINE
llinell orwel, EYE LEVEL
llinelliad, (-au), *n.m.* LINEATION,
DRAWING
llinellog, *a.* LINED, RULED
llinellol, *a.* LINEAL
llinellu, *v.* LINE, DRAW, RUN THE LINE
llinellwr, (-wyr), *n.m.* LINESMAN
llinfap, (-iau), *n.m.* SKETCH MAP

llinglwm, *n.m.* TIGHT KNOT
lliniarol, *a.* SOOTHING, PALLIATIVE
lliniaru, *v.* SOOTHE, ALLAY, EASE
lliniarus, *a.* SOOTHING, ALLEVIATING
lliniarydd, (-ion), *n.m.* PALLIATIVE,
ANODYNE
lliniogi, *v.* HATCHING
llinol, *a.* LINEAR
llinoledd, *n.m.* LINEARITY
llinor(yn), *n.m.* PIMPLE, PUSTULE
llinorog, *a.* ERUPTIVE, PURULENT
llinos, (-od), *n.f.* LINNET
llinos werdd, GREENFINCH
llinyn, (-nau), *n.m.* LINE, TAPE, STRING,
CORD, TWINE
llinynnog, *a.* STRINGED, STRINGY
llinynnol, *a.* STRINGED
llinynnu, *v.* STING
llipa, *a.* LIMP, FLACCID, WEAK
llipryn, (-nod), *n.m.* HOBBLEDEHOY,
WEAKLING
lliprynnaidd, *a.* LIMP, FLABBY
llith, (-iau, -oedd), *n.f.* LESSON,
ARTICLE, LECTURE
(-iau), *n.m.* BAIT, MASH
llithiad, (-au), *n.m.* ENTICEMENT,
SEDUCTION
llithiadur, (-on), *n.m.* LECTIONARY
llithio, *v.* ENTICE, SET ON, SEDUCE, FEED
llithiwr, (-wyr), *n.m.* ENTICER, SEDUCER
llithr, (-au), *n.m.* GLIDE, SLIDE
llithren, *n.f.* CHUTE
llithrfa, (-feydd), *n.f.* SLIPWAY
llithriad, (-au), *n.m.* GLIDE, SLIP, SLUR
llithrig, *a.* SLIPPERY, GLIB, FLUENT
llithrigfa, (-feydd), *n.f.* SLIPPERY PLACE,
CHUTE
llithrigrwydd, *n.m.* SLIPPERINESS,
FLUENCY
llithriwl, (-iau), *n.m.* SLIDE RULE
llithro, *v.* SLIP, SLIDE, GLIDE
llithryn, (-nau), *n.m.* SLIDE
lliw, (-iau), *n.m.* COLOUR, COUNTENANCE,
HUE, DYE
gwahanfur lliw, COLOUR BAR
lliw anniflan, FAST COLOUR
lliw dydd, BY DAY
lliw nos, BY NIGHT
lliwddallineb, *n.m.* COLOUR BLINDNESS
lliwgar, *a.* COLOURFUL
lliwiedig, *a.* COLOURED
lliwio, *v.* COLOUR, DYE
lliwiog, *a.* COLOURED

lliwo, *v.* COLOUR, DYE
lliwur, (-au), *n.m.* DYESTUFF
llo, (lloi, lloeau) *n.m.* CALF
llob, (-au), *n.m.* DOLT, LOBE
lloc, (-iau), *n.m.* FOLD, PEN, ENCLOSURE
llocio, *v.* PEN
lloches, (-au), *n.f.* REFUGE, SHELTER, LAIR
llochesu, *v.* HARBOUR, SHELTER
llochi, *v.* STROKE, PAMPER, CARESS
llodig, *a.* IN HEAT (OF SOW)
llodrau, *n.pl.* TROUSERS
lloea, *v.* CALVE
lloeren, (-ni, -nau), *n.f.* SATELLITE, SPUTNIK
lloergan, *n.m.* MOONLIGHT
lloergryn, *n.m.* MOONQUAKE
lloerig, *a. & n.m.* LUNATIC
lloerigrwydd, *n.m.* LUNACY
lloerol, *a.* LUNAR
llofnaid, (-neidiau), *n.f.* VAULT
llofneidio, *v.* VAULT
llofnod, (-au, -ion), *n.m.* SIGNATURE
llofnodi, *v.* SIGN, SUBSCRIBE
llofnodiad, (-au), *n.m.* SIGNATURE
llofrudd, (-ion), *n.m.* MURDERER
llofruddiaeth, (-au), *n.f.* MURDER
llofruddio, *v.* MURDER
llofruddiwr, (-wyr), *n.m.* MURDERER
lloffa, *v.* GLEAN
lloffion, *n.pl.* GLEANINGS
llofft, (-ydd), *n.f.* LOFT, UPSTAIRS, GALLERY, BEDROOM
lloffwr, (-wyr), *n.m.* GLEANER
llog, (-au), *n.m.* INTEREST, HIRE
   cyfradd llog, RATE OF INTEREST
   a. HIRED
llogell, (-au), *n.f.* POCKET
llogi, *v.* HIRE
llong, (-au), *n.f.* SHIP
   llong garthu, DREDGER
llongborth, (-byrth), *n.m.* HARBOUR
llongddrylliad, (-au), *n.m.* SHIPWRECK
llongiad, (-au), *n.m.* SHIPMENT
llongiadu, *v.* SHIP
llongwr, (-wyr), *n.m.* SAILOR
llongwriaeth, *n.f.* SEAMANSHIP, NAVIGATION
llom, *a.* f. of *llwm*
llon, *a.* MERRY, GLAD, CHEERFUL
llonaid, llond, *a.* FULL
llonder, *n.m.* GLADNESS, JOY, CHEERFULNESS

llongyfarch, *v.* CONGRATULATE
llongyfarchiad, (-au), *n.m.* CONGRATULATION
lloniant, *n.m.* JOY, CHEER
llonni, *v.* CHEER, GLADDEN
llonnod, (llonodau), *n.m.* SHARP (MUSIC)
llonydd, *a.* QUIET, STILL, CALM, SATISFIED
llonyddu, *v.* QUIETEN, STILL, CALM
llonyddwch, *n.m.* QUIETNESS, CALM, STILLNESS
llorfudiant, *n.m.* ADVECTION
llorgynllun, (-iau), *n.m.* GROUND PLAN
llorio, *v.* FLOOR
llorp, (-iau), *n.f.* CART-SHAFT
llorrew, (-ogydd), *n.m.* GROUND FROST
llorwedd, *a.* HORIZONTAL
llorwedd-dra, *n.m.* HORIZONTALITY
llorweddol, *a.* PROSTRATE, HORIZONTAL
llosg, *n.m.* BURNING, ARSON, INFLAMMATION, SCALD (SHEEP)
   llosg eira, CHILBLAINS
   a. BURNING, BURNT
llosgach, *n.m.* INCEST
llosgadwy, *a.* COMBUSTIBLE
llosgarnedd, *n.m.* AGGLOMERATE
llosgfa, (-fâu, -feydd), *n.f.* BURNING, INFLAMMATION
llosgfaen, (-feini), *n.m.* PUMICE STONE
llosgfynydd, (-oedd), *n.m.* VOLCANO
llosgi, *v.* BURN, SCORCH, SMART
llosgwrn, (-gyrnau), *n.m.* TAIL
llosgydd, (-ion), *n.m.* INCINERATOR, BURNER
llostlydan, (-od), *n.m.* BEAVER
llu, (-oedd), *n.m.* HOST
lluched, (-*en, n.f.*), *n.pl.* LIGHTNING
lluchfa, (-feydd), *n.f.* SNOWDRIFT, THROW
lluchiad, (-au), *n.m.* THROW
lluchio, *v.* THROW, PELT, DRIFT
lluchiwr, (-wyr), *n.m.* THROWER
lludw, lludy, *n.m.* ASHES, ASH
lludd, (-iau), *n.m.* HINDRANCE, OBSTACLE, IMPEDIMENT
lludded, *n.m.* WEARINESS, FATIGUE
lluddedig, *a.* WEARY, TIRED
lluddedu, *v.* TIRE, WEARY
lluddiant, (-nnau), *n.m.* HINDRANCE, OBSTRUCTION, INHIBITION
lluddias, -io, *v.* HINDER, PREVENT, OBSTRUCT, FORBID
lluest, (-au), *n.m.* TENT, BOOTH, SHIELING
lluestfa, (-feydd), *n.f.* ENCAMPMENT

lluestu, *v.* ENCAMP
lluestwr, (-wyr), *n.m.* CAMPER
lluesty, (-tai), *n.m.* TENT, BOOTH
llufadredd, *n.m.* HUMIFICATION
llugaeron, *n.pl.* CRANBERRIES
llugoer, *a.* LUKEWARM, TEPID
lluman, (-au), *n.m.* BANNER, FLAG,
STANDARD
llumanu, *v.* FLAG
llumon, (-au), *n.m.* CHIMNEY, BEACON,
PEAK
llun, (-iau), *n.m.* PICTURE, FORM, IMAGE
Llun, *n.m.* MONDAY
lluniad, (-au), *n.m.* DRAWING,
CONSTRUCTION, STRUCTURE (PSYCH.)
lluniadaeth, (-au), *n.f.* CONSTRUCTION,
DRAUGHTSMANSHIP
lluniadu, *v.* DRAW
lluniadydd, *n.m.* DRAUGHTSMAN
lluniaethu, *v.* ORDER, ORDAIN, DECREE,
PROVIDE
lluniaidd, *a.* SHAPELY, GRACEFUL
lluniant, (-nnau), *n.m.* FORMATION,
ALIGNMENT
llunio, *v.* FORM, SHAPE, FASHION, DRAFT
lluniwr, (-wyr), *n.m.* MAKER, FORMER,
DRAUGHTSMAN
llun-recordydd, (-wyr), *n.m.* VIDEO-
TAPE RECORDER
llunwedd, (-au), *n.m.* LAYOUT
lluosedd, *n.m.* PLURALISM
lluosflwydd, *a.* & *n.m.* PERENNIAL
lluosgell, *a.* MULTICELLULAR
lluosi, *v.* MULTIPLY
lluosiad, (-au), *n.m.* MULTIPLICATION
lluosill(afog), *a.* POLYSYLLABIC
lluosog, *a.* NUMEROUS, PLURAL
lluosogaeth, *n.f.* PLURALISM
lluosogi, *v.* MULTIPLY
lluosogiad, (-au), *n.m.* MULTIPLICATION,
MULTIPLICITY
lluoso(w)grwydd, *n.m.* MULTITUDE,
HOST, NUMEROUSNESS
lluosogwr, (-wyr), *n.m.* MULTIPLIER
lluosol, *a.* MULTIPLICATIVE
lluosrif, (-au), *n.m.* MULTIPLICAND
lluoswm, *n.m.* PRODUCT
lluosydd, (-ion), *n.m.* MULTIPLIER
lluosyn, (-ion), *n.m.* MULTIPLICAND
llurgunio, *v.* MANGLE, MUTILATE
llurguniwr, (-wyr), *n.m.* MANGLER,
MUTILATOR
llurig, (-au), *n.f.* COAT OF MAIL, CUIRASS,
BREASTPLATE

llurigog, *a.* MAIL-CLAD
llus, (-en, *n.f.*), *n.pl.* BILBERRIES,
WHINBERRIES
llusern, (-au), *n.f.* LAMP, LANTERN
llusg, (-ion), *n.m.* DRAUGHT, DRAG
llusgdal, (-iadau), *n.m.* TOWAGE
llusgfad, (-au), *n.m.* TUGBOAT
llusgiad, (-au), *n.m.* DRAGGING, DRAWL,
TOWAGE
llusgo, *v.* DRAG, TRAIL, DRAW, CRAWL
llusgwr, (-wyr), *n.m.* DRAGGER, SLOW-
COACH
llutrod, *n.m.* MIRE, ASHES, DEBRIS
lluwch, *n.m.* SNOWDRIFT, SPRAY, DUST
lluwchfa, (-fâu, -feydd), *n.f.*
SNOWDRIFT
lluwchio, *v.* DRIFT, DUST
lluwchwynt, (-oedd), *n.m.* BLIZZARD
lluydd, (-au), *n.m.* HOST, ARMY
lluyddu, *v.* MOBILISE
llw, (-on), *n.m.* OATH, CURSE
llwch, (llychau), *n.m.* DUST, POWDER,
LOUGH, LOCH
llwdn, (llydnod), *n.m.* YOUNG ANIMAL
llwfr, *a.* COWARDLY, TIMID
llwfrdra, *n.m.* COWARDICE
llwfrddyn, -gi, *n.m.* COWARD, FUNK
llwfrhau, *v.* LOSE HEART, FAINT
llwg, *n.m.* SCURVY
llwglyd, *a.* HUNGRY, FAMISHED, UNDERFED
llwgr, *a.* CORRUPT
llwgrwobrwy, (-on), *n.m.* BRIBE
llwgrwobrwyo, *v.* BRIBE
llwgu, *v.* STARVE, FAMISH
llwgwm, *n.m.* LUGWORM
llwm, (*llom, f.*), *a.* BARE, EXPOSED, POOR,
MEAN
llwnc, (llynciau), *n.m.* GULP, GULLET,
SWALLOW
llwncdestun, (-au), *n.m.* TOAST (HEALTH)
llwr(w), *n.m.* TRACK, COURSE
llwrw ei gefn, BACKWARDS
llwtra, *n.m.* MUD, SLIME, ALLUVIUM, SILT
llwy, (-au), *n.f.* SPOON, LADLE
llwyar(n), *n.f.* SHOVEL, TROWEL, SLICE
llwybr, (-au), *n.m.* PATH, TRACK, ROUTE
llwybr ceffyl/march, BRIDLEWAY
llwybreiddiad, (-au), *n.m.* DIRECTION,
PATH
llwybreiddio, *v.* DIRECT, FORWARD
llwybro, *v.* WALK
llwybrydd, (-ion), *n.m.* PATHFINDER
llwyd, *a.* BROWN, GREY, PALE, HOARY

llwydaidd, *a.* GREY, PALE
llwyd(n)i, *n.m.* GREYNESS, MOULD, MILDEW
llwydnos, *n.f.* DUSK, TWILIGHT
llwydo, *v.* TURN GREY, BECOME MOULDY
llwydrew, (-ogydd), *n.m.* HOARFROST
llwydrewi, *v.* CAST HOARFROST
llwydyn, *n.m.* GREY MATTER
llwydd, -iant, (-nnau), *n.m.* SUCCESS, PROSPERITY
llwyddiannus, *a.* SUCCESSFUL, PROSPEROUS
llwyddo, *v.* SUCCEED, PROSPER
llwyfan, (-nau), *n.m.f.* PLATFORM, STAGE
llwyfandir, (-oedd), *n.m.* PLATEAU
llwyfannu, *v.* STAGE
llwyfen, (llwyf), *n.f.* ELM
llwyn, (-i), *n.m.* GROVE, BUSH
(-au), *n.f.* LOIN
llwynog, (-od), *n.m.* FOX
llwynoges, (-au), *n.f.* VIXEN
llwynwst, *n.m.* LUMBAGO
llwyo, *v.* USE A SPOON, LADLE
llwyr, *a.* COMPLETE, ENTIRE, UTTER, TOTAL
ad, ENTIRELY, ALTOGETHER
px. TOTAL
llwyredd, *n.m.* ENTIRENESS, COMPLETENESS
llwyrfryd, *n.m.* DEVOTION, DETERMINATION
llwyrymatal, *v.* ABSTAIN TOTALLY
llwyrymataliwr, llwyrymwrthodwr,
(-wyr), *n.m.* TEETOTALLER
llwyth, (-au), *n.m.* TRIBE, CLAN
(-i), *n.m.* LOAD, BURDEN, FREIGHT
llwythleiner, (-au, -i), *n.m.* FREIGHTLINER
llwytho, *v.* LOAD, BURDEN, CHARGE
llwythog, *a.* LADEN, BURDENED
llychlyd, *a.* DUSTY
llychwin, *a.* DUSTY, SPOILED
llychwino, *v.* SOIL, FOUL, MAR, SPOT
llychyn, *n.m.* PARTICLE OF DUST, MOTE
llydan, *a.* WIDE, BROAD
llydanu, *v.* WIDEN, DILATE
llydnu, *v.* BRING FORTH
llyfelyn, (llyfelod), *n.m.* STYE (IN EYE)
llyfn, (*llefn, f.*), *a.* SMOOTH, SLEEK
llyfnder, -dra, *n.m.* SMOOTHNESS, SLEEKNESS
llyfndew, *a.* SLEEK, PLUMP
llyfnhau, *v.* SMOOTH, LEVEL, PLANE

llyfnu, *v.* HARROW, LEVEL, SMOOTH
llyfr, (-au), *n.m.* BOOK, MANUAL
llyfr clwt, RAG BOOK
llyfr lloffion/manion, SCRAPBOOK
llyfrbryf, (-ed), *n.m.* BOOKWORM
llyfrder, -dra, *n.m.* COWARDICE
llyfrfa, (-oedd), *n.f.* LIBRARY, BOOKROOM
llyfrgell, (-oedd), *n.f.* LIBRARY
llyfrgellydd, (-gellwyr, -ion), *n.m.* LIBRARIAN
llyfrifeg, *n.m.f.* BOOK-KEEPING
llyfrnod, (-au), *n.m.* BOOKMARK
llyfr-rwymwr, (-wyr), *n.m.* BOOK-BINDER
llyfrydd, (-ion), *n.m.* BIBLIOGRAPHER
llyfryddiaeth, (-au), *n.f.* BIBLIOGRAPHY
llyfryn, (-nau), *n.m.* BOOKLET, PAMPHLET
llyfu, *v.* LICK
llyffant, (-od, llyffaint), *n.m.* TOAD
llyffantws, *n.m.* BLAIN
llyffethair, (-eiriau), *n.f.* FETTER, SHACKLE, INCUMBRANCE
llyffetheirio, *v.* FETTER, SHACKLE
llyg, (-od), *n.m.f.* SHREW
a. & n.m. LAY, LAYMAN
llygad, (llygaid), *n.m.f.* EYE
llygad-dynnu, *v.* BEWITCH
llygaden, (-nau), *n.f.* EYELET
llygadog, *a.* SHARP-EYED
llygadol, *a.* OPTIC
llygadrwth, *a.* STARING, WIDE-EYED
llygadrythu, *v.* STARE
llygadu, *v.* EYE
llygatgam, *a.* SQUINT-EYED
llygatgraff, *a.* SHARP-EYED
llygedyn, *n.m.* RAY OF LIGHT
llygeidiog, *a.* HAVING EYES OR HOLES
llygliw, *a.* GREY, MOUSE COLOURED
llygod, (-en, *n.f.*), *n.pl.* MICE
llygoden fawr/ffrengig, RAT
llygota, *v.* CATCH MICE
llygotwr, (-wyr), *n.m.* MOUSER
llygradwy, *a.* CORRUPTIBLE
llygredig, *a.* CORRUPT, DEGRADED, DEFILED
llygredigaeth, (-au), *n.f.* CORRUPTION
llygredd, *n.m.* CORRUPTNESS, DEPRAVITY
llygriad, (-au), *n.m.* CORRUPTION, ADULTERATION
llygru, *v.* CORRUPT, CONTAMINATE
llygrwr, (-wyr), *n.m.* CORRUPTER, ADULTERATOR

llynges, (-au), *n.f.* FLEET. NAVY
llyngesol, *a.* NAVAL
llyngeswr, (-wyr), *n.m.* NAVY-MAN.
SEAMAN
llyngesydd, (-ion), *n.m.* ADMIRAL
llyngyr, (*-en, n.f.*), *n.pl.* TAPE-WORMS.
HELMINTHS, EELWORMS
llym, (*llem, f.*), *a.* SHARP. KEEN. ACUTE.
SEVERE
llymaid, (-eidiau), *n.m.* SIP. DRINK
llymarch, (llymeirch), *n.m.* OYSTER
llymder, *n.m.* SHARPNESS. KEENNESS.
SEVERITY
llymder, -dra, *n.m.* BARENESS. POVERTY
llymdost, *a.* SEVERE. ACUTE. RIGOROUS
llymeitian, -io, *v.* TIPPLE. SIP
llymeitiwr, (-wyr), *n.m.* TIPPLER. SOT
llymhau, (from *llwm*), *v.* MAKE BARE.
IMPOVERISH
llymhau, (from *llym*), *v.* SHARPEN
llymrïen, (llymrïaid), *n.f.* SAND-EEL
llymrig, *a.* CRUDE. RAW. HARSH. SLIP-
SHOD
llymru, *n.m.* FLUMMERY
llymsur, *a.* ACRID
llymu, *v.* SHARPEN. WHET
llyn, *n.m.* DRINK
bwyd a llyn, FOOD AND DRINK
llyn, (-noedd, -nau), *n.m.f.* LAKE.
POND. POOL
cronlyn, MORAINE DAMMED LAKE
llyn cafnog, GOUGED-OUT LAKE
ystumllyn, OX-BOW LAKE
llyn hirgul, RIBBON LAKE
rhewlyn, GLACIAL LAKE
llyna, *v.* BEHOLD. LO
llynciad, (-au), *n.m.* SWALLOWING. GULP
llyncdwll, (-dyllau), *n.m.* SWALLOW HOLE
llyncoes, *n.m.* SPAVIN
llyncu, *v.* SWALLOW. GULP. DEVOUR.
ABSORB
llyncwr, (-wyr), *n.m.* SWALLOWER
llynedd, *n.f.* LAST YEAR
llyn-glwm, *n.m.* TIGHT-KNOT
llynmeirch, *n.m.* GLANDERS
llynnol, *a.* LACUSTRINE
llynoleg, *n.m.f.* LIMNOLOGY
llyo, *v.* LICK
llys, (-oedd), *n.m.* COURT. HALL. PALACE
Llys Ieuenctid, JUVENILE COURT
Llys y Goron, CROWN COURT
Y Llys Canolog Troseddau,
CENTRAL CRIMINAL COURT
n.m. SLIME

llysaidd, *a.* COURTLY. POLITE
llysblant, *n.pl.* STEP-CHILDREN
llyschwaer, *n.f.* STEP-SISTER
llysenw, (-au), *n.m.* NICKNAME
llysenwi, *v.* NICKNAME
llysfam, *n.f.* STEP-MOTHER
llysfwytäwr, (-wyr), *n.m.* VEGETARIAN
llysgenhadaeth, (-genadaethau), *n.f.*
EMBASSY
llysgenhadol, *a.* AMBASSADORIAL
llysgenhadwr, llysgennad, *n.m.*
AMBASSADOR
llysiau, (*-ieuyn, n.m.*), *n.pl.* HERBS.
VEGETABLES
llysiau blas, HERBS
llysieueg, *n.f.m.* BOTANY
llysieuog, -ol, *a.* HERBAL. VEGETABLE
llysieuwr, (-wyr), *n.m.* HERBALIST
llysieuydd, *n.m.* BOTANIST
llyslau, *n.pl.* APHIS. BLIGHT
llysleiddiad, (-au), *n.m.* HERBICIDE
llysnafedd, *n.m.* SLIME. MUCUS
llysnafeddog, *a.* SLIMY
llysol, *a.* BELONGING TO A COURT
llystad, (-au), *n.m.* STEP-FATHER
llystyfiant, (-nnau), *n.m.* VEGETATION
llysu, *v.* REFUSE. REJECT
llyswenwyn, *n.m.* HERBICIDE
llysyddiaeth, *n.m.* VEGETARIANISM
llysysol, *a.* HERBIVOROUS
llythreniad, (-au), *n.m.* LETTERING
llythrennedd, *n.m.* LITERACY
llythrennog, *a.* LITERATE
llythrennol, *a.* LITERAL
llythrenolwr, (-wyr), *n.m.* LITERALIST
llythyr, (-au, -on), *n.m.* LETTER
llythyr cyfar, COVERING LETTER
llythyr cofrestredig, REGISTERED
LETTER
llythyrdwll, (-dyllau), *n.m.* LETTER BOX
llythyrdy, (-dai), *n.m.* POST-OFFICE
llythyren, (llythrennau), *n.f.* LETTER
llythyrgerdyn, (-gardiau), *n.m.* LETTER
CARD
llythyrnod, (-au), *n.m.* POSTAGE-STAMP
llythyrwr, (-wyr), *n.m.* LETTER-WRITER
llyw, (-iau), *n.m.* RULER. RUDDER. HELM
llywaeth, *a.* PET. TAME
llyweth, (-au), *n.f.* LOCK OF HAIR
llywiawdwr, (-wyr), *n.m.* GOVERNOR.
RULER
llywio, *v.* STEER. GOVERN. DIRECT
llywionen, *n.f.* CANVAS SHEET

llywiwr, (-wyr), *n.m.* HELMSMAN
llywodraeth, (-au), *n.f.* GOVERNMENT
llywodraethiad, (-au), *n.m.* REGENCY
llywodraethol, *a.* GOVERNING, DOMINANT
llywodraethu, *v.* GOVERN, RULE, CONTROL
llywodraethwr, (-wyr), *n.m.* GOVERNOR,
　RULE

llywodraethwr, -ydd, (-wyr), *n.m.*
　CONTROL UNIT
llywydd, (-ion), *n.m.* PRESIDENT,
　DOMINANT
llywyddiaeth, (-au), *n.f.* PRESIDENCY
llywyddol, *a.* PRESIDENTIAL
llywyddu, *v.* PRESIDE

mab, (meibion, meib), *n.m.* BOY, SON, MAN, MALE

mabaidd, *a.* FILIAL

maban, (-od), *n.m.* BABY, BABE

mabandod, (-au), *n.m.* CHILDHOOD, INFANCY

mabiaith, *n.f.* BABY TALK

mabinogi, *n.m.* TALE, STORY

mablygad, *n.m.* EYEBALL

maboed, *n.m.* CHILDHOOD, YOUTH, INFANCY

mabolaeth, *n.f.* SONSHIP, YOUTH, BOYHOOD, FILIATION

mabolaidd, *a.* YOUTHFUL, BOYISH

mabolgamp, (-au), *n.f.* GAME, SPORT, FEAT

mabolgampwr, (-wyr),*n.m.* ATHLETE

mabsant, *n.m.* PATRON SAINT

mabwysiad, *n.m.* ADOPTION

mabwysiadu, *v.* ADOPT

macai, (-eiod), *n.m.* MAGGOT, GRUB

macaroni, *n.m.* MACARONI

macarŵn, *n.m.* MACAROON

macrell, (mecryll), *n.m.f.* MACKEREL

macrocosm, (-au), *n.m.* MACROCOSM

macsimwm, (macsima), *n.m.* MAXIMUM

macsu, *v.* BREW

macwi, *n.m.* MAQUI

macwla, *n.m.* MACULA

macwy, (-aid), *n.m.* YOUTH, PAGE

macyn, (-nau), *n.m.* HANDKERCHIEF, NAPKIN

mach, (meichiau), *n.m.* SURETY, BAIL.

machlud, -iad, *n.m.* SETTING, GOING DOWN

machlud, -o, *v.* SET, GO DOWN

machnïydd, *n.m.* MEDIATOR

mad, *a.* GOOD, SEEMLY

madalch, -arch, (-au), *n.m.* TOADSTOOL, MUSHROOM

madam, *n.f.* MADAM

madarchen, (madarch), *n.f.* MUSHROOM

madfall, (-od), *n.f.* LIZARD, NEWT

madfyw, *a.* HALF-DEAD

madredd, *n.m.* PUTREFACTION, GANGRENE

madreddu, *v.* PUTREFY, FESTER

madrigal, (-au), *n.m.* MADRIGAL

madrondod, *n.m.* GIDDINESS, STUPEFACTION

madroni, *v.* MAKE OR BECOME GIDDY

madru, *v.* PUTREFY, ROT, FESTER

madrudd (yn), *n.m.* MARROW, CARTILAGE

madrudd(yn) y cefn, SPINAL CORD

madyn, *n.m.* FOX

maddau, *v.* FORGIVE, PARDON, RENOUNCE

maddeuant, *n.m.* FORGIVENESS, PARDON

maddeueb, (-au), *n.f.* (PAPAL) INDULGENCE

maddeugar, *a.* FORGIVING

maddeuol, *a.* FORGIVING

maddeuwr, (-wyr), *n.m.* PARDONER

mae, *v.* IS, ARE, THERE IS, THERE ARE

maeden, *n.f.* SLUT, JADE

maeddu, *v.* CONQUER, BEAT, FOUL

mael, (-ion), *n.f.* GAIN, PROFIT

maelfa, (-oedd), *n.f.* SHOP

maen, (main, meini), *n.m.* STONE

maen tramgwydd, STUMBLING BLOCK

maen prawf, CRITERION, TOUCHSTONE

maenol, (-au), *n.f.* ⎫
maenor, (-au), *n.f.* ⎭ MANOR

maenordy, (-dai), *n.m.* MANOR HOUSE

maentumio, *v.* MAINTAIN

maer, (meiri, -od), *n.m.* MAYOR

maeres, (-au), *n.f.* MAYORESS

maerol, *a.* MAYORAL

maeryddiaeth, *n.f.* MAYORALTY

maes, (meysydd), *n.m.* FIELD, SQUARE, SYLLABUS

i maes, OUT

maes o law, SHORTLY

maesglaf, (-gleifion), *n.m.* OUTPATIENT

maeslywydd, (-ion), *n.m.* FIELD-MARSHAL

maestir, (-oedd), *n.m.* OPEN COUNTRY, PLAIN

maestref, (-i, -ydd), *n.f.* SUBURB

maesu, *v.* FIELD

maeswellt, *n.m.* AGROSTIS

maeth, (-ion), *n.m.* NOURISHMENT, NUTRIMENT

maetheg, *n.f.* NUTRITION

maethlon, *a.* NOURISHING

maethloneg, *n.f.* SCIENCE OF NUTRITION

maethlyn, (-nau), *n.m.* BEVERAGE

maethu, *v.* NURTURE, NOURISH

maethydd, (-ion), *n.m.* NUTRIENT, NOURISHER

mafon, (-en, *n.f.*), *n.pl.* RASPBERRIES

magïen, (magïod), *n.f.* GLOW-WORM

magl, (-au), *n.f.* SNARE, MESH

maglu, *v.* SNARE, MESH, TRIP

maglys, (-iau), *n.m.* LUCERNE

magnel, (-au), *n.f.* CANNON, GUN

magnelaeth, *n.f.* ARTILLERY

magnesiwm, *n.m.* MAGNESIUM
magnet, (-au), *n.m.* MAGNET
magnetedd, *n.m.* MAGNETISM
magneteg, *n.m.f.* MAGNETISM (STUDY)
magneteiddio, *v.* MAGNETISE
magnetig, *a.* MAGNETIC
magneto, (-eon), *n.m.* MAGNETO
magu, *v.* BREED. NURSE. REAR. GAIN
magwraeth, *n.f.* NURTURE. NOURISHMENT
magwrfa, (-oedd, -feydd), *n.f.*
     NURSERY. NURTURE
magwyr, (-ydd), *n.f.* WALL
mangl, (-au), *n.m.* MANGLE
maharen, (meheryn), *n.m.* RAM.
     WETHER
mahogani, *n.m.* MAHOGANY
Mai, *n.m.* MAY
mai, *c.* THAT
maidd, *n.m.* WHEY
main, (meinion), *a.* THIN. LEAN.
     SLENDER. FINE. SHRILL
     main y cefn, SMALL OF THE BACK
mainc, (meinciau), *n.f.* BENCH. FORM.
     SEAT
maint, (meintiau), *n.m.* SIZE. NUMBER.
     QUANTITY
maintioli, *n.m.* SIZE. STATURE.
     MAGNITUDE
maip, (*meipen, n.f.*), *n.pl.* TURNIPS
maith, (meithion), *a.* LONG. TEDIOUS
mâl, *a.* GROUND
     aur mâl, WROUGHT GOLD
malais, *n.m.* MALICE
malaria, *n.m.* MALARIA
maldod, *n.m.* AFFECTION. DALLIANCE
maldodi, *v.* PAMPER. FONDLE. PET
maleisus, *a.* MALICIOUS
maleithiau, *n.pl.* CHILBLAINS
malen, *n.f.* MELANCHOLY. DEPRESSION
malio, *v.* HEED. CARE. MIND
malpau, *n.pl.* AFFECTION
malu, *v.* GRIND. MINCE. CHOP. MILL.
     SMASH
maluriad, (-au), *n.m.* DISINTEGRATION
malurion, *n.pl.* FRAGMENTS. DEBRIS.
     BRASH
malwod, (-*en, malwen, n.f.*), *n.pl.*
     SNAILS
mall, *n.f.* BLIGHT
     y fall, THE DEVIL
     a. CORRUPT. EVIL. BLASTED
malltod, *n.m.* ROT. BLIGHT. BLAST
mallu, *v.* ROT. BLAST

mam, (-au), *n.f.* MOTHER. DAM
mam-gu, *n.f.* GRANDMOTHER
mamaeth, (-od), *n.f.* NURSE
mamal, (-od, -iaid), *n.m.* MAMMAL
mamiaith, *n.f.* MOTHER TONGUE
mamog, (-iaid, -ion), *n.f.* EWE. DAM
mamolion, *n.pl.* MAMMALIA
mamoth, (-iaid), *n.m.* MAMMOTH
mamwlad, *n.f.* MOTHERLAND
man, (-nau), *n.m.f.* PLACE. SPOT. MARK.
     BLEMISH
mân, *a.* TINY. SMALL. MINUTE. FINE. PETTY
manbeth, (-au), *n.m.* TRIFLE. SMALL
     THING
manblu, *n.pl.* DOWN
mandad, (-au), *n.m.* MANDATE
mandolin, (-au), *n.m.* MANDOLIN
mandrel, (-au), *n.m.* MANDREL
mandyllog, *a.* POROUS
mân-ddarlun, (-iau), *n.m.* MINIATURE
manedd, *n.m.* FINENESS
maneg, (menig), *n.f.* GLOVE. GAUNTLET
manganîs, *n.m.* MANGANESE
mangoed, *n.pl.* BRUSHWOOD. SCRUB
mangre, *n.f.* PLACE. SPOT
mania, *n.m.* MANIA
manicin, *n.f.* MANNEQUIN
maniffesto, *n.m.* MANIFFESTO
maniffold, (-au), *n.m.* MANIFOLD
manion, *n.pl.* TRIFLES. SCRAPS. BIT. PART
maniwal, *n.m.* MANUAL
manna, *n.m.* MANNA
mans, *n.m.* MANSE
mân-sôn, *n.m.* MUTTERING. GRUMBLING
mant, (-au), *n.m.f.* MOUTH. LIP
mantach, *a.* TOOTHLESS
mantais, (manteision), *n.f.* ADVANTAGE
manteisio, *v.* TAKE ADVANTAGE. PROFIT
manteisiol, *a.* ADVANTAGEOUS.
     PROFITABLE
mantell, (-oedd, mentyll), *n.f.* MANTLE.
     ROBE
mantol, (-ion), *n.f.* BALANCE
mantoledd, (-au), *n.m.* BALANCE
mantolen, (-ni), *n.f.* BALANCE-SHEET
mantoli, *v.* WEIGH. BALANCE
mân-werthu, *v.* RETAIL
mân-werthwr, (-wyr), *n.m.* RETAILER
manwl, *a.* EXACT. STRICT. CAREFUL.
     PARTICULAR. FINE
manwl-gywir, *a.* PRECISE
manws, *n.m.* MANUS
mân-wythi, (-*ïen, n.f.*), *n.pl.*
     CAPILLARIES

manyldeb, | *n.m.* EXACTNESS, DETAIL
manylrwydd, |
manylion, *n.pl.* PARTICULARS, DETAILS
manylu, *v.* PARTICULARISE, GO INTO DETAIL
manylyn, (manylion), *n.m.* DETAIL
map, (-iau), *n.m.* MAP
  map tirwedd, RELIEF MAP
  map cyfuchlin, CONTOUR MAP
mapio, *v.* MAP
mapiwr, (-wyr), *n.m.* CARTOGRAPHER
marblen, (marblys), *n.f.* MARBLE
marc, (-iau, -au), *n.m.* MARK
marcio, *v.* MARK, MARK OUT
marciwr, (-wyr), *n.m.* MARKER
marcsydd, *n.m.* MARXIST
march, (meirch), *n.m.* STALLION, HORSE
marchlu, (-oedd), *n.m.* CAVALRY
marchnad, (-oedd), *n.f.* MARKET
marchnadfa, (-feydd), *n.f.* MARKET-PLACE
marchnadol, *a.* MARKETABLE
marchnata, -áu, *v.* TRADE, MARKET
marchnatwr, (-wyr), *n.m.* MERCHANT
marchnerth, (-oedd), *n.m.* HORSEPOWER
marchocáu, *v.* RIDE
marchog, (-ion), *n.m.* HORSEMAN, RIDER, KNIGHT
marchogaeth, *v.* RIDE
marchoges, (-au), *n.f.* HORSEWOMAN
marchogwr, (-wyr) *n.m.* RIDER, HORSEMAN
marchredyn, (-*en, n.f.*), *n.pl.* POLYPODY FERN
marchwellt, *n.pl.* COARSE GRASS
marchwreinyn, *n.m.* RINGWORM
margarin, *n.m.* MARGARINE
marian, (-nau), *n.m.* BEACH, MORAINE, BOUNDARY
marlad, -at, *n.m.* DRAKE
marmalêd, (-au), *n.m.* MARMALADE
marmor, *n.m.* MARBLE
maro, *n.m.* MARROW
marsialydd, (-ion), *n.m.* MARSHAL
marsiandïaeth, *n.f.* MERCHANDISE
marsiandïwr, (-wyr), *n.m.* MERCHANT
marsipan, *n.m.* MARZIPAN
mart, (-au), *n.m.* MART
marw, (meirw, meirwon), *n. & a.* DEAD
  v. DIE
marwaidd, *a.* LIFELESS, SLUGGISH, GANGRENOUS

marweiddiad, (-au), *n.m.* MORTIFICATION
marwdon, *n.f.* SCURF
marwdy, (-dai), *n.m.* MORTUARY
marweidd-dra, *n.m.* DEADNESS, SLUGGISHNESS
marweiddiad, *n.m.* MORTIFICATION
marweiddio, *v.* DEADEN, MORTIFY
marwgig, *n.m.* PROUD FLESH
marwhad, *n.m.* MORTIFICATION
marwhau, *v.* MORTIFY
marwn, *n.m. & a.* MAROON
marwnad, (-au), *n.f.* LAMENT, ELEGY
marwol, *a.* DEADLY, FATAL, MORTAL
marwolaeth, (-au), *n.f.* DEATH
marwoldeb, *n.m.* | MORTALITY
marwoledd, *n.m.* |
marwolion, *n.pl.* MORTALS
marwor, *(-yn, n.m.),* *n.pl.* | EMBERS
marwydos, *n.pl.* |
mâs, (-iau), *n.m.* MACE
más, (-iau), *n.m.* MASS
masarnen, (masarn), *n.f.* MAPLE, SYCAMORE
masfawr, *a.* MASSIVE
masg, (-iau), *n.m.* MASK, MESH
masgl, (-au), *n.f.* SHELL, POD
masglo, -u, *v.* SHELL, INTERLACE
masgynhyrchu, | *v.* MASS PRODUCE
                | *n.m.* MASS PRODUCTION
mashîn, (-inau), *n.m.* MACHINE
masiff, (-au), *n.m.* MASSIF
masiwn, (-iyniaid), *n.m.* MASON
masnach, (-au), *n.f.* TRADE, COMMERCE
  masnach adwerthol, RETAIL TRADE
  masnachau dosbarthol, DISTRIBUTIVE TRADES
masnachdy, (-dai), *n.m.* BUSINESS PREMISES, SHOP
masnacheg, *n.m.f.* COMMERCE
masnachol, *a.* COMMERCIAL, BUSINESS
masnachu, *v.* TRADE, DO BUSINESS, TRAFFIC
masnachwr, (-wyr), *n.m.* TRADESMAN, DEALER, MERCHANT
masocïaeth, *n.f.* MASOCHISM
mast, (-iau), *n.m.* MAST
mastitis, *n.m.* MASTITIS
mastwrbedd, *n.m.* MASTURBATION
mastwrbio, *v.* MASTURBATE
masw, *a.* SOFT, WANTON, MERRY, FICKLE
maswedd, *n.m.* RIBALDRY, WANTONNESS
masweddol, *a.* RIBALD, WANTON

maswr, (-wyr), *n.m.* OUTSIDE-HALF
mat, (-iau), *n.m.* MAT
matador, *n.m.* MATADOR
mater, (-ion), *n.m.* MATTER. SUBJECT
materol, *a.* MATERIAL. MATERIALISTIC
materoliaeth, *n.f.* MATERIALISM
materoliaethwr, (-wyr), *n.m.*
  MATERIALIST
materolwr, **-ydd**, (-wyr), *n.m.*
  MATERIALIST
matog, (-au), *n.f.* MATTOCK
matras, (-resi), *n.f.* MATTRESS
matrics, (-au), *n.m.* MATRIX
mats(i)en, (matsys), *n.f.* MATCH
matsio, *v.* MATCH
math, (-au), *n.m.* SORT. KIND
  SPECIES
mathemateg, *n.m.* MATHEMATICS
mathemategol, *a.* MATHEMATICAL
mathemategwr, (-wyr), *n.m.*
  MATHEMATICIAN
mathradur, (-on), *n.m.* CRUSHER
mathru, *v.* TRAMPLE. GRIND. CRUSH
mawl, *n.m.* PRAISE
mawlgan, (-euon), *n.f.* PAEAN
mawn, *n.m.* PEAT
mawnen, (-nau, -ni), *n.f.* SLICE OF PEAT
mawnog, (-ydd), *a.* PEAT-BOG
  n.f. PEATY
mawr, (-ion), *a.* GREAT. BIG. LARGE
mawredd, *n.m.* GREATNESS. GRANDEUR.
  MAJESTY
mawreddog, *a.* GRAND. MAJESTIC.
  GRANDIOSE
mawrfrydig, *a.* MAGNANIMOUS
mawrfrydigrwydd, *n.m.* MAGNANIMITY.
  PRIDE
mawrhad, *n.m.* HONOUR
mawrhau, *v.* MAGNIFY. ENLARGE
mawrhydi, *n.m.* MAJESTY
Mawrth, *n.m.* MARCH. TUESDAY. MARS
mawrygiad, (-au), *n.m.* MAGNIFICATION
mawrygu, *v.* GLORIFY. EXTOL
mebyd, *n.m.* CHILDHOOD. INFANCY.
  YOUTH
mecaneg, *n.f.* MECHANICS
  mecaneg gymwys, APPLIED
  MECHANICS
mecaneiddiad, (-au), *n.m.*
  MECHANISATION
mecaneiddio, *v.* MECHANISE
mecanwaith, (-weithiau), *n.m.*
  MECHANISM

mecanyddol, *a.* MECHANICAL
mechdeyrn, (-edd), *n.m.* OVERLORD
mechni, (-ïon), *n.m.* SURETY. BAIL
mechnïaeth, *n.f.* SURETYSHIP. BAIL
mechnïo, *v.* BECOME SURETY
mechnïwr, (-wyr), *n.m.*
mechnïydd, (-ion), *n.m.* } SURETY. BAIL
medal, (-au), *n.f.m.* MEDAL
medel, (-au), *n.f.* REAPING. REAPING
  PARTY
medi, *v.* REAP
Medi, *n.m.* SEPTEMBER
medr, (-au), *n.m.* SKILL. ABILITY
medru, *v.* KNOW. BE ABLE. HIT
medrus, *a.* SKILFUL. ABLE. CLEVER
medrusrwydd, *n.m.* SKILL. CLEVERNESS
medrydd, (-ion), *n.m.* GAUGE
medryddu, *v.* GAUGE
medd, *n.m.* MEAD
  v. SAYS. SAID
meddal, *a.* SOFT. TENDER. PLIABLE
meddalhau, *v.* } SOFTEN
meddalu, *v.* }
meddalnod, (-au), *n.m.* FLAT (MUSIC)
meddalu, *v.* CUSHION. SOFTEN
meddalwch, *n.m.* SOFTNESS
meddiannaeth, *n.f.* OCCUPATION
meddiannol, *a.* POSSESSING. POSSESSIVE
meddiannu, *v.* POSSESS. OCCUPY. OBTAIN
meddiant, (-iannau), *n.m.* POSSESSION.
  SEISIN
meddu, *v.* POSSESS. OWN
meddw, (-on), *a.* DRUNK
meddwdod, *n.m.* DRUNKENNESS
meddwi, *v.* GET DRUNK. INTOXICATE
meddwl, *v.* THINK. MEAN. INTEND
  (-yliau), *n.m.* THOUGHT. MIND.
  MEANING. OPINION
meddwol, *a.* INTOXICATING
meddwyn, (-won), *n.m.* DRUNKARD
meddyg, (-on), *n.m.* DOCTOR
meddygaeth, *n.f.* MEDICINE
meddygfa, (-feydd), *n.f.* SURGERY
meddyginiaeth, (-au), *n.f.* REMEDY.
  MEDICINE
meddyginiaethu, *v.* CURE, REMEDY, TREAT
meddyglyn, *n.m.* DRINK OF MEAD,
  MEDICINE
meddygol, *a.* MEDICAL
meddylddrych, (-au), *n.m.* IDEA
meddyleg, *n.f.* PSYCHOLOGY
meddylegwr, (-wyr), *n.m.*
  PSYCHOLOGIST

meddylfryd, *n.m.* THOUGHT. INCLINATION. BENT

meddylgar, *a.* THOUGHTFUL. PENSIVE

meddylgarwch, *n.m.* THOUGHTFULNESS

meddyliaeth, *n.f.* MENTALISM

meddyliol, *a.* MENTAL, INTELLECTUAL

meddyliwr, (-wyn), *n.m.* THINKER

meddylu, *v.* MEDITATE. WOOLGATHER

mefl, (-au), *n.m.* BLEMISH, SHAME. DISGRACE

mefus, (*-en, n.f.*), *n.pl.* STRAWBERRIES

megalith, (-iau), *n.m.* MEGALITH

megalopolis, (-iau), *n.m.* MEGALOPOLIS

megatherm, (-au), *n.m.* MEGATHERM

megin, (-au), *n.f.* BELLOWS

megino, *v.* WORK BELLOWS, BLOW

megis, *c. & prp.* AS, SO AS. LIKE

Mehefin, *n.m.* JUNE

meic, (-iau), *n.m.* MICROPHONE

meicoleg, *n.f.* MYCOLOGY

meicolegydd, *n.m.* MYCOLOGIST

meicosis, *n.m.* MYCOSIS

meicrobioleg, *n.f.m.* MICROBIOLOGY

meicroffon, (-au), *n.m.* MICROPHONE

meicrosbôr, *n.m.* MICROSPORE

meicrosgop, (-au), *n.m.* MICROSCOPE

meichiad, (-iaid), *n.m.* SWINEHERD

meichiau, (-iafon), *n.m.* SURETY, BAIL

meidon, *n.m.* MEDIANT

meidr, (-au), *n.m.* METER

meidrol, *a.* FINITE

meidroldeb, *n.m.* FINITENESS

meidrydd, (-ion), *n.m.* GAUGE

meidryddu, *v.* GAUGE

meiddio, *v.* DARE, VENTURE

meiddion, *n.pl.* CURDS AND WHEY

meilart, *n.m.* DRAKE

meilwn(g), (-yn(g)au), *n.m.* ANKLE

meillion, *(-en, n.f.),* *n.pl.* CLOVER

meillionog, *a.* HAVING CLOVER

meim, (-iau), *n.m.f.* MIME

meimio, *v.* MIME

meinciwr, (-wyr), *n.m.* BENCHER

meincnod, (-au), *n.m.* BENCH MARK

meinder, *n.m.* FINENESS, SLENDERNESS

meindio, *v.* MIND, CARE

meindiwb, (-iau), *n.m.* CAPILLARY TUBE

meindwll, (-dyllau), *n.m.* PORE

meindwr, (-dyrau), *n.m.* SPIRE, MINARET

meingefn, (-au), *n.m.* SMALL OF THE BACK

meinhau, *v.* GROW SLENDER, TAPER

meinir, *n.f.* MAIDEN

meinllais, *n.m.* SHRILL VOICE, TREBLE

meintiol, *a.* QUANTITATIVE

meintoli, *v.* QUANTIFY

meintoliad, *n.m.* QUANTIFICATION

meintoniaeth, *n.f.* GEOMETRY

meinwe, (-oedd), *n.f.* TISSUE

meiopia, *n.m.* MYOPIA

meiosis, (meioses), *n.m.* MEIOSIS

meipen, (maip), *n.f.* TURNIP

meiriol, *n.m.* THAW

meirioli, *v.* THAW

meirw-ddewiniaeth, *n.f.* NECROMANCY

meistr, (-i, -iaid, -adoedd), *n.m.* MASTER, OWNER

meistres, (-i), *n.f.* MISTRESS

meistrolaeth, *n.f.* MASTERY

meistrolgar, *a.* MASTERLY

meistroli, *v.* MASTER

meitin, *n.m.* ers *meitin,* A GOOD WHILE SINCE

meitr, (-au), *n.m.* MITRE

meitro, *v.* MITRE

meithder, (-au), *n.m.* LENGTH. TEDIOUSNESS

meithrin, *v.* NURTURE, REAR, FOSTER

meithrinfa, (-oedd), *n.f.* NURSERY

mêl, *n.m.* HONEY

melan, *n.f.* MELANCHOLY

melancolia, *n.m.* MELANCHOLIA

melanedd, *n.m.* MELANISM

melen, *a.* f. of *melyn*

melfa, (-feydd, -fâu), *n.f.* NECTARY

melfaréd, *n.m.* CORDUROY

melfed, (-au), VELVET

melin, (-au), *n.f.* MILL

   melin strip boeth, HOT STRIP MILL

melinwaith, *n.m.* MILLWORK

melinydd, (-ion), *n.m.* MILLER

melodaidd, *a.* MELODIOUS

melodi, *n.f.* MELODY

melodrama, (-dramâu), *n.f.* MELODRAMA

melon, (-au), *n.m.* MELON

melyn, (*melen, f.*), *a.* YELLOW

melynder, -dra, *n.m.* YELLOWNESS

melynddu, *a.* TAWNY, SWARTHY

melyni, *n.m.* YELLOWNESS, JAUNDICE

melynu, *v.* YELLOW

melynwy, (-au), *n.m.* YOLK

melynwyn, *a.* CREAM

melys, *a.* SWEET

   (-ion), *n.pl.* SWEETS

melyster, -tra, *n.m.* SWEETNESS

melysol, *a.* SWEETENING
melysu, *v.* SWEETEN
mellt, (*-en, n.f.*), *n.pl.* LIGHTNING
melltennu, *v.* FLASH LIGHTNING
melltigedig, *a.* ACCURSED, CURSED
melltith, (-ion), *n.f.* CURSE
melltithio, *v.* CURSE
memo, *n.m.* MEMO
memorandwm, (-anda), *n.m.*
MEMORANDUM
memrwn, (-ynau), *n.m.* PARCHMENT,
VELLUM, MEMBRANE
men, (-ni), *n.f.* WAGGON, WAIN, CART
mên, *a.* MEAN
mendio, *v.* MEND, RECOVER
menestr, *n.m.* CUP-BEARER
menter, (mentrau), *n.f.* VENTURE,
HAZARD
mentro, *v.* VENTURE, HAZARD
mentrus, *a.* VENTURESOME
mentrwr, (-wyr), *n.m.* ENTREPRENEUR
menu, *v.* MARK, AFFECT, IMPRESS
menwyd, *n.m.* DELIGHT, JOY
menyn, *n.m.* BUTTER
menyw, (-od), *n.f.* WOMAN
a. FEMALE
mêr, (merion), *n.m.* MARROW
merbwll, (-byllau), *n.m.* STAGNANT
POOL
mercantilaidd, *a.* MERCANTILE
mercwri, *n.m.* MERCURY
merch, (-ed), *n.f.* DAUGHTER, GIRL,
WOMAN
merchedaidd, *a.* EFFEMINATE
Mercher, *n.m.* MERCURY
Dydd Mercher, WEDNESDAY
mercheta, *v.* WENCH
merchetaidd, *a.* EFFEMINATE
merddwr, *n.m.* STAGNANT WATER
merf, **-aidd**, *a.* TASTELESS, INSIPID
merfder, **-dra**, *n.m.* INSIPIDITY
meridian, (-au), *n.m. & a.* MERIDIAN
meristem, (-au), *n.m.* MERISTEM
merlota, *n.m. & v.* PONY-TREKKING
merlotwr, (-wyr), *n.m.* PONY-TREKKER
merlyn, (-nod, merlod), *n.m.* PONY
merllyd, *a.* INSIPID
merllys, (-en, f.), *n.pl.* ASPARAGUS
merthyr, (-on, -i), *n.m.* MARTYR
merthyrdod, (-au), *n.m.* MARTYRDOM
merthyroleg, *n.m.* MARTYROLOGY
merthyru, *v.* MARTYR
merwindod, *n.m.* NUMBNESS, TINGLING

merwino, *v.* BENUMB, GRATE, JAR (on)
meryw, (-en, n.f.) *n.pl.* JUNIPER TREES
mes, (-en. n.f.), *n.pl.* ACORNS
n.m. MACE
mesa, (mesâu), *n.m.* MESA
mesobr, (-au), *n.m.* PANNAGE
meson, (-au), *n.m.* MESON
mesur, (-au), *n.m.* MEASURE, METRE, BAR,
BILL
mesureb, (-au), *n.f.* ARITHMETICAL
RESULTS
mesureg, *n.f.m.* MENSURATION
mesuriad, (-au), *n.m.* MEASUREMENT
mesurol, *a.* QUANTITATIVE
mesurwr, (-wyr), *n.m.* MEASURER
mesurydd, (-ion), *n.m.* MEASURER,
METER
mesuryn, (-nau), *n.m.* ORDINATE
metabolaeth, *n.f.* METABOLISM
metabolig, *a.* METABOLIC
metabwynt, (-iau), *n.m.* METACENTRE
metacarpws, *n.m.* METACARPUS
metaffiseg, *n.f.m.* METAPHYSICS
metaffisegwr, (-wyr), *n.m.*
METAPHYSICIAN
metamorffedd, *n.m.* METAMORPHISM
metamorffig, *a.* METAMORPHIC
metel, (-oedd, -au), *n.m.* METAL,
METTLE
metel traul, BEARING METAL
metel gwn, GUN METAL
sborion metel, SCRAP METAL
metelaidd, *a.* METALLIC
meteleg, *n.f.m.* METALLURGY
metelegol, *a.* METALLURGICAL
metelig, *a.* METALLIFEROUS, METALLIC
metelydd, (-ion), *n.m.* METALLURGIST
metelyddiaeth, *n.f.* METALLURGY
meteor, (-au), *n.m.* METEOR
meteoroleg, *n.f.* METEOROLOGY
meteorit, (-au), *n.m.* METEORITE
meteoryn, (-nau), *n.m.* METEORITE
metr, (-au), *n.m.* METRE
metrig, *a.* METRIC
metrigeiddio, *v.* METRICATION
metron, (-au), *n.f.* MATRON
metronom, *n.m.* METRONOME
meth, (-ion), *n.m.* DEFECT, FAILURE
methan, *n.m.* METHANE
methdaliad, (-au), *n.m.* BANKRUPTCY
methdalwr, (-wyr), *n.m.* BANKRUPT
methedig, (-ion), *a.* INFIRM, DISABLED,
DECREPIT

methiannus, *a.* FAILING
methiant, (-nnau), *n.m.* FAILURE
method, (-au), *n.m.* METHOD
methodeg,
methodoleg, | *n.f.* METHODOLOGY
methu, *v.* FAIL, MISS
meudwy, (-aid, -od), *n.m.* HERMIT,
  RECLUSE
meudwyaidd, *a.* HERMIT-LIKE
mewial, -ian, *v.* MEW
mewn, *prp.* IN, WITHIN
mewnadlu, *v.* INHALE
mewnblyg(ol), *a.* INTROSPECTIVE
mewnbwn, (-bynnau), *n.m.* INPUT
mewndardd, *a.* ENDOGENIC
mewndir, *n.m.* INTERIOR
mewnfa, (-feydd), *n.f.* INLET
mewnfaeth, *n.m.* ENDOSPERM
mewnfodaeth, *n.f.* IMMANENCE
mewnfodol, *a.* IMMANENT
mewnforio, *v.* IMPORT
mewnforyn, (-forion), *n.m.* IMPORT
mewnfudiad, *n.m.* IMMIGRATION
mewnfudwr, (-wyr), *n.m.* IMMIGRANT
mewnfwriol,
mewngyrchol, | *a.* CENTRIPETAL
mewnffrwydrad, (-au), *n.m.* IMPLOSION
mewniad, (-au), *n.m.* INSERTION
mewnlifol, *a.* ILLUVIAL
mewnol, *a.* INTERNAL, INWARD, INNER,
  INFIXED
mewnoliad, *n.m.* INTERNALIZATION
mewnolyn, (-olion), *n.m.* INTROVERT
mewnosod, *n.m.* INPUT
  v. INSERT
mewnsaethiad, (-au), *n.m.* INJECTION
mewnsaethu, *v.* INJECT
mewnsyllgar, *a.* INTROSPECTIVE
mewnsylliad, (-au), *n.m.* INTROSPECTION
mewnwelediad, (-au), *n.m.* INSIGHT
mewnwr, (-wyr), *n.m.* SCRUM-HALF,
  INSIDE-FORWARD
mewnyn, (mewnion), *n.m.* FILLING
mi, *pn.* I, ME
miaren, (mieri), *n.f.* BRAMBLE
microbioleg, *n.f.m.* MICROBIOLOGY
microcosm, (-au), *n.m.* MICROCOSM
microdon, *n.m.* MICROWAVE
microelectroneg, *n.pl.*
  MICROELECTRONICS
microffon, (-au), *n.m.* MICROPHONE
microleg, *n.f.m.* MICROLOGY
micromedr, (-au), *n.m.* MICROMETER

micro-prosesydd, *n.m.* MICRO-
  PROCESSOR
micro-sglodyn, (-ion), *n.m.* MICRO-CHIP
microsgop, (-au), *n.m.* MICROSCOPE
microtôn, (-au), *n.m.* MICROTONE
mig, (-ion), *n.f.* SPITE
  chwarae mig, PLAY BO-PEEP
mign, -en, (-edd, -ni), *n.f.* BOG,
  QUAGMIRE, MARSH
migwrn, (-yrnau), *n.m.* ANKLE, WRIST,
  KNUCKLE
migwyn, *n.m.* WHITE MOSS ON BOGS
mil, (-od), *n.m.* ANIMAL
  (-oedd), *n.f.* THOUSAND
milain, *a.* ANGRY, FIERCE, CRUEL
mileindra, *n.m.* SAVAGENESS, FEROCITY
mileinig, *a.* SAVAGE, FEROCIOUS
mileniwm, (milenia), *n.m.* MILLENIUM
milfeddyg, (-on), *n.m.* VETERINARY
  SURGEON
milfeddygol, *a.* VETERINARY
milflwyddiant, (-nnau), *n.m.*
  MILLENNIUM
milgi, (-gwn), *n.m.* GREYHOUND
mililitr, (-au), *n.m.* MILLILITRE
milimetr, (-au), *n.m.* MILLIMETRE
milisia, *n.m.* MILITIA
militariaeth, *n.f.* MILITARISM
militarydd, *n.m.* MILITARIST
miliwn, (-iynau), *n.f.* MILLION
miliynydd, *n.m.* MILLIONAIRE
milodfa, (-feydd), *n.f.* MENAGERIE
milrhith, (-ion), *n.m.* EMBRYO
milwr, (-wyr), *n.m.* SOLDIER
milwraidd, *a.* SOLDIERLY
milwriaeth, *n.f.* WARFARE
milwriaethus, *a.* MILITANT
milwrio, *v.* MILITATE
milwrol, *a.* MILITARY, MARTIAL
milyn, (milod), *n.m.* BEAST, ANIMAL
milltir, (-oedd), *n.f.* MILE
min, (-ion), *n.m.* BRINK, EDGE, LIP, BURR
minaret, (-au), *n.m.* MINARET
mindag, (-au), *n.m.* LAMPAS
mindlws, *a.* FINE-MOUTHED, AFFECTED
minell, (-au), *n.f.* SHARPENER
minfin, *a.* LIP TO LIP
mingamu, *v.* GRIMACE, MOCK
minialedd, *n.m.* OSCULATION
minialu, *v.* OSCULATE
miniatur, (-au), *n.m.* MINIATURE
minim, (-au), *n.m.* MINIM
minimwm, (minima), *n.m.* MINIMUM

minio, *v.* SHARPEN. CUT. THREATEN
miniog, *a.* SHARP. CUTTING. KEEN
minlliw, (-iau), *n.m.* LIPSTICK
minnau, *pn.* I ALSO. ME
minor, (-au), *n.m.* MINOR
mint, (-iau), *n.m.* MINT
mintai, (-eioedd), *n.f.* TROOP. BAND
minwét, (-au), *n.m.* MINUET
minws, *n.m.f.* MINUS. LITTLE LIP
miragl, (-au), *n.m.* MIRACLE. WONDER
mirain, *a.* FAIR. BEAUTIFUL. NOBLE
mireinder, *n.m.* BEAUTY
miri, *n.m.* MERRIMENT. FUN
mis, (-oedd), *n.m.* MONTH
misglen, (misgl), *n.f.* MUSSEL
misi, *a.* FASTIDIOUS
misio, *v.* MISS, FAIL, BE MISTAKEN
misol, *a.* MONTHLY
misolyn, (-olion), *n.m.* MONTHLY (MAGAZINE)
miswrn, (-yrnau), *n.m.* VISOR. MASK. VEIL
miten, (-ni), *n.f.* MITTEN
mitsio, *v.* MITCH, PLAY TRUANT
miw, see *siw*
miwsig, *n.m.* MUSIC
miwt, (-iau), *n.m.* MUTE (MUSIC)
míwtini, *n.m.* MUTINY
mo, contr. of *dim o.* –
   nid oes mo'i well, THERE IS NONE BETTER THAN HE
moch, (-*yn*, *n.m.*), *n.pl.* PIGS. SWINE
mochaidd, *a.* SWINISH. FILTHY
model, (-au), *n.m.* MODEL
modelu, *v.* MODEL
modernaidd, *a.* MODERNISTIC
moderneiddiad, (-au), *n.m.* MODERNISATION
moderniaeth, -edd, *n.f.* MODERNISM
modfedd, (-i), *n.f.* INCH
modrwy, (-au), *n.f.* RING
modrwyo, *v.* RING
modrwyog, *a.* RINGED. CURLY
modryb, (-edd), *n.f.* AUNT
modur, (-on), *n.m.* MOTOR
modurdy, (-dai), *n.m.* GARAGE
modurfa, (-feydd), *n.f.* GARAGE
moduro, *v.* MOTOR
modurwr, (-wyr), *n.m.* MOTORIST
modwl, (-au), *n.m.* MODULE
modwlar, *a.* MODULAR
modwlws, *n.m.* MODULUS
modyledig, *a.* MODULATED

modylu, *v.* MODULATE
modylydd, (-ion), *n.m.* MODULATOR
modd, (-ion, -au), *n.m.* MANNER. MODE. MEANS. MOOD
moddion, *n.pl.* MEANS. MEDICINE
moddol, *a.* MODAL
moddolaeth, *n.m.* MODALISM
moddus, *a.* MANNERLY. DECENT
moel, (-ion), *a.* BARE. BALD. HORNLESS (-ydd), *n.f.* HILL
moeli, *v.* MAKE OR BECOME BALD, PRICK UP (EARS)
moelni, *n.m.* BARENESS. BALDNESS
moelyn, *n.m.* BALD-HEAD
moes, *v.* GIVE
   (-au), *n.f.* MORALITY
   pl. MANNERS. MORALS
moeseg, *n.f.* ETHICS
moesegol, *a.* ETHICAL
moesegu, *v.* MORALISE
moesgar, *a.* POLITE. MANNERLY
moesgarwch, *n.m.* POLITENESS. GOOD MANNERS
moesol, *a.* ETHICAL. MORAL
moesoldeb, (-au), *n.m.* MORALITY
moesoli, *v.* MORALISE
moesolwr, (-wyr), MORALIST
moeswers, (-i), *n.f.* MORAL APOLOGUE
moesymgrymu, *v.* BOW
moeth, (-au), *n.m.* LUXURY. DELICACY
moethi, *v.* PAMPER. INDULGE
moethlyd, *a.* PAMPERED. SPOILT
moethus, *a.* LUXURIOUS. PAMPERED
moethusrwydd, *n.m.* LUXURIOUSNESS. LUXURY
mogfa, *n.f.* ASTHMA
mogi, *v.* SUFFOCATE
moieti, *n.m.* MOIETY
molawd, (-au), *n.m.f.* EULOGY. PANEGYRIC
mold, (-iau), *n.m.* MOULD
moldin, *n.m.* MOULDING
moldio, *v.* MOULD
molecwl, (-cylau), *n.m.* MOLECULE
molecwlaidd,
molecwlar,   } *a.* MOLECULAR
moled, (-au), *n.f.* KERCHIEF. MUFFLER. VEIL
moli, -annu, *v.* PRAISE
moliannus, *a.* PRAISEWORTHY. PRAISED
moliant, (-iannau), *n.m.* PRAISE
molwsc, (-iaid), *n.m.* MOLLUSC
mollt, -yn, (myllt), *n.m.* WETHER

moment, (-au), *n.f.* MOMENT
momentwm, (momenta), *n.m.*
  MOMENTUM
monarchiaeth, *n.f.* MONARCHY
monarchydd, (-ion), *n.m.* MONARCHIST
monig, *a.* MONIC
mongol, (-iaid), *n.m.* MONGOL
moniaeth, *n.f.* MONISM
monllyd, *a.* SULKY
monni, *v.* SULK, CHAFE
monoclein, (-iau), *n.m.* MONOCLINE
monocsid, (-au), *n.m.* MONOXIDE
monópoli, (-ïau), *n.m.* MONOPOLY
monópolydd, (-ion), *n.m.* MONOPOLIST
monoteip, (-iau), *n.m.* MONOTYPE
monsŵn, (-synau), *n.m.* MONSOON
mop, (-iau), *n.m.* MOP
mopren, (-ni), *n.m.* STIRRER
môr, (moroedd), *n.m.* SEA, OCEAN
  Môr Iwerydd, ATLANTIC OCEAN
  Y Môr Canoldir, MEDITERRANEAN
  SEA
  Y Môr Tawch, NORTH SEA
mor, *ad.* HOW, SO, AS
morâl, *n.m.* MORALE
moratoriwm, (-atoria), *n.m.*
  MORATORIUM
mordaith, (-deithiau), *n.f.* VOYAGE, CRUISE
mordwy, -o, *v.* SAIL, NAVIGATE, VOYAGE
mordwyol, *a.* NAVIGABLE
mordwywr, (-wyr), *n.m.* SAILOR,
  MARINER
morddwyd, (-ydd), *n.f.* THIGH
morfa, (-feydd), *n.f.m.* SEA MARSH, BOG,
  FEN
morfil, (-od), *n.m.* WHALE
morfilwr, (-wyr), *n.m.* MARINE
môr-filltir, (-oedd), *n.f.* NAUTICAL MILE
môr-forwyn, (-forynion), *n.f.* MERMAID
morfran, (-frain), CORMORANT
morffoleg, *n.m.f.* MORPHOLOGY
morffolegol, *a.* MORPHOLOGICAL
morgais, (-geisiau), *n.m.* MORTGAGE
morgeisî, *n.m.* MORTGAGEE
morgeisio, *v.* MORTGAGE
morgeisiwr, *n.m.* MORTGAGOR
morglawdd, (-gloddiau), *n.m.*
  EMBANKMENT, MOLE
morgrug, (*-yn, n.m.*), *n.pl.* ANTS
môr-herwr, (-wyr), *n.m.* PIRATE
morio, *v.* SAIL, VOYAGE
môr-ladrad, (-au), *n.m.* PIRACY
môr-leidr, (-ladron), *n.m.* PIRATE

morlen, (-ni), *n.m.* CHART
morlin, (-iau), *n.m.* COASTLINE
morlo, (-loi), *n.m.* SEAL
morlun, (-iau), *n.m.* SEASCAPE
morlyn, (-noedd), *n.m.* LAGOON, HAFF
morlywydd, (-ion), *n.m.* COMMODORE
morol, *a.* MARITIME, MARINE
moron, (-en, *n.f.*), *n.pl.* CARROTS
mortais, (-eisiau), *n.m.* MORTISE
morter, (-au), *n.m.* MORTAR
morthwyl, (-ion), *n.m.* HAMMER
morthwylio, *v.* HAMMER
morwal, (-iau), *n.f.* BREAKWATER
morwarchae, *n.m.* BLOCKADE
morwr, (-wyr), *n.m.* SAILOR, SEAMAN
morwriaeth, *n.f.* SEAMANSHIP,
  NAVIGATION
morwydd, (*-en, n.f.*), *n.pl.* MULBERRY-
  TREES
morwyn, (-ynion), *n.f.* MAID, GIRL,
  VIRGIN
morwyndod, *n.m.* VIRGINITY
morwynol, *a.* VIRGIN, MAIDEN
moryd, (-au), *n.f.* ESTUARY, INLET
moryn, (-nau), *n.m.* BREAKER, BILLOW
mosaig, (-au), *n.m. & a.* MOSAIC
motel, (-au), *n.m.* MOTEL
motif, (-au), *n.m.* MOTIVE
motifyddiaeth, (-au), *n.f.* MOTIVATION
motiff, (-au), *n.m.* MOTIF
motor, (-au), *n.m.* MOTOR
motor-beic, (-iau), *n.m.* MOTOR-CYCLE
mowld, (-iau), *n.m.* MOULD
mowldio, *v.* MOULD
mowntin, *n.m.* MOUNTING
muchudd, *n.m.* JET (STONE)
mud, *a.* DUMB, MUTE
mudan, (-od), *n.m.* MUTE
mudandod, *n.m.* DUMBNESS
mudferwi, *v.* SIMMER
mudiad, (-au), *n.m.* REMOVAL,
  MOVEMENT
mudiant, (-nnau), *n.m.* MOTION
mudo, *v.* REMOVE, MOVE, MIGRATE,
  EMIGRATE
mudol, *a.* MOBILE, MOVING, MIGRATORY
mudolrwydd, *n.m.* MOBILITY
mudydd, (-ion), *n.m.* MUTE (MUSIC)
mul, (-od), *n.m.* DONKEY, MULE
mulaidd, *a.* ASININE, MULISH
mulfran, (-frain), *n.f.* CORMORANT
mun, see *bun*
munud, (-au), *n.m.f.* MINUTE

munud, (-iau), *n.m.* SIGN, NOD, GESTURE
munudedd, (-au), *n.m.* MANNERISM
munudio, *v.* GESTICULATE
munudyn, *n.m.* JIFFY
mur, (-iau), *n.m.* WALL
murdreth, (-i), *n.f.* MURAGE
murddun, (-od), *n.m.* RUIN, RUINS
murio, *v.* WALL
murlen, (-ni), *n.m.* POSTER
murlun, (-iau), *n.m.* MURAL, GRAFFITO
murn, *n.m.* HARM, MURDER
murol, *a.* MURAL
mursen, (-nod), *n.f.* COQUETTE, PRUDE
mursendod, (-au), *n.m.* AFFECTATION
mursennaidd, *a.* AFFECTED, PRUDISH
mursennu, *v.* COQUETTE
murysgrifen, (-iadau), *n.f.* GRAFFITO
musgrell, *a.* FEEBLE, DECREPIT, CLUMSY
musgrell(n)i, *n.m.* FEEBLENESS,
  DECREPITUDE
mwclis, (-en, *n.f.*), *n.pl.* BEADS
mwcws, (mycysau), *n.m.* MUCUS
mwd, *n.m.* MUD
mwdwl, (mydylau), *n.m.* HAYCOCK
mwffin, (-au), *n.m.* MUFFIN
mwg, *n.m.* SMOKE
mwgwd, (mygydau), *n.m.* MASK
mwng, (myngau), *n.m.* MANE
mwngial, *v.* MUMBLE
mwliwn, *n.m.* MULLION
mwlsyn, *n.m.* NINCOMPOOP, MULE
mwlwg, *n.m.* REFUSE, SWEEPINGS
mwll, (*moll, a.f.*), *a.* CLOSE, SULTRY,
  MUGGY
mwmi, (-ïau), *n.m.f.* MUMMY
mwmian, ⎫
mwmial, ⎬ *v.* MUMBLE, HUM
mwnci, (-ïod), *n.m.* MONKEY
mwnglawdd, see *mwynglawdd*
mwnwgl, (mynyglau), *n.m.* NECK
  mwngwl y droed, INSTEP
mwnws, *c.n.* DUST, PARTICLES, DEBRIS
mwrdro, *v.* MURDER
mwren, *n.m.* MURRAIN
mwrllwch, *n.m.* FOG, HAZE, VAPOUR,
  SMOG
mwrn, *a.* SULTRY, CLOSE, WARM
mwrndra, *n.m.* SULTRINESS
mwrno, *v.* BECOME SULTRY, BE IN
  MOURNING
mwrthwl, (myrthylau), *n.m.* HAMMER
mws, *a.* STALE, STINKING
mwsel, (-i), *n.m.* MUZZLE

mwsg, *n.m.* MUSK
mwsged, (-i), *n.m.f.* MUSKET
mwslin, (-au), *n.m.* MUSLIN
mwsogl, -wgl, *n.m.* MOSS
mwsoglyd, *a.* MOSSY
mwstard, -tart, (-au), *n.m.* MUSTARD
mwstro, *v.* SHIFT, HURRY
mwstwr, (mystyrau), *n.m.* MUSTER,
  BUSTLE, COMMOTION
mwtantu, *v.* MUTATE
mwy, *a.* MORE, BIGGER
  ad. MORE, AGAIN
mwyach, *ad.* ANY MORE, HENCEFORTH
mwyadur, (-on), *n.m.* MICROSCOPE
mwyafrif, (-au), *n.m.* MAJORITY
mwyalch, -en, (-od, mwyeilch), *n.f.*
  BLACKBIRD
mwyar, (-en, *n.f.*), *n.pl.* BLACKBERRIES
mwyara, *v.* GATHER BLACKBERRIES
mwyarafan, (-en, *n.f.*), *n.pl.*
  LOGANBERRIES
mwydion, *n.pl.* SOFT PARTS, PITH, PULP,
  CRUMB
mwydo, *v.* SOAK, STEEP
mwydro, *v.* MOIDER, BEWILDER
mwydyn, (mwydod), *n.m.* WORM
mwyedig, *a.* AMPLIFIED
mwyfwy, *ad.* MORE AND MORE
mwygl, *a.* TEPID, MUGGY, SULTRY
mwyglo, *v.* BECOME MUGGY
mwyhad, *n.m.* INCREASE, AMPLIFICATION
mwyhadur, (-on), *n.m.* AMPLIFIER
mwyhaol, *a.* AUGMENTATIVE
mwyhau, *v.* INCREASE, ENLARGE,
  AMPLIFY
mwyn, *n.m.* SAKE
mwyn, mŵn, (-au), *n.m.* ORE, MINERAL
mwyn, -aidd, *a.* GENTLE, MILD, DEAR
mwynder, (-au), *n.m.* GENTLENESS
mwynderau, *n.pl.* PLEASURES, DELIGHTS
mwyn-doddfa, (-feydd), *n.f.* SMELTING
  WORKS
mwyn-doddi, *v.* REFINE
mwyneidd-dra, *n.m.* GENTLENESS,
  KINDNESS
mwyneiddio, *v.* BECOME GENTLE OR MILD
mwynglawdd, (-gloddiau), *n.m.* MINE
mwyngloddiaeth, *n.f.* MINING
mwyngloddio, *v.* MINE
mwynhad, *n.m.* ENJOYMENT, PLEASURE
mwynhau, *v.* ENJOY
mwyniant, (-iannau), *n.m.* ENJOYMENT,
  USE

mwynlong, (-au), *n.f.* ORE CARRIER
mwynofydd, (-ion), *n.m.* MINERALOGIST
mwynol, *a.* MINERAL
mwynoleg, *n.f.* MINERALOGY
mwynwr, (-wyr), MINER
mwynyddiaeth, *n.f.* MINERALOGY
mwys, *a.* AMBIGUOUS
　gair mwys, PUN
mwythau, *n.pl.* CARESSES, DELICACIES
mwytho, *v.* FONDLE, PET, PAMPER
mwythus, *a.* PAMPERED
mwythyn, (mwythion), *n.m.* PET
mycoleg, *n.f.* MYCOLOGY
mycolegydd, (-wyr), *n.m.* MYCOLOGIST
myctod, *n.m.* ASPHYXIA
mydr, (-au), *n.m.* METRE, VERSE
mydrol, mydryddol, } *a.* METRICAL
mydryddu, mydru, *v.* VERSIFY
mydylu, *v.* STACK, COCK
myfi, *pn.* I, ME, MYSELF
　(-ïau), *n.m.* EGO
　cymhleth y myfi, EGO COMPLEX
myfiaeth, *n.f.* EGOISM
myfiol, *a.* EGOISTIC
myfyrdod, (-au), *n.m.* MEDITATION
myfyrfa, (-feydd), *n.f.* STUDY
myfyrgar, *a.* STUDIOUS, CONTEMPLATIVE
myfyrio, *v.* STUDY, MEDITATE
myfyriol, *a.* MEDITATIVE
myfyriwr, (-wyr), *n.m.* STUDENT
mygdarth, (-au, -oedd), *n.m.* FUME
mygdarthu, *v.* FUMIGATE
mygedol, *a.* HONORARY
mygfa, (-feydd), *n.f.* SUFFOCATION
mygio, *v.* MUGGING, MUG
mygiwr, (-wyr), *n.m.* MUGGER
myglyd, *a.* SMOKY, CLOSE, STIFLING
myglys, *n.m.* TOBACCO
mygu, *v.* SMOKE, SUFFOCATE, STIFLE,
　SMOTHER
mygydu, *v.* BLINDFOLD,
mygyn, *n.m.* A SMOKE
myngial, *v.* MUMBLE, MUTTER
myngus, *a.* MUMBLING, INDISTINCT
myllni, *n.m.* SULTRINESS
myllu, *v.* GROW SULTRY
mympwy, (-on), *n.m.* WHIM, FAD
mympwyol, *a.* WHIMSICAL, ARBITRARY
mymryn, (-nau), *n.m.* PARTICLE, BIT, JOT
myn, *prp.* BY (IN OATHS)
myn, (-nod), *n.m.* KID
mynach, (-aich, -od), *n.m.* MONK

mynachaeth, *n.f.* MONASTICISM
mynachdy, (-dai), *n.m.* MONASTERY,
　CONVENT, GRANGE
mynachlog, (-ydd), *n.f.* MONASTERY
mynawyd, (-au), *n.m.* AWL, BRADAWL
mynci, (-ïau), *n.m.* HAME(S)
myned, mynd, *v.* GO, PROCEED
mynedfa, (-feydd), *n.f.* ENTRANCE,
　PASSAGE
mynediad, (-au), *n.m.* ENTRANCE, ENTRY,
　ACCESS, GOING, ADMISSION
mynegai, (-eion), *n.m.* INDEX,
　CONCORDANCE
mynegair, (-eiriau), *n.m.* CONCORDANCE
mynegeio, *v.* INDEX
mynegfys, (-edd), *n.m.* FOREFINGER,
　DIRECTION SIGN
mynegi, *v.* STATE, TELL, RELATE, INDICATE
mynegiad, (-au), *n.m.* STATEMENT
mynegiadaeth, (-au), *n.f.*
　EXPRESSIONISM
mynegiant, (-nnau), *n.m.* EXPRESSION,
　COMMUNICATION
myneglon *a.* EXPRESSIVE
mynegol, *a.* EXPRESSIVE
mynegolrwydd, *n.m.* EXPRESSIVENESS
mynegrif, (-au), *n.m.* INDEX
mynegyn, (-egion), *n.m.* EXPRESSION
mynnu, *v.* WILL, INSIST, WISH, OBTAIN
mynor, *n.m.* MARBLE
mynwent, (-ydd), *n.f.* GRAVEYARD,
　CHURCHYARD, CEMETERY
mynwes, (-au), *n.f.* BREAST, BOSOM
mynwesol, *a.* BOSOM
mynwesu, *v.* EMBRACE, CHERISH
mynych, *a.* FREQUENT, OFTEN
mynychder, (-au), *n.m.* FREQUENCY
　cromlin mynychder, FREQUENCY
　CURVE
mynychiad, (-au), *n.m.* FREQUENTING
mynychu, *v.* FREQUENT, ATTEND
mynychwr, (-wyr), *n.m.* FREQUENTER
mynydd, (-oedd), *n.m.* MOUNTAIN
mynydda, *v. & n.m.* MOUNTAINEERING
mynydd-dir, (-oedd), *n.m.* HILL-
　COUNTRY
mynyddig, -og, *a.* MOUNTAINOUS
mynyddwr, (-wyr), *n.m.* MOUNTAINEER
myopia, *n.m.* MYOPIA
myrdd, (-iynau), *n.m.* MYRIAD
myrndra, *n.m.* SULTRINESS
myrnio, *v.* BECOME SULTRY
myrr, *n.m.* MYRRH

myrtwydd, (*-en, n.f.*), *n.pl.* MYRTLES
myrthylu, *v.* HAMMER
mysg, *n.m.* MIDDLE, MIDST
　ymysg, AMONG
mysgol, *a.* BLENDED
mysgu, *v.* UNDO, BLEND, MACERATE
myswynog, (*-ydd*), *n.f.* BARREN COW

myth, (*-au*), *n.m.* MYTH
mytholeg, *n.f.* MYTHOLOGY
mytholegol, *a.* MYTHOLOGICAL
mywion, (*-yn, n.m. -en. n.f.*), *n.pl.*
　ANTS
mywyn, *n.m.* PITH

na, *c.* NEITHER, NOR, THAN
   ad. NO, NOT
nabl, (-au), *n.m.* PSALTERY
nac, *c.* NOR, NEITHER
   ad. NO, NOT
nacâd, *n.m.* REFUSAL, REBUFF, DENIAL
nacaol, *a.* NEGATIVE
nacáu, *v.* REFUSE, DENY
nacer, (-i), *n.m.* KNACKER
nad, *ad.* NOT
nâd, (nadau), *n.f.* CRY, HOWL, CLAMOUR
nadir, *n.m.* NADIR
Nadolig, (-au), *n.m.* CHRISTMAS
Nadoligaidd, *a.* CHRISTMASSY
nadu, *v.* HOWL, CRY (OUT)
   v. STOP, HINDER
nadd, *a.* HEWN, WROUGHT
naddiad, (-au), *n.m.* WHAT IS HEWN OR
   CHIPPED
naddion, *n.pl.* CHIPS, SHREDS, SHAVINGS
naddo, *ad.* NO
naddu, *v.* CHIP, HEW, WHITTLE
Naf, *n.m.* LORD
nafftha, *n.m.* NAPHTHA
nag, *c.* THAN
nage, *ad.* NOT SO, NO
nai, (neiaint), *n.m.* NEPHEW
naid, (neidiau), *n.m.* JUMP, LEAP, BOUND
   naid bolyn, POLE VAULT
   naid stradl, STRADDLE JUMPING
naïf, *a.* NAÏVE
naïfder, *n.m.* NAÏVETÉ
naill, *dem.pn.* THE ONE *c.* EITHER
nain, (neiniau), *n.f.* GRANDMOTHER
nam, (-au), *n.m.* BLEMISH, FLAW, MARK
namyn, *prp.* BUT, EXCEPT
nant, (nentydd), *n.f.* BROOK, STREAM
napcyn, (-au), *n.m.* NAPKIN, SERVIETTE
narcotig, *n.m. & a.* NARCOTIC
nard,-us, *n.m.* NARD, SPIKENARD
natur, *n.f.* NATURE, TEMPER
naturiaeth, (-au), *n.f.* NATURE
naturiaethwr, (-wyr), *n.m.* NATURALIST
naturiol, *a.* NATURAL
naturioldeb, *n.m.* NATURALNESS
naturoliaeth, *n.f.* NATURALISM
naturus, *a.* ANGRY, QUICK-TEMPERED
naturyddol, *a.* NATURALISTIC
naw, *a. & n.m.* NINE
nawdd, *n.m.* REFUGE, PROTECTION,
   PATRONAGE, SUPPORT
nawddogaeth, *n.f.* PATRONAGE,
   PROTECTION
nawddogol, *a.* PATRONISING

nawf, *a.* FLOATING
nawn, (-au), *n.m.* NOON
nawnddydd, *n.m.* AFTERNOON
nawr, *ad.* NOW
naws, (-au), *n.f.* FEELING, NATURE,
   TINGE, NUANCE, DISPOSITION,
   TEMPERAMENT
nawsaer, *a.* AIR-CONDITIONED
nawseiddio, *v.* TEMPER, SOFTEN
nawswyllt, *a.* PASSIONATE
neb, *n.m.* ANY ONE, NO ONE
necropsi, *n.m.* NECROPSY
necrosis, *n.m.* NECROSIS
necton, *n.m.* NEKTON
neddau, neddyf, (neddyfau), *n.f.* ADZE
nedden (nedd), *n.f.* NIT
nef, -oedd, *n.f.* HEAVEN
nefol, -aidd, *a.* HEAVENLY
nefoli, *v.* MAKE OR BECOME HEAVENLY
nefolion, *n.pl.* CELESTIALS
nefrosis, *n.m.* NEUROSIS
neffritis, *n.m.* NEPHRITIS
negatif, *n.m. & a.* NEGATIVE
neges, (-au, -euau), *n.f.* MESSAGE,
   ERRAND
negesa, -eua, *v.* RUN ERRANDS
negeseuwr, (-wyr), *n.m.* MESSENGER
negodi, *v.* NEGOTIATE
negro, (-aid), *n.m.* NEGRO
negydd, (-ion), *n.m.* REFUSER
   a. NEGATIVE
negyddiaeth, *n.f.* NEGATIVISM, REFUSAL
negyddol, *a.* NEGATIVE
neidio, *v.* JUMP, LEAP, THROB
neidiwr, (-wyr), *n.m.* JUMPER, LEAPER
neidr, (nadroedd, nadredd), *n.f.*
   SNAKE
neidraidd, *a.* SNAKY
neiedd, *n.m.* NEPOTISM
neieddwr, (-wyr), *n.m.* NEPOTIST
Neifion, *n.m.* NEPTUNE
neilon, *n.m.* NYLON
neilleb, (-ion), *n.m.* ASIDE
neillog, (-ion), *n.m.* ALTERNATIVE
neilltu, *n.m.* ONE SIDE
   o'r neilltu, APART, ASIDE
neilltuad, (-au), *n.m.* SEPARATION,
   RESERVATION
neilltuaeth, *n.f.* SEPARATION, PRIVACY,
   RETIREMENT
neilltuedig, *a.* SEPARATED, SECLUDED
neilltuo, *v.* RESERVE, SEPARATE, SET
   APART, EAR-MARK

neilltuol, *a.* SPECIAL. PARTICULAR.
　PECULIAR
neilltuoli, *v.* SEPARATE. DISTINGUISH
neilltuolrwydd, *n.m.* PECULIARITY.
　DISTINCTION
neis, *a.* NICE
neisied, (-i), *n.f.m.* KERCHIEF
neithdar, (-au), *n.m.* NECTAR
neithdarfa, (-âu), *n.f.* NECTARY
neithior, (-au), *n.f.* MARRIAGE FEAST
neithiwr, *ad.* LAST NIGHT
nematod, *n.m.* NEMATODE
nemonigau, *n.pl.* MNEMONICS
nemor, *a.* FEW
　nid nemor, HARDLY ANY
nen, (-nau, -noedd), *n.f.* CEILING.
　HEAVEN. SKY
nenbren, (-nau, -ni), *n.m.* ROOF-TREE
nenfwd, (-fydau), *n.m.* CEILING
nenffyrch, *n.pl.* CRUCKS
nenlen, (-ni), *n.f.* CANOPY
nenlofft, (-ydd), *n.f.* ATTIC. STOREY
neon, *n.m.* NEON
neoterig, *a.* NEOTERIC
nepell, *ad.* FAR
　nid nepell, NOT FAR
nepotistiaeth, *n.f.* NEPOTISM
Nêr, *n.m.* LORD
nerco, *n.m.* SIMPLETON
nerf, (-au), *n.f.* NERVE
nerfeg, *n.f.* NEUROLOGY
nerfegol, *a.* NEUROLOGICAL
nerfegwr, (-wyr), *n.m.* NEUROLOGIST
nerfgell, (-oedd), *n.f.* NEURONE
nerfol, nerfus, *a.* NERVOUS
nerfusrwydd, *n.m.* NERVOUSNESS
nerfwst, *n.m.* NEURASTHENIA
nerob, (-au), *n.f.* FLITCH (OF BACON)
nerth, (-oedd), *n.m.* STRENGTH. MIGHT.
　POWER
nerthu, *v.* STRENGTHEN. SUPPORT
nerthyriad, (-au), *n.m.* POWER-DRIVE
nes, *a.* NEARER
nesâd, (-adau), *n.m.* APPROACH
nesaf, *a.* NEAREST. NEXT
nesaol, *a.* APPROACHING
nesáu, *v.* APPROACH. DRAW NEAR
nesnes, *ad.* NEARER AND NEARER
nesu, *v.* DRAW NEAR
net, *a.* NET
neu, *c.* OR
neuadd, (-au), *n.f.* HALL. GUILDHALL
newid, (-iadau), *n.m.* CHANGE
　v. CHANGE. ALTER

newidiant, (-nnau), *n.m.* VARIABILITY
newidiol, *a.* CHANGEABLE. VARIABLE
newidydd, (-ion), *n.m.* TRANSFORMER
newidyn, (-nau), *n.m.* VARIABLE
newritis, *n.m.* NEURITIS
newroleg, *n.m.* NEUROLOGY
newter, *n.m.* NEUTER
newtral, (-iaid), *n.m. & a.* NEUTRAL
newtraliad, *n.m.* NEUTRALIZATION
newtron, (-au), *n.m.* NEUTRON
newydd, *a.* NEW. NOVEL. FRESH
　(-ion), *n.m.* NEWS
newydd-deb, -der, *n.m.* NOVELTY.
　NEWNESS
newydd-ddyfodiad, (-iaid), *n.m.* NEW-
　COMER
newyddeb, *n.m.* INNOVATION
newyddiadur, (-on), *n.m.* NEWSPAPER
newyddiaduraeth *n.f.* JOURNALISM
newyddiadurwr, (-wyr), *n.m.*
　JOURNALIST
newyddian, (-od), *n.m.* NOVICE
newyddiannu, *v.* INNOVATE
newyddu, *v.* INNOVATE
newyddwr, (-wyr), *n.m.* INNOVATOR
newyn, *n.m.* HUNGER. FAMINE
newynllyd, ⎫
　　　　　　⎬ HUNGRY. STARVING
newynog, ⎭
newynu, *v.* STARVE
ni, *pn.* WE. US
ni, nid, *ad.* NOT
nicel, *n.m.* NICKEL
nicer, (-s), *n.m.* KNICKERS
nicotin, *n.m.* NICOTINE
nidr, (-au), *n.m.* DELAY. HINDRANCE
nifer, (-oedd, -i), *n.m.f.* NUMBER.
　QUANTITY
niferus, *a.* NUMEROUS
nifwl, (nifylau), *n.m.* NEBULA
nigroma(w)ns, *n.m.* NECROMANCY
nihilaidd, *a.* NIHILISTIC
nihiliaeth, *n.f.* NIHILISM
nihilistiaeth, *n.f.* NIHILISM
nihilydd, (-ion), *n.m.* NIHILIST
nimffomania, *n.m.* NYMPHOMANIA
ninnau, *pn.* WE (ON OUR PART). WE ALSO
nionyn, (nionod), *n.m.* ONION
niper, *n.m.* NIPPER
nis, *ad.* NOT . . HIM. HER. IT. THEM
　nis gwelodd, HE DID NOT SEE HIM. IT. etc.
nitrad, (-au), *n.m.* NITRATE
nitraid, (-eidiau), *n.m.* NITRITE
nitrig, *a.* NITRIC

nitrogen, *n.m.* NITROGEN
nitrus, *a.* NITROUS
nith, (-oedd), *n.f.* NIECE
nithio, *v.* WINNOW. SIFT
nithiwr, (-wyr), *n.m.* WINNOWER. SIFTER
nithlen, (-ni), *n.f.* WINNOWING SHEET
niwcleig, *a.* NUCLEIC
n(i)wclear, *a.* NUCLEAR
n(i)wcliws, *n.m.* NUCLEUS
niwed, (-eidiau), *n.m.* HARM. DAMAGE.
  INJURY
niweidio, *v.* HARM. HURT. DAMAGE.
  INJURE
niweidiol, *a.* HARMFUL. INJURIOUS
niwl, (-oedd), *n.m.* ⎤
niwlen, *n.f.* ⎦ MIST. FOG. HAZE
niwlogrwydd, *n.m.* FOGGINESS
niwl(i)og, *a.* MISTY. FOGGY. HAZY
niwmatig, *a.* PNEUMATIC
niwmonia, *n.m.* PNEUMONIA
niwsans, (-ys), *n.m.* NUISANCE
niwtral, *a.* NEUTRAL
niwtraleiddio, *v.* NEUTRALISE
niwtraliaeth, *n.f.* NEUTRALITY
niwtralu, *v.* NEUTRALISE
niwtron, (-au), *n.m.* NEUTRON
nobyn, (nobiau), *n.m.* KNOB
nod, (-au, -ion), *n.m.f.* NOTE. MARK.
  TOKEN. AIM
nôd, (-au), *n.m.* NODE. CHARACTER
nodaledd, *n.m.* NODALITY
nodarwydd, (-ion), *n.m.* SEAL
nodedig, *a.* REMARKABLE. NOTED.
  APPOINTED. SPECIFIED
nodi, *v.* NOTE. MARK. APPOINT. MENTION.
  STATE
nodiad, (-au), *n.m.* NOTE
nodiadur, (-on), *n.m.* NOTEBOOK
nodiant, (-nnau), *n.m.* NOTATION
nodlyfr, (-au), *n.m.* NOTEBOOK
nodwedd, (-ion), *n.f.* CHARACTER.
  FEATURE. CHARACTERISTIC
nodweddiadol, *a.* CHARACTERISTIC
nodweddrif, (-au), *n.m.*
  CHARACTERISTIC (LOGARITHMS)
nodweddu, *v.* CHARACTERISE
nodwydd, (-au), *n.f.* NEEDLE.
  AIGUILLE
  nodwydd frodio, CREWEL NEEDLE
  nodwydd greithio, DARNING NEEDLE
nodwydden, *n.f.* BETWEEN NEEDLE
nodwyddes, (-au), *n.f.* NEEDLE-WOMAN
nodyn, (-nau, nodau, nodion), *n.m.*
  NOTE

nodd, (-ion), *n.m.* SAP. JUICE
nodded, (-i, -au), *n.m.* REFUGE.
  PROTECTION
noddfa, (-feydd, -fâu), *n.f.* REFUGE.
  SHELTER
noddi, *v.* SHELTER. PROTECT. PATRONISE
noddlyd, *a.* SAPPY. JUICY
noddwr, (-wyr), *n.m.* PROTECTOR.
  PATRON
noe, (-au), *n.f.* DISH. KNEADING-TROUGH
noeth, *a.* NAKED. BARE. EXPOSED. RAW.
  SHEER
noethder, *n.m.* NAKEDNESS. BARENESS
noethi, *v.* BARE. DENUDE. DRAW
noethlun, (-iau), *n.m.* NUDE
noethlymun, *a.* NUDE. STARK-NAKED
noethlymunwr, (-wyr), *n.m.* STREAKER.
  NUDIST
noethlymunwraig, *n.f.* STRIPPER
noethni, *n.m.* NAKEDNESS. NUDITY
noethwr, (-wyr), *n.m.* NUDIST
nofel, (-au), *n.f.* NOVEL
nofelig, (-au), *n.f.* NOVELETTE
nofelwr, nofelydd, (nofelwyr), *n.m.*
  NOVELIST
nofiad, (-au), *n.m.* SWIM
nofiedydd, (-ion), *n.m.* SWIMMER
nofio, *v.* SWIM
nofis, (-iaid), *n.m.f.* NOVICE
nofiwr, (-wyr), *n.m.* SWIMMER
nogiad, (-au), *n.m.* JIBBING
nogio, *v.* JIB. REFUSE
noglyd, *a.* JIBBING
nôl, *v.* FETCH. BRING
nomad, (-iaid), *n.m.* NOMAD
nomadiaeth, *n.f.* NOMADISM
nomadig, *a.* NOMADIC
norm, (-au), *n.m.* NORM
normadol, *a.* NORMATIVE
normal, (-au), *n.m. & a.* NORMAL
normaledd, *n.m.* NORMALITY
normaleiddio, *v.* NORMALISE
normalrwydd, *n.m.* NORMALITY
normalydd, (-ion), *n.m.* NORMALISER
nos, (-au), *n.f.* NIGHT
nosgan, (-euon, -au), *n.f.* SERENADE
nosi, *v.* BECOME NIGHT
nosol, *a.* NOCTURNAL. NIGHTLY
noson, noswaith, (nosweithiau), *n.f.*
  NIGHT. EVENING
noswyl, (-iau), *n.f.* VIGIL. EVE OF
  FESTIVAL
noswylfa, (-oedd), *n.f.* DORMITORY

noswylio, *v.* CEASE WORK AT EVE
not, (-iau), *n.f.* KNOT
notari, (-ïaid), *n.m.* NOTARY
nudd, -en, *n.f.* FOG. HAZE. MIST
nwclear, *a.* NUCLEAR
nwclews, (nwclei), *n.m.* NUCLEUS
nwdl, (-au), *n.m.* NOODLE
nwl, (-iau), *n.m.* NULL
nwlbwynt, (-iau), *n.m.* NULL POINT
nwmeraidd, *a.* NUMEROUS
nwy, (-on, -au), *n.m.* GAS
  nwy cynnyrch, PRODUCER GAS
nwyd, (-au), *n.m.* PASSION
nwydus, *a.* PASSIONATE
nwydd, (-au), *n.m.* MATERIAL. ARTICLE.
  SUBSTANCE
  n.pl. GOODS
  nwyddau para, DURABLE GOODS
  nwyddau darfodus, PERISHABLE GOODS
nwyddyn, (-nau), *n.m.* COMMODITY
nwyf, -iant, *n.m.* VIGOUR. VIVACITY
nwyfre, *n.m.* SKY. FIRMAMENT

nwyfus, *a.* LIVELY. SPRIGHTLY. VIVACIOUS
nwyfusrwydd, *n.m.* VIVACITY. LIVELINESS
nwyglos, *a.* GASTIGHT
nwyol, *a.* GASEOUS
nych, -dod, *n.m.* FEEBLENESS. INFIRMITY
nychlyd, *a.* SICKLY. FEEBLE
nychu, *v.* PINE. SICKEN. LANGUISH
nydd-droi, *v.* TWIST. SCREW
nyddu, *v.* SPIN. TWIST
nyddwr, (-wyr), *n.m.* SPINNER
nyf, *c.n.* SNOW
nymff, (-od), *n.f.* NYMPH
nymffomania, *n.m.* NYMPHOMANIA
nyni, *pn.* WE. US
nyrs, (-ys), *n.m.f.* NURSE
nyrsio, *v.* NURSE
nyten, (nytiau), *n.f.* NUT
nytmeg, *n.m.* NUTMEG
nyth, (-od), *n.f.* NEST
nythfa, *n.f.* NESTING-PLACE
nythu, *v.* NEST. NESTLE

o, *prp.* FROM, OF, OUT OF, BY
   o'r braidd, HARDLY
   o'r bron, ALTOGETHER
   o'r gorau, VERY WELL
o, *i.*, OH, O!
o, od, *c.* IF
oasis, (-au), *n.m.* OASIS
obelisg, *n.m.* OBELISK
oblegid, *c. & prp.* BECAUSE, FOR
oblong, (-au), *n.m. & a.* OBLONG
obo, (-i), *n.m.* OBOE
obry, *ad.* BENEATH, BELOW
obstetreg, *n.m.* OBSTETRICS
obstetregydd, (-wyr), *n.m.*
   OBSTETRICIAN
ocr, (-au), *n.m.* OCHRE
ocr, -aeth, *n.f.* USURY
ocsalig, *a.* OXALIC
ocsid, (-iau), *n.m.* OXIDE
ocsidiad, *n.m.* OXIDATION
ocsidio, *v.* OXIDISE
ocsidydd, (-ion), *n.m.* OXIDISING AGENT
ocsigen, *n.m.* OXYGEN
ocsiwn, (-iynau), *n.f.* AUCTION
ocsiynier, (-iaid), *n.m.* AUCTIONEER
octaf, (-au), *n.m. & a.* OCTAVE
octafo, *n.m.* OCTAVO
octagon, (-au), *n.m.* OCTAGON
ocwlar, (-au), *n.m.* OCULAR
ocwlt, *a.* OCCULT
ocwltiaeth, *n.m.* OCCULTISM
och, *i.* OH, ALAS, WOE, UGH!
ochain, *v.* GROAN
ochenaid, (-eidiau), *n.f.* SIGH
och(e)neidio, *v.* SIGH
ochr, (-au), *n.f.* SIDE
ochri, *v.* SIDE
ochrog, *a.* HAVING SIDES
ochrol, *a.* LATERAL
ochrwr, (-wyr), *n.m.* SIDER
ôd, *n.m.* SNOW
od, *a.* ODD, BIZARRE, REMARKABLE
odi, *v.* SNOW
odiaeth, *a. & ad.* VERY, EXCELLENT,
   EXQUISITE, MOST
odid, *ad.* PERCHANCE, PERADVENTURE
   ond odid, PROBABLY
odl, (-au), *n.f.* RHYME, ODE, SONG
odlaw, *n.m.* SLEET
odli, *v.* RHYME
odliadur, (-on), *n.m.* RHYMING
   DICTIONARY
odrif, (-au), *n.m.* ODD NUMBER
odrwydd, *n.m.* ODDITY

ods, *n.m.* ODDS
odyn, (-nau), *n.f.* KILN
oddeutu, *prp & ad.* ABOUT
oddf, *n.m.* BULB
oddi, *prp.* OUT OF, FROM
oddieithr, *prp.* ⎫
oddigerth, *prp.* ⎭ EXCEPT, UNLESS
oed, (-au), *n.m.* AGE, TIME, APPOINTMENT
oed-dâl, (-iadau), *n.m.*
   SUPERANNUATION
oedfa, (-on, -feuon), *n.f.* SERVICE,
   MEETING
oedi, *v.* DELAY, POSTPONE, ADJOURN, LINGER
oediad, (-au), *n.m.* DELAY, MORATORIUM,
   LAG
oedolyn, (-olion), *n.m.* ADULT
oedran, (-nau), *n.m.* AGE, FULL AGE
oedrannus, *a.* AGED, ELDERLY
oedd, *v.* WAS, WERE
oel, (-iau), *n.m.* OIL, LINIMENT
   oel crai, CRUDE OIL
   oel llysiau, VEGETABLE OIL
   rig oel, OIL RIG
oelio, *v.* OIL
oen, (ŵyn), *n.m.* LAMB
oena, *v.* LAMB
oenig, *n.f.* EWE-LAMB
oer, *a.* COLD, CHILL, FRIGID, CHILLY
oeraidd, *a.* CHILLY, COLDISH
oerder, *n.m.* COLDNESS
oerddrws, (-ddrysau), *n.m.* WIND GAP
oerfel, *n.m.* COLD
oerfelgarwch, *n.m.* COLDNESS, APATHY
oerfelog, *a.* COLD, CHILLY
oergell, (-oedd), ⎫
oergist, (-iau) ⎭ *n.f.* REFRIGERATOR
oeri, *v.* COOL, CHILL
oeriadur, (-on), *n.m.* REFRIGERATOR
oerllyd, *a.* FRIGID, CHILLY, COOL
oernad, (-au), *n.f.* WAIL, HOWL,
   LAMENTATION
oernadu, *v.* WAIL, HOWL, LAMENT
oerni, *n.m.* COLD, COLDNESS, CHILLNESS
oerydd, (-ion), *n.m.* COOLANT
oes, (-au, -oedd), *n.f.* AGE, LIFETIME
   yn oes oesoedd, FOR EVER AND EVER
oes, *v.* IS, ARE
oesi, *v.* LIVE
oesoffagws, *n.m.* OESOPHAGUS
oesol, *a.* AGE-LONG, PERPETUAL
oestrogen, (-nau), *n.f.* OESTROGEN
of, *a.* RAW, CRUDE
ofer, *a.* WASTEFUL, VAIN, WASTE,
   PRODIGAL

ofera, *v.* WASTE. IDLE
oferedd, *n.m.* VANITY. DISSIPATION. FRIVOLITY
ofergoel, (-ion), *n.f.* SUPERSTITION
ofergoeledd, -iaeth, *n.m.* SUPERSTITION
ofergoelus, *a.* SUPERSTITIOUS
oferôl, (-au), *n.m.* OVERALL
oferwr, (-wyr), *n.m.* WASTER. IDLER
ofn, (-au), *n.m.* FEAR. TERROR. DREAD
ofnadwy, *a.* AWFUL. DREADFUL. HORRENDOUS
ofnadwyaeth, *n.f.* AWE. TERROR. DREAD
ofni, *v.* FEAR. DREAD
ofnog, *a.* FEARFUL. TIMID
ofnus, *a.* TIMID. NERVOUS
ofnusrwydd, *n.m.* TIMIDITY. NERVOUSNESS
ofwl, (-au), *n.m.* OVULE
ofydd, (-ion), *n.m.* OVATE
offal, *n.m.* OFFAL
offeiriad, (-iaid), *n.m.* PRIEST. PARSON
offeiriadaeth, *n.f.* PRIESTHOOD
offeiriadol, *a.* PRIESTLY. SACERDOTAL
offer, *n.pl.* IMPLEMENTS. TOOLS. GEAR
offer ymdopi, D.I.Y. TOOLS
offeren, (-nau), *n.f.* MASS. EUCHARIST
offeriant, *n.m.* PLANT
offerwr, (-wyr), *n.m.* TOOLMAKER
offeryn, (-nau, offer), *n.m.* INSTRUMENT. TOOL. APPARATUS. EQUIPMENT
offeryniaeth, (-au), *n.f.* INSTRUMENTATION
offerynnol, *a.* INSTRUMENTAL
offrwm, (-ymau), *n.m.* OFFERING. SACRIFICE
offrymu, *v.* OFFER. SACRIFICE
offrymwr, (-wyr), *n.m.* OFFERER. SACRIFICER
offthalmia, *n.m.* OPHTHALMIA
offthalmosgop, (-au), *n.m.* OPHTHALMOSCOPE
og, (-au),
oged, (-i, -au), } *n.f.* HARROW
ogedu, *v.* HARROW
ogfaen, (-*en, n.f.*), *n.pl.* HIPS
ogof, (-au, -feydd, -fâu), *n.f.* CAVE. CAVERN. DEN
ogofydd, (-ion), *n.m.* SPELAEOLOGIST
ogylch, *prp.* ABOUT
ongl, (-au), *n.f.* ANGLE. CORNER
ongl lem, ACUTE ANGLE

ongl aflem, OBTUSE ANGLE
ongl gyflenwol, COMPLEMENTARY ANGLE
ongl atodol, SUPPLEMENTARY ANGLE
ongli, *v.* OFF-SET
onglog, *a.* ANGULAR
onglydd, (-ion), *n.m.* PROTRACTOR
oherwydd, *c. & prp.* BECAUSE. FOR
ohm, (-au), *n.m.* OHM
ôl, (olion), *n.m.* MARK. PRINT. TRACK. TRACE
yn ôl, ACCORDING TO. AGO
olaf, *a.* LAST
ôl-dâl, (-oedd), *n.m.* BACK-PAY
oldoriad, (-au), *n.m.* APOCAPE
oldywyn, *n.m.* AFTERGLOW
ôl-ddodiad, (-iaid), *n.m.* SUFFIX. AFFIX
olddyddio, *v.* POST-DATE
ôl-ddyled, (-ion), *n.f.* ARREAR
olew, (-au), *n.m.* OIL
maes olew, OILFIELD
olew grawn, CORN OIL
ôl-gart, (-geirt), *n.m.* TRAILER
olgroesiad, (-au), *n.m.* BACKCROSS
ôl-gynnyrch, (-gynhyrchion), *n.m.* BY-PRODUCT
olif, (-au), *n.m.* OLIVE
oligarchaeth, *n.f.* OLIGARCHY
olin, (-au), *n.m.* TRACE
ôl-nodiad, (-au), *n.m.* POST-SCRIPT
ôl-ofal, (-on), *n.m.* AFTER-CARE
olp, (-au), *n.m.* EYELET-HOLE
olrhain, *v.* TRACE. TRACK
olrhead, (-au), *n.m.* TRACING
olrheiniwr, (-wyr),
olrhëwr, (-wyr) } *n.m.* TRACER
olseddwr, (-wyr), *n.m.* BACKBENCHER
olsylliad, (-au), *n.m.* RESTROSPECTION
olsyllu, *v.* RETROSPECT
olwr, (-wyr), *n.m.* BACK (RUGBY)
olwyn, (-ion), *n.f.* WHEEL
olwyndro, (-adau), *n.m.* CARTWHEEL (GYM.)
olwyno, *v.* WHEEL. CYCLE
olwynog, *a.* WHEELED
olyniaeth, (-au), *n.f.* SUCCESSION. SEQUENCE
olynu, *v.* SUCCEED
olynwr, -ydd, (-wyr), *n.m.* SUCCESSOR
ôl-ysgrif, (-au), *n.f.* POSTSCRIPT
oll, *ad.* ALL. WHOLLY. EVER. AT ALL
ôm, (omau), *n.m.* OHM
ombwdsman, (-myn), *n.m.* OMBUDSMAN
omlet, (-i), *n.m.* OMELETTE

ond, *c.* BUT, ONLY
 prp. EXCEPT, SAVE, BUT
onest, *a.* HONEST
oni, onid, *ad.* NOT? IS IT NOT?
 c. IF NOT, UNLESS
 prp. EXCEPT, SAVE, BUT
onis, *c.* IF IT IS NOT
onnen, (onn, ynn), *n.f.* ASH TREE
ontogenedd, (-au), *n.m.* ONTOGENY
ontoleg, *n.m.* ONTOLOGY
opera, (-âu), *n.f.* OPERA
operadiad, (-au), *n.m.* OPERATION
operadu, *v.* OPERATE
operadur, (-on), *n.m.* OPERATOR
opereta, (-u), *n.f.* OPERETTA
opiniwn, (-iynau), *n.m.* OPINION
opiniynllyd, -iynus, *a.* OPINIONATED
opiwm, *n.m.* OPIUM
opteg, *n.f.* OPTICS
optegol, *a.* OPTICAL
optegwr, -ydd, (-wyr), *n.m.* OPTICIAN
optimeiddio, *v.* OPTIMISE
optimist, *n.m.* OPTIMIST
optimistaidd, *a.* OPTIMISTIC
optimistiaeth, *n.f.* OPTIMISM
optimistig, *a.* OPTIMISTIC
optimwm, (-tima), *n.m. & a.* OPTIMUM
oracl, (-au), *n.m.* ORACLE
oraclaidd, *a.* ORACULAR
oraens, *n.m.* ORANGE
oratorio, (-s), *n.f.* ORATORIO
ordeiniad, (-au), *n.m.* ORDINATION
ordeinio, *v.* ORDAIN
ordeinyn, (-ion), *n.m.* ORDINAND
ordinhad, (-au), *n.f.* SACRAMENT,
 ORDINANCE
ordnans, (-au), *n.m.* ORDNANCE
ordor, (-s), *n.m.* ORDER
oren, (-au), *n.m.* ORANGE
orenfa, (-feydd), *n.f.* ORANGERY
organ, (-au), *n.m.f.* ORGAN
organaidd, *a.* ORGANIC
organdi, *n.m.* ORGANDIE

organeb, (-au), *n.f.* ORGANISM
organig, *a.* ORGANIC
organydd, (-ion), *n.m.* ORGANIST
organyddes, (-au), *n.f.* ORGANIST
orgraff, (-au), *n.f.* ORTHOGRAPHY
orgraffyddol, *a.* ORTHOGRAPHICAL
oriadur, (-on), *n.f.* WATCH
oriadurwr, (-wyr), *n.m.* WATCH-MAKER
oriawr, (oriorau), *n.f.* WATCH
oriel, (-au), *n.f.* GALLERY
orig, *n.f.* LITTLE WHILE
oriog, *a.* FICKLE, MOODY, CHANGEABLE,
 INCONSTANT
orlen, (-ni), *n.f.* TIME SHEET
orlon, *n.m.* ORLON
ornest, (-au), *n.f.* COMBAT, CONTEST,
 DUEL
orograffig, *a.* OROGRAPHIC
orohïan, *n.m.* JOY
orthograffi, *n.m.* ORTHOGRAPHY
orthograffig, *a.* ORTHOGRAPHIC
orthoptig, *a.* ORTHOPTIC
os, od *c.* IF
osgamu, *v.* SIDESTEP
osgiladiad, (-au), *n.m.* OSCILLATION
osgiladu, *v.* OSCILLATE
osgiladur, (-on), *n.m.* OSCILLATOR
osgilosgop, *n.m.* OSCILLOSCOPE
osgled, (-au), *n.m.* AMPLITUDE
osgo, (-au), *n.m.* SLANT, SLOPE, BEARING,
 ATTITUDE
osgoi, *v.* AVOID, SWERVE, EVADE, SHIRK
osio, *v.* ESSAY, DARE, ATTEMPT
oslef, see *goslef*
osmosis, *n.m.* OSMOSIS
osôn, (-au), *n.m.* OZONE
osteopath, (-wyr), *n.m.* OSTEOPATH
otitis, *n.m.* OTITIS
ots, see *ods*
ow, *i.* OH! ALAS!
owmal, *n.m.* ENAMEL
owns, (-ys), *n.f.* OUNCE

pa, *a.* WHAT. WHICH
pab, (-au), *n.m.* POPE
pabaeth, *n.f.* PAPACY
pabaidd, *a.* PAPAL
pabell, (pebyll), *n.f.* TENT. PAVILION.
  TABERNACLE
pabellu, *v.* ENCAMP. TENT. TABERNACLE
pabi, (pabïau), *n.m.* POPPY
pabwyr, *n.m.* WICK
pabwyr, (*-en, n.f. -yn, n.m.*), *n.pl.*
  RUSHES
pabydd, (-ion), *n.m.* PAPIST
pabyddiaeth, *n.f.* POPERY
pabyddol, *a.* PAPIST, ROMAN CATHOLIC
pac, (-iau), *n.m.* PACK. BUNDLE
pacborth, (-byrth), *n.m.* PACKET PORT
paced, (-i), *n.m.* PACKET. PACKAGE
pacfa, (-feydd), *n.f.* PACK
pacio, *v.* PACK
pacrew, *n.m.* PACK ICE
pad, (-iau), *n.m.* PAD
padell, (-au, -i, pedyll), *n.f.* PAN. BOWL
padelleg, *n.f.* KNEE-PAN
pader, (-au), *n.m.* LORD'S PRAYER.
  PRAYERS
padera, *v.* REPEAT PRAYERS
paderau, *n.pl.* BEADS. ROSARY
padio, *v.* PAD
padog, (-au), *n.m.* PADDOCK
pae, *n.m.* PAY. WAGE
paediatreg, *n.m.* PAEDIATRICS
paediatregydd, *n.m.* PAEDIATRICIAN
paement, *n.m.* PAVEMENT. PAYMENT
paent, (-iau), *n.m.* PAINT
paentiad, (-au), *n.m.* PAINTING
pafiliwn, *n.m.* PAVILION
pafin, (-au), *n.m.* PAVEMENT
paffio, *v.* BOX. FIGHT
paffiwr, (-wyr), *n.m.* BOXER
pagan, (-iaid), *n.m.* PAGAN. HEATHEN
paganaidd, *a.* PAGAN, HEATHEN
paganiaeth, *n.f.* PAGANISM, HEATHENISM
pang, (-au), *n.m.* ⎤ FIT. PANG
pangfa, (-feydd), *n.f.* ⎦
paham, *ad.* WHY
paill, *n.m.* FLOUR. POLLEN
pair, (peiriau), *n.m.* CAULDRON.
  MELTING POT
pais, (peisiau), *n.f.* PETTICOAT. COAT
  pais arfau, COAT OF ARMS
paith, (peithiau), *n.m.* PRAIRIE. PAMPAS
pâl, (palau), *n.f.* SPADE
  (palod), *n.m.* PUFFIN

paladr, (pelydr), *n.m.* RAY. BEAM. STAFF.
  STEM. SHAFT
palaeograffeg, *n.f.* PALAEOGRAPHY
palalaeolithig, *a.* PALAEOLITHIC
palas, (-au, -oedd), *n.m.* PALACE
palet, *n.m.* PALETTE
palf, (-au), *n.f.* PALM. PAW
palfais, (-eisiau), *n.f.* SHOULDER
palfalu, *v.* GROPE
palfod, (-au), *n.f.* SLAP. SMACK
palff, *n.m.* WELL-BUILT PERSON
pali, *n.m.* BROCADED SILK
palis, (-au), *n.m.* PARTITION. WAINSCOT.
  STOCKADE
palmant, (-mentydd, -au), *n.m.*
  PAVEMENT
palmantu, *v.* PAVE
palmwydden, (palmwydd), *n.f.* PALM-
  TREE
palu, *v.* DIG
pall, *n.m.* FAILURE. FAILING. LAPSE
palledigaeth, *n.f.* PERDITION. FAILURE
pallu, *v.* REFUSE. FAIL. LACK. CEASE
pam, *ad.* WHY. WHEREFORE
pâm, (pamau), *n.m.* GARDEN BED
pamffled, (-i, -au), *n.m.* ⎤
pamffledyn, *n.m.* ⎦ PAMPHLET
pampas, *n.m.* PAMPAS
pan, *c.* WHEN
  a. FULLING, FULLED
pân, *n.m.* FULLED-CLOTH. FUR
pancosen, (pancos), *n.f.* PANCAKE
pancreas, *n.m.* PANCREAS
pandy, (-dai), *n.m.* FULLING-MILL
panel, (-i), *n.m.* PANEL
panelog, *a.* PANELLED
panig, *a. & n.m.* PANIC
panlogiaeth, *n.m.* PANLOGISM
panlwch, *n.m.* POUNCE
pannas, (*panasen, n.f.*), *n.pl.* PARSNIPS
pannu, *v.* FULL (CLOTH)
pannwl, (panylau), *n.m.* HOLLOW.
  DIMPLE
pannwr, (panwyr), *n.m.* FULLER
panorama, (-âu), *n.m.* PANORAMA
pant, (-iau), *n.m.* HOLLOW. VALLEY.
  DENT
pantio, *v.* DENT. DEPRESS
pantiog, *a.* HOLLOW. DIMPLED
pantle, (-oedd), *n.m.* HOLLOW
pantomeim, (-au), *n.m.f.* PANTOMIME
pantos, *n.pl.* PANTIES
pantri, *n.m.* PANTRY

pantheistiaeth, *n.f.* PANTHEISM
papur, (-au), *n.m.* PAPER
  papur gwrthsaim, GREASEPROOF
  PAPER
  papur gwydrog/swnd, SAND PAPER
  papur sugno, BLOTTING PAPER
papurach, *n.m.* BUMPH
papurfrwyn, (-en, *n.f.*), *n.pl.* PAPYRI
papuro, *v.* PAPER
papurwr, (-wyr), *n.m.* PAPERER
pâr, (parau), *n.m.* PAIR. SUIT. PAR
para, *v.* CONTINUE. LAST. ENDURE
parabl, (-au), *n.m.* SPEECH. UTTERANCE.
  SAYING
parablu, *v.* SPEAK
paradeim, (-au), *n.m.* PARADIGM
paradocs, (-au), *n.m.* PARADOX
paradocsaidd, *a.* PARADOXICAL
paradwys, *n.f.* PARADISE
paradwysaidd, *a.* PARADISEAN
paraffin, *n.m.* PARAFFIN
paragraff, (-au), *n.m.* PARAGRAPH
paralacs, *n.m.* PARALLAX
paralel, (-au), *n.m. & a.* PARALLEL
paralelogram, (-au), *n.m.*
  PARALLELOGRAM
paratoad, (-au), *n.m.* PREPARATION
paratoawl, *a.* PREPARATORY
paratoi, *v.* PREPARE. GET READY
parau, *n.pl.* DOUBLES
parc, (-iau), *n.m.* PARK. FIELD
parcdir, (-oedd), *n.m.* PARKLAND
parcio, *v.* PARK
parch, *n.m.* RESPECT. REVERENCE
parchedig, *a.* REVEREND. REVERENT
parchedigaeth, *n.f.* REVERENCE
parchu, *v.* RESPECT. REVERE
parchus, *a.* RESPECTABLE. RESPECTFUL
parchusrwydd, *n.m.* RESPECTABILITY
pardwn, (-ynau), *n.m.* PARDON
pardynu, *v.* PARDON
pardynwr, (-wyr), *n.m.* PARDONER
parddu, *n.m.* SOOT. FIRE-BLACK
pardduo, *v.* VILIFY. BLACKEN
parechelin, *a.* PARAXIAL
pared, (parwydydd), *n.m.* PARTITION.
  WALL
parêd, (paredau), *n.m.* PARADE
paredd, *n.m.* PARITY
parhad, (-au), *n.m.* CONTINUATION
parhaol, *a.* PERPETUAL. LASTING
parhau, *v.* CONTINUE. LAST. ENDURE
parhaus, *a.* PERPETUAL. LASTING.
  CONTINUAL

pario, *v.* PARRY
parlwr, (-yrau), *n.m.* PARLOUR
parlys, *n.m.* PARALYSIS
  parlys mud, APOPLEXY
parlysol, *a.* PARALYSING
parlysu, *v.* PARALYSE
parod, *a.* READY. WILLING. PREPARED
parodi, (-ïau), *n.m.* PARODY
parodïo, *v.* PARODY
parodrwydd, *n.m.* READINESS.
  WILLINGNESS
parôl, (-ion), *n.m.* PAROLE
parsel, (-i, -au), *n.m.* PARCEL
parti, (-ïon), *n.m.* PARTY
partïaeth, *n.f.* PARTISANSHIP
partïol, *a.* PARTISAN. PARTIAL
partisán, *n.m.* PARTISAN
partner, (-iaid), *n.m.* PARTNER
partneriaeth, (-au), *n.f.* PARTNERSHIP
parth, (-au), *n.m.* PART. DISTRICT. FLOOR.
  HEARTH
parthed, *prp.* ABOUT. CONCERNING
parthu, *v.* DIVIDE. SEPARATE. SHED
paru, *v.* PAIR. MATE
parwyden, (-nau), *n.f.* PARTITION. SIDE
pâs, *n.m.* WHOOPING-COUGH
pás, (pasys, -iau), *n.f.* PASS
Pasg, *n.m.* PASSOVER. EASTER
pasgedig, *a.* FATTED. FATTENED
pasiant, (-iannau), *n.m.* PAGEANT
pasio, *v.* PASS. SURPASS
past, (-au), *n.m.* PASTE
pasta, *n.m.* PASTA
pastai, (-eiod), *n.f.* PASTY. PIE
pasteiwr, (-wyr), *n.m.* PASTRY-COOK
pasten, (-ni), *n.f.* PASTY
pasteuredig, *a.* PASTEURIZED
pasteuro, *v.* PASTEURIZE
pastio, *v.* PASTE
pastwn, (-ynau), *n.m.* CLUB. CUDGEL.
  STAFF
pastynfardd, (-feirdd), *n.m.* POETASTER
pastynu, *v.* CLUB. CUDGEL
paté, *n.m.* PATÉ
pati, (-au), *n.m.* PATTY
patio, *n.m.* PATIO
patriarch, (-iaid, patrieirch), *n.m.*
  PATRIARCH
patriarchaidd, *a.* PARTRIARCHAL
patrôl, (-au), *n.m.* PATROL
patroleg, *n.m.* PATROLOGY
patrolio, *v.* PATROL
patrwm, (-ymau), *n.m.* PATTERN

patrymlun, (-iau), *n.m.* TEMPLATE
patrymog, *a.* PATTERNED
patrymu, *v.* PATTERN
pathew, (-od), *n.m.* DORMOUSE
patholeg, *n.f.* PATHOLOGY
patholegol, *a.* PATHOLOGICAL
patholegydd, (-egwyr), *n.m.*
    PATHOLOGIST
pau, (peuoedd), *n.f.* COUNTRY. LAND
paun, (peunod), *n.m.* PEACOCK
pawb, *pn.* EVERYBODY. ALL
pawen, (-nau), *n.f.* PAW
pawennu, *v.* PAW
pawl, (polion), *n.m.* POLE. POST. STAKE
pe, *c.* IF
pecaid, (-eidiau), *n.m.* PECK
pectin, *n.m.* PECTIN
pecyn, (-nau), *n.m.* PACKET. PACKAGE
pechadur, (-iaid), *n.m.* SINNER
pechadurus, *a.* SINFUL. WICKED
pechadurusrwydd, *n.m.* SINFULNESS
pechod, (-au), *n.m.* SIN
pechu, *v.* SIN
ped, *c.* IF
pedair, *a.* f. of *pedwar*
pedal, (-au), *n.m.* PEDAL
pedeiran, *n.f.* ONE-FOURTH
pedestal, *n.m.* PEDESTAL
pedestrad, (-iaid), *n.m.* PEDESTRIAN
pedler, (-iaid), *n.m.* PEDLAR
pedol, (-au), *n.f.* SHOE. HEEL-TIP
pedoli, *v.* SHOE
pedrain, (-einiau), *n.f.* CRUPPER.
    HAUNCHES
pedrant, (-annau), *n.m.* QUADRANT
pedrochr, (-au), *a. & n.f.*
    QUADRILATERAL
pedrongl, *a.* SQUARE. QUADRILATERAL
    (-au), *n.f.* SQUARE. QUADRILATERAL
pedrwpl, *a.* QUADRUPLE
pedrwplet, (-au), *n.m.* QUADRUPLET
pedryfan, *a.* FOUR-CORNERED
    (-noedd), *n.m.* FOUR QUARTERS
pedwar, *a.* FOUR
pedwarawd, (-au), *n.m.* QUARTETTE
pedwarcarnol, (-ion), *a.* QUADRUPED
pedwarplyg, *a.* QUARTO. FOURFOLD
peddestr, *n.m.* PEDESTRIAN
pefr, *a.* RADIANT. BRIGHT
pefredd, *n.m.* RADIANCE. BRIGHTNESS
pefren, (-nod), *n.f.* BELLE
pefrio, *v.* RADIATE. SPARKLE
pefriol, *a.* SPARKLING

peg, (-iau), *n.m.* PEG
pegol, (-ion), *n.m.* BRADAWL
pegor, (-au), *n.m.* MANIKIN. IMP. DWARF
pegwn, (-ynau), *n.m.* POLE. PIVOT.
    CHUCK
pegynol, *a.* POLAR. AXIAL
peidiad, (-au), *n.m.* CESSATION
peidio, *v.* CEASE. STOP. DESIST
peilennwr, (-enwyr), *n.m.* SOUTH-PAW
peilon, (-au), *n.m.* PYLON
peilot, (-iaid), *n.m.* PILOT
peillgod, (-au), *n.f.* POLLEN SAC
peillio, *v.* BOLT. SIFT. POLLINATE
peint, (-iau), *n.m.* PINT
peintiad, (-au), *n.m.* PAINTING
peintio, *v.* PAINT
peintiwr, (-wyr), *n.m.* PAINTER
peipio, *v.* PIPE
peiran, (-nau), *n.m.* CIRQUE. CWM
peirianneg, *n.f.* ENGINEERING
peiriannol, *a.* MECHANICAL. MACHINE-
peiriannwr, **-ydd**, (-nwyr), *n.m.*
    ENGINEER
peiriant, (-iannau), *n.m.* ENGINE.
    MACHINE
    peiriant adio, ADDING MACHINE
    peiriant golchi, WASHING MACHINE
    peiriant jet, JET ENGINE
peirianwaith, *n.m.* MECHANISM.
    MACHINERY
peiswellt, (-yn, *n.m.*), *n.pl.* FESCUES
peiswyn, *n.m.* CHAFF
peithin, *n.f.* SLAY. REED
peithwydd, *n.pl.* WEAVER'S REEDS
peithyn(en), (-ynau), *n.m.* RIDGE-TILE.
    SHINGLE
pêl, (peli, -au), *n.f.* BALL
    pêl farw, DEAD BALL
    pêl traeth, BEACH BALL
pelawd, (-au), *n.f.* OVER (CRICKET)
peledu, *v.* BOMBARD
pelen, (-ni, -nau), *n.f.* PILL. PELLET.
    BALL
pêl-fasged, *n.f.* BASKET-BALL
pelferyn, (-nau), *n.m.* BALL-BEARING
pelfis, (-au), *n.m.* PELVIS
pêl-law, *n.f.* HAND-BALL
pelmet, (-au), *n.m.* PELMET
pelras, (-i), *n.f.* BALLRACE
pêl-r(h)wyd, *n.f.* NETBALL
pelten, (pelts), *n.f.* BLOW
pelwr, (-wyr), *n.m.* BALL-PLAYER

pelydr, (-au), *n.m.* RAY, BEAM
pelydriad, (-au), *n.m.* RADIATION
pelydrol, *a.* RADIANT, SHINING
pelydru, *v.* GLEAM, RADIATE
pelydrydd, *n.m.* RADIATOR
pelydryn, (pelydrau), *n.m.* RAY, BEAM
pell, *a.* FAR, DISTANT, LONG, REMOTE
pellen, (-ni, -nau), *n.f.* BALL (OF YARN)
pellennig, *a.* FAR, DISTANT, REMOTE
pellhad, *n.m.* REMOVAL TO A DISTANCE
pellhau, *v.* MOVE FARTHER
pellter, (-au, -oedd), *n.m.* DISTANCE
pen, (-nau), *n.m.* HEAD, CHIEF, END, TOP,
  MOUTH
penadur, (-iaid), *n.m.* SOVEREIGN
penaduriaeth, *n.f.* SOVEREIGNTY
penagored, *a.* WIDE OPEN, UNDECIDED
penaig, *n.m.* CHIEF, LEADER
penarglwyddiaeth, *n.f.* SOVEREIGNTY
penbaladr, *a.* GENERAL, UNIVERSAL
penben, *ad.* AT LOGGERHEADS
penbleth, *n.f.* DOUBT, PERPLEXITY
pen-blwydd, (-i), *n.m.* BIRTHDAY
penboeth, *a.* HOT-HEADED, FANATICAL
penboethni, *n.m.* FANATICISM
penboethyn, (-boethiaid), *n.m.*
  EXTREMIST, FANATIC, HOTHEAD
penbwl, (-byliaid), *n.m.* BLOCKHEAD,
  TADPOLE, BULLHEAD
pencadlys, (-oedd), *n.m.*
  HEADQUARTERS
pencampwr, (-wyr), *n.m.* CHAMPION
pencampwriaeth, (-au), *n.f.*
  CHAMPIONSHIP
pencawna, *v.* DALLY, WASTE TIME
pencerdd, (-ceirddiaid), *n.m.* CHIEF
  MUSICIAN, CHIEF POET
pencynydd, (-ion), *n.m.* CHIEF
  HUNTSMAN
penchwiban, *a.* FLIGHTY, LIGHT-HEADED
penchwidr, *a.* GIDDY, WILD, RASH
pendant, *a.* POSITIVE, DEFINITE, EMPHATIC
pendantrwydd, *n.m.* POSITIVENESS,
  DECISIVENESS
pendefig, (-ion), *n.m.* PRINCE, PEER,
  NOBLEMAN
pendefigaeth, (-au), *n.f.* ARISTOCRACY,
  PEERAGE
pendefigaidd, *a.* ARISTOCRATIC, NOBLE
pendefiges, (-au), *n.f.* PEERESS
penderfyniad, (-au), *n.m.* RESOLUTION,
  DETERMINATION
penderfyniaeth, *n.f.* DETERMINISM

penderfyniedydd, *n.m.* DETERMINIST
penderfynol, *a.* RESOLUTE, DETERMINED
penderfynu, *v.* DECIDE, DETERMINE, RESOLVE
penderfynydd, (-ion), *n.m.*
  DETERMINANT
pendew, *a.* STUPID, THICK-HEADED
pendifadu, *v.* STUN, DISTRACT
pendifaddau, *ad.* VERILY
pendil, (-iau), *n.m.* PENDULUM
pendoll, *a.* HEAD FULL OF HOLES
pendramwnwgl, *a.* HEADLONG,
  TOPSYTURVY
pendrant, (-au), *n.m.* QUADRANT
pendraphen, *a.* CONFUSED, HELTER-
  SKELTER
pendrawst, (-iau), *n.m.* ARCHITRAVE
pendro, *n.f.* GIDDINESS, STAGGERS
pendroni, *v.* WORRY, PERPLEX ONESELF
pendrwm, *a.* TOP-HEAVY, DROWSY,
  IMPROPER (FRACTION)
pendrymu, *v.* DOZE, DROOP, NOD
pendwmpian, *v.* NOD, SLUMBER, DOZE
penddar(edd), *n.m.* GIDDINESS
penddaru, *v.* MAKE OR BECOME GIDDY
penddelw, (-au), *n.f.* BUST
pendduyn, (-nod), *n.m.* BOIL,
  BLACKHEAD
penelin, (-oedd), *n.m.f.* ELBOW
penfar, (-au), *n.m.* MUZZLE
penfoel, *a.* BALD-HEADED
penfras, (-au), *n.m.* COD
penffestr, (-au), *n.m.* HALTER
penffrwyn, (-au), *n.m.* MUZZLE, HALTER,
  HEAD-STALL
pengaled, *a.* HEADSTRONG, STUBBORN
  n.f. KNAPWEED
pengaledwch, *n.m.* STUBBORNNESS
pen-glin, (-iau), *n.f.* KNEE
penglog, (-au), *n.f.* SKULL
pengryniad, (-iaid), *n.m.* ROUND-HEAD
penhwyad, (-hwyaid), *n.m.* PIKE
penigamp, *a.* SPLENDID, EXCELLENT
peniad, (-au), *n.m.* HEADER
peniant, (-nnau), *n.m.* FIXTURE
penio, *v.* HEAD
peniog, *a.* CLEVER
penisel, *a.* DOWNCAST
penisilin, *n.m.* PENICILLIN
pen-lin, (-iau), *n.f.* KNEE
penlinio, *v.* KNEEL
penllâd, *n.m.* SUPREME GOOD
penllanw, (-au), *n.m.* HIGH WATER, PEAK
penllawr, (-lloriau), *n.m.* BING,
  FEEDING-PASSAGE

penllinyn, (-nau), *n.m.* CLUE
penllwyd, (-ion), *a.* GREY-HEADED
  n.m. SEWIN
penllwydni, *n.m.* GREY HAIR, WHITE HAIR
penllywydd, (-ion), *n.m.* SOVEREIGN
pennaeth, (penaethiaid), *n.m.* CHIEF
pennaf, *a.* CHIEF, PRINCIPAL
pennawd, (penawdau), *n.m.* HEADING,
  HEADLINE
pennill, (penillion), *n.m.* STANZA, VERSE
pennod, (penodau), *n.f.* CHAPTER
pennoeth, *a.* BARE-HEADED
pennog, (penwaig), *n.m.* HERRING
pennor, (penorau), *n.m.* WICKET,
  MUZZLE
pennu, *v.* APPOINT, DETERMINE, SPECIFY
penodedig, *a.* PRESCRIBED
penodi, *v.* APPOINT
penodiad, (-au), *n.m.* APPOINTMENT
penodol, *a.* PARTICULAR, SPECIAL
penoriad, (-iaid), *n.m.* PREFECT
penrhif, (-au), *n.m.* PRINCIPAL VALUE
penrhydd, *a.* LOOSE, WILD
  mesur penrhydd, VERS LIBRE
penrhyddid, *n.m.* LICENCE
penrhyddyn, *n.m.* LIBERTINE
penrhyn, (-nau, -noedd), *n.m.* CAPE,
  FORELAND
pensaer, (-seiri), *n.m.* ARCHITECT
pensaernïaeth, *n.f.* ARCHITECTURE,
  ARCHITECTONICS
pensaernïol, *a.* ARCHITECTURAL
pensafiad, *n.m.* HEADSTAND
pensil, (-iau), *n.m.* PENCIL
pensiwn, (-iynau), *n.m.* PENSION
pensiynwr, (-wyr), *n.m.* PENSIONER
pensyfrdan, *a.* STUNNED, DAZED
pensyfrdandod, *n.m.* BEWILDERMENT,
  GIDDINESS
pensyfrdanu, *v.* DAZE, BEWILDER, STUN
pensyndod, *n.m.* TWIN-LAMB DISEASE
pensynnu, *v.* BROOD, MUSE, DAY-DREAM
pensyth, *a.* PERPENDICULAR
pentan, (-au), *n.m.* HOB, CHIMNEY-
  CORNER
pentagon, (-au), *n.m.* PENTAGON
pentatonig, *a.* PENTATONIC
penteulu, *n.m.* HEAD OF FAMILY
pentewyn, (-ion), *n.m.* FIREBRAND
pentir, (-oedd), *n.m.* HEADLAND
pentis, *n.m.* PENTHOUSE
pentocsid, *n.m.* PENTOXIDE
pentref, (-i, -ydd), *n.m.* VILLAGE

pentrefan, (-nau), *n.m.* HAMLET
pentrefol, *a.* VILLAGE
pentrefwr, (-wyr), *n.m.* VILLAGER
pentwr, (-tyrrau), *n.m.* HEAP, MASS, PILE
penty, (-tai), *n.m.* COTTAGE, SHED
pentyrru, *v.* HEAP, AMASS
penuchel, *a.* PROUD, HAUGHTY
penwan, *a.* WEAK-HEADED, GIDDY
penwar, (-au), *n.m.* HEAD-STALL,
  MUZZLE
penwendid, *n.m.* WEAKNESS OF HEAD
penwisg, (-oedd), *n.f.* HEAD-DRESS
penwmbra, (-e), *n.m.* PENUMBRA
penwyn, *a.* WHITE-HEADED
penwynni, *n.m.* WHITE HAIR, GREY HAIR
penyd, (-iau), *n.m.* PENANCE
penydfa, (-oedd, -feydd), *n.f.*
  PENITENTIARY
penydiadur, *n.m.* PENITENTIAL
penydiol, *a.* PENAL
penydiwr, (-wyr), *n.m.* PENITENT,
  TORMENTOR
penyd-wasanaeth, *n.f.* PENAL SERVITUDE
penysgafn, *a.* GIDDY, DIZZY
penysgafnder, *n.m.* GIDDINESS, DIZZINESS
pepton, *n.m.* PEPTONE
pêr, *a.* SWEET, DELICIOUS
peraidd, *a.* SWEET, MELODIOUS
perarogl, (-au), *n.m.* PERFUME, AROMA,
  SCENT
perarogli, *v.* PERFUME, EMBALM
peraroglus, *a.* FRAGRANT, SCENTED
percoladur, (-on), *n.m.* PERCOLATOR
perchen, -nog, (perchenogion), *n.m.*
  OWNER, PROPRIETOR
perchenogaeth, (-au), *n.f.* OWNERSHIP
perchenogi, *v.* OWN
perchentyaeth, *n.f.* HOSPITALITY
perchentywr, (-wyr), *n.m.*
  HOUSEHOLDER
perchi, *v.* RESPECT
pereidd-dra, *n.m.* SWEETNESS
pereiddio, *v.* SWEETEN
peren, (pêr), *n.f.* PEAR
pererin, (-ion), *n.m.* PILGRIM
pererindod, (-au), *n.m.f.* PILGRIMAGE
pererindota, *v.* GO ON A PILGRIMAGE
perfedd, (-ion), *n.m.* GUTS, ENTRAILS,
  MIDDLE
  perfedd nos, DEAD OF NIGHT
perfeddwlad, (-wledydd), *n.f.* INTERIOR,
  HEARTLAND
perfeddyn, (perfeddion), *n.m.* GUT

perffaith, *a.* PERFECT, IDEAL
perffeithiaeth, *n.f.* PERFECTIONISM
perffeithio, *v.* PERFECT
perffeithrwydd, *n.m.* PERFECTION
perffeithydd, (-ion), *n.m.* PERFECTER
perfforadur, (-on), *n.m.* PERFORATOR
perfformiad, (-au), *n.m.* PERFORMANCE
perfformio, *v.* PERFORM
perfformiwr, (-wyr), *n.m.* PERFORMER
peri, *v.* CAUSE, BID
perifferal, *a.* PERIPHERAL
periglor, (-ion, -iaid), *n.m.* PRIEST,
    INCUMBENT
perigloriaeth, *n.f.* INCUMBENCY
perimedr, (-au), *n.m.* PERIMETER
peripatetig, *a.* PERIPATETIC
perisgop, (-au), *n.m.* PERISCOPE
perl, (-au), *n.m.* PEARL
perlewyg, (-on), *n.m.* TRANCE, ECSTASY
perlog, *a.* PEARLY
perlysiau, *n.pl.* SPICES
perlysiog, *a.* SPICY
perllan, (-nau), *n.f.* ORCHARD
perllys, *n.m.* PARSLEY
permitifedd, *n.m.* PERMITIVITY
perocsid, (-au), *n.m.* PEROXIDE
perori, *v.* MAKE MELODY
peroriaeth, *n.f.* MELODY, MUSIC
perpendicwlar, (-au), *n.m.* & *a.*
    PERPENDICULAR
persain, *a.* MELODIOUS, SWEET,
    EUPHONIOUS
    n.f. EUPHONY
persawr, (-au), *n.m.* FRAGRANCE,
    PERFUME
persbecs, *n.m.* PERPEX
persbectif, (-au), *n.m.* PERSPECTIVE
perseinedd, *n.m.* EUPHONY
perseiniol, *a.* MELODIOUS
persli, *n.m.* PARSLEY
person, (-au), *n.m.* PERSON
    (-iaid), *n.m.* PARSON,
    CLERGYMAN
personadu, *v.* IMPERSONATE
personadwr, (-wyr), *n.m.*
    IMPERSONATOR
persondy, (-dai), *n.m.* PARSONAGE
personiaeth, *n.f.* BENEFICE
personol, *a.* PERSONAL
personoli, *v.* PERSONIFY
personoliad, (-au), *n.m.*
    PERSONIFICATION
personoliaeth, (-au), *n.f.* PERSONALITY

personolwr, (-wyr), *n.m.* IMPERSONATOR
personolydd, *n.m.* PERSONALIST
perswâd, *n.m.* PERSUASION
perswadio, *v.* PERSUADE
pert, *a.* PRETTY, QUAINT, PERT
pertrwydd, *n.m.* PRETTINESS
perth, (-i), *n.f.* HEDGE, BUSH
perthnasedd, (-au), *n.m.* RELATIVITY,
    RELEVANCE
perthnaseddol, *a.* RELATIVISTIC
perthnasiad, (-au), *n.m.* AFFILIATION
perthnasol, *a.* RELEVANT
perthnasolaeth, *n.f.* RELATIVISM
perthnasolrwydd, *n.m.* RELATIVITY
perthyn, *v.* BELONG, BE RELATED, PERTAIN
perthynas, (-au), *n.f.* RELATION,
    RELATIONSHIP, RELATIVE
perthynasol, *a.* RELEVANT
perthynol, *a.* RELATIVE, RELATED
perwig, (-au), *n.f.* PERIWIG, WIG
perwyl, *n.m.* PURPOSE, EFFECT
perygl, (-on), *n.m.* DANGER, PERIL
peryglu, *v.* ENDANGER
peryglus, *a.* DANGEROUS, PERILOUS
pes, *c.* IF ... IT, HEM, HER, THEM
pesgi, *v.* FATTEN, FEED
pesimist, (-iaid), *n.m.* PESSIMIST
pesimistaidd, *a.* PESSIMISTIC
pesimistiaeth, *n.f.* PESSIMISM
pestl, (-au), *n.m.* PESTLE
peswch, *v.* & *n.m.*   ⎫
pesychiad, (-au), *n.m.* ⎬ COUGH
pesychu, *v.* COUGH   ⎭
petai, *v.* IF IT WERE
petal, (-au), *n.m.* PETAL
petris, (-en, *n.f.*), *n.pl.* PARTRIDGES
petrocemegolau, *n.pl.* PETROCHEMICALS
petrol, (-au), *n.m.* PETROL
petroleg, *n.m.f.* PETROLOGY
petrual, *n.m.* & *a.* SQUARE, RECTANGLE
petrus, *a.* HESITATING, DOUBTFUL
petruso, *v.* HESTITATE, DOUBT
petruster, *n.m.* HESITATION, DOUBT
petryal, *n.m.* & *a.* SQUARE, RECTANGLE
peth, (-au), *n.m.* THING, PART, SOME
petheuach, *n.pl.* ODDS AND ENDS,
    TRIFLES
peunes, (-od), *n.f.* PEAHEN
peuo, *v.* PANT, PUFF, BELLOW
pi, pia, (pïod), *n.f.* MAGPIE
piano, (-s), *n.m.f.* PIANO
pianydd, (-ion), *n.m.* PIANIST
piau, *v.* OWN

pib, (-au), *n.f.* PIPE, DUCT, TUBE,
  DIARRHOEA
pibell, (-au, -i), *n.f.* PIPE, TUBE
pibgorn, (-gyrn), *n.m.* RECORDER
pibo, *v.* PIPE, SQUIRT
pibonwy, (-en, *n.f.*), *c.n.* ICICLES
pibydd, (-ion), *n.m.* PIPER
pica, *a.* POINTED, SHARP
picas, (-au), *n.m.f.* PICKAXE
picedu, *v.* PICKET
picedwr, (-wyr), *n.m.* PICKET
picell, (-au), *n.f.* DART, LANCE, SPEAR
picellu, *v.* SPEAR, STAB
picen, (picau), *n.f.* BUN
picfforch, (-ffyrch), *n.f.* PITCHFORK
pic(i)l, *n.m.* PICKLE, TROUBLE
picio, *v.* DART, HURRY, MOVE QUICKLY
piclo, *v.* PICKLE
pictiwr, (-tiyrau), *n.m.* PICTURE
picyn, (-nau), *n.m.* NOGGIN, PAIL
pier, (-i), *n.m.* PIER
piff, (-iau), *n.m.* PUFF
pig, (-au), *n.f.* POINT, BEAK, SPIRE, SPOUT
pigan, *v.* BEGIN TO RAIN, etc.
pigdwr, (-dyrau), *n.m.* SPIRE, STEEPLE
pigfain, *a.* TAPERING, POINTED
pigiad, (-au), *n.m.* PRICK, STING,
  INJECTION
pigiadu, *v.* INJECT
pigion, *n.pl.* SELECTIONS, PICKINGS
piglas, *a.* PALE-FACED, BLUE
pigmi, (ïaid), *n.m.* PYGMY
pigo, *v.* PICK, STING, PRICK, PECK
pigodyn, (-nau), *n.m.* PIMPLE
pigog, *a.* PRICKLY, SPINY, IRRITABLE
pigoglys, *n.m.* SPINACH
pigwrn, (-yrnau), *n.m.* CONE, PINNACLE
pigyn, (-nau), *n.m.* CONE, PINNACLE, PEAK,
  THORN, TIP, STITCH
pilaster, (-au), *n.m.* PILASTER
pilcod, (-yn, *n.m.*), *n.pl.* MINNOWS
pilen, (-nau), *n.f.* FILM, SKIN, CUTICLE,
  MEMBRANE
piler, (-au, -i), *n.m.* PILLAR, STILT
pilio, *v.* PEEL, PARE
pilion, *n.pl.* PEELINGS
pili-pala, *n.m.* BUTTERFLY
pilsen, (pils), *n.f.* PILL
pilsiard, *n.m.* PILCHARD
pilyn, (-nau), *n.m.* GARMENT, RAG
pill, (-ion), *n.m.* BIT OF POETRY, SNATCH
  OF SONG
pillwydd, *n.pl.* DRY WOOD

pin, (-nau), *n.m.* PIN, BOBBIN, PEN
pin cau, SAFETY PIN
pin llanw, FOUNTAIN PEN
pin gwasgu, DRAWING PIN
pîn, *n.m.* PINE
pinacl, (-au), *n.m.* PINNACLE
pinafal, (-au), *n.m.* PINEAPPLE
pinbwyntio, *v.* PINPOINT
pinc, *a.* PINK
  (-od), *n.m.* CHAFFINCH
pincas, *n.m.* PIN-CUSHION
pincio, *v.* PINK, TITIVATE
pincws, (-cysau), *n.m.* PINCUSHION
pindwll, (-dyllau), *n.m.* PIN-HOLE
piner, *n.m.* PINAFORE
pinio, *v.* PIN
piniwn, (piniynau), *n.m.* OPINION, PINE-
  END
pinsiad, (-au), *n.m.* PINCH
pinsio, *v.* PINCH
pinwydden, *n.f.* PINE TREE
pioden, (pïod), *n.f.* MAGPIE
piogenig, *a.* PYOGENIC
piped, (-au), *n.m.* PIPETTE
pipo, *v.* PEEP
pirŵet, *n.m.* PIROUETTE
piser, (-au, -i), *n.m.* PITCHER, CAN, JUG
piso, *v.* URINATE
  n.m. URINE
piston, (-au), *n.m.* PISTON
pistyll, (-oedd), *n.m.* SPOUT, CATARACT
pistyllio, -u, *v.* SPOUT, GUSH
pisyn, (-nau), *n.m.* PIECE, SHOW-GIRL
piti, *n.m.* PITY
pitïo, *v.* PITY
pitsio, *v.* PITCH
pitw, *a.* PUNY, PETTY, PALTRY
piw, (-od), *n.m.* UDDER
piwiaid, *n.pl.* GNATS
piwis, *a.* PEEVISH
piwr, *a.* KIND, FINE
Piwritan, (-iaid), *n.m.* PURITAN
piwritanaidd, *a.* PURITAN(ICAL)
piwritaniaeth, *n.f.* PURITANISM
piwter, -ar, *n.m.* PEWTER
pizza, *n.m.* PIZZA
pla, (plâu), *n.m.f.* PLAGUE, NUISANCE
plac, (-iau), *n.m.* PLAQUE
plad, (-iau), *n.m.* PLAID
pladur, (-iau), *n.f.* SCYTHE
pladuro, *v.* SCYTHE
plaen, *a.* PLAIN, CLEAR
  (-iau), *n.m.* PLANE

plaender, -dra, *n.m.* PLAINNESS
plaengan, *n.f.* PLAINSONG
plaenio, *v.* PLANE
plagio, *v.* TORMENT, TEASE
plagus, *a.* ANNOYING, TROUBLESOME
plaid, (pleidiau), *n.f.* PARTY, FACTION, SIDE
plaleiddiad, *n.m.* PESTICIDE
plân, (planau), *n.m.* PLANE
plan, (-nau), *n.m.* PLAN
planar, *a.* PLANAR
planc, (-iau), *n.m.* PLANK, BOARD, BAKESTONE
  bara planc, PLANK BREAD
planced, (-i), *n.f.* BLANKET
plancton, (-au), *n.pl.* PLANKTON
planed, (-au), *n.f.* PLANET, DISEASE
planedol, *a.* PLANETARY
planetsygn, *n.m.* ZODIACAL SIGN
planhigfa, (-feydd), *n.f.* PLANTATION
planhigion, *n.pl.* FLORA
planhigyn, (-higion), *n.m.* PLANT
plannu, *v.* PLANT, IMBED
plant, (*plentyn, n.m.*), *n.pl.* CHILDREN
  plant isnormal, SUBNORMAL CHILDREN
  plant dan anfantais, HANDICAPPED CHILDREN
  plant olgynyddol, RETARDED CHILDREN
  plant araf, BACKWARD CHILDREN
planta, *v.* BEGET CHILDREN
plantos, *n.pl.* (LITTLE) CHILDREN
plas, (-au), *n.m.* MANSION, PALACE
plasma, (-u), *n.m.* PLASMA
plastig, (-ion), *n.m. & a.* PLASTIC
plastr, (-au), *n.m.* PLASTER
plastro, *v.* PLASTER
plasty, (-tai), *n.m.* MANSION
plât, (platiau), *n.m.* PLATE
plater, *n.m.* PLATTER
platinwm, *n.m.* PLATINUM
platio, *v.* PLATE
platŵn, (-tynau), *n.m.* PLATOON
platwydr, *n.m.* PLATE-GLASS
ple, (pledion), *n.m.* PLEA
plediad, (-au), *n.m.* PLEADING
pledio, *v.* ARGUE, PLEAD
pledren, (-ni, -nau), *n.f.* BLADDER
pleidgarwch, *n.m.* PARTISANSHIP
pleidiaeth, *n.f.* ADVOCACY
pleidio, *v.* SUPPORT, FAVOUR
pleidiol, *a.* FAVOURABLE, PARTIAL

pleidiwr, (-wyr), *n.m.* SUPPORTER, PARTISAN
pleidlais, (-leisiau), *n.f.* VOTE, SUFFRAGE
pleidleisio, *v.* VOTE
pleidleisiwr, (-wyr), *n.m.* VOTER
plencyn, (planciau), *n.m.* PLANK
plentyn, (plant), *n.m.* CHILD
  plant hwyrgynnydd, LATE DEVELOPERS
  plant olgynnydd, RETARDED CHILDREN
plentyndod, *n.m.* CHILDHOLD, INFANCY
plentynnaidd, *a.* CHILDISH
plentynrwydd, *n.m.* CHILDISHNESS
pleser, (-au), *n.m.* PLEASURE
pleserdaith, (-deithiau), *n.f.* EXCURSION
pleserus, *a.* PLEASANT, PLEASURABLE
plesio, *v.* PLEASE
plet(en), (pletiau), *n.f.* PLEAT
pletio, *v.* PLEAT
pletiog, *a.* PLEATED
pleth(en), (plethi, -au), *n.f.* PLAIT
plethdorch, (-au), *n.f.* WREATH
plethu, *v.* PLAIT, WEAVE
plethwaith, (-weithiau), *n.m.* WATTLE
plethwrysgen, (-wrysg), *n.f.* WATTLE
plewra, (-e), *n.m.* PLEURA
plewrisi, *n.m.* PLEURISY
plicio, *v.* PLUCK, PEEL
plisgen, (-nau), *n.f.* SHELL, FILM
plisgo, *v.* SHELL, HULL
plisgyn, (plisg), *n.m.* SHELL, POD, CASE, CASING
plisman, -mon, (-myn), *n.m.* POLICEMAN
plismones, (-au), *n.f.* POLICEWOMAN
plith, *n.m.* MIDST
ploc(yn), (plociau), *n.m.* BLOCK
plocfa iâ, *n.f.* PACK-ICE
plod, *a. & n.m.* PLAID, TARTAN
ploryn, (-nod), *n.m.* PIMPLE
plot, (-iau), *n.m.* PLOT
pluen, (plu), *n.f.* ⎫
plufyn, (pluf), *n.m.* ⎭ FEATHER
plufio, *v.* ⎫
pluo, *v.* ⎭ PLUCK, PLUME
pluog, *a.* FEATHERED
  da pluog, POULTRY
plwc, (plyciau), *n.m.* PULL, JERK, WHILE, SPACE
plwg, (plygiau), *n.m.* PLUG
plwm, *n.m.* LEAD
  a. PLUMB, VERTICAL

plwmbago, *n.m.* PLUMBAGO
plws, *n.m.* PLUS
plwsh, *a.* PLUSH
plwtonig, *a.* PLUTONIC
plwtoniwm, *n.m.* PLUTONIUM
plwyf, (-i, -ydd), *n.m.* PARISH
plwyfo, *v.* SETTLE DOWN
plwyfol, *a.* PAROCHIAL
plwyfolion, (*-olyn*, *n.m.*), *n.pl.*
　PARISHIONERS
plwyfwas, (-weision), *n.m.* BEADLE
plwyn, **-edd**, *n.m.* PUBERTY
plycio, *v.* PLUCK
plyg, (-ion), *n.m.* FOLD. DOUBLE. SIZE (OF
　BOOK)
　a. FOLDED
plygain, *n.m.* COCK-CROW. DAWN. MATINS
plygeiniol, *a.* VERY EARLY
plygell, (-au), *n.m.* FOLDER
plygiad, (-au), *n.m.* FOLDING. FOLD
plygiannedd, *n.m.* REFRACTIVITY
plygiant, *n.m.* FOLDING. FLEXURE
plygio, *v.* PLUG
plygu, *v.* FOLD. BEND. STOOP. PLASH. BOW.
　SUBMIT
plymen, *n.f.* PLUMMET
plymiad, (-au), *n.m.* PLUNGE
plymio, *v.* PLUMB. DIVE
plymwr, (-wyr), *n.m.* PLUMBER
po, particle with the superlative
　pa fwyaf, THE GREATER
pob, *a.* EACH. EVERY. ALL. ROAST
pobi, *v.* BAKE. ROAST. TOAST
pobiad, (-au), *n.m.* BAKING
pobl, (-oedd), *n.f.* PEOPLE
poblog, *a.* POPULOUS
poblogaeth, (-au), *n.f.* POPULATION
poblogaidd, *a.* POPULAR
poblogeiddio, *v.* POPULARIZE
poblogi, *v.* POPULATE
poblogrwydd, *n.m.* POPULARITY
poblyddiaeth, *n.f.* POPULISM
pobwr, (-wyr), *n.m.* |
pobydd, (-ion), *n.m.* | BAKER
poced, (-i), *n.f.* POCKET
pocedu, *v.* POCKET
pocer, (-i, -au), *n.m.* POKER
poen, (-au), *n.m.f.* PAIN. AGONY. ACHE
poendod, (-au), *n.m.* TORMENT.
　NUISANCE
poenedigaeth, *n.f.* TORTURE. TORMENT
poeni, *v.* PAIN. WORRY. TEASE
poenus, *a.* PAINFUL

poenydio, *v.* TORTURE. TORMENT. FRET
poenydiwr, (-wyr), *n.m.* TORMENTOR
poer(i), *n.m.* SALIVA. SPITTLE
poergarthu, *v.* EXPECTORATE
poeri, *v.* SPIT
poeth, *a.* HOT. BURNING
poethder, *n.m.* HEAT. HOTNESS
poethdon, (-nau), *n.f.* HEATWAVE
poethi, *v.* HEAT
poethofanu, *v.* FORGE
pogrom, *n.m.* POGROM
pôl, (polau), *n.m.* POLE. POLL
polaredd, (-au), *n.m.* POLARITY
polareiddio, *v.* POLARISE
polareiddiad, *n.m.* POLARIZATION
polarimedr, (-au), *n.m.* POLARIMETER
polaru, *v.* POLARISE
polder, *n.m.* POLDER
polderu, *v.* EMPOLDER
poledd, (-au), *n.m.* POLE STRENGTH
polifynul, *n.m.* POLYVINYL
polio, *n.m.* POLIO
polipws, *n.m.* POLYPUS
polisi, (-ïau), *n.m.* POLICY
politbwro, *n.m.* POLITBURO
politechnig, (-au), *n.m.* POLYTECHNIC
politicaidd, *a.* POLITICAL
polo, *n.m.* POLO
polstri, *n.m.* UPHOLSTERY
polyffonig, *a.* POLYPHONIC
polygon, *n.m.* POLYGON
　polygon rhaff, FUNICULAR POLYGON
polyhedral, *a.* POLYHEDRAL
polyhedron, *n.m.* POLYHEDRON
polyn, *n.m.* POLE
polymer, *n.m.* POLYMER
polymorff, *a.* POLYMORPH
polymorffedd, *n.m.* POLYMORPHISM
polyp, (-au), *n.m.* POLYP
polypoid, *a.* POLYPOID
polystiren, *a.* POLYSTYRENE
polytop, *a.* POLYTOP
polythen, *n.m.* POLYTHENE
pôm, *n.m.* POME
pomgranad, (-au), *n.m.* POMEGRANATE
pompiwn, (-iynau), *n.m.* MELON.
　MARROW. PUMPKIN
pompon, *n.m.* POMPON
pompren, *n.f.* PLANK BRIDGE. FOOT-
　BRIDGE
ponc, (-iau), *n.f.* BANK. HILLOCK.
poncen, **-yn**, *n.f.m.* TUMP. GALLERY
ponciog, *a.* HUMMOCKY
ponsio, *v.* BUNGLE. MUDDLE

pont, (-ydd), *n.f.* BRIDGE
pontffordd, (-ffyrdd), *n.f.* FLY-OVER.
VIADUCT
pontio, *v.* BRIDGE. ARCH
pontreth, (-i), *n.f.* PONTAGE
pop, *n.m.* POP
popeth, *n.m.* EVERYTHING
poplys, (-*en*, *n.f.*), *n.pl.* POPLARS
poptu, *n.m.* ALL SIDES. EITHER SIDE
popty, (-tai), *n.m.* BAKEHOUSE. OVEN
porc, *n.m.* PORK
porchell, (perchyll), *n.m.* YOUNG PIG
porfa, (-feydd), *n.f.* PASTURE. GRASS
porfáu, *v.* GRAZE
porfelaeth, *n.f.* AGISTMENT (OF CATTLE).
PASTURAGE
porffor, *a.* & *n.m.* PURPLE
pori, *v.* GRAZE. BROWSE
pornograffiaeth, *n.m.* PORNOGRAPHY
porslen, *n.m.* PORCELAIN
porter, (-iaid), *n.m.* PORTER
portico, (-au), *n.m.* PORTICO
portread, (-au), *n.m.* PORTRAIT.
PORTRAYAL
portreadu, *v.* PORTRAY
porth, (pyrth), *n.m.* DOOR. PORCH. GATE
n.m. AID. SUPPORT. HELP
(pyrth), *n.f.* HARBOUR. FERRY
porth-awyr, (pyrth-awyr), *n.m.*
AIRPORT
porthcwlis, *n.m.* PORTCULLIS
porthfaer, (-feiri), *n.m.* PORT-REEVE
porthi, *v.* FEED
porthiannus, *a.* WELL-FED, HIGH-SPIRITED
porthiant, (-nnau), *n.m.* FOOD, FEED.
SUPPORT
porthladd, (-oedd), *n.m.* HARBOUR.
PORT. HAVEN
porthmon, (-myn), *n.m.* DROVER.
CATTLE-DEALER
porthmona, *v.* DEAL IN CATTLE
porthor, (-ion), *n.m.* PORTER.
COMMISSIONAIRE
porthoriaeth, *n.f.* PORTER'S OFFICE
pôs, (-au), *n.m.* RIDDLE. PUZZLE
posel, *n.m.* POSSET
posibilrwydd, *n.m.* POSSIBILITY
posibl, *a.* POSSIBLE
posid(i)ol, *a.* ⎫
positif, *a.* & *n.m.* ⎬ POSITIVE
positifiaeth, *n.f.* POSITIVISM
post, (pyst), *n.m.* POST. PILLAR
(-iau), *n.m.* POST. MAIL

poster, (-i), *n.m.* POSTER
postfarc, (-iau), *n.m.* POSTMARK
postio, *v.* POST
postman, **-on**, (postmyn), *n.m.*
POSTMAN
post-mortem, (-au), *n.m.* POST-MORTEM
postyn, (pyst), *n.m.* POST
pot, (-iau), *n.m.* POT
potas, *n.m.* POTASH
potasiwm, *n.m.* POTASSIUM
potel, (-i, -au), *n.f.* BOTTLE
potelu, *v.* BOTTLE
poten, (-ni), *n.f.* PUDDING. PAUNCH
potensial, (-au), *n.m.* & *a.* POTENTIAL
potensiomedr, (-au), *n.m.*
POTENTIOMETER
potes, (-i), *n.m.* POTTAGE. SOUP. BROTH
potio, *v.* POT. TIPPLE
potsiar, (-s), *n.m.* POACHER
potsio, *v.* POACH
potyn, (potiau), *n.m.* POT
pothell, (-au, -i), *n.f.* BLISTER
pothell waed, HAEMATOMA
pothellu, *v.* BLISTER
powd(w)r, (powdrau), *n.m.* POWDER
powdraidd, *a.* POWDERY
powl, **-en**, (powliau; -enni), *n.f.* BOWL.
BASIN
powlio, *v.* ROLL. TRUNDLE
powltis, (-au), *n.m.* POULTICE
powltri, *n.pl.* POULTRY
powndedd, *n.m.* POUNDAGE
powndio, *v.* IMPOUND
practis, *n.m.* PRACTICE
prae, *n.m.* PREY
praff, (preiffion), *a.* THICK. STOUT
praffter, *n.m.* THICKNESS. STOUTNESS
pragmatiaeth, *n.m.* PRAGMATISM
praidd, (preiddiau), *n.m.* FLOCK
pram, (-iau), *n.m.* PRAM
pranc, (-iau), *n.m.* PRANK. FROLIC
prancio, *v.* PRANCE. FROLIC
praw(f), (profion), *n.m.* TRIAL. TEST.
PROOF
ar brawf, ON PROBATION, ON TRIAL
prawf dawn, APTITUDE TEST
prawf moddion, MEANS TEST
prawf deallusrwydd, INTELLIGENCE
TEST
prawfamod, (-au), *n.m.* PROBATION
ORDER
prebend, *n.m.* PREBEND
prebendari, (-ïau), *n.m.* PREBENDARY

preblan, *v.* BABBLE. CHATTER
pregeth, (-au), *n.f.* SERMON. DISCOURSE
pregethu, *v.* PREACH
pregethwr, (-wyr), *n.m.* PREACHER
pregethwrol, *a.* PREACHER-LIKE
pregowthan, *v.* JABBER
preiddin, *n.m.* BOOTY, SPOIL
preiddiwr, (-wyr), *n.m.* HERDSMAN
preifat, (-iaid), *a.* & *n.m.* PRIVATE
preifatrwydd, *n.m.* PRIVITY, PRIVACY
preimin, (-iau), *n.m.* PLOUGHING MATCH
preimio, *v.* PRIME
preisaeth, *n.f.* PRISAGE
prelad, (-iaid), *n.m.* PRELATE
preladiaeth, *n.f.* PRELACY
preliwd, (-au), *n.m.* PRELUDE
premiwm, (-iymau), *n.m.* PREMIUM
pren, (-nau), *n.m.* TREE, WOOD. TIMBER
   pren haenog, PLY WOOD
prennaidd, *a.* WOODEN
prennog, *a.* WOODY
prentis, (-iaid), *n.m.* APPRENTICE
prentisiaeth, (-au), *n.f.* APPRENTICESHIP
prentisio, *v.* APPRENTICE
prepian, *v.* BLAB, GOSSIP
pres, (-ynnau), *n.m.* BRASS, BRONZE. MONEY, COPPERS
presant, (-au), *n.m.* PRESENT. GIFT
preseb, (-au), *n.m.* CRIB, STALL
presennol, *a.* & *n.m.* PRESENT
presenoldeb, *n.m.* PRESENCE. ATTENDANCE
presentiwr, *n.m.* PRECENTOR
preserfio, *v.* PRESERVE
preses, *n.m.* PRECES
presgripsiwn, (-iynau), *n.m.* PRESCRIPTION
preswylfa, (-feydd), *n.f.* ⎤
preswylfod, *n.m.*   ⎦ DWELLING
preswylio, *v.* DWELL, RESIDE, INHABIT
preswyliwr, (-wyr), *n.m.* ⎤
preswylydd, (-ion), *n.m.* ⎦ INHABITANT
presyddu, *v.* BRAZE
pric, (-iau), *n.m.* STICK, CHIP
pricio, *v.* PRICK
pricsiwn, *n.m.* LAUGHING-STOCK
prid, *a.* COSTLY, DEAR
pridiant, (-nnau), *n.m.* CHARGE
pridwerth, *n.m.* CHARGE, RANSOM
pridd, (-oedd), *n.m.* ⎤ SOIL, EARTH.
priddell, (-au), *n.f.* ⎦ GROUND
priddeg, *n.f.* PEDOLOGY

priddfaen, (-feini), *n.m.* BRICK
priddglai, *n.m.* LOAM
priddin, *a.* EARTHEN
priddlech, (-i, -au), *n.f.* TILE
priddlestr, (-i), *n.m.* EARTHENWARE VESSEL
pridd(i)o, *v.* EARTH, BURY
priddyn, *n.m.* EARTH. SOIL
prif, *a.* PRIME. CHIEF. MAJOR. MAIN. PRINCIPAL
prifardd, (-feirdd), *n.m.* CHIEF BARD
prifathro, (-athrawon), *n.m.* HEADMASTER. PRINCIPAL
prifddinas, (-oedd), *n.f.* CAPITAL
prifiant, (-nnau), *n.m.* GROWTH
prifio, *v.* GROW
prifodl, (-au), *n.f.* END-RHYME
prifol, (-ion), *n.m.* CARDINAL (NUMBER)
prifswm, (-symiau), *n.m.* CAPITAL. PRINCIPAL
prifustus, (-iaid), *n.m.* JUSTICIAR(Y)
prifweithwyr, *n.pl.* KEY-WORKERS
prifysgol, (-ion), *n.f.* UNIVERSITY
priffordd, (-ffyrdd), *n.f.* HIGHWAY
primaidd, *a.* PRIMARY
prin, *a.* RARE, SCARCE
   adv. SCARCELY, HARDLY
prinder, (-au), *n.m.* SCARCITY
prinhad, *n.m.* DIMINUTION
prinhau, *v.* GROW SCARCE, DIMINISH
print, (-iau), *n.m.* PRINT
printiedig, *a.* PRINTED
printio, *v.* PRINT
printiwr, (-wyr), *n.m.* PRINTER
priod, *a.* OWN, PROPER, MARRIED
   n.m.f. HUSBAND OR WIFE
priodas, (-au), *n.f.* MARRIAGE, WEDDING
priodasfab, (-feibion), *n.m.* BRIDEGROOM
priodasferch, (-ed), *n.f.* BRIDE
priodasol, *a.* MARRIED, MATRIMONIAL
priod-ddull, (-iau), *n.m.* IDIOM
priodfab, (-feibion), *n.m.* BRIDEGROOM
priodferch, (-ed), *n.f.* BRIDE
priodi, *v.* MARRY
priodol, *a.* APPROPRIATE, PROPER
priodoldeb, -der, (-au), *n.m.* PROPRIETY
priodoledd, (-au), *n.m.* ATTRIBUTE, PROPERTY
priodoli, *v.* ATTRIBUTE, IMPUTE
priodwedd, (-au), *n.f.* PROPERTY, CHARACTERISTIC
prior, (-iaid), *n.m.* PRIOR

priordy, (-dai), *n.m.* PRIORY
prioriaeth, (-au), *n.f.* PRIORSHIP
pris, (-iau), *n.m.* PRICE, VALUE
   pris cyfartalog, AVERAGE PRICE
prisiad, (-au), *n.m.* VALUATION,
prisiant, (-nnau), *n.m.* ASSESSMENT
prisio, *v.* PRICE, VALUE, PRIZE
prisiwr, (-wyr), *n.m.* VALUER, ASSESSOR
prism, (-au), *n.m.* PRISM
probat, *n.m.* PROBATE
problem, (-au), *n.f.* PROBLEM
proc, (-iau), *n.m.* THRUST, POKE
procer, (-au, -i), *n.m.* POKER
procio, *v.* POKE
procsi, *n.m.* PROXY
procuriwr, (-wyr), *n.m.* PROCURER
procwradur, (-iaid), *n.m.* PROCURATOR
prodin, (-au), *n.m.* PROTEIN
proest, (-au), *n.m.* HALF-RHYME
profedig, *a.* APPROVED, TRIED
profedigaeth, *n.f.* TROUBLE,
   TRIBULATION, TRIAL
profi, *v.* PROVE, TEST, TASTE, CHECK,
   EXPERIENCE, TRY
profiad, (-au), *n.m.* EXPERIENCE
profiadol, *a.* EXPERIENCED
profiant, (-iannau), *n.m.* PROBATE
profiannaeth, (-au), *n.f.* PROBATION
profiedydd, (-ion), *n.m.* TESTER
proflen, (-ni), *n.f.* PROOF-SHEET
profocio, *v.* PROVOKE
profoclyd, *a.* PROVOKING, PROVOCATIVE
profost, *n.m.* PROVOST
profwr, (-wyr), *n.m.* TESTER, TASTER
proffes, (-au), *n.f.* PROFESSION
proffesiwn, (-iynau), *n.m.* PROFESSION
proffesiynol, *a.* PROFESSIONAL
proffesu, *v.* PROFESS
proffeswr, (-wyr), *n.m.* PROFESSOR
proffeswrol, *a.* PROFESSIONAL
proffid, (-iau), *n.f.* PROFIT
proffidiol, *a.* PROFITABLE
proffil, (-iau), *n.m.* PROFILE
proffwyd, (-i), *n.m.* PROPHET
proffwydo, *v.* PROPHESY
proffwydol, *a.* PROPHETICAL
proffwydoliaeth, (-au), *n.f.* PROPHECY
proffwydwr, (-wyr), *n.m.* PROPHESIER
prognosis, *n.m.* PROGNOSIS
project, (-au), *n.m.* PROJECT
prolog, (-au), *n.m.* PROLOGUE
promenâd, (-adau), *n.m.* PROMENADE
prôn, (pronau), *n.m.* PRAWN

prop, (-iau), *n.m.* PROP
propaganda, *n.m.* PROPAGANDA
propagandydd, *n.m.* PROPAGANDIST
propân, (-anau), *n.m.* PROPANE
pros, *n.m.* PROSE
proses, (-au), *n.m.f.* PROCESS
prosesu, *v.* PROCESS
prosesydd, *n.m.* PROCESSOR
prostad, (-au), *n.m. & a.* PROSTATE
protest, (-au), *n.m.* PROTEST
Protestannaidd, *a.* PROTESTANT
Protestant, (-aniaid), *n.m.*
   PROTESTANT
protestio, *v.* PROTEST
protestiwr, (-wyr), *n.m.* PROTESTER
protractor, (-au), *n.m.* PROTRACTOR
prudd, *a.* SAD, GRAVE, SERIOUS
pruddaidd, *a.* SAD, GLOOMY
prudd-der, *n.m.* SADNESS, GLOOM
pruddglwyf, *n.m.* MELANCHOLY
pruddglwyfus, *a.* DEPRESSED,
   MELANCHOLY
pruddhau, *v.* SADDEN, DEPRESS
pryd, (-iau), *n.m.* TIME, SEASON
pryd, *n.m.* FORM, ASPECT, COMPLEXION
   (-au), *n.m.* MEAL
   ad, WHILE, WHEN, SINCE
Prydain, *n.f.* BRITAIN
Prydeindod, *n.m.* BRITISHNESS
Prydeinig, *a.* BRITISH
Prydeiniwr, (-wyr), *n.m.* BRITON,
   BRITISHER
pryder, (-on), *n.m.* ANXIETY, CARE,
   WORRY
pryderu, *v.* BE ANXIOUS
pryderus, *a.* ANXIOUS
prydferth, *a.* BEAUTIFUL, HANDSOME
prydferthu, *v.* BEAUTIFY, ADORN
prydferthwch, *n.m.* BEAUTY
prydles, (-i, -au), *n.f.* LEASE
prydlesu, *v.* LEASE
prydlon, *a.* PUNCTUAL, TIMELY
prydlondeb, (-au), *n.m.* PUNCTUALITY
prydweddol, *a.* HANDSOME, COMELY
prydydd, (-ion), *n.m.* POET
prydyddiaeth, *n.f.* POETRY
prydyddol, *a.* POETICAL
prydyddu, *v.* COMPOSE POETRY
pryddest, (-au), *n.f.* FREE-METRE POEM
pryf, (-ed), *n.m.* INSECT, VERMIN, ANIMAL
pryfedog, *a.* VERMINOUS
pryfleiddiad, (-au), *n.m.* INSECTICIDE
pryfoclyd, see *profoclyd*

pryfydd, (-ion), *n.m.* ENTOMOLOGIST
pryfyddiaeth, *n.f.* ENTOMOLOGY
pryfyn, (pryfed) *n.m.* WORM
prŷn, *a.* BOUGHT
prynedigaeth, *n.f.* REDEMPTION
prynhawn, (-iau), *n.m.* AFTERNOON
prynhawnol, *a.* AFTERNOON, EVENING
pryniad, (-au), *n.m.* PURCHASE
pryniant, (-nnau), *n.m.* PURCHASE
prynu, *v.* BUY, REDEEM
prynwr, (-wyr), *n.m.* BUYER, REDEEMER
prysg, (-au, -oedd), *n.m.* SCRUB
prysglwyn, (-i), *n.m.* BUSH
prysgwydd, *n.pl.* BRUSHWOOD, SHRUBS
prysur, *a.* BUSY, HASTY, SERIOUS,
    DILIGENT, ENGAGED
prysurdeb, *n.m.* HURRY, HASTE, BUSYNESS
prysuro, *v.* HURRY, EXPEDITE
publican, (-od), *n.m.* PUBLICAN
pulpud, (-au), *n.m.* PULPIT
pulsau, *n.pl.* PULSES
pumawd, (-au), *n.m.* QUINTET
pum(p), *a.* FIVE
pumlet, (-au), *n.m.* QUINTUPLET
pumochr, (-au), *n.m.* ⎫
pumongl, (-au), *n.m.* ⎬ PENTAGON
punt, (punnoedd, punnau), *n.f.* POUND
    (£)
pupur, (-au), *n.m.* PEPPER
pur, *a.* PURE, SINCERE
    ad. FAIRLY, VERY
purdan, *n.m.* PURGATORY
purdeb, *n.m.* PURITY
purdebaeth, (-au), *n.f.* PURISM
purdebwr, (-wyr), *n.m.* PURIST
puredig, *a.* PURIFIED, PURE
puredigaeth, *n.f.* PURIFICATION
purfa, (-feydd), *n.f.* REFINERY
purion, *a.* VERY WELL, RIGHT
puro, *v.* REFINE, PURIFY, CLEANSE
purolchi, *v.* LUSTRATE
purydd, (-ion), *n.m.* REFINER, PURIST
putain, (-einiaid), *n.f.* PROSTITUTE
puteindra, -iaeth, *n.m.* PROSTITUTION
puteinio, *v.* FORNICATE
puteiniwr, (-wyr), n.m. FORNICATOR
pwbig, *a.* PUBIC
pwbis, (-au), *n.m.* PUBIS
pwd, *n.m.* SULKS, FLUKE (IN SHEEP)
pwdin, (-au), *n.m.* PUDDING
pwdlo, *v.* PUDDLE
pwdlyd, *a.* SULKING
pwdr, *a.* ROTTEN, CORRUPT, LAZY

pwdu, *v.* SULK, POUT
pŵer, (-au), *n.m.* POWER, MANY, MUCH
pŵerdy, (-dai), *n.m.* POWER-HOUSE
pwerperiwm, *n.m.* PWERPERIUM
pŵerus, *a.* POWERFUL
pwff, (pyffiau), *n.m.* PUFF, GUST
pwffian, -io, *v.* PUFF
pwl, (pyliau), *n.m.* FIT, ATTACK
pŵl, *a.* DULL, BLUNT, OBTUSE
pwlofer, (-i), *n.m.* PULLOVER
pwlsadu, *v.* PULSATE
pwlsadur, (-on), *n.m.* PULSATOR
pwll, (pyllau), *n.m.* PIT, POOL, POND
pwmel, *n.m.* POMMEL
pwmis, *n.m.* PUMICE
pwmp, (pympiau), *n.m.* PUMP
pwmpen, (-ni), *n.f.* PUMPKIN, MARROW
pwmpio, *v.* PUMP
pwn, (pynnau), *n.m.* BURDEN, PACK
pwnc, (pynciau), *n.m.* SUBJECT, TOPIC
pwniad, (-au), *n.m.* NUDGE
pwnio, *v.* NUDGE, THUMP, BEAT
pwns, (-iau), *n.m.* PUNCH
pwnsio, *v.* PUNCH
pwpa, (-e), *n.m.* PUPA
pwped, (-au), *n.m.* PUPPET
pwpedwr, (-wyr), *n.m.* PUPPETEER
pwrcas, (-au), *n.m.* PURCHASE
pwrcasu, *v.* PURCHASE
pwrcaswr, (-wyr), *n.m.* PURCHASER,
    CONSUMER
pwrffil, *n.m.* TRAIN
pwrpas, (-au), *n.m.* PURPOSE
pwrpasol, *a.* APPROPRIATE
pwrs, (pyrsau), *n.m.* PURSE, BAG, UDDER
pwrswifant, *n.m.* PURSUIVANT
pwstwla, (-e), *n.m.* PUSTULA
pwt, (pytiau), *n.m.* STUMP, BIT, PIECE
    a. TINY, SHORT
pwtffalu, *v.* FUMBLE
pwti, *n.m.* PUTTY
pwtian, -io, *v.* POKE, PROD
pwy, *pn.* WHO
pwyad, (-au), *n.m.* BLOW, SMASH, SHOT
pwyll, *n.m.* SENSE, DISCRETION
pwyllgor, (-au), *n.m.* COMMITTEE
    pwyllgor dethol, SELECT
    COMMITTEE
    pwyllgor brys, EMERGENCY
    COMMITTEE
    pwyllgor gwaith, EXECUTIVE
    COMMITTEE
pwyllo, *v.* PAUSE, CONSIDER, REASON

pwyllog, *a.* PRUDENT, WISE, DELIBERATE
pwylltrais, (-treisiau), *n.m.*
　　BRAINWASHING
pwylltreisio, *v.* BRAINWASH
pwynt, (-iau), *n.m.* POINT, STAGE
pwyntil, (-iau), *n.m.* TAB, PENCIL
pwyntio, *v.* POINT
pwyntydd, (-ion), *n.m.* POINTER
pwyo, *v.* BEAT, BATTER, SMASH
pwys, (-au, -i), *n.m.* WEIGHT,
　　IMPORTANCE, BURDEN, POUND (LB)
pwysal, (-au), *n.m.* POUNDAL
pwysau, *n.m.* WEIGHT, TARE
pwysbwynt, (-iau), *n.m.* FULCRUM
pwysel, (-i), *n.m.* BUSHEL
pwysfawr, *a.* IMPORTANT
pwysi, (-ïau), *n.m.* POSY, BUNDLE
pwysig, *a.* IMPORTANT
pwysigrwydd, *n.m.* IMPORTANCE
pwyslais, (-leisiau), *n.m.* EMPHASIS
pwyslath, (-au), *n.m.* STRUT
pwysleisio, *v.* STRESS
pwyso, *v.* WEIGH, TRUST, LEAN, RELY, REST
pwysol, *a.* WEIGHTED
pwysoli, *v.* WEIGHT
pwyswr, (-wyr), *n.m.* WEIGHER
pwysyn, (-nau), *n.m.* WEIGHT
pwyth, (-au, -on), *n.m.* STITCH
　　talu'r pwyth, RETALIATE
pwytho, *v.* STITCH
pwythyn, (-nau), *n.m.* LIGATURE,
　　THREAD (LENGTH)
pybyr, *a.* STRONG, STAUNCH,
　　ENTHUSIASTIC
pybyrwch, *n.m.* STRENGTH, VIGOUR,
　　ENTHUSIASM
pydew, (-au), *n.m.* WELL, PIT

pydredd, (-au), *n.m.* ROT, CORRUPTION
pydru, *v.* ROT, PUTREFY
pydrysol, *a.* SAPROPHYTIC
pyg, (-ion), *n.m.* PITCH
pygddu, *a.* PITCH-BLACK
pygu, *v.* PITCH
pyngad, pyngu, *v.* CLUSTER
pyjamas, (-ys), *n.m.* PYJAMAS
pylni, *n.m.* DULLNESS, BLUNTNESS
pylor, *n.m.* DUST, POWDER
pyloriant, *n.m.* COMMINUTION
pylu, *v.* BLUNT, DULL, DIM
pylydd, (-ion), *n.m.* DIMMER
pyllog, *a.* PITTED
pyllu, *v.* PITTING
pymtheg, (-au), *a. & n.m.* FIFTEEN
pync, *n.m. &a.* PUNK
pyncio, *v.* SING, MAKE MELODY
pyndit, (-iaid), *n.m.* PUNDIT
pynfarch, (-feirch), *n.m.* PACK-HORSE
pynio, *v.* LOAD, BURDEN
pyped, (-au), *n.m.* PUPPET
pyramid, (-iau), *n.m.* PYRAMID
pyromedreg, *n.m.f.* PYROMETRY
pys, (-en, *n.f.*), *n.pl.* PEAS
pysgod, (-yn, *n.m.*), *n.pl.* FISH
　　pysgod a sglodion, FISH AND CHIPS
pysgodwr, (-wyr), *n.m.* FISHMONGER
pysgota, *v.* FISH
pysgotwr, (-wyr), *n.m.* FISHERMAN
pysgoty, (-tai), *n.m.* AQUARIUM
pystylad, *v.* STAMP (OF HORSES' FEET)
pytaten, (-tws), *n.f.* POTATO
pytio, *v.* PUTT
pytiwr, (-wyr), *n.m.* PUTTER
pythefnos, (-au), *n.f.m.* FORTNIGHT

rabad, *n.m.* REBATE
rabadu, *v.* RABBET
rabbi, (-niaid), *n.m.* RABBI
rabbinaidd, *a.* RABBINICAL
rac, (-iau), *n.f.* RACK
raced, (-i), *n.m.f.* RACQUET
radar, *n.m.* RADAR
radian, (-au), *n.m.* RADIAN
rádical, (-iaid), *n.m. & a.* RADICAL
radicalaidd, *a.* RADICAL
radicaliaeth, *n.f.* RADICALISM
radics, *a.* RADIX
radioactif, *a.* RADIOACTIVE
radioactifedd, *n.m.* RADIOACTIVITY
radioastronomi, *n.m.* RADIOASTRONOMY
radiofeddygaeth, *n.f.* RADIOTHERAPY
radiofioleg, *n.m.f.* RADIOBIOLOGY
radiograff, (-au), *n.m.* RADIOGRAPH
radiograffaeth, *n.m.f.* RADIOGRAPHY
radioleg, *n.f.* RADIOLOGY
radiolegydd, *n.m.* RADIOLOGIST
radiotherapi, *n.m.* RADIOTHERAPY
radiwm, *n.m.* RADIUM
radiws, (radiysau), *n.m.* RADIUS
radwla, *n.m.* RADULA
radys, *(-en, n.f.),* *n.pl.* RADISH
raffia, *n.m.* RAFFIA
rafft, (-iau), *n.f.* RAFT
rali, (-ïau, -s), *n.f.* RALLY
ramp, (-iau), *n.m.* RAMP
ransio, *v.* RANCH
ras, (-ys), *n.f.* RACE
   ras ffos a pherth, STEEPLECHASE
   ras gyfnewid, RELAY RACE
rasb, (-iau), *n.m.* RASP
rasel, -er, (-elydd, -erydd), *n.f.* RAZOR
real, *a.* REAL
realaidd, *a.* REALISTIC
realaeth, (-au), *n.f.* REALISM
realiti,
realrwydd, | *n.m.* REALITY
realydd, (-wyr), *n.m.* REALIST
record, (-iau), *n.f.* RECORD
recordiad, (-au), *n.m.* RECORDING
recordio, *v.* RECORD
recordiwr, (-wyr), *n.m.* RECORDER
  (PERSON)
recordydd, (-ion), *n.m.* RECORDER
  recordydd tâp, TAPE RECORDER
recriwt, (-iaid), *n.m.* RECRUIT
recriwtio, *v.* RECRUIT
refferendwm, (-enda), *n.m.*
  REFERENDUM

refferi, (-s), *n.m.* REFEREE
reiat, *n.m.* RIOT
reiol, *a.* ROYAL, NOBLE
reion, *n.m.* RAYON
reis, (-ys), *n.m.* RICE
reit, *ad.* RIGHT, VERY, QUITE
relái, *n.m.* RELAY
relis, *n.m.* RELISH
remandio, *v.* REMAND
remandy, (-dai), *n.m.* REMAND HOME
rendro, *v.* RENDER
rêp, (-iau), *n.m.* RAPE (PLANT)
reredos, (-au), *n.m.* REREDOS
resbiradaeth, *n.m.* RESPIRATION
resbiradol, *a.* RESPIRATORY
resbiradu, *v.* RESPIRE
resipi, (-ïau), *n.f.* RECIPE
reteirio, *v.* RETIRE
reticwlwm, (-cwla), *n.m.* RETICULUM
retort, (-au), *n.m.* RETORT
ria, (riâu), *n.m.* RIA
ridens, *n.f.* FRINGE
rifolfar, *n.m.* REVOLVER
rîff, (-iau), *n.m.* REEF
rig, (-iau), *n.m.* RIG
rigio, *v.* RIG
rigoriaeth, *n.m.* RIGORISM
rigorydd, *n.m.* RIGORIST
ringio, *v.* WRING
rihyrsal, (-s), *n.f.* REHEARSAL
rilen, (rîls), *n.f.* REEL
rîm, (rimau), *n.m.* REAM
rinc, (-iau), *n.f.* RINK
rinsio, *v.* RINSE
risg, (-iau), *n.m.* RISK
risgio, *v.* RISK
risol, (-ion), *n.f.* RISSOLE
riwbob, (-ion), *n.m.* RHUBARB
riwl, (-iau), *n.f.* RULE
  riwl gyfrif, SLIDE RULE
riwledig, *a.* RULED
riwler, (-i), *n.m.* RULE(R)
roc, *n.m. & a.* ROCK
roced, (-i), *n.f.* ROCKET
rod, (-iau), *n.f.* ROD
rong, *a.* WRONG
rôl, (rolau), *n.f.* ROLE
roli-poli, *n.m.* ROLY-POLY
roloc, (-iau), *n.m.* ROWLOCK
rondo, (-au), *n.m.* RONDO
rostrwm, (-ymau), *n.m.* ROSTRUM
rotari, *n.m.* ROTARY
rotor, (-au), *n.m.* ROTOR

rownd, *a.* ROUND
  (-iau), *n.m.* ROUND
  prp. AROUND
ruban, (-au), *n.m.* RIBBON
rŵan, *ad.* NOW
rwbel, *n.m.* RUBBLE

rwber, (-i), *n.m.* RUBBER
rwdins, (*rwden, n.f.*), *n.pl.* SWEDES
ryfflo, *v.* RUFFLE
ryg, (-iau), *n.f.* RUG
rygwaith, *n.m.* RUGMAKING
rysáit, (-s), *n.f.* RECIPE

rhac, (-iau), *n.f.* RACK
rhaca, (-nau), *n.f.* RAKE
rhacanu, *v.* RAKE
rhaced, (-i), *n.f.* RACKET
rhacs, (*rhecsyn, n.m.*), *n.pl.* RAGS
rhactal, (-au), *n.m.* FRONTLET
rhad, *a.* FREE. CHEAP
(-au), *n.m.* GRACE. BLESSING
rhadlon, *a.* GRACIOUS. GENIAL. KIND
rhadlonrwydd, *n.m.* GRACIOUSNESS.
GENIALITY
rhadus, *a.* ECONOMICAL
rhaeadr, (-au, rhëydr), *n.f.* CATARACT.
WATERFALL
rhaeadru, *v.* POUR. GUSH
rhaflad, (-au), *n.m.* FRAY
rhaflo, *v.* FRAY
rhaff, (-au), *n.f.* ROPE. CORD
rhaffo, -u, *v.* ROPE, STRING (LIES)
rhaffordd, (-ffyrdd), *n.f.* ROPEWAY
rhag, *prp.* BEFORE. LEST. AGAINST. FROM
px. PRE-. FORE-. ANTE-
rhagaeddfed, *a.* PRECOCIOUS
rhagafon, (-ydd), *n.f.* TRIBUTARY
rhagair, *n.m.* PREFACE
rhagarchebu, *v.* ADVANCE BOOKING OR
ORDER
rhagarfaeth, *n.f.* PREDESTINY
rhagarfaethu, *v.* PREDESTINATE
rhagarwain, *v.* INTRODUCE
rhagarweiniad, (-au), *n.m.*
INTRODUCTION
rhagarweiniol, *a.* INTRODUCTORY
rhagbaratoawl, *a.* PREPARATORY
rhagbrawf, (-brofion), *n.m.*
PRELIMINARY TEST. FORETASTE
rhagchwiliad, (-au), *n.m.*
RECONAISSANCE
rhagchwilio, *v.* RECONNOITRE
rhagderfyniad, *n.m.* PREDESTINATION
rhagdraeth, (-au), *n.m.* PREFACE.
INTRODUCTION
rhagdrefnydd, *n.m.* ADVANCE MANAGER
rhag-dyb, (-ion), *n.m.* PRESUPPOSITION
rhagdybiaeth, (-au), *n.f.* PRESUMPTION
rhagdybied, -io, *v.* PRESUPPOSE
rhagddangos, *v.* ADUMBRATE
rhagddarbod, *v.* PROVIDE
rhagddetholus, *a.* PRE-SELECTIVE
rhagddodiad, (-iaid), *n.m.* PREFIX
rhagddor, (-au), *n.f.* OUTER DOOR
rhagddywedyd. *v.* FORETELL. FORECAST
rhagenw, (-au), *n.m.* PRONOUN

rhagenwol, *a.* PRONOMINAL
rhagfarn, (-au), *n.f.* PREJUDICE
rhagfarnllyd, *a.* PREJUDICED
rhagflaenu, *v.* PRECEDE. FORESTALL
rhagflaenydd, (-ion, -wyr), *n.m.*
PREDECESSOR. ANTECEDENT
rhagflas, *n.m.* FORETASTE
rhagfur, (-iau), *n.m.* BULWARK.
RAMPART
rhagfwriadu, *v.* PREMEDITATE
rhagfynegi, *v.* FORETELL. PREDICT
Rhagfyr, *n.m.* DECEMBER
rhag-ganfyddiad, *n.m.* PREPERCEPTION
rhaglaw, (-iaid), *n.m.* GOVERNOR.
VICEROY
rhaglawiaeth, *n.f.* GOVERNORSHIP
rhaglen, (-ni), *n.f.* PROGRAMME
rhaglenedig, *a.* PROGRAMMED
rhaglennu, *v.* PROGRAMME
rhaglennwr, (-enwyr), *n.m.*
PROGRAMMER
rhaglith, (-iau, -oedd), *n.f.* PREFACE.
PREAMBLE
rhaglun, (-iau), *n.m.* TRAILER (FILM).
DESIGN
rhagluniaeth, (-au), *n.f.* PROVIDENCE
rhagluniaethol, *a.* PROVIDENTIAL
rhaglunio, *v.* PREDESTINE. PROGRAMMING.
DESIGN
rhaglunlyfr, (-au), *n.m.* PROGRAMMED
BOOK
rhaglunydd, *n.m.f.* DESIGNER
rhaglyw, (-iaid), *n.m.* REGENT
rhagnodiad, (-au), *n.m.* PRESCRIPTION
rhagod, *v.* HINDER, INTERCEPT, WAYLAY
(-ion), *n.m.* STOP, AMBUSH
rhagofal, (-on), *n.m.* PRECAUTION
rhagolwg, (-olygon), *n.m.* OUTLOOK.
PROSPECT
rhagor, (-au, -ion), *n.m.* DIFFERENCE.
MORE, EXCESS, SUPERIORITY
rhagorfraint, (-freintiau), *n.f.*
PRIVILEGE
rhagori, *v.* EXCEL, EXCEED, SURPASS
rhagoriaeth, (-au), *n.f.* PRIVILEGE.
EXCELLENCE
rhagorol, *a.* EXCELLENT, SPLENDID
rhagoroldeb, *n.m.* EXCELLENCE
rhagosodiad, (-au), *n.m.* PREMISE
rhagosodol, *a.* ANTECEDENT(AL)
rhagras, (-ys), *n.f.* HEAT (RACE)
rhagredegydd, (-ion), *n.m.*
FORERUNNER

rhagrith, (-ion), *n.m.* HYPOCRISY
rhagrithio, *v.* PRACTISE HYPOCRISY
rhagrithiol, *a.* HYPOCRITICAL
rhagrithiwr, (-wyr), *n.m.* HYPOCRITE
rhagrybuddio, *v.* FOREWARN
rhagweled, *v.* FORESEE, ANTICIPATE
rhagwelediad, (-au), *n.m.* FORESIGHT
rhagwth, (-ion), *n.m.* LUNGE
rhagwybodaeth, *n.f.* FOREKNOWLEDGE
rhagymadrodd, (-ion), *n.m.* PREFACE.
INTRODUCTION
rhagymadroddi, *v.* PREFACE
rhagymwybodol, *a.* PRECONSCIOUS
rhai, *pn.* ONES
  a. SOME
rhaib, (rheibiau), *n.m.* RAPACITY, SPELL,
GREED, RAPINE
rhaid, (rheidiau), *n.m.* NECESSITY, NEED
rhaidd, (rheiddiau), *n.f.* ANTLER, SPEAR
rhain, *pn.* THESE
rhamant, (-au), *n.f.* ROMANCE
rhamantu, *v.* ROMANCE
rhamantus, -aidd, *a.* ROMANTIC
rhampio, *v.* RAMP
rhan, (-nau), *n.f.* PART, SHARE, FATE,
RÔLE
rhanadwy, *a.* DIVISIBLE
rhanadwyedd, *n.m.* DIVISIBILITY
rhanbarth, (-au), *n.m.* DIVISION, REGION,
AREA, DISTRICT, QUARTER, BELT
  rhanbarth dichonadwy, FEASIBLE
REGION
rhanbarthiaeth, *n.f.* REGIONALISM
rhanbarthol, *a.* REGIONAL
rhanbartholdeb, *n.m.* REGIONALISM
rhandaliad, (-au), *n.m.* INSTALMENT
rhandir, (-oedd), *n.m.* REGION, DIVISION,
DISTRICT, ALLOTMENT
rhandy, (-dai), *n.m.* APARTMENT
rhanedig, *a.* DIVIDED
rhanfap, (-iau), *n.m.* EXTRACT (MAP)
rhangymeriad, (-iaid), *n.m.* PARTICIPLE
rhaniad, (-au), *n.m.* DIVISION
rhanned, (rhanedau), *n.f.* FRACTION
rhannu, *v.* DIVIDE, SHARE, DISTRIBUTE
rhannwr, (rhanwyr), *n.m.* DIVIDER
rhannydd, (rhanyddion), *n.m.* DIVISOR
rhanrif, (-au), *n.m.* FRACTION
rhanwyr, *n.pl.* DIVIDERS
rhasgl, (-au), *n.f.* SPOKESHAVE,
RASP, DRAWKNIFE
  rhasgl ddeugorn, ROUGH
SPOKESHAVE
rhasglu, *v.* ABRADE

rhastl, (-au), *n.f.* RACK, CRIB
rhathell, (-au), *n.f.* RASP, FILE
rhathiad, (-au), *n.m.* CHAFING
rhathu, *v.* SCRAPE, SMOOTH, FILE
rhaw, (-iau, rhofiau), *n.f.* SHOVEL,
SPADE
rhawd, *n.f.* COURSE, CAREER
rhawffon, (-ffyn), *n.f.* PADDLE
rhawg, *ad.* FOR A LONG TIME TO COME
rhawio, *v.* SHOVEL
rhawn, *c.n.* COARSE LONG HAIR, HORSE-
HAIR
rhech, (-od), *n.f.* FART
rhechain, *v.* FART
rhedeg, *v.* RUN, FLOW, CONJUGATE
  (-au), *n.m.* RUN
rhedegfa, (-feydd), *n.f.* RACE,
RACECOURSE
rhedegog, *a.* RUNNING, FLOWING
rhedfa, (-feydd), *n.f.* RUNNING, RACE,
COURSE, RINK
rhedffordd, (-ffyrdd), *n.f.* RUNWAY
rhediad, (-au), *n.m.* RUNNING, FLOW,
SLOPE, RHYTHM, DIRECTION, RUN,
CONJUGATION
rhedweli, (-ïau), *n.f.* ARTERY
rhedwr, (-wyr), *n.m.* RUNNER
rhedyn, (-*en, n.f.*), *n.pl.* FERN
rhef, *a.* FAT, THICK
rhefder, rhefedd, *n.m.* THICKNESS
rhefr, *n.m.* ANUS
rhefr-rwym, *a.* CONSTIPATED
rheffyn, (-nau), *n.m.* SHORT ROPE,
HALTER, CORD, RIGMAROLE
rheg, (-feydd), *n.f.* CURSE, SWEAR-WORD
rhegen yr ŷd, *n.f.* CORNCRAKE
rhegi, *v.* CURSE, SWEAR
rheng, (-oedd, -au), *n.f.* ROW, RANK
rheibes, (-au), *n.f.* WITCH
rheibio, *v.* BEWITCH, RAVAGE, RAVISH
rheibiwr, (-wyr), *n.m.* ENCHANTER,
SPOILER, RAPIST
rheibus, *a.* RAPACIOUS, GREEDY
rheidegwr, (-wyr), *n.m.* NECESSITARIAN
rheidiau, *n.pl.* INGREDIENTS, NECESSITIES
rheidiol, *a.* NECESSARY, NEEDY
rheidiolaeth, *n.f.* DETERMINISM
rheidiolydd, *n.m.* DETERMINIST
rheidrwydd, *n.m.* NECESSITY,
COMPULSION
rheidus, *a.* NECESSITOUS, NEEDY
rheidusion, *n.pl.* NEEDY ONES
rheiddiad, (-au), *n.m.* RADIATION
rheiddiadu, *v.* RADIATE

219

rheiddiadur, (-on), *n.m.* RADIATOR
rheiddiol, *a.* RADIAL
rheilen, (rheiliau), *n.f.* RAIL
rheilfws, (-fysys), *n.m.* RAIL-BUS
rheilffordd, (-ffyrdd), *n.f.* RAILWAY
rheini, -y, *pn.* THOSE (NOT PRESENT)
rheiolti, *n.m.* POMP, JOLLITY
rheitheg, *n.f.* RHETORIC
rheithegydd, (-ion, -wyr), *n.m.*
   RHETORICIAN
rheithfarn, (-au), *n.f.* VERDICT
rheithgor, (-au), *n.m.* JURY
rheithiwr, (-wyr), *n.m.* JURYMAN, JUROR
rheithor, (-ion, -iaid), *n.m.* RECTOR
rhelyw, *n.m.* REMAINDER, REST, RESIDUE
rhemp, *n.f.* EXCESS, DEFECT
rhemp, (-au), *n.m.* RAMP
rhenc, (-iau), *n.f.* ROW, RANK, TIER
rhent, (-i), *n.m.* RENT
rhentol, *a.* RENTAL
rhentu, *v.* RENT
rheol, (-au), *n.f.* RULE, ORDER
rheolaeth, (-au), *n.f.* RULE, CONTROL,
   MANAGEMENT
rheolaethol, *a.* MANAGERIAL
rheolaidd, *a.* REGULAR, CONSTANT,
   PROPER, ORDERLY
rheoledig, *a.* CONTROLLED, REGULATED
rheoleiddio, *v.* REGULATE
rheolfa, (-feydd), *n.f.* CHECKPOINT
rheoli, *v.* CONTROL, MANAGE
rheolwaith, *n.m.* ROUTINE
rheolwr, (-wyr), *n.m.* MANAGER, RULER,
   CONTROLLER, GOVERNOR, REFEREE
rheolydd, (-ion), *n.m.* CONTROL,
   REGULATOR
rhes, (-i, -au), *n.f.* LINE, STRIPE, ROW,
   RANK
rhesel, (-i), *n.f.* RACK
rhesin, (-*en, n.f.*), *n.pl.* RAISINS
rhesog, *a.* STRIPED, RIBBED
rhestio, *v.* ARREST
rhestl, (-au), *n.f.* RACK
rhestr, (-au, -i), *n.f.* LIST, RANK, ROW,
   INVENTORY
rhestrol, *a.* ORDINAL
rhestru, *v.* LIST, SPECIFY
rheswm, (-ymau), *n.m.* REASON, CAUSE
rhesymeg, *n.f.* LOGIC
rhesymegiad, (-au), *n.m.*
   RATIONALISATION
rhesymegol, *a.* LOGICAL
rhesymegwr, (-wyr), *n.m.* LOGICIAN

rhesymiad, (-au), *n.m.* REASONING,
   INFERENCE
rhesymol, *a.* REASONABLE, RATIONAL
rhesymoldeb, *n.m.* REASONABLENESS
rhesymoli, *v.* RATIONALIZE
rhesymoliaeth, *n.f.* RATIONALISM
rhesymolwr, (-wyr), *n.m.* RATIONALIST
rhesymu, *v.* REASON
rhetoreg, | *n.f.* RHETORIC
rhethreg, |
rhethregol, *a.* RHETORICAL
rhethregwr, (-wyr), *n.m.* RHETORICIAN
rhew, (-iau, -ogydd), *n.m.* FROST, ICE
rhewadur, (-on), *n.m.* REFRIGERATOR
rhewbriddeg, *n.f.* CRYOPEDOLOGY
rhewbwynt, (-iau), *n.m.* FREEZING POINT
rheweiddiad, *n.m.* REFRIGERATION
rheweiddio, *v.* REFRIGERATE
rhewfryn, (-iau), *n.m.* ICEBERG
rhewgaeth, *a.* ICE BOUND
rhewgell, (-oedd), *n.f.* | DEEP FREEZE,
rhewgist, (-iau), *n.f.* | FREEZER (CABINET)
rhewglai, *n.m.* BOULDER CLAY
rhewi, *v.* FREEZE
rhewlif, (-iau), *n.m.* GLACIER
rhewlifol, *a.* GLACIAL
rhewllyd, *a.* FROSTY, ICY, FRIGID
rhewydd, (-ion), *n.m.* WANTONNESS,
   REFRIGERANT, DEEP FREEZE
   a. LUSTFUL, PLAYFUL
rhewyn, (-au), *n.m.* DITCH, STREAM
rhi, (-au), *n.m.* LORD, KING
rhiain, (rhianedd), *n.f.* MAIDEN
rhialtwch, *n.m.* FUN, FESTIVITY,
   MERRYMAKING
rhiant, (rhieni), *n.m.* PARENT
rhibidirês, *n.f.* RIGMAROLE, STRING
rhibin, *n.f.* STREAK, STRIP
rhic, (-iau), *n.m.* NOTCH, NICK, GROOVE
rhicio, *v.* NOTCH, NICK
rhidennu, *v.* FRINGE
rhidens, *n.pl.* FRINGES, EDGES, BORDER
rhidyll, (-(i)au), *n.f.* RIDDLE, SIEVE
rhidyllu, -io, *v.* SIEVE, SIFT
rhieingerdd, (-i), *n.f.* LOVE-POEM
rhieni, (*rhiant, n.m.f.*), *n.pl.* PARENTS
rhif, (-au), *n.m.* NUMBER, NUMERAL
   rhifau rhwydd, EVEN NUMBERS
   rhifau afrwydd, ODD NUMBERS
   rhif cysefin, PRIME NUMBER
   rhif cyfan, WHOLE NUMBER
   rhif cymhlyg, COMPLEX NUMBER
rhifadwy, *a.* COUNTABLE

rhifadwyedd, *n.m.* COUNTABILITY
rhifedi, *n.m.* NUMBER
rhifiadur, (-on), *n.m.* NUMERATOR
rhifo, *v.* COUNT, NUMBER, RECKON
rhifol, (-ion), *n.m.* NUMERAL
rhifydd, (-ion), *n.m.* COUNTER
rhifyddeg, *n.f.m.* ARITHMETIC
  rhifyddeg moel/plaen, MECHANICAL
  ARITHMETIC
rhifyddol, *a.* ARITHMETICAL
rhifyddwr, (-wyr), *n.m.* ARITHMETICIAN
rhifyn, (-nau), *n.m.* NUMBER (OF
  MAGAZINE)
rhifflwr, *n.m.* RIFFLER
rhigol, (-au), *n.f.* RUT, GROOVE
  rhigol a thafod, GROOVE AND
  TONGUE
rhigolaeth, (-au), *n.f.* ROUTINE
rhigolaidd, *a.* ROUTINE
rhigoli, *v.* GROOVE
rhigoliad, (-au), *n.m.* GROOVING
rhigolog, *a.* GROOVED
rhigwm, (-ymau), *n.m.* RHYME,
  RIGMAROLE, VERSIFICATION
rhigymu, *v.* RHYME, VERSIFY
rhigymwr, (-wyr), *n.m.* RHYMESTER,
  VERSIFIER
rhingyll, (-iaid), *n.m.* SERGEANT,
  HERALD, BAILIFF
rhimyn, (-nau), *n.m.* STRIP, STRING, RIM
rhin, (-iau), *n.f.* VIRTUE, SECRET,
  ESSENCE, EXTRACT
rhinc, (-iau), *n.f.* CREAK, GNASH
rhincian, *v.* CREAK, GNASH
rhinflas, (-au), *n.m.* ESSENCE
rhiniog, (-au), *n.m.* THRESHOLD
rhiniol, *a.* VIRTUOUS, MYSTERIOUS
rhint, *n.m.* JAG
rhinwedd, (-au), *n.f.m.* VIRTUE
rhinweddol, *a.* VIRTUOUS
rhip, (-iau), *n.m.* STRICKLE, RIP
rhiplif, (-iau), *n.f.* RIP SAW
rhipyn, (-nau), *n.m.* ACCLIVITY
rhisgl, (*-yn, n.m.*), *n.pl.* BARK (OF TREE)
rhisglo, *v.* BARK
rhisoid, *n.m.* RHIZOID
rhisom, *n.m.* RHIZOME
rhith, (-iau), *n.m.* FORM, GUISE,
  APPEARANCE, IMAGE, FOETUS, SPORE
rhithdyb, (-iadau), *n.f.* DELUSION
rhitheg, *n.f.* EMBRYOLOGY
rhithegol, *a.* EMBRYOLOGICAL
rhithio, *v.* APPEAR, FORM (BY MAGIC)

rhithiwr, (-wyr), *n.m.* PRETENDER
rhith-weledigaeth, (-au), *n.f.*
  HALLUCINATION
rhithwiredd, (-au), *n.m.* VERISIMILITUDE
rhithyn, *n.m.* PARTICLE, ATOM, SHRED
rhiw, (-iau), *n.f.* HILL, ASCENT, SLOPE
rhiwbob, *n.m.* RHUBARB
rhoch, *n.f.* GRUNT, GROAN, DEATH-RATTLE
rhochain, -ian, *v.* GRUNT
rhod, (-au), *n.f.* WHEEL, ORBIT
rhod-ddysgu, *n.m.* ROTE LEARNING
rhoden, (-ni), *n.f.* ROD
  rhoden lwybro, TRACK ROD
rhodfa, (-feydd), *n.f.* PROMENADE,
  WALK, AVENUE
rhodiad, (-au), *n.m.* WALK
rhodianna, *v.* STROLL
rhodiannol, *a.* AMBULATORY
rhodio, *v.* WALK, STROLL
rhodl, *n.m.f.* OAR, LADLE, SCULL
rhodli, *v.* PADDLE, SCULL
rhodlong, (-au), *n.f.* PADDLE-STEAMER
rhodres, (-i), *n.m.* OSTENTATION,
  AFFECTATION
rhodresa, *v.* BEHAVE AFFECTEDLY
rhodresgar, *a.* OSTENTATIOUS, AFFECTED,
  POMPOUS
rhodreswr, (-wyr), *n.m.* SWAGGERER
rhodd, (-ion), *n.f.* GIFT, DONATION
rhoddi, *v.* GIVE, BESTOW, PUT, YIELD
rhoddwr, (-wyr), *n.m.* GIVER, DONOR
rhoi, *v.* GIVE, BESTOW, PUT, YIELD
rhol, (-iau), *n.f.*
rholyn, (rholiau), *n.m.* } ROLL, CYLINDER
rhôl, *n.f.* RULE
rholbren, (-ni), *n.m.* ROLLING-PIN
rholer, (-i), *n.m.* ROLLER
rholferyn, (-nau), *n.m.* ROLLER-BEARING
rholio, *v.* ROLL
rholstoc, (-iau), *n.m.* ROLLING STOCK
rhomboid, (-au), *n.m.* RHOMBOID
rhombws, (rhombi), *n.m.* RHOMBUS
rhomper, (-i), *n.m.* ROMPER
rhonc, *a.* RANK, DOWNRIGHT, ARRANT
rhoncian, *v.* SWAY
rhos, (-ydd), *n.m.* MOOR, HEATH, PLAIN
  (*-yn, n.m.*), *n.pl.* ROSES
rhosebill, *n.m.* ROSEBIT
rhosfa, (-feydd), *n.f.* MOUNTAIN
  PASTURE
rhost, *a.* ROAST, ROASTED
rhostio, *v.* ROAST
rhostir, (-oedd), *n.m.* LANDES, MOORLAND

rhu, -ad, (rhuadau), *n.m.* ROAR
rhuadwy, *a.* ROARING
rhuban, (-au), *n.m.* & *a.* RIBBON. BRAID
rhuchen, (rhuchion), *n.f.* HUSK. FILM.
PELLICLE. CATARACT
rhudd, *a.* RED. CRIMSON
rhuddell, *n.f.* RUDDLE. RUBRIC. CRIMSON
COLOUR
rhuddem, (-au), *n.m.* RUBY
rhuddin, *n.m.* HEART OF TIMBER
rhuddion, *n.pl.* HUSKS. BRAN
rhuddliw, (-iau), *n.m.* ROUGE
rhuddo, *v.* SCORCH
rhuddygl, (-*en, n.f.*), *n.pl.* RADISH
Rhufeinig, *a.* ROMAN
Rhufeiniwr, (-wyr), *n.m.* ROMAN
rhugl, *a.* FLUENT. SWIFT. FREE. GLIB
rhuglen, (-ni), *n.f.* RATTLE
rhugliad, (-au), *n.m.* CREPITATION
rhuglo, *v.* RATTLE. RUB. SCRAPE
rhumen, *n.f.* BELLY. ABDOMEN. PAUNCH
rhumog, *a.* ROTUND
rhuo, *v.* ROAR. BELLOW
rhusio, *v.* START. SHY. SCARE. HINDER
rhuthr, -ad, (-au), *n.m.* RUSH. ATTACK
rhuthro, *v.* RUSH. ATTACK
rhwbiad, (-au), *n.m.* RUBBING. FRICTION.
CHAFING
rhwbian, -io, *v.* RUB. CHAFE
rhwd, (rhydau), *n.m.* RUST. SEDIMENT
rhwng, *prp.* BETWEEN. AMONG
rhwngfridio, *v.* INTERBREED
rhwth, *a.* WIDE. GAPING
rhwyd, (-au, -i), *n.f.* NET. SNARE
rhwydo, *v.* NET. ENSNARE
rhwydwaith, (-weithiau), *n.m.*
NETWORK
rhwydd, *a.* EASY. EXPEDITIOUS. FLUENT.
GENEROUS
rhwyddhau, *v.* FACILITATE
rhwyddineb, *n.m.* EASE. FACILITY.
FLUENCY
rhwyf, (-au), *n.f.* OAR
rhwyfo, *v.* ROW. SWAY. TOSS ABOUT
rhwyfus, *a.* RESTLESS
rhwyfwr, (-wyr), *n.m.* OARSMAN
rhwyg, -iad, (-iadau), *n.m.* RENT. SPLIT.
SCHISM
rhwyglif, (-iau), *n.f.* RIP SAW
rhwygo, *v.* REND. TEAR. RUPTURE
rhwyll, (-au), *n.f.* HOLE. BUTTON-HOLE.
LATTICE. FRET
rhwyllen, (-ni), *n.f.* GAUZE

rhwyll-lif, (-iau), *n.f.* FRETSAW
rhwyllog, *a.* PERFORATED. LATTICED.
TRELLISED
rhwyllwaith, (-weithiau), *n.m.*
FRETWORK. LATTICE-WORK
rhwym, *a.* BOUND. CONSTIPATED
(-au), *n.m.* BOND. TIE.
OBLIGATION
rhwymedig, *a.* BOUND. OBLIGED
rhwymedigaeth, (-au), *n.f.* BOND.
OBLIGATION. LIABILITY
rhwymedd, *n.m.* CONSTIPATION
rhwymo, *v.* BIND. TIE. CONSTIPATE
rhwymol, *a.* ASTRINGENT
rhwymwr, (-wyr), *n.m.* BINDER (PERSON)
rhwymydd, (-ion), *n.m.* BINDER
rhwymyn, (-nau), *n.m.* BANDAGE.
BINDING, BOND
rhwymynnu, *v.* SWATHE. BANDAGE
rhwysg, (-au), *n.m.* POMP. PAGEANTRY.
AUTHORITY
rhwysgfawr, *a.* POMPOUS. OSTENTATIOUS
rhwystr, (-au), *n.m.* HINDRANCE.
OBSTACLE
rhwystrad, (-au), *n.m.* OBSTRUCTION.
PREVENTION
rhwystriant, (-nnau), *n.m.* IMPEDANCE
rhwystro, *v.* HINDER. OBSTRUCT. PREVENT
rhwyth, *a.* MIGHTY
rhy, *n.m.* EXCESS
ad. TOO
rhybannu, *v.* SHRINK
rhybed, (-ion), *n.m.* RIVET
rhybedu, *v.* RIVET
rhybudd, (-ion), *n.m.* WARNING. NOTICE.
CAUTION
rhybuddio, *v.* WARN. CAUTION
rhych, (-au), *n.m.f.* FURROW. RUT.
GROOVE
rhychiedig, *a.* STRIATED
rhychiog, *a.* CORRUGATED
rhychni, *n.m.* CORRUGATION
rhychog, *a.* FURROWED. WRINKLED.
FLUTED
rhychsach, (-au), *n.f.* RUCKSACK
rhychu, *v.* INCISE. TRENCH
rhychwant, (-au), *n.m.* SPAN
rhychwantu, *v.* SPAN
rhyd, (-au), *n.f.* FORD
rhydio, *v.* FORD. BE IN HEAT (OF SHEEP)
rhydlyd, *a.* RUSTY
rhydu, rhwdu, *v.* RUST
rhydweli, (-ïau), *n.f.* ARTERY

rhydwythiad, (-au), *n.m.* REDUCTION
rhydwytho, *v.* REDUCE
rhydwythydd, *n.m.* REDUCTANT
rhydd, (-ion), *a.* FREE. LIBERAL. LOOSE
rhydd-ddaliad, (-au), *n.m.* FREEHOLD
rhyddfarn, (-au), *n.f.* ACQUITTAL
rhyddfarnu, *v.* ACQUIT
rhyddfraint, (-freiniau), *n.f.* FREEDOM.
  EMANCIPATION
rhyddfreiniad, *n.m.* EMANCIPATION.
  NATURALIZATION
rhyddfreinio, *v.* ENFRANCHISE. CONFER
  FREEDOM. NATURALIZE
Rhyddfrydiaeth, *n.f.* LIBERALISM
rhyddfrydig, *a.* LIBERAL, GENEROUS
Rhyddfrydol, *a.* LIBERAL
Rhyddfrydwr, (-wyr), *n.m.* LIBERAL.
  RADICAL
rhyddfynegiant, *n.m.* FREE-EXPRESSION
rhyddffordd, (-ffyrdd), *n.f.* FREEWAY
rhyddhad, *n.m.* LIBERATION. RELEASE.
  REMISSION. EMANCIPATION. DISCHARGE
rhyddhaol, *a.* LAXATIVE
rhyddhau, *v.* FREE. RELEASE. LOOSE.
  LIBERATE. DISCHARGE
rhyddhäwr, (-wyr), *n.m.* LIBERATOR.
  RELEASER
rhyddiaith, *n.f.* PROSE
rhyddid, *n.m.* FREEDOM. LIBERTY
rhyddieithol, *a.* PROSAIC
rhyddni, *n.m.* DIARRHOEA
rhyddydd, (-ion), *n.m.* LAXATIVE
rhyfedd, *a.* STRANGE. WONDERFUL. QUEER
rhyfeddnod, (-au), *n.m.* EXCLAMATION
  MARK
rhyfeddod, (-au), *n.m.* MARVEL.
  WONDER. SURPRISE
rhyfeddol, *a.* WONDERFUL. MARVELLOUS
rhyfeddu, *v.* WONDER. MARVEL
rhyfel, (-oedd), *n.m.f.* WAR. WARFARE
rhyfela, *v.* WAGE WAR
rhyfelgar, *a.* WARLIKE. BELLICOSE
rhyfelgi, (-gwn), *n.m.* WARMONGER
rhyfelgri, *n.m.* WAR-CRY, SLOGAN
rhyfelgyrch, (-oedd), *n.m.* ⎫
rhyfelrod, (-au), *n.f.* ⎬ CAMPAIGN
rhyfelwr, (-wyr), *n.m.* WARRIOR
rhyfelwrol, *a.* BELLIGERENT
rhyferthwy, *n.m.* TORRENT. TEMPEST
rhyfon, (-en, *n.f.*), *n.pl.* CURRANTS

rhyfyg, *n.m.* PRESUMPTION. RASHNESS.
  ARROGANCE
rhyfygu, *v.* PRESUME. DARE
rhyfygus, *a.* PRESUMPTUOUS. RASH.
  RECKLESS
rhyg, *n.m.* RYE
rhyglyddu, *v.* DESERVE. MERIT
rhygnu, *v.* RUB. GRATE. JAR, HARP
rhygwellt, (-*yn, n.m.*), *n.m.* RYE-GRASS
rhygyngu, *v.* AMBLE. CAPER
rhyngberthynas, (-au), *n.f.*
  INTERRELATION
rhyngfynyddig, *a.* INTERMONT
rhynglesio, *v.* INTERLACE
rhyngosodiad, *n.m.* INTERPOLATION
rhyngu, *v. rhyngu bodd,* TO PLEASE
rhyngwladol, *a.* INTERNATIONAL
rhyndod, (-au), *n.m.* CHILL, SHIVERING
rhynion, (*rhynyn. n.m.*), *n.pl.* GROATS.
  GRITS
rhynllyd, *a.* CHILLY. SHIVERING
rhynnu, *v.* SHIVER. CHILL
rhysedd, (-au), *n.m.* EXCESS
rhysyfwr, (-wyr), *n.m.* RECEIVER (OF
  LORDSHIP)
rhythm, (-au), *n.m.* RHYTHM
rhythmeg, *n.f.* EURHYTHMICS
rhythmig, *a.* RHYTHMIC
rhython, (*rhythen, n.f.*), *n.pl.* COCKLES
rhythu, *v.* STARE. GAPE
rhyw, *n.f.* SORT. KIND. SEX. GENDER
  a. SOME. CERTAIN
rhywbeth, *n.m.* SOMETHING
rhywfaint, *n.m.* SOME AMOUNT
rhywfodd, *ad.* SOMEHOW
rhywiog, *a.* DELICATE. KINDLY. GENIAL.
  PROPER
rhywiogrwydd, *n.m.* GENIALITY
rhywiol, *a.* SEXUAL
rhywioledd, *n.m.* SEXUALITY
rhywle, *ad.* SOMEWHERE. ANYWHERE
rhywogaeth, (-au), *n.f.* SPECIES. SORT.
  KIND
rhywogaethol, *a.* GENERIC. SPECIFIC
rhywsut, *ad.* SOMEHOW. ANYHOW
rhywun, (rhywrai), *n.m.* SOMEONE.
  ANYONE
rhyw-wr, (-wyr), *n.m.* SEXIST
rhywyr, *a.* HIGH TIME

Sabath, -oth, (-au), *n.m.* SABBATH
Sabathydd, *n.m.* SABBATARIAN
Sabathyddiaeth, *n.f.* SABBATARIANISM
sabl, *a.* SABLE
sabotwr, (-wyr), *n.m.* SABOTEUR
sabotyddiaeth, *n.f.* SABOTAGE
Sabothol, *a.* SABBATH. SABBATIC(AL)
sacarîn, *n.m.* SACHARINE
saco, *v.* STUFF. SHOVE
sacrament, (-au), *n.m.f.* SACRAMENT
sacramentaidd, *a.* SACRAMENTAL
sacristi, *n.m.* SACRISTY
sach, (-au), *n.f.* SACK
sachell, (-au), *n.f.* SMALL SACK. BAG
sachlen, (-ni), *n.f.* ⎫
sachliain, (-lieiniau), *n.m.* ⎬ SACKCLOTH
sad, *a.* FIRM. STEADY. SOLID. STABLE.
  SOBER
sadio, *v.* STEADY. SOLIDIFY. STABILISE
sadistiaeth, *n.f.* SADISM
sadiwr, (-wyr), *n.m.* STABILISER
sadrwydd, *n.m.* FIRMNESS. STEADINESS.
  STABILITY. SOBRIETY
Sadwrn, (-yrnau), *n.m.* SATURN.
  SATURDAY
sadydd, (-ion), *n.m.* SADIST. STABILISER
saddurno, *v.* INLAY
saer, (seiri), *n.m.* WRIGHT. MASON.
  CARPENTER. BUILDER
saernïaeth, *n.f.* WORKMANSHIP.
  CONSTRUCTION
saernïo, *v.* FASHION. CONSTRUCT
saernïol, *a.* CONSTRUCTIONAL
Saesneg, *n.f. & a.* ENGLISH
Saesnes, (-au), *n.f.* ENGLISHWOMAN
saets, (-iau), *n.m.* SAGE
saeth, (-au), *n.f.* ARROW
saethben, *a.* HERRINGBONE
saethnod, (-au), *n.m.* TARGET
saethol, *a.* SAGITTAL
saethu, *v.* SHOOT. FIRE
saethwr, (-wyr), *n.m.* SHOOTER. ARCHER.
  GOAL SHOOTER
saethydd, (-ion), *n.m.* SHOOTER. ARCHER
saethyddiaeth, *n.f.* ARCHERY
saethyll, (-au), *n.f.* MISSILE
saethyn, (-nau), *n.m.* MISSILE.
  PROJECTILE
safadwy, *a.* STABLE. STEADFAST. FIRM.
  ABIDING
safana, (-u), *n.m.* SAVANNA
safbwynt, (-iau), *n.m.* STANDPOINT.
  PERSPECTIVE. VIEWPOINT

safdir, (-oedd), *n.m.* RELIEF
safiad, (-au), *n.m.* STAND, STANDING,
  STATURE, STANCE, POSTURE
safio, *v.* SAVE
safle, (-oedd), *n.m.* POSITION. STATION.
  SITUATION. RANK
safn, (-au), *n.f.* MOUTH. JAW
safnglo, (-eon), *n.m.* GAG
safnrhwth, *a.* GAPING. OPEN-MOUTHED
safnrhythu, *v.* GAPE
safon, (-au), *n.f.* STANDARD. CLASS.
  CRITERION
safonedig, *a.* STANDARDISED
safoni, *v.* STANDARDISE
safonol, *a.* STANDARD
safonoldeb, *n.m.* STANDARDISATION
saffir, *n.m.* SAPPHIRE
saffrwm, (-ymau), *n.m.* CROCUS.
  SAFFRON
sagiad, (-au), *n.m.* SAG
sagrafen, (-nau), *n.f.* SACRAMENT
sagrafennol, *a.* SACRAMENTAL
sagrafennydd, *n.m.* SACRAMENTARIAN
sang, (-au), *n.f.* TREAD. PRESSURE
  dan sang, CROWDED
sangu, *v.* TREAD. TRAMPLE
saib, (seibiau), *n.m.* PAUSE. REST
saig, (seigiau), *n.f.* MEAL. DISH
sail, (seiliau), *n.f.* BASE. FOUNDATION.
  GROUND
saim, (seimiau), *n.m.* GREASE. FAT
sain, (seiniau), *n.f.* SOUND. TONE. TIMBRE
Sais, (Saeson), *n.m.* ENGLISHMAN.
  SAXON
saith, *a. & n.m.* SEVEN
sâl, *a.* ILL. POORLY. MEAN
  (salau), *n.f.* SALE
salad, (-au), *n.m.* SALAD
saldra, *n.m.* ILLNESS
salifa, *n.m.* SALIVA
salm, (-au), *n.f.* PSALM
  salm-dôn, CHANT
salmydd, (-ion), *n.m.* PSALMIST
salmyddiaeth, *n.f.* PSALMODY
salon, (-au), *n.m.* SALON
saltring, (-au), *n.m.* PSALTERY
salw, *a.* UGLY. POOR. VILE. MEAN
salwch, *n.m.* ILLNESS
  salwch mynydd, SOROCHE
salwineb, *n.m.* UGLINESS. POORNESS.
  MEANNESS
sallwyr, (-au), *n.m.* PSALTER
sampl, (-au), *n.m.* SAMPLE

sampler, (-i), *n.m.* SAMPLER
samplu, *v.* SAMPLE
sancsiwn, (-siynau), *n.m.* SANCTION(S)
Sanct, *n.m.* THE HOLY ONE
sanctaidd, *a.* HOLY
sancteiddhad, *n.m.* SANCTIFICATION
sancteiddio, *v.* SANCTIFY, HALLOW
sancteiddrwydd, *n.m.* HOLINESS,
   SANCTITY
sandal, (-au), *n.m.* SANDAL
sandr, *n.m.* SANDER
sant, (saint, seintiau), *n.m.* SAINT
santes, (-au), *n.f.* FEMALE SAINT
sardîn, (-au, -s), *n.m.* SARDINE
sarff, (seirff), *n.f.* SERPENT
sarhad, (-au), *n.m.* INSULT, DISGRACE
sarhau, *v.* INSULT, DISGRACE
sarhaus, *a.* INSULTING, INSOLENT
sarn, (-au), *n.f.* CAUSEWAY, ROUTE,
   WALKWAY
   n.m. LITTER
sarnu, *v.* TRAMPLE, LITTER, SPILL
sarrug, *a.* SURLY, MOROSE, GRUFF
sarsiant, (-au, -s), *n.m.* SERGEANT
sarugrwydd, *n.m.* SURLINESS, GRUFFNESS
sas, (-iau), *n.m.* SASH
sasiwn, (-iynau), *n.m.f.* ASSOCIATION
   (OF WELSH PRESBYTERIANS)
Satan, *n.m.* SATAN
sátelit, *n.m.* SATELLITE
sathredig, *a.* TRODDEN, COMMON, VULGAR
sathru, *v.* TREAD, TRAMPLE
sawdl, (sodlau), *n.m.f.* HEEL
sawdur, *n.m.* SOLDER
sawdurio, *v.* SOLDER
sawl, *pn.* HE THAT, WHOSO
   pa sawl, HOW MANY?
sawr, sawyr, *n.m.* ODOUR, SAVOUR
sawrio, -u, *v.* SMELL, TASTE, SAVOUR
sawrus, *a.* SAVOURY
saws, (-iau), *n.m.* SAUCE
sba, (-on), *n.m.* SPA
sbageti, *n.m.* SPAGHETTI
sbaner, (-i), *n.m.* SPANNER
sbâr, (sbarion), *n.m.* SPARE
   a. SPARE
sbarian, *v.* SPAR
sbarib, (-iau, -s), *n.f.* SPARE-RIB
sbario, *v.* SPARE, SPAR
sbaryn, (sbarion), *n.m.* REMNANT
sbastig, *a.* SPASTIC
sbeciannu, *v.* SPECULATE
sbeciant, (-nnau), *n.m.* SPECULATION

sbectol, *n.f.* SPECTACLE(S)
sbectroffotomedr, (-au), *n.m.*
   SPECTROPHOTOMETER
sbectromedr, (-au), SPECTROMETER
sbectrosgob, (-au), *n.m.* SPECTROSCOPE
sbectrosgopeg, *n.m.f.* SPECTROSCOPY
sbectrwm, (sbectra), *n.m.* SPECTRUM
sbeis, *n.pl.* SPICE
sbeit, *n.f.* SPITE
sbeitlyd, *a.* SPITEFUL
sbel, (-iau), *n.f.* SPELL, TIME, BREAK
sberm, (-au), *n.m.* SPERM
sbesiffig, *a.* SPECIFIC
sbesimen, (-au), *n.m.* SPECIMEN
sbin, (-nau), *n.m.* SPIN
sbinio, *v.* SPIN
sbïo, *v.* LOOK, SPY
sbleisio, *n.f.* SPLICING
sblint, (-iau, -s), *n.m.* SPLINT
sbon, *ad.*
   newydd sbon , BRAND-NEW
sbonc, (-iau), *n.f.* LEAP, JERK, BOUND
sboncen, *n.f.* SQUASH
sboncio, *v.* LEAP, JERK, BOUND
sbôr, (sborau), *n.m.* SPORE
sborlys, *n.m.* SPOROPHYTE
sbort, (-iau), *n.f.m.* SPORT, FUN, GAME
sbortsmon, (-myn), *n.m.* SPORTSMAN
sbortsmonaeth *n.f.* SPORTSMANSHIP
sbot, -yn, (-iau), *n.m.* SPOT
sbri, *n.m.* SPREE, FUN
sbrigyn, (-nau), *n.m.* SPRIG
sbring, *n.m.* SPRING
sbringo, *v.* SPRING
sbrint, (-iau, -s), *n.f.* SPRINT
sbrintio, *v.* SPRINT
sbŵl, *n.m.* SPOOL
sbwylio, *v.* SPOIL, RUIN
sbyrt, (-iau), *n.m.* SPURT
seawns, (-au), *n.m.* SEANCE
sebon, (-au), *n.m.* SOAP
seboni, *v.* SOAP, LATHER, SOFT-SOAP
seboniant, *n.m.* SAPONIFICATION
sebonwr, (-wyr), *n.m.* SOAPMAN,
   FLATTERER
secant, (-nnau), *n.m.* SECANT
seci, *v.* STUFF, SHOVE
secondiad, (-au), *n.m.* SECONDMENT
secretiad, (-au), *n.m.* SECRETION
secretu, *v.* SECRETE
sect, (-au), *n.f.* SECT
sector, (-au), *n.m.* SECTOR
secstant, (-au), *n.m.* SEXTANT

secstig, *a.* SEXTIC
sectydd, *n.m.* SECTAR
sectyddiaeth, *n.f.* SECTARIANISM
sectyddol, *a.* SECTARIAN
secutor, (-ion), *n.m.* EXECUTOR
secwlar, *a.* SECULAR
secwlareiddio, *v.* SECULARISE
secwlariaeth, *n.f.* SECULARISM
sech, *n.m.* SECH
sech, *a. f.* of *sych*
sedisiwn, *n.m.* SEDITION
sedd, (-au), *n.f.* SEAT. PEW
seddu, *v.* SEAT. INSTAL
sef, *c.* NAMELY. THAT IS TO SAY
sefydledig, *a.* ESTABLISHED
sefydliad, (-au), *n.m.* ESTABLISHMENT. INSTITUTION. INDUCTION
sefydliadaeth, *n.f.* INSTITUTIONALIZATION
sefydlog, *a.* INVARIANT. FIXED. SETTLED. STATIONARY, STABLE, SEDENTARY
sefydlogi, *v.* FIX, STABILIZE
sefydlogrwydd, *n.m.* STABILITY
sefydlogydd, (-ion), *n.m.* STABILISER
sefydlu, *v.* ESTABLISH. SETTLE. FOUND. INDUCT
sefydlyn, (-nau), *n.m.* INVARIANT. FIXATIVE
sefyll, *v.* STAND. STOP. STAY
sefyllfa, (-oedd), *n.f.* SITUATION. POSITION
sefyllian, *v.* LOITER. STAND ABOUT
sefyllwyr, *n.pl.* BYSTANDERS
sêff, *n.f.* SAFE
segment, (-au), *n.m.* SEGMENT
segmentiad, *n.m.* SEGMENTATION
segmentu, *v.* SEGMENT
sego, *n.m.* SAGO
segur, *a.* IDLE
segura, *v.* IDLE
segurdod, *n.m.* IDLENESS
segurwr, (-wyr), *n.m.* IDLER
seguryd, *n.m.* IDLENESS
sengi, *v.* TREAD. TRAMPLE
sengl, *a.* SINGLE
senglau, *n.pl.* SINGLES
seianosis, *n.m.* CYANOSIS
seiat, (seiadau), *n.f.* FELLOWSHIP MEETING. 'SOCIETY'
seibiant, (-au, -iannau), *n.m.* LEISURE. RESPITE. PAUSE
seibio, *v.* PAUSE
seicdreiddiad, *n.m.* PSYCHOANALYSIS

seicdreiddydd, (-wyr), *n.m.* PSYCHOANALYST
seiciaeth, *n.m.* PSYCHISM
seiciatreg, *n.m.f.* PSYCHIATRY
seiciatrydd, (-ion), *n.m.* PSYCHIATRIST
seicig, *a.* PSYCHIC
seicigol, *a.* PSYCHICAL
seiclon, (-au), *n.m.* CYCLONE
seiclorama, *n.m.* CYCLORAMA
seicoleg, *n.f.m.* PSYCHOLOGY
seicolegol, *a.* PSYCHOLOGICAL
seicolegydd, *n.m.* PSYCHOLOGIST
seicopathi, *n.m.* PSYCHOPATHY
seicosis, *n.m.* PSYCHOSIS
seicosomatig, *a.* PSYCHOSOMATIC
seicotherapi, *n.m.* PSYCHOTHERAPY
seidin, *n.m.* SIDING
seifys, *n.pl.* CHIVES
seiffer, (-au), *n.m.* CIPHER
seiliad, *n.m.* FOUNDATION. FOUNDING
seilio, *v.* BASE. FOUND. GROUND
seimio, *v.* GREASE
seimlyd, *a.* GREASY
sein, (-iau), *n.m.* SIGN (-i), *n.m.* SINE
seinamledd, (-au), *n.m.* AUDIO-FREQUENCY
seinber, *a.* MELODIOUS. EUPHONIOUS
seindon (-nau), *n.f.* SOUND WAVE
seindorf, (-dyrf), *n.f.* BAND
seineg, *n.f.m.* PHONETICS, SONICS
seinfan, *a.* LOUD
seinfanedd, *n.m.* LOUDNESS
seinfforch, (-ffyrch), *n.f.* TUNING-FORK
seinio, *v.* SOUND. RESOUND
seintwar, *n.f.* SANCTUARY. CONSERVANCY
seinyddiaeth, *n.f.* PHONOLOGY
seinyddol, *a.* PHONETIC
seinyddwr, (-wyr), *n.m.* PHONOLOGIST
seisin, *n.m.* SEIZIN
seismig, *a.* SEISMIC
seismoleg, *n.f.m.* SEISMOLOGY
Seisnig, *a.* ENGLISH
Seisnigaidd, *a.* ANGLICISED
Seisnigeiddio, -igo, *v.* ANGLICISE
seitogeneteg, *n.f.* CYTOGENETICS
seitoleg, *n.f.* CYTOLOGY
seithawd, (-au), *n.m.* SEPTET
seithochr, (-au), *n.m.* HEPTAGON
seithug, *a.* FUTILE. FRUITLESS
seithugo, *v.* FRUSTRATE. THWART
sêl, *n.f.* ZEAL
sêl, (seliau), *n.f.* SEAL
seld, (-au), *n.f.* DRESSER

seler, (-au, -ydd), *n.f.* CELLAR
selfa, (selfâu), *n.m.* SELVA
selfais, (-feisiau), *n.m.* SELVEDGE
seliad, (-au), *n.m.* SEALING
selio, *v.* SEAL
seliwlôs, *n.m.* CELLULOSE
selni, *n.m.* ILLNESS
selnod, (-au), *n.m.f.* SEAL
seloffên, *n.m.* CELLOPHANE
selog, *a.* ZEALOUS. ARDENT
selotâp, *n.m.* SELLOTAPE
selsig, (-*en*, *n.f.*) *n.pl.* SAUSAGES
selwlôs, *n.m.* CELLULOSE
sêm, (semau), *n.f.* SEAM
   sêm chwipio, WHIPPED SEAM
   sêm ffel, OVERLAID SEAM
semaffor, *n.m.* SEMAPHORE
semanteg, *n.f.* SEMANTICS
semen, *n.m.* SEMEN
seminaidd, *a.* SEMINAL
seml, *a. f,* of *syml*
sen, (-nau), *n.f.* REBUKE. SNUB. CENSURE
senario, *n.m.* SCENARIO
senedd, (-au), *n.f.* PARLIAMENT. SENATE
seneddol, *a.* PARLIAMENTARY.
   SENATORIAL
seneddwr, (-wyr), *n.m.* SENATOR, M.P.
sennu, *v.* REBUKE. TAUNT. CENSURE
sensitifedd, -rwydd, (-au), *n.m.*
   SENSITIVITY
sensor, *n.m.* CENSOR
sensoriaeth, *n.f.* CENSORSHIP
sensro, *v.* CENSOR
sentiment, *n.m.* SENTIMENT
sentimentaleiddiwch, *n.m.*
   SENTIMENTALITY
septig, *a.* SEPTIC
seraff, (-iaid), *n.m.* SERAPH
sercol, *n.m.* CHARCOAL
serch, (-iadau), *n.m.* AFFECTION. LOVE
   c. & prp. ALTHOUGH.
   NOTWITHSTANDING
serchog, *a.* AFFECTIONATE. LOVING
serchowgrwydd, *n.m.* AMIABILITY. LOVE
serchu, *v.* LIKE. LOVE
serchus, *a.* AFFECTIONATE. LOVING.
   PLEASANT
sêr-ddewin, (-iaid), *n.m.* ASTROLOGER
sêr-ddewiniaeth, *n.f.* ASTROLOGY
seremoni, (-ïau), *n.f.* CEREMONY
seremonïol, *a.* CEREMONIAL
seren, (sêr), *n.f.* STAR. ASTERISK
   seren ambegwn, CIRCUMPOLAR STAR

seren guriadol, PULSATING STAR
seren orgawr, SUPER GIANT STAR
seren ddwbl, BINARY STAR
serennog, *a.* STARRY
serennu, *v.* SPARKLE. SCINTILLATE
serfiad, (-au), *n.m.* SERVICE
serfio, *v.* SERVE
serfyll, *a.* FICKLE. UNSTEADY
serio, *v.* SEAR
sero, (-au), *n.m.* ZERO
seroeiddio, *v.* ZEROISE
seroser, *n.m.* XEROSERE
serotherm, *n.m.* XEROTHERM
serth, *a.* STEEP. UNCLEAN. OBSCENE
serthedd, *n.m.* RIBALDRY. OBSCENITY
serthiant, *n.m.* DEGREE OF PITCH
serwm, (sera), *n.m.* SERUM
seryddiaeth, *n.f.* ASTRONOMY
seryddol, *a.* ASTRONOMICAL
seryddwr, (-wyr), *n.m.* ASTRONOMER
sesbin, *n.m.* SHOEHORN
sesiwn, (sesiynau), *n.m.* SESSION
sesnin, *n.m.* SEASONING
sesno, *v. & n.m.* SEASON. SEASONING
seston, (-au), *n.f.* CISTERN
set, (-iau), *n.f.* SET
   set wag, NULL SET
sêt, (seti), *n.f.* SEAT. PEW
   sêt fawr, DEACONS' PEW
setin, (-oedd), *n.m.* SETTING. HEDGE
setio, *v.* SET
setl, (-au), *n.f.* SETTLE
setliad, (-au), *n.m.* SETTLEMENT
setlo, *v.* SETTLE
seth, *a. f,* of *syth*
sew, (-ion), *n.m.* POTTAGE. DELICACY
sffêr, (sfferau), *n.m.* SPHERE
sfferaidd, *a.* SPHERICAL
sfferoid, *a.* SPHEROID
sfferomedr, (-au), *n.m.* SPHEROMETER
sg-, see also *ysg-*
sgab, (-iau), *n.m.* SCAB
sgadan, (*sgadenyn, n.m.*) *n.pl.* HERRINGS
sgalar, (-au), *n.m.* SCALAR
sgaldanu, *v.* SCALD
sgâm, (sgamiau), *n.f.* SCHEME. DODGE
sgampi, *n.m.* SCAMPI
sganio, *v.* SCAN
sgannydd, *n.m.* SCANNER
sgaprwth, *a.* ROUGH. UNCOUTH
sgarff, (-iau), *n.f.* SCARF
sgarffio, *v.* SCARF
sgarmes, (-au, -oedd), *n.f.* SKIRMISH.
   MAUL

sgarpdir, *n.m.* SCARPLAND
sgein, (-iau), *n.m.* SKEIN
sgeintio, *v.* SPRINKLE
sgeptig, *n.m.* SCEPTIC
sgerbwd, (-ydau), *n.m.* SKELETON. CARCASE
sgeri, (sgerïau), *n.m.* SKERRY
sgert, (-i), *n.f.* SKIRT
sgets, (-ys), *n.f.* SKETCH
sgetsio, *v.* SKETCH
sgi, *n.f.m.* SKI
sgil, (-iau), *n.m.* SKILL. DEVICE, TRICK
sgîl, *n.m.* PILLION
yn sgîl, FOLLOWING
sgîl-effaith, (effeithiau), *n.m.* SIDE-EFFECT
sgilgar, *a.* SKILFUL
sgimio, *v.* SKIM
sgïo, *v.* SKI
sgip, (-iau), *n.f.* SKIPPING ROPE
sgipio, *v.* SKIP
sgist, (-au), *n.m.* SCHIST
sgit, (-iau), *n.f.* SKIT
sgiw, (-iau), *n.f.* SETTLE
a. ASKEW
sgiwedd, *n.m.* SKEWNESS
sgiwer, (-au), *n.m.* SKEWER
sgïwr, (-wyr), *n.m.* SKIER
sglefriad, (-au), *n.m.* GLISSADE
sglefrio, *v.* SKATE, SLIDE
sglein, (-iau), *n.m.* POLISH, GLAZE
sgleinio, *v.* SHINE, POLISH
sglodio, *v.* CHIP
sglodyn, (sglodion), *n.m.* CHIP
sglodion silicon, SILICON CHIPS
sgôl, (sgoliau), *n.m.f.* SQUALL
sgolastig, *a.* SCHOLASTIC
sgolastigiaeth, *n.m.* SCHOLASTICISM
sgolop, (-iau), *n.m.* SCALLOP
sgolor, (-ion), *n.m.* SCHOLAR
sgoloriaeth, (-au), *n.f.* SCHOLARSHIP
sgon, (-au), *n.f.* SCONE
sgôr, (sgoriau), *n.f.* SCORE
sgori, -io, *v.* SCORE
sgorwr, (-wyr), *n.m.* SCORER
sgrafell, (-i), *n.f.* SCRAPER, SHELF
sgrafelliad, (-au), *n.m.* ABRASION
sgrafellu, *v.* ABRASE, SCRAPE, ABRADE
sgrambl, *n.m.* SCRAMBLE
sgramblo, *v.* SCRAMBLE
sgrap, *a.* SCRAP
sgrech, (-iadau), *n.f.* YELL
sgrechain, sgrechu, -ian, *v.* YELL

sgri, (-au), *n.m.* SCREE
sgrîd, *n.m.* SCREED
sgriffio, *v.* ABRADE
sgrin, (sgriniau, -oedd), *n.f.* SCREEN
sgript, (-iau), *n.f.* SCRIPT
sgriw, (-iau), *n.f.* SCREW
sgriw benwastad, COUNTERSUNK SCREW
sgriw wagen, COACH SCREW
sgriwio, *v.* SCREW
sgrôl, (-iau), *n.m.* SCROLL
sgrwbio, *v.* SCRUB
sgrym, (-iau), *n.f.* SCRUM
sgrymio, *v.* SCRUM
sgubo, *v.* SWEEP
sgubwr, (-wyr), *n.m.* SWEEPER
sgwadron, (-s), *n.f.* SQUADRON
sgwâr, (-iau), *n.m.f. & a.* SQUARE
sgwaryn, (-nau), *n.m.* SET SQUARE
sgwatwr, (-wyr), *n.m.* SQUATTER
sgwd, (sgydau), *n.m.* WATERFALL, CATARACT
sgwir, *n.f.m.* CARPENTER'S SQUARE
sgwl, *n.m.* SCULL
sgwlio, *v.* SCULL
sgwriad, (-au), *n.m.* SCOURING
sgwrio, *v.* SCOUR
sgwrs, (sgyrsiau), *n.f.* TALK, CHAT, CONVERSATION
sgwrsio, *v.* TALK, CHAT
sgwter, (-i), *n.m.* SCOOTER
sgyrt, (-au -i), *n.f.* SKIRT
shifft, (-iau), *n.f.* SHIFT
si, (sïon), *n.m.* BUZZ, RUMOUR, MURMUR
siaced, (-i), *n.f.* JACKET, COAT
siâd, (siadau), *n.f.* PATE, CROWN
siafft, (-iau), *n.m.* SHAFT
siâl, (sialau), *n.m.* SHALE
sialc, (-iau), *n.m.* CHALK
sialens, *n.f.* CHALLENGE
sialensio, *v.* CHALLENGE
siambr, (-au), *n.f.* CHAMBER
siambrlen, *n.m.* CHAMBERLAIN
siamffer, (-au), *n.m.* CHAMFER
siamffro, *v.* CHAMFER
siami, *n.m.* CHAMOIS
siamparti, *n.m.* CHAMPERTY
siampl, (-au), *n.f.* EXAMPLE
siampŵ, (-au, -s), *n.m.* SHAMPOO
siampŵo, *v.* SHAMPOO
sianel, (-i, -ydd), *n.f.* CHANNEL
siant, (-au), *n.f.* CHANT

sianti, *n.f.* SHANTY
siant(i)o, *v.* CHANT
siantri, *n.m.* CHANTRY
siâp, (-iau), *n.m.* SHAPE
siâr, *n.f.* SHARE
siarad, *v.* TALK, SPEAK
  n.m. TALK
siarâd, *n.m.* CHARADE
siaradus, *a.* TALKATIVE
siaradwr, (-wyr), *n.m.* TALKER, SPEAKER
siario, *v.* SHARE
siars, (-iau), *n.f.* CHARGE, COMMAND
siarsio, *v.* CHARGE, WARN
siart, (-iau), *n.m.* CHART
siartaeth, *n.f.* CHARTISM
siarteru, *v.* CHARTER
siart(e)r, (-au), *n.f.* CHARTER
siartydd, (-ion), *n.m.* CHARTIST
siasbi, *n.m.* SHOEHORN
siasin, *n.m.* CHASING
siawnsio, *v.* CHANCE
siawnsri, *n.m.* CHANCERY
sibols, (-*en*, *n.f.* -*yn*, *n.m.*) *n.pl.* SPRING
  ONIONS
sibrwd, *v.* WHISPER, MURMUR
  (-ydion), *n.m.* WHISPER, MURMUR
sibwns, (-*yn*, *n.m.*) *n.pl.* SPRING ONIONS
sicl, (-au), *n.m.* SHEKEL
sicr, *a.* SURE, CERTAIN, SECURE
sicrhau, *v.* ASSURE, CONFIRM, OBTAIN, FIX,
  SECURE
sicrwydd, *n.m.* CERTAINTY, ASSURANCE,
  SECURITY
sidan, (-au), *n.m.* SILK
sidanaidd, *a.* SILKY
sidell, (-i), *n.f.* WHORL
sider, (-au), *n.m.* LACE
Sidydd, *n.m.* ZODIAC
siec, (-iau), *n.f.* CHEQUE
  n.m. CHECK
siêd, *n.m.* ESCHEAT, FORFEIT
siedwr, (-wyr), *n.m.* ESCHEATOR
sied, (-iau), *n.f.* SHED
sief, *n.f.* SHAVE
sieri, (-ïau), *n.m.* SHERRY
siero, *v.* SHEAR
siew, (-iau), *n.f.* SHOW
sifil, *a.* CIVIL
sifiliwr, (-wyr), *n.m.* CIVILIAN
siffon, (-au), *n.m.* SIPHON
siffrwd, *n.m. & v.* RUSTLE
sifft, (-iau), *n.m.f.* SHIFT
sigâr, (sigarau), *n.f.* CIGAR

sigarét, (sigaretau), *n.f.* CIGARETTE
sigl-a-swae, *n.m.* ROCK AND ROLL
siglad, (-au), *n.m.* OSCILLATION,
  SHAKING
sigledig, *a.* SHAKY, RICKETY, OSCILLATING
siglen, (-ni, -nydd), *n.f.* SWING, BOG,
  SWAMP
siglenydd, *n.f.* SEE-SAW
siglo, *v.* SHAKE, QUAKE, SWING, WAG
signal, (-au), *n.m.* SIGNAL
signwm, (signa), *n.m.* SIGNUM
sil, (-od, -iau), *n.m.* SPAWN, FRY, SILL
silfa, (-feydd), *n.f.* SPAWNING GROUND
silff, (-oedd), *n.f.* SHELF
silindr, (-au), *n.m.* CYLINDER
silindrog, *a.* CYLINDRICAL
silio, *v.* SPAWN
siltio, *v.* SILT
silwair, (-weiriau), *n.m.* SILAGE
silŵet, (-au), *n.m.* SILHOUETTE
sill, (-iau),
sillaf, (-au) } *n.f.* SYLLABLE
sillafiaeth, *n.f.* SPELLING
sillafu, *v.* SPELL
sillgoll, (-au), *n.f.* APOSTROPHE
sim, *n.m.* SHIM
simach, (-od), *n.m.* APE, MONKEY
simdde, simnai, (simneiau), *n.f.*
  CHIMNEY
simoniaeth, *n.f.* SIMONY
simonwr, (-wyr), *n.m.* SIMONIST
simsan, *a.* UNSTEADY, SHAKY, FLIMSY,
  TOTTERING
simsanu, *v.* TOTTER, BE UNSTEADY
simŵm, *n.m.* SIMOOM
sin, (-au), *n.m.* SINE, SIN
sinach, (-od), *n.f.* BALK, WASTE GROUND,
  SKINFLINT
sinamon, *n.m.* CINNAMON
sinc, (-iau), *n.m.* ZINC, SINK
sinema, (sinemâu), *n.f.* CINEMA
sinig, (-iaid), *n.m.* CYNIC
sinigaidd, *a.* CYNICAL
sinigiaeth, *n.m.* CYNICISM
sinsir, *n.m.* GINGER
sinws, (-au), *n.m.* SINUS
sïo, *v.* HUM, WHIZ, MURMUR
sioc, (-iau), *n.m.* SHOCK
sioe, (-au), *n.f.* SHOW
siofinydd, *n.m.* CHAUVINIST
siofinyddiaeth, *n.m.* CHAUVINISM
siôl, (siolau), *n.f.* SHAWL
siol, (-au), *n.f.* SKULL, PATE

229

siom, (-au), *a.* DISAPPOINTMENT
siomedig, *a.* DISAPPOINTING,
  DISAPPOINTED
siomedigaeth, (-au), *n.f.*
  DISAPPOINTMENT
siomi, *v.* DISAPPOINT, THWART
siomiant, *n.m.* DISAPPOINTMENT
sionc, *a.* NIMBLE, BRISK, AGILE
sioncrwydd, *n.m.* BRISKNESS, AGILITY
siop, (-iau), *n.f.* SHOP, STORE
  siop hunan-wasanaeth, SELF-SERVICE
    SHOP
  siop gloi, LOCK-UP SHOP
  siop gadwyn, CHAIN SHOP
  siop amlgangen, MULTIPLE STORE
siopa, *v.* SHOP
siopladrad, (-au), *n.m.* SHOPLIFTING
siopleidr, (-ladron), *n.m.* SHOPLIFTER
siopwr, (-wyr), *n.m.* SHOPMAN,
  SHOPKEEPER
siorts, *n.pl.* SHORTS
siot, (-au), *n.m.f.* SHOT, SHOTT
sipian, -io, *v.* SIP, SUP
siprys, *n.m.* MIXED CORN, GIBBERISH
sipsiwn, (*sipsi, n.m.f.*), *n.pl.* GIPSIES
sir, (-oedd), *n.f.* SHIRE, COUNTY
sircyn, (-(n)au), *n.m.* JERKIN
siriol, *a.* CHEERFUL, BRIGHT, PLEASANT
sirioldeb, *n.m.* CHEERFULNESS
sirioli, *v.* CHEER, BRIGHTEN
sirydd, -yf, (-ion), *n.m.* SHERIFF
siryddiaeth, *n.f.* SHRIEVALTY
sisial, *v. & n.m.* WHISPER
sism, *n.m.* SCHISM
siswrn, *n.m.* SCISSORS
  siswrn pincio, PINKING SCISSORS
siten, (-ni), *n.f.* SHEET
sitrig, *a.* CITRIC
sitrus, *n.m.* MELON
sitrws, *n.m.* CITRUS
sither, (-au), *n.m.* ZITHER
siwed, *n.m.* SUET
siwglaeth, *n.f.* JUGGLERY
siwglwr, (-wyr), *n.m.* JUGGLER
siwgr, *n.m.* SUGAR
siwr, *a.* SURE, CERTAIN
siwrnai, (-eiau, -eion), *n.f.* JOURNEY
  ad. ONCE
siwt, (-iau), *n.f.* SUIT
siwtio, *v.* SUIT
siynt, (-iau), *n.m.* SHUNT
slab, (-iau), *n.m.* SLAB
slacs, *n.pl.* SLACKS

slaes, (-au), *n.m.* SLASH
slaf, (-iaid), *n.m.* SLAVE, DRUDGE
slafaidd, *a.* SLAVISH
slag, *n.m.* SLAG
slalom, *n.m.* SLALOM
slêd, (slediau), *n.m.* SLEDGE
sleifio, *v.* SLINK, SLIDE
sleisen, (sleisys), *n.f.* SLICE
slic, *a.* SLICK
slicrwydd, *n.m.* SLICKNESS
slip, (-iau), *n.m.* SLIP, CHIT
slipffordd, (-ffyrdd), *n.f.* SLIP ROAD
slogan, (-au), *n.f.m.* SLOGAN
slot, (-iau), *n.m.* SLOT
slotian, *v.* PADDLE, TIPPLE
slŵp, (slwpiau), *n.m.* SLOOP
slwt, *n.f.* SLUT
slyg, (-iau), *n.m.* SLUG
slym, (-iau), *n.m.* SLUM
smala, *a.* DROLL, FUNNY, AMUSING
smaldod, (-au), *n.m.* FUN, DROLLERY,
  GAG
smalio, *v.* JOKE, JEST, GAG
smaragdus, *n.m.* EMERALD
smeltio, *v.* SMELT
sment, (-iau), *n.m.* CEMENT
smentio, *v.* CEMENT
smoc, (-iau), *n.f.* SMOCK
smocio, *v.* SMOKE, SMOCK
smociwr, (-wyr), *n.m.* SMOKER
smocwaith, (-weithiau), *n.m.*
  SMOCKING
smotiog, *a.* SPOTTED
smotyn, (smotiau), *n.m.* SPOT
smwddio, *v.* IRON
smwt, *n.m.* SMUT
  a. SNUB
smyglo, *v.* SMUGGLING
smyglwr, (-wyr), *n.m.* SMUGGLER
snipwr, *n.m.* SNIPS
snisin, *n.m.* SNUFF
snobyddiaeth, *n.f.* SNOBBERY
snobyddlyd, *a.* SNOBBISH
snwffian, *v.* SNIFF, SNUFF, WHIMPER
sobr, *a.* SOBER, SERIOUS
sobreiddio, sobri, *v.* SOBER
sobrwydd, *n.m.* SOBERNESS, SOBRIETY
socas, (-au), *n.f.* GAITER, LEGGING
soced, (-au, -i), *n.m.* SOCKET
sociometreg, *n.f.* SOCIOMETRY
socsen, (socs), *n.f.* SOCK
soda, *n.m.* SODA
sodiwm, *n.m.* SODIUM

sodli, sodlo, *v.* BACK-HEEL, FOLLOW
sodomiaeth, *n.f.* SODOMY
sodr, (-au), *n.m.* SOLDER
sodro, *v.* SOLDER
soddedig, *a.* SUBMERGED
soddgrwth, (-grythau), *n.m.* CELLO
soddi, *v.* SINK, SUBMERGE, MERGE
soeg, *n.m.* DRAFF
soeglyd, *a.* SODDEN
sofiet, (-au), *n.m.* SOVIET
sofl, (*-yn, n.m.*), *n.pl.* STUBBLE
sofraniaeth, (-au), *n.f.* SOVEREIGNTY
sofren, (-ni, sofrod), *n.f.* SOVEREIGN
(COIN)
soffa, *n.f.* SOFA
soffistigedig, *a.* SOPHISTICATED
soffistigedigrwydd, *n.m.* SOPHISTICATION
soffydd, (-ion), *n.m.* SOPHIST
soffyddol, *a.* SOPHISTICAL
solas, *n.m.* SOLACE, JOY
soled, (-au), *n.m.* SOLID
solenoid, (-au), *n.m.* SOLENOID
solet, *a.* SOLID
sol-ffa, *n.m.* SOL-FA
solffeuo, *v.* SOLFA
solid, (-iau), *n.m.* SOLID
solidiad, *n.m.* SOLIDIFICATION
solidio, *v.* SOLIDIFY
somatig, *a.* SOMATIC
sôn, *v. & n.m.* TALK, RUMOUR, MENTION
sonata, (-s), *n.m.* SONATA
soned, (-au), *n.f.* SONNET
soneda, *v.* COMPOSE SONNETS
sonedwr, (-wyr), *n.m.* COMPOSER OF
SONNETS
soniarus, *a.* MELODIOUS, TUNEFUL, LOUD
sonig, *a.* SONIC
sopen, *n.f.* SLUT, COAGULUM
sopyn, *n.m.* BUNDLE (OF HAY, ETC), MOW
soriant, *n.m.* INDIGNATION
sorllyd, *a.* ANGRY, SULLEN
sorod, *n.pl.* DROSS, DREGS, REFUSE
sorri, *v.* SULK, CHAFE, BE DISPLEASED
sosban, (-au, -benni), *n.f.* SAUCEPAN
sosban frys/gloi, PRESSURE COOKER
sosej, (-ys), *n.f.* SAUSAGE
soser, (-i), *n.f.* SAUCER
sosialaeth, *n.f.* SOCIALISM
sosialaidd, *a.* SOCIALIST
sosialydd, (sosialwyr), *n.m.* SOCIALIST
soterioleg, *n.f.* SOTERIOLOGY
sothach, *c.n.* TRASH, RUBBISH, REFUSE
sownd, *a.* FAST, SOUND

st-, see also *yst-*
stabl, (-au), *n.f.* STABLE
stac, (-iau), *n.f.* STACK
stad, (-au), *n.f.* STATE, ESTATE, STAGE
stadiwm, (stadia), *n.f.* STADIUM
staen, (-iau), *n.m.* STAIN
staenio, *v.* STAIN
staer, (-au), *n.f.* STAIRCASE
stâl, (-au), *n.f.* STALL
stalactit, (-au), *n.m.* STALACTITE
stalagmit, (-au), *n.m.* STALAGMITE
stamp, (-iau), *n.m.* STAMP
stampio, *v.* STAMP
stand, (-iau), *n.f.* STAND
stans, *n.f.* STANCE
stap(a)l, (staplau), *n.f.* STAPLE
staplwr, (-wyr), *n.m.* STAPLER (PERSON)
staplydd, (-ion), *n.m.* STAPLER
starn, (-iau), *n.m.* STERN
starts, (-ys), *n.m.* STARCH
stateg, *n.f.* STATICS
stator, (-au), *n.m.* STATOR
statud, (-au), *n.m.* STATUTE
statws, *n.m.* STATUS
stêc, stecen, (-iau), *n.f.* STEAK
steilws, *n.m.* STYLUS
stêm, *n.m.* STEAM
stem, (-iau), *n.f.* SHIFT
stempyn, *n.m.* STAMP
stemydd, *n.m.* STEAMER
stên, (stenau), *n.f.* CAN
step, (-iau), *n.f.* STEP
stereoffonig, *a.* STEREOPHONIC
sterling, *n.m.* STERLING
sternwm, (sterna), *n.m.* STERNUM
sterosgob, (-au), *n.m.* STEROSCOPE
steryllu, *v.* STERILISE
steryllydd, *n.m.* STERILIZER
stesion, (-au), *n.f.* STATION
stethosgob, (-au), *n.m.* STETHOSCOPE
sticil(l), *n.f.* STILE
stilgar, *a.* INQUISITIVE
stilio, *v.* QUESTION, INQUIRE
stiw, (-iau), *n.m.* STEW
stiward, (-iaid), *n.m.* STEWARD
stiwdio, (-s), *n.f.* STUDIO
stiwio, *v.* STEW
stoc, (-iau), *n.f.m.* STOCK
stocio, *v.* STOCK
stocrestr, *n.f.* INVENTORY
stof, (-au), *n.f.* STOVE
Stoic, (-iaid), *n.m.* STOIC
Stoicaidd, *a.* STOICAL
Stoiciaeth, *n.m.* STOICISM

stôl, (stolau), *n.f.* STOOL, STOLE, CHAIR
stolio, *v.* STALLING
stomp, *n.f.* BUNGLE, MESS
stompio, *v.* BUNGLE, MAKE A MESS
stôn, (stonau), *n.f.* STONE
stondin, (-au), *n.m.* STALL
stondiniaeth, *n.f.* STALLAGE
stop, (-iau), *n.m.* STOP
stôr, (storau), *n.m.* STORE, RESERVE
stordy, (-dai), *n.m.* WAREHOUSE, STOREHOUSE
storfan, (-nau), *n.m.* DEPOT
stori, (-ïau, -iáu, straeon), *n.f.* STORY, TALE
storio, *v.* STORE
storydd gwres, STORAGE HEATER
storïwr, (-wyr), *n.m.* STORY-TELLER
storm, (-ydd), *n.f.* STORM
straegar, *a.* GOSSIPY, GOSSIPING
straen, (-au), *n.m.* STRAIN
stranc, (-iau), *n.f.* TRICK
strap, (-iau), *n.f.* STRAP
strata, *n.pl.* STRATA
strategaeth, *n.f.* STRATEGY
strategol, *a.* STRATEGIC
strategwr, (-wyr),
strategydd, (-ion), } *n.m.* STRATEGIST
stratosffer, (-au), *n.m.* STRATOSPHERE
streic, (-iau), *n.f.* STRIKE
streicio, *v.* STRIKE
streip, -en, (-iau), *n.m.f.* STRIPE
stribed, (-i), *n.m.* STRIP, BATTEN
strim-stram-strellach, *ad.* HELTER-SKELTER
strimyn, (-nau), *n.m.* BELT
strip, (-iau), *n.m.* STRIP
striplun, (-iau), *n.m.* FILM-STRIP
strôc, (strociau), *n.f.* STROKE, SEIZURE
strwythur, (-au), *n.m.* STRUCTURE
strwythuro, *v.* STRUCTURE
strwythurol, *a.* STRUCTURAL
stryd, (-oedd), *n.f.* STREET
stumog, (-au), *n.f.* STOMACH
sturmant, (-au), *n.m.* JEW'S HARP
stwc, (styciau), *n.m.* PAIL, BUCKET
stwco, *n.m.* STUCCO
stwff, *n.m.* STUFF
stwffin, (-au), *n.m.* STUFFING, FILLING
stwffio, *v.* STUFF, THRUST
stwffwl, (styffylau), *n.m.* STAPLE
stwns, *n.* MASH
stwnsio, *v.* MASH
stŵr, *n.m.* STIR, NOISE, BUSTLE, FUSS

styd, -en, (stydiau), *n.f.* STUD
stylws, (styli), *n.m.* STYLUS
su, (-on), *n.m.* BUZZ, HUM, MURMUR
sucan, *n.m.* GRUEL
sudd, (-ion), *n.m.* JUICE, SAP
suddiant, *n.m.* SINK
suddlon, *a.* SUCCULENT
suddo, *v.* SINK, DIVE, INVEST
suddog, *n.m.* SYRUP
    a. JUICY
suddurn, *n.m.* INLAY
suddurno, *v.* INLAY
sug, (-ion), *n.m.* JUICE, SAP
sugn, *n.m.* SUCTION, SUCK
sugndyniad, (-au), *n.m.* SUCTION
sugnedd, (-au), *n.m.* QUAGMIRE, SUCTION
sugno, *v.* SUCK, ABSORB
sugnydd, *n.m.* ABSORBENT
    sugnydd llwch, VACUUM CLEANER
Sul, (-iau), *n.m.* SUNDAY
Sulgwyn, *n.m.* WHITSUNDAY
sumbol, (-au), *n.m.* SYMBOL
sumbolaeth, *n.f.* SYMBOLISM
sumbolig, *a.* SYMBOLIC
sunsur, *n.m.* GINGER
suo, *v.* HUM, BUZZ, LULL
sur, (-ion), *a.* SOUR, BITTER, ACID
surbris, *n.m.* SURCHARGE
surbwch, *a.* SOUR, SURLY
surdoes, *n.m.* LEAVEN
surdreth, (-i), *n.f.* SURTAX
surni, *n.m.* SOURNESS, STALENESS
suro, *v.* SOUR
suryn, *n.m.* ACID
sut, *n.m.* MANNER, PLIGHT, HOW
sw, *n.m.* ZOO
swab, (-iau), *n.m.* SWAB
swae, (-au), *n.m.* RUMOUR
swaeo, *v.* SWAY
swâf, *a.* SUAVE
swbach, *n.m.* WIZENED PERSON
swbsonig, *a.* SUBSONIC
swci, *a.* TAME, PET
swcro, *v.* SUCCOUR, ENTICE
swcros, *n.m.* SUCROSE
swcwr, *n.m.* SUCCOUR
swch, (sychau), *n.f.* PLOUGH-SHARE, TIP, POINT, UPPER LIP
swd, (-iau), *n.m.* SUDD
swedsen, (sweds), *n.f.* SWEDE
sweter, *n.f.* SWEATER
swffragan, (-iaid), *n.m.* SUFFRAGAN

swffragét, (-iaid), *n.f.* SUFFRAGETTE
swil, *a.* SHY, BASHFUL
swildod, (-au), *n.m.* SHYNESS,
BASHFULNESS, SELF-CONSCIOUSNESS
swits, (-ys), *n.m.* SWITCH
switsfwrdd, (-fyrddau), *n.m.*
SWITCHBOARD
switsio, *v.* SWITCH
swltana, (-u), *n.f.* SULTANA
swllt, (sylltau), *n.m.* SHILLING
swm, (symiau), *n.m.* SUM
swmbwl, (symbylau), *n.m.* GOAD,
STIMULUS, THORN, PRICK
swmer, (-au), *n.m.* PACK, BEAM, SUMPTER
swmp, (-au), *n.m.* BULK, SIZE, FEEL,
HANDLE, SUMP
swmp brynu, BULK BUYING
swmp-gludydd, (-ion), *n.m.* BULK-
CARRIER
swmpo, *v.* HANDLE, FEEL SIZE (WEIGHT,
etc)
swmpus, *a.* BULKY, SIZEABLE
swn, (synau), *n.m.* NOISE, SOUND
swnd, *n.m.* SAND
swnian, *v.* GRUMBLE, MURMUR
swnio, *v.* SOUND, PRONOUNCE
swnllyd, *a.* NOISY
swnt, (-iau), *n.m.* SOUND, STRAIT
swoleg, *n.f.* ZOOLOGY
swolegwr, (-wyr), *n.m.* ZOOLOGIST
swp, (swpiau), *n.m.* SOUP
swp, (sypiau), *n.m.* MASS, HEAP, CLUSTER
swper, (-au), *n.m.f.* SUPPER
swpera, -u, *v.* GIVE OR TAKE SUPPER
swpernofa, *n.f.* SUPERNOVA
swpersonig, *a.* SUPERSONIC
swpfargen, *n.f.* PACKAGE DEAL
swrd, (syrdiau), *n.m.* SURD
swrealaeth, (-au), *n.f.* SURREALISM
swrealydd, (-ion), *n.m.* SURREALIST
swrfform, *n.m.* SURFORM
swrn, (syrnau), *n.f.* FETLOCK, ANKLE
n.m. GOOD NUMBER
swrth, *a.* HEAVY, INERT, SULLEN
sws, *n.m.* KISS
swta, *a.* ABRUPT, CURT, BRUSQUE
swydd, (-i, -au), *n.f.* POST, OFFICE, JOB,
COUNTY
swyddfa, (-feydd), *n.f.* OFFICE,
CHAMBER
swyddog, (-ion), *n.m.* OFFICER,
OFFICIAL, PREFECT
swyddog cyswllt, LIAISON OFFICER

swyddog prawf, PROBATION OFFICER
swyddog anoddi, ISSUING OFFICER
swyddogaeth, (-au), *n.f.* OFFICE,
FUNCTION, DUTY
swyddogaethol, *a.* FUNCTIONAL
swyddogol, *a.* OFFICIAL
swyfaidd, *a.* SEBACEOUS
swyn, (-ion), *n.m.* CHARM, MAGIC,
FASCINATION, SPELL
swyngwsg, *n.m.* HYPNOTISM
swyngyfaredd, (-ion), *n.f.* SORCERY,
ENCHANTMENT
swyngyfareddwr, (-wyr), *n.m.*
SORCERER
swyno, *v.* CHARM, ENCHANT, BEWITCH
swynoglydd, *n.m.* AMULET
swynol, *a.* CHARMING, FASCINATING
swynwr, (-wyr), *n.m.* MAGICIAN, WIZARD
swynwraig, (-wragedd), *n.f.* SORCERESS
sybachu, *v.* PUCKER, SHRINK
syber, *a.* SOBER, MANNERLY, CLEAN, TIDY
syberw, *a.* PROUD, LIBERAL, COURTEOUS
syberwyd, *n.m.* COURTESY, PRIDE
sybornu, *v.* SUBORN
sybseidi, (-ïau), *n.m.* SUBSIDY
sych, (sech, *f.*), *a.* DRY
sychborth, (-byrth), *n.m.* DRY-DOCK
sych-bydredd, *n.m.* DRY-ROT
sychdarthiad, *n.m.* SUBLIMATION
sychdarthu, *v.* SUBLIMATE (CHEM.)
sychder, (-au), *n.m.* DRYNESS
sychdir, (-oedd), *n.m.* DRY LAND
sychdwr, (-dyrau), *n.m.* DROUGHT
syched, *n.m.* THIRST
sychedig, *a.* THIRSTY, PARCHED
sychedu, *v.* THIRST
sychfoesol, *a.* PRIGGISH
sychfoesolyn, (-ion), *n.m.* PRIG
sychgamu, *v.* WARP
sychin, *n.m.* DRY WEATHER, DROUGHT
sychlanhau, *v.* DRY CLEAN
sychlyd, *a.* DRY
sychu, *v.* DRY, DRY UP, WIPE
sychydd, (-ion), *n.m.* DRIER
sychydd tro, SPIN-DRYER
sychydd tafl, TUMBLE-DRYER
sydyn, *a.* SUDDEN, ABRUPT
sydynrwydd, *n.m.* SUDDENNESS
sydd, sy, *v.* IS, ARE
syfïen, (syfi), *n.f.* STRAWBERRY
syflyd, *v.* STIR, BUDGE, MOVE
syfrdan, *a.* DAZED, STUNNED, GIDDY
syfrdandod, *n.m.* STUPOR, GIDDINESS

syfrdanol, *a.* STUPEFYING, STUNNING
syfrdanu, *v.* DAZE, STUPEFY, STUN
sygnau, *n.pl.* SIGNS OF THE ZODIAC
sylem, *n.m.* XYLEM
sylfaen, (-feini), *n.f.* FOUNDATION, BASE
sylfaenol, *a.* BASIC, FUNDAMENTAL
sylfaenu, *v.* FOUND
sylfaenwr, (-wyr),
sylfaenydd, (-ion), | *n.m.* FOUNDER
sylw, (-adau), *n.m.* NOTICE,
  OBSERVATION, ATTENTION, REMARK
sylwadaeth, *n.f.* OBSERVATION
sylwebaeth, (-au), *n.f.* COMMENTARY
sylwebu, *v.* COMMENTATE
sylwebydd, -wr, (-wyr), *n.m.*
  COMMENTATOR
sylwedydd, (-ion), *n.m.* OBSERVER
sylwedd, (-au), *n.m.* SUBSTANCE,
  FOUNDATION
sylweddol, *a.* SUBSTANTIAL, REAL
sylweddoli, *v.* REALISE
sylweddoliad, (-au), *n.m.* REALISATION
sylwgar, *a.* OBSERVANT, ATTENTIVE
sylwi, *v.* OBSERVE, NOTICE
sylladur, (-on), *n.m.* EYE-PIECE
syllu, *v.* GAZE
sym, (-s, -iau), *n.m.* SUM
symadwy, *a.* SUMMABLE
symatogenig, *a.* CYMATOGENIC
symbal, (-au), *n.m.* CYMBAL
symbol, (-au), *n.m.* SYMBOL
symbolaeth, *n.f.* SYMBOLISM
symbolig, *a.* SYMBOLIC
symbolwr, (-wyr), *n.m.* SYMBOLIST
symbyliad, (-au), *n.m.* STIMULUS,
  ENCOURAGEMENT
symbylu, *v.* GOAD, STIMULATE, SPUR
symbylydd, (-ion), *n.m.* STIMULANT
symffoni, (-ïau), *n.m.* SYMPHONY
symffonig, *a.* SYMPHONIC
symiant, (-iannau), *n.m.* SUMMATION
symio, *v.* SUM
syml, (*seml, f.*), *a.* SIMPLE
symledig, *a.* SIMPLIFIED
symledd, *n.m.* SIMPLICITY
symleiddio, *v.* SIMPLIFY
symlrwydd, *n.m.* SIMPLICITY
symlyn, *n.m.* SIMPLETON
symol, *a.* MIDDLING, FAIR
symptom, (-au), *n.m.* SYMPTOM
symud, *v.* MOVE, REMOVE, SLIDE
  n.m. MOVEMENT, ACTION
symudedd, *n.m.* MOBILITY

symudiad, (-au), *n.m.* MOVEMENT,
  REMOVAL
symudliw, *a.* OPALESCENT
symudol, *a.* MOVING, MOBILE, MOVEABLE
symudoledd, *n.m.* MOBILITY
symudyn, (symudion), *n.m.* MOBILE
syn, *a.* AMAZED, ASTONISHING, SURPRISING
synagog, (-au), *n.m.* SYNAGOGUE
synclin, (-iau), *n.m.* SYNCLINE
synclinol, *a.* SYNCLINAL
syncop, (-au), *n.m.* SYNCOPE
syncretiaeth, *n.m.* SYNCRETISM
syndicaliaeth, *n.f.* SYNDICALISM
syndod, (-au), *n.m.* SURPRISE, MARVEL
syndrôm, *n.m.* SYNDROME
synergedd, *n.m.* SYNERGISM
synfen, (-nau), *n.m.* SENTIMENT
synfyfyrdod, (-au), *n.m.* REVERIE,
  ABSTRACTION
synfyfyrio, *v.* MUSE, MEDITATE
synhwyraidd, *a.* SENSORY
synhwyriadaeth, *n.m.* SENSATIONALISM
synhwyro, *v.* SENSE, SNIFF, SMELL
synhwyrol, *a.* SENSIBLE
synhwyrus, *a.* SENSUOUS, SENSITIVE
syniad, (-au), *n.m.* NOTION, IDEA,
  THOUGHT
syniadaeth, *n.f.* IDEATION, CONCEPTION
syniadolaeth, *n.f.* CONCEPTUALISM
synied, -io, *v.* THINK, BELIEVE, IMAGINE
synnu, *v.* MARVEL, WONDER, BE SURPRISED
synnwyr, (synhwyrau), *n.m.* SENSE
synod, (-au), *n.m.* SYNOD
synodaidd, *a.* SYNODICAL
synoptig, *a.* SYNOPTIC
syntheseisydd, *n.m.* SYNTHESISER
synthesis, *n.m.* SYNTHESIS
synthesu, *v.* SYNTHESISE
synthetig, *a.* SYNTHETIC
synwyrusrwydd, *n.m.* SENSITIVITY
sypio, *v.* BUNDLE, HEAP, PACK
sypyn, (-nau), *n.m.* PACKET, PACKAGE
syr, *n.m.* SIR
syrcas, (-au), *n.m.f.* CIRCUS
syrffed, *n.m.* SURFEIT
syrffedu, *v.* SURFEIT, BE FED UP
syrio, *v.* SIR
syrlwyn, (-au), *n.m.* SIRLOIN
syrth, (-au), *n.m.* OFFAL
syrthiedig, *a.* FALLEN
syrthio, *v.* FALL
syrthni, *n.m.* SULLENNESS, SLOTH, APATHY
system, (-au), *n.m.* SYSTEM

system fetrig, METRIC SYSTEM
system dreuliol, DIGESTIVE SYSTEM
systematig, *a.* SYSTEMATIC
syth, (*seth, f.*), *a.* STIFF, STRAIGHT,
ERECT

sythlyd, *a.* CHILLED, COLD
sythu, *v.* STIFFEN, STRAIGHTEN, BENUMB
sythwelediad, (-au), *n.m.* INTUITION
sythweledol, *a.* INTUITIVE
syw, *a.* BEAUTIFUL, WISE

tab, (-iau), *n.m.* TAB
tabernacl, (-au), *n.m.* TABERNACLE
tabernaclu, *v.* TABERNACLE
tabl, (-au), *n.m.* TABLE
tablaidd, *a.* TABULAR
tabled, (-au, -i), *n.f.* TABLET
tabledig, *a.* TABULATED
tablen, *n.f.* ALE, BEER
tablenna, *v.* TIPPLE
tabliad, (-au), *n.m.* TABULATION
tablo, (-s), *n.m.* TABLEAU
tablu, *v.* TABULATE
tabŵ, (-au, -s), *n.m.* TABOO
tabwrdd, (-yrddau), *n.m.* DRUM, TABOR
tabyrddu, *v.* DRUM
tabyrddwr, (-wyr), *n.m.* DRUMMER
tac, (-iau), *n.m.* TACK
tacio, *v.* TACK
tacl, (-au), *n.f.m.* TACKLE, GEAR
taclad, (-au), *n.m.* TACKLE
taclo, *v.* TACKLE
taclu, *v.* PUT IN ORDER, TRIM, DRESS
taclus, *a.* TRIM, TIDY, NEAT
tacluso, *v.* TRIM, TIDY
taclusrwydd, *n.m.* TIDINESS
taclwr, (-wyr), *n.m.* TACKLER
tacnod, (-au), *n.m.* TACNODE
tacograff, *n.m.* TACHOGRAPH
tacteg, (-au), *n.f.* TACTICS
Tachwedd, *n.m.* NOVEMBER
tad, (-au), *n.m.* FATHER
tadaidd, *a.* FATHERLY
tad-cu, (tadau-cu), *n.m.* GRANDFATHER
tadladdiad, *n.m.* PARRICIDE
tadmaeth, (-au, -od), *n.m.* FOSTER-
  FATHER
tadogaeth, (-au), *n.f.* PATERNITY,
  AFFILIATION, ETYMOLOGY
tadogi, *v.* FATHER, AFFILIATE
tadol, *a.* FATHERLY, PATERNAL
tadolaeth, *n.f.* PATERNITY
taen, (-ion), *n.m.* SPREADING
taenelliad, (-au), *n.m.* SPRINKLING,
  AFFUSION
taenellu, *v.* SPRINKLE
taenellwr, (-wyr), *n.m.* }
taenellydd, (-ion), *n.m.* } SPRINKLER
taenu, *v.* SPREAD, SCATTER, RENDER
taenwr, (-wyr), *n.m.* SPREADER,
  DISSEMINATOR
taeog, (-ion), *n.m.* CHURL, CAD, SERF
  a. CHURLISH, RUDE, SERVILE
taeogaeth, *n.f.* SERFDOM

taeogaidd, *a.* SERVILE, CHURLISH, RUDE
taer, *a.* EARNEST, IMPORTUNATE, FERVENT
taerineb, *n.m.* EARNESTNESS,
  IMPORTUNITY
taeru, *v.* MAINTAIN, INSIST, WRANGLE,
  CONTEND
tafarn, (-au), *n.m.f.* TAVERN, PUBLIC-
  HOUSE, INN
tafarndy, (-dai), *n.m.* PUBLIC-HOUSE
tafarnwr, (-wyr), *n.m.* PUBLICAN, INN-
  KEEPER
tafell, (-au, -i, tefyll), *n.f.* SLICE, SLAB
tafellog, *a.* SLICED, LAMINATED, FLAKED
tafellu, *v.* SLICE
tafledigion, *n.pl.* PROJECTILES
tafledd, *n.m.* THROW
taflegryn, (-legrau), *n.m.* MISSILE
tafleisiaeth, *n.f.* VENTRILOQUISM
tafleisydd, (-ion, -wyr), *n.m.*
  VENTRILOQUIST
taflen, (-ni), *n.f.* LEAFLET, LIST, TABLE
tafleniad, (-au), *n.m.* TABULATION
taflennu, *v.* TABULATE
tafl-ffon, (-ffyn), *n.f.* SLING
tafliad, (-au), *n.m.* THROW,
  DISLOCATION, CAST
taflod, (-ydd), *n.f.* LOFT
  taflod y genau, PALATE
taflodi, *v.* PALATIZE
taflodol, *a.* PALATAL
taflod-orfannol, *a.* PALATO-ALVEOLAR
taflrwyd, (-i, -au), *n.f.* CASTING-NET
taflu, *v.* THROW, HURL, FLING, CAST,
  DISLOCATE
tafluniad, (-au), *n.m.* PROJECTION
taflunio, *v.* PROJECT
taflunydd, (-ion), *n.m.* PROJECTOR
taflwybr, (-au), *n.m.* TRAJECTORY
tafod, (-au), *n.m.f.* TONGUE, TANG, SPIT
tafodi, *v.* ABUSE, SCOLD
tafodiaith, (-ieithoedd), *n.f.* SPEECH,
  DIALECT, LANGUAGE
tafodig, *n.m.* UVULA
tafodleferydd, *n.m.* SPEECH, UTTERANCE
tafodog, (-ion), *n.m.* ADVOCATE
  a. TALKATIVE
tafol, (-au, -ion), *n.f.* SCALES
  c.n. DOCK (PLANT)
tafoli, *v.* WEIGH
tafotrydd, *a.* GARRULOUS, FLIPPANT
taffi, *n.m.* TOFFEE
tagell, (-au, tegyll), *n.f.* GILL, DOUBLE-
  CHIN, SNARE
tagellog, *a.* DOUBLE-CHINNED

tagen, (-ni), *n.f.* CHOCKSTONE
tagfa, (-feydd), *n.f.* STRANGULATION.
  CHOKING, ASPHYXIA, CHOKE, BOTTLENECK
taglwm, *n.m.* CLAMP
tagu, *v.* STRANGLE, CHOKE
tagydd, (-ion), *n.m.* CHOKE
tagiant, *n.m.* CONGESTION
tangïad (-au), *n.m.* TANGENT
tangiadaeth, *n.f.* TANGENCY
tangiadol, *a.* TANGENTIAL
tangnefedd, *n.m.f.* PEACE
tangnefeddus, *a.* PEACEFUL
tangnefeddwr, (-wyr), *n.m.* PACIFIER,
  PEACE-MAKER
tangwystl, (-on), *n.f.* FRANKPLEDGE
taid, (teidiau), *n.m.* GRANDFATHER
tail, (teiliau), *n.m.* DUNG, MANURE
tair, *a. & n.f.* of *tri*
taith, (teithiau), *n.f.* JOURNEY, VOYAGE,
  TOUR
tal, *a.* TALL, LOFTY, HIGH
tâl, (talau), *n.m.* FOREHEAD,
  FRONT, END
  (taliadau), *n.m.* PAY, PAYMENT, DUE
  (FEUDAL)
  taloedd, RATES
taladwy, *a.* PAYABLE
talai, (taleion), *n.m.* PAYEE
talaith, (-eithiau), *n.f.* PROVINCE, STATE,
  CHAPLET
talar, (-au), *n.f.* HEADLAND (IN PLOUGHING
talbont, (-ydd), *n.f.* BRIDGEHEAD
talcen, (-nau, -ni), *n.m.* FOREHEAD,
  GABLE, PINE-END
  talcen glo, COAL-FACE
talcendo, (-au, -eon), *n.m.* HIP ROOF
talch, (teilchion), *n.m.* FRAGMENT,
  PIECE
taldra, *n.m.* TALLNESS, LOFTINESS,
  STATURE
taleb, (-au, -ion), *n.f.* RECEIPT
taledigaeth, (-au), *n.f.* PAYMENT,
  REMUNERATION
taleithiog, *a.* DIADEMED
taleithiol, *a.* PROVINCIAL
talent, (-au), *n.f.* TALENT
talentog, *a.* GIFTED, TALENTED
tâl-feistr, (-i), *n.m.* PAYMASTER
talfyriad, (-au), *n.m.* ABBREVIATION,
  ABRIDGEMENT
talfyrru, *v.* ABBREVIATE, ABRIDGE
talgrwn, (-ynion), *a.* COMPACT, SHORT
talgryf, *a.* STURDY

taliad, (-au), *n.m.* PAYMENT
talïaidd, *a.* AFFABLE, POLITE, DECENT
talm, *n.m.* PORTION, SPACE, WHILE,
  NUMBER
  er ys talm, LONG AGO
talment, *n.m.* PAYMENT
talog, *a.* JAUNTY, LIVELY
  (-au), *n.m.* PEDIMENT
talogrwydd, *n.m.* JAUNTINESS
talp, (-iau), *n.m.* LUMP, MASS, PIECE
  talp ar asgwrn, EXOTOSIA
talpentan, *n.m.* FIRE-BACK
  brethyn talpentan, HOME-SPUN
  CLOTH
talpiog, *a.* LUMPY
talsbring, (-au), *n.m.* HEADSPRING
talsyth, *a.* ERECT
talu, *v.* PAY, SUIT, RENDER
talwr, (-wyr), *n.m.* PAYER
talwrn (-yrnau), *n.m.* SPOT, COCK-PIT
  EXPERIMENTAL PLOT, THRESHING FLOOR
tamaid, (-eidiau), *n.m.* PIECE, BIT, BITE
tambwrîn, *n.m.* TAMBOURINE
tameidyn, (-ion), *n.m.* SNACK
tampio, *v.* BOUNCE
tan, *prp.* UNTIL, AS FAR, UNDER
tân, (tanau), *n.m.* FIRE, LIGHT
tanamcangyfrif, *v.* UNDERESTIMATE
tanasiad, (-au), *n.m.* FIRE-WELD
tanasio, *v.* FIRE-WELD
tanbaid, *a.* HOT, FERVENT, FIERY,
  BRILLIANT
tanbeidrwydd, *n.m.* GREAT HEAT,
  FERVOUR
tanc, (-iau), *n.m.* TANK
  tanc crychdonni, RIPPLE TANK
tancer, (-i), *n.m.* TANKER
tanchwa, (-oedd), *n.f.* EXPLOSION, FIRE-
  DAMP
tandoriad, (-au), *n.m.* UNDERCUTTING
tandwf, *n.m.* UNDERGROWTH
tanddaear(ol), *a.* SUBTERRANEAN,
  UNDERGROUND
tanerdy, (-dai), *n.m.* TANNERY
tanfaeth, *v.* UNDER-NOURISH
tanfor(ol), *a.* SUBMARINE
  llong danfor, SUBMARINE
tanforwr, (-wyr), *n.m.* SUBMARINER
tanffordd, (-ffyrdd), *n.f.* UNDER-PASS
tanffrwythog, *a.* EPIGYNOUS
tangyflogaeth, *n.f.* UNDEREMPLOYMENT
taniad, (tangiad), (-au), *n.m.* IGNITION,
  FIRING
tanio, *v.* IGNITE, FIRE, STOKE, LIGHT

taniwr, (-wyr), *n.m.* FIREMAN, STOKER
tanlinellu, *v.* UNDERLINE
tanlwybr, (-au), *n.m.* SUB-WAY
tanlli, *a.* FLAME-COLOURED
   newydd sbon danlli, BRAND NEW
tanllwyth, (-i), *n.m.* BLAZING FIRE
tanllyd, *a.* FIERY, FERVENT
tannu, *v.* ADJUST, SPREAD, SCATTER
tanodd, *ad.* BELOW, BENEATH
tanseilio, *v.* SAP, UNDERMINE
tansoddi, *v.* SUBMERGE
tant, (tannau), *n.m.* CHORD, STRING
tanwydd, (-on, -au), *n.m.* FIREWOOD,
   FUEL
   traul tanwydd, FUEL CONSUMPTION
tanysgrifennwr *n.m.* UNDERWRITER
tanysgrifiad, (-au), *n.m.* SUBSCRIPTION
tanysgrifio, *v.* SUBSCRIBE
tanysgrifiwr, (-wyr), *n.m.* SUBSCRIBER
tap, (-iau), *n.m.* TAP
   tapiau a deiau, TAPS AND DIES
tâp, (tapiau), *n.m.* TAPE
   tâp ticio, TICKER TAPE
tâp-cofnodi, *n.m.* TAPE-RECORDER
taped, (-au, -i), *n.m.* TAPPET
tapestri, (-iau), *n.m.* TAPESTRY
tapin, (-au), *n.m.* TAPESTRY, BLANKET
tapio, *v.* TAP
taplas, (-au), *n.f.* BACKGAMMON, DANCE
tapr, (-au), *n.m.* TAPER
tâp-recordydd, (-ion), *n.m.* TAPE-
   RECORDER
tapro, *v.* TAPER
taradr, (terydr), *n.m.* AUGER
taran, (-au), *n.f.* (PEAL OF) THUNDER
taranfollt, (-au, -fyllt), *n.f.*
   THUNDERBOLT
taranu, *v.* THUNDER, THREATEN
tarddell, (-au), *n.f.* SPRING, SOURCE
tarddellu, *v.* GUSH, BOIL
tarddiad, (-au), *n.m.* SOURCE,
   DERIVATION
tarddiadol, *a.* DERIVATIVE
tarddiant, (-iannau), *n.m.* ERUPTION,
   ISSUE, RASH, SPRING
   tarddiant ar y croen, URTICARIA
tarddle, (-oedd), *n.m.* SOURCE
tarddlin, *n.f.* SPRING LINE
tarddu, *v.* SPRING, SPROUT, DERIVE FROM,
   ISSUE
tarfu, *v.* SCARE, SCATTER, DISTURB
tarfwr, *n.m.* AGITATOR
targed, (-i, -au), *n.m.* TARGET

tarian, (-nnau), *n.f.* SHIELD, CRATON
tariff, (-iau), *n.m.* TARIFF
tario, *v.* TARRY
tarnais, *n.m.* TARNISH
tarneisio, *v.* TARNISH
taro, *n.m.* DIFFICULTY, CRISIS
   v. STRIKE, HIT, TAP, JOT, SUIT
tarpolen, *n.m.* TARPAULIN
tarren, (tarenni, -ydd), *n.f.* KNOLL,
   ROCK, SCARP, TUMP
tarten, (-ni), *n.f.* TART
tarth, (-au, -oedd), *n.m.* MIST, VAPOUR
tarw, (teirw), *n.m.* BULL
tarwden, *n.f.* RINGWORM
tas, (teisi), *n.f.* RICK, STACK, PILE
tasel, (-au), *n.m.* TASSEL
tasg, (-au), *n.f.* TASK
tasgu, *v.* SPLASH, START, TAX, SPURT
tasio, -u, *v.* STACK, BUNDLE
tato, tatws, (*taten, n.f.*), *n.pl.*
   POTATOES
tatio, *n.m.* TATTING
tatŵ, (-au), *n.m.* TATTOO
taw, *n.m.* SILENCE, HUSH
   c. THAT
tawch, (-au, -oedd), *n.m.* VAPOUR, MIST,
   HAZE, FOG
tawdd, *a.* MELTED, MOLTEN, DISSOLVED
tawddlestr, (-i), *n.m.* CRUCIBLE,
   MELTING-POT
tawedog, *a.* SILENT, TACITURN
tawedogrwydd, *n.m.* TACITURNITY
tawel, *a.* QUIET, CALM, STILL, PEACEFUL,
   SERENE
tawelu, *v.* CALM, GROW CALM
tawelwch, *n.m.* QUIET, CALM, STILLNESS,
   TRANQUILITY
tawelydd, (-ion), *n.m.* SILENCER
tawelyddiaeth, *n.f.* QUIETISM
tawelyn, (-ion), *n.m.* TRANQUILIZER
tawlbwrdd, (-byrddau), *n.m.*
   CHESSBOARD, DRAUGHTBOARD
tawnod, (-au), *n.m.* REST (MUSIC)
tawtologaeth, (-au), *n.f.* TAUTOLOGY
te, *n.m.* TEA
tebot, (-au), *n.m.* TEAPOT
tebyg, *a.* LIKE, SIMILAR, LIKELY
tebyglun, (-iau), *n.m.* IDENTIKIT
tebygol, *a.* LIKELY, PROBABLE
tebygoleg, *n.f.* PROBABILITY
tebygoliaeth, (-au), *n.f.* SIMILARITY,
   LIKELIHOOD
tebygolrwydd, *n.m.* LIKELIHOOD,
   PROBABILITY

cromlin tebygolrwydd, PROBABILITY CURVE

tebygrwydd, *n.m.* LIKENESS, SIMILARITY

tebygu, *v.* LIKEN, RESEMBLE, SUPPOSE

tecáu, *v.* BEAUTIFY, ADORN

tecell, (-au, -i), *n.m.* KETTLE

teclyn, (taclau), *n.m.* TOOL, INSTRUMENT, CHATTEL

tectonig, *a.* TECTONIC

techneg, (-au), *n.f.* TECHNIQUE

technegol, *a.* TECHNICAL

technegwr, (-wyr), *n.m.* TECHNICIAN

technoleg, *n.f.* TECHNOLOGY

technolegol, *a.* TECHNOLOGICAL

technolegwr, (-wyr), *n.m.* TECHNOLOGIST

teflyn, (-nau), *n.m.* PROJECTILE

teg, *a.* FAIR, FINE, BEAUTIFUL

tegan, (-au), *n.m.* TOY, TRINKET, PLAYTHING

tegell, (-au, -i), *n.m.* KETTLE

tegwch, *n.m.* BEAUTY, FAIRNESS

tei, (teis, -au), *n.m.f.* TIE

teiar, (-s), *n.m.* TYRE

teiffwn, (teiffwnau), *n.m.* TYPHOON

teigr, (-od), *n.m.* TIGER

teil(s), (-*en, n.f.*), *n.pl.* TILES

teilchion, (*talch, n.m.*), *n.pl.* FRAGMENTS, SHIVERS

teilio, *v.* TILE

teiliwr, (teilwriaid), *n.m.* TAILOR

teilo, *v.* DUNG, MANURE

teilsen, (teils), *n.f.* TILE

teilwng, *a.* WORTHY, DESERVED

teilwra, *v.* TAILOR

teilwres, (-au), *n.f.* TAILORESS

teilwriaeth, *n.f.* TAILORING

teilyngdod, (-au), *n.m.* MERIT, WORTHINESS

teilyngu, *v.* MERIT, DESERVE

teim, *n.m.* THYME

teimlad, (-au), *n.m.* FEEL, EMOTION, FEELING, SENSATION

teimladol, *a.* EMOTIONAL

teimladrwydd, *n.m.* FEELINGNESS, SENSITIVITY, SENTIMENT

teimladus, *a.* SENSITIVE

teimladwy, *a.* SENSITIVE, EMOTIONAL

teimlo, *v.* FEEL, HANDLE, TOUCH

teimlydd, (-ion), *n.m.* ANTENNA, TENTACLE, FEELER

teip, (-iau), *n.m.* TYPE

teipiadur, (-on), *n.m.* TYPEWRITER

teipio, *v.* TYPE

teipoleg, *n.f.* TYPOLOGY

teipydd, (-ion), *n.m.* TYPIST

teipyddes, (-au), *n.f.* TYPIST

teiran, *a.* TRIPARTITE

teirannu, *v.* TRISECT

teirant, (-iaid), *n.m.* TYRANT

teisen, (-nau), *n.f.* CAKE, TART

teisen ddwbl, SANDWICH CAKE

teisen gri, WELSH CAKE

teisio, *v.* STACK

teisiwr, (-wyr), *n.m.* STACKER

teitl, (-au), *n.m.* TITLE

teitheb, (-au), *n.f.* VISA

teithi, *c.n.* CHARACTERISTICS, TRAITS

teithio, *v.* TRAVEL, JOURNEY

teithiol, *a.* TRAVELLING

teithiwr, (-wyr), *n.m.* TRAVELLER, PASSENGER

teithlong, (-au), *n.f.* LINER

teithlyfr, (-au), *n.m.* GUIDE BOOK

telaid, *a.* BEAUTIFUL, GRACEFUL

telathrebiaeth, (-au), *n.m.* TELECOMMUNICATION

telathrebu, *v.* TELECOMMUNICATE

telediad, (-au), *n.m.* TELECAST

telediw, *a.* HANDSOME, BEAUTIFUL

teledu, *n.m.* TELEVISION
v. TELEVISE

teledydd, (-ion), *n.m.* TELEVISION SET

teler, (-au), *n.m.* CONDITION, TERM

telerecordiad, (-au), *n.m.* TELERECORDING

teleffon, (-au), *n.m.* TELEPHONE

teleffonydd, (-ion), *n.m.f.* TELEPHONIST

telegraff, *n.m.* TELEGRAPH

telegram, (-au), *n.m.* TELEGRAM

teleprinter, (-au), *n.m.* TELEPRINTER

telesgop, (-au), *n.m.* TELESCOPE

telesgopig, *a.* TELESCOPIC

telm, (-au), *n.f.* SNARE, TRAP

telori, *v.* WARBLE

telyn, (-au), *n.f.* HARP

telyneg, (-ion), *n.f.* LYRIC

telynegol, *a.* LYRICAL

telynegu, *v.* COMPOSE LYRICS

telynor, (-ion), *n.m.* HARPIST

telynores, (-au), *n.f.* FEMALE HARPIST

teml, (-au), *n.f.* TEMPLE

templat, (-iau), *n.m.* TEMPLATE

tempo, (tempi), *n.m.* TEMPO

tempro, tempru, *v.* TEMPER, AIR (CLOTHES)

temtasiwn, (-iynau), *n.m.f.* TEMPTATION

temtio, *v.* TEMPT
temtiwr, (-wyr), *n.m.* TEMPTER
tenant, (-iaid), *n.m.* TENANT
tenantiaeth, (-au), *n.f.* TENANCY
tenau, *a.* THIN. SLENDER. LEAN. RARE
tendio, *v.* TEND. CARE
tendon, (-au), *n.m.* TENDON
tendriad, (-au), *n.m.* TENDER
tendro, *v.* TENDER
tenement, (-au), *n.m.* TENEMENT
teneuad, (-au), *n.m.* RAREFACTION
teneuo, *v.* THIN. DILUTE
teneuwch, *n.m.* THINNESS. LEANNESS
tenewyn, (-nau), *n.m.* FLANK
tenis, *n.m.* TENNIS
tennyn, (tenynnau), *n.m.* TETHER. ROPE
tens, *n.m.* TENCH
tensiwn, (-iynau), *n.m.* TENSION
têr, *a.* BRIGHT. PURE. CLEAR
teras, (-au), *n.m.* TERRACE
terasu, *v.* TERRACE
terfan, (-nau), *n.m.* LIMIT
terfyn, (-au), *n.m.* END. BOUNDARY.
    EXTREMITY. BOUND
terfynadwy, *a.* TERMINABLE
terfynedig, *a.* DETERMINATE.
    TERMINATED
terfynell, (-au), *n.f.* TERMINAL
terfynfa, (-feydd), *n.f.* TERMINUS
terfyngylch, (-au, -oedd), *n.m.*
    HORIZON. AMBIT
terfyniad, (-au), *n.m.* ENDING.
    TERMINATION
terfynol, *a.* FINAL. CONCLUSIVE
terfynu, *v.* END. TERMINATE. LIMIT
terfynus, *a.* TERMINATING
terfysg, (-oedd), *n.m.* TUMULT.
    COMMOTION. RIOT. THUNDER
terfysgaeth, *n.m.* TERRORISM
terfysgaidd, **-lyd**, *a.* RIOTOUS.
    TURBULENT
terfysgiad, (-au), *n.m.* SEDITION.
    TURBULENCE
terfysgu, *v.* RIOT. RAGE. TROUBLE
terfysgwr, (-wyr), *n.m.* TERRORIST.
    RIOTER. INSURGENT
term, (-au), *n.m.* TERM. END
termeg, *n.f.* TERMINOLOGY
termol, *a.* TERMINAL, TERMINOLOGICAL
terwyn, *a.* FIERCE. ARDENT. FIERY
terylen, (-au), *n.m.* TERYLENE
tes, (-au, -oedd), *n.m.* HEAT. SUNSHINE.
    HAZE

tesog, *a.* HOT. SUNNY
testament, (-au), *n.m.* TESTAMENT
testamentwr, (-wyr), *n.m.* TESTATOR
testatwm, *n.m.* TESTATUM
testun, (-au), *n.m.* TEXT. SUBJECT
testunio, *v.* DERIDE
tetanedd, (-au), *n.m.* TETANY
tetanws, (-ysau), *n.m.* TETANUS
tetrahedrol, *a.* TETRAHEDRAL
tetrahedron, (-au), *n.m.* TETRAHEDRON
tetrocsid, *n.m.* TETROXIDE
tetrod, *n.m.* TETRODE
teth, (-au), *n.f.* TEAT
teulu, (-oedd), *n.m.* FAMILY
teuluaidd, *a.* FAMILY. DOMESTIC
tew, *a.* THICK. FAT. GREAT. NUMEROUS
tewder, **-dra**, **-dwr**, *n.m.* THICKNESS.
    FATNESS
tewhau, *v.* FATTEN. THICKEN
tewi, *v.* BE SILENT
tewychiad, *n.m.* CONDENSATION
tewychu, *v.* FATTEN. THICKEN. CONDENSE
tewychydd, (-ion), *n.m.* CONDENSER.
    THICKENING
tewyn, (-ion), *n.m.* FIREBRAND. EMBER
teyrn, (-edd, -oedd), *n.m.* MONARCH.
    SOVEREIGN
teyrnaidd, *a.* KINGLY
teyrnas, (-oedd), *n.f.* KINGDOM. REALM
teyrnasiad, *n.m.* REIGN
teyrnasu, *v.* REIGN
teyrnfradwr, (-wyr), *n.m.* TRAITOR
teyrnfradwriaeth, *n.f.* HIGH TREASON
teyrngar(ol), *a.* LOYAL
teyrngarwch, *n.m.* LOYALTY.
    ALLEGIANCE
teyrnged, (-au), *n.f.* TRIBUTE
teyrnladdiad, (-au), *n.m.* REGICIDE
teyrnolion, *n.pl.* REGALIA
teyrnwialen, (-wiail), *n.f.* SCEPTRE
ti, *pn.* THOU. THEE
    (-au), *n.m.* TEE
tîc, (-iau), *n.m.* TEAK
ticbryf, (-ed), *n.m.* DEATH-WATCH
    BEETLE
ticed, (-i), *n.m.* TICKET
tician, **-io**, *v.* TICK
ticyn, (-nau), *n.m.* BIT. PARTICLE
tid, (-au), *n.f.* CHAIN
tido, *v.* TETHER
tila, *a.* FEEBLE. PUNY. INSIGNIFICANT
tileru, *v.* TILL
tilfaen, *n.m.* TILLITE

tîm, (timau), *n.m.* TEAM
timpanites, *n.m.* TYMPANITES
tin, (-au), *n.m.* BOTTOM. RECTUM. RUMP.
  TAIL
tinben, *ad.* HEAD TO TAIL
tinbren, (-ni), *n.m.* SPREADER
tinc, (-iadau), *n.m.* TINKLE. CLANG
tincer, (-iaid), *n.m.* TINKER
tincial, -ian, *v.* TINKLE. CLINK. CLANK
tindro, *n.f.* SWAYBACK
tindroi, *v.* DAWDLE. DALLY
tindrosben, *ad.* HEAD OVER HEELS
tïo, *v.* TEE
tip, (-iau), *n.m.* TIP
  (tipiadau), *n.m.* TICK (OF CLOCK)
tipian, *v.* TICK
tipyn, (-nau, tipiau), *n.m.* BIT. LITTLE
  bob yn dipyn, LITTLE BY LITTLE
tir, (-oedd), *n.m.* LAND. EARTH. GROUND.
  TERRITORY. TERRAIN
  tir ymyl, MARGINAL LAND
tirddaliadaeth, *n.f.* TENURE (LAND)
tirf, *a.* FRESH. LUXURIANT
tirfesur, *v.* SURVEY
tirfesurydd, (-wyr), *n.m.* SURVEYOR
tirfwrdd, (-fyrddau), *n.m.* TABLELAND
tirffurf, (-iau), *n.m.* LANDFORM
tirgryniad, (-au), *n.m.* EARTH TREMOR
tirio, *v.* LAND. GROUND
tiriog, *a.* LANDED
tiriogaeth, (-au), *n.f.* TERRITORY
tiriogaethol, *a.* TERRITORIAL
tirion, *a.* TENDER. KIND. GENTLE.
  GRACIOUS
tiriondeb, -der, -wch, *n.m.* TENDERNESS.
  KINDNESS. GENTLENESS
tirlif, (-au), *n.m.* EARTH FLOW
tirlun, (-iau), *n.m.* LANDSCAPE
tirmon, (-myn), *n.m.* GROUNDSMAN
tirmonaeth, *n.f.* GROUNDSMANSHIP
tirol, *a.* AGRARIAN. RELATING TO LAND
tirwedd, (-au), *n.f.* CONFIGURATION.
  RELIEF
tisian, *v.* SNEEZE
tisis, *n.m.* PHTHISIS
titradaeth, *n.m.* TITRATION
titradu, *v.* TITRATE
tithau, *pn.* THOU ALSO, THOU (ON THY
  PART)
tiwb, (-iau), *n.m.* TUBE. DUCT
tiwbaidd, *a.* TUBULAR
tiwbin, (-au), *n.m.* TUBING
tiwmor, (-au), *n.m.* TUMOUR
  tiwmor gwyllt, MALIGNANT TUMOUR

tiwn, (-iau), *n.f.* TUNE
tiwnig, (-au), *n.f.* TUNIC
tiwnio, *v.* TUNE
tiwtelaeth, *n.f.* TUTELAGE
tiwtor, (-iaid), *n.m.* TUTOR
tiwtorial, *n.m.* TUTORIAL
tlawd, (tlodion), *a.* POOR. NEEDY
tlodaidd, *a.* POORISH. DOWDY
tlodi, *n.m.* POVERTY
  v. IMPOVERISH
tlos, *a. f.* of *tlws*
tloty, (-tai), *n.m.* POORHOUSE
tlotyn, (tlodion), *n.m.* PAUPER
tlws, (*tlos, f.*), *a.* PRETTY
  (tlysau), *n.m.* GEM. JEWEL. MEDAL
tlysineb, } *n.m.* PRETTINESS .
tlysni,   }
to, (-eau, -eon), *n.m.* ROOF
  n.m.f., GENERATION
toc, *ad.* SHORTLY. SOON. PRESENTLY
tociad, (-au), *n.m.* RESECTION
tocio, *v.* CLIP. DOCK. PRUNE. RESECT
tocsemia, *n.m.* TOXAEMIA
tocyn, (-nau), *n.m.* TICKET. TOKEN.
  SMALL HEAP, SNACK, (PACKED) LUNCH
  (tociau), *n.m.* HILLOCK. PACK
tocynnwr, (-ynwyr), *n.m.* CONDUCTOR
  (BUS)
toddadwy, *a.* SOLUBLE
toddedig, *a.* MOLTEN. MELTING
toddi, *v.* MELT. THAW. DISSOLVE
toddiant, (-nnau), *n.m.* SOLUTION. LYSIS
toddion, (*toddyn, n.m.*), *n.pl.* DRIPPING
toddrylliad, *n.m.* SUBSTITUTION
toddydd, *n.m.* SOLVENT
toddyddu, *v.* SOLVATE
toddyn, *n.m.* SOLUTE. FUSE
toes, *n.m.* DOUGH
toesen, (-ni, -nau), *n.f.* DOUGHNUT
to gwydr, *n.m.* CLOCHE
toi, *v.* ROOF. THATCH
toiled, (-au), *n.m.* TOILET
toili, *n.m.* SPECTRAL FUNERAL
tolach, *v.* FONDLE
tolc, (-iau), *n.m.* DENT
tolcio, *v.* DENT
tolciog, *a.* DENTED
tolch(en), (-au), *n.f.* CLOT. THROMBUS
tolcheniad, (-au), *n.m.* THROMBOSIS
tolchennu, *v.* CLOT
toll, (-au), *n.f.* TOLL. CUSTOM. DUTY
tollaeth, *n.f.* TOLLAGE
tolldal, *n.m.* CUSTOMS DUTY

tollfa, (-feydd), *n.f.* TOLL-HOUSE.
CUSTOMS
tolli, *v.* TAKE TOLL
tom, *n.f.* DUNG. DIRT. MANURE
tomato, (-s), *n.m.* TOMATO
tomen, (-nydd), *n.f.* HEAP. DUNGHILL
tomlyd, *a.* DIRTY
tôn, (tonau), *n.f.* TUNE. TONE
   tôn gron, A ROUND
ton, (-nau), *n.f.* WAVE. BREAKER
   n.m. LAY-LAND. SKIN. SURFACE
tonaidd, *a.* TONAL
tonc, (-iau), *n.f.* TINKLE. RING
toncio, *v.* TINKLE. RING
tonfedd, (-i), *n.f.* WAVELENGTH
toniad, (-au), *n.m.* UNDULATION
toniant, (-iannau), *n.m.* FLUCTUATION
toniar, (-au), *n.f.* BREAKER
tonig, (-iau), *n.m.* TONIC
           a. TONIC
tonnen, (tonennydd), *n.f.* SKIN. BOG
tonni, *v.* WAVE. UNDULATE
tonnog, *a.* WAVY. TURBULENT
tonsil, (-au), *n.m.* TONSIL
tonsur, *n.m.* TONSURE
tonwres, *n.f.* HEATWAVE
tonydd, (-ion), *n.m.* TONIC
tonyddiaeth, *n.f.* INTONATION. TONE
top, (-iau), *n.m.* TOP
topio, *v.* PLUG
topograffig, *a.* TOPOGRAPHIC
topoleg, *n.m.f.* TOPOLOGY
toponumeg, *n.m.f.* TOPONYMY
topyn, (-nau), *n.m.* STOPPER, PLUG, BUNG
tor, (-rau), *n.m.* BELLY. PALM (OF HAND)
   (-ion), *n.m.* BREAK. CUT.
INTERRUPTION
toramod, (-au), *n.m.* BREACH OF
CONDITION / CONTRACT
torbwynt, (-iau), *n.m.* CUTOFF.
BREAKPOINT
torcalonnus, *a.* HEART-BREAKING
torcyfraith, *n.m.* BREACH OF PEACE
torch, (-au), *n.f.* WREATH. COIL. TORQUE
   torchau dur, METAL COILS
torchedig, *a.* WREATHED
torchi, *v.* ROLL. TUCK. COIL. WHIRL
torchog, *a.* WREATHED, COILED
tordor, *ad.* SIDE BY SIDE, FACE TO FACE
tordyn, *a.* TIGHT-BELLIED. FAT
torddwr, *n.m.* SWASH
toreithiog, *a.* ABUNDANT, TEEMING
toreth, *n.f.* ABUNDANCE

torf, (-eydd), *n.f.* CROWD. HOST.
MULTITUDE
torfennwr, (torfenwyr), *n.m.*
TORMENTOR
torfol, *a.* COLLECTIVE, MASS
torfynyglu, *v.* BEHEAD
torgest, *n.f.* RUPTURE
torgoch, (-ion), *n.m.* ROACH
torgwmwl, *n.m.* CLOUDBURST
torheulo, *v.* SUNBATHE, BASK
Tori, (-ïaid), *n.m.* TORY
toriad, (-au), *n.m.* BREAK. CUT.
FRACTION. SECTION. KERFING. SCISSION
Torïaidd, *a.* TORY. CONSERVATIVE
toriant, (-nnau), *n.m.* DISCONTINUITY.
SECTION
torion, *n.m.* PULP, CHAFF(ED STRAW)
torlan, (-nau, -ennydd), *n.f.* UNDERCUT
RIVER BANK
torllengig, *n.m.* RUPTURE
torllwyth, (-i), *n.m.*   ⎫
torraid, (toreidiau), *n.m.* ⎬ LITTER
torrell, (torellau), *n.f.* CUTTER
torri, *v.* BREAK. CUT. WRITE. SEVER. GO
BANKRUPT
torrwr, (torwyr), *n.m.* BREAKER.
CUTTER. MOWER
torryn, (torynnau), *n.m.* CUTTING (OF
PLANT)
tors, (tyrs), *n.m.f.* TORCH
torsyth, *a.* SWAGGERING
torsythu, *v.* SWAGGER. STRUT
torth, (-au), *n.f.* LOAF
torthen, (-ni), *n.f.* CLOT
torthi, *v.* CLOT
torws, (-ysau), *n.m.* TORUS
tost, *a.* SORE, ILL, SEVERE, SHARP, HARD.
HARSH
   (-ys), *n.m.* TOAST
tostio, *v.* TOAST
tostrwydd, *n.m.* ILLNESS, SEVERITY
tosturi, (-aethau), *n.m.* COMPASSION,
PITY
tosturio, *v.* COMPASSION. PITY
tosturiol, *a.* COMPASSIONATE
tostydd, *n.m.* TOASTER
tosyn, (tosau), *n.m.* PIMPLE
totalitariaeth, *n.f.* TOTALITARIANISM
totalitarydd, *n.m.* TOTALITARIAN
totem, *n.m.* TOTEM
totemiaeth, *n.m.* TOTEMISM
töwr, (towyr), *n.m.* TILER
towt, (-iaid), *n.m.* TOUT

tra, *ad.* EXTREMELY. VERY. OVER
  c. WHILE, WHILST
tra-arglwyddiaeth, (-au), *n.f.* TYRANNY
tra-arglwyddiaethu, *v.* TYRANNIZE, LORD IT
trabludd, *n.m.* TROUBLE, TURMOIL,
  TUMULT
trac, (-iau), *n.m.* TRACK
tractor, (-au), *n.m.* TRACTOR
tractrics, (-au), *n.m.* TRACTRIX
tracwisg, (-oedd), *n.f.* TRACKSUIT
trach, *prp.* OVER
trachefn, *ad.* AGAIN
trachwant, (-au), *n.m.* LUST, GREED,
  COVETOUSNESS
trachwanta, -tu, *v.* COVET, LUST
trachwantus, *a.* COVETOUS, LUSTFUL
trachywir, *a.* PRECISE
trachywiredd, *n.m.* PRECISION WORK
trâd, *n.m.* OCCUPATION, TRADE
tradwy, *ad.* THREE DAYS HENCE
traddodeb, *n.m.f.* COMMITTAL
traddodi, *v.* DELIVER, COMMIT
traddodiad, (-au), *n.m.* TRADITION,
  DELIVERY
traddodiadaeth, *n.f.* TRADITIONALISM
traddodiant, *n.m.* COMMITTAL
traddodwr, (-wyr), *n.m.* DELIVERER
traddwythiad, (-au), *n.m.* TRADUCTION
traean, (-au), *n.m.* ONE-THIRD, THIRDS
traeannu, *v.* TRISECT
traen, (-iau), *n.m.* TRAIN, DRAIN
traeniad, *n.m.* DRAINAGE
traenio, *v.* DRAIN
traetur, (-iaid), *n.m.* TRAITOR
traeth, (-au), *n.m.* BEACH, SHORE
traethawd, (-odau), *n.m.* ESSAY,
  TREATISE, TRACT
traethell, (-au), *n.f.* STRAND
traethiad, (-au), *n.m.* DELIVERY,
  PREDICATE
traethlin, (-iau), *n.m.* SHORELINE
traethodydd, (-ion), *n.m.* ESSAYIST
traethu, *v.* SPEAK, RELATE, DELIVER
trafael, (-ion), *n.f.* TROUBLE, TRAVAIL
trafaelio, *v.* TRAVEL
trafaeliwr, (-wyr), *n.m.* TRAVELLER
trafaelu, *v.* TRAVEL, TRAVAIL
traflwnc, (-lyncau), *n.m.* GULP,
  DRAUGHT
traflyncu, *v.* GULP, DEVOUR, GORGE
trafnidiaeth, *n.f.* TRAFFIC, COMMERCE
trafnidiol, *a.* TRAFFIC
trafnidiwr, (-wyr), *n.m.* TRADER

trafod, *v.* HANDLE, DISCUSS, NEGOTIATE,
  TRANSACT
trafodaeth, (-au), *n.f.* DISCUSSION,
  TRANSACTION
trafodion, *n.pl.* TRANSACTIONS,
  PROCEEDINGS
trafferth, (-ion), *n.f.m.* TROUBLE, TOIL,
  BOTHER
trafferthu, *v.* TROUBLE, BOTHER, TAKE
  PAINS
trafferthus, *a.* TROUBLESOME, LABORIOUS,
  TROUBLED
traffig, traffic, (-au), *n.m.* TRAFFIC
traffordd, (-ffyrdd), *n.f.* MOTORWAY,
  AUTOBAHN
tragwyddol, *a.* ETERNAL, EVERLASTING
tragwyddoldeb, *n.m.* ETERNITY
tragwyddoli, *v.* IMMORTALISE
tragywydd, *a.* ETERNAL, EVERLASTING
traha, (-u), *n.m.* ARROGANCE
trahaus, *a.* ARROGANT, HAUGHTY
trahauster, *n.m.* ARROGANCE
trai, (treiau), *n.m.* EBB, DECREASE
trais, (treisiau), *n.m.* VIOLENCE,
  OPPRESSION, RAPE
trallod, (-au, -ion), *n.m.* TRIBULATION,
  TROUBLE
tralodi, *v.* AFFLICT, TROUBLE
trallodus, *a.* TROUBLED, TROUBLOUS
trallodwr, (-wyr), *n.m.* TROUBLER,
  AFFLICTER
tramgwydd, (-au, -iadau), *n.m.*
  OFFENCE, STUMBLING BLOCK
tramgwyddaeth, *n.f.* DELINQUENCY
tramgwyddo, *v.* STUMBLE, OFFEND, TAKE
  OFFENCE, STUMBLING BLOCK
tramgwyddus, *a.* SCANDALOUS,
  OFFENSIVE, DELINQUENT
tramgwyddwr, (-wyr), *n.m.*
  DELINQUENT, OFFENDER
tramor, *a.* OVERSEAS, FOREIGN
tramorwr, (-wyr), *n.m.* FOREIGNER
tramplin, (-au), *n.m.* TRAMPOLINE
tramwy, -o, *v.* PASS, TRAVERSE
tramwyfa, (-feydd), *n.f.* PASSAGE,
  THOROUGHFARE
tranc, *n.m.* END, DEATH
trancedig, *a.* DECEASED
trannoeth, *ad.* NEXT DAY
transistor, (-au), *n.m.* TRANSISTOR
traorfodi, *v.* COERCE
trap, (-iau), *n.m.* TRAP
trapesiwm, (-iymau), *n.m.* TRAPEZIUM

trapesoid, (-au), *n.m.* TRAPEZOID
trapio, *v.* TRAP
trapîs, *n.m.* TRAPEZE
traphlith, *ad.*
   blith draphlith, HIGGLEDY-PIGGLEDY
tras, (-au), *n.f.* KINDRED. LINEAGE
traserch, *n.m.* GREAT LOVE. INFATUATION
trasiedi, (-ïau), *n.f.* TRAGEDY
trasiedïol, *a.* TRAGICAL
trasiedïwr, (-wyr),   ⎫
trasiedydd, (-ion),   ⎬ *n.m.* TRAGEDIAN
trasigomedi, (-ïau), *n.f.* TRAGICOMEDY
traul, (treuliau), *n.f.* WEAR. EXPENSE.
   CONSUMPTION. BEARING
traw, *n.m.* PITCH. DIAPASON
trawiad, (-au), *n.m.* STROKE. BEAT.
   PERCUSSION
trawiadol, *a.* STRIKING. IMPRESSIVE
trawiant, (-nnau), *n.m.* INCIDENCE
trawma, *n.m.* TRAUMA
trawmatig, *a.* TRAUMATIC
trawol, *a.* INCIDENT
traws, *a.* CROSS. PERVERSE. FROWARD
trawsblaniad, (-au), *n.m.* TRANSPLANT
trawsblannu, *v.* TRANSPLANT
trawsbren, (-nau, -ni), *n.m.* CROSSBAR
trawsbwytho, *v.* OVERCAST
trawsdoriad, (-au), *n.m.* CROSS-SECTION
trawsddodi, *v.* TRANSPOSE
trawsedd, *n.m.* PERVERSENESS
trawsenwad, (-au), *n.m.* METONYMY
trawsfeddiannu, *v.* USURP
trawsfeddiannwr, (-wyr), *n.m.* USURPER
trawsfudo, *v.* TRANSMIGRATE. TRANSLATE
trawsffordd, (-ffyrdd), *n.f.* FLYOVER
trawsffurfedd, *n.m.* METAMORPHISM
trawsffurfio, *v.* TRANSFORM
trawsffurfiol, *a.* METAMORPHIC
trawsgludedd, *n.m.* CONDUCTIVITY
trawsgludiad, *n.m.* TRANSPORTATION.
   CONVEYANCE (OF PROPERTY)
trawsgludo, *v.* TRANSPORT. CONDUCT.
   CONVEY
trawsgrifio, *v.* TRANSCRIBE
trawsgript, (-iau), *n.m.* TRANSCRIPT
trawsgyweirio, *v.* TRANSPOSE. MODULATE
trawslath, (-au), *n.f.* PURLIN
trawslif, (-iau), *n.f.* CROSS-CUT SAW
trawslin, *a. & n.m.* TRANSVERSAL
trawslun, (-iau), *n.m.* TRANSECT
trawsnewid, *v.* TRANSFORM
trawsnewidydd, (-ion), *n.m.*
   CONVERTER. TRANSFORMER

trawsnodiad, (-au), *n.m.* TRANSPOSITION
trawst, (-iau), *n.m.* BEAM. CROSSBAR
trawster, *n.m.* VIOLENCE. OPPRESSION
trawston, (-au), *n.f.* BRIDGE-TONE
trawstoriad, (-au), *n.m.* CROSS-SECTION
trawstrefa, *n.f.* TRANSHUMANCE
trawswyro, *v.* PERVERT
trawsymudol, *a.* TRANSITIONAL
trawsyriad, *n.m.* DRIVE
trawsyrru, *v.* TRANSMIT. DRIVE
trawydd, (-ion), *n.m.* STRIKER
trebl, *a. & n.m.* TREBLE
treblu, *v.* TREBLE
trech, *n.m.* DOMINANT
   a. STRONGER. SUPERIOR
trechedd, *n.m.* DOMINANCE. SUPERIORITY
trechiad, (-au), *n.m.* DEFEAT
trechu, *v.* OVERCOME. DEFEAT
trechwr, (-wyr), *n.m.* VICTOR
tref, (-i, -ydd), *n.f.* HOME. TOWN
   tref gyswllt, SATELLITE TOWN
trefedigaeth, (-au), *n.f.* COLONY.
   SETTLEMENT
trefedigaethedd, *n.m.* COLONIALISM
trefedigion, *n.pl.* SETTLERS
trefedigol, *a.* COLONIAL
trefgordd, (-au), *n.f.* TOWNSHIP
treflan, (-nau), *n.f.* SMALL TOWN.
   TOWNLET
trefn, (-au), *n.f.* ORDER. ARRANGEMENT.
   SYSTEM. METHOD. SEQUENCE
   trefn dau, SECOND ORDER
trefnedig, *a.* SORTED. ORDERED
trefneg, *n.f.* METHODOLOGY
trefniad, (-au), *n.m.* ARRANGEMENT.
   ORDERING. SORT
trefniadaeth, *n.f.* ORGANIZATION.
   PROCEDURE
trefniadol, *a.* PROCEDURAL
trefniant, (-nnau), *n.m.* ARRANGEMENT.
   ORGANIZATION
trefnlen, (-ni), *n.f.* SCHEDULE
trefnol, (-ion), *n.m. & a.* ORDINAL
trefnu, *v.* ORDER. ARRANGE. ORGANIZE.
   SORT
trefnus, *a.* ORDERLY. METHODICAL
trefnusrwydd, *n.m.* ORDERLINESS
trefnydd, (-ion), *n.m.* ORGANIZER
trefnyddiaeth, *n.f.* ORGANIZATION
Trefnyddion, *n.pl.* METHODISTS
trefol, *a.* URBAN
trefolaeth, *n.f.* URBANISM

trefoledig, *a.* URBANISED
trefoli, *v.* URBANISATION. URBANISE
treftadaeth, *n.f.* INHERITANCE.
PATRIMONY
treftadol, *a.* HEREDITARY. PATRIMONIAL
trengholiad, (-au), *n.m.* INQUEST
trengholydd, (-ion), *n.m.* CORONER
trengi, *v.* DIE. PERISH
treial, (-on), *n.m.* TRIAL, CONTEST
treiddgar, *a.* PENETRATING. PIERCING
treiddgarwch, *n.m.* PENETRATION.
ACUMEN
treiddiad, *n.m.* PENETRATION
treiddio, *v.* PENETRATE. PIERCE
treiddiol, *a.* PIERCING
treigl, (-au), *n.m.* TURN. COURSE.
REVOLUTION, PASSING (OF TIME)
treigl(i)ad, (-au), *n.m.* MUTATION.
INFLECTION. WANDERING. ROLLING
treiglo, *v.* ROLL. MUTATE. WANDER.
INFLECT
treiler, (-i), *n.m.* TRAILER
treillong, (-au), *n.f.* TRAWLER
treillrwyd, (-i, -au), *n.f.* TRAWL NET
treinio, *v.* TRAIN
treiniwr, (-wyr), *n.m.* TRAINER
treio, *v.* TRY. EBB
treip, *n.m.* TRIPE
treiplaen, (-iau), *n.m.* TRYPLANE
treisgyrch, (-oedd), *n.m.* AGGRESSION
treisgyrchwr, (-wyr), *n.m.* AGGRESSOR
treisiad, (-iedi), *n.f.* HEIFER
treisio, *v.* FORCE, VIOLATE. OPPRESS. RAPE
treisiol, *a.* VIOLENT
treisiwr, (-wyr), *n.m.* OPPRESSOR.
VIOLATOR, RAVISHER, RAPIST
trem, (-iau), *n.f.* SIGHT. LOOK
tremio, *v.* LOOK. GAZE
tremyddol, *a.* OPTICAL
tremyg, (-ion), *n.m.* CONTEMPT. SCORN
tremygu, *v.* DESPISE. INSULT
tremygus, *a.* CONTEMPTUOUS. INSULTING
tremynt, *n.m.* SIGHT. VIEW
trên, (trenau), *n.m.* TRAIN
trennydd, *ad.* TWO DAYS HENCE
tres, (-i), *n.f.* TRESS. TRACE. CHAIN
tresbasu, *v.* TRESPASS
tresmasiaeth, *n.f.* ENCROACHMENT
tresmasu, *v.* TRESPASS
tresmaswr, (-wyr), *n.m.* TRESPASSER
tresio, *v.* THRASH. TRACE
treswaith, *n.m.* TRACERY
treth, (-i), *n.f.* RATE. TAX. LEVY
treth ar werth, VALUE ADDED TAX

trethadwy, *a.* RATEABLE
trethdalwr, (-wyr), *n.m.* RATEPAYER
trethiannol, *a.* RATEABLE. TAXABLE
trethiant, (-nnau), *n.m.* TAXATION
trethu, *v.* RATE. TAX
treulfwyd, *n.m.* CHYME
treuliad, (-au), *n.m.* DIGESTION
treuliant, (-nnau), *n.m.* DENUDATION.
ATTRITION. CONSUMPTION
treulio, *v.* WEAR. SPEND. DIGEST. DENUDE
treuliol, *a.* DIGESTIVE
trew, *n.m.* SNEEZE
trewlwch, *n.m.* SNUFF
tri, (*tair, f.*), *a. & n.m.* THREE
triagl, *n.m.* TREACLE. BALM
triaidd, *a.* TERNARY
triawd, (-au), *n.m.* TRIO. THREESOME.
TRIPLE, TRIAD
triban, (-nau), *n.m.* TRIPLET (METRE)
tribiwnlys, (-oedd), *n.m.* TRIBUNAL
tric, (-iau), *n.m.* TRICK
tridiau, *n.pl.* THREE DAYS
tridduwiaeth, *n.m.* TRITHEISM
trigain, *a. & n.m.* SIXTY
trigfa, (-feydd), *n.f.* ABODE.
trigfan, (-nau), *n.f.* DWELLING-PLACE
trigiannu, *v.* DWELL. RESIDE
trigiannydd, (-ianwyr), *n.m.* DWELLER
trigo, *v.* DWELL. ABIDE. DIE (OF ANIMAL)
trigolion, *n.pl.* INHABITANTS
trigonometreg, *n.f.* TRIGONOMETRY
trigonometrig, *a.* TRIGONOMETRIC
trihedrol, *a.* TRIHEDRAL
trimiant, *n.m.* TRIMMING
trimio, *v.* TRIM
trin, (-oedd), *n.f.* BATTLE
   v. TREAT, HANDLE, TILL, DRESS, REVILE
trindod, (-au), *n.f.* TRINITY
triniaeth, (-au), *n.f.* TREATMENT
trio, *n.m.* TRIO
triod, (-au), *n.m.* TRIODE
trioedd, *n.pl.* TRIADS
triog, (-au), *n.m.* TREACLE
triongl, (-au), *n.m.f.* TRIANGLE
triongl anghyfochrog, SCALENE
TRIANGLE
triongl grymoedd, TRIANGLE OF
FORCES
triongl ongl sgwâr, RIGHT ANGLED
TRIANGLE
triongliant, (-nnau), *n.m.* TRIANGULATION
trionglog, *a.* TRIANGLULAR
triol, *a.* TERCIMAL

triolyn, *n.m.* TERCIMAL
tripled, (-i), *n.m.* TRIPLET
triphlyg, *a.* TRIPLE. TRIPLICATE. TERNARY
trismws, (-ysau), *n.m.* TRISMUS
trist, *a.* SAD. SORROWFUL
tristáu, *v.* BECOME SAD. GRIEVE
tristwch, *n.m.* SADNESS. SORROW
triw, *a.* TRUE. FAITHFUL
triwant, *a.* TRUANT
triws, *n.pl.* TREWS
tro, (troeau, troeon), *n.m.* TURN. TWIST.
　　BEND. CONVERSION
troad, (-au), *n.m.* BEND. TURNING. TROPE
troadur, (-on), *n.m.* CYCLOMETER
trobwll, (-byllau), *n.m.* WHIRLPOOL
trobwynt, (-iau), *n.m.* TURNING-POINT
trocoid, (-au), *n.m.* TROCHOID
trochfa, (-feydd), *n.f.* PLUNGE.
　　IMMERSION, DUCKING
trochi, *v.* DIP, PLUNGE, SOIL, BATHE
trochiad, (-au), *n.m.* IMMERSION
trochion, *n.pl.* LATHER. FOAM. SUDS
trochioni, *v.* FOAM. LATHER
troed, (traed), *n.m.f.* FOOT. BASE.
　　HANDLE
troedfainc, (-feinciau), *n.f.* FOOTSTOOL
troedfedd, (-i), *n.f.* FOOT (MEASURE)
troedffordd, (-ffyrdd), *n.f.* FOOTPATH
tröedig, *a.* TURNED. CONVERTED
tröedigaeth, (-au), *n.f.* CONVERSION
troedio, *v.* WALK. FOOT. TRUDGE
troedlath, (-au), *n.f.* TREADLE
troednodyn, *n.m.* FOOT-NOTE
troednoeth, *a.* BAREFOOTED
troedwst, *n.f.* GOUT
troell, (-au), *n.f.* SPINNING-WHEEL. TURN.
　　WHIRL
troelli, *v.* SPIN. WHIRL. TWIST
troellog, *a.* WINDING. SPIRAL. WHIRLED
troellsychwr, (-wyr), *n.m.* SPIN-DRYER
troellwr, (-wyr), *n.m.* CYCLOTRON. DISC-
　　JOCKEY
troeth, *n.m.* URINE
trofa, (-fâu, -feydd), *n.f.* TURN. BEND.
　　TURNING
trofan, (-nau), *n.f.* TROPIC
trofannol, *a.* TROPICAL
trofaus, *a.* PERVERSE
trofwrdd, (-fyrddau), *n.m.* TURN-TABLE
trogen, (trogod), *n.f.* TICK
trogylch, (-au), *n.m.* ORBIT.
　　ROUNDABOUT
trogyrch, *n.m.* TURNOVER (MONEY)

troi, *v.* TURN. REVOLVE. CONVERT. PLOUGH.
　　OVERTURN, TRANSLATE
trol, (-iau), *n.f.* CART
trolen ginio, (-ni), *n.f.* DINNER WAGON
troli, (-ïau), *n.f.* TROLLEY
trolian, **-io**, *v.* ROLL
trolif, (-ogydd), *n.m.* EDDY CURRENT
troliwr, (-wyr), *n.m.* CARTER
trom, *a. f.* of *trwm*
trombôn, (-au), *n.m.* TROMBONE
tropedd, (-au), *n.m.* TROPISM
troposffer, (-au), *n.m.* TROPOSPHERE
tropoffin, *n.m.* TROPOPAUSE
tros, *pr.* OVER. FOR. INSTEAD OF. ON
　　BEHALF OF
trosadwy, *a.* CONVERTIBLE
trosaidd, *a.* TRANSITIVE
trosben, (-nau), *n.m.* SOMERSAULT
trosbwytho, *v.* SEAMING
trosedd, (-au), *n.f.* CRIME.
　　TRANSGRESSION. OFFENCE
troseddeg, *n.f.m.* CRIMINOLOGY
troseddlu, *n.m.* CRIME SQUAD
troseddol, *a.* CRIMINAL
troseddu, *v.* TRANSGRESS. OFFEND.
　　TRESPASS. FOUL
troseddwr, (-wyr), *n.m.* TRANSGRESSOR.
　　CRIMINAL
trosfeddiannu, *v.* TAKE OVER
trosffordd, (-ffyrdd), *n.f.* FLY-OVER
trosgais, (-geisiau), *n.m.* CONVERTED
　　TRY, PLACED GOAL
trosglwyddeb, (-au), *n.f.* CONVEYANCE
trosglwyddiad, (-au), *n.m.* TRANSFER.
　　TRANSFERENCE
trosglwyddo, *v.* CONVEY. TRANSFER.
　　HAND OVER
trosglwyddo gwaed, BLOOD
　　TRANSFUSION
trosglwyddydd, (-ion), *n.m.*
　　TRANSFORMER
trosgyfeiriad, (-au), *n.m.* SUBLIMATION
trosgynnol, *a.* TRANSCENDENTAL
trosgynoliaeth, *n.m.*
　　TRANSCENDENTALISM
trosi, *v.* TURN. TRANSLATE. TRANSFER.
　　CONVERT (A TRY)
trosiad, (-au), *n.m.* TRANSLATION.
　　MODULATION. CONVERSION. METAPHOR.
　　TRANSMISSION
trosiadur, (-on), *n.m.* MODULATOR
trosiant, (-nnau), *n.m.* CONVERSION.
　　TURNOVER

troslun, (-iau), *n.m.* TRANSFER
trosodd, *ad.* OVER. BEYOND
trosol, (-ion), *n.m.* LEVER. CROWBAR.
  STAFF
trosoledd, (-au), *n.m.* LEVERAGE
trosroddi, *v.* EXTRADITE
trostan, (-au), *n.f.* POLE
trostir, *n.m.* OVERLAND
troswisg, (-oedd), *n.f.* OVERALL
troswr, (-wyr), *n.m.* SWITCH (ELECTRIC)
troswydro, *v.* OVERGLAZE
tro-sychydd, (-ion), *n.m.* SPIN DRIER
trotian, *v.* TROT
trothwy, (-au, -on), *n.m.* THRESHOLD
tröwr, (-wyr), *n.m.* TURNER
trowsus, (-au), *n.m.* TROUSER
trowynt, (-oedd), *n.m.* WHIRLWIND.
  TORNADO
truan, (truain), *a.* POOR. MISERABLE.
  WRETCHED
  (trueiniaid), *n.m.* WRETCH
trueni, *n.m.* PITY. WRETCHEDNESS. MISERY
truenus, *a.* WRETCHED. MISERABLE
trugaredd, (-au), *n.m.* MERCY.
  COMPASSION
  trugareddau, BRIC-A-BRAC
trugareddfa, *n.f.* MERCY-SEAT
trugarhau, *v.* BE MERCIFUL. TAKE PITY
trugarog, *a.* MERCIFUL. COMPASSIONATE
trugarowgrwydd, *n.m.* LOVING-KINDNESS
trull, (-iau), *n.m.* WINE-CUP. WINE-LADLE
trulliad, (-iaid), *n.m.* BUTLER. CUP-
  BEARER
trum, (-iau), *n.m.f.* RIDGE
trumbren, (-nau), *n.m.* KEEL
trumwel, (-oedd), *n.m.* SKYLINE
truth, *n.m.* FLATTERY. RIGMAROLE
truthio, *v.* FLATTER. ADULATE
trwbl, *n.m.* TROUBLE
trwbl(i)o, -u, *v.* TROUBLE. HAUNT
trwblus, *a.* TROUBLOUS
trwch, (trychion), *n.m.* THICKNESS.
  DENSITY
trwchus, *a.* THICK. DENSE
trwm, (trymion), *a.* HEAVY. SAD.
  WRETCHED
trwmped, (-i), *n.f.m.* TRUMPET
trwnc, *n.m.* URINE
  (trynciau), *n.m.* TRUNK
trwodd, *ad.* THROUGH
trŵp, *n.m.* TROUPE
trwpiwr, (-wyr), *n.m.* TROUPER
trws, *n.m.* TRUSS (ROOF)

trwsgl, *a.* AWKWARD. CLUMSY
trwsiadus, *a.* WELL-DRESSED, SMART, DAPPER
trwsio, *v.* DRESS. TRIM. MEND
trwsiwr, (-wyr), *n.m.* REPAIRER
trwst, (trystau), *n.m.* NOISE. DIN,
  UPROAR. TRUST (FINANCE)
trwstan, *a.* AWKWARD. CLUMSY
trwstaneiddiwch, *n.m.* AWKWARDNESS
trwstïaeth, *n.f.* TRUSTEESHIP. TRUST
trwy, *prp.* THROUGH. BY. BY MEANS OF
trwyadl, *a.* THOROUGH
trwyadledd, *n.m.* THOROUGHNESS
trwyborth, *a.* ENTREPÔT
trwydded, (-au), *n.f.* LICENCE.
  DISPENSATION
trwyddedai, *n.m.* LICENSEE
trwyddedair, (-eiriau), *n.m.* PASSWORD
trwyddedu, *v.* LICENSE
trwyddedwr, (-wyr), *n.m.* LICENSOR
trwyn, (-au), *n.m.* NOSE. SNOUT. POINT.
  CAPE, NAZE
trwynbwl, *a.* BULL NOSE
trwynlwch, *n.m.* SNUFF
trwyno, *v.* NOSE. SMELL. SNIFF
trwynol, *a.* NASAL
trwyth, (-i, -au), *n.m.* DECOCTION.
  INFUSION. TINCTURE. URINE
trwythiad, *n.m.* INDOCTRINATION
trwytho, *v.* STEEP. SATURATE. IMBUE.
  INFUSE
trwytholchi, *v.* LEACH
trwythyn, *n.m.* SUSPENSOID
trybedd, (-au), *n.f.* TRIPOD. BRAND IRON.
  TRIVET
  trybedd yr ysgwydd, SHOULDER
  BLADE
trybelid, *a.* LUMINOUS. BRILLIANT
trybestod, *n.m.* COMMOTION. FUSS.
  BUSTLE
trybini, *n.m.* TROUBLE. MISERY.
  MISFORTUNE
tryblith, *n.m.* CHAOS. MUDDLE
tryc, (-iau), *n.m.* TRUCK
trych, *a.* TRUNCATED
trychfa, *n.f.* CUTTING
trychfil(yn), (-filod), *n.m.* INSECT
trychiad, (-au), *n.m.* CUTTING.
  FRACTURE. AMPUTATION. SECTION
trychineb, (-au), *n.m.f.* DISASTER.
  CALAMITY
trychinebedd, *n.m.* CATASTROPHISM
trychinebus, *a.* DISASTROUS. CALAMITOUS
trychlun, (-iau), *n.m.* SECTIONAL
  DRAWING

trychu, *v.* CUT. HEW. LOP. AMPUTATE
trydan, *n.m.* ELECTRICITY, THRILL
   a. ELECTRIC
trydaneg, *n.f.m.* ELECTRICAL
   ENGINEERING
trydanol, *a.* ELECTRICAL, THRILLING
trydanolchi, *v.* ELECTRO-PLATING
trydanu, *v.* ELECTRIFY, THRILL
trydanwr, (-wyr), *n.m.* ELECTRICIAN
trydar, *v. & n.m.* CHIRP, CHATTER
trydydd, (*trydedd, f.*), *a.* THIRD
trydyddol, *a.* TERTIARY
tryddiferu, *v.* SEEP
tryfalu, *v.* DOVETAIL
tryfer, (-i), *n.f.* HARPOON, GAFF, TRIDENT
tryferu, *v.* SPEAR, HARPOON
tryfesur, *n.m.* DIAMETER
tryfrith, *a.* SPECKLED, TEEMING
tryfygu, *v.* FUMIGATE
tryffin, (-iau), *n.m.* TREPHINE
trylediad, (-au), *n.m.* DIFFUSION
tryledu, *v.* DIFFUSE
tryleu, *a.* TRANSLUCENT
trylifiad, (-au), *n.m.* PERCOLATION
trylifo, *v.* PERCOLATE
tryloyw, *a.* TRANSPARENT
tryloywder, (-au), *n.m.* TRANSPARENCY
tryloywlun, (-iau), *n.m.* TRANSPARENCY
trylwyr, *a.* THOROUGH, COMPLETE,
   INTENSIVE
trylwyredd, *n.m.* THOROUGHNESS
trymaidd, *a.* HEAVY, CLOSE, SULTRY
trymder, *n.m.* HEAVINESS, DROWSINESS,
   SADNESS
trymedd, *n.m.* INERTIA
trymfryd, *n.m.* SADNESS, SORROW
trymhau, *v.* GROW OR MAKE HEAVY
trymllyd, *a.* HEAVY, CLOSE, SULTRY
tryncion, *n.pl.* TRUNKS
trynewid, *v.* PERMUTATE
tryryw, *a.* THOROUGH-BRED
trysgli, *n.m.* THRUSH (VET.)
trysiad, (-au), *n.m.* TRUSS
trysio, *v.* TRUSS
trysor, (-au), *n.m.* TREASURE
trysordy, (-dai), *n.m.* TREASURE-HOUSE
trysorfa, (-feydd), *n.f.* TREASURY, FUND
trysori, *v.* TREASURE
trysorlys, *n.m.* TREASURY, EXCHEQUER
trysorydd, (-ion), *n.m.* TREASURER
trystfawr, *a.* NOISY, SONOROUS
trystio, *v.* MAKE A NOISE, TRUST
trystiog, *a.* NOISY, ROWDY

trythyll, *a.* WANTON, VOLUPTUOUS
trythyllwch, *n.m.* WANTONNESS
trythyllwr, (-wyr), *n.m.* SENSUALIST
trywaniad, (-au), *n.m.* PIERCING,
   STABBING
trywanu, *v.* STAB, PIERCE, TRANSFIX
trywel, (-i, -ion), *n.m.* TROWEL
trywydd, (-ion), *n.m.* SCENT, TRAIL, SPOOR
tsâr, (tsarau), *n.m.* TSAR
tsieni, *n.m.* CHINA
tsiet, (-iau), *n.f.* DICKY
tu, *n.m.* SIDE, REGION
tua, tuag, *prp.* TOWARDS, ABOUT
tuchan, *v.* GRUMBLE, GROAN, MURMUR
tudalen, (-nau), *n.m.f.* PAGE
tudded, (-au, -i), *n.f.* COVERING, CLOAK
tuedd, (-iadau), *n.f.* TENDENCY,
   INCLINATION
   (-au), *n.m.* DISTRICT, REGION
tueddfryd, (-au), *n.m.* INCLINATION,
   BENT, BIAS
tueddiad, (-au), *n.m.* TENDENCY,
   PRONENESS
tueddol, *a.* INCLINED, APT
tueddu, *v.* TEND, INCLINE
tugel, (-ion), *n.m.* BALLOT
tulath, (-au), *n.f.* BEAM, RAFTER
tun, (-iau), *n.m. & a.* TIN, CAN
tunelledd, (-au), *n.m.* TONNAGE
tunio, *v.* TIN
tunnell, (tunelli), *n.f.* TON, TUN
   tunnell fetrig, TONNE
tunplat, (-iau), *n.m.* TINPLATE
turio, *v.* BURROW, DELVE
turn(en), (-iau; -ni), *n.f.* LATHE
turnio, *v.* TURN (WOOD)
turniwr, (-wyr), *n.m.* TURNER
turs, (-iau), *n.m.* BILL, SNOUT
turtur, (-od), *n.f.* TURTLE-DOVE
tusw, (-au), *n.m.* BUNCH, WISP, POSY
tuth, (-iau), *n.m.* TROT
tuthio, *v.* TROT
twb(a), (tybiau), *n.m.* TUB
twbercwlin, (-nau), *n.m.* TUBERCULIN
twbercwlosis, *n.m.* TUBERCULOSIS
twc, (-iau), *n.m.* TUCK
twca, (-od), *n.m.* TUCK-KNIFE
twcio, *v.* TUCK, PAN
tw(f), *n.m.* GROWTH
   twf afiach, NEOPLASM
twffyn, (twffiau), *n.m.* TUFT, TUFF
twîd, *n.m.* TWEED
twil, *n.m.* TWILL

twist, *n.m.* TWIST
twlc, (tylciau), *n.m.* STY
twlcio, *v.* BUTT. GORE. HORN
twll, (tyllau), *n.m.* HOLE
twmblo, *v.* TUMBLE
twmfar, (-rau), *n.m.* TOMMY BAR
twmpath, (-au), *n.m.* TUMP. HILLOCK
twmplen, (-ni), *n.f.* DUMPLING
twmwlws, (twmwli), *n.m.* TUMULUS
twn, (*ton, f.*), *a.* BROKEN
twndis, (-au), *n.m.* FUNNEL
twndra, (-âu), *n.m.* TUNDRA
twnel, (-au, -i), *n.m.* TUNNEL
twp, *a.* DULL. STUPID
twpdra, *n.m.* STUPIDITY
twp(i)o, *v.* BUTT
twpsyn, *n.m.* STUPID PERSON
twr, (tyrau), *n.m.* TOWER
twr, (tyrrau), *n.m.* HEAP. GROUP. CROWD
twrci, (-ïod, tyrcwn), *n.m.* TURKEY
twrch, (tyrchod), *n.m.* BOAR. HOG
  twrch daear, MOLE. BADGER
twred, (-i), *n.m.* TURRET. MULTI-TOOL
  POST
twristiaeth, *n.f.* TOURISM
twrn, *n.m.* TOURN. TURN
twrnai, (-eiod), *n.m.* ATTORNEY. LAWYER
twrnamaint, *n.m.* TOURNAMENT
twrneimant, (-maint), *n.m.*
  TOURNAMENT
twrw, *n.m.* NOISE. TUMULT. ROAR. CLAP
twt, *i,* TUT. NONSENSE!
  a. NEAT. TIDY. SMART
twt, *n.m.* TOOT
twtian, *v.* ⎫
twtio, *v.* ⎭ TIDY
twtrwydd, *n.m.* NEATNESS. TIDINESS
twyll, *n.m.* DECEIT. FRAUD. CHICANERY
twylledd, (-au), *n.m.* FORGERY
twyllo, *v.* DECEIVE. CHEAT. DEFRAUD
twyllodrus, *a.* DECEITFUL. FALSE.
  FRAUDULENT
twyllresymeg, *n.f.* FALLACY
twyllwr, (-wyr), *n.m.* DECEIVER. CHEAT
twym, *a.* WARM. HOT
twymder, -dra, *n.m.* WARMTH
twymgalon, *a.* WARM-HEARTED
twymo, *v.* WARM. HEAT
twymydd, (-ion), *n.m.* HEATER
  twymydd tanbaid, RADIANT HEATER
twymyn, (-au), *n.f.* FEVER. PYREXIA
twymynol, *a.* FEVERISH
twyn, (-i), *n.m.* HILLOCK. BURROW. DUNE

twyndir, (-oedd), *n.m.* DOWNLAND
twynen, (-nydd), *n.f.* SAND-HILL
twysged, *n.f.* LOT. QUANTITY
tŷ, (tai, teiau), *n.m.* HOUSE
  tŷ sengl, DETACHED HOUSE
  tŷ clwm, TIED HOUSE
tyaid, (tyeidiau), *n.m.* HOUSEFUL
tyb, (-iau), *n.m.f.* OPINION. SURMISE.
  CONJECTURE. NOTION
tybaco, *n.m.* TOBACCO
tybed, *ad.* I WONDER
tybiad, (-au), *n.m.* PRESUMPTION
tybiaeth, (-au), *n.f.* POSTULATION.
  PRESUMPTION. SUPPOSITION.
  ASSUMPTION
tybied, *v.* ⎫
tybio, *v.* ⎬ SUPPOSE. IMAGINE. THINK
tybiedig, *a.* SUPPOSED
tyciant, (-nnau), *n.m.* SUCCESS.
  PROSPERITY
tycio, *v.* AVAIL. PROSPER. SUCCEED
tydi, *pn.* THOU THYSELF
tŷ-ddeiliad, (-ddeiliaid), *n.m.*
  HOUSEHOLDER
tyddyn, (-nod, -nau), *n.m.* SMALL-
  HOLDING, SMALL FARM, CROFT
tyddynnwr, (-ynwyr), *n.m.* SMALL-
  HOLDER, CROFTER
tyfadwy, *a.* GROWING. THRIVING
tyfiant, (-nnau), *n.m.* GROWTH.
  INCREASE
tyfu, *v.* GROW. INCREASE
tynged, (tynghedau), *n.f.* DESTINY. FATE
tyngedfennol, *a.* FATEFUL. FATAL
tynghediaeth, *n.f.* FATALISM
tynghedu, *v.* DESTINE, FATE, ADJURE
tyngu, *v.* SWEAR. VOW
tyngwr, (-wyr), *n.m.* SWEARER
tyle, (-au), *n.m.* HILL. ASCENT. SLOPE
tylino, *v.* KNEAD. MASSAGE
tylinwr, (-wyr), *n.m.* KNEADER. MASSEUR
tylwyth, (-au), *n.m.* HOUSEHOLD.
  FAMILY, ANCESTRY, KINDRED
  y tylwyth teg, FAIRIES
tylwythol, *a.* GENERIC
tyllfedd, (-au), *n.m.* BORE
tyllu, *v.* HOLE, BORE, PERFORATE
tylluan, (-od), *n.f.* OWL
tyllwr, (-wyr), *n.m.* BORER
tyllydd, (-ion), *n.m.* PERFORATOR
tymer, (tymherau), *n.f.* TEMPER.
  TEMPERAMENT
tymestl, (tymhestloedd), *n.f.* TEMPEST.
  STORM

tymheredd, (tymereddau), *n.m.*
TEMPERATURE. TEMPERAMENT
tymheru, *v.* TEMPER
tymherus, *a.* TEMPERATE
tymhestlog, *a.* TEMPESTUOUS. STORMY
tymhoraidd, *a.* SEASONABLE
tymhorol, *a.* TEMPORAL
tymor, (tymhorau), *n.m.* SEASON. TERM
tymp, *n.m.* APPOINTED TIME. PERIOD
tympan, (-au), *n.m.* TIMBREL. TIMPANO
tyn, (*ten,* f.), *a.* TIGHT. MEAN. RIGID.
PERVERSE
tynder, -dra, (tyndrau), *n.m.*
TIGHTNESS. TENSION
tyndro, (-eon), *n.m.* WRENCH
tyndroi, *v.* WRENCH
tynddwr, *n.m.* BACKWASH
tyner, *a.* TENDER. GENTLE
tyneru, *v.* MAKE TENDER. MODERATE
tynerwch, *n.m.* TENDERNESS. GENTLENESS
tynerydd, *n.m.* TENDERISER
tynfa, (-feydd), *n.f.* ATTRACTION. DRAW.
DRAUGHT (OF SHIP)
tynfad, (-au), *n.m.* TUG
tynfaen, (-feini, -fain), *n.m.*
LOADSTONE. MAGNET
tynhau, *v.* TIGHTEN
tyniad, (-au), *n.m.* PULL. JERK.
ATTRACTION. INCLINATION
tyniant, *n.m.* TENSION. TRACTION
tyniol, *a.* SUBTRACTIVE
tynion, *n.pl.* TIGHTS
tynlath, *n.f.* TIE-BEAM
tynnol, *a.* TENSILE
tynnu, *v.* PULL. DRAW. REMOVE. TAKE OFF
tyno, (-au), *n.m.* DALE. TENON
tyrbin, (-au), *n.m.* TURBINE
tyrchfa, (-feydd), *n.f.* BURROWS
tyrchu, *v.* BURROW
tyrchwr, (-wyr), *n.m.* MOLE-CATCHER.
BURROWER
tyrfa, (-oedd), *n.f.* CROWD. HOST.
MULTITUDE
tyrfedd, (-au), *n.m.* TURBULENCE
tyrfell, (-i), *n.m.* AGITATOR
tyrfo, -u, *v.* MAKE A NOISE. THUNDER

tyrfol, *a.* TURBULENT
tyrniwr, (-wyr), *n.m.* TURNER
tyrnsgriw, (-iau), *n.m.* SCREWDRIVER
tyrpant, (-au), *n.m.* TURPENTINE
tyrpeg, (-au), *n.m.* TURNPIKE
tyrru, *v.* HEAP. AMASS. CROWD TOGETHER
tyst, (-ion), *n.m.* WITNESS
tysteb, (-au), *n.f.* TESTIMONIAL
tystio, *v.* TESTIFY. WITNESS
tystiolaeth, (-au), *n.f.* EVIDENCE.
TESTIMONY
tystiolaeth ail-law, HEARSAY
EVIDENCE
tystiolaeth amgylchiadol,
CIRCUMSTANTIAL EVIDENCE
tystiolaethu, *v.* TESTIFY
tystlythyr, (-au), *n.m.* TESTIMONIAL
tystysgrif, (-au), *n.f.* CERTIFICATE
tywallt, *v.* POUR. SHED
tywalltiad, (-au), *n.m.* OUTPOURING.
DOWNPOUR
tywarchen, (tywyrch), *n.f.* SOD. TURF
tywel, (-ion), *n.m.* TOWEL
tywelin, *n.m.* TOWELLING
tywod, *n.m.* SAND
tywodfaen, (-feini), *n.m.* SANDSTONE
tywodlyd, -odog, *a.* SANDY
tywydd, *n.m.* WEATHER
tywyll, *a.* DARK. OBSCURE. BLIND. SAD
tywyllu, *v.* DARKEN
tywyllwch, *n.m.* DARKNESS
tywyn, (-nau), *n.m.* DUNE. SAND-DUNE.
GLOW
tywynnu, *v.* SHINE. GLOW
tywyrchfa, *n.f.* TURBARY
tywys, *v.* LEAD. GUIDE
tywysen, (-nau, tywys), *n.f.* EAR OF
CORN
tywysog, (-ion), *n.m.* PRINCE
tywysogaeth, (-au), *n.f.* PRINCIPALITY
tywysogaidd, *a.* PRINCELY
tywysoges, (-au), *n.f.* PRINCESS
tywyswr, (-wyr), *n.m.* GUIDE.
CONDUCTOR. LEADER. COURIER
tywysydd, (-ion), *n.m.* GUIDE-BOOK.
COURIER. USHER(ETTE)

thalws, (thali), *n.m.* THALLUS
theatr, (-au), *n.f.* THEATRE. PLAYHOUSE
theatr ddinesig, CIVIC THEATRE
theatr gymuned, COMMUNITY
THEATRE ·
theatraidd, *a.* THEATRICAL
theirocsin, *n.m.* THYROXINE
theistiaeth, *n.f.* THEISM
thema, (themâu), *n.f.* THEME
thematig, *a.* THEMATIC
theocratiaeth, *n.f.* THEOCRACY
theodiciaeth, *n.f.* THEODICY
theodolit, (-au), *n.m.* THEODOLITE
theoffani, *n.m.* THEOPHANY
theogoni, *n.m.* THEOGONY
theorem, (-au), *n.f.* THEOREM
theori, (-ïau), *n.f.* THEORY
theori ginetig, KINETIC THEORY
theosoffi, *n.m.* THEOSOPHY
therapi, (-ïau), *n.m.* THERAPY
therapiwteg, *n.m.f.* THERAPEUTICS
therapiwtig, *a.* THERAPEUTIC
therapydd, *n.m.* THERAPIST
therm, (-au), *n.m.* THERM
thermal, (-au), *n.m.* THERMAL
thermocwpl, *n.m.* THERMOCOUPLE
thermodynameg, *n.m.f.*
    THERMODYNAMICS

thermoelectrig, *a.* THERMOELECTRIC
thermogram, (-au), *n.m.* THERMOGRAM
thermogydiad, (-au), *n.m.*
    THERMOJUNCTION
thermol, *a.* THERMAL
thermomedr, (-au), *n.m.* THERMOMETER
thermomedredd, *n.m.* THERMOMETRY
thermon(i)wclear, *a.* THERMONUCLEAR
thermopil, *n.m.* THERMOPILE
thermoplastig, *n.m. & a.*
    THERMOPLASTIC
thermosgob, (-au), *n.m.* THERMOSCOPE
thermosodol, *a.* THERMO-SETTING
thermostat, (-au), *n.m.* THERMOSTAT
thesis, (-au), *n.m.* THESIS
thiroid, *n.m.* THYROID
thoracs, (-au), *n.m.* THORAX
thrilen, (-nau), *n.f.* THRILLER
thrombosis, *n.m.* THROMBOSIS
thrombws, (-bysau), *n.m.* THROMBUS
thrôn, (thronau), *n.m.* THRONE
throtl, (-au), *n.f.* THROTTLE
throtlo, *v.* THROTTLE
thus, *n.m.* FRANKINCENSE
thuser, (-au), *n.f.* CENSER, THURIBLE
thymws, *n.m.* THYMUS
thyroid, *n.m.* THYROID

ubain, *v.* SOB. MOAN. HOWL
uchaf, *a.* UPPER. HIGHEST
uchafbwynt, (-iau), *n.m.* CLIMAX
uchafiaeth, (-au), *n.f.* SUPREMACY.
    DOMINANCE
uchafradd, *a.* SUPERNORMAL
uchafrif, (-oedd), *n.m.* MAXIMUM
uchafu, *v.* MAXIMISE
uchder, uchdwr, (-au), *n.m.* HEIGHT.
    ALTITUDE
uchedydd, (-ion), *n.m.* SKYLARK
uchel, *a.* HIGH. LOUD
uchelarglwyddiaeth, (-au), *n.f.* HONOUR
uchelder, (-au), *n.m.* HEIGHT. HIGHNESS
ucheldir, (-oedd), *n.m.* HIGHLAND
ucheldrem, *a.* HAUGHTY
ucheldyb, *n.m.* CONCEIT
uchelfa, (-feydd, -on), *n.f.* HIGH PLACE
uchelfar, *n.m.* MISTLETOE
uchelfraint, (-freiniau), *n.f.*
    PREROGATIVE
uchelfryd, *n.m.* AMBITION
    a. AMBITIOUS. HIGH-MINDED
uchelgaer, (-au), *n.f.* CITADEL
uchelgais, (-geisiau), *n.m.f.* AMBITION
uchelgeisiol, *a.* AMBITIOUS
uchelgyhuddiad, (-au), *n.m.*
    IMPEACHMENT
uchelgyhuddo, *v.* IMPEACH
uchelion, *n.pl.* HEIGHTS
uchelradd, uchelryw, *a.* SUPERIOR
uchelseinydd, (-ion), *n.m.*
    LOUDSPEAKER
uchelwr, (-wyr), *n.m.* NOBLEMAN.
    ARISTOCRAT, LANDED FREEMAN
uchelwydd, *n.m.* MISTLETOE
uchelwyl, (-iau), *n.f.* HIGH FESTIVAL
uchod, *ad.* ABOVE
udiad, (-au), *n.m.* HOWL. WAIL
udo, udain, *v.* HOWL, WAIL, MOAN
ufudd, *a.* OBEDIENT
ufudd-dod, *n.m.* OBEDIENCE, SUBMISSION
ufuddhau, *v.* OBEY
uffern, (-au), *n.f.* HELL
uffernol, *a.* HELLISH
ugain, *a.* TWENTY
ugeinfed, *a.* TWENTIETH
ulw, *c.n.* ASHES, CINDERS, UTTERLY
un, (-au), *a. & n.m.* ONE
    yr un, yr un un, THE SAME
unawd, (-au), *n.m.* SOLO
unawdwr, unawdydd, (-wyr), *n.m.*
    SOLOIST

unben, (-iaid), *n.m.* DICTATOR. DESPOT
unbenaethol, *a.* DICTATORIAL
unbennaeth, *n.m.* DICTATORSHIP
unclinol, *a.* UNICLINAL
uncnwd, (-cnydau), *n.m.* MONOCULTURE
uncorn, *n.m.* UNICORN
    a. WITH ONE CHIMNEY
undeb, (-au), *n.m.* UNION
undebaeth, *n.f.* UNIONISM
undebol, *a.* UNION, UNITED
undebwr, (-wyr), *n.m.* UNIONIST
undod, (-au), *n.m.* UNIT. UNITY
Undodaidd, *a.* UNITARIAN
Undodiaeth, *n.f.* UNITARIANISM
Undodwr, (-wyr), *n.m.* UNITARIAN
un-dôn, *a.* MONOTONE
undonedd, *n.m.* MONOTONY
undonog, *a.* MONOTONOUS
undydd, *a.* ONE-DAY
uned, (-au), *n.f.* UNIT
unedig, *a.* UNITED
unedol, *a.* UNITARY
unfalent, *a.* UNIVALENT
unfan, *n.m.* SAME PLACE
unfaniad, (-au), *n.m.* STILLSTAND
unfarn, *a.* UNANIMOUS
    yn unfryd unfarn, OF ONE ACCORD
unfath, *a.* IDENTICAL
unfathiant, (-nnau), *n.m.* IDENTITY
unflwydd, *n.m. & a.* ANNUAL
unfryd(ol), *a.* UNANIMOUS
unfrydedd, *n.m.* UNANIMITY
unffordd, *a.* ONE-WAY
unffurf, *a.* UNIFORM
unffurfedd, (-au), *n.m.* UNIFORMITY
unffurfiaeth, (-au), *n.f.* UNIFORMITY
unffurfwisg, (-oedd), *n.f.* UNIFORM
ungell, *a.* MONOCELLULAR
ungor, *a.* UNTWISTED
uniad, (-au), *n.m.* JOINT, UNION,
    UNIFICATION
uniadu, *v.* JOINT
uniaethiad, *n.* IDENTIFICATION
uniaethu, *v.* IDENTIFY (WITH)
uniaith, *a.* MONOGLOT
uniawn, *a.* JUST, UPRIGHT, STRAIGHT
uniawni, *v.* STRAIGHTEN
unig, *a.* ONLY, SOLE, LONELY
unigedd, (-au), *n.m.* SOLITUDE,
    ISOLATION
unigo, *v.* ISOLATE
unigol, *a.* SINGULAR, INDIVIDUAL
    n.m. INDIVIDUAL

unigoledd, *n.f.* ⎫
unigoliaeth, *n.f.* ⎬ INDIVIDUALITY,
unigolrwydd, *n.m.* ⎭ SINGULARITY

unigolydd, (-ion), *n.m.* INDIVIDUALIST
unigolyddiaeth, *n.f.* INDIVIDUALISM
unigolyn, (unigolion), *n.m.* INDIVIDUAL
unigolynnol, *a.* INDIVIDUALISTIC
unigrif, (-au), *n.m.* DIGIT
unigrwydd, *n.m.* LONELINESS
unigryw, *a.* UNIQUE
unigrywiaeth, *n.m.* UNIQUENESS
unigyn, (-nau), *n.m.* ISOLATE
union, *a.* DIRECT, STRAIGHT, EXACT
uniondeb, *n.m.* ⎫
unionder, *n.m.* ⎬ RIGHTNESS, EQUITY, JUSTICE
uniondra, *n.m.* ⎭
uniongred, *a.* ORTHODOX
uniongrededd, *n.f.* ORTHODOXY
uniongroes, (-au), *n.f.* DIRECT CROSS
uniongyrchol, *a.* DIRECT
unioni, *v.* RECTIFY, STRAIGHTEN
unioniad, (-au), *n.m.* RECTIFICATION
unionlin, *a.* LINEAR, RECTILINEAR
unionsgwar, *a.* PERPENDICULAR
unionsyth, *a.* STRAIGHT, VERTICAL, UPRIGHT
unionydd, (-ion), *n.m.* RECTIFIER
unllaw, *a.* ONE-HANDED
unllinedd, *n.m.* COLLINEARITY
unlliw, *a.* MONOCHROME
unllygeidiog, *a.* ONE-EYED
unmab, *n.m.* ONLY SON
unman, *n.m.* ANYWHERE
unnos, *a.* OF OR FOR ONE NIGHT, EPHEMERAL
uno, *v.* UNITE, JOIN
unochrog, *a.* UNILATERAL, BIASED
unodi, *v.* IDENTIFY
unodl, *a.* OF THE SAME RHYME
unoed, *a.* OF THE SAME AGE
unol, *a.* UNIFIED, ACCORDANT
unoli, *v.* UNIFY
unoliad, (-au), *n.m.* UNIFICATION
unoliaeth, (-au), *n.f.* UNITY, UNION
unpeth, *n.m.* ANYTHING
unplyg, *a.* FOLIO, GENUINE, UPRIGHT, SINGLE-MINDED
unplygrwydd, *n.m.* SINCERITY, SINGLEMINDEDNESS
unrhyw, *a.* SAME, ANY, HOMOGENEOUS
unrhywiaeth, *n.f.* SAMENESS, HOMOGENEITY
unrhywiol, *a.* UNISEXUAL
unsain, *a.* UNISON

unsill, unsillafog, *a.* MONOSYLLABIC
unswydd, *a.* OF ONE PURPOSE
unto, *a.* UNDER THE SAME ROOF
untrac, *a.* SINGLE TRACK
untrew, *n.m.* SNEEZE
taro untrew, TO SNEEZE
untu, *a.* ONE-SIDED
unwaith, *ad.* ONCE
ar unwaith, AT ONCE
unwedd, *a. & ad.* LIKE, LIKEWISE
unwerth, *a.* SINGLE VALUED
unwr, (-wyr), *n.m.* UNITER
urdd, (-au), *n.f.* ORDER, GUILD
urddas, (-au), *n.m.* DIGNITY, GRADE
urddasol, *a.* DIGNIFIED
urddedig, *a.* ORDAINED, HONOURED
urddiad, (-au), *n.m.* ORDINATION
urddo, *v.* ORDAIN, CONFER AN HONOUR OR ORDER ON
urddol, *a.* NOBLE, HONOURED, DIGNIFIED, EXALTED, KNIGHTLY
urddoliaeth, (-au), *n.f.* PEERAGE
urddolyn, (-olion), *n.m.* PEER
urddwisg, (-oedd), *n.f.* VESTMENT
urea, *n.m.* UREA
ureter, (-au), *n.m.* URETER
us, *n.pl.* CHAFF
usog, *a.* FULL OF CHAFF
ust, *i.* HUSH!
n.m. A HUSH
ustus, (-iaid), *n.m.* MAGISTRATE
usuriaeth, *n.f.* USURY
usuriwr, (-wyr), *n.m.* USURER
uswydd, *n.pl.* SPLINTERS
usyn, (-nau), *n.m.* GLUME
utgorn, (utgyrn), *n.m.* TRUMPET
uthr, *a.* AWFUL
uwch, *a.* HIGHER, SENIOR, SUPERIOR, ADVANCED
uwchallgyrchydd, *n.m.* ULTRACENTRIFUGE
uwchben, *prp.* ABOVE
ad. ABOVE
uwchblyg, (-ion), *n.m.* UPFOLD
uwchbridd, (-oedd), *n.m.* TOPSOIL
uwchbrisiad, (-au), *n.m.* WRITE UP
uwchdir, (-oedd), *n.m.* UPLAND
uwchdôn, (-au), *n.f.* OVERTONE
uwchdonydd, *n.m.* SUPERTONIC
uwch-ego, *n.m.* SUPER-EGO
uwchfarchnad, (-oedd), *n.f.* SUPERMARKET
uwchfioled, *a.* ULTRAVIOLET

uwchganolbwynt, (-iau), *n.m.*
　EPICENTRE
uwchgapten, (-iaid), *n.m.* MAJOR
uwchhidlad, *n.m.* ULTRAFILTRATION
uwch-las, *n.m.* ULTRA-VIOLET
uwchnormal, *a.* SUPERIOR

uwcholwg, *n.m.* PLAN
uwchradd(ol), *a.* SUPERIOR, HIGH QUALITY.
　SECONDARY (SCHOOL)
uwchsonig, *a.* ULTRASONIC, SUPERSONIC
uwchysgol, (-ion), *n.f.* HIGH SCHOOL
uwd, (-iau), *n.m.* PORRIDGE

wad, *n.f.* SLAP. STROKE. BLOW
wadi, (-ïau), *n.m.* WADI
waetio, *v.* WAIT
waets, (-ys), *n.m.f.* WATCH
wafflau, *n.pl.* WAFFLES
wagen, (-ni), *n.f.* TRUCK. WAGGON
walbant, *n.m.* WALL-PLATE
walbon, *n.m.* WHALEBONE
waldio, *v.* WALLOP. THRASH
wanws, *n.m.* CART-HOUSE
wâr, (-iau), *n.m.* WARE
warantedig, *a.* WARRANTED
waranti, *n.m.* WARRANTY
warsel, *n.m.* WASSAIL
warws, (warysau), *n.m.* WAREHOUSE
wasier, (-i), *n.f.* WASHER
wat, (-iau), *n.m.* WATT
watedd, (-au), *n.m.* WATTAGE
wats, (-ys), *n.m.* WATCH
wbwb, *n.m.* HUBBUB
wdward, (-iaid), *n.m.* KEEPER.
  WOODWARD
weber, (-au), *n.m.* WEBER
webin, (-au), *n.m.* WEBBING
wedi, *prp.* AFTER
  ad. AFTERWARDS
wedyn, *ad.* AFTERWARDS. THEN
weindio, *v.* WIND
weir(en), *n.f.* WIRE
weiriad, (-au), *n.m.* WIRING
weir(i)o, *v.* WIRE
weithian, -ion, *ad.* NOW. NOW AT LENGTH
weithiau, *ad.* SOMETIMES
wel, *i,* WELL!
weld, *n.m.* WELD
weldio, *v.* WELD
weldiwr, (-wyr), *n.m.* WELDER
wele, *i.* BEHOLD. LO!
wermod, -wd, *n.m.* WORMWOOD.
  ABSINTHE, VERMOUTH
wfft, *i.* FIE. FOR SHAME!
wfftio, *v.* CRY FIE. FLOUT
whad, *n.f.* SLAP. STROKE
whado, *v.* BEAT. THRASH
whimbil, *n.f.* GIMLET. WHIMBLE
wi, *i.* OH! ALAS!
wic, *n.m.* WICK
wiced, (-i), *n.f.* WICKET
wicedwr, (-wyr), *n.m.* WICKET-KEEPER
widw, *n.f.* WIDOW
winc, *n.f.* WINK
wincian, -io, *v.* WINK
wins, (-ys), *n.f.* WINCH
wlser, (-au), *n.m.* ULCER

wltrabasig, *a.* ULTRABASIC
wmbilig, *a.* UMBILIC
wmbredd, *n.m.* ABUNDANCE
wniwn, (*wnionyn, n.m.*), *n.pl.* ONIONS
wobler, *n.m.* WOBBLER
wraniwm, *n.m.* URANIUM
wrbaniaeth, *n.m.* URBANISM
wrn, (-yrnau), *n.m.f.* URN
wrticaria, *n.m.* URTICARIA
wrth, *prp.* BY. WITH. BECAUSE. TO. SINCE
wstid, *n.m.* WORSTED
wtláu, *v.* OUTLAW
wtra, -e, *n.f.* LANE
wtres, *n.f.* PRODIGALITY. LUXURY.
  CAROUSAL
wtreswr, (-wyr), *n.m.* PRODIGAL.
  CAROUSER
wy, (-au), *n.m.* EGG
wybr, (-au), *n.f.*
wybren, (-nau, -nydd), *n.f.* | SKY
wybrennol, *a.* FIRMAMENTAL. CELESTIAL
wybrol, *a.* ETHEREAL
wyf, *v.* I AM
wyfa, (-feydd), *n.f.* OVARY
wyffurf, *a.* OVOID
wygell, (-oedd), *n.f.* OVARY
wylo, *v.* WEEP. CRY
wylofain, *v.* WAIL. WEEP
  n.m. WAILING
wylofus, *a.* WAILING. DOLEFUL. TEARFUL
wylun, *a.* OVATE
wŷll, *n.f.* OWL. GHOST
wŷna, *v.* LAMB
wyneb, (-au), *n.m.* FACE. SURFACE.
  FRONT
wyneb-ddalen, (-nau), *n.f.* TITLE-PAGE
wynebedd, (-au), *n.m.* AREA
wynebgaled, *a.* BAREFACED. IMPUDENT
wynebgaledwch, *n.m.* IMPUDENCE
wynebiad, (-au), *n.m.* VENEER. FACING
wyneblun, (-iau), *n.m.* FRONTISPIECE
wynebu, *v.* FACE. FRONT
wynebyn, (-nau), *n.m.* HEAD (GEOL.)
wynepryd, *n.m.* COUNTENANCE
wŷnos, *n.pl.* LAMBKINS
wynwyn, *n.pl.* ONIONS
wŷr, (wyrion), *n.m.* GRANDCHILD.
  GRANDSON
wŷ-rith, *n.m.* OOSPORE
wysg, *n.m.* TRACK
  yn wysg ei gefn, BACKWARDS
wystn, *n.m.* DRY STUMP
wystrys, (-en, *n.f.*), *n.pl. & c.n.* OYSTERS

wyth, (-au), *a. & n.m.* EIGHT
wythawd, (-au), *n.m.f.* OCTAVE. OCTET
wythblyg, *a.* OCTAVO
wythfed, (-au), *a.* EIGHTH
  n.m. OCTAVE
wythnos, (-au), *n.f.* WEEK

wythnosol, *a.* WEEKLY
wythnosolyn, (-olion), *n.m.* WEEKLY
  PAPER
wythongl, (-au), *n.f.* OCTAGON
wythwr, (-wyr), *n.m.* NUMBER EIGHT
  (RUGBY)

y, yr, 'r, *a.* THE
y, yr, *preverbal and relative particle*
ych, (-en), *n.m.* OX
ychwaith, *ad.* (NOR) EITHER. NEITHER
ychwaneg, *n.m.* MORE
ychwanegiad, (-au), *n.m.* ADDITION.
  SUPPLEMENT
ychwanegion, *n.pl.* ADDITIONAL PIECES
ychwanegol, *a.* ADDITIONAL
ychwanegu, *v.* ADD. INCREASE. AUGMENT
ychydig, *a. ad, & n.m.* LITTLE, FEW
ychydigyn, *n.m.* A VERY LITTLE. A SHORT
  WHILE
ŷd, (ydau), *n.m.* CORN
yden, *n.f.* GRAIN OF CORN
ydlan, (-nau), *n.f.* STACK-YARD. RICK
  YARD
ydrawn, *n.pl.* GRAINS OF CORN
ydys, ys, *v.* IT IS
ydyw, *v.* IS. ARE
yfed, *v.* DRINK, ABSORB
yfory, (-au), *ad.* TOMORROW
yfwr, (-wyr), *n.m.* DRINKER
yfflon, (*yfflyn, n.m.*), *n.pl.* FRAGMENTS,
  PIECES, BITS
yng, *prp.* IN *(mutation of yn)*
yngan, -u, *v.* UTTER, SPEAK. MENTION
ynganiad, (-au), *n.m.* PRONUNCIATION.
  DICTION
ynghyd, *ad.* TOGETHER
ynghylch, *prp.* ABOUT. CONCERNING
ynglŷn â, *prp.* IN CONNECTION WITH
ym, *prp.* IN *(mutation of yn)*
ym-, *px. reflexive or reciprocal in*
  meaning
yma, *ad.* HERE. THIS
ymadael, ymado, *v.* DEPART
ymadawedig, *a.* DEPARTED. DECEASED
ymadawiad, (-au), *n.m.* DEPARTURE.
  DECEASE
ymadawol, *a.* PARTING. FAREWELL
ymadferiad, *n.m.* CONVALESCENCE
ymadferth, (-oedd), *n.f.* EFFORT.
  PROTECTION
ymado, see *ymadael*
ymadrodd, (-ion), *n.m.* SPEECH. SAYING.
  EXPRESSION
ymadroddi, *v.* SPEAK
ymadroddus, *a.* ELOQUENT
ymadroddwr, (-wyr), *n.m.* SPEAKER
ymaddasiad, (-au), *n.m.* ADJUSTMENT
  diffyg ymaddasiad, MAL-
  ADJUSTMENT

ymaddasu, *v.* ADJUST. ADAPT
ymaelodi, *v.* BECOME A MEMBER. JOIN
ymaelyd, ymafael, ymaflyd, *v.* TAKE
  HOLD
ymageru, *v.* EVAPORATE
ymagor, *v.* OPEN, UNFOLD. EXPAND
ymagweddiad, (-au), *n.m.* DEMEANOUR.
  ATTITUDE
ymaith, *ad.* AWAY, HENCE
ymannerch, *v.* GREET
  n.m. GREETING
ymannog, *v.* EXHORT ONE ANOTHER
ymarddangosiaeth, *n.f.* SHOWMANSHIP
ymarfaethiad, *n.m.* SELF-
  DETERMINATION
ymarfer, *v.* PRACTISE, EXERCISE.
  REHEARSE
  (-ion), *n.f.m.* PRACTICE, EXERCISE
ymarferiad, (-au), *n.m.* PRACTICE.
  EXERCISE
ymarferol, *a.* PRACTICAL
ymarhous, *a.* SLOW, PATIENT. LONG-
  SUFFERING
ymaros, *v.* ENDURE, BEAR WITH
  n.m. PATIENCE, LONG-SUFFERING
ymarwedd(iad), (-au), *n.m.* CONDUCT.
  BEHAVIOUR, DEPORTMENT
ymarweddu, *v.* BEHAVE, CONDUCT
  ONESELF
ymarweithio, *v.* INTERACT
ymatal, *v.* REFRAIN, FORBEAR, ABSTAIN
ymataliad, *n.m.* ABSTENTION
ymataliol, *a.* ABSTAINING
ymataliwr, (-wyr), *n.m.* ABSTAINER
ymatchweliad, (-au), *n.m.*
  AUTOREGRESSION
ymateb, *v.* ANSWER, RESPOND,
  CORRESPOND, REACT
  (-ion), *n.m.* RESPONSE, REACTION
ymawyddu, *v.* LONG, DESIRE
ymbalfalu, *v.* GROPE
ymbaratoi, *v.* PREPARE ONESELF
ymbarél, *n.m.* UMBRELLA
ymbelydredd, *n.m.* RADIATION
ymbelydrol, *a.* RADIOACTIVE
ymbelydru, *v.* RADIATE
ymbellhau, *v.* GO FURTHER AWAY
ymbil, -io, *v.* IMPLORE, BESEECH
  (-iau), *n.m.* ENTREATY, SUPPLICATION
ymbilgar, *a.* IMPLORING
ymbiliwr, (-wyr), *n.m.* SUPPLICANT
ymblaid, (ymbleidiau), *n.f.* FACTION
ymbleidiaeth, *n.f.* PARTISANSHIP

ymbleidiol, *a.* PARTISAN
ymbleidiwr, (-wyr), *n.m.* PARTISAN
ymboeni, *v.* TAKE PAINS
ymborth, *n.m.* FOOD, SUSTENANCE
ymbortheg, *n.f.m.* DIETETICS
ymborthi, *v.* FEED (ONESELF)
ymborthiant, *n.m.* DIETARY
ymbriodi, *v.* MARRY, INTERMARRY
ymbwyllo, *v.* PAUSE, REFLECT
ymchwalu, *v.* DISTINTEGRATE
ymchwarae, *v.* DALLY
ymchweliad, (-au), *n.m.* RETURN,
    REVERSION
ymchwelyd, *v.* TURN, RETURN, OVERTURN
ymchwil, *n.f.* RESEARCH, SEARCH, QUEST
ymchwiliad, (-au), *n.m.* INVESTIGATION,
    INQUIRY
ymchwydd, (-iadau), *n.m.* SURGE,
    SWELL, SWELLING, BOOM
ymchwyddo, *v.* SURGE, SWELL
ymdaith, (-deithiau), *n.f.* JOURNEY,
    MARCH
    v. TRAVEL, MARCH
ymdaro, *v.* SHIFT (FOR ONESELF)
ymdawelwch, *n.m.* REPOSE
ymdebygu, *v.* RESEMBLE, GROW LIKE
ymdeimlad, (-au), *n.m.* CONSCIOUSNESS,
    FEELING, SENSE
ymdeimlo, *v.* BE CONSCIOUS OF, FEEL
ymdeithgan, *n.f.* MARCHING SONG,
    MARCH
ymdeithio, *v.* TRAVEL, JOURNEY, MARCH
ymdeithiwr, (-wyr), *n.m.* TRAVELLER
ymdoddi, *v.* FUSE, MELT
ymdoddiad, (-au), *n.m.* FUSION
ymdonni, *v.* RIPPLE, BILLOW
ymdopi, *v.* MANAGE, SHIFT (FOR ONESELF)
    offer ymdopi, D.I.Y. TOOLS
ymdorchi, *v.* WRING, WRITHE
ymdrafodaeth, *n.f.* DISCUSSION
ymdrech, (-ion), *n.f.* EFFORT,
    ENDEAVOUR, STRUGGLE
ymdrechgar, *a.* STRIVING, ENERGETIC
ymdrechiad, *n.m.* CONATION
ymdrechu, *v.* STRIVE, ENDEAVOUR
ymdreiddiad, (-au), *n.m.* INFILTRATION
ymdreiglo, *v.* ROLL, WALLOW
ymdrin, *v.* TREAT, DEAL WITH
ymdriniaeth, (-au), *n.f.* TREATMENT,
    DISCUSSION
ymdrochfa, (-feydd), *n.f.* BATH,
    BATHING-PLACE
ymdrochi, *v.* BATHE

ymdrochwr, (-wyr), *n.m.* BATHER
ymdroi, *v.* LOITER, DAWDLE
ymdrowyr, *n.pl.* LAGGARDS
ymdrybaeddu, *v.* WALLOW
ymdwymo, *v.* WARM UP
ymdynghedu, *v.* VOW
ymddadlau, *v.* DISPUTE, CONTEND
ymddangos, *v.* APPEAR, SEEM
ymddangosiad, (-au), *n.m.* APPEARANCE
ymddangosiadol, *a.* APPARENT, SEEMING
ym-ddal, *n.m.* ENDURANCE
ymddaliad, (-au), *n.m.* POSTURE
ymddarostwng, *v.* HUMBLE ONESELF,
    SUBMIT
ymddarostyngiad, *n.m.* HUMILIATION,
    SUBMISSION
ymddatod, *v.* DISSOLVE, DEGENERATE
ymddatodiad, (-au), *n.m.* DISSOLUTION,
    LIQUIDATION, AUTOLYSIS
ymddeol, *v.* RETIRE
ymddeoliad, (-au), *n.m.* RETIREMENT
ymdderu, *v.* RAVE, QUARREL
ymddibyniad, *n.m.* DEPENDENCE
ymddibynnu, *v.* DEPEND
ymddiddan, (-ion), *n.m.* TALK,
    CONVERSATION
    v. TALK, CONVERSE
ymddieithrio, *v.* DISGUISE ONESELF
ymddigrifo, *v.* DELIGHT
ymddihatru, *v.* UNDRESS, DIVEST
ymddiheuriad, (-au), *n.m.* APOLOGY
ymddiheuro, *v.* APOLOGISE
ymddiheurol, *a.* APOLOGETIC
ymddiosg, *v.* UNDRESS, STRIP
ymddiried, *n.m.* TRUST, CONFIDENCE
    v. TRUST, CONFIDE
ymddiriedaeth, (-au), *n.f.* TRUST,
    CONFIDENCE
ymddiriedolaeth, (-au), *n.f.* TRUST
ymddiriedolwr, (-wyr), *n.m.* TRUSTEE
ymddiswyddo, *v.* RESIGN
ymddolennu, *v.* MEANDER
ymddwyn, *v.* BEHAVE, ACT
ymddŵyn, *v.* CONCEIVE, BEAR
ymddygiad, (-au), *n.m.* BEHAVIOUR,
    CONDUCT
ymddygiadaeth, *n.m.* BEHAVIOURISM
ymddygiadol, *a.* BEHAVIOURAL
ymddygiadau, *n.pl.* ACTIONS
ymddygiaeth, *n.f.* BEHAVIOURISM
ymddyrchafiad, *n.m.* EXALTATION
ymddyrchafu, *v.* EXALT ONESELF, RISE
ymeffaith, *n.m.* RECIPROCITY

ymeffeithiol, *a.* RECIPROCAL
ymegnïad, *n.m.* EFFORT. EXERTION
ymegnïo, *v.* STRIVE, EXERT ONESELF
ymehangu, *v.* BECOME ENLARGED
ymelwad, *n.m.* EXPLOITATION
ymennydd, (ymenyddiau), *n.m.* BRAIN
ymennyn, *v.* EXCITE ONESELF
ymenyn, *n.m.* BUTTER
ymerawdwr, (-wyr), *n.m.* EMPEROR
ymerodraeth, (-au), *n.f.* EMPIRE
ymerodraethol, *a.* IMPERIAL
ymerodres, (-au), *n.f.* EMPRESS
ymerodrol, *a.* IMPERIAL
ymerodrydd, (-ion), *n.m.* IMPERIALIST
ymesgusodi, *v.* EXCUSE ONESELF,
  APOLOGISE
ymestyn, *v.* STRETCH, REACH, EXTEND
ymestyniad, (-au), *n.m.* EXTENTION,
  ADDITION, EXTENT
ymfalchïo, *v.* PRIDE ONESELF
ymfodloni, *v.* ACQUIESCE
ymfodlonus, *a.* COMPLACENT
ymfoddhad, *n.m.* COMPLACENCY
ymfudiad, *n.m.* EMIGRATION
ymfudo, *v.* EMIGRATE
ymfudwr, (-wyr), *n.m.* EMIGRANT
ymfyddino, *v.* MOBILISE
ymfflamychu, *v.* BECOME INFLAMED,
  ORATE
ymffrost, *n.m.* BOAST
ymffrostio, *v.* BOAST
ymffrostiwr, (-wyr), *n.m.* BOASTER
ymgadw, *v.* REFRAIN, FORBEAR
  n.m. CONTINENCE
ymgais, *n.m.f.* EFFORT, ATTEMPT
ymgasglu, *v.* GATHER TOGETHER
ymgecraeth, *n.f.* CONTENTION
ymgecru, *v.* QUARREL
ymgeinio, *v.* ABUSE, CURSE
ymgeisiaeth, *n.f.* CANDIDATURE
ymgeisio, *v.* TRY, APPLY, SEEK
ymgeisydd, (-wyr), *n.m.* CANDIDATE,
  APPLICANT
ymgeledd, (-au), *n.m.* CARE, SUCCOUR
ymgeleddu, *v.* CHERISH, SUCCOUR
ymgiliad, *n.m.* RETREAT
ymgilio, *v.* RETREAT, RECEDE
ymgiliwr, (-wyr), *n.m.* WELSHER
ymgiprys, *n.m.* CONTEST
  v. VIE, STRUGGLE
ymgleddyfu, *v.* FENCE
ymglymiant, *n.m.* INVOLVEMENT
ymglymu, *v.* INVOLVE, BIND TOGETHER

ymglywed, *v.* FEEL (ONESELF), BE
  INCLINED
ymgnawdoli, *v.* BECOME INCARNATE
ymgnawdoliad, *n.m.* INCARNATION
ymgodi, *v.* RISE, UPLIFT, HEAVE
ymgodol, *a.* ELEVATED, UPLIFT
ymgodymu, *v.* WRESTLE, STRUGGLE
ymgom, (-iau, -ion), *n.f.*
  CONVERSATION, CHAT
ymgomio, *v.* CHAT, CONVERSE
ymgomiwr, (-wyr), *n.m.*
  CONVERSATIONALIST
ymgomwest, (-i), *n.f.* CONVERSAZIONE,
  SOCIAL
ymgorffori, *v.* EMBODY, INCORPORATE
ymgorfforiad, *n.m.* EMBODIMENT
ymgosbol, *a.* ASCETIC
ymgreinio, *v.* PROSTRATE ONESELF,
  WALLOW, GROVEL
ymgroesi, *v.* BEWARE, SHUN, CROSS
  ONESELF
ymgryfhau, *v.* BE STRONG, STRENGTHEN
  ONESELF
ymgrymu, *v.* STOOP, BOW DOWN
ymgrynhoi, *v.* GATHER TOGETHER
ymguddfa, (-feydd), *n.f.* SHELTER,
  HIDING-PLACE
ymguddio, *v.* HIDE ONESELF
ymgydio, *v.* COPULATE
ymgydnabod, *v.* ACQUAINT ONESELF
ymgyfathrachu, *v.* HAVE DEALINGS (WITH)
ymgyfeillachu, *v.* ASSOCIATE
ymgyfoethogi, *v.* GET RICH
ymgyfreithiwr, (-wyr), *n.m.* LITIGANT
ymgynghori, *v.* CONSULT, CONFER
ymgynghoriad, (-au), *n.m.* CONSULTATION
ymgynghorol, *a.* ADVISORY, CONSULTATIVE
ymgymeriad, (-au), *n.m.* UNDERTAKING
ymgymryd, *v.* UNDERTAKE
ymgymysgu, *v.* MINGLE
ymgynddeiriogi, *v.* RAVE, RAGE
ymgynefino, *v.* BECOME FAMILIAR, GET
  USED
ymgynnal, *v.* BEAR UP, SUPPORT ONESELF
ymgynnull, *v.* ASSEMBLE, GATHER
ymgyrch, (-oedd), *n.m.f.* CAMPAIGN,
  EXPEDITION
ymgyrchu, *v.* ATTACK, CAMPAIGN
ymgyrraedd, *v.* STRIVE (AFTER), STRETCH
ymgysegriad, *n.m.* DEVOTION,
  CONSECRATION
ymgysegru, *v.* DEVOTE ONESELF
ymhalio, *v.* HEAVE
ymhél, *v.* BE CONCERNED, MEDDLE

ymhelaethu, *v.* ENLARGE, ABOUND
ymhell, *ad.* FAR, AFAR
ymhellach, *ad.* FURTHER, FURTHERMORE
ymhen, *prp.* WITHIN
ymherodr, (ymerodron), *n.m.* EMPEROR
ymhidlo, *v.* INFILTRATE
ymhlith, *prp.* AMONG
ymhlyg, *a.* IMPLICIT
ymhlygiad, (-au), *n.m.* IMPLICATION
ymhlygu, *v.* IMPLY
ymhoelwr, (-wyr), *n.m.* SWATH-TURNER
ymhoelyd, *v.* OVERTURN, TOPPLE
ymhoffi, *v.* TAKE DELIGHT, BOAST
ymholi, *v.* INQUIRE
ymholiad, (-au), *n.m.* INQUIRY
ymhollti, *v.* FISSION
ymholltiad, *n.m.* FISSION
ymholltus, *a.* FISSILE
ymhonni, *v.* PRETEND, LAY CLAIM
ymhonnwr, (-honwyr), *n.m.* PRETENDER
ymhŵedd, *v.* IMPLORE, BESEECH
ymhyfrydu, *v.* DELIGHT ONESELF
ymlacio, *v.* RELAX
ymladd, *v.* FIGHT
    (-au), *n.m.* FIGHT, BATTLE
ymlâdd, *v.* WEAR ONESELF OUT
   wedi ymlâdd, DEAD TIRED
ymladdfa, (-feydd), *n.f.* FIGHT
ymladdgar, *a.* PUGNACIOUS
ymladdwr, (-wyr), *n.m.* FIGHTER,
   COMBATANT
ymlaen, *ad.* ON, ONWARD
ymlaesu, *v.* RELAX
ymlafnio, *v.* ⎫
            STRIVE, TOIL
ymlafurio, *v.* ⎭
ymlawenhau, *v.* REJOICE
ymledol, *a.* SPREADING, PROSTRATE
ymledu, *v.* SPREAD, EXPAND
ymlid, *v.* PURSUE, CHASE
ymlidiwr, (-wyr), *n.m.* PURSUER,
   PERSECUTOR
ymliw, (-iau), *n.m.* CHASTISEMENT
ymliw, -io, *v.* REPROACH, CHASTISE
ymlonni, *v.* GLADDEN
ymlonyddu, *v.* GROW CALM
ymlosgiad, *n.m.* COMBUSTION
ymlusgiad, (-iaid), *n.m.* REPTILE
ymlusgo, *v.* CREEP, CRAWL
ymlwybro, *v.* MAKE ONE'S WAY
ymlyniad, (-au), *n.m.* ATTACHMENT,
   LOYALTY
ymlyniaeth, *n.f.* ADNATION
ymlynol, *a.* ADNATE
ymlynu, *v.* ATTACH, ADHERE

ymlynwr, (-wyr), *n.m.* ADHERENT
ymneilltuad, *n.m.* RETIREMENT
Ymneilltuaeth, *n.f.* NONCONFORMITY
ymneilltuo, *v.* RETIRE, DISSENT
Ymneilltuol, *a.* NONCONFORMIST
Ymneilltuwr, (-wyr), *n.m.*
   NONCONFORMIST, DISSENTER
ymnesáu, *v.* DRAW NEAR
ymochel, -yd, *v.* SHELTER, AVOID,
   BEWARE
ymochredd, *n.m.* ALIGNMENT
ymochri, *v.* ALIGN
ymod, -i, *v.* MOVE, STIR
ymofyn, *v.* ASK, INQUIRE, SEEK
   (-ion), *n.m.* INQUIRY
ymofyngar, *a.* INQUISITIVE
ymofynnydd, *n.m.* INQUIRER
ymogel(yd), *v.* BEWARE, AVOID
ymolchfa, (-feydd), *n.f.* BATHROOM,
   WASH, LAVATORY
ymolch(i), *v.* WASH ONESELF, BATHE
ymolchiad, *n.m.* ABLUTION
ymollwng, *v.* LET ONESELF GO, GIVE WAY,
   COLLAPSE
ymollyngdod, *n.m.* RELAXATION
ymorchestu, *v.* STRIVE, LABOUR
ymorol, *v.* SEEK, TAKE CARE
ymosod, *v.* ATTACK, ASSAULT
ymosodedd, *n.m.* AGGRESSION
ymosodiad, (-au), *n.m.* ATTACK,
   ASSAULT
ymosodol, *a.* AGGRESSIVE, OFFENSIVE
   Mudiad Ymosodol, FORWARD
   MOVEMENT
ymosodwr, (-wyr), *n.m.* ATTACKER,
   ASSAILANT, AGGRESSOR
ymostwng, *v.* STOOP, SUBMIT, CAPITULATE,
ymostyngar, *a.* SUBMISSIVE
ymostyngiad, (-au), *n.m.* SUBMISSION
ymotbren, *n.m.* STIRRER, LADLE
ympowndio, *v.* IMPOUND
ympryd, (-ion), *n.m.* FAST
ymprydio, *v.* FAST
ymprydiwr, (-wyr), *n.m.* FASTER
ymrafael, (-ion), *n.m.* QUARREL,
   CONTENTION
ymrafael(io), *v.* QUARREL
ymrafaelgar, *a.* QUARRELSOME
ymrain, *v.* COPULATE
ymraniad, (-au), *n.m.* DIVISION, SCHISM,
   SPLIT
ymrannu, *v.* DIVIDE, PART, SEPARATE
ymread, (-au), *n.m.* COPULATION

ymreolaeth, *n.f.* SELF-GOVERNMENT. AUTONOMY. HOME RULE
ymrestru, *v.* ENLIST
ymresymiad, (-au), *n.m.* REASONING. ARGUMENT
ymresymu, *v.* REASON. ARGUE
ymresymwr, (-wyr), *n.m.* REASONER
ymrithio, *v.* APPEAR
ymroad, *n.m.* DEVOTION. APPLICATION
ymroddedig, *a.* DEVOTED
ymroddgar, *a.* OF GREAT APPLICATION
ymroddi, ymroi, *v.* DEVOTE ONESELF. YIELD
ymroddiad, *n.m.* APPLICATION. DEVOTION
ymron, *ad.* ALMOST. NEARLY
ymrous, *a.* ASSIDUOUS
ymrwymedig, *a.* ENGAGED
ymrwymiad, (-au), *n.m.* AGREEMENT. ENGAGEMENT
ymrwymo, *v.* BIND ONESELF
ymryson, (-au), *n.m.* CONTENTION. COMPETITION. STRIFE
ymrysonfa, (-feydd), *n.f.* CONTEST. MATCH
ymrysongar, *a.* QUARRELSOME
ymsefydlu, *v.* ESTABLISH ONESELF. SETTLE
ymserchu, *v.* CHERISH, DOTE, FALL IN LOVE
ymsoledu, *v.* SOLIDIFY
ymson, *v.* SOLILOQUISE
(-au), *n.m.* SOLILOQUY
ymsuddiant, *n.m.* SUBSIDENCE
ymsuddo, *v.* SUBSIDE, SINK
ymswyn(o), *v.* CROSS ONESELF, BEWARE
ymsymudiad, *n.m.* LOCOMOTION
ymsythu, *v.* SWAGGER
ymuno, *v.* UNITE. JOIN
ymwacâd, *n.m.* KENOSIS
ymwacáu, *v.* EMPTY ONESELF
ymwadiad, *n.m.* DENIAL. ABSTENTION
ymwadu, *v.* DENY (ONESELF). RENOUNCE
ymwahanu, *v.* SEPARATE. PART. DIVIDE
ymwaith, (-weithiau), *n.m.* REACTION
ymwared, *n.m.* DELIVERANCE
ymweithio, *v.* REACT
ymweithydd, (-ion), *n.m.* REACTOR
ymweled, *v.* VISIT
ymweliad, (-au), *n.m.* VISIT. VISITATION
ymwelwr, -ydd, (-wyr), *n.m.* VISITOR
ymwneud, *v.* ⎱ BECOME, DEAL(with)
ymwneuthur, *v.* ⎰
ymwrando, *v.* LISTEN
ymwroli, *v.* TAKE HEART
ymwrthedd, *n.m.* RESISTANCE

ymwrthiannol, *a.* RESISTANT
ymwrthod, *v.* RENOUNCE. ABSTAIN
ymwrthodiad, *n.m.* ABSTINENCE
ymwthgar, *a.* AMBITIOUS. PUSHING
ymwthiad, (-au), *n.m.* TRUSTING
ymwthio, *v.* PUSH ONESELF. ASSERT
ymwthiol, *a.* INTRUSIVE. OBTRUSIVE
ymwthiwr, (-wyr), *n.m.* INTRUDER. INTERLOPER
ymwybodol, *a.* CONSCIOUS
ymwybyddiaeth, *n.f.* CONSCIOUSNESS
ymyl, (-au, -on), *n.m.f.* EDGE. BORDER. MARGIN
yn ymyl, CLOSE BY
ymyled, (-au), *n.m.* COAMING
ymylnod, (-au), *n.m.* MARGINAL NOTE
ymylu, *v.* BORDER. ABUT. ADHERE, VERGE
ymyluniad, (-au), *n.m.* EDGE-JOINTING
ymylwe, *n.f.* SELVEDGE
ymyradur, (-on), *n.m.* INTERFEROMETER
ymyrgar, *a.* INTRUSIVE. MEDDLESOME
ymyrraeth, (ymyraethau), *n.f.* INTERFERENCE. INTERVENTION
ymyrru, -yd, *v.* INTERFERE. MEDDLE. HECKLE
ymyrrwr, (ymyrwyr), *n.m.* MEDDLER. HECKLER
ymysg, *pr.* AMONG. AMID
ymysgu, *v.* BLEND
ymysgaroedd, *n.pl.* BOWELS
ymysgogydd, *n.m.* AUTOMATON
ymysgwyd, *v.* BESTIR ONESELF
yn, *pr.* IN. AT INTO. FOR
part. (NO TRANSLATION)
yna, *ad.* THERE. THEN. THEREUPON.
ynad, (-on), *n.m.* JUDGE. JUSTICE. MAGISTRATE
ynadaeth, *n.f.* JUDICATURE. MAGISTRACY
ynadol, *a.* JUDICIAL. MAGISTERIAL
yn awr, *ad. phrase,* NOW. AT PRESENT
yndeintiad, (-au), *n.m.* INDENTATION
yndeintio, *v.* INDENT
ynfyd, *a.* FOOLISH. MAD
ynfydrwydd, *n.m.* FOOLISHNESS. MADNESS
ynfydu, *v.* BECOME MAD. RAVE
ynfytyn, (-fydion), *n.m.* FOOL. MADMAN. SIMPLETON
ynioli, *v.* ENERGIZE
ynni, *n.m.* ENERGY. VIGOUR
yno, *ad.* THERE
yntau, *pn.* HE. HE TOO
ynteu, *c.* OR, OR ELSE. OTHERWISE. THEN

yntred, *n.m.f.* INTRADA, INTROIT
Ynyd, *n.m.* SHROVETIDE
ynyden, (ynydau), *n.f.* INITIAL
ynydiad, *n.m.* INITIATION
ynydu, *v.* INITIATE
ynys, (-oedd), *n.f.* ISLAND, RIVER-
　MEADOW
ynysfor, (-oedd), *n.m.* ARCHIPELAGO
ynysiad, (-au), *n.m.* ⎫
ynysiaeth, *n.f.* 　　⎬ INSULATION
ynysol, *a.* INSULAR
ynysu, *v.* INSULATE, ISOLATE
ynyswr, (-wyr), *n.m.* ISLANDER
ynysydd, (-ion), *n.m.* INSULATOR
yogurt, *n.m.* YOGURT
yr, see *y*
yrhawg, *ad.* FOR A LONG TIME TO COME
yrŵan, *ad.* NOW
ys, *v.* ONE IS, IT IS
　c. AS
ysbaddu, *v.* CASTRATE
ysbaid, (-beidiau), *n.m.f.* SPACE OF TIME,
　RESPITE
ysbail, (-beiliau), *n.f.* SPOIL, BOOTY,
　PLUNDER
ysbardun, (-au), *n.m.f.* SPUR,
　ACCELERATOR
ysbarduno, *v.* SPUR, ACCELERATE
ysbawd, *n.m.* SHOULDER (OF MEAT)
ysbeidiol, *a.* OCCASIONAL, INTERMITTENT,
　CASUAL
ysbeilio, *v.* PLUNDER, SPOIL
ysbeiliwr, (-wyr), *n.m.* SPOILER, ROBBER
ysbienddrych, (-au), *n.m.* BINOCULARS
ysbigoglys, (-iau), *n.m.* SPINACH
ysbinagl, *n.m.* QUINSY
ysbïaeth, *n.f.* ESPIONAGE
ysbïo, *v.* SPY, LOOK
ysbïwr, (-wyr), *n.m.* SPY
ysblander, (-au), *n.m.* SPLENDOUR,
　GLORY
ysbleddach, *n.m.f.* FESTIVITY,
　MERRIMENT
ysblennydd, *a.* SPLENDID
ysbonc, (-iau), *n.f.* LEAP, JUMP, BOUND,
　SPURT
ysboncio, *v.* LEAP, JUMP, BOUNCE, SPURT
ysborion, *n.pl.* CAST-OFFS
ysbryd, (-ion, -oedd), *n.m.* SPIRIT,
　GHOST
ysbrydegaeth, *n.f.* SPIRITUALISM
ysbrydegol, *a.* SPIRITUALISTIC
ysbrydiaeth, *n.f.* ENCOURAGEMENT,
　INSPIRATION

ysbrydol, *a.* SPIRITUAL, HIGH-SPIRITED
ysbrydoledig, *a.* INSPIRED
ysbrydoli, *v.* INSPIRE, SPIRITUALISE
ysbrydoliaeth, *n.f.* INSPIRATION
ysbwng, *n.m.* SPONGE
ysbwrial, -iel, *n.m.* REFUSE, RUBBISH
ysbyty, (-tai, -tyau), *n.m.* HOSPITAL,
　HOSPICE
ysfa, (-feydd), *n.f.* ITCHING, CRAVING,
　URGE, SCRAPIE
ysg-. see also *sg-*
ysgadan, (-enyn, *n.m.*), *n.pl.* HERRINGS
ysgafala, *a.* CARELESS, SECURE, CAREFREE
ysgafell, (-au), *n.f.* LEDGE, SHELF, BROW
ysgafn, *a.* LIGHT
　n.m. STACK, BAY OF CORN
ysgafnder, *n.m.* LIGHTNESS, LEVITY
ysgafnhau, ysgafnu, *v.* LIGHTEN (IN
　WEIGHT)
ysgaldanu, *v.* SCALD
ysgall, (-en, *n.f.*), *n.pl.* THISTLES
ysgaprwth, *a.* CLUMSY, AWKWARD
ysgar, (-ant, -geraint), *n.m.* ENEMY
ysgar, *v.* SEPARATE, DIVORCE
ysgariad, (-au), *n.m.* DIVORCE
ysgarlad, *a.* SCARLET
ysgarlys, (-oedd), *n.m.* DIVORCE COURT
ysgarmes, (-au, -oedd), *n.f.* SKIRMISH,
　MELEE
ysgarthu, *v.* EXCRETE
ysgaru, *v.* SEPARATE, DIVORCE
ysgatfydd, *ad.* PERHAPS
ysgaw, (-en, *n.f.*), *c.n.* ELDER (TREES)
ysgegfa, (-feydd), *n.f.* SHAKING
ysgegio, -ian, *v.* SHAKE, JERK, JOLT
ysgeintio, *v.* SCATTER, LEAP
ysgeler, *a.* WICKED, ATROCIOUS
ysgelerder, (-au), *n.m.* WICKEDNESS,
　INFAMY
ysgelerddyn, (-ion), *n.m.* MISCREANT
ysgîl, (-giliau), *n.m.* PILLION, RECESS
ysgithr, (-edd), *n.m.* TUSK, FANG
ysgithrog, *a.* TUSKED, FANGED, CRAGGY,
　RUGGED
ysgiw, (-ion), *n.f.* SETTLE
ysglefrio, *v.* SLIDE, SKATE
ysglent, (-iau), *n.f.* SLIDE
ysglisen, (ysglisiau), *n.f.* SLICE
ysglisio, *v.* SLICE
ysglodyn, (-ion), *n.m.* CHIP
ysglyfaeth, (-au), *n.f.* PLUNDER, PREY,
　SPOIL, CARRION
ysglyfaethus, *a.* RAPACIOUS, OF PREY

ysglyfaethyn, (-nau), *n.m.* PREDATOR
ysglyfio, *v.* PREY ON, SNATCH
ysgogi, *v.* MOVE, STIR, IMPEL
ysgogiad, (-au), *n.m.* MOVEMENT,
INCITEMENT, IMPULSE, IMPETUS
ysgogiad rhywiol, SEXUAL IMPULSE
ysgogydd, (-ion), *n.m.* ACTIVATOR
ysgogyn, (-noedd), *n.m.* DANDY, FOP
ysgol, (-ion), *n.f.* SCHOOL, SCHOOLING
ysgol drydyddol, TERTIARY SCHOOL
ysgol ddiwygio, REFORMATORY
SCHOOL
ysgol fonedd, PUBLIC SCHOOL
ysgol warchod, APPROVED SCHOOL
ysgol gyfun, COMPREHENSIVE SCHOOL
ysgol, -en, (-ion), *n.f.* LADDER
ysgoldy, (-dai), *n.m.* SCHOOLHOUSE,
SCHOOLROOM
ysgolfeistr, (-i), *n.m.* SCHOOLMASTER
ysgolfeistres, (-au), *n.f.*
SCHOOLMISTRESS
ysgolhaig, (-heigion), *n.m.* SCHOLAR
ysgolheictod, *n.m.* SCHOLARSHIP,
LEARNING
ysgolheigaidd, *a.* SCHOLARLY
ysgoliaeth, *n.f.* SCHOLASTICISM
ysgolor, (-ion), *n.m.* SCHOLAR
ysgoloriaeth, (-au), *n.f.* SCHOLARSHIP
ysgor, (-au), *n.f.* CITADEL
ysgorpion, (-au), *n.m.* SCORPION
ysgothi, *v.* SCOUR, SPURT, PURGE
ysgrafell, (-i, -od), *n.f.* SCRAPER, RASP
ysgrafellu, *v.* SCRAPE
ysgraff, (-au), *n.f.* BARGE, FERRY-BOAT
ysgraffinio, *v.* SCRATCH, GRAZE, ABRADE
ysgrech, (-feydd), *n.f.* SCREAM, SHRIEK
ysgrechain, -ian, *v.* SCREAM, SHRIEK
ysgrepan, (-au), *n.f.* SCRIP, WALLET
ysgrif, (-au), *n.f.* ARTICLE, ESSAY
ysgrifbin, (-nau), *n.m.* PEN
ysgrifen, -iad, (-iadau), *n.f.* WRITING
ysgrifenedig, *a.* WRITTEN
ysgrifennu, *v.* WRITE
ysgrifennwr, (-enwyr), *n.m.* WRITER
ysgrifennydd, (-enyddion), *n.m.*
SCRIBE, SECRETARY
ysgrifenyddiaeth, *n.f.* SECRETARYSHIP
ysgrifenyddol, *a.* SECRETARIAL
ysgrifrwym, (-au), *n.m.* BOND
ysgrîn, (ysgriniau), *n.f.* SETTLE, COFFIN,
SCREEN
ysgriw, (-iau), *n.f.* SCREW
ysgriwio, *v.* SCREW

ysgrubl, (-iaid), *n.m.* BEAST
ysgrublaidd, *a.* ANIMAL, BRUTISH
ysgrublyn, *n.m.* SMALL PIECE
ysgryd, *n.m.* SHIVERING
ysgrydio, *v.* ⎤
⎥ SHIVER, TREMBLE
ysgrytian, *v.* ⎦
ysgrythur, (-au), *n.f.* SCRIPTURE
ysgrythurol, *a.* SCRIPTURAL
ysgrythurwr, (-wyr), *n.m.* SCRIPTURIST
ysgub, (-au), *n.f.* SHEAF, BESOM
ysgubell, (-au), *n.f.* BESOM
ysgubo, *v.* SWEEP
ysgubol, *a.* SWEEPING
ysgubor, (-iau), *n.f.* BARN, GRANARY
ysguborio, *v.* GARNER
ysgubwr, (-wyr), *n.m.* SWEEPER, SWEEP
ysgum, *n.m.* SCUM
ysgut, *a.* NIMBLE, QUICK
ysgutor, (-ion), *n.m.* EXECUTOR
ysgutoriaeth, (-au), *n.f.* EXECUTORSHIP
ysguthan, (-od), *n.f.* WOOD-PIGEON
ysgwâr, *a. & n.f.* SQUARE
ysgwario, *v.* SQUARE
ysgwïer, (-iaid), *n.m.* (E)SQUIRE
ysgwr, (-gyrion), *n.m.* SCOUR
ysgwrfa, *n.f.* SCOURING, LATHERING
ysgwrio, *v.* SCOUR, SCRUB, LATHER
ysgwyd, *v.* SHAKE, SWAY, WAG
ysgwydd, (-au), *n.f.* SHOULDER
ysgwydwad, (-au), *n.m.* SHAKING, SHAKE
ysgyfaint, *n.pl.* LUNGS, LIGHTS (OFFAL)
ysgyfarnog, (-od), *n.f.* HARE
sugwaed ysgyfarnog, JUGGED HARE
ysgyfeinwst, *n.m.* STRANGLES
ysgymun, *a.* ACCURSED
ysgymunedig, *a.* EXCOMMUNICATED
ysgymuno, *v.* EXCOMMUNICATE
ysgyrion, *n.pl.* SPLINTERS, STAVES
ysgyrnygu, *v.* GNASH THE TEETH, SNARL
ysgytiad, (-au), *n.m.* SHOCK
ysgytio, *v.* SHAKE, SHOCK
ysgytlaeth, *n.m.* MILK SHAKE
ysgytwad, (-au), *n.m.* SHOCK, SHAKING
ysgythru, *v.* SCRATCH, CARVE, ETCH,
ENGRAVE
ysgythrwr, (-wyr), *n.m.* CARVER,
ENGRAVER
ysictod, *n.m.* SPRAIN, CONTUSION
ysiêd, *n.m.* ESCHEAT
ysiedu, *v.* ESCHEAT
ysig, *a.* BRUISED, SORE, SPRAINED
ysigo, *v.* BRUISE, SPRAIN, SAG
yslafan, *n.m.* LAVER (SEAWEED)

yslotian, *v.* TIPPLE. DABBLE
ysmala, *a.* FUNNY. AMUSING. DROLL
ysmaldod, *n.m.* FUN. DROLLERY
ysmalio, *v.* JOKE
ysmotyn, (ysmotiau), *n.m.* SPOT
ysmygu, *v.* SMOKE (TOBACCO)
ysmygwr, (-wyr), *n.m.* SMOKER
ysnoden, (-ni), *n.f.* BAND. RIBBON. GLEET
ysnodi, *n.m.* CORYZA
ysol, *a.* CONSUMING. CORROSIVE
yst-. see also *st-*
ystabl, (-au), *n.f.* STABLE
ystad, (-au), *n.f.* STATE. ESTATE. FURLONG
ystadegaeth, *n.f.* STATISTICS
ystadegau, *n.pl.* STATISTICS
ystadegol, *a.* STATISTICAL
ystadegydd, (-ion), *n.m.* STATISTICIAN
ystaden, (-ni), *n.f.* FURLONG
ystaen, (-iau), *n.m.* STAIN
ystafell, (-oedd), *n.f.* ROOM. CHAMBER
ystafellydd, (-ion), *n.m.* CHAMBERLAIN
ystalwyn, (-i), *n.m.* STALLION
ystanc, (-iau), *n.m.* STAKE. BRACKET
ystatud, *n.f.* STATUTE
ystarn, (-au), *n.f.* STERN
ystelcian, *v.* SKULK. LOITER
ystelciwr, (-wyr), *n.m.* LOAFER, LOITERER
ystên, (-ènau), *n.f.* PITCHER. EWER. MILK-CAN
ystent, *n.m.f.* EXTENT
ystig, *a.* DILIGENT. WILLING
ystinos, *n.m.* ASBESTOS
ystle(n), (-i), *n.f.* SEX. GENUS
ystlum, (-od), *n.m.* BAT
ystlynedd, *n.f.* KINDRED. NAME
ystlys, (-au), *n.f.* SIDE. FLANK. TOUCHLINE
ystlyswr, (-wyr), *n.m.* LINESMAN. SIDESMAN
ystod, (-ion, -au), *n.f.* COURSE. SPACE OF TIME. SWATH
  yn ystod, DURING
ystof, (-au), *n.m.f.* WARP
ystofi, *v.* WARP. WEAVE. PLAN
ystôl, (-olion), *n.f.* STOOL. CHAIR
ystola, (-u), *n.f.* STOLE
ystor, *n.m.* INCREASE. RESIN
ystôr, (-orau), *n.m.* STORE. PLENTY
ystordy, (-dai), *n.m.* STOREHOUSE. WAREHOUSE
ystorfa, (-feydd), *n.f.* STORE. STOREHOUSE
ystorio, *v.* STORE
ystorïwr, (-wyr), *n.m.* HISTORIAN. STORYTELLER

ystorm, (-ydd), *n.f.* STORM
ystormus, *a.* STORMY
ystrad, (-au), *n.m.f.* VALE. STRATH
ystranc, (-iau), *n.f.* TRICK
ystrancio, *v.* PLAY TRICKS. JIB. REBEL
ystranclyd, *a.* RESTIVE, REBELLIOUS. JIBBING
ystrêd, (-au), *n.m.* ESTREAT
ystredu, *v.* ESTREAT
ystremp, (-iau), *n.f.* CART-PADDLE
ystryd, (-oedd), *n.f.* STREET
ystrydeb, (-au), *n.f.* STEREOTYPE. CLICHÉ
ystrydebol, *a.* STEREOTYPED. HACKNEYED
ystryw, (-iau), *n.f.* TRICK. CUNNING. CRAFT. STRATAGEM
ystrywgar, -us, *a.* CRAFTY
ystum, (-iau), *n.m.f.* FORM. BEND. SHAPE. GESTURE. POSTURE. MEANDER
  pl. GRIMACES
ystumiad, (-au), *n.m.* DISTORTION
ystumiaeth, *n.f.* CHIRONOMY
ystumiwr, (-wyr), *n.m.* TWISTER
ystumog, (-au), *n.f.* STOMACH
ystwffwl, (ystyffylau), *n.m.* COLUMN. PILLAR. DOOR-KNOCKER. STAPLE
ystŵr, *n.m.* NOISE. STIR. BUSTLE
Ystwyll, *n.m.* EPIPHANY
ystwyrian, *v.* STIR
ystwyth, *a.* FLEXIBLE. SUPPLE. AGILE. PLIANT
ystwythder, (-au), *n.m.* FLEXIBILITY. AGILITY
ystwytho, *v.* MAKE FLEXIBLE. BEND
ystyfnig, *a.* STUBBORN
ystyfnigrwydd, *n.m.* OBSTINACY
ystyr, (-on), *n.f.m.* SENSE. MEANING
ystyriaeth, (-au), *n.f.* CONSIDERATION. HEED
ystyried, *v.* CONSIDER. HEED
ystyriol, *a.* HEEDFUL. MINDFUL
ystyrlon, *a.* MEANINGFUL
ysu, *v.* CONSUME. CRAVE. ITCH
yswain, (-weiniaid), *n.m.* (E)SQUIRE
yswil, *a.* SHY. BASHFUL
yswildod, *n.m.* SHYNESS. BASHFULNESS
yswiriant, (-nnau), *n.m.* INSURANCE
yswirio, *v.* INSURE
yswitian, *v.* CHIRP. TWITTER
yswr, (-wyr), *n.m.* CONSUMER
ysywaeth, *ad.* MORE'S THE PITY. ALAS
yw, *v.* IS. ARE
ywen, (yw), *n.f.* YEW

RHESTRAU AMRYWIOL
Cymraeg — Saesneg

MISCELLANEOUS LISTS
Welsh — English

Rhagddodiaid ac Ôl-Ddodiaid.
Prefixes and Suffixes

RHAGDDODIAID (PREFIXES)

Most of the prefixes are followed by a mutation. The mutation is indicated in brackets.

a- *(spirant),* intensive, as in **athrist**

ad- *(soft),* 'second', as in **adladd, adflas**
   're-, again', as in **adlais, adennill**
   'evil, poor', as in **adfyd**

add- *(soft),* intensive, as in **addfwyn, addoer**

af- *(soft),* negative, as in **aflan, afraid**

ang- *(nasal),* negative, as in **angharedig, angof**

ail- *(soft),* 're-', as in **ailadrodd, aileni**

all- *(soft),* 'other', as in **allfro, allforio**

am- *(soft),* 'around, about', as in **amdo, amgylch**
   (nasal), negative, as in **amhosibl, amarch**
   'different', as in **amyd,** *(soft)* **amryw**

an- *(nasal),* negative, as in **annheg, annuwiol, anhysbys**

ar- *(soft),* intensive, as in **ardystio**
   'fore', as in **argae**
   'opposite', as in **Arfon**

arch- *(soft),* 'arch-', as in **archdderwydd, archesgob**

at- (=ad-) *(soft),* intensive, as in **atgas, atgof**

cam- *(soft),* 'wrong, mis-' as in **camddeall, camdriniaeth**

can- *(soft),* 'with, after', as in **canlyn, canllaw**

cy- *(soft),* 'com-, con-', as in **cywaith**

cyd- *(soft),* 'co-, together', as in **cydfod, cydymaith, cytûn, cytir (-d+d- =-t-)**

cyf- *(soft),* 'com-, con-', as in **cyfurdd, cyfliw**
   intensive, as in **cyflawn**

cyfr- *(soft),* intensive, 'wholly', as in **cyfrgoll**

cyng- *(nasal),* 'com-, con-', as in **cyngwystl, cyngerdd**

cym- *(nasal),* 'com-, con-,', as in **cymwys, cymod**

cyn- (=cy-) *(nasal),* 'com-, con-' as in **cynnull, cynnwrf**

cyn- *(soft),* 'pre-, ex-', as in **cyn-faer, cyn-olygydd**

cyn- *(soft),* **cynt-** *(nasal),* 'first, before', as in **cynddail, cynhaeaf**

dad-, dat- *(soft),* intensive, as in **datgan**
      'un-', as in **dadlwytho, datgloi**

dar- *(soft),* intensive, as in **darbwyllo, darlledu**

dat- (= **dad-**)

di- *(soft),* 'without', negative, as in **di-dduw, di-fai**
      intensive, as in **dioddef, didol**

dir- *(soft),* intensive, as in **dirboen, dirgel**

dis- affirmative, as in **distaw**
      negative, as in **disgloff**

do- *(soft),* intensive, as in **dolef**

dy- *(soft),* negative, as in **dybryd**
      'to, together', as in **dygyfor, dyweddi**

dy- *(spirant),* intensive, as in **dychryn**
      'bad', as in **dychan**

e(h)- 'before, without', as in **eang, eofn**

ech- 'before', as in **echnos, echdoe**

eil- *(soft, rad.),* 'again, second', as in **eilddydd (eildydd), eilwaith**

en- *(soft),* intensive, as in **enfawr, enbyd**

go-, gwo-, gwa- *(soft),* 'sub-', as in **gobennydd, gwobr, gwastad**

gor-, gwar- *(soft, spirant),* 'over, super', as in **gorboblogaeth, goruchel, gwarchod, gorffen**

hy- *(soft),* 'well, fine' as in **hyfryd, hygar**
      '-able', as in **hydrin, hylaw**

gwrth- *(soft),* 'against, contra-', as in **gwrthglawdd, gwrthddywedyd**

lled- *(soft),* 'half, rather' as in **lledlwm, llediaith**

prif- *(soft),* 'high, chief', as in **priflys, prifardd**

rhag- *(soft),* 'before, pre-, pro-', as in **rhagfur, rhagfarn**

rhy- *(soft),* 'too, very', as in **rhywyr, rhyfedd** (cf. *rhy fawr,* 'too big')

rhyng- *(soft),* 'inter-', as in **rhyngwladol, rhyng-golegol**

tra- *(spirant),* 'over, excessive', as in **tramor, trachwant, trachas**

try- *(soft),* 'through', as in **tryfer, tryloyw**

ym- *(soft),* reflexive, as in **ymolchi, ymlâdd**
  reciprocal, as in **ymladd, ymweld** (usually followed by **â, ag)**

ÔL-DDODIAID (SUFFIXES)

BERFENWAU (VERB-NOUNS)

Most verb-nouns are formed by adding one of the following endings to the stem of the Verb: **-i, -o, -u.**
-i is added:—

1. to some stems with **a** in the last syllable which is affected to **e** by the ending **-i:**
   e.g. **erchi** (archaf), **peri** (paraf), **sengi** (sangaf), **llenwi** (llanwaf)

2. to stems with **o** or **oe** in the last syllable:
   e.g. **arfogi, cochi, cronni, dofi, torri, llonni, pori.**
   oedi, oeri, poeri, poethi, noethi

3. to stems ending in consonantal **w:**
   e.g. **berwi, chwerwi, enwi, tewi, gwelwi, distewi**

   There are some exceptions where the stem is the same as the verb-noun.
   e.g. **cadw, marw, llanw, galw**

-o is added:—

1. to stems with the following vowels in the final syllable: **i, u, eu, ŵy:**
   e.g. **llifo, crino, blino, rhifo, britho, gweddïo, saernïo, ymfalchïo, rhuo, hudo, curo, dymuno, ceulo, teneuo, euro, bwydo, rhwydo, rhwyfo, andwyo**

2. to stems ending in consonantal **i:**
   e.g. **troedio, gwawrio, rhodio, diffygio**
   Also where the verb-noun is formed from a noun or adjective with **ai** in the final syllable:
   e.g. **sail, seilio; disglair, disgleirio; gwaith, gweithio; rhaib, rheibio**

-u is added:—

to stems with one of these vowels in the final syllable: **a, ae, e, y** (formed from **w** or 'clear' **y**)

e.g. **caru, glasu, chwalu, diddanu, dallu;**
gwaelu, saethu, gwaedu;
credu, trefnu, rhyfeddu, meddu, caledu;
crynu, tyfu, melysu, tynnu

Exceptions are:
e.g. **gweiddi** (gwaeddaf), **medi** (medaf)
llenwi, rhegi, and as in 1. above (under **-i**)

OTHER VERB-NOUN ENDINGS ARE:

1. -ach, as in clindarddach, cyfeddach
2. -ael, as in cael, caffael, gadael
3. -aeth, as in marchogaeth
4. -ain, as in llefain, ochain, disabedain
5. -al, as in sisial, tincial
6. -(i)an, as in trotian, hongian, sefyllian, grwnian
7. -as, as in lluddias
8. -ed, as in gweled, cerdded, yfed, myned, clywed
9. -eg, as in ehedeg, rhedeg
10. -fan, as in cwynfan, griddfan
11. -(h)a, as in pysgota, cardota, lloffa, cryffa, gwledda, cneua, mwyara
12. -(h)au, as in gwanhau, cryfhau, cwpláu, cwblhau, agosáu, byrhau, casáu, ysgafnhau, coffáu
13. -ofain, as in wylofain
14. -yd, as in cymryd, edryd, ymaflyd, dychwelyd, syflyd, ymyrryd
15. -u and -i form a diphthong with a preceding -a, -e, -o-::
     parhau, glanhau, gwau, gweu, crynhoi, paratoi, troi, ffoi

ADJECTIVES
ADJECTIVAL ENDINGS:

-aid, as in ariannaid, cannaid, euraid
-aidd, as in gwladaidd, peraidd, tlodaidd, euraidd
-ar, as in byddar, cynnar, diweddar
-awl: -ol, as in corawl, dymunol, estronol, hudol
-gar, as in beiddgar, dialgar, hawddgar, dengar
-ig, as in deheuig, lloerig, gwledig
-in, as in cysefin, gerwin
-lawn: -lon, as in bodlon, ffrwythlon, anffyddlon
-llyd: -lyd, as in gwaedlyd, tanllyd, llychlyd
-(i)og, as in gwlanog, arfog, gwresog, eithinog, oriog
-us, as in llafurus, grymus, costus, blinderus

NOUNS
ENDINGS OF ABSTRACT NOUNS:

-ach, as in cyfeillach, cyfrinach, cyfeddach
-aeth, as in gwasanaeth, esgobaeth
-aid, as in dysglaid, llwyaid
-aint, as in henaint
-as, as in teyrnas, priodas, urddas
-awd, as in pennawd, traethawd
-der, -ter, as in dyfnder, gwacter
-did, as in glendid, gwendid
-dod, as in undod, cryndod
-dwr, as in sychdwr, cryfdwr
-ed, as in colled, syched
-edd, as in mawredd, atgasedd
-eg, as in Saesneg, Llydaweg, Cymraeg *(formerly* Cymra-eg)
-es, as in lloches
-fa, as in cymanfa, noddfa, lladdfa

271

-i, as in **diogi, caledi**
-iant, as in **meddiant, moliant**
-id, as in **rhyddid, addewid**
-ineb, as in **doethineb, ffolineb**
-ioni, as in **drygioni, daioni**
-ni, as in **tlysni, noethni, bryntni**
-red, as in **gweithred**
-rwydd, as in **enbydrwydd, gwallgofrwydd**
-wch, as in **tristwch, tawelwch**
-yd, as in **mebyd, bywyd, iechyd**

ENDINGS DENOTING A PERSON OR AGENT:

-awdr, as in **creawdr, dysgawdr**
-es, (feminine ending) as in **caethes, tywysoges**
-iad, as in **datgeiniad**
-(i)edydd, as in **caniedydd**
-og, as in **marchog, swyddog**
-or, as in **telynor, canghellor**
-wr, as in **pregethwr, siopwr**
-wraig, as in **golchwraig, adroddwraig**
-ydd, as in **melinydd, nofelydd**
-yddes, as in **gwniadyddes, ysgrifenyddes**

ENDINGS DENOTING A TOOL OR A THING:

-adur, as in **gwniadur, teipiadur**
-edydd, as in **berwedydd**
-ell, as in **pibell, ysgrafell**
-in, as in **melin, cribin**
-og, as in **clustog, bidog**
-wr, as in **crafwr, tynnwr, golchwr**
-ydd, as in **gobennydd, dysychydd**

DIMINUTIVE ENDINGS:

-ach, as in **corrach, dynionach**
-an, as in **dynan, gwreigan**
-cyn, as in **bryncyn, llecyn, ffwlcyn**
-cen, as in **ffolcen**
-ell, as in **traethell**
-ig, as in **afonig, oenig**
-os, as in **plantos, teios**
-yn, as in **llencyn, bachgennyn, dernyn**

Termau Estron — Foreign Terms

à bas, i lawr â
ab initio, o'r dechrau
ad infinitum, yn ddiddiwedd
ad libitum, yn ddiwarafun
ad nauseam, hyd ddiflastod
affaire d'amour, carwriaeth
affaire de coeur, mater y galon
à la mode, yn ôl arfer, yn y ffasiwn
al fresco, yn yr awyr agored
alma mater, ysgol neu brifysgol (yr
    addysgwyd rhywun ynddi)
alter ego, hunan arall
amour propre, balchder
Anno Domini, Oed Crist (O.C.)
anno mundi, oed y byd
ante meridiem (a.m.), yn y bore
aplomb, hunanfeddiant
a posteriori, o'r effaith i'r achos
à propos, mewn perthynas â
aqua vitae, dwfr bywyd; brandi
arrière-pensée, rhagrith
à tout pris, costied a gosto
au contraire, i'r gwrthwyneb
au courant, hysbys
au revoir, | ffarwél nes cawn
auf Wiedersehen, | gwrdd eto
bête noire, bwgan
bien entendu, wrth gwrs
bona fide, diffuant, dilys
bonhomie, hynawsedd
bon jour, dydd da, bore da
bon mot, gair ffraeth
bon soir, noswaith dda
bon vivant, gloddestwr
bon voyage, siwrnai dda
bric-à-brac, pethau mân
cacoethes loquendi, ysfa siarad
campo santo, claddfa
canaille, y werin
carte blanche, awdurdod llawn
casus belli, achos rhyfel
cave canem, gochelwch y ci
ceteris paribus, â phethau eraill yn
    gyfartal
chargé d'affaires, llysgennad (dirprwy)
chef d'oeuvre, campwaith
chic, dillyn
compos mentis, yn ei iawn bwyll
contretemps, anffawd

corrigenda, gwallau i'w cywiro
coup, ergyd
coup de grâce, ergyd derfynol
coup d'état, ergyd wladol
cul de sac, heol heb fynedfa yn ei phen
    draw, heol hosan
cum grano salis, gydag ychydig halen,
    heb gredu gormod ynddo
de facto, mewn ffaith
Dei gratia, trwy ras Duw
de jure, yn ôl y gyfraith
de novo, o'r newydd
Deo Volente (D.V.), os dymuna Duw
de profundis, o'r dyfnder
de trop, gormodol
deus ex machina, gwaredwr
dies irae, dydd digofaint, dydd barn
dramatis personae, cymeriadau drama
dum spiro spero, gobeithiaf tra byddaf
ecce homo, wele'r dyn
en avant! ymlaen!
en effet, mewn gwirionedd
en masse, yn y crynswth
en passant, wrth fynd heibio
en plein jour, liw dydd golau
en route, ar y ffordd
entente cordiale, cyd-ddealltwriaeth
    galonnog (rhwng dwy lywodraeth)
entourage, gosgordd
entre nous, rhyngom ni
esprit de corps, ysbryd byddin, undeb
et cetera, ac yn y blaen
ex cathedra, yn swyddogol, gydag
    awdurdod
exeunt, ânt allan
ex officio, yn rhinwedd ei swydd
ex parte, o un ochr yn unig
fait accompli, ffaith wedi ei chyflawni
faubourg, maestref
faux pas, cam gwag, camddywediad
Gott mit uns, Duw gyda ni
Gott sei Dank, diolch i Dduw!
hic jacet, yma y gorwedd
hors de combat, analluog, allan o'r
    frwydr
honoris causa, er anrhydedd
ibidem (ibid.), yn yr un man
id est (i.e.), hynny yw (h.y.)
in aeternum, yn dragwyddol

in memoriam, er cof (am)
in perpetuum, am byth
in saecula saeculorum, yn oes oesoedd
in situ, yn ei briod le
inter alia, ymhlith pethau eraill
in toto, yn gyfan gwbl
ipso facto, drwy'r ffaith ei hun
ipso jure, drwy hawl cyfraith
labor omnia vincit, trechir popeth gan
  lafur
laus Deo, clod i Dduw
locum tenens, dirprwy
magnum opus, gorchestwaith
mal de mer, salwch y môr
malgré lui, er ei waethaf
Materia Medica, cyffuriau meddygol
mens sana in corpore sano, meddwl
  iach mewn corff iach
mirabile dictu, syndod sôn
modus operandi, dull o weithredu
multum in parvo, llawer mewn ychydig
mutatis mutandis, gyda chyfnewid
  dyladwy
neé, ganedig(am enw gwraig briod)
nil desperandum, nac anobeithier
nolens volens, o fodd neu anfodd
nom de plume, ffugenw
non compos mentis, allan o'i bwyll
nota bene (N.B.), dalier sylw (D.S.)
nouveau riche, newydd-gyfoethog
nulli-secundus, digymar, di-ail
obiter dicta, sylwadau wrth fynd
  heibio
ora pro nobis, gweddïa drosom
par excellence, yn anad neb neu ddim
pas seul, dawns i un
passim, ymhobman
paterfamilias, tad teulu
pax vobiscum, tangnefedd i chwi
per annum, (hyn a hyn) y flwyddyn
per capita, yn ôl pennau
per diem, (hyn a hyn) y dydd
per se, ynddo ei hun
peu de chose, rhywbeth bach
pièce de resistance, y prif ddarn
post meridiem (p.m.), wedi canol
  dydd, prynhawn

post mortem, wedi marwolaeth
pot pourri, cymysgfa
prima facie, ar yr olwg gyntaf
pro bono publico, er lles y cyhoedd
pro rata, ar gyfartaledd
pro tempore (pro tem.), dros dro
quid pro quo, rhywbeth cyfwerth
quod erat demonstrandum (q.e.d.), yr
  hyn oedd i'w brofi
raison d'être, hawl i fod, rheswm am
  fod
rara avis, aderyn prin, rhyfeddod
répondez, s'il vous plaît (R.S.V.P.),
  atebwch os gwelwch yn dda
requiescat in pace, gorffwysed mewn
  hedd
résumé, crynodeb
sang-froid, hunanfeddiant
sans souci, ysgafala, diofal
sauve qui peut, pawb drosto ei hun
savoir faire, medr, gallu
semper eadem, yr un yn wastad
seriatim, yn olynol
sic transit gloria mundi, felly y
  diflanna gogoniant y byd hwn
sine die, hyd amser amhenodol
sine qua non, hanfodol
sotto voce, yn ddistaw
status quo, y sefyllfa fel yr oedd
stet, peidier â'i ddileu
sub judice, dan ystyriaeth
sub rosa, yn gyfrinachol
sui generis, o'i fath ei hun
summum bonum, y daioni eithaf
tempus fugit, ffy amser
terra firma, daear gadarn
tête-à-tête, ymgom gyfrinachol
tour de force, gorchest
tout ensemble, y cyfan gyda'i gilydd
ultima Thule, y man eithaf
vade mecum, hyfforddwr, llawlyfr
vale! yn iach! ffarwél!
verbatim et literatim, air am air a
  llythyren am lythyren
versus, yn erbyn
vice versa, i'r gwrthwyneb
videlicet (viz.), hynny yw, sef

Enwau Personau — Personal Names

Adda, ADAM
Andreas, ANDREW
Alis, ALICE
Aneirin, (Aneurin)
Antwn, ANTHONY
Arnallt, ARNOLD
Awstin, AUGUSTINE
Bartholomeus, BARTHOLOMEW
Beda, BEDE
Bedwyr, BEDIVERE
Bemwnd, BEAUMONT
Bened, BENNET
Beti: Betsan: Betsi, BETTY
Bifan, BEVAN
Buddug, BOADICEA
Cadog: Catwg, CADOC
Cai, KAY
Caiaffas, CAIAPHAS
Calfin, CALVIN
Caradog, CARATACUS
Catrin: Cadi, CATHERINE
Cesar, CAESAR
Clêr, CLARE
Cynfelyn, CYMBELINE
Cystennin, CONSTANTINE
Dafydd: Dewi: Deio: Dai, DAVID
Deiniol, DANIEL
Edmwnd: Edmwnt, EDMUND
Edwart, EDWARD
Efa, EVE
Elen, HELEN
Elias, ELIJAH
Elinor, ELEANOR
Eliseus, ELISHA
Emrys, AMBROSE
Eseia, ISAIAH
Esyllt, ISEULT
Fychan, VAUGHAN
Fyrsil: Fferyll, VIRGIL
Garmon, GERMANUS
Geraint, GERONTIUS
Gerallt, GERALD
Glyn Dŵr, GLENDOWER
Gruffudd, GRIFFITH
Grygor, GREGORY
Guto, GRUFFYDD
Gwallter, WALTER
Gwenffrewi: Gwenfrewi, WINIFRED
Gwenhwyfar, GUINEVERE

Gwilym, WILLIAM
Gwladus, GLADYS
Gwrtheyrn, VORTIGERN
Henri: Harri, HENRY
Hopcyn, HOPKIN
Horas, HORACE
Hors, HORSA
Huw, HUGH
Hywel, HOWELL
Iago, JAMES
Iau, JUPITER. JOVE
Ieuan: Ifan: Iwan: Ianto, EVAN
Ioan, JOHN
Iorwerth: Iolo. EDWARD
Lawnslot, LAUNCELOT
Lefi, LEVI
Lowri, LAURA
Lisbeth: Leisa, ELIZABETH
Luc, LUKE
Lleucu, LUCY
Lludd, LUDD
Llwyd, LLOYD
Llŷr, LEAR
Mabli, MABEL
Madog, MADOC. MADDOCK
Mair: Mari, MARY
Mali, MOLLY
Mallt, MAUD. MATILDA
Maredudd, Meredydd, MEREDITH
Marc, MARK
Marged, MARGARET
Mawrth, MARS
Mererid, MARGARET
Meurig, MAURICE
Mihangel, MICHAEL
Modlen: Magdalen, MAGDALENE
Moesen, MOSES
Morus: Morys: Moris, MORRIS
Myrddin, MERLIN
Neifion, NEPTUNE
Ofydd, OVID
Oswallt, OSWALD
Owain: Owen, OWEN
Padrig, PATRICK
Pawl, PAUL
Pawl Hen, PAULINUS
Pedr, PETER
Peredur, PERCEVAL
Phylip, PHILIP

Prys, PRICE
Pyrs, PIERCE, PIERS
Puw, PUGH
Rheinallt, REGINALD
Rhisiart, RICHARD
Rhonwen, ROWENA
Rhosier, ROSSER, ROGER
Rhydderch, RODERICK
Rhys, REES, RICE
Rolant, ROWLAND
Selyf: Solomon, SOLOMON
Siân: Siani, JANE, JENNY
Siâm: Siâms: Siams, JAMES
Siarl, CHARLES
Siarlymaen, CHARLEMAGNE
Sieffre, GEOFFREY

Siencyn, JENKIN
Siôn: Sionyn: Sioni, JOHN
Sioned, JANET
Siôr: Siors, GEORGE
Siwan, JOAN, JOANNA
Steffan, STEPHEN
Sulien, JULIAN
Tegid, TACITUS
Timotheus, TIMOTHY
Tomos: Twm, THOMAS, TOM
Trystan, TRISTAN, TRISTRAM
Tudur, TUDOR
William, WILLIAM
Wmffre, HUMPHREY
Y Santes Fair, SAINT MARY

Enwau Lleoedd — Places Names

Abergafenni: Y Fenni, ABERGAVENNY
Aberdaugleddau, -yf, MILFORD HAVEN
Abergwaun, FISHGUARD
Aberhonddu, BRECON
Abermaw: Abermo, BARMOUTH
Aber-miwl, ABERMULE
Aberogwr, OGMORE-BY-SEA
Aberpennar, MOUNTAIN ASH
Aberriw, BERRIEW
Abertawe, SWANSEA
Aberteifi, CARDIGAN
Abertyleri, ABERTILLERY
Afon Menai, MENAI STRAITS
Affganistan, AFGHANISTAN
Affrica: Yr Affrig, AFRICA
America: Yr Amerig, AMERICA
Amwythig, SHREWSBURY
Antarctig, ANTARCTIC
Arberth, NARBERTH
Arctig, ARCTIC
Ariannin, ARGENTINA
Asia Leiaf, ASIA MINOR
Athen, ATHENS
Awstralia, AUSTRALIA
Awstria, AUSTRIA
Bangor Is-coed, BANGOR-ON-DEE

Bannau Brycheiniog, BRECKNOCK
 BEACONS
Begeli, BEGELLY
Bers, BERSHAM
Biwmares, BEAUMARIS
Blaenau Gwent, BLAINA
Blorens, BLORENGE
Brasil, BRAZIL
Breudeth, BRAWDY
Bro'r Llynnoedd, LAKE DISTRICT
Bro Morgannwg, VALE OF GLAMORGAN
Brychdyn, BROUGHTON
Brynbuga, USK
Bryste: Caerodor, BRISTOL
Bwcle, BUCKLEY
Bwlgaria, BULGARIA
Bwrgwyn, BURGUNDY
Bwrma, BURMA
Bytholwerni, EVERGLADES
Caer, CHESTER
Caerdroea: Troea, TROY
Caerdydd, CARDIFF
Caeredin, EDINBURGH
Caerfaddon, BATH
Caerfuddai, CHICHESTER
Caerfyrddin, CARMARTHEN

Caer-gaint, CANTERBURY
Caer-grawnt, CAMBRIDGE
Caergybi, HOLYHEAD
Caergystennin, CONTSTANTINOPLE
Caerhirfryn, LANCASTER
Caeriw, CAREW
Caerliwelydd, CARLISLE
Caerloyw, GLOUCESTER
Caerlŷr, LEICESTER
Caerllion Fawr, CHESTER
Caerlleon, CAERLEON
Caernarfon, CAERNARVON
Caersalem: Jerwsalem, JERUSALEM
Caersallog, SALISBURY
Caerwrangon, WORCESTER
Caer-wynt, WINCHESTER
Caer-wysg, EXETER
Caint, KENT
Camros, CAMROSE
Camwy, CHUBUT
Cantwn, CANTON
Carwe, CARWAY
Cas-blaidd, WOLF'S CASTLE
Cas-gwent, CHEPSTOW
Cas-lai, HAYSCASTLE
Casllwchwr, LOUGHOR
Casnewydd, NEWPORT (GWENT)
Casnewydd-bach, LITTLE NEWCASTLE
Castell-nedd, NEATH
Castellnewydd Emlyn, NEWCASTLE
  EMLYN
Castell Paen, PAINSCASTLE
Castell-y-waun: Y Waun, CHIRK
Cas-wis, WISTON
Catraeth, CATTERICK
Cawcasws, CAUCASUS
Ceinewydd, NEW QUAY (DYFED)
Ceintun, KINGTON
Cendl, BEAUFORT
Cernyw, CORNWALL
Cilgwri, WIRRAL
Cilâ, KILLAY
Clawdd Offa, OFFA'S DYKE
Cleirwy, CLYRO
Cnwclas, KNUCKLAS
Coed-duon, BLACKWOOD
Coed-llai, LEESWOOD
Côr y Cewri, STONEHENGE
Corneli, CORNELLY
Crai, CRAY
Creta, CRETE
Croesoswallt, OSWESTRY
Crucywel, CRICKHOWELL

Crynwedd, CRINOW
Cwlen, COLOGNE
Cydweli, KIDWELLY
Cymanwlad o Daleithiau Annibynnol,
  C.I.S.
Chwitffordd, WHITFORD
Denmarc, DENMARK
Derwen-fawr, BROAD OAK
Derwen-gam, OAKFORD
Dinbych, DENBIGH
Dinbych-y-pysgod, TENBY
Dindyrn, TINTERN
Dolgellau, DOLGELLEY
Donaw, DANUBE
Dulyn, DUBLIN
Dwn-rhefn, DUNRAVEN
Dyfnaint, DEVON
Dyfrdwy, DEE
Dyfnant, DUNVANT
Efrog: Caer Efrog, YORK
Eglwys Fair y Mynydd, ST. MARY HILL
Elái, ELY (near CARDIFF)
Emiradau Arabaidd Unedig, UNITED
  ARAB EMIRATES
Eryri, SNOWDONIA
Euskadi, Gwlad y Basg, BASQUE
  COUNTRY
Ewrop, EUROPE
Fenis, VENICE
Fietnam, VIETNAM
Froncysylltau, VRONCYSYLLTE
Ffindir, Y, FINLAND
Fflandrys, FLANDERS
Fflint, FLINT
Fflorens, FLORENCE
Ffrainc, FRANCE
Ffwl-y-mwn, FONMON
Ffynnon Taf, TAFF'S WELL
Gâl, GAUL
Genefa, GENEVA
Glandŵr, LANDORE
Glyn Ebwy, EBBW VALE
Glyn Egwestl: Glyn y Groes, VALLE
  CRUCIS
Gresffordd, GRESFORD
Groeg, GREECE
Gwasgwyn, GASCONY
Gwenfô, WENVOE
Gweriniaeth Dwyrain yr Almaen, G.D.R.,
Gweriniaeth Ffederal yr Almaen, G.F.R.,
Gwlad Belg, BELGIUM
Gwlad Pwyl, POLAND
Gwlad-yr haf, SOMERSET
Gwlad yr Iâ, ICELAND

Gwy, WYE
Gŵyr, GOWER
Hafren, SEVERN
Halchdyn, HALGHTON
Helygain, HALKYN
Hendy-gwyn (ar Daf), WHITLAND
Henffordd, HEREFORD
Hwlffordd, HAVERFORDWEST
Hwngaria, HUNGARY
India'r Gorllewin, WEST INDIES
Iorddonen, JORDAN
Isalmaen: Holand, HOLLAND
Iwerddon, IRELAND
Iwgoslafia, JUGOSLAVIA
Japan, JAPAN
Lacharn, LAUGHARNE
Lerpwl, LIVERPOOL
Libanus, LEBANON
Llanandras, PRESTEIGN
Llanbedr-y-fro, PETERSTON-SUPER-ELY
Llanbedr Pont Steffan, LAMPETER
Llandâf, LLANDAFF
Llandeilo Ferwallt, BISHOPSTON (in GOWER)
Llandoche, -au, LLANDOUGH
Llandudoch, ST. DOGMAELS
Llandudwg, TYTHEGSTON
Llandŵ, LLANDOW
Llanddewi Nant Hodni, LLANTHONY
Llanddunwyd, WELSH ST. DONATS
Llaneirwg, ST. MELLONS
Llanelwy, ST. ASAPH
Llaneurgain, NORTHOP
Llan-fair, ST. MARY CHURCH
Llanfair-ym-Muallt, BUILTH WELLS
Llanfihangel-ar-Elái, MICHAELSTON -SUPER-ELY
Llanfihangel-y-pwll, MICHAELSTON-LE -PIT
Llanfleiddan, LLANBLETHIAN
Llangatwg, CADOXTON
Llangrallo, COYCHURCH
Llangynydd, LLANGENNITH
Llanharri, LLANHARRY
Llanhuadain, LLAWHADEN
Llanilltud Fawr, LLANTWIT MAJOR
Llanilltud Faerdre, LLANTWIT VARDRE
Llanllieni, LEOMINSTER
Llanlŷr (-yn-Rhos), LLANYRE
Llanrhymni, LLANRUMNEY
Llansanffraid-ar-Ogwr, ST. BRIDE'S MINOR
Llansawel (Morgannwg), BRITON FERRY
Llanymddyfri, LLANDOVERY

Llan-y-tair-Mair, KNELSTON
Lloegr, ENGLAND
Llundain, LONDON
Llwydlo, LUDLOW
Llychlyn, SCANDINAVIA
Llydaw, BRITTANY
Llŷn, LLEYN
Llyn Tegid, BALA LAKE
Llys-faen, LISVANE
Llyswyrny, LLYSWORNEY
Maenorbŷr, MANORBIER
Maesaleg, BASSALEG
Maesglas, BASINGWERK
Manaw, ISLE OF MAN
Manceinion, MANCHESTER
Marcroes, MARCROSS
Meisgyn, MISKIN
Môn, ANGLESEY
Môr Hafren, BRISTOL CHANNEL
Môr Iwerydd, ATLANTIC OCEAN
Môr Llychlyn, BALTIC SEA
Môr Tawch, (Môr y Gogledd), NORTH SEA
Môr Udd, ENGLISH CHANNEL
Morgannwg, GLAMORGAN
Mwynglawdd, MINERA
Mynwy, MONNOW
Mynydd Cynffig, KENFIG HILL
Mynyw, MENEVIA
Nercwys, NERQUIS
Nil: Neil, NILE
Nyfer: Nanhyfer, NEVERN
Niwbwrch, NEWBOROUGH
Penarlâg, HAWARDEN
Penbedw, Pen-y-bircwy, BIRKENHEAD
Penffordd-las, STAYLITTLE
Pengelli(-ddrain), GROVESEND
Pen-y-bont ar Ogwr, BRIDGEND
Pen-y-fâl, SUGAR LOAF (ABERGAVENNY)
Periw, PERU
Pontarfynach, DEVIL'S BRIDGE
Pont-y-pŵl, PONTYPOOL
Portiwgal, PORTUGAL
Porth Tywyn, BURRY PORT
Post-mawr, SYNOD INN
Prydain, BRITAIN
Pumlumon, PLYNLIMON
Pyreneau, PYRENEES
Rhaeadr Ewynnol, SWALLOW FALLS
Rhaeadr Gwy, RHAYADER
Rhein, RHINE
Rheindir, RHINELAND
Rhisga, RISCA

Rhufain, ROME
Rhydaman, AMMANFORD
Rhydychen, OXFORD
Romania, RUMANIA
Sain Ffagan, ST. FAGANS
Sain Tathan, ST. ATHANS
Saint-y-brid, ST. BRIDE'S MAJOR
Silstwn, GILESTON
Solfach, SOLVA
Swdan, SUDAN
Swmatra, SUMATRA
Sychdyn, SOUGHTON
Tafwys, THAMES
Talacharn, LAUGHARNE
Talyllychau, TALLEY
Treamlod, AMBLESTON
Trebefered, BOVERTON
Trecastell, TRECASTLE
Trecelyn, NEWBRIDGE (GWENT)
Trefdraeth, NEWPORT (DYFED)
Trefesgob, BISHOP'S CASTLE
Trefhedyn, ADPAR
Treforys, MORRISTON
Trefýclawdd, KNIGHTON
Trefynwy, MONMOUTH
Treffynnon, HOLYWELL
Tregolwyn, COLWINSTON
Tre-gŵyr, GOWERTON
Trelales, LALESTON
Trelawnyd, NEWMARKET (CLWYD)
Treletert, LETTERSTON
Tresimwn, BONVILSTON
Trewyddel, MOYLGROVE
Trwyn y fuwch, LITTLE ORME
Tsiecoslofacia, CZECHOSLOVAKIA
Tsieina, CHINA
Twrci, TURKEY
Tŷ Du, ROGERSTONE
Tyddewi, ST. DAVID'S
Wcrain, UKRAINE
Wdig, GOODWICK
Wrecsam, WREXHAM
Wysg, USK
Y Balcanau, BALKANS
Y Bewpyr, BEAUPRÉ
Y Barri, BARRY
Y Bont-faen, COWBRIDGE
Y Batel, BATTLE
Y Castellnewydd, NEWCASTLE
   (MORGANNWG)

Y Clun, CLYNE
Y Drenewydd, NEWTOWN
Y Drenewydd yn Notais, NOTTAGE
Y Clas-ar-Wy, GLASBURY
Y Felinheli, PORT DINORWIC
Y Friog, FAIRBOURNE
Y Gelli(gandryll), HAY
Y Gogarth, GREAT ORME
Y Grusmwnt, GROSMONT
Y Gymuned Economaidd Ewropeaidd,
   E.E.C.
Y Môr Canoldir, MEDITERRANEAN SEA
Y Môr Caribî, CARIBBEAN SEA
Y Môr Coch, RED SEA
Y Môr Marw, DEAD SEA
Y Môr Tawel, PACIFIC OCEAN
Y Pîl, PYLE
Y Rhath, ROATH
Y Rhws, RHOOSE
Y Swistir, SWITZERLAND
Y Trallwng, WELSHPOOL
Y Tymbl, TUMBLE
Y Wig, WICK

Ynys Afallon, AVALON, GLASTONBURY
Ynys Bŷr, CALDEY ISLAND
Ynys Dewi, RAMSEY ISLAND
Ynys Enlli, BARDSEY ISLAND
Ynys Gybi, HOLY ISLAND (HOLYHEAD)
Ynysgynwraidd, SKENFRITH
Ynysoedd Erch, ORKNEY ISLANDS
Ynysoedd Heledd, THE HEBRIDES
Ynys Seiriol, PUFFIN ISLAND
Ynys Wyth, ISLE OF WIGHT
Ynys yr Iâ, ICELAND
Yr Aifft, EGYPT
Yr Alban: Sgotland, SCOTLAND
Yr Almaen, GERMANY
Yr Alpau, ALPS
Yr Eidal, ITALY
Yr Heledd Ddu, NORTHWICH
Yr Heledd Wen, NANTWICH
Yr Iseldiroedd, NETHERLANDS,
   LOW COUNTRIES
Yr Undeb Sofietaidd, U.S.S.R.
Yr Unol Daleithiau, UNITED STATES
Yr Wyddfa, SNOWDON
Yr Wyddgrug, MOLD
Yr Ynysoedd Dedwydd, CANARIES
Yr Ystog, CHURCHSTOKE
Ystrad Fflur, STRATA FLORIDA
Ystumllwynarth, OYSTERMOUTH

Anifeiliaid — Animals

abwydyn, mwydyn, pryf genwair, llyngyren y ddaear. EARTHWORM.
afanc, llostlydan. BEAVER.
arth, (b. arthes). BEAR.
asyn, (b. asen), ASS
asb, ASP
bele, bele'r graig, PINE MARTEN
blaidd, (b. bleiddiast), WOLF
broga, ffroga, llyffant melyn, FROG (COMMON)
  penbwl, TADPOLE
buwch fach (goch) gota, LADYBIRD
cacwn bustl, GALL WASP
cacynen, picwnen, gwenynen feirch, WASP. HORNET
cadno, llwynog, madyn, FOX
camel, CAMEL
carlwm, STOAT
carw, hydd, DEER. HART
  carw coch, RED DEER
  carw ifanc, FAWN
  ewig, iyrches, ROE DEER. HIND
  iwrch, ROEBUCK
cath, CAT
  gwrcath, cwrcyn, cath wryw, TOM-CAT
  cath wyllt, cath goed, WILD CAT
ceffyl, cel. HORSE
  march, stalwyn, STALLION
  caseg, MARE
  ebol, swclyn, FOAL
  eboles, swclen, FILLY
  merlyn, merlen, PONY
ceiliog y rhedyn, sioncyn y gwair, GRASSHOPPER
ci, DOG
  gast, BITCH
  ci bach, cenau, colwyn, PUP
cleren, pryf ffenestr, cylionen, FLY (HOUSE)
cleren las, cleren chwythu, pryf cig, BLUE BOTTLE
corryn, pryf copyn, cop, SPIDER
cricedyn, cricsyn, pryf tân, CRICKET
crwban, TORTOISE
cwningen, RABBIT
cylionen, cylionyn, gwybedyn, piwiedyn, cleren, GNAT. FLY
chwannen, FLEA

chwannen ddŵr, WATER FLEA
chwilen bridd, BURYING BEETLE
chwilen bwgan, WHIRLIGIG BEETLE
chwilen bwm, chwilen y bwm, COCKCHAFER
chwilen ddu, BLACK-BEETLE. COCKROACH
chwilen glust, pryf clust, pryf clustiog, EARWIG
da, gwartheg, CATTLE. KINE
  buwch, COW
  dyniawed, YEARLING
  myswynog, BARREN COW
  tarw, BULL
  bustach, eidion, ych, OX
  anner, treisiad, heffer, HEIFER
  llo, CALF
dafad, SHEEP. EWE
  mamog, EWE
  maharen, hwrdd, RAM
  llwdn, gwedder, mollt, molltyn, WETHER
  hesbin, llydnes, YOUNG EWE
  hesbwrn, YOUNG RAM
  oen, LAMB
  oenig, EWE LAMB
draenog, HEDGEHOG
draenog y môr, SEA URCHIN
dwrgi, dyfrgi, OTTER
eliffant, ELEPHANT
epa, APE
ffured, FERRET
ffwlbart, gwichydd, POLECAT
gafr, GOAT
  bwch gafr, BILLY GOAT
  myn, KID
gele, gelen, geloden, LEECH
glöyn byw, iâr fach yr haf, pili pala, BUTTERFLY
gwadd, twrch daear, MOLE
gwas y neidr, DRAGON FLY
gwenci, bronwen, y wenci, WEASEL
gwenynen, HONEY BEE
gwerddwr, SEA CUCUMBER
gwiber, VIPER
gwiddon, gwyfyn yr ŷd, WEEVIL
gwiwer, SQUIRREL
gwybedyn, cylionen, cylionyn, piwiedyn, GNAT
gwybedyn y dŵr, piwiad, WATER GNAT

gwyfyn, pryfyn dillad, meisgyn, MOTH
lindys, CATERPILLAR
lledod bach yr iau, LIVER FLUKE
lleuen, LOUSE
llew (b. llewes), LION
llewpart, LEOPARD
llyffant, llyffant dafadennog, TOAD
llyffant melyn, FROG
llyffant gwair (ei larfa ym mhoeri'r
gwcw), FROGHOPPER
llygad maharen, brenigen, LIMPET
llygoden, MOUSE. RAT
llygoden fach, HOUSE MOUSE
llygoden fawr, llygoden ffrengig
(ffreinig), RAT
llygoden gwta, MEADOW VOLE
llygoden y maes, llygoden yr ŷd,
FIELD MOUSE
llygoden pen bawd, WOOD MOUSE
llygoden goch, llyg, chwislen,
SHREW
llygoden y dŵr, WATER VOLE
llyngyren, TAPE WORM
llymarch, wystrys, OYSTER
llyslau, gwartheg (buchod) y morgrug,
GREENFLY
madfall, genau goeg, madrchwilen,
LIZARD
madfall gribog, genau goeg gribog,
CRESTED NEWT
madfall y dŵr, genau pryf gwirion,
COMMON NEWT
magïen, tân bach diniwed, pren
pwdr, pryfyn tân, GLOW-WORM
malwoden, malwen, SNAIL. SLUG
malwoden ddu, malwen ddu,
gwlithen ddu, BLACK SNAIL
malwoden ddŵr, malwen ddŵr,
POND SNAIL

malwoden gorn, malwen gorn,
TRUMPET SNAIL
malwoden lwyd, malwen lwyd,
GARDEN SNAIL
mochyn, PIG
hwch, SOW
hesbinwch, banwes, GILT
twrch, baedd, BOAR
porchell, PIGLING
mochyn daear, mochyn bychan,
broch, daearfochyn, BADGER
mochyn y coed, gwrachen ludw, pryf
twca, WOODLOUSE
morgrugyn, ANT
mosgito, MOSQUITO
mul, MULE. DONKEY
neidr, neidr fraith, sarff, SNAKE (GRASS)
neidr ddefaid, slorwm, SLOW-WORM.
BLIND-WORM
neidr filtroed, MILLIPEDE
neidr gantroed, CENTIPEDE
pathew, pathor, DORMOUSE
pryf corff, DEATH WATCH BEETLE
pryf gweryd, Robin y gyrrwr, WARBLE
FLY
pryf llwyd, GAD-FLY
pryf teiliwr, lleidr y gannwyll, Jac y
baglau, hirheglyn, DADDY LONG
LEGS
rhiain y dŵr, hirheglyn y dŵr, POND
SKATER
rhwyfwr mawr, ceffyl dŵr, WATER
BOATMAN
siacal, JACKAL
trogen, TICK
udfil, HYENA
ysgyfarnog, ceinach, pryf mawr,
sgwarnog, HARE (BROWN)
ystlum, slumyn (bacwn), BAT

Pysgod — Fishes

annog, CHUB
brithyll, bridyll, TROUT
brithyll y don, STICKLEBACK
bwgan dŵr, DRAGONET
cath fôr, RAY
cegddu, HAKE
cimwch, LOBSTER
cimwch coch, seger, CRAYFISH
cocos, rhython, COCKLES
corbenfras, hadog, HADDOCK
corgimwch, PRAWN
cragen Fair, cragen Iago, COWRIE
cragen fylchog, SCALLOP
cragen grib, TOP SHELL
cragen y forwyn, VENUS
cranc, CRAB
crothell, GRAYLING
cyhyren, môr-lysywen, CONGER EEL
draenogiad, PERCH
eog, samwn, SALMON
  hwyfell, FEMALE SALMON
  gleisiad, YOUNG SALMON
gwalc, WHELK
gwelchyn y dŵr, HEART URCHIN
gwichiad, PERIWINKLE
gwichiad coliog, STING WINKLE
gwichydd y cŵn, DOG WINKLE
gwrachen ddu, BREAM
gwrachen farf, LOACH
gwrachen, brachyn, ROACH

gwyniad (y môr), WHITING
gwyniedyn, SEWIN
hyrddyn, MULLET
llamhidydd, llambedyddiol,
  moelrhonyn, PORPOISE
lleden, PLAICE
lleden chwithig, SOLE
lleden y môr, HALIBUT
llysywen, EEL
macrell, MACKEREL
misglen, cregynen las, MUSSEL
morfarch, SEAHORSE
morfil, WHALE
morgath, CATFISH
morgi, SHARK
morlo, broch môr, moelrhon, SEAL
penbwl, penlletwad, BULLHEAD
penci, DOGFISH
penfras, COD
penhwyad, PIKE
perdysen, Sioni naill ochr, SHRIMP
seren fôr, STARFISH
sildyn, silidon, silcyn, MINNOW
slefren fôr, JELLYFISH
symlyn, GUDGEON
torbwt, TURBOT
torgoch, CHAR
twps y dail, SEWIN
ysgadenyn, pennog, HERRING

Adar — Birds

Adain gŵyr, WAXWING
aderyn-drycin Manaw, MANX
  SHEARWATER
aderyn-drycin y graig, FULMAR PETREL
aderyn du, mwyalchen, pigfelen,
  merwys, BLACKBIRD
aderyn y to, llwyd y to, strew,
  sbrocsyn, golfan, HOUSE SPARROW
alarch, SWAN

alarch Bewick, BEWICK'S SWAN
alarch chwibanol, alarch gwyllt,
  WHOOPER SWAN
alarch mud, alarch dof, MUTE SWAN
asgell fraith, asgell arian, ji-binc,
  pia'r gwinc, jin jin, pwynt, binc
  binc, brig y coed, CHAFFINCH
asgell goch, adain goch, tresglen
  goch, coch yr adain, REDWING

barcut, barcutan, KITE
boda, bwncath, boncath, BUZZARD
boda tinwyn, hebog llwydlas, cudwalch, HEN HARRIER
boda coes garw, ROUGH-LEGGED BUZZARD
boda'r gors, hebog yr hesg, bod y gwerni, MARSH HARRIER
boda'r mêl, HONEY BUZZARD
boda'r waun, boda Montagu, MONTAGU'S HARRIER
brân, CROW
brân dyddyn, brân syddyn, brân fawr, CARRION CROW
brân goesgoch, brân Arthur, brân gochbig, CHOUGH
brân lwyd, brân Iwerddon, HOODED CROW
bras bach, LITTLE BUNTING
bras y coed, bras Ffrainc, CIRL BUNTING
bras yr eira, SNOW BUNTING
bras y gors, golfan y gors, penddu'r bryn, REED BUNTING
bras yr ŷd, CORN BUNTING
bras yr ŷd penwyrdd, ORTOLAN BUNTING
bronfraith, SONG THRUSH
brongoch, bronrhuddyn, robin goch, coch-gam, REDBREAST
bwm y gors, aderyn y bwn, BITTERN
carfil bach, LITTLE AUK
cigfran, RAVEN
cigydd cefngoch, RED-BACKED SHRIKE
cigydd llwyd mawr, GREAT GREY SHRIKE
clochdar yr eithin, clap yr eithin, crec yr eithin, WHINCHAT
cnut (cnit), pibydd glas, myniar y traeth, KNOT
cobler y coed, cnocell brith mwyaf, taradr y coed, cymynwr y coed, coblyn y coed, tyllwr y coed, GREAT SPOTTED WOODPECKER
cnocell brith lleiaf, LESSER SPOTTED WOODPECKER
cnocell werdd, cnocell y coed, caseg wanwyn, coblyn gwyrdd, GREEN WOODPECKER
cnocell y cnau, telor y cnau, NUTHATCH
coch y berllan, aderyn pensidan, chwibanydd, BULLFINCH
coeg-gylfinir, WHIMBREL
coesgoch, pibydd coesgoch, REDSHANK

cog, y gog, cwcw, cethlydd, CUCKOO
colomen, PIGEON
colomen grech, pibydd torchog, RUFF
colomen y graig, colomen y clogwyn, ROCK DOVE
corbibydd, CURLEW, SANDPIPER
corhwyaden, TEAL
cornchwiglen, hen het, cornicyll y waun, LAPWING
cornicyll aur, chwilgorn y mynydd, cornicyll y mynydd, GOLDEN PLOVER
cornicyll Caint, KENTISH PLOVER
cornicyll llwyd, cwtiad glas, GREY PLOVER
cornicyll modrwyog, môr-hedydd, RINGED PLOVER
corshwyaden lwyd, GADWALL
crec yr eithin, crec y garreg, clegr y garreg, clochdar y cerrig, tinwen y garreg, STONECHAT
crëyr glas, crychydd, garan, HERON
crëyr gwyn lleiaf, LITTLE EGRET
crëyr y nos, NIGHT HERON
cropiedydd, crepianog, aderyn pen bawd, dringwr bach, ymlusgydd y coed, TREE CREEPER
cudyll coch, y genlli goch, curyll y gwynt, gellan goch, KESTREL
cudyll glas, gwipia, gwibiwr, llamysten, SPARROW HAWK
cyffylog, WOODCOCK
cynffonwen, tinwen y garreg, tinwyn y garn, WHEATEAR
chwibanogl ddu, GLOSSY IBIS
chwiwiad, chwiwell, WIGEON
dreiniog, llinos werdd, pibydd gwyrdd, SISKIN
drudwy, drudwen, drydw, aderyn yr eira, sgrech, aderyn y drycin, STARLING
drudwy gochliw, ROSE-COLOURED STARLING
dryw, dryw bach, WREN
dryw ben aur, dryw eurben, dryw aur, GOLDCRESTED WREN
ehedydd, uchedydd, SKYLARK
ehedydd y coed, esgudogyll, WOODLARK
eos, NIGHTINGALE
eryr aur, eryr melyn, GOLDEN EAGLE
eryr gynffonwen, eryr y môr, eryr tinwyn, WHITE-TAILED EAGLE

eryr y pysgod, eryr y môr, OSPREY
ffesant, ceiliog y coed, PHEASANT
gïach, ysniden, dafad y gors, SNIPE
gïach fach, JACK SNIPE
gïach fawr, GREAT SNIPE
glas y dorlan, glas y geulan,
  KINGFISHER
golfan y coed, golfan y mynydd, TREE
  SPARROW
gopog, HOOPOE
gosog, gwyddwalch, GOSHAWK
grugiar, iâr y mynydd, iâr goch, RED
  GROUSE
grugiar ddu, BLACK GROUSE
gwalch glas, PEREGRINE FALCON
gwalch y grug, gwalch y bach,
  corwalch, MERLIN
gwalch y penwaig, llurs, RAZORBILL
gwddfgam, pengam, WRYNECK
gwddfgwyn, barfog, llwydfron, llwyd
  y danadl, WHITETHROAT
gwddflas, BLUETHROAT
gwennol, SWALLOW
gwennol ddu, gwrach yr ellyll, asgell
  hir, aderyn yr eglwys, aderyn
  du'r llan, y biwita, y folwen,
  sgilpen, SWIFT
gwennol y bondo, gwennol y bargod,
  gwennol y muriau, gwennol
  fronwen, HOUSE MARTIN
gwennol y dŵr, gwennol y glennydd,
  gwennol y llynnoedd, SAND MARTIN
gwyach fach, gwyach leiaf, tintroed
  fach, Harri-gwlych-dy-big, LITTLE
  GREBE (DABCHICK)
gwyach fawr, GREAT CRESTED GREBE
gwyach gorniog, SLAVONIAN (HORNED)
  GREBE
gwyach gwddfddu, gwyach glustiog,
  BLACK-NECKED GREBE
gwyach gwddfgoch, RED-NECKED GREBE
gwybedwr brith, cylionydd, pryfetwr
  brith, gwybedwr mannog, SPOTTED
  FLYCATCHER
gwybedwr du a gwyn, gwybedog
  brith, PIED FLYCATCHER
gwybedwr frongoch, RED-BREASTED
  FLYCATCHER
gŵydd dalcen gwyn, WHITE-FRONTED
  GOOSE
gŵydd dalcen gwyn leiaf, LESSER WHITE-
  FRONTED GOOSE
gŵydd dorchwen, gŵydd wendorch,
  gŵydd ddu, BRENT GOOSE

gŵydd droed-binc, PINK-FOOTED GOOSE
gŵydd ffa, soflwydd, gŵydd y llafur,
  gŵydd y cynhaeaf, gŵydd yr egin,
  gŵydd bonar, BEAN GOOSE
gŵydd gwyrain, gŵydd y môr,
  BARNACLE GOOSE
gŵydd wendorch, BRENT GOOSE
gŵydd wyllt gyffredin, GREY-LAG GOOSE
gŵydd yr eira, SNOW GOOSE
gwylan, SEA-GULL
gwylan benddu, BLACK-HEADED GULL
gwylan fach, LITTLE GULL
gwylan gefnddu fwyaf, copsyn y môr,
  GREAT BLACK-BACKED GULL
gwylan gefnddu leiaf, LESSER
  BLACKBACKED GULL
gwylan goesddu, gwylan dribys,
  drilyn, KITTIWAKE
gwylan Gwlad yr Iâ, ICELAND GULL
gwylan Sabine, SABINE'S GULL
gwylan y gogledd, gwylan laswyrdd,
  GLAUCOUS GULL
gwylan y graig, aderyn drycin y
  graig, ffwlmar, FULMAR
gwylan y penwaig, HERRING GULL
gwylanwydd, GANNET
gwylog, GUILLEMOT
gwylog ddu, BLACK GUILLEMOT
gylfin groes, CROSSBILL
gylfinir, cwrlig, cwrlip, chwibanogl y
  mynydd, chwibanwr, cwliwn,
  CURLEW
gylfinir y cerrig, STONE CURLEW
hebog, gwalch glas, PEREGRINE FALCON
hebog y Wlad Werdd, GREENLAND
  FALCON
hebog Ynys yr Iâ, ICELAND FALCON
heligog, hwylog, chwilog, gwilyn,
  arron, CUILLEMOT
heligog du, chwilog du, BLACK
  GUILLEMOT
hudwalch, hebog yr hedydd, HOBBY
hutan, DOTTEREL
hutan y môr, TURNSTONE
hwyaden addfain, GARGANEY
hwyaden benddu, SCAUP DUCK
hwyaden bengoch, POCHARD
hwyaden ddanheddog, GOOSANDER
hwyaden ddanheddog fronrudd,
  REDBREASTED MERGANSER
hwyaden ddu, môr-hwyaden ddu,
  COMMON SCOTER
hwyaden felfedog, VELVET SCOTER

hwyaden fraith, hwyaden yr eithin, SHELDUCK

hwyaden goesgoch, hwyad-ŵydd ddanheddog, GOOSANDER

hwyaden gopog, TUFTED DUCK

hwyaden gynffon hir, hwyaden gynffon gwennol, LONG-TAILED DUCK

hwyaden gynffonfain, hwyaden lostfain, PINTAIL

hwyaden lydanbig (biglydan), SHOVELER

hwyaden lygad-arian, SCAUP

hwyaden lygad-aur, GOLDENEYE

hwyaden wyllt, MALLARD

hwyad-ŵydd fronrudd, RED-BREASTED MERGANSER

hwyad-ŵydd lwydwen, lleian wen, SMEW

iâr ddŵr, iâr fach yr hesg, iâr y gors, MOORHEN

iâr y gors, cwtiar, iâr ddŵr foel, dobi benwyn, COOT

jac-y-do, cawci, cogfran, corfran, jac ffa, JACKDAW

llinos, aderyn cywarch, brown y mynydd, gyrnad llwyd, LINNET

llinos bengoch, llwyd bach, REDPOLL

llinos y mynydd, TWITE

llostrudd du, tinboeth du, tingoch du, BLACK REDSTART

llwybig, SPOONBILL

llwyd y berth, llwyd y gwrych, llwyd y clawdd, llwyd bach, jac llwyd y baw, gwas y gog, Siani lwyd, llwyd y dom, gwrychell, gwrachell y cae, brych y cae, brith y cae, HEDGE SPARROW (DUNNOCK)

llygad yr ych, DUNLIN

melyn yr eithin, penfelyn, llinos felen, drinws felen, gwas y neidr, ysgras, YELLOW HAMMER. YELLOW BUNTING

morfran, mulfran, bilidowcar, Wil wal waliog, llanciau Llandudno, CORMORANT

môr-hwyaden ddu, COMMON SCOTER

morwennol bigddu, SANDWICH TERN

morwennol ddu, ysgraell ddu, BLACK TERN

morwennol fechan, LITTLE TERN

morwennol gyffredin, COMMON TERN

morwennol leiaf, LITTLE TERN

morwennol wridog, ROSEATE TERN

morwennol y gogledd, ARCTIC TERN

mulfran gopog, mulfran werdd, SHAG

mulfran wen, mulfran lwyd, y gan, hugan, gwylan dydd, gwylanwydd, gŵydd y weilgi, gŵydd lygadlan, GANNET

mwyalchen felen, GOLDEN ORIOLE

mwyalchen y mynydd, mwyalchen y graig, RING OUZEL

myniar y traeth, KNOT

nico, jac nico, teiliwr (telor) Llundain, peneuryn, eurbinc, pobliw, GOLDFINCH

pâl, pwffin, cornicyll y dŵr, PUFFIN

pâl du, SOOTY SHEARWATER

pâl Manaw, aderyn drycin y graig, MANX SHEARWATER

pâl mwyaf, GREAT SHEARWATER

pedryn cynffon fforchog, brochellog, pedryn llach, LEACH'S PETREL

pedryn drycin, cas-gan-longwr, STORM PETER. STORMY PETREL

pendew, gylfinbraff, HAWFINCH

penddu, telor bach penddu, penlöyn, lleian benddu, BLACKCAP

petrisen, PARTRIDGE

petrisen goesgoch, RED-LEGGED PARTRIDGE

pia bach, aderyn melyn bach, y bi bach, telor goesddu'r helyg, dryw felen, CHIFFCHAFF

pibydd coesgoch brith, pibydd mannog, SPOTTED REDSHANK

pibydd goeswerdd (coeswyrdd), GREENSHANK

pibydd gwyrdd, GREEN SANDPIPER

pibydd gylfinog, corbibydd, CURLEW SANDPIPER

pibydd lleiaf, corbibydd, LITTLE STINT

pibydd porffor (du), PURPLE SANDPIPER

pibydd llydandroed glas (llwyd), GREY PHALAROPE

pibydd llydandroed gwddfgoch, RED-NECKED PHALAROPE

pibydd mannog, SPOTTED RED SHANK

pibydd rhuddgoch, pibydd y mawn. llwyd y tywod, llygad yr ych, DUNLIN

pibydd Richard, RICHARD'S PIPIT

pibydd Temminck, TEMMINCK'S STINT

pibydd y coed, TREE PIPIT

pibydd y dorlan, COMMON SANDPIPER
pibydd y dŵr, WATER PIPIT
pibydd y gors, MARSH SANDPIPER
pibydd y graig, ehedydd y graig, widwid, ROCK PIPIT
pibydd y traeth, hutan lwyd, llwyd y tywod, SANDERLING
pibydd y waun, pibganwr (pibydd), y ddôl, pibydd y mynydd, ehedydd bach, llwyd y bryn, gwas y gog, MEADOW PIPIT
pinc y mynydd, bronrhuddyn y mynydd, pinc y gogledd, gwinc, BRAMBLING
pioden, piogen, pia, y bi, MAGPIE
pioden y môr, bilcoch, picoch, Twm pib, watryswm, llymarchyn, saer, OYSTERCATCHER
pysgeryr, OSPREY
rhegen fach, LITTLE CRAKE
rhegen fraith, rhegen fawnog, creciar frechfawr, SPOTTED CRAKE
rhegen y dŵr, WATER RAIL
rhegen yr ŷd, rhegen ryg, rhegen y rhych, sgrech yr ŷd, sgrech y gwair, CORNCRAKE
rhostog goch, gïach pengafr, BAR-TAILED GODWIT
rhostog gynffonddu, BLACK-TAILED GODWIT
sgrech y coed, pioden y coed, JAY
siglen felen, YELLOW WAGTAIL
siglen fraith, brith y fuches, sigl-di-gwt, brith y coed, sigldin y gŵys, tinsigl brith, brith yr oged, sigwti fach y dŵr, PIED WAGTAIL
siglen las, GREY WAGTAIL
siglen wen, WHITE WAGTAIL
sofliar, rhinc, QUAIL
sogiar, caseg y ddrycin, socan (sogen) lwyd, socan eira, FIELDFARE
telor gwyrdd, GREENISH WARBLER
telor y berllan, telor(ydd) yr ardd, GARDEN WARBLER
telor y dŵr, telor yr hesg, dryw'r hesg, SEDGE WARBLER
telor yr eithin, DARTFORD WARBLER
telor y gors, MARSH WARBLER
telor y gwair, gwichedydd, nyddwr bach, nyddreg, GRASSHOPPER, WARBLER
telor yr helyg, dryw'r helyg, dryw wen, cethlydd y coed, WILLOW WARBLER

telor yr hesg, llwyd y gors, telor y cyrs, telor y cawn, WILLOW WARBLER
titw barfog, BEARDED TIT
titw copog, CRESTED TIT
titw du, yswigw du, COAL TIT
titw'r gors, yswigw'r wern, yswidw lwyd, pela'r wern, MARSH TIT
titw gynffon hir, yswigw gynffon hir, yswigw dirgwt, lleian gynffon hir, gwas y dryw, yswelw, LONG-TAILED TIT
titw'r helyg, WILLOW TIT
titw mwyaf, penlöyn mawr, penloyw, pela glas mawr, yswigw'r coed, GREAT TIT
titw tomos las, glas y pared, glas bach y wal, pela glas bach, perla glas dwl, yswidw las fach, gwas y dryw, yswigw, BLUE TIT
tresglen, sgrechgi, caseg y ddrycin, sgrad y coed, bronfraith fawr, pen y llwyn, cragell y coed, brych y coed, MISSEL THRUSH
trochwr, bronwen y dŵr, mwyalchen y dŵr, Wil y dŵr, aderyn du'r dŵr, tresglen y dŵr, DIPPER, WATER OUZEL
trochydd gwddfdu, BLACK-THROATED DIVER
trochydd gwddfgoch, RED-THROATED DIVER
trochydd mawr, GREAT NORTHERN DIVER
troellwr, aderyn y dröell, Wil nyddwr, gwennol y nos, rhodor, gafr y gors, gafr wanwyn, brân nos, NIGHTJAR
tylluan fach, LITTLE OWL
tylluan glustiog, SHORT-EARED OWL
tylluan gorniog, LONG-EARED OWL
tylluan wen, aderyn corff, tylluan ysgubor, gwdihŵ, BARN OWL
tylluan yr eira, SNOWY OWL
wid-wid, ROCK PIPIT
y big mynawyd, AVOCET
y durtur, colomen Fair, TURTLE DOVE
ydfran, ROOK
ysgiwen gynffondro, POMPARINE SKUA
ysgiwen gynffon hir, LONG-TAILED SKUA
ysgiwen y gogledd, gwylan frech yr Arctig, ARTIC SKUA
ysguthan, colomen wyllt, WOODPIGEON
ysguthell, STOCK DOVE
yswigw, gweler *titw*

Planhigion — Plants

Adda ac Efa, MONK'S WOOD. WOLF'S
   BANE
acesia, ACACIA. LOCUST TREE
aethnen, ASPEN
afallen, APPLE TREE
alaw,
alaw'r llyn, | LILY, WATER LILY
amdowellt, LYME GRASS
amhrydlwyd, FLEABANE
amlaethai, MILKWORT
anemoni coch, SCARLET ANEMONE
anhiliog, BARRENWORT
anis, ANISE
archmain, SEA THRIFT
arian Gwion, YELLOW RATTLE
arian pladurwr, YELLOW RATTLE
aur yr ŷd, CHARLOCK. WILD MUSTARD
balchder Llundain, LONDON PRIDE
balm, BALM
banadl, BROOM
banadl pigog, BUTCHER'S BROOM
bara a chaws y gwcw, COMMON SORREL
bara can a llaeth, GREATER STITCHWORT
bara'r cythraul, SCABIOUS. DEVIL'S BIT
barf yr afr felen, YELLOW GOAT'S BEARD
barf yr hen ŵr, CLEMATIS. OLD MAN'S
   BEARD
basged bysgota, LADY'S SLIPPER. BIRD'S
   FOOT TREFOIL
bedwen, BIRCH
bedwen arian, SILVER BIRCH
beidiog lwyd, MUGWORT
bendigeidlys y dŵr, AVENS (WATER)
berw(r), WATER CRESS
berw Caersalem, FIELD ROCKET
   (YELLOW)
berw chwerw, HAIRY BITTER CRESS
berw'r dŵr, WATER CRESS
berw'r fagwyr, WALL CRESS. THALE
berw'r ieir, KNOTGRASS
betys, BEET
bidoglys, LOBELIA
biwlith melyn, COW-WHEAT
blaen y gwayw, LESSER SPEARWORT
blodau'r brain, MEADOW LYCHNIS.
   RAGGED ROBIN
blodau'r brenin, PEONY
blodau cleddyf, GLADIOLI
blodau Gorffennaf, SEA THRIFT

blodau'r gwynt, ADONIS
blodau mam-gu, WALL-FLOWER
blodau'r mur, WALL-FLOWER
blodau'r neidr, WHITE CAMPION
blodau'r sipsi, AQUILEGIA
blodeugainc ganghennog, CYME
blodfresych caled, BROCCOLI
blodyn y gog, | CUCKOO-FLOWER.
blodyn y gwcw, | LADY'S SMOCK
blodyn yr haul, SUNFLOWER
blodyn llaeth, LADY'S SMOCK
blodyn y llyffant, MARSH LOUSEWORT.
   RED RATTLE
blodyn Mawrth, DAFFODIL
blodyn Mihangel, CHRYSANTHEMUM
blodyn yr eira, SNOWDROP
blodyn y gwynt, ANEMONE
blodyn ymenyn, BUTTERCUP
bocysen, | BOXTREE
bocyswydden, |
boglynon, SEA HOLLY. ERYNGO
botwm gŵr ifanc, | BACHELOR'S
botwm Llundain, | BUTTON
botwm gwyn, PEPPERMINT
bresych deiliog, KALE
bresych y cŵn, HERB MERCURY. DOG
   MERCURY
breuwydden, BUCKTHORN
briallu, PRIMROSE
briallu amryliw, POLYANTHUS
briallu cochion, POLYANTHUS
briallu llygad siolyn, THRUM-EYED
   PRIMROSE
briallu Mair, COWSLIP
briw'r march, VERVAIN
briwydd felen, BEDSTRAW (YELLOW)
bronwerth, BORAGE
brwynen, RUSH
brwysgedlys, CORIANDER
brythlys, SCARLET PIMPERNEL
bual, BUGLE
bulwg, CORN COCKLE
bustl y ddaear, CENTAURY
bwtsias y gog, BLUEBELL
bwyd y barcut, TOADSTOOL
bwyd y boda, TOADSTOOL
bwyd yr hwyad, DUCKWEED
bys y blaidd, LUPIN
bysedd cochion, FOXGLOVES

bysedd y cŵn, FOXGLOVES

cadawarth,
cadafarch, } CHARLOCK
cadafarth,

caca-mwci, BURDOCK

cabaits, CABBAGE

calon afal, SCABIOUS. DEVIL'S BIT

camil,
camri, } CAMOMILE

camined y dŵr, IRIS. YELLOW FLAG

camri'r coed, CENTAURY

canclwm, KNOTGRASS. LADY'S TRESSES

cannwyll yr adar, TORCHWEED

cap y Twrc, MARTAGON LILY

capan cornicyll, NASTURTIUM

carnasiwn, CARNATION

carn yr ebol, COLT'S FOOT

caru'n ofer, PANSY

carpiog y gors, MEADOW LYCHNIS.
RAGGED ROBIN

cartheig, NIPPLEWORT

castanwydden, HORSE CHESTNUT

cawnen, REED

caws llyffant, TOADSTOOL

cecysen, REED

cedowrach, BURDOCK

cedowydd, FLEABANE

cedrwydden, CEDAR

cegid, HEMLOCK

cegiden, DROPWORT

cegiden wen, GREAT CHERVIL

cegiden y dŵr, WATER DROPWORT.
COWBANE

ceg nain, SNAPDRAGON. ANTIRRHINUM

cegr pumbys, HEMLOCK

ceian, CARNATION

ceiliog coch, RED CAMPION. RED ROBIN

ceilys, PINK

ceiniog arian, HONESTY

ceinioglys, CREEPING JENNY. MONEYWORT.
NAVELWORT. WALL PENNYWORT

celyn Ffrainc,
celyn Mair, } BUTCHER'S BROOM

celynnen, HOLLY

cen y coed,
cen y cerrig, } LICHEN

cenawon, CATKINS

cenhinen Bedr, DAFFODIL

cennin, LEEKS

cennin ewinog, GARLIC

cennin syfi, CHIVES

cennin y brain, BLUEBELL

cerddinen, MOUNTAIN ASH

ceulon, YELLOW BEDSTRAW

cingroen, STINKHORN

clafrllys lleiaf, SMALL SCABIOUS

clafrllys mawr, ELECAMPANE (LARGE
SCABIOUS)

clais yr hydd, DOG MERCURY. HERB
MERCURY

clais y moch, MOCH

clefryn, SHEEP'S BIT SCABIOUS

clinogai, COW-WHEAT

cloch maban, SNOWDROP

cloch yr eos, HAREBELL

cloc yr hen ŵr, SCARLET PIMPERNEL

clofer, CLOVER

cloron, POTATOES

clust yr arth, WOOD SANICLE

clust yr asen, LIVERWORT

clust y fuwch, MULLEIN

clust y gath, CAT'S EAR

clust yr Iddew,
clust yr ysgaw, } JEW'S EAR

clust y llygoden, MOUSE-EAR HAWKWEED

clust y tarw, MULLEIN

clustog Fair, (SEA) THRIFT

clych y perthi, BINDWEED. CONVOLVULUS

clychau'r gog, BLUEBELLS

clychau'r perthi, } CANTERBURY
clychau'r cawr, } BELLS

clychau'r ŷd, CORN-COCKLE

clymlys,
clymog, } KNOTGRASS

cochlas, PURPLE CLARY

cochlys, BURNET (GREAT)

cochyn bratiog, RAGGED ROBIN

coden fwg, PUFF BALL

codrwth, BLADDER CAMPION

codrwth y môr, SEA CAMPION

codwarth, DEADLY NIGHTSHADE.
BELLADONNA

coed afalau surion bach, CRAB TREE

coluddlys, PENNYROYAL

collen, HAZEL

corn carw'r mynydd, CLUB MESS

corn yr hydd,
corn yr iwrch, } BROOM. BROOM RAPE

cornwlyddyn, MOUSE-EAR

corsen, REED

corswigen, GUELDER ROSE. WAY-FARING
TREE

craf, GARLIC

cra'r gerddi, BROAD-LEAVED GARLIC

crafanc yr arth werdd, BEAR'S FOOT.
GREEN HELLEBORE

288

crafanc y frân, CROWFOOT. BUTTERCUP
crafanc y maes, MEADOW CROWFOOT
crafanc orweddol, CREEPING CROWFOOT
craith unnos, SELF-HEAL
cramenog yr ŷd, BLUEBOTTLE
creiglys, CROWBERRY. BLACK-BERRIED
  HEATH
criafolen, MOUNTAIN ASH. ROWAN
crib y ceiliog, LONDON PRIDE
crib y ceiliog (rhedyn), MOONWORT
cribau Sanffraid, BETONY (WOOD)
cribell goch, MARSH LOUSEWORT. RED
  RATTLE
crinllys, DOG VIOLET
croeslys, CROSSWORT
croeso'r gwanwyn, NARCISSUS. JONQUIL
croeso haf, WILD HYACINTH. BLUEBELL
crydwellt, QUAKING GRASS
crys y brenin, HERBANE
cudd y coed, CLEMATIS
cwcwll y mynach, WOLF'S BANE.
  MONKSHOOD
cwlwm cariad cywir, TRUE-LOVE KNOT.
  DEVIL-IN-A-BUSH
cwlwm y coed, BRYONY
cwyros, DOGWOOD, CORNEL
cyfardwf, COMFREY
cynghafan, GOOSE GRASS. CLEAVERS
cywarch, HEMP
cywer y llaeth, YELLOW BEDSTRAW
chweinlys, FLEAWORT
chwerwlys yr eithin, WILD SAGE
chwys Mair, BUTTERCUP
chwys yr haul, SUNDEW
dagrau Mair, COWSLIP
dail arian, SILVER WEED
dail llwyn y neidr, SMALL PLANTAIN
dail llydain y ffordd, BROAD-LEAVED
  PLANTAIN
dail y fendigaid, ST. JOHN'S WORT
dail robin, HERB ROBERT
dail surion bach, COMMON SORREL
dail tafol, DOCK
dail troed yr ebol, COLT'S FOOT
dail tryfan, BUTTERBUR
danad,
danadl,
danadl dall, } BLIND NETTLE
danadl poethion,
danhadlen fud, DEAD NETTLE
dant y llew, DANDELION
deilen gron, NAVELWORT, WALL
  PENNYWORT

delia, DAHLIA
derwen, OAK
derwen fythwyrdd, HOLM-OAK
deulafn, BIRD'S NEST. TWAYBLADE
draen, THORN
diodwydden, LAUREL
draenen ddu, BLACKTHORN
draenen wen, HAWTHORN
drewg, DARNEL. COCKLE
dringiedydd, CLEMATIS. LADY'S BOWER
dringol, COMMON SORREL
drops cochion, FUCHSIA
drysïen, BRIAR
drysïen bêr, SWEET BRIAR
du-wallt y forwyn (rhedyn), BLACK
  SPLEENWORT
dwyddalen, BIRD'S NEST. TWAYBLADE
dwyfog, WOOD BETONY
dynad,
dynaint, } STINGING NETLES
efrau, HAIRY VETCH. TARES. COCKLE
efwr, HOGWEED. COW PARSNIP
eglyn, COLDEN SAXIFRAGE
egwydob, ERGOT
egyllt yr afon,
egyllt y dŵr, } WATER CROWFOOT
egyllt y gweunydd, MEADOW CROWFOOT
egyllt ymlusgol, CREEPING BUTTERCUP.
  CORN CROWFOOT
eiddew, IVY
eiddew'r ddaear, GROUND IVY
eiddiorwg, IVY
eirlys, SNOWDROP
eiryfedig, BUTTERWORT
eithin, GORSE
eithinen bêr, JUNIPER
elinog, BITTER-SWEET
erfin gwyllt, RAPE
erfinen, TURNIP
erwain, MEADOW SWEET
esgid y grog, DOG VIOLET
esgob gwyn, OX-EYED DAISY
esgynnydd, CHARLOCK. WILD MUSTARD
eurfanadl, DYER'S WEED
eurlys, YELLOW VETCH
eurwialen, GOLDEN ROD
fandon, WOODRUFF
fioled, VIOLET
fioled bêr, SWEET VIOLET
fioled flewog, VIOLET
fioled y gwrych, DOG VIOLET
fioled wen bêr, SWEET WHITE VIOLET
fioled y ci, DOG VIOLET

fioled y gors, MARSH VIOLET
ffa, BROAD BEANS
ffa coch, SCARLET RUNNER BEANS
ffa ffrengig, RUNNER BEANS
ffa'r gors, BUCK BEANS
ffa'r ieir, MARSH BIRD'S FOOT TREFOIL
ffa'r moch, HENBANE
ffacbys, VETCH
ffacbys y wig, TUFTED VETCH
ffarwel haf, MICHAELMAS DAISY
ffawydden, BEECH
ffennigl, FENNEL, DILL
fflamgoed, SPURGE
ffon y bugail, SMALL TEASEL
ffromlys, TOUCH-ME-NOT, BALSAM
ffriddlys, ANEMONE
ffwsia, FUSCHIA
ffynidwydden, FIR
garanbig llachar, SHINING CRANEBILL
garanbig y weirglodd, MEADOW
  CRANEBILL
garlleg, GARLIC
garllegog, JACK-BY-THE-HEDGE, GARLIC
  MUSTARD
gellhesg, FLAG (YELLOW) IRIS
gellygen, PEAR TREE
gerllys, HOUSE LEEKS
geuberlys, FOOL'S PARSLEY
glaswenwyn, SCABIOUS, DEVIL'S BIT
glas y gors, FORGET-ME-NOT
glas y llwyn, BLUEBELL
glesyn, BORAGE
glesyn y coed, BUGLE
gliniogai, COW-WHEAT
gloywlys, EYEBRIGHT
gold Mair, ⎱
goldwyr, ⎰ MARIGOLD
gold y gors, MARSH MARIGOLD
gold yr ŷd, CORN MARIGOLD, YELLOW OX-
  EYE DAISY
goreunerth, FIGWORT
gorfanadl, BROOM RAPE
gorthyfail, ROUGH CHERVIL
grawn y perthi, BRYONY
greulys, GROUNDSEL
grug croesddail, CROSS-LEAVED HEATHER
grug mêl, LING, SCOTCH HEATHER
grug ysgub, LING
gwaedlys, PINK PERSICARIA
gwair merllyn (rhedyn), QUILLWORT
gwalchys, HAWK'S BEARD
gwallt y ddaear, COMMON HAIR MOSS
gwallt y forwyn, MAIDEN HAIR

gwendon, BEDSTRAW
gwenith y gog, FIGWORT
gwenith yr ysgyfarnog, QUAKING GRASS,
  QUAKERS
gwenonwy, LILY OF THE VALLEY
gwenwlydd, BEDSTRAW
gwernen, ALDER
gwewyrlys, DILL
gwiberlys, BUGLOSS (VIPER'S)
gwinwydden ddu, BLACK BRYONY
gwlithlys, SUNDEW
gwlydd melyn Mair, YELLOW PIMPERNEL
gwlydd y dom, CHICKWEED
gwlydd y perthi, GOOSE GRASS, CLEAVERS
gwlydd yr ieir, CHICKWEED
gwlyddyn blewog, MOUSE-EAR
  CHICKWEED
gwman, ALGA
gwniolen, MAPLE
gwreiddeiriog, SAXIFRAGE (BURNET)
gwrysgen lwyd, MUGWORT
gwyddau bach, CATKINS
gwyddfid, ⎱
gwyddwydd, ⎰ HONEYSUCKLE
gwymon, ⎱
gwmon, ⎰ SEAWEED
gwyran fendigaid, SAINFOIN
gwyros, PRIVET
heboglys, HAWKWEED
heboglys y mur, WALL HAWKWEED
helogan, CELERY
helygen, WILLOW
helygen Babilon, WEEPING WILLOW
helygen felen, ⎱ GOAT WILLOW,
helygen grynddail, ⎰ SALLOW
helygen wiail, OZIER WILLOW
helyglys, LESSER WILLOW HERB
hen ŵr, OLD MAN
hesg, SEDGES
heulflodyn, SUNFLOWER
hocys, COMMON MALLOW
hocys y gors, MARSH MALLOW
hopys, HOPS
hydyf, LADY'S SMOCK, CUCKOO FLOWER
hydyf du, BLACK HELLEBORE
iorwg, IVY
iorwg llesg, GROUND IVY
isop, HYSSOP
jac y gwyrch, JACK-BY-THE-HEDGE,
  GARLIC MUSTARD
ladi wen, FIELD BINDWEED
ladis gwynion, PHLOX

290

lafant, LAVENDER
letys, LETTUCE
lili bengam, DAFFODIL
lili'r dŵr, WATER-LILY
lili'r dyffrynnoedd, LILY OF THE VALLEY
lili'r ffagl, RED HOT POKER
lili'r grog, ARUM LILY
lili'r maes, | LILY OF THE VALLEY
lili Mai, |
lili'r Pasg, ARUM LILY
lili wen fach, SNOWDROP
lwsern, LUCERNE
llaeth bron Mair, LUNGWORT,
   PULMONARIA
llaeth y cythraul, PETTY SPURGE
llaeth y famaeth, SEA SPURGE
llaeth y gaseg, HONEYSUCKLE
llaeth-ysgall, SOW THISTLE, MILK THISTLE
llaeth yr ysgyfarnog, SUN SPURGE
llaethlys, MILKWORT
llafrwyn, BULRUSHES
llarwydden, LARCH
llau'r perthi, | GOOSE-GRASS,
llau'r offeiriad, | CLEAVERS
llawenlys, BORAGE
llawredyn, POLYPODIUM
llawryfen, BAY TREE, LAUREL
ller, DARNEL, COCKLE
llewyg y blaidd, HOP TREFOIL, HOP
   CLOVER
llewyg yr iâr, HENBANE
llin, FLAX
llin y forwyn, TOADFLAX
llin y llyffant, CORN SPURVEY, YELLOW
   TOADFLAX
llin y mynydd, MOUNTAIN FLAX
llorwydden, LAUREL
lluglys gwyn, WHITE CAMPION
llus, WHINBERRY, BILBERRY
llus y brain, CROWBERRY
llusi duon bach, WHINBERRY
llwydni, MILDEW
llwyd y ffordd, CUDWEED
llwyfen, ELM
llwyglys, ELECAMPANE, LARGE SCABIOUS
llwynhidydd, RIBWORT PLANTAIN
llygad Ebrill, LESSER CELANDINE
llygad y bwgan, POPPY
llygad madfall, STITCHWORT
llygad y dydd, DAISY
llygad y llo mawr, DOG DAISY
llygad y dydd mawr, OX-EYED DAISY
llygad yr ych, SCENTLESS MAYWEED

llygadlys, | GREATER CELANDINE
llym y llygad, |
llynclyn y dŵr, BROOKLIME
llyriad, BROAD-LEAVED PLANTAIN
llyriad y dŵr, WATER PLANTAIN
llyriad y morfa, SEA PLANTAIN
llys y gïau, BUTCHER'S BROOM
llysiau'r angel, ANGELICA
llysiau blaengwayw, STITCHWORT
llysiau'r bara, CORIANDER
llysiau'r blaidd, MONKSWOOD, WOLF'S
   BANE
llysiau'r bystwn, WHITLOW GRASS
llysiau cadwgan, GREAT WILD VALERIAN
llysiau'r creigiau, TEASEL
llysiau'r cribau, TEASEL
llysiau'r cryman, SCARLET PIMPERNEL
llysiau'r cwlwm, COMFREY
llysiau'r cwsg, ADONIS
llysiau'r cywer, LADY'S BEDSTRAW
llysiau'r dom, CHICKWEED
llysiau'r domen, PINK PERSICARIA
llysiau'r dryw, AGRIMONY
llysiau'r dyfrglwyf, ASPARAGUS
llysiau'r ddannoedd, MASTERWORT
llysiau'r eryr, WOODRUFF
llysiau'r ewinor, WHITLOW GRASS
llysiau'r fagwyr, WALL FLOWER
llysiau'r fam, MOTHERWORT
llysiau f'anwylyd, HERB BENNET, WOOD
   AVENS
llysiau'r fuddai, AGRIMONY
llysiau'r geiniog, WILD NAVELWORT
llysiau'r gingroen, RAGWORT
llysiau'r groes, CROSSWORT
llysiau'r gwaed, PENNYROYAL
llysiau'r gwaedlif, YARROW, MILFOIL
llysiau'r gwenyn, GOAT'S BEARD
llysiau'r gwewyr, DILL
llysiau'r gŵr da, ALLHEAL
llysiau'r gynddaredd, CUDWEED
llysiau'r hebog, HAWKWEED
llysiau'r hedydd, LARKSPUR, DELPHINIUM
llysiau'r hudol, VERVAIN
llysiau Iago, RAGWORT
llysiau Ioan, ST. JOHN'S WORT
llysiau'r lludw, FLEAWORT
llysiau llwyd, MUGWORT
llysiau'r llwynog, HERB ROBERT
llysiau Llywelyn, SPEEDWELL
llysiau melyn, DYER'S WEED
llysiau'r milwr, GREATER WILLOW HERB
llysiau'r milwr coch, LOOSESTRIFE

llysiau Mair Fagdalen, COSMARY
llysiau'r moch, WOODY NIGHTSHADE
llysiau'r pannwr, TEASEL
llysiau'r parlys, OXLIP
llysiau pengelyd, KNAPWEED
llysiau'r pwdin, PENNYROYAL
llysiau Solomon, SOLOMON'S SEAL
llysiau St. Mair, ROSEBAY. FRENCH
  WILLOW
llysiau Steffan, ENCHANTER'S
  NIGHTSHADE
llysiau Taliesin, BROOKLIME
llysiau tryfal, SHEPHERD'S PURSE
llysiau'r wennol, GREATER CELANDINE
llysiau'r ychen, RED CAMPION. RED ROBIN
llysiau'r ysgyfaint, LUNGWORT.
  PULMONARIA. ANGELICA
llysieuyn dirwynol, TWINING PLANT
llysieuyn y drindod, PANSY
llysieuyn y gwynt, ANEMONE
mabgoll glan y dŵr, WATER AVENS
madalch, ⎫
madarch, ⎭ MUSHROOM
maglys, LUCERNE
magnolia, MAGNOLIA
maip gwyllt, CHARLOCK
maip yr ŷd, COMMON WILD NAVEW
malws, MALLOW
mallnyg, ERGOT
mam-yng-nghyfraith, PANSY
mamoglys, MOTHERWORT
mandragora, MANDRAKE
mantell Fair, LADY'S MANTLE
marchfiaren ymlusgol, TRAILING DOG-
  ROSE
marchfieri'r ci, DOG ROSE
marchredyn, MALE FERN
marchredyn y dŵr, POLYPODY
marchysgall, SPEAR PLUME THISTLE.
  ARTICHOKE
marchddanhadlen, DEADNETTLE
marddanhadlen goch, RED DEADNETTLE
Mari waedlyd, LOVE LIES BLEEDING
masarnen fach, MAPLE
meddyges ddu, FIGWORT
meddyglys, WOUNDWORT
mefus gwyllt, WILD STRAWBERRY
meillion coch, RED CLOVER
meillion gwyn, WHITE CLOVER
meillion melyn, KIDNEY VETCH, LADY'S
  FINGERS
meillionen felen y ceirw, COMMON
  YELLOW MELITOT

meillionen gedennog, HARE'S FOOT
  TREFOIL
meipen ddeiliog, KOHL RABI
meipen Fair, BLACK BRYONY
mêl y ceirw, MELITOT
melyn euraidd, GOLDEN ROD
melyn Mair, CALENDIDA. COMMON
  MARIGOLD
melyn y gwanwyn, LESSER CELANDINE
melyn yr eithin, TORMENTIL
melyn yr ŷd, CORN MARIGOLD. YELLOW
  OX-EYED DAISY
melyn y tywydd, YELLOW PIMPERNEL
melynllys, GREATER CELANDINE
melynydd, CAT'S EAR
menig y gog, BLADDER CAMPION
menig,
menig y tylwyth teg, ⎫
menig Mair, ⎭ FOXGLOVE
merhelygen, GOAT WILLOW. SALLOW
merllys, ASPARAGUS
meryswydden, MEDLAR TREE
merywen, JUNIPER
miaren, BRIAR
miaren gor, CLOUDBERRY
miaren Mair, EGLANTINE. SWEET BRIAR
miaren y mynydd, CLOUDBERRY
migwyn, BOG MOSS
milddail, MILFOIL. YARROW
milfyw, LESSER CELANDINE
mindag, ⎫
mintag, ⎭ LAMPAS
mintys, MINT
mintys y creigiau, WILD ORGANY
mintys y dŵr, WATER MINT
mintys y graig, MARJORAM
mintys poethion, PEPPERMINT
mintys y twyni, CALAMINT
mochlys, WOODY NIGHTSHADE
mochlys duon, BLACK NIGHTSHADE
moled Olwen, BINDWEED
môr-fresych, SEAKALE
môr-gelyn, SEA HOLLY. ERYNGO
moron, CARROTS
moron y meirch, HOGWEED. COW
  PARSNIP
moron y meysydd, WILD CARROTS
murlys, WALL PELLITORY
mwg y ddaear, FUMITORY
mwsg, MUSK
mwsg yr epa, MONKEY MUSK
mwsogl, MOSS
mwsogl y ffynhonnau, SPRING MOSS

mwswg,
mwswm, | MOSS
mwyaren, BLACKBERRY. BRAMBLE
mwyaren Berwyn, CLOUDBERRY
mynawyd y bugail, CRANEBILL.
   GERANIUM
mynyglog, BITTER-SWEET
myrtwydd, MYRTLE
nodwydd y bugail, WILD CHERVIL.
   BEAKED PARSLEY. LADY'S COMB
obrisia, AUBRETIA
oestrwydd, HORNBEAM
olewydden, OLIVE-TREE
olewydden wyllt, WILD OLIVE TREE
onnen, ASH
pabi coch, POPPY
pabi coch yr ŷd, FIELD POPPY
pabi'r gwenith, CORN-COCKLE
pabwyren, RUSH
palalwyfen, LIME-TREE
palmwydden, PALM
panasen, PARSNIP
pannas y fuwch, HOGWEED, COW PARSNIP
pansi, PANSY
paredlys, WALL PELLITORY
pawen yr arth, STINKING HELLEBORE.
   SETTERWORT
peisgwyn, WHITE POPLAR. ABELE
pelenllys (rhedyn), PILLWORT
pelydr du, BLACK HELLEBORE
pelydr y gwelydd, WALL PELLITORY
penboeth, COMMON HEMP NETTLE
pen ci bach, ANTIRRHINUM
peneuraid, GOLDILOCKS. WOOD
   CROWFOOT
penfelen, GROUNDSEL
pengaled, KNAPWEED
penlas, SCABIOUS (FIELD)
penlas yr ŷd, BLUEBOTTLE. BLUE
   CORNFLOWER
penllwyd, CUDWEED
perllys, MIGNONETTE
persli, PARSLEY
persug, BALSAM
pesychlys, COLT'S FOOT
pibwydd, SYRINCA
pidyn y gog, WILD ARUM. CUCKOO PINT
pig yr aran, CRANEBILL
pig yr aran cyffredin, COLUMBINE.
   DOVE'S FOOT
pig y crëyr,
pig y crychydd, | STORK'S BILL
pig y deryn, YELLOW STONECROP

pinc, PINK
pîn,
pinwydden, | PINE
pisgwydden, LINDEN. LIME TREE
plân,
planwydden, | PLANE-TREE
plu'r gweunydd, COTTON GRASS
poerlys, MASTERWORT
poethfflam, GREATER SPEARWORT
poplysen, POPLAR
poplysen wen, ABELE. WHITE POPLAR
pren afalau, APPLE-TREE
pren boc(y)s, BOX TREE. BOX BUSH
pren ceirios, WILD CHERRY
pren ceri, MEDLAR TREE
pren cnau, HAZEL
pren eirin, PLUM TREE
pren gwyddau bach, OZIER WILLOW
pren llawryf, BAY TREE. LAUREL
pren y clefyd melyn, BARBERRY
preswydden, CYPRESS
prinwydden, HOLM OAK
pumlys,
pumnalen, | CINQUEFOIL
pupur y ddaear, PILLWORT
pwrs y bugail, YELLOW RATTLE
pyrwydden, SPRUCE
pys, PEAS
pys tragwyddol, EVERLASTING PEAS
pys yr aren, KIDNEY VETCH. LADY'S
   FINGERS
pys y bedol,
pys y berth, | BUSH VETCH
pys y ceirw, LADY'S SLIPPER. BIRD'S FOOT
   TREFOIL
pys y coed, TUBEROUS BITTER VETCH
pys y gath, TUFTED VETCH
pys y llygod, VETCH
pys y wig, HAIRY VETCH. TARES
rwdins, SWEDES
ryw, MEADOW RUE
rhafnwydden, BUCKTHORN
rhawn yr ebol, STONEWORT
rhawn y march, HORSETAIL
rhedyn, FERN
rhedyn bras, HARD FERN
rhedyn cyfrodedd, ROYAL FERN
rhedyn Mair, LADY'S FERN. OSMONS
   ROYAL
rheffyn mwsogl, COMMON CORD MOSS
rhiwbob, RHUBARB
rhos Mair,
rhosmari, | ROSEMARY

rhoslwyn pêr, SWEET BRIAR
rhoswydden, OLEANDER
rhosyn, ROSE
rhosyn gwyllt, DOG ROSE
rhosyn Nadolig, WINTER ROSE
rhosyn Saron, ROSE OF SHARON
rhosyn y grog, PEONY
rhosyn y mynydd, PEONY
rhuddos, MARIGOLD
rhuddos y morfa, MARSH MARIGOLD
rhuddwernen, WILD CHERRY TREE, GEAN
rhwyddlwyn y bryniau, MOUNTAIN
   SPEEDWELL
rhyw'r muriau, WALLRUE
saets, SAGE
saets gwyllt, WOOD SAGE, WILD SAGE
sanau'r gwcw, DOG VIOLET
safri, SAVOURY
saffrwm, | CROCUS
saffrwn, |
sawdl y fuwch, COWSLIP
sbardun y marchog, LARKSPUR,
   DELPHINIUM
sbectol hen ŵr, HONESTY
sebonllys, BRUISEWORT, SOAPWORT
sêl Selyf, SOLOMON'S SEAL
seleri, CELERY
sêr-flodau, ASTERS
seren ddaear (ffwng), EARTH STAR
seren Fethlehem, STAR OF BETHLEHEM
serenyn, SQUILL
siasmin, JASMINE
sidan y waun, COTTON GRASS
sierfel, CHERVIL
siligabŵd, OLD MAN (SOUTHERN)
suran, COMMON SORREL
suran y coed, WOOD SORREL
suran yr ŷd, SHEEP'S SORREL
swêds, SWEDES
sycamorwydden, SYCAMORE
syfi cochion, WILD STRAWBERRY
syfien goeg, STRAWBERRY-LEAVED
   CINQUEFOIL, BARREN STRAWBERRY
tafod y bwch, BUGLOSS (VIPER'S)
tafod y bytheiad, |
tafod y ci, | HOUND'S TONGUE
tafod y gors, BUTTERWORT
tafod yr hedydd, DELPHINIUM
tafod yr hydd, HART'S TONGUE
tafod y merched, ASPEN
tafod y neidr, ADDER'S TONGUE
tafod yr ych, BORAGE
tafol y dŵr, WATER-DOCK

taglys, FIELD BINDWEED
tagwydden, LARGER CONVOLVULUS,
   BINDWEED
tag yr aradr, REST HARROW, WILD
   LIQUORICE
tansi, TANSY
tansi wyllt, SILVER WEED
tapr Mair, MULLEIN
tato, |
tatw(s) | POTATOES
tegeirian, ORCHID
tegeirian coch y waun, EARLY PURPLE
   ORCHIS
tegeirian dwyddalen, BUTTERFLY ORCHIS
tegeirian mannog, SPOTTED ORCHIS
tegeirian y waun, MEADOW ORCHIS
teim, THYME
tiwlip, TULIP
tlws yr eira, SNOWDROP
torfagl, WILD ENGLISH CLARY
tormaen, GOLDEN SAXIFRAGE
tresgl, TORMENTIL
tresi aur, LABURNUM
trewynyn, LOOSESTRIFE
triagl y moch, TORMENTIL
triaglog, VALERIAN
triaglog coch, RED SPUR VALERIAN
trilliw, PANSY
troed aderyn, MARSH BIRD'S FOOT
   TREFOIL
troed y barcut, COLUMBINE
troed y cyw, HEDGE PARSLEY
troed y glomen, COLUMBINE
troed y llew, LADY'S MANTLE
troed yr arth, ACANTHUS
troellig yr ŷd, CORN SPURREY
trwyn y llo, ANTIRRHINUM, YELLOW
   TOADFLAX
trwyn y llo dail iorwg, IVY-LEAVED
   SNAPDRAGON, IVY-LEAVED TOADFLAX
trydon, AGRIMONY
trymsawr, DILL
tudfwg, FUMITORY
uchelfar, uchelwydd, MISTLETOE
wermod lwyd, WORMWOOD
wermod wen, FEVERFEW
wniwn, ONION
wniwn y môr, SQUILL
wynwyn, ONIONS
y berllys, CHERVIL
y byddon chwerw, HEMP
y fapgoll, HERB BENNET, WOOD AVENS
y feddyges las, SELF-HEAL

y feidiog felen, YELLOW PANSY
y feidiog las, PURPLE PANSY. GROUND IVY
y feidiog wen, WHITE PANSY
y ferfain, VERVAIN
y frigwydd wen, MADDER
y galon waedlyd, LOVE LIES BLEEDING
y godog, SAINFOIN
y goesgoch, HERB ROBERT
y gramenog fawr, GREATER KNAPWEED
y gynghafog arfor, SEA BINDWEED
y pren melyn, BARBERRY
y we felen, HOP TREFOIL. HOP CLOVER
ŷd meddw, DARNEL
ysbinwydden, BARBERRY
ysbinys, BARBERRY
ysgall yr âr, FIELD THISTLE
ysgall gogwydd, MUSK THISTLE
ysgall y gors, MARSH THISTLE

ysgall y meirch, WILD CHICKWEED.
SUCCORY
ysgall y moch, SOW THISTLE. MILK
THISTLE
ysgawen, ELDER
ysgawen y gors, GUELDER ROSE.
WAYFARING TREE
ysgewyll Brussel, BRUSSELS SPROUTS
ysgol Fair, CENTAURY
ysgorpionllys, SCORPION GRASS
ysgwydden gyffredin, PRIVET
ysnoden Fair, GALINGALE
ytbys y waun, YELLOW PEAS. MEADOW
VETCHLING.
yr edafeddog, CUDWEED
ywen, YEW
y wialen aur, GOLDEN ROD

Ffrwythau — Fruits

afal, APPLE
    afalau surion, CRAB-APPLES
afan (cochion), mafon, RASPBERRIES
almon, ALMOND
bricyllen, APRICOT
ceirios, CHERRIES
cneuen, NUT
cneuen ffrengig, WALNUT
criafol, ROWANBERRY
criafol y moch, crawel y moch, HAWS
cucumer, CUCUMBER
cyren, cwrens, rhyfon, grawn
    Corinth, CURRANTS
cyren duon, BLACK CURRANTS
egroes, afalau'r bwci, bochgoch, HIPS
eirin, PLUMS
eirin duon, DAMSONS

eirin gwlanog, PEACHES
eirin perthi, eirin duon bach, SLOES
eirin ysgawen, aeron ysgawen,
    ELDERBERRIES
ffigysen, FIG
gellygen, peren, PEAR
grawnwin, GRAPES
gwsberi(n)s, eirin Mair, GOOSEBERRIES
llus, llusi duon bach, WHINBERRIES.
    BILBERRIES
mefus, syfi, suddiau, STRAWBERRIES
mesen, ACORN
morwydd, MULBERRY
mwyar (duon), BLACKBERRIES
oren, oraens, ORANGE
pomgranad, POMEGRANATE
pwmpen, VEGETABLE MARROW. PUMPKIN

Diarhebion — Proverbs

A arddo diroedd a gaiff ddigonedd
He who tills land will have plenty

A bryn gig a bryn esgyrn
Who buys meat buys bones

A chwilio fwyaf am fodlondeb a fydd bellaf oddi wrtho
He who searches most for satisfaction will be furthest from it

A ddwg wy a ddwg fwy
He who steals an egg will steal more

A fo ben, bid bont
He who would be a leader let him be a bridge

A fo byw yn dduwiol a fydd marw yn ddedwydd
He who leads a godly life will die happy

A fynno barch, bid gadarn
He who desires respect, let him be steadfast

A fynno Duw, a fydd
What God wills will be

A fynno glod, bid farw
He who desires fame, let him die

A fynno iechyd, bid lawen
He who would be healthy, let him be cheerful

A gâr a gerydd
He who loves chastises

A geir yn rhad, a gerdd yn rhwydd
What is got cheaply goes quickly

A wnêl dwyll, ef a dwyllir
He who deceives shall be deceived

A ystyrio, cofied
Let him who reflects, remember

Adeiniog pob chwant
Every desire is fleeting

Adfyd a ddwg wybodaeth, a gwybodaeth ddoethineb
Adversity brings knowledge, and knowledge wisdom

Adwaenir ffôl wrth ei wisg
The fool is recognised by his dress

Adwaenir dyn wrth ei gyfeillion
A man is recognised by the friends he keeps

Aeddfed angau i hen
Death is ripe for the old

Afalau'r nos, cnau'r bore, os ceri'th iechyd
If you cherish good health, eat apples at night and nuts in the morning

Afal pwdr a ddryga'i gyfeillion
A rotten apple spoils the others

Afrad pob afraid
Everything needless is waste

Angau'r euog ydyw'r gwir
The truth is fatal to the guilty

Angel pen ffordd, a diawl pen tân
An angel abroad, and a devil at home

Angen a ddysg i hen redeg
Necessity teaches the old to run

Angor diogel yw gobaith
Hope is a safe anchor

Ail fam, modryb dda
A good aunt is a second mother

Allwedd tlodi, seguryd
Idleness is the key to poverty

Aml cogau, aml ydau
Many cuckoos, abundance of corn

Aml yw haint ym mol hen
The old has many afflictions

Amlach ffŵl na gŵr bonheddig
There are more fools than gentlemen

Amlwg gwaed ar farch gwinau
Blood is conspicuous on a bay horse

Amser yw'r meddyg
Time is the doctor (healer)

Amynedd yw mam pob doethineb
Patience is the mother of all wisdom

Anaml elw heb antur
There is no profit without a venture

Annoeth, llithrig ei dafod
The unwise has a ready tongue

Anodd iacháu hen glefyd
It is difficult to cure an old disease

Anwylach bywyd na bwyd
Life is dearer than food

Arfer yw hanner y gwaith
Practice is half the work

Arfer yw mam pob meistrolaeth
Practice is the mother of mastery

Asgre lân, diogel ei pherchen
Safe is the owner of a clear conscience

Athro da yw amser
Time is a good teacher

Awel y canolddydd a ddwg law yn ebrwydd
A breeze at noon brings rain soon

A wrthodo gyngor rhad a brŷn edifeirwch drud
He who refuses free advice buys an expensive repentance

Bach hedyn pob mawredd
The seed of all greatness is small

Bach pob dyn a dybio ei hun yn fawr
Small is everyone who considers himself great

Bedd a wna bawb yn gydradd
The grave makes everybody equal

Benthyg dros amser byr yw popeth geir yn y byd hwn
Everything one has in this world is only borrowed for a short while

Blasus pob peth a gerir
Everything one loves is tasty

Blodau cyn Mai, gorau na bai
Flowers before May, better without them

Blwyddyn o eira, blwyddyn o lawndra
A year of snow, a year of plenty

Blys geneth yn ei llygaid, blys bachgen yn ei galon
A girl's desire in her eyes; a boy's desire in his heart

Bolaid ci a bery dridiau
A dog's fill lasts three days

Bonheddig pob addfwyn
Every meek person is courteous

Brawd mogi (mygu) yw tagu
Choking is brother to suffocating

Brawd yw celwyddog i leidr
The liar is brother to the thief

Brenhines pob camp, cyfiawnder
Righteousness is the queen of all feats

Brenin pob llyffant ar ei domen ei hun
Every toad is a king on his patch

Brenin y bwyd yw bara
Bread is the king of all foods

Bu weithiau heb haf; ni bu erioed heb wanwyn
Sometimes there has been no summer; but always there has been a spring

Bychan y tâl cyngor gwraig, ond gwae y gŵr nas cymero
A wife's advice is not worth much, but woe to the husband who doesn't take it

Bydd olaf i fyned drwy ddŵr dwfn
Be the last one to go through deep water

Byr ei hun, hir ei hoedl
Sleep little, live long

Byr yw Chwefror, ond hir ei anghysuron
February is short but its discomforts are long

Byw i arall yw byw yn iawn
To live for others is to live properly

Cadarna'r mur po arwa'r garreg
The rougher the stone the stronger the wall

Cadw dy ardd, ceidw dy ardd dithau
Keep thy garden and thy garden will keep thee

Cadw dy dafod i oeri dy gawl
Keep thy tongue to cool thy soup (broth)

Cadw yn graff a ddysgych
Keep securely what you learn

Cael rhad Duw, cael y cyfan
To have God's blessing is to have everything
Cais ddedwydd yn ei gartref
Seek the happy at home
Cais ddoeth yn ei dyddyn
Seek the wise in his homestead
Cais ffrwyn gref i farch gwyllt
Seek a strong bridle for a wild horse
Call dros awr, cyfoethog dros fyth
Wise for an hour, rich for ever
Call pob un yn ei farn ei hun
Everyone is wise in his own opinion
Canmol dy fro a thrig yno
Praise thy country and dwell there
Canmoled pawb y bont a'i dyco drosodd
Let everyone praise the bridge that brought him over
Câr cywir, yn yr ing fe'i gwelir
A true friend, in distress is seen (A friend in need is a friend indeed)
Cariad yw mam pob dwyfoldeb
Love is the mother of all godliness
Cas athro heb amynedd
Hateful is an impatient teacher
Cas chwerthin heb achos
To laugh without a cause is abhorrent
Cas dyn a ddirmygo Dduw a dyn
Hateful is he who despises God and man
Cas dyn ni chredo neb, na neb yntau
Hateful is he who believes no one, and whom no one believes
Cas fydd un enllibiwr gan y llall
One slanderer is hated by another
Cas gŵr na charo'r wlad a'i maco
Hateful is the man who does not love the country which nurtured him
Cas yw'r gwirionedd lle nis carer
Truth is hateful where it is not loved
Castell pawb, ei dŷ
Everyone's castle is his home

Ceffyl da yw ewyllys
The will is a good horse
Ceiniog a enillir ydyw'r geiniog a gynilir
A penny saved is a penny gained
Ceir llawer cam gwag trwy sefyll yn llonydd
Many a false step is made by standing still
Celf orau yn y tŷ; gwraig dda
A good wife is a home's best piece of furniture
Celwydd sydd yn marchogaeth ar ddyled
Untruth rides on debt
Cenedl heb iaith, cenedl heb galon
A nation without a language, a nation without a heart
Cenfigen yw gwraidd pob cynnen
Jealousy is the root of all strife
Cennad hwyr, drwg ei neges
A late messenger brings bad news
Clust doeth a lwnc wybodaeth
A wise ear swallows information
Clydwr dafad yw ei chnu
A sheep's shelter is its fleece
Clyw a gwêl ac na ddywed ddim
Listen and look and say nothing
Craffach un llygad llysfam na dau lygad mam
A stepmother's one eye is keener than a mother's two eyes
Cred air o bob deg a glywi, a thi a gei rywfaint bach o'r gwir
Believe one-tenth of what you hear and you will get some grain of truth
Crefftwr tafod hawdd ei nabod
It is easy to recognize a glib talker
Crochaf yr afon, lleiaf y pysgod
The louder the river, the fewer the fish
Cura'r haearn tra fo'n boeth
Strike the iron while it is hot
Cwsg yw bywyd heb lyfrau
A life without books is asleep
Cydwybod euog a ofna ei gysgod

A guilty conscience is afraid of its shadow
Cydymaith asyn ei glustiau
A donkey's friend is his ears
Cyfaill blaidd, bugail diog
A lazy shepherd is the wolf's friend
Cyfaill da cystal â cheffyl
A good friend is as good as a horse
Cyfoeth pob crefft
Every craft is wealth
Cyfoethog pob bodlon
Every contented person is rich
Cyfyng ac eang yw dewis
Every choice is both narrow and wide
Cymydog da ydyw clawdd
A hedge makes a good neighbour
Cynt y cwrdd dau ddyn na dau fynydd
Sooner will two men meet than two mountains
Cynt y cwymp dâr na miaren o flaen gwynt
An oak will fall sooner than a bramble bush in the wind
Cyntaf ei og, cyntaf ei gryman
First with the harrow, first with the sickle
Cysur pob gwyryf — cusan
Every maiden's comfort – a kiss
Chwedl a gynydda fel caseg eira
A tale increases like a rolling snowball
Chwefror garw; porchell marw
A rough February; a dead pigling
Chwerthin a wna ynfyd wrth foddi
The fool will laugh when drowning
Chwynnwch eich gardd eich hun yn gyntaf
Weed your own garden first
Da gadael pob da fel y mae
Leave every good as it is
Da yw dant i atal tafod
A tooth is useful to check the tongue
Darllenwch ddynion yn gystal â llyfrau

Read men as well as books
Dau ddigon sydd
Enough has only two kinds
Dedwydd pob di-falch
Every modest person is happy
Deuparth gwaith ei ddechrau
Beginning is two-thirds of work
Deuparth llwyddiant, diwydrwydd
Two-thirds of success, diligence
Diflanna geiriau, ond erys gweithredoedd
Words vanish, but actions remain
Dim glaw Mai, dim mêl Medi
No rain in May, no honey in September
Diogi a rhinwedd, dwyrain a gorllewin
Idleness and virtue are like east and west (poles apart)
Diwedd pob peth yw cyffes
Confession is the end of everything
Doeth a wrendy; ffôl a lefair
The wise listens; the fool talks
Doeth pob tawgar
Wise is the silent
Doethaf naid, naid dros fai
The wisest jump is to jump over a fault
Drych i bawb ei gymydog
A man's neighbour is his mirror
Dwla dwl, dwl hen
The most foolish of all is an old fool
Dyled ar bawb ei addewid
Everyone who promises is in debt
Dyn a chwennych, Duw a ran
Man desires, God distributes
Dyngarwch yw'r dawn gorau
Philanthropy is the best of all gifts

Eglwys cybydd, ei gist
A miser's church is his money-chest
Egni a lwydd
Exertion will succeed
Eli i bob dolur yw amynedd
Patience is an ointment for every sore

Enfys y bore, aml gawodau
Rainbow in the morning,
frequent showers
Enw da yw'r trysor gorau
A good name is the best of
treasures
Esgeulus pob hen
The old are neglectful
Etifeddiaeth werthfawr ydyw gair da
A good word is a valuable
inheritance
Euog a wêl ei gysgod rhyngddo â'r
haul
The guilty sees his shadow
between himself and the sun
Ewyn dwfr yw addewid mab
A son's promise is just foam
Fallai yw hanner y ffordd i felly
Perhaps is half way to 'yes'
Fe fynn y gwir ei le
'Truth will out'
Fe gwsg galar, ni chwsg gofal
Grief sleeps, care sleeps not
Fel yr afon i'r môr yw bywyd dyn
Man's life is like the river
flowing to the sea
Ffawd ar ôl ffawd a wna ddyn yn
dlawd
Misfortune after misfortune
makes a man poor
Ffôl pawb ar brydiau
Everyone is foolish at times
Ffolog sydd fel llong heb lyw
The fool is like a rudderless
ship
Ffon y bywyd yw bara
Bread is the staff of life
Ffordd nesaf at olud, talu dyled
The next road to wealth is to
pay one's debt
Ffynnon pob anffawd, diogi
The fount of all misfortune is
laziness
Gaeaf gwyn, ysgubor dynn
A white winter, a full barn
Gair drwg a dynn y drwg ato
One unkind word attracts more
to it
Gair mam a bery'n hir
A mother's advice lasts long
Gall y gwaethaf ddysgu bod yn orau
The worst can learn to be best
Gan bwyll y mae mynd ymhell
Going slowly, going far

Gelyn yw i ddyn ei dda
A man's wealth is his enemy
Gellir yfed yr afon ond ni ellir
bwyta'r dorlan
One can drink the river but one
can not eat the bank
Genau oer a thraed gwresog a fydd
byw yn hir
Cold lips and warm feet mean
a long life
Gloddest awr a newyn blwyddyn
An hour's festivity, a year's
famine
Gnawd i feddw ysgwyd llaw
It is customary for a drunkard
to shake hands
Gochel gyfaill a elo'n feistr
Beware of a friend who
becomes a master
Gorau aml, aml gardod
The best frequency, frequent
alms
Gorau arfer, doethineb
Wisdom is the best of practices
Gorau caffaeliad, enw da
A good name is the best
acquisition
Gorau cam, cam gyntaf
The best step is the first step
Gorau cannwyll, pwyll i ddyn
Discretion is man's best candle
Gorau cof, cof llyfr
The best memory is that of a
book
Gorau coll, enw drwg
The best of all losses, a bad
name
Gorau cyfoeth, iechyd
The best wealth is health
Gorau Cymro, Cymro oddi cartref
The best Welshman is the
exiled
Gorau chwedl, gwirionedd
Truth is the best of all tales
Gorau doethineb, tewi
The best wisdom is silence
Gorau gwraig, gwraig heb dafod
The best wife is the silent one
Gorau haelioni, rhoddi cardod
The best generosity, giving
alms
Gorau prinder, prinder geiriau
The best scarcity is the scarcity
of words

Gorau trysor, daioni
The best treasure is goodness
Gorau un tlws, gwraig dda
A good wife is the best gem
Gormod o ddim nid yw dda
Too much of anything is not good
Gorwedd yw diwedd pob dyn
Death is the end of all
Gwae a fag neidr yn ei fynwes
Woe to the person who nurtures a serpent in his bosom
Gwae leidr a fo gweledig
Woe to the thief who is seen
Gwaethaf gelyn, calon ddrwg
A wicked heart is the worst of all enemies
Gweddw crefft heb ei dawn
Craft is useless without talent
Gwell amcan gof na mesur saer
A smith's guess is better than a carpenter's measure
Gwell bach mewn llaw na mawr gerllaw
Better the small in the hand than the large nearby
Gwell bachgen call na brenin ffôl
A wise boy is better than a foolish king
Gwell benthyg nag eisiau
It is better to borrow than to be in need
Gwell bygwth na tharo
It is better to threaten than to strike a blow
Gwell câr yn y llys nag aur ar fys
A friend in the court is better than a gold ring on one's finger
Gwell ci da na dyn drwg
A good dog is better than a wicked man
Gwell cydwybod na golud
A conscience is better than riches
Gwell cymydog yn agos na brawd ymhell
Better a neighbour at hand than a distant brother
Gwell digon na gormod
Enough is better than too much
Gwell Duw yn gâr na holl lu daear
God is a better friend than all the world's people

Gwell enw da nag aur dilin
A good name is better than fine gold
Gwell hela â maneg nag â saeth
It is better to hunt with a glove than with an arrow
Gwell hanner na dim
Better half than nothing
Gwell hwyr na hwyrach
Better late than never (later)
Gwell mam anghenog na thad goludog
A needy mother is better than a rich father
Gwell migwrn o ddyn na mynydd o wraig
A small man is better than a huge woman
Gwell pwyll nag aur
Prudence is better than gold
Gwell synnwyr na chyfoeth
Better sense than riches
Gwell un awr lawen na dwy drist
One happy hour is better than two sad ones
Gwell un hwde na dau addaw
Better one gift than two promises
Gwell yr heddwch gwaethaf na'r rhyfel gorau
Better the worst peace than the best war
Gwerth dy wybodaeth i brynu synnwyr
Sell your knowledge to buy sense
Gwers gyntaf doethineb; adnabod ei hunan
Wisdom's first lesson; know thyself
Gwisg orau merch yw gwylder
Modesty is a girl's best dress
Gwna dda unwaith, gwna dda eilwaith
Do good once, do good twice
Gŵr dieithr yw yfory
Tomorrow is a stranger
Gŵr heb bwyll, llong heb angor
A man without discretion, a ship without an anchor
Gwybedyn y dom a gwyd uchaf
The dung fly rises highest

301

Gwybydd fesur dy droed dy hun
Know the length of your own foot

Gwynfyd herwr yw hwyrnos
A robber's bliss is eventide

Hardd ar ferch bod yn ddistaw
A girl's virtue is silence

Harddwch pob hardd, tangnefedd
Inner peace is the best of all beauties

Hawdd cymod lle bo cariad
Reconciliation is easy where there is love

Hawdd dweud, caled gwneud
It is easy to say, but hard to act

Haws bodloni Duw na diafol
It is easier to please God than the devil

Heb Dduw, heb ddim
Without God, without everything

Heb ei fai, heb ei eni
*He who is without fault is not born
(No one is perfect)*

Heb wraig, heb ymryson
Without a wife, without strife

Hedyn pob drwg yw diogi
Idleness is the seed of all evil

Hen bechod a wna gywilydd newydd
An old sin brings fresh shame

Hir ei dafod, byr ei wybod
A long tongue but little knowledge

Hir pob aros
Every waiting is long

Hir yn llanc, hwyr yn ŵr
If one remains long as a lad he will marry late

Hwy pery clod na hoedl
Praise lasts longer than life

Ionawr cynnes, Mai oer
A warm January, but a cold May

Llaw ddiofal a fydd gwag
The careless hand will be empty

Llon colwyn ar arffed ei feistres
The pup is happy in the lap of its owner

Llwm yw'r ŷd lle mae'r adwy
The corn harvest is poor where there is a gap in the hedge

Llysywen mewn dwrn yw arian
Money is an eel in the fist

Mae ffôl yn ymlid ei gysgod
The fool pursues his shadow

Mae pont i groesi pob anhawster
There is a bridge to cross every difficulty

Mae rhagluniaeth yn fwy na ffawd
Providence is mightier than fate

Mae'r diawl yn dda wrth ei blant
The devil is kind to his children

Mam ddiofal a wna ferch ddiog
A neglectful mother rears a lazy daughter

Meddu pwyll, meddu'r cyfan
To have discretion is to have everything

Meddwl agored, llaw agored
An open mind, an open hand

Meistr pob gwaith yw ymarfer
Practice is master of all work

Mwyaf poen yw poen methu
The greatest pain, the pain of failure

Nac adrodd a glywaist rhag ei fod yn gelwyddog
Don't repeat what you heard in case it is false

Nac yf ond i dorri syched
Don't drink except to quench your thirst

Na ddeffro'r ci a fo'n cysgu
*Do not wake the sleeping dog
(Let sleeping dogs lie)*

Nerth cybydd yn ei ystryw
Cunning is the miser's strength

Nerth gwenynen, ei hamynedd
Patience is the strength of the bee

Nes penelin nag arddwrn
*Nearer elbow than wrist
(Blood is thicker than water)*

Ni all neb ddwyn ei geraint ar ei gefn
No one can carry his relations

Ni cheir da o hir gysgu
No good comes from too much sleep

Ni cheir gan lwynog ond ei groen
A fox only gives one its pelt

Ni chyll dedwydd ei swydd
The happy will not lose his job
Ni ddaw doe byth yn ôl
Yesterday will not return
Ni ddaw henaint ei hunan
Old age does not come alone
Ni ddychwel cyngor ynfyd
A fool's advice will not return
Ni ellir prynu parch
No one can buy respect
Ni ŵyr dyn ddolur y llall
One man knows not another's pain
Nid athro ni ddysg ei hunan
No one is a teacher unless he learns himself
Nid byd, byd heb wybodaeth
A world without learning is no world
Nid call, adrodd y cyfan
It is not wise to tell everything
Nid deallus ond a ddeall ei hunan
He is not intelligent unless he understands himself
Nid doeth a ymryson
The wise does not argue
Nid eir i annwn ond unwaith
One only goes once to hell
Nid hawdd bodloni pawb
It is not easy to please everyone
Nid hwy oes dyn nag oes dail
A man's life is not longer than that of a leaf
Nid oes ar uffern ond eisiau ei threfnu
Hell needs only to be organized
Nid o fradwr y ceir gwladwr
A traitor will never become a patriot
Nid rhodd rhodd oni bydd o fodd
No gift is a gift unless it is from the heart
Nid rhy hen neb i ddysgu
No one is too old to learn
Nid tegwch heb wragedd
There is no beauty without woman
Nid yw'r hoff o lyfr yn fyr o gyfaill
He who loves books is not bereft of friends
Nid yw rhinwedd byth yn mynd yn hen
Virtue never grows old

O ddau ddrwg gorau y lleiaf
Of two evils choose the lesser
Oedran a ŵyr fwy na dysg
Old age knows more than learning
O gyfoeth y daw gofid
From wealth comes trouble
Oer yw'r cariad a ddiffydd ar un chwa o wynt
Cold is the love that is put out by one gust of wind
O mynni brysurdeb, cais long, melin a gwraig
If you want to be busy, seek a ship, a mill and a wife
Oriadur yw meddwl dyn, a rhaid ei ddirwyn bob dydd
Man's mind is a watch that needs winding daily
Oni byddi gryf, bydd gyfrwys
If you lack strength be cunning
Os rhôi barch ti gei barch
If you give respect you will receive it

Pawb a fesur arall wrtho'i hunan
Everyone measures others by himself
Pawb yn aros yr amser, a'r amser nid erys neb
Everybody waits for the time but time waits for no one
Pert pob peth bach ond diawl bach
Everything small is pretty except a small devil
Perth hyd fogel, perth ddiogel
A hedge up to one's midriff is a safe hedge
Peswch sych, diwedd pob nych
A dry cough is the end of every ailment
Po callaf y dyn anamlaf ei eiriau
The wiser the man, the fewer his words
Po fwyaf y bai, lleiaf y cywilydd
The greater the fault, the lesser the shame
Po fwyaf y cwsg, hwyaf yr einioes
The longer one sleeps, the longer one lives
Pob sorod i'r god ag ef
Throw every rubbish into the bag

303

Pob un a gâr lle ceir arian
All will love where there is money

Prinder gorau, prinder geiriau
The best scarcity, scarcity of words

Pritaf o bob prŷn, edifeirwch
The dearest buy of all, repentance

Prŷn wael, prŷn eilwaith
Buy a poor thing, buy a second time

Rhaid cariad yw cerydd
Chastisement is essential to love

Rhaid cropian cyn cerdded
One must crawl before walking

Rhaid i'r dderwen wrth gysgod yn ieuanc
The oak needs some shelter when young

Rhaid wrth lwy hir i fwyta gyda'r diafol
One needs a long spoon to sup with the devil

Rhed cachgi rhag ei gysgod
A coward flees from his shadow

Rhy hwyr galw doe yn ôl
It is too late to recall yesterday

Rhydd i bob meddwl ei farn, ac i bob barn ei llafar
Everyone has a right to his opinion, and to express it

Seguryd ni fynn sôn am waith
Idleness does not want to mention work

Selni rhai yw eu hiechyd
Good health to some is an ailment

Sylfaen pob rhinwedd — gwirionedd
The foundation of virtue is truth

Taer yw'r gwir am y golau
Truth is eager for the light

Tafl garreg at fur, hi a neidia at dy dalcen
Throw a stone at a wall and it will rebound to your forehead

Tebyg i ddyn fydd ei lwdwn
Like father, like son

Tecaf fro, bro mebyd
The finest place is one's own neighbourhood

Trech cariad na'r cyfan
Love surpasses everything

Trech gwlad nag arglwydd
A country is mightier than a lord

Trech serch nag arfau dur
Love is mightier than weapons of steel

Tri brodyr doethineb: a wrendy, a edrych, a daw
Three brothers of wisdom: he who listens, he who looks, he who is silent

Trwy dwll bychan y gwelir goleuni
Light is seen through a small hole

Trydydd troed i hen ei ffon
The third foot of the aged is his stick

Twyllo arall, twyllo dy hunan
To deceive another is to deceive thyself

Ufudd-dod ydyw llwybr bywyd
Obedience is the path of life

Un celwydd yn dad i gant
One lie is a father to a hundred

Utgorn angau yw peswch sych
A dry cough is the trumpet of death

Y ci a gyfarth ni fratha
The dog which barks does not bite

Y ddraig goch ddyry cychwyn
(Y ddraig goch a ddyry gychwyn)
The red dragon leads the way

Y doeth ni ddywed a ŵyr
The wise does not say all he knows

Yf dy gawl cyn oero
Drink thy broth before it gets cold

Y fesen yn dderwen a ddaw
The acorn will grow into an oak

Y groes waethaf yw bod heb yr un
The worst cross is to be without one

Y gwaith a ganmol y gweithiwr
*The worker is praised by his
work*
Y llaw a rydd a gynnull
The hand which gives gathers
Y mae gweithred yn well na gair
Actions are better than words
Ymhob clwyf y mae perygl
There is danger in every wound
Ymhob gwlad y megir glew
In every country a hero is bred
Ymhob pen y mae 'piniwn
*In every head there is an
opinion*
Y mwyaf ei fost, lleiaf ei orchest

*The greater the boast, the least
in accomplishment*
Yn yr hwyr y mae nabod gweithiwr
*One recognizes a worker in the
evening*
Yr afal mwyaf yw'r pydraf ei galon
*The largest apple is the most
rotten*
Yr euog a ffy heb neb yn ei erlid
*The guilty flees without any
pursuer*
Yr hen a ŵyr, yr ieuanc a dybia
*The old knows, the young
surmises*

DICTIONARY
English — Welsh

GEIRIADUR
Saesneg — Cymraeg

a.	*adjective*	*ansoddair*
ad.	*adverb*	*adferf*
art.	*article*	*bannod*
c.	*conjunction*	*cysylltair*
chem.	*chemistry*	*cemeg*
dem.	*demonstrative*	*dangosol*
f.	*feminine*	*benywaidd*
gram.	*grammar*	*gramadeg*
i.	*interjection*	*ebychiad*
ind.	*indefinite*	*amhenodol*
inter.	*interrogative*	*gofynnol*
m.	*masculine*	*gwrywaidd*
maths.	*mathematics*	*mathemateg*
n.	*noun*	*enw*
pl.	*plural*	*lluosog*
pn.	*pronoun*	*rhagenw*
prp.	*preposition*	*arddodiad*
prx.	*prefix*	*rhagddodiad*
rel.	*relative*	*perthynol*
v.	*verb*	*berf*
vet.	*veterinary*	*milfeddygol*

A, *ind. art.* (no Welsh equivalent)
aback, *ad.* YN ÔL
abacus, *n.* ABACWS
abaft, *prp.* Y TU ÔL I
   ad. YMHEN ÔL. LLONG
abandon, *v.* CYFRADAEL. GADAEL. RHOI'R GORAU I. YMADAEL Â
   n. YMRODDIAD
abandoned, *a.* WEDI EI ADAEL. OFER. AFRADLON
abandonment, *n.* GADAWAETH
abase, *v.* ISELHAU. DAROSTWNG
abasement, *n.* ISELHAD. DAROSTYNGIAD
abash, *v.* CYWILYDDIO
abate, *v.* GOSTEGU. LLEIHAU
abatement, *n.* GOSTEG. LLEIHAD. DIDDYMIAD
abattoir, *n.* LLADD-DY
abaxial, *a.* ALLECHELIN
abbess, *n.* ABADES
abbey, *n.* MYNACHLOG, ABATY
abbot, *n.* ABAD
abbreviate, *v.* BYRHAU. CWTOGI. TALFYRRU
abbreviation, *n.* BYRFODD. TALFYRIAD
abc, *n.* YR WYDDOR
abdicate, *v.* YMDDISWYDDO
abdication, *n.* YMDDISWYDDIAD
abdomen, *n.* BOL. ABDOMEN
abdominal, *a.* PERTHYNOL I'R BOL
abduct, *v.* LLATHRUDDO
abduction, *n.* LLATHRUDD
abductor, *n.* LLATHRUDDWR
aberration, *n.* EGWYRIAD
abet, *v.* CEFNOGI
abettor, *n.* CEFNOGWR
abeyance, *n.* OEDIAD
abhor, *v.* CASÁU. FFIEIDDIO
abhorrence, *n.* ATGASEDD. FFIEIDDIAD
abhorrent, *a.* ATGAS. FFIAIDD
abide, *v.* AROS. GODDEF. TRIGO
abiding, *a.* ARHOSOL. PARHAUS
ability, *n.* MEDR. GÁLLU. ABLEDD
abject, *a.* GWAEL. DISTADL. DIRMYGEDIG
abjuration, *n.* GWADIAD
abjure, *v.* GWADU
ablate, *v.* ABLADU
ablation, *n.* ABLADIAD
ablative, *a.* ABLADOL
ablaut, *n.* ABLAWT
ablaze, *ad.* AR DÂN
able, *a.* ABL. GALLUOG. MEDRUS
able-bodied, *a.* ABL. CRYF
ablution, *n.* YMOLCHIAD. PUREDIGAETH

abnegate, *v.* YMWADU
abnormal, *a.* ANGHYFFREDIN. ANNORMAL
abnormality, *n.* ABNORMALEDD. ANNORMALAETH
abode, *n.* CARTREF. PRESWYLFA
abolish, *v.* DIDDYMU. DILEU
abolition, *n.* DIDDYMIAD. DILEAD
abominable, *a.* ATGAS. FFIAIDD
abominate, *v.* CASÁU. FFIEIDDIO
abomination, *n.* FFIEIDD-DRA
aboriginal, *n.* CYNFRODOR
   a. CYNFRODOROL
abort, *v.* ERTHYLU. METHU
abortion, *n.* ERTHYLIAD
abortionist, *n.* ERTHYLYDD
abortive, *a.* ERTHYLOG. AFLWYDDIANNUS. ANNHYMIG
abound, *v.* AMLHAU. HEIGIO
about, *prp.* TUA. O GWMPAS. O BOPTU
   ad. ODDEUTU. O AMGYLCH
above, *prp.* I FYNY. UWCHBEN
   ad. TROS. FRY. UWCH
abrade, *v.* SGRAFFINIO. YSGYTHRU. SGRAFELLU
abrasive, *n.* SGRAFFINYDD
abreast, *ad.* OCHR YN OCHR. CYFOCHROG
abridge, *v.* CWTOGI
abridgement, *n.* CWTOGIAD
abroad, *ad.* AR LED. MEWN GWLAD DRAMOR
abrogate, *v.* DIDDYMU. DILEU
abrogation, *n.* DIDDYMIAD. DILEAD
abrupt, *a.* SYDYN. CWTA
abruptness, *n.* SYDYNRWYDD
abscess, *n.* CRYNHOFA. CRAWNIAD. CASGL
abscissa, *n.* ABSISA
abscond, *v.* DIANC, CILIO
abseil, *n.* ABSEIL
   v. ABSEILIO
absence, *n.* ABSEN, ABSENOLDEB
absent, *v.* ABSENOLI
   a. ABSENNOL
absentee, *n.* ABSENOLYN/WR
absenteeism, *n.* ABSENOLIAETH. ABSENOLRWYDD
absolute, *a.* ABSOL(I)WT. EITHAF. DIAMOD
absolutely, *ad.* YN HOLLOL
absolution, *n.* ABSOLWSIWN. MADDEUANT
absolutism, *n.* ABSOL(I)WTIAETH
absolve, *v.* MADDAU. RHYDDHAU
absorb, *v.* AMSUGNO
absorbent, *a.* AMSUGNOL
   n. AMSUGNYDD
absorption, *n.* AMSUGNAD

abstain, *v.* YMWRTHOD, YMATAL
abstainer, *n.* YMWRTHODWR, YMATALIWR
abstemious, *a.* SOBR, CYMEDROL
abstemiousness, *n.* SOBRWYDD,
CYMEDROLDEB
abstention, *n.* YMWRTHODIAD, YMATALIAD
abstinence, *n.* DIRWEST, YMATALIAD
abstinent, *a.* SOBR, CYMEDROL
abstract, *n.* HANIAETH, CRYNODEB
a. HANIAETHOL
v. HANIAETHU, CRYNHOI
abstraction, *n.* HANIAETH, TYNIAD
abstruse, *a.* ASTRUS, DYRYS
absurd, *a.* GWRTHUN, AFRESYMOL, ABSWRD
absurdity, *n.* GWRTHUNI, AFRESWM
abundance, *n.* LLAWEREDD, DIGONEDD,
TORETH, AMLDER
abundant, *a.* HELAETH, TOREITHIOG
abuse, *v.* SARHAU, DIFRÏO
n. SARHAD, **AMARCH**
abusive, *a.* SARHAUS, DIFRÏOL
abut, *v.* FFINIO, YMYLU
abutment, *n.* ATEGWAITH
abysmal, *a.* AFFWYSOL, DIWAELOD,
DIFESUR
abyss, *n.* AFFWYS
acacia, *n.* ACESIA
academic, *a.* ACADEMAIDD, ACADEMIG
academical, *a.* ATHROFAOL
academy, *n.* ACADEMI, ATHROFA
accede, *v.* CYTUNO, ESGYN
accelerate, *v.* CYFLYMU
acceleration, *n.* CYFLYMIAD
accelerator, *n.* CYFLYMIADUR, SBARDUN
accent, *n.* ACEN, LLEDIAITH
v. ACENNU
accentual, *a.* ACENNOL
accentuate, *v.* ACENNU, PWYSLEISIO
accentuation, *n.* ACENYDDIAETH,
ACENIAD, PWYSLAIS
accept, *v.* DERBYN
acceptability, *n.* DERBYNIOLDEB
acceptable, *a.* DERBYNIOL, CYMERADWY
acceptance, *n.* DERBYNIAD, CYMHWYSIAD,
CYTUNIAD, CYDNABYDDEB
access, *n.* MYNEDFA, MYNEDIAD, CYRCHU
accessary, *n.* AFFEITHIWR
a. AFFEITHIOL
accessibility, *n.* HYGYRCHEDD
accessible, *a.* HYGYRCH, CYRAEDDADWY
accession, *n.* CYTUNDEB, ESGYNIAD
accessions, *n.pl.* DERBYNION
accessor, *n.* ASESWR

accessories, *n.pl.* CYFWISGOEDD,
ATEGOLION
accessory, *n.* AFFEITHIWR, ATEGOLYN
a. ATEGOL, ATODOL
accidence, *n.* FFURFIANT
accident, *n.* DAMWAIN, ANAP
accidental, *n.* HAPNOD
a. DAMWEINIOL
acclaim, *v.* CYMERADWYO
acclamation, *n.* CYMERADWYAETH
acclimatise, *v.* (YM)HINSODDI
acclivity, *n.* RHIW, TYLE
accolade, *n.* ACOLÂD
accommodate, *v.* LLETYA, ADDASU
accommodation, *n.* LLETY, LLE, ARLE,
CYMHWYSIAD
accompaniment, *n.* CYFEILIANT,
accompaniments, *n.pl.*
CYFWYDYDD
accompanist, *n.* CYFEILYDD(ES)
accompany, *v.* CYD-DEITHIO, CYFEILIO
accomplice, *n.* AFFEITHIWR
accomplish, *v.* CYFLAWNI, GORFFEN
accomplished, *a.* MEDRUS
accomplishment, *n.* MEDR, DAWN, CAMP
accord, *n.* CYDSYNIAD
v. CYDSYNIO
accordance, *n.* CYTUNDEB
accordant, *a.* CYFUWCH
according (to), *prp.* YN ÔL, MEGIS
accordingly, *ad.* GAN HYNNY, FELLY
accordion, *n.* ACORDION
accost, *v.* CYFARCH, ANNERCH
account, *n.* CYFRIF, COWNT
v. RHOI CYFRIF
accountancy, *n.* CYFRIFEG
accountant, *n.* CYFRIFYDD
accounts, *n.pl.* CYFRIFON
accoutrements, *n.pl.* OFFER, ARFAU,
HARNAIS
accredit, *v.* ACHREDU
accredited, *a.* ACHREDEDIG
accretion, *n.* CRONIANT, CYNNYDD
accrue, *v.* DEILLIO, CODI
accumulate, *v.* CRONNI, CASGLU,
YMGASGLU
accumulation, *n.* CRONNEDD, CRONIANT,
CASGLIAD
accumulator, *n.* CRONIADUR
accuracy, *n.* CYWIRDEB
accurate, *a.* CYWIR, IAWN
accursed, *a.* MELLTIGEDIG
accusation, *n.* CYHUDDIAD

accusative, *a.* CYHUDDOL. GWRTHRYCHOL (GRAM.)
accuse, *v.* CYHUDDO
accused, *n.* CYHUDDEDIG
accuser, *n.* CYHUDDWR
accustom, *v.* CYFARWYDDO. CYNEFINO
accustomed, *a.* CYFARWYDD. CYNEFIN
acetabulum, *n.* ASETABWLWM
acetate, *n.* ASETYN
acetic, *a.* ASETIG
acetone, *n.* ASETÔN
acetylene, *n.* ASETYLIN
ache, *n.* DOLUR. CUR. POEN
  v. DOLURIO. BRIFO. POENI. GWYNIO
achene, *n.* ACHEN
achieve, *v.* CYFLAWNI. GORFFEN
achievement, *n.* CAMP. GORCHEST
achilles tendon, *n.* GWELLEN Y FFÊR
aching, *a.* DOLURUS. POENUS
achromatic, *a.* ACROMATIG
acid, *n.* ASID
  a. SUR
  dilute acid, ASID GWANEDIG
acidic, *a.* ASIDIG
acidify, *v.* ASIDEIDDIO
acidity, *n.* ASIDRWYDD. SURNI
acidulated, *a.* ASIDAIDD
acknowledge, *v.* CYDNABOD
acknowledgement, *n.* CYDNABYDDIAETH
acme, *n.* UCHAFBWYNT. ACME
acne, *n.* ACNE
acnode, *n.* ACNOD
acolyte, *n.* ACOLIT
acorn, *n.* MESEN
acosmism, *n.* ACOSMAETH
acoustic, *a.* ACWSTIG
acoustics, *n.* ACWSTEG
acquaint, *v.* YMGYDNABOD
acquaintance, *n.* ADNABYDDIAETH
acquainted, *a.* CYFARWYDD. CYNEFIN
acquiesce, *v.* CYDSYNIO
acquiescence, *n.* CYDSYNIAD
acquire, *v.* ENNILL. CAFFAEL
acquirement, *n.* CAFFAELIAD
acquisition, *n.* ENNILL. CAFFAELIAD
acquisitive, *a.* MEDDIANGAR. BARUS
acquit, *v.* RHYDDHAU, DIHEURO
acquittal, *n.* DIHEURIAD
acquittance, *n.* ACWITANS
acre, *n.* ERW. CYFAIR. ACER
acrid, *a.* CHWERW. LLYMSUR
acrilan, *n.* ACRILAN
acrimonious, *a.* SARRUG. CHWERW

acrimony, *n.* SARUGRWYDD. CHWERWEDD
acrobat, *n.* ACROBAT
across, *prp.* DROS. AR DRAWS
  ad. DROSODD
acrostic, *n.* ACROSTIG
acrylic, *a.* ACRYLIG
act, *n.* ACT. GWEITHRED. DEDDF
  v. ACTIO. GWEITHREDU
actable, *a.* ACTADWY
acting, *n.* ACTIO
  a. GWEITHREDOL
actinium, *n.* ACTINIWM
action, *n.* GWEITHRED. EFFAITH. ACHOS. ARWAITH. GWEITHIAD
  action song, CÂN ACTOL
actions, *n.pl.* YMDDYGIADAU
activate, *v.* ACTIFADU
activation, *n.* ACTIFIANT
activator, *n.* ACTIFADUR
active, *a.* BYWIOG. GWEITHGAREDDOL. ACTIF
activist, *n.* ACTIFYDD
activities, *n.pl.* GWEITHGAREDDAU
activity, *n.* GWEITHGARWCH. ACTIFEDD. GWEITHGAREDD
actor, *n.* ACTIWR. ACTOR
actress, *n.* ACTORES
actual, *a.* GWIRIONEDDOL. CYFLAWNEDIG
actually, *ad.* MEWN GWIRIONEDD
actuary, *n.* ACTWARI
actuate, *v.* CYMELL. YSGOGI
acumen, *n.* CRAFFTER
acute, *a.* LLYM. CRAFF. GWYLLT
  acute angle, ONGL LEM
acuteness, *n.* CRAFFTER. LLYMDER
acylate, *v.* ACYLEIDDIO
adage, *n.* DYWEDIAD (CRAFF). DIHAREB
adagio, *ad.* ADAGIO
adamant, *n.* ADAMANT
  a. DIYSGOG
adapt, *v.* ADDASU. CYMHWYSO
adaptability, *n.* CYMHWYSEDD
adaptable, *a.* CYMWYSADWY
adaptation, *n.* ADDASIAD
adaptor, *n.* ADAPTOR. ADDASYDD
adaxial, *n.* ADECHELIN
add, *v.* YCHWANEGU. ADIO
addend, *n.* ADEND
addendum, *n.* ATODIAD
adder, *n.* GWIBER. ADYDD
addict, *v.* YMROI. GORDDIBYNNU
addicted, *a.* CHWANNOG. TUEDDOL
addiction, *n.* YMROAD. GORDDIBYNIAETH

addition, *n.* YCHWANEGIAD. ADIAD
additional, *a.* YCHWANEGOL
additive, *n.* ADIOLYN. ADCHWANEGOLYN
   a. ADIOL
addled, *a.* CLWC. GORLLYD
address, *n.* CYFARCHIAD. CYFEIRIAD.
   ANERCHIAD
   v. CYFARCH. CYFEIRIO. ANNERCH
adduce, *v.* NODI
adept, *n.* CAMPWR
   a. MEDRUS
adequacy, *n.* DIGONOLRWYDD
adequate, *a.* DIGONOL
adhere, *v.* ADLYNU
adherence, *n.* ADLYNIAD
adherent, *n.* YMLYNWR
adhesion, *n.* ADLYNIAD
adhesive, *a.* ADLYNOL. GLUDIOG
   n. ADLYN. GLUDYDD
adieu, *i.* BYDD WYCH!
adipose, *a.* BRAS. TEW. BLONEGOG
adit, *n.* CEUFFORDD
adjacent, *a.* CYFAGOS
adjectival, *a.* ANSODDEIRIOL
adjective, *n.* ANSODDAIR
adjoin, *v.* FFINIO. CYDIO
adjoining, *a.* CYFAGOS. CYFFINIOL
adjourn, *v.* GOHIRIO, OEDI
adjourned, *a.* GOHIRIEDIG
adjournment, *n.* GOHIRIAD. SEIBIAD
adjudge, *v.* DYFARNU, BARNU
adjudicate, *v.* BEIRNIADU
adjudication, *n.* BEIRNIADAETH
adjudicator, *n.* BEIRNIAD
adjure, *v.* TYNGHEDU
adjust, *v.* CYMHWYSO. (YM)ADDASU.
   CYWEIRIO
adjustable, *a.* ADDASADWY. CYMWYSADWY
adjustment, *n.* (YM)ADDASIAD.
   CYMHWYSIAD. CYWEIRIAD
administer, *v.* GWEINYDDU
administration, *n.* GWEINYDDIAD.
   GWEINYDDIAETH
administrative, *a.* GWEINYDDOL
administrator, *n.* GWEINYDDWR
admirable, *a.* CAMPUS. RHAGOROL
admiral, *n.* LLYNGESYDD
admiralty, *n.* MORLYS
admiration, *n.* EDMYGEDD. PARCH
admire, *v.* EDMYGU. PARCHU
admirer, *n.* EDMYGYDD. CARWR
admissible, *a.* DERBYNIADWY
admission, *n.* DERBYNIAD. CYFADDEFIAD.
   ADMISIWN

admit, *v.* CYFADDEF. DERBYN. CANIATÁU
admittance, *n.* MYNEDIAD. DERBYNIANT
admixture, *n.* CYMYSGIAD. CYMYSGEDD
admonish, *v.* CERYDDU
admonition, *n.* CERYDD. GOFEIO
adnate, *n.* ADNAWD
ado, *n.* HELYNT. FFWDAN
adolescence, *n.* LLENCYNDOD. ADOLESENS.
   GLASOED
adolescent, *n.* ADOLESENT
   a. LLENCYNNOL. ADOLESENT
adopt, *v.* MABWYSIADU
adopted, *a.* MABWYSIEDIG
adoption, *n.* MABWYSIAD
adorable, *a.* ADDOLADWY
adoration, *n.* ADDOLIAD. ADDOLIANT
adore, *v.* ADDOLI
adorn, *v.* ADDURNO. HARDDU. TRWSIO
adornment, *n.* ADDURN. TRWSIAD
adrenalin, *n.* ADRENALIN
adroit, *a.* DEHEUIG. MEDRUS
adroitness, *n.* DEHEURWYDD.
   MEDRUSRWYDD
adsorb, *v.* ARSUGNO
adsorption, *n.* ARSUGNIAD
adulate, *v.* GWENIEITHIO
adulation, *n.* GWENIAITH
adult, *n.* OEDOLYN
adulterate, *v.* LLYGRU. DIFWYNO
adulteration, *n.* LLYGRIAD. DIFWYNIAD
adulterer, *n.* GODINEBWR
adulterous, *a.* GODINEBUS
adultery, *n.* GODINEB
advance, *v.* CYNNIG. BLAENU. CYNYDDU.
   BLAENSYMU
   n. BLAENSWM. ESTYNIAD. ECHWYN (BANC)
advanced, *a.* UWCH. CALED
advancement, *n.* CODIAD. DYRCHAFIAD
advantage, *n.* MANTAIS. LLES
advantageous, *a.* MANTEISIOL. LLESOL
advection, *n.* LLORFUDIANT
advent, *n.* YR ADFENT. DYFODIAD
adventitious, *a.* DAMWEINIOL
adventure, *n.* ANTUR(IAETH)
adventurer, *n.* ANTURIWR. ANTURIAETHWR
adventurous, *a.* ANTURUS. ANTURIAETHUS.
   HY
adverb, *n.* ADFERF
adverbial, *a.* ADFERFOL
adversary, *n.* GWRTHWYNEBYDD
adverse, *a.* GWRTHWYNEBUS. CROES
adversity, *n.* ADFYD. TRALLOD
advertise, *v.* HYSBYSEBU

advertiser, *n.* HYSBYSEBWR
advertisement, *n.* HYSBYSEB
advice, *n.* CYNGOR
advisable, *a.* BUDDIOL. LLESOL
advise, *v.* CYNGHORI
adviser, *n.* CYNGHORWR
advisory, *a.* CYNGHOROL. YMGYNGHOROL
advocacy, *n.* DADLEUAETH
advocate, *n.* ADFOCAD. HYRWYDDWR.
  TAFODOG
advowson, *n.* ADFOWSON
adze, *n.* BWYELL GAM. NEDDYF
aeolian, *n.* AEOLAIDD
aerate, *v.* AWYRU
aerated, *a.* AWYROG
aeration, *n.* AWYRIAD
aerial, *n.* ERIAL
  a. AWYROL
  aerial photograph, AWYRLUN
aerobic, *a.* AEROBIG
aerodrome, *n.* ERODROM
aerodynamics, *n.* AERODYNAMEG
aerology, *n.* AEROLEG
aeronaut, *n.* AWYRENNWR
aeronautics, *n.* AERONOTEG.
  AWYRENNAETH
aeroplane, *n.* AWYREN
aerosol, *n.* AEROSOL
aerospace, *n.* AWYROFOD, AEROFOD
aesthetic, *a.* ESTHETIG
aesthetics, *n.* ESTHETEG
aether, *n.* AETHER
aetiological, *a.* ACHOSEGOL
aetiology, *n.* ACHOSEG
afar, *ad.* YMHELL
affability, *n.* HYNAWSEDD
affable, *a.* HYNAWS, CLÊN
affair, *n.* MATER, ACHOS, HELYNT
  current affairs, MATERION CYFOES
affect, *n.* AFFAITH
  v. AFFEITHIO, MENNU, DYLANWADU
affectation, *n.* RHODRES. MURSENDOD
affected, *a.* MURSENNAIDD
affection, *n.* SERCH, AFFEITHIAD
affectionate, *a.* SERCHOG
afferent, *a.* AFFEROL
affidavit, *n.* AFFIDAFID
affiliate, *v.* TADOGI
affiliation, *n.* TADOGAETH
affine, *n.* AFFIN
affinity, *n.* PERTHYNAS, AFFINEDD
affirm, *v.* CADARNHAU
affirmation, *n.* CADARNHAD

affirmative, *a.* CADARNHAOL
affix, *v.* SICRHAU
  n. ÔL-DDODIAD
afflation, *n.* ANADLIAD
afflict, *v.* CYSTUDDIO
afflicted, *a.* CYSTUDDIOL
affliction, *n.* CYSTUDD
affluence, *n.* GOLUDLONEDD
affluent, *a.* GOLUDLAWN, GOLUDOG.
  CEFNOG
afford, *v.* FFORDDIO
afforest, *v.* COEDWIGO, FFORESTU
afforestation, *n.* COEDWIGAETH.
  COEDWIGIAD
affray, *n.* AFFRAE. FFRWGWD
affricative, *a.* AFFRITHIOL
affront, *n.* SARHAD, SEN, ANFRI
afoot, *ad.* AR WAITH, AR DROED
aforehand, *ad.* YMLAEN LLAW
aforesaid, *a.* DYWEDEDIG
afraid, *a.* OFNUS
afresh, *ad.* O'R NEWYDD
aft, *ad.* TU ÔL
after, *prp.* WEDI
  ad. WEDYN, YNA
afterbirth, *n.* Y BRYCH, GARW. OLESGOR
aftercare, *n.* ÔL-OFAL
afterglow, *n.* OLDYWYN, GOLEWYCH
aftermath, *n.* ADLADD, CANLYNIAD
afternoon, *n.* PRYNHAWN
afterwards, *ad.* WEDYN, WEDI HYNNY
again, *ad.* ETO, EILWAITH, DRACHEFN
against, *prp.* AR GYFER, CYFERBYN, (YN)
  ERBYN
agape, *n.* CARIADWLEDD
  ad. YN SAFNRWTH
agate, *n.* AGET
age, *n.* OES, OED(RAN), EINIOES
  v. HENEIDDIO
  ages, OESOEDD, HYDOEDD
aged, *a.* HEN, OEDRANNUS
agency, *n.* ASIANTAETH, CYFRWNG
agenda, *n.* AGENDA
agent, *n.* ASIANT, CYFRWNG
  agent provocateur, CUDDGYNHYRFWR
agglomerate, *n.* LLOSGARNEDD
  v. ATHYRRU
agglutination, *n.* CYFLUDIAD
aggrade, *v.* AGRADU
aggravate, *v.* CYTHRUDDO, FFYRNIGO
aggravating, *a.* POENUS
aggregate, *n.* AGREG, CYFANSWM
  v. AGREGU

aggregation, *n.* CYFANREDIAD
aggression, *n.* YMOSODEDD, TREISGYRCH
aggressive, *a.* YMOSODGAR
aggressiveness, *n.* YMOSODGAREDD
aggressor, *n.* YMOSODWR
aghast, *a.* SYN
agile, *a.* SIONC, HEINI, GWISGI
agility, *n.* SIONCRWYDD, YSTWYTHDER
agist, *v.* PORFELU, TACIO
agistment, *n.* PORFELAETH, TAC
agitate, *v.* CYNHYRFU, CYFFROI
agitation, *n.* CYNNWRF, CYFFRO
agitator, *n.* CYNHYRFWR, CYFFRÖWR,
   TARFWR
agnostic, *n.* AGNOSTIG
agnosticism, *n.* AGNOSTICIAETH
ago, *ad.* YN ÔL, CYN HYN
agog, *a.* AWYDDUS, BRWD
agony, *n.* ING, POEN, DIRBOEN
agrarian, *a.* AMAETHOL
agree, *v.* CYTUNO, CYDFYNED, BODLONI
agreeable, *a.* CYTÛN, DYMUNOL, CLÊN
agreed, *a.* CYTUNEDIG
agreement, *n.* CYTUNDEB, CYDWELEDIAD
agricultural, *a.* AMAETHYDQOL
agriculture, *n.* AMAETHYDDIAETH
agronomy, *n.* AGRONOMEG
agrostis, *n.* MAESWELLT
aground, *ad.* AR DIR, AR LAWR
ague, *n.* ACSES, Y CRYD
ah, *i.* O! OCH! WFFT!
ahead, *ad.* YMLAEN, O FLAEN
aid, *n.* CYMORTH, HELP, CYNHORTHWY
   v. CYNORTHWYO, HELPU
   first aid, CYMORTH CYNTAF
aids, *n.pl.* CYMHORTHION
aiguille, *n.* NODWYDD
ail, *v.* CLAFYCHU, BLINO
ailment, *n.* AFIECHYD, DOLUR, ANHWYLDEB
aim, *n.* NOD, AMCAN, ANELIAD, BWRIAD
   v. AMCANU, ANELU, BWRIADU
air, *n.* AWYR, AER, ALAW
   v. AWYRU, CRASU, DATGAN
   air piracy, AWYRLADRAD
air-condition, *v.* NAWSAERU
air-conditioned, *a.* NAWSAER
aircraft, *n.* AWYREN(NAU)
airfield, *n.* MAES AWYR, AWYRENFA
airforce, *n.* LLU AWYR, AWYRLU
air-freshener, *n.* FFRESNYDD AWYR/AER
air-hostess, *n.* STIWARDES AWYREN
airline, *n.* CWMNI HEDFAN
air-lock, *n.* AERGLO

airmail, *n.* POST AWYR
airport, *n.* PORTH AWYR
air-raid, *n.* CYRCH AWYR
airs, *n.pl.* ALAWON, RHODRES
airship, *n.* LLONG AWYR
airtight, *a.* AERGLOS, AERDYN
airy, *a.* AWYROL, YSGAFN
aisle, *n.* YSTLYS, ALE, EIL
ajar, *a.* CILAGORED
akin, *a.* PERTHYNOL, CYTRAS
alabaster, *n.* ALABASTR
alacrity, *n.* BYWIOGRWYDD, PARODRWYDD
alanine, *n.* ALANIN
alarm, *n.* DYCHRYN, BRAW, OFN
   v. DYCHRYNU, BRAWYCHU
alarm-clock, *n.* CLOC LARWM
alarming, *a.* DYCHRYNLLYD, OFNADWY
alas, *i.* OCH! GWAE FI! YSYWAETH!
albeit, *c.* ER, ER HYNNY
albinism, *n.* ALBINEDD
albino, *n.* ALBINO
   a. ALBINAIDD
album, *n.* ALBWM
albumen, *n.* GWYNNWY, ALBWMEN
alchemist, *n.* ALCEMYDD
alchemy, *n.* ALCEMI
alcohol, *n.* ALCOHOL
alcoholic, *n.* ALCOHOLIG
   a. ALCOHOLAIDD
alcoholism, *n.* ALCOHOLIAETH
alcove, *n.* ALCOF
alder, *n.* GWERNEN
alderman, *n.* HENADUR
aldermanic, *a.* HENADUROL
ale, *n.* CWRW, TABLEN
alehouse, *n.* TAFARN
alert, *a.* EFFRO, GWYLIADWRUS
   n. RHYBUDD
alertness, *n.* BYWIOGRWYDD, CRAFFTER
algebra, *n.* ALGEBRA, ALGEBREG
algebraic, *a.* ALGEBRAIDD
algorithm, *n.* ALGORITHM
alias, *ad.* NEU, YN AMGEN
   n. ENW ARALL
alibi, *n.* ALIBI, ALLFAN
alidade, *n.* ALIDAD
alien, *n.* ALIWN, ESTRONWR
   a. ESTRON(OL)
alienate, *v.* DIEITHRIO, TROSI, ARALLU
alienation, *n.* DIEITHRIAD, ARALLIAD
alight, *v.* DISGYN
   ad. AR DÂN

align, *v.* ALINIO, YMOCHRI
aligned, *a.* YMOCHROL, CYFUNION
alignment, *n.* ALINIAD, YMOCHREDD
alike, *a.* TEBYG, CYFFELYB
　　ad. YN DEBYG, YN GYFFELYB
alimentary, *a.* MAETHOL
alimony, *n.* ALIMONI
aliquot, *n.* ALICWOT
alive, *a.* BYW(IOG)
　　ad. YN FYW
alkali, *n.* ALCALI
alkaline, *a.* ALCALINAIDD
alkalinity, *n.* ALCALINEDD
alkene, *n.* ALCEN
all, *n.* PAWB, Y CYFAN, Y CWBL
　　a. HOLL, I GYD
　　ad. OLL, YN HOLLOL
allay, *v.* TAWELU, LLINIARU
allegation, *n.* HAERIAD, HONIAD,
　ALEGASIWN
allege, *v.* HONNI, HAERU
alleged, *a.* HONEDIG
allegiance, *n.* TEYRNGARWCH
allegorical, *a.* ALEGORΪAIDD
allegorize, *v.* ALEGOREIDDIO
allegory, *n.* ALEGORI, ALLEG
allegro, *a.* BYWIOG, HOENUS
allele, *n.* ALEL
alleluia, *n.* HALEL(I)WIA
allergic, *a.* ALLERGOL
allergy, *n.* ALLERGEDD
alleviate, *v.* LLINIARU, LLEDDFU
alleviation, *n.* ESMWYTHYD
alley, *n.* ALI, ALE
Allhallowtide, *n.* CALAN GAEAF
alliance, *n.* CYNGHRAIR
allied, *a.* CYNGHREIRIOL, PERTHYNOL
alliterate, *n.* CYSEINIO
alliteration, *n.* CYSEINEDD,
　CYFLYTHRENIAD
allocate, *v.* DYRANNU
allocation, *n.* DYRANIAD
allogenic, *a.* ALOGENIG
allot, *v.* ALOTIO, PENNU
allotment, *n.* RHANDIR, LOTMENT
allotropy, *n.* ALOTROPIAETH
allow, *v.* CANIATÁU, GODDEF
allowance, *n.* LWFANS, DOGN
alloy, *n.* ALOI
all-round, *n.* AMRYDDAWN
allude, *v.* CYFEIRIO, CRYBWYLL
allure, *v.* DENU, HUDO
allurement, *n.* HUDOLIAETH

alluring, *a.* DENGAR, HUDOLUS
allusion, *n.* CYFEIRIAD, CRYBWYLLIAD
alluvial, *a.* LLIFWADDODOL
alluvium, *n.* LLIFWADDOD
ally, *n.* CYNGHREIRIAD
　　v. CYNGHREIRIO
almanac, *n.* ALMANAC
almighty, *a.* HOLLALLUOG
almond, *n.* ALMON
almoner, *n.* ALMONWR, ELUSENNWR
almost, *ad.* BRON, BRAIDD, YMRON
alms, *n.* ELUSEN, CARDOD
alms-house, *n.* ELUSENDY
aloe, *n.* ALWYS
aloft, *ad.* FRY, I FYNY
alone, *a.* UNIG, AR EI BEN EI HUN, WRTHO'I
　HUN
along, *ad.* YMLAEN, AR EI HYD
　　prp. AR HYD
　alongside, OCHR YN OCHR
aloof, *ad.* AR WAHÂN
aloofness, *n.* OERNI
aloud, *ad.* YN UCHEL, YN GROCH
alp, *n.* ALP
alphabet, *n.* YR WYDDOR
alphabetical, *a.* YN NHREFN YR WYDDOR
alpine, *a.* ALPAIDD
already, *ad.* YN BAROD, EISOES
also, *ad.* HEFYD
altar, *n.* ALLOR
alter, *v.* NEWID, ALTRO
alteration, *n.* NEWID, ALTRAD,
　CYFNEWIDIAD
altercate, *v.* CWERYLA, FFRAEO
altercation, *n.* CWERYL, FFRAE
alternate, *v.* EILEDU, ARYNEILIO
　　a. EILEDOL, BOB YN AIL
alternating, *a.* EILEDOL, BOB YN AIL
alternative, *a.* ARALL
　　n. DEWIS
alternatively, *ad.* AR YN AIL
alternator, *n.* EILIADUR
although, *c.* SERCH, ER
altiplanation, *n.* UWCHWASTADIANT
altitude, *n.* UCHDER
altimeter, *n.* ALTIMEDR
alto, *n.* ALTO
altogether, *ad.* O'R BRON, YN HOLLOL, YN
　GYFAN GWBL
altruism, *n.* ALLGAREDD
altruist, *n.* ALLGARWR
alum, *n.* ALWM
aluminium, *n.* ALWMINIWM

alveolus, *n.* ALFEOLUS
always, *ad.* BOB AMSER, YN WASTAD(OL)
amalgam, *n.* AMALGAM
amalgamate, *v.* ARUNO
amalgamation, *n.* ARUNIAD, CYFUNIAD
amass, *v.* CRONNI, PENTYRRU, CASGLU
amateur, *n.* AMATUR
   a. AMATUR(AIDD)
amateurish, *a.* TRWSGL
amateurism, *n.* AMATURIAETH
amaze, *v.* SYNNU, RHYFEDDU, SYFRDANU
amazement, *n.* SYNDOD, SYFRDANDOD
ambassador, *n.* LLYSGENNAD
amber, *n. & a.* AMBR
ambiguity, *n.* AMWYSEDD, ASTRUSI
ambiguous, *a.* AMWYS, ASTRUS
ambit, *n.* CWMPASIAD
ambition, *n.* UCHELGAIS
ambitious, *a.* UCHELGEISIOL
amble, *v.* RHYGYNGU
   n. RHYGYNG
ambulance, *n.* AMBIWLANS
ambush, *n.* RHAGOD, CYNLLWYN
   v. RHAGOD, CYNLLWYN
ameliorate, *v.* GWELLA
amelioration, *n.* GWELLHAD
amen, *n.* AMEN
amenable, *a.* HYDRIN, CYFRIFOL
amend, *v.* GWELLA, DIWYGIO, CYWIRO
amendment, *n.* GWELLIANT
amends, *n.pl.* IAWN
amenity, *n.* AMWYNDER
amerce, *v.* AMERSU
America, *n.* AMERICA
American, *n.* AMERICANWR
   a. AMERICANAIDD
amiability, *n.* HYNAWSEDD
amiable, *a.* HYNAWS, SERCHUS
amicable, *a.* CYFEILLGAR
amide, *n.* AMID
amid(st), *prp.* YMHLITH, RHWNG,
   YNGHANOL, YMYSG
amination, *n.* AMINEDD
amine, *n.* AMIN
amiss, *a.* BEIUS
   ad. O CHWITH, O LE, O'I LE
amity, *n.* CYFEILLGARWCH
ammeter, *n.* AMEDR
ammonia, *n.* AMONIA
amnesia, *n.* AMNESIA
amnesty, *n.* AMNEST
amoeba, *n.* AMIBA
amoeboid, *a.* AMIBAIDD

amok, *a.* PENWYLLT
among(st), *prp.* YMHLITH, RHWNG, YMYSG
amorous, *a.* SERCHOG
amorphous, *a.* AMORFFUS, DI-FFURF
amount, *n.* SWM, CYFANSWM
   v. CYFRIF
amour, *n.* SERCH, CARWRIAETH
ampere, *n.* AMPER
amphibian, *n.* AMFFIBIAD
   a. AMFFIBIAIDD
amphibious, *a.* AMFFIBUS, AMFFIBIWS
amphitheatre, *n.* AMFFITHEATR
ample, *a.* HELAETH, DIGON, EANG
amplification, *n.* MWYHAD, HELAETHIAD
amplifier, *n.* MWYHADUR
amplify, *v.* MWYHAU
amplitude, *n.* ARG, OSGLED
amputate, *v.* TRYCHU, TORRI
amputation, *n.* TRYCHIAD, TORIAD
amuse, *v.* DIDDANU, DIFYRRU
amusement, *n.* DIFYRRWCH, DIGRIFWCH
amusing, *a.* DIFYRRUS, YSMALA
an, *ind. art.* (no Welsh equivalent)
anabaptism, *n.* AILFEDYDDIAETH
anabaptist, *n.* AILFEDYDDIWR
anabatic, *a.* ANABATIG
anabolism, *n.* ANABOLAETH
anachronism, *n.* ANACRONIAD
anaemia, *n.* ANAEMIA, GWAED TENAU
anaemic, *a.* ANAEMIG
anaerobic, *a.* ANAEROBIG
anaesthetic, *n.* ANAESTHETIG
anaesthetist, *n.* ANAESTHETYDD
anagram, *n.* ANAGRAM
analogous, *a.* CYFATEBOL, CYDWEDDOL
analogue, *n.* ANALOG, CYDWEDD
analogy, *n.* CYFATEBIAETH, CYDWEDDIAD
analyse, *v.* DADANSODDI
analyser, *n.* DADANSODDYDD
analysis, *n.* DADANSODDIAD
analytic(al), *a.* DADANSODDOL
anarchist, *n.* ANARCHYDD
anarchy, *n.* ANARCHIAETH
anathema, *n.* MELLTITH, ANATHEMA
anatomical, *a.* ANATOMEGOL
anatomy, *n.* ANATOMI
ancestor, *n.* HYNAFIAD
ancestral, *a.* HYNAFIADOL
ancestry, *n.* ACH, LLINACH, TYLWYTH
anchor, *n.* ANGOR
   v. ANGORI
anchorage, *n.* ANGORFA
anchorite, *n.* ANCR, MEUDWY

anchovy, *n.* ANSIOFI, BRWYNIAD
ancient, *a.* HYNAFOL
  ancient monument, HENEBYN
ancillary, *a.* ATEGOL, CYNORTHWYOL
and, *c.* A, AC
andiron, *n.* BRIGWN, GOBED
anecdote, *n.* HANESYN
anemometer, *n.* ANEMOMEDR
aneurin, *n.* ANEURIN
anew, *ad.* EILWAITH, O'R NEWYDD
angel, *n.* ANGEL
angelic, *a.* ANGYLAIDD
anger, *n.* LLID, DICTER
  v. DIGIO, CYTHRUDDO
angle, *n.* ONGL, CORNEL
  acute angle, ONGL LEM
  adjacent angles, ONGLAU CYFAGOS
  alternate angles, ONGLAU EILEDOL
  corresponding angles, ONGLAU
  CYFATEBOL
  included angle, ONGL GYNWYSEDIG
  obtuse angle, ONGL AFLEM
  reflex angle, ONGL ATBLYG
  right angle, ONGL SGWÂR
  supplementary angles, ONGLAU
  ATODOL
Anglican, *a.* ANGLICANAIDD
Anglicise, *v.* SEISNIGO, SEISNIGEIDDIO
Anglo-, *a.* EINGL-
angry, *a.* DICLLON, DIG
anguish, *n.* ING, DIRBOEN, GLOES
angular, *a.* ONGLOG
angularity, *n.* ONGLOGRWYDD
anhydrous, *a.* ANHYDRUS
animal, *n.* ANIFAIL, MIL
  a. ANIFEILAIDD
animate, *a.* BYW(IOL)
  v. BYWHAU
animatism, *n.* ANIMATIAETH
animism, *n.* ANIMISTIAETH,
  ENEIDYDDIAETH
animist, *n.* ANIMISTIAD, ENEIDYDD
animosity, *n.* CAS, GELYNIAETH
anion, *n.* ANION
ankle, *n.* FFÊR, MIGWRN, PIGWRN
annals, *n.pl.* BLWYDDNODION
annate, *n.* ANAWD
anneal, *v.* ANELIO
annealing, *n.* ANELIAD
annex, *n.* YCHWANEGIAD
  v. CYFEDDIANNU, CYSYLLTU
annexation, *n.* CYFEDDIANNAETH
annexe, *n.* YCHWANEGIAD, ATODIAD

annihilate, *v.* DIFODI, DIDDYMU
annihilation, *n.* DIFODIANT, DIDDYMIANT
anniversary, *n.* CYLCHWYL, PEN-BLWYDD
annoint, *v.* ENEINIO
annotation, *n.* ANNODIAD
announce, *v.* CYHOEDDI, DATGAN
announcement, *n.* CYHOEDDIAD,
  HYSBYSIAD
announcer, *n.* CYHOEDDWR
annoy, *v.* BLINO, TRALLODI, CYTHRUDDO
annoyance, *n.* BLINDER, POEN
annual, *n.* UNFLWYDDIAD
  a. BLYNYDDOL
annuity, *n.* BLWYDD-DÂL
annul, *v.* DIRYMU, DILEU
annulment, *n.* DIRYMIAD
annulus, *n.* ANWLWS
annunciation, *n.* CYFARCH(IAD)
anode, *n.* ANOD
anodyne, *n.* ANODÌN
anoint, *v.* ENEINIO
  The Anointed, YR ENEINIOG
anomalous, *a.* ANRHEOLAIDD, ANOMALUS
anomaly, *n.* ANOMALEDD, ANGHYSONDER,
  ANRHEOLEIDD-DRA
anomic, *a.* ANOMIG
anomy, *n.* ANOMI
anon, *ad.* YN UNION, TOC, YN Y MAN
anonymous, *a.* ANHYSBYS, DI-ENW
anorexia, *n.* ANORECSIA, ANCHWANT BWYD
anoxia, *n.* ANOCSIA
another, *a. & pn.* ARALL
answer, *n.* ATEB(IAD)
  v. ATEB
answerable, *a.* ATEBOL, CYFRIFOL
ant, *n.* MORGRUGYN, MYWIONYN
antagonism, *n.* GELYNIAETH,
  GWRTHWYNEBIAETH
antagonist, *n.* GWRTHWYNEBYDD
antarctic, *n. & a.* ANTARCTIG
ante-, *px.* RHAG-, CYN-
antecedent, *n.* RHAGFLAENYDD.
  RHAGALAW
  a. BLAENOROL
antelope, *n.* ANTELOP, GAFREWIG
ante-natal, *a.* CYN-GENI
antenna, *n.* TEIMLYDD
anterior, *a.* CYN, BLAEN(OROL)
anthem, *n.* ANTHEM
anther, *n.* ANTHER, BRIGER
anthology, *n.* BLODEUGERDD, BLODEUGLWM
anthracite, *n.* GLO CALED/CARREG
anthrax, *n.* ANTHRACS, Y DDUEG

317

anthropocentric, *a.* DYNGREIDDIOL
anthropological, *a.* ANTHROPOLEGOL
anthropologist, *n.* ANTHROPOLEGWR
anthropology, *n.* ANTHROPOLEG
anthropomorphism, *n.* ANTHRO-
  POMORFFAETH
anthroposophy, *n.* ANTHROPOSOFFI
anti-, *px.* GWRTH-
antibiotic, *n. & a.* ANTIBIOTIG,
  GWRTHFIOTIG
antibody, *n.* ANTIBODI, GWRTHGORFFYN
antichrist, *n.* ANGHRIST
anticipate, *v.* RHAGWELD, ACHUB Y BLAEN
anticipation, *n.* DISGWYLIAD
anticlimax, *n.* DISGYNNEB
anticlinical, *a.* ANTICLINIOL
anticline, *n.* ANTICLIN
antics, *n.pl.* CAMPAU, STRANCIAU
anticlockwise, *a.* GWRTHGLOC(WEDD)
anticyclone, *n.* GWRTHDRÔWYNT,
  ANTISEICLON
antidote, *n.* GWRTHWENWYN
antifreeze, *n.* GWRTHREW(YN)
antifriction, *n.* GWRTHFFRITHIANT
antinomian, *a.* ANTINOMAIDD
antinomy, *n.* GWRTHDDEDDF,
  GWRTHEBIAETH
antipathy, *n.* CAS, GELYNIAETH
antiphase, *a.* GWRTHWEDD
antiphon, *n.* ANTIFFON
antipodes, *n.* CYFERBWYNT
antiquarian, *n.* HYNAFIAETHYDD
antiquated, *a.* HENFFASIWN
antique, *n.* HYNAFOLYN
  a. HENFFASIWN
antiquity, *n.* HYNAFIAETH
antiseptic, *n.* ANTISEPTIG, GWRTH-HAINT
antithesis, *n.* GWRTHGYFERBYNIAD,
  GWRTHOSODIAD, ANTITHESIS
antithetical, *a.* GWRTHGYFERBYNIOL
antler, *n.* RHAIDD
antonym, *n.* GWRTHWYNEB(AIR),
  GWRTHEBIAETH
anuria, *n.* CARCHAR DWR, ANURIA
anvil, *n.* EIN(G)ION
anxiety, *n.* PRYDER
anxious, *a.* PRYDERUS, AWYDDUS
any, *a.* RHYW, PETH, DIM, UNRHYW
aorist, *n.* GORFFENNOL
aorta, *n.* GWYTHÍEN FAWR, AORTA
apace, *ad.* YN FUAN, AR FFRWST, AR FRYS
apart, *ad.* AR WAHÂN, O'R NEILLTU
apartheid, *n.* ARWAHANRWYDD,
  APARTHEID

apartment, *n.* RHANDY
apathetic, *a.* DIFATER, DIDARO
apathy, *n.* DIFRAWDER, DIFATERWCH
ape, *n.* EPA
  v. DYNWARED
aperiodic, *a.* DIGYFNOD
aperture, *n.* AGORFA, TWLL
apetalous, *a.* DIBETALOG
apex, *n.* APIG, PEN
aphis, *n.pl.* LLYSLAU
aphorism, *n.* GWIREB
apiary, *n.* GWENYNFA
apical, *a.* APIGOL
apocalypse, *n.* DATGUDDIAD, APOCALYPS
Apocrypha, *n.* YR APOCRYFFA
apologetics, *n.pl.* DIFFYNIAETH,
  APOLOGIAETH
apologise, *v.* YMDDIHEURO
apology, *n.* YMDDIHEURIAD, APOLEG,
  DIFFYNIAD
apophthegm, *n.* DOETHAIR
apoplexy, *n.* PARLYS MUD
apostasy, *n.* APOSTASI
apostle, *n.* APOSTOL
apostolic, *a.* APOSTOLAIDD
apostrophe, *n.* COLLNOD
apothecary, *n.* APOTHECARI
apotheosis, *n.* DWYFOLIAD
appal, *v.* ARSWYDO
appalling, *a.* ARSWYDUS, OFNADWY
appanage, *n.* APANAETH
apparatus, *n.* CYFARPAR, OFFER
apparel, *n.* DILLAD, GWISG
  v. DILLADU, GWISGO
apparent, *a.* AMLWG, EGLUR,
  YMDDANGOSOL
apparently, *ad.* MAE'N DEBYG
apparition, *n.* DRYCHIOLAETH, YSBRYD
appeal, *n.* APÊL
  v. APELIO, CREFU, ERFYN
appear, *v.* YMDDANGOS, YMRITHIO
appearance, *n.* YMDDANGOSIAD, RHITH,
  DULL
appease, *v.* CYMODI, LLONYDDU, DYHUDDO
appeasement, *n.* CYMOD
appellant, *n.* APELYDD
append, *v.* ATODI, YCHWANEGU
appendage, *n.* ATOD(IAD), YCHWANEGIAD
appendicitis, *n.* LLID Y COLUDDYN,
appendix, *n.* ATODIAD, APENDICS
apperception, *n.* CYFARGANFOD
appertain, *v.* YMWNEUD, PERTHYN

appetiser, *n.* BLASYN
appetising, *a.* ARCHWAETHUS, BLASUS
appetite, *n.* ARCHWAETH
applaud, *v.* CYMERADWYO, CURO DWYLO
applause, *n.* CYMERADWYAETH, CURO DWYLO
apple, *n.* AFAL
 apple of the eye, CANNWYLL Y LLYGAD
appliance, *n.* OFFERYN
applicable, *ad.* YN GYMWYS
applicant, *n.* YMGEISYDD
application, *n.* CAIS, CEISEB, YMRODDIAD
applied, *a.* CYMHWYSOL, GOSOD, CYMWYSEDIG
 applied braid, BRED GOSOD
apply, *v.* YMGEISIO, YMROI
appoint, *v.* PENODI, TREFNU, NODI
appointment, *n.* PENODIAD, APWYNTIAD
apportion, *v.* DOSRANNU
apportionment, *n.* DOSRANIAD
appraisal, *n.* PRISIAD
appraise, *v.* PRISIO
appreciate, *v.* GWERTHFAWROGI, ARBRISIO
appreciation, *n.* GWERTHFAWROGIAD, ARBRISIAD
apprehend, *v.* DIRNAD, OFNI, AMGYFFRED
apprehension, *n.* DIRNADAETH, AMGYFFRED, OFN
apprehensive, *a.* OFNUS, PRYDERUS
apprentice, *n.* PRENTIS
 v. PRENTISIO
apprenticeship, *n.* PRENTISIAETH
approach, *v.* AGOSÁU, NESU, NESÁU
 n. NESÂD, DYNESIAD, DYNESFA
approachable, *a.* HAWDD MYND ATO
appropriate, *a.* ADDAS, PRIODOL
 v. ADFEDDU
appropriation, *n.* ADFEDDIANT, CYFEDDIANT
approval, *n.* CYMERADWYAETH
approve, *vv.* CYMERADWYO, APROFI
approximate, *v.* LLEDAMCANU, BRASAMCANU
 a. LLEDAMCAN, BRAS
approximately, *ad.* TUA
approximation, *n.* LLEDAMCAN, BRASAMCAN
apricot, *n.* BRICYLLEN
April, *n.* EBRILL
apron, *n.* FFEDOG, BARCLOD
apropos, *ad.* YNGLŶN Â
apse, *n.* APS, CROMFAN
apsidal, *a.* CROMFANNOL

apt, *a.* PRIODOL, CYMWYS, TUEDDOL, CHWANNOG
aptitude, *n.* DAWN, TUEDDFRYD
aptness, *n.* ADDASRWYDD
aqua, *n.* ACWA
aquarium, *n.* ACWARIWM
aquatic, *a.* DYFROL
aqueduct, *n.* TRAPHONT DDŴR
aqueous, *a.* DYFRLLYD
aquifer, *n.* DYFR-HAEN
arable, *a.* ÂR
arbiter, *n.* CANOLWR, DYDDIWR
arbitrary, *a.* MYMPWYOL
arbitrate, *v.* CYMRODEDDU, DYDDIO, CYFLAFAREDDU
arbitration, *n.* CYMRODEDD(IAD)
arbitrator, *n.* CYMRODEDDWR, CANOLWR, DYDDIWR
arbor, *n.* ARBOR
arbour, *n.* DEILDY
arc, *n.* ARC, ARCH
arcade, *n.* ARCÊD
arch, *n.* BWA, PONT
 v. PONTIO
arch-, *px.* ARCH-, CARN-, PRIF-
archaeological, *a.* ARCHAEOLEGOL
archaeologist, *n.* ARCHAEOLEGYDD
archaeology, *n.* ARCHAEOLEG
archaic, *a.* HYNAFAIDD, HYNAFLYD, ANSATHREDIG
archaism, *n.* HYNAFIAD
archangel, *n.* ARCHANGEL
archbishop, *n.* ARCHESGOB
archbishopric, *n.* ARCHESGOBAETH
archdeacon, *n.* ARCHDDIACON
archdeaconry, *n.* ARCHDDIACONIAETH
archdruid, *n.* ARCHDDERWYDD
archer, *n.* SAETHWR
archery, *n.* SAETHYDDIAETH
archetype, *n.* CYNDDELW
archipelago, *n.* YNYSFOR
architect, *n.* PENSAER
architectural, *a.* PENSAERNÏOL
architecture, *n.* PENSAERNÏAETH
architrave, *n.* ARCHITRAF, AMHINOG
archives, *n.pl.* ARCHIFAU
archivist, *n.* ARCHIFYDD
arc-lamp, *n.* LAMP-FWA
arctic, *n.* & *a.* ARCTIG
arcuate, *a.* BWAOG
ardent, *a.* SELOG, TANBAID, EIDDGAR
ardour, *n.* SÊL, AIDD, ANGERDD
arduous, *a.* LLAFURUS; CALED

area, *n.* ARWYNEBEDD, RHANBARTH
catchment area, DALGYLCH
arena, *n.* ARENA
arenaceous, *a.* TYWODLYD
arête, *n.* CRIB
argillaceous, *a.* CLEIOG
argue, *v.* DADLAU
argument, *n.* DADL, ARG, YMRESYMIAD
argumentative, *a.* DADLEUGAR
arhythmic, *a.* DI-RYTHM
aria, *n.* ARIA
arid, *a.* SYCH, CRAS, CRIN
aridity, *n.* SYCHDER, CRASTER
arise, *v.* CODI, CYFODI
aristocracy, *n.* BONEDD
aristocrat, *n.* ARISTOCRAT
aristocratic, *a.* BONHEDDIG
arithmetic, *n.* RHIFYDDEG
mental arithmetic, RHIFYDDEG PEN
arithmetical, *a.* RHIFYDDOL
arithmetician, *n.* RHIFYDDWR
ark, *n.* ARCH, CIST
arm, *n.* BRAICH, CAINC
arm, *n.* ARF
v. ARFOGI
armaments, *n.* ARFOGAETH, CADOFFER
armature, *n.* ARMATUR
arm-chair, *n.* CADAIR FREICHIAU
armed, *a.* ARFOG
armistice, *n.* CADOEDIAD
armlet, *n.* BREICHLED
armour, *n.* ARFWISG, ARFOGAETH
armoured ply, PREN HAENGALED
armoury, *n.* ARFDY
armpit, *n.* CESAIL
army, *n.* BYDDIN
aroma, *n.* AROGL
aromatic, *a.* AROMATIG
around, *prp.* O GWMPAS
ad. AM, O AMGYLCH
arouse, *v.* DEFFRO, CYFFROI
arrange, *v.* TREFNU
arrangement, *n.* TREFNIANT
arrant, *a.* DYBRYD, RHONC
array, *n.* ARAE, GWISG, TREFN
v. GWISGO, TREFNU
arrears, *n.pl.* ÔL-DDYLEDION
arrest, *v.* (A)RESTIO, RHWYSTRO
n. (A)RESTIAD
arrival, *n.* CYRHAEDDIAD, DYFODIAD
arrive, *v.* CYRRAEDD
arrogance, *n.* TRAHA, BALCHDER
arrogant, *a.* TRAHAUS, BALCH

arrow, *n.* SAETH
arrowroot, *n.* ARORWT
arsenic, *n.* ARSENIG
arson, *n.* ARSWN
arsonist, *n.* ARSWNYDD
art, *n.* CELF(YDDYD), YSTRYW, DICHELL
fine art, CELFYDDYD GAIN
artefact, *n.* ARTEFFACT
arterial, *a.* PRIFWYTHIENNOL
arteriole, *n.* RHYDWELYN
artery, RHYDWELI
artesian, *a.* ARTESAIDD
artful, *a.* DICHELLGAR, CYFRWYS
artfulness, *n.* DICHELL, CYFRWYSTRA
arthritis, *n.* ARTHRITIS
article, *n.* ERTHYGL, BANNOD, NWYDD
v. PRENTISIO, ERTHYGLU
articulate, *a.* CYMALOG, CROYW
v. YNGANU, YMGYMALU
artifice, *n.* DYFAIS
artificial, *a.* ARTIFFISIAL, GOSOD, FFUG
artillery, *n.* ARTILERI
artisan, *n.* CREFFTWR, ARTISAN
artist, *n.* ARLUNYDD
artiste, *n.* CANTOR(ES)
artistic, *a.* ARTISTIG, CELFYDD
artistry, *n.* CELFYDDYD
as, *c.* FEL, MOR, CYN, TRA, MEGIS, Â, AG
asbestos, *n.* ASBESTOS, YSTINOS
asbig, *n.* ASBIG
ascend, *v.* DRINGO, ESGYN
ascendancy, *n.* GORUCHAFIAETH
ascending, *a.* ESGYNNOL
ascension, *n.* ESGYNIAD, DYRCHAFAEL
ascent, *n.* CODIAD, LLETHR, RHIW
ascertain, *v.* SICRHADU
ascetic, *n. & a.* ASGETIG
asceticism, *n.* ASGETIGIAETH
ascorbic, *a.* ASGORBIG
ascribe, *v.* PRIODOLI
aseity, *n.* ASEDOD, ASEYDDIAETH
aseptic, *a.* ASEPTIG
asexual, *a.* ANRHYWIOL
ash, *n.* ONNEN, LLUDW
ashamed, *a.* Â CHYWILYDD
ashes, *n.pl.* LLUDW, ULW
ashore, *ad.* I DIR, AR Y LAN
ashtray, *n.* LLWCHBLAT
aside, *ad.* O'R NEILLTU
n. NEILLEB
ask, *v.* GOFYN, HOLI
askew, *a.* AR GAM, AR OSGO
aslant, *a.* AR OGWYDD

asleep, *ad.* YN CYSGU, YNGHWSG
asp, *n.* ASB
asparagus, *n.* ASBARAGWS
aspect, *n.* AGWEDD, WYNEBWEDD
aspen, *n.* AETHNEN
aspersion, *n.* DIFRÏAD
asphalt, *n.* ASFFALT
asphyxia, *n.* MYCTOD
aspic, *n.* ASBIG
aspirant, *n.* YMGEISYDD, DYHËYDD
aspire, *v.* YMGEISIO
aspirin, *n.* ASBIRIN
ass, *n.* ASYN, ASEN
assail, *v.* YMOSOD
assailant, *n.* YMOSODWR
assassin, *n.* LLEIDDIAD, BRADLOFRUDD
assassinate, *v.* LLOFRUDDIO
assassination, *n.* LLOFRUDDIAETH
assault, *v.* YMOSOD
   n. YMOSODIAD
   assault and battery, YMOSOD A THARO
assemble, *v.* YMGYNNULL, CYDOSOD
assembler, *n.* CYDOSODYDD
assembly, *n.* CYNULLIAD, CYMANFA,
   CYDOSODIAD
assent, *n.* CANIATÂD, CYDSYNIAD
   v. CANIATÁU, CYDSYNIO
assert, *v.* HONNI, HAERU, TAERU
assertion, *n.* HONIAD, HAERIAD
assess, *v.* ASESU, BARNU
assessment, *n.* ASESIAD
assessor, *n.* ASESWR, CYFEISTEDDWR
asset, *n.* CAFFAELIAD, ASED
assets, *n.pl.* EIDDO, ASEDION
assiduity, *n.* DIWYDRWYDD, DYFALWCH
assiduous, *a.* DIWYD, DYFAL
assign, *v.* NEILLTUO, TROSGLWYDDO
assignment, *n.* ASEINIAD,
   TROSGLWYDDIANT
assimilate, *v.* CYMATHU, CYDWEDDU
assimilation, *n.* CYMATHIAD,
   CYDWEDDIAD
assist, *v.* CYNORTHWYO, HELPU
assistance, *n.* CYMORTH, HELP,
   CYNHORTHWY
assistant, *n.* CYNORTHWYWR
assize, *n.* BRAWDLYS
associate, *n.* CYDYMAITH
   v. CYMDEITHASU
associated, *a.* CYSYLLTIOL
association, *n.* CYMDEITHAS(FA)
assonance, *n.* CYSAIN
assort, *v.* TREFNU

assortment, *n.* AMRYWIAETH, PIGION
assume, *v.* TYBIO, HONNI
assumption, *n.* TYBIAETH
assurance, *n.* SICRWYDD, ASWIRIANT
assure, *v.* SICRHAU, ASWIRIO
asterisk, *n.* SEREN
astern, *ad.* Y TU ÔL
asteroid, *n.* ASTEROID
asthma, *n.* ASMA, Y FOGFA
astir, *ad.* YN SYMUD, AR WAITH
astonish, *v.* RHYFEDDU, SYNNU
astonishing, *a.* RHYFEDDOL, SYN
astonishment, *n.* RHYFEDDOD, SYNDOD
astound, *v.* SYFRDANU
astral, *a.* SEROL
astray, *ad.* AR GYFEILIORN
astride, *ad.* AR LED
astrolatry, *n.* SÊR-ADDOLIAETH
astrologer, *n.* SÊR-DDEWIN, ASTROLEGYDD
astrology, *n.* ASTROLEG, SÊR-DDEWINIAETH
astronaut, *n.* GOFODWR
astronomer, *n.* SERYDDWR
astronomy, *n.* SERYDDIAETH
astrophysics, *n.* ASTROFFISEG
astute, *a.* CRAFF
astuteness, *n.* CRAFFTER
asunder, *ad.* YN DDARNAU, AR WAHÂN
asylum, *n.* YSBYTY'R MEDDWL, NODDFA
asymmetric, *a.* ANGHYMESUR
asymmetry, *n.* ANGHYMESUREDD
asymptote, *n.* ASYMTOT
at, *prp.* YN, GER, WRTH, AR, AM
atavism, *n.* ATAFISTIAETH, ATAFIAETH
atheism, *n.* ANFFYDDIAETH
atheist, *n.* ANFFYDDIWR
athematic, *a.* DI-THEMA
athlete, *n.* ATHLETWR
athletic, *a.* ATHLETIG
athletics, *n.pl.* ATHLETAU
atlas, *n.* ATLAS
atmosphere, *n.* ATMOSFFER, NAWS,
   AWYRGYLCH
atmospheric, *a.* ATMOSFFERIG
atoll, *n.* ATOL
atom, *n.* ATOM
atomic, *a.* ATOMIG
atomician, *n.* ATOMEGWR
atomicity, *n.* ATOMIGEDD
atomise, *v.* ATOMEIDDIO
atomiser, *n.* ATOMADUR
atone, *v.* GWNEUD IAWN
atonement, *n.* IAWN, CYMOD
atony, *n.* ATONEDD

atrocious, *a.* ANFAD, ERCHYLL, YSGELER
atrocity, *n.* ERCHYLLTER, YSGELERDER
atrophy, *n.* ATROFFI, CREBACHIAD
attach, *v.* CYDIO (WRTH), GLYNU
attaché-case, *n.* BAG LLAW
attachment, *n.* ATODYN, YMLYNIAD,
  SERCH, CYDFAN
attack, *n.* YMOSODIAD, CYRCH
  v. YMOSOD
attacker, *n.* YMOSODWR
attain, *v.* ENNILL, CYRRAEDD
attainder, *n.* ADENDRIAD
attainment, *n.* CYRHAEDDIAD, DAWN,
  CYMHWYSTER
attaint, *n.* ADENDRO
attempt, *n.* YMGAIS, CYNNIG
  v. YMGEISIO, CYNNIG
attend, *v.* MYNYCHU, GOFALU, SYLWI,
  GWEINI
attendance, *n.* GWASANAETH,
  PRESENOLDEB
attendant, *n.* GWAS
attention, *n.* YSTYRIAETH, SYLW
attentive, *a.* ASTUD
attentiveness, *n.* ASTUDRWYDD
attenuate, *v.* GWANHAU
attenuation, *n.* GWANHAD
attenuator, *n.* GWANHADUR
attest, *v.* TYSTIO, ARDYSTIO
attestation, *n.* TYSTIOLAETH, ARDYSTIAD
attested, *a.* ARDYST
attester, *n.* TYSTIWR, ARDYSTIWR
attic, *n.* ATIG, CROGLOFFT
attire, *n.* DILLAD, GWISG
  v. DILLADU, GWISGO
attitude, *n.* AGWEDD, OSGO
attorney, *n.* (A)TWRNAI
attract, *v.* ATYNNU
attraction, *n.* ATYNIAD
attractive, *a.* ATYNIADOL
attribute, *n.* PRIODOLEDD
  v. PRIODOLI
attrition, *n.* ATHREULIAD, TREULIANT
aubergine, *n.* PLANHIGYN WY
auburn, *a.* GWINAU
auction, *n.* ARWERTHIANT, ACSIWN, OCSIWN
  v. ARWERTHU
auctioneer, *n.* ARWERTHWR, OCSIWNÊR
audacious, *a.* EOFN, HY
audacity, *n.* EHOFNDRA, HYFDRA
audibility, *n.* CLYWEDEDD
audible, *a.* CLYWADWY
audience, *n.* CYNULLEIDFA

audiogram, *n.* AWDIOGRAM
audiometry, *n.* AWDIOMEDREG
audio-visual aids, *n.pl.* CYMHORTHION
  CLYWELED
audit, *n.* ARCHWILIAD
  v. ARCHWILIO
audition, *n.* CLYWELIAD
  v. CLYWELD
auditor, *n.* ARCHWILIWR
auditorium, *n.* AWDITORIWM
auditory, *a.* CLYBODOL, CLYWOL
auger, *n.* TARADR, EBILL
aught, *n.* UNPETH, DIM
augment, *v.* YCHWANEGU AT
augmentation, *n.* YCHWANEGIAD,
  MWYHAD, ESTYNIAD
augmenter, *n.* YCHWANEGYDD
augur, *v.* DAROGAN, ARGOELI
  n. DEWIN
augury, *n.* ARGOEL
august, *a.* MAWREDDOG
August, *n.* AWST
aunt, *n.* MODRYB
aural, *a.* CLYWEDOL
aureole, *n.* EURGYLCH
auricle, *n.* AWRICL
aurora, *n.* AWRORA
auspices, *n.pl.* NAWDD
auspicious, *a.* ADDAWOL
austenite, *n.* AWSTENIT
austere, *a.* LLYM, CALED
austerity, *n.* LLYMDER, CALEDI,
  GERWINDER
autarchy, *n.* AWTARCHIAETH
authentic, *a.* DILYS
authenticity, *n.* DILYSRWYDD
author, *n.* AWDUR(ES)
authoritarian, *a.* AWDURDODUS
authoritarianism, *n.*
  AWDURDODUSRWYDD
authorisation, *n.* AWDURDODIAD
authoritative, *a.* AWDURDODOL
authority, *n.* AWDURDOD
authorise, *v.* AWDURDODI
autistic, *a.* AWTISTIG/AIDD
autobahn, *n.* TRAFFORDD
autobiography, *n.* HUNANGOFIANT
autocephalous, *a.* HUNANBENAETHOL
autocracy, *n.* AWTOCRATIAETH
autocrat, *n.* AWTOCRAT
autocratic, *a.* AWTOCRATIG
autograph, *n.* LLOFNOD
  v. LLOFNODI

automatic, *a.* AWTOMATIG
automation, *n.* AWTOMASIWN
automorphic, *a.* AWTOMORFFIG
autonomous, *a.* YMREOLAETHOL,
  AWTONOMAIDD, YMGYNHALIOL
autonomy, *n.* YMREOLAETH, AWTONOMI
autopsy, *n.* AWTOPSI(A)
autoregression, *n.* YMATCHWELIAD
autumn, *n.* HYDREF
autumnal, *a.* HYDREFOL
auxiliary, *n.* CYNORTHWYWR
  a. CYNORTHWYOL, ATEGOL
avail, *n.* LLES
  v. TYCIO
availability, *n.* ARGAELEDD,
  CAFFAELEDD
available, *a.* AR GAEL
avalanche, *n.* EIRLITHRAD, AFALANS
avarice, *n.* TRACHWANT
avaricious, *a.* TRACHWANTUS, ARIANGAR
avenge, *v.* DIAL
avenger, *n.* DIALYDD
avenue, *n.* RHODFA
average, *n.* CYFARTALEDD
  a. CYFARTALOG
averse, *a.* GWRTHWYNEBOL
aversion, *n.* GWRTHWYNEBIAD,
  GWRTHNAWSEDD
avert, *v.* GOCHEL
aviary, *n.* ADARDY
aviation, *n.* HEDFANAETH
aviator, *n.* AWYRENNWR
avid, *a.* AWCHUS
avidity, *n.* AWCH
avocation, *n.* GALWEDIGAETH
avoid, *v.* OSGOI, GOCHEL

avoidable, *a.* GOCHELADWY
avoidance, *n.* GOCHELIAD
avow, *v.* ADDEF
avowal, *n.* ADDEFIAD
await, *v.* DISGWYL, AROS
awake, *a.* EFFRO
  v. DEFFRO, DIHUNO
award, *n.* DYFARNIAD, BUDDGED
  v. DYFARNU
aware, *a.* YMWYBODOL, ARWYBODOL
  v. YMGLYWED
awareness, *n.* YMWYBODOLRWYDD,
  ARWYBOD
away, *i.* YMAITH! I FFWRDD!
awe, *n.* DYCHRYN
  v. DYCHRYNU
awful, *a.* ARSWYDUS
awhile, *ad.* ENNYD
awkward, *a.* TRWSGL, LLETCHWITH, LLIBIN
awkwardness, *n.* LLETCHWITHDOD
awl, *n.* MYNAWYD
awn, *n.* COL
awning, *n.* CYSGODLEN
awry, *a.* GWYRGAM
axe, *n.* BWYELL
axial, *a.* ECHELOG, ECHELINOL
axil, *n.* CESAIL
axiom, *n.* ACSIOM, GWIREB
axiomatic, *a.* ACSIOMATIG, GWIREBOL
axis, *n.* ECHEL(IN)
axle, *n.* ACSTRI
axon, *n.* ACSON
ay, *i.* IE!
azimuth, *n.* ASIMWTH
azure, *a.* ASUR
  n. GLAS YR WYBREN

babble, *n.* BALDORDD
    v. BALDORDDI
babbler, *n.* BALDORDDWR
babe, *n.* BABAN
babel, *n.* TERFYSG
baboon, *n.* BABŴN
baby, *n.* BABAN
babyhood, *n.* BABANDOD
baby-sit, *v.* GWARCHOD
baby-sitter, *n.* GWARCHODWR(AIG)
bachelor, *n.* HEN LANC, BAGLOR
bacillus, *n.* BACILWS
back, *n.* CEFN, OLWR
    v. CEFNOGI, BACIO
    ad. YN ÔL
back-bench, *n.* MAINC GEFN, ÔL-SEDD
backbite, *v.* ENLLIBIO, ABSENNU
backbiter, *n.* ABSENNWR
backbone, *n.* ASGWRN CEFN
backcloth, *n.* CEFNLEN
backcross, *n.* ÔL-GROESIAD
backer, *n.* BACIWR, CEFNOGWR
backflow, *n.* ÔL-LIFIAD
background, *n.* CEFNDIR
backhand, *n.* GWRTHLAW
backing, *n.* CYMORTH, BACIO
    v. GWRTHWYRO
backlash, *n.* ADLACH
backlog, *n.* ÔL-GRONIAD
backslider, *n.* GWRTHGILIWR
backstitch, *n.* PWYTH ÔL
backward, *ad.* YN ÔL, AR ÔL
    a. ARAF, ÔL-GYNNYDD
backwardness, *n.* ARAFWCH
backwards, *ad.* TUAG YN ÔL
backwash, *n.* TYNDDWR
backwater, *n.* CILDDWR, MERDDWR
backwoods, *n.pl.* GWYLLGOED
bacon, *n.* BACWN, CIG MOCH
bacteria, *n.* BACTERIA
bacteriologist, *n.* BACTERIOLEGYDD
bacteriology, *n.* BACTERIOLEG
bad, *a.* SÂL, GWAEL, DRWG, TOST
badge, *n.* BATHODYN
badger, *n.* DAEARFOCHYN, BROCH
    v. BLINO, POENI
badlands, *n.pl.* GARWDIROEDD
badminton, *n.* BADMINTON
badness, *n.* DRYGIONI
baffle, *v.* DRYSU, SIOMI
bag, *n.* COD, BAG, CWD
    v. BAGIO, CYDU
baggage, *n.* PAC, CLUD

bagpipe, *n.* PIBGOD
bah, *i.* TWT Y BAW! PW!
bail, *n.* MECHNÏAETH, MEICHIAU, CATEN
    (CRICED)
    v. MECHNÏO
bailey, *n.* BEILI
bailiwick, *n.* BEILÏAETH
bailiff, *n.* BEILI
bait, *n.* LLITH, ABWYD
    v. ABWYDO
baize, *n.* BEIAS
bake, *v.* POBI, CRASU
    bake blind, POBI'N WAG
baked, *a.* POB
baker, *n.* POBYDD
bakery, *n.* POPTY
bakestone, *n.* MAEN, GRADELL
balance, *n.* BALANS, CLORIAN, GWEDDILL
    (ARIAN), CYDBWYSEDD
    v. CYDBWYSO, MANTOLI
balance-beam, *n.* HONGLATH
balanced, *a.* CYTBWYS
balance-sheet, *n.* MANTOLEN
balcony, *n.* BALCONI
bald, *a.* MOEL, PENFOEL
balderdash, *n.* DWLI, FFWLBRI
baldness, *n.* MOELNI
bale, *n.* BWRN
    v. BYRNU
baler, *n.* BYRNWR
ball, *n.* PÊL, PELEN, PELLEN, BOWLIAD,
    DAWNS
    ball of the foot, PELEN Y DROED
ballad, *n.* BALED
ballast, *n.* BALAST
ball-bearing, *n.* PELFERYN
ballet, *n.* BALE, BALET
ballistic, *a.* BALISTIG
ballistics, *n.* BALISTEG
balloon, *n.* BALŴN
ballot, *n.* BALOT
ballrace, *n.* PELRES
ballroom, *n.* DAWNSFA
ballyhoo, *n.* CYBÔL
balm, *n.* BALM
balmy, *a.* BALMAIDD
balustrade, *n.* CANLLAW, BALWSTRAD
bamboo, *n.* BAMBŴ
bamboozle, *v.* TWYLLO
ban, *n.* GWAHARDDIAD, YSGYMUNDOD
    v. GWAHARDD, YSGYMUNO
banal, *a.* CYFFREDIN, SATHREDIG
banana, *n.* BANANA

band, *n.* RHWYMYN, BAND, MINTAI
  v. RHWYMO
Band of Hope, GOBEITHLU
bandage, *n.* RHWYMYN
  v. RHWYMO
banded, *a.* BANDOG
banding, *n.* BANDIN
bandit, *n.* YSBEILIWR
bandsaw, *n.* CYLCHLIF
bandy, *a.* CAM
  n. BANDO
  v. YMRYSON
bandy-legged, *a.* COESGAM
bane, *n.* MELLTITH
bang, *n.* ERGYD, TWRF, BANG
  v. CURO, FFUSTO, BANGIAN
bangle, *n.* BREICHLED
banish, *v.* ALLTUDIO
banishment, *n.* ALLTUDIAETH
banister, *n.* CANLLAW GRISIAU
banjo, *n.* BANJO, BANDOR
bank, *n.* BANC, GLAN, CLAWDD
  v. BANCIO, PENTYRRU
clearing bank, BANC CLIRIO
joint-stock bank, BANC
  CYD-DDALIANNOL
banker, *n.* BANCER
bank-note, *n.* ADDAWEB
bank rate, *n.* BANCRADD
bankrupt, *a.* BANCRAFFT
  n. METHDALWR
bankruptcy, *n.* METHDALIAD
banner, *n.* BANER, LLUMAN
banns, *n.pl.* GOSTEGION
banquet, *n.* GWLEDD
  v. GWLEDDA
bantam, *n.* BANTAM
baptism, *n.* BEDYDD
baptismal, *a.* BEDYDDIOL
Baptist, *n.* BEDYDDIWR
  a. BEDYDDIEDIG
baptistry, *n.* BEDYDDFA(N)
baptize, *v.* BEDYDDIO
bar, *v.* ATAL, BOLLTIO, BARIO
  n. BAR, BOLLT, TROSOL, TRAETHELL
barb, *n.* ADFACH
barbarian, *n.* BARBARIAD
barbaric, *a.* BARBARAIDD
barbarism, *n.* BARBARIAETH
barbarity, *n.* BARBAREIDDIWCH
barbed, *a.* PIGOG, BARFOG, ADFACHOG
barbed wire, WEIR BIGOG
barber, *n.* BARBWR, EILLIWR
barbiturate, *n.* BARBITWRAD

barbule, *n.* ADFACHYN
bard, *n.* BARDD
bardic, *a.* BARDDOL
bardism, *n.* BARDDAS
bare, *a.* NOETH, MOEL, LLWM, PRIN
  v. DINOETHI
barefaced, *v.* DIGYWILYDD, HAERLLUG
barefooted, *a.* TROEDNOETH
barely, *ad.* PRIN, O'R BRAIDD
bareness, *n.* NOETHNI, MOELNI
bargain, *n.* BARGEN
  v. BARGEINIO, BARGENNA
barge, *n.* YSGRAFF, HYRDDIAD
  v. HYRDDIO
baritone, *n. & a.* BARITON
bark, *n.* RHISGL, CYFARTHIAD
  v. RHISGLO, CYFARTH
barley, *n.* HAIDD, BARLYS
barm, *n.* BURUM, BEREM
barn, *n.* YSGUBOR
barn dance, DAWNS (Y)SGUBOR
barnacle, *n.* CRAGEN LLONG, GWYRAN
barograph, *n.* BAROGRAFF
barometer, *n.* BAROMEDR
barometric, *a.* BAROMEDRIG
baron, *n.* BARWN
baronage, *n.* BARWNIAETH
baroness, *n.* BARWNES
baronet, *n.* BARWNIG
baronial, *a.* BARWNOL
barony, *n.* BARWNI
barque, *n.* BARC
barrack, *v.* HWTIO, GWAWDIO
barracks, *n.* BARICS, GWERSYLL
barrage, *n.* ARGAE, BARED
barrel, *n.* BARIL, CELWRN
barrel organ, ORGAN GELWRN
barren, *a.* DIFFRWYTH, HESB
barrenness, *n.* DIFFRWYTHDRA,
  ANGHYFEBRWYDD
barricade, *n.* GWRTHGLAWDD
  v. GWRTHGLODDIO
barrier, *n.* RHWYSTR, BARIER, GWRTHFUR
barrier reef, BARRIFF
barring, *prp.* AC EITHRIO
barrister, *n.* BARGYFREITHIWR
barrow, *n.* BERFA, GWYDDGRUG, CRUG
barter, *v.* CYFNEWID, FFEIRIO
barton, *n.* BARTWN
barysphere, *n.* BARYSFFER
basal, *a.* GWAELODOL, BASAL, SYLFAENOL
basalt, *n.* BASALT
base, *n.* SYLFAEN, BAS, BÔN, GWAELOD, SAIL,
  CANOLFAN

a. ISEL, BAS, GWAEL
v. SEILIO
baseline, GWAELODLIN
baseball, *n.* BAS-BÊL
baseman, *n.* BASWR
basement, *n.* BASMENT, ISLAWR
bash, *v.* PWNIO
bashful, *a.* SWIL, GWYLAIDD
bashfulness, *n.* SWILDOD
basic, *a.* SYLFAENOL, BASIG
basicity, *n.* BASIGRWYDD
basil, *n.* BASIL
basilica, *n.* BASILICA
basin, *n.* BASN
basis, *n.* SAIL, SYLFAEN
bask, *v.* TORHEULO
basket, *n.* BASGED
basket-ball, *n.* PÊL-FASGED
basket-work, *n.* BASGEDWAITH
bas-relief, *n.* BASGERFIAD
bass, *n.* BÀS, DRAENOGIAD Y MÔR
bassoon, *n.* BASŴN
bastard, *n.* BASTARD, PLENTYN
  GORDDERCH
bastardy, *n.* BASTARDIAETH
baste, *v.* BRASTERU, IREIDIO, BRASBWYTHO
bastion, *n.* BASTIWN, RHAGFUR
bat, *n.* YSTLUM, BAT
  v. BATIO
batch, *n.* BATS, TWR
baton, *n.* BATON
bath, *n.* BADDON
  v. BADDO
bathe, *v.* YMDROCHI
bathos, *n.* BATHOS, DISGYNNEB,
  AFFWYSEDD
bathroom, *n.* YMOLCHFA, BATHRWM
bathysphere, *n.* BATHYSFFER
batsman, *n.* BATIWR
battalion, *n.* BATALIWN
batten, *n.* ASTELL, STRIBED
  v. HOELIO, YMBESGI
batter, *n.* BATER, CYTEW
  v. CURO, DYRNODIO, PWYO
battery, *n.* BATRI, CURFA
battle, *v.* BRWYDRO
battlement, *n.* BYLCHFUR
battleship, *n.* CADLONG, LLONG RYFEL
bauble, *n.* OFERBETH
bauxite, *n.* BOCSIT
bawdy, *a.* ANNIWAIR, SERTH
bawl, *v.* GWEIDDI, BLOEDDIO

bay, *a.* GWINAU
  v. CYFARTH
  n. BAE, LLAWRYF, COWLAS, GOLAU
bayonet, *n.* BIDOG
  v. BIDOGI
bazaar, *n.* BASÂR
be, *v.* BOD
beach, *n.* TRAETH, GLAN Y MÔR
beacon, *n.* COELCERTH, BAN, GOLEUFA, TŴR
bead, *n.* GLAIN
  v. GLEINIO
beading, *n.* GLEINWAITH
beadle, *n.* BEDEL, PLWYFWAS
beagle, *n.* HELGI BACH
beak, *n.* PIG, GYLFIN
beaker, *n.* BICER
beaker people, BICERWYR
beam, *n.* TRAWST, BÊM, PALADR, PELYDRYN,
  LLED
  v. PELYDRU
bean, *n.* FFÄEN, FFEUEN
baked beans, FFA POB
bear, *n.* ARTH(ES), HAPWERTHWR
  v. CLUDO, GODDEF, GENI
beard, *n.* BARF, COL
bearded, *a.* BARFOG
bearer, *n.* DYGIEDYDD, CYNHALYDD
bearing, *n.* YMARWEDDIAD, BERYN,
  CYFEIRIANT
beast, *n.* BWYSTFIL, ANIFAIL, LLWDN
beastliness, *n.* BRYNTNI,
  BWYSTFILEIDDIWCH, ANIFAILEIDD-DRA
beastly, *a.* BWYSTFILAIDD
beat, *n.* CURIAD, TRAWIAD
  v. CURO, TRECHU, BAEDDU
beater, *n.* CURYDD
beatification, *n.* GWYNFYDIAD
beating, *n.* CURFA
beatitude, *n.* GWYNFYD
beau, *n.* COEGYN
beautiful, *a.* HARDD, TEG, GLÂN,
  PRYDFERTH
beauty, *n.* HARDDWCH, PRYDFERTHWCH,
  CEINDER
beaver, *n.* AFANC
becalm, *v.* LLONYDDU, TAWELU
because, *c.* O ACHOS, GAN, AM, OBLEGID,
  OHERWYDD
beck, *n.* AMNAID, NANT
beckon, *v.* AMNEIDIO
become, *v.* GWEDDU, DYFOD
becoming, *a.* GWEDDUS, GWEDDAIDD
bed, *n.* GWELY, PÂM

bedding, *n.pl.* HAENAU, *n.* DILLAD GWELY
   a. HAENOL
bedeck, *v.* ADDURNO, TRWSIO
bedfellow, *n.* CYWELY
bedlam, *n.* TERFYSG, GWALLGOFDY
bedridden, *a.* GORWE(I)DD(I)OG
bedrock, *n.* CREIGWELY
bedroom, *n.* YSTAFELL WELY
bedside, *n.* ERCHWYN
bedsitter, *n.* BYWGYSGELL, CEGINLOFFT
bedsock, *n.* SOCSEN WELY
bedsore, *n.* BRIW GORWEDD
bedspread, *n.* CWRLID, GORCHUDD GWELY
bee, *n.* GWENYNEN
beech, *n.* FFAWYDDEN
beef, *n.* BIFF, CIG EIDION
beefburger, *n.* EIDIONYN
beehive, *n.* CWCH GWENYN
beer, *n.* CWRW
beeswax, *n.* CŴYR GWENYN
beet, *n.* BETYSEN
beetle, *n.* CHWILEN, GORDD
beetroot, *n.* BETYS COCH
befit, *v.* GWEDDU (I)
before, *prp.* CYN, O FLAEN, GERBRON
   ad. CYNT, O'R BLAEN
beforehand, *ad.* YMLAEN LLAW
befriend, *v.* LLOCHESU
beg, *v.* YMBIL, DEISYF, ERFYN, CARDOTA
beget, *v.* CENHEDLU, CREU
beggar, *n.* CARDOTYN, ACHENOG
begin, *v.* DECHRAU
beginner, *n.* DECHREUWR
beginning, *n.* DECHREUAD
beguile, *v.* DENU, HUDO
behalf, *n.* PLAID, TU
behave, *v.* YMDDWYN
behaviour, *n.* YMDDYGIAD, YMARWEDDIAD
behavioural, *a.* YMDDYGIADOL
behaviourism, *n.* YMDDYGIADAETH
behead, TORRI PEN
behest, *n.* CAIS, ARCH
behind, *prp.* Y TU ÔL, Y TU CEFN
   ad. AR ÔL, HWYR
behold, *i.* WELE!
   v. GWELED, EDRYCH
beige, *n.* BEIS
being, *n.* BOD(OLAETH), HANFOD
bel, *n.* BEL
belated, *a.* HWYR, DIWEDDAR
belay, *n.* BELÁI
belch, *n.* BYTHEIRIAD
   v. BYTHEIRIO

beleaguer, *v.* GWARCHAE
belfry, *n.* CLOCHDY
belief, *n.* CRED, COEL
believable, *a.* CREDADWY
believe, *v.* CREDU, COELIO
believer, *n.* CREDWR, CREDADUN, CREDINIWR
belittle, *v.* BYCHANU
bell, *n.* CLOCH
belles-lettres, *n.pl.* LLENYDDIAETH GAIN
bellicose, *a.* CWERYLGAR, YMLADDGAR
belligerent, *a.* RHYFELGAR
   n. CYDRYFELWYR
bell-jar, *n.* CLOCHEN
   bell-jar, CLOCHEN
bellow, *v.* RHUO, BUGUNAD
bellows, *n.pl.* MEGIN
bell-ringer, *n.* CLOCHYDD
belly, *n.* BOL(A), TOR
belly-band, *n.* CENGL
bellydancer, *n.* BOLDDAWNSWRAIG
belong, *v.* PERTHYN, BOD YN EIDDO I
belongings, *n.pl.* EIDDO, DA, MEDDIANNAU
beloved, *n.* ANWYLYD, CARIAD
   a. ANNWYL, CU
below, *ad.* ISOD, OBRY
   prp. O DAN
belt, *n.* GWREGYS, BELT, STRIMYN,
   RHANBARTH
   green belt, STRIMYN GLAS
bemoan, *v.* HIRAETHU (AM)
bench, *n.* MAINC
   bench mark, MEINCNOD
bencher, *n.* MEINCIWR
bend, *n.* PLYG, TRO, CAMEDD
   v. PLYGU, CRYMU
   bend of the knee, CAMEDD Y GAR
bendability, *n.* PLYGIANT
beneath, *ad.* ISOD, OBRY
   prp. O DAN
benediction, *n.* BENDITH
benefaction, *n.* CYMWYNAS, RHODD
benefactor, *n.* CYMWYNASWR
benefice, *n.* BYWOLIAETH EGLWYSIG
beneficence, *n.* HAELIONI
beneficent, *a.* HAELIONUS
beneficial, *a.* BUDDIOL, LLESOL
beneficiary, *n.* BUDDIOLWR
benefit, *n.* BUDD, BUDD-DÂL, ELW, LLES
benevolence, *n.* CAREDIGRWYDD
benevolent, *a.* CAREDIG, HAELIONUS
benign, *a.* HYNAWS, RHADLON
bent, *a.* CAM
   n. TUEDD, GOGWYDD

benumb, v. FFERRU, MERWINO
benzine, n. BENSIN
bequeath, v. BECWEDDU, CYMYNNU
bequest, n. BECWÊDD, CYMYNRODD
bereave, v. COLLEDU
bereavement, n. COLLED (TRWY
  FARWOLAETH)
beret, n. BERET
berry, n. AERONEN
berth, n. DOCFA, ANGORFA, GWELY
  v. DOCIO
beseech, v. DEISYF, ERFYN, YMBIL
beseem, v. GWEDDU
beside, prp. GERLLAW, WRTH, YN YMYL
besides, prp. GYDA
  ad. HEBLAW
besiege, v. GWARCHAE (AR)
besmirch, v. PARDDUO, BAEDDU
besom, n. YSGUBELL
best, a. GORAU
bestial, a. BWYSTFILAIDD
bestiality, n. BWYSTFILEIDDIWCH
bestir, v. YMYSGWYD, CYFFROI
bestow, v. CYFLWYNO, RHODDI
bestowal, n. CYFLWYNIAD
bet, n. BET
  v. BETIO
betoken, v. ARGOELI
betray, v. BRADYCHU
betrayal, n. BRAD(YCHIAD)
betrayer, n. BRADWR
betroth, v. DYWEDDÏO
betrothal, n. DYWEDDÏAD
better, ad. YN WELL
  a. GWELL, RHAGORACH
betterment, n. GWELLHAD
betting, n. BETIO
between, prp. RHWNG
bevel, n. BEFEL
beverage, n. DIODLYN
bevy, n. BAGAD
beware, v. GOCHEL
bewilder, v. MWYDRO, DRYSU
bewilderment, n. DRYSWCH, PENBLETH
bewitch, v. HUDO, RHEIBIO
bewitching, a. HUDOL, FFAFRIOL
beyond, prp. TU HWNT, DRAW, DROS, TRA
bezel, n. GWEFL
bias, n. BIAS, TUEDD, GŴYRDUEDD
  v. BIASU, TUEDDU
biased, a. RHAGFARNLLYD, UNOCHROG
bib, n. BIB
  v. LLYMEITIAN, DIOTA

Bible, n. BEIBL
Biblical, a. BEIBLAIDD
Biblicist, n. BEIBLYDD
bibliographer, n. LLYFRYDDWR
bibliography, n. LLYFRYDDIAETH
bicarbonate, n. BICARBONAD, CABI
bicellular, n. DEUGELL
bicentenary, n. DAUCANMLWYDDIANT
biceps, n. CYHYR
bicimal, n. DEUOLYN
  a. DEUOL
bicker, v. CWERYLA, FFRAEO
bickering, n. CWERYL, CYNNEN
biconcave, a. DEUGEUGRWM
biconvex, a. DEUAMGRWM
bicycle, n. BEIC
bid, n. CYNNIG.
  v. CYNNIG, ERCHI
bidder, n. CYNIGYDD
bide, v. DISGWYL, AROS
biennial, n. EILFLWYDD
  a. EILFLWYDDOL
bier, n. ELOR
bifocal, a. DEUFFOCAL
big, a. MAWR
bigamist, n. BIGAMWR
bigamy, n. BIGAMI
bight, n. BAE, DOLEN, GENEUFOR
bigot, n. PENBOETHYN
  a. PENBOETH, CUL
bigotry, n. PENBOETHNI, BIGOTRI, CULNI,
  DALLBLEIDIAETH
bikini, n. BICINI
bilateral, a. DWYOCHROG
bilberries, n.pl. LLUS
bilateral, a. DWYOCHROG
bilateralism, n. DWYOCHREDD
bile, n. BUSTL
bilge, n. SOTHACH
bilinear, a. DEULINOL
bilingual, a. DWYIEITHOG
bilingualism, n. DWYIEITHRWYDD
bilious, a. CYFOGLYD
biliousness, n. CYFOG
bill, n. PIG, BIL, GYLFIN, MESUR, BILWG
  v. BILIO
  bill of exchange, BIL CYFNEWID
billet, n. BILED
  v. BILEDU
billhook, n. BILWG
billiards, n.pl. BILIARD(S)
billion, n. BILIWN
billow, n. TON, MORYN, GWANEG
  v. TONNI, DYGYFOR

billowy, *a.* TONNOG
billy-goat, *n.* BWCH GAFR
bimolecular, *n.* DEUFOLECWLAR
bin, *n.* BIN
binary, *a.* DWYRAN, DEUAIDD, DEUBLYG
bind, *v.* RHWYMO, GORFODI, CLYMU
binder, *n.* RHWYMYDD
binding, *n.* RHWYMYN, BEINDIN, RHWYMIAD
   a. GORFODOL
bing, *n.* PENLLAWR
binitarian, *n.* BINDODWR
binoculars, *n.pl.* DEULYGADION
binomial, *a.* BINOMAIDD
   n. BINOMIAL
biochemistry, *n.* BIOCEMEG
biographer, *n.* BYWGRAFFYDD
biographical, *a.* BYWGRAFFYDDOL
biography, *n.* BYWGRAFFIAD, COFIANT
biological, *a.* BIOLEGOL
biologist, *n.* BIOLEGYDD
biology, *n.* BIOLEG, BYWYDEG
biomechanics, *n.pl.* BIOMECANEG
biophysics, *n.* BIOFFISEG
biosphere, *n.* BIOSFFER
biotic, *a.* BIOTIG
bipartisan, *a.* DWYBLEIDIOL
bipartite, *a.* DEURANNOL
bipolarity, *n.* DEUATYNIADAETH
birch, *n.* BEDWEN
   v. GWIALENODIO
bird, *n.* ADERYN, EDN
biro, *n.* BIRO
birth, *n.* GENEDIGAETH
   birth rate, CYFRADD GENI
birthday, *n.* PEN-BLWYDD
birthmark, *n.* MAN GENI
birth-right, *n.* GENEDIGAETHFRAINT
biscuit, *n.* BISGEDEN
bisect, *v.* DWYRANNU, HANERU
bisector, *n.* DWYRANNYDD
bisexual, *a.* DEURYWIOL
bishop, *n.* ESGOB
bishopric, *n.* ESGOBAETH
bismuth, *n.* BISMWTH
bison. *n.* BEISON
bistable, *a.* DEUSEFYDLOG
bit, *n.* MYMRYN, TIPYN, TAMAID, DARN,
   EBILL, GENFA
bitch, *n.* GAST
bite, *n.* BRATH, DARN, CNOAD
   v. BRATHU, CNOI
bitonal, *a.* DEUGYWAIR
bitter, *a.* CHWERW, TOST

bittern, *n.* ADERYN Y BWN
bitterness, *n.* CHWERWEDD
bitumen, *n.* BITWMEN
bivouac, *n.* GWERSYLL
   v. GWERSYLLU (HEB BEBYLL)
bizarre, *a.* BISÂR, OD
blab, *n.* CLEPIWR
   v. CLEPIAN
black, *a.* DU, TYWYLL
   black pudding, PWDIN GWAED
black-beetle, *n.* CHWILEN DDU
blackberry, *n.* MWYAREN
blackbird, *n.* ADERYN DU, MWYALCHEN
blackboard, *n.* BWRDD DU
blackcap, *n.* PENDDU
blackcurrants, *n.pl.* CYRREN DUON
blacken, *v.* DUO, PARDDUO
blackguard, *n.* ADYN, CNAF
blackhead, *n.* PENDDUYN
blacking, *n.* BLACIN
blacklead, *n.* BLAC-LÉD
blackleg, *n.* BRADWR, Y CLWYF DU,
blackmail, *n.* BLACMÊL
black-market, *n.* Y FARCHNAD DDU
black-out, *n.* BLACOWT
blacksmith, *n.* GOF
blackthorn, *n.* DRAENEN DDU
bladder, *n.* CHWYSIGEN, PLEDREN
blade, *n.* LLAFN, EGINYN
blain, *n.* LLYFFANTWS, Y FOTHELL
blame, *n.* BAI
   v. BEIO
blameless, *a.* DI-FAI
blanch, *v.* CANNU, BLANSIO
blancmange, *n.* BLANCMANGE
bland, *a.* MWYN, TYNER
blandish, *v.* GWENIEITHIO
blank, *a.* BLANC, GWAG
   n. BLANC, GWACTER
   blank verse, MESUR MOEL
blanket, *n.* BLANCED. GWRTHBAN
   blanket bog, GORGORS
blarney, *n.* GWENIAITH, TRUTH
blaspheme, *v.* CABLU, DIFENWI
blasphemer, *n.* CABLWR
blasphemous, *a.* CABLEDDUS
blasphemy, *n.* CABLEDD
blast, *n.* CHWA, BLAST, CHWYTHAD
   v. FFRWYDRO, CHWYTHELLU
blast-furnace, *n.* FFWRNAIS
   CHWYTH/FLAST
blatant, *a.* DIGYWILYDD, HAERLLUG
blaze, *n.* FFAGL, NOD, SEREN
   v. FFAGLU, TORRI NOD

blazer, *n.* COT YSGAFN
bleach, *v.* CANNU, DILIWIO
   n. CANNYDD
bleached, *a.* CAN
bleak, *a.* LLWM, NOETH, DIGYSGOD
blear, *a.* PŴL, DOLURUS
bleat, *n.* BREF
   v. BREFU
bleed, *v.* GWAEDU
blemish, *n.* NAM, MEFL, BAI
   v. AMHARU, DIFWYNO
blend, *n.* CYMYSGEDD, BLEND
   v. CYMYSGU, BLENDIO, CYMHLITHO,
   YMYSGU
blender, *n.* YMYSGYDD
bless, *v.* BENDITHIO, BENDIGO
blessed, *a.* BENDIGEDIG, BENDIGAID,
   GWYNFYDEDIG
blessedness, *n.* GWYNFYD
blessing, *n.* BENDITH
blight, *n.* MALLTOD, LLYSLAU, PLA
   v. DIFETHA, DIFWYNO
blind, *a.* DALL, TYWYLL
   n. BLEIND, MWGWD
   v. DALLU, MYGYDU
blinder, *n.* DALLYDD
blindfold, *v.* MYGYDU
blindness, *n.* DALLINEB, DELLNI
blinkers, *n.* FFRWYN DDALL/DYWYLL
bliss, *n.* GWYNFYD, DEDWYDDYD
blissful, *a.* DEDWYDD, GWYNFYDEDIG
blister, *n.* POTHELL, CHWYSIGEN
   v. POTHELLU
blithe, *a.* LLON, LLAWEN
blizzard, *n.* LLUWCHWYNT, STORM EIRA
bloat, *v.* YMCHWYDDO
   n. CLWY'R BOTEN
bloater, *n.* PENNOG SYCH
blobby, *a.* BLOTIOG
bloc, *n.* BLOC
block, *n.* BLOCYN, BLOC, CYFF
   v. BLOCIO
   blockboard, BLOCFWRDD
blockade, *n.* MORWARCHAE, BLOCÂD
   v. GWARCHAE
blockhead, *n.* HURTYN, TWPSYN
blonde, *a.* GOLAU
blood, *n.* GWAED, GWAEDOLIAETH
blood-feud, *n.* GALANAS WAED
bloodhound, *n.* GWAEDGI
blood-pressure, *n.* GWASGEDD GWAED
bloodshed, *n.* TYWALLT GWAED
bloodshot, *a.* GWAEDGOCH

blood-vessel, *n.* GWYTHÏEN
bloody, *a.* GWAEDLYD
bloom, *n.* BLODEUYN, GWAWR, BLŴM
   v. BLODEUO
bloomer, *n.* CAMGYMERIAD
blossom, *n.* BLODEUYN
   v. BLODEUO
blot, *n.* BLOT, NAM
   v. BLOTIO
blotting-paper, *n.* PAPUR BLOTIO
blouse, *n.* BLOWS, CRYSBAIS
blow, *n.* ERGYD, PWYAD
   v. CHWYTHU
blower, *n.* CHWYTHYDD
blowlamp, *n.* CHWYTHLAMP
blowpipe, *n.* CHWYTHBIB
bludgeon, *n.* PASTWN
blue, *a.* GLAS
bluebells, *n.pl.* CLYCHAU'R GOG
bluebottle, *n.* CLEREN LAS
blueness, *n.* GLESNI
blueprint, *n.* GLASBRINT, GLASLUN
blue-tit, *n.* GLAS BACH Y WAL, TITW TOMOS
   LAS
bluff, *n.* TWYLL, BLWFF
   v. BWNGLERA
blunder, *n.m.* CAMSYNIAD
blunt, *a.* SWRTH, PŴL, DI-FIN
   v. PYLU
bluntness, *n.* SIARAD SWRTH, PYLNI
blur, *n.* ANAF, YSMOTYN
   v. PYLU
blurb, *n.* GWASGFOLIANT, BROLIANT
blush, *n.* GWRID
   v. GWRIDO, COCHI
bluster, *v.* CHWYTHU'N GRYF, BROCHI
boar, *n.* BAEDD
board, *n.* BWRDD, ASTELL, BWYD
   v. LLETYA, BYRDDIO
boarder, *n.* BYRDDWR, LLETYWR
boarding-house, *n.* GWESTY
boarding-school, *n.* YSGOL BRESWYL
boast, *n.* YMFFROST, BROL
   v. YMFFROSTIO, BROLIO
boaster, *n.* YMFFROSTIWR, BROLIWR
boat, *n.* BAD, CWCH
boatman, *n.* BADWR, CYCHWR
bob, *n.* HERC
   a. BYR, CWTA
   v. HERCIAN
bobbin, *n.* BOBIN, CWÎL, PIN
bode, *v.* ARGOELI
bodice, *n.* BODIS
bodily, *a.* CORFFOROL

bodkin, *n.* BOTGIN, BWYTGIN
body, *n.* CORFF, PERSON, CORFFOLAETH
bog, *n.* CORS, MIGNEN, SIGLEN
bogey, *n.* BWGAN, BOGI, BWCI
bogus, *a.* FFUG, FFUANTUS
boil, *n.* CORNWYD, CLEWYN
   v. BERWI, FFROMI
boiler, *n.* BERWEDYDD, BWYLER, BOELER
boiling, *n.* BERWAD
   a. BERW
boiling-point, *n.* BERWBWYNT
boisterous, *a.* TYMHESTLOG, BROCHUS
bold, *a.* EOFN, HY, BEIDDGAR, EGLUR
boldness, *n.* EHOFNDRA, HYFDRA
bolero, *n.* BOLERO
bollard, *n.* POLYN, BOLARD
bolshevik, *n.* BOLSIEFIG
bolster, *n.* GOBENNYDD MAWR
bolt, *n.* BOLLT
   v. BOLLTIO, DIANC
bomb, *n.* BOM
   v. BOMIO
bombard, *v.* PELEDU
bombast, *n.* YMFFROST
bombastic, *a.* YMFFROSTGAR
bomber, *n.* AWYREN FOMIO
bond, *n.* BOND, RHWYMYN
   v. BONDIO
bondage, *n.* CAETHIWED
bonds, *n.pl.* BONDIAU
bondsman, *n.* BONDSMON
bone, *n.* ASGWRN
   v. DIASGYRNU
bonfire, *n.* COELCERTH
bonnet, *n.* BONED
bonny, *a.* BRAF, NOBL
bonus, *n.* BONWS
bony, *a.* ESGYRNOG
boo, *i.* BW, HWT!
   v. HWTIO
booby, *n.* HURTYN, PENBWL
boogie-woogie, *n.* BŴGI-ŴGI
book, *n.* LLYFR
   v. BWCIO
  programmed book, RHAGLUNLYFR
bookbinder, *n.* RHWYMWR LLYFRAU
booking-office, *n.* SWYDDFA DOCYNNAU
book-keeper, *n.* LLYFRIFWR
book-keeping, *n.* LLYFRIFEG
booklet, *n.* LLYFRYN
bookmaker, *n.* BWCI
bookmark, *n.* LLYFRNOD
bookseller, *n.* LLYFRWERTHWR

bookshelf, *n.* SILFF LYFRAU
bookworm, *n.* LLYFRBRYF
boom, *n.* TRWST, BŴM, YMCHWYDD
   v. TRYSTIO
boomerang, *n.* BWMERANG
booming, *a.* FFYNIANNUS, YMCHWYDDOL
boon, *n.* BENDITH, CAFFAELIAD
boor, *n.* TAEOG
boorishness, *n.* TAEOGRWYDD
boost, *v.* GWTHIO
   n. ATGYFNERTHIAD
booster, *n.* CYFNERTHYDD
  booster dose, DOS GYFNERTHOL
boot, *n.* ESGID, BŴT, YSBAIL
   v. ELWA
  high boots, GWINTASAU
booth, *n.* BWTH
bootlace, *n.* LASEN, CARRAI ESGID
bootless, *a.* OFER, SEITHUG
booze, *v.* MEDDWI, DIOTA
borax, *n.* BORACS
border, *n.* FFIN, BORDER
   v. FFINIO (Â)
borderland, *n.* FFINDIR
bore, *n.* TYLLFEDD, BÔR, BLINWR, EGER
   v. TYLLU, BORIO, BLINO
boredom, *n.* DIFLASTOD, ALAREDD
borer, *n.* TYLLYDD
born, *a.* GENEDIGOL, CYNHENID
borough, *n.* BWRDEISTREF
borrow, *v.* BENTHYCA, CAEL BENTHYG
borrower, *n.* BENTHYCIWR
bosh, *n.* FFWLBRI, DWLI, LOL
bosom, *n.* MYNWES, BRON
boss, *n.* BWLYN, BOS, CNAP, BOGEL, MEISTR
bo'sun, *n.* BOSWN
botanical, *a.* BOTANGEOL
botanist, *n.* BOTANEGWR
botany, *n.* BOTANEG
botch, *v.* BWNGLERA, STOMPIO
bote, *n.* BUDD
both, *a. & pn. & ad.* Y DDAU, Y DDWY
bother, *n.* HELYNT, BODDER, TRAFFERTH,
   FFWDAN
   v. POENI, BODDRAN, TRAFFERTHU
bottle, *n.* POTEL, COSTREL
   v. POTELU, COSTRELU
bottleneck, *n.* TAGFA
bottom, *n.* GWAELOD, GODRE
bottomless, *a.* DIWAELOD
botulism, *n.* BOTWLIAETH
bough, *n.* CAINC, CANGEN
boulder, *n.* CLOGFAEN

boulevard, *n.* RHODFA GOED
bounce, *n.* TAMPIAD, BOWND, YMFFROST
   v. TAMPIO, BOWNDIO
bouncer, *n.* BOWNSIWR
bound, *n.* TERFYN, LLAM, ARFFIN
   a. RHWYM
   v. FFINIO, LLAMU
boundary, *n.* FFIN, TERFYN
bounded, *a.* FFINEDIG
bounder, *n.* DIHIRYN
boundless, *a.* DIDERFYN
bounteous, *a.* HAEL, HAELIONUS
bounty, *n.* HAELIONI
bouquet, *n.* TUSW, BLODEUGLWM
bourgeois, -ie, *a. & n.* BWRDAIS
bourn, *n.* NANT
bout, *n.* GORNEST, BOWT
bovate, *n.* BUFEDD
bow, *n.* BWA, YMGRYMIAD, BLAEN LLONG,
   CWLWM, DOLEN
bowels, *n.pl.* YMYSGAROEDD, COLUDDION,
   PERFEDD
bower, *n.* DEILDY
bowl, *n.* POWLEN, BŴL, CAWG
   v. POWLIO, BOWLIO
bowler, *n.* BOWLIWR, BOWLER
bowline, *n.* BOWLIN
bowling-green, *n.* LAWNT FOWLIO
bowls, *n.pl.* BOWLS
bowman, *n.* SAETHYDD, RHWYFWR
bowsprit, *n.* BOLSBRYD
bow-window, *n.* FFENESTR GROM
box, *n.* BLWCH, BOCS
   v. BOCSIO, PAFFIO
boxer, *n.* BOCSIWR, PAFFIWR
box-office, *n.* SWYDDFA DOCYNNAU
boy, *n.* BACHGEN, HOGYN, LLANC
boycott, *v.* BOYCOTIO, GWAHARDD
boyhood, *n.* BACHGENDOD
boyish, *a.* BACHGENNAIDD
brace, *n.* PÂR, CARNTRO, CYPLYSNOD
   (MIWSIG), BRES, CLEDD
   v. BRESU, TYNHAU
   brace and bit, CARNTRO AC EBILL
   ratchet brace, CARNTRO CLICIED
braced, *a.* CLEDDOG
bracelet, *n.* BREICHLED
bracer, *n.* BREICHYDD
braces, *n.pl.* BRESYS, GALWSYS
bracing, *a.* FFRES
bracken, *n.* RHEDYN, RHEDYN UNGOES
bracket, *n.* BRACED, CROMFACH
   v. CYSYLLTU

brackish, *a.* HALLT
bracteole, *n.* BRACTOLYN
bradawl, *n.* MYNAWYD
brae, *n.* BRYN, BRYNDIR
brag, *n.* YMFFROST, BROL
   v. YMFFROSTIO, BROLIO
braggart, *n.* YMFFROSTIWR, BROLIWR
braid, *n.* BRÊD, CADIS
braille, *n.* BREIL
brain, *n.* YMENNYDD
brainwash, *n.* PWYLLTRAIS
   v. PWYLLTREISIO
brainy, *a.* GALLUOG
braise, *v.* BRWYSIO
brake, *n.* BRÊC, PRYSGLWYN
   v. BRECIO
bramble, *n.* MIAREN
bran, *n.* BRAN, EISIN
branch, *n.* CANGEN, ADRAN, CAINC
   v. CANGHENNU, CEINCIO, YMESTYN
branching, *a.* CANGHENNOG, CEINCIOG
brand, *n.* NOD, PENTEWYN, BRAND
   v. NODI, GWARTHNODI, LLOSGNODI
brandish, *v.* CHWIFIO
brand-new, *a.* NEWYDD SBON
brandy, *n.* BRANDI
   brandy snap, CRIMPEN FRANDI
brash, *n.pl.* MALURION
brass, *n.* EFYDD, PRÈS (ARIAN)
brassiere, *n.* BRONNEG, BRONGLYMAU
bravado, *n.* YMFFROST, BOCSACH
brave, *a.* DEWR, GWROL, GLEW
   v. HERIO, HERFEIDDIO
bravery, *n.* DEWRDER, GWROLDEB,
   GLEWDER
brawl, *n.* FFRAE
   v. FFRAEO
brawn, *n.* BRÔN, CYHYR, COSYN PEN
brawny, *a.* CYHYROG
braxy, *n.* DŴR COCH
bray, *n.* NAD
   v. NADU
braze, *v.* PRESYDDU
brazen, *a.* HAERLLUG, PRES
brazing, *v.* ASIO, EFYDDU
breach, *n.* ADWY, TORCYFRAITH
   v. BYLCHU, TORRI
bread, *n.* BARA
   bread roll, CWGEN
breadth, *n.* LLED, EHANGDER
break, *v.* TORRI, DRYLLIO, BRECIO
   n. TORIAD, BRÊC
   break even, ADENNILL COSTAU

breaker, *n.* TON, ATALYDD, TONIAR
breakfast, *n.* BRECWAST, BOREFWYD
  v. BRECWASTA
breakpoint, *n.* TORBWYNT
breakwater, *n.* MORWAL
bream, *n.* GWRACHEN DDU
breast, *n.* BREST, DWYFRON, MYNWES
breastplate, *n.* DWYFRONNEG
breast-stroke, *n.* NOFIO BROGA
breath, *n.* ANADL
breathalyser, *n.* ANALIADUR, ANADLYDD
breathe, *v.* ANADLU
breathing, *n.* ANADLIAD
breech, *n.* BÔN DRYLL
breeches, *n.pl.* LLODRAU, CLOS
breed, *n.* BRID *v.* BRIDIO
breeder, *n.* BRIDIWR
  breeder reactor, YMWEITHYDD BRIDIOL
breeding, *n.* MAGWRAETH
breeze, *n.* AWEL, CHWA, BRÎS
  breeze blocks, BLOCIAU BRÎS
breezy, *a.* AWELOG
brethren, *n.* BRODYR
breve, *n.* BRIF
breviary, *n.* BREFIARI
brevity, *n.* BYRDRA
brew, *v.* DARLLAW, BRAGU
brewer, *n.* BRAGWR, DARLLAWR
brewery, *n.* BRACTY
bribe, *n.* LLWGRWOBRWY
  v. LLWGRWOBRWYO
bribery, *n.* LLWGRWOBRWYAETH
bric-a-brac, *n.* CYWREINION
brick, *n.* BRICSEN, BRIC, PRIDDFAEN
  v. BRICIO
bricklayer, *n.* BRICIWR, MASIWN
brickwork, *n.* BRICWAITH
bridal, *n.* PRIODAS
  a. PRIODASOL
bride, *n.* PRIODFERCH
bridegroom, *n.* PRIODFAB
bridesmaid, *n.* MORWYN BRIODAS
bridge, *n.* PONT
  v. PONTIO
  bridge-tone, TRAWS-DÔN
bridgehead, *n.* TALBONT
bridle, *n.* FFRWYN
  v. FFRWYNO
bridlepath, *n.* LLWYBR CEFFYL/MARCH
brief, *a.* BYR, CWTA
  n. BRIFF, GWYSEB
  v. BRIFFIO
briefly, *ad.* YN FYR

briefs, *n.pl.* BYRION
brigade, *n.* BRIGÂD
brigadier, *n.* BRIGADYDD
brigand, *n.* HERWR
bright, *a.* DISGLAIR, CLAER, GLOYW
brighten, *v.* DISGLEIRIO, GLOYWI
brightness, *n.* DISGLEIRDEB, GLOYWDER
brill, *n.* BRIL
brilliance, *n.* GALLU, DISGLEIRDEB
brilliant, *a.* GALLUOG, LLACHAR
brim, *n.* MIN, CANTEL, YMYL
brimstone, *n.* BRWMSTAN
brindled, *a.* BRYCH, BRITH
brine, *n.* HELI
bring, *v.* DYFOD (â), DWYN
brink, *n.* YMYL, MIN
brinkmanship, *n.* DIBYNFENTRO
brisk, *a.* BYWIOG
brisket, *n.* BRISGED, Y BARWYDEN
bristle, *n.* GWRYCHYN
  v. CODI GWRYCH
Britain, *n.* PRYDAIN
Britisher, *n.* PRYDEINIWR
Briton, *n.* BRYTHON
brittle, *a.* BRAU, BREGUS
brittleness, *n.* BREUDER
broach, *n.* DIGORYDD, BROES
broad, *a.* LLYDAN
broadbean, *n.* FFÄEN, FFEUEN
broadcast, *n.* DARLLEDIAD
  ad. AR LED
  v. DARLLEDU, HAU Â LLAW
broaden, *v.* LLEDU
broadly, *ad.* YN FRAS
broadminded, *a.* EANGFRYDIG
broadsheet, *n.* ARGRAFFLEN
brocade, *n.* BROCÂD
broccoli, *n.* BROCOLI
brochure, *n.* LLYFRYN, PAMFFLED
brogue, *n.* BRÔG, ACEN
broil, *n.* CWERYL, YMRAFAEL
  v. BRWYLIO
broiler, *n.* BRWYLIAD
broken, *a.* TOREDIG, DRYLLIOG
broker, *n.* BROCER
brokerage, *n.* BROCERIAETH, TÂL BROCER
bromide, *n.* BROMID
bromination, *n.* BROMINIAD
bromine, *n.* BROMIN
bronchiole, *n.* BRONCIOLYN
bronchitis, *n.* BRONCITIS, LLID Y BRONCI
bronze, *n.* PRES, EFYDDYN, EFYDD
  a. EFYDD

brooch, *n.* TLWS
brood, *n.* HIL, NYTHAID, EPIL
   v. DEOR, PENDRONI
broody, *a.* CLWC, GORLLYD
brook, *n.* NANT
   v. GODDEF
broom, *n.* BANADL, YSGUBELL
broth, *n.* POTES, CAWL
brothel, *n.* PUTEINDY
brother, *n.* BRAWD
brotherhood, *n.* BRAWDOLIAETH
brotherly, *a.* BRAWDOL
brow, *n.* AEL, TALCEN, CRIB
brown, *a.* GWINAU, BROWN, LLWYD
browned-off, *a.* DIFLAS
browning, *n.* BROWNIN
   v. BROWNIO
browse, *v.* PORI
bruise, *n.* CLAIS
   v. CLEISIO
brunette, *n.* MERCH BRYD TYWYLL
brush, *n.* BRWS
   v. BRWSIO
brushwood, *n.* PRYSGWYDD
brusque, *a.* CWTA, SWRTH
brutal, *a.* CREULON, BWYSTFILAIDD
brutality, *n.* CREULONDEB
brute, *n.* BWYSTFIL
brutish, *a.* BWYSTFILAIDD
bubble, *n.* YSWIGEN, BWBWL, BWRLWM
   v. BYRLYMU, BYBYLU
   bubble and squeak, BWYD BWRLWM
buccaneer, *n.* MÔR-LEIDR
buck, *n.* BWCH
   v. LLAMSACHU
bucket, *n.* BWCED, STWC
buckle, *n.* BWCL
   v. BWCLO
buckram, *n.* BWCRAM
bud, *n.* BLAGURYN, EGINYN
   v. BLAGURO, EGINO
budge, *v.* SYFLYD
budget, *n.* CYLLIDEB
   v. CYLLIDO, CLUSTNODI
   budget surplus, GORGED CYLLIDEB
buff, *n.* BWFF
buffalo, *n.* BYFFLO
buffer, *n.* BYFFER
   buffer state, CLUSTOGWLAD
buffered, *a.* BYFFYREDIG
buffet, *n.* COWNTER BWYD, BWFFE
   v. ERGYDIO
buffoon, *n.* CLOWN, FFWL

buffoonery, *n.* FFWLBRI
bug, *n.* BYG, TROGEN
bugbear, *n.* BWGAN, BWCI
buggery, *n.* SODOMIAETH
bugle, *n.* BIWGL, GLESYN Y COED
bugler, *n.* BIWGLWR
build, *n.* CORFFOLAETH, SAERNÏAETH
   v. ADEILADU, CODI
builder, *n.* ADEILADYDD
building, *n.* ADEILAD
built-up, *a.* ADEILEDIG
bulb, *n.* BWLB
bulbous, *a.* ODDFOG
bulge, *n.* CHWYDD, CRYMEDD
   v. CHWYDDO, BOCHIO
bulk, *n.* SWMP
   bulk buying, SWMP BRYNU
   bulk-carrier, SWMP-GLUDYDD
bulky, *a.* SWMPUS
bull, *n.* TARW, BWL (PAPAL), HAPBRYNWR
bulldozer, *n.* TARW DUR
bullet, *n.* BWLED
bulletin, *n.* BWLETIN
bullfinch, *n.* COCH Y BERLLAN
bullhead, *n.* PENBWL
bullion, *n.* BWLIWN
bullnose, *a.* TRWYNBWL
bullock, *n.* BUSTACH, EIDION
bull's eye, *n.* CANOL TARGED
bully, *n.* BWLI
   v. GORMESU
   bully off, BWLIO
bulrushes, *n.pl.* HESG
bulwark, *n.* GWRTHGLAWDD, CANLLAW
   (LLONG)
bumbailiff, *n.* BWMBEILI
bump, *n.* HERGWD, BWMP
   v. GWRTHDARO, HERGYDIO
bumper, *n.* BYMPER
   a. HELAETH
bumph, *n.* PAPURACH
bumpkin, *n.* LLABWST, LLEBAN, LLELO
bumptious, *a.* YMFFROSTGAR
bun, *n.* BYNNEN
   hot cross buns, BYNS Y GROG
bunch, *n.* CLWSTWR, PWYSI, CLWM
bund, *n.* BWND
bundle, *n.* BWNDEL, SOPYN
   v. BWNDELU
bung, *n.* BWNG, TOPYN, CORCYN
bungalow, *n.* BYNGALO, TŶ UNLLAWR
bungle, *n.* STOMP, BWNGLERWAITH
   v. STOMPIO, BWNGLERA

bungler, *n.* BWNGLERWR
bungling, *a.* BWNGLERAIDD
bunker, *n.* BWNCER
bunkum, *n.* FFWLBRI, LOL, FFILOREG
bunsen burner, *n.* BYRNER BWNSEN
buoy, *n.* BWI
buoyancy, *n.* HYNOFEDD
buoyant, *a.* HYNAWF
burden, *n.* BAICH, BYRDWN
burdensome, *a.* BEICHUS
bureau, *n.* BIWRÔ, DESG, BWRDD
bureaucracy, *n.* BIWROCRATIAETH
bureaucrat, *n.* BIWROCRAT
burette, *n.* BIWRÉT, BWRÉT
burgess, *n.* BWRDEISIWR
burglar, *n.* BWRGLER
burglary, *n.* BWRGLERAETH
burgle, *v.* BWRGLERA
burgomaster, *n.* MAER
burial, *n.* CLADDEDIGAETH
burlesque, *n.* BWRLÉSG
burly, *a.* CYDNERTH, CORFFOL
burn, *n.* LLOSG, NANT
  v. LLOSGI, CYNNAU
burner, *n.* BYRNER, LLOSGYDD
burnish, *v.* LLATHRU, BWRNEISIO
burr, *n.* BWR, MIN
burrow, *n.* TWLL, TYLLFA, TWYN
  v. TYLLU, TYRCHU
bursar, *n.* TRYSORYDD, UN AG
  YSGOLORIAETH
bursary, *n.* YSGOLORIAETH, ADDYSGED
burst, *n.* RHWYG, BYRSTIAD
  v. YMRWYGO, BYRSTIO
bury, *v.* CLADDU
bus, *n.* BWS
bush, *n.* LLWYN, PERTH, BWSH
bushel, *n.* BWYSEL
business, *n.* BUSNES, MASNACH, NEGES
business-like, *a.* TREFNUS
bust, *n.* PENDDELW, BWST
bustle, *n.* FFWDAN
  v. FFWDANU

busy, *a.* DIWYD, PRYSUR
but, *c.* OND, EITHR
butane, *n.* BWTÂN
butcher, *n.* CIGYDD
  v. LLADD
butler, *n.* BWTLER, TRULLIAD
butt, *n.* CASGEN, NOD, BÔN
  v. BYTIO
butte, *n.* CNWC
butter, *n.* (Y)MENYN
buttercup, *n.* BLODYN YMENYN
butterfly, *n.* GLÖYN BYW, PILI PALA
buttermilk, *n.* LLAETH ENWYN
butterscotch, *n.* CYFLAITH MENYN
buttock, *n.* FFOLEN
button, *n.* BOTWM
  v. BOTYMU
buttonholder, *n.* BOTYMELL
buttress, *n.* BWTRES, GWANAS, ATEG
  v. CRYFHAU
butt-weld, *n.* BÔN-ASIAD
buxom, *a.* TEW, CRON
buy, *v.* PRYNU, PWRCASU
buyer, *n.* PRYNWR, PWRCASWR
buzz, *n.* SU, SI
  v. SUO, SÏO
buzzard, *n.* BODA
by, *ad.* GERLLAW, HEIBIO
  prp. ERBYN, TRWY, GAN, WRTH, Â
bye, *n.* BEI
by-election, *n.* IS-ETHOLIAD
by-law, *n.* IS-DDEDDF
by-pass, *n.* HEIBIAD, FFORDD OSGOI
  v. HEIBIADU
by-product, *n.* SGÎL-GYNNYRCH
byre, *n.* BEUDY
by-road, *n.* CILFFORDD
bystanders, *n.pl.* SEFYLLWYR
byway, *n.* CILFFORDD
byword, *n.* DIHAREB

cab, *n.* CAB, CABAN
cabal, *n.* CABAL
cabbage, *n.* CABETSEN, BRESYCHEN
cabin, *n.* CABAN
cabinet, *n.* CIST, CABINET
cable, *n.* CEBL, CABLEN
cache, *n.* STÔR
cackle, *v.* CLEGAR
cacophonous, *a.* CACOFFONIG, AMHERSAIN
cacophony, *n.* CACOFFONI, AMHERSEINEDD
cactus, *n.* CACTUS
cad, *n.* DIHIRYN, CENAU
caddie, *n.* CADI
caddy, *n.* BOCS TE
cadence, *n.* CADENS, DIWEDDEB
cadential, *a.* DIWEDDEBOL
cadet, *n.* CADLANC
caesura, *n.* GORFFWYSFA
café. *n.* CAFFE, BWYTY
cafeteria, *n.* CAFFETERIA
caffeine, *n.* CAFFEIN
cage, *n.* CAETS, CAWELL
cairn, *n.* CARN(EDD)
cajole, *v.* GWENIEITHIO
cajolery, *n.* GWENIAITH
cake, *n.* CACEN, TEISEN, CÊC
  v. CAGLU
calamitous, *a.* TRYCHINEBUS
calamity, *n.* TRYCHINEB
calcareous, *a.* CALCHAIDD
calcify, *v.* CALCHEIDDIO
calcium, *n.* CALSIWM
calculate, *v.* CYFRIF, RHIFO
calculation, *n.* CYFRIF(IAD)
calculator, *n.* CYFRIFYDD
calculus, *n.* CALCWLWS
caldera, *n.* CALLOR
calendar, *n.* CALENDR
calends, *n.pl.* DYDDIAU CALAN
calf, *n.* LLO, CROTH (COES)
calibrate, *v.* CALIBRO, GRADDNODI
calibration, *n.* CALIBRAD
calico, *n.* CALICO
calipers, *n.pl.* CALIPERAU
calkin, *n.* CAWC
call, *n.* GALWAD, YMWELIAD
  v. GALW, YMWELED (Â)
  call boy, HYSBYSWR
caller, *n.* GALWR, YMWELYDD, GEILWAD
calling, *n.* GALWEDIGAETH
calliper, *n.* CALIPR
callosity, *n.* CALEDEDD
callous, *a.* CALED, DIDEIMLAD

callus, *n.* CALWS, CALEDEN
calm, *n.* TAWELWCH, GOSTEG
  a. TAWEL
  v. TAWELU, GOSTEGU
calmness, *n.* LLONYDDWCH, TAWELWCH
calorie, *n.* CALORI
calorimeter, *n.* CALORIMEDR
calorimetry, *n.* CALORIMEDREG
calumny, *n.* ENLLIB, ANAIR
calve, *v.* BWRW LLO
Calvinism, *n.* CALFINIAETH
Calvinistic, *a.* CALFINAIDD
calyx, *n.* CALYCS
cam, *n.* CAM
camber, *n.* CRYMDER
cambric, *n.* CAMBRIG
camel, *n.* CAMEL
cameo, *n.* CAMEO
camera, *n.* CAMERA
camomile, *n.* CAMIL, CAMRI
camouflage, *n.* CUDDLIW, CUDDWEDD
  v. DIEITHRIO, CUDDWEDDU
camp, *n.* GWERSYLL
  v. GWERSYLLU
campaign, *n.* YMGYRCH, RHYFELROD
camp-bed, *n.* GWELY PLYG
camphor, *n.* CAMFFYR
campion, *n.* CEILIOG COCH
camp-stool, *n.* STÔL BLYG
campus, *n.* CAMPWS
camshaft, *n.* CAMSIAFFT
can, *n.* CAN, TUN
  v. CANIO, MEDRU, GALLU
canal, *n.* CAMLAS
canary, *n.* CANERI
cancel, *v.* CANSLO, DILEU
cancellation, *n.* CANSLAD, DILEAD
cancer, *n.* CANCR, CANSER, DAFADEN
  WYLLT
  Tropic of Cancer, TROFAN CANCR
candid, *a.* DIDWYLL, AGORED, GONEST
candidate, *n.* YMGEISYDD
candidature, *n.* YMGEISIAETH
candle, *n.* CANNWYLL
Candlemas, *n.* GŴYL FAIR (CHWEFROR 2)
candlestick, *n.* CANHWYLLBREN
candlewick, *n.* COTWM TRWCH
candour, *n.* DIDWYLLEDD
candy, *n.* CANDI
cane, *n.* GWIALEN, CANSEN
  v. GWIALENODIO
canine, *a.* CÏOG
canister, *n.* BOCS (TE)

canker, *n.* CANCR
   v. CANCRO
cannery, *n.* CANERDY
canning, *n.* CANIO
cannibal, *n.* CANIBAL
cannibalism, *n.* CANIBALIAETH
cannon, *n.* CANON, MAGNEL
cannon-ball, *n.* TANBELEN
canny, *a.* CYFRWYS
canoe, *n.* CANŴ
   v. CANŴO
canon, *n.* CANON, RHEOL
canonical, *a.* CANONAIDD
canonicity, *n.* CANONEIDD-DRA
canonise, *v.* CANONEIDDIO
canopy, *n.* CANOPI, LWFER
cant, *n.* RHAGRITH, TRUTH, OSGO
   v. GOLEDD(F)U
cantankerous, *a.* CYNHENNUS,
   CWERYLGAR
cantata, *n.* CANTAWD
canteen, *n.* CANTÎN
canter, *n.* RHYGYNG
   v. RHYGYNGU
canticle, *n.* CANTIGL
cantilever, *n.* CANTILIFER
cantor, *n.* CANTOR
canvas, *n.* CYNFAS
canvass, *v.* CANFASIO
canvasser, *n.* CANFASIWR
canyon, *n.* CEUNANT, CANION
cap, *n.* CAP(AN)
capable, *a.* GALLUOG, MEDRUS
capability, *n.* GALLU, MEDR
capacious, *a.* HELAETH, EANG
capaciousness, *n.* HELAETHRWYDD
capacitance, *n.* CYNHWYSEDD
capacitor, *n.* CYNHWYSWR
capacity, *n.* MEDR, CYNNWYS,
   CYNHWYSEDD
cape, *n.* PENTIR, MANTELL, CÊP, CLOGYN
caper, *v.* PRANCIO
   n. CAPER
capillarity, *n.* CAPILAREDD
capillary, *n.* CAPILARI
   a. CAPILARIG
capital, *n.* PRIFDDINAS, PRIFLYTHYREN,
   CYFALAF
   a. PRIF, ARDDERCHOG
capitalism, *n.* CYFALAFIAETH
capitalist, *n.* CYFALAFWR
capitation, *n.* HYN A HYN Y PEN
capitulate, *v.* ARDELERU

capitulation, *n.* ARDELERIAD
capon, *n.* CAPRWN
caprice, *n.* MYMPWY
capricious, *a.* MYMPWYOL
capriciousness, *n.* MYMPWY
Capricorn, *n.* ARWYDD YR AFR, CAPRICORN
   Tropic of Capricorn, TROFAN
   CAPRICORN
capsize, *v.* DYMCHWEL
capsule, *n.* CAPSWL
captain, *n.* CAPTEN
   v. BOD YN GAPTEN, CAPTEINIO
captaincy, *n.* CAPTENIAETH
caption, *n.* PENNAWD
captivate, *v.* HUDO, SWYNO, DENU
captive, *n.* CARCHAROR
   a. CAETH
captivity, *n.* CAETHIWED
captor, *n.* DALIWR
capture, *n.* DALIAD
   v. DAL
caput, *n.* CAPWT
car, *n.* CAR, CERBYD
caravan, *n.* CARAFÁN
caravanning, *v.* CARAFANNA
caraway, *n.* CARWE
carbohydrate, *n.* CARBOHYDRAD
carbon, *n.* CARBON
carbonaceous, *a.* CARBONAIDD
carbonate, *n.* CARBONAD
carbonated, *a.* CARBONEDIG
carbonation, *v.* CARBONADU
carboniferous, *a.* CARBONIFFERAIDD
carbonisation, *n.* CARBONEIDDIANT
carborundum, *n.* AGALEN
carbuncle, *n.* CORNWYD, CARBWNCL
carburettor, *n.* CARBURADUR
carcass, *n.* CELAIN, ABO, BURGYN,
   YSGERBWD
carcinoma, *n.* CARSINOMA, CANCR GWYLLT
card, *n.* CERDYN, CARDEN
   v. CRIBO
cardboard, *n.* CARDBORD
cardiac, *a.* CARDIAIDD
cardigan, *n.* CARDIGAN
cardinal, *n.* CARDINAL
   a. PRIF, CARDINAL
care, *n.* GOFAL, PRYDER
   v. GOFALU, PRYDERU
career, *n.* GYRFA
   v. RHUTHRO, CARLAMU
careful, *a.* GOFALUS, CARCUS
carefulness, *n.* GOFAL

carefree, *a.* DIOFAL(ON)
careless, *a.* ESGEULUS
carelessness, *n.* ESGEULUSTOD
caress, *n.* ANWES, MWYTHAU
   v. ANWESU, MWYTHO
caressing, *a.* CARUAIDD
caretaker, *n.* GOFALWR
cargo, *n.* LLWYTH
caribou, *n.* CARIBŴ
caricature, *n.* GWAWDLUN
caricaturist, *n.* GWAWDLUNYDD
carnage, *n.* LLADDFA
carnal, *a.* CNAWDOL
carnation, *n.* CARNASIWN, CNODLIW
carnival, *n.* CARNIFAL
carnivorous, *a.* CARNIFORUS, CIGYSOL
carob, *n.* CAROB
carol, *n.* CAROL
   v. CANU CAROLAU
caroller, *n.* CANWR CAROLAU
carotene, *n.* CAROTEN
carotid, *a.* CAROTID
carousal, *n.* CYFEDDACH
carouse, *v.* CYFEDDACH, GLODDESTA
carouser, *n.* BOLGI, GLODDESTWR
carp, *n.* CARP
carpenter, *n.* SAER COED
carpentry, *n.* GWAITH SAER
carpet, *n.* CARPED
   v. CARPEDU
carriage, *n.* CERBYD, CLUDIANT, OSGO,
   YMARWEDDIAD
carrier, *n.* CLUDYDD, CARIWR
carrion, *n.* CELAIN, BURGYN
carrot, *n.* MORONEN
carroty, *a.* BRAU, PENGOCH
carry, *v.* CLUDO, CARIO, CYWAIN
cart, *n.* CERT, TROL
cartage, *n.* CLUDIAD
cartel, *n.* CARTÉL
cartesian, *a.* CARTESAIDD
cart-horse, *n.* CEFFYL GWAITH
cart-house, *n.* CARTWS, HOEWAL
cartilage, *n.* CARTILAG
cartography, *n.* CARTOGRAFFEG
carton, *n.* CARTON
cartoon, *n.* CARTŴN
cartoonist, *n.* CARTWNYDD
cartridge, *n.* CETRISEN
cartwheel, *n.* OLWYNDRO
   v. OLWYNDROI
carve, *v.* CERFIO, TORRI CIG
carver, *n.* CERFIWR, CARFER

cascade, *n.* RHAEADR, SGWD
case, *n.* ACHOS (MEWN LLYS). CAS
casein, *n.* CASEIN
casement, *n.* CASMENT
cash, *n.* ARIAN (PAROD)
   v. NEWID
cashier, *n.* ARIANNWR
cashmere, *n.* CASMIR
casing, *n.* PLISGYN, CASIN, CAS
cask, *n.* CASGEN, BARIL
cassava, *n.* CASAFA
casserole, *n.* CASEROL
cassette, *n.* CASÉT
cast, *n.* CAST
   v. CASTIO, TAFLU, CAMDROI
castanets, *n.pl.* CASTANEDAU
caste, *n.* CAST
castellated, *a.* CASTELLOG
castigate, *v.* CYSTWYO, CERYDDU
castigation, *n.* CYSTWYAD, CERYDD
casting, *n.* CASTIN
   v. CASTIO
casting-vote, *n.* PLEIDLAIS FWRW
castle, *n.* CASTELL
   v. CASTELLU
castor, *n.* CASTOR
castrate, *v.* DISBADDU
castration, *n.* DISBADDIAD
casual, *a.* ACHLYSUROL, YSBEIDIOL
casualties, *n.pl.* COLLEDIGION
casualty, *n.* DAMWAIN
casuals, *n.pl.* DILLAD SEGURA
casuist, *n.* CASŴIST
casuistic, *a.* CASŴISTAIDD
cat, *n.* CATH
catabolism, *n.* CATABOLAETH
cataclysm, *n.* RHYFERTHWY
catacomb, *n.* CLADDGELL, CATACWM
catalogue, *n.* CATALOG
   v. CATALOGIO
cataloguer, *n.* CATALOGYDD
catalysis, *n.* CATALEDD
catalyse, *v.* CATALEIDDIO
catalyst, *n.* CATALYDD
catapult, *n.* CATAPWLT
cataract, *n.* RHAEADR, PILEN (AR LYGAD)
catarrh, *n.* CATÂR
catastrophe, *n.* TRYCHINEB
catch, *n.* DALIAD, CLICIED, DALFA (BYSGOD)
   v. DAL(A)
   fair catch, DALIAD GLÂN
catcher, *n.* DALIWR
catchment, *n.* DALGYLCH

catchword, *n.* CIPAIR
catechetic, *a.* HOLWYDDOROL
catechise, *v.* HOLI
categorical, *a.* PENDANT, CATEGORÌOL
category, *n.* CATEGORI
catenary, *n.* CATENA
cater, *v.* ARLWYO, DARMERTHU
caterer, *n.* ARLWYWR
catering, *n.* ARLWYAETH, DARMERTH
caterpillar, *n.* LINDYSYN
catgut, *n.* CATGWT
catharsis, *n.* CATHARSIS
cathartic, *n.* CARTHLYN
cathedral, *n.* CADEIRLAN
cathode, *n.* CATOD
Catholic, *a.* CATHOLIG, PABYDDOL
   n. PABYDD
Catholicism, *n.* CATHOLIGIAETH,
   PABYDDIAETH
catkins, *n.pl.* GWYDDAU BACH, CENAWON
   CYLL
cat's eye, *n.* LLYGAD CATH
cattle, *n.pl.* GWARTHEG, DA
catty, *a.* MALEISUS
catwalk, *n.* BRIGDRAWST
caucus, *n.* CAWCWS
caul, *n.* GWASGBLAT
cauldron, *n.* CROCHAN, PAIR
cauliflower, *n.* COLIFFLẄER,
   BLODFRESYCHEN
caulk, *v.* CALCIO
causality, *n.* ACHOSIAETH
cause, *n.* ACHOS, ACHLYSUR
   v. PERI
causeway, *n.* SARN, CAWSAI
caustic, *a.* COSTIG
cauterize, *v.* SERIO
caution, *n.* RHYBUDD
   v. RHYBUDDIO
cautious, *a.* GOFALUS, GWYLIADWRUS
cavalry, *n.pl.* GWŶR MEIRCH
cave, *n.* OGOF
caveat, *n.* CAFEAT
caver, *n.* OGOFWR
cavern, *n.* CEUDWLL
cavernous, *a.* CEUDYLLOG
caviar(e), *n.* CAFIÂR
cavil, *v.* CWERYLA, CECRU
cavity, *n.* GWAGLE, CEUDOD
caw, *v.* CRAWCIAN
cayenne, *n.* CAIÁN
cease, *v.* DARFOD, PEIDIO
ceaseless, *a.* DI-BAID, DIDDARFOD

cedar, *n.* CEDRWYDDEN
cede, *v.* DADAFAEL, GILDIO
ceiling, *n.* NENFWD
celandine, *n.* LLYGAD EBRILL
celebrant, *n.* GWEINYDD
celebrate, *v.* DATHLU, CLODFORI,
   GWEINYDDU
celebrated, *a.* ENWOG, CLODFAWR
celebration, *n.* DATHLIAD
celebrity, *n.* PERSON ENWOG,
   ENWOGRWYDD
celerity, *n.* CYFLYMDER
celery, *n.* SELERI, HELOGAN
celestial, *a.* NEFOL(AIDD), WYBRENNOL
celibacy, *n.* DIBRIODAETH
celibate, *a.* DI-BRIOD
cell, *n.* CELL, SEL (BATRI)
   fuel cell, CYNYDYDD
cellar, *n.* SELER
cello, SODDGRWTH
cellophane, *n.* SELOFFÊN
celluloid, *n.* SELWLOID
cellulose, *n.* SELWLÔS
Celsius, *a.* CELSIUS
Celt, *n.* CELT
Celtic, *n.* CELTEG (YR IAITH)
   a. CELTAIDD
cement, *n.* SMENT
   v. SMENTIO, CYDIO, UNO
cemetery, *n.* MYNWENT
cenotaph, *n.* COFADAIL
cense, *v.* AROGLDARTHU
censer, *n.* THUSER
censor, *n.* SENSOR
   v. SENSRO
censorious, *a.* SENSORAIDD
censorship, *n.* SENSORIAETH
censure, *n.* CERYDD, SEN
   v. CERYDDU, SENNU
   vote of censure, PLEIDLAIS O GERYDD
census, *n.* CYFRIFIAD
cent, *n.* CANT
   per cent, Y CANT
centaur, *n.* DYNFARCH
centenary, *n.* CANMLWYDDIANT
centigrade, *n.* CANRADD
centile, *n.* CANRADD
centilitre, *n.* CENTILITR
centimetre, *n.* CENTIMETR
centipede, *n.* NEIDR GANTROED
central, *a.* CANOLOG
centralisation, *n.* CANOLIAD
centralise, *v.* CANOLI

centralism, *n.* CANOLIAETH
centrality, *n.* CANOLRWYDD
centre, *n.* CANOL, CANOLWR, CANOLFAN
  v. CANOLI
centre-forward, *n.* CANOLWR BLAEN
centre-half, *n.* CANOLWR
centrifugal, *a.* ALLGYRCHOL
centrifuge, *n.* ALLGYRCHYDD, ALLFWRYDD
  v. ALLGYRCHU, ALLFWRW
centripetal, *a.* MEWNGYRCHOL
centroid, *n.* CRAIDD
centurion, *n.* CANWRIAD
century, *n.* CANT, CANRIF
ceramic, *a.* CERAMIG
ceramics, *n.* CERAMEG
cereal, *n.* GRAWN, ŶD, GRAWNFWYD
cerebrum, *n.* CEREBRUM
ceremonial, *a.* SEREMONÏOL
ceremony, *n.* DEFOD, SEREMONI
cerise, *a.* COCH GOLAU
certain, *a.* SICR, RHYW, DIAU
certainly, *ad.* YN SICR/SIŴR
certainty, *n.* SICRWYDD
certificate, *n.* TYSTYSGRIF
certified, *a.* ARDYSTIEDIG
certify, *v.* TYSTIO, ARDYSTIO
cessation, *n.* DARFYDDIAD
cession, *n.* ILDIAD, DADAFAELIAD
cesspit, *n.* CEUBWLL
cesspool, *n.* CARTHBWLL
chafe, *v.* RHATHU, YSGARTHU
chaff, *n.* US, HEDION
chaffinch, *n.* ASGELL FRAITH
chagrin, *n.* CYTHRUDD, SIOM
chain, *n.* CADWYN
  v. CADWYNO
chair, *n.* CADAIR
  v. CADEIRIO
chaired, *a.* CADEIRIOL
chairman, *n.* CADEIRYDD
chairmanship, *n.* CADEIRYDDIAETH
chalet, *n.* HAFOTY
chalice, *n.* CAREGL, CWPAN CYMUN
chalk, *n.* CALCH, SIALC
  v. SIALCIO
challenge, *n.* HER, SIALENS
  v. HERIO, SIALENSIO
challenger, *n.* HERIWR
chamber, *n.* YSTAFELL, SIAMBR
chamberlain, *n.* SIAMBRLEN, YSTAFELLYDD
chambermaid, *n.* MORWYN YSTAFELL
chameleon, *n.* CAMELION
chamfer, *n.* SIAMFFER, RHIGOL
  v. SIAMFFRO

chamois, *n.* SIAMI, GAFREWIG
champion, *n.* PENCAMPWR, PLEIDIWR
championship, *n.* PENCAMPWRIAETH
chance, *n.* HAP, SIAWNS, DAMWAIN
  v. DIGWYDD
chancel, *n.* CANGELL
chancellor, *n.* CANGHELLOR
chancellorship, *n.* CANGELLORIAETH
Chancery, *n.* SIAWNSRI
chandelier, *n.* CANHWYLLYR
change, *n.* NEWID, CYFNEWIDIAD
  v. NEWID, CYFNEWID
changeable, *a.* CYFNEWIDIOL
channel, *n.* CULFOR, SIANEL
  v. SIANELU
chant, *n.* CÔR-GÂN, SIANT, SALM-DÔN
  v. CORGANU, SIANTIO
chantry, *n.* SIANTRI
chaos, *n.* ANHREFN, TRYBLITH
chaotic, *a.* ANHREFNUS
chap, *n.* CRWT, HOLLT
chapel, *n.* CAPEL, TŶ CWRDD
chaperon, *n.* GWARCHODYDD
chaplain, *n.* CAPLAN
chaplaincy, *n.* CAPLANIAETH
chaplet, *n.* CORONBLETH, TALAITH
chapter, *n.* PENNOD, CABIDWL
chapter-house, *n.* CABIDYLDY
char, *n.* MORWYN, TORGOCH
  v. RHUDDO
char-a-banc, *n.* SIARABANG
character, *n.* CYMERIAD, NOD
characterisation, *n.* CYMERIADAETH
characterise, *v.* NODWEDDU, CYMERIADU
characteristic, *n.* NODWEDD,
  NODWEDDRIF *(Logs)*
  a. NODWEDDIADOL, NODWEDDOL
charade, *n.* SIARÂD
charcoal, *n.* GOLOSG, SERCOL
charge, *n.* GOFAL, PRIS, GORCHYMYN, SIARS,
  CODIANT, LLWYTH, PRIDIANT, GWEFR
  (TRYDAN), HYRDDIAD
  v. CYHUDDO, GORCHYMYN, GWEFRU,
  LLWYTHO, HYRDDIO
chargeable, *a.* CYHUDDADWY
charged, *a.* GWEFREDIG
charger, *n.* CADFARCH
chariot, *n.* CERBYD RHYFEL
charisma, *n.* CARISMA
charismatic, *a.* CARISMATIG
charitable, *a.* ELUSENNOL
charity, *n.* CARDOD, ELUSEN
charlatan, *n.* TWYLLWR, CWAC

charm, *n.* SWYN, CYFAREDD
   v. SWYNO, RHEIBIO
charming, *a.* SWYNOL
chart, *n.* SIART
   v. SIARTIO
charter, *n.* SIARTER, BREINLEN
   v. SIARTERU, LLOGI, HURIO
chartism, *n.* SIARTAETH
chartist, *n.* SIARTYDD
chary, *a.* GOCHELGAR, GOFALUS
chase, *n.* ERLID, HELFA, YMLID
   v. ERLID, HELA, SIASIO
chasm, *n.* AGENDOR
chassis, *n.* SIASI, FFRÂM
chaste, *a.* DIWAIR, PUR
chasten, *v.* PURO, COETHI
chastise, *v.* CERYDDU, CYSTWYO
chastisement, *n.* CERYDD, CYSTWYAD
chastity, *n.* DIWEIRDEB, PURDEB
chasuble, *n.* CASUL
chat, *n.* SGWRS, YMGOM
   v. SGWRSIO, YMGOMIO
chattels, *n.pl.* MEDDIANNAU
chatter, *n.* CLEBER, SGRYTIAD
   v. CLEBRAN, TRYDAR, SGRYTIAN
chatty, *a.* SIARADUS
chauffeur, *n.* GYRRWR
chauvinism, *n.* SIOFINYDDIAETH
chauvinist, *n.* SIOFINYDD
cheap, *a.* RHAD
cheapen, *v.* GOSTWNG PRIS
cheapness, *n.* ISELBRIS
cheat, *n.* TWYLL(WR)
   v. TWYLLO
check, *n.* SIEC, GWIRIAD, ATALFA, HOLLT
   v. ATAL, GWIRIO
checkpoint, *n.* RHEOLFA
cheek, *n.* GRUDD, BOCH, CERN, BOCHGERN
cheeky, *a.* HAERLLUG, EOFN
cheer, *v.* LLONNI, SIRIOLI
cheerful, *a.* LLON, SIRIOL
cheerfulness, *n.* LLONDER, SIRIOLDEB
cheery, *a.* CALONNOG, SIRIOL
cheese, *n.* CAWS, COSYN
cheesecake, *n.* CACEN GAWS
chef, *n.* PRIF GOGYDD
chemical, *n.* CEMEGYN, CEMEGOLYN
   a. CEMEGOL
chemise, *n.* CRYS MERCH
chemist, *n.* FFERYLLYDD (SIOP), CEMEGWR, FFERYLLFA
chemistry, *n.* CEMEG
cheque, *n.* SIEC

chequered, *a.* BRITH, CYFNEWIDIOL
cherish, *v.* ANWYLO, MEITHRIN, COLEDDU
cherry, *n.* CEIRIOSEN
cherub, *n.* CERUB, CERIWB
chervil, *n.* SIERFEL
chess, *n.* GWYDDBWYLL
chessmen, *n.* GWERIN GWYDDBWYLL
chest, *n.* CIST, DWYFRON
chestnut, *n.* CASTAN
   chestnut tree, CASTANWYDDEN
chevron, *n.* CEIBR, CWPLWS
chew, *v.* CNOI
chewing-gum, *n.* GWM CNOI
chic, *a.* TACLUS, TRWSIADUS
chicanery, *n.* TWYLL, HOCED
chicken, *n.* CYW IÂR, FFOWLYN
chicken-pox, *n.* BRECH YR IEIR
chicory, *n.* SICORI, YSGALL Y MEIRCH
chide, *v.* CERYDDU, DWRDIO
chief, *n.* PENNAETH, PEN
   a. PRIF, PENNAF
chieftain, *n.* PENNAETH
chilblain, *n.* LLOSG EIRA, MALAITH
child, *n.* PLENTYN
childhood, *n.* MEBYD, PLENTYNDOD
childish, *a.* PLENTYNNAIDD
childishness, *n.* PLENTYNRWYDD
chiliasm, *n.* MILFLWYDDIAETH
chill, *n.* RHYNDOD, FFERDOD, RHYNNELL
   a. OER
   v. RHYNNU, FFERRU
chilli, *n.* CHILLI
chilly, *a.* RHYNLLYD
chime, *n.* SAIN CLYCHAU
   v. TARO, CANU (CLOCH)
chimerical, *a.* DYCHMYGOL
chimney, *n.* SIMNAI, CORN (MWG)
chimpanzee, *n.* SIMPANSÎ
chin, *n.* GÊN
china, *n.* TSIENI
chink, *n.* AGEN, HOLLT
chip, *n.* TSHIPEN, SGLODYN, ASGLODYN
   v. TSHIPIO, SGLODIO
chip-shop, *n.* SIOP TSHIPS, TAFARN DATWS
chirality, *n.* CIRALIAD
chironomy, *n.* YSTUMIAETH
chiropodist, *n.* MEDDYG TRAED
chirp, *v.* TRYDAR, PYNCIO, SWITIAN
chisel, *n.* CŶN, GAING
   v. CYNIO
chit, *n.* NODYN, PLENTYN
chivalrous, *a.* CWRTAIS, MAWRFRYDIG
chivalry, *n.* SIFALRI, MAWRFRYDIGRWYDD

chives, *n.pl.* CENNIN SYFI
chlorate, *n.* CLORAD
chloride, *n.* CLORID
chlorinate, *v.* CLORINEIDDIO
chlorine, *n.* CLORIN
chlorophyll, *n.* CLOROFFYL
chockstone, *n.* TAGEN
chocolate, *n.* SIOCLED
choice, *n.* DEWIS(IAD)
   a. DETHOL. BLASUS
choir, *n.* CÔR. CAFELL
choirmaster, *n.* CÔR-FEISTR
choke, *n.* TAGYDD
   v. TAGU. MYGU
cholera, *n.* Y GERI MARWOL. COLERA
cholesterol, *n.* COLESTEROL
choose, *v.* DEWIS. (D)ETHOL
chop, *n.* GOLWYTH(YN). ERGYD
   v. GOLWYTHO. TORRI. CILDORRI
chopping-board, *n.* YSTYLLEN FALU
choppy, *a.* GARW
chops, *n.pl.* GWEFLAU (CIG).
   GOLWYTHON
choral, *a.* CORAWL
chorale, *n.* CORÂL
chord, *n.* TANT. CORD
chorea, *n.* Y CRYNDOD
choreographer, *n.* COREOGRAFFYDD
choreography, *n.* COREOGRAFFIAETH
chorister, *n.* CORYDD
chorus, *n.* CYTGAN. CORWS
chrism, *n.* CRISM
Christ, *n.* CRIST
christen, *v.* BEDYDDIO. ENWI
Christendom, *n.* (GWLEDYDD) CRED
Christian, *n.* CRISTION
   a. CRISTIONOGOL
Christianity, *n.* CRISTIONOGAETH
Christmas, *n.* NADOLIG
   Christmas Eve, NOSWYL NADOLIG
   Father Christmas, SIÔN CORN. SANTA
   CLÔS
Christmassy, *a.* NADOLIGAIDD
Christology, *n.* CRISTOLEG
chromatic, *a.* CROMATIG
chromatography, *n.* CROMATOGRAFFI
chromium, *n.* CROMIWM
chromosome, *n.* CROMOSOM
chronic, *a.* CRONIG. PARHAOL
chronicle, *n.* CRONICL
   v. CRONICLO
chronicler, *n.* CRONICLYDD
chronological, *a.* AMSERYDDOL
chronologist, *n.* AMSERYDDWR

chronology, *n.* AMSERYDDIAETH
chronometer, *n.* CRONOMEDR
chrysalis, *n.* CRYSALIS. CHWILER
chrysanthemum, *n.* FFARWÉL HAF
chub, *n.* Y PENCI
chubby, *a.* TEW. WYNEPGRWN
chuck, *n.* PEGWN. CRAFANC
   v. TAFLU. CRAFANGU
chuckle, *v.* GLASCHWERTHIN
chum, *n.* CYFAILL
chunk, *n.* TALP. TOC
church, *n.* EGLWYS. LLAN
   a. EGLWYSIG
churchman, *n.* EGLWYSWR
churchwarden, *n.* GWARDEN EGLWYS
churchyard, *n.* MYNWENT
churl, *n.* TAEOG. COSTOG
churlish, *a.* TAEOGAIDD
churlishness, *n.* TAEOGRWYDD
churn, *n.* BUDDAI. STÊN
   v. CORDDI
churning, *n.* CORDDIAD
chute, *n.* LLITHREN. SGWD
   disposal chute, LLITHREN WARED
chutney, *n.* PICL CYMYSG. CATWAD
chyme, *n.* MAETHSUDD. TREULFWYD
cider, *n.* SEIDR
cigar, *n.* SIGÂR
cigarette, *n.* SIGARÉT
cinder, *n.* MARWORYN. COLSYN
cine-camera, *n.* CAMERA CINE
cine-film, *n.* FFILM CINE
cinema, *n.* SINEMA
cine-projector, *n.* TAFLUNYDD
cinnamon, *n.* SINAMON
cipher, *n.* SEIFFER
   v. SEIFFRO
ciphering, *n.* RHIFYDDIAETH
circle, *n.* CYLCH. CANT
   v. CYLCHU
circuit, *n.* CYLCHED. CYLCHDAITH.
   AMDAITH
   short circuit, CYLCHED PWT
circuitous, *a.* CWMPASOG
circular, *n.* CYLCHNEGES
   a. CRWN. CYLCHOG
circulate, *v.* CYLCHREDEG. AMGYLCHU
circulating, *a.* CYLCHYNOL. CYLCHREDOL
circulation, *n.* CYLCHREDIAD
circulator, *n.* CYLCHREDIADUR
circumcentre, *n.* AMGANOL
circumcise, *v.* ENWAEDU
circumcision, *n.* ENWAEDIAD

circumference, *n.* CYLCHEDD, CYLCHYN
   (THE LINE)
circumflex, *n.* HIRNOD, ACEN GROM
circumlocution, *n.* AMLEIRIAETH
circumpolar, *a.* AMBEGWN
circumscribe, *v.* AMSGRIFIO, AMGYLCHU
circumspect, *a.* GWYLIADWRUS, GOFALUS
circumspection, *n.* GWYLIADWRIAETH
circumstance, *n.* AMGYLCHIAD
circumstantial, *a.* AMGYLCHUS
circumstantiate, *v.* PROFI
circumvent, *v.* TRECHU
circus, *n.* SYRCAS
cirque, *n.* PEIRAN
cirrhosis, *n.* CIROSIS, CALEDWCH YR AFU
cirrus, *n.* CIRWS
cissoid, *n.* CISOID
cist, *n.* CIST
cistern, *n.* SESTON
citadel, *n.* CAER, AMDDIFFYNFA, YSGOR
citation, *n.* DYFYNIAD, GWŶS
cite, *v.* DYFYNNU
citizen, *n.* DINESYDD
citizenship, *n.* DINASYDDIAETH
citric, *a.* SITRIG
citrus fruit, *n.* FFRWYTH SITRAIDD
cittern, *n.* SITERN
city, *n.* DINAS
city-state, *n.* GWLADWRIAETH, DDINAS
civic, *a.* DINESIG
civics, *n.pl.* ASTUDIAETHAU DINESIG
civil, *a.* GWLADOL, SIFIL, CWRTAIS
civilian, *n.* SIFILIWR
civility, *n.* GWARINEB
cladding, *n.* ARWISG
claim, *n.* HAWL
   v. HAWLIO
clamp, *n.* CLAMP, CLADD
   v. CLAMPIO
clan, *n.* CLAN
clap, *v.* CURO DWYLO
claque, *n.* CLAPWYR TÂL
clarinet, *n.* CLARINET
clasp, *n.* CLESBYN, CLASP
   v. CAU
class, *n.* DOSBARTH, ADRAN
classic, *n.* CLASUR, CAMPWAITH
classical, *a.* CLASUROL
classicism, *n.* CLASURAETH
classicist, *n.* CLASURYDD
classics, *n.pl.* CLASURON
classification, *n.* DOSBARTHIAD
classified, *a.* DOSBARTHIADOL
classify, *v.* DOSBARTHU

clatter, *v.* CLECIAN, TRYSTIO
   n. CLEC, TRWST
clause, *n.* CYMAL, ADRAN
claustrophobia, *n.* CLAWSTROFFOBIA
claves, *n.pl.* CLAFIAU
clavichord, *n.* CLAFICORD
clavicle, *n.* PONT YR YSGWYDD
claw, *n.* CRAFANC
   v. CRAFANGU
clay, *n.* CLAI
clayey, *a.* CLEIOG
clean, *a.* GLÂN
   v. GLANHAU
   ad. YN LÂN
cleanliness, *n.* GLANWEITHDRA, GLENDID
cleanse, *v.* GLANHAU, CARTHU
clear, *a.* EGLUR, CLIR, AMLWG
   v. CLIRIO, RHYDDHAU
clearance, *n.* CLIRIAD
clearness, *n.* EGLURDER
clearway, *n.* CLIRFFORDD
cleat, *n.* CLEDD
cleavage, *n.* YMRANIAD, HOLLT(EDD)
cleave, *v.* HOLLTI
clef, *n.* CLEFF
cleft, *n.* HOLLT, AGEN
clem, *v.* LLWGU, NEWYNU
clematis, *n.* BARF YR HEN ŴR
clemency, *n.* TRUGAREDD, TYNERWCH
clench, *v.* CLENSIO, CAU DWRN
clergy, *n.* Y GLERIGAETH
clergyman, *n.* CLERIGWR, OFFEIRIAD
cleric, *n.* CLERIGWR
clerical, *a.* YSGRIFENYDDOL, CLERIGOL
clerk, *n.* CLERC
clever, *a.* DAWNUS, MEDRUS, CLYFAR
cleverness, *n.* DAWN, MEDR, CLYFRWCH
clevis, *n.* CLEIFIS, CLOIG
cliché, *n.* YSTRYDEB
click, *n.* CLIC
   v. CLICIAN
client, *n.* CLEIENT, CWSMER
clientele, *n.* CWSMERIAID
cliff, *n.* CRAIG, CLOGWYN
climate, *n.* HINSAWDD
climatic, *a.* HINSODDOL
climatology, *n.* HINSODDEG
climax, *n.* UCHAFBWYNT
climb, *v.* DRINGO
   n. DRINGWR
climber, *n.* DRINGWR
clincer, *n.* CLINCER
   v. CLINCRO
cling, *v.* GLYNU, CYDIO

clinic, *n.* CLINIG
clinical, *a.* CLINIGOL
clinker, *n.* CLINCER
clinometer, *n.* CLINOMEDR
clip, *n.* CLIP
   v. CNEIFIO, CLIPIO
clipboard, *n.* CLIPFWRDD
clipper, *n.* CLIPER, CLIPIWR
clique, *n.* CLYMBLAID, CLÎC
cloak, *n.* CLOG(YN), COCHL, MANTELL
cloche, *n.* TO GWYDR
clock, *n.* CLOC
clockmaker, *n.* CLOCIWR
clockwise, *a.* CLOCWEDD
clockwork, *n.* PEIRIANWAITH CLOC
clod, *n.* TYWARCHEN
clog, *n.* CLOCSEN, RHWYSTR
   v. RHWYSTRO, TAGU
cloister, *n.* CLAS, CLOISTR
close, *n.* TERFYN, DIWEDD
   v. CAU
close, *n.* CLOS
   a. AGOS, CLÓS
closed, *a.* CAEËDIG, AR GAU
closed-shop, *n.* GWAITH CYFYNGEDIG
closet, *n.* TÝ-BACH, TOILED
closure, *n.* CAEFA, DIWEDD
clot, *n.* TORTHEN
   v. TORTHENNU
cloth, *n.* BRETHYN, CLWT(YN)
clothe, *v.* DILLADU, GWISGO
clothes, *n.pl.* DILLAD
  leisure clothes, DILLAD HAMDDEN
clothier, *n.* DILLEDYDD
clothing, *n.* DILLAD, GWISG
clotted, *a.* CEULEDIG, TORTHENNOG
cloud, *n.* CWMWL
   v. CYMYLU
cloudburst, *n.* TORGWMWL
cloudiness, *n.* CYMYLOGRWYDD
cloudy, *a.* CYMYLOG
clout, *n.* CLWT, CARP, BONCLUST
   v. CLYTIO, CERNODIO
clove, *n.* CLOFEN
clover, *n.* MEILLIONEN
clown, *n.* CLOWN, DIGRIFWAS
cloy, *v.* SYRFFEDU
club, *n.* CLWB, PASTWN
cluck, *n. & v.* CLOCHDAR, CLWCIAN
clue, *n.* CLIW
clump, *n.* CLWMP(YN)
clumsiness, *n.* LLETCHWITHDOD
clumsy, *a.* LLETCHWITH, TRWSGL, AFROSGO

cluster, *n.* CLWSTWR
   v. CLYSTYRU
clutch, *n.* GAFAEL, CYDIWR, CRAFANC
   v. GAFAELYD
clutter, *n.* TERFYSG
   v. TERFYSGU
coach, *n.* COETS, CERBYD, HYFFORDDWR
   v. HYFFORDDI
coachman, *n.* CERBYDWR
coagulate, *v.* CEULO, CLYSTYRU
coagulation, *n.* CEULAD, CLYSTYRIAD
coal, *n.* GLO
  anthracite coal, GLO CALED/CARREG
  open-cast coal, GLO BRIG
coalesce, *v.* CYFUNO
coalition, *n.* CLYMBLAID
coal-mine, *n.* GWAITH GLO, GLOFA
coal tar, *n.* COLTAR
   v. COLTARIO
coaming, *n.* YMYLED
coarse, *a.* CWRS, GARW, BRAS
coarsen, *v.* GARWHAU
coarseness, *n.* GARWEDD, GERWINDER
coast, *n.* ARFORDIR
   v. CÔSTIO
coastal, *a.* ARFORDIROL
coastline, *n.* MORLIN
coat, *n.* COT, CAEN, HAEN
   v. CAENU, GORCHUDDIO
Coat of Arms, ARFBAIS
coating, *n.* ARAEN, GOLCHIAD
coax, *v.* DENU, HUDO
coaxial, *a.* CYFECHELOG
cob, *n.* COB, MORGLAWDD
cobalt, *n.* COBALT
cobble, *n.* COBL
   v. COBLO
cobbler, *n.* CRYDD, COBLER
cobra, *n.* COBRA
cobweb, *n.* GWE COR
cocaine, *n.* COCÁIN
cock, *n.* CEILIOG, CLICIED (GWN), MWDWL
   v. MYDYLU, CODI CLICIED
cockchafer, *n.* CHWILEN BWM/Y DOM
cockles, *n.pl.* COCOS, RHYTHON
cockney, *n.* COCNI
cockpit, *n.* SEDD PEILOT, TALWRN
cockroach, *n.* CHWILEN DDU
cocksure, *a.* GORHYDERUS
cocktail, *n.* COCTÊL
cocky, *a.* FFROENUCHEL
cocoa, *n.* COCO
coconut, *n.* CNEUEN GOCO, COCONYT

cocoon, *n.* COCŴN
cod, *n.* CWD, COD, CIB, PENFRAS
coddle, *v.* MALDODI, TOLACH
code, *n.* CÔD
coder, *n.* CODYDD
codex, *n.* CODECS
codicil, *n.* CODISIL
codification, *n.* CODEIDDIAD
codify, *v.* CODEIDDIO
co-dominant, *n.* CYDRECHYDD
co-education, *n.* CYDADDYSG
co-educational, *a.* CYDADDYSGOL
coefficient, *n.* CYFERNOD
co-enzyme, *n.* CYDENSYM
coequal, *n. & a.* CYDRADD
coerce, *v.* TRAORFODI
coercion, *n.* TRAORFODAETH
co-essential, *a.* CYD-HANFODOL
coeval, *a.* CYDOESOL
coexist, *v.* CYDOESI
coexistence, *n.* CYDFODOLAETH
coexistent, *a.* CYDFODOL
coffee, *n.* COFFI
coffer, *n.* COFFR
coffin, *n.* ARCH, SGRIN, COFFIN
cog, *n.* CÓG, COCSEN
cogency, *n.* EFFEITHIOLRWYDD
cogitate, *v.* MYFYRIO
cognate, *a.* CYTRAS
cognition, *n.* GWYBYDDIAETH, DEALL
cognizance, *n.* YMWYBOD
cog-wheel, *n.* COCOSEN
cohabit, *v.* CYD-FYW
cohabitation, *n.* CYD-FYW
cohere, *v.* CYDLYNU
coherence, *n.* CYDLYNIAD
coherent, *a.* CYDLYNOL
cohesion, *n.* CYDLYNIAD
cohesiveness, *n.* CYDLYNRWYDD
cohort, *n.* MINTAI
coil, *n.* COIL, TORCH
			v. TORCHI
coin, *n.* DARN ARIAN
			v. BATHU
coinage, *n.* ARIAN BATH
coincide, *v.* CYD-DARO, CYD-DDIGWYDD
coincidence, *n.* CYD-DDIGWYDDIAD
coincident, *a.* CYD-DRAWOL, CYD-DARO
coition, *n.* CNUCH
coke, *n.* CÔC, GOLOSG
colander, *n.* COLANDER
colatitude, *n.* CYFLEDRED
cold, *n.* OERFEL, ANNWYD, OERNI
			a. OER(LLYD)

coldish, *a.* OERAIDD
coldness, *n.* OERNI, OERFEL
colic, *n.* COLIG
colitis, *n.* COLITIS, LLID Y COLUDDION
collaborate, *v.* CYDWEITHIO
collaborator, *n.* CYDWEITHIWR
collage, *n.* COLÂG, DARNLUN
collagen, *n.* COLAGEN
collapse, *n.* DYGWYMPIAD, METHIANT
			v. DYGWYMPO
collapsible, *a.* PLYGADWY
collar, *n.* COLER
			v. COLERO
collate, *v.* COLADU
collateral, *a.* CYFOCHROG
collation, *n.* COLADIAD
colleague, *n.* CYMAR
collect, *n.* COLECT
			v. HEL, CRYNHOI, YMGYNNULL, CASGLU
collection, *n.* CASGLIAD
collective, *a.* CYFUNOL
			n. CYWEITHFA
collectivism, *n.* CYDBERCHNOGAETH
collector, *n.* CASGLWR
college, *n.* COLEG
collegian, *n.* MYFYRIWR
collegiate, *a.* COLEGOL
collet, *n.* COLET
collide, *v.* GWRTHDARO
collie, *n.* CI DEFAID
collier, *n.* GLÖWR, LLONG LO
colliery, *n.* GWAITH GLO, GLOFA
collinator, *n.* CYFLINYDD
collinearity, *n.* UNLLINEDD
collision, *n.* GWRTHDRAWIAD
colloid, *n.* COLOID
colloidal, *a.* COLOIDAIDD
collop, *n.* GOLWYTHYN
colloquial, *a.* LLAFAR
colloquialism, *n.* YMADRODD LLAFAR
collude, *v.* CYD-DWYLLO
collusion, *n.* CYD-DWYLLEDD
cologarithm, *n.* CYFLOGARITHM
colon, *n.* COLON, COLUDDYN MAWR
colonel, *n.* CYRNOL
colonial, *a.* TREFEDIGAETHOL
colonialism, *n.* TREFEDIGAETHEDD
colonialist, *n.* TREFEDIGAETHWR
colonization, *n.* GWLADYCHIAD
colonize, *v.* GWLADYCHU
colonizer, *n.* GWLADYCHWR
colonnade, *n.* COLONÂD, COLOFNRES
colony, *n.* TREFEDIGAETH, GWLADFA,
			CYTREF

colossal, *a.* ANFERTH
colour, *n.* LLIW
   v. LLIWIO
   colour blind, LLIWDDALL
   colour bar, GWAHANFUR LLIW
colouration, *n.* LLIWIAD
colourful, *a.* LLIWGAR
colouring, *n.* LLIWIAD
colourless, *a.* DI-LIW
colt, *n.* EBOL, SWCLYN
column, *n.* COLOFN
columnar, *a.* COLOFNOG, PILEROG
columnist, *n.* NEWYDDIADURWR
coma, *n.* COMA, HUNGLWYF
comb, *n.* CRIB, YSGRAFELL
   v. CRIBO
combat, *n.* GORNEST, BRWYDR
   v. TARO, BRWYDRO
combatant, *n.* GORNESTWR
combe, *n.* CWM
combination, *n.* CYFUNIAD
combine, *v.* CYFUNO
   n. COMBEIN, CYNAEAFYDD
combined, *a.* CYFUNOL
combustible, *a.* HYLOSG
combustion, *n.* TANIAD, HYLOSGIAD
   v. HYLOSGI
come, *v.* DOD, DYFOD
comedian, *n.* COMEDÌWR
comedist, *n.* COMEDYDD
comedy, *n.* COMEDI
comeliness, *n.* TEGWCH, GLENDID
comely, *a.* TEG, GLÂN
comet, *n.* COMED
comfort, *n.* CYSUR, DIDDANWCH
   v. CYSURO, DIDDANU
comfortable, *a.* CYSURUS, CYFFYRDDUS
comforter, *n.* CYSURWR, DIDDANYDD
comic(al), *a.* COMIC, DIGRIF, SMALA
comma, *n.* COMA, GWAHANNOD
command, *n.* GORCHYMYN, ARCH,
   AWDURDOD, MEISTROLAETH
   v. GORCHYMYN, ERCHI
commandeer, *v.* MEDDIANNU
commander, *n.* COMANDER
commanding, *a.* LLYWODRAETHOL,
   AWDURDODOL
commandment, *n.* GORCHYMYN, ARCH
commemorate, *v.* COFFÁU, DATHLU
commemoration, *n.* COFFÂD, DATHLIAD
commemorative, *a.* COFFAOL
commence, *v.* DECHRAU
commencement, *n.* DECHREUAD

commend, *v.* CYMERADWYO
commendable, *a.* CLODWIW
commendation, *n.* CYMERADWYAETH,
   CYFLWYNIANT
commendatory, *a.* CYMERADWYOL
commensurable, *a.* CYFESUR
commensurate, *a.* CYMESUR(OL)
comment, *n.* SYLW, ESBONIAD
   v. SYLWI, ESBONIO
commentary, *n.* SYLWEBAETH
commentator, *n.* SYLWEBYDD
commerce, *n.* MASNACHEG
commercial, *a.* MASNACHOL
commercialise, *v.* MASNACHEIDDIO
commercialism, *n.* MASNACHOLAETH
commiserate, *v.* CYDYMDEIMLO
commiseration, *n.* CYDYMDEIMLAD
commissar, *n.* COMISÂR
commissariat, *n.* COMISARIAT
commission, *n.* COMISIWN, DIRPRWYAETH
   v. COMISIYNU
commissionaire, *n.* PORTHOR
commissioner, *n.* COMISIYNYDD
commit, *v.* CYFLWYNO, TRADDODI
commitment, *n.* CYFLWYNIAD,
   YMRWYMIAD, TRADDODIAD
committal, *n.* TRADDODEB, TRADDODIANT
committed, *a.* YMRWYMEDIG
committee, *n.* PWYLLGOR
   emergency committee, PWYLLGOR BRYS
commode, *n.* STÔL NOS
commodious, *a.* HELAETH, EANG
commodity, *n.* NWYDDYN, CYNWYDD
commodore, *n.* COMODÔR
common, *n.* CYTIR, COMIN
   a. CYFFREDIN
commonable, *a.* COMINADWY
commonalty, *n.* CIWDOD, Y WERIN
commoner, *n.* COMINWR, AELOD SENEDDOL
commonplace, *a.* DIBWYS, CYFFREDIN
commons, *n.pl.* Y BOBL GYFFREDIN
common sense, *n.* SYNNWYR CYFFREDIN
commonwealth, *n.* Y GYMANWLAD
commote, *n.* CWMWD
commotion, *n.* TERFYSG, CYNNWRF
communal, *a.* COMUNOL, CYMUNEDOL
commune, *n.* CYMUNDOD, COMUN
   v. CYMUNO
communicant, *n.* CYMUNWR, HYSBYSWR
communicate, *v.* CYFATHREBU, MYNEGI,
   CYMUNO
communication, *n.* CYFATHEBRIAD,
   CYSYLLTIAD

communion, *n.* CYMUN(DEB)
communism, *n.* COMIWNYDDIAETH
communist, *n.* COMIWNYDD
  a. COMIWNYDDOL
community, *n.* CYMUNED. CYMDEITHAS
  a. CYMUNEDOL
commutation, *n.* CYMUDIAD
commutative, *a.* CYMUDOL
commutator, *n.* CYMUDADUR
commute, *v.* CYMUDO, PENDIL(I)O
commuter, *n.* CYMUDWR, PENDIL(I)WR
compact, *n.* CYTUNDEB. COMPACT
  a. CRYNO
compactness, *n.* CRYNODER
companion, *n.* CYMAR. CYDYMAITH
companionship, *n.* CWMNÏAETH.
  CYFEILLACH
company, *n.* CWMNI. MINTAI
comparable, *a.* CYFFELYB. TEBYG
comparative, *a.* CYMHAROL
comparator, *n.* CYMHARYDD
compare, *v.* CYMHARU. CYFFELYBU
comparison, *n.* CYMHARIAETH.
  CYFFELYBIAETH
compartment, *n.* COMPARTMENT. ADRAN
compass, *n.* CWMPAS. AMREDIAD.
  CWMPAWD. CYLCH
compassion, *n.* TOSTURI. TRUGAREDD
compassionate, *a.* TOSTURIOL. TRUGAROG
compatibility, *n.* CYTUNEDD
compatible, *a.* CYTÛN
compatriot, *n.* CYDWLADWR
compel, *v.* GORFODI. CYMELL
compendious, *a.* CYNHWYSFAWR. CRYNO
compendium, *n.* CRYNODEB. TALFYRIAD
compensate, *v.* CYFADFER
compensation, *n.* IAWNDAL. IAWN.
  CYFADFERIAD
compensator, *n.* CYSONYDD
compère, *n.* CYFLWYNYDD. COMPÊR
compete, *v.* CYSTADLU
competence, *n.* CYMHWYSEDD
competent, *a.* CYMWYS. DIGONOL
competition, *n.* CYSTADLEUAETH
competitive, *a.* CYSTADLEUOL
competitor, *n.* CYSTADLEUYDD
compilation, *n.* CASGLIAD
compile, *v.* CASGLU
compiler, *n.* CASGLWR
complacency, *n.* YMFODDHAD
complacent, *a.* BODLONUS. BODDOG
complain, *v.* CWYNO. ACHWYN
complainant, *n.* ACHWYNYDD

complaint, *n.* ACHWYNIAD. CWYN
complaisant, *a.* HYNAWS
complement, *n.* CYFLENWAD.
  CYFATEGOLYN
  v. CYFLENWI
complemental, *a.* CYFLENWOL
complementarity, *n.* CYFLENWOLDEB
complementary, *a.* CYFLENWOL
complete, *a.* CYFLAWN. HOLLOL
  v. CYFLAWNI. CWBLHAU
completely, *ad.* YN LLWYR
completeness, *n.* CYFLAWNRWYDD
completion, *n.* CWBLHAD
complex, *n.* CYMHLYG(YN)
  a. CYMHLETH. DYRYS. CYMHLYG
complexion, *n.* PRYD(LIW). GWEDD
complexity, *n.* CYMHLETHDOD
compliance, *n.* CYDSYNIAD
compliant, *a.* UFUDD
complicate, *v.* CYMHLETHU
complication, *n.* CYMHLETHDOD
complicity, *n.* CYDRAN
compliment, *n.* CANMOLIAETH
  v. CANMOL
complimentary, *a.* CANMOLIAETHUS.
  DI-DÂL
compline, *n.* CWMPLIN
comply, *v.* CYDYMFFURFIO (â)
compoboard, *n.* CYWASGFWRDD
component, *n.* CYDRAN. CYFANSODDYN
  a. CYDRANNOL
compose, *v.* CYFANSODDI. CYSODI.
  LLONYDDU
composed, *a.* HUNANFEDDIANNOL
composer, *n.* CYFANSODDWR
composite, *a.* CYFANSAWDD
composition, *n.* CYFANSODDIAD.
  TRAETHAWD
compositor, *n.* CYSODYDD
compost, *n.* COMPOST
composure, *n.* HUNANFEDDIANT
compound, *n.* CYFANSODDYN
  a. CYFANSAWDD
  v. CYMPOWNDIO
comprehend, *v.* AMGYFFRED. DIRNAD
comprehending, *a.* DEALLUS
comprehension, *n.* AMGYFFRED(IAD).
  CYNHWYSIAETH. DEALLTWRIAETH
comprehensive, *a.* CYFUN. CYNHWYSFAWR
compress, *n.* PLASTR
  v. CYWASGU
compressed, *a.* CYWASG(EDIG)
compressible, *a.* CYWASGADWY. HYWASG

compression, *n.* CYWASGEDD
compressor, *n.* CYWASGYDD
comprise, *v.* CYNNWYS
compromise, *n.* CYFADDAWD
  v. CYFADDAWDU
compulsion, *n.* GORFODAETH.
  GYRIADAETH
compulsive, *a.* GYRIADOL
compulsory, *a.* GORFODOL
compunction, *n.* DWYSBIGIAD
computation, *n.* CYFRIFIANT
compute, *v.* CYFRIFIANNU
computer, *n.* CYFRIFIADUR
  computer science, CYFRIFIADUREG
comrade, *n.* CYDYMAITH, CYMAR
comradeship, *n.* CYDYMDEITHAS
comtism, *n.* COMTIAETH
concave, *a.* CEUGRWM
concavity, *n.* CEUGRYMEDD
conceal, *v.* CELU, CUDDIO
concealment, *n.* CUDDIAD
concede, *v.* CYDSYNIO, ADDEF
conceit, *n.* HUNAN-DYB, MYMPWY
conceited, *a.* HUNANDYBUS, BALCH
conceivable, *a.* DIRNADWY
conceive, *v.* SYNIO, BEICHIOGI, CYFEBRU
concentrate, *v.* CRYNODI, CANOLBWYNTIO
  n. CRYNOD(IAD)
concentrated, *a.* CRYNODEDIG
concentrates, *n.* DWYSFWYD
concentration, *n.* CRYNODIAD.
  YMRODDIAD
concentric, *a.* CONSENTRIG
concept, *n.* CYSYNIAD
conception, *n.* BEICHIOGI(AD).
  CYSYNIADAETH
conceptualism, *n.* SYNIADOLAETH
concern, *n.* ACHOS, BUSNES, PRYDER
  v. GOFALU, YMWNEUD (â), PRYDERU
concerning, *prp.* YNGLŶN Â, YNGHYLCH
concert, *n.* CYNGERDD
concerted, *a.* CYDUNOL
concertina, *n.* CONSERTINA
concerto, *n.* CONCERTO
concession, *n.* CONSESIWN
conchoid, *n.* CONCOID
conciliate, *v.* CYMRODEDDU, CYMODI
conciliation, *n.* CYMRODEDD
conciliator, *n.* CYMODWR
conciliatory, *a.* CYMODOL
concise, *a.* CRYNO, BYR
conciseness, *n.* CRYNODER, BYRDER
conclave, *n.* CONCLAF

conclude, *v.* CASGLU, DIWEDDU
conclusion, *n.* CASGLIAD, DIWEDD
conclusive, *a.* TERFYNOL
concoct, *v.* CYMYSGU, DYFEISIO
concoction, *n.* CYMYSGEDD
concord, *n.* CYTUNDEB, CYTGORD
concordance, *n.* MYNEGAIR, CYTUNDEB
concordat, *n.* CONCORDAT
concourse, *n.* TYRFA, CYNULLIAD
concrete, *n.* CONCRIT
  a. DIRIAETHOL
concubine, *n.* GORDDERCH
concupiscent, *a.* TRACHWANTUS, GWŶNIOL
concur, *v.* CYTUNO, CYDGROESI (MATHS)
concurrence, *n.* CYDSYNIAD
concurrent, *a.* CYTGROES, CYFREDOL
concussion, *n.* CYFERGYD
concyclic, *a.* CYDGYLCHOL
condemn, *v.* CONDEMNIO
condemnation, *n.* CONDEMNIAD.
  COLLFARN
condemnatory, *a.* CONDEMNIOL.
  COLLFARNOL
condensation, *n.* CYWASGIAD.
  CYDDWYSEDD
condense, *v.* CYWASGU, CYDDWYSO.
  CWTOGI
condensed, *a.* CYDDWYS
condenser, *n.* CYDDWYSYDD, CYNHWYSOR
condescend, *v.* YMOSTWNG
condescension, *n.* YMOSTYNGIAD
condiments, *n.pl.* CONFENNAU
condition, *n.* CYFLWR, AMOD
  v. CYFLYRU, AMODI
conditional, *a.* AMODOL
conditionally, *ad.* AR AMOD
conditioner, *n.* CYFLYRYDD
condole, *v.* CYDYMDEIMLO
condolence, *n.* CYDYMDEIMLAD
condominium, *n.* CYDLYWODRAETH.
  CONDOMINIWM
condone, *v.* CYDFADDAU
condor, *n.* CONDOR
conduce, *v.* ARWAIN, TUEDDU
conduct, *n.* YMDDYGIAD
  v. DARGLUDO, ARWAIN
conduction, *n.* DARGLUDIAD
conductivity, *n.* DARGLUDEDD
conductor, *n.* DARGLUDYDD, TOCYNNWR
  (BWS), ARWEINYDD, TYWYSWR
conduit, *n.* CWNDIT
cone, *n.* CÔN, MOCHYN COED
confection, *n.* CYFFAITH

confectioner, *n.* CYFFEITHIWR
confederate, *n.* CONFFEDERYDD
  v. CONFFEDERU
confederation, *n.* CONFFEDERASIWN,
  CYDFFEDERASIWN
confer, *v.* YMGYNGHORI, CYFLWYNO
conference, *n.* CYNHADLEDD
conferment, *n.* CYFLWYNIAD
confess, *v.* CYFFESU, CYFADDEF
confessant, *n.* CYFFESYDD
confession, *n.* CYFFES, CYFADDEFAID
confessional, *n.* CYFFESGELL
confessor, *n.* CYFFESWR
confetti, *n.* CONFFETI
confide, *v.* YMDDIRIED, HYDERU
confidence, *n.* YMDDIRIED, HYDER
confident, *a.* HYDERUS
confidential, *a.* CYFRINACHOL
configuration, *n.* FFURFWEDD
confine, *n.* CYFFIN
  v. CAETHIWO, CYFYNGU
confinement, *n.* CAETHIWED, GWELYFOD
confirm, *v.* CADARNHAU, CONFFYRMIO
confirmation, *n.* CADARNHAD,
  CONFFYRMASIWN, BEDYDD ESGOB
confiscate, *v.* ATAFAELU
confiscation, *n.* ATAFAELIAD
conflagration, *n.* GODDAITH
conflict, *n.* CROESTYNIAD, GWRTHDARO
  v. CROESTYNNU
conflicting, *a.* ANGHYSON
confluence, *n.* CYDLIFIAD, CYMER
confluent, *n.* FFRWD
  a. YN CYDLIFO
conflux, *n.* CYNULLIAD
confocal, *a.* CYFFOCAL
conform, *v.* CYDFFURFIO
conformal, *a.* CYFFURF
conformation, *n.* TREFN, CYFFURFIAD,
  FFRAMWAITH
conformity, *n.* CYDYMFFURFIAD
confound, *v.* DRYSU, CYMYSGU
confrontation, *n.* LLIDWYNEBU
confuse, *v.* DRYSU, FFWNDRO
confusion, *n.* ANHREFN
confute, *v.* GWRTHBROFI
congas, *n.pl.* CONGAU
congeal, *v.* RHEWI, CEULO
congenial, *a.* CYDNAWS
congeniality, *n.* CYDNAWSEDD
congenital, *a.* CYDENEDIGOL, CYNHWYNOL
conger, *n.* CONGREN
congest, *v.* GORDYRRU

congested, *a.* GORDYRROG
congestion, *n.* TAGIANT
conglomerate, *n.* AMRYFAEN
  v. CASGLU
conglomeration, *n.* CYD-DYRIAD
congratulate, *v.* LLONGYFARCH
congratulation, *n.* LLONGYFARCHIAD
congregate, *v.* YMGYNNULL
congregation, *n.* CYNULLEIDFA,
  CYNULLIAD
Congregational, *a.* ANNIBYNNOL,
  CYNULLEIDFAOL
Congregationalist, *n.* ANNIBYNNWR
congress, *n.* CYNGRES
congressional, *a.* CYNGRESOL
congruence, *n.* CYFATHIANT
congruent, *a.* CYFATH
congruity, *n.* CYTGORD
congruous, *a.* ADDAS, PRIODOL
conic, *a.* CONIG
conical, *a.* CONIGOL
conicoid, *n.* CONICOID
coniferous, *a.* CONIFFERAIDD
  coniferous trees, CONWYDD
conjectural, *a.* DYCHMYGOL
conjecture, *n.* DYCHMYG
  v. DYCHMYGU
conjoint, *a.* UNEDIG
conjugal, *a.* PRIODASOL
conjugate, *v.* RHEDEG, CYFIEUO
  n. CYFIAU
conjugation, *n.* RHEDIAD
conjunct, *a.* CYSYLLTIOL
conjunction, *n.* CYSYLLTAIR
conjunctive, *a.* CYSYLLTIOL
conjunctivitis, *n.* LLID YR AMRANT
conjure, *v.* CONSURIO
conjurer, *n.* CONSURIWR
conk, *v.* FFAELU
connate, *a.* GENEDIGOL
connect, *v.* CYSYLLTU
connected, *a.* CYSYLLTIOL
connection, *n.* CYSWLLT
connectivity, *n.* CYSYLLTEDD
connector, *n.* CYSYLLTYDD
connexion, *n.* ENWAD, CYFUNDEB
connexional, *a.* ENWADOL, CYFUNDEBOL
connive, *v.* CYD-DDWYN
connoisseur, *n.* UN CYFARWYDD,
  ARBENIGWR
connotation, *n.* CYNODIAD
connote, *v.* CYNODI, DYNODI
connubial, *a.* PRIODASOL

conoid, *n.* & *a.* CONOID
conquer, *v.* GORCHFYGU. TRECHU
conqueror, *n.* CORCHFYGWR
conquest, *n.* GORUCHAFIAETH. CONCWEST
consanguinity, *n.* CARENNYDD
conscience, *n.* CYDWYBOD
conscientious, *a.* CYDWYBODOL
conscientiousness, *n.* CYDWYBODOL-
  RWYDD
conscious, *a.* YMWYBODOL
consciousness, *n.* YMWYBOD.
  YMWYBYDDIAETH
conscript, *n.* GORFODOG
  v. GORFODI
conscription, *n.* GORFODAETH FILWROL
consecrate, *v.* CYSEGRU
consecrated, *a.* CYSEGREDIG
consecration, *n.* CYSEGRIAD
consecutive, *a.* OLYNOL
consecutively, *ad.* YN OLYNOL
consensus, *n.* CYDSYNIAD. CONSENSWS
consent, *n.* CANIATÂD. CYDSYNIAD
  v. CANIATÁU. CYDSYNIO
consequence, *n.* CANLYNIAD
consequent, *a.* CANLYNOL
consequently, *ad.* O GANLYNIAD
conservancy, *n.* GWARCHODAETH
conservation, *n.* CADWRAETH
  v. GWARCHOD
conservatism, *n.* CEIDWADAETH.
  TORÏAETH
conservative, *n.* CEIDWADWR. TORI
  a. CEIDWADOL. CADWROL
conservatory, *n.* TŶ GWYDR
conserve, *n.* CYFFAITH
  v. DIOGELU
consider, *v.* YSTYRIED
considerable, *a.* CRYN
considerably, *ad.* CRYN LAWER
considerate, *a.* YSTYRIOL. TIRION
consideration, *n.* YSTYRIAETH
consignment, *n.* TROSGLWYDDIAD.
  LLWYTH
consist, *v.* CYNNWYS
consistency, *n.* CYSONDEB
consistent, *a.* CYSON
consistor, *n.* CONSISTOR
consolation, *n.* CYSUR. DIDDANWCH
console, *n.* ALLWEDDELL. CONSOL
  v. CYSURO
consolidate, *v.* CYDGYFNERTHU
consolidation, *n.* CYDGYFNERTHIAD
consonance, *n.* CYTGORD. CYTSEINEDD

consonant, *n.* CYTSAIN
  a. CYTÛN. CYSAIN
consonantal, *a.* CYTSEINIOL
consort, *n.* CYMAR
  v. CYFEILLACHU
consortium, *n.* CONSORTIWM. CYD-GWMNI
conspicuous, *a.* AMLWG
conspicuousness, *n.* AMLYGRWYDD
conspiracy, *n.* CYNLLWYN
conspirator, *n.* CYNLLWYNWR
conspire, *v.* CYNLLWYNO
constable, *n.* CWNSTABL. PLISMON
constabulary, *n.* HEDDLU
constancy, *n.* CYSONDEB
constant, *n.* CYSONYN
  a. CYSON. SEFYDLOG
constantly, *ad.* YN GYSON
constellation, *n.* CLWSTWR. CYTSER
consternation, *n.* DYCHRYN
constipated, *a.* RHWYM
constipation, *n.* RHWYMEDD
constituency, *n.* ETHOLAETH
constituent, *n.* CYFANSODDYN. ETHOLWR
  a. CYFANSODDOL
constitute, *v.* ANSODDI. CYNNWYS
constitution, *n.* CYFANSODDIAD
constitutional, *a.* CYFANSODDIADOL
constrain, *v.* GORFODI
constraint, *n.* CYFYNGYDD. CYFYNGIAD
constrict, *v.* DARWASGU
constriction, *n.* DARWASGIAD. TYNDRA
construct, *v.* ADEILADU. LLUNIO
construction, *n.* ADEILADWAITH. LLUNIAD.
  GWNEUTHURIAD. CYSTRAWEN
constructional, *a.* LLUNIADOL
constructor, *n.* ADEILADYDD. LLUNIWR
construe, *v.* DEHONGLI
consubstantiation, *n.* CYDSYLWEDDIAD
consul, *n.* CONSWL
consular, *a.* CONSWLAR
consulate, *n.* CONSWLIAETH
consultant, *n.* YMGYNGHORWR
consultation, *n.* YMGYNGHORIAD
consultative, *a.* YMGYNGHOROL
consumable, *a.* BWYTADWY
consummate, *v.* CYFLAWNI
  a. CYFLAWN
consummation, *n.* CYFLAWNHAD
consume, *v.* BWYTA. YSU. DIHOENI
consumer, *n.* PRYNWR. TREULIWR.
  DEFNYDDIWR
consumerism, *n.* TREULYDDIAETH
consumption, *n.* DARFODEDIGAETH.
  TREULIANT. BWYTIAD. CYMERIANT

consumptive, *a.* DIFAOL
contact, *n.* CYSWLLT, CYSYLLTYN,
CYFFYRDDIAD
v. CYFFWRDD
contact breaker, CYFFWRDD DORRWR
personal contact, CYFFWRDD PERSON
contagion, *n.* HAINT, LLŶN
contagious, *a.* HEINTUS, LLYNOL
contain, *v.* CYNNWYS, DAL, YMATAL
container, *n.* CYNHWYSYDD, AMLWYTH
container depot, DEPOT AMLWYTH
containerisation, *n.* AMLWYTHIANT
containment, *n.* AMGYLCHYNYDD,
CYFYNGIANT
contaminant, *n.* HALOGYN
contaminate, *v.* DIFWYNO, HALOGI
contamination, *n.* HALOGIAD
contemplate, *v.* MYFYRIO, CYNHEMLU
contemplation, *n.* MYFYRDOD,
CYNHEMLAD
contemplative, *a.* MYFYRIOL
contemporaneous, *a.* CYFOES
contemporary, *a.* CYFOES
n. CYFOESWR
contempt, *n.* DIRMYG, TREMYG
contemptible, *a.* DIRMYGEDIG, DIRMYGUS
contemptuous, *a.* DIRMYGUS
contend, *v.* CYSTADLU, YMRYSON
content, *a.* BODLON
n. BODLONRWYDD
content, *n.* CYNNWYS
contented, *a.* BODLON
contention, *n.* CYNNEN, CONTENSIWN
contentious, *a.* CYNHENNUS
contentment, *n.* BODLONRWYDD
contest, *n.* GORNEST, YMRYSON,
CYSTADLEUAETH
v. YMRYSON
context, *n.* CYD-DESTUN, CYSYLLTIADAU
contiguity, *n.* CYFAGOSRWYDD
contiguous, *a.* CYFAGOS
continence, *a.* CYMEDROLDEB
continent, *n.* CYFANDIR
a. DIWAIR
continental, *a.* CYFANDIROL
contingency, *n.* CYFWNG, AMODAETH
contingent, *n.* MINTAI
a. DILYNOL, AMODOL, DIGWYDDOL
continual, *a.* PARHAUS, DI-BAID,
GWASTADOL
continually, *ad.* YN WASTAD(OL)
continuation, *n.* PARHAD
continue, *v.* PARHAU, DAL (ATI)

continuity, *n.* DIDORIANT, PARHAD
continuous, *a.* DI-DOR, PARHAOL
continuum, *n.* CONTINUWM
contort, *v.* GWYRDROI
contour, *n.* CYFUCHLIN(EDD), AMLIN
(MATHS), AMLINELL
contra-, *px.* GWRTH-, CROES-
contraband, *n.* CONTRABAND
a. GWAHARDDEDIG
contraception, *n.* GWRTHGENHEDLU
contraceptive, *n.* CYFARPAR GWRTH-
GENHEDLU
contract, *n.* CYTUNDEB, CONTRACT
contract, *v.* CYFYNGU, BYRHAU
contracted, *a.* CYFYNG, CUL, CREBACHLYD
contracting, *a.* CYFYNGOL
contraction, *n.* CYFYNGIAD
contractor, *n.* CONTRACTWR, ADEILAD-
YDD
contradict, *v.* GWRTH-DDWEUD
contradiction, *n.* GWRTHDDYWEDIAD
contradictory, *a.* CROES(EBOL)
contralto, *n.* CONTRALTO
contraption, *n.* DYFAIS
contrapuntal, *a.* GWRTHBWYNTIOL
contrary, *a.* CYFERBYNIOL
contrast, *n.* GWRTHGYFERBYNIAD,
CYFERBYNIAD
v. CYFERBYNNU
contrasting, *a.* CYFERBYNIOL
contravene, *v.* TORRI, TROSEDDU
contribute, *v.* CYFRANNU
contribution, *n.* CYFRANIAD
contributory, *a.* CYFRANNOL
contrite, *a.* EDIFEIRIOL
contrition, *n.* EDIFEIRWCH
contrivance, *n.* DYFAIS
contrive, *v.* DYFEISIO
contriver, *n.* DYFEISIWR
control, *n.* RHEOLAETH, RHEOLYDD,
CONTROL(YDD)
v. RHEOLI, CONTROLIO
controller, *n.* RHEOLWR, RHEOLYDD
controversial, *a.* DADLEUOL
controversy, *n.* DADL, YMRYSON
contumely, *n.* GWARTH, GWARADWYDD
contusion, *n.* CLAIS
conundrum, *n.* POS
conurbation, *n.* CYFDREFYDD, CLYMDREF,
CYTREF
convalesce, *v.* CYFWELLA, YMADFER
convalescence, *n.* CYFWELLHAD,
YMADFERIAD

convection, *n.* DARFUDIAD
convectional, *a.* DARFUDOL
convene, *v.* CYNNULL. GALW
convener, *n.* CYNULLYDD
convenience, *n.* CYFLEUSTRA
conveniences, *n.pl.* CYFLEUSTERAU.
  TOILEDAU
convenient, *a.* CYFLEUS. HWYLUS
convent, *n.* LLEIANDY. CWFAINT
conventicle, *n.* CONFENTIGL
convention, *n.* CONFENSIWN. CYNHADLEDD
conventional, *a.* CONFENSIYNOL
converge, *v.* CYDGYFEIRIO
convergence, *n.* CYDGYFEIRIANT
convergent, *a.* CYDGYFEIRIOL
converging, *a.* CYDGYFEIRIOL
conversant, *a.* CYFARWYDD. CYNEFIN
conversation, *n.* YMDDIDDAN. YMGOM
conversational, *a.* YMDDIDDANOL
conversationalist, *n.* YMDDIDDANWR
converse, *v.* YMDDIDDAN. YMGOMIO
  a. CYFDRO
conversion, *n.* TRÖEDIGAETH. TROSIAD.
  TRAWSNEWID(IAD)
convert, *v.* TROSI. TRAWSNEWID
  converted try, TROSGAIS
convertible, *a.* TROSADWY
convertor, *n.* TRAWSNEWIDYDD
convex, *a.* AMGRWM
convexity, *n.* AMGRYMEDD
convey, *v.* TROSGLWYDDO. CYFLEU
conveyance, *n.* TROSGLWYDDIAD.
  CLUDIANT, CYFLEAD, TRAWSGLUDIAD
  v. TROSGLWYDDEBU
conveyor, *n.* CLUDYDD. CLUDWR
convict, *n.* TROSEDDWR
  v. EUOGFARNU
conviction, *n.* EUOGFARN. ARGYHOEDDIAD
convince, *v.* ARGYHOEDDI. DARBWYLLO
convincing, *a.* ARGYHOEDDIADOL
convivial, *a.* LLAWEN
conviviality, *n.* RHIALTWCH
convocation, *n.* CONFOCASIWN
convoke, *v.* GWYSIO
convolvulus, *n.* TAGWYDD
convoy, *n.* CONFOI. GOSGORDD
  v. HEBRWNG
convulse, *v.* DIRDYNNU
convulsion, *n.* DIRDYNIAD/IANT
convulsive, *a.* DIRDYNNOL
cook, *n.* COGYDD(ES)
  v. COGINIO
cooker, *n.* CWCER

pressure cooker, SOSBAN GLOI.
  GWASCOGYDD
cookery, *n.* COGINIAETH
cool, *a.* OERLLYD. CLAEAR.
  HUNANFEDDIANNOL
  v. OERI. CLAEARU
coolant, *n.* OERYDD. HYLIF OERI
coolness, *n.* OERNI. HUNANFEDDIANT
coombe, *n.* CWM
coop, *n.* CUT, SIED
  v. CAU
cooper, *n.* COWPER. CYLCHWR
co-operate, *v.* CYDWEITHREDU
co-operation, *n.* CYDWEITHREDIAD
co-operative, *n.* CYDWEITHFA
  a. CYDWEITHREDOL
co-opt, *v.* CYFETHOL
co-optation, *n.* CYFETHOLIAD
coordinate, *n.* CYFESURYN
  v. CYFESUR. CYD-DREFNU
coordination, *n.* CYD-DREFNIANT.
  CYDWEITHREDIAD
coot, *n.* COTIAR
cop, *n.* COP. PLISMON
  v. DAL(A)
copartnership, *n.* CYD-BARTNERIAETH
cope, *v.* YMDOPI
  n. COPA. CRIB
coping, *n.* COPIN
copious, *a.* HELAETH. DIBRIN
coplanar, *a.* CYMHLAN
copper, *n.* COPR
  v. COPRU
coppersmith, *n.* GOF COPR
coppice, *n.* COEDLAN
copra, *n.* COPRA
copula, *n.* CYPLAD
copulate, *v.* CYPLADU. CNUCHIO
copulation, *n.* CNUCH. CYDIAD
copulative, *a.* CYPLADOL
copunctual, *a.* CYDBWYNTOL
copy, *n.* COPI
  v. COPÏO. EFELYCHU
copyhold, *n.* COPIDDALIAD
copyist, *n.* COPÏWR
copyright, *n.* HAWLFRAINT
coquetry, *n.* MURSENDOD
coracle, *n.* CWRWGL
coral, *n.* CWREL
corbel, *n.* CORBEL
cord, *n.* CORTYN. CORD. TENNYN. LLINYN
  v. CORDIO
cordial, *n.* CORDIAL
  a. CALONNOG. GWRESOG

cordiality, *n.* SERCHOWGRWYDD
cordon, *n.* RHES, RUBAN
corduroy, *n.* MELFARÉD
core, *n.* CRAIDD, BYWYN
co-respondent, *n.* CYD-ATEBWR
cork, *n.* CORC(YN)
   v. CORCIO
corkscrew, *n.* ALLWEDD COSTREL
corm, *n.* CORM, ODDF
cormorant, *n.* MORFRAN, BILIDOWCAR
corn, *n.* ŶD, CORN, LLAFUR
cornbeef, *n.* CORNBÏFF
corncrake, *n.* RHEGEN YR ŶD
cornea, *n.* CORNEA, CORNBILEN
corner, *n.* CONGL, CORNEL, CWR
   v. CORNELU
cornet, *n.* CORNED
cornflakes, *n.pl.* CREISION ŶD
cornflour, *n.* BLAWD CORN
cornice, *n.* CORNIS
corolla, *n.* COROLA
corollary, *n.* CANLYNEB, COROLARI
corona, *n.* CORONA
coronary, *n.* CORONARI
   a. CORONAIDD
coronation, *n.* CORONI(AD)
coroner, *n.* CRWNER
corporal, *n.* CORPORAL
   a. CORFFOROL
corporate, *a.* CORFFOREDIG
corporation, *n.* CORFFORAETH, CEST
corporeal, *a.* CORFFORUS
corps, *n.* CORFFLU
corpse, *n.* CORFF, CELAIN
corpulence, *n.* CORFFOLAETH
corpulent, *a.* CORFFOL, CESTOG
corpus, *n.* CASGLIAD, CORFF
corpuscle, *n.* CORFFILYN
corpuscular, *a.* CORFFILAIDD
corral, *n.* LLOC, CORÁL, CORLAN
   v. LLOCIO
corrasion, *n.* CYRATHIAD
correct, *a.* CYWIR, PRIODOL
   v. CYWIRO, CERYDDU
corrective, *n.* CYWIRYDD
   a. CYWIROL, CERYDDOL
correctness, *n.* CYWIRDEB
correlate, *v.* CYDBERTHYN
correlated, *a.* CYDBERTHNASOL
correlation, *n.* CYDBERTHYNIAD,
   CYDBERTHYNAS
correlative, *a.* CYDBERTHYNOL
correspond, *v.* CYFATEB, GOHEBU

correspondence, *n.* CYFATEBIAETH,
   GOHEBIAETH
correspondent, *n.* GOHEBYDD
corresponding, *a.* CYFATEBOL, GOHEBOL
corridor, *n.* CORIDOR
corrie, *n.* PEIRAN
corroborate, *v.* CADARNHAU, ATEGU
corroboration, *n.* CADARNHAD
corroborative, *a.* CADARNHAOL, ATEGOL
corrode, *v.* CYRYDU
corrosion, *n.* CYRYDIAD
corrosive, *a.* CYRYDOL
corrugated, *a.* RHYCHIOG, GWRYMIOG
corrugation, *n.* RHYCHNI, CRYCHIAD,
   GWRYM
corrupt, *a.* LLYGREDIG, LLWGR
   v. LLYGRU
corruptible, *a.* LLYGRADWY
corruption, *n.* LLYGREDIGAETH
corset, *n.* STAES, CORSED
cortège, *n.* CYNHEBRWNG
cortex, *n.* CORTECS
cortisone, *n.* CORTISÔN
coryza, *n.* YSNODI
cosecant, *n.* COSECANT
cosech, *n.* COSECH
cosh, *n.* COSH
cosine, *n.* COSIN
cosiness, *n.* CYSUR, CLYDWCH
cosmetic, *a.* COSMETIG
cosmic, *a.* COSMIG
cosmism, *n.* COSMAETH
cosmogony, *n.* COSMOGONEG
cosmology, *n.* COSMOLEG
cosmopolitan, *a.* COSMOPOLITAN
cosmos, *n.* COSMOS
cost, *n.* COST, TRAUL, PRIS
   v. COSTIO
costal, *a.* ASENNOL
costing, *n.* COSTIAD
costliness, *n.* DRUDANIAETH
costly, *a.* DRUD, PRID
costume, *n.* COSTIWM, SIWT, GWISG
cosy, *a.* CLYD, CYSURUS
   n. CAP TEBOT
cotangent, *n.* COTANGIAD
coterie, *n.* CLIC
coterminal, *a.* CYD-DERFYNOL
coth, *n.* COTH
cottage, *n.* BWTHYN
cottager, *n.* BYTHYNNWR
cottar, *n.* COTŶWR
cotter, *n.* COTER

cotton, *n.* COTWM
cotyledon, *n.* COTYLEDON
couch, *n.* GLWTH
   v. MYNEGI
cough, *n.* PESWCH
   v. PESYCHU
coulter, *n.* CWLLTWR
council, *n.* CYNGOR
councillor, *n.* CYNGHORWR/YDD
counsel, *n.* CYNGOR, CWNSLER
   v. CYNGHORI, CWNSELA
counsellor, *n.* CYNGHORWR, CWNSLER
count, *n.* COWNT, CYFRIF, IARLL
   v. RHIFO, CYFRIF
countable, *a.* RHIFADWY
countability, *n.* RHIFADWYEDD
countenance, *n.* PRYD, GWEDD
   v. CEFNOGI
counter, *n.* COWNTER, RHIFYDD
   a. GWRTH, CROES
   px. GWRTH-
   v. GWRTHWYNEBU
counteract, *v.* GWRTHWEITHIO
counterattack, *v.* GWRTHYMOSOD
counter-attraction, *n.* GWRTHATYNIAD
counterbore, *v.* GWRTHDYLLU
counterchange, *v.* GWRTHGYFNEWID
   n. GWRTHGYFNEWIDIAD
countercharge, *n.* GWRTHGYHUDDIAD
   v. GWRTHGYHUDDO
counterclaim, *n.* GWRTHGAIS
   v. GWRTHGEISIO
counterclockwise, *a.* GWRTHGLOC
counterfeit, *n.* FFUG
   v. FFUGIO
   a. FFUG(IOL), LLWGR
counterfoil, *n.* BONYN (SIEC, etc.)
counterpane, *n.* CWRLID
counterpart, *n.* CYMAR
counterpoint, *n.* GWRTHBWYNT
counterrevolution, *n.* GWRTHCHWYLDRO
countersink, *n.* GWRTHSODDYDD
   v. GWRTHSODDI
counterweights, *n.* GWRTHBWYSYNNAU
countess, *n.* IARLLES
countless, *a.* DIRIFEDI, ANEIRIF, DI-RIF
country, *n.* GWLAD, BRO
   a. GWLADAIDD, GWLEDIG
   country music, CANU GWLAD
countryman, *n.* GWLADWR
countryside, *n.* CEFN GWLAD
county, *n.* SIR, SWYDD
   a. SIROL

couple, *n.* CWPL, PÂR
   v. CYPLU, CYPLYSU
coupled, *a.* CYPLEDIG
coupler, *n.* CYPLYDD
couplet, *n.* CWPLED
coupling, *n.* CYSYLLTYDD, CYPLYDD
coupon, *n.* CWPON
courage, *n.* DEWRDER, GWROLDEB,
   GLEWDER
courageous, *a.* DEWR, GWROL, GLEW
courier, *n.* TYWYSWR
course, *n.* CWRS, HYNT, SAIG
   v. HELA, YMLID, RHEDEG
   crash course, CWRS CARLAM
court, *n.* LLYS, CWRT
   v. CARU
courteous, *a.* CWRTAIS, MOESGAR
courtesy, *n.* CWRTEISI, MOESGARWCH
courtier, *n.* GWAS LLYS
courtly, *a.* BONEDDIGAIDD
courtmartial, *n.* CWRT-MARSIAL
   v. DODI AR BRAWF
courtship, *n.* CARWRIAETH
courtyard, *n.* BUARTH, BEILI, CWRT, CLOS
cousin, *n.* CEFNDER, CYFNITHER
   second cousin, CYFYRDER
covalent, *n.* COFALENT
covariance, *n.* CYDAMRYWIANT
cove, *n.* CILAN, CILFACH
covenant, *n.* CYFAMOD
   v. CYFAMODI
covenanter, -or *n.* CYFAMODWR
cover, *n.* CLAWR, GORCHUDD, CYFAR
   v. GORCHUDDIO, CYFRO
   extra cover, CYFAR YCHWANEGOL
covering, *n.* GORCHUDD
coverlet, *n.* CWRLID, CWILT
cover-point, *n.* CYFAR(BWYNT)
coversine, *n.* CYFERSIN
coverslip, *n.* ARWYDRYN
covert, *n.* LLOCHES
covet, *v.* CHWENNYCH
coveted, *a.* DYMUNOL
covetous, *a.* TRACHWANTUS
covetousness, *n.* TRACHWANT
covey, *n.* HAID, NYTHAID (PETRIS)
cow, *n.* BUWCH
   barren cow, MYSWYNOG
coward, *n.* LLWFRGI, CACHGI, CACHADUR
cowardice, *n.* LLWFRDRA, ANWRYD
cowardly, *a.* LLWFR, ANWRAIDD
cowboy, *n.* COWBOI
cower, *v.* SWATIO, CYRCYDU

cowhouse, *n.* BEUDY
cowl, *n.* CWFL, CWCWLL
cowman, *n.* COWMON
cowpox, *n.* COWPOG, BRECH Y FUWCH
cowslips, *n.pl.* BRIALLU MAIR
cox, *n.* COCS
   v. COCSIO
coxcomb, *n.* COEGYN, YSGOGYN
coxswain, *n.* COCS
coy, *a.* SWIL
coyness, *n.* SWILDOD
crab, *n.* CRANC, AFAL SUR, CRAB
   v. CRANCA
crabbed, *a.* CRABLYD, SARRUG
crack, *n.* CRAC
   v. CRACIO, HOLLTI, DARNIO
cracker, *n.* CRACER, HOLLTYDD, DARNIWR
crackle, *v.* CLINDARDDACH, CRACELLU
cradle, *n.* CRUD, CAWELL
   v. CRUDIO
cradling, *n.* CRUDIAD
craft, *n.* BAD, LLONG
craft, *n.* CREFFT, YSTRYW, AWYREN
craftiness, *n.* CYFRWYSTRA
craftsman, *n.* CREFFTWR
craftsmanship, *n.* CREFFTWRIAETH
crafty, *a.* CYFRWYS
crag, *n.* CRAIG, CLOGWYN, CLEGYR
craggy, *a.* CREIGIOG, CLEGYROG
cram, *v.* GORLENWI, SACO
cramp, *n.* CRAMP, CWLWM GWYTHI,
   GWRWST
   v. CAETHIWO
cramped, *a.* CLÒS
crampon, *n.* CRAMPON
cranberries, *n.pl.* LLUGAERON
crane, *n.* CRAEN, GARAN
cranium, *n.* CRANIWM, CREUAN
crank, *n.* CRANC, CAMDRO
   v. CRACIO, HOLLTI, DARNIO
crankshaft, *n.* CAMWERTHYD,
   CRANCSIAFFT
cranny, *n.* AGEN, HOLLT
crash, *n.* GWRTHDRAWIAD
   v. GWRTHDARO, CWYMPO
crass, *a.* DYBRYD, TEW
cratch, *n.* CRAETS
crate, *n.* CAWELL
crater, *n.* CRATER
cravat, *n.* CRAFAT
crave, *v.* CREFU, BLYSIO
craving, *n.* GWANC, BLYS
crawl, *v.* YMLUSGO, CROPIAN

crayfish, *n.* CIMWCH COCH
crayon, *n.* CREON
craze, *n.* YSFA
crazy, *a.* PENWAN, GORFFWYLL
creak, *v.* GWICHIAN, CRECIAN
cream, *n.* HUFEN, IRYN
creamery, *n.* HUFENFA
creamy, *a.* HUFENNOG
crease, *n.* CRIS, CRYCH(IAD)
   v. CRYCHU
   crease resisting, GWRTHGRYCH
create, *v.* CREU
creation, *n.* CREAD(IGAETH)
creationism, *n.* CREADAETH
creative, *a.* CREADIGOL
creativeness, *n.* CREADIGRWYDD
creativity, *n.* CREUGARWCH, CREADIGEDD
creator, *n.* CRËWR, CREAWDWR
creature, *n.* CREADUR
crêche, *n.* MEITHRINFA
credence, *n.* CRED
credentials, *n.pl.* CREDLYTHYRAU
credibility, *n.* CREDADWYAETH
credible, *a.* CREDADWY
credit, *n.* COEL, CLOD, CREDYD
   v. CREDYDU
creditable, *a.* CYMERADWY
creditor, *n.* CREDYDWR, ECHWYNNWR
credulity, *n.* HYGOELEDD
credulous, *a.* HYGOELUS
creed, *n.* CREDO
creek, *n.* CILFACH
creel, *n.* CAWELL
creep, *v.* YMLUSGO, CROPIAN
creeper, *n.* DRINGIEDYDD
creeping, *a.* YMGRIPIOL
crepitation, *n.* RHUGLIAD
creepy, *a.* IASOL
cremate, *v.* AMLOSGI
cremation, *n.* AMLOSGIAD
crematorium, *n.* AMLOSGFA,
   CREMATORIWM
creole, *n.* CREOL
creosote, *n.* CREOSOT
crêpe, *n.* CRÊP
crepitation, *n.* RHUGLIAD, CLEC
crescent, *n.* CILGANT
cress, *n.* BERWR
cresset, *n.* CRAESED
crest, *n.* BRIG, CRIB
crestline, *n.* CRIBLIN
cretaceous, *a.* CRETASAIDD
cretin, *n.* CRETIN

cretinism, *n.* CRETINEDD
cretonne, *n.* CRETON
crevasse, *n.* CREFÁS
crevice, *n.* AGEN, HOLLT
crew, *n.* CRIW, CIWED
crib, *n.* PRESEB, RHESEL, CYFIEITHIAD
   v. COPÏO
cribbage, *n.* CRIBAIS
crick, *n.* CRIC
cricket, *n.* CRICED, CRICEDYN, CRICSYN
cricketer, *n.* CRICEDWR
crier, *n.* CRÏWR, CYHOEDDWR
crime, *n.* TROSEDD
criminal, *n.* TROSEDDWR
   a. TROSEDDOL
criminology, *n.* TROSEDDEG
crimp, *v.* CRIMPIO, CREBACHU
crimson, *a.* DUGOCH, COCH
cringe, *v.* YMGREINIO
crinkle, *v.* CRYCHU
   n. CRYCH, PLYG
crinoline, *n.* CRINOLIN
cripple, *n.* EFRYDD
   v. EFRYDDU
crippling, *a.* EFRYDDOL
crisis, *n.* ARGYFWNG
crisp, *a.* CRAS, CREISIONLLYD
   v. CRASU
crispness, *n.* CRASTER
crisps, *n.pl.* CREISION TATWS
criss-cross, *a.* CROESYMGROES
criterion, *n.* MAEN PRAWF, CRITERION
critic, *n.* BEIRNIAD, CRITIG
   a. BEIRNIADOL, CRITIGOL
   critical temperature, TYMHEREDD
   CRITIGOL
critical, *a.* CRITIGOL, BEIRNIADOL
criticism, *n.* BEIRNIADAETH
criticize, *v.* BEIRNIADU
croak, *n.* CRAWC
   v. CRAWCIAN
crochet, *n.* CROSIET, GWAITH CROSIO
   v. CROSIO
crock, *n.* LLESTR PRIDD, UN DIWERTH
crockery, *n.* LLESTRI
crocodile, *n.* CROCODIL
crocus, *n.* SAFFRWN, CROCUS
croft, *n.* CROFFT, TYDDYN
   v. CROFFTIO
crofter, *n.* CROFFTWR
crone, *n.* HEN WRACH
crook, *n.* BAGL, CRWCA, TROSEDDWR
crooked, *a.* CAM, ADŴYR, CRWCA

crookedness, *n.* GWYRNI, PLYG
croon, *v.* CRWNO
crooner, *n.* CRWNER
crop, *n.* CNWD, CROMBIL, CHWIP
   v. CNYDIO, TOCIO
cropper, *n.* CODWM, CWYMP
croquet, *n.* CROCI
crosier, crozier, *n.* BAGL, FFON ESGOB
cross, *n.* CROES, CROESIAD
   a. CROES, TRAWS
   v. CROESI
   The Cross, Y GROES/GROG
cross-bar, *n.* TRAWSBREN
crossbow, *n.* BWA CROES
cross-check, *n.* CROESWIRIAD
cross-cut, *v.* TRAWSDORRI, TRAWSLIFIO
cross-cut saw, *n.* TRAWSLIF
cross-examine, *v.* CROESHOLI
crossfertilise, *v.* CROESFFRWYTHLONI
crossing, *n.* CROESFA(N)
cross-road, *n.* CROESFFORDD
cross-section, *n.* TRAWSLUN,
   TRAWSDORIAD
crosswise, *ad.* AR GROES
crossword, *n.* CROESAIR
crotchet, *n.* CROTSIED
crouch, *n.* CWRCWD
   v. CYRCYDU
croup, *n.* CRWPER, PEDRAIN, CRŴP
crow, *n.* BRÂN, CÂN
   v. CANU
crow-bar, *n.* TROSOL
crowd, *n.* TYRFA, TORF, CRWTH
   v. TYRRU
crown, *n.* CORON, CORUN
   v. CORONI
crowned, *a.* CORONOG
crowning, *n.* CORONI(AD)
   a. PRIF, PENNAF
crown-wheel, *n.* CORONROD
crucial, *a.* TERFYNOL, HANFODOL
crucible, *n.* CRWSIBL
crucifix, *n.* CROESLUN
crucifixion, *n.* CROESHOELIAD
cruciform, *a.* CROESFFURF
crucify, *v.* CROESHOELIO
cruck, *n.* NENFFORCH
crude, *a.* AMRWD, CRAI
crudity, *n.* ANAEDDFEDRWYDD
cruel, *a.* CREULON
cruelty, *n.* CREULONDEB
cruet, *n.* CRIWED
cruise, *n.* MORDAITH
   v. MORIO

cruiser, *n.* LLONG RYFEL (GYFLYM)
crumb, *n.* BRIWSIONYN
crumble, *v.* MALURIO, BRIWSIONI
   n. BRIWSIONGRWST
crumby, *a.* BRIWSIONLLYD
crumpet, *n.* CRYMPED
crumple, *v.* GWASGU, CRYCHU, SYBACHU
crumpled, *a.* CRYCHLYD
crunch, *v.* CREINSIO
crunode, *n.* CRWNOD
crupper, *n.* CRWPER, PEDRAIN
crusade, *n.* CRWSÂD, CROESGAD
crusader, *n.* CRWSADWR, CROESGADWR
cruse, *n.* YSTÊN
crush, *v.* MATHRU, GWASGU
   n. GWASGIAD, TORF
crusher, *n.* MATHRADUR
crust, *n.* CRYSTYN, CRAMEN, CROFEN
crustaceans, *n.pl.* CRAMENOGION
crustaceous, *a.* CRAMENNOG
crustal, *a.* CRAMENNOL
crusty, *a.* CROFENNOG, SARRUG
crutch, *n.* FFON FAGL
crux, *n.* CRAIDD, CROES
cry, *n.* CRI, SGRECH
   v. CRIO, LLEFAIN
crying, *a.* PWYSIG, YN CRIO
cryogenics, *n.* CRYOGENEG
cryoscopy, *n.* CRYOSGOPI
crypt, *n.* CRYPT, CLADDGELL (EGLWYS)
cryptic, *a.* DIRGEL, CYFRIN
crypto-communist, *n.* CUDD-GOMIWNYDD
crystal, *n.* CRISIAL
   a. CRISIAL
crystalline, *a.* CRISIALOG
crystallisation, *n.* CRISIALAD
crystallise, *v.* CRISIALU
crystallography, *n.* CRISIALEG
cub, *n.* CENAU
cube, *n.* CIWB
   v. CIWBIO
   cube root, TRYDYDD ISRADD
cubic, *a.* CIWBIG
cubical, *a.* CIWBIGOL
cubicle, *n.* CUDDYGL
cubism, *n.* CIWBAETH
cubist, *n.* CIWBYDD
   a. CIWBAIDD
cubit, *n.* CUFYDD
cuboid, *a.* CIWBOID
cuckoo, *n.* COG, CWCW, HURTYN
cucumber, *n.* CUCUMER
cud, *n.* CIL

cuddle, *v.* COFLEIDIO, ANWESU
cudgel, *n.* PASTWN, FFON
   v. PASTYNU
cue, *n.* CIW, AWGRYM
cuff, *n.* CWFF, DYRNOD, CERNOD
   v. DYRNODIO, CERNODIO
cuisine, *n.* DULL O GOGINIO, CEGIN
cul-de-sac, *n.* **PEN FFORDD, HEOL HOSAN**
culinary, *a.* COGINIOL
cull, *v.* DETHOL, DEWIS, CWLIO
culminate, *v.* DIWEDDU
culmination, *n.* ANTERTH
culpability, *n.* EUOGRWYDD
culpable, *a.* BEIUS, CAMWEDDUS
culprit, *n.* TRAMGWYDDWR
cult, *n.* CWLT, DEFOD
cultic, *a.* CYLTIG
cultivate, *v.* DIWYLLIO, MEITHRIN
cultivation, *n.* TRINIAD
cultivator, *n.* TRINIADUR
cultural, *a.* DIWYLLIANNOL
culture, *n.* DIWYLLIANT
cultured, *a.* DIWYLLIEDIG, COETH
cultus, *n.* CWLTWS
culvert, *n.* CYLFAT
cumber, *v.* BEICHIO, RHWYSTRO
cumbersome, *a.* BEICHUS, AFROSGO
cumulative, *a.* CRONNUS
cumulus, *n.* CWMWLWS
cuneiform, *a.* CUNFFURF
cunning, *n.* CYFRWYSTRA
   a. CYFRWYS, DICHELLGAR
cup, *v.* CWPANU
   n. CWPAN
cupboard, *n.* CWPWRDD
cupellate, *v.* CWPELU
cupellation, *n.* CWPELIAD
cupidity, *n.* TRACHWANT
cupola, *n.* CWPOLA
cupping, *v.* CWPANU
cupric, *a.* COPRIG
cuprous, *a.* COPRUS
cup-tie, *n.* GORNEST GWPAN
cupule, *n.* CWPENYN
cur, *n.* COSTOG
curable, *a.* GWELLADWY
curacy, *n.* CURADIAETH
curate, *n.* CURAD
curator, *n.* CURADUR
curb, *n.* CWRBYN, ATALFA, CILCYN Y GAR
   v. FFRWYNO, ATAL
curd, *n.* CEULED
curdle, *v.* CEULO, CAWSIO

cure, *n.* GWELLHAD, IACHÂD
  v. GWELLA, IACHÁU
curfew, *n.* HWYRGLOCH
curio, *n.* CYWREINBETH, CRAIR
curiosity, *n.* CHWILFRYDEDD,
  CYWREINRWYDD
curious, *a.* CHWILFRYDIG, CYWRAIN
curl, *n.* CYRL, CWRL
  v. CYRLIO
curlew, *n.* GYLFINIR, CHWIBANOGL (Y
  MYNYDD)
curly, *a.* CYRLIOG, CRYCH
currant, *n.* CYRENSEN
  currant bread, BARA BRITH
currency, *n.* ARIAN CYFRED/BREINIOL/
  TREIGL
current, *n.* CYFREDOL, CYFOES
curriculum, *n.* CWRICWLWM, MAES LLAFUR
currier, *n.* CWRIER
curry, *n.* CYRRI
curse, *n.* RHEG, MELLTITH
  v. RHEGI, MELLTITHIO
cursed, *a.* MELLTIGEDIG
cursive, *a.* RHEDOL
cursory, *a.* BRYSIOG, DIOFAL
curt, *a.* CWTA, SWTA, BYR
curtail, *v.* CWTOGI, TALFYRRU
curtailment, *n.* CWTOGIAD, TALFYRIAD
curtain, *n.* CYRTEN, LLEN
curtsy, *n.* CYRTSI
curvature, *n.* CRYMEDD
curve, *n.* CRYMEDD, TROAD, CROMLIN,
  ARDRO
  v. CRYMU, TROI
curved, *a.* CRWM
curvilinear, *a.* CROMLINOG
cushion, *n.* CLUSTOG
  v. MEDDALU, CLUSTOGI
cusp, *n.* CUSB, CWSB
cuspate, *a.* CWSBAIDD
custard, *n.* CWSTARD
custodial, *a.* CADWRAETHOL

custodian, *n.* CEIDWAD
custody, *n.* CADWRAETH, DALFA
custom, *n.* DEFOD, ARFER, TOLL,
  CWSMERIAETH
customary, *a.* ARFEROL, CYFFREDIN
customer, *n.* CWSMER, PRYNWR
custom-house, *n.* TOLLTY
cut, *n.* TORIAD, BRIW, TRYCHIAD
  v. TORRI, TRYCHU
cute, *a.* CIWT, CYFRWYS
cuticle, *n.* CWTICL, PILEN
cutlery, *n.* CWTLERI
cutlet, *n.* CYTLED
cutoff, *n.* TORBWYNT
cutter, *n.* TORRELL, TORRWR, CŶN, LLAFN,
  LLONG FACH
cutting, *n.* TORIAD, TRYCHFA
cwm, *n.* PEIRAN, CWM
cyanosis, *n.* SEIANOSIS, GLASGLWYF
cycle, *n.* BEIC, CYLCHRED
  v. BEICIO
cyclic, *a.* CYLCHOL, CYLCHREDOL, SEICLIG
cycloid, *n.* SEICLOID
cyclone, *n.* SEICLON
cyclotron, *n.* SEICLOTRON
cygnet, *n.* CYW ALARCH, ALARCHEN
cylinder, *n.* SILINDR
cylindrical, *a.* SILINDROG
cymatogenic, *a.* SYMATOGENIG
cymbal, *n.* SYMBAL
cyme, *n.* CYM
cymose, *a.* CYMAIDD
cynic, *n.* SINIG
cynical, *a.* SINIGAIDD, COEGLYD
cynicism, *n.* SINIGIAETH, COEGNI
cypress, *n.* CYPRESWYDDEN
cyst, *n.* CODEN
cystitis, *n.* LLID Y BLEDREN
cytogenetics, *n.pl.* SEITOGENETEG
cytology, *n.* CYTOLEG, SEITOLEG
cytoplasm, *n.* CYTOPLASM, SEITOPLASM

dab, *n.* DAB, LLEDEN Y LLAID
  a. DEHEUIG
  v. DABIO
dabble, *v.* DABLO
dabbler, *n.* DABLWR
dace, *n.* BRWYNIAD
dachshund, *n.* BROCHGI
dacron, *n.* DACRON
dada, *n.* DADA, TADA
dadaism, *n.* DADAIAETH
daffodil, *n.* CENHINEN BEDR, DAFFODIL
daft, *a.* DWL, GWIRION, HURT
dagger, *n.* DAGR
daily, *a.* BEUNYDDIOL, DYDDIOL
  ad. BEUNYDD, BOB DYDD
daintiness, *n.* DILLYNDER
dainty, *a.* DILLYN, DANTEITHIOL
  n. AMHEUTHUN
dairy, *n.* LLAETHDY
dairyman, *n.* DYN LLAETH
dairying, *n.* LLAETHYDDIAETH
dais, *n.* ESGYNLAWR
daisy, *n.* LLYGAD Y DYDD
dale, *n.* YSTRAD, DÔL, DYFFRYN
dally, *v.* YMDROI, SWMERA
dam, *n.* ARGAE, CRONFA
  v. CRONNI
dam, *n.* MAM, MAMOG
damage, *n.* DIFROD, NIWED
  v. DIFRODI, NIWEIDIO
damages, *n.* IAWN(DAL)
Dame, *n.* BONESIG
damn, *v.* RHEGI, MELLTITHIO, DAMNIO
damnable, *a.* DAMNIOL
damnation, *n.* DAMNEDIGAETH
damned, *a.* COLLEDIG
damp, *n.* LLEITHDER, TAMP
  a. LLAITH
  v. LLEITHIO, TAMPIO, LLADD Y SŴN
damped, *a.* GWANYCHOL
damper, *n.* DAMPAR
damping, *n.* GWANYCHIAD
dampness, *n.* LLEITHDER
damsel, *n.* LLANCES, MORWYN
dance, *n.* DAWNS
  v. DAWNSIO
  folk dance, DAWNS WERIN
  public folk dance, TWMPATH DAWNS
dance-band, *n.* SEINDORF DDAWNS
dancer, *n.* DAWNSIWR
dandelion, *n.* DANT Y LLEW
dandruff, *n.* MARWDON, CEN
dandy, *n.* COEGYN, DANDI

danger, *n.* PERYGL, ENBYDRWYDD
dangerous, *a.* PERYGLUS, ENBYD
dangle, *v.* HONGIAN, SIGLO
dank, *a.* LLAITH, GWLYB
dapper, *a.* SIONC, TWT, DEL
dapple, *a.* BRITH
  v. BRITHO
dare, *v.* MENTRO, BEIDDIO
daring, *n.* BEIDDGARWCH
  a. BEIDDGAR
dark, *n.* TYWYLLWCH, NOS
  a. TYWYLL
darken, *v.* TYWYLLU
darkness, *n.* TYWYLLWCH, GWYLL
darling, *n.* ANWYLYD, CARIAD
  a. ANNWYL
darn, *n.* CRAITH
  v. CREITHIO, TRWSIO, CYWEIRIO
dart, *n.* DARTEN, PICELL
  v. DARTIO, RHUTHRO
dash, *n.* RHUTHR, LLINELL(—)
  v. RHUTHRO
dastard, *n.* BAWDDYN, CACHGI, LLWFRYN
data, *n.pl.* DATA
date, *n.* DATYSEN, DYDDIAD
  v. DYDDIO
  up to date, CYFOES
  out of date, WEDI DYDDIO
dated, *a.* DYDDIEDIG
dative, *a.* DERBYNIOL
datum, *n.* DATWM, DODYN
daub, *n.* DŴB
  v. IRO, PLASTRO, DWBIO
daughter, *n.* MERCH
daunt, *v.* DIGALONNI, DANTO
dauntless, *a.* DI-OFN, EOFN, GLEW
davits, *n.pl.* CAMLATH
davy-lamp, *n.* LAMP GLÔWR
dawdle, *v.* YMDROI, TINDROI, SWMERA
dawn, *n.* GWAWR, CYFDDYDD
  v. GWAWRIO, DYDDIO
day, *n.* DYDD, DIWRNOD
  by day, LLIW DYDD
day-book, *n.* DYDDLYFR
day-break, *n.* GWAWR, TORIAD DYDD
day-dream, *v.* PENSYNNU, GWLANA
daylight, *n.* GOLAU DYDD, LIW DYDD
day-time, *n.* Y DYDD
day-work, *n.* DYDDWAITH
daze, *v.* SYNNU, DALLU, MWYDRO,
  SYFRDANU
dazzle, *v.* DALLU, DISGLEIRIO
dazzling, *a.* LLACHAR, DISGLAIR

deacon, *n.* DIACON
deaconess, *n.* DIACONES
deaconship, *n.* DIACONIAETH
dead, *a.* MARW(AIDD), CYWIR
  dead centre, CANOL CALED/LLONYDD
  dead size, MAINT CYWIR
  dead ball, PÊL FARW
deaden, *v.* LLEDDFU, MARWEIDDIO
dead-heat, *a.* CYFARTAL
deadlock, *n.* METHIANT
deadly, *a.* MARWOL, ANGHEUOL
deaf, *n.* BYDDAR
  a. BYDDAR
deafen, *v.* BYDDARU
deafening, *a.* BYDDAROL
deaf-mute, *n.* MUDAN
deafness, *n.* BYDDARDOD
deal, *n.* DELIANT, BARGEN, DÊL
  v. BARGEINIO, DELIO, YMDRIN
dealer, *n.* DELIWR
dean, *n.* DEON
deanery, *n.* DEONIAETH (SWYDD), DEONDY
(TŶ)
dear, *a.* ANNWYL, PRID, CU, DRUD
  n. ANWYLYD, CARIAD
  i. DIAR ANNWYL!
dearness, *n.* ANWYLDEB, DRUDANIAETH
dearth, *n.* PRINDER
death, *n.* MARWOLAETH, ANGAU, TRANC
deathless, *a.* ANFARWOL, DI-DRANC
death-rate, *n.* CYFRADD MARW
debacle, *n.* CHWALFA
debar, *v.* ATAL, LLUDDIAS
debase, *v.* DIRADDIO, TANSEILIO
debasement, *n.* DIRADDIAD
debatable, *a.* DADLEUOL
debate, *n.* DADL
  v. DADLAU
debater, *n.* DADLEUWR
debauch, *n.* LLYGREDD, TRYTHYLLWCH
  v. LLYGRU, TREISIO
debauchery, *n.* LLYGREDD, GWŶD
debenture, *n.* DEBENTUR, DYLEDEB
debilitate, *v.* LLESGÁU, GWANYCHU
debility, *n.* LLESGEDD, GWENDID
debit, *n.* DEBYD
  v. DEBYDU
debonair, *a.* HYNAWS, COETH, CAIN
debris, *n.pl.* MALURION
debt, *n.* DYLED
debtor, *n.* DYLEⱭWR
debugging, *v.* DADFYGIO
début, *n.* YMDDANGOSIAD CYNTAF

decade, *n.* DEGAWD
decadence, *n.* DIRYWIAD
decadent, *a.* DIRYWIOL
decagon, *n.* DECAGON
decamp, *v.* CILIO, FFOI
decant, *v.* ARDYWALLT
decapitate, *v.* TORRI PEN
decarbonise, *v.* DATGARBONEIDDIO
decay, *n.* DADFEILIAD
  v. DARFOD, DADFEILIO, DIHOENI
decaying, *a.* DARFODUS
decease, *n.* MARWOLAETH, TRANC
  v. MARW, TRENGI
deceased, *a.* MARW, YMADAWEDIG
deceit, *n.* DICHELL, TWYLL
deceitful, *a.* DICHELLGAR, TWYLLODRUS
deceive, *v.* TWYLLO
deceiver, *n.* TWYLLWR
decelerate, *v.* ARAFU
deceleration, *n.* ARAFIAD
December, *n.* RHAGFYR
decency, *n.* GWEDDUSTER
decent, *a.* GWEDDUS
decentralisation, *n.* DATGANOLI(AD)
decentralise, *v.* DATGANOLI
deception, *n.* TWYLL, DICHELL
deceptive, *a.* TWYLLODRUS
decibel, *n.* DECIBEL
decide, *v.* PENDERFYNU, BARNU
decided, *a.* PENDERFYNOL, AMLWG
decidedly, *ad.* YN DDIAU/DDIAMAU
deciduous, *a.* COLLDDAIL, DEILGOLL
decile, *n.* DEGRADD
  a. DEGYNNOL, DEGRADDOL
decilitre, *n.* DECILITR
decimal, *n.* DEGOLYN
  a. DEGOL
  recurring decimal, DEGOLYN CYLCHOL
decimalize, *v.* DEGOLI
decimate, *v.* DEGYMU
decimation, *n.* DEGYMIAD
decimetre, *n.* DECIMETR
decipher, *v.* DEHONGLI
decision, *n.* PENDERFYNIAD
decisive, *a.* PENDANT, TERFYNOL
decisiveness, *n.* PENDANTRWYDD
deck, *n.* BWRDD, DEC
  v. TRWSIO, YMBINCIO
declamation, *n.* ARAITH DDEIFIOL
declamatory, *a.* DEIFIOL
declaration, *n.* DATGANIAD
declare, *v.* DATGAN
declension, *n.* GOGWYDDIAD, RHEDIAD

declination, *n.* GOLEDDIAD
decline, *n.* DIRYWIAD
   v. DIRYWIO, NYCHU, GWANHAU, RHEDEG
declivity, *n.* GORIWAERED, LLETHR,
   GWAERED
decoction, *n.* TRWYTH
de-code, *v.* DADGODIO
decompose, *v.* MADRU, BRAENU, PYDRU,
   DADELFENNU
decomposition, *n.* MADREDD, PYDRIAD,
   BRAENIAD, DADELFENIAD
decontaminate, *v.* DADLYGRU
decontrol, *n.* DADREOLAETH
   v. DADREOLI
decor, *n.* ADDURN
decorate, *v.* ADDURNO
decorated, *a.* ADDURNEDIG
decoration, *n.* ADDURN, TLWS
decorative, *a.* ADDURNOL
decorator, *n.* ADDURNWR, PEINTIWR TAI
decorous, *a.* GWEDDUS
decorum, *n.* GWEDDUSTER
decouple, *v.* DADGYPLU
decoy, *n.* LLITH, HUD
   v. LLITHIO, HUDO, DENU
decrease, *n.* LLEIHAD, GOSTYNGIAD
   v. LLEIHAU, GOSTWNG
decreasing, *a.* LLEIHAOL
decree, *n.* DYFARNIAD, ARCHDDYFARNIAD
decrement, *n.* DECREMENT
decrepit, *a.* MUSGRELL, LLEGACH
decrepitate, *v.* CRINELLU
decrepitude, *n.* MUSGRELLNI, LLESGEDD
decry, *v.* BYCHANU, DIFRÌO
dedicate, *v.* CYSEGRU, CYFLWYNO
dedication, *n.* CYSEGRIAD, CYFLWYNIAD
deduce, *v.* DIDDWYTHO
deduct, *v.* DIDYNNU
deduction, *n.* DIDDWYTHIAD, DIDYNIAD
deductive, *a.* DIDDWYTHOL
deed, *n.* GWEITHRED
deem, *v.* TYBIED, BARNU, YSTYRIED
deep, *a.* DWFN, DWYS, CYFRWYS
   n. DYFNDER
deep litter, GWASARN
deepen, *v.* DYFNHAU, DWYSÁU
deep freeze, *n.* RHEWGELL
   chest, RHEWGIST
deepness, *n.* DYFNDER
deer, *n.* HYDD, CARW
deface, *v.* DIFWYNO
defacement, *n.* DIFWYNIAD
defamation, *n.* DIFENWAD

defamatory, *a.* DIFENWOL, DIFRÌOL
defame, *v.* DIFENWI, DIFRÌO
default, *v.* DIFFYGDALU
defaulter, *n.* DIFFYGDALWR
defeat, *n.* TRECHIAD, GORCHFYGIAD
   v. TRECHU, GORCHFYGU
defeatism, *n.* ILDFRYDEDD
defeatist, *n.* ILDFRYDWR
defecate, *v.* CARTHU, CACHU
defecation, *n.* CARTHIAD, CACHI
defect, *n.* NAM, DIFFYG
defection, *n.* GWRTHGILIAD
defective, *a.* DIFFYGIOL
defence, *n.* AMDDIFFYN(IAD)
defend, *v.* AMDDIFFYN
defendant, *n.* DIFFYNNYDD
defender, *n.* AMDDIFFYNNWR
defensive, *a.* AMDDIFFYNNOL
defer, *v.* GOHIRIO, OEDI
deference, *n.* PARCH, GWROGAETH
deferential, *a.* PARCHUS
deferment, *n.* GOHIRIAD, OEDIAD
deferred, *a.* GOHIRIEDIG
defiance, *n.* HERFEIDDIAD
defiant, *a.* HERFEIDDIOL
deficiency, *n.* DIFFYGIANT, DIFFYG
deficient, *a.* DIFFYGIOL
deficit, *n.* DIFFYG ARIANNOL
defile, *v.* CULFFORDD, CYFYNG
   v. HALOGI, DIFWYNO
defilement, *n.* HALOGIAD
define, *v.* DIFFINIO
defined, *a.* DIFFINIEDIG
definite, *a.* PENDANT, PENODOL
definitely, *ad.* YN DDI-OS
definiteness, *n.* PENDANTRWYDD
definition, *n.* DIFFINIAD
deflate, *v.* DADCHWYTHU
deflation, *n.* DADCHWYTHIAD,
   DADCHWYDDIANT
deflect, *v.* ALLWYRO, GWYRO
deflection, *n.* ALLWYRIAD, GWYRIAD
deflocculation, *n.* DADGRYNHOAD
defoliate, *v.* DIDDEILIO
deform, *v.* ANFFURFIO, AFLUNIO, HAGRU
deformed, *a.* ANFFURF, AFLUNIAIDD
deformity, *n.* ANFFURFIANT, ANFERTHWCH
defraud, *v.* TWYLLO
defray, *v.* TALU
defrayal, *n.* TALIAD
defroster, *n.* DIREWYDD
deft, *a.* DEHEUIG, MEDRUS
deftness, *n.* DEHEURWYDD

defunct, *a.* MARW
defy, *v.* HERIO, BEIDDIO
degeneracy, *n.* DIRYWIAD, DIRYWIAETH
degenerate, *v.* DIRYWIO
   a. DIRYWIEDIG
degeneration, *n.* DIRYWIAD
degenerative, *a.* DIRYWIOL
degradation, *n.* DIRADDIAD, DIRYWIAD
degrade, *v.* DIRADDIO
degraded, *a.* DIRADDIOL
degrading, *a.* DIRADDIOL
degrease, *v.* DISEIMIO
degree, *n.* GRADD
   by degrees, YN RADDOL, BOB YN DIPYN
dehorn, *v.* DIGORNIO
dehydrate, *v.* DIHYDRADU
dehydration, *n.* DIHYDRAD
deification, *n.* DWYFOLIAD
deify, *v.* DWYFOLI
deign, *v.* YMOSTWNG
deism, *n.* DEÏSTIAETH
Deity, *n.* DUW(DOD)
deject, *v.* DIGALONNI, TRISTÁU
dejected, *a.* DIGALON
dejection, *n.* DIGALONDID
delate, *v.* ACHWYN (AR)
delay, *n.* OEDIAD
   v. OEDI
delectable, *a.* DYMUNOL, HYFRYD
delegate, *n.* ANFONOG, DIRPRWY
   v. DIRPRWYO
delegation, *n.* DIRPRWYAETH
delete, *v.* DILEU
deleterious, *a.* NIWEIDIOL
deletion, *n.* DILEAD
deliberate, *a.* BWRIADOL
   v. YSTYRIED, TRAFOD
delicacy, *n.* AMHEUTHUN, DANTEITHFWYD
   delicacies, DANTEITHION
delicate, *a.* TYNER, EIDDIL, MOETHUS, CAIN,
   CYNNIL, GWANLLYD
delicious, *a.* DANTEITHIOL, BLASUS
delight, *n.* HYFRYDWCH
   v. YMHYFRYDU
delightful, *a.* HYFRYD, BRAF
delimit, *v.* AMFFINIO
delineate, *v.* DARLUNIO
delineation, *n.* DARLUNIAD
delinquency, *n.* TRAMGWYDD(AETH),
   TROSEDD, DELINCWENSI
delinquent, *n.* TRAMGWYDDWR,
   DELINCWENT

deliquescence, *n.* DIWLYCHIAD
deliquescent, *a.* DIWLYCHOL
delirium, *n.* DELIRIWM
deliver, *v.* TROSGLWYDDO, TROSGLUDO,
   RHYDDHAU, DANFON, TRADDODI (ARAITH)
deliverance, *n.* GWAREDIGAETH,
   YMWARED
deliverer, *n.* GWAREDWR, ACHUBWR/YDD
delivery, *n.* TROSGLUD, ESGORIAD
dell, *n.* GLYN, PANT, CWM
delta, *n.* DELTA
deltaic, *a.* DELTAIDD
delude, *v.* TWYLLO, HUDO
deluge, *n.* DILYW, LLIFEIRIANT
delusion, *n.* RHITHDYB, TWYLL
delusive, *a.* TWYLLODRUS
delve, *v.* YMCHWILIO, CLODDIO
demagogue, *n.* TERFYSGWR
demand, *n.* HAWLIAD, ARCH, GOFYN, GALW
   v. HAWLIO, MYNNU
demarcation, *n.* LLINELL DERFYN, FFIN
demeanour, *n.* YMARWEDDIAD,
   YMDDYGIAD
demented, *a.* GWALLGOF, GORFFWYLL
demerara, *n.* DEMERARA
demesne, *n.* DEMÊN
demi, *px.* HANNER
demigod, *n.* IS-DDUW
demise, *n.* CYMUNIAETH, MARWOLAETH
   v. CYMUNO
demi-semi-quaver, *n.* LLED-HANNER-
   CWAFER
demister, *n.* DINIWLYDD
demobilisation, *n.* DADFYDDINIAD
demobilize, *v.* DADFYDDINO
democracy, *n.* DEMOCRATIAETH,
   GWERINIAETH
democrat, *n.* GWERINIAETHWR, DEMOCRAT
democratic, *a.* DEMOCRATIG
demodulate, *v.* DADFODYLU
demographic, *a.* DEMOGRAFFIG
demography, *n.* DEMOGRAFFEG
demolish, *v.* DYMCHWEL, DISTRYWIO
demolition, *n.* DYMCHWELIAD
demon, *n.* CYTHRAUL
demoniac, *n.* GWALLGOFDDYN
demonism, *n.* DEMONAETH, DEMONEG
demonstrate, *v.* ARDDANGOS
demonstration, *n.* ARDDANGOSIAD
demonstrative, *a.* ARDDANGOSOL,
   EGLURHAOL, DANGOSOL
demonstrator, *n.* ARDDANGOSWR
demoralization, *n.* LLYGRIAD MOESAU,
   LLYGREDIGAETH

demoralize, *v.* LLYGRU
demoralizing, *a.* LLYGREDIG
demote, *v.* DAROSTWNG
demotion, *n.* DAROSTYNGIAD
demur, *v.* DEMYRRU
demure, *a.* SWIL, GWYLAIDD
demureness, *n.* SWILDOD
demurrer, *n.* DEMYRIAD
den, *n.* FFAU, GWÂL
denary, *a.* DEGAIDD
denationalize, *v.* DADWLADOLI
deniable, *a.* GWADADWY
denial, *n.* GWADIAD, GWRTHODIAD
denitrification, *n.* DADNITRADAETH
denitrify, *v.* DADNITREIDDIO
denizen, *n.* PRESWYLYDD
denominate, *v.* ENWI, GALW
denomination, *n.* ENWAD, ENW
denominational, *a.* ENWADOL
denominative, *a.* ENWOL
denominator, *n.* ENWADUR
denotation, *n.* DYNODIAD
denote, *v.* DYNODI, ARWYDDO
denouement, *n.* DADLENIAD
denounce, *v.* LLADD (ar), DWRDIO,
CONDEMNIO
dense, *a.* TRWCHUS, DWYS, HURT
density, *n.* DWYSEDD, TRWCH
dent, *n.* TOLC
v. TOLCIO
dental, *a.* DEINTYDDOL
denticle, *n.* DEINTIG
dentist, *n.* DEINTYDD
dentistry, *n.* DEINTYDDIAETH
dentures, *n.pl.* DANNEDD GOSOD/DODI
denudation, *n.* DINOETHIANT, TREULIANT
denude, *v.* DINOETHI
denumerable, *a.* RHIFADWY
denunciation, *n.* CONDEMNIAD
deny, *v.* GWADU, GWRTHOD
deodorant, *n.* DIAROGLYDD
deodorize, *v.* DIAROGLI
depart, *v.* YMADAEL, CYCHWYN
departed, *a.* YMADAWEDIG
department, *n.* ADRAN, DOSBARTH
departmental, *a.* ADRANNOL
departure, *n.* YMADAWIAD, GADAEL
depend, *v.* DIBYNNU
dependable, *a.* DIBYNADWY
dependant, *n.* DIBYNNYDD
dependence, *n.* DIBYNIANT
dependency, *n.* DIBYNIAD, GWLAD
DDIBYNNOL, DIBYNWLAD

dependent, *a.* DIBYNNOL
depict, *v.* DARLUNIO
deplete, *v.* GWACÁU, DISBYDDU
depletion, *n.* GWACÂD
deplorable, *a.* GRESYNUS, TRUENUS
deplore, *v.* GRESYNU, GOFIDIO
deploy, *v.* LLEOLI
deponent, *n.* DEPONENT
depopulate, *v.* DIBOBLOGI
depopulation, *n.* DIBOBLOGIAD
deport, *v.* DADBORTHIO, ALLTUDIO
deportation, *n.* ALLTUDIAETH
deportment, *n.* YMGYNHALIAD
depose, *v.* DISWYDDO, TYSTIO, DIORSEDDU
deposit, *n.* ADNAU, ERNES, DYDDODYN,
BLAENDAL
v. ADNEUO, DYDDODI
deposit account, CYFRIF ADNAU
marine deposits, DYDDODION MÔR
deposition, *n.* DISWYDDIAD, DIORSEDDIAD,
DYDDODIAD, DEPONIAD
depositor, *n.* ADNEUYDDWR
depository, *n.* ADDOD, STORFA
depot, *n.* DEPOT, STORFA
depravation, *n.* LLYGREDD
deprave, *v.* LLYGRU
depraved, *a.* LLYGREDIG
depravity, *n.* LLYGREDD
deprecate, *v.* ANGHYMERADWYO,
BYCHANU
deprecation, *n.* ANGHYMERADWYAETH
deprecatory, *a.* BYCHANUS
depreciate, *v.* DIBRISIO, GWERTHOSTWNG
depreciation, *n.* DIBRISIAD,
GWERTHOSTYNGIAD
depredation, *n.* ANRHEITHIAD
depredator, *n.* ANRHEITHIWR
depress, *v.* DIGALONNI, GOSTWNG
depressed, *a.* DIGALON, ISEL-YSBRYD,
DIRWASGEDIG
depression, *n.* ISELDER (YSBRYD), TOLC,
DIBWYSIANT (TYWYDD), PANT,
GOSTYNGIAD, DIRWASGIAD (DIWYDIANT)
deprivation, *n.* AMDDIFADEDD, COLLED
deprive, *v.* AMDDIFADU
deprived, *a.* AMDDIFADUS
depth, *n.* DYFNDER, PERFEDD (NOS)
deputation, *n.* DIRPRWYAETH
depute, *v.* DIRPRWYO
deputise, *v.* DIRPRWYO
deputy, *n.* DIRPRWY
derange, *v.* AMHWYLLO, ANHREFNU
deranged, *a.* AMHWYLLOG, ANHREFNUS
derangement, *n.* DRYSWCH, ANHREFN

derelict, *a.* CYFROLLWNG, DERELICT,
DIFFAITH
deride, *v.* GWAWDIO, GWATWAR
derision, *n.* DIRMYG, GWATWAR
derisive, *a.* DIRMYGUS, GWATWARUS
derivation, *n.* DEILLIANT, TARDDIAD
derivative, *n.* DEILLIAD
  a. DEILLIADOL
derive, *v.* DEILLIO, TARDDU, DERBYN
derived, *a.* DEILLIADOL
dermatitis, *n.* DERMATITIS, CLWY'R CROEN
dermis, *n.* DERMIS
derrick, *n.* DERIC
descant, *n.* DESGANT
descend, *v.* HANU, DISGYN
descendant, *n.* DISGYNNYDD
descending, *a.* DISGYNNOL
descent, *n.* DISGYNIAD
describe, *v.* DISGRIFIO
description, *n.* DISGRIFIAD
descriptive, *a.* DISGRIFIADOL
descry, *v.* CANFOD
desecrate, *v.* HALOGI
desecration, *n.* HALOGIAD
desegregation, *n.* DAD-DDIDOLI
desert, *n.* DIFFEITHWCH, ANIALWCH
  a. DIFFAITH, ANIAL
desert, *n.* HAEDDIANT
  v. CILIO, FFOI
deserted, *a.* DIFFAITH
deserter, *n.* ENCILIWR, FFOADUR
desertion, *n.* ENCILIAD
deserts, *n.pl.* HAEDDIANT
deserve, *v.* HAEDDU, TEILYNGU
deserving, *a.* HAEDDIANNOL, TEILWNG
desiccate, *v.* DISYCHU
desiccated, *a.* DISYCH
desiccation, *n.* DISYCHIAD
desiccator, *n.* DISYCHYDD, SYCHIADUR
desideratum, *n.* ANGEN
design, *n.* CYNLLUN, DYLUNIAD
  v. CYNLLUNIO, DYLUNIO, AMCANU
designate, *v.* DYNODI, ENWI
designation, *n.* DYNODIAD, ENW
designer, *n.* CYNLLUNYDD, RHAGLUNYDD,
DYLUNYDD
desirability, *n.* DYMUNOLDEB
desirable, *a.* DYMUNOL
desire, *n.* DYMUNIAD, AWYDD
  v. DYMUNO
desirous, *a.* AWYDDUS, CHWANNOG
desist, *v.* YMATAL, PEIDIO
desk, *n.* DESG

desolate, *a.* ANGHYFANNEDD, DIFFAITH
  v. DIFRODI
desolation, *n.* ANGHYFANEDD-DRA
despair, *n.* ANOBAITH
  v. ANOBEITHIO
desperado, *n.* DIHIRYN
desperate, *a.* ANOBEITHIOL, GORFFWYLL
desperation, *n.* ANOBAITH,
GORFFWYLLTRA
despicable, *a.* DIRMYGEDIG
despise, *v.* DIRMYGU
despite, *prp.* ER GWAETHAF
despoil, *v.* ANRHEITHIO, YSBEILIO
despoliation, *n.* ANRHEITHIAD
despondency, *n.* DIGALONDID
despondent, *a.* DIGALON
despot, *n.* DESBOT, UNBEN
despotic, *a.* UNBENAETHOL
despotism, *n.* DESBOTIAETH
desquamation, *n.* DIGENIAD
dessert, *n.* ANCWYN, PWDIN, MELYSFWYD
dessert spoon, *n.* LLWY GAWL
destination, *n.* CYRCHNOD
destine, *v.* ARFAETHU, TYNGHEDU
destiny, *n.* TYNGED, TYNGHEDFEN
destitute, *a.* ANGHENUS, AMDDIFAD
destitution, *n.* ANGEN, AMDDIFADRWYDD
destroy, *v.* DINISTRIO, DIFETHA
destroyer, *n.* DINISTRYDD, DISTRYWLONG
destruction, *n.* DISTRYW, DINISTR
destructive, *a.* DISTRYWIOL, DINISTRIOL
destructiveness, *n.* DISTRYWGAREDD
destructor, *n.* DISTRYWYDD
detach, *v.* DATGYSYLLTU, GWAHANU, DATOD
detached, *a.* AR WAHÂN
detachment, *n.* DIDOLIAD, MINTAI
detail, *v.* MANYLU
  n. MANYLYN
details, *n.pl.* MANYLION
detain, *v.* CADW, CAETHIWO
detect, *v.* DATGELU, CANFOD
detection, *n.* DATGELIAD
detective, *n.* DITECTIF
detector, *n.* DETECTOR, DATGUDDIWR
detention, *n.* CARCHARIAD
deter, *v.* ATAL, RHWYSTRO
detergent, *n.* GLANEDYDD
  a. GLANEDOL
deteriorate, *v.* DIRYWIO, GWAETHYGU
deterioration, *n.* DIRYWIAD
determent, *n.* RHWYSTR, ATALFA
determinant, *n.* PENDERFYNYN,
DETERMINANT

determinate, *a.* PENDERFYNEDIG
determination, *n.* PENDERFYNIAD
determine, *v.* PENDERFYNU, PENNU
determined, *a.* PENDERFYNOL
determinism, *n.* PENDERFYNIAETH
determinist, *n.* PENDERFYNIEDYDD
a. PENDERFYNIADOL
deterrence, *n.* ATALIAETH
deterrent, *n.* ATALRYM, ATALIAD
a. ATALIOL
detest, *v.* CASÁU, FFIEIDDIO
detestable, *a.* ATGAS, FFIAIDD
detestation, *n.* ATGASEDD, FFIEIDD-DRA
detonate, *v.* TANIO
detonation, *n.* TANIAD
detonator, *n.* TANIADUR
dethrone, *v.* DIORSEDDU
dethronement, *n.* DIORSEDDIAD
detour, *n.* AMDAITH
detract, *v.* BYCHANU, DIFRÏO
detraction, *n.* DIFRÏAETH
detriment, *n.* NIWED, COLLED
detrimental, *a.* NIWEIDIOL, COLLEDUS
detritus, *n.* DETRITWS, MALURION
deuce, *n.* DIWS, DIAFOL
deuteron, *n.* DEUTERON
devaluation, *n.* GWERTHOSTYNGIAD,
DATBRISIAD
devalue, *v.* GWERTHOSTWNG, DATBRISIO
devastate, *v.* DIFRODI, DIFFEITHIO
devastating, *a.* DIFRODUS
devastation, *n.* DIFROD
devastator, *n.* DIFRODWR
develop, *v.* DATBLYGU
developer, *n.* DATBLYGYDD
developing, *a.* DATBLYGOL
development, *n.* DATBLYGIAD
development area, RHANBARTH
DATBLYGU
developmental, *a.* DATBLYGUS
deviate, *v.* GWYRO
deviation, *n.* GWYRIAD
device, *n.* DYFAIS
devil, *n.* DIAFOL, CYTHRAUL
devilish, *a.* DIEFLIG, CYTHREULIG
devilled, *a.* POETH
devilment, *n.* CYTHREULDEB, DRYGIONI
devilry, *n.* DIAWLEDIGRWYDD
devious, *a.* CYFEILIORNUS, TROELLOG
devise, *v.* DYFEISIO, CYNLLUNIO, CYMYNNU
devisor, *n.* CYMYNNWR
devoid, *a.* AMDDIFAD, GWAG
devolution, *n.* DATGANOLI

devolve, *v.* DATGANOLI, SYRTHIO (AR)
devote, *v.* YMRODDI, CYSEGRU
devoted, *a.* YMRODDGAR, FFYDDLON
devotion, *n.* YMRODDIAD, DEFOSIWN
devotional, *a.* DEFOSIYNOL
devour, *v.* YSU, DIFA
devout, *a.* DUWIOL, CREFYDDOL,
DEFOSIYNOL, YMRODDEDIG
dew, *n.* GWLITH
dew-point, GWLITHBWYNT
dewdrop, *n.* GWLITHYN
dewpond, *n.* GWLITHBWLL
dewy, *a.* GWLITHOG
dexterity, *n.* DEHEURWYDD
dexterous, *a.* DEHEUIG
dextrose, *n.* DECSTROS
diabetes, *n.* CLEFYD MELYS/SIWGR
diabetic, *a. & n.* DIABETIG
diabolic(al), *a.* CYTHREULIG, DIEFLIG
diaconate, *n.* DIACONIAETH
diadelphous, *a.* DIADELFFUS
diadem, *n.* CORON, TALAITH
diaeresis, *n.* DIDOLNOD
diagnose, *v.* ADNABOD
diagnosis, *n.* DIAGNOSIS
diagnostic, *a.* DIAGNOSTIG
diagonal, *n.* CROESLIN
a. CROESLIN(OL), LLETRAWS
diagonally, *ad.* YN GROESLINOL
diagram, *n.* DIAGRAM
dial, *n.* DEIAL
v. DEIALU
dialect, *n.* TAFODIAITH
dialectic, *n.* DILECHDID
dialectical, *a.* DILECHDIDOL
dialectics, *n.pl.* RHESYMEG
dialectology, *n.* TAFODIEITHEG
dialogue, *n.* DEIALOG, YMDDIDDAN, SGWRS
dialysis, *n.* DIALYSIS
diameter, *n.* DIAMEDR, TRYFESUR
diametral, *a.* DIAMEDRAL
diamond, *n.* DIEMWNT
diapason, *n.* TRAW, DIAPASON
diaphragm, *n.* DIAFFRAM, LLENGIG
diarist, *n.* DYDDIADURWR
diarrhoea, *n.* DOLUR RHYDD
diary, *n.* DYDDIADUR
diaspora, *n.* GWASGARIAD
diastrophism, *n.* DIASTROFFEDD
diatom, *n.* DIATOM
diatonic, *a.* DIATONIG
diatribe, *n.* GEIRIAU HALLT
dibble, *n.* TYLLWR
v. PLANNU

dice, *n.* DÎS
   v. DISIO, DEISIO
diced, *a.* DISIOG
dichotomous, *a.* DEUBARTHOL
dichotomy, *n.* DICOTOMI
dictaphone, *n.* DICTAFFON
dictate, *v.* ARDDYWEDYD, GORCHYMYN
dictation, *n.* ARDDYWEDIAD,
   CYFARWYDDYD
dictator, *n.* DICTADUR, UNBEN
dictatorial, *a.* DICTADUROL
dictatorship, *n.* UNBENNAETH
diction, *n.* IEITHWEDD, YNGANIAD
dictionary, *n.* GEIRIADUR
dictum, *n.* DATGANIAD, DYFARNIAD
didactic, *a.* DIDACTIG
diddle, *v.* TWYLLO
die, *n.* DEI
   die nut, NYTEN DEI
die, *v.* MARW, TRENGI, DARFOD, TRIGO
diehard, *n.* GWRTHWYNEBWR CADARN
dielectric, *n.* DEUELECTRYN
   a. DEUELECTRIG
diesel, *n.* DISEL
diet, *n.* DIET, CYNHADLEDD, YMBORTH
   v. DILYN DIET
dietary, *a.* YMBORTHOL
dietetics, *n.* DIETETEG
dietician, *n.* DIETEGYDD
differ, *v.* GWAHANIAETHU, ANGHYTUNO
difference, *n.* GWAHANIAETH,
   ANGHYTUNDEB
   mean difference, GWAHANIAETH
   CYMEDRIG
different, *a.* GWAHANOL, AMGEN
differentia, *n.* GWAHANWEDD
differentiable, *a.* DIFFERADWY
differential, *n.* DIFFERYN
   a. DIFFEROL
   differential calculus, CALCWLWS
   DIFFEROL
differentiate, *v.* DIFFERU, GWAHANIAETHU
differentiated, *a.* GWAHANIAETHOL
differentiation, *n.* DIFFERIAD,
   GWAHANIAETHIAD
difficult, *a.* ANODD, CALED, AFRWYDD
difficulty, *n.* ANHAWSTER, AFRWYDDINEB
diffidence, *n.* ANHYDER
diffident, *a.* ANHYDERUS
diffraction, *n.* DIFFREITHIANT
diffuse, *v.* TRYLEDU
diffuser, *n.* TRYLEDWR
diffusion, *n.* TRYLEDIAD

diffusive, *a.* TRYLEDOL
dig, *v.* CLODDIO, PALU, TORRI, PWNIO
digest, *n.* CRYNHOAD
   v. TREULIO
digestibility, *n.* TREULIADEDD
digestible, *a.* TREULIADWY
digestion, *n.* TRAUL, TREULIAD
digger, *n.* CLODDIWR, PALWR
digit, *n.* DIGID, BYS
digital, *a.* DIGIDOL
digitation, *n.* DIGIDIAD
dignified, *a.* URDDASOL
dignify, *v.* URDDASOLI
dignity, *n.* URDDAS
digraph, *n.* DEUGRAFF
digress, *v.* CRWYDRO, GWYRO
digression, *n.* CRWYDRAD, GWYRIAD
digressive, *a.* GWYROL
dihedral, *a.* DEUHEDROL
dihybrid, *a.* DEUHYBRID
dike, *n.* COB, MORGLAWDD
dilapidate, *v.* ADFEILIO, MALURIO,
   DADFEILIO
dilapidated, *a.* ADFEILIEDIG
dilapidation, *n.* ADFEILIAD
dilate, *v.* YMLEDU
dilation, *n.* YMLEDIAD
dilatoriness, *n.* ARAFWCH
dilatory, *a.* ARAF, YMARHOUS
dilemma, *n.* PENBLETH, CYFYNG-GYNGOR
diligence, *n.* DIWYDRWYDD
diligent, *a.* DIWYD, DYFAL
dilly-dally, *v.* YMDROI, SWMERA
dilute, *v.* GWANHAU, GWANEDU
diluted, *a.* GWANEDIG
dilution, *n.* GWANHAD
dim, *a.* PŴL, ANEGLUR
   v. PYLU, TYWYLLU
dimension, *n.* DIMENSIWN
   v. DIMENSIYNU
dimensional, *a.* DIMENSIYNOL
diminish, *v.* LLEIHAU, PRINHAU
diminished, *a.* CYWASG
diminution, *n.* LLEIHAD
diminutive, *a.* BYCHAN, BACHIGOL
   n. BACHIGYN
dimmer, *n.* PYLYDD
   dimmer board, PANEL PYLU
dimness, *n.* PYLNI
dimorphous, *a.* DEULUN
dimple, *n.* PANNWL, PANT
   v. PANYLU
din, *n.* MWSTWR, TWRF, TRWST
dine, *v.* CINIAWA

diner, *n.* CINIÄWR
dinghy, *n.* DINGI
dingle, *n.* PANT, CWM, GLYN
dingy, *a.* TYWYLL, BUDR, TLODAIDD
dining-room, *n.* YSTAFELL FWYTA
dinky, *a.* TWT, CRYNO
dinner, *n.* CINIO (NOS)
diocesan, *a.* ESGOBAETHOL
diocese, *n.* ESGOBAETH
diode, *n.* DEUOD
dioptrics, *n.pl.* DIOPTEG
dioxide, *n.* DEUOCSID, DIOCSID
dip, *n.* TROCHFA, DIP, GOGWYDDIAD,
  GOLEDD
  v. TROCHI, GOLCHI, GOLEDDU
  dip slope, GOLETHR
diphtheria, *n.* DIFFTHERIA
diphthong, *n.* DIPTON, DEUSAIN
diploma, *n.* DIPLOMA
diplomacy, *n.* DIPLOMYDDIAETH
diplomat, *n.* DIPLOMYDD
diplomatic, *a.* DIPLOMYDDOL
dipole, *n.* DEUPOL, DEUBEGWN
dipper, *n.* TIPELL, TROCHWR
diptych, *n.* DIPTYCH
dire, *a.* DYGN, GRESYNUS, ARSWYDUS
direct, *n.* CYFEIRNOD
  a. UNION(GYRCHOL)
  direct current, CERRYNT UNION
  v. CYFEIRIO
directed, *a.* CYFEIRIEDIG, CYFEIRIOL
direction, *n.* CYFEIRIAD, CYFARWYDDYD
directional, *a.* CYFEIRIADOL
directive, *n.* CYFARWYDDEB
directly, *ad.* YN DDI-OED
directness, *n.* UNIONGYRCHEDD
director, *n.* CYFARWYDDWR
directory, *n.* CYFARWYDDIADUR
directrix, *n.* CYFEIRLIN
dirge, *n.* GALARNAD, MARWNAD
dirk, *n.* DAGR
dirt, *n.* BAW, LLAID, LLACA, TOM
dirty, *a.* BRWNT, BUDR, BAWLYD
disability, *n.* ANABLEDD
  disabled person, PERSON AN-ABL
disable, *v.* ANABLU, ANALLUOGI
disabled, *a.* ANABL
disadvantage, *n.* ANFANTAIS
disadvantageous, *a.* ANFANTEISIOL
disaffection, *n.* ANFODLONRWYDD
disagree, *v.* ANGHYTUNO, ANGHYDWELD
disagreeable, *a.* ANNYMUNOL
disagreeableness, *n.* ATGASRWYDD

disagreement, *n.* ANGHYTUNDEB,
  ANGHYDFOD
disallow, *v.* GWAHARDD, GWRTHOD
disamenity, *n.* DIFWYNDER
disappear, *v.* DIFLANNU
disappearance, *n.* DIFLANIAD
disappoint, *v.* SIOMI
disappointed, *a.* SIOMEDIG
disappointment, *n.* SIOM(EDIGAETH)
disapproval, *a.* ANGHYMERADWYAETH
disapprove, *v.* ANGHYMERADWYO
disarm, *v.* DIARFOGI
disarmament, *n.* DIARFOGIAD
disarrange, *v.* ANHREFNU
disarray, *n.* ANHREFN
  v. ANHREFNU
disassociation, *n.* DATGYSYLLTIAD
disaster, *n.* TRYCHINEB
disastrous, *a.* TRYCHINEBUS
disavowal, *n.* GWADIAD
disband, *v.* DADFYDDINO
disbelief, *n.* ANGHREDINIAETH, ANGOEL
disbelieve, *v.* ANGHREDU
disburse, *v.* DOSTALU
disbursement, *n.* DOSTALIAD
disc, *n.* DISG
  disc jockey, TROELLWR
discard, *v.* HEPGOR
discern, *v.* DIRNAD, CANFOD
discernible, *a.* DIRNADWY, CANFYDDADWY
discerning, *a.* DEALLUS, CRAFF
discernment, *n.* DIRNADAETH, CRAFFTER
discharge, *v.* DADWEFRU, DADLWYTHO,
  RHYDDHAU
  n. GOLLYNGDOD, RHYDDHAD
disciple, *n.* DISGYBL
disciplinarian, *n.* DISGYBLWR
disciplinary, *a.* DISGYBLAETHOL
discipline, *n.* DISGYBLAETH
  v. DISGYBLU
disclaim, *v.* DIARDDEL, GWADU
disclaimer, *n.* GWADIAD
disclose, *v.* DATGUDDIO, DADLENNU
disclosure, *n.* DATGUDDIAD, DADLENIAD
disco, *n.* DISGO
discolour, *v.* AFLIWIO, DRYGLIWIO
discolouration, *n.* AFLIWIAD, DRYGLIWIAD
discomfiture, *n.* DYMCHWELIAD, BLINDER
discomfort, *n.* ANGHYSUR
disconcert, *v.* CYFFROI, AFLONYDDU
disconnect, *v.* DATGYSYLLTU
disconnected, *a.* DIGYSWLLT
disconsolate, *a.* ANHAPUS, DIGYSUR

discontent, *n.* ANFODLONRWYDD
discontented, *a.* ANFODLON
discontinue, *v.* TORRI, ATAL
discontinuity, *n.* TORIANT, BWLCH
discontinuous, *a.* TOREDIG, ANNIDOR,
  BYLCHOG
discord, *n.* ANGHYTGORD
discordant, *a.* AFLAFAR, CRAS
discount, *n.* DISGOWNT
  v. DISGOWNTIO
  at a discount, GYDA DISGOWNT
discountenance, *v.* ANGHEFNOGI
discourage, *v.* DIGALONNI
discouragement, *n.* DIGALONDID
discouraging, *a.* DIGALON
discourse, *n.* ARAITH, SGWRS
  v. TRAETHU, SIARAD
discourteous, *a.* ANGHWRTAIS, ANFOESGAR
discourtesy, *n.* ANGHWRTEISI,
  ANFOESGARWCH
discover, *v.* DARGANFOD
discoverer, *n.* DARGANFYDDWR
discovery, *n.* DARGANFYDDIAD
discredit, *n.* AMARCH, ANFRI
  v. DIFRÏO, AMHARCHU
discreditable, *a.* GWARTHUS
discreet, *a.* CALL, SYNHWYROL
discrepancy, *n.* ANGHYSONDEB
discrepant, *a.* ANGHYSON
discrete, *a.* ARWAHANOL
discretion, *n.* DOETHINEB, DISGRESIWN
discriminant, *n.* GWAHANOLYN
discriminate, *v.* GWAHANIAETHU, FFAFRIO
discrimination, *n.* DIRNADAETH,
  ANFFAFRIAETH
discriminatory, *a.* FFAFRIOL
discursive, *a.* AMLEIRIOG
discus, *n.* DISGEN
discuss, *v.* TRAFOD, TRIN
discussion, *n.* TRAFODAETH, DADL
  discussion group, CYLCH TRAFOD
disdain, *v.* DIYSTYRU
  n. DIYSTYRWCH
disdainful, *a.* DIYSTYRLLYD
disease, *n.* CLEFYD, DOLUR, SALWCH,
  CLWYF
  infectious disease, CLEFYD LLIDIOG
diseased, *a.* CLAF, AFIACH
diseconomy, *n.* ANNARBODRWYDD
disembark, *v.* GLANIO
disenfranchise, *v.* DADFREINIO
disengage, *v.* DATGYWEDDU, RHYDDHAU
disengagement, *n.* DATGYWEDDIAD,
  DADYMAFAEL

disentail, *v.* DADENTAELIO
disentangle, *v.* DATOD, DATRYS
diestablish, *v.* DATGYSYLLTU
disestablishment, *n.* DATGYSYLLTIAD
disfavour, *n.* AMARCH, ANFRI
disfigure, *v.* ANFFURFIO
disfigurement, *n.* ANFFURFIAD
disfranchise, *v.* DADFREINIO
disgorge, *v.* CHWYDU, CYFOGI, ADFER
disgrace, *n.* GWARADWYDD, GWARTH
  v. GWARADWYDDO
disgraceful, *a.* GWARADWYDDUS,
  GWARTHUS
disgruntled, *a.* ANFODLON, SORLLYD
disguise, *n.* DIEITHRWCH
  v. DIEITHRIO
disgust, *n.* FFIEIDD-DOD
  v. FFIEIDDIO
disgusting, *a.* FFIAIDD, ATGAS
dish, *n.* DYSGL, SAIG
  v. DYSGLO
dish-cloth, *n.* CADACH LLESTRI
dishearten, *v.* DIGALONNI
dishevel, *v.* ANNIBENNU
dishevelled, *a.* ANNIBEN
dishonest, *a.* ANONEST
dishonesty, *n.* ANONESTRWYDD
dishonour, *n.* AMARCH, GWARTH
  v. AMHARCHU
dishonoured, *a.* GWRTHODEDIG
disillusion, *v.* DADRITHIO
disillusionment, *n.* DADRITHIAD
disincentive, *n.* GWRTHGYMHELLIANT
disinclination, *n.* DIFFYG AWYDD,
  ANNHUEDD
disinfect, *v.* DIHEINTIO
disinfectant, *n.* DIHEINTYDD
disinfection, *n.* DIHEINTIAD
disinfest, *v.* DIHEIGIANNU
disinfestation, *n.* DIHEIGIANT
disinflationary, *a.* GWRTHCHWYDDOL
disinherit, *v.* DIETIFEDDU
disintegrate, *v.* DATGYFANNU, MALURIO
disintegration, *n.* DATGYFANNU,
  MALURIAD
disinter, *v.* DATGLADDU
disinterested, *a.* HEB DDIDDORDEB,
  DIDUEDD
disjoin, *v.* DATGYSYLLTU, DATOD
disjoint, *v.* DATGYMALU
disjointed, *a.* DATGYMALOG
disjunctive, *a.* ANGHYSYLLTIOL
disk, *n.* DISG(EN)

dislike, *v.* CASÁU
   n. ATGASEDD, CASINEB
dislocate, *v.* DADLEOLI, AFLEOLI,
   ANHREFNU
dislocation, *n.* DADLEOLIAD, AFLEOLIAD,
   ANHREFN
dislodge, *v.* SYMUD, SYFLYD
disloyal, *a.* ANFFYDDLON
dismal, *a.* DIGALON, TYWYLL
dismantle, *v.* DADUNO, DIOSG
dismay, *n.* SIOM, CHWITHDOD
   v. SIOMI
dismember, *v.* DATGYMALU, DARNIO
dismemberment, *n.* DATGYMALIAD
dismiss, *v.* RHYDDHAU, GWRTHOD,
   DISWYDDO
dismissal, *a.* GOLLYNGDOD, DISWYDDIAD
dismount, *v.* DISGYN
disobedience, *n.* ANUFFUDD-DOD
disobedient, *a.* ANUFUDD
disobey, *v.* ANUFUDDHAU
disorder, *n.* ANHREFN, AFREOLAETH,
   ANHWYLDEB
   v. ANHREFNU
disorderly, *a.* AFREOLUS, ANNOSBARTHUS
disorganisation, *n.* ANHREFN
disorganise, *v.* ANHREFNU, DRYSU
disown, *v.* DIARDDEL, GWADU
disparage, *v.* DIFRÏO, AMHARCHU
disparagement, *n.* DIFRÏAETH
disparager, *n.* DIFRÏWR
disparaging, *a.* GWARADWYDDUS
disparity, *n.* GWAHANIAETH
dispassionate, *a.* PWYLLOG, TAWEL
dispatch, *n.* CENADWRI, NEGES, BUANDER
   v. ANFON, LLADD
dispel, *v.* GWASGARU, CHWALU
dispensable, *a.* HEPGOROL
dispensary, *n.* FFERYLLFA
dispensation, *n.* TRWYDDED, GOLLYNGIAD
dispense, *v.* GWEINYDDU, HEPGOR
dispersal, *n.* GWASGARIAD
disperse, *v.* GWASGARU, CAEL GWARED
dispersed, *a.* GWASGAREDIG, GWASGAROG
dispersion, *n.* GWASGARIANT
dispersive, *a.* GWASGAROL
dispirited, *a.* DIGALON
displace, *v.* DADLEOLI, DISODLI
displacement, *n.* DADLEOLIAD, DILEOLIAD
display, *n.* ARDDANGOSIAD
   v. ARDDANGOS
displease, *v.* ANFODLONI, DIGIO
displeasure, *n.* ANFODLONRWYDD

disposable, *a.* HEPGOROL
dispose, *v.* HEPGOR, GWAREDU
disposition, *n.* ANIANAWD
dispossess, *v.* DIFEDDIANNU
disproof, *n.* GWRTHBRAWF
disproportion, *n.* ANGHYFARTALEDD
disproportionate, *a.* ANGHYFARTAL
disprove, *v.* GWRTHBROFI
disputable, *a.* GWADADWY, AMHEUS
disputant, *n.* GWADWR
disputation, *n.* YMRYSON, DADLIAD
dispute, *n.* ANGHYDFOD
   v. DADLAU
disqualification, *n.* DIFREINIAD,
   DIARDDELIAD
disqualify, *v.* DIFREINIO
disquiet, *v.* ANESMWYTHO
disquietude, *n.* ANESMWYTHYD
disregard, *n.* DIYSTYRWCH, ESGEULUSTRA
   v. DIYSTYRU, ESGEULUSO
disrepair, *n.* ANGHYWEIRIAD
disreputable, *a.* GWARTHUS, AMHARCHUS
disrepute, *n.* GWARTH, ANFRI
disrespect, *n.* AMARCH, ANFRI
   v. AMHARCHU
disrespectful, *a.* AMHARCHUS
disrupt, *v.* RHWYGO
disruption, *n.* RHWYG(IAD), CHWALFA
disruptive, *a.* RHWYGOL
dissatisfaction, *n.* ANFODLONRWYDD
dissatisfy, *v.* ANFODLONI
dis-save, *v.* DIGYNILO
dissect, *v.* DYRANNU
dissected, *a.* DYRANEDIG
dissection, *n.* DYRANIAD
dissemble, *v.* TWYLLO, CELU
disseminate, *v.* TAENU, HAU
dissension, *n.* ANGHYDFOD
dissent, *n.* ANGHYTUNDEB, YMNEILLTUAETH
   v. ANGHYTUNO
dissenter, *n.* YMNEILLTUWR,
   SENTAR
dissentient, *n.* ANGHYTUNWR
   a. YN ANGHYTUNO
dissenting, *a.*
   YMNEILLTUOL
dissertation, *n.* TRAETHAWD
disservice, *n.* ANGHYMWYNAS
dissident, *a.* ANGHYTUNOL
dissimilar, *a.* ANNHEBYG, GWAHANOL
dissimilation, *n.* DADFATHIAD
dissimulate, *v.* PROFFESU
dissimulation, *n.* RHAGRITH

dissipate, *v.* AFRADLONI, OFERA
dissipated, *a.* AFRADLON, OFER
dissipation, *n.* AFRADLONEDD, OFEREDD
dissociate, *v.* DATGYSYLLTU
dissociation, *n.* DATGYSYLLTIAD
dissolute, *a.* OFER, AFRADLON
dissolution, *n.* TODDIAD, DIDDYMIAD
dissolve, *v.* TODDI, DIDDYMU
dissolved, *a.* TODDEDIG
dissonance, *n.* ANGHYSEINEDD
dissonant, *a.* ANGHYSAIN, AFLAFAR
dissuade, *v.* ANGHYMELL
dissuasion, *n.* ANGHYMELLIAD
distaff, *n.* COGAIL
distance, *n.* PELLTER
distant, *a.* PELL, OERAIDD, ANGHYSBELL
distaste, *n.* DIFLASTOD, CAS
distasteful, *a.* DIFLAS, ATGAS
distemper, *n.* CLEFYD Y CŴN, DISTEMPER
distend, *v.* CHWYDDO
distension, *n.* CHWYDD
distich, *n.* CWPLED
distil, *v.* DISTYLLU
distillation, *n.* DISTYLLIAD
distilled, *a.* DISTYLL
distinct, *a.* ARBENNIG, EGLUR, GWAHANOL
distinction, *n.* ARBENIGRWYDD,
   GWAHANIAETH
distinctive, *a.* GWAHANREDOL
distinctness, *n.* AMLYGRWYDD, EGLURDER
distinguish, *v.* GWAHANIAETHU, ENWOGI
distinguishable, *a.* GWAHANIAETHADWY
distinguished, *a.* ENWOG
distort, *v.* AFLUNIO, GWYRDROI, YSTUMIO
distortion, *n.* AFLUNIAD, YSTUMIAD
distract, *v.* GWRTHDYNNU
distraction, *n.* GWRTHDYNIAD
distrain, *v.* ATAFAELU
distraint, *n.* ATAFAELIAD
distraught, *a.* TRALLODUS
distress, *n.* TRALLOD, BLINDER, ATAFAELIAD
   v. TRALLODI, BLINO
distressing, *a.* TRALLODUS, BLIN
distributary, *n.* ALLAFON
distribute, *v.* DOSBARTHU
distribution, *n.* DOSBARTHIAD, LLEOLAETH
distributive, *a.* DOSBARTHOL
distributor, *n.* DOSBARTHYDD,
   DOSBARTHWR
district, *n.* DOSBARTH, ARDAL, CYLCH
   district council, CYNGOR DOSBARTH
distrust, *n.* DRWGDYBIAETH
   v. DRWGDYBIO

distrustful, *a.* DRWGDYBUS
disturb, *v.* AFLONYDDU, CYFFROI, YSGYTIO
disturbance, *n.* AFLONYDDWCH, CYFFRO,
   CYNNWRF, YSGYTWAD
disturbed, *a.* BLINDERUS, CYNHYRFUS
disunion, *n.* YMRANIAD
disunite, *v.* DADUNO
disunited, *a.* ANGHYTÛN
disuse, *n.* ANARFER
   v. PEIDIO AG ARFER
disyllabic, *a.* DEUSILL
ditch, *n.* DYFRFFOS, FFOS
   v. TORRI FFOS
ditheism, *n.* DITHEISTIAETH
ditto, *ad.* ETO
ditty, *n.* CÂN, CANIG
diurnal, *a.* DYDDIOL, BEUNYDDIOL
divan, *n.* DIFÁN
dive, *n.* DEIF
   v. DEIFIO
diver, *n.* DEIFIWR
diverge, *v.* DARGYFEIRIO
divergence, *n.* DARGYFEIREDD
divergent, *a.* DARGYFEIRIOL
divers, *a.* AMRYW(IOL)
diverse, *a.* AMRYWIOL
diversification, *n.* AMRYWIANT,
   AMRYFALAETH
diversify, *v.* AMRYWIO, AMRYFALU
diversion, *n.* DARGYFEIRIAD, ADLONIANT
diversity, *n.* AMRYWIAETH
divert, *v.* DARGYFEIRIO, DIFYRRU
diverting, *a.* DIFYRRUS, DARGYFEIRIOL
divest, *v.* DIOSG, DIHATRU
divide, *v.* RHANNU, DOSBARTHU, GWAHANU
   n. GWAHANFA
divided, *a.* RHANEDIG
dividend, *n.* DIFIDEND, BUDDRAN
divider, *n.* RHANNELL, RHANNWR
dividers, *n.pl.* CWMPAS MESUR, RHANWYR
divination, *n.* DEWINDABAETH
divine, *n.* DIFINYDD
   v. DEWINA, DIFINIO
   a. DWYFOL
diviner, *n.* DEWIN
divinity, *n.* DIWINYDDIAETH, DUWDOD
divisibility, *n.* RHANADWYEDD
divisible, *a.* RHANADWY
division, *n.* ADRAN, RHAN, YMRANIAD
   long division, RHANNU HIR
divisional, *a.* RHANNOL, ADRANNOL
divisor, *n.* RHANNYDD
divorce, *n.* YSGARIAD
   v. YSGAR(U)

divot, *n.* DIFOD
divulge, *v.* DADLENNU, DATGUDDIO
dizziness, *n.* PENDRO, PENYSGAFNDER
do, *v.* GWNEUD, GWNEUTHUR
docile, *a.* HYDRIN, DOF, GWÂR
docility, *n.* HYDRINEDD, GWARINEB
dock, *n.* PORTHLADD, DOC, (DAIL) TAFOL
  v. DOCIO, CWTOGI
docket, *n.* TOCYN CYNNWYS
dockyard, *n.* IARD LONGAU
doctor, *n.* MEDDYG, DOCTOR, DOETHOR,
  DOETHUR
doctorate, *n.* DOETHURIAETH
doctrinal, *a.* ATHRAWIAETHOL
doctrinaire, *a.* DAMCANIAETHOL
doctrine, *n.* ATHRAWIAETH
document, *n.* DOGFEN
documentary, *n.* DOGFENNEN
  a. DOGFENNOL
documentation, *n.* DOGFENNAETH
dodder, *v.* GWEGIAN
dodecahedron, *n.* DODECAHEDRON
dodge, *n.* YSTRYW, CAST
  v. OSGOI
dodger, *n.* OSGÖWR
doe, *n.* EWIG, YSGYFARNOG FENYW
doff, *v.* DIOSG, TYNNU
dog, *n.* CI, STAPL, STYFFLYDD
  v. DILYN
dogfish, *n.* PENCI
dogged, *a.* DYFAL, DI-ILDIO
doggedness, *n.* DYFALWCH
doggerel, *n.* RHIGWM
  a. ANGHELFYDD
dogma, *n.* CREDO, DOGMA
dogmatic, *a.* DOGMATIG, PENDANT
dogmatise, *v.* BOD YN BENDANT
dogmatism, *n.* AWDURDOD, PENDANT-
  RWYDD
dog-rose, *n.* RHOSYN GWYLLT
doily, *n.* DOILI
doldrums, *n.pl.* DOLDRYMAU
dole, *n.* DÔL, DOGN
  v. RHANNU, DOGNI
doleful, *a.* TRIST, PRUDD
dolefulness, *n.* TRISTWCH, PRUDD-DER
dolerite, *n.* DOLERIT
doline, *n.* DOLIN
doll, *n.* DOL(I)
dollar, *n.* DOLER
dolly, *n.* DOLI, MOTPREN
dolmen, *n.* CROMLECH
dolomite, *n.* DOLOMIT

dolorous, *a.* GALARUS, ALAETHUS
dolphin, *n.* DOLFFIN
dolt, *n.* HURTYN, DELFF
domain, *n.* PARTH, ARGLWYDDIAETH
dome, *n.* CROMEN
  v. CROMENU
domestic, *a.* CARTREFOL, DOF
  n. GWAS, MORWYN
domesticate, *v.* DOFI
domesticated, *a.* DOF
domicile, *n.* DOMISIL
dominance, *n.* TRECHEDD
  a. TRECHOL
dominant, *a.* TRECH, DOMINYDDOL
  n. LLYWYDD
dominant seventh, SEITHFED Y LLYWYDD
dominate, *v.* DOMINYDDU
domination, *n.* DOMINYDDIAETH
domineer, *v.* GORMESU
domineering, *a.* GORMESOL
doming, *n.* CROMENNU
dominion, *n.* DOMINIWN, ARGLWYDDIAETH
domino, *n.* DOMINO
don, *n.* ATHRO (COLEG), DON
  v. GWISGO
donate, *v.* RHODDI
donation, *n.* RHODD, CYFRANIAD
donkey, *n.* ASYN, MUL
donor, *n.* RHODDWR, CYFRANNYDD
doodle, *v.* DWDLAN
doom, *n.* TYNGED, BARN
doomsday, *n.* DYDD BARN
door, *n.* DRWS, PORTH, DÔR
door-keeper, *n.* PORTHOR
door-post, *n.* CYNOR, AMHIN(I)OG
door-step, *n.* HINIOG, TROTHWY
doorway, *n.* PORTH, DRWS
dope, *n.* CYFFUR
  v. RHOI CYFFUR
dormancy, *n.* CYSGIAD
dormant, *a.* CWSG
dormer, *n.* DORMER, FFENESTR GROMEN
dormitory, *n.* DORMITORI, HUNDY
dormobile, *n.* CAR CYSGU
dormouse, *n.* PATHEW
dorsal, *n. & a.* DORSAL
dose, *n.* DOS, DOGN
  v. DOSIO, DOGNI
dossier, *n.* DOSIER
dot, *n.* DOT *v.* DOTIO
dotage, *n.* PENWENDID
dote, *v.* DWLU, GWIRIONI, FFOLI
double, *n.* DWBL
  a. DWBL, DYBLYG

v. DYBLU, PLYGU
double glazing, GWYDRO DWBL
double flat, MEDDALNOD DWBL
double-bass, *n.* BAS DWBL
double-dealing, *n.* TWYLL
doubler, *n.* DWBLER
doubles, *n.pl.* PARAU
doublet, *n.* DWBLED, CRYSBAIS
doubly, *ad.* YN DDAU DDYBLYG
doubt, *n.* AMHEUAETH, PETRUSTER
　　v. AMAU, PETRUSO
doubter, *n.* AMHEUWR
doubtful, *a.* AMHEUS, PETRUS
doubtless, *ad.* YN DDIAMAU, DIAU
douche, *n.* FFRWD DDŴR
dough, *n.* TOES
doughnut, *n.* TOESEN
doughty, *a.* DEWR, PYBYR
dour, *a.* CYNDYN
douse, *v.* DIFFODD, TROCHI
dove, *n.* COLOMEN
dove-cot, *n.* COLOMENDY
dovetail, *v.* TRYFALU
dowdy, *a.* ANNIBEN, AFLÊR
dowel, *n.* HOELBREN, DOWEL
dower, *n.* AGWEDDI
down, *n.* MANBLU, RHOS
　　down time, AMSER DI-FYND
downcast, *a.* DIGALON, PRUDD
downfall, *n.* CWYMP, CODWM, DINISTR
downfold, *n.* ISBLYG
downgrade, *v.* ISRADDIO
downhearted, *a.* DIGALON, PRUDD
downhill, *ad.* I LAWR
downland, *n.* TWYNDIR
downpour, *n.* TYWALLTIAD, PISTYLLIAD
　　v. TYWALLT, PISTYLLIO
downright, *a.* DIAMHEUOL, RHONC
downstairs, *n.* Y LLAWR
　　ad. AR Y LLAWR
downstream, *n.* GWAERED AFON
downstroke, *n.* OLSTROC
down time, *n.* AMSER DI-FYND
downtown, *n.* LLORDREF
downtrodden, *a.* GORTHRYMEDIG
downwards, *ad.* I LAWR / WAERED
downwash, *n.* DARFODIANT
dowry, *n.* GWADDOL
doxology, *n.* MAWLGAN
doyen, *n.* AELOD HYNAF
d'oyley, *n.* DOILI
doze, *v.* HEPIAN
dozen, *n.* DWSIN, DEUDDEG

drab, *a.* SALW
draff, *n.* SOROD, SOEG, GWADDOD
draft, *n.* DRAFFT, BRASLUN
　　v. DRAFFTIO, BRASLUNIO
draftsman, *n.* DRAFFTSMON
drag, *n.* LLUSGIAD, DRAG
　　v. LLUSGO
drag-net, *n.* LLUSGRWYD
dragon, *n.* DRAIG
dragoon, *n.* DRAGŴN
　　v. GORMESU
drain, *n.* DRAEN, TRAEN
　　v. DRAENIO, DIFERU, YFED
　　draining board, BWRDD DIFERU
drainage, *n.* DRAENIAD
　　drainage basin, DALGYLCH AFON
drake, *n.* ADIAD, MEILART
drama, *n.* DRAMA
dramatic, *a.* DRAMATIG
dramatisation, *n.* DRAMODIAD
dramatise, *v.* DRAMODI
dramatist, *n.* DRAMODYDD
drape, *v.* GWISGO, GORCHUDDIO
draper, *n.* DILLEDYDD
drapery, *n.* DILLADAETH
drastic, *a.* LLYM, CRYF
draught, *n.* DRACHT, DRAFFT(EN),
　　TYNFA (LLONG), HELFA
　　draught excluder, GWRTHDDRAFFTYN
draught-horse, *n.* CEFFYL GWAITH /
　　GWEDD
draughts, *n.pl.* DRAFFTIAU
draughtsman, *n.* DRAFFTSMON, LLUN-
　　IADYDD
draughtsmanship, *n.* DRAFFTSMONAETH,
　　LLUNIADAETH
draughty, *a.* DRAFFTOG, DRAFFTLYD
draw, *n.* ATYNIAD, TYNFA, CULIANT
　　v. TYNNU, LLUSGO, LLUNIADU, DARLUNIO
　　draw to scale, GRADDLUNIADU
　　drawn game, GÊM DDI-DRECH
drawback, *n.* ANFANTAIS
drawbridge, *n.* PONT GODI
drawee, *n.* ARDYNNWR
drawer, *n.* DRÔR, TYNNWR (SIEC), LLUNIADWR
drawing, *n.* LLUNIAD
drawing-room, *n.* YSTAFELL GROESO
drawl, *n.* SIARAD ANNATURIOL, LLUSGO'I EIRIAU
dray, *n.* WAGEN
dread, *n.* OFN, ARSWYD
　　v. OFNI, ARSWYDO
dreadful, *a.* OFNADWY
dream, *n.* BREUDDWYD
　　v. BREUDDWYDIO

dreamer, *n.* BREUDDWYDIWR
dreamy, *a.* BREUDDWYDIOL
dreariness, *n.* PRUDD-DER, LLYMDRA
dreary, *a.* DIFLAS, DIGYSUR, LLWM
dredge, *v.* CARTHU
dredger, *n.* CARTHLONG, SGEINTYDD
dregs, *n.pl.* GWADDOD, GWAELODION, GWEHILION
drench, *n.* DRENS
  v. DRENSIO, GWLYCHU
drencher, *n.* DRENSIWR
dress, *n.* DRES, GWISG
  v. DRESIO, GWISGO, TRIN
  dress circle, SEDDAU'R CYLCH
dresser, *n.* DRESER, GWISGWR
dressing, *n.* DRESIN
  salad dressing, DRESIN SALAD
  dressing gown, GŴN GWISGO
dressmaker, *n.* GWNIADWRAIG
dressmaking, *n.* GWNIADWAITH
  v. GWNEUD DILLAD
dribble, *n.* DRIBL(AD), DREFL
  v. DRIBLO, DREFLU, GLAFOERIO
drier, *n.* SYCHYDD
  spin drier, SYCHYDD SBIN
  tumble drier, SYCHYDD TWMBWL
drift, *n.* DRIFFT, TUEDD, LLUWCH
  v. DRIFFTIO, LLUWCHIO
drifter, *n.* DRIFFTER
drill, *n.* DRIL, EBILL
  v. DRILIO, EBILLIO
  jobber's drill, DRIL JOBWR
driller, *n.* DRILIWR
drink, *n.* DIOD
  v. YFED
drinker, *n.* YFWR, DIOTWR
drip, *n.* DIFERIAD
  v. DIFERU
drip-dry, *a.* DRIPSYCH
  v. DRIPSYCHU
dripping, *n.* TODDION
drive, *n.* DREIF, GYRIANT, CYMHELLIAD
  v. DREIFIO, GYRRU
  backhand drive, DREIF GWRTHLAW
drivel, *n.* GLAFOERION
  v. GLAFOERIO
driver, *n.* GYRRWR, DREIFIWR
drizzle, *n.* GLAW MÂN
  v. BRIWLAN
droll, *a.* YSMALA, DIGRIF
drollery, *n.* YSMALDOD, DIGRIFWCH
dromedary, *n.* DROMEDARI
drone, *v.* GRWNAN
  n. DIOGYN, DRÔN

drones, *n.pl.* GWENYN SEGUR, BEGEGYR
droop, *v.* GWYRO, HONGIAN
drop, *n.* DIFERYN, DAFN, CWYMP(IAD)
  v. DIFERU, CWYMPO, GOLLWNG
  drop goal, GÔL ADLAM
dropper, *n.* DIFERYDD
droppings, *n.pl.* TOM, TAIL
dropsy, *n.* DROPSI
dross, *n.* SOROD, AMHURDEB, GWEHILION
drought, *n.* SYCHDWR
drove, *n.* GYR, DIADELL, MINTAI
drover, *n.* PORTHMON
drown, *v.* BODDI
drowse, *v.* HEPIAN, PENDWMPIAN
drowsiness, *n.* SYRTHNI, CYSGADRWYDD
drowsy, *a.* SWRTH, CYSGLYD
drub, *v.* BAEDDU, BWRW, CYSTWYO
drubbing, *n.* CWEIR, COSFA
drudge, *n.* SLAF
  v. SLAFIO
drudgery, *n.* CALEDWAITH
drug, *n.* CYFFUR, DRYG
  v. DRYGIO
druggist, *n.* DRYGIST
druid, *n.* DERWYDD
druidic(al), *a.* DERWYDDOL
druidism, *n.* DERWYDDIAETH
drum, *n.* DRWM, TABWRDD
  v. DRYMIO, TABYRDDU
drummer, *n.* DRYMIWR, DRWMWR
drunk, *a.* MEDDW, CHWIL
drunkard, *n.* MEDDWYN
drunkenness, *n.* MEDDWDOD
drupe, *n.* DRŴP
dry, *a.* SYCH, HYSB, SYCHLYD, CRAS
  v. SYCHU
  dry-clean, SYCHLANHAU
dry-dock, *n.* SYCHBORTH
dryers, *n.pl.* SYCHYDDION
dryness, *n.* SYCHDER, CRASTER
dry-rot, *n.* SYCH-BYDREDD, PYDREDD SYCH
dual, *a.* DEUOL, DEUBLYG
dualism, *n.* DEUOLIAETH
dub, *v.* URDDO, IRO, LLEISIO (FFILM)
dubbing, *n.* DYBIN, CEFNSAIN
dubiety, *n.* AMHEUAETH
dubious, *a.* AMHEUS, PETRUS
dubiousness, *n.* AMHEUAETH
duchess, *n.* DUGES
duchy, *n.* DUGIAETH
duck, *n.* HWYAD(EN)
  v. DOWCIO
ducking, *n.* TROCHFA, TROCHIAD

duck, *n.pl.* LORI-GYCHOD
duct, *n.* DWYTHELL
ductile, *a.* HYDWYTH
ductility, *n.* HYDWYTHEDD
dud, *n.* FFUGBETH
due, *n.* DYLED, HAWL, TÂL
  a. DYLEDUS, DYLADWY
  ad. YN UNION
duel, *n.* GORNEST, DEUFEL
duet, *n.* DEUAWD
duffel, *n.* DYFFL
duffer, *n.* HURTYN, GWIRIONYN
duke, *n.* DUG
dulcet, *a.* MELYS, PÊR
dulcify, *v.* MELYSU, PEREIDDIO
dulcimer, *n.* DWSMEL
dull, *a.* HURT, DWL, PŴL
dullard, *n.* HURTYN, TWPSYN
dullness, *n.* HURTRWYDD, TWPDRA, PYLNI
dulse, *n.* DELYSG
duly, *ad.* YN EI BRYD
dumb, *a.* MUD, HURT
dumb-bell, *n.* DYMBEL
dumbfound, *v.* SYFRDANU
dumbness, *n.* MUDANDOD
dummy, *n.* DYMI, DELW, FFUG-BAS
  v. FFUG-BASIO
dump, *n.* DYMP, STORFA
  v. DYMPIO
dumpling, *n.* TWMPLEN, POTEN
dumps, *n.pl.* ISELDER YSBRYD, Y FELAN
dun, *a.* LLWYD-DDU
dunce, *n.* HURTYN, TWPSYN
dune, *n.* TYWYN, TWYN
dung, *n.* TAIL, TOM
dungarees, *n.pl.* DYNGARÎS
dungeon, *n.* DWNSIWN
dunghill, *n.* TOMEN DAIL
duodecagon, *n.* DUODECAGON
duodecahedron, *n.* DUODECAHEDRON
duodecimal, *a.* DEUDDEGOL
duodenal, *a.* DUODENAL
duodenum, *n.* DUODENWM
duopoly, *n.* DEUOPOLI
dupe, *v.* TWYLLO
  n. GWIRIONYN
duple, *a.* DYBLYG
duplet, *n.* DWBLED
duplex, *a.* DWPLECS

duplicate, *n.* DYBLYGEB
  v. DYBLYGU
  a. DYBLYG
duplication, *n.* DYBLYGIAD
duplicator, *n.* DYBLYGYDD
duplicity, *n.* TWYLL, DICHELL
durable, *a.* PARHAOL, CRYF
  n. NWYDD PARA
duralumin, *n.* DURALWMIN
duramen, *n.* RHUDDIN
duration, *n.* PARHAD
duress, *n.* GORFODAETH
during, *prp.* YN YSTOD
dusk, *n.* CYFNOS
dusky, *a.* TYWYLL, CROENDDU
dust, *n.* LLWCH, DWST
dustbin, *n.* BIN SBWRIEL, BOCS LLUDW
duster, *n.* CADACH DODREFN, DWSTER
dustman, *n.* SBWRIELWR, DYN LLUDW
dusty, *a.* LLYCHLYD
dutiful, *a.* UFUDD, PAROD
duty, *n.* DYLETSWYDD, TOLL
  customs duty, TOLLDAL
dwarf, *n.* COR(RACH)
dwarfish, *a.* CORACHAIDD
dwarfism, *a.* CORACHEDD
dwell, *v.* PRESWYLIO, TRIGO
dweller, *n.* PRESWYLYDD
dwelling, *n.* PRESWYLFA, ANNEDD
dwindle, *v.* LLEIHAU
dyad, *n.* DEUAD
dye, *n.* LLIFYN, LLIWUR
  v. LLIFO, LLIWIO
  fast dye, LLIFYN CADARN
dyed, *a.* LLIFEDIG
dyer, *n.* LLIFYDD
dyke, *n.* MORGLAWDD, COB, DEIC, CLAWDD
dynamic, *a.* DYNAMIG
dynamical, *a.* DYNAMEGOL
dynamics, *n.* DYNAMEG
dynamite, *n.* DYNAMEIT
dynamo, *n.* DYNAMO
dynamometer, *n.* DYNAMOMEDR
dynasty, *n.* BRENHINLLIN, TEYRNLIN
dynatron, *n.* DYNATRON
dyne, *n.* DEIN
dysentery, *n.* DYSENTRI
dyspepsia, *n.* DYSPEPSIA, DIFFYG TRAUL
dyspnoea, *n.* DYSPNOEA, CAETHDER ANADL

each, *a. & pn.* POB UN, POB
  each other, EI GILYDD
eager, *a.* AWYDDUS, AWCHUS
eagerness, *n.* AWYDD, AWCH
eagle, *n.* ERYR
eagre, *n.* EGER
ear, *n.* CLUST, DOLEN
ear (of corn), *n.* TYWYSEN
earl, *n.* IARLL
earldom, *n.* IARLLAETH
earliness, *n.* CYNHARWCH
early, *a.* CYNNAR, BORE(OL)
  ad. YN FORE, YN GYNNAR
ear-mark, *n.* CLUSTNOD, NOD CLUST
  v. CLUSTNODI, NEILLTUO
earn, *v.* ENNILL, ELWA
earnest, *n.* ERNES, ERN, GWYSTL
  a. DIFRIF(OL)
earnestness, *n.* DIFRIFWCH
earnings, *n.pl.* ENILLION
earphone, *n.* FFÔN CLUST
ear-ring, *n.* CLUSTLWS
earshot, *n.* CLYW
earth, *n.* DAEAR, PRIDD, TIR, Y BYD
  v. DAEARU, CLADDU, PRIDDO
  earth tremor, DAEARGRYD
earthen, *a.* PRIDDLYD, PRIDD
earthenware, *n.pl.* LLESTRI PRIDD
earthnuts, *n.pl.* CNAU'R DDAEAR, CLORON
earthquake, *n.* DAEARGRYN
earth-wire, *n.* GWIFREN DDAEAR
earthward(s), *ad.* I LAWR
earthwork, *n.* GWRTHGLAWDD, CLAWDD
earthworm, *n.* ABWYDYN, PRYF GENWAIR
earthy, *a.* DAEAROL, PRIDDLYD
earwig, *n.* PRYF CLUST
ease, *n.* ESMWYTHDER/DRA, ESMWYTHYD,
  RHWYDDINEB
  v. ESMWYTHO, LLEDDFU
easel, *n.* ISL
easement, *n.* HAWDDFRAINT
easily, *ad.* YN HAWDD, YN RHWYDD
easiness, *n.* RHWYDDINEB
east, *n.* DWYRAIN
  a. DWYREINIOL
Easter, *n.* Y PASG
eastern, *a.* DWYREINIOL
easting, *n.* DWYREINIAD
eastward, *a. & ad.* TUA'R DWYRAIN
easy, *a.* RHWYDD, HAWDD
easy-chair, *n.* CADAIR ESMWYTH
easy-going, *a.* DIDARO, DI-HID
eat, *v.* BWYTA, YMBORTHI, DIFA

eatable, *n.* BWYD
  a. BWYTADWY
eatables, *n.pl.* BWYDYDD
eater, *n.* BWYTÄWR
eaves, *n.pl.* BARGOD, BONDO
eavesdrop, *n.* CLUSTFEINIO
ebb, *n.* TRAI
  v. TREIO
ebony, *n.* EBONI
ebullition, *n.* BYBYLU, BERW
eccentric, *a.* ECHREIDDIG, ECSENTRIG
eccentricity, *n.* ECHREIDDIAD
ecclesiastic, *n.* CLERIGWR, EGLWYSWR
ecclesiasticism, *n.* EGLWYSIGIAETH
ecclesiastical, *a.* EGLWYSIG
ecentre, *a.* ALLGANOL
echo, *n.* ATSAIN, ADLAIS
  v. ATSEINIO, ADLEISIO
ecircle, *n.* ALLGYLCH
éclat, *n.* BRI, LLWYDDIANT, SWAE
eclectic, *n.* ECLECTIGWR
  a. ECLECTIG
eclecticism, *n.* ECLECTIAETH
eclipse, *n.* ECLIPS, DIFFYG, CLIP
  v. ECLIPSIO, TYWYLLU
ecliptic, *n.* ECLIPTIG
  a. ECLIPTIG
eclogue, *n.* BUGEILGERDD
ecological, *a.* ECOLEGOL
ecologist, *n.* ECOLEGYDD
ecology, *n.* ECOLEG
econometrician, *n.* ECONOMETRYDD
econometrics, *n.* ECONOMETREG
economic, *a.* ECONOMAIDD
economical, *a.* CYNNIL, DARBODUS
economics, *n.* ECONOMEG
economist, *n.* ECONOMEGWR, ECONOMYDD
economize, *v.* CYNILO
economy, *n.* CYNILDEB, TREFN (DDWYFOL),
  ECONOMI, DARBODYN
ecotone, *n.* ECOTÔN
ecotype, *n.* ECOTEIP
ecstasy, *n.* ECSTASI, PERLEWYG,
  GORFOLEDD, GORAWEN
ecstatic, *a.* ECSTATIG, GORAWENUS
ectoderm, *n.* ECTODERM
ecumenical, *a.* BYDEANG, EC(I)WMENAIDD
ecumenicity, *n.* EC(I)WMENRWYDD
eczema, *n.* ECSEMA
edaphic, *a.* EDAFFIG
eddy, *n.* TROLIF
  v. TROLIFO
edge, *n.* MIN, YMYL, AWCH, CWR
  v. YMYLU

edged, *a.* MINIOG
edge-jointing, *n.* YMYLUNIAD
 v. YMYLUNO
edging, *n.* YMYL, BORDER
edible, *a.* BWYTADWY
edict, *n.* CYHOEDDEB, EDICT
edification, *n.* ADEILADAETH
edifice, *n.* ADEILAD
edify, *v.* ADEILADU
edifying, *a.* ADEILADOL
edit, *v.* GOLYGU
edition, *n.* ARGRAFFIAD
editor, *n.* GOLYGYDD
editorial, *a.* GOLYGYDDOL
educability, *n.* ADDYSGEDD
educable, *a.* ADDYSGADWY
educate, *v.* ADDYSGU
education, *n.* ADDYSG
educational, *a.* ADDYSGOL
educationist, *n.* ADDYSGWR
educative, *a.* ADDYSGOL
educator, *n.* ADDYSGWR
educe, *v.* EDWYTHO
eduction, *n.* EDWYTHIAD
eel, *n.* LLYSYWEN
eerie, *a.* IASOL, ANNAEAROL
efface, *v.* DILEU
effaceable, *a.* DILEADWY
effacement, *n.* DILEAD
effect, *n.* EFFAITH, CANLYNIAD
 v. ACHOSI, EFFEITHIO
 after effects, SGIL-EFFEITHIAU
effective, *a.* EFFEITHIOL
effectiveness, *n.* EFFEITHIOLRWYDD
effeminate, *a.* MERCHETAIDD
efferent, *n.* EFFERENT
 a. ECHDYGOL
effervesce, *v.* EFERWI
effervescence, *n.* EFERWAD
effervescent, *a.* EFERW
effete, *a.* DIFFRWYTH
efficacious, *a.* EFFEITHIOL
efficacy, *n.* EFFEITHIOLRWYDD
efficiency, *n.* EFFEITHLONRWYDD
efficient, *a.* EFFEITHLON
effigy, *n.* ARDDELW
effloresce, *v.* EWLYCHU, BLODEUO
efflorescence, *n.* EWLYCHIAD
efflorescent, *a.* EWLYCHOL
effluence, *n.* ELIFYN
effluent, *n.* ELIFIANT
 v. ELIFOL

effluvium, *n.* DRYGSAWR, DREWDOD
efflux, *n.* DYLIFIAD
effort, *n.* YMDRECH
effortless, *a.* DIYMDRECH
effrontery, *n.* DIGYWILYDD-DRA,
 HAERLLUGRWYDD
effulgence, *n.* DISGLEIRDEB
effulgent, *a.* DISGLAIR
effuse, *v.* ALLEDU
effusion, *n.* ALLEDIAD
effusive, *a.* TEIMLADOL
egalitarian, *n.* CYDRADDOLWR
egalitarianism, *n.* CYDRADDOLAETH
egestion, *n.* CARTHIAD
egg, *n.* ŴY
 scrambled egg, CYMYSGWY
 v. ANNOG
eggbound, *a.* WYRWYM
egghead, *n.* DEALLUSYN
egg-shell, *n.* MASGL/PLISGYN ŴY
ego, *n.* EGO, YR HUNAN
egocentric, *a.* MYFÏOL, EGOSENTRIG
egoism, *n.* EGÖISTIAETH, MYFÏAETH
egoist, *n.* EGÖYDD, MYFÏWR
egoistic, *a.* MYFÏOL, EGÖISTIG
egotism, *n.* HUNANOLDEB
egregious, *a.* HYNOD, DYBRYD
eh, *i.* AI E! TYBED!
eiderdown, *n.* CWRLID PLU
eight, *n.* WYTH
 a. WYTH
 number eight, WYTHWR
eighteen, *a.* DEUNAW,
 UN DEG WYTH
eighty, *a.* PEDWAR UGAIN, WYTH DEG
either, *a. & pn.* Y DDAU, NAILL AI
 ad. & c. NA, NAC, YCHWAITH
ejaculate, *v.* EBYCHU
ejaculation, *n.* EBYCHIAD
ejaculatory, *a.* EBYCHOL
eject, *v.* ALLFWRW, DIARDDEL
ejection, *n.* ALLFWRIAD
eke out, *v.* YMESTYN
elaborate, *a.* LLAFURFAWR, MANWL
 v. MANYLU
elaboration, *n.* MANYLDER
élan, *n.* EIDDGARWCH
elance, *v.* GWIBIO
elapse, *v.* MYNED HEIBIO, TREIGLO
elastic, *n.* ELASTIG
 a. ELASTIG
elasticity, *n.* ELASTIGEDD, HYDWYTHEDD
elate, *v.* CALONOGI

elated, *a.* GORAWENUS, CALONNOG
elation, *n.* GORAWEN, YMLEDIAD
elbow, *n.* ELIN, PENELIN
elbow-grease, *n.* ELI PENELIN
elbow-room, *n.* LLE I DROI
elder, *a.* HŶN
    n. HENURIAD, YSGAWEN
elderberries, *n.pl.* GRAWN YSGAW
elderly, *n.* YR OEDRANNUS
    a. OEDRANNUS
elect, *v.* ETHOL, DEWIS
    a. ETHOLEDIG
election, *n.* ETHOLIAD, ETHOLEDIGAETH
elector, *n.* ETHOLWR
electoral, *a.* ETHOLIADOL
electorate, *n.* ETHOLAETH
electric, *a.* TRYDANOL, ELECTRIG
electrician, *n.* TRYDANWR
electricity, *n.* TRYDAN, TRYDANEG (PWNC)
electrify, *v.* TRYDANU
electrode, *n.* ELECTROD
electrolysis, *n.* ELECTROLYSIS
electrolyte, *n.* ELECTROLYT
electromagnetic, *a.* ELECTROMAGNETIG
electromagnetism, *n.* ELECTROMAGNETEG
electrometer, *n.* ELECTROMEDR
electron, *n.* ELECTRON
electronic, *a.* ELECTRONIG
electronics, *n.* ELECTRONEG
electrophorus, *a.* ELECTROFFORWS
electroplate, *v.* ELECTROPLATIO
electroscope, *n.* ELECTROSGOP
electrostatic, *a.* ELECTROSTATIG
electrostatics, *n.* ELECTROSTATEG
electrum, *n.* AMBER, ELECTRWM
eleemosynary, *a.* ELUSENNOL
elegance, *n.* COETHDER, CEINDER
elegant, *a.* COETH, CAIN, DILLYN
elegiac, *a.* MARWNADOL
elegy, *n.* MARWNAD
element, *n.* ELFEN
    trace element, ELFEN MYMRYN
elemental, *a.* ELFENNIG, SYLFAENOL
elementary, *a.* ELFENNOL
elephant, *n.* ELIFFANT, CAWRFIL
elephantine, *a.* ELIFFANTAIDD
elevate, *v.* DYRCHAFU, CODI
elevated, *a.* DYRCHAFEDIG, AR GODIAD
elevating, *a.* DYRCHAFOL, YN CODI
elevation, *n.* CODIAD, GOLWG, DRYCHIAD
    front elevation, DRYCHIAD BLAEN
elevator, *n.* CODWR
eleven, *n.* UN AR DDEG, UN DEG UN

elf, *n.* ELLYLL, COBLYN, CORRACH
elfish, *a.* ELLYLLAIDD, DIREIDUS
elicit, *v.* MYNNU GAN
elide, *v.* SEINGOLLI
eligibility, *n.* CYMHWYSTER
eligible, *a.* CYMWYS, CYMWYSTEROL
eliminant, *n.* DILËYDD
eliminate, *v.* DILEU
elimination, *n.* DILEAD
elision, *n.* SEINGOLL
elite, *n.* ELÎT, Y GOREUON
elixir, *n.* MODDION DI-FFAEL
ell, *n.* CYFELIN, ELINAD
ellipse, *n.* ELIPS
ellipsis, *n.* COLL GEIRIAU
elliptic, *a.* ELIPTIG
elliptical, *a.* ELIPTIGOL
elm, *n.* LLWYFEN
elocution, *n.* AREITHYDDIAETH, ADRODDYDDIAETH
elocutionist, *n.* AREITHYDD, ADRODDWR
elongate, *v.* HWYHAU, ESTYN
elongated, *a.* HIRGUL
elongation, *n.* HWYHAD, ESTYNIAD
elope, *v.* DIFLANNU (GYDA CHARIAD)
elopement, *n.* DIFLANIAD, FFO
eloquence, *n.* HUODLEDD
eloquent, *a.* HUAWDL
else, *ad.* AMGEN, ARALL
elsewhere, *ad.* MEWN MAN ARALL
elucidate, *v.* ESBONIO, EGLURO
elucidation, *n.* ESBONIAD, EGLURHAD
elude, *v.* OSGOI
elusion, *n.* OSGOAD
elusive, *a.* GWIBIOG
elute, *v.* ECHLUDO
elution, *n.* ECHLUDAD
eluviation, *n.* ECHLIFIANT
elver, *n.* LLYSYWEN IFANC
elysian, *a.* PARADWYSAIDD
elytron, *n.* ELYTRON
emaciate, *v.* CURIO, TENEUO
emaciated, *a.* CURIEDIG, TENAU
emaciation, *n.* CURIEDD
emanate, *v.* DEILLIO, TARDDU
emanation, *n.* DEILLIAD, TARDDIAD
emancipate, *v.* RHYDDHAU, RHYDD-FREINIO
emancipation, *n.* RHYDDHAD, RHYDD-FREINIAD
embalm, *v.* PERENEINIO
embankment, *n.* COB, ARGLAWDD
embargo, *n.* GWAHARDDIAD, EMBARGO

embark, *v.* HWYLIO, DECHRAU
embarkation, *n.* HWYLIAD
embarrass, *v.* CHWITHEDDU
embarrassment, *n.* CHWITHEDD, EMBARAS
embassy, *n.* LLYSGENHADAETH
embed, *v.* GWELYO, MEWNOSOD
embellish, *v.* ADDURNO
embellishment, *n.* ADDURNIAD
embers, *n.pl.* MARWOR, MARWYDOS
embezzle, *v.* EMBESLU
embezzlement, *n.* EMBESLAD,
 ARIANDWYLL
embitter, *v.* CHWERWI
emblazon, *v.* ADDURNO
emblem, *n.* ARWYDDLUN
emblematic, *a.* ARWYDDLUNIOL
embodiment, *n.* CORFFORIAD,
 YMGORFFORIAD
embody, *v.* CORFFORI, YMGORFFORI
embolden, *v.* HYFHAU
embolism, *n.* EMBOLIAETH
emboss, *v.* BOGLYNNU
embossed, *a.* BOGLYNNOG
embossing, *n.* BOGLYNWAITH
embrace, *n.* COFLEIDIAD
 v. COFLEIDIO, CYNNWYS
embroider, *v.* BRODIO
embroidery, *n.* BRODWAITH
embroil, *v.* TERFYSGU
embryo, *n.* EMBRYO
embryology, *n.* EMBRYOLEG
embryonic, *a.* EMBRYONIG
emend, *v.* CYWIRO, DIWYGIO
emendation, *n.* CYWIRIAD
emerald, *n.* EMRALLT
emerge, *v.* ALLDDOD
emerged, *a.* ALLDDODOL
emergence, *n.* ALLDDODIAD
emergency, *n.* ARGYFWNG, CYFYNGDER
 in an emergency, MEWN TARO
emergent, *a.* ALLDDODOL
emeritus, *a.* EMERITWS
emery, *n.* EMERI
emetic, *n.* CYFOGLYN
 a. CYFOGOL
emigrant, *n.* ALLFUDWR, YMFUDWR
emigrate, *v.* ALLFUDO, YMFUDO
emigration, *n.* ALLFUDIAD
eminence, *n.* CODIAD TIR, BRYN, BRI,
 ENWOGRWYDD
eminent, *a.* ENWOG, AMLWG
emir, *n.* EMIR
emissary, *n.* CENNAD

emission, *n.* ALLYRIANT
emissivity, *n.* ALLYRREDD
emit, *v.* ALLYRRU
emolument, *n.* TÂL, CYFLOG, ENILLION
emotion, *n.* EMOSIWN, YSMUDIAD
emotional, *a.* EMOSIYNOL
emotive, *a.* EMOSIYNUS
empanel, *v.* PANELU
empathy, *n.* EMPATHI
emperor, *n.* YMHERODR
emphasis, *n.* PWYS, PWYSLAIS
emphasize, *v.* PWYSLEISIO
emphatic, *a.* PWYSLEISIOL
emphysema, *n.* EMFFYSEMA
empire, *n.* YMERODRAETH
empiric(al), *a.* EMPIRIG, EMPEIRAIDD
empiricism, *n.* EMPIRAETH
emplacement, *n.* SAFLE
employ, *v.* CYFLOGI, DEFNYDDIO
employable, *a.* CYFLOGADWY
employee, *n.* CYFLOGEDIG
employer, *n.* CYFLOGWR
employment, *n.* CYFLOGAETH
emporium, *n.* MARCHNADFA
empower, *v.* AWDURDODI
empress, *n.* YMERODRES
emptiness, *n.* GWACTER
empty, *a.* GWAG, COEG, CAU
 v. GWACÁU, DIHYSBYDDU
empty-handed, *a.* GWAGLAW
emulate, *v.* DYNWARED, EMWLADU,
 EFELYCHU
emulation, *n.* EFELYCHIAD
emulator, *n.* EFELYCHWR, EMWLADUR,
 DYNWAREDWR
emulsifier, *n.* EMYLSYDD
emulsify, *v.* EMWLSIO
emulsion, *n.* EMWLSIWN
enable, *v.* GALLUOGI
enact, *v.* CYFLAWNI, DEDDFU
enactment, *n.* CYFLAWNIAD
enamel, *n.* ENAMEL
 v. ENAMLO
enamour, *v.* SWYNO, YMSERCHU
encamp, *v.* LLUESTU, GWERSYLLU
encampment, *n.* GWERSYLL
encaustic, *a.* LLOSGLIW
encephalitis, *n.* LLID YR YMENNYDD
enchant, *v.* SWYNO, HUDO
enchanter, *n.* SWYNWR, DEWIN
enchantment, *n.* SWYN, HUDOLIAETH
enchantress, *n.* HUDOLES, DEWINES
encircle, *v.* AMGYLCHU, CYLCHYNU

encirclement, *n.* CYLCHYNIAD
enclave, *n.* CLOFAN
enclose, *v.* AMGÁU
enclosed, *a.* AMGAEËDIG
enclosure, *n.* LLOC, TIR CAEËDIG, CAE
encode, *v.* AMGODIO
encomium, *n.* CLOD, MOLAWD
encompass, *v.* AMGYLCHYNU
encore, *n.* ENCÔR
   ad. ETO
encounter, *n.* CYFARFOD, BRWYDR,
   GORNEST
   v. CYFARFOD, YMLADD
encourage, *v.* CALONOGI, ANNOG
encouragement, *n.* CALONDID, ANOGAETH
encouraging, *a.* CALONOGOL
encroach, *v.* LLECHFEDDIANNU
encroachment, *n.* LLECHFEDDIANT
encumber, *v.* LLESTEIRIO, BEICHIO
encumbrance, *n.* BAICH
encyclic(al), *n.* CYLCHLYTHYR PAB
   a. CYLCHREDOL
encyclopaedia, *n.* GWYDDONIADUR
encyclopaedic, *a.* GWYDDONɫADUROL
end, *n.* DIWEDD, DIBEN
   v. DIWEDDU, TERFYNU
   end point, PWYNT TERFYN
   end product, CYNRYCHIOLYN TERFYNOL
endanger, *v.* PERYGLU
endear, *v.* ANWYLO
endearment, *n.* ANWYLDEB
endeavour, *n.* YMDRECH, YMGAIS
   v. YMDRECHU, YMEGNÏO
endemic, *a.* ENDEMIG
ending, *n.* DIWEDD, DIBENIAD, TERFYNIAD
endive, *n.* ENDIF
endless, *a.* DIDDIWEDD
endocarditis, *n.* ENDOCARDITIS
endocrine, *a.* ENDOCRIN
endogamy, *n.* MEWNBRIODI
endogenous, *a.* ENDOGENUS, MEWN-
   DARDDOL
endomorphic, *a.* ENDOMORFFIG
end-organ, *n.* TERFYNELL
endorse, *v.* CEFNODI, ARNODI, ARDYSTIO
endorsed, *a.* ARNODEDIG, ARDYSTIEDIG
endorsement, *n.* ARDYSTIAD, ARNODIAD
endosperm, *n.* ENDOSBERM
endothermic, *a.* ENDOTHERMIG
endow, *v.* GWADDOLI, CYNYSGAEDDU
endowed, *a.* GWADDOLEDIG
endowment, *n.* GWADDOL, CYNYSGAETH
endurable, *a.* PARHAOL, GODDEFOL

endurance, *n.* DYGNEDD, DYGNWCH,
   DALFOD
endure, *v.* PARHAU, GODDEF
enemy, *n.* GELYN
energetic, *a.* EGNÏOL, YNÏOL
energism, *n.* EGNÏAETH
energise, *v.* EGNIOLI, YNÏOLI
energised, *a.* YNÏOLEDIG
energy, *n.* EGNI, YNNI
enervate, *v.* GWANHAU, LLESGÁU
enfeeble, *v.* GWANYCHU
enfeebled, *a.* MUSGRELL
enfeeblement, *n.* MUSGRELLNI
enfeoff, *v.* ENFFEODU
enfeoffment, *n.* ENFFEODAETH
enfold, *v.* GAFAEL
enforce, *v.* GORFODI
enforcement, *n.* GORFODAETH
enfranchise, *v.* RHYDDFREINIO
enfranchisement, *n.* RHYDDFREINIAD
engage, *v.* CYSYLLTU, YMLADD, DYWEDDÏO,
   CYFLOGI
engaged, *a.* CYSWLLT, DYWEDDÏEDIG
engagement, *n.* YMRWYMIAD, BRWYDR,
   DYWEDDÏAD
engaging, *a.* DENIADOL
engender, *v.* PERI
engine, *n.* PEIRIANT, INJAN
engineer, *n.* PEIRIANNYDD
engineering, *n.* PEIRIANNEG
England, *n.* LLOEGR
English, *n.* SAESON
   a. SAESNEG (IAITH), SEISNIG
Englishman, *n.* SAIS
engrain, *v.* ENGREINIO
engrave, *v.* ENGRAFU
engraver, *n.* ENGRAFWR
engraving, *n.* ENGRAFIAD
engross, *v.* CWBLFEDDIANNU
engrossment, *n.* CWBLFEDDIANT
engulf, *v.* AMLYNCU
enhance, *v.* MWYHAU
enhancement, *n.* MWYHAD, CODIAD
enharmonic, *a.* ENHARMONIG
enigma, *n.* ENIGMA
enigmatic, *a.* ENIGMATIG
enjoin, *v.* GORCHYMYN, ERCHI
enjoy, *v.* MWYNHAU, MEDDU
enjoyable, *a.* PLESERUS
enjoyment, *n.* MWYNHAD, MEDDIANT
enkindle, *v.* ENNYN
enlarge, *v.* HELAETHU, EHANGU
enlargement, *n.* HELAETHIAD, EHANGIAD

enlighten, v. GOLEUO, HYSBYSU
enlightened, a. GOLEUEDIG, GOLAU
enlist, v. YMRESTRU
enlistment, n. YMRESTRIAD
enliven, v. BYWIOGI, SIRIOLI
enmesh, v. RHWYDO
enmity, n. GELYNIAETH
ennoble, v. URDDASOLI
ennui, n. DIFLASTOD
enormity, n. ANFADRWYDD
enormous, a. ENFAWR, ANFERTH
enough, n. DIGON(EDD), GWALA
  a. & ad. DIGON
enquire, v. HOLI
enquiry, n. YMHOLIAD
enrage, v. CYNDDEIRIOGI, FFYRNIGO
enraged, a. CYNDDEIRIOG, LLIDIOG
enrapture, v. YMHYFRYDU
enrich, v. CYFOETHOGI
enrichment, n. YMGYFOETHOGIAD
enrobe, v. GWISGO, ARWISGO
enrol, v. COFRESTRU
enrolment, n. COFRESTRAD
ensemble, n. ENSEMBLE
enshrine, v. CADW
enshroud, v. GORDOI, AMDOI
ensign, n. LLUMAN
enslave, v. CAETHIWO
enslavement, n. CAETHIWED
ensnare, v. MAGLU, RHWYDO
ensue, v. DILYN, CANLYN
ensuing, a. DILYNOL, CANLYNOL
ensure, v. SICRHAU, DIOGELU
ensyme, n. ENSYM
entail, n. ENTAEL
  v. ENTEILIO
entangle, v. DRYSU, MAGLU
entanglement, n. DRYSWCH, MAGL
entente, n. CYD-DDEALLTWRIAETH
enter, v. MYND I MEWN, DOD I MEWN,
  COFNODI, TREIDDIO
enteric, a. ENTERIG
enteritis, n. ENTERITIS
entrepreneur, n. MENTRWR
enterprise, n. MENTER
enterprising, a. MENTRUS
entertain, v. DIFYRRU, ADLONNI, CROESAWU
entertainer, n. DIFYRRWR, DIDDANWR
entertaining, a. DIFYRRUS, DIDDAN
entertainment, n. ADLONIANT,
  DIFYRRWCH
enthalpy, n. ENTHALPI
enthral, v. SWYNO
enthralling, a. SWYNOL

enthrone, v. GORSEDDU
enthusiasm, n. BRWDFRYDEDD
enthusiast, n. UN BRWD(FRYDIG)
enthusiastic, a. BRWDFRYDIG
entice, v. DENU, HUDO
enticement, n. HUDOLIAETH
entire, a. CYFAN, HOLLOL, LLWYR
entirely, ad. YN GYFAN GWBL
entirety, n. CYFANRWYDD
entitle, v. RHOI HAWL
entity, n. ENDID, HANFOD
entomb, v. CLADDU
entomologist, n. ENTOMOLEGWR
entomology, n. ENTOMOLEG
entracte, n. ENTRACTE
entrails, n.pl. PERFEDD, YMYSGAROEDD
entrance, n. MYNEDIAD, MYNEDFA, DRWS,
  PORTH, TÂL
entrance, v. SWYNO
entrancing, a. SWYNOL
entrap, v. MAGLU, RHWYDO
entreat, v. YMBIL, ERFYN
entreaty, n. YMBIL, ERFYNIAD
entrepôt, a. TRWYBORTH
entropy, n. ENTROPI
entrust, v. YMDDIRIED
entry, n. MYNEDIAD, COFNOD, TREIDDIAD
entwine, v. CORDEDDU, NYDDU, YMNYDDU
enumerable, a. RHIFADWY
enumerate, v. RHIFO
enumeration, n. RHIFIANT
enumerator, n. RHIFWR
enunciate, v. CYNANU, DATGAN
enunciation, n. CYNANIAD
envelop, v. AMGÁU, ENHUDDO
envelope, n. AMLEN
envelopment, n. GORCHUDDIAD
envenom, v. GWENWYNO
envious, a. CENFIGENNUS
environment, n. AMGYLCHEDD
environmental, a. AMGYLCHEDDOL
environmentalist, n. AMGYLCHEDDWR
environs, n.pl. AMGYLCHION/OEDD
envisage, v. RHAGWELD
envoy, n. CENNAD, NEGESYDD
envy, n. EIDDIGEDD
  v. EIDDIGEDDU
enzyme, n. ENSYM
  a. ENSYMAIDD
eolithic, a. EOLITHIG
epaulette, n. EPOLED
epenthetic, a. EPENTHETIG
ephemeral, a. DROS DRO, DARFODEDIG

ephemeris, *n.* EFFEMERIS
epic, *n.* ARWRGERDD, EPIG
   a. ARWROL
epicene, *a.* DEURYW
epicentre, *n.* UWCHGANOLBWYNT
epicure, *n.* MOETHYN, GLWTH
epicycloid, *n.* EPISEICLOID
epidemic, *n.* HAINT, EPIDEMIG
   a. HEINTUS, EPIDEMIG
epidermal, *a.* EPIDERMAIDD
epidermis, *n.* EPIDERMIS
epidiascope, *n.* EPIDIASGOP
epigeal, *a.* ARDDAEAROL, EPIGEAL
epiglottis, *n.* EPIGLOTIS
epigram, *n.* EPIGRAM
epigrammatic, *a.* EPIGRAMAIDD
epigraph, *n.* EPIGRAFF
epigynous, *a.* EPIGYNUS
epilepsy, *n.* EPILEPSI, HAINT DIGWYDD
epilogue, *n.* DIWEDDGLO, EPILOG
epimorphic, *a.* EPIMORFFIG
epipetalous, *a.* EPIPETALUS
Epiphany, *n.* YR YSTWYLL
epiphyte, *n.* EPIFFYT
episcopacy, *n.* ESGOBYDDAETH
episcope, *n.* EPISGÔP
episode, *n.* GOGYFRAN, EPISÔD, ATGAN
epistasis, *n.* EPISTASIS
epistemology, *n.* EPISTEMOLEG,
   GWYBODEG
epistle, *n.* EPISTOL, LLYTHYR
epistolary, *a.* EPISTOLAIDD
epitaph, *n.* BEDDARGRAFF
epithet, *n.* ANSODDAIR
epitome, *n.* TALFYRIAD, CRYNHOAD
epitomize, *v.* TALFYRRU, CRYNHOI
epizoötic, *a.* EPISOOTIG
epoch, *n.* CYFNOD, EPOC
equability, *n.* TAWELWCH
equable, *a.* CYSON, TAWEL, GWASTAD
equal, *a.* CYFARTAL, CYDRADD, HAFAL,
   UNFAINT
   equal sign, HAFALNOD
   equal area, ARWYNEBEDD CYFARTAL
equality, *n.* CYDRADDOLDEB, CYFARTAL-
   EDD, HAFAL
equalize, *v.* CYDRADDOLI, CYFARTALU
equally, *ad.* YN OGYSTAL Â, YN LLAWN
equanimity, *n.* ANGHYFFRO
equate, *v.* HAFALU, CYFARTALU
equation, *n.* HAFALIAD
   quadratic equation, HAFALIAD
   DWYRADD

equative, *a.* CYFARTAL
equator, *n.* CYHYDEDD
equatorial, *a.* CYHYDEDDOL
equerry, *n.* GWASTRAWD (BRENHINOL)
equestrian, *n.* MARCHOG
   a. MARCHOGOL
equiangular, *a.* HAFALONGLOG
equidistant, *a.* CYTBELL
equilateral, *a.* HAFALOCHROG
equilibriate, *v.* CYDBWYSOLI
equilibrium, *n.* CYDBWYSEDD,
   CYFANTOLEDD
equinox, *n.* CYHYDNOS
equip, *v.* CYFARPARU, TACLU, CYWEIRIO
equipment, *n.* CYFARPAR,
   OFFER
equipoise, *n.* CYDBWYSEDD
equipotential, *a.* UNBOTENSIAL
equitable, *a.* CYFIAWN, ECWITÏOL
equity, *n.* CYFIAWNDER, ECWITI,
   SODDGYFRAN
equivalence, *n.* CYWERTHEDD
equivalent, *a.* CYWERTH, CYFARTAL
equivocal, *a.* AMWYS, MWYS
equivocate, *v.* BOD YN AMWYS
equivocation, *n.* AMWYSEDD, MWYSEDD
era, *n.* CYFNOD, OES, ERA
eradicate, *v.* DIFODI, DIFA
eradication, *n.* DIFODIAD
eradicator, *n.* DIFODWR
erase, *v.* DILEU, RHWBIO ALLAN
eraser, *n.* DILÈYDD
erasure, *n.* DILEAD
ere, *c. & prp.* CYN
   ere long, CYN BO HIR
erect, *a.* SYTH, UNION(SYTH)
   v. CYFODI, ADEILADU, CODI
erection, *n.* CYFODIAD, CWNNAD, CYFOD-
   WAITH, YMGYFODIAD
erector, *n.* CODWR, ADEILADYDD
erg, *n.* ERG
ergonomics, *n.* ERGONOMEG
ergot, *n.* ERGOT
ermine, *n.* ERMIN, CARLWM
erode, *v.* ERYDU, YSU
eroded, *a.* ERYDOG
erosion, *n.* ERYDIAD
   cycle of erosion, CYLCHED ERYDU
erosive, *a.* ERYDOL
   erosive agent, ERYDYDD
erotic, *a.* EROTIG, SERCHOL
err, *v.* CYFEILIORNI, AMRYFUSO
errand, *n.* NEGES, CENADWRI

errant, *a.* CYFEILIORNUS, CRWYDR(OL)
erratic, *a.* ANSICR, CRWYDRAIDD
erratum, *n.* BAI (Y WASG)
erroneous, *a.* GWALLUS, AMRYFUS
erroneously, *ad.* AR GAM
error, *n.* GWALL, AMRYFUSEDD,
   CYFEILIORNAD, CAMSYNIAD
   in error, AR GAM
erst (while), *ad.* GYNT, CYN HYN
erudite, *a.* DYSGEDIG, LLENGAR
erudition, *n.* DYSG, GWYBODAETH
erupt, *v.* ECHDORRI, TORRI ALLAN
eruption, *n.* ECHDORIAD, TARDDIAD
erysipelas, *n.* TÂN IDDWF, MANWYNION,
   FFLAMWYDDEN
escalate, *v.* ESGOLI
escalation, *n.* ESGOLIAD, GWAETHYGIAD,
   CYNNYDD
escalator, *n.* ESCALADUR
escapade, *n.* PRANC, DIREIDI
escape, *n.* DIHANGFA, YMWARED
   v. DIANC, OSGOI
escapement, *n.* CILFA
escarpment, *n.* SGARP
eschatology, *n.* ESCATOLEG, DIWETHAF-
   IAETH
escheat, *n.* SIÊD
   v. FFORFFEDU
escheator, *n.* SIEDWR
eschew, *v.* OSGOI, GOCHEL
escort, *n.* GOSGORDD
   v. HEBRWNG
escribe, *v.* ALLGYLCHU
   escribed circle, ALLGYLCH
escutcheon, *n.* ESGYTSIWN, ARFBAIS
esker, *n.* ESGAIR
esoteric, *a.* CYFRINACHOL, CUDD
espagnolette, *n.* YSBAENOLED
espalier, *n.* RHWYLLWAITH
especial, *a.* NEILLTUOL, ARBENNIG, PENNAF
especially, *ad.* YN ARBENNIG, YN ENWEDIG
espionage, *n.* YSBÏAETH
esplanade, *n.* RHODFA
espousal, *n.* PRIODAS, DYWEDDÏAD
espouse, *v.* PRIODI, DYWEDDÏO
espy, *v.* CANFOD, GWYLIO
esquire, *n.* YSGWIER, YSWAIN (YSW.)
essay, *n.* TRAETHAWD, YMGAIS
   v. CYNNIG, PROFI
essayist, *n.* TRAETHODWR/YDD
essence, *n.* HANFOD, RHINFLAS
essential, *a.* ANHEPGOR, HANFODOL
   n. ANGHENRAID, HANFOD

essentials, *n.pl.* ANHEPGORION,
   HANFODION
establish, *v.* SEFYDLU
established, *a.* SEFYDLEDIG
establishment, *n.* SEFYDLIAD, GWEITHLE
estate, *n.* STAD, YSTAD, EIDDO
   real estate, YSTAD REAL
esteem, *n.* PARCH, BRI
   v. PARCHU, EDMYGU
esterify, *v.* ESTEREIDDIO
estimable, *a.* TEILWNG
estimate, *n.* AMCANGYFRIF
   v. AMCANGYFRIF
estimation, *n.* AMCANGYFRIF, PARCH, BRI
estrange, *v.* DIEITHRIO
estrangement, *n.* DIEITHRIAD
estreat, *n.* YSTRÊD
   v. YSTREDU
estuary, *n.* ABER, MORYD
et cetera, *ad.* AC YN Y BLAEN
etch, *v.* YSGYTHRU
etching, *n.* YSGYTHRIAD
eternal, *a.* TRAGWYDDOL
eternally, *ad.* YN DRAGYWYDD, YN OES
   OESOEDD, BYTH BYTHOEDD
eternity, *n.* TRAGWYDDOLDEB
etesian, *a.* ETESAIDD
ethane, *a.* ETHAN
ether, *n.* ETHER, NWYFRE
ethereal, *a.* AWYROL, NEFOLAIDD
ethical, *a.* MOESEGOL
ethics, *n.* MOESEG
ethnic, *a.* ETHNIG, CENHEDLIG
ethnography, *n.* ETHNOGRAFFI
ethnologist, *n.* ETHNOLEGWR
ethnology, *n.* ETHNOLEG
ethnomusicology, *n.* HILGERDDOREG
ethology, *n.* ETHOLEG
ethos, *n.* ETHOS, NAWS, NATUR
etiolation, *n.* HEGLEDD
etiquette, *n.* MOESAU, ARFER
etymology, *n.* GEIRDARDDIAD
eucharist, *n.* CYMUN(DEB)
eucharistic, *a.* CYMUNOL
euclidean, *a.* EWCLIDAIDD
eugenics, *n.* EWGENEG
eulogise, *v.* CANMOL, MOLI
eulogist, *n.* CANMOLWR
eulogy, *n.* MOLAWD, MOLIANT
eunuch, *n.* EUNUCH
euphemism, *n.* GAIR TEG
euphonious, *a.* PERSAIN
euphonium, *n.* EWFFONIWM

euphony, *n.* PERSEINEDD
eurhythmics, *n.pl.* EWRHYTHMEG
Europe, *n.* EWROP
European, *n.* EWROPEAD
  a. EWROPEAIDD
Europeanism, *n.* EWROPEIDDIAD
eustatic, *a.* EWSTATIG
euthanasia, *n.* EWTHANASIA
evacuate, *v.* DATNWYO, GWACÁU
evacuation, *n.* DATNWYAD, GWACÂD
evacuees, *n.pl.* NODDEDIGION
evade, *v.* GOCHEL, EFADU, OSGOI
evaluate, *v.* ENRHIFO, GWERTHUSO,
  PENNU GWERTH
evaluation, *n.* ENRHIFIAD, GWERTHUSIAD
evanesce, *v.* DIFLANNU
evanescent, *a.* DIFLANEDIG, DARFODEDIG
evangel, *n.* EFENGYL
evangelical, *a.* EFENGYLAIDD
evangelicism, *n.* EFENGYLYDDIAETH
evangelist, *n.* EFENGYLWR
evangelize, *v.* EFENGYLU
evaporate, *v.* ANWEDDU
evaporation, *n.* ANWEDDIAD
evaporator, *n.* ANWEDDYDD
evasion, *n.* OSGOAD, GOCHELIAD, EFASIWN
evasive, *a.* YN OSGOI, CYFRWYS
eve, *n.* MIN NOS, NOSWYL
even, *a.* LLYFN, GWASTAD, CYFARTAL,
  TAWEL
  ad. HYD YN OED
  n. YR HWYR
  even number, EILRIF
evening, *n.* NOSWAITH, YR HWYR, MIN NOS
evenness, *n.* LLYFNDRA, GWASTADRWYDD
evensong, *n.* GOSBER, PRYNHAWNOL WEDDI
event, *n.* DIGWYDDIAD
eventide, *n.* YR HWYR, MIN NOS
eventuality, *n.* POSIBILRWYDD
eventually, *ad.* O'R DIWEDD
ever, *ad.* BYTH, ERIOED, YN
  WASTAD/DRAGYWYDD
  ever and anon, BYTH A HEFYD
evergreen, *n. & a.* BYTHWYRDD, ANWYW
everlasting, *a.* TRAGWYDDOL, BYTHOL,
  OESOL
  n. BYTH
evermore, *ad.* BYTH BYTHOEDD, YN OES
  OESOEDD
every, *a.* POB
everybody, *pn.* PAWB, POB UN
everyday, *a.* BOB DYDD, BEUNYDDIOL
everyone, *pn.* PAWB, POB UN

everything, *pn.* POPETH, POB PETH
everywhere, *ad.* YM MHOBMAN
evict, *v.* DADFEDDIANNU, GYRRU ALLAN
eviction, *n.* DADFEDDIANT
evidence, *n.* TYSTIOLAETH.
evident, *a.* EGLUR, AMLWG
evidential, *a.* TYSTIOLAETHOL
evil, *n.* DRWG, DRYGIONI
  a. DRWG, ANFAD, BLIN
evil-doer, *n.* DRWGWEITHREDWR
evince, *v.* DANGOS, PROFI, ARDDANGOS
evocation, *n.* GWŶS, GALWAD
evoke, *v.* GWYSIO, GALW
evolute, *n.* EFOL(I)WT
evolution, *n.* ESBLYGIAD
evolutionary, *a.* ESBLYGIADOL
evolutionism, *n.* ESBLYGIADAETH
evolve, *v.* DATBLYGU, ESBLYGU,
  CYNHYRCHU
ewe, *n.* MAMOG, DAFAD
  yearling ewe, HESBEN
ewer, *n.* YSTÊN, JWG
ex-. *px.* CYN-, ALLAN O
exact, *a.* MANWL, UNION, CYWIR, CYMWYS
  v. HAWLIO, MYNNU
  exactly, YN UNION, I'R DIM
exacting, *a.* MANWL, GORTHRYMUS
exaction, *n.* CRIBDDAIL, GORMES
exactness, *n.* MANYLDEB, CYWIRDEB
exaggerate, *v.* GORLIWIO, CHWYDDO
exaggeration, *n.* GORMODIAITH.
  GORLIWIAD
exalt, *v.* DYRCHAFU, MAWRYGU
exalting, *a.* DYRCHAFOL
exaltation, *n.* DYRCHAFIAD, GORAWEN
examination, *n.* ARHOLIAD, ARCHWILIAD
examine, *v.* ARHOLI, ARCHWILIO
examiner, *n.* ARHOLWR, ARCHWILIWR
example, *n.* ENGHRAIFFT, ESIAMPL
exasperate, *v.* CYTHRUDDO, LLIDIO
exasperation, *n.* CYTHRUDD, LLID
excavate, *v.* CLODDIO
excavation, *n.* CLODDIAD
excavator, *n.* CLODDIWR
exceed, *v.* RHAGORI AR, BOD YN FWY NA
exceedingly, *ad.* TROS BEN, TRA
excel, *v.* RHAGORI
excellence, *n.* RHAGOROLDEB,
  ARDDERCHOWGRWYDD, RHAGORIAETH
excellency, *n.* ARDDERCHOWGRWYDD
excellent, *a.* RHAGOROL, PENIGAMP,
  ARDDERCHOG, CAMPUS
excelling, *a.* GODIDOG

except, *prp.* AC EITHRIO, EITHR, NAMYN,
ODDIEITHR, HEB LAW
exception, *n.* EITHRIAD
exceptional, *a.* EITHRIADOL
exceptive, *a.* EITHRIOL
excerpt, *n.* DYFYNIAD
excess, *n.* GORMOD(EDD), RHYSEDD
excessive, *a.* GORMODOL, EITHAFOL
exchange, *n.* CYFNEWIDFA
v. CYFNEWID, FFEIRIO
rate of exchange, CYFRADD CYFNEWID
exchangeable, *a.* CYFNEWIDIADOL
exchequer, *n.* TRYSORLYS
excisable, *a.* TOLLADWY
excise, *n.* ECSEIS, TOLL
v. TRYCHU, TORRI
exciseman, *n.* ECSEISMON
excision, *n.* TRYCHIAD, TORIAD
excitability, *n.* CYNHYRFEDD
excitable, *a.* CYNHYRFAWR, CYFFROUS
excite, *v.* CYNHYRFU, CYFFROI
excitement, *n.* CYNNWRF
exciting, *a.* CYFFROUS
exclaim, *v.* LLEFAIN, EBYCHU
exclamation, *n.* LLEF, EBYCHIAD
exclamation mark, RHYFEDDNOD
exclamatory, *a.* Â LLEF
exclude, *v.* ALLGAU, EITHRIO
excluder, *n.* ALLANYDD
exclusion, *n.* GWAHARDDIAD
exclusive, *a.* CYFYNGEDIG,
ANGHYNHWYSOL
exclusively, *ad.* YN HOLLOL/GYFAN GWBL
excommunicate, *v.* YSGYMUNO
excommunication, *n.* YSGYMUNIAD
excrement, *n.* YSGARTHIAD, TOM, BAW
excreta, *n.pl.* CARTHION, TOM
excrete, *v.* YSGARTHU, ALLDAFLU
excretion, *n.* YSGARTH(IAD)
excruciating, *a.* DIRDYNNOL
excursion, *n.* GWIBDAITH
excursionist, *n.* GWIBDEITHIWR
excusable, *a.* ESGUSODOL
excuse, *n.* ESGUS
v. ESGUSODI
execrable, *a.* GWARTHUS, YSGELER
execrate, *v.* MELLTITHIO, RHEGI
execration, *n.* MELLTITH
executable, *a.* GWEITHREDADWY
execute, *v.* CYFLAWNI, DIENYDDIO,
GWEITHREDU
execution, *n.* CYFLAWNIAD, DIENYDDIAD
executioner, *n.* DIENYDDIWR

executive, *n.* GWEITHREDWR
a. GWEITHREDOL, GWEITHIOL
executive committee, PWYLLGOR
GWAITH
executor, *n.* YSGUTOR
executorship, *n.* YSGUTORIAETH
executrix, *n.* YSGUTORES
exegesis, *n.* ESBONIAD(AETH)
exegetical, *a.* ESBONIADOL
exemplar, *n.* CYNDDELW, PATRWM
exemplary, *a.* TEILWNG, ENGHREIFFTIOL
exemplify, *v.* ENGHREIFFTIO
exempt, *a.* RHYDD, ESGUSODOL
v. RHYDDHAU, ESGUSODI
exemption, *n.* RHYDDHAD
exercise, *n.* YMARFER(IAD)
v. YMARFER
remedial exercise, YMARFER ADFER
exert, *v.* YMDRECHU, YMEGNÏO
exertion, *n.* YMDRECH, YMRODDIAD
exfoliate, *v.* DIBLISGO
exfoliation, *n.* DIBLISGIAD
exhale, *v.* ALLYRRU
exhaust, *n.* DISBYDDU, DIFFYGIO
n. DISBYDDWR, GWACÄWR
exhausted, *a.* LLUDDEDIG, BLIN,
DISBYDDEDIG
exhaustible, *a.* DISBYDDADWY
exhausting, *a.* LLAFURUS, LLUDDEDUS
exhaustion, *n.* GORLUDDED
exhaustive, *a.* TRWYADL
exhibit, *n.* ARDDANGOSYN, DANGOSBETH
v. ARDDANGOS
exhibition, *n.* ARDDANGOSFA
exhibitionism, *n.* ARDDANGOSIAETH
exhibitor, *n.* ARDDANGOSWR
exhilarate, *v.* LLONNI, SIRIOLI
exhilaration, *n.* LLONDER
exhort, *v.* ANNOG, CYMELL
exhortation, *n.* ANOGAETH
exhume, *v.* DATGLADDU
exigence, *n.* RHEIDRWYDD, ANGEN
exigency, *n.* GORFODAETH, RHAID
exigent, *a.* O RAID, TAER
exiguous, *a.* PRIN, BYCHAN
exile, *n.* ALLTUD, ALLTUDIAETH
v. ALLTUDIO
exist, *v.* BOD, BODOLI
existence, *n.* BOD(OLAETH), HANFOD
in existence, MEWN BOD
existent, *a.* YN BOD, PRESENNOL
existential, *a.* DIRFODOL
existentialism, *n.* DIRFODAETH

exit, *n.* ALLANFA, YMADAWIAD
   v. MYND ALLAN
exodermis, *n.* ECSODERMIS
exodus, *n.* YMADAWIAD
ex-officio, *a.* YN RHINWEDD EI SWYDD
exogenesis, *n.* ALLDARDDIAD
exogenic, *a.* ALLDARDD
exogenous, *a.* ECSOGENUS
exonerate, *v.* RHYDDHAU O FAI, DIFEIO
exoneration, *n.* RHYDDHAD (O FAI)
exorbitance, *n.* GORMODEDD
exorbitant, *a.* GORMODOL, AFRESYMOL
exorcise, *v.* ALLFWRW
exorcism, *n.* ALLFWRIAETH
exorcist, *n.* BWRIWR CYTHREULIAID,
   ALLFWRIWR
exostosia, *n.* ECSOSTOSIA, TALP AR ASGWRN
exoteric, *a.* CYFFREDIN, ALLANOL
exothermic, *a.* ECSOTHERMIG
exotic, *a.* ESTRON, EGSOTIG
expand, *v.* DATBLYGU, EHANGU, YMLEDU
expanding, *a.* DATBLYGOL
expanse, *n.* EHANGDER
expansion, *n.* EHANGIAD, YMLEDIAD
expansive, *a.* EANG
expatiate, *v.* YMHELAETHU
expatriate, *v.* ALLTUDIO
expect, *v.* DISGWYL, MEDDWL
expectancy, *n.* DISGWYLIAD
expectant, *a.* DISGWYLGAR, YN ERFYN
expectation, *n.* DISGWYLIAD
expectorate, *v.* POERGARTHU
expectoration, *n.* POERGARTH
expediency, *n.* HWYLUSTOD
expedient, *a.* HWYLUS, CYFLEUS
   n. YSTRYW
expedite, *v.* HYRWYDDO, HWYLUSO
expedition, *n.* ALLDAITH
expeditionary, *a.* ALLDEITHIOL
expeditious, *a.* HWYLUS, CYFLYM
expel, *v.* DIARDDEL, TORRI ALLAN
expend, *v.* GWARIO
expenditure, *n.* GWARIANT
   excess expenditure, GORWARIANT
expense, *n.* TRAUL, COST
expenses, *n.pl.* TREULIAU
expensive, *a.* DRUD COSTUS, PRID
experience, *n.* PROFIAD
   v. PROFI
experienced, *a.* PROFIADOL
experiment, *n.* ARBRAWF
   v. ARBROFI
experimental, *a.* ARBROFOL

expert, *n.* ARBENIGWR
   a. MEDRUS, DEHEUIG
expertise, *n.* ARBENIGAETH
expertness, *n.* MEDRUSRWYDD
expiate, *v.* ESBURDALU
expiation, *v.* ESBURDALIAD, IAWN
expiration, *n.* DIWEDD
expire, *v.* DARFOD, MARW, TERFYNU
expiry, *n.* DIWEDD, TERFYN
explain, *v.* EGLURO, ESBONIO
explanation, *n.* EGLURHAD, ESBONIAD
explanatory, *a.* EGLURHAOL, ESBONIADOL
expletive, *n.* GAIR LLANW, RHEG
explicable, *a.* ESBONIADWY
explicative, *a.* EGLURHAOL, ESBONIADOL
explicit, *a.* ECHBLYG, EGLUR
explode, *v.* FFRWYDRO
exploit, *v.* YMELWA, ECSBLOETIO
   n. CAMP, GORCHEST
exploiter, *n.* ECSBLOETIWR
exploitation, *n.* YMELWAD
exploration, *n.* FFORIAD
explore, *v.* FFORIO
explorer, *n.* FFORIWR
explosion, *n.* FFRWYDRAD, TANCHWA
explosive, *n.* FFRWYDRYDD/YN
   a. FFRWYDROL
exponent, *n.* ESBONYDD, DEHONGLWR
exponential, *a.* ESBONYDDOL
export, *n.* ALLFORYN
   v. ALLFORIO
exporter, *n.* ALLFORIWR
exports, *n.pl.* ALLFORION
expose, *v.* AMLYGU, DINOETHI
exposition, *n.* ESBONIAD, DANGOSIAD
expositor, *n.* ESBONIWR
expository, *a.* ESBONIADOL
expostulate, *v.* GWRTHDYSTIO
expostulation, *n.* GWRTHDYSTIAD
exposure, *n.* AMLYNIAD, ANGHLYDWR,
   DINOETHIAD
expound, *v.* DEHONGLI, ESBONIO
express, *a.* CYFLYM, CLIR
   v. MYNEGI, DATGAN
   n. TRÊN CYFLYM
expression, *n.* MYNEGIAD, MYNEGYN
expressionism, *n.* MYNEGIADAETH
expressionist, *n.* MYNEGIADWR
expressive, *a.* MYNEGIANNOL
expressiveness, *n.* MYNEGLONRWYDD
expressly, *ad.* YN UNIG SWYDD
expressway, *n.* TRAFFORDD
expropriate, *v.* DIFEDDIANNU

expulsion, *n.* DIARDDELIAD
expunge, *v.* DILEU
expurgate, *v.* GLANHAU, PURO
expurgation, *n.* GLANHAD, PUREDIGAETH
exquisite, *a.* ODIAETH, COETH, RHAGOROL
extant, *a.* AR GAEL, YN BOD, AR GLAWR
extempore, *a.* AR Y PRYD, BYRFYFYR
extemporize, *v.* CYFANSODDI NEU GANU
  AR Y PRYD
extend, *v.* (YM)ESTYN, HELAETHU, EHANGU
extended, *a.* ESTYNEDIG
extensible, *a.* (YM)ESTYNADWY
extension, *n.* HELAETHIAD, EHANGIAD,
  (YM)ESTYNIAD
extensive, *a.* YMESTYNNOL, HELAETH
extensiveness, *n.* HELAETHDER,
  EHANGDER
extent, *n.* MAINT, EHANGDER, (Y)STENT
  to some extent, I RADDAU
extenuate, *v.* ESGUSODI, LLEIHAU
extenuation, *n.* ESGUS, LLEIHAD
exterior, *n.* ALLANEDD, TU ALLAN
  a. ALLANOL
exterminate, *v.* DIFODI
extermination, *n.* DIFODIAD
external, *a.* ALLANOL
externality, *n.* ALLANOLDER
externals, *n.pl.* ALLANOLION
extinct, *a.* DIFLANEDIG, MARW
extinction, *n.* DIFODIANT, DILEAD
extinguish, *v.* DIFFODD, DILEU
extinguishable, *a.* DIFFODDADWY
extinguisher, *n.* DIFFODDIADUR
extirpate, *v.* DIFODI, DISTRYWIO
extirpation, *n.* DIFODIAD, DISTRYWIAD
extol, *v.* MAWRYGU, MOLI
extort, *v.* CRIBDDEILIO
extortion, *n.* CRIBDDEILIAETH
extortionate, *a.* GORMODOL
extortioner, *n.* CRIBDDEILIWR
extra, *a.* YCHWANEGOL, YN RHAGOR
  n. YCHWANEGIAD
  ad. DROS BEN
  prp. TU ALLAN/HWNT I
extract, *n.* ECHDYNIAD, DYFYNIAD, RHIN,
  RHANFAP
  v. ECHDYNNU, DYFYNNU, RHINIO
extraction, *n.* TYNIAD ALLAN, LLINACH,
  GWEHELYTH

extractive, *a.* ECHDYNNOL
extractor, *n.* ECHDYNNYDD
extra-curricular, *a.* ALLGYRSIOL
extradite, *v.* TROSRODDI
extradition, *n.* TROSRODDIAD
extra-mural, *a.* ALLANOL
extraneous, *a.* ALLANUS, DIEITHR
extraordinary, *a.* ANGHYFFREDIN, HYNOD
extrapolate, *v.* ALLOSOD
extrapolation, *n.* ALLOSODIAD
extravagance, *n.* AFRADLONEDD,
  GWASTRAFF
extravagant, *a.* AFRADLON, GWASTRAFFUS
extravaganza, *n.* CHWYDD-CHWARAE
extraversion, *n.* ALLTRO
extravert, *a.* ALLTRÖEDIG
extreme, *a.* EITHAF(OL)
  n. EITHAF
extremely, *ad.* DROS BEN, GOR-
extremise, *v.* EITHAFU
extremism, *n.* EITHAFIAETH
extremist, *n.* EITHAFWR
extremity, *n.* EITHAF, CYFYNGDER
extricate, *v.* RHYDDHAU
extrication, *n.* RHYDDHAD
extroversion, *n.* ALLTRO, ALLBLYGIAD
extrovert, *a.* ALLBLYG, ALLTRO
  n. ALLTRÖEDYDD
extrude, *v.* ALLWTHIO
extrusion, *n.* ALLWTHIAD
extrusive, *a.* ALLWTHIOL
exuberance, *n.* AFIAITH
exuberant, *a.* AFIEITHUS
exudation, *n.* ARCHWYS
exude, *v.* CHWYSU
exultant, *a.* GORFOLEDDUS
exultation, *n.* GORFOLEDD
eye, *n.* LLYGAD, CRAU, TWLL
eyeball, *n.* PELEN Y LLYGAD
eyebrow, *n.* AEL
eyelashes, *n.pl.* BLEW AMRANT
eyelet, *n.* LLYGADEN, OLP
eye-level, *n.* LLINELL ORWEL
eyelid, *n.* AMRANT
eye-piece, *n.* SYLLADUR
eyesight, *n.* GOLWG, GOLYGON
eyesore, *n.* HYLLBETH
eyetooth, *n.* DANT LLYGAD
eyrie, *n.* NYTH ERYR

fable, *n.* CHWEDL, ANWIREDD
fabric, *n.* FFABRIG
fabricate, *v.* FFABRIGO, FFUGIO
fabricated, *a.* FFABRIGEDIG
fabrication, *n.* FFUG, ANWIREDD
fabricator, *n.* FFUGIWR, DYFEISIWR
fabulous, *a.* CHWEDLONOL
façade, *n.* FFASÂD
face, *n.* WYNEB, WYNEPRYD
  v. WYNEBU
  face value, WYNEBWERTH
face-plate, *n.* PLÂT WYNEB
facet, *n.* FFASED
facetious, *a.* CELLWEIRUS, FFRAETH
facetiousness, *n.* CELLWAIR, FFRAETHINEB
facial, *a.* WYNEBOL
facies, *n.* GWEDD
facile, *a.* RHWYDD, HAWDD, HWYLUS
facilitate, *v.* HYRWYDDO, HWYLUSO
facilitation, *n.* HWYLUSEDD
facility, *n.* RHWYDDINEB, CYFLEUSTRA, HWYLUSTOD
facing, *n.* FFESIN, WYNELIAD
facsimile, *n.* FFACSIMILE
fact, *n.* FFAITH
faction, *n.* YMBLAID
factious, *a.* CECRUS, CYNHENNUS
factitious, *a.* FFUG
factor, *n.* FFACTOR
  prime factor, FFACTOR CYSEFIN
factorial, *a.* FFACTORIAL
factorizable, *a.* FFACTORADWY
factorization, *n.* FFACTORIAD
factorize, *v.* FFACTORIO
factory, *n.* FFATRI
  advance factory, FFATRI BAROD
factual, *a.* FFEITHIOL
faculty, *n.* CYNNEDDF, GALWEDIGAETH, GALLUEDD, CYFADRAN
fad, *n.* MYMPWY, CHWILEN
faddist, *n.* MYMPWYWR
faddy, *a.* MYMPWYOL
fade, *v.* GWYWO, COLLI LLIW, EDWINO
faeces, *n.pl.* YSGARTHION
fag, *n.* LLUDDED, CALEDWAITH, GWAS BACH
  v. BLINO, YMLÂDD
faggot, *n.* FFAGOD, FFAGOTSEN
  v. FFAGODI
fagotting, *n.* FFAGODWAITH
fail, *v.* METHU, FFAELU, AFLWYDDO
failing, *n.* FFAELEDD, DIFFYG
failure, *n.* METHIANT, AFLWYDDIANT
fain, *a.* AWYDDUS, CHWANNOG

faint, *n.* LLESMAIR, LLEWYG
  v. LLESMEIRIO, LLEWYGU
  a. LLESG, EGWAN
faintness, *n.* LLESGEDD, GWENDID
fair, *n.* FFAIR
  a. GLÂN, GWEDDOL, TEG, GOLAU
fairly, *ad.* YN DEG/LÂN, YN WEDDOL
fairness, *n.* GLENDID, TEGWCH
fairway, *n.* FFORDD LAS, SIANEL FORDWYO
fairy, *n.* (AELOD O'R) TYLWYTH TEG
fairyland, *n.* GWLAD Y TYLWYTH TEG
fairy-tale, *n.* STORI HUD
faith, *n.* FFYDD, YMDDIRIED(AETH)
faithful, *a.* FFYDDLON
faithfulness, *n.* FFYDDLONDEB
faithless, *a.* ANFFYDDLON, DI-GRED
fake, *n.* FFUG
  v. FFUGIO
falcon, *n.* GWALCH
falconer, *n.* HEBOGYDD
falconry, *n.* HEBOGYDDIAETH
fall, *n.* CWYMP, CODWM
  v. CWYMPO, SYRTHIO, DIGWYDD
  fall out, CWERYLA
fallacious, *a.* GWALLOG, CYFEILIORNUS
fallacy, *n.* GWALL, GWALLEB, TWYLLRESYMEG
fallibility, *n.* FFAELEDIGRWYDD
fallible, *a.* FFAELEDIG
fallout, *n.* ALLDAFLIAD
fallow, *a.* BRAENAR
  v. BRAENARU
fallow-deer, *n.* DANYS, CARW
false, *a.* FFUG, FFALS, GAU, ANWIR, CYFEILIORNUS
  false teeth, DANNEDD GOSOD/DODI
falsehood, *n.* ANWIREDD, CELWYDD
falsely, *ad.* AR GAM
falseness, *n.* FFALSRWYDD, TWYLL
falsetto, *n.* FFALSETO
falsification, *n.* ANWIRIAD
falsify, *v.* ANWIRIO, FFALSEDDU, FFUGIO
falter, *v.* PETRUSO, PALLU
faltering, *a.* PETRUSGAR, BLOESG
faltung, *n.* FFALTWNG
fame, *n.* BRI, ENWOGRWYDD, ENW, CLOD
famed, *a.* ENWOG, O FRI
familiar, *a.* CYNEFIN, CYFARWYDD
familiarity, *n.* CYNEFINDRA
familiarize, *v.* CYNEFINO, CYFARWYDDO
family, *n.* TEULU, GWEHELYTH
famine, *n.* NEWYN
famish, *v.* NEWYNU, LLWGU
famous, *a.* ENWOG

fan, *n.* FFAN, GWYNTYLL
fanatic, *n.* FFANATIG, PENBOETHYN
fanatical, *a.* PENBOETH
fanaticism, *n.* FFANATIGAETH,
PENBOETHNI
fancier, *n.* FFANSÏWR
fanciful, *a.* FFANSÏOL
fancy, *n.* SERCH, FFANSI, DYCHYMYG
v. SERCHU, FFANSÏO, DYCHMYGU
fanfare, *n.* FFANFFER
fang, *n.* DANT HIR
fanlight, *n.* FFANLEU
fantasia, *n.* FFANTASÏA
fantastic, *a.* FFANTASTIG, RHYFEDD
fantasy, *n.* FFANTASI
far, *a.* PELL(ENNIG)
ad. YMHELL
farad, *n.* FFARAD
farce, *n.* FFARS
farcical, *a.* CHWERTHINLLYD, GWIRION
farcy, *n.* FFARSI, CLEFRI MAWR
fare, *n.* PRIS, BWYD, TEITHIWR
farewell, *n.* FFARWÉL
i. YN IACH! BYDD WYCH!
far-fetched, *a.* ANNHEBYGOL
farm, *n.* FFERM, FFARM
v. FFERMIO, FFARMIO
intensive farming, FFARMIO ARDDWYS
farmer, *n.* FFARMWR, FFERMWR,
AMAETHWR
farmhouse, *n.* FFERMDY
farming, *n.* FFARMIO
farmyard, *n.* BUARTH, CLOS, FFALD
farrier, *n.* FFARIER, MILFEDDYG
farrow, *n.* TOR O FOCH
v. GENI MOCH
a. HESB
farther, *a.* PELLACH
farthing, *n.* FFYRLING
fascia, *n.* FFASGIA
fasciation, *n.* CLYMDWF
fascinate, *v.* HUDO, SWYNO
fascinating, *a.* HUDOL, SWYNOL
fascination, *n.* HUDOLIAETH, CYFAREDD
fascism, *n.* FFASGAETH
fascist, *n.* FFASGYDD
a. FFASGAIDD
fashion, *n.* FFASIWN, ARFER, DULL
v. LLUNIO, GWNEUD
fashionable, *a.* FFASIYNOL
fast, *n.* YMPRYD, DIRWEST
v. YMPRYDIO
fast, *a.* DIRGEL, CYFLYM, TYN, YMLAEN
(AM GLOC)

fasten, *v.* FFASNO, BACHU, SICRHAU, CAU
fastener, *n.* FFASNYDD
fastening, *n.* FFASNIN
fastidious, *a.* CYSETLYD, DICRA, MISI
fastidiousness, *n.* CYSÊT
fastness, *n.* CYFLYMDER, BUANDER,
LLOCHES
fat, *n.* BRASTER, BLONEG, SAIM
a. BRAS, TEW, BLONEGOG
fatal, *a.* MARWOL, ANGHEUOL
fatalism, *n.* TYNGHEDIAETH
fatalist, *n.* TYNGHEDWR
fatality, *n.* TRYCHINEB
fate, *n.* TYNGED, FFAWD
v. TYNGHEDU
fateful, *a.* TYNGEDFENNOL
father, *n.* TAD
v. TADOGI
father-in-law, *n.* TAD-YNG-NGHYFRAITH
fatherhood, *n.* TADOLAETH
fatherland, *n.* MAMWLAD
fatherless, *a.* HEB DAD, AMDDIFAD
fatherly, *a.* TADOL
fathom, *n.* GWRYD
v. DIRNAD, PLYMIO
fathomless, *a.* DIWAELOD, ANNIRNADWY
fatigue, *n.* LLUDDED, BLINDER
v. LLUDDEDU, BLINO
fatness, *n.* TEWDER, BRASTER
fatten, *v.* TEWHAU, PESGI
fatty, *a.* SEIMLYD, BRASTEROG
fatuity, *n.* YNFYDRWYDD, FFOLINEB
fatuous, *a.* YNFYD, FFÔL
faucet, *n.* DWSEL
fault, *n.* BAI, FFAWT, NAM, DIFFYG
v. YMDORRI, FFAWTIO
fault line, FFAWTLIN
faulted, *a.* TOREDIG
faulting, *n.* FFAWTIAD, YMDORIAD
faultless, *a.* DI-FAI, PERFFAITH
faulty, *a.* GWALLUS, DIFFYGIOL
fauna, *n.* FFAWNA
favour, *n.* FFAFR, CYMWYNAS
v. FFAFRIO, PLEIDIO
favourable, *a.* FFAFRIOL, PLEIDIOL
favourite, *n.* FFEFRYN
a. HOFF
favouritism, *n.* FFAFR(I)AETH
fawn, *n.* ELAIN
v. GWENIEITHIO, CYNFFONNA
a. LLWYD GOLAU
fay, *n.* ELLYLL
fealty, *n.* LLW FFYDDLONDEB

fear, *n.* BRAW, OFN, ARSWYD
   v. OFNI, ARSWYDO
fearful, *a.* OFNUS, BRAWYCHUS, ARSWYDUS
fearless, *a.* DI-OFN, GWROL
fearlessness, *n.* EHOFNDRA, GWROLDEB
fearsome, *a.* OFNADWY
feasibility, *n.* POSIBILRWYDD,
   DICHONOLDEB
feasible, *a.* DICHONADWY, POSIBL
feast, *n.* GWLEDD, GẄYL
   v. GWLEDDA
feat, *n.* CAMP, GORCHEST
feather, *n.* PLUEN, PLUFYN
   v. PLUO, PLUFIO
feathered, *a.* PLUOG, WEDI EI BLUO
feature, *n.* ARWEDD, NODWEDD
February, *n.* CHWEFROR, MIS BACH
fecund, *a.* EPILGAR
fecundity, *n.* EPILIOGRWYDD
federal, *a.* FFEDERAL
federalism, *n.* FFEDERALIAETH
federalist, *n.* FFEDERALWR
federate, *v.* FFEDERU
federation, *n.* FFEDERASIWN
fee, *n.* FFI, TÂL
feeble, *a.* EIDDIL, GWAN, LLESG
feebleness, *n.* EIDDILWCH, GWENDID,
   LLESGEDD
feed, *n.* PORTHIANT, FFÎD, YMBORTH,
   GWLEDD
   v. BWYDO, PORTHI, BWYTA, YMBORTHI
feed-back, *n.* ATBORTH
   v. ATBORTHI
feeder, *n.* BRAT BWYD, BWYTÄWR
feel, *n.* SWMP(IAD)
   v. SWMPO, TEIMLO
feeler, *n.* TEIMLYDD, YMCHWILIAD
feeling, *n.* TEIMLAD, SWMPIAD, YMDEIMLAD
feign, *v.* FFUGIO, CYMRYD AR
feigned, *a.* FFUG(IOL), GAU
feint, *n.* FFUG
   v. FFUGIO
felicitate, *v.* LLONGYFARCH
felicitation, *n.* LLONGYFARCHIAD
felicitous, *a.* DEDWYDD
felicity, *n.* DEDWYDDYD
fell, *v.* CWYMPO, CYMYNU
   n. CROEN
felloe, *n.* CAMOG
fellow, *n.* CYMAR, CYMRAWD, CYD-
fellowship, *n.* CYMDEITHAS, CYFEILLACH,
   CYMRODORIAETH
felo-de-se, *n.* HUNANLADDIAD

felon, *n.* FFELWM, EWINOR, BYSTWN
felonious, *a.* FFELONAIDD
felspar, *n.* FFELSBAR
felt, *n.* FFELT
   v. FFELTIO
felting, *n.* FFELTIN
female, *n.* BENYW
   a. BENYW(AIDD)
feminine, *a.* BENYWAIDD
feminist, *n.* FFEMINIST
femoral, *a.* FFEMORAIDD
femur, *n.* FFEMWR
fen, *n.* FFEN
fence, *n.* FFENS
   v. FFENSIO
fencer, *n.* FFENSIWR
fencing, *n.* CLEDDYFAETH, FFENSIO
fend, *v.* YMDARO, YMDOPI
fender, *n.* FFENDER
fenlands, *n.pl.* FFENDIROEDD
feodary, *n.* FFEODARI
feoffee, *n.* FFEODYDD
feoffer, *n.* FFEODWR
feoffment, *n.* FFEODAETH
ferment, *n.* EPLES, CYNNWRF
   v. EPLESU, CYNHYRFU
fermentation, *n.* EPLESIAD
fern, *n.* RHEDYNEN
ferocious, *a.* FFYRNIG, MILAIN
ferocity, *n.* FFYRNIGRWYDD
ferret, *n.* FFURED
   v. FFUREDU
ferric, *a.* FFERRIG
ferrite, *n.* FFERRIT
ferro-concrete, *n.* FFERRO-CONCRIT
ferromagnetism, *n.* FFERROMAGNETEDD
ferrous, *a.* FFERRUS
ferrule, *n.* FFERWL, AMGARN
ferry, *n.* FFERI
   v. CLUDO DROS
ferry-boat, *n.* YSGRAFF
ferry-man, *n.* YSGRAFFWR
fertile, *a.* FFRWYTHLON
fertilisation, *n.* FFRWYTHLONIAD
fertilise, *v.* FFRWYTHLONI
fertiliser, *n.* GWRTAITH
fertility, *n.* FFRWYTHLONDER
fervency, *n.* BRWDFRYDEDD
fervent, *a.* BRWD, EIDDGAR, TANBAID
fervid, *a.* ANGERDDOL, DWYS
fervour, *n.* BRWDFRYDEDD
fescues, *n.pl.* PEISWELLT
festal, *a.* LLAWEN, LLON
fester, *v.* CRAWNI, MADRU, CRYNHOI

festival, *n.* GŴYL
festive, *a.* LLAWEN, LLON
festivity, *n.* RHIALTWCH, MIRI,
  YSBLEDDACH
festoon, *n.* PLETHDORCH
fetch, *v.* CYRCHU, NÔL, HÔL, CYWAIN
  n. CYRCH
fête, *n.* GŴYL
  garden fête, GARDDWEST
  v. GWLEDDA
fetid, *a.* DREWLLYD
fetish, *n.* EILUN, FFETIS
fetlock, *n.* EGWYD, BACSAU
fetter, *n.* LLYFFETHAIR, HUAL
  v. LLYFFETHEIRIO, HUALU
fettle, *n.* CYFLWR, STAD
  v. FFETLO
feud, *n.* FFIWD, CYNNEN
feudalise, *v.* FFIWDALHAU
feudalism, *n.* FFIWDALIAETH
fever, *n.* TWYMYN, CLEFYD
feverfew, *n.* Y WERMOD WEN
feverish, *a.* Â THWYMYN
few, *a.* YCHYDIG, PRIN, ANAML
fiancé(e), *n.* DYWEDDI, DARPAR-ŴR/WRAIG
fiasco, *n.* METHIANT LLWYR
fiat, *n.* ARCH, FFIAT
fib, *n.* ANWIREDD, CELWYDD
fibber, *n.* CELWYDDGI
fibre, *n.* FFIBR, EDEFYN
fibreboard, *n.* BWRDD FFIBR
fibreglass, *n.* FFIBR GWYDROG
fibrin, *n.* FFIBRIN
fibrosis, *n.* FFIBROSIS
fibrous, *a.* FFIBRUS
fibula, *n.* FFIBWLA
fickle, *a.* ANWADAL, ORIOG, GWAMAL
fickleness, *n.* ANWADALWCH,
  ORIOGRWYDD, GWAMALRWYDD
fiction, *n.* FFUGLEN
fictitious, *a.* FFUGIOL, FFUG
fiddle, *n.* FFIDL
  v. CANU'R FFIDL, FFIDLAN
fiddler, *n.* FFIDLER
fiddling, *a.* MÂN, DIBWYS
fidelity, *n.* FFYDDLONDEB
fidget, *n.* UN AFLONYDD
  v. AFLONYDDU
fidgety, *a.* AFLONYDD
fiduciary, *a.* YMDDIRIEDOL
fie, *i.* FIE. FFI. WFFT
fief, *n.* TIR (AR RENT)
field, *n.* MAES, CAE
  v. MAESU

fielder, *n.* MAESWR
fieldglass, *n.* YSBIENDDRYCH
fieldmarshal, *n.* MAESLYWYDD
fieldwork, *n.* GWAITH MAES
fiend, *n.* ELLYLL, CYTHRAUL
fiendish, *a.* CYTHREULIG
fierce, *a.* FFYRNIG, MILAIN, TANBAID
fierceness, *n.* FFYRNIGRWYDD
fiery, *a.* TANLLYD, TANBAID
fife, *n.* PIB
fifer, *n.* PIBYDD
fifth, *n.* PUMED
fifty, *a.* HANNER CANT
fig, *n.* FFIGYSEN
fight, *n.* BRWYDR, YMLADDFA
  v. BRWYDRO, YMLADD, CWFFIO
fighter, *n.* YMLADDWR, BRWYDRWR
figment, *n.* CREADIGAETH (Y DYCHYMYG)
fig-tree, *n.* FFIGYSBREN
figuration, *n.* FFURFIAD
figurative, *a.* FFIGUROL
figure, *n.* FFIGUR, FFURF
  v. FFURFIO, RHIFO, YMDDANGOS
figurehead, *n.* ARWEINYDD (MEWN ENW)
figurine, *n.* FFIGURYN
filament, *n.* FFILAMENT, EDEFYN
filamentous, *a.* EDAFOG
filch, *v.* LLADRATA
file, *n.* FFEIL, RHATHELL
  v. FFEILIO
filet-darn, *v.* FFILEDU
filial, *a.* FFILIAL, MABOL
filibusterer, *n.* DADLHERWR
filiform, *a.* EDEUFFURF
filigree, *n. & a.* FFILIGRI
filings, *n.pl.* NADDION, DURLIFION
fill, *n.* LLENWAD, GWALA. LLON(AI)D
  v. LLENWI, LLANW
filler, *n.* LLANWYDD, LLANWAD
fillet, *n.* LLAIN, FFILED
filling, *n.* LLENWAD, MEWNYN
fillip, *n.* HWB, SYMBYLIAD
filly, *n.* EBOLES, SWCLEN
film, *n.* FFILM
  v. FFILMIO
  film strip, FFILM STRIBED
filter, *n.* FFILTER, HIDLEN, HIDL(YDD)
  v. FFILTRO, HIDLO
filth, *n.* BRYNTNI, BAW, BUDREDDI
filthiness, *n.* BRYNTNI, AFLENDID
filthy, *a.* BRWNT, BUDR, AFLAN
filtrate, *n.* HIDLIF
  v. HIDLO

filtration, *n.* HIDLAD, FFILTRAD
fin, *n.* ASGELL, FFIN
final, *a.* TERFYNOL
  semi-final, CYNDERFYNOL
finale, *n.* FFINALE, DIWEDDGLO
finality, *n.* TERFYNOLDEB
finally, *ad.* O'R DIWEDD, YN OLAF
finance, *n.* CYLLID, ARIAN(NAETH)
  v. CYLLIDO, CODI ARIAN
financial, *a.* CYLLIDOL, ARIANNOL
financier, *n.* CYLLIDWR, ARIANNWR
finch, *n.* ASGELL FRAITH
find, *n.* DARGANFOD, FFEINDIO, DOD O HYD I
  v. DARGANFOD
finder, *n.* DARGANFYDDWR
finding, *n.* DARGANFYDDIAD, DEDFRYD
fine, *n.* DIRWY
  a. MÂN, TEG, MANWL, BRAF, GWYCH, COETH
  v. DIRWYO
fineness, *n.* MANEDD, COETHEDD,
  GWYCHDER
finery, *n.* GWYCHDER
finesse, *n.* YSTRYW
finger, *n.* BYS
  v. BODIO, BYSEDDU
  finger joint, FFORCH Y BYSEDD
fingerpost, *n.* MYNEGBOST
fingerprint, *n.* BYSBRINT
finical, *a.* GORFANWL, CYSETLYD
finis, *n.* DIWEDD, PEN
finish, *n.* GORFFENIAD, GORFFENNEDD,
  DIWEDD
  v. GORFFEN, DIWEDDU, CWBLHAU
  finishing touch, GORFFENIAD
finished, *a.* GORFFENEDIG
finite, *a.* MEIDROL, MEIDRAIDD
  n. MEIDREDD
finiteness, *n.* MEIDROLDEB
fiord, *n.* FFIORD
fir, *n.* FFYNIDWYDDEN
fire, *n.* TÂN
  v. TANIO, ENNYN
  fire precautions, RHAGODION TÂN
fire-arm, *n.* ARF-TÂN
fire-brand, *n.* PENTEWYN, TERFYSGWR
fire-brigade, *n.* BRIGÂD-DÂN
fire-damp, *n.* TANCHWA
fire-engine, *n.* PEIRIANT TÂN
fire-escape, *n.* GRISIAU TÂN
firefly, *n.* PRYF TÂN
fireguard, *n.* SGRIN-DÂN, GWYLIWR TÂN
fireman, *n.* TANIWR, DIFFODDWR TÂN
fireplace, *n.* LLE-TÂN

fireproof, *a.* ANLLOSG
fire-raiser, *n.* LLOSGWR
fire-screen, *n.* SGRIN-DÂN
fireside, *n.* AELWYD
firewood, *n.* CYNNUD, COED TÂN
fireworks, *n.pl.* TÂN GWYLLT
firm, *n.* FFYRM, CWMNI
  a. CADARN, DIYSGOG
firmament, *n.* FFURFAFEN
firmness, *n.* CADERNID, CRYFDER
first, *a.* CYNTAF, BLAENAF, PRIF
  ad. YN GYNTAF
first-aid, *n.* CYMORTH CYNTAF
first-born, *a.* CYNTAFANEDIG
first-fruits, *n.pl.* BLAENFFRWYTH
first-hand, *a.* O LYGAD Y FFYNNON
first-rate, *a.* RHAGOROL, CAMPUS
firth, *n.* ABER
fiscal, *a.* CYLLIDOL
fish, *n.* PYSGODYN, PYSGOD
  v. PYSGOTA
  fish and chips, PYSGOD A TSHIPS/
  SGLODION
  fish and chip shop, TAFARN DATWS
fisherman, *n.* PYSGOTWR
fishery, *n.* PYSGODFA
fishing, *n.* PYSGOTA
fishing-rod, *n.* GENWAIR
fishmonger, *n.* GWERTHWR PYSGOD
fishpond, *n.* PYSGODLYN
fishy, *a.* AMHEUS, PYSGODOL
fissile, *a.* YMHOLLTUS
fission, *n.* YMHOLLTIAD, HOLLTIAD
fissure, *n.* HOLLT, AGEN
fist, *n.* DWRN
fisticuffs, *n.pl.* CWFFIO
fistula, *n.* FFISTWLA
fit, *n.* LLEWYG, FFIT, CHWIW, MESUR
  a. ABL, IACH, FFIT
  v. FFITIO, TARO, GWEDDU
fitful, *a.* ANWADAL, GWAMAL
fitment, *n.* CYNHALYDD
fitness, *n.* FFITRWYDD, ADDASRWYDD
fitter, *n.* FFITIWR
fitting, *n.* FFITIAD
  v. FFITIO
  a. PRIODOL, GWEDDUS, ADDAS
  fittings, MÂN DACLAU, FFITIADAU
five, *a.* PUMP, PUM
  fives, PUMOEDD
fix, *n.* CYFYNG-GYNGOR, CYFYNGDER
  v. SEFYDLOGI, PENNU, SICRHAU
fixation, *n.* SEFYDLOGIAD, SEFYDLEDD

fixative, *n.* SEFYDLYN
fixed, *n.* SEFYDLOG
fixity, *n.* SEFYDLOGRWYDD
fixture, *n.* GOSODYN, PENIANT (BYD CHWARAE)
fizz, *v.* SÏO
fizzle, *v.* HISIAN, SÏO
flabbergast, *v.* SYFRDANU, SYNNU
flabby, *a.* LLAC, LLIPA, LLAES
flaccid, *a.* FFLACSID
flag, *n.* BANER, LLUMAN, FFLAGEN
  v. LLUMANU, LLAESU
flagellate, *v.* FFLANGELLU
flagellation, *n.* FFLANGELLIAD
flagellum, *n.* FFLANGELL
flageolet, *n.* CHWIBANOGL
flagon, *n.* FFLAGEN, FFIOL
flagrancy, *n.* ANFADWAITH
flagrant, *a.* GWARTHUS, DYBRYD, CYWILYDDUS, AMLWG
flag-stick, *n.* FFLAG
flag-stone, *n.* FFLAGEN
flail, *n.* FFUST
  v. FFUSTIO
flair, *n.* DAWN
flake, *n.* FFLAW, PLUEN, CAENEN
flaked, *a.* FFLAWIOG
flakes, *n.pl.* CREISION
  corn flakes, CREISION ŶD
flaky, *a.* TENAU, HAENOG, CAENOG
flamboyant, *a.* COEGWYCH
flame, *n.* FFLAM
  v. FFLAMIO, FFAGLU
flame-resistant, *a.* GWRTHFFLAM
flamingo, *n.* FFLAMINGO
flan, *n.* FFLAN
flange, *n.* FFLANS
  v. FFLANSIO
flank, *n.* YSTLYS, OCHR
  v. YSTLYSU, YMYLU
flannel, *n.* GWLANEN
flannelette, *n.* GWLANENÉD
flap, *n.* FFLAP, LLABED
  v. FFLAPIO
flare, *n.* FFLÊR, FFLACH
  v. FFLERIO, FFLACHIO
flaring, *n.* FFLÊR
flash, *n.* FFLACH
  v. FFLACHIO
  flash back, ÔL-FFLACH
flashlight, *n.* FFLACHLAMP
flashy, *a.* GORWYCH
flask, *n.* FFLASG

flat, *n.* FFLAT, GWASTAD, MEDDALNOD
  a. FFLAT, GWASTAD, LLEDDF
  v. FFLATIO
  self-contained flat, FFLAT GYFLAWN
flatfish, *n.* LLEDEN
flatfooted, *a.* FFLATWADN
flatness, *n.* GWASTADRWYDD
flatten, *v.* GWASTATÁU, FFLATIO
flatter, *v.* GWENIEITHIO
  n. GWENIAITH, FFLATIWR
flatterer, *n.* GWENIEITHIWR
flattery, *n.* GWENIAITH
flatulence, *n.* GWYNT (STUMOG)
flaunt, *v.* RHODRESA, FFLAWNTIO
flautist, *n.* FFLIWTYDD
flavour, *n.* CYFLAS, BLAS
  v. CYFLASU, BLASIO
flavouring, *n.* CYFLASYN
flaw, *n.* DIFFYG, BAI, NAM
flawless, *a.* DI-NAM
flax, *n.* LLIN
flaxen, *a.* GOLAU, O LIN
flay, *v.* BLINGO, DIGROENI
flea, *n.* CHWANNEN
fleck, *n.* BRYCHNI
  v. BRYCHU, BRITHO
flecnode, *n.* FFLECNOD
flection, *n.* PLYGIAD
fledge, *v.* MAGU PLU
fledgeling, *n.* CYW (PLUOG)
flee, *v.* FFOI, CILIO, DIANC
fleece, *n.* CNU, CNAIF
  v. CNEIFIO, YSBEILIO
fleecy, *a.* CNUFIOG
fleet, *n.* LLYNGES, FFLYD
  a. CYFLYM, BUAN
fleeting, *a.* DIFLANEDIG
fleetness, *n.* CYFLYMDER, BUANDER
flesh, *n.* CNAWD, CIG
  proud flesh, CIG MARW
fleshy, *a.* CIGOG, TEW
fleur-de-lis, *n.* GELLHESG
flex, *n.* FFLECS
flexibility, *n.* HYBLYGRWYDD
flexible, *a.* HYBLYG
flexion, *n.* PLYGIANT
flexor, *n.* PLYGOR
flexure, *n.* PLYGIANT
flick, *v.* FFLICIO
flick-flack, *n.* FFLIC-FFLAC
flier, *n.* EHEDWR
flight, *n.* HEDIAD, FFO, RHES
flightiness, *n.* GWAMALRWYDD, PENCHWIBANDOD

flight-lieutenant, *n.* AWYR-LIFFTENANT
flighty, *a.* GWAMAL, PENCHWIBAN
flimsiness, *n.* TENEUDRA, SIMSANRWYDD
flimsy, *a.* TENAU, SIMSAN, BREGUS
flinch, *v.* GWINGO, LLWFRHAU
fling, *n.* TAFLIAD, RHWYSG
   v. TAFLU, LLUCHIO, BWRW
flint, *n.* CALLESTR, FFLINT
flip, *n.* FFLIP
   v. FFLIPIO
flip-flap, *n.* FFLIP-FFLAP
flippancy, *n.* TAFODRYDDINEB
flippant, *a.* TAFODRYDD, GWAMAL
flipper, *n.* ADEN FFLAT
flirt, *v.* FFLYRTAN
   n. FFLYRTEN, FFLYRTYN
flirtation, *n.* FFLYRTAN
flit, *v.* GWIBIO
flitch, *n.* HANEROB
float, *n.* ARNOFYN, FFLÔT
   v. ARNOFIO
floaters, *n.pl.* NOFION
floating, *a.* ARNAWF
flocculate, *v.* CLYSTYRRU
flocculation, *n.* CLYSTYRIAD, GRONYNIAD
   v. CLYSTYRRU, GRONYNNU
flock, *n.* DIADELL, HAID, PRAIDD
   v. HEIDIO, TYRRU
floe, *n.* FFLOCH
flog, *v.* FFLANGELLU, CHWIPIO
flogging, *n.* FFLANGELLIAD, CURFA
flood, *n.* LLIF, DILYW, LLIFEIRIANT
   v. LLIFEIRIO, GORLIFO
floodgate, *n.* FFLODIAD, LLIFDDOR
floodlight, *n.* LLIFOLAU
   v. LLIFOLEUO
flood-tide, *n.* LLANW
floor, *n.* LLAWR
   v. LLORIO
floor-cloth, *n.* CLWTYN/CADACH LLAWR
floor-polisher, *n.* LLAWR-SGLEINYDD
flop, *n.* METHIANT, FFLOP
   v. METHU, YMOLLWNG
flora, *n.* FFLORA, PLANHIGION
floral, *a.* FFLUROL
floret, *n.* BLODIGYN
florid, *a.* BLODEUOG
florin, *n.* FFLORING
florist, *n.* TYFWR NEU WERTHWR BLODAU
flotation, *n.* ARNOFIANT
flotilla, *n.* LLYNGES FACH
flotsam, *n.* BROC MÔR
flounce, *n.* FFLOWNS
   v. FFLOWNSIO

flounder, *n.* LLEDEN FACH
   v. YMDRYBAEDDU, FFWNDRO
flour, *n.* BLAWD, CAN
flourish, *n.* RHWYSG, CÂN CYRN
   v. BLODEUO, FFYNNU, CHWIFIO
flourishing, *a.* LLEWYRCHUS,
   LLWYDDIANNUS
flout, *v.* WFFTIO, DIYSTYRU
flow, *n.* LLIF, RHEDIAD
   v. LLIFO, RHEDEG
flower, *n.* BLODEUYN, BLODYN
flowery, *a.* BLODEUOG
flowing, *a.* LLIFEIRIOL, RHUGL
flow sheet, *n.* LLIFDDALEN
fluctuate, *v.* ANWADALU, CODI A
   GOSTWNG, TONNI
fluctuation, *n.* ANWADALIAD,
   AMRYWIAD, TONIANT
flue, *n.* FFLIW, SIMNAI
fluency, *n.* LLITHRIGRWYDD
fluent, *a.* LLITHRIG, RHUGL
fluff, *n.* FFLWFF, FFLWCS
   v. BWNGLERA
fluffy, *a.* BLEWOG
fluid, *n.* LLIFYDD, HYLIF
   a. LLIFOL, HYLIF
fluidity, *n.* LLIFEDD, HYLIFEDD
fluke, *n.* FFLIWC, PRY'R AFU
flummery, *n.* LLYMRU, TRUTH
flummox, *v.* SYFRDANU, DRYSU
fluorescence, *n.* FFLWROLEUEDD
fluorescent, *a.* FFLWROLAU, FFLWROLEUOL
fluoridate, *v.* FFLWOREIDDIO
fluoride, *n.* FFLWORID
fluorine, *n.* FFLWORIN
flurried, *a.* FFWDANUS, FFWNDRUS
flurry, *n.* FFWDAN, CYFFRO
   v. FFWDANU, CYFFROI
flush, *n.* GWRID, RHUTHR DŴR
   a. CYFWYNEB, GORLAWN
   v. GWRIDO, COCHI, GORLIFO
fluster, *v.* CYFFROI, FFWDANU
   n. CYFFRO, FFWDAN
flute, *n.* FFLIWT
fluted, *a.* RHYCHOG, FFLIWTIOG
fluting, *n.* FFLIWTWAITH
flutter, *n.* SIFFRWD, DYCHLAMIAD
   v. SIFFRWD, DYCHLAMU
fluttertonguing, *n.* CRYNDAFODI
fluvial, *a.* AFONOL
flux, *n.* FFLYCS, FFLWCS, TODDYDD
fly, *n.* PRYF, CLEREN, COPIS, BALOG
   v. EHEDEG, HEDFAN, FFOI

flyer, *n.* EHEDWR, AWYRENNWR
flying, *a.* HEDEGOG, CYFLYM
flying-officer, *n.* SWYDDOG HEDEG
fly-over, *n.* PONTFFORDD, TROSFFORDD
flywheel, *n.* CHWYLROD
foal, *n.* EBOL(ES)
  in foal, CYFEB(OL)
foam, *n.* EWYN, DISTRYCH
  v. EWYNNU, GLAFOERIO
foamy, *a.* EWYNNOG
fob, *v.* TWYLLO
focal, *a.* FFOCAL
focus, *n.* FFOCWS
  v. FFOCYSU, CANOLBWYNTIO
fodder, *n.* PORTHIANT
foe, *n.* GELYN, GWRTHWYNEBYDD
foetus, *n.* FFOETWS, MILRHITH
fog, *n.* CADDUG, NIWL, FFOG
  v. CADDUGO
  fog fever, CLEFYD YR ADLADD
fogey, *n.* UN HEN FFASIWN, CONO
foggy, *a.* NIWLOG
foible, *n.* GWENDID
foil, *n.* FFOIL, FFWYL, DALEN
  v. RHWYSTRO, TRECHU
foilist, *n.* FFWYLIWR
foist, *v.* GWTHIO (AR)
fold, *n.* PLYG, CORLAN
  v. PLYGU, CORLANNU
folded, *a.* PLYG
folder, *n.* PLYGELL
folding, *n.* PLYGIANT
foliage, *n.* DEILIANT, DAIL
foliated, *a.* DEILIOG
foliation, *n.* DEILIOGRWYDD, DALENIAD
folio, *n.* FFOLIO, DALEN
folium, *n.* FFOLIWM
folk, *n.pl.* GWERIN, POBL
folk-dance, *n.* DAWNS WERIN
folklore, *n.* LLÊN GWERIN
folk-song, *n.* CÂN WERIN
follicle, *n.* FFOLICL
follow, *v.* DILYN, CANLYN
follower, *n.* DILYNWR, CANLYNWR
following, *a.* DILYNOL, CANLYNOL
  n. DILYNIAD, CANLYNWYR
folly, *n.* YNFYDRWYDD, FFOLINEB
foment, *v.* ENNYN, CYFFROI
fond, *a.* CU, HOFF, ANNWYL
fondle, *v.* ANWESU, TOLACH
fondness, *n.* HOFFTER, ANWYLDEB
font, *n.* BEDYDDFAEN, FFONT
food, *n.* BWYD, LLUNIAETH, YMBORTH
  food preservation, BWYDGADWRAETH

fool, *n.* YNFYTYN, YNFYD, FFŴL
  v. YNFYDU, TWYLLO
foolery, *n.* FFILOREG, GWEGI, FFWLBRI
foolhardiness, *n.* RHYFYG
foolhardy, *a.* RHYFYGUS
foolish, *a.* FFÔL, YNFYD
foolishness, *n.* FFOLINEB, YNFYDRWYDD
foolscap, *n.* FFWLSGAP
foot, *n.* TROED, TROEDFEDD, CORFAN
  v. TROEDIO
  foot and mouth disease, CLWY'R TRAED
  A'R GENAU
  foot rot, CLWY'R TRAED
football, *n.* PÊL-DROED
footballer, *n.* PELDROEDIWR
footbridge, *n.* PONT GERDDED, POMPREN
footfall, *n.* SŴN TROED
foot-fault, *n.* CAMDROEDIO
footgear, *n.* TROEDWISG
foothills, *n.pl.* BRYNIAU GODRE,
  GODREFRYNIAU
foothold, *n.* GAFAEL TROED, TROEDLE
footing, *n.* SYLFAEN, SAFLE
footlights, *n.pl.* GOLAU'R GODRE
footmark, *n.* ÔL TROED
foot-note, *n.* TROED-NODIAD
footpath, *n.* LLWYBR TROED
footprint, *n.* ÔL TROED
foot-rush, *n.* CWRS TRAED
footstep, *n.* CAM, ÔL TROED
footstool, *n.* TROEDFAINC
footway, *n.* TROEDFFORDD
footwork, *n.* TROEDWAITH
fop, *n.* COEGYN, YSGOGYN
foppish, *a.* COEGFALCH
for, *prp.* ER, AM, TROS, I
  c. OHERWYDD, CANYS, ACHOS, GAN,
  OBLEGID
forage, *n.* BWYD (ANIFAIL), PORTHIANT
  v. CHWILIO (AM FWYD)
forasmuch, *c.* AM, GAN, OHERWYDD, YN
  GYMAINT
foray, *n.* CYRCH, RHUTHR
  v. GWNEUD CYRCH, RHUTHRO
forbear, *v.* YMATAL, PEIDIO, GODDEF
forbearance, *n.* GODDEFGARWCH, YMAROS
forbears, *n.pl.* CYNDADAU, HYNAFIAID
forbid, *v.* GWARAFUN, GOMEDD,
  GWAHARDD
forbidden, *a.* GWAHARDDEDIG
force, *n.* GRYM, TRAIS
  centrifugal force, GRYM ALLGYRCHOL
  centripetal force, GRYM MEWNGYRCHOL

forceful, *a.* GRYMUS, EGNÏOL
forcemeat, *n.* STWFFIN
forceps, *n.* GEFEL FAIN
forcible, *a.* EGNÏOL, NERTHOL, EFFEITHIOL, TREISIOL
ford, *n.* RHYD
   v. RHYDIO
fore, *px.* CYN-, RHAG-, BLAEN-
   a. BLAEN
   ad. YMLAEN
forearm, *n.* ELIN
   v. RHAGARFOGI
forebode, *v.* RHAGARGOELI, DAROGAN
foreboding, *n.* RHAGARGOEL
forecast, *n.* RHAGOLYGON, RHAGOLWG
   v. RHAGDDWEUD, DAROGAN
forecaster, *n.* DAROGANWR
forecastle, *n.* FFOCSL
forefather, *n.* CYNDAD
forefinger, *n.* MYNEGFYS
forefront, *n.* LLE BLAEN
   a. BLAEN
foregather, *v.* YMGYNNULL
forego, *v.* HEPGOR
foreground, *n.* BLAENDIR
forehand, *n.* BLAEN LLAW
forehead, *n.* TALCEN
foreign, *a.* ESTRON, TRAMOR, ANGHYFIAITH (AM EIRIAU)
foreigner, *n.* ESTRON, TRAMORWR
foreknowledge, *n.* RHAGWYBODAETH
foreland, *n.* PENRHYN, MORBEN
forelock, *n.* BLAENGUDYN
foreman, *n.* FFORMAN
foremost, *a.* BLAENAF
   ad. YM MLAENAF
forenoon, *n.* BORE
forensic, *a.* FFORENSIG
forepart, *n.* PEN BLAEN
fore-rib, *n.* ASEN FLAEN
forerunner, *n.* RHAGREDEGYDD
foresail, *n.* HWYL FLAEN, JIB
foresee, *v.* RHAGWELD
foreseeable, *a.* RHAGWELADWY
foreshadow, *v.* RHAGARWYDDO
foresheet, *n.* RHAFF FLAEN
foreshore, *n.* BLAENDRAETH
foresight, *n.* RHAGWELEDIAD
foreskin, *n.* BLAENGROEN
forest, *n.* COEDWIG, FFOREST
   v. COEDWIGO, FFORESTU
forestall, *v.* ACHUB Y BLAEN
forester, *n.* COEDWIGWR

forestry, *n.* COEDWIGAETH
foretaste, *n.* RHAGFLAS
   v. RHAGBROFI
foretell, *v.* DAROGAN, RHAGFYNEGI
forethought, *n.* RHAGFEDDWL
forewarn, *v.* RHAGRYBUDDIO
foreword, *n.* RHAGAIR, RHAGLITH
forfeit, *n.* FFORFFED, SIÊD
   v. FFORFFEDU
forfeiture, *n.* FFORFFEDIAD
forge, *n.* GEFAIL, FFWRN
   v. GOFANNU, FFUGIO
forger, *n.* FFUGIWR
forgery, *n.* FFUGIAD, TWYLLEDD
forget, *v.* ANGHOFIO
forgetful, *a.* ANGHOFUS
forgetfulness, *n.* ANGHOFRWYDD, ANGOF
forget-me-not, *n.* GLAS Y GORS, N'AD FI'N ANGOF
forgework, *n.* GWAITH GOF
forging, *n.* GOFANIAD, FFUGIO
forgive, *v.* MADDAU
forgiveness, *n.* MADDEUANT
forgiving, *a.* MADDEUGAR, MADDEUOL
forgo, *v.* MYND HEB, HEPGOR, GADAEL
fork, *n.* FFORCH, FFORC
forked, *a.* FFORCHOG
forlorn, *a.* AMDDIFAD, DIYMGELEDD
form, *n.* MAINC, FFURF, MODD, DULL, FFURFLEN, DOSBARTH
   v. FFURFIO, LLUNIO
   application form, FFURFLEN CAIS
   claim form, FFURFLEN GAIS
   form tools, OFFER FFURFIO
formal, *a.* FFURFIOL, DEFODOL
formalism, *n.* FFURFIOLAETH, DEFODAETH
formality, *n.* FFURFIOLDEB, DEFOD
formalize, *v.* FFURFIOLI
formant, *n.* FFURFYN
format, *n.* FFORMAT, FFURF, DIWYG
formation, *n.* FFURFIANT, TREFNIANT
formed, *a.* FFURFIEDIG
former, *a.* BLAENOROL
   n. FFURFYDD
formerly, *ad.* GYNT, YN FLAENOROL
formica, *n.* FFORMICA
formidable, *a.* OFNADWY, ARSWYDUS
formless, *a.* AFLUNIAIDD, DI-LUN
formline, *n.* FFURFLIN
formula, *n.* FFORMWLA
formulate, *v.* TREFNU, FFURFIO
formulation, *n.* FFORMWLAD
formwork, *n.* FFURFWAITH

fornication, *n.* PUTEINDRA
fornicator, *n.* CNUCHIWR, CALIWR
forsake, *v.* CEFNU AR, GADAEL
forsooth, *ad.* YN WIR, BONDIGRYBWYLL
forswear, *v.* TYNGU ANUDON, YMWRTHOD Â
fort, *n.* CAER, AMDDIFFYNFA
forte, *n.* CRYFDER
   a. UCHEL, CRYF
forth, *ad.* YMLAEN, ALLAN
   and so forth, AC FELLY YN Y BLAEN
forthcoming, *a.* AR DDOD, GERLLAW
forthright, *a.* UNION, PLAEN
forthwith, *ad.* AR UNWAITH, YN DDIOED
fortification, *n.* AMDDIFFYNFA
fortify, *v.* CADARNHAU, CRYFHAU
fortissimo, *ad.* YN UCHEL/GRYF IAWN
fortitude, *n.* DEWRDER, HIRYMAROS
fortnight, *n.* PYTHEFNOS
fortress, *n.* CAER, AMDDIFFYNFA
fortuitous, *a.* AR DDAMWAIN
fortuity, *n.* DAMWAIN, HAP
fortunate, *n.* FFODUS, FFORTUNUS
fortunately, *ad.* YN FFODUS
fortune, *n.* FFAWD, FFORTUN
forty, *a.* DEUGAIN
forum, *n.* FFORWM
forward, *a.* HY, EOFN, BLAEN
   i. YMLAEN!
   n. BLAENWR
   ad. YMLAEN, RHAGDDO
   v. BLAENYRRU
forwardness, *n.* HAERLLUGRWYDD,
PARODRWYDD
fosse, *n.* FFOS
fossil, *n.* FFOSIL
   a. FFOSILAIDD
fossilisation, *n.* FFOSILEIDDIAD
fossilise, *v.* FFOSILEIDDIO
foster, *v.* MEITHRIN, COLEDDU
foster-brother, *n.* BRAWD MAETH
foster-child, *n.* PLENTYN MAETH
foster-father, *n.* TADMAETH
foster-mother, *n.* MAMFAETH
foul, *a.* AFLAN, ANNHEG, BRWNT, BUDR
   n. FFOWL(EN)
   v. FFOWLIO, LLYCHWINO
   foul blow, DYRNOD FFOWL
   foul play, ANFADWAITH
   foul throw, CAMDAFLU
   foul in the foot, TROED CLONC (GLONC)
foumart, *n.* FFWLBART
found, *v.* DECHRAU, SEFYDLU, SYLFAENU
foundation, *n.* SYLFAEN, SAIL

foundation-stone, *n.* CARREG SYLFAEN
founder, *n.* SYLFAENYDD
   v. YMDDRYLLIO, SUDDO
foundling, *n.* PLENTYN CAEL
foundry, *n.* FFOWNDRI
fount(ain), *n.* FFYNNON, FFYNHONNELL
fountain-pen, *n.* CRONBIN
four, *a.* PEDWAR (*f.* PEDAIR)
foursome, *n.* PEDWARAWD
foursquare, *a.* CADARN
four-stroke, *a.* PEDAIR-STRÔC
fourteen, *a.* PEDWAR (PEDAIR) AR DDEG,
UN DEG PEDWAR (PEDAIR)
fowl, *n.* DOFEDN, FFOWLYN, FFOWL
   v. SAETHU ADAR
fowler, *n.* ADARWR
fox, *n.* CADNO, LLWYNOG
foxglove, *n.* BYSEDD Y CŴN/COCHION
foxhound, *n.* CI HELA, HELGI
foxterrier, *n.* DAEARGI
foxy, *n.* CYFRWYS
foyer, *n.* CYNTEDD
fracas, *n.* FFRAE, YMRYSON
fraction, *n.* FFRACSIWN, RHANRIF
   improper fraction, FFRACSIWN
   PENDRWM
   vulgar fraction, FFRACSIWN CYFFREDIN
   proper fraction, FFRACSIWN BONDRWM
fractional, *a.* FFRACSIYNOL
fractious, *a.* GRWGNACHLYD, CECRUS
fracture, *n.* TORIAD, DRYLLIAD
   v. TORRI, DRYLLIO
fragile, *a.* BRAU, BREGUS
fragility, *n.* BREUDER, EIDDILWCH
fragment, *n.* DRYLL, DARN
fragmentary, *a.* DARNIOG, BRATIOG
fragmentation, *n.* DARNIAD
fragrance, *n.* PERSAWR
fragrant, *a.* PERSAWRUS
frail, *a.* LLESG, BRAU, BREGUS
frailty, *n.* LLESGEDD, BREUDER
frame, *n.* FFRÂM, AGWEDD
   v. FFRAMIO, FFURFIO
framework, *n.* FFRAMWAITH
franc, *n.* FFRANC
franchise, *n.* ETHOLFRAINT
   v. ETHOLFREINIO
frangible, *a.* HYFRIW
frank, *a.* DIDWYLL, AGORED
frankalmoign, *n.* ELUSENDIR
frankincense, *n.* THUS
frankness, *n.* DIDWYLLEDD, GONEST-
RWYDD

frankpledge, *n.* TANGWYSTL
frantic, *a.* CYFFROUS, GORWYLLT
fraternal, *a.* BRAWDOL
  n. BRAWDOLIAETH
fraternise, *v.* CYFEILLACHU
fraternity, *n.* BRAWDOLIAETH
fratricide, *n.* BRAWDLADDIAD
fraud, *n.* TWYLL, HOCED
fraudulence, *n.* TWYLL
fraudulent, *a.* TWYLLODRUS
fraudulently, *ad.* TRWY DWYLL
fraught, *a.* LLAWN, LLWYTHOG
fray, *n.* FFRAE, BRWYDR, RHAFLAD
  v. RHAFLO, TREULIO
freak, *n.* MYMPWY, PETH OD
freakish, *a.* OD
freckle, *n.* BRYCH(NI)
freckled, *a.* BRYCH (*f.* BRECH)
free, *a.* RHYDD, RHAD, HAEL, EOFN, DI-DÂL
  v. RHYDDHAU
freedom, *n.* RHYDDID, RHYDDFRAINT
free-expression, *n.* RHYDDFYNEGIANT
freehand, *a.* DIGYMORTH
freehold, *a.* RHYDD-DDALIADOL
freeholder, *n.* RHYDD-DDEILIAD
freely, *ad.* YN RHYDD, YN HAEL
freeman, *n.* RHYDDFREINIWR
freemason, *n.* SAER RHYDD
freethinker, *n.* RHYDDFEDDYLIWR
free-trade, *n.* MASNACH RYDD
free-verse, *n.* MESUR RHYDD, Y WERS RYDD
freeway, *n.* RHYDDFFORDD, TRAFFORDD
freeze, *v.* RHEWI, FFERRU
freeze-dry, *v.* SYCHREWI
freezer, *n.* RHEWGIST, RHEWGELL
freezing-point, *n.* RHEWBWYNT
freight, *n.* LLWYTH, TÂL CLUDO
  v. LLWYTHO LLONG
freighter, *n.* LLWYTHLEINER, LLONG
  NWYDDAU
French, *n.* FFRANGEG
  a. FFRENGIG, FFRANGEG (O RAN IAITH)
Frenchman, *n.* FFRANCWR
frenzied, *a.* CYNDDEIRIOG
frenzy, *n.* CYNDDEIRIOGRWYDD
frequency, *n.* AMLEDD, MYNYCHDER
  audio frequency, AMLEDD AWDIO
  high frequency, AMLEDD UCHEL
frequent, *a.* AML, MYNYCH
  v. MYNYCHU, YMWELED Â
frequented, *a.* SATHREDIG
  (YN AML)
fresco, *n.* FFRESGO

fresh, *a.* FFRES, CRAI, IR
freshen, *v.* FFRESÁU, IREIDDIO
freshness, *n.* FFRESNI, CREIDER, IRDER
fret, *v.* SORRI, POENI
  n. SORIANT, TRALLOD, FFRET
fretful, *a.* CWYNFANLLYD, ANYNAD
fretsaw, *n.* LLIF FFRET, RHWYLL-LIF
fretted, *a.* RHWYLLOG
fretwork, *n.* FFRETWAITH
friable, *a.* HYFRIW, BRAU
friar, *n.* BRAWD, FFRODYR
friary, *n.* BRODORDY
fricative, *a.* AFFRITHIOL
friction, *n.* FFRITHIANT, YMRAFAEL
  coefficient of friction, CYFERNOD
  FFRITHIANT
Friday, *n.* DYDD GWENER
friend, *n.* CYFAILL, FFRIND
friendless, *a.* DIGYFAILL
friendliness, *n.* CYFEILLGARWCH
friendly, *a.* CYFEILLGAR
friendship, *n.* CYFEILLGARWCH
frieze, *n.* FFRÎS
friezeman, *n.* FFRISWR
frigate, *n.* FFRIGAD
fright, *n.* DYCHRYN, BRAW, OFN
frighten, *v.* DYCHRYNU, BRAWYCHU, CODI
  OFN AR
frightful, *a.* DYCHRYNLLYD, BRAWYCHUS
frigid, *a.* OER(AIDD)
  frigid zone, CYLCHFA REW
frigidity, *n.* OERNI, FFERDOD
frill, *n.* FFRIL
fringe, *n.* YMYL, RHIDENS
  v. YMYLU, RHIDENNU
  fringe benefits, CILFANTEISION
frisk, *v.* PRANCIO
frisky, *a.* BYWIOG, CHWAREUS
frit, *n.* FFRIT
fritter, *n.* FFRITER
frivolity, *n.* GWAMALRWYDD, YSGAFNDER
frivolous, *a.* GWAMAL, GWACSAW
frizz, *v.* CRYCHU
frizzy, *a.* CRYCHLYD
fro, *ad.* YN ÔL
  to and fro, YN ÔL AC YMLAEN
frock, *n.* FFROG
frock-coat, *n.* COT LAES
frog, *n.* BROGA, BYWYN, FFROGA
frogman, *n.* NOFIWR TANDDWR
frolic, *n.* PRANC
  v. PRANCIO
frolicsome, *a.* NWYFUS, CHWAREUS

from, *prp.* O, ODDI, GAN, ODDI WRTH
frond, *n.* FFROND
front, *n.* TALCEN, FFRYNT, SIÉT, TU BLAEN
  occluded front, FFRYNT ACHLUDD
  v. WYNEBU
  a. BLAEN
frontage, *n.* FFRYNTIAD
frontal, *a.* BLAEN, FFRYNT
frontier, *n.* GOROR, FFIN, CYFFINDIR
frontispiece, *n.* WYNEBDDARLUN
frontlet, *n.* RHWYMYN TALCEN
frost, *n.* RHEW
frost-bite, *n.* EWINRHEW
frosty, *a.* RHEWLLYD
froth, *n.* EWYN, FFROTH
  v. EWYNNU
frothy, *a.* EWYNNOG, GWACSAW
froward, *a.* YSTYFNIG, CYNDYN
frown, *n.* GWG, CUWCH
  v. GWGU, CUCHIO
frowning, *a.* GWGUS, CUCHIOG
fructify, *v.* FFRWYTHLONI
fructose, *n.* FFRWCTOS
frugal, *a.* CYNNIL, DARBODUS
frugality, *n.* CYNILDEB
fruit, *n.* FFRWYTH, CYNNYRCH, FFRWYTHYN
fruiterer, *n.* FFRWYTHWR
fruitful, *a.* FFRWYTHLON, TOREITHIOG
fruitfulness, *n.* FFRWYTHLONRWYDD
fruition, *n.* FFRWYTHLONIAD
fruitless, *a.* DIFFRWYTH, OFER
fruity, *a.* FFRWYTHUS
frustrate, *v.* LLESTEIRIO, RHWYSTRO
frustration, *n.* LLESTEIRIANT,
  RHWYSTREDIGAETH
frustum, *n.* FFRWSTWM, PWYSBWYNT
fry, *v.* FFRIO
  n. AFU, SIL
  small fry, POBL DDIBWYS
frying-pan, *n.* FFRIMPAN, PADELL FFRIO
fuddled, *a.* CYMYSGLYD
fudge, *n.* CYFFUG
fuel, *n.* CYNNUD, TANWYDD
  fuel cell, CYNUDYDD
fugitive, *n.* FFOADUR
  a. AR FFO
fugue, *n.* FFIWG
führer, *n.* TYWYSWR, FÜHRER
fulcrum, *n.* FFWLCRWM
fulfil, *v.* CYFLAWNI, CWBLHAU
fulfilment, *n.* CYFLAWNIAD
fulgent, *a.* DISGLAIR, LLACHAR
full, *a.* LLAWN, CYFLAWN
  n. LLONAID
  v. PANNU

full-back, *n.* CEFNWR
full-blooded, *a.* EGNÏOL
fuller, *n.* PANNWR, PANNYDD
  v. PANNU
fullness, *n.* CYFLAWNDER, LLAWNDER
full-stop, *n.* ATALNOD
fully, *ad.* YN GYFAN GWBL, YN GYFLAWN,
  YN HOLLOL
fully-paid, *a.* DIDDYLED
fulminate, *v.* TARANU, BYGWTH
fulmination, *n.* TARANIAD, BYGYTHIAD
fulsome, *a.* GWENIEITHUS, FFIAIDD
fumarole, *n.* MYGDWLL
fumble, *v.* YMBALFALU, PWTFFALU
fume, *n.* MYGDARTH, LLID
  v. MYGDARTHU, LLIDIO
fumigate, *v.* MYGDARTHU
fumigation, *n.* MYGDARTHIAD
fumitory, *n.* MWG Y DDAEAR, CWD Y MWG
fun, *n.* HWYL, DIFYRRWCH, MIRI
function, *n.* FFWYTHIANT, PWRPAS,
  SWYDDOGAETH
  implicit function, FFWYTHIANT YMHLYG
  objective function, FFWYTHIANT NÔD
functional, *a.* FFWYTHIANNOL,
  SWYDDOGAETHOL
  n. FFWYTHIANNEDD
functionalism, *n.* FFWYTHIANNAETH
functionary, *n.* FFWYTHIANNYDD,
  SWYDDOGYDDIAETH
fund, *n.* CRONFA
  v. TRAWSGRONNI
fundamental, *a.* SYLFAENOL
fundamentalism, *n.* FFWNDAMENTAL-
  AETH
fundamentally, *ad.* YN WREIDDIOL
funeral, *n.* ANGLADD, CLADDEDIGAETH,
  CYNHEBRWNG
funereal, *a.* ANGLADDOL, TRIST
fungicide, *n.* FFWNGLEIDDIAD
fungoid, *a.* FFYNGOID
fungus, *n.* FFWNG
funicular, *a.* FFWNICWLAR
funk, *v.* LLWFRHAU, OSGOI
  n. LLWFRYN, OFN
funnel, *n.* TWNDIS, TWMFFAT, CORN
funny, *a.* YSMALA, DIGRIF
fur, *n.* FFWR, CEN
furbish, *v.* GLOYWI, CABOLI
furcate, *a.* FFORCHOG
fur-coat, *n.* COT FFWR
furious, *a.* CYNDDEIRIOG, FFYRNIG
furl, *v.* CAU, PLYGU

furlong, *n.* YSTADEN
furlough, *n.* GWYLIAU (MILWR)
furnace, *n.* FFWRNAIS
  blast furnace, FFWRNAIS CHWYTH
furnish, *v.* DODREFNU, RHODDI
furnisher, *n.* DODREFNWR
furnishings, *n.pl.* DODREFNAU
furniture, *n.* DODREFN, CELFI
furrier, *n.* FFYRRWR
furrow, *n.* CWYS, RHYCH, RHIGOL
  v. CWYSO, RHYCHU
furry, *a.* BLEWOG
further, *ad.* YMHELLACH
  a. PELLACH
  v. HYBU, HYRWYDDO
furthermore, *ad.* HEFYD, HEBLAW HYN(NY)
furtive, *a.* LLADRADAIDD
fury, *n.* CYNDDAREDD, FFYRNIGRWYDD
furze, *n.* EITHIN
fuse, *n.* FFIWS, DIOGELYDD, TODDYN
  v. FFIWSIO

fusible, *a.* YMDODDADWY
fusilier, *n.* FFIWSILIWR
fusion, *n.* YMDODDIAD, YMASIAD
  (NWCLEAR)
  fusion reactor, ADWEITHYDD
  THERMO NWCLEAR
fuss, *n.* FFWDAN, TRAFFERTH, HELYNT
  v. FFWDANU
fussiness, *n.* FFWDAN
fussy, *a.* FFWDANUS
fustian, *n.* FFUSTIAN
fusty, *a.* MWS, HEN, LLWYD
futile, *a.* OFER, DI-FUDD
futility, *n.* OFEREDD
future, *n. & a.* DYFODOL
futures, *n.pl.* DYFODOLION
futurism, *n.* DYFODOLAETH
futurology, *n.* DYFODOLEG
fuzz, *n.* GWALLT CYRLIOG
fuzzy, *a.* BLEWOG, ANEGLUR

gab, *n.* CLEBER
gabble, *n.* CLEBER, BREGLIACH
   v. CLEBRAN, CLEGAR
gaberdine, *n.* GABERDÌN
gable, *n.* TÂL MAEN
gable-end, *n.* TALCEN TŶ
gad, *v.* CRWYDRO, RHODIANNA
gadfly, *n.* ROBIN Y GYRRWR
gadget, *n.* DYFAIS
Gaelic, *n.* GAELEG
   a. GAELAIDD
gaff, *n.* TRYFER
gaffer, *n.* GAFFER
gag, *n.* SMALDOD, SAFNGLO
   v. SMALIO, SAFNGLOI, CAU CEG
gage, *n.* GWYSTL
   v. GWYSTLO
gaiety, *n.* MIRI, LLONDER, DIFYRRWCH
gaily, *ad.* YN LLAWEN
gain, *n.* ELW, ENNILL, CYNNYDD, ENILLION
   v. ELWA, ENNILL
gainer, *n.* ENILLWR, ENILLYDD
gainsay, *v.* GWRTHDDWEUD
gait, *n.* OSGO, CERDDEDIAD
gaiter, *n.* COESARN
gala, *n.* GALA
galactic, *a.* GALAETHOG
galactogogue, *n.* BLITHOGYN
   a. BLITHOGOL
galactose, *n.* GALACTOS
galaxy, *n.* GALAETH, CWMNI DISGLAIR
gale, *n.* TYMESTL
gall, *n.* BUSTL, CHWYDD
   gall bladder, CODEN Y BUSTL
   gall stones, CERRIG Y BUSTL
   v. DOLURIO, BLINO
gallant, *a.* GWROL, CWRTAIS
   n. CARWR, MERCHETWR
gallantry, *n.* DEWRDER, CWRTEISRWYDD
galleon, *n.* GALIWN
gallery, *n.* ORIEL, GALERI, PONC
galley, *n.* GALI
galliard, *n.* GALIARD
galling, *a.* BLIN, POENUS, LLIDUS
gallivant, *v.* GALIFANTIO
gallon, *n.* GALWYN
gallop, *n.* CARLAM
   v. CARLAMU
gallows, *n.* CROCBREN
galore, *n. & ad.* DIGONEDD, TORETH
galosh, *n.* ARESGID
galvanic, *a.* GALFANIG
galvanise, *v.* GALFANU, SYMBYLU

galvanised, *a.* GALFANEDIG
galvanometer, *n.* GALFANOMEDR
gamble, *v.* GAMBLO, HAPCHWARAE
   n. GAMBL
gambler, *n.* GAMBLWR
gambol, *n.* NAID, SBONC
   v. PRANCIO
game, *n.* GÊM, HELWRIAETH, CHWARAE
   drawn game, GÊM DDI-DRECH
game-keeper, *n.* CIPAR
gamester, *n.* GAMBLWR
gamete, *n.* GAMET
gametophyte, *n.* GAMETOFFYT
gammon, *n.* GAMWN, FFWLBRI, LOL
gamopetalous, *a.* GAMOPETALUS
gander, *n.* CEILIAGWYDD, CLACWYDD
gang, *n.* GANG, MINTAI
ganger, *n.* PEN-GWEITHIWR
ganglion, *n.* GANGLION
gangrene, *n.* MADREDD, CIG MARW
gangrenous, *a.* MADREDDOG, MARWAIDD
gangster, *n.* TROSEDDWR
gangway, *n.* EIL, ALE, PONT
ganister, *n.* GANISTER
gannet, *n.* MULFRAN WEN
gaol, *n.* CARCHAR
gaoler, *n.* CEIDWAD CARCHAR
gap, *n.* BWLCH, ADWY, AGEN
gape, *v.* RHYTHU
   n. RHYTHIAD
gapes, *n.* Y BIG
garage, *n.* GAREJ, MODURFA, MODURDY
   v. GAREJO
garb, *n.* GWISG, DIWYG
garbage, *n.* YSBWRIEL, SOTHACH
garble, *v.* LLURGUNIO
garden, *n.* GARDD
   v. GARDDIO
   garden city, GARDD-DDINAS
gardener, *n.* GARDDWR
gardening, *n.* GARDDWRIAETH
garderobe, *n.* GARDROB
gargantuan, *a.* ANFERTH, CAWRAIDD
garget, *n.* GARGED
gargle, *n.* GOLCH GWDDF
   v. GOLCHI GWDDF
gargoyle, *n.* GARGOIL
garish, *a.* COEGWYCH
garland, *n.* GARLANT, TALAITH
garlic, *n.* GARLLEG, CRAF
garment, *n.* GWISG, DILLEDYN
garnish, *v.* GARNEISIO
   n. GARNAIS

garnishee, *n.* GARNEISIWR
garret, *n.* CROGLOFFT, GARET
garrison, *n.* GARSIWN
garrulous, *a.* SIARADUS, TAFODRYDD
garter, *n.* GARDYSEN
  v. GARDYSU
garth, *n.* BUARTH, BEILI
gas, *n.* NWY
  gas-ring, CYLCH NWY
  v. GWENWYNO Â NWY
gaseous, *a.* NWYOL
gash, *n.* ARCHOLL, HAC, HOLLT
  v. ARCHOLLI, HACIO
gasket, *n.* GASGED
gas-mask, *n.* MWGWD NWY
gasoline, *n.* GASOLIN, PETROL
gasometer, *n.* TANC NWY
gasp, *v.* ANADLU'N DRWM, EBYCHU
gasping, *a.* BYR O ANADL
gastight, *a.* NWYGLOS
gastric, *a.* GASTRIG
gastritis, *n.* GASTRITIS, LLID Y CYLLA
gastrula, *n.* GASTRWLA
gate, *n.* LLIDIART, CLWYD, GÂT, PORTH
  v. PORTHIO, PORTHELLU
gate-crasher, *n.* YMYRRWR
gatehouse, *n.* PORTHORDY
gate-keeper, *n.* PORTHOR
gateway, *n.* MYNEDFA
gather, *v.* CASGLU, HEL, CRYCHU, CRYNHOI,
  CRAWNI
gatherer, *n.* CASGLWR
gathering, *n.* CASGLIAD, CYNULLIAD,
  CRYCHIAD, CRAWNI
gaudy, *a.* GORWYCH, COEGWYCH
gauge, *n.* MEDRYDD, LLED
  v. MEDRYDDU
  cutting gauge, MEDRYDD TORRI
  limit gauge, MEDRYDD TERFYN
Gaul, *n.* GÂL
Gaulish, *n.* GALEG
gaunt, *a.* TENAU, LLWM
gauntlet, *n.* DYRNFOL
gauze, *n.* RHWYLLEN, GAWS, MEINWE
gavelkind, *n.* CYFRAN
gavotte, *n.* GAFOD
gawky, *a.* TRWSGL, LLIBIN
gay, *a.* LLON, BYWIOG, OFER, HOYW
gaze, *n.* TREM, GOLWG
  v. SYLLU, ARSYLLU, TREMIO
gazebo, *n.* GOLYGDY
gazelle, *n.* GAFREWIG
gazette, *n.* NEWYDDIADUR
  v. CYHOEDDI, PENODI

gazetteer, *n.* NEWYDDIADURWR,
  GEIRIADUR DAEARYDDOL
gean, *n.* RHUDDWERNEN
gear, *n.* OFFER, TACLAU, GÊR, GAFAEL
  v. TACLU, HARNEISIO
gearbox, *n.* GERBOCS
gel, *n.* GEL
gelatine, *n.* GELATIN, CEULED
gelatinous, *a.* GELATINAIDD
gelation, *n.* GELEIDDIAD
gelding, *n.* CEFFYL, CEL
gelignite, *n.* GELIGNEIT
gem, *n.* GEM, TLWS, GLAIN
gendarme, *n.* PLISMON (FFRAINC)
gender, *n.* CENEDL
gene, *n.* GENYN
genealogical, *a.* ACHYDDOL
genealogist, *n.* ACHYDDWR, ACHEUWR
genealogy, *n.* ACH, ACHYDDIAETH
genera, *n.pl.* MATHAU, TYLWYTHAU
general, *n.* CADFRIDOG
  a. CYFFREDIN(OL)
generalisation, *n.* CYFFREDINOLIAD
generalissimo, *n.* CADLYWYDD
generality, *n.* CYFFREDINOLRWYDD
generalize, *v.* CYFFREDINOLI
generalized, *a.* CYFFREDINOL
generally, *ad.* YN GYFFREDINOL
generalship, *n.* ARWEINYDDIAETH,
  CADLYWYDDIAETH
generate, *v.* GENERADU, CENHEDLU
generation, *n.* CENHEDLAETH, TO
generator, *n.* GENERADUR
generic, *a.* GENERIG, RHYWOGAETHOL
generosity, *n.* HAELIONI
generous, *a.* HAEL(IONUS)
genesis, *n.* DECHREUAD
genetic, *a.* GENETIG
genetical, *a.* GENETIGOL
geneticist, *n.* GENETEGWR
genetics, *n.* GENETEG
genial, *a.* HYNAWS, RHYWIOG, RHADLON
geniality, *n.* HYNAWSEDD
genie, *n.* BWGAN
genital, *a.* CENHEDLOL
genitive, *n. & a.* GENIDOL
genius, *n.* ATHRYLITH
genocide, *n.* HIL-LADDIAD
genteel, *a.* BONEDDIGAIDD
gentile, *n.* CENEDL-DDYN
gentility, *n.* BONEDD
gentle, *a.* TYNER, LLARIAIDD, MWYN
gentleman, *n.* GWR BONHEDDIG

gentlemanliness, *n.* BONEDDIGEIDD-
RWYDD
gentlemanly, *a.* BONEDDIGAIDD
gentlewoman, *n.* BONEDDIGES
gently, *ad.* YN DYNER/ADDFWYN, GAN
BWYLL
gentry, *n.pl.* BONEDD, GWŶR MAWR!
genuine, *a.* DIFFUANT, DILYS, PUR
genus, *n.* RHYWOGAETH, GENWS
geochemistry, *n.* GEOCEMEG
geode, *n.* GEOD
geodesic, *a.* GEODESIG
geodesy, *n.* GEODEDD
geographer, *n.* DAEARYDDWR
geographical, *a.* DAEARYDDOL
geography, *n.* DAEARYDDIAETH
geological, *a.* DAEAREGOL
geologist, *n.* DAEAREGWR
geology, *n.* DAEAREG
geometric, *a.* GEOMETRIG
geometrical, *a.* GEOMETREGOL
geometry, *n.* GEOMETREG
   plane and solid geometry, GEOMETREG
PLÂN A SOLED
geomorphology, *n.* GEOMORFFOLEG
geophysics, *n.* GEOFFISEG
geosyncline, *n.* GEOSYNCLIN
geotropism, *n.* GEOTROPEDD
geranium, *n.* MYNAWYD Y BUGAIL
geriatrics, *n.pl.* GERIATREG
germ, *n.* GERM, HEDYN
   germ cells, CELLOEDD CENHEDLU
German, *n.* ALMAENWR, ALMAENEG (YR
IAITH)
   a. ALMAENAIDD
germicide, *n.* GERMLEIDDIAD
germinal, *a.* EGINOL
germinate, *v.* EGINO, ATYFU
germination, *n.* EGINIAD, ATYFIANT
gerrymander, *v.* CYFFINDWYLLO,
GERIMANDRO
gerund, *n.* BERFENW
gestate, *v.* CARIO, DWYN
gestation, *n.* CYFNOD CARIO, BEICHIOGIAD
gesticulate, *v.* YSTUMIO
gesticulation, *n.* YSTUMIAD
gesture, *n.* YSTUM
get, *v.* CAEL, CAFFAEL, ENNILL
get-up, *n.* DIWYG
geyser, *n.* GEYSER
ghastly, *a.* ERCHYLL, GWELW
gherkin, *n.* GERCIN
ghetto, *n.* GETO

ghost, *n.* BWGAN, YSBRYD, DRYCHIOLAETH
ghostly, *a.* BWGANAIDD, DRYCHIOLAETHOL
ghoul, *n.* ELLYLL
giant, *n.* CAWR
   a. CAWRAIDD
giantess, *n.* CAWRES
gibber, *v.* CLEBRAN
gibberish, *n.* CLEBER, BALDORDD
gibbet, *n.* CROCBREN
gibe, *n.* SEN, GWAWD
   v. GWAWDIO, GWATWAR
giblets, *n.pl.* GIBLETS, SYRTH GŴYDD
gid, *n.* Y BENDRO
giddiness, *n.* PENDRO
giddy, *a.* PENFEDDW, MEDDW
gift, *n.* ANRHEG, DAWN
gifted, *a.* DAWNUS, AWENUS
gig, *n.* GIG
gigantic, *a.* ANFERTH, CAWRAIDD
giggle, *v.* LLEDCHWERTHIN, GIGLAN
gild, *v.* EURO
gill, *n.* GIL, TAGELL, CHWARTER PEINT
gilt, *n.* BANWES
   a. GOREUROG, GILT
gilt-edged, *a.* GILT
gimlet, *n.* GIMBILL
gimmick, *n.* GIMIG
gin, *n.* JIN, HOENYN
ginger, *n.* SINSIR
gingerbeer, *n.* DIOD FAIN
gingerbread, *n.* TEISEN SINSIR
gingerly, *ad.* GOCHELGAR, GOFALUS
gingham, *n.* GINGHAM
gipsy, *n.* SIPSI
giraffe, *n.* SIRÁFF
gird, *v.* GWREGYSU
girder, *n.* HYTRAWST
girdle, *n.* GWREGYS, CADIS
   v. GWREGYSU
girl, *n.* MERCH, GENETH
girlhood, *n.* GENETHDOD
girlish, *a.* MERCHEDAIDD
giro, *n.* GIRO
girth, *n.* CENGL, CWMPAS
gist, *n.* SYLWEDD, ERGYD
give, *v.* RHODDI, RHOI
giver, *n.* RHODDWR
gizzard, *n.* GLASOG, CROMBIL
glacial, *a.* RHEWLIFOL
   glacial deposits, DYDDODION RHEWLIF
glaciate, *v.* RHEWLIFO
glaciation, *n.* RHEWLIFIANT
glacier, *n.* RHEWLIF, GLASIER

glaciology, *n.* RHEWLIFEG
glad, *a.* LLAWEN, LLON, BALCH
glade, *n.* LLANNERCH
gladiator, *n.* GLADIATOR
gladioli, *n.* BLODAU CLEDDYF
gladness, *n.* LLAWENYDD, LLONDER
gladsome, *a.* LLAWEN, LLON
glamorous, *a.* HUDOL, CYFAREDDOL
glamour, *n.* HUDOLIAETH, CYFAREDD
glance, *n.* CIPOLWG, CIP, TREM, GLANS
   v. CILEDRYCH, TREMIO
gland, *n.* CHWARREN, GLAND
glanders, *n.pl.* LLYNMEIRCH
glandular, *a.* CHWARENNOL
glare, *n.* TANBEIDRWYDD, LLACHAREDD
   v. RHYTHU, DISGLEIRIO
glaring, *a.* LLACHAR, AMLWG, DYBRYD
glass, *n.* GWYDR, GWYDRYN, GWYDRAID
   glass paper, PAPUR GWYDROG
glassful, *a.* GWYDRAID
glasshouse, *n.* TŶ GWYDR
glassy, *a.* GLOYW, PŴL
glaucous, *a.* GLASBEILLIOG
glaze, *n.* GWYDREDD, SGLEIN
   v. GWYDRO, SGLEINIO
glazed, *a.* GWYDROG
glazier, *n.* GWYDRWR
glazing, *n.* GWYDRIAD
gleam, *n.* PELYDRYN, LLEWYRCH
   v. PELYDRU, LLEWYRCHU
glean, *v.* LLOFFA
gleaner, *n.* LLOFFWR
gleanings, *n.pl.* LLOFFION
glebe, *n.* CLASTIR, TIR LLAN / EGLWYS
glee, *n.* LLONDER, HOEN, RHANGAN
gleeful, *a.* LLON, HOENUS
gleet, *n.* DIFERLIF, YSNODEN
glen, *n.* GLYN, CWM
glib, *a.* LLITHRIG, RHUGL, FFRAETH
glibness, *n.* RHWYDDINEB YMADRODD
glide, *n.* LLITHR, LLITHRAD
   v. LLITHRO
glider, *n.* GLEIDER, LLITHRYDD
gliding, *n. & v.* LLITHRAN
glimmer, *n.* LLEWYRCHYN, LLYGEDYN
   v. LLEWYRCHU'N WAN
glimpse, *n.* CIPOLWG, TREM
glint, *n.* FFLACH
   v. FFLACHIO
glisten, *v.* DISGLEIRIO
glitter, *v.* TYWYNNU, PELYDRU
   n. PELYDRIAD
gloaming, *n.* CYFNOS, BRIG Y NOS

gloat, *v.* LLAWENHAU
global, *a.* HOLLFYDOL, CYFFREDINOL
globalism, *n.* HOLLFYDEDD
globe, *n.* Y BYD, GLOB
globular, *a.* CRWN
globule, *n.* GLOBWL
gloom, *n.* TYWYLLWCH, CADDUG, TRISTWCH
gloomy, *a.* TYWYLL, TRIST, CYMYLOG
glorification, *n.* MAWRYGIAD,
   GOGONEDDIAD
glorify, *v.* MAWRYGU, GOGONEDDU
glorious, *a.* GOGONEDDUS, GODIDOG
glory, *n.* GOGONIANT, YSBLANDER
   v. YMFFROSTIO, GORFOLEDDU
gloss, *n.* DISGLEIRDEB, LLATHR, GLÒS
glossary, *n.* GEIRFA
glossy, *a.* LLATHRAIDD
glottal, *a.* GLOTAL
glottis, *n.* GLOTIS
glove, *n.* MANEG
glover, *n.* GLWFER
glow, *n.* TYWYN
   v. TYWYNNU
glower, *v.* GWGU, CUCHIO
glow-worm, *n.* MAGÏEN
glucose, *n.* GLWCÔS
glue, *n.* GLUD
   v. GLUDIO
gluey, *a.* GLUDIOG
glum, *a.* DIGALON, TRIST
glut, *n.* GORLAWNDER, GORMODEDD
gluten, *n.* GLWTEN
glutinous, *a.* GLUDIOG
glutton, *n.* GLWTH
gluttonous, *a.* GLWTH
gluttony, *n.* GLYTHINEB
glycerine, *n.* GLYSERIN
glycogen, *n.* GLYCOGEN
gnarled, *a.* CNOTIOG, CEINCIOG, GARW
gnash, *v.* RHINCIAN
gnat, *n.* GWYBEDYN
gnaw, *v.* CNEWIAN, DEINTIO, CONIO
gneiss, *n.* GNEIS
gnome, *n.* COBLYN, GWIREB
Gnostic, *n.* GNOSTIG
gnu, *n.* GNIW
go, *v.* MYND, MYNED
goad, *n.* SWMBWL
   v. SYMBYLU
goal, *n.* GÔL, BWRIAD, NOD
   goal shooter, SAETHWR
goalkeeper, *n.* GOLWR, GOLGEIDWAD
goat, *n.* GAFR

gobble, v. TRAFLYNCU
goblet, n. FFIOL
goblin, n. BWGAN, COBLYN
god, n. DUW
God, DUW
godchild, n. MAB BEDYDD, MERCH FEDYDD
goddess, n. DUWIES
godfather, n. TAD BEDYDD
godhead, n. DUWDOD
The Godhead, Y DUWDOD
godless, a. DI-DDUW, ANNUWIOL
godlike, a. DWYFOL(AIDD)
godliness, n. DUWIOLDEB
godly, a. DUWIOL
godmother, n. MAM FEDYDD
godsend, n. CAFFAELIAD
god-speed, n. LLWYDDIANT, RHWYDD HYNT
goggle, v. TROI LLYGAID
goggles, GWYDRAU
goitre, n. Y WEN, GOITR
go-kart, n. GWIBGART
gold, n. AUR
golden, a. EURAID
goldfinch, n. EURBINC, NICO
goldfish, n.pl. EURBYSG
goldsmith, n. GOF AUR, EURYCH
golf, n. GOLFF
golf links, MAES GOLFF
golfer, n. GOLFFWR
golliwog, n. GOLIWOG
gondola, n. GONDOLA
gong, n. GONG
gonorrhoea, n. HADLIF
good, a. DA(IONUS), MAD, CRYN
n. DA(IONI), LLES
good-night, NOS DA / DAWCH
no good, DIM GWERTH
good enough, DIGON DA
good-bye, n. FFARWÉL
i. DA BO CHI, YN IACH! FFARWÉL!
say good-bye, FFARWELIO
good-for-nothing, a. DIFFAITH
good-looking, a. GOLYGUS
goodly, a. HARDD, LLAWER
good-natured, a. HYNAWS, RHADLON
goodness, n. DAIONI
goods, n.pl. NWYDDAU
consumer goods, NWYDDAU TRAUL
goods and chattels, NWYDDAU A THECLYNNAU
goodwill, n. EWYLLYS DA
googly, n. GWGLI
goose, n. GWYDD
gooseberry, n. GWSBEREN, EIRINEN FAIR
gooseflesh, n. CROEN GWYDD

gore, n. GÔR, GWAED
v. CORNIO
gorge, n. CEUNANT, CROMBIL
v. TRAFLYNCU, SAFNIO
gorgeous, a. YSBLENNYDD, GWYCH
gorgeousness, n. YSBLANDER, GWYCHDER
gorilla, n. GORILA
gormandize, v. GLODDESTA
gorse, n. EITHIN
gory, a. GWAEDLYD
gosling, n. CYW GWYDD
gospel, n. EFENGYL
gossamer, n. GWAWN
gossip, n. CLEC, CLONC, CLEBRYN, CLEBREN
v. CLEBRAN, CLECIAN
gouge, n. GAING GAU
v. CAFNU
gourd, n. CICAION
gourmand, n. GLODDESTWR
gourmet, n. BEIRNIAD BWYD
gout, n. GOWT, CYMALWST
govern, v. LLYWODRAETHU, RHEOLI
governess, n. ATHRAWES
governing, a. LLYWODRAETHOL
government, n. LLYWODRAETH
governmental, a. LLYWODRAETHOL
governor, n. LLYWODRAETHWR, RHEOLWR
gown, n. GWN
grab, n. CRAP
v. CRAFANGU
grabble, v. YMBALFALU
grace, n. GRAS, GOSGEIDDRWYDD
graceful, a. GRASLON, LLUNIAIDD, GOSGEIDDIG
gracefulness, n. GRASLONRWYDD
graceless, a. DIGYWILYDD
gracious, a. GRASOL, HYNAWS
graciousness, n. GRASLONRWYDD
gradation, n. GRADDOLIAD, GRADDIAD
grade, n. GRADD, SAFON
v. GRADDIO
graded, a. GRADDEDIG
gradient, n. GRADDIANT
gradual, a. GRADDOL
gradualism, n. ARADEGEDD
graduate, n. GRADDEDIG, GWR GRADD
v. GRADDIO, GRADDNODI
graduated pension, PENSIWN GRADDEDIG
graduation, n. GRADDEDIGAETH, GRADDNOD
graffito, n. MURYSGRIFEN, GRAFFITO
graft, n. IMP(YN), HUNAN-LES
v. IMPIO, GRAFFTIO

grail, *n.* GREAL, CWPAN
grain, *n.* GRONYN, GRAEN, MYMRYN
  v. GRAENIO
grained, *a.* GRAENOG
gram, *n.* GRAM
grammar, *n.* GRAMADEG
grammarian, *n.* GRAMADEGYDD
grammatical, *a.* GRAMADEGOL
gramme, *n.* GRAM
gramophone, *n.* GRAMOFFON
granary, *n.* YSGUBOR
grand, *a.* MAWREDDOG, PRIF, UCHEL
grandchild, *n.* ŴYR, WYRES
  great grandchild, GORWYR(ES)
grandeur, *n.* MAWREDD, RHWYSG
grandfather, *n.* TAD-CU, TAID
  great-grandfather, HEN-DAD-CU,
  HENDAID
grandiloquent, *a.* CHWYDDEDIG
grandiose, *a.* MAWREDDOG
grandmother, *n.* MAM-GU, NAIN
grandson, *n.* ŴYR
grange, *n.* GRÊNS, FFARM, MYNACHDY
granite, *n.* GWENITHFAEN, ITHFAEN
granny, *n.* MAM-GU, NAIN
grant, *n.* GRANT, RHODD
  v. CANIATÁU, ADDEF
  capitation grant, GRANT YN ÔL Y PEN
granular, *a.* GRONYNNOG
granulate, *v.* GRONYNNU
granulated, *a.* GRONYNNOG
granulation, *n.* GRONYNIAD
granule, *n.* GRONYNNELL
granulite, *n.* GRANWLIT
grapefruit, *n.* GRAWNFFRWYTH,
grapes, *n.pl.* GRAWNWIN
graph, *n.* GRAFF
graphic, *a.* GRAFFIG, BYW
graphical, *a.* GRAFFIGOL
graphics, *n.pl.* GRAFFIGWAITH, GRAFFEG
graphite, *n.* GRAFFID
grapnel, *n.* GAFAELFACH, ANGORYN
grapple, *n.* GAFL, GAFAELFACH
  v. GAFAELYD, BACHU
grasp, *n.* GAFAEL, AMGYFFREDIAD
  v. GAFAEL(YD), AMGYFFRED
grasping, *a.* TRACHWANTUS
grass, *n.* GLASWELLT, PORFA
grasshopper, *n.* CEILIOG Y RHEDYN
grassland, *n.* GLASWELLTIR
grassy, *a.* GLAS(WELLTOG)
grate, *n.* GRAT
  v. RHYGNU, MERWINO, CRAFELLU

grateful, *a.* DIOLCHGAR
gratefulness, *n.* DIOLCHGARWCH
grater, *n.* GRATER, CRAFELLYDD
graticule, *n.* GRATICWL
gratification, *n.* BODDHAD
gratify, *v.* BODDHAU, BODDIO
grating, *a.* GARW, CRAS
  n. GRATIN
gratis, *ad.* YN RHAD AC AM DDIM
gratitude, *n.* DIOLCHGARWCH
gratuitous, *a.* AM DDIM, RHAD
gratuity, *n.* CILDWRN, RHODD
grave, *n.* BEDD, BEDDROD
  a. DIFRIFOL, DWYS
  v. CERFIO
grave-digger, *n.* TORRWR BEDDAU
gravel, *n.* GRO, GRAEAN, GRAFEL
gravelly, *a.* GRAEANOG
graven, *a.* CERFIEDIG
graver, *n.* CRAFELL, CERFIWR
gravestone, *n.* BEDDFAEN, CARREG FEDD
graveyard, *n.* MYNWENT, CLADDFA
gravimetric, *a.* GRAFIMETRIG
gravitate, *v.* DISGYRCHU, DISGYN
gravitation, *n.* DISGYRCHEDD
gravitational, *a.* DISGYRCHOL
  gravitational force, GRYM
  DISGYRCHEDD
gravity, *n.* DISGYRCHIANT, PWYSIGRWYDD
  centre of gravity, CRAIDD
  DISGYRCHIANT
gravy, *n.* GREFI, ISGELL, SEW
  gravy browning, BROWNIN
grayling, *n.* CROTHELL
graze, *v.* PORI, PORFÁU
grazier, *n.* PORFÄWR
grazing, *n.* PORFA, TIR PORI
grease, *n.* IRAID, SAIM, GWÊR
  v. IRO, SEIMIO, IREIDIO
greasepaint, *n.* PAENT IRO
greaseproof, *a.* GWRTHSAIM
greasy, *a.* SEIMLLYD, IREIDLYD
great, *a.* MAWR
greatly, *ad.* YN FAWR
greatness, *n.* MAWREDD
grebe, *n.* GWYACH
Grecian, *a.* GROEGAIDD
Greece, *n.* GROEG
greed, *n.* GWANC, TRACHWANT
greediness, *n.* TRACHWANT, GWANC,
  BARIAETH
greedy, *a.* TRACHWANTUS, BARUS
Greek, *n.* GROEG (IAITH), GROEGWR

green, *a.* GWYRDD, GLAS, IR
  n. GRÎN
  v. GWYRDDU, GLASU
greenery, *n.* GWYRDDLESNI
greenfinch, *n.* LLINOS WERDD
greenfly, *n.* LLYSLAU
greengage, *n.* EIRINEN WERDD
greengrocer, *n.* GRÎNGROSER
greenhorn, *n.* GWIRIONYN, HURTYN
greenhouse, *n.* TŶ GWYDR
greenish, *a.* LLEDWYRDD
greenness, *n.* GWYRDDLESNI, IRDER
green peas, *n.pl.* PYS GLEISION
greenroom, *n.* LOLFA'R ACTORION
greensward, *n.* TYWARCHEN
greet, *v.* CYFARCH, ANNERCH
greeting, *n.* CYFARCHIAD
gregarious, *a.* GREGARAIDD, CYM-
  DEITHASGAR, HEIDIOG
gregariousness, *n.* GREGAREDD
grenade, *n.* GRENÂD
grey, *n.* LLWYD, GLAS
greybeard, *n.* HEN ẄR
greyhound, *n.* MILGI
greyish, *a.* LLWYDAIDD
grid, *n.* GRID, ALCH
  grid reference, CYFEIRNOD GRID
griddle, *n.* GRADELL
griddle-cake, *n.* BARA'R RADELL
gridiron, *n.* GRADELL RWYLLOG
griffon, *n.* GRIFFWN
grief, *n.* GALAR, GOFID, HIRAETH
grievance, *n.* CWYN, ACHWYNIAD
grieve, *v.* GALARU, HIRAETHU, GOFIDIO
grievous, *a.* DIFRIFOL, GOFIDUS, AETHUS
grill, *n.* GRIL, GRIDYLL
  v. GRILIO, GRIDYLLU
  mixed grill, GRIL CYMYSG
grille, *n.* GRIL, DELLT
grilling, *a.* POETH IAWN
  n. GRILIAD
grim, *a.* DIFRIFOL, SARRUG, MILAIN
grimace, *n.* YSTUM
  v. YSTUMIO
grime, *n.* BAW, BUDREDDI, PARDDU
  v. PARDDUO
griminess, *n.* BUDREDD, BRYNTNI
grimness, *n.* DIFRIFOLDEB, LLYMDER
grimy, *a.* BUDR, BRWNT
grin, *n.* GWÊN
  v. LLEDWENU
grind, *v.* LLIFANU, MALU
grinder, *n.* LLIFANYDD, MALWR, CILDDANT

grindstone, *n.* MAEN LLIFANU / LLIFO
grip, *n.* GAFAEL(IAD), CRAP
  v. GAFAEL, GWASGU
gripe, *v.* CRAFANGU
  n. GAFAEL
  gripes, Y CNOI
grist, *n.* ŶD, ELW
gristle, *n.* GÏAU, GWYTHI
grit, *n.* GRIT, GRUD, GRAEAN
  v. GRAEANU
gritty, *a.* GRITAIDD
grizzly, *a.* LLWYD(AIDD)
groan, *n.* OCHENAID, GRIDDFAN
  v. OCHNEIDIO, GRIDDFAN
groat, *n.* GROT
groats, *n.pl.* RHYNION
grocer, *n.* GROSER
groceries, *n.pl.* GROSERION
grog, *n.* GROG
groggy, *a.* MEDDW, ANSEFYDLOG, SIMSAN
groin, *n.* MORDDWYD, GWERDDYR
groom, *n.* PRIOD(AS)FAB, GWASTRAWD
  v. TRWSIO
groomsman, *n.* GWAS PRIODAS
groove, *n.* RHIGOL, RHYCH
  v. RHIGOLI, RHYCHU
grooved, *a.* RHIGOLOG
grooving, *n.* RHIGOLIAD
grope, *v.* YMBALFALU
gross, *n.* GROS, CRYNSWTH
  a. BRAS, AFLEDNAIS
  gross profit, ELW GROS
grotesque, *a.* GROTÉSG, OD
grotto, *n.* GROTO
ground, *n.* DAEAR, TIR, GRWND, LLAWR,
  SAIL, CAE CHWARAE
  v. DAEARU, LLORIO
  ground of complaint, SAIL YR
  ACHWYNIAD
  ground plan, LLORGYNLLUN
groundfrost, *n.* LLORREW
groundless, *a.* DI-SAIL
groundnuts, *n.pl.* CNAU DAEAR
groundplate, *n.* GRWNDBLAT
groundsel, *n.* GREULYS
groundsman, *n.* TIRMON
groundsmanship, *n.* TIRMONAETH
groundrow, *n.* LLORWEDD
groundwork, *n.* SYLFAEN, SAIL
group, *n.* GRẄP, TWR, BAGAD
  v. GRWPIO
  cyclic group, GRẄP CYLCHOL
  commutative group, GRẄP CYMUDOL
  discussion group, CYLCH TRAFOD

group-captain, *n.* GRŴP-GAPTEN
group-psychology, *n.* SEICOLEG Y DORF
grouse, *n.* GRUGIAR
　v. GRWGNACH
grout, *n.* GROWT
　v. GROWTIO
grove, *n.* CELLI, LLWYN
grovel, *v.* YMGREINIO
grow, *v.* TYFU, CODI, PRIFIO, CYNYDDU
grower, *n.* TYFWR
growing, *a.* YN TYFU
growl, *v.* CHWYRNU
　n. CHWYRNAD
growler, *n.* CHWYRNWR
growth, *n.* TWF, TYFIANT, CYNNYDD
groyne, *n.* GRWYN
grub, *n.* PRYF, BWYD
　v. DADWREIDDIO
grubby, *a.* BUDR, BRWNT
grubscrew, *n.* SGRIW DDIGOPA
grudge, *n.* CAS, CENFIGEN, BET
　v. GWARAFUN, GRWGNACH
gruel, *n.* GRUAL, GRIWEL
gruesome, *a.* ERCHYLL, FFIAIDD
gruff, *a.* SARRUG, SWTA, GARW
gruffness, *n.* SARUGRWYDD
grumble, *v.* GRWGNACH, TUCHAN
grumpiness, *n.* SARUGRWYDD
grumpy, *a.* SARRUG, DISERCH
grunt, *n.* RHOCH
　v. RHOCHIAN
guarantee, *n.* GWARANT, ERNES
　v. GWARANTU, MECHNÏO
guaranteed, *a.* GWARANTEDIG
guarantor, *n.* GWARANTWR
guard, *n.* GARD, GWARCHODYDD, SGRIN
　v. GWARCHOD
guarded, *a.* GWYLIADWRUS, GOFALUS
guardhouse, *n.* GWARCHODFA
guardian, *n.* GWARCHEIDWAD
guardianship, *n.* GWARCHEIDWAETH
guardsman, *n.* GWARCHODFILWR
guerdon, *n.* GWOBR(WY)
guerilla, *n.* HERWFILWR
guess, *v.* DYFALU, DYCHMYGU
guesswork, *n.* DYFALIAD
guest, *n.* GWESTAI, GŴR/GWRAIG (G)WADD
guest-artist, *n.* ACTOR (G)WADD
guffaw, *n.* CRECHWEN
　v. CRECHWENU
guidance, *n.* CYFARWYDDYD
　vocational guidance, CYFARWYDDYD
　GALWEDIGAETHOL

guide, *n.* TYWYSWR, ARWEINYDD,
　CYFEIRYDD
　v. TYWYS, ARWAIN
guide-book, *n.* TEITHLYFR
guide-dog, *n.* ARWEINGI
guide-lines, *n.pl.* GWIFRAU TYWYS,
　CANLLAWIAU
guides, *n.pl.* ARWYDDION (GWNÏO)
guild, *n.* GILD
guildhall, *n.* NEUADD Y DREF
guile, *n.* DICHELL, TWYLL
guileful, *a.* DICHELLGAR
guileless, *a.* DIDWYLL
guillemot, *n.* HELIGOG
guillotine, *n.* GILOTÏN
guilt, *n.* EUOGRWYDD
guiltless, *a.* DIEUOG, DI-FAI
guilty, *a.* EUOG
guinea, *n.* GINI
guinea-fowl, *n.* COMBÁC
guinea-pig, *n.* MOCHYN CWTA
guise, *n.* RHITH, DIWYG, DULL
guitar, *n.* GITÂR
guitarist, *n.* GITARYDD
gulch, *n.* CEUNANT
gulf, *n.* GWLFF, GENEUFOR, GAGENDOR
gull, *n.* GWYLAN, GWIRIONYN
　v. TWYLLO
gullet, *n.* CORN GWDDF
gullibility, *n.* HYGOELEDD
gullible, *a.* HYGOELUS
gullied, *a.* GWLÏOG
gulp, *n.* JOCH, LLAWC, TRAFLWNC
　v. TRAFLYNCU, LLAWCIAN
gum, *n.* GWM
　v. GYMIO
gumboots, *n.pl.* ESGIDIAU RWBER
gumption, *n.* DEALL, DIRNADAETH
gun, *n.* GWN, DRYLL
gunmetal, *n.* GWNFETEL
gunner, *n.* GYNNWR
gunnery, *n.* GYNYDDIAETH
gunpowder, *n.* POWDR GWN
gunshot, *n.* PELENNI, GWN
gunstock, *n.* BÔN GWN
gunwale, *n.* GYNWAL
gurgle, *n.* BWRLWM
　v. BYRLYMU
gurnard, *n.* PENGERNYN
gush, *n.* FFRWD, GORLIF
　v. FFRYDIO, LLIFEIRIO
gusher, *n.* FFRYDYDD (OLEW)
gushing, *a.* FFALS, YN FFRYDIO'N GRYF

gusset, *n.* CWYSED
gust, *n.* CHWYTHWM
gustation, *n.* BLASU
gusto, *n.* AWCH, BLAS, SÊL
gusty, *a.* GWYNTOG
gut, *n.* PERFEDDYN, GWT
   v. DIBERFEDDU, DIFRODI
gutter, *n.* CWTER, CAFN
guttural, *a.* GYDDFOL
guy, *n.* RHAFF, DELW
guzzler, *n.* TRAFLYNCWR, LLAWCIWR

gymkhana, *n.* MABOLGAMPAU
gymnasium, *n.* CAMPFA, GYMNASIWM
gymnast, *n.* MABOLGAMPWR
gymnastics, *n.* GYMNASTEG
gynaecologist, *n.* GYNAECOLEGYDD
gynaecology, *n.* GYNAECOLEG
gypsum, *n.* GYPSWM
gyrate, *v.* CHWYRLÏO
gyration, *n.* CHWYRLÏANT
gyrocompass, *n.* CWMPAWD GYRO
gyroscope, *n.* GYROSGOP

ha, *i.* HA!
habeas corpus, *n.* GWŶS
haberdasher, *n.* DILLEDYDD
haberdashery, *n.* SIOP DDILLAD,
  DILLADACH
habit, *n.* ARFER(IAD), GWISG, ABID
habitable, *a.* CYFANHEDDOL
habitat, *n.* CYNEFIN
habitation, *n.* ANNEDD, TRIGFAN
habitual, *a.* ARFEROL, CYNEFODIG
  habitual drunkard, MEDDWYN
  CYNEFODIG
habitué, *n.* MYNYCHWR
hack, *n.* HAC, AGEN
  v. HACIO
hackle, *n.* HEISLAN
  v. HEISLANU
hackney, *n.* CEFFYL (I'W FARCHOGAETH),
  CERBYD HUR
hackneyed, *a.* YSTRYDEBOL, CYFFREDIN
hacksaw, *n.* HACLIF
haddock, *n.* HADOG, CORBENFRAS
hades, *n.* ANNWN
haematite, *n.* HAEMATIT
haematura, *n.* HAEMATWRA
haemoglobin, *n.* HAEMOGLOBIN
haemophilia, *n.* HAEMOFFILIA
haemorrhage, *n.* GWAEDLIF
haemorrhoids, *n.pl.* CLWYF Y
  MARCHOGION
haff, *n.* MORLYN
haft, *n.* COES
  v. COESIO
hag, *n.* GWRACH
haggard, *a.* PRYDERUS
haggis, *n.* HAGIS
haggle, *v.* BARGEINIO
hail, *n.* CESAIR, CENLLYSG
  v. BWRW CESAIR/CENLLYSG
hail, *i.* HENFFYCH (WELL)!
  v. CYFARCH
  to hail from, HANU O
hailstones, *n.pl.* CESAIR, CENLLYSG
hair, *n.* GWALLT, BLEWYN, CEDOR, RHAWN
hairdresser, *n.* TRINIWR GWALLT
hairless, *a.* MOEL, PENFOEL
hairpin, *n.* PIN GWALLT
hairy, *a.* BLEWOG, GWALLTOG
hake, *n.* CEGDDU
halcyon, *a.* TEG, TAWEL
hale, *a.* IACH, HOENUS
half, *n. & a.* HANNER
half-back, *n.* HANERWR

half-bred, *a.* CYMYSGRYW
half-caste, *n.* UN DU A GWYN, etc.
half-dead, *a.* LLEDFYW
half-hearted, *a.* DI-AWYDD
halfpenny, *n.* DIMAI
halibut, *n.* HALIBWT
halinity, *n.* HALWYNEDD
halitosis, *n.* DRYGANADL
hall, *n.* NEUADD, LLYS
hallelujah, *n.* HALELIWIA
hallmark, *n.* NOD GWARANT, DILYSNOD
hallmote, *n.* HALMWD
hallow, *v.* CYSEGRU, SANCTEIDDIO
hallowed, *a.* CYSEGREDIG
Halloween, *n.* NOS GALANGAEAF
hallucination, *n.* GEUDDRYCH,
  RHITHWELEDIAD
halo, *n.* HALO, LLEUGYLCH, EUROL
halogen, *n.* HALOGEN
halogenation, *n.* HALOGENIAD
halophyte, *n.* HALOFFYT
halophytic, *a.* HALOFFYTIG
halt, *n.* AROSFA
  v. AROS
halter, *n.* CEBYSTR, PENFFESTR
halve, *v.* HANERU
halyard, *n.* HALIARD
ham, *n.* HAM
hamartiology, *n.* HAMARTIOLEG
hames, *n.pl.* MYNCI
hamlet, *n.* PENTREFAN
hammer, *n.* MORTHWYL
  v. MORTHWYLIO
  backing hammer, MORTHWYL CEFNU
  claw hammer, MORTHWYL CRAFANC
  creasing hammer, MORTHWYL CRYCHU
hammock, *n.* HAMOG
hamper, *n.* HAMPER
  v. LLUDDIAS, RHWYSTRO
hamstring, *n.* LLINYN/GEWYN Y GAR
  v. RHWYSTRO
hand, *n.* LLAW, DYRNFEDD, GWAELL
  v. TROSGLWYDDO, ESTYN
  hand-off, HWP LLAW
  in hand, AR WAITH
  handball, PÊL LAW
handbag, *n.* BAG LLAW, LLAWGWD
handbill, *n.* HYSBYSLEN FACH
handbook, *n.* LLAWLYFR
handcuff, *n.* GEFYN LLAW
handful, *n.* DYRNAID, LLOND LLAW
handicap, *n.* ANFANTAIS, HANDICAP
  v. LLESTEIRIO

handicapped, *a.* DAN ANFANTAIS
handicraft, *n.* CREFFT
handiwork, *n.* GWAITH LLAW
handkerchief, *n.* HANCES, MACYN,
 CADACH POCED
handle, *n.* DOLEN, CARN, COES, HANDLEN
 v. TRIN, LLAWIO, TRAFOD
handling, *v.* LLAWIO
hand-made, *a.* O WAITH LLAW
handmaid, *n.* LLAWFORWYN
hand-props, *n.pl.* OFFER LLAW
handrail, *n.* CANLLAW
 v. CANLLAWIO
hands, *i.* LLAW!
handsaw, *n.* LLAWLIF
hand-signs, *n.pl.* ARWYDDION LLAW
handsome, *a.* GOLYGUS, GLÂN
handwork, *n.* GWAITH LLAW
handwriting, *n.* LLAWYSGRIFEN
handy, *a.* HWYLUS, CYFLEUS, HYLAW
hang, *v.* CROGI, HONGIAN
hangar, *n.* AWYRENDY
hanger, *n.* HANGER, HONGIWR
hang-gliding, *v.* BARCUTA
hanging, *n.* CROGI, HONGIAN
 a. CROG
hang-glider, *n.* BARCUTWR, BARCUT
hangman, *n.* CROGWR
hangover, *n.* PEN MAWR
hank, *n.* CENGL, SGAIN
hanker, *v.* CREFU, HIRAETHU
hansom, *n.* CAB
hap, *n.* DAMWAIN, HAP
haphazard, *a.* DAMWEINIOL
hapless, *a.* ANFFODUS, ANLWCUS
haploid, *n.* & *a.* HAPLOID
haply, *ad.* EFALLAI, DICHON
happening, *n.* DIGWYDDIAD
happiness, *n.* DEDWYDDWCH, GWYNFYD,
 HAPUSRWYDD
happy, *a.* DEDWYDD, HAPUS, WRTH EI FODD
happy-go-lucky, *a.* DIDARO, DIOFAL
hara-kiri, *n.* HUNANLADDIAD
harangue, *n.* ARAITH DANBAID HIR
harass, *v.* POENI, BLINO
harbinger, *n.* RHAGREDEGYDD, CENNAD
harbour, *n.* PORTHLADD, HARBWR
 v. LLOCHESU, COLEDDU
harbourage, *n.* ANGORFA, LLOCHES
hard, *a.* CALED, ANODD, DWYS
hardboard, *n.* CALEDFWRDD
harden, *v.* CALEDU
hardener, *n.* CALEDWR

hard-headed, *a.* CRAFF, MEDRUS
hardie, *n.* CŶN EINGION
hardihood, *n.* HYFDRA, HAERLLUGRWYDD
hardiness, *n.* CRYFDER, GWYDNWCH
hardly, *ad.* PRIN, BRAIDD
hardness, *n.* CALEDWCH, ANHAWSTER
hardpan, *n.* CLETIR
hardship, *n.* CALEDI
hardware, *n.* NWYDDAU METEL,
 CALEDWEDD
hardwood, *n.* PREN CALED
hardy, *a.* CALED, GWYDN, EOFN
hare, *n.* YSGYFARNOG
 jugged hare, YSGYFARNOG JWG
harebell, *n.* CLOCH YR EOS
hare-brained, *a.* BYRBWYLL
harem, *n.* GWREICTY, HARÎM
harelip, *n.* GWEFUS FYLCHOG
haricot, *n.* HARICOT
hark, *i.* CLYW(CH)! HAI! HO!
harlequin, *n.* ACTOR (MEWN PANTOMEIM)
harlot, *n.* PUTAIN, HWREN
harm, *n.* DRWG, NIWED, CAM
 v. NIWEIDIO, DRYGU
harmattan, *n.* HARMATAN
harmful, *a.* NIWEIDIOL
harmless, *a.* DINIWED, DIDDRWG
harmlessness, *n.* DINIWEIDRWYDD
harmonic, *n.* & *a.* HARMONIG
 harmonic mean, CYMEDR HARMONIG
harmonious, *a.* YN CYTGORDIO, CYTÛN
harmonise, *v.* CYTGORDIO, CYTUNO
harmonium, *n.* HARMONIWM
harmony, *n.* HARMONI, CYNGHANEDD,
 CYTGORD
harness, *n.* HARNAIS, GÊR
 v. HARNEISIO
harp, *n.* TELYN
 v. CANU'R DELYN
 triple harp, TELYN DEIRES
 to harp upon, RHYGNU AR
harpoon, *n.* TRYFER
 v. TRYFERU
harpsichord, *n.* HARPSICORD
harrassment, *n.* AFLONYDDWCH
harrier, *n.* BYTHEIAD, RHEDWR, BODA DINWEN
harrow, *n.* OG(ED)
 v. OGEDU, LLYFNU, DRYLLIO
harry, *v.* DIFRODI, BLINO
harsh, *a.* CRAS, AFLAFAR, LLYM
harshness, *n.* CRASTER, GERWINDEB
hart, *n.* HYDD, CARW
harum-scarum, *a.* PENCHWIBAN

harvest, *n.* CYNHAEAF
   v. CYNAEAFU, CYWAIN
harvester, *n.* CYNAEAFWR
   combine harvester, COMBEIN,
   CYNAEAFYDD
hash, *n.* BRIWGIG, HASH, CYBOLFA
   v. BRIWIO
hasp, *n.* HASB, HESBYN, BACH
   hasp and staple, BACH A STWFFWL
hassle, *n.* TRAFFERTH, FFWDAN,
   v. POENI, BLINO
hassock, *n.* HESOR
haste, *n.* BRYS, FFRWST, PRYSURDEB
hasten, *v.* BRYSIO, PRYSURO
hasty, *a.* BRYSIOG, ANYSTYRIOL
hat, *n.* HET, PENWISG
hatch, *n.* DRWS BACH, HATS, DEORIAD
   v. LLINIOGI, DEORI
hatchery, *n.* DEORFA
hatchel, *n.* HEISLAN *v.* HEISLANU
hatchet, *n.* BWYELL
hatchway, *n.* GRISIAU (LLONG)
hate, *n.* CAS(INEB), ATGASEDD
   v. CASÁU, FFIEIDDIO
hateful, *a.* CAS, ATGAS, FFIAIDD
hatred, *n.* CAS(INEB), BET
hatter, *n.* GWERTHWR HETIAU
haughtiness, *n.* TRAHA, FFROENUCHELEDD
haughty, *a.* TALOG, BALCH, FFROENUCHEL
haul, *n.* DALFA
   v. CLUDO, LLUSGO, TYNNU
haulage, *n.* CLUDIAD, CLUDIANT
haulier, *n.* HALIWR, CLUDWR
haulm, *n.* GWLYDD, GWRYSG, CALLOD
haunch, *n.* HANS(IAD), CLUNIAD, FFOLEN
   v. HANSIO, CLUNIO
haunched, *a.* HANSIEDIG
haunt, *n.* CYRCHFA, CYNIWEIRFA
   v. MYNYCHU, CYNIWAIR
have, *v.* CAEL, MEDDU
haven, *n.* HAFAN, PORTHLADD
haversack, *n.* YSGREPAN
havoc, *n.* DIFROD, HAFOG
haw, *n.* CRIAFOLEN Y MOCH
hawk, *n.* HEBOG, GWALCH, CUDYLL,
   RHYFELGI
   v. PEDLERA
hawker, *n.* PEDLER
hawser, *n.* RHAFF LLONG
hawthorn, *n.* DRAENEN WEN
hay, *n.* GWAIR
haybote, *n.* PERTHFUDD
haycock, *n.* MWDWL GWAIR
hayrick, *n.* TAS WAIR, HELM, BERA

hayward, *n.* WARD FFENSYS, etc.
hazard, *n.* PERYGL, LLESTAIR, ANTUR
   v. ANTURIO
hazardous, *a.* PERYGLUS, ENBYDUS
haze, *n.* TAWCH, TARTH
hazel, *n.* COLLEN
haziness, *n.* ANEGLURDER
hazy, *a.* ANEGLUR, NIWLOG
he, *prn.* EF, FE, EFE, EFÔ, O, YNTAU
   a. GWRYW
head, *n.* PEN, WYNEBYN, PENNAETH
   a. PRIF, BLAEN
   v. BLAENORI, PENIO
   tight head, PEN CAETH
headache, *n.* DOLUR/CUR PEN
header, *n.* PENIAD
headgear, *n.* PENFFEST, PENWISG
heading, *n.* PENNAWD, TEITL, HEDIN
headland, *n.* PENTIR, TALAR
headlamp, *n.* LAMP FAWR
headline, *n.* PENNAWD, TEITL, HEDIN
headlong, *ad.* PENDRAMWNWGL
   a. BYRBWYLL
headmaster, *n.* PRIFATHRO
headphone, *n.* FFÔN PEN
headquarters, *n.pl.* PENCADLYS
headship, *n.* SWYDD PENNAETH
headstock, *n.* PEN BYW
headstrong, *a.* CYNDYN
headwater, *n.* BLAENDDWR
headway, *n.* LLWYDDIANT, CYNNYDD
heady, *a.* BYRBWYLL, MEDDWOL
heal, *v.* IACHÁU, GWELLA
heald, *n.* BRWYDAU
healing, *n.* IACHÂD
   a. IACHAOL
health, *n.* IECHYD
healthiness, *n.* CYFLWR IACH, IACHUS-
   RWYDD
healthy, *a.* IACH(US)
heap, *n.* TWR, CRUGYN, PENTWR
   v. PENTYRRU
hear, *v.* CLYWED
hearer, *n.* GWRANDAWR
hearing, *n.* CLYW, GWRANDAWIAD
hearken, *v.* CLUSTFEINIO, GWRANDO
hearsay, *n.* SÔN, SIARAD
   a. ACHLUST, AIL-LAW
hearse, *n.* HERS
heart, *n.* CALON, CRAIDD, CANOL
heart-ache, *n.* ING, DOLUR CALON
heartburn, *n.* LLOSG CYLLA, DWR POETH
hearten, *v.* CALONOGI
hearth, *n.* AELWYD

heartland, *n.* PERFEDDWLAD
heartless, *a.* DIDEIMLAD, CREULON
heartrending, *a.* TORCALONNUS
heartwood, *n.* RHUDDIN
hearty, *a.* CALONNOG, CYNNES
heat, *n.* GWRES, RHAGRAS
  v. GWRESOGI, CYNHESU
  heat stroke, TRAWIAD TES
  central heating, GWRES(OGI) CANOLOG
  latent heat, GWRES CUDD
  in heat (oestrum)
   (bitch), GAST GYNHAIG
  (sow), HWCH LODIG
  (cow), BUWCH WASOD / DERFENYDD
  (mare), CASEG FARCHUS
  (sheep), DAFAD YN MAHARENNA / RHYDIO
heater, *n.* GWRESOGYDD
  storage heater, STÔR-WRESOGYDD
heath, *n.* RHOS, RHOSTIR
heathen, *n.* PAGAN
  a. PAGANAIDD
heathendom, *n.* PAGANIAETH
heathenish, *a.* PAGANAIDD
heathenism, *n.* PAGANIAETH
heather, *n.* GRUG
heathland, *n.* RHOSTIR
heatstroke, *n.* TRAWIAD GWRES
heatwave, *n.* POETHDON, TONWRES
heave, *n.* HALIAD, YMCHWYDD, GWTHIAD,
  YMGODIAD
  v. HALIO, CODI, GWTHIO, YMGODI
heaven, *n.* NEF(OEDD)
heavenly, *a.* NEFOL(AIDD)
heavens, *n.* WYBREN
heaviness, *n.* TRYMDER, TRISTWCH
heaving, *n.* GWTHIAD
heavy, *a.* TRWM, TRIST
heavy-laden, *a.* TRYMLWYTHOG
heckle, *v.* YMYRRYD
heckler, *n.* YMYRRWR
hectare, *n.* HECTAR
hectic, *a.* CYNHYRFUS
hectogram, *n.* HECTOGRAM
hectograph, *n.* HECTOGRAFF
hectolitre, *n.* HECTOLITR
heddle, *n.* BRWYD(A), CRIBWR
hedge, *n.* PERTH, GWRYCH, SIETIN
  v. CAU, CLODDIO
hedgehog, *n.* DRAENOG
hedger, *n.* GWRYCHWR, CLODDIWR
hedgerow, *n.* PERTH, CLAWDD, GWRYCH
hedge-sparrow, *n.* LLWYD Y BERTH
hedonic, *a.* HEDONIG
hedonism, *n.* HEDONIAETH

hedonist, *n.* HEDONYDD
hedonistic, *a.* HEDONISTAIDD
heed, *v.* YSTYRIED, HIDIO, MALIO
  v. SYLWI, YSTYRIED
heedful, *a.* YSTYRIOL, GOFALUS
heel, *n.* SAWDL, SGWDL (DRIL)
  v. SODLI
  back heel, OLSODLI
hegemony, *n.* HEGÉMONI, TRA-
  ARGLWYDDIAETH
heifer, *n.* ANNER, TREISIAD, HEFFER
height, *n.* UCHDER, TALDRA
heighten, *v.* MWYHAU, DWYSÁU
heinous, *a.* YSGELER, ANFAD
heinousness, *n.* YSGELERDER,
  ANFADRWYDD
heir, *n.* ETIFEDD, AER
  heir apparent, ETIFEDD APARAWNS
heirdom, *n.* ETIFEDDIAETH
heiress, *n.* ETIFEDDES, AERES
heirloom, *n.* EIDDO (ETIFEDDOL)
heliac(al), *a.* HEULAIDD
helianthus, *n.* BLODYN YR HAUL
helical, *a.* HELICAL, HELIGOL
helicoid, *n.* HELICOID
helicopter, *n.* HOFRENNYDD, HELICOPTER
heliograph, *n.* HELIOGRAFF
helioscope, *n.* HELIOSGOP
heliotrope, *n.* HELIOTROP
heliotropism, *n.* HELIOTROPEDD
helium, *n.* HELIWM
helix, *n.* HELICS
hell, *n.* UFFERN
hellish, *a.* UFFERNOL
helm, *n.* LLYW
helmet, *n.* HELM
helminth, *n.* LLYNGYREN, HELMINTH
helminthology, *n.* HELMINTHOLEG
helmsman, *n.* LLYWIWR
help, *n.* CYMORTH, CYNHORTHWY, HELP
  v. CYNORTHWYO, HELPU
helper, *n.* CYNORTHWYWR, HELPWR
helpful, *a.* DEFNYDDIOL, CYNORTHWYOL
helping, *n.* CYFRAN, DOGN
helpless, *a.* DIYMADFERTH
helpmate, *n.* CYDYMAITH
helter-skelter, *ad.* BLITH DRAPHLITH
hem, *n.* HEM
  v. HEMIO, FFELIO
  hem stitching, PWYTHO HEM
hematite, *n.* HEMATID
hemi-, *px.* HANNER
hemi-demi-semiquaver, *n.* HANNER
  -LLED-HANNER CWAFER

hemisphere, *n.* HEMISFFER
hemispheric, *a.* HEMISFFERIG
hemlock, *n.* CEGID, CEGR
hemmer, *n.* HEMELL
hemp, *n.* CYWARCH
hen, *n.* IÂR
henbane, *n.* FFA'R MOCH
hence, *i.* YMAITH! I FFWRDD!
  ad. ODDI YMA, GAN HYNNY, MEWN
  CANLYNIAD
henceforth, *ad.* O HYN YMLAEN, MWYACH
henchman, *n.* CEFNOGWR
heparin, *n.* HEPARIN
hepatic, *a.* HEPATIG
hepatitis, *n.* LLID YR AFU, HEPATITIS
heptagon, *n.* HEPTAGON
heptagonal, *a.* HEPTAGONAL
heptarchy, *n.* LLYWODRAETH SAITH
her, *pn.* EI, HI, HITHAU
herald, *n.* HERODR, RHAGFLAENYDD,
  CYHOEDDWR
  v. CYHOEDDI, RHAGFLAENU
  herald bard, ARWYDDFARDD
heraldic, *a.* HERODROL
heraldry, *n.* HERODRAETH
herb, *n.* SAWR-LYSIEUYN
herbaceous, *a.* LLYSIEUOL
herbage, *n.* LLYSIAU, HAWL PORI
herbal, *n.* LLYFR LLYSIAU
  a. LLYSIEUOL
herbalist, *n.* LLYSIEUYDD
herbicide, *n.* CHWYNLEIDDIAD
herbivore, *n.* LLYSYSYDD
herbivorous, *a.* LLYSYSOL
herb Paris, *n.* CWLWM CARIAD
herbs, *n.pl.* LLYSIAU BLAS
herculean, *a.* GORCHESTOL, CRYF
herd, *n.* BUCHES, GYR, DIADELL, CENFAINT
  v. HEL, HEIDIO, TYRRU
herd-instinct, *n.* GREDDF YR HAID
herdsman, *n.* HEUSOR
here, *ad.* YMA, DYMA, YN Y FAN HON
  here and there, YMA AC ACW, HWNT
  AC YMA
hereabouts, *ad.* GERLLAW, YN Y CYFFINIAU
hereafter, *n.* Y BYD A DDAW
  ad. O HYN YMLAEN/ALLAN, AR ÔL HYN,
  WEDI HYN
hereby, *ad.* WRTH HYN, DRWY HYN
hereditament, *n.* ETIFEDDIANT
hereditary, *a.* ETIFEDDOL
heredity, *n.* ETIFEDDEG
herein, *ad.* YN HWN, YN HYN
heresy, *n.* HERESI, CYFEILIORNAD

heretic, *n.* HERETIC
heretical, *a.* ANUNIONGRED, HERETICAIDD
heretofore, *ad.* HYD YN HYN
hereupon, *ad.* AR HYN
herewith, *ad.* GYDA HYN
heriot, *n.* HERIOT
heritable, *a.* ETIFEDDADWY
heritage, *n.* ETIFEDDIAETH, TREFTADAETH
hermaphrodite, *n.* HERMAFFRODIT,
  DEURYWYN
hermeneutics, *n.* HERMENEWTEG
hermetically, *a.* DIDDOS
hermit, *n.* MEUDWY
hermitage, *n.* MEUDWYFA
hernia, *n.* HERNIA, BORS, TORLLENGIG
hero, *n.* ARWR, GWRON
heroic, *a.* ARWROL
heroine, *n.* ARWRES
heroism, *n.* ARWRIAETH, GWROLDEB
heron, *n.* CRÊYR, CRYCHYDD
hero-worship, *n.* ARWRADDOLIAD
hero-worshipper, *n.* ARWRADDOLWR
herring, *n.* PENNOG, YSGADENYN
  herringbone pattern, PATRWM
  SAETHBEN
herself, *pn.* (HI) EI HUN(AN)
hesitancy, *n.* PETRUSTER
hesitant, *n.* PETRUSGAR
hesitate, *v.* PETRUSO
hesitation, *n.* PETRUSTER
hessian, *n.* HESIAN
heterodox, *a.* ANUNIONGRED, CYFEILIOR-
  NUS
heterodoxy, *n.* ANUNIONGREDEDD, GAU
  ATHRAWIAETH
heterodyne, *n.* HETERODEIN
heterogeneity, *n.* HETEROGENEDD
heterogeneous, *a.* HETEROGENUS,
  ANGHYDRYW
heteronomy, *n.* HETERONOMIAETH
heterophony, *n.* HETEROFFONI
heterosexual, *a.* ANGHYFUNRHYW
heterosis, *n.* HETEROSIS
heterozygous, *a.* HETEROSYGUS
heuristic, *a.* HEWRISTIG
hew, *v.* CYMYNU, TORRI, NADDU
hewer, *n.* CYMYNWR, TORRWR
hexadecimal, *n.* HECSADEGOL
hexagon, *n.* HECSAGON
hexagonal, *a.* HECSAGONAL
hexahedron, *n.* HECSAHEDRON
hexameter, *n.* MESUR CHWEBAN
hexose, *n.* HECSOS

413

hey, *i.* HAI!
heyday, *n.* ANTERTH
hiatus, *n.* BWLCH
hibernate, *v.* GAEAFGYSGU, GAEAFU
hibernation, *n.* GAEAFGWSG
hiccup, *n.* YR IG
   v. IGIAN
hidden, *a.* CUDD, ARGEL
hide, *n.* CROEN
   v. CUDDIO, CELU, YMGUDDIO
hide-and-seek, *n.* CHWARAE MIG / CHWIW
hidebound, *a.* RHAGFARNLLYD, CUL,
   CROENDYN
hideous, *a.* ERCHYLL, HYLL
hiding, *n.* CURFA, COSFA, CUDDFAN
hiding-place, *n.* LLOCHES, CUDDFAN
hie, *v.* BRYSIO, PRYSURO, PICIO
hierarchical, *a.* HIERARCHAIDD
hierarchy, *n.* HIERARCHAETH
hieroglyphic, *n.* HIEROGLYFFIG
higgledy-piggledy, *ad.* BLITH DRAPHLITH
high, *a.* UCHEL, MAWR, DWYS
   high tea, TE HWYR
highboard, *n.* LLWYFAN UCHEL
high-brow, *n.* UN UCHEL-AEL
highest, *a.* UCHAF
   highest common factor, FFACTOR
   CYFFREDIN MWYAF
high-flown, *a.* BALCH
high-handed, *a.* GORMESOL, FFROENUCHEL
highland, *n.* UCHELDIR
highlight, *v.* AMLYGU
highly, *ad.* YN FAWR, YN UCHEL
high-minded, *a.* MAWRFRYDIG
highness, *n.* UCHELDER
high-priest, *n.* ARCHOFFEIRIAD
high-spirited, *a.* CALONNOG, NWYFUS,
   YSBRYDOL
high-spirits, *n.* GORAWEN, NWYF
high-strung, *a.* GOR-DEIMLADWY,
   Â THANNAU TYN
high-water, *n.* PEN LLANW, GORLLANW
highway, *n.* CEFNFFORDD, FFORDD FAWR
highwayman, *n.* LLEIDR PEN FFORDD
hijack, *v.* HERWGIPIO
hijacker, *n.* HERWGIPIWR
hike, *n.* HEIC
   v. HEICIO
hiker, *n.* HEICIWR
hilarious, *a.* LLAWEN, LLON, SIRIOL
hilarity, *n.* HWYL, MIRI
hill, *n.* RHIW, TYLE, BRYN, GALLT
   hill country, BRYNDIR

hill station, BRYNFA
hill fort, BRYNGAER
hill and dale, BRO A BRYN
hillock, *n.* BRYNCYN, TWYN
hilly, *a.* BRYNIOG
hilt, *n.* CARN
hilum, *n.* HILWM, HADGRAITH
him, *pn.* EF, EFE, FE, E, EFÔ, FO, O, YNTAU
himself, *pn.* (EF) EI HUN(AN)
hind, *n.* EWIG, GWAS
   a. ÔL
hinder, *v.* RHWYSTRO, LLUDDIAS,
   LLESTEIRIO
   a. ÔL
hindmost, *a.* OLAF, DIWETHAF, BÔN
hindrance, *n.* LLUDDIANT, RHWYSTR
hinge, *n.* COLFACH
   v. COLFACHU
   piano hinge, COLFACH HIR
hint, *n.* AWGRYM, HINT
   v. AWGRYMU
hinterland, *n.* CEFNWLAD
hip, *n.* CLUN, EGROESEN, PRUDDGLWYF
hip-bone, *n.* GWREGYS PELFIG
hippie, *n.* HIPI
hippodrome, *n.* THEATR, RHEDEGFA
hippopotamus, *n.* AFONFARCH
hip-roof, *n.* TALCENDO
hire, *n.* HUR, CYFLOG
   v. HURIO, LLOGI, CYFLOGI
hireling, *n.* GWAS CYFLOG
hire-purchase, *n.* HUR-BWRCAS / BRYNU
   v. HUR-BWRCASU
his, *pn.* EI, EIDDO EF
hiss, *n.* SI, CHWYTHAD
   v. SIO, CHWYTHU, HISIAN
histamine, *n.* HISTAMIN
histogram, *n.* HISTOGRAM
histology, *n.* HISTOLEG
historian, *n.* HANESYDD
historic, *a.* HANESYDDOL, COFIADWY
historical, *a.* HANESYDDOL
historicism, *n.* HANESGREDEDD
historicity, *n.* HANESIAETH, HANES-
   IGRWYDD
historiography, *n.* HANESYDDIAETH
history, *n.* HANES
   suburban history, HANES MAESTREFOL
histrionic, *a.* HISTRIONIG
hit, *n.* ERGYD, TRAWIAD
   v. ERGYDIO, TARO, BWRW
   hit rate, CYFRADD DARO
   free hit, ERGYD RYDD

hitch, *n.* BACH(IAD), RHWYSTR
  v. BACHU, CLYMU, BODIO
hitch-hike, *v.* FFAWDHEGLU, BODIO
hitch-hiker, *n.* FFAWDHEGLWR, BODIWR
hither, *ad.* HYD YMA, TUAG YMA
hitherto, *ad.* HYD YN HYN
hive, *n.* CWCH GWENYN
  v. CYRCHU
ho, *i.* HO!, CLYWCH!
hoar, *a.* LLWYD, PENLLWYD
hoard, *n.* CRONFA
  v. CRONNI, CASGLU
hoarder, *n.* CRONNWR
hoarding, *n.* HORDIN
hoarfrost, *n.* CRWYBR, LLWYDREW, BARRUG
hoarse, *a.* CRYG(LYD)
  to grow hoarse, CRYGU
hoarseness, *n.* CRYGNI
hoary, *a.* LLWYD, PENLLWYD
hoax, *n.* CAST, TWYLL, PRANC
  v. CHWARAE CAST, CASTIO, TWYLLO
hoaxer, *n.* TWYLLWR, CASTIWR
hob, *n.* PENTAN
hobble, *n.* HERC
  v. (CLUN)HERCIAN
hobbledehoy, *n.* UN TRWSGL
hobby, *n.* HOBI, DIFYRWAITH
hobby-horse, *n.* HOBI-HORS, CEFFYL PREN
hobgoblin, *n.* BWGAN, BWCI (BO)
hobnail, *n.* HOELEN ESGID
hobnob, *v.* CYDYFED, YMGYFRINACHU
hock, *n.* GAR, GWIN, RHEIN
  v. TORRI LLINYN Y GAR
hockey, *n.* HOCI
hod, *n.* HAWC, HOD
hodograph, *n.* HODOGRAFF
hoe, *n.* HOF, HOW
  v. HOFIO, HOWIO
hog, *n.* TWRCH, MOCHYN
hogback, *n.* HOPGEFN
hogshead, *n.* HOCSED
hogweed, *n.* EFWR
hoist, *v.* CODI, DYRCHAFU
hold, *n.* GAFAEL, HOWLD
  v. GAFAEL, DAL, OEDI
holdall, *n.* CELSACH, POPETHFAG
holder, *n.* DALIWR, GAFAELYDD
holdfast, *n.* GLUDAFAEL
holding, *n.* DALIAD
  small holding, TYDDYN
holds, *n.pl.* GAFAELIAU
hole, *n.* TWLL
  v. TYLLU
  swallow hole, LLYNCTWLL

holiday, *n.* GŴYL
holiday-chalet, *n.* BWTHYN HAF, HAFOTY
holiness, *n.* SANCTEIDDRWYDD
hollow, *n.* PANT, CEUDOD, CAFN
  a. CAU
  v. CAFNU, TYLLU, PANTIO
hollow-ware, *n.* CEUNWYDDAU
holly, *n.* CELYN
hollyhock, *n.* HOCYS Y GERDDI
holm, *n.* MARIAN, YNYS (MEWN AFON), GWASTATIR
holm-oak, *n.* PRINWYDDEN
holocaust, *n.* LLADDFA
holster, *n.* GWAIN
holy, *a.* SANTAIDD, SANCTAIDD, GLÂN
  holy water, DWFR SWYN
  Holy See, Y BABAETH
homage, *n.* GWROGAETH
home, *n.* CARTREF
  ad. ADREF, TUA THREF
  at home, GARTREF
  remand home, CARTREF CADW
  going home, MYND ADREF, MYND TUA THREF
homegrown, *a.* CARTREF
homeland, *n.* GWLAD GARTREF, MAMWLAD
homeless, *a.* DIGARTREF
homeliness, *n.* CARTREFOLRWYDD
homely, *a.* CARTREFOL
home-made, *a.* O WAITH CARTREF
homeomorphic, *a.* CYFFURF
home-rule, *n.* YMREOLAETH
homesick, *a.* HIRAETHUS
homesickness, *n.* HIRAETH
homespun, *n.* BRETHYN CARTREF
homestead, *n.* TYDDYN, TRIGFAN
homeward, *ad.* ADREF, TUA THREF
homicide, *n.* DYNLADDIAD
  Homicide Act, DEDDF LLADD DYN
homily, *n.* HOMILI, PREGETH
homoblastic, *a.* HOMOBLASTIG
homogeneity, *n.* CYDRYWIAETH, HOMOGENEDD
homogeneous, *a.* CYDRYW, HOMOGENUS
homogenise, *v.* HOMOGENEIDDIO
homography, *n.* HOMOGRAFFEG
homohybrid, *n.* UNIGROESRYW
homologous, *a.* HOMOLOGUS
homologue, *n.* HOMOLOG
homology, *n.* HOMOLOGAETH
homophony, *n.* HOMOFFONI
homomorphic, *a.* HOMOMORFFIG
homomorphism, *n.* HOMOMORFFEDD
homosexual, *n.* GWRYWGYDIWR
  a. GWRYWGYDIOL

homosexuality, *n.* GWRYWGYDIAETH
homothermal, *a.* GWASTADWRES
homothetic, *a.* HOMOTHETIG
homozygote, *a.* CYDRYW
homozygous, *a.* HOMOSYGUS
hone, *n.* HÔN, CARREG HOGI
   v. HOGI
honest, *a.* GONEST, DIDWYLL, CYWIR
honesty, *n.* GONESTRWYDD, CEINIOG ARIAN
honey, *n.* MÊL
honey-bee, *n.* GWENYNEN
honeycomb, *n.* CRWYBR
   v. CRWYBRO
honey-dew, *n.* MELWLITH
honeymoon, *n.* MIS MÊL
honeysuckle, *n.* GWYDDFID
honorarium, *n.* CYDNABYDDIAETH,
   HONORARIWM
honorary, *a.* ANRHYDEDDUS, MYGEDOL
honour, *n.* ANRHYDEDD, BRI, PARCH
honourable, *a.* ANRHYDEDDUS
honoured, *a.* ANRHYDEDDUS
hood, *n.* LWFER, CWFL, CWCWLL
hooded, *a.* CYCYLLOG
hoodoo, *n.* ANLWC
hoodwink, *v.* TWYLLO, DALLU
hoof, *n.* CARN
hoofed, *a.* CARNOL
hook, *n.* BACH(YN), CRYMAN
   v. BACHU
   hook and eye, BACH A DOLEN
hooked, *a.* BACHOG
hooker, *n.* BACHWR
hooligan, *n.* HWLIGAN
hooliganism, *n.* HWLIGANIAETH
hoop, *n.* CYLCH(YN), HŴP, CANT
   v. CYLCHU, CANTIO
hooping-cough, *n.* Y PAS
hoose, *n.* HACH
hoot, *n.* HŴT
   v. HWTIO, HWTIAN
hop, *n.* HERC, HOP, HWB
   v. HERCIAN, HOPIAN
   hop, step and jump, HERC, CAM A NAID
hope, *n.* GOBAITH
   v. GOBEITHIO
hopeful, *a.* GOBEITHIOL, FFYDDIOG
hopeless, *a.* ANOBEITHIOL, DIOBAITH
hopelessness, *n.* ANOBAITH
hopper, *n.* DALIWR, CYNHWYSYDD, HOPRAN
hops, *n.pl.* HOPYS
hop-scotch, *n.* SGOTS, CICSTON
horde, *n.* HAID, TORF, MINTAI

horizon, *n.* GORWEL
horizontal, *a.* LLORWEDD(OL)
   horizontal plane, PLÂN LLORWEDD
horizontality, *n.* LLORWEDD-DRA
hormone, *n.* HORMÔN
horn, *n.* CORN
   v. CORNIO
   horn player, CORNOR
hornbeam, *n.* OESTRWYDDEN
horned, *a.* CORNIOG
hornet, *n.* CACYNEN
hornless, *a.* MOEL
hornpipe, *n.* MORDDAWNS, PIBGORN
horology, *n.* HOROLEG
horoscope, *n.* HOROSGOB
horrendous, *a.* DYCHRYNLLYD
horrible, *a.* OFNADWY, ERCHYLL
horrid, *a.* ERCHYLL, ECHRYDUS
horrify, *v.* ARSWYDO
horrifying, *a.* ARSWYDUS
horror, *n.* DYCHRYN, ARSWYD
horse, *n.* CEFFYL, HORS, MARCH
horseback, *n.* CEFN CEFFYL
horseblock, *n.* ESGYNFAEN
horse chestnut, *n.* CASTANWYDDEN
horse-fly, *n.* PRYF LLWYD
horse-hair, *n.* RHAWN
horseman, *n.* MARCHOG
horsemanship, *n.* MARCHOGAETH
horse-play, *n.* DIREIDI
horse-power, *n.* MARCHNERTH
horseradish, *n.pl.* RADYS POETH
horst, *n.* HORST
horticultural, *a.* GARDDWRIAETHOL
horticulture, *n.* GARDDWRIAETH,
   GARDDEG
horticulturist, *n.* GARDDWR
hosanna, *n.* HOSANNA
hose, *n.* HOSANAU, PIBELL
hosier, *n.* GWERTHWR HOSANAU
hosiery, *n.* HOSANWAITH
hospice, *n.* YSBYTY, LLETY
hospitable, *a.* LLETYGAR, CROESAWUS
hospital, *n.* YSBYTY
   maternity hospital, YSBYTY GENI /
   MAMOLAETH
hospitality, *n.* LLETYGARWCH, CROESO
host, *n.* LLU, GWESTYWR
hostage, *n.* GWYSTL
hostel, *n.* HOSTEL, NEUADD BRESWYL
hostelry, *n.* TAFARN, LLETY
hostess, *n.* GWESTYWRAIG
hostile, *a.* GELYNIAETHUS

hostility, *n.* GELYNIAETH.
hot, *a.* POETH, BRWD, TWYM
 hot dogs, SELSGWN POETH
hot metal, METEL GORGYNNES
hotbed, *n.* MAGWRFA
hotch-potch, *n.* CYBOLFA
hotel, *n.* GWESTY, HOTEL
hotelier, *n.* GWESTYWR
hotel-management, *n.* GWESTYAETH
hothead, *n.* PENBOETHYN
hot-headed, *a.* PENBOETH, BYRBWYLL
hotness, *n.* POETHDER
hotplate, *n.* CYLCH TRYDAN
hotpot, *n.* POETHBOT
hound, *n.* BYTHEIAD, HELGI, CI HELA
hour, *n.* AWR
hourglass, *n.* AWRWYDR
hour-hand, *n.* BYS MAWR
hourly, *ad.* BOB AWR
 hourly rate, AWRDAL
house, *n.* TŶ, ANNEDD
 v. ANHEDDU
 semi-detached house, TŶ PÂR, TŶ UN
 TALCEN
 split level house, TŶ LEFELAU GWAHÂN
housebote, *n.* ANHEDDFUDD
housebreaker, *n.* LLEIDR
housebreaking, *n.* TŶ-DORIAD
housecoat, *n.* COT TŶ
housecraft, *n.* CREFFT CADW TŶ
household, *n.* POBL Y TŶ
householder, *n.* PERCHENTŶWR, DEILIAD TŶ
housekeeper, *n.* GOFALYDDES
houseling, *n.* CYMUNWR
housemaid, *n.* MORWYN TŶ
housetop, *n.* NEN TŶ
housewife, *n.* GWRAIG TŶ
housewifery, *n.* CREFFT CADW TŶ
housing, *n.* GWAL, AMGAEAD, RHIGOL
hovel, *n.* HOFEL, PENTY
hover, *v.* HOFRAN, GWIBIO
hovercraft, *n.* HOFRENFAD
how, *ad.* SUT, PA FODD, PA
howbeit, *ad.* ER HYNNY
however, *ad.* SUT BYNNAG, PA FODD
 BYNNAG, ER HYNNY
howitzer, *n.* MAGNEL
howl, *n.* UDIAD, OERNAD
 v. UDO, OERNADU
howler, *n.* GWALL FFÔL/DYBRYD
hoyden, *n.* HOEDEN, MURSEN
hub, *n.* BOTH
hubbub, *n.* MWSTWR

huckster, *n.* PEDLER
huddle, *n.* CYMYSGFA
 v. TYRRU
hue, *n.* GWAWR, GWAEDD
 hue and cry, GWAEDD AC YMLID
huff, *n.* PWD, DIG, SORIANT
 v. PWDU, DIGIO, SORRI
huffy, *a.* PWDLYD, SORLLYD
hug, *n.* COFLEIDIAD
 v. COFLEIDIO
huge, *a.* ANFERTH, ENFAWR, DIRFAWR
hulk, *n.* HWLC(YN)
hulking, *a.* AFROSGO, TRWSGL
hull, *n.* CIBYN, PLISGYN, HWL
hullabaloo, *n.* HALIBALŴ, HELYNT,
 DADWRDD
hum, *n.* SI, TAS GALCH, GRŴN
 v. HYMIAN, MWMIAN, GRWNIAN
human, *a.* DYNOL
humane, *a.* HYNAWS, TRUGAROG, TIRION
humanism, *n.* DYNEIDDIAETH
humanist, *n.* DYNEIDDIWR
humanistic, *a.* DYNEIDDIOL
humanitarian, *n.* DYNGARWR
 a. DYNGAROL
humanitarianism, *n.* DYNGAROLDEB
humanities, *n.pl.* DYNIAETHAU
humanity, *n.* DYNOLIAETH
humanize, *v.* GWAREIDDIO
humble, *a.* GOSTYNGEDIG
 v. DAROSTWNG
humble-bee, *n.* CACYNEN
humbug, *n.* FFUG, TWYLL, HYMBYGOLIAETH
 v. FFUGIO, TWYLLO
humdrum, *a.* DIFLAS, BLIN
humerus, *n.* HWMERWS
humid, *a.* LLAITH
humidifier, *n.* LLEITHYDD
humidity, *n.* LLEITHDER
 absolute humidity, LLEITHDER ABSOLWT
humification, *n.* LLUFADREDD
humiliate, *v.* BYCHANU, GWARADWYDDO
humiliation, *n.* DAROSTYNGIAD
humility, *n.* GOSTYNGEIDDRWYDD
hummock, *n.* TWYN, TWMPATH, PONC
humorist, *n.* YSMALIWR, DIGRIFWR
humorous, *a.* DIGRIF, DONIOL
humour, *n.* HIWMOR, DIGRIFWCH
 v. BODDHAU
hump, *n.* CRWB, CRWMACH
hump-backed, *a.* CEFNGRWM
humus, *n.* HWMWS, LLUFADRON
hunch, *n.* SYNIAD, CRWMACH
 v. CRYMU, PENELINO

hundred, *n.* CANT. CANTREF. HWNDRWD
  a. CAN
hundredweight, *n.* CANPWYS
hunger, *n.* NEWYN
  v. NEWYNU, LLWGU
hungry, *a.* NEWYNOG
hunk, *n.* CWLFF(YN)
hunt, *n.* HELFA, HELWRIAETH
  v. HELA, YMLID, ERLID
hunter, *n.* HELIWR, CEFFYL HELA
hunting, *n.* HELA, HELWRIAETH
huntsman, *n.* HELIWR
hurdle, *n.* CLWYD, HYRDLEN
hurdler, *n.* CLWYD-LAMWR
hurdle-race, *n.* RAS GLWYDI
hurdy-gurdy, *n.* HYRDI-GYRDI
hurl, *v.* HYRDDIO, TAFLU
hurly-burly, *n.* DWNDWR, CYNNWRF
hurrah, *i.* HWRE!
hurricane, *n.* CORWYNT, HYRDDWYNT
hurried, *a.* BRYSIOG
hurry, *n.* BRYS
  v. BRYSIO
hurt, *n.* DOLUR, NIWED
  v. DOLURIO, NIWEIDIO
hurtful, *a.* NIWEIDIOL
husband, *n.* GŴR, PRIOD
husbandman, *n.* HWSMON, AMAETHWR
husbandry, *n.* HWSMONAETH
hush, *n.* GOSTEG, DISTAWRWYDD
  v. DISTEWI, GOSTEGU
  i. UST! TAW!
husk, *n.* CIBYN, PLISGYN, MESGLYN,
  CODEN, HACH
huskiness, *n.* CRYGNI, BLOESGNI
husky, *a.* CRYGLYD, EISINOG
  n. HYSGI
hussar, *n.* HWSAR
hussy, *n.* DIHIREN, MAEDEN
husting, *n.* HWSTYNG, LLWYFAN ETHOLIAD
hustle, *v.* GWTHIO, YMWTHIO, PRYSURO
hut, *n.* BWTH, LLUEST, CWT
hutch, *n.* CUT, CWB, CIST
hyacinth, *n.* CROESO HAF
hybrid, *n.* & *a.* HYBRID, CROESRYW
hydra, *n.* SARFF NAWPEN
hydrant, *n.* HYDRANT
hydrate, *v.* HYDRADU
hydration, *n.* HYDRAD(IAD)
hydraulic, *a.* HYDROLIG
hydraulics, *n.* HYDROLEG
hydride, *n.* HYDRID
hydrocarbon, *n.* HYDROCARBON

hydrocephalus, *n.* DWRBEN,
  HYDROCEFFALWS
hydrochloric, *a.* HYDROCLORIG
hydrochloride, *n.* HYDROCLORID
hydrodynamics, *n.* HYDRODYNAMEG
hydro-electric, *a.* HYDRO-ELECTRIG
hydro-extractor, *n.* GWEHYNNYDD
hydrofoil, *n.* HYDROFFOIL
hydrogen, *n.* HYDROGEN
hydrogenated, *a.* HYDROGENEDIG
hydroid, *n.* & *a.* HYDROID
hydrology, *n.* HYDROLEG
hydrolyse, *v.* HYDROLYDDIO, HYDROLU
hydrolysis, *n.* HYDROLYSIS
hydrometer, *n.* HYDROMEDR
hydrophobia, *n.* HYDROFFOBIA
hydrophobic, *a.* HYDROFFOBIG
hydrophyte, *n.* HYDROFFYT
hydroplane, *n.* PLÊN DŴR
hydroponics, *n.* HYDROPONEG
hydrosphere, *n.* HYDROSFFER
hydrostatic, *a.* HYDROSTATIG
hydrostatics, *n.* HYDROSTATEG
hydrothermal, *a.* HYDROTHERMOL
hydrotopism, *n.* HYDROTROPEDD
hydrous, *a.* HYDRUS
hydroxide, *n.* HYDROCSID
hyena, *n.* HYENA
hygiene, *n.* IECHYDEG, HYLENDID
hygienic, *a.* HYLAN
hygroma, *n.* HYGROMA
hygrometer, *n.* HYGROMEDR
hygroscopic, *a.* HYGROSGOPIG
hymen, *n.* HYMEN, Y BILEN FORWYNOL
hymn, *n.* EMYN, HYMN
hymnal, *n.* LLYFR EMYNAU, EMYNIADUR
  a. EMYNOL
hymnary, *n.* LLYFR EMYNAU, EMYNIADUR
hymnist, *n.* EMYNYDD
hymnology, *n.* EMYNYDDIAETH
hymn-tune, *n.* EMYN-DÔN
hypaethral, *a.* DI-DO
hyper-, *px.* GOR-, TRA-, HYPER-
hyperactive, *a.* GORACTIF
hyperbola, *n.* HYPERBOLA
hyperbole, *n.* GORMODIAITH
hyperbolic, *a.* HYPERBOLIG
hyperboloid, *n.* HYPERBOLOID
hypercritical, *a.* GORFEIRNIADOL
hypergeometric, *a.* HYPERGEOMETRIG
hyperinflation, *n.* GORCHWYDDIANT
hypermarket, *n.* ARCHFARCHNAD,
  HYPERFARCHNAD

hyperplasia, *n.* GORDWF
hypertrophy, *n.* GORDYFIANT, HYPER-
TROFFEDD
hyphen, *n.* CYPLYSNOD
hyphenated, *a.* CYPLYSEDIG
hypnosis, *n.* HYPNOSIS
hypnotism, *n.* HYPNOTIAETH
hypnotist, *n.* HYPNOTEIDDIWR
hypo-, *px.* HYPO-
hypochondria, *n.* Y FELAN, ISELDER
YSBRYD
hypocrisy, *n.* RHAGRITH
hypocrite, *n.* RHAGRITHIWR
hypocritical, *a.* RHAGRITHIOL

hypocycloid, *n.* HYPOSEICLOID
hypodermic, *a.* HYPODERMIG
hypogeal, *a.* TANDDAEAROL, HYPOGEAL
hypogynous, *a.* HYPOGYNUS, AFFRWYTHOG
hypostasis, *n.* HYPOSTASIS
hypostatic, *a.* HYPOSTATIG
hypotenuse, *n.* HYPOTENWS
hypothecate, *v.* PRIDIANNU
hypothesis, *n.* DAMCANIAETH, HYPOTHESIS
hypsometer, *n.* HYPSOMEDR
hyssop, *n.* ISOP
hysteria, *n.* Y FAMWST, HYSTERIA
hysterical, *a.* HYSTERIG
hysterics, *n.pl.* PWL O HYSTERIA

I, *pn.* MI, MYFI, I, INNAU, MINNAU
iambic, *n.* CORFAN, CÂN
   a. DYRCHAFEDIG
iambus, *n.* CORFAN DYRCHAFEDIG
ibid(em), *ad.* YR UN PETH, YN YR UN MAN
ice, *n.* IÂ, RHEW
   ice bound, IAGLWM, RHEWGAETH
   ice sheet, LLEN IÂ
   v. EISIO
ice-axe, *n.* PICAS IÂ
iceberg, *n.* EISBERG, MYNYDD IÂ
ice-cream, *n.* HUFEN IÂ
icefield, *n.* MAES IÂ
iceflow, *n.* LLIF IÂ
ice-rink, *n.* RINC IÂ
icicle, *n.* PIBONWYEN, CLOCH IÂ
icing, *n.* EISING
   glacé icing, EISING SGLEIN
icon, *n.* ICON, DELW
iconoclasm, *n.* ICONOCLASTIAETH
iconoclast, *n.* DRYLLIWR DELWAU
iconoclastic, *a.* ICONOCLASTIG
iconography, *n.* ICONOGRAFFIAETH
icterus, *n.* CLEFYD MELYN
ictus, *n.* TRAWIAD, ACEN, PWYSLAIS
icy, *a.* RHEWLLYD
id, *n.* ID
idea, *n.* SYNIAD, IDEA, DRYCHFEDDWL
ideal, *n.* DELFRYD, IDEAL (MATHS)
   a. DELFRYDOL, PERFFAITH
idealisation, *n.* DELFRYDIAD
idealise, *v.* DELFRYDU
idealism, *n.* DELFRYDIAETH, IDEALIAETH
idealist, *n.* DELFRYDWR, IDEALYDD
idealistic, *a.* DELFRYDYDDOL
ideate, *v.* SYNIO
ideation, *n.* SYNIADAETH
idemfactor, *n.* IDEMFFACTOR
identical, *a.* UNFATH, YR UN (PETH)
identification, *n.* ADNABYDDIAETH,
   UNDODIAD, UNIAETHIAD
identifier, *n.* DYNODWR
identify, *v.* ADNABOD, UNIAETHU, ENWI,
   NODI
identikit (picture), *n.* TEBYGLUN
identity, *n.* ADNABYDDIANT, UNFATHIANT,
   HUNANIAETH
   false identity, GAU HUNANIAETH
ideological *a.* IDEOLEGOL
ideologue, *n.* DAMCANIAETHWR,
   IDEOLEGWR
ideology, *n.* DYFALIAD, IDEOLEG
idiocy, *n.* PENWENDID, GWIRIONDEB

idiom, *n.* PRIOD-DDULL, IDIOM
idiomatic, *a.* IDIOMATIG
idiosyncrasy, *n.* HYNODWEDD, ANIANAWD
idiot, *n.* YNFYTYN, HURTYN, GWIRIONYN
idiotic, *a.* YNFYD, GWIRION, HURT
idle, *a.* SEGUR, DIOG
   v. SEGURA, DIOGI
idleness, *n.* SEGURDOD, DIOGI
idler, *n.* SEGURWR, DIOGYN
idol, *n.* EILUN, DELW
idolater, *n.* EILUNADDOLWR
idolatrous, *a.* EILUNADDOLGAR
idolatry, *n.* EILUNADDOLIAETH
idolize, *v.* ADDOLI, GORHOFFI
idyll, *n.* BUGEILGAN
idyllic, *a.* BYW, DARLUNIADOL
if, *c.* O, OS, OD, PE
igloo, *n.* IGLŴ
igneous, *a.* IGNEAIDD, TANLLYD
ignite, *v.* TANIO, CYNNAU, ENNYN
ignition, *n.* TANIAD
ignobility, *n.* TAEOGRWYDD ISEL-RADD
ignoble, *a.* GWAEL, ISEL, ANENWOG
ignominious, *a.* GWARTHUS, CYWILYDDUS
ignominy, *n.* GWARTH, GWARADWYDD
ignoramus, *n.* PERSON ANWYBODUS
ignorance, *n.* ANWYBODAETH
ignorant, *a.* ANWYBODUS
ignore, *v.* ANWYBYDDU, DIYSTYRU
ileum, *n.* ILEWM
ilium, *n.* ILIWM
ilk, *a.* YR UN (ENW)
ill, *a.* CLAF, AFIACH
   n. DRWG, ADFYD
ill-advised, *a.* ANNOETH, FFÔL
illation, *n.* CASGLIAD
ill-bred, *a.* ANFOESGAR
illegal, *a.* ANGHYFREITHLON
illegality, *n.* ANGHYFREITHLONDEB
illegibility, *n.* ANEGLURDEB
illegible, *a.* ANNARLLENADWY
illegitimacy, *n.* ANGHYFREITHUSDRA
illegitimate, *a.* ANGHYFREITHUS
illiberal, *a.* CRINTACHLYD, CUL
illiberality, *n.* CRINTACHRWYDD
illicit, *a.* ANGHYFREITHLON
illimitable, *a.* DIDERFYN, ANNHERFYNOL
illiteracy, *n.* ANLLYTHRENNEDD
illiterate, *a.* ANLLYTHRENNOG
ill-matched, *a.* ANGHYMARUS
illness, *n.* SALWCH, CLEFYD, AFIECHYD
ill-timed, *a.* ANAMSEROL
illogical, *a.* AFRESYMEGOL

illuminate, *v.* GOLEUANNU, LLEWYRCHU, GOLIWIO, GOLEUO
illuminated, *a.* GOLIWIEDIG
illumination, *n.* GOLEUANT, GOLIWIAD
illuminations, *n.pl.* GOLEUANNAU
illumine, *v.* GOLEUO, ESBONIO
illusion, *n.* RHITH(GANFYDDIAD), LLEDRITH
illusive, illusory, *a.* RHITHIOL, GAU, LLEDRITHIOL
illustrate, *v.* DARLUNIO, EGLUREBU, ESBONIO
illustrated, *a.* DARLUNIADOL
illustration, *n.* DARLUN, EGLUREB
illustrative, *a.* DARLUNIOL, EGLURHAOL
illustrious, *a.* ENWOG, HYGLOD
illuvial, *a.* MEWNLIFOL
ill-will, *n.* GELYNIAETH, CASINEB
image, *n.* DELWEDD, DELW, RHITH
v. DELWEDDU
virtual image, DELWEDD RITHWIR
diminished image, DELWEDD LAI
imagery, *n.* DELWEDDAETH
imaginable, *a.* DYCHMYGOL
imaginary, *a.* DYCHMYGOL, TYBIEDIG
imagination, *n.* DYCHYMYG, DARFELYDD
imaginative, *a.* DYCHMYGUS
imagine, *v.* DYCHMYGU, TYBIO, SYNIED
imbalance, *n.* ANGHYDBWYSEDD
imbecile, *n.* GWIRIONYN, YNFYTYN
a. GWIRION, DIALLU
imbecility, *n.* GWIRIONDEB, YNFYDRWYDD
imbed, *v.* PLANNU
imbibe, *v.* YFED
imbroglio, *n.* ANHREFN
imbrue, *v.* MWYDO
imbue, *v.* TRWYTHO
imitable, *a.* EFELYCHIADOL
imitate, *v.* EFELYCHU, DYNWARED
imitation, *n.* EFELYCHIANT, EFELYCHIAD, DYNWAREDIAD
a. FFUG
imitative, *a.* DYNWAREDOL, EFELYCHOL
imitator, *n.* DYNWAREDWR, EFELYCHWR
immaculate, *a.* DIFRYCHEULYD, PERFFAITH, PUR
immanence, *n.* MEWNFODAETH
immanent, *a.* MEWNFODOL
immaterial, *a.* ANFATEROL
immaterialism, *n.* ANFATEROLIAETH
immature, *a.* ANAEDDFED, AMRWD
immaturity, *n.* ANAEDDFEDRWYDD
immeasurable, *a.* DIFESUR, ANFESUROL
immediacy, *n.* DIGYFRYNGEDD, DISYFYDRWYDD

immediate, *a.* AGOS, PRESENNOL
immediately, *ad.* YN UNION, DI-OED, AR UNWAITH
immemorial, *a.* ER CYN COF
immense, *a.* ANFERTH, EANG, DIRFAWR
immensely, *ad.* YN DDIRFAWR
immensity, *n.* EHANGDER, HELAETHRWYDD
immerse, *v.* TROCHI
immersion, *n.* TROCHIAD
immersion heater, GWRESOGYDD TROCH
immigrant, *n.* MEWNFUDWR
immigrate, *v.* MEWNFUDO
immigration, *n.* MEWNFUDIAD
imminence, *n.* AGOSRWYDD
imminent, *a.* GERLLAW, AGOS, AR DDIGWYDD
immobile, *a.* ANSYMUDOL
immobility, *n.* ANSYMUDOLEDD
immoderate, *a.* ANGHYMEDROL, EITHAFOL
immoderation, *n.* ANGHYMEDROLDEB, EITHAFIAETH
immodest, *a.* ANWEDDUS, AFLEDNAIS
immodesty, *n.* ANWEDDUSTRA, AFLEDNEISRWYDD
immolate, *v.* ABERTHU, OFFRYMU
immolation, *n.* ABERTHIAD, OFFRYMIAD
immoral, *a.* ANFOESOL, LLYGREDIG
immorality, *n.* ANFOESOLDEB
immortal, *a.* ANFARWOL
immortality, *n.* ANFARWOLDEB
immortalise, *v.* ANFARWOLI
immovable, *a.* DIYSGOG, ANSYMUDOL
n. ANSYMUDOLYN
immune, *a.* HEINTRYDD, ANHEINTUS, IMWNAIDD
immunisation, *n.* GWRTHEINTIAD, IMWNEIDDIAD
immunise, *v.* GWRTHEINTIO, IMWNEIDDIO
immunity, *n.* HEINTRYDDID, IMWNEDD
immunology, *n.* IMWNOLEG
immure, *v.* CAETHIWO
immutability, *n.* DIANWADALWCH
immutable, *a.* DIGYFNEWID, DIANWADAL
imp, *n.* DIHIRYN, ADYN, GWALCH, CENAU
impact, *n.* ARDRAWIAD
impact effect, TRAWEFFAITH
impair, *v.* AMHARU
impaired, *a.* AMHARUS
impairment, *n.* AMHARIAD, NIWED
impale, *v.* TRYWANU, POL'IONI
impart, *v.* CYFRANNU, RHOI
impartial, *a.* AMHLEIDIOL

impartiality, *n.* AMHLEIDIOLDEB
impassable, *a.* NA ELLIR MYND HEIBIO IDDO
impasse, *n.* CYFWNG, CYFYNGDER
impassible, *a.* ANHYBOEN
impassioned, *a.* BRWD, CYFFROUS
impassive, *a.* DIGYFFRO, DIDARO
impatience, *n.* DIFFYG AMYNEDD
impatient, *a.* DIAMYNEDD
impawn, *v.* MECHNÏO, GWYSTLO
impeach, *v.* UCHELGYHUDDO
impeachment, *n.* UCHELGYHUDDIAD
impeccable, *a.* DIBECHOD, PERFFAITH
impecuniosity, *n.* TLODI
impecunious, *a.* TLAWD, LLWM
impedance, *n.* RHWYSTRIANT
impede, *v.* RHWYSTRO, ATAL
impediment, *n.* RHWYSTR, ATAL
impel, *v.* ANNOG, CYMELL
impending, *a.* AGOS, GERLLAW
impenetrable, *a.* ANHREIDDIADWY
impenitent, *a.* DIEDIFAR
imperative, *n.* GORCHYMYN
   a. GORCHMYNNOL, GORFODOL
imperceptible, *a.* ANWELADWY
imperfect, *a.* AMHERFFAITH
imperfection, *n.* AMHERFFEITHRWYDD,
   DIFFYG, NAM, BAI, GWALL
imperial, *a.* YMERODRAETHOL, IMPERIAL-
   AIDD
imperialism, *n.* IMPERIALAETH
imperialist, *n.* IMPERIALYDD
imperialistic, *a.* IMPERIALAIDD,
   YMERODRAETHOL
imperil, *v.* PERYGLU
imperious, *a.* AWDURDODOL, GORMESOL
imperishable, *a.* DIDDARFOD
impermeable, *a.* ANATHRAIDD
impersonal, *a.* AMHERSONOL
impersonality, *n.* AMHERSONOLDEB
impersonate, *v.* PERSONADU
impersonation, *n.* PERSONADIAD
impersonator, *n.* PERSONADWR
impertinence, *n.* DIGYWILYDD-DRA
impertinent, *a.* DIGYWILYDD, HAERLLUG
imperturbable, *a.* DIGYFFRO, TAWEL
impervious, *a.* ANHYDRAIDD
imperviousness, *n.* ANHYDREIDDRWYDD
impetigo, *n.* IMPETIGO
impetuosity, *n.* BYRBWYLLTRA
impetuous, *a.* BYRBWYLL, NWYDWYLLT
impetus, *n.* YSGOGIAD, SYMBYLIAD
impiety, *n.* ANNUWIOLDEB
impinge, *v.* ARDARO

impious, *a.* ANNUWIOL, DRWG
impish, *a.* DIEFLIG, DIREIDUS
implacable, *a.* DIDOSTUR, ANGHYMODLON
implant, *v.* MEWNBLANNU
implement, *n.* ARF, OFFERYN
   v. GWEITHREDU
implementation, *n.* GWEITHREDIAD
implicate, *v.* GOBLYGU, YMHLYGU
implicated, *a.* YMHLYG
implication, *n.* GOBLYGIAD, YMHLYGIAD
implicit, *a.* YMHLYG, GOBLYGEDIG
implied, *a.* YMHLYG
implore, *v.* YMBIL, CREFU
implosion, *n.* MEWNFFRWYDRAD
imply, *v.* YMHLYGU, ARWYDDO
impolite, *a.* ANFOESGAR
impoliteness, *n.* ANFOESGARWCH
impolitic, *a.* ANNOETH
import, *n.* MEWNFORYN, ARWYDDOCÂD
   v. MEWNFORIO, ARWYDDO
imports, *n.pl.* MEWNFORION
importance, *n.* PWYS, PWYSIGRWYDD
important, *a.* PWYSIG
importation, *n.* MEWNFORIO
importer, *n.* MEWNFORIWR
importunate, *a.* ERFYNIOL, TAER
importune, *v.* TAER-ERFYN
importunity, *n.* TAERINEB
impose, *v.* TRETHU
imposing, *a.* MAWREDDOG
imposition, *n.* TRETH, GORTHRWM,
   COSB, ARDDODIAD (DWYLO)
impossibility, *n.* AMHOSIBILRWYDD
impossible, *a.* AMHOSIBL
impost, *n.* ARBOST
impostor, *n.* TWYLLWR
imposture, *n.* TWYLL
impotence, *n.* ANALLUEDD
impotent, *a.* ANALLUOG
impound, *v.* POWNDIO
impoverish, *v.* TLODI
impoverishment, *n.* TLODI
impracticable, *a.* ANYMARFEROL
imprecate, *v.* MELLTITHIO, RHEGI
imprecation, *n.* MELLTITH, RHEG
imprecatory, *a.* MELLTITHIOL
impregnable, *a.* CADARN
impregnate, *v.* YMREINIO, TRWYTHO,
   CENHEDLU, BEICHIOGI
impregnation, *n.* YMREAD, CENHEDLIAD,
   TRWYTHIAD
impresario, *n.* TREFNYDD
impress, *v.* ARGRAFFU
   n. ARGRAFF

impression, *n.* ARGRAFF, ARGRAFFIAD
impressionable, *a.* HAWDD EI ARGRAFFU
impressionism, *n.* ARGRAFFEDD
impressionist, *n.* ARGRAFFIADYDD
impressionistic, *a.* ARGRAFFIADUS
impressive, *a.* TRAWIADOL, GAFAELGAR
imprimatur, *n.* CANIATÂD ARGRAFFU
imprimis, *ad.* YN Y LLE CYNTAF
imprint, *n.* GWASGNOD
    v. GWASGNODI
imprison, *v.* CARCHARU
imprisonment, *n.* CARCHARIAD
improbability, *n.* ANNHEBYGOLRWYDD
improbable, *a.* ANNHEBYG(OL)
impromptu, *a.* AR Y PRYD, BYRFYFYR
improper, *a.* ANWEDDUS, AMHRIODOL,
    AFREOLAIDD, PENDRWM
    improper fraction, FFRACSIWN
    PENDRWM
impropriate, *v.* AMFEDDU
impropriation, *n.* AMFEDDIAD
impropriator, *n.* AMFEDDWR
impropriety, *n.* AMHRIODOLDEB,
    ANWEDDUSTER
improve, *v.* GWELLA, DIWYGIO
improvement, *n.* GWELLIANT
improvidence, *n.* AFRADLONEDD
improvident, *a.* AFRADLON, ANNARBODUS
improvisation, *n.* ADDASIAD AR Y PRYD
improvise, *v.* ADDASU BYRFYFYR
imprudence, *n.* ANNOETHINEB
imprudent, *a.* ANNOETH
impudence, *n.* HYFDRA, DIGYWILYDD-DRA
impudent, *a.* HY, HAERLLUG, DIGYWILYDD
impulse, *n.* CYMHELLIAD, ERGYDIANT,
    YSGOGIAD
    sexual impulse, YSGOGIAD RHYWIOL
impulsion, *n.* CYMHELLIAD
impulsive, *a.* BYRBWYLL, ERGYDIOL
impulsiveness, *n.* BYRBWYLLTRA
impunity, *n.* DIFFYG COSB
impure, *a.* AMHUR, AFLAN
impurity, *n.* AMHUREDD
imputation, *n.* ENSYNIAD, CYFRIFIAD
impute, *v.* ENSYNIO, CYFRIF, PRIODOLI
in, *prp.* YN, MEWN
    ad. I MEWN
inability, *n.* ANALLU
inaccessible, *a.* ANHYGYRCH
inaccuracy, *n.* ANGHYWIRDEB,
    GWALLUSRWYDD
inaccurate, *a.* ANGHYWIR, GWALLUS
inaction, *n.* SEGURDOD, DIOGI

inactivity, *n.* ANACTIFEDD
inadequacy, *n.* ANNIGONOLRWYDD
inadequate, *a.* ANNIGONOL
inadmissible, *a.* ANNERBYNIADWY
inadvertence, *n.* AMRYFUSEDD
inadvertent, *a.* AMRYFUS, ANFWRIADOL
inalienable, *a.* ANARALLADWY
inane, *a.* GWAG, PENWAN
inanimate, *a.* DIFYWYD
inanity, *n.* YNFYDRWYDD, GWAGEDD
inappropriate, *a.* AMHRIODOL
inapt, *a.* ANADDAS, ANGHYMWYS
inarticulate, *a.* ANEGLUR, BLOESG
inasmuch, *ad.* GAN, AM, YN GYMAINT Â
inattention, *n.* DIFFYG SYLW
inattentive, *a.* DISYLW
inaudible, *a.* ANHYGLYW
inaugural, *a.* AGORIADOL, DECHREUOL
inaugurate, *v.* ARGYCHWYN, URDDO
inauguration, *n.* AGORIAD, DECHREUAD
inauspicious, *a.* ANADDAWOL
inborn, *a.* CYNHENID, GREDDFOL
inbreed, *v.* MEWNFRIDIO
inbreeding, *n.* MEWNFRIDIAD
incalculable, *a.* DIFESUR, ANHRAETHOL
incandescence, *n.* GWYNIASEDD
incandescent, *a.* GWYNIAS
incantation, *n.* SWYN, HUD, SWYNGAN
incapability, *n.* ANALLU(EDD)
incapable, *a.* ANALLUOG
incapacitate, *v.* ANALLUOGI
incapacity, *n.* ANALLU
incarcerate, *v.* CARCHARU
incarceration, *n.* CARCHARIAD
incarnate, *a.* YMGNAWDOLEDIG
    v. YMGNAWDOLI
incarnation, *n.* YMGNAWDOLIAD
incendiarism, *n.* LLOSGIAD
incendiary, *n.* LLOSGWR, BOM TÂN
    a. LLOSG, TANBAID
incense, *n.* AROGLDARTH
    v. DIGIO, CYTHRUDDO
incentive, *n.* YSGOGIAD, CYMHELLIANT
incentre, *n.* MEWNGANOL
inception, *n.* DECHREUAD
incessant, *a.* DI-BAID, DI-DOR
incest, *n.* LLOSGACH
inch, *n.* MODFEDD
inchoate, *a.* DECHREUOL
incidence, *n.* TRAWIANT, DIGWYDD
incident, *n.* DIGWYDDIAD, TRO
    a. TRAWOL
incidental, *a.* ACHLYSUROL
    pl. MÂN DREULIAU

incidentally, *ad.* GYDA LLAW
incinerate, *v.* LLOSGI'N ULW
incineration, *n.* LLOSGIAD LLWYR
incinerator, *n.* LLOSGYDD
incipient, *a.* DECHREUOL
incircle, *n.* MEWNGYLCH
incise, *v.* ENDORRI, RHYCHU
incision, *n.* ENDORIAD
incisive, *a.* MINIOG, LLYM
incisiveness, *n.* MIN, AWCH
incisor, *n.* BLAENDDANT
incite, *v.* ANNOG, CYFFROI
incitement, *n.* ANOGIAD
inciter, *n.* ANOGWR
incivility, *n.* ANGHWRTEISI
inclemency, *n.* GERWINDEB
inclement, *a.* GARW, AFRYWIOG
inclination, *n.* TUEDD, AROLEDD, CHWANT
   angle of inclination, ONGL AROLEDD
incline, *n.* AROLEDD, LLETHR, INCLEIN
   v. AROLEDDU
inclined, *a.* GOLEDDOL, AR OLEDD
include, *v.* CYNNWYS
inclusion, *n.* CYNHWYSIAD
inclusive, *a.* CYNHWYSOL
incognate, *a.* ANGHYTRAS, DIBERTHYNAS
incognito, *a.* YN DDIRGEL/GUDD
incoherence, *n.* ANGHYSYLLTIAD
incoherent, *a.* DIGYSWLLT
incombustible, *a.* ANLLOSGADWY
income, *n.* INCWM
income-tax, *n.* TRETH INCWM
incoming, *n.* DYFODIAD, INCWM
   a. YN DYFOD I MEWN
incommensurable, *a.* ANGHYFESUR
incommutable, *a.* ANGHYFNEWIDIOL
incomparable, *a.* DIGYMAR, DIGYFFELYB
incompatibility, *n.* ANGHYDFOD,
   ANGHYTUNDEB
incompatible, *a.* ANGHYTÛN
incompetence, *n.* ANALLU
incompetent, *a.* ANALLUOG, ANFEDRUS
incomplete, *a.* ANGHYFLAWN
incompleteness, *n.* ANGHYFLAWNDER
incomprehensible, *a.* ANNEALLADWY,
   ANNIRNADWY
incompressible, *a.* ANGHYWASG
inconceivable, *a.* ANNIRNADWY
inconcise, *a.* CWMPASOG
inconclusive, *a.* AMHENDANT
incongruity, *n.* ANGHYDWEDDIAD
incongruous, *a.* ANGHYDWEDDOL
inconsiderable, *a.* DIBWYS, BYCHAN

inconsiderate, *a.* ANYSTYRIOL
inconsistency, *n.* ANGHYSONDEB
inconsistent, *a.* ANGHYSON
inconspicuous, *a.* ANAMLWG, DISYLW
inconstancy, *n.* ANWADALWCH, ORIOGRWYDD
inconstant, *a.* ANWADAL, ORIOG
incontinence, *n.* ANATALIAD
incontinent, *a.* ANATAL
incontrovertible, *a.* DIYMWAD
inconvenience, *n.* ANGHYFLEUSTRA,
   ANHWYLUSTOD
inconvenient, *a.* ANGHYFLEUS
inconvertible, *a.* ANGHYFNEWID
incorporate, *v.* CORFFORI, YMGORFFORI
incorporated, *a.* CORFFOREDIG
incorporation, *n.* CORFFORIAD
incorrect, *a.* ANGHYWIR, GWALLUS
incorrectness, *n.* ANGHYWIRDEB
incorrigible, *a.* ANWELLADWY
incorrupt, *a.* ANLLYGREDIG
incorruptibility, *n.* ANLLYGREDIGAETH
incorruptible, *a.* ANLLYGREDIG
incorruption, *n.* ANLLYGREDIGAETH
increase, *n.* CYNNYDD, YCHWANEGIAD
   v. CYNYDDU, YCHWANEGU
increasing, *a.* CYNYDDOL
increasingly, *ad.* FWYFWY
incredible, *a.* ANGHREDADWY
incredulity, *n.* ANGHREDINIAETH
incredulous, *a.* ANGHREDINIOL
increment, *n.* YCHWANEGIAD, CYNYDDRAN
incriminate, *v.* ARGYHUDDO, BEIO
incrustation, *n.* CRAMENIAD
incrusted, *a.* CRAMENNOG
incubate, *v.* GORI, DEOR
incubation, *n.* DEORIAD
incubator, *n.* DEORYDD
incubus, *n.* HUNLLEF, BAICH, BWRN
inculcate, *v.* ARGYMELL, DARBWYLLO
inculcation, *n.* ARGYMHELLIAD,
   DARBWYLLIAD
inculpate, *v.* CYHUDDO, BEIO
inculpation, *n.* CYHUDDIAD
incumbency, *n.* PERIGLORIAETH
incumbent, *n.* PERIGLOR
   a. DYLEDUS
incumber, *v.* LLYFFETHEIRIO
incur, *v.* ACHOSI
incurable, *a.* ANWELLADWY
incursion, *n.* CYRCH
incus, *n.* INCWS
indebted, *a.* DYLEDUS
indebtedness, *n.* DYLED

indecency, *n.* ANWEDDUSTER
indecent, *a.* ANWEDDUS
　indecent assault, YMOSOD ANWEDDUS
indecision, *n.* PETRUSTER
indecisive, *a.* AMHENDANT
indeclinable, *a.* ANHREIGLADWY
indecorous, *a.* ANWEDDAIDD
indecorum, *n.* ANWEDDEIDD-DRA
indeed, *ad.* YN DDIAU, YN WIR, IAWN, DROS
　BEN
indefatigable, *a.* DYFAL, DIFLINO
indefensible, *a.* NA ELLIR EI AMDDIFFYN
indefinable, *a.* ANNIFFINIOL
indefinite, *a.* AMHENODOL, PENAGORED,
　AMHENDANT
indelible, *a.* ANNILEADWY
indelicate, *a.* AFLEDNAIS, BRAS
indemnify, *v.* DIGOLLEDU, INDEMNIO
indemnity, *n.* IAWNDAL, INDEMNIAD
　form of indemnity, INDEMNEB
indent, *n.* INDENT, BWLCH
　v. INDEINTIO, ARCHEBU
indentation, *n.* BWLCH, PANTIAD, CAFNIAD,
　DANHEDDIAD
indented, *a.* DANHEDDUS
indenture, *n.* YNDEINTUR
independence, *n.* ANNIBYNIAETH
Independent, *n.* ANNIBYNNWR
independent, *a.* ANNIBYNNOL
　independent variable, NEWIDYN
　ANNIBYNNOL
indescribable, *a.* ANNISGRIFIADWY
indeterminancy, *n.* AMHENODRWYDD
indeterminate, *a.* AMHENDERFYNADWY
indeterminism, *n.* AMHENDERFYNIAETH
index, *n.* INDECS, MYNEGAI, MYNEGRIF
　v. MYNEGEIO
indicate, *v.* DYNODI, DANGOS
indication, *n.* MYNEGIAD, ARWYDD,
　DYNODIAD
indicative, *a.* ARWYDDOL, MYNEGOL
indicator, *n.* DANGOSYDD, CYFEIRYDD
indict, *v.* DITIO
indictable, *a.* DITIOL, DITIADWY
indicter, *n.* DITIWR
indictment, *n.* DITMENT.
indifference, *n.* DIFATERWCH, DIFRAWDER
indifferent, *a.* DIFATER, DIFRAW
indigence, *n.* ANGEN, TLODI, EISIAU
indigenous, *a.* CYNHENID, BRODOROL
indigent, *a.* ANGHENUS, TLAWD
indigestible, *a.* ANHYDRAUL
indigestion, *n.* DIFFYG TRAUL,
　CAMDREULIAD

indignant, *a.* DIG, DICLLON, LLIDIOG
indignation, *n.* DIG, DICLLONEDD
indignity, *n.* AMARCH, ANFRI
indigo, *n.* INDIGO
　a. DULAS
indirect, *a.* ANUNION(GYRCHOL)
indirectness, *n.* ANUNIONGYRCHEDD
indiscernible, *a.* ANWELEDIG
indiscreet, *a.* ANNOETH
indiscretion, *n.* ANNOETHINEB
indiscriminate, *a.* DIWAHANIAETH
indiscrimination, *n.* ANWAHANIAETH
indispensable, *a.* ANHEPGOR(OL)
indispose, *v.* ANNHUEDDU
indisposed, *a.* ANHWYLUS, CLAF,
　ANNHUEDDOL
indisposition, *n.* ANHWYLDEB, ANNHUEDD
indisputable, *a.* DIAMHEUOL, DIDDADL
indissoluble, *a.* ANNHODDADWY, ANNATOD
indistinct, *a.* ANEGLUR, ANHYGLYW,
　BLOESG
indistinctness, *n.* ANEGLURDER, BLOESGNI
indite, *v.* CYFANSODDI, TRAETHU
individual, *n.* UNIGOLYN
　a. UNIGOL
individualism, *n.* UNIGOLIAETH,
　UNIGOLYDDIAETH
individualist, *n.* UNIGOLYDD
individuality, *n.* UNIGOLRWYDD,
　UNIGOLIAETH
individualize, *v.* UNIGOLI
individually, *ad.* YN UNIGOL, BOB YN UN
indivisibility, *n.* ANRHANADWYEDD
indivisible, *a.* ANRHANADWY
indoctrinate, *v.* TRWYTHO, CREDORFODI
indoctrination, *n.* TRWYTHIAD,
　CREDORFODAETH
indolence, *n.* DIOGI, SYRTHNI, SEGURDOD
indolent, *a.* DIOG, SEGUR, SWRTH
indomitable, *a.* ANORCHFYGOL
indoor, *a.* I MEWN, DAN DO
indoors, *ad.* YN Y TŶ, I MEWN, DAN DO
indorse, *v.* CEFNODI
indorsement, *n.* CEFNODIAD
indubitable, *a.* DIAMHEUOL, DIDDADL
induce, *v.* DARBWYLLO, CYMELL
induced, *a.* ANWYTHOL
inducement, *n.* ARGYMHELLIAD
induct, *v.* SEFYDLU, ANWYTHO
inductance, *n.* ANWYTHIAD
inducted, *a.* SEFYDLEDIG, ANWYTHOL
induction, *n.* SEFYDLIAD, ANWYTHIAD
inductive, *a.* ANWYTHOL

inductor, *n.* ANWYTHYDD
indulge, *v.* BODDIO, PORTHI, MALDODI, ANWESU
indulgence, *n.* YMFODDHAD, FFAFR, MALDOD, MADDEUEB
indulgent, *a.* FFAFRIOL, MALDODUS
induration, *n.* CALEDIAD
industrial, *a.* DIWYDIANNOL
    industrial plant, OFFERIANT DIWYDIANNOL
industrialization, *n.* DIWYDIANNAETH
industrialize, *v.* DIWYDIANNU
industrious, *a.* DIWYD, DYFAL, GWEITHGAR
industry, *n.* DIWYDIANT, DIWYDRWYDD
    ancillary industry, DIWYDIANT ATEGOL
indwelling, *n.* YMBRESWYLIAD
inebriate, *n.* MEDDWYN
    v. MEDDWI
inebriation, *n.* MEDDWDOD
inedible, *a.* ANFWYTADWY
ineducable, *a.* ANADDYSGADWY
ineffable, *a.* ANHRAETHADWY
ineffaceable, *a.* ANNILEADWY
ineffective, *a.* ANEFFEITHIOL
inefficiency, *n.* ANALLU
inefficient, *a.* ANALLUOG
inelastic, *a.* ANELASTIG
inelegant, *a.* ANGHELFYDD, ANGHOETH
ineligible, *a.* ANADDAS, ANGHYMWYS
inept, *a.* ANALLUOG, ANADDAS
ineptitude, *n.* ANADDASRWYDD
inequality, *n.* ANGHYFARTALEDD, ANHAFALEDD, ANGHYDRADDOLDEB
inequitable, *a.* ANGHYFLAWN
inert, *a.* DIEGNI, SWRTH, INERT, ANADWEITHIOL
inertia, *n.* ANEGNI, INERTIA, SYRTHNI
inestimable, *a.* AMHRISIADWY
inevitable, *a.* ANOCHEL
inexact, *a.* ANGHYWIR, ANFANWL
inexcusable, *a.* ANESGUSODOL
inexhaustible, *a.* DIHYSBYDD
inexorable, *a.* DIDOSTUR, DI-ILDIO
inexpedient, *a.* AMHRIODOL, ANFUDDIOL, ANADDAS
inexpensive, *a.* RHAD
inexperienced, *a.* AMHROFIADOL
inexplicable, *a.* ANESBONIADWY
inexplicit, *a.* ANEGLUR, TYWYLL
inexpressible, *a.* ANHRAETHADWY
inextensible, *a.* ANESTYNADWY
infacing, *a.* MEWNWYNEBOL
infallibility, *n.* ANFFAELEDIGRWYDD

infallible, *a.* ANFFAELEDIG
infamous, *a.* GWARTHUS, GWARADWYDDUS
infamy, *n.* GWARTH, GWARADWYDD
infancy, *n.* MABANDOD, MEBYD, BABANDOD
infant, *n.* MABAN, PLENTYN
    infant welfare, LLES MABANDOD
infanticide, *n.* BABANLADDIAD
infantile, *a.* MABANAIDD
infantry, *n.* GWŶR TRAED
infarction, *n.* CNAWDNYCHIANT
infatuate, *v.* FFOLI, GWIRIONI, DWLU
infatuated, *a.* WEDI FFOLI/DWLU, WEDI GWIRIONI
infatuation, *n.* GWIRIONDEB, YNFYDRWYDD
infect, *v.* HEINTIO
infected, *a.* HEINTIEDIG
infection, *n.* HEINTIAD
infectious, *a.* HEINTUS
infer, *v.* CASGLU
inference, *n.* CASGLIAD, RHESYMIAD, DYGASGLIAD
inferential, *a.* CASGLIADOL
inferior, *a.* ISRADDOL
    n. ISRADD
inferiority, *n.* ISRADDOLDEB
    inferiority complex, CYMHLETH Y TAEOG
infernal, *a.* UFFERNOL
inferno, *n.* UFFERN
infertile, *a.* ANFFRWYTHLON
infertility, *n.* ANFFRWYTHLONDEB
infest, *v.* HEIGIANNU
infestation, *n.* HEIGIAD
infested, *a.* HEIGIANNUS
infidel, *n.* ANGHREDADUN, ANFFYDDIWR
    a. ANGHREDINIOL
infidelity, *n.* ANGHREDINIAETH, ANFFYDDLONDEB
infield, *n.* MEWNFAES
infilling, *n.* MEWNLENWAD
infiltrate, *v.* YMDREIDDIO
infiltration, *n.* YMDREIDDIAD
infinite, *a.* ANFEIDROL, ANFEIDRAIDD
    n. ANFEIDREDD
infinitive, *n.* BERFENW
infinitesimal, *n.* GORFYCHANYN
    a. GORFYCHAN
infinity, *n.* ANFEIDROLDEB, ANFEIDREDD
infirm, *a.* LLESG, GWAN, EIDDIL
infirmary, *n.* CLAFDY
infirmity, *n.* LLESGEDD, GWENDID
infixed, *a.* MEWNOL

inflame, v. LLIDIO, ENNYN, CYFFROI
inflamed, a. LLIDUS
inflammable, a. HYFFLAM
inflammation, n. LLID, ENYNFA, LLOSG
inflammatory, a. ENYNNOL, LLIDUS
inflate, v. ENCHWYTHU, CHWYDDO
inflation, n. ENCHWYTHIANT, CHWYDDIANT
inflationary, a. CHWYDDIANNOL
inflect, v. FFURFDROI, PLYGU
inflection, n. FFURFDRO
inflexibility, n. ANHYBLYGRWYDD
inflexible, a. ANHYBLYG, DIWYRO
inflexion, n. FFURFDRO, GOSLEF
inflict, v. DODI, PERI, GWEINYDDU
infliction, n. BAICH, POEN, GWEINYDDIAD
inflorescence, n. FFLURGAINC
influence, n. DYLANWAD
   v. DYLANWADU
influential, a. DYLANWADOL
influenza, n. Y FFLIW
influx, n. DYLIFIAD
inform, v. HYSBYSU, CYFARWYDDO
informal, a. ANFFURFIOL
informality, n. HEB FFURFIOLDEB,
   ANFFURFIOLDEB
information, n. HYSBYSRWYDD,
   GWYBODAETH
informer, n. HYSBYSWR
infra-, px. TAN-, IS-
infra-red, a. IS-GOCH
infrastructure, n. SEILWAITH
infrequency, n. ANAMLDER/EDD
infrequent, a. ANAML
infringe, v. TROSEDDU, TORRI
infringement, n. TROSEDD
infuriate, v. CYNDDEIRIOGI, FFYRNIGO
infuriating, a. MILEINIG, CAS
infuse, v. TRWYTHO, MWYDO
infusion, n. TRWYTH
ingenious, a. CYWRAIN, CELFYDD, MEDRUS
ingenuity, n. CYWREINRWYDD, MEDR
ingenuous, a. DIDWYLL, DIFFUANT
ingenuousness, n. DIDWYLLEDD,
   DIFFUANTRWYDD
ingle, n. AELWYD, LLE TÂN
inglorious, a. GWARADWYDDUS, DISTADL
in-goal, n. CEISFA
ingot, n. INGOT
ingrain, v. TRWYTHO
ingrained, a. CYNHENID, CYSEFIN
ingratitude, n. ANNIOLCHGARWCH
ingredients, n.pl. CYNHWYSION, RHEIDIAU
ingress, n. MYNEDIAD, DYFODFA

in-growing (nail), a. CASEWIN
inguinal, a. ARFFEDOL
inhabit, v. PRESWYLIO, TRIGO, CYFANEDDU
inhabitable, a. CYFANNEDD, TRIGIADWY
inhabitant, n. PRESWYLYDD/IWR
inhalation, n. ANADLIAD
inhale, v. ANADLU, MEWNANADLU
inhere, v. GLYNU WRTH, YMFODOLI
inherence, n. YMFODAETH
inherent, a. CYNHENID, YMFODOL,
   GREDDFOL
inherit, v. ETIFEDDU
inheritable, a. ETIFEDDADWY
inheritance, n. ETIFEDDIAETH, TREFTAD-
   AETH, GWADDOL
inherited, a. ETIFEDDOL
inheritor, n. ETIFEDD(WR)
inhibit, v. ATAL, GWAHARDD, GWARAFUN
inhibition, n. ATALIAD, ATALNWYD,
   LLUDDIANT
inhibitor, n. ATALYDD
inhospitable, a. DIGROESO, ANLLETYGAR,
   OERAIDD
inhospitality, n. ANGHROESO
inhuman, a. ANNYNOL, CREULON, CIAIDD
inhumanity, n. CREULONDEB, CIEIDD-DRA
inimical, a. GELYNOL/IAETHUS
inimitable, a. DIGYFFELYB, DIHAFAL
iniquitous, a. DRWG, TRAWS
iniquity, n. DRYGIONI, CAMWEDD
initial, n. YNYD(EN)
   a. DECHREUOL, BLAEN
   v. YNYDU
initiate, v. DECHRAU, YNYDU, HYFFORDDI,
   CYNHORIO
initiation, n. AGORIAD, YNYDIAD,
   CYNHORIAD
initiative, n. CYNHOREDD, BLAENGARWCH,
   MENTER, SYMBYLIAD
initiator, n. DECHREUWR
inject, v. CHWISTRELLU, PIGIADU,
   MEWNSAETHU
injection, n. CHWISTRELLIAD, PIGIAD,
   MEWNSAETHIAD
   booster injection, CHWISTRELLIAD
   ATGYFNERTHU
injector, n. CHWISTRELLWR/YDD,
   MEWNSAETHYDD
injudicious, a. ANNOETH
injunction, n. GORCHYMYN, ARCH, ATALEB,
   GORFODEB
injure, v. NIWEIDIO, ANAFU
injurious, a. NIWEIDIOL, DRWG

injury, *n.* ANAF, NIWED, CAM
injustice, *n.* ANGHYFIAWNDER, CAM(WRI)
ink, *n.* INC
   v. INCIO
   indelible ink, INC CADW
inkling, *n.* AWGRYM
inkpot, *n.* POT INC
inkstand, *n.* STAND INC
inlaid, *a.* SUDDURNEDIG
inland, *n.* MEWNDIR
   a. MEWNDIROL
inlay, *n.* SUDDURN, ENOSODIAD
   v. SUDDURNO, ENOSOD
inlet, *n.* CILFACH, MEWNFA
inmate, *n.* TRIGIANNYDD
inmost, *a.* DYFNAF, NESAF I MEWN
inn, *n.* TAFARN, GWESTY
innate, *a.* CYNHENID, GREDDFOL,
   CYNHWYNOL
inner, *a.* MEWNOL
innermost, *a.* NESAF I MEWN
innings, *n.* BATIAD
innkeeper, *n.* TAFARNWR
innocence, *n.* DINIWEIDRWYDD
innocent, *a.* DINIWED, GWIRION, DIEUOG
innocuous, *a.* DINIWED
innominate, *a.* ENWOL
innovate, *v.* CYFLWYNO, NEWYDDIANNU
innovation, *n.* NEWYDDBETH, CYFNEWID-
   IAD
innovator, *n.* NEWYDDWR, NEWIDIWR
innuendo, *n.* ENSYNIAD
innumerable, *a.* DI-RIF, ANEIRIF
inoculate, *v.* BRECHU
inoculation, *n.* BRECHIAD
inoffensive, *a.* DINIWED, DI-DDRWG
inoperative, *a.* ANWEITHREDOL
inopportune, *a.* ANAMSEROL, ANGHYFLEUS
inordinate, *a.* GORMODOL, ANGHYMEDROL
inorganic, *a.* ANORGANIG
in-patient, *n.* CLAF PRESWYL
input, *n.* MEWNBWN, MEWNGYRCH
   v. MEWNBYNNU
   input-output, MEWNGYRCH-ALLGYRCH
inquest, *n.* CWEST, YMCHWILIAD
inquietude, *n.* AFLONYDDWCH
inquire, *v.* YMHOLI, GOFYN
inquirer, *n.* YMHOLWR, YMCHWILIWR
inquiry, *n.* YMHOLIAD
inquisition, *n.* YMCHWILIAD, Y CHWILYS
inquisitive, *a.* HOLGAR, CHWILFRYDIG
inquisitor, *n.* YMCHWILIWR, CHWILYSWR
inroad, *n.* CYRCH, YMOSODIAD

inrush, *n.* RHUTHR, DYLIFIAD
insane, *a.* GWALLGOF, YNFYD
insanitary, *a.* AFIACHUS, BRWNT
insanity, *n.* GORFFWYLLEDD, YNFYDR-
   WYDD
insatiable, *a.* ANNIWALL
inscribe, *v.* ARSGRIFIO
inscription, *n.* ARYSGRIF
inscrutable, *a.* ANCHWILIADWY
insect, *n.* PRYF, PRYFYN
insecticide, *n.* PRYFLEIDDIAD
insectivore, *n.* PRYFYSYDD
insectivorous, *a.* PRYFYSOL
insectology, *n.* PRYFYDDEG
insecure, *a.* ANNIOGEL, PERYGLUS
insecurity, *n.* ANNIOGELWCH, PERYGL
inseminate, *v.* SEMENU
insemination, *n.* SEMENIAD
inseparable, *a.* ANWAHANADWY
insensate, *a.* DISYNNWYR, HURT
insensibility, *n.* ANNHEIMLADRWYDD
insensible, *a.* DIDEIMLAD
insert, *v.* MEWNOSOD
insertion, *n.* MEWNIAD
inset, *n.* MEWNOSODIAD
inside, *n.* TU MEWN
   a. MEWNOL
   prp. YN, TU MEWN I
   ad. I MEWN, O FEWN
inside-forward, *n.* MEWNWR
inside-half, *n.* MEWNWR
inside-left, *n.* MEWNWR CHWITH
inside-out, *ad.* O CHWITH
inside-right, *n.* MEWNWR DE
insidious, *a.* LLECHWRAIDD
insight, *n.* MEWNWELEDIAD
insignia, *n.pl.* ARWYDDION (SWYDD)
insignificance, *n.* DISTADLEDD, DINODEDD
insignificant, *a.* DISTADL, DI-NOD, TILA
insincere, *a.* ANNIDWYLL, FFUANTUS
insincerity, *n.* ANNIDWYLLEDD
insinuate, *v.* ENSYNIO
insinuating, *a.* ENSYNIOL
insinuation, *n.* ENSYNIAD
insipid, *a.* DI-FLAS, MERFAIDD
insipidity, *n.* DIFLASRWYDD
insist, *v.* MYNNU, HAERU
insistence, *n.* HAERIAD, TAERINEB
insistent, *a.* TAER, PENDERFYNOL
insobriety, *n.* MEDDWDOD
insolation, *n.* DARHEULAD
insolence, *n.* HAERLLUGRWYDD
insolent, *a.* HAERLLUG

insoluble, *a.* ANNHODDADWY
insolvency, *n.* METHDALIAD
insolvent, *n.* METHDALWR
　　a. METHDALUS
insomnia, *n.* ANHUNEDD
insomuch, *ad.* GAN, FEL, HYD ONI, YN
　　GYMAINT
insouciant, *a.* DIOFAL, DIFATER
inspect, *v.* AROLYGU, ARCHWILIO
inspection, *n.* AROLYGIAD, ARCHWILIAD
inspector, *n.* AROLYGWR, ARCHWILIWR
inspiration, *n.* YSBRYDOLIAETH,
　　MEWNANADLIAD
inspire, *v.* YSBRYDOLI, SYMBYLU
inspired, *a.* YSBRYDOLEDIG
inspirit, *v.* CALONOGI, YSBRYDOLI
instability, *n.* ANSADRWYDD
install, *v.* SEFYDLU, ARSEFYDLU
installation, *n.* SEFYDLIAD, ARSEFYDLIAD
instalment, *n.* RHANDAL(IAD)
instance, *n.* ENGHRAIFFT
　　v. NODI, ENWI
　　for instance, ER ENGHRAIFFT
instant, *n.* ENNYD
　　a. TAER, EBRWYDD
instantaneous, *a.* ENYDUS, DISYMWTH,
　　EBRWYDD
instead, *a.* YN LLE
instep, *n.* MWNWGL / CAMEDD / CEFN TROED
institution, *n.* SEFYDLIAD
institutional, *a.* SEFYDLIADOL
instruct, *v.* CYFARWYDDO, HYFFORDDI
instruction, *n.* CYFARWYDDYD,
　　HYFFORDDIANT
instructive, *a.* CYFARWYDDIADOL,
　　HYFFORDDIADOL
instructor, *n.* CYFARWYDDWR,
　　HYFFORDDWR
instrument, *n.* OFFERYN, ERFYN, ARF
　　precision instrument, OFFERYN
　　MANYLWAITH
instrumental, *a.* OFFERYNNOL, YN
　　GYFRWNG
instrumentalist, *n.* OFFERYNNWR
instrumentality, *n.* CYMORTH, CYFRWNG
instrumentation, *n.* OFFERYNIAETH
insubordinate, *a.* ANUFUDD
insubordination, *n.* ANUFUDD-DOD
insufferable, *a.* ANNIODDEFOL
insufficiency, *n.* ANNIGONEDD,
　　ANNIGONOLRWYDD
insufficient, *a.* ANNIGONOL
insufflation, *n.* ARANADLIAD
insular, *a.* YNYSOL

insularity, *n.* YNYSIAETH, UNIGRWYDD
insulate, *v.* YNYSU
insulated, *a.* YNYSEDIG, YNYSOG
insulation, *n.* YNYSIAD
insulator, *n.* YNYSYDD
insulin, *n.* INSWLIN
insult, *n.* SARHAD, SEN
　　v. SARHAU
insulting, *a.* SARHAUS
insuperable, *a.* ANORCHFYGOL, ANORFOD
insurance, *n.* YSWIRIANT
　　comprehensive insurance, YSWIRIANT
　　CYFUN
　　national insurance, YSWIRIANT
　　GWLADOL
insure, *v.* YSWIRIO
insured, *a.* YSWIRIEDIG
insurgency, *n.* GWRTHRYFEL(A)
insurgent, *n.* GWRTHRYFELWR
　　a. GWRTHRYFELGAR
insurmountable, *a.* ANORCHFYGOL
insurrection, *n.* TERFYSG, GWRTHRYFEL
intact, *a.* CYFAN, DIANAF
intake, *n.* DERBYNNEDD
　　v. DERBYN
intangible, *a.* ANGHYFFWRDD
integer, *n.* CYFANRIF, INTEGER
integral, *n.* INTEGRYN
　　a. INTEGROL, CYFANNOL
integrate, *v.* INTEGRU, CYFANNU
integrated, *a.* CYFANNOL, INTEGREDIG
integration, *n.* INTEGRIAD, CYFANIAD
integrity, *n.* GONESTRWYDD, CYFAN-
　　RWYDD, INTEGREDD
integument, *n.* PILYN, CROEN(YN)
intellect, *n.* DEALL
intellectual, *n.* DEALLUSYN
　　a. DEALLUS
intellectualism, *n.* DEALLAETH
intelligence, *n.* DEALLUSRWYDD,
　　CUDD-WYBODAETH
　　intelligence test, PRAWF DEALLUS-
　　RWYDD
intelligent, *a.* DEALLUS
intelligentsia, *n.* Y DEALLUS
intelligible, *a.* DEALLADWY
intemperance, *n.* ANGHYMEDROLDEB
intemperate, *a.* ANGHYMEDROL
intend, *v.* BWRIADU, AROFUN
intense, *a.* ANGERDDOL, DWYS
intensify, *v.* DWYSÁU
intension, *n.* ANHWYSIAD
intensity, *n.* ANGERDD, ARDDWYSEDD,
　　DWYSTER

intensive, *a.* DYFAL, TRYLWYR, ARDDWYS
intent, *n.* BWRIAD, DIBEN
    a. DYFAL, AWYDDUS
intention, *n.* BWRIAD
intentional, *a.* BWRIADOL/US
inter, *v.* CLADDU, DAEARU
inter-, *px.* CY-, RHWNG-, CYD-
interact, *v.* RHYNGWEITHIO
interaction, *n.* RHYNGWEITHIAD,
    CYDYMWAITH
interbedded, *a.* RHYNGWELYOG
interbreed, *v.* RHYNGFRIDIO
intercalate, *v.* DODI I MEWN
intercede, *v.* EIRIOL, CYFRYNGU
intercellular, *a.* RHYNG-GELLOL
intercept, *v.* RHAGOD, RHYNGDORRI
interception, *n.* RHAGOD, RHYNGDORIAD
intercession, *n.* EIRIOLAETH
intercessor, *n.* EIRIOLWR
intercessory, *a.* EIRIOLAETHOL
interchange, *v.* YMGYFNEWID
interchangeable, *a.* YMGYFNEWIDIOL
intercom, *n.* INTERCOM
intercostal, *a.* RHYNGASENNOL
intercourse, *n.* CYFATHRACH
interdependence, *n.* CYD-DDIBYNIAETH
interdict, *n.* GWAHARDDIAD
    v. GWAHARDD
interest, *n.* DIDDORDEB, LLOG, BUDD, LLES
    v. DIDDORI
    compound interest, ADLOG
    rate of interest, CYFRADD LLOG
interesting, *a.* DIDDOROL
interests, *n.pl.* DIDDORDEBAU
interface, *n.* CYDWYNEB
interfere, *v.* YMYRRYD
interference, *n.* YMYRRAETH, YMYRIANT
interferometer, *n.* YMYRADUR
interferometry, *n.* YMYRADURIAETH
interim, *n.* CYFAMSER
    a. DROS DRO
interior, *n.* TU MEWN, CANOL, MEWNEDD,
    PERFEDDWLAD, MEWNDIR
    a. MEWNOL
interjacent, *a.* RHYNGORWEDDOL
interject, *v.* EBYCHU
interjection, *n.* EBYCHIAD
interlace, *n.* RHYNGLES
    v. RHYNGLESIO
interlining, *n.* LEININ CUDD
interlinked, *a.* CYDGYSYLLTIOL
interlock, *v.* CYD-GLOI
interloper, *n.* YMYRRWR, YMWTHIWR
interlude, *n.* EGWYL, ANTERLIWT

intermarriage, *n.* CYDBRIODAS
intermarry, *v.* CYDBRIODI
intermediary, *n.* CYFRYNGWR,
    ATHRYWYNWR, CANOLWR
intermediate, *a.* CANOLRADD, CYFRYNGOL
    n. CANOLRADD, RHYNGOLYN
interment, *n.* CLADDEDIGAETH
intermezzo, *n.* INTERMEZZO
interminable, *a.* DIDERFYN
intermission, *n.* SAIB
intermit, *v.* CYMRYD SAIB
intermittent, *a.* YSBEIDIOL
intermix, *v.* CYDGYMYSGU
intermixture, *n.* CYDGYMYSGEDD
intermont, *a.* RHYNGFYNYDDIG
intern, *v.* DALGADW
internal, *a.* MEWNÓL
internalisation, *n.* MEWNOLIAD
international, *a.* RHYNGWLADOL,
    CYDWLADOL
    International Date Line, Y DDYDD-
    LINELL
internationalise, *v.* CYDWLADOLI
internment, *n.* DALGADWRAETH
interpenetration, *n.* CYD-DREIDDIAD
interphase, *n.* INTERFFAS
interplay, *n.* CYDADWAITH
interpleader, *n.* RHYNGBLEIDIWR
interpolate, *v.* RHYNGOSOD
interpolation, *n.* RHYNGOSODIAD
interpose, *v.* RHYNGWTHIO
interpret, *v.* CYFIEITHU, DEHONGLI
interpretation, *n.* DEHONGLIAD, ESBONIAD
interpreter, *n.* CYFIEITHYDD, LLAD-
    MERYDD, DEHONGLWR
interregnum, *n.* INTEREGNWM
interrelation, *n.* RHYNGBERTHYNAS
interrogate, *v.* HOLI
interrogation, *n.* HOLIAD
interrogative, *n.* GOFYNIAD
    a. GOFYNNOL
interrogator, *n.* HOLWR
interrogatory, *a.* GOFYNNOL
interrupt, *v.* YMYRRYD
interruption, *n.* YMYRRAETH, YMYRIAD
intersect, *v.* CROESDORRI
intersection, *n.* CROESDORIAD, CROESFAN
intersperse, *v.* GWASGARU, BRITHO
interstellar, *a.* RHYNGSEROL
intertidal, *a.* RHYNGLANW
intertwine, *v.* CYDBLETHU
interval, *n.* EGWYL, CYFWNG, SAIB
    closed interval, CYFWNG CAEËDIG

intervene, *v.* YMYRRYD
intervention, *n.* YMYRIAD, YMYRRAETH
interventionist, *n.* YMYRRWR
interview, *n.* CYFWELIAD
   v. CYFWELED
interviewer, *n.* CYFWELYDD
intestacy, *n.* DIEWYLLYSIEDD
intestate, *a.* DIEWYLLYS
intestinal, *a.* PERFEDDOL
intestine, *n.* PERFEDDYN, COLUDDYN
intimacy, *n.* CYNEFINDRA, AGOSATRWYDD,
   AGOSRWYDD
intimate, *a.* CYFARWYDD, AGOS, CYNEFIN
   n. CYFAILL, CYDNABOD
   v. CRYBWYLL, MYNEGI
intimation, *n.* AWGRYMIAD
intimidate, *v.* DYCHRYNU
intimidation, *n.* BRAWYCHIAD
into, *prp.* I, YN, I MEWN
intolerable, *a.* ANNIODDEFOL
intolerance, *n.* ANODDEFIAD, CULNI
intolerant, *a.* ANODDEFGAR
intone, *v.* LLAFARGANU, SIANTIO
intonation, *n.* TONYDDIAETH, GOSLEF
intoxicant, *n.* DIOD FEDDWOL
intoxicate, *v.* MEDDWI
intoxicating, *a.* MEDDWOL
intoxication, *n.* MEDDWDOD
intracellular, *a.* MEWNGELLOL
intractable, *a.* ANHYDRIN, AFREOLUS
intrada, *n.* AGORAWD, INTRADA
intransitive, *a.* CYFLAWN (GRAMADEG),
   ANNHROSAIDD
intravenous, *a.* MEWNWYTHIENNOL
intrepid, *a.* DI-OFN, DEWR, GWROL
intrepidity, *n.* DEWRDER, GWROLDEB
intricacy, *n.* CYMHLETHDOD, DRYSWCH
intricate, *a.* CYMHLETH, DYRYS
intrigue, *n.* CYNLLWYN, BRAD
intriguing, *a.* CHWILFRYDIG
intrinsic, *a.* CYNHENID, PRIODOL,
   HANFODOL
introduce, *v.* CYFLWYNO, RHAGARWAIN
introduction, *n.* CYFLWYNIAD, RHAGAR-
   WEINIAD, RHAGLITH, RHAGYMADRODD
introductory, *a.* YN CYFLWYNO, RHAGAR-
   WEINIOL
introit, *n.* INTROIT, YNTRED
introspect, *v.* MEWNSYLLU
introspection, *n.* MEWNSYLLIAD
introspective, *a.* MEWNSYLLGAR
introversion, *n.* MEWNDRO
introvert, *a.* MEWNDRÖEDIG

intrude, *v.* YMYRRYD, MEWNWTHIO
intruder, *n.* YMYRRWR, YMWTHIWR
intrusion, *n.* YMYRRAETH, MEWNWTHIAD
intrusive, *a.* MEWNWTHIOL, YMWTHIOL
intuition, *n.* SYTHWELEDIAD
intuitive, *a.* SYTHWELEDOL
intususception, *n.* LLAWESIAD
inundate, *v.* GORLIFO, BODDI
inundation, *n.* GORLIFIAD
inure, *v.* CYFARWYDDO, CALEDU
inured, *a.* CYFARWYDD, CALED
invade, *v.* GORESGYN, MEDDIANNU
invader, *n.* GORESGYNNWR, MEDDIANNWR
invalid, *a.* ANNILYS
invalid, *n.* DYN AFIACHOG
   a. AFIACHOG
invalid diet, DIET YMADFER
invalidate, *v.* ANNILYSU
invaluable, *a.* AMHRISIADWY
invariably, *ad.* YN DDIEITHRIAD, BOB
   AMSER
invariant, *n.* SEFYDLYN
   a. SEFYDLOG
invasion, *n.* GORESGYNIAD, MEDDIANT
invective, *n.* DIFRÌAETH, CABLEDD
inveigh, *v.* DIFRÌO, SENNU
inveigle, *v.* HUDO, TWYLLO
invent, *v.* DYFEISIO, DYCHMYGU
invention, *n.* DYFAIS, DYCHYMYG
inventive, *a.* DYFEISGAR
inventor, *n.* DYFEISIWR
inventory, *n.* RHESTREN, STOCRESTR
inverse, *n.* GWRTHDRO
   a. YN GROES
inversion, *n.* GWRTHDRO(AD)
invert, *v.* GWRTHDROI
inverted, *a.* GWRTHDRÖEDIG, ANNORMAL
invest, *v.* BUDDSODDI, ARWISGO
investigate, *v.* YMCHWILIO
investigation, *n.* YMCHWILIAD
investigator, *n.* YMCHWILIWR
investiture, *n.* ARWISGIAD
investment, *n.* BUDDSODDIAD
investor, *n.* BUDDSODDWR
inveterate, *a.* CYSON, HEN, CYNDYN
invidious, *a.* ANNYMUNOL
invigilate, *v.* AROLYGU
invigilator, *n.* AROLYGWR, GWYLIWR
invigorate, *v.* BYWIOGI, GRYMUSO
invigorating, *a.* BYWIOGUS
invincible, *a.* ANORCHFYGOL
inviolable, *a.* DIHALOG, CYSEGREDIG
inviolate, *a.* DIANAF, CYFAN

invisible, *a.* ANWELEDIG
invitation, *n.* GWAHODDIAD
invite, *v.* GWAHODD, DENU
inviting, *a.* DENIADOL
invocation, *n.* YMBIL, GWEDDI, ARDD-
EISYFIAD
invoice, *n.* ANFONEB.
invoke, *v.* ERFYN, GWEDDÏO, ARDDEISYF
involute, *n.* INFOLWT
involution, *n.* INFOLYTEDD
involve, *v.* GOLYGU, YMGLYMU
involvement, *n.* YMGLYMIAD, YMGYFRAN-
IAD
invulnerable, *a.* NA ELLIR EI ANAFU
inward, *a.* MEWNOL
inwards, *ad.* TUAG I MEWN
    n.pl. PERFEDD
iodide, *n.* ÏODID
iodine, *n.* ÏODIN
ion, *n.* ÏON
ionic, *a.* ÏONIG
ionisation, *n.* ÏONEIDDIAD
ionise, *v.* ÏONEIDDIO
ionosphere, *n.* ÏONOSFFER
iota, *n.* IOD, MYMRYN.
irascibility, *n.* HYDDIGRWYDD,
PIGOWGRWYDD
irascible, *a.* CROENDENAU, PIGOG
irate, *a.* DIG, LLIDIOG
ire, *n.* DICTER, LLID, SORIANT
iridescent, *a.* SYMUDLIW
iridium, *n.* IRIDIWM
iris, *n.* GELLYSG, GLAS Y LLYGAD
iritis, *n.* LLID GLAS Y LLYGAD
irk, *v.* BLINO, DIFLASU
irksome, *a.* BLIN(DERUS), DIFLAS
iron, *n.* HAEARN
    v. SMWDDIO
    wrought iron, HAEARN GYR
    iron filings, CRAFION HAEARN
ironical, *a.* EIRONIG
ironmonger, *n.* GWERTHWR NWYDDAU
HAEARN
ironmongery, *n.* NWYDDAU HAEARN
irons, *n.pl.* HEYRN
irony, *n.* EIRONI
irradiate, *v.* ARBELYDRU
irradiated, *a.* ARBELYDROL
irradiation, *n.* ARBELYDRIAD
irrational, *a.* ANRHESYMOL, DIRESWM,
ANGHYMAREBOL
irrationalism, *n.* ANRHESYMOLIAETH
irrationality, *n.* ANRHESYMOLDEB

irreconcilable, *a.* ANGHYMODLON
irrecoverable, *a.* ANADFERADWY,
CYFRGOLLEDIG
irredeemable, *a.* DI-ATBRYN
irreducible, *a.* ANOSTWNG
irrefutable, *a.* ANWRTHBROFOL
irregular, *a.* AFREOLAIDD
irregularity, *n.* AFREOLEIDD-DRA
irrelevance, *n.* AMHERTHYNAS
irrelevant, *a.* AMHERTHYNOL
irreligion, *n.* ANGHREFYDD
irreligious, *a.* ANGHREFYDDOL
irremediable, *a.* DIYMWARED, ANWELL-
ADWY
irreparable, *a.* ANADFERADWY
irrepressible, *a.* DIATAL
irresistible, *a.* ANORCHFYGOL
irresolute, *a.* AMHENDERFYNOL
irresolution, *n.* PETRUSTER
irrespective, *a.* AR WAHÂN I
irresponsible, *a.* ANGHYFRIFOL
irretrievable, *a.* ANADFERADWY
irreverence, *n.* AMARCH, SARHAD
irreverent, *a.* AMHARCHUS
irreversible, *a.* ANWRTHDROADWY
irrevocable, *a.* DI-ALW YN ÔL
irrigate, *v.* DYFRHAU
irrigated, *a.* DYFREDIG
irrigation, *n.* DYFRHAD
irritability, *n.* HYDEIMLEDD, LLID
irritable, *a.* CROENDENAU, LLIDIOG,
ANYNAD
irritate, *v.* BLINO, POENI, CYTHRUDDO
irritating, *a.* BLIN, POENUS, LLIDUS
irritation, *n.* POEN, LLID, ENYNFA
irruption, *n.* RHUTHR
is, *v.* YW, YDYW, Y MAE, OES, SYDD
isallobar, *n.* ISALOBAR
island, *n.* YNYS
islander, *n.* YNYSWR
isle, *n.* YNYS(IG)
islet, *n.* YNYSIG
isobar, *n.* ISOBAR
isobaric, *a.* ISOBARIG
isobath, *n.* ISOBATH
isoclinal, *a.* ISOCLEINIOG
isocline, *n.* ISOCLEIN
isocost, *n.* HAFALGOST
isogamy, *n.* ISOGAMEDD
isogonal, *a.* ISOGONAL
isohyet, *n.* ISOHYED, GLAWLIN
isolate, *n.* UNIGYN
    v. UNIGO, ARUNIGO, YNYSOLI, ARWAHANU

isolated, *a.* ARUNIG
isolation, *n.* ARUNIGEDD, UNIGEDD,
ARWAHANRWYDD
isolationism, *n.* ARUNIGEDD
isolationist, *n.* ARUNIGWR
isomer, *n.* ISOMER
isomeric, *a.* ISOMERIG
isomerism, *n.* ISOMEREDD
isometric, *a.* ISOMEDRIG
isomorph, *n.* ISOMORFF
isomorphic, *a.* ISOMORFFIG
isomorphism, *n.* ISOMORFFEDD
isorhythmic, *a.* ISORHYTHMIG
isosceles, *a.* ISOSGELES
isostatic, *a.* ISOSTATIG
isotherm, *n.* ISOTHERM
isothermal, *a.* ISOTHERMOL
n. ISOTHERMAL
isotope, *n.* ISOTOP
isotopic, *a.* ISOTOPIG
issue, *n.* CANLYNIAD, DIWEDD, DIFERLIF,

CYHOEDDIAD, TARDDIAD
v. CYHOEDDI, TARDDU, DYRODDI
at issue, I'W DDADLAU
issue is found, GWNEIR CYFRAITH
isthmus, *n.* CULDIR
it, *pn.* EF, HI
italic, *a.* ITALIG
italicize, *v.* ITALEIDDIO
italics, *n.pl.* LLYTHRENNAU ITALIG
itch, *n.* CRAFU, COS(FA)
v. CRAFU, COSI
item, *n.* EITEM
iterate, *v.* ITERU, AILADRODD
iteration, *n.* ITERIAD, AILADRODDIAD
iterative, *a.* ITERUS
itinerant, *a.* CRWYDROL, TEITHIOL
itinerary, *n.* TAITH, TEITHLYFR
itself, *pn.* EI HUN(AN)
ivory, *n.* IFORI
ivy, *n.* IORWG, EIDDEW

jab, *n.* JAB, PIGIAD
  v. PWTIAN, GWANU
jabber, *n.* CLEBER, BALDORDD
  v. CLEBRAN, BALDORDDI
jabberer, *n.* CLEBRYN, BALDORDDWR
jack, *n.* JAC
  v. JACIO
jackal, *n.* SIACAL
jackanapes, *n.* COEGYN
jackass, *n.* HURTYN, ASYN GWRYW
jackdaw, *n.* JAC-Y-DO
jacket, *n.* SIACED
jade, *n.* DIHIREN, CARREG ADDURNOL
  v. BLINO
jag, *n.* RHINT, BWLCH
  v. RHWYGO, BYLCHU
jagged, *a.* DANHEDDOG
jail, *n.* CARCHAR
jam, *n.* JAM, TAGFA, TAGIAD
  v. JAMIO, TAGU
jamb, *n.* YSTLYSBOST
jamboree, *n.* DATHLIAD
jangle, *n.* SŴN GARW
  v. CWERYLA
janissary, *n.* JANISARIAD
janitor, *n.* PORTHOR, DRYSOR
January, *n.* IONAWR
japan, *n.* FARNAIS
  v. FARNEISIO
jar, *n.* JAR, YSGYDWAD
  v. RHYGNU, YSGWYD
jarful, *a.* JARAID
jargon, *n.* JARGON, FFREGOD
jasper, *n.* IASBIS
jaundice, *n.* CLEFYD MELYN
jaunt, *n.* GWIB
  v. GWIBIO
jauntiness, *n.* TALOGRWYDD
jaunty, *a.* TALOG, BYWIOG
javelin, *n.* GWAYWFFON
jaw, *n.* GÊN, SAFN
jay, *n.* SGRECH Y COED
jazz, *n.* JAZZ
jealous, *a.* CENFIGENNUS, EIDDIGUS
jealousy, *n.* CENFIGEN, EIDDIGEDD
jeans, *n.* ʃINS
jeep, *n.* ʃIP
jeer, *n.* GWAWD, GWATWAR
  v. GWAWDIO, GWATWAR
jejune, *a.* DIFFRWYTH
jelly, *n.* JELI
jelly-fish, *n.* SLEFREN FÔR
jemmy, *n.* TROSOL LLEIDR
jenny, *n.* JENNI

jeopardise, *v.* PERYGLU
jeopardy, *n.* PERYGL, ENBYDRWYDD
jeremiad, *n.* GALARNAD
jerk, *n.* PLWC, YSGYTIAD
  v. PLYCIO, YSGYTIO
jerkin, *n.* JERCIN, COT LEDR
jerry-, *px.* BREGUS, SIMSAN
jersey, *n.* CRYS, JERSI, SIERSI
jest, *n. & v.* CELLWAIR
jester, *n.* CELLWEIRIWR
jet, *n.* JET, CHWYTHELL, MUCHUDD, FFRWD
  jet engine, PEIRIANT JET
  jet stream, JETLIF
  a. DU, JET
jetsam, *n.* BROC MÔR
jettison, *v.* TAFLU
jetty, *n.* JETI, GLANFA
Jew, *n.* IDDEW
jewel, *n.* GEM, TLWS
jeweller, *n.* GEMYDD
jewellery, *n.* GEMWAITH, GEMAU
Jewess, *n.* IDDEWES
Jewish, *a.* IDDEWIG
Jewry, *n.* YR IDDEWON
Jew's harp, *n.* YSTURMANT
jib, *n.* JIB
  v. NOGIO
jibbing, *n.* NOGIAD
  a. NOGLYD
jiffy, *n.* MUNUDYN
jig, *n.* JIG, DALIWR
  v. JIGIO
jig-saw, *n.* JIG-SO, HERCLIF
jilt, *n.* DIHIREN
  v. SIOMI CARIAD
jingle, *n.* TINC, RHIGWM
  v. TINCIAL
jingo, *n.* PLEIDIWR RHYFEL
jingoism, *n.* JINGOISTIAETH
jink, *n.* JINC
jinks, *n.* MIRI, RHIALTWCH
jitters, *n.pl.* NERFAU, OFN
jittery, *a.* NERFUS, OFNUS
job, *n.* GORCHWYL, TASG, GWAITH
  v. JOBIO
  Job Centre, CANOLFAN GWAITH
jobber, *n.* JOBIWR, STOCWAS
jobbery, *n.* CYNLLWYN
jockey, *n.* JOCI
jocose, *a.* DIREIDUS, CELLWEIRUS
jocular, *a.* FFRAETH, YSMALA
jocularity, *n.* FFRAETHINEB, DIGRIFWCH
jocund, *a.* LLON, HOYW
jocundity, *n.* LLONDER, HOYWDER

jog, *v.* LONCIAN
  n. GWTH, HWB
jogger, *n.* LONCIWR
jogtrot, *n.* RHYGYNG
join, *v.* CYSYLLTU, UNO, ASIO, YMUNO,
UNIADU
joiner, *n.* ASIEDYDD, SAER
joint, *n.* CYSWLLT, UNIAD, BREG, ASIAD
  dovetail joint, UNIAD CYNFFONNOG
  lap joint, GORUNIAD
  joint ill, CLWY'R CYMALAU
jointed, *a.* CYMALOG, BREGOG
jointing, *n.* BREGIANT, UNIADU
joist, *n.* DIST, TRAWST
joke, *n.* JÔC, FFRAETHEB, CELLWAIR
  v. JOCAN, CELLWAIR
joker, *n.* CELLWEIRIWR
jollification, *n.* RHIALTWCH
jollity, *n.* MIRI, HWYL
jolly, *a.* LLAWEN, DIFYR, BRAF
jolt, *n.* YSGYTIAD
  v. YSGYTIO
jostle, *n.* HERGWD
  v. GWTHIO
jot, *n.* IOD, MYMRYN, TIPYN
  v. COFNODI
jotter, *n.* NODLYFR
jotting, *n.* NODIAD
journal, *n.* NEWYDDIADUR, JWRNAL,
CYLCHGRAWN
journalese, *n.* NEWYDDIADUREG
journalist, *n.* NEWYDDIADURWR
journalistic, *a.* NEWYDDIADURLLYD
journey, *n.* TAITH, SIWRNAI
  v. TEITHIO, YMDEITHIO
journeyman, *n.* JERMON
journeywork, *n.* DYDDGWAITH
joust, *n.* TWRNAMEINT
  v. YMLADD MEWN TWRNAMEINT
jovial, *a.* LLAWEN, SIRIOL, LLON
joviality, *n.* MIRI, DIGRIFWCH, LLAWENYDD
jowl, *n.* GÊN, CERN
joy, *n.* LLAWENYDD, GORFOLEDD
joyful, *a.* LLAWEN, GORFOLEDDUS
joyless, *a.* TRIST, PRUDD, AFLAWEN
joyous, *a.* LLAWEN, GORFOLEDDUS
jubilant, *a.* GORFOLEDDUS
jubilation, *n.* GORFOLEDD
jubilee, *n.* JIWBILI, DATHLIAD
Judaism, *n.* IDDEWIAETH
judge, *n.* BARNWR, BEIRNIAD.
  v. BARNU, BEIRNIADU
judgement, *n.* BARN, DEDFRYD, DYFARNIAD
judicature, *n.* YNADAETH, BRAWDLYS

judicial, *a.* BARNWROL, YNADOL
Judiciary, *n.* Y FARNWRIAETH
judicious, *a.* DOETH, CALL, DEALLUS
jug, *n.* JWG, SIWC
juggernaut, *n.* JUGGERNAUT
juggle, *v.* SIWGLO
juggler, *n.* SIWGLWR
jugglery, *n.* SIWGLAETH
jugular, *a.* GYDDFOL
juice, *n.* SUDD, SUG
juicy, *a.* SUDDOG, IRAIDD
July, *n.* GORFFENNAF
jumble, *n.* CYMYSGEDD, CYBOLFA
  v. CYMYSGU, CYBOLI
  jumble sale, FFAIR SBORION
jump, *n.* NAID, LLAM
  v. NEIDIO, LLAMU
jumper, *n.* NEIDIWR, SIWMPER
junction, *n.* CYFFORDD, CYDIAD, CYMER
juncture, *n.* CYSWLLT, CYFWNG
June, *n.* MEHEFIN
jungle, *n.* JYNGL, DRYSWIG
juniper, *n.* MERYWEN
junior, *a.* IAU
  n. IENGYN, IANGEN
junk, *n.* JWNC, SOTHACH
junket, *n.* JWNCED
junta, *n.* CLYMBLAID, JUNTA
juridical, *a.* CYFREITHYDDOL
jurisdiction, *n.* AWDURDOD, AWDURDOD-
AETH
jurisprudence, *n.* CYFREITHEG
jurist, *n.* CYFREITHEGWR
juror, *n.* RHEITHIWR
jury, *n.* RHEITHGOR
just, *a.* IAWN, UNION, CYWIR, TEG, CYFIAWN
  ad. YN UNION, BRAIDD, PRIN
  just now, GYNNAU (FACH)
justice, *n.* CYFIAWNDER, YNAD, USTUS
justiciar(y), *n.* PRIFUSTUS
justifiable, *a.* CYFIAWNADWY
justification, *n.* CYFIAWNHAD
justify, *v.* CYFIAWNHAU
jut, *v.* YMWTHIO
jute, *n.* JIWT
jutting, *n.* YMWTHIAD
  a. YMWTHIOL
juvenile, *n.* BLAENLANC(ES)
  a. IEUANC, IFANCAIDD
  juvenile delinquency, TRAMGWYDD
IFANCAIDD
juvenility, *n.* IEUENGRWYDD
juxtapose, *v.* CYFOSOD
juxtaposition, *n.* CYFOSODIAD

kale, *n.* CÊL, CELYS
kangaroo, *n.* CANGARŴ
kaolin, *n.* CAOLIN
kapok, *n.* CAPOC
karst, *n.* CARST
katabatic, *a.* CATABATIG
katabolic, *a.* CATABOLIG
katabolism, *n.* CATABOLAETH
kayak, *n.* CAYAC
keds, *n.pl.* LLAU DEFAID
keel, *n.* CILBREN, TRUMBREN
keen, *a.* CRAFF, LLYM, MINIOG, AWYDDUS,
  BRWD
keen-eyed, *a.* LLYGADLYM
keenness, *n.* CRAFFTER, LLYMDER
keep, *n.* GORTHWR, CADWRAETH
  v. CADW, CYNNAL
keeper, *n.* CEIDWAD, CADWRYDD, CIPER
keeping, *n.* CADWRAETH, GOFAL
keepsake, *n.* COFRODD
keg, *n.* BARILAN
kelp, *n.* GWYMON
kemp, *n.* CEMP, SYTHFLEW
ken, *n.* DIRNADAETH
  v. ADNABOD, GWYBOD
kennel, *n.* CWB, CUT, CWTER
kenosis, *n.* YMWACÂD
kerb, *n.* CWRBYN
kerchief, *n.* CADACH, HANCES, NEISIED
kerf, *n.* LLIFDORIAD
kerfing, *n.* TORIAD
kernel, *n.* CNEWYLLYN, BYWYN
kerosene, *n.* PARAFFIN
kersey, *n.* CERSI, BRETHYN CAEROG
kestrel, *n.* CUDYLL COCH
ketch, *n.* CETSH
ketchup, *n.* CETSYP
kettle, *n.* TEGELL
kettle-drum, *n.* TYMPAN
key, *n.* ALLWEDD, AGORIAD, CYWAIR,
  BYSELL
  tuning key, CYWEIRGORN
  v. ALLWEDDU
keyboard, *n.* ALLWEDDELL, SEINGLAWR,
  BYSELLFWRDD (TEIPIO)
keyhole, *n.* TWLL CLO
keynote, *n.* CYWEIRNOD
keystone, *n.* MAEN CLO
keyway, *n.* ALLWEDDFA
keyworker, *n.* GWEITHIWR ALLWEDDOL
khaki, *n.* CACI
kibbutz, *n.* CIBWTS
kick, *n.* CIC
  v. CICIO

kick off, CIC GYNTAF
drop kick, CIC ADLAM
fly kick, CIC WIB
grubber kick, CIC BWT
diagonal kick, CIC LETRAWS
kid, *n.* MYN, PLENTYN, CRWT
  a. CID
  v. TWYLLO
kidnap, *v.* HERWGYDIO, LLATHRUDDO
kidnapper, *n.* LLATHRUDDWR
kidnapping, *n.* HERWGYDIAD
kidney, *n.* AREN, ELWLEN
kidney-beans, *n.pl.* FFA DRINGO,
  CIDNABÊNS
kill, *n.* DIWEDD
  v. LLADD
killer, *n.* LLADDWR
kiln, *n.* ODYN
kilocalorie, *n.* CILOCALORI
kilocycle, *n.* CILOSEICL
kilogramme *n.* CILOGRAM
kilometre, *n.* CILOMETR
kilowatt, *n.* CILOWAT
kilt, *n.* CILT
kimono, *n.* CIMONO
kin, *n.* CERAINT, TRAS, CARENNYDD
kinaesthetic, *a.* CINESTHETIG
kinaesthetical, *a.* CINESTHETIGOL
kind, *n.* RHYWOGAETH, MATH
  a. CAREDIG, HYNAWS
kindergarten, *n.* YSGOL FEITHRIN
kindle, *v.* CYNNAU, ENNYN
kindliness, *n.* CAREDIGRWYDD
kindly, *a.* CAREDIG, HYNAWS
kindness, *n.* CAREDIGRWYDD
kindred, *n.* PERTHYNAS, CERAINT
  a. PERTHYNOL
kine, *n.pl.* DA, GWARTHEG
kinematics, *n.* CINEMATEG
kinetic, *a.* CINETIG
kinetics, *n.* CINETEG
king, *n.* BRENIN
kingdom, *n.* TEYRNAS, BRENHINIAETH
kingfisher, *n.* GLAS Y DORLAN
kingly, *a.* BRENHINOL
king-pin, *n.* PRIF-GOLYN
kingship, *n.* BRENHINIAETH
kink, *n.* CINC
kinsfolk, *n.pl.* CERAINT
kinship, *n.* PERTHYNAS, CARENNYDD
kinsman, *n.* CÂR, PERTHYNAS, CYFNESAF
kiosk, *n.* CIOSG, BWTH, CABAN
kipper, *n.* CIPER
kirk, *n.* EGLWYS (ALBANAIDD)

kiss, *n.* CUSAN
   v. CUSANU
   kiss of life, CUSAN ADFER
kit, *n.* CIT, PAC, TACLAU, FFIDL BOCED
   first aid kit, CIT YMGELEDD
kitbag, *n.* CWDYN MILWR
kitchen, *n.* CEGIN
kitchenette, *n.* CEGIN FACH
kitchen-garden, *n.* GARDD LYSIAU
kite, *n.* BARCUT(AN), BERI
kith, *n.* CYDNABOD
   kith and kin, PERTHNASAU
kitten, *n.* CATH FACH
kleptomania, *n.* YSFA LADRATA
klunk, *n.* CLONC
knack, *n.* CLEM, CNAC
knacker, *n.* NACER
knackery, *n.* CELANEDD-DY
knapsack, *n.* PAC MILWR
knave, *n.* CNAF, DIHIRYN
knavery, *n.* CYFRWYSTRA
knavish, *a.* CNAFAIDD
knead, *v.* TYLINO
kneading-trough, *n.* CAFN TYLINO
knee, *n.* GLIN, PEN-GLIN, PEN-LIN
kneecap, *n.* PADELL/PELLEN PEN-GLIN
kneel, *v.* PENLINIO
knell, *n.* CNUL
knicker, *n.* NICER
knickerbocker, *n.* CLOS PEN-GLIN
knickpoint, *n.* CNICYN
knife, *n.* CYLLELL
   drawknife, RHASGL
   pastry knife, CYLLELL GRWST
   knife edge, MIN CYLLELL, ÂRFIN
knight, *n.* MARCHOG

knight-errant, *n.* MARCHOG CRWYDROL
knighthood, *n.* URDD MARCHOG
knit, *v.* GWAU, CLYMU
knitter, *n.* UN SY'N GWAU, PEIRIANT GWAU
knitting, *n.* GWAU, GWEU
knitting needle, *n.* GWAELL(EN)
knitwear, *n.* GWEUWAITH
knob, *n.* DWRN, BWLYN, CNAP, CNWC
knobby, *a.* CNAPIOG, CNYCIOG
knock, *n.* CNOC, ERGYD
   v. CNOCIO, TARO, CURO
knocker, *n.* CURWR, CNOCIWR
knock-kneed, *a.* GLIN-GAM
knock-out, *n.* ERGYD TERFYNOL
knoll, *n.* CNWC, BRYNCYN
knot, *n.* CWLWM, CNOT, CAINC
   v. CLYMU
knotch, *n.* BWLCH
   v. BYLCHU
knotted, *a.* CLYMOG, CEINCIOG, CNOTIOG
knotty, *a.* DYRYS, ANODD
know, *v.* GWYBOD, ADNABOD
knowable, *a.* GWYBODADWY, ADNABYDD-
ADWY
knowing, *a.* GWYBODUS, FFEL
knowingly, *ad.* YN FWRIADOL, TRWY WYBOD
knowledge, *n.* GWYBODAETH
knowledgeable, *a.* GWYBODUS
knuckle, *n.* CYMAL, MIGWRN, CWGN
knuckling, *n.* GWENDID YR EGWYD
kow-tow, *v.* YMGREINIO
knurl, *n.* NWRL
kraal, *n.* CRÂL
kremlin, *n.* CREMLIN
krypton, *n.* CRYPTON

label, *n.* LABEL
  v. LABELU, LLABEDU, ENWI
labial, *a.* GWEFUSOL
labialization, *n.* GWEFUSOLIAD
labialize, *v.* GWEFUSOLI
laboratory, *n.* LABORDY
laborious, *a.* LLAFURUS
labour, *n.* LLAFUR, GWAITH
  Labour Party, PLAID LAFUR
  labour force, LLAFURLU
  v. LLAFURIO, LABRO
labourer, *n.* LLAFURWR, LABRWR
laburnum, *n.* BANHADLEN FFRAINC
labyrinth, *n.* LABRINTH
lace, *n.* LES, LAS, CARRAI, SIDER
  v. LASIO, CAREIO
lacerate, *v.* CYMRIWIO
lacerated, *a.* CYMRIW
laceration, *n.* CYMRIWIAD
lachrymal, *a.* DAGREUOL, WYLOFUS
lachrymose, *a.* WYLOFUS
lack, *n.* DIFFYG, EISIAU
  v. BOD AG EISIAU
lackadaisical, *a.* DIYNNI
lackey, *n.* GWAS (Â LIFRAI)
lacking, *a.* PRIN O
laconic, *a.* CWTA, BYREIRIOG
lacquer, *n.* LACER
  v. LACRO
lacrosse, *n.* LACRÓS
lactation, *n.* LLAETHIAD
  v. LLAETHA
lactic, *a.* LACTIG
lactogenic, *a.* LACTOGENIG
lactose, *n.* LACTOS
lacunary, *a.* BYLCHUS
lacustrine, *a.* LLYNNOL
lad, *n.* LLANC, HOGYN, BACHGEN, CRWT(YN)
ladder, *n.* YSGOL, YSGOLEN (GWNÏO)
  v. YSGOLI
lade, *v.* LLWYTHO
lading, *n.* LLWYTH LLONG
ladle, *n.* LLETWAD, LLWY
lady, *n.* BONESIG, MERCH FONHEDDIG
lady-bird, *n.* BUWCH GOCH GOTA
ladylike, *a.* BONEDDIGESAIDD
ladyship, *n.* ARGLWYDDES
lag, *v.* YMDROI, LAGIO, LLUSGO
  n. OEDIAD, LLUSGIAD
laggard, *n.* DIOGYN
lagged, *a.* YNYSEDIG, OEDIOG
lagging, *n.* YNYSYDD, LAGIN
lagoon, *n.* LAGŴN, MORLYN

lair, *n.* GWÂL, FFAU
laity, *n.pl.* LLEYGWYR, GWŶR LLEYG
lake, *n.* LLYN, LLWCH
  ox-bow lake, YSTUMLYN
lamb, *n.* OEN, CIG OEN
  v. OENA, ŴYNA
lambent, *a.* LLEIBIOL
lambkin, *n.* OENIG
lame, *a.* CLOFF
  v. CLOFFI
lament, *n.* GALARNAD, CWYNFAN
  v. GALARU, CWYNFAN
lamentable, *a.* GALARUS, TRUENUS
lamentation, *n.* GALARNAD, CWYNFAN
lamina, *n.* HAEN, LAMINA
laminar, *a.* LAMINAIDD
laminate, *a.* HAENOG
  v. HAENOGI, LAMINADU
lamination, *n.* HAENIAD
laminitis, *n.* LAMINITIS
lamp, *n.* LAMP, LLUSERN
lampas, *n.* MINDAG
lampoon, *n.* DYCHANGERDD
  v. DYCHANU, GOGANU
lamprey, *n.* LLAMPRAI, LLYSYWEN BENDOLL
lampshade, *n.* CYSGODLEN LAMP, LAMPLEN
lance, *n.* GWAYW(FFON)
  v. FFLEIMIO
lance-corporal, *n.* IS-GORPRAL
lancet, *n.* FFLAIM, LANSET
land, *n.* TIR, DAEAR, GWLAD, GLAN
  v. TIRIO, GLANIO
  marginal land, TIR YMYL
landed, *a.* TIR(IOG)
landes, *n.* RHOSTIR
landform, *n.* TIRFFURF
landholder, *n.* DEILIAD TIR
landing, *n.* GLANIAD, GLANFA, PEN GRISIAU
landlady, *n.* LLETYWRAIG
landlord, *n.* MEISTR-TIR, PERCHENNOG
landmark, *n.* TIRNOD, DIGWYDDIAD
  COFIADWY
landmine, *n.* FFRWYDRYN TIR
landowner, *n.* TIRFEDDIANNWR
landrover, *n.* LANDROFER
landscape, *n.* TIRLUN, TIRWEDD
landslide, *n.* TIRLITHRAD
landslip, *n.* CWYMP TIR
landsman, *n.* DYN Y TIR
land-surveyor, *n.* TIRFESURYDD
land-tax, *n.* TRETH Y TIR
landward, *a. & ad.* ATIR, TUA'R TIR
lane, *n.* LÔN, WTRE, BEIDR

language, *n.* IAITH
  assembly language, IAITH GYSODOL
langue, *n.* IEITHDREFN
languid, *a.* LLESG, EIDDIL, EGWAN
languish, *v.* LLESGÁU, DIHOENI
languor, *n.* LLESGEDD, NYCHDOD
lanky, *a.* MEINDAL
lantern, *n.* LLUSERN
lanyard, *n.* RHEFFYN
lap, *n.* LAP, ARFFED, PLYG
  v. LAPIO, PLYGU
lapel, *n.* LLABED
lapis-lazuli, *n.* GLASFAEN
lap-joint, *n.* GORUNIAD
lapse, *n.* GWALL, METHIANT
  v. MATHU, LLITHRO, DARFOD
lapstone, *n.* MAEN Y CRYDD
lapwing, *n.* CORNICYLL, CORNCHWIGLEN
larcenous, *a.* LLADRONLLYD
larceny, *n.* LLADRAD
larch, *n.* LLARWYDDEN
lard, *n.* LARD, BLONEG
  v. LARDIO, BLONEGU
larder, *n.* LARDFA, PANTRI, BWTRI
large, *a.* HELAETH, MAWR, EANG
largeness, *n.* MAINT, HELAETHRWYDD
largess(e), *n.* RHODD, ANRHEG
largo, *n.* LARGO
lark, *n.* EHEDYDD, DIFYRRWCH
  v. CELLWAIR
larva, *n.* LARFA
laryngitis, *n.* DOLUR GWDDF
larynx, *n.* LARYNCS, CORN GWDDF
lascivious, *a.* ANLLAD, TRYTHYLL
lasciviousness, *n.* ANLLADRWYDD,
  TRYTHYLLWCH
laser, *n.* LASER
lash, *n.* LLACH
  v. LLACHIO, FFLANGELLU
lass, *n.* GENETH, LLANCES
lassitude, *n.* LLESGEDD, BLINDER
lasso, *n.* LASŴ
last, *n.* LEST
  a. OLAF, DIWETHAF
  v. PARHAU, DAL, PARA
lasting, *a.* PARHAUS, PARHAOL
lastly, *ad.* YN OLAF / DDIWETHAF
latch, *n.* CLICIED
  v. CAU Â CHLICIED
latchet, *n.* CARRAI ESGID
late, *a.* HWYR, DIWEDDAR
  late comers, HWYR DDYFODWYR
lately, *ad.* YN DDIWEDDAR

latency, *n.* CUDDNI
lateness, *n.* DIWEDDARWCH
latent, *a.* CUDD, DIRGEL
lateral, *a.* OCHROL
  n. CANGEN
lateralisation, *n.* LATEREIDDIO
laterite, *n.* LATERIT
latex, *n.* LATECS
lath, *n.* LATSEN, EISEN, DELLTEN, LLATHEN
lathe, *n.* TURN
lather, *n.* TROCHION SEBON
  v. SEBONI
lathery, *a.* SEBONLLYD
Latin, *n.* LLADIN
  a. LLADINAIDD
latitude, *n.* LLEDRED, PENRHYDDID
latitudinarianism, *n.* PENRHYDDID
latrine, *n.* TŶ-BACH, TOILED
latter, *a.* OLAF, DIWETHAF
latterly, *ad.* YN DDIWEDDAR
lattice, *n.* LATIS, DELLTEN, DELLTWAITH
latus-rectum, *n.* LATWS-RECTWM
laud, *n.* CLOD, MAWL
  v. CLODFORI, MOLI
laudable, *a.* CANMOLADWY
laudanum, *n.* LODNUM, LODOM
laudation, *n.* CLOD, MAWL
laudatory, *a.* HAEL EI GLOD
laugh, *n.* CHWERTHIN(IAD), CHWARDDIAD
  v. CHWERTHIN
laughable, *a.* CHWERTHINLLYD, DIGRIF
laughing-stock, *n.* CYFF GWAWD
laughter, *n.* CHWERTHIN
launch, *n.* LANS, LONS
  v. LANSIO, DECHRAU
launder, *v.* GOLCHI DILLAD
laundress, *n.* GOLCHWRAIG
launderette, *n.* LANDRET
laundry, *n.* GOLCHDY, LANDRI, DILLAD
  GOLCH
laureate, *a.* LLAWRYFOG/OL
laurel, *n.* LLAWRYFEN, LLAWRYF
lava, *n.* LAFA
lavatory, *n.* TŶ-BACH, TOILED
lave, *v.* YMOLCHI
lavender, *n.* LAFANT
laver, *n.* LAWR, LAFWR
lavish, *a.* HAEL, AFRADLON
  v. AFRADU, GWASTRAFFU
lavishness, *n.* HAELIONI, AFRADLONEDD
law, *n.* CYFRAITH, DEDDF
  law and order, RHEOL A THREFN
  law of the land, CYFRAITH GWLAD

law-abiding, *a.* DEDDFGADWOL
lawful, *a.* CYFREITHLON
lawfulness, *n.* CYFREITHLONDEB
lawgiver, *n.* DEDDFRODDWR
lawless, *a.* DIGYFRAITH, ANNEDDFOL
lawlessness, *n.* ANGHYFRAITH, ANHREFN
lawmaker, *n.* DEDDFWR
lawn, *n.* LAWNT
lawnmower, *n.* PEIRIANT LAWNT
lawn-tennis, *n.* TENIS (LAWNT)
lawsuit, *n.* CYNGAWS
lawyer, *n.* CYFREITHIWR
lax, *a.* LLAC, DIOFAL
laxative, *n.* CARTHBAIR, RHYDDOLYN, RHYDDYDD
  a. RHYDDHAOL
laxity, *n.* LLACRWYDD, DIOFALWCH
lay, *n.* CÂN
  a. LLEYG, LLYG
  v. GOSOD, DODWY
layback, *v.* OLGRIPIAN
lay-by, *n.* ENCILFA
layer, *n.* HAEN, GWANAF
  v. HAENU
layland, *n.* GWYNDWN, TONDIR
layman, *n.* LLEYGWR
layout, *n.* LLUNWEDD, CYNLLUN
lazar, *n.* GWAHANGLAF
laze, *v.* SEGURA, DIOGI
laziness, *n.* DIOGI
lazy, *a.* DIOG(LYD)
lea, *n.* DOLDIR, DÔL
leach, *v.* TRWYTHOLCHI
leaching, *n.* TRWYTHOLCHIAD
lead, *n.* PLWM
lead, *n.* LÎD, ARWEINIAD
  v. ARWAIN, TYWYS, BLAENU
leaden, *a.* PLWM
leader, *n.* ARWEINYDD, BLAENWR, ERTHYGL FLAEN
leadership, *n.* ARWEINYDDIAETH
leading, *a.* ARWEINIOL, BLAENLLAW
leaf, *n.* DEILEN, DALEN
leaflet, *n.* DALENNIG, TAFLEN
leafy, *a.* DEILIOG
league, *n.* CYNGHRAIR
  v. CYNGHREIRIO
leak, *n.* AGEN, COLL
  v. GOLLWNG, COLLI
leakage, *n.* COLL(I)
leaky, *a.* YN GOLLWNG, YN COLLI
lean, *a.* MAIN, TENAU
  n. CIG COCH
  v. GOLEDDU, PWYSO (AR)

leanness, *n.* TENEUDRA, CULNI
leap, *n.* LLAM, NAID
  v. LLAMU, NEIDIO
  leap year, BLWYDDYN NAID
leapfrog, *n.* LLAM LLYFFANT
learn, *v.* DYSGU
learned, *a.* HYDDYSG, DYSGEDIG
learner, *n.* DYSGWR
learning, *n.* DYSG
lease, *n.* PRYDLES, LES
  v. PRYDLESU
leasehold, *n.* PRYDLES
  a. PRYDLESOL
leaseholder, *n.* PRYDLESWR
leash, *n.* CYNLLYFAN, TENNYN
  v. CYNLLYFANU
least, *a.* LLEIAF
  at least, O LEIAF
leather, *n.* LLEDR
leave, *n.* CENNAD, CANIATÂD
  v. GADAEL, YMADAEL
leaved, *a.* DEILIOG
leaven, *n.* LEFAIN, BURUM
  v. LEFEINIO, EPLESU
leavings, *n.pl.* GWEDDILLION, GWARGED
lechery, *n.* TRYTHYLLWCH, ANLLADRWYDD
lectern, *n.* DARLLENFA
lection, *n.* DARLLENIAD, LLITH
lectionary, *n.* DARLLENIADUR, LLITHIADUR
lecture, *n.* DARLITH, ARAITH
  v. DARLITHIO
lecturer, *n.* DARLITHYDD/IWR
lecture-room, *n.* DARLITHFA
lectureship, *n.* DARLITHYDDIAETH
ledge, *n.* YSGAFELL, SILFF
ledger, *n.* LEDJER
lee, *n.* CYSGOD GWYNT
leech, *n.* GELE(N)
  horse leech, GELE(N) BENDOLL
leek, *n.* CENHINEN
leer, *n.* CILWEN
  v. CILWENU
leering, *a.* AELGAM
lees, *n.pl.* GWAELODION, GWADDOD
leeward, *a.* Y TU CLYTAF
left, *a.* CHWITH, ASWY
left-handed, *a.* LLAWCHWITH
left-handedness, *n.* LLAWCHWITHEDD
leg, *n.* COES, ESGAIR, RHAN
legacy, *n.* CYMYNRODD, BECWÊDD
legal, *a.* CYFREITHIOL, CYFREITHLON
  legal charge, ARWYSTL
legalism, *n.* DEDDFOLIAETH

legality, *n.* CYFREITHLONDEB
legalize, *v.* CYFREITHLONI
legally, *ad.* YN GYFREITHLON
legate, *n.* LEGAD, CENNAD
legatee, *n.* BECWEDDAI
legation, *n.* LLYSGENHADAETH
legator, *n.* BECWEDDWR
legend, *n.* CHWEDL
legendary, *a.* CHWEDLONOL,
    TRADDODIADOL
legerdemain, *n.* SIWGLO
leggings, *n.pl.* SOCASAU
legible, *a.* DARLLENADWY, EGLUR
legion, *n.* LLENG
legionary, *a.* LLENGOL
legislate, *v.* DEDDFU
legislation, *n.* DEDDFWRIAETH
legislative, *a.* DEDDFWRIAETHOL
legislator, *n.* DEDDFWR
legislature, *n.* DEDDFWRFA, CORFF
    DEDDFU
legitimacy, *n.* CYFREITHLONDEB
legitimate, *a.* CYFREITHLON, CYFREITHUS
legitimize, *v.* CYFREITHLONI
legume, *n.* LEGWM
legumes, *n.pl.* CIBLYS, CODLYS
leguminous, *a.* LEGWMAIDD
leisure, *n.* HAMDDEN
leisured, *a.* HAMDDENOL
leisurely, *ad. & a.* HAMDDENOL
leitmotiv, *n.* LEITMOTIF
lemma, *n.* LEMA
lemming, *n.* LEMING
lemon, *n.* LEMWN, LEMON
    lemon sole, LLEDEN LEMON
    lemon squeezer, GWASGELL LEMON
lemonade, *n.* DIOD LEMON
lemur, *n.* LEMWR
lend, *v.* RHOI BENTHYG/ECHWYN,
    BENTHYCA/IO
lender, *n.* UN SY'N RHOI BENTHYG,
    ECHWYNNWR
length, *n.* HYD, MEITHDER
    at length, O'R DIWEDD, BELLACH
lengthen, *v.* YMESTYN, HWYHAU
lengthwise, *ad.* YN EI HYD
lengthy, *a.* HIR, MAITH
leniency, *n.* TIRIONDEB, TYNERWCH
lenient, *a.* TIRION, TYNER
lens, *n.* LENS
    concave lens, LENS CEUGRWM
    convex lens, LENS AMGRWM
Lent, *n.* Y GRAWYS

lentil, *n.* CORBYSEN, LENTIL
leopard, *n.* LLEWPART
leper, *n.* UN GWAHANGLWYFUS, GWAHANGLAF
leprosy, *n.* GWAHANGLWYF
leprous, *a.* GWAHANGLWYFUS
lesbianism, *n.* LESBIAETH
lesion, *n.* ANAF, NIWED
less, *a. & n.* LLAI
    ad. CHWAETHACH, YN LLAI
lessee, *n.* PRYDLESAI
lessen, *v.* LLEIHAU, BYCHANU
lessor, *n.* PRYDLESYDD
lesson, *n.* GWERS, LLITH
lest, *c.* RHAG, RHAG OFN, FEL NA
let, *v.* GOSOD, GADAEL, CANIATÁU, RHENTU
lethal, *a.* MARWOL, ANGHEUOL
lethargic, *a.* DIYNNI, SWRTH
lethargy, *n.* CYSGADRWYDD, SYRTHNI
letter, *n.* LLYTHYR, LLYTHYREN
lettering, *n.* LLYTHRENIAD
    v. LLYTHRENNU
letterpress, *n.* ARGRAFF
letters, *n.pl.* LLÊN, LLENYDDIAETH,
    LLYTHYRAU
    man of letters, LLENOR
letters-patent, *n.pl.* BREINLYTHYRAU
lettuce, *n.* LETYSEN
leucoplast, *n.* LEWCOPLAST
levee, *n.* LLIFGLAWDD
level, *n.* GWASTAD, LEFEL
    v. GWASTATÁU, LEFELU
    spirit level, LEFEL WIROD
level-headed, *a.* PWYLLOG
lever, *n.* TROSOL, LIFER
leverage, *n.* TROSOLEDD, TROSOLIAD
leveret, *n.* LEFEREN, LEFRAN
levity, *n.* YSGAFNDER, GWAMALRWYDD
levy, *n.* LEFI, TRETH, ARDOLL
    v. TRETHU, CODI
lewd, *a.* ANLLAD, TRYTHYLL
lewdness, *n.* ANLLADRWYDD, TRYTHYLL-
    WCH
lexical, *a.* GEIRIADUROL
lexicographer, *n.* GEIRIADURWR
lexicon, *n.* GEIRIADUR
ley, *n.* GWNDWN
liability, *n.* CYFRIFOLDEB, ATEBOLRWYDD,
    RHWYMEDIGAETH
    liabilities, RHWYMEDIGAETHAU
liable, *a.* ATEBOL, RHWYMEDIG
liaison, *n.* CYSWLLT
liana, *n.* LIANA
liar, *n.* CELWYDDGI

libation, *n.* DIOD-OFFRWM
libel, *n.* ENLLIB
   v. ENLLIBIO
libeller, *n.* ENLLIBIWR
libellous, *a.* ENLLIBUS
liberal, *a.* RHYDDFRYDIG, RHYDD, HAEL
   n. RHYDDFRYDWR
liberalise, *v.* RHYDDFRYDOLI
Liberalism, *n.* RHYDDFRYDIAETH
liberate, *v.* RHYDDHAU
liberation, *n.* RHYDDHAD
liberator, *n.* RHYDDHÄWR
libertine, *n.* RHYDDFEDDYLIWR, PEN-
   RHYDDYN
libertinism, *n.* PENRHYDDID
liberty, *n.* RHYDDID, LIBART
libidinous, *a.* ANLLAD, ANNIWAIR
libido, *n.* LIBIDO
librarian, *n.* LLYFRGELLYDD
library, *n.* LLYFRGELL, LLYFRFA
libration, *n.* MANTOLIAD
librettist, *n.* LIBRETYDD
libretto, *n.* LIBRETO
licence, *n.* TRWYDDED, CANIATÂD,
   RHYDDID
license, *v.* TRWYDDEDU
licensed, *a.* TRWYDDEDIG
licensee, *n.* TRWYDDEDAI
licensor, *n.* TRWYDDEDWR
licentiate, *n.* TRWYDDEDOG
licentious, *a.* ANLLAD, OFER, PENRHYDD
licentiousness, *n.* OFEREDD, PENRHYDDID
lichen, *n.* CEN
lichenometry, *n.* CENFETREG
lichgate, *n.* CLWYD MYNWENT
lick, *n.* LLYFIAD, LLAIB
   v. LLYFU, CURO, LLEIBIO
licking, *n.* LLYFIAD, CURFA
lid, *n.* CLAWR, CAEAD
lido, *n.* TRAETH YMDROCHI
lie, *n.* DWEUD CELWYDD
   n. CELWYDD, ANWIREDD, GORWEDDIAD
lief, *ad.* YN GYSTAL
liege, *n.* ARGLWYDD
   a. FFYDDLON
liege-lord, *n.* DYLEDOG
lieu, *n.* (YN) LLE
lieutenant, *n.* LIFFTENANT
   lord lieutenant, ARGLWYDD RAGLAW
life, *n.* BYWYD, EINIOES, OES, HOEDL
lifebelt, *n.* NOFDORCH
lifeboat, *n.* BAD ACHUB
lifeless, *a.* DIFYWYD, MARW(AIDD)
lifelike, *a.* BYW, REAL

lifelong, *a.* DRWY OES
lifetime, *n.* OES, EINIOES, BYWYD
lift, *n.* LIFFT, CODELL, CODIANT
   v. CODI
lifter, *n.* CODWR
ligament, *n.* GÏEWYN
ligature, *n.* PWYTHYN, RHWYMYN
light, *n.* GOLAU, GOLEUNI, GWAWL, TÂN
   v. GOLEUO, CYNNAU, TANIO
   a. YSGAFN
lighten, *v.* GOLEUO, MELLTENNU
lighter, *n.* GOLEUYDD, TANIWR, BAD
   DADLWYTHO
light-footed, *a.* YSGAFNDROED
light-headed, *a.* PENCHWIBAN
light-hearted, *a.* YSGAFNFRYD
lighthouse, *n.* GOLEUDY
light-minded, *a.* DIFEDDWL
lightness, *n.* YSGAFNDER
lightning, *n.* MELLT, LLUCHED
   lightning conductor, CLUDYDD MELLT
lights, *n.pl.* YSGYFAINT
lightship, *n.* GOLEULONG
lightsome, *a.* HOENUS, YSGAFN, BYWIOG
ligneous, *a.* LIGNAIDD
lignify, *n.* LIGNEIDDIO
lignite, *n.* LIGNID, COEDLO
ligule, *n.* LIGWL
like, *a.* CYFFELYB, TEBYG, UNWEDD
   prp. FEL, MEGIS
   v. HOFFI
likeable, *a.* HOFFUS, DYMUNOL
likelihood, *n.* TEBYGOLIAETH
likely, *a.* TEBYG(OL)
liken, *v.* CYFFELYBU, CYMHARU
likeness, *n.* TEBYGRWYDD
likewise, *ad.* YN GYFFELYB, YR UN MODD
liking, *n.* HOFFTER, BODD
lilac, *n.* LELOG
lilt, *n.* CANU / SIARAD RHYTHMIG
lily, *n.* LILI, ALAW
lily-of-the-valley, *n.* LILI'R DYFFRYN-
   NOEDD
limb, *n.* AELOD, CANGEN
limbo, *n.* EBARGOFIANT
lime, *n.* CALCH, LEIM, PISGWYDDEN
   v. CALCHU
   lime juice, SUDD LEIM
   quick lime, CALCH BRWD
limelight, *n.* AMLYGRWYDD
lime-kiln, *n.* ODYN GALCH
limerick, *n.* LIMRIG
limestone, *n.* CARREG GALCH, CALCHFAEN

limit, *n.* FFIN, TERFYN, TERFAN
  v. CYFYNGU
  limit of tolerance, TERFAN GODDEFIANT
  limit of integration, TERFAN INTEGRIAD
limitation, *n.* CYFYNGIAD
  limitation of liability, CYFYNGIAD
  ATEBOLRWYDD
limited, *a.* CYFYNGEDIG, PRIN
limiting, *a.* TERFANNOL
limitless, *a.* DI-BEN-DRAW
limnology, *n.* LLYNOLEG
limp, *n.* CLOFFNI, HERC
  a. LLIPA
  v. CLOFFI, HERCIAN
limpet, *n.* LLYGAD MAHAREN
limpid, *a.* GLOYW, LLED-GLIR
limpidity, *n.* GLOYWDER
limpness, *n.* YSTWYTHDER
linchpin, *n.* PIN ECHEL
linden, *n.* PISGWYDDEN
line, *n.* LLINELL, LEIN
  v. LLINELLU
  lines of grid, RHAFFAU'R BRIG
  boundary line, LLINELL DERFYN
  dotted line, LLINELL DOREDIG
lineage, *n.* ACH, LLINACH
lineal, *a.* YN OLYNIAETH
lineament, *n.* BRASLUN, AMLINELLIAD
linear, *a.* LLINOL, UNIONLIN
  linear equation, HAFALIAD LLINOL
lineation, *n.* LLINELLIAD
linen, *n.* LLIAIN
  linen crash, BRAS LIAIN
line-out, *n.* LEIN
liner, *n.* LEINER, LLINELLEN
linesman, *n.* LLINELLWR, YSTLYSWR
linger, *v.* YMDROI
lingerie, *n.* LINGRI
linguist, *n.* IEITHYDD
linguistic, *a.* IEITHYDDOL
linguistics, *n.* IEITHYDDIAETH
liniment, *n.* ENEINLYN, LINIMENT
lining, *n.* LEININ
link, *n.* DOLEN, CYSWLLT
  a. CYSWLLT
  v. CYSYLLTU
linkage, *n.* DOLENIAD, CYSYLLTEDD
links, *n.pl.* MAES GOLFF
linnet, *n.* LLINOS
lino, *n.* LEINO
linoleum, *n.* LINOLIWM
linotype, *n.* PEIRIANT CYSODI, LINOTEIP
linseed, *n.pl.* HAD LLIN

lint, *n.* LINT
lintel, *n.* LINTEL, CAPAN (DRWS, etc.)
lion, *n.* LLEW
lioness, *n.* LLEWES
lip, *n.* GWEFUS, MIN
lipoma, *n.* LIPOMA
lip-service, *n.* GEIRIAU FFUG
lipstick, *n.* MINLLIW
liquefaction, *n.* HYLIFIANT
liquefied, *a.* HYLIFEDIG
liquefy, *v.* HYLIFO
liqueur, *n.* GWIRODLYN
liquid, *n. & a.* HYLIF
  liquid measure, MESUR HYLIF
liquidate, *v.* DIDDYMU, DILEU
liquidation, *n.* DIDDYMIAD, DATODIAD,
  DILEAD
liquidator, *n.* DIDDYMWR
liquidiser, *n.* HYLIFYDD
liquidity, *n.* HYLIFEDD
liquor, *n.* GWIROD
liquorice, *n.* LICRIS
lisp, *n.* BLOESGNI
  v. SIARAD YN FLOESG
lisping, *a.* BLOESG
lissom, *a.* YSTWYTH, HEINI
list, *n.* RHESTR, GOGWYDD
  v. RHESTRU, GOGWYDDO
  waiting list, RHESTR AROS
listen, *v.* GWRANDO
listener, *n.* GWRANDAWR
listless, *a.* DIYNNI, LLESG
listlessness, *n.* LLESGEDD
lit, *a.* YNGHŶN
litany, *n.* LITANI
literacy, *n.* LLYTHRENNEDD
literal, *a.* LLYTHRENNOL
literalist, *n.* LLYTHRENOLWR
literary, *a.* LLENYDDOL
literate, *a.* LLYTHRENNOG, GWYBODUS
literature, *n.* LLÊN, LLENYDDIAETH
lithe, *a.* YSTWYTH, HEINI
lithium, *n.* LITHIWM
lithograph, *n.* LITHOGRAFF
lithography, *n.* LITHOGRAFFEG
lithology, *n.* LITHOLEG
lithosphere, *n.* LITHOSFFER
litigant, *n.* YMGYFREITHIWR
litigate, *v.* YMGYFREITHA
litigation, *n.* YMGYFREITHIAD
litigious, *a.* YMGYFREITHGAR
litmus, *n.* LITMWS
litotes, *n.* LLEIHAD

litre, *n.* LITR
litter, *n.* SBWRIEL, GWASARN, TOR(LLWYTH), AEL
litterateur, *n.* LLENOR
little, *a.* BACH, MÂN, BYCHAN, YCHYDIG
littleness, *n.* BYCHANDER
littoral, *n.* ARFORDIR
    a. ARFORDIROL
liturgical, *a.* LITWRGÌAIDD
liturgy, *n.* LITWRGI
live, *a.* BYW,
    v. BYW, OESI, TRIGO
    live stock, DA BYW
livelihood, *n.* BYWOLIAETH, CYNHALIAETH
liveliness, *n.* HOEN, BYWIOGRWYDD, ARIAL
livelong, *a.* MAITH, AR EI HYD
lively, *a.* BYWIOG, HOENUS, HOYW
liven, *v.* BYWIOGI
liver, *n.* AFU, IAU
    liver fluke, FFLIWC YR EUOD
livery, *n.* LIFRAI
livid, *a.* GWELWLAS, DULAS
living, *n.* BYWOLIAETH
    a. BYW, YN FYW
lizard, *a.* MADFALL, GENAU GOEG
llama, *n.* LAMA
llano, *n.* LANO
lo, *i.* WELE!
load, *n.* LLWYTH, BAICH, PWN
    v. LLWYTHO, BEICHIO
loaf, *n.* TORTH
    v. DIOGI
loafer, *n.* DIOGYN, SEGURWR
loam, *n.* LÔM
loan, *n.* BENTHYCIAD, BENTHYG
    v. BENTHYCA, ECHWYN
loanable, *a.* BENTHYCIADWY
loath, *a.* ANFODLON, CROES
loathe, *v.* CASÁU, FFIEIDDIO
loathsome, *a.* ATGAS, FFIAIDD
loathing, *n.* ATGASEDD
lob, *n.* LOB
    v. LOBIO
lobate, *a.* CLUSTENNOG
lobby, *n.* CYNTEDD, PORTH
    v. CYNTEDDA
lobbyist, *n.* CYNTEDDWR
lobe, *n.* LLOB, LLABED, CLUSTEN
lobed, *a.* LLABEDOG
lobscouse, *n.* LOBSCOWS
lobster, *n.* CIMWCH
lobule, *n.* LLABEDEN, LOBWLEN
lobworm, *n.* LLWGWM

local, *a.* LLEOL
locality, *n.* CYMDOGAETH, LLE, MAN
localization, *n.* LLEOLIAD
localize, *v.* LLEOLI
localized, *a.* LLEOLEDIG
locate, *v.* LLEOLI
location, *n.* LLEOLIAD, LLE
locative, *a.* LLEOL
loch, *n.* LOCH, LLWCH
lock, *n.* CLO, LLIFDDOR, CUDYN
    v. CLOI
locked, *a.* AR GLO
locker, *n.* LOCER, LLOCELL
locket, *n.* LOCED
lockjaw, *n.* GENGLO
locomotion, *n.* YMSYMUDIAD
locus, *n.* LOCWS
lodge, *n.* LLETY, LOJ
    v. LLETYA
logarithm, *n.* LOGARITHM
logical, *a.* RHESYMEGOL
logician, *n.* RHESYMEGWR
logistical, *a.* LOGISTAIDD
logistics, *n.* LOGISTEG
loin, *n.* LWYN
loiter, *v.* YMDROI, LOETRAN
loiterer, *n.* YSTELCIWR
loll, *v.* GORWEDDIAN
lollipop, *n.* LOLIPOP
lone, *a.* UNIG
loneliness, *n.* UNIGRWYDD
lonely, *a.* UNIG
lonesome, *a.* YN TEIMLO'N UNIG
long, *a.* HIR, MAITH, LLAES
    v. HIRAETHU, DYHEU, CHWANTU
    all day long, TRWY GYDOL Y DYDD
    long since, ERS AMSER
longer, *a.* HWY
    ad. YN HWY
longeval, *a.* HIRHOEDLOG
longevity, *n.* HIROES
long-headed, *a.* HIRBEN, CALL
longing, *n.* HIRAETH, DYHEAD
longitude, *n.* HYDRED
longitudinal, *a.* HYDREDOL, ARHYDOL
long-legged, *a.* COESOG, HEGLOG
longsight, *n.* GOLWG HIR
long-suffering, *n.* HIRYMAROS
    a. HIRYMARHOUS
long-winded, *a.* HIRWYNTOG
longwise, *ad.* AR HYD, YN EI HYD
look, *n.* GOLWG, TREM, EDRYCHIAD
    v. EDRYCH, SYLLU
    look up to, PARCHU

looking-glass, *n.* DRYCH
look-out, *n.* GWYLIWR, DISGWYLIAD
loom, *n.* GWŶDD
  v. YMRITHIO, YMDDANGOS
loon, *n.* GWIRIONYN, HURTYN
loop, *n.* DOLEN
  v. DOLENNU
  loop stop, DOLENSTOP
  induction loop, CYLCHWIFREN
loophole, *n.* DIHANGDWLL, CLOERDWLL
loose, *a.* LLAC, RHYDD, OFER
loosen, *v.* RHYDDHAU, LLACIO, DATOD
looseness, *n.* LLACRWYDD, OFEREDD, Y
  DOLUR RHYDD
loot, *n.* YSBAIL, ANRHAITH
  v. ANRHEITHIO
looter, *n.* YSBEILIWR, ANRHEITHIWR
lop, *v.* TOCIO
lop-eared, *a.* CLUSTLAES, CLUSTIPA
lop-sided, *a.* UNOCHROG
loquacious, *a.* SIARADUS
loquacity, *n.* BOD YN SIARADUS
lord, *n.* ARGLWYDD
  v. ARGLWYDDIAETHU
  The Lord, YR ARGLWYDD
  House of Lords, TŶ'R ARGLWYDDI
  Lord Lieutenant, ARGLWYDD RAGLAW
lordly, *a.* ARGLWYDDAIDD, BALCH
lord-mayor, *n.* ARGLWYDD FAER
lordship, *n.* ARGLWYDDIAETH
lore, *n.* LLÊN
lorry, *n.* LORI
lose, *v.* COLLI
loser, *n.* COLLEDWR
loss, *n.* COLLED
  loss of earnings, COLL-ENILLION
lost, *a.* COLLEDIG, AR GOLL
lot, *n.* CYFRAN, COELBREN, RHAN, TYNGED,
  LOT
  to cast lots, BWRW COELBREN
  lot and scot, LOT A SGOT
lotion, *n.* GOLCHDRWYTH
lottery, *n.* LOTRI
lotus, *n.* ALAW'R DŴR, LOTUS
loud, *a.* CROCH, UCHEL, SEINFAN
loudness, *n.* SEINFANNEDD
loudspeaker, *n.* DARSEINYDD
lough, *n.* LLYN, LLWCH
lounge, *n.* LOLFA
  v. GORWEDDIAN, LOLIAN
lounger, *n.* SEGURYN, GORWEDDWR
louping ill, *n.* Y BREID
louse, *n.* LLEUEN

lousy, *a.* LLEUOG, BRWNT
lout, *n.* LLABWST, DELFF, HWLCYN
louvre, *n.* LWFER
lovable, *a.* HAWDDGAR, SERCHUS
love, *n.* CARIAD, SERCH, ANWYLDEB, DIM
  love all, DIM DIM
  love feast, CARIADWLEDD
  v. CARU, SERCHU
love-letter, *n.* LLYTHYR CARU
loveliness, *n.* PRYDFERTHWCH
lovely, *a.* PRYDFERTH, BRAF
lover, *n.* CARIAD, CARWR
love-sick, *a.* CLAF O SERCH / GARIAD
loving, *a.* CARIADUS, SERCHUS
loving-kindness, *n.* TRUGAREDD
low, *n.* BREF, CRI
  a. ISEL, GOSTYNGEDIG
  v. BREFU, BEICHIO
low-bred, *a.* ANFONHEDDIG
lower, *a.* IS
  v. GOSTWNG, GOLLWNG
lowest, *a.* ISAF, LLEIAF
  lowest common multiple, CYNHWYSRIF
  CYFFREDIN LLEIAF
  lowest term, FFURF SYMLAF
lowland, *n.* ISELDIR
lowliness, *n.* GOSTYNGEIDDRWYDD
lowly, *a.* ISEL, GOSTYNGEDIG
lowness, *n.* ISELDER
low-water, *n.* TRAI, DISTYLL
loxodrome, *n.* LOCSODROM
loyal, *a.* TEYRNGAR, FFYDDLON
loyalist, *n.* CANLYNWR
loyalty, *n.* TEYRNGARWCH, FFYDDLONDEB
lozenge, *n.* LOSINEN
lubber, *n.* LLABWST, HURTYN, LLAPRWTH
lubricant, *n.* IRAID
lubricate, *v.* IRO
lubrication, *n.* IRIAD
lucerne, *n.* LWSERN, MAGLYS
lucid, *a.* EGLUR, CLIR
lucidity, *n.* EGLURDER
luck, *n.* LWC, FFORTUN, FFAWD
  best of luck, POB HWYL, LWC DDA
luckily, *ad.* YN FFODUS / LWCUS
luckless, *a.* ANFFODUS, ANLWCUS
lucky, *a.* FFODUS, LWCUS
lucrative, *a.* ENILLFAWR
lucre, *n.* BUDR-ELW
ludicrous, *a.* CHWERTHINLLYD, DIGRIF
ludo, *n.* LWDO
lug, *n.* CLUST
  v. LLUSGO, TYNNU

luggage, *n.* CLUD, BAGIAU
lugubrious, *a.* TRIST, GALARUS
lugworm, *n.* LLWGWM
lukewarm, *a.* CLAEAR, LLUGOER
lukewarmness, *n.* CLAEARINEB
lull, *n.* GOSTEG
   v. SUO, GOSTEGU
lullaby, *n.* HWIANGERDD
lumbago, *n.* CRYD Y LLWYNAU, LLWYNWST
lumber, *n.* LYMBER, LLYMBAR
   v. PENTYRRU
lumbering, *v.* COETMONA
lumberjack, *n.* LYMBERJAC, COETMON
lumen, *n.* LWMEN
luminary, *n.* GOLEUAD, DYSGAWDR
luminescence, *n.* YMOLEUEDD
luminosity, *n.* GOLEUEDD, LLEWYCH
luminous, *a.* GOLEUOG, LLEWYCHOL
lump, *n.* CNEPYN, TALP, CWLFF, LWMP
   lump sum, CYFANDALIAD
lumpy, *a.* TALPIOG, CNAPIOG
lunacy, *n.* GWALLGOFRWYDD
lunar, *a.* PERTHYNOL I'R LLEUAD
lunatic, *n.* GWALLGOFDDYN, LLOERIG
   a. GWALLGOF, LLOERIG
lunch, *n.* CINIO BACH / CANOL DYDD
   v. CINIAWA
lune, *n.* LẄN
lung, *n.* YSGYFANT
lunge, *n.* & *v.* RHAGWTH
lunula, *n.* LWNWLA
lupin, *n.* BYS Y BLAIDD
lurch, *v.* GWEGIAN
lure, *n.* HUD, LLITH
   v. HUDO, DENU

lurex, *n.* LWRECS
lurid, *a.* TANBAID, DULAS
lurk, *v.* LLECHU, LLERCIAN
luscious, *a.* PÊR, MELYS
lush, *a.* TOREITHIOG, FFRWYTHLON
lust, *n.* CHWANT, TRACHWANT
   v. CHWENYCHU, TRACHWANTU
lustful, *a.* CHWANTUS, ANLLAD, ANNIWAIR
lustiness, *n.* EGNI, CRYFDER, CADERNID
lustrate, *v.* PUROLCHI
lustre, *n.* GLOYWEDD, BRI
lustrous, *a.* DISGLAIR, CLAER
lusty, *a.* CRYF, NERTHOL, CYHYROG
lute, *n.* LIWT
luteal, *a.* LWTEAL
lux, *n.* LWCS
luxation, *n.* DATGYMALIAD
luxuriance, *n.* FFRWYTHLONDEB
luxuriant, *a.* FFRWYTHLON
luxurious, *a.* MOETHUS
luxury, *n.* MOETH(USRWYDD), MOETHYN
lying, *a.* CELWYDDOG, GORWEDDOL
lymph, *n.* LYMFF
lymphangitis, *n.* LYMFFANGITIS
lynch, *v.* LLADD (HEB BRAWF)
lynx, *n.* LYNCS
lyre, *n.* TELYN GRON
lyric, *n.* TELYNEG
lyrical, *a.* TELYNEGOL
lyricism, *n.* TELYNEGAETH
lyrist, *n.* TELYNOR
lysis, *n.* TODDIANT

macabre, *a.* ERCHYLL, DYCHRYNLLYD
macadam, *n.* MACADAM
macaroni, *n.* MACARONI
macaroon, *n.* MACARŴN
mace, *n.* BRYSGYLL, MES
mace-bearer, *n.* BRYSGYLLWR
macerate, *v.* MWYDO, MYSGU
machinate, *v.* CYNLLWYNO
machination, *n.* CYNLLWYN
machine, *n.* PEIRIANT
   v. PEIRIANNU
   machine tools, OFFER PEIRIANT
   accounting machine, PEIRIANT
   CYFRIFEG
machine-gun, *n.* DRYLL BEIRIANNOL
machinery, *n.* PEIRIANWAITH, PEIRIANNAU
machine shop, *n.* GWEITHDY PEIRIANT
machining, *n.* PEIRIANNU
machinist, *n.* PEIRIANNYDD
mackerel, *n.* MACRELL
mackintosh, *n.* COT LAW
macro-economics, *n.* MACRO-ECONOMEG
macrocosm, *n.* MACROCOSM
macroscopic, *a.* MACROSGOBIG
macula, *n.* MACWLA
mad, *a.* GWALLGOF, AMWYLL, YNFYD
madam, *n.* MADAM
madcap, *n.* PENBOETHYN
madden, *v.* GWALLGOFI, FFYRNIGO
madman, *n.* YNFYTYN, GWALLGOFDDYN
madness, *n.* YNFYDRWYDD, GWALLGOF-
   RWYDD
madrigal, *n.* MADRIGAL
maelstrom, *n.* TROBWLL
magazine, *n.* CYLCHGRAWN, ARFDY
maggot, *n.* CYNRHONYN
maggoty, *a.* CYNRHONLLYD
Magi, *n.pl.* Y DOETHION
magic, *n.* DEWINIAETH, HUD,
   DEWINDABAETH
magical, *a.* HUDOL, SWYNOL
magician, *n.* DEWIN, SWYNWR
magic-lantern, *n.* HUD-LUSERN
magisterial, *a.* YNADOL
magistracy, *n.* YR YNADAETH
magistrate, *n.* USTUS, YNAD
magma, *n.* MAGMA
magna, *n.* MAGNA
   Magna Carta, Y FREINLEN FAWR
magnanimity, *n.* MAWRFRYDIGRWYDD
magnanimous, *a.* MAWRFRYDIG, NOBL
magnesium, *n.* MAGNESIWM
magnet, *n.* MAGNET
magnetic, *a.* MAGNETIG
   magnetic media, CYFRYNGAU MAGNETIG

magnetisation, *n.* MAGNETEIDDIAD
magnetise, *v.* MAGNETEIDDIO
magnetism, *n.* MAGNETEDDEG
magneto, *n.* MAGNETO
magnetometer, *n.* MAGNETOMEDR
magnification, *n.* CHWYDDHAD
magnificence, *n.* GWYCHDER,
   GODIDOWGRWYDD
magnificent, *a.* GWYCH, GODIDOG
magnifier, *n.* CHWYDDHADUR
magnify, *v.* CHWYDDHAU, MOLI, MAWRYGU
magnifying-glass, *n.* CHWYDDWYDR
magniloquence, *n.* IAITH CHWYDDEDIG
magniloquent, *a.* CHWYDDEDIG
magnitude, *n.* MAINT(IOLI)
magpie, *n.* PIODEN
mahogany, *n.* MAHOGANI
maid(en), *n.* MERCH, GWYRY, MORWYN
   old maid, HEN FERCH
maidenhood, *n.* MORWYNDOD, GWYR-
   YFDOD
maidservant, *n.* MORWYN, GWASANAETH-
   FERCH
mail, *n.* POST, LLYTHYRAU, ARFWISG
maim, *v.* ANFFURFIO, ANAFU
main, *n.* Y CEFNFOR
   a. PRIF, PENNAF
   in the main, GAN MWYAF
mainland, *n.* Y TIR MAWR
mainly, *ad.* YN BENNAF
mainmast, *n.* YR HWYLBREN MAWR
mainsail, *n.* YR HWYL FAWR
mainspring, *n.* Y SBRING FAWR
mainstay, *n.* PRIF GYNHALIAETH
maintain, *v.* CYNNAL, AROFALU, CADW,
   HAERU
maintenance, *n.* AROFAL, CYNHALIAETH,
   GOFALAETH
   maintenance order, GORCHYMYN
   CYNNAL
maisonette, *n.* TŶ BYCHAN
maize, *n.* INDRAWN, CORN
majestic, *a.* MAWREDDOG
majesty, *n.* MAWREDD, MAWRHYDI
major, *n.* UWCHGAPTEN, OEDOLYN
   a. PRIF, HWYAF, MWYAF
majority, *n.* MWYAFRIF, OEDOLAETH
make, *n.* GWNEUTHURIAD, GWAITH
   v. GWNEUD, GWNEUTHUR, TANNU (GWELY)
make-believe, *n.* RHITH, FFUG
   v. CREU-A-CHREDU, SMALIO
maker, *n.* GWNEUTHURWR, CREAWDWR
makeshift, *n.* PETH WRTH LAW

make-up, *n.* COLUR
   v. COLURO
   make-up man, COLURWR
making, *n.* GWNEUTHURIAD, FFURFIAD
mal-adjusted, *a.* HEB YMADDASU
mal-adjustment, *n.* DIFFYG YMADDASIAD,
   CAMADDASIAD
maladministration, *n.* CAMWEINYDDIAD
maladroit, *a.* LLETCHWITH, TRWSGL, LLIBIN
malady, *n.* CLEFYD, ANHWYLDEB, DOLUR
malaise, *n.* ANHWYLDER
malaria, *n.* MALARIA
malcontent, *n.* GWRTHRYFELWR, NOGIWR
   a. ANFODLON
male, *n.* GWRYW
   a. GWRYW(OL)
malediction, *n.* MELLTITH, RHEG
malefactor, *n.* DRWGWEITHREDWR
malevolence, *n.* MALAIS
malevolent, *a.* MALEISUS
malformation, *n.* CAMFFURFIAD
malice, *n.* MALAIS
malicious, *a.* MALEISUS
malign, *a.* DIFRÏOL
   v. DIFRÏO, PARDDUO
malignancy, *n.* LLID
malignant, *a.* ADWYTHIG, GWYLLT
malignity, *n.* ATGASRWYDD, LLID
malinger, *v.* OSGOI GWAITH
mallard, *n.* HWYAD WYLLT
malleability, *n.* HYDRINEDD
malleable, *a.* HYDRIN
mallet, *n.* GORDD (BREN), MALED
   bossing mallet, GORDD BEN WY
   raising mallet, GORDD GODI
mallow, *n.* MALWS
malnutrition, *n.* GWALLFAETHIAD,
   CAMLUNIAETH
malpractice, *n.* CAMYMDDYGIAD
malt, *n.* BRAG
   v. BRAGU
malthouse, *n.* BRAGDY
maltreat, *v.* CAM-DRIN
maltreatment, *n.* CAMDRINIAETH
mamillated, *a.* BRONENNOG
mamma, *n.* MAM, MAMA
mammal, *n.* MAMAL
mammalian, *a.* MAMALAIDD
mammon, *n.* MAMON
mammoth, *n.* MAMOTH
man, *n.* DYN, GWR
   v. CRIWIO
manacle, *n.* GEFYN
   v. GEFYNNU

manage, *v.* RHEOLI, LLYWODRAETHU,
   YMDOPI
manageable, *a.* HYDRIN
management, *n.* GORUCHWYLIAETH,
   RHEOLAETH, Y RHEOLWYR
manager, *n.* GORUCHWYLIWR, RHEOLWR
manageress, *n.* RHEOLYDDES,
   RHEOLWRAIG
managerial, *a.* RHEOLAETHOL
   managerial studies, ASTUDIAETHAU
   RHEOLAETH
mandarin, *n.* MANDARIN
mandate, *n.* MANDAD, ARCHIAD
mandated, *a.* MANDEDIG
mandatory, *a.* MANDEDOL, GORFODOL
mandible, *n.* GÊN, MANDIBL
mandolin, *n.* MANDOLIN
mandrel, *n.* MANDREL
   sugar loaf mandrel, MANDREL CÔN
mane, *n.* MWNG
manful, *a.* DEWR, GWROL, EOFN
manganese, *n.* MANGANÎS
mange, *n.* CLAFR Y CWN
manger, *n.* PRESEB
mangle, *n.* MANGL
   v. MANGLO, LLURGUNIO
mango, *n.* MANGO
mangrove, *n.* MANGROF
mangy, *a.* CLAFRLLYD
manhandle, *v.* TRIN YN ARW
manhole, *n.* DYNDWLL, TWLL ARCHWILIO
manhood, *n.* DYNDOD, DYNION
mania, *n.* GORAWYDD, MANIA
maniac, *n.* GWALLGOFDDYN
manicure, *n.* TRINIAETH DWYLO
manicurist, *n.* TRINIWR DWYLO
manifest, *a.* AMLWG
   v. AMLYGU, DANGOS
manifestation, *n.* AMLYGIAD
manifesto, *n.* DATGANIAD, MANIFFESTO
manifold, *n.* MANIFFOLD
   a. AMRYWIOL
   exhaust manifold, MANIFFOLD GWACAU
manikin, *n.* CORRACH
manipulate, *v.* LLAWDRIN, TRAFOD
manipulation, *n.* LLAWDRINIAETH
manipulator, *n.* LLAWDRINIWR
mankind, *n.* DYNOLRYW
manlike, *a.* DYNOL
manliness, *n.* GWROLDEB, DEWRDER
manly, *a.* GWROL, DEWR
manna, *n.* MANNA
manned, *a.* Â CHRIW

mannequin, *n.* MANICIN, MODEL
manner, *n.* MODD, DULL, DARDDULL
mannerism, *n.* DULLWEDD, DARDDULL-
IAETH
mannerly, *a.* BONEDDIGAIDD, MOESGAR
manners, *n.pl.* MOESAU
good manners, MOESGARWCH
bad manners, ANFOESGARWCH
manoeuvre, *n.* CAD-DREFNIANT
v. CAD-DREFNU
man-of-war, *n.* LLONG RYFEL
manometer, *n.* MANOMEDR
manor, *n.* MAENOR
manorhouse, *n.* MAENORDY
manorial, *a.* MAENOROL
manpower, *n.* LLAFURLU
manse, *n.* MANS
manservant, *n.* GWAS
mansion, *n.* PLAS, PLASTY
manslaughter, *n.* DYNLADDIAD
manslaughterer, *n.* DYNLADDWR
mantelpiece, *n.* SILFF BEN TÂN
mantissa, *n.* MANTISA
mantle, *n.* MANTELL, MANTL
v. MANTELLU
manual, *n.* LLAWLYFR, MANIWAL, SEIN-
GLAWR (MIWSIG)
a. PERTHYNOL I'R LLAW
manufacture, *n.* GWNEUTHURIAD,
GWNEUTHURYN
v. GWEITHGYNHYRCHU, GWNEUTHUR
manufacturing industry, DIWYDIANT
GWNEUTHUR
manufactured goods, GWEITHGYN-
NYRCH
manufacturer, *n.* GWNEUTHURWR,
GWEITHGYNHYRCHYDD
manumission, *n.* RHYDDHAD
manure, *n.* GWRTAITH, TAIL, ACHLES
v. GWRTEITHIO, ACHLESU, TEILO
manus, *n.* MANWS
manuscript, *n.* LLAWYSGRIF
manuscript book, LLYFR ERWYDD
Manx, *n.* MANAWEG
a. MANAWAIDD
many, *n.* LLAWER
a. AML, SAWL, LLAWER
as many, CYMAINT, CYNIFER
many-valued, LLUOSWERTH
map, *n.* MAP
v. MAPIO
map reference, CYFEIRNOD MAP
relief map, MAP TIRWEDD
sketch map, LLINFAP

maple, *n.* GWNIOLEN
maqui, *n.* MACWI
mar, *v.* ANDWYO, DIFETHA
maraud, *v.* ANRHEITHIO, YSBEILIO
marauder, *n.* YSBEILIWR, ANRHEITHIWR
marble, *n.* MARMOR, MARBLEN
v. MARMORI
March, *n.* MAWRTH
march, *n.* GOROR, FFIN, YMDAITH,
YMDEITHGAN
v. YMDEITHIO
The Marches, Y GORORAU, Y MERS
marchioness, *n.* ARDALYDDES
mare, *n.* CASEG
oestrum mare, CASEG FARCHUS/WYNAD
brood mare, CASEG FAGU
margarine, *n.* MARGARIN
margin, *n.* FFIN, YMYL, GLANDIR
profit margin, LLED/MAINT YR ELW
marginal, *a.* FFINIOL, YMYLOL
marigold, *n.* GOLD MAIR
marine, *a.* MOROL
n. LLONGAU, MORFILWR
marine engineering, PEIRIANNEG FOROL
mariner, *n.* MORWR
marines, *n.pl.* MORFILWYR
marionette, *n.* MARIONÉT, PWPED
marital, *a.* PRIODASOL
maritime, *a.* ARFOROL
marjoram, *n.* MINTYS Y GRAIG
mark, *n.* NOD, ÔL, ARWYDD, MARC
v. NODI, MARCIO, EDRYCH
marked, *a.* NODEDIG, AMLWG, WEDI EI
FARCIO
marker, *n.* MARCIWR, NODWR
market, *n.* MARCHNAD
v. MARCHNATA
market value, GWERTH Y FARCHNAD,
MARCHNADWERTH
marketable, *a.* GWERTHADWY
market-place, *n.* MARCHNADFA
markings, *n.pl.* MARCIAU, NODAU
marksman, *n.* SAETHWR DA
marksmanship, *n.* SAETHU
marl, *n.* MARL
marly, *a.* MARLOG
marmalade, *n.* MARMALÊD
maroon, *n.* MARŴN
v. GADAEL AR YNYS ANIAL
marquee, *n.* PABELL FAWR
marquess, *n.* ARDALYDD
marquetry, *n.* ARGAENWAITH
marquis, *n.* ARDALYDD

marriage, *n.* PRIODAS
married, *a.* PRIOD
marrow, *n.* MÊR, MADRUDDYN
  vegetable marrow, PWMPEN, MARO
marry, *v.* PRIODI
Mars, *n.* MAWRTH
marsh, *n.* CORS, GWERN
  sea marsh, MORFA
marshal, *n.* MARSIALYDD
  v. TREFNU, MARSIALU
marshy, *a.* CORSOG
marsupial, *a.* BOLGODOG
mart, *n.* MART
marten, *n.* BELE
martial, *a.* MILWROL
  martial law, CYFRAITH RHYFEL
martin, *n.* GWENNOL
martinet, *n.* DISGYBLWR LLYM
martingale, *n.* CENGL FFRWYN
martyr, *n.* MERTHYR
martyrdom, *n.* MERTHYRDOD
martyrise, *v.* MERTHYRU
martyrology, *n.* MERTHYROLEG
marvel, *n.* RHYFEDDOD, SYNDOD
  v. RHYFEDDU, SYNNU
marvellous, *a.* RHYFEDDOL, ARUTHROL
marxism, *n.* MARCSIAETH
marzipan, *n.* MARSIPAN
mascara, *n.* MASGARA
masculine, *a.* GWRYW(AIDD)
masculinity, *n.* GWRYWAETH
mash, *n.* CYMYSGFA, STWNS
  v. CYMYSGU, STWNSIO, PWNO
  mashed potatoes, TATWS STWNS
masher, *n.* STWNSIWR
mashlum, *n.* AMYD
mask, *n.* MWGWD
  v. MYGYDU, CUDDIO
masochism, *n.* MASOCIAETH
mason, *n.* SAER MAEN, MASIWN
masonry, *n.* GWAITH MAEN
masque, *n.* MASG, MASQUE
masquerade, *n.* DAWNS FWGWD
  v. FFUGIO
mass, *n.* MÀS, TALP, PENTWR, OFFEREN,
  TYRFA
  v. PENTYRRU, TYRRU
  the masses, Y WERIN
  mass produce, MASGYNHYRCHU
  mass media, CYFRYNGAU TORFOL
  relative atomic mass, MÁS MOLECWLAR
  CYMHAROL

massacre, *n.* CYFLAFAN, LLADDFA
massage, *v.* TYLINO'R CORFF
masseur, *n.* TYLINWR CORFF
massif, *n.* MASIFF
massive, *n.* MASFAWR, ANFERTH
massiveness, *n.* MASFAWREDD, ANFER-
  THEDD
mast, *n.* HWYLBREN, MAST, MES
master, *n.* MEISTR, CAPTEN (LLONG)
  a. PRIF
  v. MEISTROLI
masterful, *a.* MEISTROLGAR
master-hand, *n.* PENCAMPWR
masterly, *a.* CAMPUS, MEISTROLGAR
masterpiece, *n.* CAMPWAITH, GORCHEST
mastery, *n.* MEISTROLAETH, GORUCHAF-
  IAETH
mastic, *n.* MASTIG
masticate, *v.* MALU, CNOI
mastiff, *n.* GAFAELGI
mastitis, *n.* Y GARGED, MASTITIS
mastoid, *n.* ASGWRN BÔN Y CLUST
masturbate, *v.* MASTWRBIO
masturbation, *n.* MASTWRBEDD
mat, *n.* MAT
  v. MATIO, PLETHU
  foam mat, MAT FFÔM
matador, *n.* MATADOR
match, *n.* MATSEN, PRIODAS, GORNEST, GÊM
  v. CYFATEB, CYMHARU, CYDWEDDU
  match point, PWYNT GORNEST
matchbox, *n.* BOCS MATSYS
matchless, *a.* DIGYFFELYB, DIGYMAR
match-maker, *n.* TREFNYDD PRIODASAU
matchwood, *n.* COED TÂN, ASGLOD
mate, *n.* CYMAR, MÊT
  v. PARU, CYPLYSU
  mating parts, RHANNAU PARU
material, *n.* DEFNYDD, STWFF
  check material, DEFNYDD SIEC
  a. MATEROL
materialise, *v.* MATEROLI, SYLWEDDOLI
materialism, *n.* MATEROLIAETH
materialist, *n.* MATEROLWR
materialistic, *a.* MATERYDDOL
materially, *ad.* YN SYLWEDDOL/
  HANFODOL
maternal, *a.* MAMOL
maternity, *n.* MAMOLAETH

mathematical, *a.* MATHEMATEGOL
mathematician, *n.* MATHEMATEGWR
mathematics, *n.* MATHEMATEG
  applied mathematics, MATHEMATEG
  GYMWYSEDIG
matinée, *n.* DYDD-BERFFORMIAD
mating-instinct, *n.* Y REDDF BARU
matins, *n.pl.* GWEDDI FOREOL, PLYGAIN
matricide, *n.* MAMLADDIAD
matrimonial, *a.* PRIODASOL
matrimony, *n.* PRIODAS
matrix, *n.* MATRICS, CROTH
  non singular matrix, MATRICS ANHYNOD
  matrix product, LLUOSWM MATRICS
  singular matrix, MATRICS HYNOD
  row matrix, MATRICS RHES
matron, *n.* METRON
matronly, *a.* URDDASOL
matt, *a.* MAT, PŴL, AFLOYW
matted, *a.* MATIOG
matter, *n.* MATER, PWNC, ACHOS, CRAWN
  v. BOD O BWYS, CRAWNI
matter-of-fact, *a.* DIDDYCHYMYG
matting, *n.* DEFNYDD MATIAU
mattock, *n.* MATOG
mattress, *n.* MATRAS
maturation, *n.* AEDDFEDIAD, PRIFIANT
mature, *a.* AEDDFED
  v. AEDDFEDU
maturity, *n.* AEDDFEDRWYDD
  maturity date, DYDDIAD AD-DALU
maul, *n.* SGARMES
  v. CURO, PWYO, BAEDDU
  loose maul, SGARMES RYDD
maundy, *n.*
  Maundy Thursday, DYDD IAU CABLYD
  Maundy Money, ARIAN CARDOD
mausoleum, *n.* MAWSOLEWM
mauve, *a.* PORFFOR GWELW
maw, *n.* CYLLA, CROMBIL
maxilla, *n.* MACSILA
maxim, *n.* GWIREB
maximal, *a.* MACSIMAL
maximisation, *n.* UCHAFU
maximise, *v.* UCHAFU, MACSIMEIDDIO
maximum, *n.* MACSIMWM, UCHAFSWM,
  UCHAFBWYNT
May, *n.* MAI
  May-Day, CALAN MAI
may, *n.* BLODAU'R DRAIN GWYNION
  maybe, EFALLAI, DICHON
mayor, *n.* MAER
mayoral, *a.* MAEROL

mayoralty, *n.* SWYDD MAER
mayoress, *n.* MAERES
maypole, *n.* BEDWEN FAI
maytree, *n.* DRAENEN WEN
maze, *n.* DRYSFA, CYMHLETHDOD
me, *pn.* MI, FI, I, MYFI, MINNAU
mead, *n.* MEDD, DÔL
meadow, *n.* GWEIRGLODD, DÔL
meadow-sweet, *n.* ERWAIN
meagre, *a.* PRIN, TLAWD, TENAU
meagreness, *n.* PRINDER, TLODI
meal, *n.* PRYD, BLAWD
  meals on wheels, PRYD AR GLUD
mealy, *a.* BLODIOG
mealy-mouthed, *a.* GWENIEITHUS
mean, *n.* CYMEDR, CANOL
  a. CYMEDRIG, CRINTACH
  v. MEDDWL, GOLYGU, BWRIADU
  arithmetic mean, CYMEDR RHIFYDDOL
  mean deviation, GWYRIAD CYMEDRIG
  weighted mean, CYMEDR PWYSOL
meander, *n.* YMDDOLENIAD, YSTUM (AFON)
  v. DOLENNU, YSTUMIO
meandering, *a.* YMDDOLENNOG, YSTUMIOL
meaning, *n.* YSTYR, MEDDWL
meaningless, *a.* DIYSTYR
meanness, *n.* CYBYDD-DOD, BAWEIDD-DRA,
  CRINTACHRWYDD
means, *n.pl.* CYFRWNG, MODD(ION),
  CYFOETH
  means test, PRAWF MODD(ION)
  by all means, AR BOB CYFRIF, WRTH GWRS
meanwhile, *ad.* YN Y CYFAMSER
measles, *n.* Y FRECH GOCH
measureable, *a.* MESURADWY
measure, *n.* MESUR, MYDR, BAR, MESURIAD
  measuring tape, TÂP MESUR
measured, *a.* CYSON, PWYLLOG, CYMEDROL
measureless, *a.* DIFESUR
measurement, *n.* MESUR, MESURIAD
meat, *n.* CIG, BWYD
  meat roll, RHÔL GIG
  meat pie, PASTAI GIG
meatus, *n.* MEATWS
mechanic, *n.* PEIRIANNYDD
mechanical, *a.* MECANYDDOL
  mechanical drawing, LLUNIADU
  MECANYDDOL
mechanics, *n.* MECANEG
mechanisation, *n.* MECANEIDDIAD
mechanism, *n.* MECANWAITH
mechanize, *v.* MECANEIDDIO
medal, *n.* MEDAL

medallion, *n.* MEDALION
medallist, *n.* MEDALYDD
meddle, *v.* YMYRRYD, YMHÉL, BUSNESA
meddler, *n.* YMYRRWR, BUSNESWR
meddlesome, *a.* YMYRGAR, BUSNESLYD
mediaeval, *a.* CANOLOESOL
mediaevalism, *n.* CANOLOESOLDEB
medial, *a.* CANOL(OG)
median, *n.* CANOLRIF, LLINGANOL
mediant, *n.* MEIDON
mediate, *v.* CYFRYNGU, CANOLI
mediation, *n.* CYFRYNGDOD
mediator, *n.* CYFRYNGWR, CANOLWR
mediatory, *a.* CYFRYNGOL
medical, *a.* MEDDYGOL
   medical inspection, ARCHWILIAD
   MEDDYGOL
medicament, *n.* MODDION, MEDDYG-
   INIAETH
medicated, *a.* ⎤
medicinal, *a.* ⎦ MEDDYGINIAETHOL
medicine, *n.* MODDION, MEDDYGAETH,
   FFISIG
medieval, *a.* CANOLOESOL
mediocre, *a.* CYFFREDIN, CANOLIG
mediocrity, *n.* CYFFREDINEDD
meditate, *v.* MYFYRIO
meditation, *n.* MYFYRDOD
meditative, *a.* MYFYRIOL
mediterranean, *a.* CANOLDIRAIDD,
   MEDITERANAIDD
   The Mediterranean, Y MÔR CANOLDIR
medium, *n.* CYFRWNG, CANOL
   a. CANOL(IG), CYMEDROL
   medium of exchange, CYFRWNG
   CYFNEWID
medley, *n.* CADWYN O ALAWON, CYMYSG-
   EDD
medulla, *n.* MEDWLA
medullary, *n.* CRAIDD
meed, *n.* TÂL, GWOBR
meek, *a.* ADDFWYN, MWYN, LLARIAIDD
meekness, *n.* ADDFWYNDER
meet, *n.* CYFARFOD
   v. CWRDD, CYFARFOD
   a. ADDAS, PRIODOL
meeting, *n.* CWRDD, CYFARFOD, CYFAR-
   FYDDIAD
megalith, *n.* MEGALITH
megalithic, *a.* MEGALITHIG
megalomania, *n.* HUNAN-DYB
megaphone, *n.* MEGAFFON
megaspore, *n.* MEGASBOR

megatherm, *n.* MEGATHERM
megohm, *n.* MEGOM
meiosis, *n.* LLEIHAD, MEIOSIS
melancholia, *n.* PRUDDGLWYF, Y FELAN
melancholic, *a.* PRUDDGLWYFUS,
   MELANCOLAIDD
melanism, *n.* MELANEDD
melée, *n.* YSGARMES
melismatic, *a.* MELISMATAIDD
mellow, *a.* AEDDFED, MEDDAL
   v. AEDDFEDU, MEDDALU
mellowness, *n.* AEDDFEDRWYDD
melodic, *a.* MELODAIDD, ALAWOL,
   MELODIG
melodious, *a.* PERSÁIN, MELODAIDD
melodrama, *n.* MELODRAMA
melodramatic, *a.* TEIMLADWY
melody, *n.* ALAW
melon, *n.* MELON
melt, *v.* DADLAITH, YMDODDI
   n. YMDODDIAD
   melting point, YMDODDBWYNT
member, *n.* AELOD
   Member of Parliament, AELOD
   SENEDDOL (A.S.)
membership, *n.* AELODAETH
membrane, *n.* PILEN, CROENYN
   serous membrane, PILEN SERUS
   basement membrane, PILEN WAELODOL
membraneous, *a.* PILENNOG
memento, *n.* COFEB
memo, *n.* MEMO
memoir, *n.* COFIANT
memorable, *a.* COFIADWY
memorandum, *n.* MEMORANDWM, COFNOD
memorial, *n.* COFADAIL, COFEB
   a. COFFA(DWRIAETHOL)
memorialism, *n.* COFFAOLIAETH
memorise, *v.* DYSGU AR GOF
memory, *n.* COF(FADWRIAETH), COFFA
menace, *n.* BYGYTHIAD
   v. BYGWTH
menagerie, *n.* MILODFA
mend, *v.* CYWEIRIO, TRWSIO
mendacious, *a.* CELWYDDOG
mendacity, *n.* CELWYDD
mendicant, *n.* CARDOTYN
   a. CARDOTAIDD
menhir, *n.* MAEN-HIR
menial, *a.* GWASAIDD, ISEL
meningitis, *n.* LLID (PILEN) YR YMENNYDD
meniscus, *n.* MENISCWS, HANERCYLCH
menstruation, *n.* Y MISGLWYF, MISLIF

mensuration, *n.* MESUREG
mental, *a.* MEDDYLIOL
  mental deficiency, DIFFYGIANT
MEDDWL, DIFFYG MEDDYLIOL
mentalism, *n.* MEDDYLIAETH
mention, *n.* CRYBWYLLIAD, SÔN
  v. CRYBWYLL, SÔN
mentor, *n.* CYNGHORWR DOETH
menu, *n.* BWYDLEN
mercantile, *a.* MERCANTIL(AIDD)
mercantilism, *n.* MERCANTILIAETH
mercantilist, *n.* MERCANTILYDD
mercenary, *n.* HURFILWR
  a. AR HUR
mercerised, *a.* SGLEIN
merchandise, *n.* MARSIANDÏAETH,
NWYDDAU
merchant, *n.* MARSIANDÏWR, MASNACHWR
merciful, *a.* TRUGAROG, TOSTURIOL
mercifully, *ad.* DRWY DRUGAREDD
merciless, *a.* DIDRUGAREDD
mercurial, *a.* BYW(IOG), CYFNEWIDIOL
mercuric, *a.* MERCWRIG
mercury, *n.* ARIAN BYW, MERCWRI
mercy, *n.* TRUGAREDD, TOSTURI
mere, *n.* LLYN, PWLL
  a. UNIG, PUR, SYML
merely, *ad.* DIM OND, NAMYN
meretricious, *a.* COEGWYCH
merge, *v.* YMSODDI, CYFUNDODDI,
YMDODDI
merger, *n.* YMSODDIAD, CYFUNDODDIAD,
CYFUNIAD, YMDODDIAD
meridian, *n.* MERIDIAN, NAWN
meringue, *n.* MERINGUE
merino, *n.* MERINO
meristem, *n.* MERISTEM
merit, *n.* HAEDDIANT, RHINWEDD,
TEILYNGDOD
  v. HAEDDU, TEILYNGU
meritorious, *a.* TEILWNG, CLODWIW
mermaid, *n.* MÔR-FORWYN
merriment, *n.* DIFYRRWCH, HWYL
merry, *a.* LLAWEN, LLON
merry-go-round, *n.* CEFFYLAU BACH
mesa, *n.* MESA
mesentery, *n.* CEFNDEDYN
meseta, *n.* MESETA
mesh, *n.* MASG, RHWYDWAITH
mesmerise, *v.* MESMEREIDDIO
mesmerism, *n.* MESMERIAETH, SWYNGWSG
mesoderm, *n.* MESODERM
  a. MESODERMAIDD

mesolithic, *a.* MESOLITHIG
meson, *n.* MESON
mesophyte, *n.* MESOFFYT
mess, *n.* ARLWY, LLE BWYTA, LLANASTR,
ANNIBENDOD
message, *n.* NEGES, CENADWRI
messenger, *n.* NEGESYDD, CENNAD
Messiah, *n.* MESEIA
Messianic, *a.* MESEIANAIDD
messy, *a.* BRWNT, BAWLYD, ANNIBEN
metabolic, *a.* METABOLIG
metabolism, *n.* METABOLAETH
metabolite, *n.* METABOLYN
metacarpus, *n.* METACARPWS
metacentre, *n.* METABWYNT
metal, *a.* METELAIDD
  n. METEL
  scrap metal, SBORION METEL
  sheet metal, LLENFETEL
metallic, *a.* METELIG
metalliferous, *a.* METELIFFERAIDD
metalling, *n.* METLIN
metallurgical, *a.* METELEGOL
metallurgist, *n.* METELEGWR
metallurgy, *n.* METELEG
metamere, *n.* METAMER
metameric, *a.* METAMERIG
metamerism, *n.* METAMERAETH
metamorphic, *a.* METAMORFFIG
metamorphism, *n.* METAMORFFIAETH
metaphase, *n.* METAFFAS
metaphor, *n.* TROSIAD
metaphorical, *a.* TROSIADOL
metaphysician, *n.* METAFFISEGWR
metaphysics, *n.* METAFFISEG
metastable, *a.* METASAD
metastasis, *n.* METASTASIS
metatarsal, *n.* METATARSAL
metathesis, *n.* TRAWSOSODIAD
mete, *n.* MESUR
meteor, *n.* SEREN WIB
meteoric, *a.* METEORIG
meteorite, *n.* GWIBFAEN, METEORIT
meteorolgist, *n.* METEOROLEGWR
meteorology, *n.* METEOROLEG
meter, *n.* MEDR, MESURYDD
  v. METRU
methane, *n.* METHAN
methinks, *v.* TYBIAF
method, *n.* DULL, MODD
  projective method, DULL YMDAFLUNIO
methodical, *a.* TREFNUS
Methodism, *n.* METHODISTIAETH

Methodist, *n.* METHODIST
methodology, *n.* METHODOLEG
methyl, *n.* METHYL
  methylated spirit, GWIROD
  METHYL(EDIG)
methylate, *v.* METHYLEIDDIO
meticulous, *a.* GORFANWL
metonymy, *n.* TRAWSENWAD
metre, *n.* METR, MYDR
metric, *a.* METRIG
  metric scale, GRADDFA FETRIG
metrical, *a.* MYDRYDDOL, METRIG
metrication, *v.* METRIGEIDDIO
metritis, *n.* LLID Y FAMOG, METRITIS
metronome, *n.* METRONÔM
metropolis, *n.* PRIFDDINAS
metropolitan, *n.* ARCHESGOB
  a. METROPOLITAN
mettle, *n.* YSBRYD, CALON
mettlesome, *a.* YSBRYDOL, CALONNOG
mew, *n.* GWYLAN
  v. MEWIAN
mews, *n.pl.* YSTABLAU
mezzo-soprano, *n.* MEZZO-SOPRANO
miasma, *n.* MIASMA
mica, *n.* MICA
mice, *n.* MEIS
Michaelmas, *n.* GŴYL FIHANGEL
microbe, *n.* MICROB
micro-biology, *n.* MICROBIOLEG
micro-chip, *n.* MICRO-SGLODYN
microcosm, *n.* MICROCOSM
micro-economics, *n.* MICRO-ECONOMEG
microelectronics, *n.pl.* MICROELEC-
  TRONEG
microfauna, *n.pl.* TRYCHFILOD
micrograph, *n.* MICROGRAFF
micrometer, *n.* MICROMEDR
micron, *n.* MICRON
micro-organism, *n.* MICRO-ORGANEB
microphone, *n.* MICROFFON, MEIC
micro-processor, *n.* MICRO-PROSESYDD
microscope, *n.* MICROSGOP
microscopic, *a.* MICROSGOPIG
microscopy, *n.* MICROSGOPEG
microspore, *n.* MICROSBOR
microtherm, *n.* MICROTHERM
microtone, *n.* MICROTÔN
microwave, *n.* MICRODON
micturate, *v.* PISO
mid, *a.* CANOL
mid-country, *n.* CEFN GWLAD
midday, *n.* CANOL DYDD, HANNER
  DYDD

middle, *n.* CANOL, CRAIDD
middleman, *n.* CANOLYDD
middling, *a.* CANOLIG, GWEDDOL, SYMOL,
  CYMEDROL
midge, *n.* GWYBEDYN
midget, *n.* COR(RACH)
  midget state, CORWLAD
midland, *n.* CANOLDIR
  a. CANOLDIROL
mid-latitude, *n.* LLEDRED CANOL
midnight, *n.* HANNER/CANOL NOS
midrib, *n.* ASEN GANOL
midriff, *n.* LLENGIG
midshipman, *n.* IS-SWYDDOG
midst, *n.* CANOL, MYSG, PLITH
  prp. RHWNG
midsummer, *n.* CANOL HAF
  Midsummer Day, GŴYL IFAN
midway, *n.* HANNER Y FFORDD
midwife, *n.* BYDWRAIG
midwifery, *n.* BYDWREIGIAETH
midwinter, *n.* CANOL GAEAF
mien, *n.* PRYD, GWEDD, GOLWG
might, *n.* GALLU, GRYM, NERTH
mighty, *a.* NERTHOL, CADARN, GRYMUS
migraine, *n.* MIGREN
migrant, *n.* MUDWR, YMFUDWR, CRWYD-
  RWR
  a. MUDOL, CRWYDROL
migrate, *v.* MUDO, YMFUDO
migration, *n.* MUDIAD, YMFUDIAD
migratory, *a.* MUDOL, YMFUDOL
milch, *a.* BLITH, LLAETHOG
mild, *a.* MWYN, TYNER, HYNAWS, MEDDAL,
  GWAN
  mild steel, DUR MEDDAL
mildew, *n.* LLWYDNI, LLWYDI
  v. LLWYDO
mildness, *n.* TYNERWCH, TIRIONDEB,
  MWYNDER
mile, *n.* MILLTIR
  nautical mile, MILLTIR FÔR
mileage, *n.* MILLTIREDD
milestone, *n.* CARREG FILLTIR
militant, *a.* MILWRIAETHUS
militarism, *n.* MILITARIAETH
militarist, *n.* MILITARYDD
military, *a.* MILWROL
militate, *v.* MILWRIO
militia, *n.* MILISIA
milk, *n.* LLAETH, LLEFRITH
  v. GODRO
  dried milk, LLAETH POWDR

milk shake, YSGYTLAETH
condensed milk, LLEFRITH/LLAETH
CYDDWYS
pasteurized milk, LLAETH/LLEFRITH
PASTEUREDIG
milkmaid, *n.* LLAETHFERCH
milkman, *n.* DYN LLAETH
milky, *a.* LLAETHOG, CYMYLOG (CEMEG)
The Milky Way, Y LLWYBR LLAETHOG,
CAER WYDION
mill, *n.* MELIN, FFATRI
v. MALU
cold strip mill, MELIN STRIP OER
continuous strip mill, MELIN STRIP
DDI-DOR
millboard, *n.* BWRDD MELIN
millenarianism, *n.* MILFLWYDDIAETH
millenial, *a.* MILFLYNYDDOL
millenium, *n.* MILENIWM, MILFLWYDDIANT
millepede, *n.* NEIDR FILTROED
miller, *n.* MELINYDD
millet, *n.* MILET
milliard, *n.* MIL O FILIYNAU
millibar, *n.* MILIBAR
millilitre, *n.* MILILITR
millimetre, *n.* MILIMETR
milliner, *n.* GWERTHWR NEU WNEUTHURWR
HETIAU
milling, *n.* MELINO
milling cutters, MELINWYR
milling-machine, *n.* PEIRIANT MELINO
million, *n.* MILIWN
millionaire, *n.* MILIYNYDD
millionth, *a.* MILIYNFED
mill-pond, *n.* PWLL MELIN
mill-race, *n.* FFRWD MELIN
millstone, *n.* MAEN MELIN
millwork, *n.* MELINWAITH
mime, *n.* MEIM
v. MEIMIO
mimic, *n.* DYNWAREDWR
v. DYNWARED
mimicry, *n.* DYNWAREDEDD
minaret, *n.* MINARÉT, MEINDWR
mince, *n.* BRIWGIG
v. BRIWIO, MALU
mincemeat, *n.* BRIWDDA
mincepies, *n.pl.* TEISENNAU BRIWDDA
mincer, *n.* BRIWELL
mind, *n.* MEDDWL, BRYD, BWRIAD
v. GWYLIO, GOFALU
minded, *a.* TUEDDOL, CHWANNOG
mindful, *a.* GOFALUS, YSTYRIOL

mine, *n.* MWYNGLAWDD, FFRWYDRYN
v. MWYNGLODDIO
pn. FY, YR EIDDOF I
miner, *n.* MWYNWR, GLÖWR
mineral, *n.* MWYN
a. MWYNOL
mineral drinks, DIODYDD MWYNOL
mineralogy, *n.* MWYNYDDIAETH,
MWYNOLEG
mine-sweeper, *n.* LLONG I GASGLU
FFRWYDRYNNAU
mingle, *v.* CYMYSGU
mingy, *a.* CYBYDDLYD, CRINTACH
miniature, *n.* MANDDARLUN, MINIATUR
a. AR RADDFA FACH
minim, *n.* MINIM
minimal, *a.* MINIMAL
minimize, *v.* MINIMEIDDIO, LLEIHAU, ISAFU
minimum, *n.* LLEIAFSWM, MINIMWM,
ISAFSWM, ISAFBWYNT
mining, *n.* MWYNGLODDIAETH
opencast mining, MWYNGLODDIO BRIG
minister, *n.* GWEINIDOG
v. GWEINI, GWEINIDOGAETHU
ministerial, *a.* GWEINIDOGAETHOL
ministration, *n.* GWEINYDDIAD
ministry, *n.* GWEINIDOGAETH, GWEINYDD-
IAETH
mink, *n.* MINC
minnow, *n.* SILDYN, SILCYN
minor, *a.* LLEIAF, LLEDDF
v. TIRIO
n. MINOR (RYGBI), UN DAN OED
minority, *n.* LLEIAFRIF, MABOED
minotaur, *n.* TARW-DDYN
minster, *n.* CADEIRLAN, EGLWYS GADEIR-
IOL
minstrel, *n.* CLERWR
minstrelsy, *n.* CLERWRIAETH
mint, *n.* BATHDY, Y MINT, MINTYS
v. BATHU
Royal Mint, MINT BRENHINOL
mintage, *n.* BATHIAD, BATH-DÂL
minter, *n.* BATHWR
minuend, *n.* MINWEND
minuet, *n.* MINIWÉT
minus, *n.* MINWS
a. & prp. LLAI, NAMYN
minus sign, ARWYDD MINWS
minute, *a.* MÂN, BACH, MANWL
minute, *n.* MUNUD, COFNOD
minute book, LLYFR COFNODION
minutiae, *n.pl.* MANION, MANYLION

minuteness, *n.* MANYLRWYDD
minx, *n.* HOEDEN, MURSEN
miracle, *n.* GWYRTH
miraculous, *a.* GWYRTHIOL
mirage, *n.* RHITHLUN, LLEURITH
mire, *n.* LLAID, LLACA, BAW
mirror, *n.* DRYCH
mirth, *n.* DIGRIFIWCH, HWYL, MIRI
mirthful, *a.* LLAWEN, LLON
mirthless, *a.* TRIST, DIGALON
miry, *a.* LLEIDIOG, BAWLYD
misadventure, *n.* ANFFAWD, DAMWAIN
misanthropist, *n.* DYNGASWR
misanthropy, *n.* DYNGASEDD
misapply, *v.* CAMDDEFNYDDIO, CAMARFER
misapprehend, *v.* CAMDDEALL
misapprehension, *n.* CAMDDEALL-
TWRIAETH
misbehave, *v.* CAMYMDDWYN
misbehaviour, *n.* CAMYMDDYGIAD
misbelief, *n.* CAM-GRED
misbelieve, *v.* CAMGREDU
miscalculate, *v.* CAMGYFRIF
miscalculation, *n.* CAMGYFRIFIAD
miscarriage, *n.* ERTHYLIAD
   miscarriage of justice, AFLWYDDO
   CYFIAWNDER
miscarry, *v.* AFLWYDDO, ERTHYLU
miscast, *v.* CAMGASTIO
miscegenation, *v.* CROESHILIO
miscellaneous, *a.* AMRYWIOL
miscellany, *n.* AMRYWIAETH
mischance, *n.* ANFFAWD, AFLWYDD
mischief, *n.* DIREIDI, DRYGIONI
mischievous, *a.* DIREIDUS, DRYGIONUS
mischievousness, *n.* DIREIDI
miscibility, *n.* CYMYSGADWYAETH
miscible, *a.* CYMYSGADWY, CYMYSGEDIG
misconception, *n.* CAMSYNIAD
misconduct, *n.* CAMYMDDYGIAD
   v. CAMYMDDWYN
miscreant, *n.* DIHIRYN, ADYN
misdeed, *n.* CAMWEDD
misdemeanour, *n.* CAMWEDD, TROSEDD
misdirect, *v.* CAMGYFEIRIO
mise, *n.* MEIS
miser, *n.* CYBYDD
miserable, *a.* TRUENUS, GRESYNUS
misericord, *n.* MISERICORD
miserly, *a.* CYBYDDLYD, CRINTACHLYD
misery, *n.* TRALLOD, TRUENI
misfit, *n. & a.* MISFFIT
misfortune, *n.*.ANFFAWD, ANLWC, AFLWYDD

misgiving, *n.* AMHEUAETH
misguide, *v.* CAMARWAIN
misguided, *a.* ANGHYWIR, CAMARWEINIOL
mishandle, *v.* CAM-DRIN
mishap, *n.* ANAP, ANGHAFFAEL
misjudge, *v.* CAMFARNU
mislay, *v.* CAMOSOD
mislead, *v.* CAMARWAIN, TWYLLO
misleading, *a.* CAMARWEINIOL
mismanagement, *n.* CAM-DREFN
misplace, *v.* CAMOSOD
misplaced, *a.* O'I LE
misprint, *n.* CAMBRINT
   v. CAMARGRAFFU
misread, *v.* CAMDDARLLEN
misrepresent, *v.* CAMARWAIN
misrepresentation, *n.* CAMARWEINIAD,
ANWIREDD
misrule, *n.* CAMLYWODRAETH, CAMREOL-
AETH
   v. CAMREOLI
miss, *n.* METH, MISS
   v. METHU, COLLI
missal, *n.* LLYFR OFFEREN
mis-shapen, *a.* DI-LUN, AFLUNIAIDD
missile, *n.* SAETHYN, TAFLEGRYN
missing, *a.* AR GOLL, YN EISIAU
mission, *n.* CENHADAETH
missionary, *n.* CENHADWR, CENHADES
   a. CENHADOL
missive, *n.* LLYTHYR SWYDDOGOL
mis-spell, *v.* CAMSILLAFU
mis-spend, *v.* GWASTRAFFU
mist, *n.* NIWL, NUDDEN, TARTH
   v. NIWLIO
mistake, *n.* GWALL, CAMSYNIAD, CAM-
GYMERIAD
   v. CAMGYMRYD
mistaken, *a.* CYFEILIORNUS, CAMSYNIOL
mister, *n.* MR, MEISTR
mistletoe, *n.* UCHELWYDD
mistral, *n.* MISTRAL
mistress, *n.* MEISTRES, ATHRAWES, MRS
mistrust, *n.* DRWGDYBIO, AMAU
mistrustful, *a.* DRWGDYBUS, AMHEUS
misty, *a.* NIWLOG, ANEGLUR
misunderstand, *v.* CAMDDEALL
misunderstanding, *n.* CAMDDEALL-
TWRIAETH
misuse, *n.* CAMDDEFNYDD
   v. CAMDDEFNYDDIO
mite, *n.* HATLING, MYMRYN
mites, *n.pl.* GWIDDON, EUDDON

mitigate, v. LLINIARU, LLEDDFU
mitosis, n. MITOSIS
mitotic, a. MITOTIG
mitre, n. MEITR
   v. MEITRU, MEITRO
mitred, a. MEITROG
mitten, n. MITEN
mix, v. CYMYSGU
mixed, a. CYMYSG
mixen, n. TOMEN
mixer, n. CYMYSGYDD
mixture, n. CYMYSGEDD
mizzen, n. HWYL ÔL
mnemonics, n.pl. NEMONIGAU
moan, v. CWYNO, GRIDDFAN
   n. CWYNFAN, GRIDDFAN
moat, n. FFOS
mob, n. TYRFA, TORF
   v. YMOSOD
mobile, a. SYMUDOL, MUDOL
   n. SYMUDYN
mobiles, n. SYMUDION
mobilisation, n. BYDDINIAD
mobilise, v. BYDDINO, LLUYDDU, DYGYFOR
mobility, n. SYMUDOLEDD, MUDOLRWYDD
moccasin, n. MOCASIN
mock, v. GWAWDIO, GWATWAR
mocker, n. GWAWDIWR, GWATWARWR
mockery, n. GWAWD, DIRMYG
mocking, a. GWAWDUS, GWATWARUS
modal, a. MODDOL
modalism, n. MODDOLAETH
mode, n. MODD, DULL
model, n. MODEL
   v. MODELU, LLUNIO
   model town, TREF FODEL
moderate, a. CYMEDROL, CANOLIG
   v. CYMEDROLI
moderation, n. CYMEDROLDEB
moderator, n. CYMEDROLWR, CYMEDROL-
   YDD, LLYWYDD
modern, a. MODERN, DIWEDDAR
modernisation, n. MODERNEIDDIAD
modernize, v. MODERNEIDDIO
modest, a. GWYLAIDD, DIYMHONGAR
modesty, n. GWYLEIDD-DRA
modicum, n. YCHYDIG, TIPYN
modification, n. ADNEWIDIAD
modify, v. ADNEWID, GOLEDDFU
modular, a. MODWLAR
modulate, v. MODYLU, TRAWSGYWEIRIO
modulated, a. MODYLEDIG
modulation, n. TRAWSGYWEIRIAD,
   MODYLIAD

modulator, n. CYWEIRIADUR, MODYLYDD
module, n. MODWL
modulus, n. MODWLWS
moiety, n. MOIETI
moist, a. LLAITH
moisten, v. LLEITHIO
moisture, n. LLEITHDER, LLEITHEDD
moisturiser, n. ISLAITH
molar, n. CILDDANT, MOLAR
   a. MOLAR
molasses, n. TRIAGL
mole, n. GWADD, MAN GENI, TWRCH
   DAEAR, MORGLAWDD, MÔL
mole-catcher, n. GWADDOTWR, TYRCHWR
molecular, a. MOLECWLAR, MOLECYLIG
molecule, n. MOLECWL
   molecular weight, PWYSAU MOLECYLIG
molehill, n. PRIDD Y WADD
moleskin, n. CROEN GWADD
molest, v. AFLONYDDU, MOLESTU
molestation, n. AFLONYDDIAD
mollify, v. TAWELU, MEDDALU
mollusc, n. MOLWSC
molly-coddle, v. MALDODI
molten, a. TAWDD, TODDEDIG
molybdenum, n. MOLYBDENWM
moment, n. MOMENT, EILIAD, ENNYD
   bending moment, MOMENT PLYGU
momentary, a. DROS DRO
momentous, a. PWYSIG IAWN
momentum, n. MOMENTWM
monad, n. MONAD
monadelphous, a. MONADELFFUS
monarch, n. BRENIN, TEYRN
monarchian, n. MONARCHYDD
monarchianism, n. MONARCHYDDIAETH
monarchical, a. BRENHINOL
monarchist, n. BRENHINYDD,
   MONARCHYDD
monarchy, n. BRENHINIAETH, MONARCH-
   IAETH
monastery, n. MYNACHLOG
monastic, a. MYNACHAIDD
monasticism, n. MYNACHAETH
Monday, n. DYDD LLUN
monepiscopacy, n. UNESGOBYDDIAETH
monetarism, n. ARIANOLAETH
monetarist, n. ARIANOLWR
monetary, a. ARIANNOL
money, n. ARIAN, PRES
   current money, ARIAN TREIGL
   money lending, ECHWYN ARIAN
   convertible money, ARIAN TROSADWY

money-box, *n.* BOCS ARIAN, CADW-MI-GEI
moneyed, *a.* ARIANNOG, CEFNOG
money-lender, *n.* ECHWYNNWR
monger, *n.* GWERTHWR
mongol, *n.* MONGOL
mongrel, *n.* MWNGREL, BRITHGI
  a. CYMYSGRYW
monic, *a.* MONIG
monism, *n.* MONIAETH
monistic, *a.* MONISTAIDD
monitor, *n.* MONITOR
monitorial, *a.* MONITORAIDD
monitory, *a.* RHYBUDDIOL
monk, *n.* MYNACH
monkey, *n.* MWNCI
monkish, *a.* MYNACHAIDD
monocellular, *a.* UNGELL
monochord, *n.* MONOCORD
monochromatic, *a.* UNLLIW, MONOCROM-
ATIG
monochrome, *a.* UNLLIW, MONOCROM
  n. LLUN UNLLIW
monocle, *n.* GWYDR LLYGAD
monocline, *n.* MONOCLIN
monocotyledon, *n.* MONOCOTYLEDON
monoculture, *n.* UNCNWD
monocyte, *n.* MONOCYT
monodelphous, *a.* UNGYSWLLT
monodromy, *n.* MONODROMI
monody, *n.* MONODI
monogamist, *n.* UNWREIGIWR, MONO-
GAMYDD
monogamy, *n.* UNWREIGIAETH, MONOGAMI
monogenic, *a.* MONOGENIG
monoglot, *a.* UNIAITH
  n. PERSON UNIAITH
monogram, *n.* MONOGRAM
monograph, *n.* MONOGRAFF
monohybrid, *a.* MONOHYBRID
monolith, *n.* MAEN-HIR, MONOLITH
monologue, *n.* YMSON, MONOLOG
monomeric, *a.* MONOMERIG
monophonic, *a.* MONOFFONIG
monophysitism, *n.* MONOFFYSYDDIAETH
monopolist, *n.* MONOPOLYDD
monopolistic, *a.* MONOPOLYDDOL
monopolize, *v.* MEDDIANNU'N GYFAN
GWBL
monopoly, *n.* MONÓPOLI
monopsychism, *n.* MONOSEICIAETH
monosyllable, *n.* GAIR UNSILL(AF)
monotheism, *n.* UNDDUWIAETH
monotheist, *n.* CREDWR MEWN UN DUW

monotheletism, *n.* MONOTHELETIAETH
monotone, *n.* UN-DÔN, MONOTON
monotonic, *a.* MONOTONIG
monotonous, *a.* UNDONOG
monotony, *n.* UNDONEDD
monotype, *n.* MONOTEIP
monoxide, *n.* MONOCSID
monoxygotic, *a.* MONOSYGOTIG
monsoon, *n.* MONSŴN
monster, *n.* ANGHENFIL, CLOBYN
  a. ANFERTH
monstrosity, *n.* ANFERTHWCH
monstrous, *a.* ANFERTH, GWRTHUN
montana, *n.* MONTANA
month, *n.* MIS
monthly, *n.* MISOLYN
  a. MISOL
monument, *n.* COFADAIL
monumental, *a.* COFFAOL, ANFERTH
mood, *n.* TYMER, HWYL
  MODD *(gram.)*
  in good mood, HWYLIOG
moody, *a.* ORIOG, PWDLYD, CWCSOG
moon, *n.* LLEUAD, LLOER
  phases of the moon, GWEDDAU'R
LLEUAD
  harvest moon, LLEUAD FEDI
  gibbous moon, LLEUAD AMGRWM
moonlight, *n.* GOLAU LEUAD, LLOERGAN
moonlit, *a.* GOLAU LEUAD
moonshine, *n.* LOL, FFWLBRI, FFILOREG
moor, *n.* RHOS, GWAUN
  v. ANGORI
moorhen, *n.* IÂR FACH Y DŴR
moorings, *n.pl.* ANGORFA
moorland, *n.* RHOSTIR, GWEUNDIR
  a. GWEUNDIROL
moot, *n.* CYFARFOD
  v. CRYBWYLL
  a moot point, PWNC DADLEUOL
mop, *n.* MOP
  v. MOPIO
mope, *v.* DELWI, PENDRYMU
  n. HURTYN
moping, *a.* PENISEL
moraine, *n.* MARIAN
  end moraine, MARIAN TERFYNOL
moral, *n.* MOESWERS
  a. MOESOL
morale, *n.* MORÂL, YSBRYD
moralist, *n.* MOESOLWR
morality, *n.* MOESOLDEB
moralise, *v.* MOESOLI

morals, *n.pl.* MOESAU
morass, *n.* CORS, MIGNEN
moratorium, *n.* MORATORIWM
morbid, *a.* AFIACH(US)
morbidity, *n.* STAD AFIACHUS
mordant, *n.* MORDANT
    a. BRATHOG, LLYM
more, *n.* RHAGOR, YCHWANEG
    a. MWY
    more and more, MWYFWY
moreover, *ad.* YMHELLACH, HEFYD
morganatic, *a.* MORGANATIG
moribund, *a.* AR FARW, MARWAIDD
morning, *n.* BORE
    a. BORE(OL)
moron, *n.* MORON
morose, *a.* SARRUG, BLWNG, DRENG,
    AFRYWIOG, SUR
morphia, *n.* MORFFIA
morphology, *n.* MORFFOLEG
morrow, *n. & ad.* TRANNOETH
morsel, *n.* TAMAID
mortal, *n.* DYN, UN MARWOL
    a. MARWOL, ANGHEUOL
mortality, *n.* MARWOLDEB, MARWOLEDD,
    MARWOLAETHAU
mortar, *n.* MORTER, BREUAN
mortgage, *n.* MORGAIS
    v. MORGEISIO
mortgagee, *n.* MORGEISAI
mortgagor, *n.* MORGEISIWR
mortice, *n.* MORTAIS
mortification, *n.* MARWEIDDIAD, SIOM
mortify, *v.* MARWEIDDIO, SIOMI
mortise, *n.* MORTAIS
    v. MORTEISIO
mortlake, *n.* MERLLYN
mortuary, *n.* MARWDY, MORTIWARI
mosaic, *n.* BRITHWAITH, MOSAIG
    a. MOSAIG
mosque, *n.* MOSG
mosquito, *n.* MOSGITO
moss, *n.* MWSOGL
mossy, *a.* MWSOGLYD
most, *a.* MWYAF, AMLAF
    ad. YN BENNAF
mostly, *ad.* GAN MWYAF/AMLAF
mote, *n.* BRYCHEUYN
motel, *n.* MOTEL
motet, *n.* MOTET
moth, *n.* GWYFYN, PRYF DILLAD
mother, *n.* MAM
    mother liquor, HYLIF BWRW, MAM-
    DODDIANT

mothercraft, *n.* CREFFT Y FAM
motherhood, *n.* MAMOLAETH
mother-in-law, *n.* MAM-YNG-NGHYFRAITH
motherly, *a.* MAMOL, MAMAIDD
mother-tongue, *n.* MAMIAITH
mothproof, *a.* GWRTHWYFYN
    v. GWRTHWYFYNNU
motif, *n.* MOTIFF
motion, *n.* MUDIANT, SYMUD, CYNIGIAD
    v. ARWYDDO, AMNEIDIO
motionless, *a.* DIGYFFRO, LLONYDD
motivate, *v.* CYMELLIADU, CYMHELLU
motivation, *n.* CYMELLIADAETH,
    MOTIFYDDIAETH
motive, *n.* CYMHELLIAD, MOTIF
    a. SYMUDOL, YSGOGOL
motley, *a.* AMRYLIW, BRITH
motor, *n.* MODUR, MOTOR
    v. MODURO
    a. YMUDOL
    motor nerve, NERF GWEITHREDOL
motor-boat, *n.* BAD MODUR, CWCH MODUR
motor-car, *n.* CAR MODUR
motor-cycle, *n.* MOTOR-BEIC, BEIC MODUR
motorist, *n.* MODURWR
motorway, *n.* TRAFFORDD
motte, *n.* MWNT, TOMEN
mottle, *v.* BRITHO, BRYCHU
mottled, *a.* BRITH, BRYCH
motto, *n.* ARWYDDAIR, CYLCH (MIWSIG)
mould, *n.* MOWLD, LLWYDNI
    v. MOWLDIO
mould-board, *n.* CASTIN, ASGELL ARADR
moulder, *v.* ADFEILIO, MALURIO
    n. MOWLDIWR
moulding, *n.* MOWLDIN
moulding-board, *n.* BWRDD MOLDIO
mouldy, *a.* WEDI LLWYDO, MWS
moult, *v.* BWRW PLU
mound, *n.* TWMPATH, CRUG(YN)
mount, *n.* MYNYDD, BRYN
    v. ESGYN, MOWNTIO
mountain, *n.* MYNYDD
mountain ash, *n.* CRIAFOLEN, CERDDINEN
mountaineer, *n.* MYNYDDWR
    v. MYNYDDA
mountainous, *a.* MYNYDDIG
mountebank, *n.* CWAC, DIGRIFWR
mounted, *a.* MOWNTIEDIG
mounting, *n.* MOWNTIN
mourn, *v.* GALARU, GOFIDIO
mourner, *n.* GALARWR
mournful, *a.* GALARUS, TRIST, DOLEFUS

mourning, *n.* GALAR, GALARWISG
mouse, *n.* LLYGODEN
moustache, *n.* MWSTÁS
mouth, *n.* CEG, SAFN, GENAU
   v. CEGA
mouthpiece, *n.* BLAEN, PEN, CEG OFFERYN
mouthy, *a.* CEGOG, SIARADUS
moutoné, *a.* MOLLT
movable, *a.* SYMUDOL
movables, *n.pl.* SYMUDOLION, DODREFN
move, *v.* SYMUD, CYMELL, CYFFROI, CYNNIG
movement, *n.* YMSYMUDIAD, MUDIAD
   enclosure movement, MUDIAD CAU TIR
moving, *a.* SYMUDOL, YN SYMUD, CYFFROUS
moving-staircase, *n.* GRISIAU SYMUDOL
mow, *n.* MWDWL, SOPYN
   v. LLADD, TORRI
mower, *n.* TORRELL
much, *n.* LLAWER
   a. LLAWER, MAWR
   ad. YN FAWR
mucilage, *n.* GLUD, MWCILAG
muck, *n.* TOM, TAIL, BUDREDDI, BAW
mucky, *a.* BAWLYD, BRWNT, BUDR
mucous, *a.* MWCUS, MUCAIDD
mucus, *n.* LLYSNAFEDD, MWCWS
mud, *n.* LLAID, MWD, LLACA
mudflow, *n.* LLEIDLIF
mudguard, *n.* GARD OLWYN
muddle, *n.* DRYSWCH, BWNGLERWCH
   v. DRYSU, BWNGLERA
muddled, *a.* DRYSLYD, CYMYSGLYD
muddy, *a.* LLEIDIOG, MWDLYD
muff, *n.* MWFF, HURTYN
   v. COLLI CYFLE
muffin, *n.* MWFFIN
muffle, *v.* DISTEWI, PYLU
muffler, *n.* CADACH GWDDF
mufti, *n.* DILLAD CYFFREDIN
mug, *n.* CWPAN
mugger, *n.* MYGIWR
mugging, *v.* MYGIO
muggy, *a.* MWLL, MWYGL
mulatto, *n.* MWLATO
mulberry tree, *n.* MORWYDDEN
mule, *n.* MWLSYN, BASTARD MUL
mulish, *a.* MULAIDD, CYNDYN
mull, *n.* MWL
mullet, *n.* HYRDDYN
mullion, *n.* MWLIWN
multi-, *px.* AML
multicellular, *a.* AMLGELLOG
multichrome, *a.* AMLIW

multifactorial, *a.* AMLFFACTORAIDD
multifarious, *a.* AMRYWIOL, AMRYFAL
multifunctional, *a.* AMLSWYDDOGAETHOL
multilateral, *a.* AMLOCHROG
multilateralism, *n.* AMLOCHREDD
multinational, *a.* LLUOSWLADOL
multinomial, *n.* MWLTINOMIAL
   a. MWLTINOMAIDD
multiphonic, *a.* MWLTIFFONIG
multiple, *n.* LLUOSRIF
   a. AMRYFAL, CYFANSAWDD
   multiple choice, LLUOS/AMLDDEWIS
   multiple graver, CRAFELL LLUOSBIG
multiplexor, *n.* AMLBLECSYDD
multiplicand, *n.* LLUOSYN
multiplication, *n.* LLUOSIAD
multiplicity, *n.* LLUOSOGRWYDD
multiplier, *n.* LLUOSYDD
multiply, *v.* LLUOSI, AMLHAU
multi-purpose, *a.* AMLBWRPAS
multi-range, *n.* AMLARFOD, AMLREDIAD
multi-storey, *a.* AML-LAWR
multi-tool post, *n.* POST OFFER TWRED
multitude, *n.* TYRFA, TORF, LLIAWS
multitudinous, *a.* LLUOSOG IAWN
multivibrator, *n.* AMLDDIRGRYNYDD
mumble, *v.* MWMIAN, MYNGIAL
mummery, *n.* MUDCHWARAE
mummify, *v.* PERAROGLI CORFF, SYCHU
mummy, *n.* MWMI
mumps, *n.* Y DWYMYN DOBEN, CLWY'R
  PENNAU
munch, *v.* CNOI
mundane, *a.* BYDOL, DAEAROL
municipal, *a.* BWRDEISTREFOL
municipality, *n.* BWRDEISTREF
munificence, *n.* HAELIONI
munificent, *a.* HAEL(IONUS)
munitions, *n.pl.* ARFAU RHYFEL
muntin, *n.* MWNTIN
murage, *n.* MURDRETH
mural, *n.* MURLUN
   a. MUROL
murder, *n.* LLOFRUDDIAETH, MWRDWR
   v. LLOFRUDDIO, MWRDRO
   capital murder, LLOFRUDDIAETH
  DDIHENYDD
murderer, *n.* LLOFRUDD(IWR)
murderous, *a.* LLOFRUDDIOG
murk, *n.* TYWYLLWCH DUDEW, CADDUG
murky, *a.* CADDUGOL, CYMYLOG
murmur, *n. & v.* MURMUR, GRWGNACH
murrain, *n.* MWREN

muscle, *n.* CYHYR(YN)
muscular, *a.* CYHYROG
muse, *n.* AWEN, SYNFYFYRDOD
   v. SYNFYFYRIO
musette, *n.* MWSET
museum, *n.* AMGUEDDFA
mushroom, *n.* MADARCHEN
mushrooming, *v.* MADARCHU
music, *n.* CERDDORIAETH, MIWSIG
   music hall, THEATR GERDD
musical, *a.* CERDDOROL
   n. SIOE FIWSIG
musical box, *n.* BOCS CANU
musician, *n.* CERDDOR
musicology, *n.* CERDDOREG
musk, *n.* MWSG
musket, *n.* MWSGED, GWN MILWR
musketry, *n.* CREFFT SAETHU
muslin, *n.* MWSLIN
mussel, *n.* CRAGEN LAS, MISGLEN
must, *v.* RHAID
   n. LLWYDNI
mustard, *n.* MWSTARD
muster, *v.* CYNNULL, BYDDINO, YMGYNNULL
   n. CYNULLIAD, MWSTWR
musty, *a.* MWS, HEN, LLWYD
mutable, *a.* CYFNEWIDIOL, TREIGLADWY
mutant, *n.* MWTANT, LLYTHYREN
   DREIGLADWY
mutate, *v.* TREIGLO (CYTSAIN), GWYRO
   (LLAFARIAD), MWTANU
mutation, *n.* TREIGLAD, GWYRIAD,
   MWTANIAD, CYFWNG (MIWSIG)
mute, *n.* MUDAN, MUDYDD
   a. MUD, DISTAW
muteness, *n.* MUDANDOD

mutilate, *v.* ANFFURFIO, ANAFU,
   LLURGUNIO
mutilation, *n.* ANFFURFIAD, ANAFIAD
mutineer, *n.* GWRTHRYFELWR
mutinous, *a.* GWRTHRYFELGAR
mutiny, *n.* GWRTHRYFEL, MIWTINI
mutter, *v.* MWMIAN, MYNGIAL
mutton, *n.* CIG DAFAD, CIG GWEDDER
mutual, *a.* EI GILYDD, CYD-
mutually, *ad.* CYD-, YN SGWÂR
muzzle, *n.* TRWYN, PENFAR, SAFN
my, *pn.* FY, 'M
mycologist, *n.* MYCOLEGYDD
mycology, *n.* MYCOLEG
mycorrhiza, *n.* MYCORHISA
mycosis, *n.* MYCOSIS
myopia, *n.* MYOPIA, BYRWELEDIAD
myriad, *n.* MYRDD(IWN)
   a. ANEIRIF
myrrh, *n.* MYRR
myrtle, *n.* MYRTWYDDEN
myself, *pn.* MYFI, (MI) FY HUNAN
mysterious, *a.* RHYFEDD, DIRGEL
mystery, *n.* RHYFEDDOD, DIRGELWCH
mystic, *n.* CYFRINIWR
mystical, *a.* CYFRIN(IOL)
mysticism, *n.* CYFRINIAETH
mystification, *n.* SYFRDANDOD
mystify, *v.* SYFRDANU
myth, *n.* CHWEDL, MYTH
mythical, *a.* CHWEDLONOL
mythological, *a.* MYTHOLEGOL
mythologist, *n.* MYTHOLEGWR
mythology, *n.* MYTHOLEG
myxomatosis, *n.* HAINT CWNINGOD,
   MICSOMATOSIS

nab, *v.* CIPIO, DAL
nadir, *n.* NADIR
nag, *n.* CEFFYL, CEL
    v. CECRU, CONAN
nagging, *a.* ANYNAD, CONACHLYD, CECRUS
nail, *n.* HOELEN, EWIN
    v. HOELIO
    clout nail, HOELEN BENFRAS
    clasp nail, HOELEN LORIO
    nail punch, PWNS HOELION
nail-bound, *a.* HOELGLOFF
nailer, *n.* HOELIWR
naïve, *a.* NAÏF, DINIWED
naïveté, *n.* NAÏFRWYDD
naked, *a.* NOETH, LLWM
    stark naked, NOETHLYMUN
nakedness, *n.* NOETHNI
name, *n.* ENW
    v. ENWI, GALW
    surname, CYFENW
nameless, *a.* DIENW
namely, *ad.* SEF, NID AMGEN
namesake, *n.* CYFENW
nanny, *n.* NYRS PLANT
nanny-goat, *n.* GAFR FENYW
nap, *n.* CYNTUN, NAP, CEDEN
napalm, *n.* NAPAM
nape, *n.* GWEGIL
naperian, *a.* NATURIOL
naphtha, *n.* NAFFTHA
napkin, *n.* NAPCYN, CADACH
nappy, *n.* CEWYN, CLWT
    disposable nappies, CEWYNNAU/
    CADACHAU UNTRO
narcissism, *n.* HUNAN SERCH
narcissus, *n.* CROESO'R GWANWYN
narcosis, *n.* NARCOSIS
narcotic, *a.* NARCOTIG
    n. MODDION CWSG
nard, *n.* NARD(US)
nardus, *n.* CAWNEN DDU
nares, *n.pl.* FFROENAU
narrate, *v.* ADRODD
narration, *n.* ADRODDIAD
narrative, *n.* HANES, ADRODDIANT
    a. HANESIOL
narrator, *n.* ADRODDWR
narrow, *a.* CUL
    v. CULHAU
narrowly, *ad.* O'R BRAIDD, PRIN
narrow-minded, *a.* CUL
narrowness, *n.* CULNI
narrows, *n.* CULFA

nasal, *a.* TRWYNOL
nasalization, *n.* TREIGLAD TRWYNOL,
    TRWYNOLIAD
nascent, *a.* GENYCHOL, GENEDIGOL
nastic, *a.* NASTIG
nastiness, *n.* FFIEIDD-DRA
nasty, *a.* CAS, FFIAIDD, BRWNT, BUDR
natal, *a.* GENEDIGOL
nation, *n.* CENEDL
national, *a.* CENEDLAETHOL, GWLADOL
    national insurance, YSWIRIANT
    GWLADOL
    national assistance, CYMORTH
    GWLADOL
nationalism, *n.* CENEDLAETHOLDEB
nationalist, *n.* CENEDLAETHOLWR
nationality, *n.* CENEDLIGRWYDD
nationalise, *v.* GWLADOLI
    CENEDLAETHOLI
nationalisation, *n.* GWLADOLIAD
nationhood, *n.* CENEDLIGRWYDD
native, *n.* BRODOR
    a. BRODOROL, CYNHENID, GREDDFOL
    native place, BRO GYNEFIN
nativity, *n.* GENEDIGAETH
natural, *a.* NATURIOL, ANIANOL
naturalisation, *n.* BRODORIAD
naturalism, *n.* NATUROLIAETH
naturalist, *n.* NATURIAETHWR
naturalistic, *a.* NATURYDDOL
naturalised, *a.* BRODOREDIG
naturalise, *v.* BRODORI
nature, *n.* NATUR, ANIAN(AWD)
naught, *n.* DIM, SERO
naughtiness, *n.* DRYGIONI, DIREIDI
naughty, *a.* DRYGIONUS, DRWG
nausea, *n.* CYFOG, ATGASEDD
nauseate, *v.* SYRFFEDU, CYFOGI, DIFLASU
nauseating, *a.* DIFLAS, CYFOGLYD
nautical, *a.* MORWROL
    nautical mile, MÔR-FILLTIR
naval, *a.* LLYNGESOL, MOROL
nave, *n.* CORFF EGLWYS, BOTH, BOGAIL
navel, *n.* BOGAIL
navigable, *a.* MORDWYOL
navigate, *v.* MORDWYO, LLYWIO
navigation, *n.* MORDWYO, MORGLUDO
    navigation act, DEDDF MORGLUDO
navigator, *n.* MORWR, LLYWIWR
navvy, *n.* LABRWR, NAFI
navy, *n.* LLYNGES
nay, *ad.* NA, NAGE, NADDO

naze, *n.* TRWYN, PENTIR
Nazi, *n.* NATSI
    v. NATSÏAIDD
Nazism, *n.* NATSÏAETH
neap, *a.* ISEL
    neap tide, ERTRAL, LLANW ISEL BACH
near, *a.* AGOS, CYFAGOS
    ad. YN AGOS, GERLLAW
    v. AGOSÁU, NESÁU
    prp. GER, YN AGOS AT, AR GYFYL
    near point, AGOSBWYNT
nearby, *a. & ad.* YN YMYL, GERLLAW
nearly, *ad.* BRON, YMRON
nearness, *n.* AGOSRWYDD
neat, *a.* DESTLUS, TWT
neaten, *v.* CYMHENNU, TWTIO
neatness, *n.* CYMHENDOD, TACLUSRWYDD
nebula, *n.* NIFWL
nebulous, *a.* NIWLOG, AMWYS
necessarily, *ad.* O ANGENRHEIDRWYDD
necessary, *a.* ANGENRHEIDIOL, ANHEP-
    GOROL
necessitate, *v.* GORFODI, RHAID
necessitous, *a.* TLAWD, ANGHENUS
necessity, *n.* ANGEN, RHAID, ANGHENRAID
neck, *n.* GWDDF, MWNWGL
    neck and crop, PENDRAMWNWGL
neckband, *n.* COLER CRYS
neckcloth, *n.* CADACH GWDDF
necklace, *n.* GWDDFDORCH, NECLIS
neckline, *n.* GWDDF FFROG
necktie, *n.* TEI
necrology, *n.* COFRESTR Y MEIRW
necromancer, *n.* DEWIN, SWYNWR,
    DYN HYSBYS
necromancy, *n.* DEWINIAETH
necropolis, *n.* NECROPOLIS
necrosis, *n.* NECROSIS
nectar, *n.* NEITHDAR
nectarine, *n.* NECTARIN
nectary, *n.* MELFA, NEITHDARLE
née, *a.* CYN PRIODI, GYNT
need, *n.* ANGEN, EISIAU, RHAID
needful, *a.* ANGENRHEIDIOL
needle, *n.* NODWYDD
    between needle, NODWYDDEN
needlecraft, *n.* CREFFT NODWYDD
needlework, *n.* GWNIADWAITH
needs, *n.pl.* ANGHENION, RHEIDIAU
needy, *a.* ANGHENUS, RHEIDUS
nefarious, *a.* YSGELER
negation, *n.* NACÂD, NEGYDDIAD
negative, *n.* NEGATIF, NEGYDD, NACÂD

    a. NACAOL, NEGATIF, NEGYDDOL
    v. NEGYDDU
negativism, *n.* NEGYDDIAETH
neglect, *n.* ESGEULUSTRA
    v. ESGEULUSO
neglectful, *a.* ESGEULUS
negligé, *n.* NEGLIGÉ
negligence, *n.* ESGEULUSTOD
negligent, *a.* ESGEULUS
negligible, *a.* DIBWYS
negotiable, *a.* NEGODIOL
negotiate, *v.* TRAFOD, NEGODI
negotiation, *n.* TRAFODAETH, CYD-
    DRAFODAETH
negotiator, *n.* TRAFODWR
negress, *n.* NEGRÖES
negro, *n.* NEGRO, DYN DU
neigh, *n.* GWERYRAD
    v. GWERYRU
neighbour, *n.* CYMYDOG
neighbourhood, *n.* CYMDOGAETH, CYFYL,
    ARDAL
neighbouring, *a.* CYFAGOS
neighbourliness, *n.* CYMDOGRWYDD
neighbourly, *a.* CYMDOGOL
neither, *ad. & c.* NA(C), YCHWAITH
    pn. NID Y NAILL NA'R LLALL
nekton, *n.* NECTON
nematode, *n.* NEMATOD
nemesis, *n.* DIALEDD, BARN
neo-, *px.* NEO-, NEWYDD, DIWEDDAR
neo-classical, *a.* NEO-GLASUROL
neo-classicism, *n.* NEO-GLASURAETH
neo-impressionism, *n.* NEO-ARGRAFF-
    IADAETH
neolithic, *a.* NEOLITHIG
neologist, *n.* NEWIDIWR
neology, *n.* ATHRAWIAETH NEWYDD
neon, *n.* NEON
neo-natal, *a.* NEWYDD-ENI
neonate, *a.* NEWYDD-ANEDIG
neoplasm, *n.* TWF AFIACH
neoteric, *a.* NEOTERIG
nephew, *n.* NAI
nephritis, *n.* NEFFRITIS
nepotism, *n.* NEIEDD
nepotist, *n.* NEIEDDWR
Neptune, *n.* NEIFION
nerve, *n.* NERF, GWROLDEB
    auditory nerve, NERF Y CLYW
    motor nerve, NERF YMUDOL
    efferent nerve, NERF ECHDYGOL
nervous, *a.* NERFUS, OFNUS, NERFOL
    (SYSTEM)

nervousness, *n.* NERFUSRWYDD
nescience, *n.* ANWYBODAETH
nescient, *a.* ANWYBODUS
ness, *n.* TRWYN, PENTIR
nest, *n.* NYTH
   v. NYTHU
nested, *a.* AMNYTH
nest-egg, *n.* WY ADDOD, ARIAN WRTH GEFN
nestle, *v.* NYTHU, GWASGU'N GLÒS AT
nestling, *n.* ADERYN BACH
net, *n.* RHWYD
   a. NET, GWIR, CLIR
   v. RHWYDO
   net profit, ELW CLIR/NET
netball, *n.* PÊL RWYD
nether, *a.* ISAF, O DAN
netting, *n.* RHWYD, NETIN
nettle, *n.* DANADL
network, *n.* RHWYDWAITH
neural, *a.* NEWRAL, NERFOL
   neural spine, PIGYN NEWRAL
neuralgia, *n.* GIEUWST
neurasthenia, *n.* NERFWST
neuritis, *n.* NEWRITIS
neurological, *a.* NEWROLEGOL, NERFEGOL
neurologist, *n.* NEWROLEGYDD
neurology, *n.* NEWROLEG, NERFEG
neurone, *n.* NERFGELL
neurosis, *n.* NEWROSIS
neurotic, *a.* NEWROTIG
neuter, *n.* NEWTER
   a. DI-RYW
neuton, *n.* NEWTON
neutral, *a.* NEWTRAL, AMHLEIDIOL
neutrality, *n.* NEWTRALIAETH, AMHLEID-
   IAETH
neutralization, *n.* NEWTRALIAD
neutralize, *v.* NEWTRALU, NEWTRALEIDDIO
neutralized, *a.* NEWTRALEDIG
neutrino, *n.* NEWTRINO
neutron, *n.* NEWTRON
never-, *px.* DI-, AN-
never, *ad.* BYTH, ERIOED
nevertheless, *ad.* ER HYNNY, ETO
new, *a.* NEWYDD, FFRES, DIWEDDAR
new-born, *a.* NEWYDD-ENI
newcomer, *n.* NEWYDD-DDYFODIAD
newel, *n.* YSTLYS
newfangled, *a.* FFASIWN NEWYDD
newly, *ad.* NEWYDD
newness, *n.* NEWYDD-DEB
news, *n.pl.* NEWYDD(ION)
newsmonger, *n.* CLECYN

newspaper, *n.* NEWYDDIADUR
newsreel, *n.* FFILM NEWYDDION
newsvendor, *n.* GWERTHWR PAPURAU
newt, *n.* MADFALL Y DŴR
next, *a.* NESAF
   prp. NESAF AT
next-door, *ad.* DRWS NESAF
nib, *n.* NIB
nibble, *v.* DEINTIO, CNOI
nice, *a.* BRAF, HYFRYD, NEIS
niceties, *n.pl.* MANION
nicety, *n.* MANYLWCH, MANYLRWYDD
niche, *n.* CLOER, CILFACH
nick, *n.* BWLCH, TORIAD
nickel, *n.* NICEL
nickname, *n.* LLYSENW
   v. LLYSENWI
nicotine, *n.* NICOTIN
niece, *n.* NITH
niggard, *n.* CYBYDD, CRINWAS
niggardly, *a.* CYBYDDLYD, CRINTACH
nigger, *n.* NEGRO, DYN DU
niggle, *v.* TRAFFERTHA
niggler, *n.* TRAFFERTHWR
niggling, *a.* DIBWYS
nigh, *a. & ad. & prp.* AGOS, GERLLAW, YN
   AGOS
night, *n.* NOS(ON), NOSWAITH
   by night, LIW NOS
   dead of night, CEFN NOS
night-cap, *n.* CAP NOS
nightclub, *n.* HWYRGLWB
nightdress, *n.* GWN NOS, COBAN
nightfall, *n.* CYFNOS, YR HWYR, BRIG Y NOS
night-gown, *n.* GWN NOS, COBAN
nightingale, *n.* EOS
nightjar, *n.* TROELLWR, NYDDWR
nightmare, *n.* HUNLLEF
night-school, *n.* YSGOL NOS
night-shirt, *n.* CRYS NOS
night-watch, *n.* GWYLIADWRIAETH NOS
nihilism, *n.* NIHILIAETH
nihilist, *n.* NIHILYDD
nil, *n.* DIM
nilpotent, *a.* NILPOTENT
nimble, *a.* SIONC, HEINI
nimbleness, *n.* SIONCRWYDD
nimbus, *n.* NIMBWS
nincompoop, *n.* GWIRIONYN, PENBWL,
   MWLSYN
nine, *a.* NAW
ninepins, *n.pl.* CEILYS
nineteen, *a.* PEDWAR (PEDAIR) AR
   BYMTHEG, UN DEG NAW

ninety, *a.* PEDWAR UGAIN A DEG, NAW DEG
nip, *v.* CNOI, BRATHU
   n. CNOAD, BRATH
nipper, *n.* NIPER, CRWT, DANT (CEFFYL)
nippers, *n.pl.* GEFEL
nipple, *n.* TETH, DIDEN, NIPL
nippy, *a.* CRAFF, CYFLYM
nisi, *c.* ONI(D)
nit, *n.* NEDDEN
nitrate, *n.* NITRAD
nitre, *n.* NITR
nitric, *a.* NITRIG
nitride, *n.* NITRID
nitrification, *n.* NITREIDDIAD
nitrify, *v.* NITREIDDIO
nitrite, *n.* NITRIT
nitrogen, *n.* NITROGEN
nitrogenous, *a.* NITROGENUS
nitrous, *a.* NITRUS
nitwit, *n.* HURTYN, GWIRIONYN
nivation, *v.* EIRDREULIO
no, *n.* NA, NACÂD
   a. NI(D), (D)DIM
   ad. NI(D), NA(D), NAC OES, NADDO, NAGE
nob, *n.* BŴL, UCHELWR
nobility, *n.* BONEDD, PENDEFIGAETH
noble, *a.* PENDEFIG, NOBL, BONHEDDIG
nobleman, *n.* PENDEFIG
noble-minded, *a.* MAWRFRYDIG
nobleness, *a.* MAWRFRYDIGRWYDD
noblewoman, *n.* PENDEFIGES
nobody, *n.* NEB, NEB UN
nock, *n.* HIC
   v. HICIO
nocturnal, *a.* NOSOL, GYDA'R NOS
nocturne, *n.* HWYRGAN, NOCTURNE
nod, *n.* AMNAID, NOD
   v. AMNEIDIO, NODIO, PENDWMPIAN
nodal, *a.* NODAL
nodality, *n.* NODALEDD
noddy, *n.* HURTYN, GWIRIONYN
node, *n.* NÔD, CWLWM
nodose, *a.* CLYMOG
nodule, *n.* CNEPYN, CLWM
nog, *v.* NOGIO
noggin, *n.* CWPAN BACH
   v. CYHOEDDI
noise, *n.* SŴN, MWSTWR
noiseless, *a.* DI-SŴN
noisome, *a.* ATGAS, FFIAIDD
noisy, *a.* SWNLLYD, TRYSTFAWR
nomad, *n.* NOMAD
nomadic, *a.* CRWYDROL, NOMADIG
nomadism, *n.* NOMADIAETH

nom-de-plume, *n.* FFUGENW
nomenclature, *n.* CYFUNDREFN ENWAU
nominal, *a.* MEWN ENW, ENWOL
nominalism, *n.* ENWOLAETH, NOMINAL-
   IAETH
nominate, *v.* ENWEBU, ENWI
nomination, *n.* ENWEBIAD
nominative, *a.* ENWOL
nominator, *n.* ENWEBWR
nominee, *n.* ENWEBAI
nomogram, *n.* NOMOGRAM
non-, *px.* AN-, DI-, DDIM
nonage, *n.* MABOED, DANOED
non-aggression, *n.* ANHREISGYRCH
   a. ANHREISGYRCHOG
nonagon, *n.* NONAGON
non-alcoholic, *a.* HEB ALCOHOL
nonaligned, *a.* ANYMOCHROL
nonalignment, *n.* ANYMOCHREDD
nonce, *n.*
   for the nonce, AM Y TRO
nonchalance, *n.* DIFATERWCH, DIFRAWDER
nonchalant, *a.* DIFATER, DIFRAW
non-commissioned, *a.* HEB GOMISIWN
non-contributory, *a.* DIGYFRANIAD
non-committal, *a.* DIDUEDD
nonconformist, *n.* ANGHYDFFURFIWR
nonconformity, *n.* ANGHYDFFURFIAETH
non-consummation, *n.* ANGHYFLAWNHAD
non-corrosive, *a.* ANGHYRYDOL
non-crystalline, *a.* ANGHRISIALAIDD
nondescript, *a.* AMHENODOL
none, *pn.* NEB, DIM (UN)
non-employable, *a.* ANGHYFLOGADWY
nonentity, *n.* UN DIBWYS, NEB
non-event, *n.* ANNIGWYDDIAD
non-existence, *n.* ANFODOLAETH
non-existent, *a.* HEB FOD
non-ferrous, *a.* ANFFERRUS
non-flammable, *a.* ANFFLAMADWY
non-hydrous, *a.* ANHYDRUS
non-intervention, *n.* ANYMYRRAETH
non-juror, *n.* ANNHYNGWR
non-metallic, *a.* DI-FETEL
non-metals, *n.pl.* ANFETELOEDD
non-operational, *a.* ANHYWAITH
nonpareil, *n.* PETH DIGYMAR
   a. DIGYMAR
nonplussed, *a.* MEWN PENBLETH
non-polar, *a.* AMHOLAR
non-porous, *a.* DIFANDYLLOG
non-positive, *a.* AMHOSITIF

nonproprietary, *a.* DIBERCHENOGAETH
non-rational, *a.* AFRESYMEGOL
non-reactive, *a.* ANADWEITHIOL
non-residence, *n.* ANHRIGIANT
non-resident, *n.* ANHRIGIWR
non-selective, *a.* ANNETHOL
nonsense, *n.* LOL, DWLI, GWIRIONDEB
nonsensical, *a.* FFÔL, DWL
non-slip, *a.* GWRTHSLIP
non-stick, *a.* GWRTHGYDIOL
non-violence, *n.* DIDREISEDD
non-voluntary, *a.* ANWIRFODD
noodle, *n.* HURTYN, NWDL
nook, *n.* CILFACH, CORNEL, CONGL
noon, *n.* HANNER DYDD, CANOL DYDD
noose, *n.* DOLEN, MAGL
nor, *c. & ad.* NA, NAC
norm, *n.* NORM, SAFON
normal, *a.* NORMAL, SAFONOL
   n. NORMAL
normaliser, *n.* NORMALYDD
normalise, *v.* NORMALEIDDIO
normality, *n.* RHEOLEIDD-DRA, NORMAL-
   RWYDD
Norman, *n.* NORMAN
   a. NORMANAIDD
normative, *a.* NORMADOL, DARNODOL
normed, *a.* NORMEDIG
north, *n.* GOGLEDD
   a. GOGLEDDOL
northerly, *a.* GOGLEDDOL
northing, *n.* GOGLEDDIAD
nose, *n.* TRWYN
   v. TRWYNO, FFROENI
nosegay, *n.* PWYSI
nostalgia, *n.* HIRAETH
nostalgic, *a.* HIRAETHUS
nostril, *n.* FFROEN
not, *ad.* NA(C), NI(D), NA(D)
notability, *n.* BRI, DYN ENWOG
notable, *a.* HYNOD, NODEDIG
notary, *n.* NODIADUR, NOTARI, NOTER
notation, *n.* NODIANT
notch, *n.* RHIC, BWLCH, RHINT, HIC
   v. RHICIO, BYLCHU, RHINTIO
note, *n.* NODYN, BRI, PAPUR (ARIAN)
   v. NODI, SYLWI
   suspended note, GOHIRNOD
   consignment note, NODYN CLUDLWYTH
   dotted note, NODYN DOT
notebook, *n.* NODLYFR, NODIADUR
noted, *a.* NODEDIG, ENWOG
note-paper, *n.* PAPUR YSGRIFENNU

noteworthy, *a.* NODEDIG
nothing, *n.* DIM
   nothing at all, DIM (YN Y) BYD
notice, *n.* RHYBUDD, HYSBYSIAD
   v. SYLWI
noticeable, *a.* AMLWG
noticeboard, *n.* HYSBYSFWRDD
notifiable, *a.* HYSBYSADWY
notification, *n.* HYSBYSRWYDD
notify, *v.* HYSBYSU, RHYBUDDIO
notion, *n.* SYNIAD, TYB
notional, *a.* TYBIANNOL, AMCANOL
notoriety, *n.* ENW GWAEL
notorious, *a.* ENWOG (AM DDRYGIONI),
   CARN
notwithstanding, *prp.* ER, ER GWAETHAF
   ad. ER HYNNY
nought, *n.* DIM, SERO, GWAGNOD (SYMBOL)
noun, *n.* ENW
nourish, *v.* MEITHRIN, MAETHU
nourishing, *a.* MAETHLON
nourishment, *n.* MAETH
nova, *n.* NOFA
novel, *n.* NOFEL
   a. NEWYDD
novelette, *n.* NOFELIG
novelist, *n.* NOFELYDD
novelty, *n.* NEWYDD-DEB, NEWYDDBETH
November, *n.* TACHWEDD
novice, *n.* NEWYDDIAN, NOFIS
novitiate, *n.* NOFISIAETH
now, *ad.* YN AWR, WEITHION, Y PRYD HWN,
   BELLACH, (Y)RŴAN
   just now, GYNNAU
   now and then, YN AWR AC YN Y MAN
nowadays, *a.* Y DYDDIAU HYN
nowhere, *ad.* DDIM YN UNLLE
nowise, *ad.* DDIM O GWBL
noxious, *a.* NIWEIDIOL
nozzle, *n.* FFROENELL
nuance, *n.* NAWS, ARLLIW
nuclear, *a.* NWCLEAR
   nuclear power station, ATOMFA
   nuclear fusion, ASIAD NWCLEAR
   nuclear fission, (YM)HOLLTIAD NWCLEAR
nucleated, *a.* CNEWYLLOL
nucleic, *a.* NWCLEIG
nucleon, *n.* NWCLEON
nucleus, *n.* NWCLEWS, CNEWYLLYN
nude, *n.* NOETHLUN
   a. NOETH
   in the nude, NOETHLYMUN
nudge, *v.* PWTIO, PENELINIO

nudist, *n.* NOETHWR, NOETHLYMUNWR(AIG)
nudity, *n.* NOETHNI
nuisance, *n.* POENDOD, NIWSANS
null, *n.* NWL
    a. NWL, DIDDIM
    null point, NWLBWYNT
    null set, SET WAG
nullification, *n.* DIDDYMIAD, DIRYMIAD
nullify, *v.* DIDDYMU, DIRYMU
nullity, *n.* DIDDYMDRA
numb, *a.* DIDEIMLAD, CWSG
    v. FFERRU, MERWINO
number, *n.* NIFER, RHIF, RHIFEDI, RHIFOL
    v. RHIFO, CYFRIF
    odd number, ODRIF
    complex number, RHIF CYMHLYG
numberless, *a.* DI-RIF, AFRIFED, ANEIRIF
numbness, *n.* FFERDOD, DIFFRWYTHDER
numeral, *n.* RHIFOL
numerate, *v.* CYFRIF
numeration, *n.* CYFRIFIAD
numerator, *n.* RHIFIADUR
numeric, *a.* NIFEROL
numerical, *a.* RHIFIADOL
numerous, *a.* NIFERUS, LLUOSOG
numinous, *a.* NWMENAIDD, ARSWYDAIDD
nun, *n.* LLEIAN
nuncio, *n.* CENNAD (Y PAB)
nunnery, *n.* LLEIANDY
nuptial, *a.* PRIODASOL
nurse, *n.* NYRS
    v. NYRSIO

nursery, *n.* MEITHRINFA
nurseryman, *n.* GARDDWR
nursing-home, *n.* CARTREF MAMAETH
nurture, *n.* MAGWRAETH
    v. MAGU
nut, *n.* CNEUEN, NYTEN, GWAIN
    nuts and bolts, NYTIAU A BOLLTIAU
    stiff nut, NYTEN GLWM
    quick action nut, NYTEN CHWIMWTH
    die nut, NYTEN DEI
nutate, *v.* TROELLI
nutation, *n.* TROELLIAD
nutcracker, *n.* GEFEL GNAU
nutmeg, *n.* NYTMEG, PERGNEUEN
nutrient, *n.* NWTRIENT, MAETHOLYN
    a. MAETHOL
nutriment, *n.* MAETH
nutrition, *n.* MAETHIAD, MAETHEG
nutritionist, *n.* MAETHYDD
nutritious, *a.* MAETHLON
nutritional, *a.* MAETHYDDOL
nutritive, *a.* MAETHOL
nutshell, *n.* MASGL CNEUEN
nut-tree, *n.* COLLEN
nuzzle, *v.* CYSGODI
nylon, *n.* NEILON
nymph, *n.* NYMFF
nymphomania, *n.* NYMFFOMANIA,
    GORAWYDD

o, *i.* O! HA!

   o'clock, O'R GLOCH

oaf, *n.* LLABWST, DELFF, AWFF

oafish, *a.* TRWSGL, LLETCHWITH

oak, *n.* DERWEN, DÂR

oaken, *a.* DERW, DERI

oakum, *n.* CARTH, OCWM

oar, *n.* RHWYF, RHODL

oarsman, *n.* RHWYFWR

oasis, *n.* OASIS, GWERDDON

oast, *n.* ODYN

oat, *n.* CEIRCHEN

oatcake, *n.* BARA CEIRCH, TEISEN GEIRCH

oath, *n.* LLW, RHEG

oatmeal, *n.* BLAWD CEIRCH

obduracy, *n.* YSTYFNIGRWYDD

obdurate, *a.* YSTYFNIG, CALED

obedience, *n.* UFUDD-DOD

obedient, *a.* UFUDD

obeisance, *n.* YMGRYMIAD

obelisk, *n.* OBELISG

obese, *a.* TEW, CORFFOL

obesity, *n.* TEWDRA, GORBWYSEDD

obey, *v.* UFUDDHAU

obituary, *n.* MARWOLAETHAU

   a. MARWOLAETHOL

object, *n.* GWRTHRYCH, NOD, AMCAN,

   DRYCH

   found object, GWRTHRYCH HAPGAEL

   v. GWRTHWYNEBU

objectification, *n.* GWRTHRYCHOLIAD

objectify, *v.* GWRTHRYCHU

objection, *n.* GWRTHWYNEBIAD

objectionable, *a.* ATGAS, ANNYMUNOL

objective, *n.* NOD, AMCAN

   a. GWRTHRYCHOL

objectivity, *n.* GWRTHRYCHEDD / OLDEB

objector, *n.* GWRTHWYNEBWR

objurgate, *v.* CERYDDU, DWRDIO

oblate, *a.* BYRGRWN

oblation, *n.* RHODD, OFFRWM.

obligate, *a.* LLWYR-DDIBYNNOL

   v. GORFODI

obligation, *n.* RHWYMEDIGAETH

obligatory, *a.* RHWYMEDIG

oblige, *v.* BODDIO, RHWYMO, GORFODI

obliging, *a.* CAREDIG, CYMWYNASGAR

oblique, *a.* LLETRAWS, AROSGO, TRAWS

   oblique projection, TAFLUNIAD

   LLETRAWS

   oblique case, CYFLWR TRAWS

   oblique section, TRYCHIAD LLETRAWS

obliquely, *ad.* AR LETRAWS

obliqueness, *n.* LLETRAWSEDD, AROSGEDD

obliterate, *v.* DIFODI, DILEU

obliteration, *n.* DIFODIAD, DILEAD

oblivion, *n.* ANGOF, EBARGOFIANT

oblivious, *a.* ANGHOFUS

obliviousness, *n.* ANGHOFRWYDD

obliviscence, *n.* ANGHOFUSTER

oblong, *a.* HIRGUL

   n. OBLONG

obloquy, *n.* GWARADWYDD, GWARTH

obnoxious, *a.* FFIAIDD, ATGAS

oboe, *n.* OBO

obscene, *a.* ANLLAD, BRWNT, AFLAN

obscenity, *n.* ANLLADRWYDD

obscurantism, *n.* TYWYLLFRYDIGRWYDD

obscurantist, *n.* TYWYLLFRYDWR

obscuration, *n.* AMGUDDIAD

obscure, *a.* ANEGLUR, DI-NOD, TYWYLL

   v. CYMYLU, TYWYLLU

obscurity, *n.* ANEGLURDER, DINODEDD

obsequies, *n.pl.* ARWYL, ANGLADD

obsequious, *a.* GWASAIDD

obsequiousness, *n.* GWASEIDD-DRA

observable, *a.* ARSYLLADWY,

   CANFYDDADWY, ARSYLWADWY

observance, *n.* CADW, CADWRAETH

observant, *a.* SYLWGAR, CRAFF, ARSYLLOG

   n. CADWRYDD

observation, *n.* SYLW, ARSYLLIAD,

   ARSYLWAD

observatory, *n.* ARSYLLFA

observe, *v.* SYLWI, ARSYLLU, CADW,

   ARSYLWI

observer, *n.* SYLWEDYDD, ARSYLLWR

obsess, *v.* AFLONYDDU, BLINO

obsession, *n.* OBSESIWN, BLINDER

obsidian, *n.* GWYDRFAEN

obsolescence, *n.* ANARFERIANT,

   DIENYDDIANT, DARFODEDIGRWYDD

obsolescent, *a.* DARFODEDIG

obsolete, *a.* ANSATHREDIG, ANARFEREDIG,

   DARFODEDIG

obstacle, *n.* RHWYSTR, ATALFA

obstetrician, *n.* OBSTETREGYDD

obstetrics, *n.* OBSTETREG, BYDWREIGIAETH

obstinacy, *n.* YSTYFNIGRWYDD, CYNDYN-

   RWYDD

obstinate, *a.* YSTYFNIG, GWRTHNYSIG,

   CYNDYN

obstreperous, *a.* AFREOLUS, AN-

   NOSBARTHUS

obstruct, *v.* RHWYSTRO, ATAL

obstruction, *n.* RHWYSTR, ATALFA

obtain, v. ENNILL, SICRHAU, CAEL, DARGANFOD, MEDDIANNU
   obtain by fraud, CAEL TRWY DWYLL
obtainable, a. AR GAEL
obtrude, v. YMWTHIO
obtrusion, n. YMWTHIAD
obtrusive, a. YMWTHIOL
obtuse, a. AFLYM, PŴL
   obtuse angle, ONGL AFLEM
obverse, a. GWRTHDRO
obviate, v. OSGOI, ARBED
obvious, a. AMLWG, EGLUR
occasion, n. ACHLYSUR, ADEG, ACHOS
   v. PERI, ACHOSI
occasional, a. ACHLYSUROL
occasionalism, n. ACHLYSURAETH
occasionally, ad. AMBELL WAITH, WEITHIAU
occident, n. Y GORLLEWIN
occluded, a. ACHLUDOL
occlusion, n. ACHLUDIAD
occulation, n. ARGUDDIAD
occult, a. ARGEL, DIRGEL, OCWLT
   v. ARGEL
occultism, n. DIRGELAETH, OCWLTIAETH
occupant, n. DEILIAD, PRESWYLYDD
occupation, n. GALWEDIGAETH, MEDDIANNAETH
occupational, a. GALWEDIGAETHOL
   occupational therapy, THERAPI GALWEDIGAETHOL
occupier, n. PRESWYLIWR, MEDDIANNWR
occupy, v. MEDDIANNU, DAL
occur, v. DIGWYDD, TARO
occurrence, n. DIGWYDDIAD, ACHLYSUR
ocean, n. CEFNFOR, EIGION
oceanic, a. CEFNFOR(OL)
oceanography, n. EIGIONEG
ochre, n. OCR
o'clock, ad. O'R GLOCH
octagon, n. OCTAGON
octagonal, a. OCTAGON
octahedron, n. OCTAHEDRON
octal, n. WYTHOLYN
octant, n. OCTANT
octave, n. WYTHFED, OCTAF
octavo, n. OCTAFO
   a. WYTHBLYG
octet, n. WYTHAWD
October, n. HYDREF
octogenarian, n. PERSON PEDWAR UGAIN MLWYDD

octopus, n. OCTOPWS, WYTHGOES
ocular, n. OCWLAR, SYLLADUR
   a. OCWLAR
oculist, n. MEDDYG LLYGAID
odd, a. OD, RHYFEDD, HYNOD, GWEDDW
   odd number, ODRIF
oddity, n. ODRWYDD, HYNODRWYDD, DYN NEU BETH OD
odd legs, n.pl. CALIPERAU JENNI
oddments, n.pl. SBARION
odds, n.pl. GWAHANIAETH, OTS, YMRAFAEL
   odds and ends, TAMEIDIAU, PETHEUACH
ode, n. AWDL, CERDD
odious, a. FFIAIDD, ATGAS, CAS
odium, n. GWARADWYDD, GWARTH, CAS
odorous, a. PERSAWRUS, AROGLUS
odour, n. AROGLAU, SAWR
oedema, n. CHWYDDI, OEDEMA
oesophagus, n. OESOFFAGWS, BREUANT, PIBELL FWYD
oestrogen, n. OESTROGEN
oestrus, n. OESTRWS, NWYD
of, prp. O, GAN, AM, YNGHYLCH
off, ad. YMAITH, I FFWRDD
   a. TU FAES, TU ALLAN
   prp. ODDI AR, ODDI AM, ODDI WRTH
   off-line, ALL-LEIN
   off and on, YN AWR AC YN Y MAN
   off shore, ALLTRAETH
   off licence, ALL-DRWYDDED
offal, n. OFFAL, SYRTH
offence, n. TROSEDD, TRAMGWYDD
   petty offences, MÂN DROSEDDAU
   indictable offence, TROSEDD DITIOL
offend, v. TROSEDDU, TRAMGWYDDO
offender, n. TROSEDDWR
offensive, a. FFIAIDD, ATGAS, YMOSODOL
   n. YMOSODIAD
offer, n. & v. CYNNIG
offering, n. OFFRWM, ABERTH
offertory, n. CASGLIAD, OFFRWM
off-hand, ad. AR UNWAITH, YN RHWYDD
   a. DIFYFYR, DIHIDANS, DI-HID
office, n. SWYDD, SWYDDFA
officer, n. SWYDDOG
   liaison officer, SWYDDOG CYSWLLT
   probation officer, SWYDDOG PRAWF
   executive officer, SWYDDOG GWEITH-REDOL
official, n. SWYDDOG
   a. SWYDDOGOL
officiate, v. GWEINYDDU
officious, a. YMYRGAR

off-peak, *a.* AMRIG, ALLFRIG
offprint, *n.* GWAHANLITH
off-set, *n.* ATRED
    v. ONGLI, MANTOLI
offshoot, *n.* CANGEN
offshore, *a.* ALLTRAETH
off-side, *n.* CAMOCHR, CAMSEFYLL
    v. CAMOCHRI, CAMSEFYLL
offspring, *n.* EPIL, HIL(IOGAETH), PLANT
offstage, *a. & ad.* GER-LWYFAN
oft(en), *ad.* YN AML, YN FYNYCH
ogive, *n.* OGIF
ogle, *n.* CILWEN
    v. CILWENU
ogre, *n.* ANGHENFIL, CAWR
ohm, *n.* OHM
oil, *n.* OLEW, OEL
    v. OELIO, IRO
    oil rig, LLWYFAN OLEW / RIG OEL
oilcloth, *n.* OELCLOTH
oilfield, *n.* MAES OEL / OLEW
oilskin, *n.* COT OEL
oilstone, *n.* CARREG HOGI, HÔN
oily, *a.* SEIMLYD, OLEWOG
ointment, *n.* ELI, ENNAINT
old, *a.* HEN, OEDRANNUS
    of old, GYNT
    old age, HENAINT, HENOED
    old and infirm, HEN A METHEDIG
olden, *a.* HEN
old-fashioned, *a.* HENFFASIWN, OD
oldish, *a.* HENAIDD
old-stager, *n.* HEN LAW
oleaginous, *a.* SEIMLYD
olfactory, *a.* AROGLEUOL
oligarchy, *n.* OLIGARCHAETH
oligopolist, *n.* OLIGOPOLYDD
olive, *n.* OLEWYDDEN, OLIF
    a. GWYRDDFELYN
Olympic, *a.* OLYMPAIDD
    Olympic Games, CAMPAU OLYMPAIDD
omasum, *n.* Y GOD FACH
ombudsman, *n.* OMBWDSMON
omelette, *n.* OMLED, PONCO
omen, *n.* ARGOEL, ARWYDD
ominous, *a.* BYGYTHIOL, ARGOELUS
omission, *n.* ANWAITH, ESGEULUSTRA
omit, *v.* GADAEL ALLAN
omnibus, *n.* BWS
omnipotence, *n.* HOLLALLUOGRWYDD
omnipotent, *a.* HOLLALLUOG
omnipresence, *n.* HOLLBRESENOLDEB
omnipresent, *a.* HOLLBRESENNOL

omniscience, *n.* HOLLWYBODAETH, HOLLWYBODOLRWYDD
omniscient, *a.* HOLLWYBODOL
omnivore, *n.* HOLLYSYDD
omnivorous, *a.* HOLLYSOL
on, *prp.* AR, AR WARTHAF
    ad. YMLAEN
once, *ad.* UNWAITH, GYNT, UN TRO
one, *n.* UN, RHYWUN, DYN
    a. NAILL, UN, UNIG
    one by one, BOB YN UN
oneness, *n.* UNDOD, UNOLIAETH
onerous, *a.* TRWM, BEICHUS, LLETHOL
oneself, *pn.* (FY, DY, ETC.) HUNAN
one-sided, *a.* UNOCHROG
one-sidedness, *n.* UNOCHREDD
one-way, *a.* UN-FFORDD, UNFFORDD
onion, *n.* NIONYN, WYNWYN
    onion rings, CYLCHOEDD NIONOD / WINWNS
onlooker, *n.* GWYLIWR
only, *a.* UNIG
    ad. YN UNIG, DIM OND
onset, *n.* YMOSOD, CYRCH
onshore, *a.* ARTRAETH
onside, *n.* IAWNOCHR
    v. IAWNOCHRI
onslaught, *n.* YMOSODIAD, CYRCH
ontogeny, *n.* ONTOGENEDD
ontological, *a.* ONTOLEGOL, BODEGOL
ontology, *n.* ONTOLEG, BODEGAETH
onus, *n.* BAICH, CYFRIFOLDEB
onward(s), *ad.* YMLAEN
onyx, *n.* ONICS
oölogy, *n.* OÖLEG
oölitic, *a.* OÖLITIG
oöspore, *n.* OÖSBOR
ooze, *n.* LLAID, LLYSNAFEDD
    v. GOLLWNG, DIFERU
    oozes, MORLLOEDD, MORLAID
opacity, *n.* DIDREIDDEDD
opal, *n.* OPAL, OWMAL
opalescent, *a.* SYMUDLIW
opaque, *a.* AFLOYW, DIDRAIDD
open, *a.* AR AGOR, AGORED
    n. LLE AGORED
    v. AGOR, YMAGOR
    open field system, CYFUNDREFN DRYFAES
    wide open, LLED Y PEN
    open hearth furnace, FFWRNAIS GEGAGORED
open-air, *n. & a.* AWYR AGORED

opencast (coal), *n.* (GLO) BRIG
opener, *n.* AGORELL, AGORWR
open-handed, *a.* HAEL, LLAWAGORED
open-hearted, *a.* DIDWYLL, GONEST
opening, *n.* AGORIAD, AGORFA
  a. AGORIADOL
  box pleat opening, AGORIAD PLET BOCS
openly, *ad.* YN AGORED, AR GOEDD
openminded, *a.* TEG, YSTYRIOL
open-mouthed, *a.* CEGRWTH
openness, *n.* DIDWYLLEDD, GONESTRWYDD
opera, *n.* OPERA
  comic opera, OPERA DDIGRI
  grand opera, OPERA FAWREDDOG
operate, *v.* GWEITHREDU, OPERADU, TRIN
operatic, *a.* OPERATIG
operation, *n.* GWEITHRED(IAD), OPERA-
  DIAD, TRINIAETH LAWFEDDYGOL
operational, *a.* HYWAITH
operative, *a.* GWEITHREDOL, EFFEITHIOL,
  GWEITHIOL
operator, *n.* GWEITHREDWR, OPERADUR
operetta, *n.* OPERETA
ophthalmia, *n.* OFFTHALMIA, CLWY'R
  LLYGAID
ophthalmologist, *n.* OFFTHALMOLEGWR
ophthalmoscope, *n.* OFFTHALMQSGOP
opiate, *n.* MODDION CWSG
  a. YN ACHOSI CWSG
opine, *v.* BOD O'R FARN, TYBIO
opinion, *n.* TYB, CRED, BARN
  opinion poll, BARNBLEIDLAIS
opinionated, *a.* YSTYFNIG, HUNANDYBUS
opium, *n.* OPIWM
opossum, *n.* OPOSWM
opponent, *n.* GWRTHWYNEBWR / YDD
opportune, *a.* AMSEROL
opportunism, *n.* ACHUB CYFLE
opportunity, *n.* CYFLE
oppose, *v.* GWRTHWYNEBU
opposed, *a.* GWRTHWYNEBOL, CROES
opposer, *n.* GWTHWYNEBYDD
opposite, *a.* CYFERBYN, DIRGROES, CROES,
  GWRTHGYFERBYN(IOL)
  n. CYFERBYNIAD
  opposite direction, CYFEIRIAD DIRGROES
oppositeness, *n.* GWRTHGYFERBYNNEDD
opposition, *n.* GWRTHWYNEBIAD,
  GWRTHBLAID
oppress, *v.* GORMESU, LLETHU, GORTHRYMU
oppression, *n.* GORMES, GORTHRYMDER,
  GORTHRWM

oppressive, *a.* GORMESOL, LLETHOL,
  TRYMAIDD
oppressor, *n.* GORMESWR, GORTHRYMYDD
opprobious, *a.* CABLEDDUS, ENLLIBUS
opprobrium, *n.* GWARTH, GWARADWYDD
opt, *v.* EITHRIO, DEWIS
optative, *a.* EIDDUNOL, ERFYNIOL
optic, *a.* OPTIG
optical, *a.* OPTEGOL, GWELEDOL
optician, *n.* OPTEGWR
optics, *n.* OPTEG
optimal, *a.* OPTIMAIDD
optimise, *v.* OPTIMEIDDIO
optimism, *n.* OPTIMISTIAETH, GOREUAETH
optimist, *n.* OPTIMIST, GOREUYDD
optimistic, *a.* OPTIMISTAIDD
optimum, *n.* OPTIMWM
  a. OPTIMAIDD
option, *n.* DEWIS(IAD), HAWLDDEWIS
optional, *a.* DEWIS, AT (EI) DDEWIS
opulence, *n.* CYFOETH, GOLUD
opulent, *a.* CYFOETHOG, GOLUDOG
opus, *n.* OPUS, GWAITH
or, *c.* NEU, YNTEU, AI
oracle, *n.* ORACL, GŴR DOETH
oracular, *a.* ORACLAIDD, DOETH
oral, *a.* LLAFAR, GENEUOL
  oral vaccine, BRECHLYN GENEUOL
  oral arithmetic, RHIFYDDEG LLAFAR
orally, *ad.* AR LAFAR
orange, *n.* OREN, ORAENS
orangeade, *n.* DIOD OREN
orangery, *n.* ORENFA
oration, *n.* ARAITH, ANERCHIAD
orator, *n.* AREITHIWR
oratorical, *a.* AREITHYDDOL
oratorio, *n.* ORATORIO
oratory, *n.* BETWS, TŶ GWEDDI, AREITH-
  YDDIAETH
orb, *n.* PÊL, PELEN
orbit, *n.* ORBIT, CYLCHDRO, RHOD, PWLL Y
  LLYGAD
orbital, *a.* ORBITOL
  n. ORBITAL
orchard, *n.* PERLLAN
orchestra, *n.* CERDDORFA
orchestral, *a.* CERDDORFAOL
orchestrate, *v.* SGORIO
orchestration, *n.* OFFERYNIAETH
orchestrator, *n.* SGORIWR
orchid, *n.* TEGEIRIAN
ordain, *v.* ORDEINIO, PENDERFYNU
ordeal, *n.* DIHEURBRAWF
order, *n.* TREFN, URDD, ARCHEB,
  GORCHYMYN, GRADD

v. TREFNU, ARCHEBU, GORCHYMYN
standing order, ARCHEB SEFYDLOG
in order that, ER MWYN
ordered, *a.* TREFNEDIG
orderliness, *n.* TREFNUSRWYDD
orderly, *a.* TREFNUS
   n. GWAS MILWR
ordinal, *n. & a.* TREFNOL
   ordinal number, TREFNOLYN
ordinance, *n.* ORDINHAD, DEDDFIAD
ordinand, *n.* ORDEINYN
ordinarily, *ad.* FEL RHEOL
ordinary, *a.* CYFFREDIN
ordinate, *n.* MESURYN
ordination, *n.* ORDEINIAD
ordnance, *n.* ORDNANS
   ordnance survey map, MAP ORDNANS
ordre, *n.* CYFRES
ore, *n.* MWYN
   ore carrier, MWYNLONG
organ, *n.* ORGAN
organdie, *n.* ORGANDI
organic, *a.* CYNHENID, ORGANIG
organisation, *n.* TREFNIADAETH,
   CYFUNDREFN
organiser, *n.* TREFNYDD
organism, *n.* ORGANEB
orgiastic, *a.* GLODDESTOL, AFREOLUS
orgy, *n.* GLODDEST, AFREOL
oriel, *n.* ORIEL
orient, *n.* DWYRAIN
   a. DWYREINIOL
oriental, *n.* DWYREINIWR
   a. DWYREINIOL
orientate, *v.* CYFEIRIADU
orientation, *n.* CYFEIRIADAETH,
   CYFEIRIADEDD
orienteering, *v. & n.* CYFEIRIANNU
orifice, *n.* AGORFA, GENAU
origin, *n.* DECHREUAD, LLEOLBWYNT,
   TARDDIAD
original, *a.* GWREIDDIOL, CYSEFIN,
   SYLFAENOL, CYNTEFIG
   n. GWREIDDIOL
originality, *n.* GWREIDDIOLDEB, AR Y
   DECHRAU
originate, *v.* DECHRAU, TARDDU
originator, *n.* DECHREUWR
orlon, *n.* ORLON
ornament, *n.* ADDURN(WAITH)
ornamental, *a.* ADDURNOL
ornamentation, *n.* ADDURNIAD
ornate, *a.* ADDURNEDIG

ornithologist, *n.* ADARYDD
ornithology, *n.* ADAREG
orogeny, *n.* OROGENEDD
orography, *n.* OROGRAFFI
orphan, *n.* AMDDIFAD
   a. AMDDIFAD
orphanage, *n.* CARTREF PLANT AMDDIFAID
orthocentre, *n.* ORTHOGRAIDD
orthodox, *a.* UNIONGRED
orthodoxy, *n.* UNIONGREDEDD
orthogonal, *a.* ORTHOGONAL
orthogonality, *n.* ORTHOGONALEDD
orthographic, *a.* ORTHOGRAFFIG
orthography, *n.* ORGRAFF, ORTHOGRAFFI
orthopaedic, *a.* ORTHOPEDIG
orthoptic, *a.* ORTHOPTIG
oscillate, *v.* OSGILADU
oscillation, *n.* OSGILIAD
oscillator, *n.* OSGILIADUR
oscillatory, *a.* OSGILIADOL
oscilloscope, *n.* OSGILOSGOP
osculate, *v.* MINIALU, CUSANU
osculation, *n.* MINIALEDD
osmosis, *n.* OSMOSIS
osmotic, *a.* OSMOTIG
osprey, *n.* ERYR Y MÔR
ossification, *n.* ASGWRNEIDDIAD
ossify, *v.* ASGWRNEIDDIO
ostensible, *a.* YMDDANGOSIADOL
ostentation, *n.* RHODRES, RHWYSG
ostentatious, *a.* RHODRESGAR, RHWYSG-
   FAWR
osteomyelitis, *n.* LLID YR ASGWRN
osteopath, *n.* MEDDYG ESGYRN
ostler, *n.* OSTLER
ostracism, *n.* ALLTUDIAETH, DIARDDELIAD
ostracise, *v.* ALLTUDIO, DIARDDEL
ostrich, *n.* ESTRYS
other, *a.* ARALL, ERAILL, AMGEN
   pn. ARALL, Y LLALL
   ad. DIM, LLAI NA
   each other, EI GILYDD
otherness, *n.* ARALLRWYDD
otherwise, *ad.* FEL ARALL, OS AMGEN
otherworldliness, *n.* ARALLFYDOLRWYDD
otherworldly, *a.* ARALLFYDOL
otitis, *n.* LLID Y GLUST, OTITIS
otorrhoea, *n.* CLUST YN RHEDEG, OTOREA
otter, *n.* DWRGI, DYFRGI
ought, *v.* DYLWN, DYLIT, DYLAI, DYLEM,
   DYLECH, DYLENT
ounce, *n.* OWNS
our, *pn.* EIN, 'N

ours, *pn.* EIDDOM (NI), YR EIDDOM
ourselves, *pn.* EIN HUNAIN, NI, NYNI
oust, *v.* BWRW ALLAN, DISODLI
out, *ad.* ALLAN, I MAES
  out of date, HEN
out-, *px.* GOR-, TRA-, RHAG-
outback, *n.* Y GWYLLT
outbid, *v.* CYNNIG MWY NA
outbreak, *n.* DECHRAU, HAINT
outbreed, *v.* ALLFRIDIO
outburst, *n.* ECHWYTHIAD, DICTER
outcast, *n.* ALLTUD, DIGARTREF,
  GWRTHODEDIG
outclass, *v.* RHAGORI
outcome, *n.* CANLYNIAD, FFRWYTH
outcrop, *n.* BRIG, CRIPELL
  v. BRIGO
outcry, *n.* GWAEDD, GWRTHDYSTIAD
outdate, *v.* GOROEDI
outdated, *a.* GOROEDOL
outdo, *v.* RHAGORI AR, TRECHU
outdoor, *a.* YN YR AWYR AGORED
outer, *a.* CYRION, ALLANOL
  outer fringe, Y CYRION
outermost, *a.* NESAF ALLAN
outfall, *n.* ARLLWYSFA
outfield, *n.* ALLFAES
outfielder, *n.* FFILDIWR
outfit, *n.* ARPAR, OWTFFIT
outflow, *n.* ALL-LIF(IAD)
  v. ALL-LIFO
outgoing, *n.* MYNEDIAD ALLAN
outgoings, *n.pl.* TREULIAU
outgrow, *v.* GORDYFU
outgrowth, *n.* CANLYNIAD, CYNNYRCH
outhouse, *n.* ALLANDY
outing, *n.* GWIBDAITH
outlandish, *a.* ANGHYSBELL
outlast, *v.* GOROESI
outlaw, *n.* HERWR
  v. RHOI AR HERW
outlawry, *n.* HERWRIAETH
outlay, *n.* TRAUL, COST, GWARIANT
outlet, *n.* ALLFA
outlier, *n.* ALLGRAIG
outline, *n.* AMLIN, AMLINELL
  v. AMLINELLU
outlive, *v.* GOROESI
outlook, *n.* RHAGOLWG, GOLYGFA
outlying, *a.* PELL(ENNIG), ANGHYSBELL
outmanoeuvre, *v.* TRECHU'N YSTRYWGAR
outmoded, *a.* HENFFASIWN
outnumber, *v.* GOR-RIFO

outpatient, *n.* MAESGLAF
outpost, *n.* ALLBOST
outpour, *n.* ARLLWYSIAD, FFRWD O EIRIAU
output, *n.* ALLBWN, CYNNYRCH,
  ALLGYNNYRCH
  v. ALLBYNNU
outrage, *n.* YSGELERDER
  v. GORMESU
outrageous, *a.* YSGELER
outright, *ad.* YN LLWYR
outrun, *v.* BLAENU
outset, *n.* DECHRAU, DECHREUAD
outside, *n.* TU ALLAN, TU FAES
  a. & ad. ALLAN(OL), ODDI ALLAN
  prp. TU ALLAN I, TU FAES I
outside-forward, *n.* ASGELLWR
outside-half, *n.* MASWR
outside-left, *n.* ASGELLWR CHWITH
outsider, *n.* ALLANOLYN, DIEITHRYN
outside-right, *n.* ASGELLWR DE
outsize, *a.* MAWR IAWN
outskirts, *n.pl.* CYRRAU, MAESTREFI
outspoken, *a.* DIDDERBYN-WYNEB, PLAEN
outspread, *a.* AR LED
outstanding, *a.* AMLWG, PWYSIG
outstreched, *a.* ESTYNEDIG
outstrip, *v.* BLAENU, TRECHU
outward, *a.* ALLANOL
outwards, *ad.* TUAG ALLAN
outwash, *n.* ALLOLCHIAD
outweigh, *v.* GORBWYSO
outwit, *v.* TRECHU
outworn, *a.* TREULIEDIG, HEN
oval, *a.* HIRGRWN
ovarian, *a.* OFARAIDD
ovary, *n.* WYGELL, OFARI
ovate, *a.* OFYDD
  a. WYLUN
ovation, *n.* CYMERADWYAETH
oven, *n.* FFWRN, POPTY
over, *n.* PELAWD
  prp. TROS, DROS, UWCH, UWCHBEN
  ad. DROSODD, DROS BEN
over-, *px.* TRA-, GOR-, RHAG-, RHY-
overall, *n.* OFERÔL
overanxious, *a.* GORBRYDERUS
overawe, *v.* ARSWYDO
overbalance, *v.* GORBWYSO
overbearing, *a.* GORMESOL
overboard, *ad.* DROS FWRDD LLONG
overburden, *v.* GORLWYTHO
overcast, *a.* CYMYLOG
  v. CYMYLU, TRAWSBWYTHO

overcharge, *n.* GORBRIS
  v. GORBRISIO, GORLWYTHO
overcoat, *n.* COT FAWR / UCHAF
over-confident, *a.* GORHYDERUS
overcrowd, *v.* GORDYRRU, GORLENWI
overcrowded, *a.* GORLAWN
overdo, *v.* GORWNEUD
overdose, *n.* GOR-DDÔS
overdraft, *n.* GORDDRAFT, GORGODIAD
overdraw, *v.* GORDYNNU
overdue, *a.* GORDDYLEDUS
over-eager, *a.* GORAWYDDUS
overestimate, *v.* GORBRISIO, GORAMCAN-
  GYFRIF
overflow, *n.* GORLIF
  v. GORLIFO
overflowing, *a.* LLIFEIRIOL
overfold, *n.* TROSBLYG, GORLAP
overglaze, *n.* TROSWYDRYN
  v. TROSWYDRO
overgrow, *v.* GORDYFU
overgrowth, *n.* GOR-DWF
overhand, *a. & ad.* DROS YR YSGWYDD
overhang, *n.* TROSGROG, GORDO
overhanging, *a.* GORDO
overhaul, *v.* ARGYWEIRIO, ATGYWEIRIO
overhead, *a. & ad.* UWCHBEN
overheads, *n.pl.* GORBENION, ARGOSTAU
overhear, *v.* CIPGLYWED
overjoyed, *a.* LLAWEN IAWN
overland, *n.* TROSTIR
overlap, *v.* GORGYFFWRDD, CROESI
overlay, *n.* TROSGAEN
  v. GORCHUDDIO
overload, *v.* GORLWYTHO
overlook, *v.* ESGEULUSO, GORUCHWYLIO
overlord, *n.* MECHDEYRN
overlordship, *n.* MECHDEYRNIAETH
overlaying, *a.* GORCHUDD
overman, *n.* GORUCHWYLIWR
  v. GORGYFLOGI
overnight, *ad.* DROS NOS
overpopulate, *v.* GORBOBLOGI
overpopulation, *n.* GORBOBLOGAETH
overpower, *v.* TRECHU
overrate, *v.* GORGYGRIF
over-reach, *a. & v.* GOR-GYRRAEDD
over-ride, *v.* DAMSANG, TRECHU, DIRYMU
over-ripe, *a.* GORAEDDFED
overrule, *v.* GORUWCHREOLI, GWRTHOD
overrun, *v.* GORESGYN
overseas, *ad.* DROS Y MÔR

overseer, *n.* GORUCHWYLIWR, AROLYGWR
oversew, *v.* AMYLU
overshadow, *v.* CYSGODI
overshoot, *v.* MYND YN RHY BELL
  overshoot casting, CASTIN GORYMYL
oversight, *n.* AMRYFUSEDD, AROLYGIAETH
oversleep, *v.* TRA-CHYSGU
overspan, *n.* PONT
overspill, *n.* GORLIF
overstep, *v.* MYND DROS (Y NOD, etc.)
oversubscribe, *v.* GORDANYSGRIFIO
overt, *a.* AMLWG, EGLUR, AGORED
overtake, *v.* GODDIWEDDYD, DAL
overthrow, *n.* DYMCHWELIAD
  v. DYMCHWELYD
overtime, *n.* GORAMSER, TROSAMSER
overtone, *n.* UWCHDON, UWCHSAIN
overture, *n.* CYNNIG, AGORAWD
overturn, *v.* DYMCHWELYD
overweight, *a.* GORDRWM
overwhelm, *v.* GORLETHU
overwhelming, *a.* LLETHOL
overwork, *n.* GORWAITH
  v. GORWEITHIO
overwrought, *a.* LLUDDEDIG
oviduct, *n.* OFIDWCT
ovoid, *a.* WYFFURF
ovulation, *n.* OFWLIAETH, BWRW ŴY
ovule, *n.* OFWL
ovum, *n.* OFWM, HADRITH
owe, *v.* BOD MEWN DYLED
owing, *a.* DYLEDUS
  owing to, OBLEGID
owl, *n.* TYLLUAN, GWDIHŴ
own, *a.* EI HUN
  v. MEDDU, ARDDEL, PIAU, ADDEF
owner, *n.* PERCHEN(NOG)
  owner occupier, PERCHENNOG PRESWYL
ownership, *n.* PERCHENOGAETH
ox, *n.* BUSTACH, EIDION, YCH
  ox bow lake, YSTUMLLYN
  ox tongue, TAFOD YCH
oxalic, *a.* OCSALIG
oxidation, *n.* OCSIDEIDDIAD
oxide, *n.* OCSID
oxidise, *v.* OCSIDEIDDIO
  oxidising agent, OCSIDYDD
oxy-acetylene, *a.* OCSI-ASETYLEN
oxygen, *n.* OCSIGEN
oyez, oyes, *i.* GOSTEG! CLYWCH!
oyster, *n.* WYSTRYSEN, LLYMARCH
ozone, *n.* OSÔN

pace, *n.* CAM, CAMRE, TUTH, CYFLYMDRA
    v. CAMU
pacemaker, *n.* AMSERIADUR (CALON)
pachytene, *a.* PACYTÊN
pacific, *a.* HEDDYCHOL, TAWEL, LLONYDD
    Pacific Ocean, Y CEFNFOR / MÔR TAWEL
pacification, *n.* HEDDYCHIAD
pacifier, *n.* HEDDYCHWR
pacifism, *n.* HEDDYCHIAETH, PASIFFIST-
    IAETH
pacifist, *n.* HEDDYCHWR
pacify, *v.* HEDDYCHU, TAWELU
pack, *n.* PAC, SYPYN, PACFA, CNUD
    v. PACIO, LAPIO
    power pack, PECYN PŴER
package, *n.* PECYN
    package deal, SWPFARGEN
packaging, *n.* DEUNYDD PACIO
packet, *n.* PACED, SYPYN
pack-horse, *n.* PYNFARCH
pack ice, *n.* PACREW
packman, *n.* PACMON
pact, *n.* CYTUNDEB, PACT
pad, *n.* PAD
    v. PADIO
padding, *n.* PADIN
paddle, *n.* RHODL, PADL
    v. RHODLI, PADLO
paddle-steamer, *n.* RHODLONG
paddock, *n.* MARCHGAE, PADOG
padlock, *n.* CLO CLWT/CLAP/EGWYD
paean, *n.* MAWLGAN
paediatric, *a.* PAEDIATRIG
paediatrician, *n.* PAEDIATRYDD
paediatrics, *n.* PAEDIATREG
paëlla, *n.* PAËLLA
pagan, *n.* PAGAN
    a. PAGANAIDD
paganism, *n.* PAGANIAETH
page, *n.* TUDALEN, GWAS BACH, MACWY
paged, *a.* TUDALENNOG
pageant, *n.* PASIANT
pageantry, *n.* RHWYSG, PASIANTRI
pagoda, *n.* PAGODA
pail, *n.* BWCED, YSTWC, CRWC
pain, *n.* POEN, GLOES, DOLUR
painful, *a.* POENUS, DOLURUS
painless, *a.* DI-BOEN
painstaking, *a.* GOFALUS, TRYLWYR,
    DIWYD
paint, *n.* PAENT
    v. PEINTIO
    gloss paint, PAENT LLATHR

painter, *n.* PEINTIWR
painting, *n.* PEINTIAD, PAENTIO
pair, *n.* PÂR, CWPL
    v. PARU, CYPLU
pairing, *n.* PARIAD
pal, *n.* CYFAILL
    v. CYFEILLACHU
palace, *n.* PLAS, PALAS
palaeogeography, *n.* PALAEODDAEAR-
    YDDIAETH
palaeographer, *n.* PALAEOGRAFFWR
palaeography, *n.* PALAEOGRAFFEG
palaeolithic, *a.* PALAEOLITHIG
palaeontology, *n.* PALAEONTOLEG
palaeozoic, *a.* PALAEOSOIG
palatability, *n.* BLASUSRWYDD
palatable, *a.* BLASUS, DYMUNOL
palatal, *a.* TAFLODOL
palate, *n.* TAFLOD, BLAS, ARCHWAETH
palatial, *a.* GWYCH, PALASAIDD
palaver, *n.* CLEBER, BALDORDD
    v. CLEBRAN, BALDORDDI
pale, *a.* GWELW, GWAN, GLAS
    v. GWELWI, WYNEBLASU
    n. FFIN, POLYN
palea, *n.* RHUDDION, EISIN
paleness, *n.* GWELWEDD
palette, *n.* PALET
palindrome, *n.* PALINDRÔM
paling, *n.* FFENS BOLION
palisade, *n.* PALIS(ÂD)
pall, *n.* MANTELL, ELOR
    v. DIFLASU
pallet, *n.* GWELY GWELLT
palliate, *v.* LLINIARU
palliative, *n.* LLINIARYDD
    a. LLINIAROL
pallid, *a.* GWELW, LLWYD
pallisade, *n.* PALISÂD
pallium, *n.* PALIWM
pallor, *n.* GWELWEDD
palm, *n.* CLEDR, PALMWYDDEN, PALF
    Palm Sunday, SUL Y BLODAU
palmist, *n.* LLAWDDEWIN
palmistry, *n.* LLAWDDEWINIAETH
palmy, *a.* LLEWYRCHUS, BLODEUOG
palp, *n.* PALP
palpability, *n.* HYDEIMLEDD
palpable, *a.* AMLWG, TEIMLADWY, DYBRYD
palpate, *v.* TEIMLO, TRIN
palpitate, *v.* CURO, CRYCHGURO
palpitation, *n.* CRYCHGURIAD
palsy, *n.* PARLYS

paltriness, *n.* DISTADLEDD, GWAELEDD
paltry, *a.* DISTADL, DI-WERTH
pampas, *n.* PAITH
pamper, *v.* MALDODI, MWYTHO
pampered, *a.* MALDODUS, MWYTHLYD
pampero, *n.* PAMPERO
pamphlet, *n.* PAMFFLED(YN)
pamphleteer, *n.* PAMFFLEDWR
pan, *n.* PADELL, PAN
panacea, *n.* MODDION AT BOPETH
panatrope, *n.* PANATRÔP
pancake, *n.* CREMPOG(EN), FFROESEN, CRAMWYTHEN
panchromatic, *a.* PANCROMATIG
pancreas, *n.* CEFNDEDYN
pandemonism, *n.* PANDDEMONIAETH
pandemonium *n.* TERFYSG, MWSTWR
pander, *v.* PORTHI, GWEINI
pane, *n.* PAEN, CWAREL, WYNEB
panegyric, *n.* MOLAWD
panel, *n.* PANEL
    remote control panel, PANEL PELL-REOLI
panelling, *n.* PANELI
pang, *n.* GWAYW, CNOFA, BRATH
panic, *n.* PANIG, BRAW
panicle, *n.* PANIGL
panic-stricken, *a.* LLAWN PANIG
panlogism, *n.* PANLOGIAETH
pannage, *n.* MESOBR
pannier, *n.* CAWELL CEFN
panorama, *n.* PANORAMA
panoramic, *a.* PANORAMIG
panpsychism, *n.* PANSEICYDDIAETH
pant, *v.* DYHEU, DYHYFOD
pantaloon, *n.* CLOWN PANTOMEIM
pantaloons, *n.pl.* TRYWSUS
pantechnicon, *n.* MEN DDODREFN
pantheism, *n.* PANTHEISTIAETH
panther, *n.* PANTHER
panties, *n.pl.* PANTOS
pantograph, *n.* PANTOGRAFF
pantomime, *n.* PANTOMEIM
pantonality, *n.* PANDONYDDIAETH
pantry, *n.* PANTRI
pants, *n.* PANTS
papa, *n.* TAD, TADA, DATA
papacy, *n.* PABAETH, AWDURDOD PAB
papal, *a.* PABAIDD
paper, *n.* PAPUR
    v. PAPURO
    blotting paper, PAPUR SUGNO
    tissue paper, PAPUR SIDAN

paperer, *n.* PAPURWR
papier-mâché, *n.* MWYDION PAPUR
papist, *n.* PABYDD
papyrus, *n.* PAPURFRWYN
par, *n.* PÂR
    a. LLAWN WERTH
parable, *n.* DAMEG
parabola, *n.* PARABOLA
parabolic, *a.* PARABOLIG
parabolical, *a.* DAMHEGOL
parachute, *n.* PARASIWT
parachutist, *n.* PARASIWTWR/YDD
parade, *n.* RHODFA, PARÊD
    v. YMDEITHIO
paradigm, *n.* PARADEIM, CYNLLUN
paradise, *n.* PARADWYS, GWYNFA
paradox, *n.* CROESDDYWEDIAD, PARADOCS, GWRTHEB
paradoxical, *a.* PARADOCSAIDD
paraffin, *n.* PARAFFÎN
paragon, *n.* PARAGON
paragraph, *n.* PARAGRAFF
    v. PARAGRAFFU
parallax, *n.* PARALACS
parallel, *n.* CYFLIN, PARALEL
    parallel lines, CYFLINELLAU
    parallel bars, BARRAU CYFLIN
parallelism, *n.* CYFOCHREDD
parallelogram, *n.* PARALELOGRAM
paralyse, *v.* PARLYSU
paralysed, *a.* DIFFRWYTH, WEDI PARLYSU
paralysis, *n.* PARLYS
paralytic, *a.* WEDI EI BARLYSU
parameter, *n.* PARAMEDR
parametric, *a.* PARAMEDRIG
    parametric co-ordinates, CYDRADDAU PARAMEDRIG
paramount, *a.* PRIF, PENNAF
paramour, *n.* GORDDERCH, CARIADFAB
paranoia, *n.* PARANOIA
parapet, *n.* CANLLAW, PARAPET
paraphernalia, *n.* PETHEUACH, TACLAU
paraphrase, *n.* ARALLEIRIAD
    v. ARALLEIRIO
parapsychology, *n.* PARASEICOLEG
parasite, *n.* PARASIT, CYNFFONNWR
parasitic, *a.* PARASITIG
parasol, *n.* PARASOL
paratroops, *n.pl.* MILWYR PARASIWT
paraxial, *a.* PARECHELIN
parboil, *v.* LLEDFERWI
parcel, *n.* PARSEL, SYPYN, SWP

parch, *v.* GORGRASU
parched, *a.* CRAS, CRASBOETH
parchment, *n.* MEMRWN
pardon, *n.* MADDEUANT, PARDWN
    v. MADDAU, PARDYNU
pardonable, *a.* ESGUSODOL
pardoner, *n.* PARDYNWR
pare, *v.* PILIO, DIGROENI, CEIBIO
parent, *n.* RHIANT
    parent element, ELFEN RIANT
    parent population, POBLOGAETH
    WREIDDIOL·
parentage, *n.* RHIENI, TEULU
parental, *a.* RHIENIOL
    parental instinct, GREDDF RIENIOL
parenthesis, *n.* SANGIAD, PARENTHESIS
parenthetical, *a.* RHWNG CROMFACHAU
parents, *n.pl.* RHIENI
parings, *n.* CREIFION, PILION
parish, *n.* PLWYF
    a. PLWYF(OL)
parishioner, *n.* PLWYFOLYN
parity, *n.* PAREDD, CYDRADDOLDEB
park, *n.* PARC
    v. PARCIO
parkland, *n.* PARCDIR
parlance, *n.* IAITH GYFFREDIN
parley, *n.* YMDRAFODAETH
    v. TRAFOD
parliament, *n.* SENEDD
    Member of Parliament, AELOD
    SENEDDOL (A.S.)
parliamentarian, *n.* SENEDDWR
parliamentary, *a.* SENEDDOL
parlour, *n.* PARLWR
parlous, *a.* ENBYD
parochial, *a.* PLWYFOL, CYFYNG
parochialism, *n.* PLWYFOLIAETH, CULNI,
    PLWYFOLDEB
parody, *n.* PARODI
    v. PARODÏO, GWATWAR
parole, *n.* PARÔL, ADDEWID
paroxysm, *n.* PANG SYDYN, PANGFA
parquet, *n.* PARCWET
parricide, *n.* TADLADDIAD
parrot, *n.* PAROT
parry, *v.* PARIO, OSGOI
parse, *v.* DOSBARTHU
parsimonious, *a.* CRINTACH, CYBYDDLYD
parsimony, *n.* CRINTACHRWYDD
parsing, *n.* DOSBARTHIAD (BRAWDDEG)
parsley, *n.* PERSLI, PERLLYS
parsnip, *n.* PANASEN

parson, *n.* OFFEIRIAD, PERSON
parsonage, *n.* BYWOLIAETH, PERSONDY
part, *n.* DARN, RHAN
    v. RHANNU, GWAHANU
    part song, RHANGAN
    part payments, TALIADAU RHANNOL
partake, *v.* CYFRANOGI
partaker, *n.* CYFRANOGWR
parthenogenesis, *n.* PARTHENOGENESIS
partial, *a.* RHANNOL, PLEIDIOL
    n. RHANNOL, RHANSAIN
partiality, *n.* PLEIDGARWCH, TUEDD
participant, *n.* CYFRANOGWR
    a. CYFRANNOG
participate, *v.* CYFRANOGI
participation, *n.* CYFRANOGIAD
participator, *n.* CYFRANOGWR
participle, *n.* RHANGYMERIAD
particle, *n.* GRÔNYN, AFFLIW, GEIRYN
    (GRAM.)
    particle-particle description, DISGRIF-
    IAD GRONYN-GRONYN
particoloured, *a.* AMRYLIW
particular, *a.* NEILLTUOL, ARBENIGOL,
    GRONYNNOL
particularism, *n.* NEILLTUOLAETH
particularise, *v.* MANYLU
particulars, *n.pl.* MANYLION
parting, *n.* RHANIAD, YMADAWIAD
    a. RHANIADOL, YMADAWOL
    v. RHANNU, PARTIO
    parting-off tool, ERFYN PARTIO
partisan, *n.* PLEIDIWR, PARTISÁN,
    CEFNOGWR
partisanship, *n.* PLEIDGARWCH,
    PARTISANIAETH
partition, *n.* PARED, CANOLFUR, RHANIAD,
    DOSRANIAD
partitive, *a.* RHANIADOL, DOSBARTHOL
partly, *ad.* O RAN, YN RHANNOL, GO-, LLED-
partly-paid, *a.* RHANDALEDIG
partner, *n.* CYMAR, PARTNER
    sleeping partner, PARTNER SEGUR
partnership, *n.* PARTNERIAETH
partridge, *n.* PETRISEN
part-time, *n.* RHAN AMSER
parturition, *n.* ESGORIAD, ÂL
    v. ESGOR, ALU, GENI
party, *n.* PLAID, PARTI, MINTAI
par-value, *n.* PARWERTH
pas, *n.* CAM
    pas de deux, CAM DAU
paschal, *a.* PERTHYNOL I'R PASG

pass, *n.* BWLCH, CANIATÂD, PÁS,
LLWYDDIANT
v. MYNED HEIBIO, PASIO, LLWYDDO
forward pass, PÁS YMLAEN
reverse pass, PÁS GWRTHOL
passable, *a.* Y GELLIR MYND HEIBIO IDDO,
PURION
passage, *n.* TRAMWYFA, TAITH, RHAN
passbook, *n.* PASLYFR
passenger, *n.* TEITHIWR
passibility, *n.* HYBOENEDD
passible, *a.* HYBOEN
passing, *n.* YMADAWIAD, TRANC, PASIO
a. YN PASIO, DIFLANNOL
passion, *n.* NWYD, DIODDEFAINT
The Passion, Y DIODDEFAINT
passionate, *a.* ANGERDDOL, NAWSWYLLT
passive, *a.* GODDEFOL, GODDEFGAR
passivity, *n.* ANADWEITHEDD
Passover, *n.* Y PASG
passport, *n.* PASBORT
password, *n.* ALLWEDDAIR
past, *n.* GORFFENNOL
a. GORFFENNOL, CYN-
prp. WEDI
ad. HEIBIO
pasta, *n.* PASTA
paste, *n.* PAST
v. PASTIO
grinding paste, PAST LLIFANU
pasteboard, *n.* PAPUR STIFF, BORDEN DOES
pastel, *n.* PASTEL
pasteurize, *v.* PASTEUREIDDIO
pastime, *n.* ADLONIANT, DIFYRRWCH
pastor, *n.* BUGAIL
pastoral, *n.* BUGEILGERDD
a. BUGEILIOL
pastoralism, *n.* BUGEILYDDIAETH
pastorate, *n.* BUGEILIAETH, GOFALAETH
pastry, *n.* CRWST, PASTEIOD
flaky pastry, CRWST HAENOG
short crust pastry, CRWST BRAU
puff pastry, CRWST PWFF
pasturage, *n.* PORFELAETH
pasture, *n.* TIR PORI, PORFA
v. PORI
pasty, *n.* PASTEN
pat, *n.* PAT
v. PATIO
patch, *n.* CLWT, LLAIN, DARN
v. CLYTIO, CYWEIRIO
patch pocket, POCEDI CLWT
patchwork, *n.* CLYTWAITH

patchy, *a.* CLYTIOG, ANGHYSON
paté, *n.* PATÉ
pate, *n.* CORUN, PEN, COPA
patella, *n.* PADELL PEN-GLIN, PATELA
patent, *n.* BREINTLYTHYR, BREINLEN
a. AMLWG
patentee, *n.* PATENTAI
paternal, *a.* TADOL
paternalism, *n.* TADOFALAETH
paternity, *n.* TADOLAETH
paternoster, *n.* Y PADER
path, *n.* LLWYBR
pathetic, *a.* TRUENUS, GRESYNUS
pathogen, *n.* PATHOGEN
pathological, *a.* PATHOLEGOL
pathologist, *n.* PATHOLEGYDD
pathology, *n.* PATHOLEG
pathos, *n.* PATHOS
pathway, *n.* LLWYBR
patience, *n.* AMYNEDD
patient, *n.* CLAF
a. AMYNEDDGAR
patio, *n.* PATIO
patois, *n.* TAFODIAITH
patriarch, *n.* PATRIARCH
patriarchal, *a.* PATRIARCHAIDD
patriarchy, *n.* PATRIARCHAETH
patrimony, *n.* TREFTADAETH, ETIFEDD-
IAETH
patriot, *n.* GWLADGARWR
patriotic, *a.* GWLADGAROL
patriotism, *n.* GWLADGARWCH
patrol, *n.* PATRÔL
v. PATROLIO
patrolman, *n.* PATROLWR
patrology, *n.* PATROLEG
patron, *n.* NODDWR
patronage, *n.* NAWDD(OGAETH)
patronising, *a.* NAWDDOGOL
patronize, *v.* NAWDDOGI
patronymic, *n.* CYFENW
patter, *v.* CLEBRAN, TARO
n. CLEBER, SŴN
patter song, CÂN BARABLU
pattern, *n.* PATRWM
v. PATRYMU
cored pattern, PATRWM CREIDDIOG
pattern darning, CREITHIO PATRYMOG
contraction pattern, PATRWM
CYFANGIAD
patterned, *a.* PATRYMOG
patty, *n.* PATI
paucity, *n.* PRINDER

paunch, *n.* BOL(A)
pauper, *n.* TLOTYN
pauperism, *n.* TLODI
pause, *n.* SAIB, DALIANT, HOE, SEIBIANT
   v. GORFFWYS, AROS
pavement, *n.* PALMANT, PAFIN
pavilion, *n.* PAFILIWN
paw, *n.* PAWEN, PALF
   v. PAWENNU
pawl, *n.* ATALFAR, PAWL
pawn, *n.* GWYSTL, GWERIN GWYDDBWYLL
   v. GWYSTLO
pawn-broker, *n.* GWYSTLWR
pawnshop, *n.* SIOP WYSTLO
pay, *n.* CYFLOG, TÂL, PAE
   v. TALU
   back pay, OLDAL, ÔL-DÂL
payable, *a.* TALADWY,
P.A.Y.E. *v.* TALU WRTH ENNILL
payee, *n.* TALAI
paymaster, *n.* TÂL-FEISTR
payment, *n.* TÂL, TALIAD
   cash payment, TALU AR LAW
   down payment, ERNES
   balance of payment, MANTOL
   TALIADAU
   payment on account, TÂL AR GYFRIF
paysage, *n.* TIRLUN
pea, *n.* PYSEN
peace, *n.* HEDD(WCH), TANGNEFEDD
peaceable, *a.* HEDDYCHOL, HEDDYCHLON
peaceful, *a.* HEDDYCHOL, TANGNEFEDDUS
peacemaker, *n.* HEDDYCHWR, TANGNEF-
   EDDWR
peace-offering, *n.* HEDD-OFFRWM /
   ABERTH
peach, *n.* EIRINEN WLANOG
peacock, *n.* PAUN
peahen, *n.* PEUNES
peak, *n.* PIG, COPA, BRIG, UCHAFBWYNT,
   PENLLANW, ANTERTH
   peak value, BRIGWERTH
   off peak, DI-BENLLANW
peal, *n.* SAIN, TWRW
   v. CANU (CLOCH)
peanut, *n.* CNEUEN DDAEAR
pear, *n.* GELLYGEN, PEREN
pearl, *n.* PERL
pearling, *v.* PERLIO
pearlite, *n.* PERLIT
pearly, *a.* PERLAIDD
peasant, *n.* GWLADEIDDIWR, GWERINWR
peasantry, *n.* GWLADEIDDIACH, Y WERIN

peat, *n.* MAWN
peaty, *a.* MAWNOG
pebble, *n.* CARREG LEFN, PEBL, CERIGYN
   pl. CERIGOS
pebbly, *a.* CAREGOG
peck, *n.* PECAID, HOBAID, PIGIAD
   v. PIGO
pectin, *n.* PECTIN
pectoral, *n.* DWYFRONNEG
   a. PECTORAL
peculiar, *a.* OD, PRIODOROL, HYNOD,
   ARBENNIG
peculiarity, *n.* PRIODORIAETH, HYNOD-
   RWYDD, ARBENIGRWYDD
pecuniary, *a.* ARIANNOL
pedagogue, *n.* ATHRO
pedagogy, *n.* PEDAGOGAETH
pedal, *n.* PEDAL
   pedal bass, GRWNDWAL
   pedal board, TROEDGLAWR
pedalling, *v.* PEDALU
pedant, *n.* PEDANT
pedantic, *a.* PEDANTIG
pedantry, *n.* COEGDDYSGEIDIAETH
peddle, *v.* PEDLERA, OFERA
pedestal, *n.* PEDESTAL
pedestrian, *n.* PEDESTRAD, CERDDWR
   a. PEDESTRIG
   pedestrian crossing, CROESFAN
   CERDDWYR
pedicel, *n.* PEDICEL
pedicle, *n.* BLODEUGOES
pedigree, *n.* LLINACH, TRAS, BONEDD
pediment, *n.* PEDIMENT
pedlar, *n.* PEDLER
pedogenic, *a.* PRIDDEGOL
pedology, *n.* PRIDDEG
peduncle, *n.* PALEDRYN
peel, *n.* CROEN, PIL, RHISGL
   v. PILIO, CRAFU, PLICIO
peelings, *n.pl.* PILION, CREIFION
peep, *n.* CIP(OLWG), CIP(DREM)
   v. SBIO, LLYGADU
peer, *n.* URDDOLYN, CYDRADD
   v. SYLLU, LLYGADU
peerage, *n.* URDDOLAETH
peeress, *n.* PENDEFIGES, ARGLWYDDES
peerless, *a.* DIGYMAR, DIGYFFELYB
peevish, *a.* CROES, PIWIS, ANYNAD
peevishness, *n.* PIWISRWYDD, ANYNAD-
   RWYDD
peewit, *n.* CORNCHWIGLEN, CORNICYLL
peg, *n.* PEG, EBILL
   v. PEGIO

pelagic, *a.* EIGIONOL
pelican, *n.* PELICAN
pellet, *n.* PELEN, HAELSEN
pell-mell, *ad.* PENDRAMWNWGL, PEN-
 DRAPHEN, DWMBWR-DAMBAR
pellucid, *a.* TRYLOYW
pelmet, *n.* PELMET
pelt, *n.* CROEN ANIFAIL
 v. TAFLU, LLUCHIO
pelvic, *a.* PELFIG
pelvis, *n.* PELFIS
pen, *n.* PEN, PIN, LLOC
 v. YSGRIFENNU, LLOCIO
penal, *a.* PENYDIOL
penalise, *v.* COSBI, PENYDIO
penalty, *n.* COSB, COSBDAL
 penalty area, CWRT COSB
penance, *n.* PENYD
pence, *n.* CEINIOGAU
penchant, *n.* TUEDD, GOGWYDD
pencil, *n.* PENSIL
pendant, *n.* TLWS CROG
 a. CROG
pendent, *a.* CROG, DIBYNNOL
pending, *prp.* HYD, NES, YN YSTOD
pendulous, *a.* CROG
pendulum, *n.* PENDIL
peneplain, *n.* LLEDWASTAD
penetrate, *v.* TREIDDIO, DIRNAD
penetrating, *a.* TREIDDIOL
penetration, *n.* TREIDDIAD, CRAFFTER
penguin, *n.* PENGWIN
penicillin, *n.* PENISILIN
peninsula, *n.* GORYNYS
penis, *n.* CAL(A), PIDYN, GWIALEN
penitence, *n.* EDIFEIRWCH
penitent, *n.* EDIFARYDD, PENYDIADUR
 a. EDIFAR, EDIFEIRIOL
penitential, *a.* EDIFEIRIOL, PENYDIOL
penitentiary, *n.* PENYDFA
penknife, *n.* CYLLELL BOCED
penmanship, *n.* CREFFT YSGRIFENNU
pen-name, *n.* FFUGENW
pennant, *n.* BANER
penny, *n.* CEINIOG
penology, *n.* PENYDEG
pensile, *a.* CROG
pension, *n.* PENSIWN
 graduated pension, PENSIWN GRADD-
 EDIG
 contributory pension, PENSIWN
 CYFRANNOL
 non contributory pension, PENSIWN
 ANGHYFRANNOL

pensioner, *n.* PENSIYNWR
pensive, *a.* SYNFYFYRIOL
pent(-up), *a.* CAETH
pentadecagon, *n.* PENTADECAGON
pentagon, *n.* PENTAGON
pentagonal, *a.* PENTAGONAL
pentagram, *n.* PENTAGRAM
pentameter, *n.* MESUR PUMBANNOG
pentatonic, *a.* PENTATONIG
Pentecost, *n.* Y PENTECOST, Y SULGWYN
pentecostal, *a.* PENTECOSTAIDD
pent-house, *n.* PENTY, PENTIS
pentomino, *n.* PENTOMINO
pentoxide, *n.* PENTOCSID
penult(ima), *n.* GOBEN
penultimate, *a.* OLAF OND UN
penumbra, *n.* PENWMBRA
penurious, *a.* PRIN, CRINTACH
penury, *n.* TLODI, ANGEN, PRINDER
peony, *n.* RHOSYN Y MYNYDD
people, *n.* POBL, GWERIN
 v. POBLOGI
pepper, *n.* PUPUR
peppermint, *n.* MINTYS POETHION
peplum, *n.* PEPLWM
pepsin, *n.* PEPSIN
peptide, *n.* PEPTID
peptone, *n.* PEPTON
per, *prp.* Y, TRWY, WRTH, AR, PER
 per cent, Y CANT
 per capita, Y PEN
peradventure, *ad.* EFALLAI, HWYRACH
perambulate, *v.* CERDDED O GWMPAS
perambulator, *n.* PRAM
perceive, *v.* CANFOD, DEALL
percentage, *n.* CANRAN, Y CANT
 a. CANRANNOL
 percentage growth, TWF CANRANNOL
percentile, *n.* CANRADD
 a. CANRADDOL
percept, *n.* CANFODIAD
perceptible, *a.* CANFYDDADWY
perception, *n.* CANFYDDIAD, CANFOD
perceptive, *a.* YN GALLU DIRNAD
perceptual, *a.* CANFODIADOL
perch, *n.* CLWYD, PERC, DRAENOG(IAD)
 v. CLWYDO
perchance, *ad.* EFALLAI, HWYRACH
percolate, *v.* PERCOLADU, TRYLIFO
percolation, *n.* PERCOLADIAD, TRYLIFIAD
percolator, *n.* PERCOLADUR
percussion, *n.* TRAWIAD, TARO
 a. TARO
 percussion band, BAND TARO

percussive, *a.* ERGYDIOL
perdition, *n.* DISTRYW, COLLEDIGAETH
peregrination, *n.* PERERINDOD
peremptory, *a.* TERFYNOL
perennial, *a.* LLUOSFLWYDD
perfect, *a.* PERFFAITH, GORFFENEDIG
   v. PERFFEITHIO
perfecter, *n.* PERFFEITHYDD
perfectible, *a.* PERFFEITHIADWY
perfection, *n.* PERFFEITHRWYDD
perfectionism, *n.* PERFFEITHIAETH
perfectionist, *n.* PERFFEITHYDD
perfectly, *ad.* YN BERFFAITH
perfectness, *n.* PERFFEITHRWYDD
perfidious, *a.* BRADWRUS
perfidy, *n.* BRAD, TWYLL, FFALSTER
perforate, *v.* TYLLU
perforated, *a.* TYLLOG
perforation, *n.* TWLL
perforator, *n.* TYLLYDD
perforce, *ad.* O RAID, TRWY DRAIS
perform, *v.* PERFFORMIO, CHWARAE
performance, *n.* PERFFORMIAD
performer, *n.* PERFFORMIWR
perfume, *n.* PERAROGL, PERSAWR
   v. PERAROGLI
perfumer, *n.* PERAROGLYDD
perfuse, *v.* DARLIFO, TAENELLU
perfusion, *n.* DARLIFIAD
pergola, *n.* DEILDY
perhaps, *ad.* EFALLAI, HWYRACH, DICHON
perianth, *n.* PERIANTH
peribolus, *n.* PERIBOLWS
pericline, *n.* PERICLIN
perigee, *n.* PERIGE
periglacial, *a.* FFINREWLIFOL
perigynous, *a.* PERIGYNUS
perihelion, *n.* PERIHELION
peril, *n.* PERYGL, ENBYDRWYDD
perilous, *a.* PERYGLUS, ENBYDUS
perimeter, *n.* AMFESUR, PERIMEDR
period, *n.* CYFNOD, ADEG, BRAWDDEG
   (MIWSIG)
periodic, *a.* CYFNODOL
periodicity, *n.* CYFNODEDD
peripheral, *a.* AMGANTOL, PERIFFERAL,
   YMYLOL
periphery, *n.* AMGANT, PERIFFERI, YMYL,
   YR YMYLON
   periphery speed, SBID AMGANT
periphrasis, *n.* CYLCHYMADRODD,
   ARALLEIRIAD
periphrastic, *a.* CWMPASOG, PERIFFRASTIG

periscope, *n.* PERISGOP
perish, *v.* DARFOD, MARW, TRENGI
perishable, *a.* DARFODUS
peristalsis, *n.* PERISTALSIS
peritoneum, *n.* PERITONEWM, FFEDOG
   (Y BOL)
peritonitis, *n.* LLID Y FFEDOG, PERITONITIS
periwig, *n.* PERWIG
periwinkle, *n.* GWICHIAD
perjurer, *n.* ANUDONWR
perjury, *n.* ANUDONIAETH
perk, *n.* CILFANTAIS
perky, *a.* EOFN
permanence, *n.* SEFYDLOGRWYDD
permanency, *n.* SWYDD BARHAOL
permanent, *a.* PARHAOL, SEFYDLOG,
   ARHOSOL
permeability, *n.* ATHREIDDEDD
permeable, *a.* ATHRAIDD
permeate, *v.* TREIDDIO
permeation, *n.* TREIDDIAD
permissible, *a.* GODDEFOL, CANIATAOL
permission, *n.* CANIATÂD, HAWL
permissive, *a.* GODDEFOL
   permissive society, CYMDEITHAS
   ODDEFOL
permit, *n.* HAWLEN, CANIATÂD
   v. CANIATÁU
permitivity, *n.* PERMITIFEDD
permutate, *v.* TRYNEWID, AMNEWID
permutation, *n.* TRYNEWID(IAD),
   AMNEWIDIAD
pernicious, *a.* NIWEIDIOL, DINISTRIOL
peroration, *n.* PERORASIWN
peroxide, *n.* PEROCSID
perpendicular, *n. & a.* PERPENDICWLAR
perpetrate, *v.* CYFLAWNI (TROSEDD, etc.)
perpetration, *n.* CYFLAWNIAD
perpetrator, *n.* CYFLAWNWR
perpetual, *a.* PARHAUS, GWASTADOL
perpetually, *ad.* YN BARHAUS / DDI-BAID
perpetuate, *v.* BYTHOLI
perpetuity, *n.* BYTHOLRWYDD
perplex, *v.* DRYSU, CYTHRYBLU
perplexity, *n.* DRYSWCH, PENBLETH
perquisite, *n.* ELW DIGWYDD
persecute, *v.* ERLID
persecution, *n.* ERLEDIGAETH
persecutor, *n.* ERLIDIWR
perseverance, *n.* DYFALBARHAD
persevere, *v.* DYFALBARHAU
persevering, *a.* DYFAL, DIWYD
persist, *v.* MYNNU, DYFALBARHAU

persistence, *n.* DYFALWCH
persistent, *a.* DYFAL, TAER, PARHAUS
person, *n.* PERSON
personage, *n.* PERSON (O BWYS)
personalism, *n.* PERSONOLYDDIAETH
personalist, *n.* PERSONOLYDD
personality, *n.* PERSONOLIAETH
personally, *ad.* YN BERSONOL
personalty, *n.* EIDDO PERSONOL
personate, *v.* PERSONADU
personation, *n.* PERSONIAD
personification, *n.* PERSONOLIAD
personify, *v.* PERSONOLI
personnel, *n.* PERSONÉL
perspective, *n.* PERSBECTIF, SAFBWYNT,
   GOLYGFA
perspectivity, *n.* PERSBECTIFEDD
perspex, *n.* PERSBECS
perspicacious, *a.* CRAFF, SYLWGAR
perspicacity, *n.* CRAFFTER, SYLW
perspicuous, *a.* EGLUR, CLIR
perspiration, *n.* CHWYS
perspire, *v.* CHWYSU
persuade, *v.* DARBWYLLO, PERSWADIO
persuasion, *n.* DARBWYLLIAD, PERSWÂD
persuasive, *a.* MEDRUS I DDARBWYLLO
pertain (to), *v.* YMWNEUD (Â)
pertinacious, *a.* DYGN, CYNDYN
pertinacity, *n.* DYGNWCH
pertinence, *n.* CYMHWYSTER
pertinent, *a.* CYMWYS, PERTHYNOL
pertness, *n.* EHOFNDRA
perturb, *v.* AFLONYDDU, CYFFROI
perturbation, *n.* AFLONYDDIAD
perusal, *n.* DARLLENIAD
peruse, *v.* DARLLEN
pervade, *v.* TREIDDIO
pervasion, *n.* TREIDDIAD
pervasive, *a.* TREIDDIOL
perverse, *a.* GWRTHNYSIG
perversion, *n.* GWRTHNYSEDD, GŴYRDRO
perversive, *a.* YN GWYRDROI
pervert, *n.* CYFEILIORNWR
   v. GWYRDROI
pervious, *a.* HYDRAIDD
pessary, *n.* CROTHATEG, PESARI
pessimism, *n.* PESIMISTIAETH
pessimist, *n.* PESIMIST
pessimistic, *a.* PESIMISTAIDD
pest, *n.* PLA, POENDOD, HAINT
pester, *v.* BLINO, POENI
pesticide, *n.* PLALEIDDIAD
pestilence, *n.* HAINT, PLA

pestilential, *a.* HEINTUS
pestle, *n.* PESTL, PWNIER
   pestle and morter, PESTL A MORTER
pet, *n.* FFEFRYN, MWYTHYN
   a. LLYWAETH, SWCI
   v. ANWESU, MWYTHO
petal, *n.* PETAL, DIL
petiole, *n.* PETIOL
petition, *n.* DEISEB
   v. DEISEBU
petitioner, *n.* DEISEBWR
petrified, *a.* STOND, SEFYDLEDIG (*gram.*)
petrify, *v.* CAREGU, PARLYSU
petrochemical, *n.* PETROCEMEGYN
petrol, *n.* PETROL
petroleum, *n.* PETROLEWM
petrology, *n.* PETROLEG
petticoat, *n.* PAIS
pettiness, *n.* BYCHANDER
pettish, *a.* CROES, ANFODDOG
petty, *a.* DIBWYS, BACH, PITW
petty-officer, *n.* IS-SWYDDOG
petulance, *n.* ANNIDDIGRWYDD, PWD
petulant, *a.* ANNIDDIG, CROES, ANYNAD
pew, *n.* SEDD, CÔR, EISTEDDLE
pewter, *n.* PIWTER
phalange, *n.* FFALANG
phalanx, *n.* FFALANCS
phantasy, *n.* LLEDRITH, FFANTASI
phantom, *n.* DRYCHIOLAETH, RHITH
pharmaceutical, *a.* FFERYLLOL
pharmacist, *n.* FFERYLLYDD
pharmacy, *n.* FFERYLLFA, CYFFURLE
pharyngitis, *n.* FFARYNGITIS, LLID Y LLWNC
pharynx, *n.* FFARYNCS, LLWNC
phase, *n.* AGWEDD, GWEDD
   disperse phase, GWASGARWEDD
   moving phase, AROSWEDD
   antiphase, GWRTHWEDD
pheasant, *n.* IÂR GOED, FFESANT
phenomenal, *a.* RHYFEDDOL, FFENOMEN-
AIDD
phenomenalism, *n.* FFENOMENAETH
phenomenalist, *n.* FFENOMENYDD
phenomenon, *n.* FFENOMEN, RHYFEDDOD
phenotype, *n.* FFENOTEIP
phew, *i.* YCH-A-FI!
phial, *n.* FFIOL
philander, *v.* CELLWAIR CARU
philanthropic, *a.* DYNGAROL
philanthropist, *n.* DYNGARWR
philanthropy, *n.* DYNGARWCH
philatelic, *a.* FFILATELIG

philatelist, *n.* FFILATELYDD
philately, *n.* FFILATELI(AETH)
philharmonic, *a.* FFILHARMONIG
philological, *a.* IEITHEGOL
philologist, *n.* IEITHEGWR
philology, *n.* IEITHEG
philosopher, *n.* ATHRONYDD
philosophical, *a.* ATHRONYDDOL, DOETH
philosophise, *v.* ATHRONYDDU, RHESYMU
philosophy, *n.* ATHRONIAETH
phlebitis, *n.* FFLEBITIS, LLID Y GWYTHIEN-
　NAU
phlebotomy, *n.* GWAEDU
phlegm, *n.* FFLEM, CRACHBOER, CRAWN
phlegmatic, *a.* YN DIODDEF GAN FFLEM,
　DIFATER
phobia, *n.* FFOBIA
phoenix, *n.* FFENICS
phon, *n.* FFON
phone, *n.* FFÔN, TELEFFON
phonetic, *a.* SEINEGOL
phonetics, *n.* SEINEG
phoney, *a.* FFUG, GAU
phonic, *n.* FFONIG, FFONEGOL
phonics, *n.* FFONEG
phonograph, *n.* FFONOGRAFF
phonologist, *n.* SEINYDDWR
phonology, *n.* SEINYDDIAETH
phosphate, *n.* FFOSFFAD
phosphine, *n.* FFOSFFIN
phosphor, *n.* FFOSFFOR
　phosphor bronze, FFOSFFOREFYDD
phosphorescence, *n.* FFOSFFORESEDD
phosphorescent, *a.* FFOFFFORESOL
phosphoric, *a.* FFOSFFORIG
phosphorus, *n.* FFOSFFORWS
photocell, *n.* FFOTOGELL
photolectric, *a.* FFOTOELECTRIG
photo-finish, *n.* LLUN DIWEDD RAS
photograph, *n.* FFOTOGRAFF
photographer, *n.* FFOTOGRAFFYDD
photographic, *a.* FFOTOGRAFFIG
photography, *n.* FFOTOGRAFFIAETH
photometer, *n.* FFOTOMEDR
photometric, *a.* FFOTOMETRIG
photometry, *n.* FFOTOMETREG
photon, *n.* FFOTON
photosphere, *n.* FFOTOSFFER
photosynthesis, *n.* FFOTOSYNTHESIS
phototaxis, *n.* FFOTOTACSIS
phototropism, *n.* FFOTOTROPEDD
phrase, *n.* CYMAL, YMADRODD, BRAWDDEG
　v. MYNEGI, GEIRIO

phraseology, *n.* GEIRIAD, MYNEGIAD
phrenology, *n.* FFRENOLEG
phylactery, *n.* FFYLACTERI
phyllode, *n.* FFYLOD
phylogeny, *n.* FFYLOGENEDD
phylum, *n.* FFYLWM
physic, *n.* MEDDYGINIAETH, FFISIG
physical, *a.* CORFFOROL, MATEROL,
　FFISEGOL
　physical education, ADDYSG
　GORFFOROL
physician, *n.* MEDDYG
physicist, *n.* FFISEGYDD/WR
physics, *n.* FFISEG
physiognomy, *n.* WYNEPRYD, FFISIOGNOMI
physiography, *n.* FFISIOGRAFFEG
physiological, *a.* FFISIOLEGOL
physiologist, *n.* FFISIOLEGWR
physiology, *n.* FFISIOLEG
physiotheraphy, *n.* FFISIOTHERAPI
physique, *n.* CORFFOLEDD
pianist, *n.* PIANYDD
piano, *n.* PIANO
pibroch, *n.* PIBDON, PIBGERDD
piccolo, *n.* PICOLO
pick, *n.* Y GORAU, PICAS, CAIB
　v. DEWIS, CEIBIO
pick-a-back, *ad.* AR Y CEFN
pickaxe, *n.* PICAS
picket, *n.* PICEDWR
　v. PICEDU
pickle, *n.* PICL, PICLEN
　v. PICLO
pickpocket, *n.* PIGWR POCEDI
pickup, *n.* CIPYN
pick-up-baler, *n.* CASGLYDD A BYRNWR
picnic, *n.* PICNIC
Pict, *n.* FFICHTIAD
pictogram, *n.* PICTOGRAM
pictorial, *n.* PAPUR DARLUNIAU
　a. DARLUNIOL
picture, *n.* DARLUN, PICTIWR
　picture plane, PLÂN DARLUN
picturesque, *a.* DARLUNIADOL
pie, *n.* PASTAI, PIODEN
piebald, *a.* BRITH
piece, *n.* DARN, CLWT
　v. UNO, CLYTIO
　piecewise, BOB YN DDARN
　chucking piece, DARN CRAFANGU
piecework, *n.* TÂL YN ÔL Y GWAITH
pied, *a.* BRITH, (*f.* BRAITH)
pier, *n.* PIER, PILER

pierce, *v.* TRYWANU, RHWYLLO
piercer, *n.* GWANYDD
piercing, *a.* TREIDDIOL, LLYM
piercing saw, LLIF RWYLLO
pieta, *n.* PIETA
pietism, *n.* PIETYDDIAETH
piety, *n.* DUWIOLDEB
pig, *n.* MOCHYN
pigeon, *n.* COLOMEN
pigeon-hole, *n.* CLOER
pigeon-house, *n.* COLOMENDY
pig-headed, *a.* YSTYFNIG
pigment, *n.* LLIW, PIGMENT
pignuts, *n.pl.* CNAU'R DDAEAR
pigtail, *n.* PLETH, PLETHEN
pike, *n.* GWAYWFFON, PENHWYAD
pikelets, *n.pl.* PICAU CYTEW, LEICECS
pilaster, *n.* PILASTER
pilchard, *n.* PILSIARD
pile, *n.* PENTWR, PAWL, BLEW
v. PENTYRRU
pile-driver, *n.* GORDD BEIRIANT
piles, *n.pl.* CLWYF Y MARCHOGION
pilfer, *v.* CHWIWLADRATA
pilferer, *n.* CHWIWGI
pilgrim, *n.* PERERIN
pilgrimage, *n.* PERERINDOD
pill, *n.* PILSEN
pillage, *n.* YSBAIL, ANRHAITH
v. YSBEILIO, ANRHEITHIO
pillager, *n.* YSBEILIWR
pillar, *n.* PILER
a. PILEROG
pillion, *n.* YSGIL
pillory, *n.* RHIGOD
pillow, *n.* CLUSTOG
pilot, *n.* PEILOT
v. LLYWIO
pilot hole, TWLL ARWAIN
pilot-officer, *n.* PEILOT SWYDDOG
pimple, *n.* TOSYN, PLORYN
pin, *n.* PIN
v. PINIO
safety pin, PIN CAU
pin tuck, TWC PIN
drawing pin, PIN BAWD
cotter pin, PIN HOLLT
shackle pin, PIN GEFYN
pinafore, *n.* PINER, BRAT
pincers, *n.* GEFEL BEDOLI, PINSIWRN
pinch, *n.* PINSIAD, BODIAID
v. PINSIO
pincushion, *n.* PINCAS, PINCWS

pine, *n.* PINWYDDEN
v. DIHOENI, NYCHU
pineapple, *n.* AFAL PÎN
pine-end, *n.* TALCEN TŶ
pin-head, *n.* CLOPA PIN
pinhole, *n.* PINDWLL
pinion, *n.* ADAIN, PINIWN
pink, *a.* PINC
v. PINCIO
pin-money, *n.* ARIAN POCED
pinnace, *n.* LLONG FACH, BAD LLONG
pinnacle, *n.* UCHAFBWYNT
pin-point, *v.* PINBWYNTIO
pint, *n.* PEINT
pioneer, *n.* ARLOESWR
v. ARLOESI
a. ARLOESOL
pious, *a.* DUWIOL, CREFYDDOL, DUWIOL-
FRYDIG
pip, *n.* DINCODYN
pipe, *n.* PIB, PEIPEN, PIBELL
v. PEIPIO, PIBYDDIO
exhaust pipe, PIBEN WACÁU
pipe bending wrench, TYNDRO PLYGU
PEIPEN
pipework, PIBWAITH
piper, *n.* PIBYDD
pipette, *n.* PIPED
v. PIPEDU
piping, *n.* PIBAU, PIBELLAU
pippin, *n.* PIPIN
pipit, *n.* PIBYDD Y WAUN
piquancy, *n.* SIARPRWYDD, LLYMDER
piquant, *a.* SIARP, PIGOG, LLYM
pique, *n.* DICTER, LLID, SORIANT
v. CYTHRUDDO, TRALLODI
piqué, *n.* PIQUÉ
piracy, *n.* MORLADRAD
air piracy, AWYRLADRAD
pirate, *n.* MÔR-LEIDR
pirouette, *n.* PIRWET
pistil, *n.* PISTIL
pistol, *n.* LLAWDDRYLL, PISTOL
piston, *n.* PISTON
piston rings, CYLCHAU PISTON
pit, *n.* PANT, PWLL, MÂNBANT, SEDDAU ÔL
v. PYLLU, PROFI
pit-a-pat, *a.* YN DYCHLAMU
pitch, *n.* TRAW, PYG, CHWARAEFA, PITS,
DRINGEN, CYWAIR, CYWEIRNOD, CODIAD
v. TARO, PYGU, PITSIO
pitch of screw, PITS SGRIW
pitch-dark, *a.* FEL Y FAGDDU

pitcher, *n.* PISER, PITSIWR
pitchfork, *n.* PICFFORCH, TRAWFFORCH
pitchstone, *n.* PYGFAEN
piteous, *a.* TRUENUS, GRESYNUS
pitfall, *n.* MAGL, PERYGL
pith, *n.* BYWYN, SYLWEDD
pithead, *n.* PEN PWLL
pithiness, *n.* CRYNODEB, CWTOGIAD
pithy, *a.* CRYNO, CYNHWYSFAWR
pitiable, *a.* TRUENUS, GRESYNUS
pitiful, *a.* TOSTURIOL, TRUENUS
pitiless, *a.* DIDOSTUR, DIDRUGAREDD
pittance, *n.* CYFRAN (ANNIGONOL)
pitted, *a.* PYLLOG, MÂN-BANTIOG
pitting, *v.* PYLLU
pituitary, *a.* PITẄITARI
pity, *n.* TRUENI, TOSTURI
　　v. TOSTURIO
　　more's the pity, GWAETHA'R MODD
pivot, *n.* COLYN
　　v. COLYNNU, TROI
　　pivot chord, CORD CYSYLLTU
pivotal, *a.* COLYNNOL
pivoted, *a.* ARGOLYN
pixy, *n.* PICSI, PWCA
pizza, *n.* PIZZA
placability, *n.* HYNAWSEDD
placable, *a.* HYNAWS
placard, *n.* HYSBYSLEN
placate, *v.* HEDDYCHU, DYHUDDO
place, *n.* LLE, MAN, SAFLE
　　v. GOSOD, DODI, LLEOLI
placenta, *n.* BRYCH, OLYSGAR
placid, *a.* LLONYDD, DIDDIG
placidity, *n.* LLONYDDWCH
placing, *n.* GOSODIAD
placket, *n.* PLACET
plagiarise, *v.* LLENLADRATA
plagiarism, *n.* LLENLADRAD
plague, *n.* PLA, HAINT
　　v. BLINO, POENI
　　the yellow plague, Y FAD FELEN
plaice, *n.* LLEDEN
plaid, *n.* PLOD
plain, *n.* GWASTAD(EDD)
　　a. PLAEN, EGLUR
plainness, *n.* EGLURDEB, AMLYGRWYDD,
HAGRWCH
plainsailing, *a.* DI-RWYSTR
plainsong, *n.* PLAENGAN
plaint, *n.* ACHWYNIAD, CWYN
plaintiff, *n.* ACHWYNYDD, PLEINTYDD
plait, *n.* PLETH, PLETHEN
　　v. PLETHU

plan, *n.* CYNLLUN, PLAN, UWCHOLWG
　　v. CYNLLUNIO
planar, *a.* PLANAR
planation, *n.* GWASTADIANT
plane, *n.* GWASTAD, PLÂN, PLANWYDDEN,
AWYREN, PLAEN
　　a. GWASTAD, LEFEL
　　v. PLAENIO
　　inclined plane, PLÂN GOLEDDOL
　　bounding plane, PLÂN TERFYN
　　oblique plane, PLÂN LLETRAWS
　　plough plane, PLAEN RHIGOLI
planet, *n.* PLANED
planetary, *a.* PLANEDOL
plank, *n.* ASTELL, PLANC
plankton, *n.* PLANCTON
planner, *n.* CYNLLUNIWR, TREFNWR
plant, *n.* PLANHIGYN, OFFERIANT, OFFER
　　v. PLANNU, SEFYDLU
　　a. PLANHIGOL
　　specific plant, OFFER PENODOL
plantation, *n.* PLANHIGFA
planter, *n.* PLANNWR
plaque, *n.* PLAC
plasma, *n.* PLASMA
plaster, *n.* PLASTR
　　v. PLASTRO, DWBIO
plasterer, *n.* PLASTRWR
plastic, *n. & a.* PLASTIG
plasticity, *n.* PLASTIGRWYDD
plastid, *n.* PLASTID
plate, *n.* PLÂT, HAENELL
　　v. GOLCHI, HAENELLU
　　surface plate, PLÂT ARWYNEB
　　back plate, CEFNBLAT
　　driver plate, PLÂT TROI
plateau, *n.* LLWYFANDIR
plateful, *n.* PLATAID
plate-glass, *n.* PLATWYDR
platform, *n.* LLWYFAN, PLATFFORM
plating, *n.* HAEN
platinum, *n.* PLATINWM
platitude, *n.* CYFFREDINEDD
platoon, *n.* PLATẄN
platter, *n.* DYSGL, NOE
plaudit, *n.* CYMERADWYAETH, BLODDEST
plausibility, *n.* FFALSTER
plausible, *a.* FFALS
play, *n.* CHWARAE, DRAMA
　　v. CHWARAE, CANU (OFFERYN)
　　play group, GRẄP CHWARAE
player, *n.* CHWARAEWR
　　seeded player, CHWARAEWR DETHOL

playful, *a.* CHWAREUS
playfulness, *n.* BYWIOGRWYDD
playground, *n.* CHWARAELE, IARD
playhouse, *n.* THEATR, CHWARAEDY
playmate, *n.* CYD-CHWARAEWR
plaything, *n.* TEGAN
playwright, *n.* DRAMODYDD
plea, *n.* PLE, CAIS, ESGUS
   v. PLEDIO
   court of common pleas, CWRT
   PLEDION CYFFREDIN
plead, *v.* PLEDIO, YMBIL, EIRIOL
pleader, *n.* PLEDIWR, EIRIOLWR
pleading, *n.* PLEDIAD, EIRIOLAETH
pleasant, *a.* DYMUNOL, HYFRYD
pleasantness, *n.* SIRIOLDEB, HYFRYD-
   WCH, AREULEDD
pleasantry, *n.* YSMALDOD, DIGRIFWCH
please, *v.* BODDHAU, BODLONI, RHYNGU
   BODD
   if you please, OS GWELWCH YN DDA
pleased, *a.* BODDHAUS, BODLON
pleasing, *a.* BODDHAOL, DYMUNOL
pleasure, *n.* PLESER, HYFRYDWCH
pleat, *n.* PLET(EN)
   v. PLETIO
   knife pleat, PLET LLAFN
pleated, *a.* PLETIOG
plebiscite, *n.* PLEIDLAIS GWLAD
pledge, *n.* GWYSTL, ADDEWID, ERNES
   v. GWYSTLO, ADDO
plenary, *a.* CYFLAWN, DIAMOD
plenipotentiary, *n.* PLENIPOTENSWR
plenitude, *n.* CYFLAWNDER, LLAWNDER
plenteous, *a.* TOREITHIOG, HELAETH
plentiful, *a.* TOREITHIOG, AML
plenty, *n.* DIGONEDD, AMLDER, HELAETH-
   RWYDD
pleonasm, *n.* GORYMADRODD
pleura, *n.* PLEWRA, PILEN YR YSGYFAINT
pleural, *a.* PLEWRAIDD
pleurisy, *n.* PLEWRISI, PIGYN DAN YR AIS,
   EISGLWYF
pliability, *n.* HYBLYGEDD
pliable, *a.* HYBLYG
pliancy, *n.* YSTWYTHDER
pliant, *a.* YSTWYTH
plication, *n.* PLYGIANT
pliers, *n.* GEFEL(EN), PLIARS
   eyelet pliers, GEFELEN LYGADEN
   combination pliers, GEFELEN GYFUNOL
   nipping pliers, GEFELEN NIPIO
plight, *n.* CYFLWR, DRYCH
   v. ADDO

plinth, *n.* PLINTH
plod, *v.* LLAFURIO, YMLAFNIO, DYFAL-
   BARHAU, DYGNU
plodder, *n.* GWEITHIWR DYFAL
plosion, *n.* FFRWYDRAD
plosive, *a.* FFRWYDROL
plot, *n.* CYNLLUN, PLOT, CYNLLWYN
   v. CYNLLUNIO, PLOTIO, CYNLLWYNO
   counter plot, GWRTH-BLOT
plotter, *n.* CYNLLWYNWR
plough, *n.* ARADR, GWŶDD
   v. AREDIG, TROI
   snow plough, SWCH EIRA
plough-beam, *n.* PALADR ARADR, ARNODD
ploughland, *n.* TIR ÂR
ploughman, *n.* ARDDWR
ploughshare, *n.* SWCH (ARADR)
plover, *n.* CORNICYLL
pluck, *n.* GWROLDEB, PLWC
   v. TYNNU, PLICIO, PLUO
pluckiness, *n.* GWROLDEB
plucky, *a.* DEWR, GWROL
plug, *n.* PLWG
   v. PLYGIO
   sparking plug, PLWG TANIO
plum, *n.* EIRINEN
plumage, *n.* PLU(F)
plumb, *n.* PLYMEN
   a. PLWM
   v. PLYMIO
plumbago, *n.* PLWMBAGO
plumber, *n.* PLYMWR
plumbing, *n.* GWAITH PLYMWR
plumb-line, *n.* LLINELL BLWM
plumbous, *a.* PLYMUS
plume, *n.* PLUEN, PLUFYN
plumicle, *n.* PLUFHEDYN
plummet, *n.* PLYMEN
plump, *a.* TEW, GRAENUS, PENDANT
   v. TEWHAU, DISGYN YN SYDYN,
   PLEIDLEISIO I UN (YN UNIG)
   ad. YN BLAEN BENDANT
plumpness, *n.* TEWDRA
plumule, *n.* PLWMWL
plunder, *n.* YSBAIL, ANRHAITH
   v. YSBEILIO, ANRHEITHIO
plunderer, *n.* YSBEILIWR, ANRHEITHIWR
plunge, *n.* PLYMIAD
   v. PLYMIO
pluperfect, *a.* GORBERFFAITH
plural, *a.* LLUOSOG, LLUOSRYW
   plural society, CYMDEITHAS LUOSRYW
pluralism, *n.* AMLBLWYFYDDIAETH
   LLUOSEDD, LLUOSOGAETH

pluralist, *n.* AMLBLWYFYDD, LLUOSOGYDD
plurality, *n.* CYD-DDALIAD, LLUOSOCTER
plurative, *a.* LLUOSOGOL
plus, *n.* PLWS, YCHWANEG
plus sign, ARWYDD PLWS
prp. & *a.* YCHWANEGOL
plush, *n.* PLWSH
plutocracy, *n.* Y DOSBARTH CYFOETHOG, LLYWODRAETH GOLUD
plutocrat, *n.* GŴR CYFOETHOG
plutonic, *a.* PLWTONIG
plutonium, *n.* PLWTONIWM
pluvial, *a.* GLAWOG
ply, *n.* TRWCH, PLYG, CAINC (GWAU)
v. ARFER, GWEITHIO
armoured ply, PREN HAENGALED
two ply wool, EDAFEDD DWYGAINC
five ply, PUMHAENOG
plywood, *n.* PREN HAENOG
pneumatic, *a.* NIWMATIG
pneumatics, *n.* AWYROLIAETH
pneumoconiosis, *n.* CLEFYD Y LLWCH
pneumonia, *n.* NIWMONIA, LLID YR YSGYFAINT
poach, *v.* HERWHELA, POTSIO, GOFERWI
poached egg, ŴY WEDI'I BOTSIO
poacher, *n.* HERWHELIWR, POTSIER
pocket, *n.* POCED, LLOGELL
v. POCEDU
pocket-knife, *n.* CYLLELL BOCED
pod, *n.* CODEN, MASGL, CIBYN
podgy, *a.* BYRDEW
podsol, *n.* PODSOL
poem, *n.* CÂN, CERDD
poesy, *n.* PRYDYDDIAETH
poet, *n.* BARDD, PRYDYDD
poetaster, *n.* PASTYNFARDD
poetical, *a.* BARDDONOL, PRYDYDDOL
poetry, *n.* BARDDONIAETH, PRYDYDD-IAETH, CERDD DAFOD
pogrom, *n.* POGROM
poignancy, *n.* LLYMDER
poignant, *a.* LLYM, TOST, AETHUS
point, *n.* PWYNT, BLAEN, MAN
v. DANGOS, PWYNTIO
melting points, PWYNTIAU YMDODD
fixed point, PWYNT ANGHYFNEWID
bicimal point, PWYNT DEUOL
decalescent point, PWYNT CALEDU
tercimal point, PWYNT TRIOL
point-blank, *a.* UNIONSYTH
ad. YN BLAEN / BENDANT
pointed, *a.* PIGFAIN

pointel, *n.* PWYNTIL
pointer, *n.* PWYNTYDD, AWGRYM, CISAETHU
poise, *n.* OSGO, AGWEDD, YSTUM
v. HOFRAN
poison, *n.* GWENWYN
v. GWENWYNO
poisonous, *a.* GWENWYNIG
poke, *n.* PWT, CWD, PROC
v. PWTIAN, PROCIO
poker, *n.* P(R)OCER
poky, *a.* CYFYNG, GWAEL
Poland, *n.* GWLAD PWYL
polar, *a.* PEGYNOL
n. PEGYNLIN
polarimeter, *n.* POLARIMEDR
polarimetry, *n.* POLARIMEDREG
polarity, *n.* POLAREDD
polarization, *n.* POLAREIDDIAD
polarize, *v.* POLARU, POLAREIDDIO
polarizer, *n.* POLARYDD
polder, *n.* POLDER
pole, *n.* POLYN, PEGWN, PAWL, PÔL
unit pole, PÔL UNED
pole star, SEREN Y GOGLEDD
pole strength, POLEDD
polecat, *n.* FFWLBART, GWICHYDD
polemics, *n.pl.* DADLEUAETH
police, *n.* HEDDLU
policeman, *n.* PLISMON, HEDDWAS
policewoman, *n.* HEDDFERCH, PLISMONES
policy, *n.* POLISI
polio, *n.* POLIO
polish, *n.* SGLEIN, LLATHREDD
v. SGLEINIO, CABOLI, LLATHRU
polished, *a.* WEDI'I SGLEINIO, CABOLEDIG, COETH
polisher, *n.* LLATHRYDD
politburo, *n.* POLITBWRO
polite, *a.* BONEDDIGAIDD, MOESGAR
politeness, *n.* BONEDDIGEIDDRWYDD, MOESGARWCH
politic, *a.* CALL, GWLEIDYDDOL
political, *a.* GWLEIDYDDOL, POLITICAIDD
political thought, GWLEIDYDDEG
politician, *n.* GWLEIDYDD
politics, *n.* GWLEIDYDDIAETH
polity, *n.* POLITI, FFURFLYWODRAETH
polka, *n.* POLCA
poll, *n.* PEN, PÔL, PLEIDLAIS
v. PLEIDLEISIO, TORRI
pollen, *n.* PAILL
pollinate, *v.* PEILLIO
pollination, *n.* PEILLIAD

pollute, v. LLYGRU, AMHURO
pollution, n. LLYGREDD, LLYGRIAD
  AMHURIAD
polo, n. POLO
poltergeist, n. YSBRYD STWRLLYD
  DRYGIONUS
polyandry, n. AMLŴRIAETH
polychord, n. POLYCORD
polycycle, n. AMLGYLCHRED
polygamous, a. AMLBRIOD
polygamy, n. AMLWREICIAETH
polyglot, a. AMLIEITHOG
polygon, n. POLYGON
  funicular polygon, POLYGON RHAFF
polyhedral, a. POLYHEDRAL
polyhedron, n. POLYHEDRON
polymer, n. POLYMER
polymerize, v. POLYMEREIDDIO
polymorph, a. POLYMORFF, AMLFFURF
polymorphism, n. POLYMORFFEDD,
  AMLFFURFIAETH
polyp, n. POLYP
polyphonic, a. POLYFFONIG
polypoid, a. POLYPOID
polypropylene, n. POLYPROPYLEN
polypus, n. POLYPWS
polystyrene, n. POLYSTIREN
polysyllable, n. GAIR LLUOSILL
polytechnic, n. POLYTECHNIG
polytheism, n. AMLDDUWIAETH
polytheistic, a. AMLDDUWIOL
polythene, n. POLYTHEN
polytope, a. POLYTOP
pome, n. PÔM, AFALON
pomegranate, n. POMGRANAD
pommel, n. CNAP, CORF
  v. PWNIO
pomp, n. RHWYSG, GWYCHDER
pompon, n. POMPON
pompous, a. RHWYSGFAWR, BALCH
pond, n. PWLL(YN)
ponder, v. MYFYRIO, YSTYRIED
ponderous, a. PWYSFAWR, TRWM
ponor, n. LLYNCDWLL
pons, n. PONT
pontage, n. PONTRETH
pontiff, n. Y PAB, ARCHOFFEIRIAD
pontifical, a. ARCHOFFEIRIADOL,
  AWDURDODOL
pontificate, v. ARCHWEINYDDU, ORACLU
pontoon, n. PONTŴN
pony, n. MERLYN, MERLEN, PONI
  pony trekking, MERLOTA
  pony trekker, MERLOTWR

poodle, n. PWDL
pooh, i. PW!, PWFF (Y BAW)!
pool, n. PWLL(YN)
  v. CYDGYFRANNU
poop, n. PŴP
poor, a. TLAWD, GWAEL, SÂL
poor-house, n. TLOTY
poorly, a. GWAEL, SÂL
poorness, n. TLODI, GWAELEDD
pop, n. POP
pope, n. PAB
popery, n. PABEIDDIWCH
popinjay, n. COEGYN
poplar, n. POPLYSEN
poplin, n. POPLIN
poppy, n. PABI
populace, n. GWERIN
popular, a. POBLOGAIDD
popularity, n. POBLOGRWYDD
popularize, v. POBLOGEIDDIO
population, n. POBLOGAETH
populism, n. POBLYDDIAETH
populous, a. POBLOG
porcelain, n. PORSLEN
porch, n. CYNTEDD, PORTH
porcupine, n. PORCWPIN, BALLASG
pore, n. MANDWLL
  v. MYFYRIO
pork, n. PORC
  pork fry, CWNINGEN
porker, n. PORCYN
pornographic, a. PORNOGRAFFIG
pornography, n. PORNOGRAFFIAETH
porosity, n. MANDYLLEDD
porous, a. MANDYLLOG, HYDRAIDD
porpoise, n. LLAMHIDYDD
porridge, n. UWD
port, n. PORTH(LADD), CRWNDWLL, PORT
  v. CARIO, CLUDO
  packet port, PACBORTH
portable, a. CLUDADWY
portage, n. CLUDIAD, TÂL CLUDO
portal, n. PORTH
  a. PORTAL
portative, a. CLUDADWY
portcullis, n. PORTHCWLIS
portend, v. ARGOELI, RHAGARWYDDO
portent, n. ARGOEL, RHAGARWYDD
portentous, a. ARGOELUS
porter, n. PORTHOR, CLUDYDD
porterage, n. PORTERIAETH
portfolio, n. PORTFFOLIO, CYFRANRES
port-hole, n. FFENESTR LLONG
portico, n. PORTICO

portion, *n.* RHAN, CYFRAN
   v. RHANNU, CYFRANNU
portly, *a.* TEW, CORFFOL
portmanteau, *n.* BAG TEITHIO
portrait, *n.* LLUN, DARLUN
portraiture, *n.* DARLUNIAETH
portray, *v.* PORTREADU
portrayal, *n.* PORTREAD
port-reeve, *n.* PORTHFAER
pose, *n.* OSGO, RHAGRITH
   v. CYMRYD AR, DRYSU
poser, *n.* PÔS
posh, *a.* CAIN, COETH
position, *n.* SAFLE, LLEOLIAD, SWYDD
positive, *a.* CADARNHAOL, POSITIF,
   POSIDIOL
   n. POSITIF
   positive degree, Y RADD GYSEFIN
positiveness, *n.* PENDANTRWYDD
positivism, *n.* POSITIFIAETH
positron, *n.* POSITRON
possess, *v.* MEDDU, MEDDIANNU
possession, *n.* MEDDIANT, EIDDO
possessiveness, *n.* MEDDGAREDD
possessor, *n.* MEDDIANNWR
possibilism, *n.* POSIBILIAETH
possibility, *n.* POSIBILRWYDD
possible, *a.* POSIBL, DICHONADWY
possibly, *ad.* DICHON, EFALLAI
post, *n.* POST(YN), SWYDD
   v. POSTIO
   newel post, POST GRISIAU
postage, *n.* TÂL POST
postage-stamp, *n.* STAMP
postal, *a.* POST
   postal order, ARCHEB BOST
postcard, *n.* CERDYN POST
poster, *n.* HYSBYSLEN, POSTER
posterior, *n.* POSTERIOR, PEN-ÔL
   a. DIWEDDARACH, ÔL
posterity, *n.* DILYNWYR, HILIOGAETH
postern, *n.* CILDDOR
postfix, *n.* OLDDODIAD
post-graduate, *a.* GRADDEDIG
post-haste, *ad* YN FRYSIOG
posthumous, *a.* AR ÔL MARW
posticum, *n.* POSTICWM
postman, *n.* POSTMON
postmark, *n.* POSTFARC
postmaster, *n.* POSTFEISTR
postmeridian, *a.* YN Y PRYNHAWN
postmistress, *n.* POSTFEISTRES
postmortem, *n.* POSTMORTEM
   a. AR ÔL MARW

post-natal, *a.* WEDI-GENI
post-office, *n.* LLYTHYRDY, SWYDDFA'R
   POST
postpone, *v.* GOHIRIO, OEDI
postponement, *n.* GOHIRIAD
postscript, *n.* ÔL-YSGRIF
postulate, *n.* CYNOSODIAD
   v. CYNOSOD
posture, *n.* SAFIAD, OSGO
posy, *n.* BLODEUGLWM, PWYSI
pot, *n.* POT, LLESTR
   v. POTIO, SAETHU
potash, *n.* POTAS(H)
potassium, *n.* POTASIWM
potato, *n.* TATEN
   mashed potatoes, TATWS STWNS
   creamed potatoes, TATWS HUFENNOG
potency, *n.* NERTH, GRYM
potentate, *n.* PENNAETH
potential, *n.* POTENSIAL, DICHONOLRWYDD
   a. DICHONOL, POTENSIAL
potentiality, *n.* GALLU CUDD
pothole, *n.* CEUBWLL
pot-pourri, *n.* CYMYSGFA
pot-roast, *v.* POT-ROSTIO
potsherd, *n.* DARN O LESTR
pottage, *n.* POTES, CAWL
potter, *n.* CROCHENYDD
   v. YMDROI
pottery, *n.* CROCHENWAITH, CROCHENDY/FA
pouch, *n.* COD, CWD, CODEN
poulterer, *n.* GWERTHWR DOFEDNOD
poultice, *n.* POWLTIS
poultry, *n.* DOFEDNOD, POWLTRI
pounce, *n.* PANLWCH
   v. PANLYCHU, SYRTHIO (AR)
pound, *n.* PWYS, PUNT, FFALD
   v. LLOCIO, MALU, PWYO
poundage, *n.* POWNDEDD
poundal, *n.* PWYSAL
pour, *v.* ARLLWYS, TYWALLT
pout, *n.* PWD
   v. PWDU, MONNI, SORRI
poverty, *n.* TLODI
poverty-stricken, *a.* TLAWD, LLWM
powder, *n.* POWDR, LLWCH
   v. POWDRO
   rooting powder, POWDR GWREIDDIO
powdery, *a.* POWDRAIDD
power, *n.* PŴER, GALLU, NERTH, AWDURDOD
   power index, GRADD PŴER
   v. PWERU
power-drive, *n.* NERTHYRIAD, PŴER-
   DDREIF

powerful, *a.* NERTHOL, GRYMUS, CRYF
power-house, *n.* PŴERDY
powerless, *a.* DI-RYM, ANALLUOG
pox, *n.* BRECH
  smallpox, Y FRECH WEN
practicable, *a.* GWNEUTHURADWY
practical, *a.* YMARFEROL
practically, *ad.* YN YMARFEROL, BRON
practice, *n.* YMARFER(IAD), PRACTIS, ARFER
practise, *v.* YMARFER
practised, *a.* MEDRUS
practitioner, *n.* YMARFERYDD, MEDDYG
pragmatic, *a.* PRAGMATIG
pragmatism, *n.* PRAGMATIAETH
prairie, *n.* PAITH
praise, *n.* MAWL, MOLIANT, CLOD
  v. MOLI, CLODFORI, CANMOL
praiseworthy, *a.* CANMOLADWY, CLODWIW
pram, *n.* PRAM
prance, *v.* PRANCIO
prate, *v.* CLEBRAN, BRYGAWTHAN
  n. CLEBER
prattle, *n.* CLEBER, BALDORDD
prattler, *n.* CLEBRYN
prawn, *n.* CORGIMWCH, PRÔN
pray, *v.* GWEDDÏO, ATOLYGU
  I pray thee, ATOLWG
prayer, *n.* GWEDDI
  The Lord's Prayer, GWEDDI'R
  ARGLWYDD
  affective prayer, GWEDDI AFFEITHIOL
prayer-book, *n.* LLYFR GWEDDI
  Common-prayer Book, LLYFR
  GWEDDI GYFFREDIN
pre-, *px.* CYN-, RHAG-, BLAEN-
preach, *v.* PREGETHU
preacher, *n.* PREGETHWR
  lay preacher, PREGETHWR LLEYG /
  CYNORTHWYOL
preaching, *n.* PREGETHU, PREGETHIAD
preamble, *n.* RHAGLITH
prebend, *n.* PREBEND
prebendary, *n.* PREBENDARI
precarious, *a.* ANSICR, PERYGLUS
precariousness, *n.* ANSICRWYDD, PERYGL
precaution, *n.* RHAGOFAL
precautionary, *a.* YN RHAGOFALU
precede, *v.* BLAENORI, RHAGFLAENU
precedence, *n.* BLAENORIAETH
precedent, *n.* CYNSAIL, RHAG-AMOD
preceding, *a.* BLAENOROL
precentor, *n.* CODWR CANU, CANTOR
precept, *n.* ARCHEBIANT
  v. ARCHEBU

precess, *v.* PRESESU
precession, *n.* PRESESIAD
precinct, *n.* CYFFIN, RHODFAN
precious, *a.* GWERTHFAWR, PRID, DRUD
preciousness, *n.* GWERTHFAWREDD
precipice, *n.* DIBYN, CLOGWYN, DIFFWYS
precipitate, *n.* GWADDOD
  v. GWADDODI, HYRDDIO, PRYSURO
  a. BYRBWYLL
precipitation, *n.* HYRDDIAD, DYODIAD,
  GWADDODIAD, BYRBWYLLTRA
precipitous, *a.* SERTH, DIFFWYSOL
précis, *n.* CRYNODEB
precise, *a.* TRACHYWIR, MANWL-GYWIR
precisely, *ad.* YN HOLLOL, YN UNION
preciseness, *n.* MANYLDEB
precision, *n.* TRACHYWIREDD
preclude, *v.* CAU ALLAN, ATAL
precocious, *a.* RHAGAEDDFED
precocity, *n.* RHAGAEDDFEDRWYDD
precognition, *n.* RHAGWYBODAETH
preconceive, *v.* RHAGDYBIO
preconception, *n.* RHAGDYBIAETH
preconscious, *a.* RHAGYMWYBODOL
precursor, *n.* RHAGFLAENYDD,
  RHAGSYLWEDDYN
precursory, *a.* YMLAEN LLAW
predator, *n.* YSGLYFAETHYN
predatory, *a.* RHEIBUS
predecessor, *n.* RHAGFLAENYDD
predestinate, *v.* RHAGARFAETHU,
  RHAGORDEINIO
predestination, *n.* RHAGARFAETH,
  RHAGORDEINIAD
predestine, *v.* RHAGARFAETHU
predicament, *n.* SEFYLLFA ANODD
predicate, *n.* TRAETHIAD
  v. PRIODOLI
predicative, *a.* TRAETHIADOL
predict, *v.* RHAGFYNEGI, PROFFWYDO
prediction, *n.* RHAGFYNEGIAD, PROFFWYD-
  OLIAETH
predictor, *n.* RHAGFYNEGYDD
predilection, *n.* HOFFTER, TUEDD
predispose, *v.* RHAGDUEDDU
predominance, *n.* GORUCHAFIAETH
predominant, *a.* PRIF, PENNAF, TRECHAF
predominate, *v.* LLYWODRAETHU,
  RHAGOR
pre-eminence, *n.* UCHAFIAETH
pre-eminent, *a.* YN RHAGORI
preen, *v.* TRWSIO, PINCIO
pre-exist, *v.* CYNFODOLI

pre-existence, *n.* CYNFODOLAETH
pre-existing, *a.* CYNFODOL
prefab, *n.* PREFFAB
prefabricate, *v.* RHAGFFURFIO
prefabricated, *a.* PAROD
preface, *n.* RHAGAIR.
prefect, *n.* SWYDDOG, RHAGLAW, PENORIAD
prefer, *v.* BOD YN WELL GAN
   I prefer, GWELL GENNYF
preferable, *a.* GWELL, DEWISACH
preference, *n.* BLAENORIAETH, FFAFRAETH
   consumer preference, DEWIS TREULIWR
   trade preference, FFAFRIAETH
preferential, *a.* FFAFRIOL
preferment, *n.* DYRCHAFIAD
prefix, *n.* RHAGDDODIAD
   v. RHAGDDODI
pregnancy, *n.* BEICHIOGAETH
pregnant, *a.* BEICHIOG, LLAWN
preheat, *v.* RHAGBOETHI
prehistoric, *a.* CYNHANESIOL
pre-history, *n.* CYNHANES
prejudge, *v.* BARNU YMLAEN LLAW, RHAG-
   FARNU
prejudice, *n.* RHAGFARN
prejudiced, *a.* RHAGFARNLLYD
prejudicial, *a.* NIWEIDIOL
prelacy, *n.* PRELADIAETH
prelate, *n.* PRELAD
preliminary, *a.* RHAGARWEINIOL,
   RHAGBARATOAWL
prelude, *n.* PRELIWD, RHAGARWEINIAD
premature, *a.* CYNAMSER(OL)
prematureness, *n.* ANAEDDFEDRWYDD
premeditate, *v.* RHAGFWRIADU
premeditated, *a.* RHAGFWRIADOL
premeditation, *n.* RHAGFWRIAD
premier, *n.* PRIFWEINIDOG
   a. PRIF, PENNAF
première, *n.* BLAENBERFFORMIAD
premiership, *n.* SWYDD PRIFWEINIDOG
premise, *n.* RHAGOSODIAD, CYNSAIL,
   ANNEDD
   v. RHAGOSOD
   purpose built premise, ANNEDD PWRPAS
premium, *n.* PREMIWM
   at a premium, AT BREMIWM
   premium bond, BOND PREMIWM
premonition, *n.* RHAGRYBUDD
pre-multiply, *v.* RHAG-LUOSI
premundane, *a.* CYNFYDOL,
   CYNDDAEAROL
pre-natal, *a.* CYN-GENI

preoccupied, *a.* SYNFYFYRIOL
preoccupy, *v.* YMGOLLI (YN)
pre-operational, *a.* CYNWEITHREDOL
preordain, *v.* RHAGORDEINIO
prepaid, *a.* RHAGDALWYD
preparation, *n.* PARATOAD, PARATOI,
   DARPARIAETH
preparatory, *a.* RHAGBARATOAWL
prepare, *v.* PARATOI, DARPARU, ARLWYO
preparedness, *n.* PARODRWYDD
prepay, *v.* RHAGDALU
prepayment, *n.* RHAGDAL
preperception, *n.* RHAG-GANFYDDIAD
preponderance, *n.* GORBWYSEDD, GORMOD
preponderant, *a.* GORBWYSOL, GORMOD
preponderate, *v.* GORBWYSO
preposition, *n.* ARDDODIAD
prepositional, *a.* ARDDODIADOL
prepossess, *v.* RHAGFEDDIANNU
prepossessing, *a.* BODDHAOL, DENIADOL
prepossession, *n.* RHAGFEDDIANT
preposterous, *a.* AFRESYMOL
prerequisite, *n.* RHAGANGHENRAID
prerogative, *n.* UCHELFRAINT,
   RHAGORFRAINT
presage, *n.* ARGOEL, RHAGARWYDD
   v. ARGOELI, RHAGARWYDDO
Presbyterian, *a.* PRESBYTERAIDD
Presbyterianism, *n.* PRESBYTERIAETH
presbytery, *n.* HENADURIAETH
prescience, *n.* RHAGWYBODAETH
prescribe, *v.* DARNODI, PENNU
prescribed, *a.* PENODEDIG
prescription, *n.* DARNODIAD, PAPUR
   MEDDYG
preselective, *a.* RHAGDDETHOLUS
presence, *n.* PRESENOLDEB, GWÝDD
   presence of mind, HUNANFEDDIANT
present, *n. & a.* PRESENNOL
   at present, AR HYN O BRYD, YN AWR
present, *n.* ANRHEG, RHODD
   v. ANRHEGU, CYFLWYNO
presentable, *a.* GWEDDUS
presentation, *n.* ANRHEGIAD, CYFLWYNIAD
presentiment, *n.* RHAGARGOEL, TYBIAETH
presently, *ad.* YN Y MAN, YN UNION, TOC
presentor, *n.* PRESENTIWR
preservable, *a.* CEIDWADWY
preservation, *n.* CADWRAETH, CYNHAL-
   IAETH, CADWEDIGAETH
preservative, *n.* CADWOLYN, CYFFEITHYDD
preserve, *n.* CYFFAITH, HELDIR
   v. CYFFEITHIO, CADW, DIOGELU,
   PRESERFIO

preserved, *a.* CADW, AR GAEL
  preserved food, BWYD CADW
preserver, *n.* CEIDWAD, CYNHALIWR
preside, *v.* LLYWYDDU
presidency, *n.* LLYWYDDIAETH, ARLYWYDDIAETH
president, *n.* LLYWYDD, ARLYWYDD
presidential, *a.* LLYWYDDOL, ARLYWYDD-OL
press, *n.* GWASG, PRÈS
  v. GWASGU, PRESIO
  press tool, ERFYN GWASGU
  press gang, Y PRÈS
pressing, *a.* TAER, EISIAU SYLW BUAN
pressure, *n.* GWASGEDD, PWYSEDD
  pressure gradient, GRADDIANT GWASGEDD
  pressure cooker, SOSBAN FRYS, GWASGWCER, SOSBAN GLOI
  centre of pressure, CANOLBWYNT GWASGEDD
  pressure group, CARFAN ANNOG
pressurize, *v.* GWASGEDDU
pressurized, *a.* GWASGEDDEDIG
prestige, *n.* BRI
presumably, *ad.* YN ÔL POB TEBYG
presume, *v.* TYBIO, RHYFYGU, BARNU
presumption, *n.* TYBIAETH, RHYFYG
presumptive, *a.* TYBIADOL, RHAG-DYBIAETHOL
presumptuous, *a.* HAERLLUG, RHYFYGUS
presumptuousness, *n.* HYFDRA, RHYFYG
presuppose, *v.* RHAGDYBIO
presupposition, *n.* RHAGDYB(IAETH)
pretence, *n.* RHITH, ESGUS, YMHONIAD
pretend, *v.* HONNI, CYMRYD AR, COGIO
pretender, *n.* YMHONNWR
pretension, *n.* HONIAD, YMFFROST
pretentious, *a.* YN HONNI, YMHONGAR, RHODRESGAR
preterite, *a.* GORFFENNOL
preternatural, *a.* ANNATURIOL
pretext, *n.* ESGUS
prettiness, *n.* TLYSNI, TLYSINEB, PERTRWYDD
pretty, *a.* TLWS, PERT, DEL
  ad. CRYN, GO, GWEDDOL
prevail, *v.* TRECHU, DARBWYLLO, TYCIO
prevalence, *n.* CYFFREDINOLRWYDD
prevalent, *a.* CYFFREDIN, PRIF
prevaricate, *v.* CELU'R GWIR
prevarication, *n.* CELWYDD, ANWIREDD
prevent, *v.* RHWYSTRO, ATAL

prevention, *n.* RHWYSTRAD, ATALIAD
preventive, *a.* RHWYSTRIADOL, ATALIOL
preview, *n.* BLAENWELED(IAD)
previous, *a.* BLAENOROL, CYNT
previously, *ad.* O'R BLAEN, YN FLAENOROL
prey, *n.* YSGLYFAETH, ABERTH
  v. YSGLYFAETHU
price, *n.* PRIS
  v. PRISIO
  marked price, PRIS DANGOSOL
  cost price, PRIS COST
  current price, PRIS CYFREDOL
  fixed price, PRIS PENODOL
  price marker, PENNWR PRIS
  marginal cost price, PRIS COST FFINIOL
priceless, *a.* AMHRISIADWY
prick, *n.* PIGIAD, PIGYN, SWMBWL
  v. PIGO, ANNOG, PRICIO
pricker, *n.* PRICIWR
prickle, *n.* DRAEN, PIGYN
prickly, *a.* PIGOG
pride, *n.* BALCHDER, YMFFROST
priest, *n.* OFFEIRIAD
priesthood, *n.* OFFEIRIADAETH
priestly, *a.* OFFEIRIADOL
prig, *n.* SYCHFOESOLYN
priggish, *a.* HUNANDYBUS, SYCHGYFIAWN
priggishness, *n.* CYSÊT, SYCHFOESOLDEB
prim, *a.* CYMEN, FFURFIOL
primacy, *n.* ARCHESGOBAETH, PRIFRWYDD, UCHAFIAETH
primadonna, *n.* BLAENGANTORES
primal, *a.* GWREIDDIOL, CYSEFIN, CYNTEFIG
primarily, *ad.* YN Y LLE CYNTAF, YN ANAD DIM
primary, *a.* CYNRADD, PRIF, PRIMAIDD
  primary product, CYNNYRCH PRIMAIDD
primate, *n.* ARCHESGOB, PRIMAS
prime, *n.* ANTERTH, PREIM
  a. PRIF, CYSEFIN, PENNAF
  v. LLWYDDO, CYNLIWIO
  prime number, RHIF CYSEFIN
  in his prime, YN EI FLODAU
primer, *n.* GWERSLYFR CYNTAF, MATH O DEIP NEU BAENT
primeval, *a.* CYNOESOL, CYNTEFIG
priming, *n.* CYNBAENT, PREIMIN
  v. PREIMIO
primitive, *a. & n.* CYNTEFIG, CYSEFIN
primitiveness, *n.* CYNTEFIGRWYDD
primitivism, *n.* CYNTEFIGEDD
primogeniture, *n.* CYNTAFANEDIGAETH
primordial, *a.* CYNTEFIG, CYSEFIN

primrose, *n.* BRIALLEN
prince, *n.* TYWYSOG
crown prince, EDLING
princely, *a.* TYWYSOGAIDD
princess, *n.* TYWYSOGES
principal, *n.* PRIFATHRO, PRIFSWM
a. PRIF, PENNAF
principal value, PENRHIF
principality, *n.* TYWYSOGAETH
principally, *ad.* YN BENNAF, GAN MWYAF
principals, *n.pl.* PRIF ACTORION
principle, *n.* EGWYDDOR
principled, *a.* EGWYDDOROL, CYFIAWN
print, *n.* ARGRAFFIAD, PRINT, ARGRAFF
v. ARGRAFFU, PRINTIO
printed, *a.* AGRAFFEDIG, PRINTIEDIG
printing-press, *n.* GWASG ARGRAFFU
prior, *n.* PRIOR
a. CYNTAF, BLAENOROL, CYNT
prioress, *n.* PRIORES
priority, *n.* BLAENORIAETH
priory, *n.* PRIORDY
prisage, *n.* PREISAETH
prise, *n.* PREIS
v. GORFODI, AGOR (TRWY RYM)
prism, *n.* PRISM
prismatic, *a.* PRISMATIG
prismatoid, *n.* PRISMATOID
prismoid, *n.* PRISMOID
prison, *n.* CARCHAR(DY)
prisoner, *n.* CARCHAROR
pristine, *a.* CYNTEFIG, CYSEFIN, CYNTAF
prithee, *i.* ATOLWG!
privacy, *n.* DIRGEL(FA)
private, *n.* MILWR CYFFREDIN, PREIFAT
a. PREIFAT, DIRGEL
privation, *n.* CALEDI, AMDDIFADRWYDD
privet, *n.* GWYROS
privilege, *n.* BRAINT, RHAGORFRAINT
privileged, *a.* BREINIOL
privity, *n.* PREIFATRWYDD
privy, *n.* TŶ-BACH, TOILED
a. CYFRIN, DIRGEL
privy council, CYFRIN GYNGOR
prize, *n.* GWOBR
v. GWERTHFAWROGI, AGOR (TRWY RYM)
probability, *n.* TEBYGOLRWYDD,
TEBYGOLEG
in all probability, YN ÔL POB TEBYG
probability curve, CROMLIN
TEBYGOLRWYDD
probable, *a.* TEBYG(OL), UN AR BRAWF
probate, *n.* PROFEB, PROFIANT

probation, *n.* PROFIANNAETH, PRAWF,
AR BRAWF
probationer, *n.* PROFIANNWR
probe, *v.* ARCHWILIO, PROCIO, PROFI
problem, *n.* PROBLEM
problem families, TEULOEDD PROBLEM-
US
problematic, *a.* DYRYS, AMHEUS
proboscis, *n.* TRWYN, TRWNC
procedural, *a.* TREFNIADOL
procedure, *n.* TREFN(IADAETH), GWEITH-
DREFN
proceed, *v.* MYND YMLAEN, DEILLIO
proceedings, *n.pl.* GWEITHREDIADAU,
TRAFODAETHAU
take proceedings, RHOI CYFRAITH AR
proceeds, *n.pl.* ELW, ENILLION
process, *n.* PROSES, CNAP
v. PROSESU
basic open hearth process, PROSES
BASIG TÂN AGORED
procession, *n.* GORYMDAITH
processional, *a.* GORYMDEITHIOL
processor, *n.* PROSESYDD
proclaim, *v.* CYHOEDDI, DATGAN
proclamation, *n.* PROCLAMASIWN
proclivity, *n.* TUEDD, GOGWYDD
proconsul, *n.* RHAGLAW
procrastinate, *v.* GOHIRIO, OEDI
procreate, *v.* CENHEDLU
procreation, *n.* CENHEDLIAD
procreative, *a.* CENHEDLOL
proctor, *n.* PROCTOR
procurator, *n.* PROCWRADUR
procure, *v.* ACHOSI, CAEL, ENNILL
prod, *n.* PWT, PROC
v. PWTIO, PROCIO
prodigal, *a.* AFRADLON
prodigality, *n.* AFRADLONEDD,
GWASTRAFF
prodigious, *a.* ARUTHROL, ANFERTH
prodigy, *n.* RHYFEDDOD
produce, *n.* CYNNYRCH
v. CYNHYRCHU, YMESTYN
producer, *n.* CYNHYRCHYDD
product, *n.* CYNNYRCH, LLUOSWM
matrix product, LLUOSWM MATRICS
by-product, SGIL / IS-GYNNYRCH
production, *n.* CYNHYRCHIAD
mass production, MASGYNHYRCHU
productive, *a.* CYNHYRCHIOL
productivity, *n.* CYNHYRCHAETH / EDD
profane, *a.* HALOGEDIG, ANGHYSEGREDIG
v. HALOGI

profanity, *n.* HALOGRWYDD, RHEGIAITH
profess, *v.* PROFFESU, ARDDEL
professed, *a.* PROFFESEDIG
profession, *n.* GALWEDIGAETH,
  PROFFESIWN
professional, *n.* PERSON PROFFESIYNOL
  a, PROFFESIYNOL
professionalism, *n.* PROFFESIYNOLIAETH
professor, *n.* ATHRO
professorial, *a.* CADEIRIOL
professorship, *n.* CADAIR
proffer, *n.* & *v.* CYNNIG
proficiency, *n.* HYFEDREDD
proficient, *a.* HYFEDR
profile, *n.* PROFFIL, CERNLUN
profit, *n.* ELW, BUDD, ENNILL
  v. ELWA, ENNILL
  profit margin, LLED YR ELW
  excess profit, GORELW
  gross profit, ELW BRAS/GROS
profitability, *n.* BUDDIOLDEB
profitable, *a.* BUDDIOL, PROFFIDIOL
profiteer, *n.* CRIBDDEILIWR
  v. GORELWA
profligacy, *n.* AFRADLONEDD
profligate, *n.* AFRADLON, OFERDDYN
  a. AFRADLON, OFER
profound, *a.* DWFN, DWYS
profundity, *n.* DYFNDER, DWYSTER
profuse, *a.* HAEL, HELAETH, TOREITHIOG
profusion, *n.* HELAETHRWYDD, DIGONEDD
progenitor, *n.* HYNAFIAD, CYNDAD
progeny, *n.* EPIL, HIL(IOGAETH)
prognosis, *n.* PROGNOSIS
prognosticate, *v.* RHAGFYNEGI, ARGOELI
prognostication, *n.* DAROGANIAD
progradation, *n.* ALLRADDIAD
programme, *n.* RHAGLEN
  v. RHAGLENNU
  linear programme, RHAGLEN UNIONLIN
programmed, *a.* RHAGLENNOG
programmer, *n.* RHAGLENNWR
programming, *v.* RHAGLENNU
  linear programming, RHAGLENNU
  UNIONLIN
progress, *n.* CYNNYDD, GWELLIANT
  v. SYMUD YMLAEN
progression, *n.* DILYNIANT
  geometric progression, DILYNIANT
  GEOMETRIG
progressive, *a.* DILYNIADOL, CYNYDDOL
progressiveness, *n.* BLAENGAREDD
prohibit, *v.* GWAHARDD

prohibition, *n.* GWAHARDDIAD
prohibitive, *a.* GORMODOL
project, *n.* PROSIECT
  v. TAFLU, TAFLUNIO
projectile, *n.* TEFLYN
projection, *n.* TAFLUNIAD, ESTYNIAD,
  (GRAFF), AMCANESTYNIAD
  conical projection, TAFLUNIAD CONIGOL
projective, *a.* TAFLUNIOL
projectivity, *n.* TAFLUNEDD
projector, *n.* TAFLUNYDD
proletariat, *n.* PROLETARIAT, Y WERIN
proliferate, *v.* AMLHAU
proliferation, *n.* AMLDER
prolific, *a.* CYNHYRCHIOL, EPILGAR,
  TOREITHIOG
prolix, *a.* AMLEIRIOG, MAITH
prolixity, *n.* AMLEIRIAETH
prolocutor, *n.* PROLOCWTOR
prologue, *n.* PROLOG, RHAGAIR
prolong, *v.* YMESTYN, PARHAU
prolongation, *n.* ESTYNIAD, PARHAD
prolonged, *a.* MAITH, HIR
promenade, *n.* PROMENÂD, RHODFA
  v. RHODIANNA
prominence, *n.* AMLYGRWYDD
prominent, *a.* AMLWG, BLAENLLAW
promiscuity, *n.* CYMYSGAREDD
promiscuous, *a.* CYMYSGAR
promise, *n.* ADDEWID
  v. ADDO, ARGOELI
promising, *a.* ADDAWOL
promissor, *n.* ADDAWR
promissory, *a.* AG ADDEWID
  promissory note, ADDAWEB
promontory, *n.* PENTIR, GARTH
promote, *v.* HYRWYDDO, CYCHWYN
promoter, *n.* HYRWYDDWR
promotion, *n.* DYRCHAFIAD, CODIAD
prompt, *a.* PRYDLON, DIYMDROI
  v. COFWEINI, AWGRYMEBU
prompter, *n.* COFWEINYDD
prompting, *n.* ANOGAETH
promulgate, *v.* CYHOEDDI, LLEDAENU
promulgation, *n.* CYHOEDDIAD, LLED-
  AENIAD
prone, *a.* TOR-ORWEDDOL, TUEDDOL
prone-lying, *v.* TOR-ORWEDD
proneness, *n.* TUEDDIAD
prong, *n.* PIG, FFORCH
pronominal, *a.* RHAGENWOL
pronominalia, *n.pl.* RHAGENWOLION
pronoun, *n.* RHAGENW

pronounce, *v.* CYHOEDDI, DATGAN, YNGANU
pronounced, *a.* AMLWG, PENDANT
pronouncement, *n.* CYHOEDDIAD, DATGANIAD
pronunciation, *n.* YNGANIAD, CYNHANIAD
proof, *n.* PRAWF, PROFLEN
proofing, *v.* DIDDOSI
prop, *n.* PROP, ATEG
v. CYNNAL, ATEGU
propaganda, *n.* PROPAGANDA
propagandist, *n.* PROPAGANDYDD
propagate, *v.* ADGYNHYRCHU, LLEDAENU
propagation, *n.* ADGYNHYRCHIAD, LLEDAENIAD
a. LLEDAENOL
propagator, *n.* ADGYNHYRCHWR, LLEDAENWR
propane, *n.* PROPAN
propel, *v.* GYRRU, GWTHIO
propeller, *n.* SGRIW
propensity, *n.* TUEDD, GOGWYDD, TUEDDFRYD
proper, *a.* PRIODOL, GWEDDUS, RHEOLAIDD
proper fraction, FFRACSIWN BONDRWM
proper motion, MUDIANT PRIODOL
properly, *ad.* YN IAWN/BRIODOL
property, *n.* EIDDO, CYNNEDDF, PRIODWEDD, NODWEDD
real property, EIDDO REAL
property conveyance, TROSGLWYDDO EIDDO
prophase, *n.* CYN-GYFLWR, PROFFÂS
prophecy, *n.* PROFFWYDOLIAETH
prophesier, *n.* PROFFWYDWR
prophesy, *v.* PROFFWYDO
prophet, *n.* PROFFWYD
prophetic, *a.* PROFFWYDOL, ARWYDD-OCAOL
propinquity, *n.* AGOSRWYDD
propitiate, *v.* CYMODI, HEDDYCHU, DYHUDDO
propitiation, *n.* CYMOD, IAWN, DYHUDDIAD
propitiatory, *a.* CYMODOL, IAWNOL, DYHUDDOL
propitious, *a.* FFAFRIOL, DYHUDDLAWN
proportion, *n.* CYFRAN(NEDD), CYMESUR-EDD
direct proportion, CYFRANNEDD UNION
in proportion, MEWN CYFRANNEDD
proportional, *a.* CYFRANNOL
proportionalism, *n.* CYFRANNEDD
proportionate, *a.* CYFATEBOL, CYMESUR
propose, *v.* CYNNIG, BWRIADU

proposer, *n.* CYNIGYDD
proposition, *n.* CYNIGIAD, GOSODIAD
propositional, *a.* GOSODIADOL
propound, *v.* CYNNIG
proprietary, *a.* PRIODOL, PERCHNOGOL
proprietorship, *n.* PERCHENOGAETH
propriety, *n.* PRIODOLDEB
props, *n.pl.* CELFI, DODREFN
propulsion, *n.* GWTHIAD, GYRIAD
propulsive, *a.* GWTHIOL, YMWTHIOL
prorate, *v.* CYFRADDIO
prorogation, *n.* GOHIRIAD, ADDOEDIAD
prorogue, *v.* GOHIRIO, ADDOEDI
prosaic, *a.* RHYDDIEITHOL
proscenium, *n.* PROSENIWM
prose, *n.* RHYDDIAITH
prosecute, *v.* ERLYN
prosecution, *n.* ERLYNIAD
prosecutor, *n.* ERLYNYDD
proselyte, *n.* PROSELYT
proselytize, *v.* PROSELYTIO
prosody, *n.* MYDRYDDIAETH
prospect, *n.* RHAGOLWG, GOLYGFA
v. CHWILIO, YMCHWILIO
prospective, *a.* DARPAR
prospector, *n.* YMCHWILIWR
prospectus, *n.* RHAGLEN, PROSBECTWS
prosper, *v.* LLWYDDO, TYCIO, FFYNNU
prosperity, *n.* LLWYDDIANT, FFYNIANT, LLEWYRCH
prosperous, *a.* LLWYDDIANNUS, FFYNIANNUS
prostate, *n. & a.* PROSTAD
prosthetic, *a.* PROSTHETIG
prostitute, *n.* PUTAIN, HWREN
v. PUTEINIO
prostitution, *n.* PUTEINDRA
prostrate, *a.* YMLEDOL, YMLORWEDDOL
v. YMLORWEDDU, YMGREINIO
prostration, *n.* YMLEDIAD
prosy, *a.* RHYDDIEITHOL
protagonist, *n.* GWRTHWYNEBYDD, PLEIDIWR
protect, *v.* AMDDIFFYN, DIOGELU
protection, *n.* AMDDIFFYNIAD, NAWDD
protection order, AMDDIFFYNNEB
protectionism, *n.* DIFFYNDOLLAETH, DIFFYNNAETH
protectionist, *n.* DIFFYNDOLLWR
protective, *a.* AMDDIFYN(NOL), DIFFYNNOL
protective tariff, DIFFYNDOLL
protective clothing, DILLAD GWARCHOD

protector, *n.* AMDDIFFYNNYDD,
  PROTECTOR
protectorate, *n.* PROTECTORIAETH
protein, *n.* PROTIN
protest, *n.* GWRTHDYSTIAD, PROTEST
  v. GWRTHDYSTIO, PROTESTIO
Protestant, *n.* PROTESTANT
  a. PROTESTANNAIDD
Protestantism, *n.* PROTESTANIAETH
protestation, *n.* GWRTHDYSTIAD
protestor, *n.* GWRTHDYSTIWR
protocol, *n.* PRÓTOCOL
proton, *n.* PROTON
protoplasm, *n.* PROTOPLASM
prototype, *n.* CYNDDELW, PROTOTEIP
protozoa, *n.pl.* PROTOSOA
protract, *v.* ESTYN, HWYHAU
protracted, *a.* HIR, MAITH
protraction, *n.* ESTYNIAD
protractor, *n.* ONGLYDD, PROTRACTOR
protrude, *v.* YMWTHIO ALLAN, AELIO
protrusion, *n.* YMWTHIAD ALLAN, AELIAD
protuberance, *n.* CHWYDD
protuberant, *a.* CHWYDDEDIG, AMLWG
proud, *a.* BALCH, FFROENUCHEL
  proud flesh, CIG MARW
prove, *v.* PROFI
provection, *n.* CALEDIAD
provenance, *n.* TARDDIAD, TARDDLE
provender, *n.* PORTHIANT
proverb, *n.* DIHAREB
proverbial, *a.* DIARHEBOL
provide, *v.* DARPAR, PARATOI, ARLWYO
providence, *n.* RHAGLUNIAETH
provident, *a.* DARBODUS
providential, *a.* RHAGLUNIAETHOL,
  FFODUS
provider, *n.* DARPARWR
province, *n.* TALAITH
provincial, *a.* TALEITHIOL
provincialism, *n.* LLEDIAITH (ARDAL)
provision, *n.* DARPARIAETH, CYFLWYNIAD
provisional, *ad.* DROS DRO
provisions, *n.pl.* LLUNIAETH, YMBORTH
proviso, *n.* AMOD, PROFISO
provocation, *n.* CYTHRUDD, PRYFÔC
provocative, *a.* CYTHRUDDOL
provoke, *v.* CYTHRUDDO, PRYFOCIO
provoker, *n.* CYTHRUDDWR, PRYFOCIWR
provoking, *a.* PRYFOCLYD
provost, *n.* PROFOST, MAER
prow, *n.* PEN BLAEN LLONG
prowess, *n.* DEWRDER

prowl, *v.* HERWA, PROWLAN
proximity, *n.* AGOSRWYDD
proxy, *n.* DIRPRWY, PROCSI
prude, *n.* MURSEN, COEGEN
prudence, *n.* PWYLL, CALLINEB
prudent, *a.* PWYLLOG, CALL, DOETH
prudential, *a.* CYNGHORUS
prudery, *n.* MURSENDOD, MALDOD
prudish, *a.* MURSENNAIDD, MALDODUS
prune, *n.* PRŴN, EIRINEN SYCH
  v. TOCIO
pruning-hook, *n.* CRYMAN
prurience, *n.* TRYTHYLLWCH, ANLLAD-
  RWYDD
pry, *v.* CHWILOTA, CHWILMANTA
psalm, *n.* SALM
psalmist, *n.* SALMYDD
psalmody, *n.* SALMYDDIAETH
psalter, *n.* SALLWYR
psaltery, *n.* NABL
pseudo-, *px.* GAU, FFUG
pseudonym, *n.* FFUGENW
pseudopodium, *n.* FFUG DROED
psittacosis, *n.* CLEFYD PAROTIAID
psyche, *n.* YR YSBRYD, Y SEICI
psychiatrist, *n.* SEICIATRYDD
psychiatry, *n.* SEICIATREG
psychic, *a.* MEDDYLEGOL, SEICIG
psychism, *n.* SEICIAETH
psycho-analysis, *n.* SEICDREIDDIAD
psycho-analyst, *n.* SEICDREIDDYDD
psychograph, *n.* SEICOGRAFF
psychological, *a.* SEICOLEGOL
psychologism, *n.* SEICOLEGAETH
psychologist, *n.* SEICOLEGWR
psychology, *n.* SEICOLEG
psychometrics, *n.* SEICOMETREG
psychopathy, *n.* SEICOPATHI
psychosis, *n.* SEICOSIS, GORFFWYLLEDD
psychosomatic, *a.* SEICOSOMATIG
psychotherapy, *n.* SEICOTHERAPI
ptomaine, *n.* TOMÊN
puberty, *n.* BLAEN LENCYNDOD, PLWYN
pubescent, *a.* MANFLEWOG
pubic, *a.* PWBIG
  pubic hair, BLEW CEDOR
pubis, *n.* PWBIS
public, *n.* Y CYHOEDD
  a. CYHOEDDUS
  in public, AR GOEDD
  public school, YSGOL FONEDD
publican, *n.* TAFARNWR, PUBLICAN

publication, *n.* CYHOEDDIAD
public-house, *n.* TŶ TAFARN, TAFARNDY
publicise, *v.* CYHOEDDUSO
publicity, *n.* CYHOEDDUSRWYDD
publicly, *ad.* AR GOEDD, YN GYHOEDDUS
publish, *v.* CYHOEDDI
publisher, *n.* CYHOEDDWR
puce, *a.* PIWS, GLASGOCH
puck, *n.* COBLYN, ELLYLL, PWCA
pucker, *v.* SYBACHU, CRYCHU
pudding, *n.* PWDIN
  Yorkshire pudding, PWDIN EFROG
  spotted dick, PWDIN CYRENS
puddle, *n.* PWLLYN
  v. PWDLO
  puddling furnace, FFWRNAIS BWDLO
puerile, *a.* PLENTYNNAIDD
puerility, *n.* PLENTYNRWYDD
puerperium. *n.* CYFLWR ALU
puff, *v.* PWFFIO, CHWYTHU
  n. PWFF
puff-ball, *n.* CODEN FWG
puffin, *n.* (ADERYN) PÂL
puffy, *a.* BYR O ANADL, CHWYDDOG
pug, *v.* CLEILENWI
pugilism, *n.* PAFFIO
pugilist, *n.* PAFFIWR
pugnacious, *a.* YMLADDGAR, CWERYLGAR
puissant, *a.* GRYMUS, NERTHOL
pull, *n.* TYNIAD, TYNFA
  v. TYNNU
pullet, *n.* CYWEN(NEN)
pulley, *n.* CHWERFAN, PWLI
pullover, *n.* PWLOFER
pulmonary, *a.* YSGYFEINIOL
pulp, *n.* MWYDION, PWLP
pulpit, *n.* PULPUD
pulpy, *a.* MWYDIONNOG, PWDR
  pulpy kidney, AREN BWDR
pulsate, *v.* CURO, PWLSADU
pulsation, *n.* CURIAD(EDD)
pulsator, *n.* PWLSADUR
pulse, *n.* CURIAD, PWLS
  pulses, PULSAU, CODLYSIAU
pulverize, *v.* MALURIO
puma, *n.* PWMA
pumice, *n.* PWMIS
pumice-stone, *n.* LLOSGFAEN
pummel, *v.* CURO
pump, *n.* PWMP
  v. PWMPIO
pumpkin, *n.* PWMPEN
pun, *n.* MWYSAIR
  v. MWYSEIRIO

punch, *n.* DYRNOD, PWNS
  v. DYRNIO, PWNSIO
  eyelet punch, PWNS LLYGADENNU
  groove punch, PWNS SÊM
  rabbit punch, DYRNOD GWAR
  short punch, DYRNOD BWT
  left cross, CHWITH DRAWS
punctilious, *a.* GORFANWL, CYSETLYD
punctual, *a.* PRYDLON
punctuality, *n.* PRYDLONDEB
punctuate, *v.* ATALNODI
punctuation, *n.* ATALNODIAD
puncture, *n.* TWLL
  v. TYLLU
pungent, *a.* SIARP, LLYM, LLYMSUR
punish, *v.* COSBI, CERYDDU
punishable, *a.* COSBADWY
punishment, *n.* COSB(EDIGAETH)
punitive, *a.* COSBOL
punt, *n.* BASGWCH, PWNT
  v. PYNTIO
punter, *n.* PWNTER
puny, *a.* BYCHAN, EGWAN, PITW
pup, *n.* CENAU
pupa, *n.* PWPA
pupil, *n.* DISGYBL, CANNWYLL (LLYGAD)
pupil-teacher, *n.* DISGYBL-ATHRO
puppet, *n.* PWPED, OFFERYN
purblind, *a.* CIBDDALL
purchase, *n.* PRYNIAD, PWRCAS, PRYNIANT
  v. PRYNU, PWRCASU
  purchase tax, TRETH BWRCAS
  hire purchase, HURBRYNU
purchaser, *n.* PRYNWR, PWRCASWR
pure, *a.* PUR, GLÂN, GWIR
purée, *n.* PURÉE
purgation, *n.* CARTHIAD, PURIAD
purgatory, *n.* PURDAN
purge, *v.* CARTHU, GLANHAU, PURO
  n. CARTHIAD
purification, *n.* PUREDIGAETH
purify, *v.* PURO, COETHI
purism, *n.* PURDEBAETH
purist, *n.* PURDEBWR, PURYDD
Puritan, *n.* PIWRITAN
  a. PIWRITANAIDD
Puritanical, *a.* PIWRITANAIDD
Puritanism, *n.* PIWRITANIAETH
purity, *n.* PURDEB, PUREDD
purl, *n.* PWYTH O CHWITH
  v. GWAU O CHWITH
purlin, *n.* TRAWSLATH
purloin, *v.* LLADRATA

purple, *a.* PORFFOR, GLASGOCH
purport, *n.* YSTYR, ERGYD
  v. DYNODI, ARWYDDO
purpose, *n.* BWRIAD, PWRPAS, AMCAN, DIBEN
  v. BWRIADU, AMCANU
  to serve the purpose, ATEB Y DIBEN
purposeful, *a.* BWRIADOL
purposely, *ad.* YN FWRIADOL, O BWRPAS
purposive, *a.* BWRIADUS
purr, *v.* GRWNAN, CANU CRWTH
purse, *n.* PWRS, COD
  v. CRYCHU
purser, *n.* CYFRIFYDD (AR LONG)
pursuance, *n.* CYFLAWNIAD, DILYNIAD
pursuant, *ad.* YN DILYN
pursue, *v.* ERLID, DILYN, YMLID
pursuer, *n.* ERLIDIWR
pursuit, *n.* ERLID, GORCHWYL
pursuivant, *a.* PWRSIFANT
purulent, *a.* CRAWNLLYD, GORLLYD
purvey, *v.* ARLWYO, DARPARU
purveyance, *n.* ARLWYAETH
purveyor, *n.* ARLWYWR
purview, *n.* CYLCH, CYMALAU YSTATUD
pus, *n.* CRAWN, GÔR
push, *n.* GWTH(IAD), HERGWD
  v. GWTHIO, HYRDDIO
pusillanimity, *n.* LLWFRDRA

pustule, *n.* LLINORYN, PWSTWLA
put, *v.* DODI, RHOI, GOSOD, MYNEGI
putative, *a.* TYBIEDIG
putrefaction, *n.* PYDREDD, MADREDD
putrefy, *v.* PYDRU, MADRU
putrid, *a.* PWDR, MALL
putsch, *n.* PUTSCH
putt, *v.* PYTIO
putter, *n.* PYTIWR
putty, *n.* PWTI
  v. PWTÏO
puzzle, *n.* POS, PENBLETH, DRYSWCH
puzzled, *a.* DRYSLYD, SYN
pyaemia, *n.* GWENWYNIAD GWAED
pygmy, *n.* CORRACH, PIGMI
pyjamas, *n.pl.* PYJAMAS
pylon, *n.* PEILON
pylorus, *n.* PYLORWS
pyogenic, *a.* CRAWNLLYD
pyorrhoea, *n.* PYOREA
pyramid, *n.* PYRAMID
pyramidial, *a.* PYRAMIDIOL
pyre, *n.* COELCERTH ANGLADDOL
pyrex, *n.* PYRECS
pyrexia, *n.* TWYMYN, PYRECSIA
pyrometer, *n.* PYROMEDR
pyrometry, *n.* PYROMEDREG
pyrotechnics, *n.pl.* TÂN GWYLLT

quack, *n.* CWAC
  v. CWACIAN
  a. FFUG, GAU
quackery, *n.* CWACYDDIAETH
quadrangle, *n.* PEDRONGL, CWADRANGL
quadrangular, *a.* PEDRONGLOG
quadrant, *n.* PEDRANT, CWADRANT
quadrat, *n.* CWADRAT
quadratic, *a.* CWADRATIG
quadrilateral, *n. & a.* PEDROCHR
quadruped, *n.* PEDWARCARNOL
quadruple, *n.* PEDWARAWD
  a. PEDWARPLYG
quadruplet, *n.* PEDRWPLED
quaff, *v.* YFED, DRACHTIO
quagmire, *n.* SIGLEN, CORS, MIGNEN
quail, *n.* SOFLIAR
  v. LLWFRHAU
quaint, *a.* OD, HENFFASIWN, HENAIDD
quaintness, *n.* ODRWYDD
quake, *v.* CRYNU
Quaker, *n.* CRYNWR
Quakerism, *n.* CRYNYDDIAETH
qualification, *n.* CYMHWYSTER
qualified, *a.* CYMWYS, AMODOL
qualify, *v.* CYMWYSOLI, GOLEDDFU (gram.)
qualitative, *a.* ANSODDOL
quality, *n.* ANSAWDD, RHINWEDD,
  CYNNEDDF
qualm, *n.* PETRUSTER, AMHEUAETH
quandary, *n.* PENBLETH, DRYSWCH
quango, *n.m.* CWANGO
quantifiable, *a.* MESURADWY
quantify, *v.* MESUR, MEINTOLI
quantisation, *n.* CWANTEIDDIAD
quantitative, *a.* MEINTIOL, MESUROL
  quantity supplied, Y CYFLENWAD
quantity, *n.* SWM, NIFER, MAINT
quantum, *n.* CWANTWM
quarantine, *n.* CWARANT(IN)
quarrel, *n.* CWERYL, FFRAE, YMRAFAEL
  v. CWERYLA, FFRAEO
quarrelsome, *a.* CWERYLGAR, CECRUS
quarrying, *n.* CHWARELYDDIAETH
quarry, *n.* CHWAREL, CWAR, YSGLYFAETH
  v. CHWARELA
quarryman, *n.* CHWARELWR
quart, *n.* CHWART
quarter, *n.* CHWARTER, CWR, RHANBARTH,
  ANNEDD
  v. CHWARTERU, LLETYA
quarterly, *a.* CHWARTEROL
quartermaster, *n.* CWARTERFEISTR

quarter-sessions, *n.* LLYS CHWARTER
quartet, *n.* PEDWARAWD
quartic, *a.* CWARTIG
quartile, *n.* CHWARTEL
quarto, *n.* CWARTO
  a. PEDWARPLYG
quartz, *n.* CWARTS, GELLTFWYN
quartzite, *n.* CWARTSIT
quash, *v.* DILEU, DIDDYMU
quasi, *c.* MEGIS
  px. LLED-, GO-, CWASI-
  quasi-field, CWASIFAES
quasi-rent, *n.* AMRENT
quasistatic, *a.* CWASISTATIG
quaternary, *a.* CWATERNAIDD
quaternion, *n.* CWATERNION
quatrain, *n.* PENNILL PEDAIR LLINELL
quaver, *n.* CWAFER
  v. CWAFRIO
  demi-semi-quaver, LLED-HANNER-
  CWAFER
quay, *n.* CEI
queen, *n.* BRENHINES
  queen cakes, CACENNAU BRENHINES
queenly, *a.* BRENINESAIDD
queer, *a.* OD, HYNOD, YSMALA
queerness, *n.* ODRWYDD, HYNODRWYDD
quell, *v.* LLONYDDU
quench, *v.* TORRI (SYCHED), DIFFODD,
  TROCHOERI
quern, *n.* MELIN LAW, BREUAN
querulous, *a.* CEINTACHLYD, CWERYLGAR,
  BLIN
query, *n.* CWESTIWN, GOFYNIAD
quest, *n.* YMCHWIL, CWEST
question, *n.* GOFYNIAD, PWNC, CWESTIWN
questionable, *a.* AMHEUS
questionary, *a.* HOLIADUROL
questionnaire, *n.* HOLIADUR
queue, *n.* CIW, CWT
  v. CIWIO
quibble, *v.* MÂN-DDADLAU
quibbling, *a.* MWYSEIRIOG
quick, *n.* BYW, BYWYN
  a. BYW(IOG), CLAU, CYFLYM, EBRWYDD
  to the quick, I'R BYW
  quick action nut, NYTEN CHWIMWTH
quicken, *v.* CYFLYMU, BYWIOGI, BYWIOCÁU
quicklime, *n.* CALCH BRWD
quickly, *ad.* YN GYFLYM/FUAN
quickness, *n.* CYFLYMDER, CRAFFTER
quicksands, *n.pl.* TRAETH BYW/GWYLLT
quicksilver, *n.* ARIAN BYW

quid, *n.* JOE(EN), PUNT
quidnunc, *n.* CLEBRYN
quiescent, *a.* LLONYDD, DIGYFFRO
quiet, *a.* TAWEL, DISTAW, LLONYDD
   n. TAWELWCH, LLONYDDWCH
   v. TAWELU, LLONYDDU
quietism, *n.* TAWELYDDIAETH
quietness, *n.* TAWELWCH, DISTAWRWYDD
quietus, *n.* GOLLYNGDOD, RHYDDHAD (O
   DDYLED)
quill, *n.* CWILSEN, CWILSYN, PLUEN
quilt, *n.* CWILT, CWRLID
   v. CWILTIO
quince, *n.* CWINS
quinine, *n.* CWININ
quinsy, *n.* YSBINAGL
quintessence, *n.* RHINWEDD PENNAF, NAWS
quintet, *n.* PUMAWD
quintuplet, *n.* PUMLED
quip, *n.* FFRAETHAIR, COEGNI
quire, *n.* CWIR, PLYG
quirk, *n.* CWIRC
quisling, *n.* BRADWR, CWISLING

quit, *v.* GADAEL, YMADAEL
quite, *ad.* CWBL, HOLLOL, LLWYR, EITHAF
quits, *a.* YN GYFARTAL
quittance, *n.* DERBYNNEB, RHYDDHAD
   (O DDYLED)
quitter, *n.* EWINOR
quiver, *n.* CAWELL SAETHAU, CRYNDOD
   v. CRYNU
quixotic, *a.* MYMPWYOL, GWYLLT
quiz, *n.* POS, CWIS
   v. HOLI
quizzical, *a.* CELLWEIRUS, DYRYS
quoin, *n.* ONGLFAEN
quoit, *n.* COETEN
   v. COETIO
quorum, *n.* CORWM, ISAFRIF
quota, *n.* CYFRAN, CWOTA
quotation, *n.* DYFYNIAD, DYFYNBRIS
quote, *v.* DYFYNNU, NODI PRIS
quoth, *v.* MEDDAI, EB, EBE, EBR
quotient, *n.* CYFRAN, CYNIFERYDD
   intelligence quotient, (I.Q.),
   CYNIFERYDD DEALLUSRWYDD (C.D.)

rabbi, *n.* RABI
rabbit, *n.* CWNINGEN
rabble, *n.* CIWED
rabid, *a.* CYNDDEIRIOG
rabies, *n.* Y GYNDDAREDD
race, *n.* RAS, HIL
   a. HILIOL
   v. RHEDEG, RASIO, RAS
   race hatred, HILGASEDD
   race relations, CYDBERTHYNAS HILIOL
   relay race, RAS GYFNEWID
race-course, *n.* MAES RHEDEG
racer, *n.* RHEDWR, CEFFYL RASYS
racial, *a.* HILIOL
racism, *n.* HILIAETH, HILYDDIAETH
racist, *n.* HILIWR, HILYDD
rack, *n.* RHESEL, RAC, RHASTL, DINISTR,
   ARTEITHGLWYD
   v. ARTEITHIO
   rack and pinion, RHESEL A PHINIWN
racket, *n.* MWSTWR, RHACED
racketeer, *n.* TERFYSGWR, RHACETÏR
   v. RHACETIRO
rackrent, *n.* CROGRENT
racy, *a.* BLASUS, FFRAETH
radar, *n.* RADAR
raddle, *n.* RADL
radial, *a.* RHEIDDIOL
   radial symmetry, CYMESUREDD
   RHEIDDIOL
radian, *n.* RADIAN
radiance, *n.* DISGLEIRDEB, LLEWYRCH
radiant, *a.* DISGLAIR, PELYDROL
   radiant heat, GWRES PELYDROL
   radiant heater, TWYMYDD TANBAID
radiate, *v.* PELYDRU, RHEIDDIO
radiation, *n.* YMBELYDREDD, PELYDRIAD
radiator, *n.* RHEIDDIADUR, PELYDRYDD
radical, *n.* RADICAL
   a. RADICAL(AIDD), CYNHENID, CYSEFIN
   (gram.)
radicalism, *n.* RADICALIAETH
radices, *n.pl.* GWREIDDIAU
radicle, *n.* RADICL
radio, *n.* RADIO
radioactive, *a.* YMBELYDROL
radioactivity, *n.* YMBELYDREDD
radioastronomy, *n.* RADIOSERYDDIAETH
radiobiology, *n.* RADIOFIOLEG/FYWYDEG
radiograph, *n.* RADIOGRAFF
radiographer, *n.* RADIOGRAFFYDD
radiography, *n.* RADIOGRAFFAETH
radiologist, *n.* RADIOLEGYDD

radiotherapy, *n.* RADIOTHERAPEG / I
radish, *n.* RADYS, RHUDDYGL
radium, *n.* RADIWM
radius, *n.* RADIWS
radix, *a.* RADICS
radula, *n.* RADWLA
raffia, *n.* RAFFIA
raffle, *n.* RAFFL
   v. RAFFLO
raft, *n.* RAFFT
   v. RAFFTIO
rafter, *n.* TRAWST, TULATH, CEIBREN
rag, *n.* CERPYN, CLWT(YN), BRAT
   v. POENI, PRYFOCIO
ragamuffin, *n.* BRILYN, CARIDÝM
rage, *n.* LLID, FFASIWN
   v. CYNDDEIRIOGI
ragged, *a.* CARPIOG, BRATIOG
raging, *a.* TYMHESTLOG, CYNDDEIRIOG
raid, *n.* CYRCH
   v. DWYN CYRCH
raider, *n.* YSBEILIWR, HERWR
rail, *n.* CLEDREN, RHEILEN
   v. CLEDRU, DIFRÏO
railbus, *n.* RHEILFWS
railer, *n.* DIFENWR
railing, *n.* RHEILIAU
raillery, *n.* DIFRÏAETH, CELLWAIR
railway, *n.* RHEILFFORDD
raiment, *n.* GWISG, DILLAD
rain, *n.* GLAW
   v. BWRW GLAW, GLAWIO
   rain-proof, GWRTH-LAW
   rain shadow, GLAWSGODFA
rainbow, *n.* ENFYS, BWA'R DRINDOD
rainfall, *n.* GLAWIAD
rain-gauge, *n.* GLAWFEDRYDD
rainproof, *n.* COT LAW
   a. GWRTHLAW
rainwash, *n.* GLAWRED
rainy, *a.* GLAWOG
raise, *v.* CODI, DYRCHAFU
raiser, *n.* CODWR
raisin, *n.* RHESINEN
raising, *n.* CODI
   raising agent, CODYDD
rake, *n.* RHACA, CRIBIN, GWYREDD, OFERWR
   v. RHACANU, CRIBINIO, GLANHAU
   rake angle, ONGL GWYREDD
   top rake, GWYREDD CEFN
   to rake up the past, CODI HEN GRACH
rakings, *n.pl.* CREIFION
rakish, *a.* OFER, AFRADLON

rally, *n.* RALI
   v. BYWIOCÁU, ADFYDDINO
ram, *n.* HWRDD, MAHAREN
   v. HYRDDU, STWFFIO
   ram-wing, ADAIN HWRDD
ramble, *n.* GWIB, CRWYDR
   v. CRWYDRO
rambler, *n.* CRWYDRWR
rambling, *a.* CRWYDROL, GWASGAROG
ramify, *v.* CANGHENNU, YMRANNU
rammer, *n.* HYRDDWR
   pein end rammer, HYRDDWR PEN WYNEB
ramp, *n.* RHEMP, TWYLL, RAMP
rampage, *n.* TERFYSG
   v. TERFYSGU
rampageous, *a.* TERFYSGLYD
rampant, *a.* LLIDIOG, RHONC
rampart, *n.* RHAGFUR
ramrod, *n.* GWIALEN GWN
ramshackle, *a.* BREGUS
ranch, *n.* RANSH
rancher, *n.* RANSHIWR
rancid, *a.* MWS, SUR
rancorous, *a.* MALEISUS, CHWERW
rancour, *n.* MALAIS, CASINEB
rand, *n.* RAND
random, *n.* HAP, SIAWNS
   a. AR ANTUR / SIAWNS
   random access, HAPGYRCH
   random sample, SAMPL HAP
   random experiment, HAP-ARBRAWF
randy, *a.* COCWYLLT, GWASOD
range, *n.* CADWYN, RHES, AMREDIAD,
   ARFOD, CWMPAS (LLAIS)
   v. AMREDEG, RHESTRU, CRWYDRO
   range of temperature, AMREDIAD
   TYMHEREDD
   cattle range, MAESTIR GWARTHEG
ranger, *n.* COEDWIGWR
rank, *n.* RHES, SAFLE, RHENC, RHENG,
   RHESTR, SET
   a. MWS, RHONC
   v. RHESTRU, RHESU
rankle, *v.* LLIDIO, POENI, GORI
ransack, *v.* CHWILIO, YSBEILIO
ransom, *n.* PRIDWERTH
   v. PRYNU, GWAREDU
rant, *v.* YMFFLAMYCHU, BRYGAWTHAN
ranter, *n.* YMFFLAMYCHWR, BRYGAWTHWR
rap, *n.* CNOC, CURIAD
   v. CNOCIO, CURO
rapacious, *a.* RHEIBUS, YSGLYFAETHUS
rapacity, *n.* RHAIB, GWANC

rape, *n.* TRAIS (AR FERCH), RÊP (PLANHIGYN)
   v. TREISIO
rapid, *a.* CYFLYM, BUAN, CHWYRN
rapidity, *n.* CYFLYMDER
rapids, *n.pl.* GEIRW
rapier, *n.* MEINGLEDD
rapine, *n.* TRAIS, ANRHAITH
rapist, *n.* TREISIWR
rapscallion, *n.* DIHIRYN, ADYN, **RABSGALIWN**
rapt, *a.* SYNFYFYRIOL, SYN
rapture, *n.* AFIAITH, GORAWEN
rapturous, *a.* AFIEITHUS, GORAWENUS
rare, *a.* PRIN, ANGHYFFREDIN
   rare gas, NWY NOBL/PRIN
rarebit, *n.* PETH AMHEUTHUN
   Welsh rarebit, CAWS POB, ENLLYN CAWS
rarefaction, *n.* TENEUAD, PRINHAD
rarefy, *v.* TENEUO, PRINHAU
rarely, *ad.* YN AML, GO BRIN
rarity, *n.* PRINDER, PETH ANGHYFFREDIN
rascal, *n.* DIHIRYN, CENAU, BREDYCH
rascality, *n.* DIHIRWCH
rascally, *a.* CNAFAIDD, BAWAIDD
rash, *n.* BRECH
   a. BYRBWYLL, RHYFYGUS
rasher, *n.* SLEISEN, GOLWYTH
rashness, *n.* BYRBWYLLTRA, RHYFYG
rasp, *n.* RHATHELL, RASB
   v. RHATHELLU, RHYGNU
raspberry, *n.* AFANEN, MAFONEN
raspings, *n.pl.* BRIWSION CRAS
rat, *n.* LLYGODEN FAWR / FFRENGIG
   v. HELA LLYGOD MAWR
ratchet, *n.* CLICIED (DDANNEDD)
rate, *n.* TRETH, ARDRETH, CYFRADD, TÂL,
   CYFLYMDER
   rate of exchange, CYFRADD CYFNEWID
   rate of interest, CYFRADD LLOG
   current rate, CYFRADD BRESENNOL/
   GYFREDOL
   bank rate, CYFRADD Y BANC
rateable, *a.* ARDRETHOL, TRETHIANNOL
   rateable value, GWERTH TRETHIANNOL
ratepayer, *n.* TRETHDALWR
rather, *ad.* BRAIDD, LLED, GO, YN HYTRACH
ratification, *n.* CADARNHAD
ratify, *v.* CADARNHAU, DILYSU
rating, *n.* TRETH(IAD), CYFRADDIAD
ratio, *n.* CYMHAREB
   direct ratio, CYMHAREB WRTHDRO
ration, *n.* DOGN
   v. DOGNI
rational, *a.* CYMAREBOL, RHESYMOL

rationale, *n.* RHESYMWAITH
rationalisation, *n.* RHESYMOLIAD, RHESYMEGAETH
rationalism, *n.* RHESYMOLIAETH
rationalist, *n.* RHESYMOLWR
rationality, *n.* RHESYMOLDEB
rationalized, *v.* RHESYMOLI
rattle, *n.* RHUGLEN
   v. RHUGLO
raucous, *a.* AFLAFAR, CRYG
raunchy, *a.* CWRS, PRIDDLYD
ravage, *v.* ANRHEITHIO, DIFRODI
rave, *v.* YNFYDU, CYNDDEIRIOGI
ravel, *v.* DRYSU, DATOD
raven, *n.* CIGFRAN
   a. PURDDU
ravenous, *a.* RHEIBUS
ravine, *n.* CEUNANT, HAFN, DYFNANT
raving, *a.* GORFFWYLL, YNFYD
ravish, *v.* TREISIO, LLATHRUDDO
raw, *a.* CRAI, AMRWD, CIGNOETH, LLYM, ANFEDRUS
raw-hide, *n.* CROEN FFRES
ray, *n.* PELYDRYN
rayon, *n.* RAYON
raze, *v.* DILEU
razor, *n.* RASAL, ELLYN, (R)ASER
re, *prp.* YNGLŶN Â, MEWN PERTHYNAS Â
re-, *px.* AD-, AIL-, ETO
reach, *n.* ESTYNIAD, CAINC, CYRHAEDDIAD
   v. ESTYN, CYRRAEDD
react, *v.* ADWEITHIO, YMWEITHIO
reactance, *n.* ADWEITHEDD
reaction, *n.* ADWAITH, YMATEB, YMWAITH (Chem.)
   chain reaction, YMWAITH CADWYNOL
reactionary, *n.* ADWEITHIWR
   a. ADWEITHIOL
reactive, *a.* ADWEITHIOL, YMATEBOL
reactivity, *n.* ADWEITHEDD
reactor, *n.* ADWEITHYDD, YMWEITHYDD
   breeder reactor, ADWEITHYDD / YMWEITHYDD BRIDIOL
read, *v.* DARLLEN
readable, *a.* DARLLENADWY, DIFYR
re-address, *v.* AILGYFEIRIO
reader, *n.* DARLLENYDD, DARLITHYDD, LLYFR DARLLEN
readily, *ad.* YN UNION / RHWYDD
readiness, *n.* PARODRWYDD
reading, *n.* DARLLEN(IAD)
reading-room, *n.* YSTAFELL DDARLLEN
readjust, *v.* AILGYMHWYSO
readjustment, *n.* ADDASIAD

ready, *a.* PAROD, RHWYDD
ready-reckoner, *n.* CYFRIFYDD PAROD
reafforestation, *n.* AILFFORESTIAD
reagent, *n.* YMWEITHREDYDD
real, *a.* GWIR, REAL, GO-IAWN
realism, *n.* REALAETH, DIRWEDDAETH
realist, *n.* REALYDD
realistic, *a.* BYW, NATURIOL
reality, *n.* DIRWEDD, REALITI
realization, *n.* SYLWEDDOLIAD
realize, *v.* SYLWEDDOLI, GWERTHU
realized, *a.* CYFLAWNEDIG
really, *ad.* YN WIR / DDIAU, MEWN GWIRIONEDD / DIFRIF
realm, *n.* TEYRNAS, CYLCH, GWLAD
realty, *n.* STAD, TIR
ream, *n.* RÎM
   v. AGORELLU
reamer, *n.* AGORELL, IAWNDYLLWR
   broach reamer, AGORELL DIGORYDD
reanimate, *v.* ADFYWHAU
reap, *v.* MEDI
reaper, *n.* MEDELWR
reaping-hook, *n.* CRYMAN MEDI
reappear, *v.* AILYMDDANGOS
rear, *n. & a.* CEFN, ÔL, PEN ÔL
   v. CODI, MAGU
rear-admiral, *n.* DIRPRWY LYNGESYDD
rear-guard, *n.* ÔL-FYDDIN
reason, *n.* RHESWM, ACHOS
   v. RHESYMU, YMRESYMU
reasonable, *a.* RHESYMOL, TEG
reasonableness, *n.* RHESYMOLDEB
reasoning, *n.* YMRESYMIAD
reassure, *v.* CALONOGI, CYSURO
reassuring, *a.* CALONOGOL, CYSUROL
rebate, *n.* AD-DALIAD, RABAD
   v. AD-DALU, RABADU
rebel, *n.* GWRTHRYFELWR
   v. GWRTHRYFELA
rebellion, *n.* GWRTHRYFEL
rebellious, *a.* GWRTHRYFELGAR
rebound, *n.* ADLAM
   v. ADLAMU
rebuff, *n.* ATALFA, NACÂD, SEN
   v. ATAL, NACÁU, SENNU
rebuild, *v.* AILGODI, AILADEILADU
rebuke, *n.* CERYDD
   v. CERYDDU
rebut, *v.* GWRTHDDWEUD
recalcitrant, *a.* YSTYFNIG
recall, *v.* ATGOFIO, COFIO
recant, *v.* DATGYFFESU, DATBROFFESU

503

recantation, *n.* DATGYFFES
recapitulation, *n.* AILADRODDIAD,
CRYNODEB
recapture, *v.* AIL-DDAL
recede, *v.* ENCILIO, CILIO'N ÔL
receding, *a.* ENCILIOL
receipt, *n.* DERBYNNEB
receive, *v.* DERBYN, CROESAWU
receiver, *n.* DERBYNNYDD, DERBYNIWR
recension, *n.* AILOLYGIAD
recession, *n.* DIRWASGIAD
recent, *a.* DIWEDDAR
receptacle, *n.* LLESTR
reception, *n.* DERBYNIAD, DERBYNWEST,
CROESO
receptionism, *n.* DERBYNIAETH
receptionist, *n.* CROESAWYDD
receptor, *n.* DERBYNNYDD
recess, *n.* CILAN, CILFACH, GWYLIAU'R
SENEDD
v. CILANNU
recessed, *a.* CILANNOG
recession, *n.* CILIAD, ENCILIAD
recessional, *a.* CILIOL, ENCILIOL
n. EMYN YMADAWOL
recessive, *a.* ENCIL(IOL)
recipe, *n.* RESIPI, RYSÁIT
recipient, *n.* DERBYNNYDD
reciprocal, *n.* CILYDD
a. CILYDDOL
reciprocate, *v.* CILYDDU
reciprocating, *a.* CILYDDUS
reciprocity, *n.* CILYDDIAETH
recital, *n.* ADRODDIAD, DATGANIAD,
PERFFORMIAD
recitation, *n.* ADRODDIAD
choral recitation, CYD-ADRODD
recitative, *n.* ADRODDGAN
recite, *v.* ADRODD, DATGAN
reciter, *n.* ADRODDWR
reckless, *a.* DI-HID, RHYFYGUS, ANYSTYRIOL
recklessly, *ad.* YN DDI-HID
recklessness, *n.* DIHIDRWYDD, RHYFYG
reckon, *v.* CYFRIF, RHIFO, BARNU, BWRW
dead reckoning, GOGYFRIF
reckoner, *n.* CYFRIFYDD
reckoning, *n.* CYFRIFIAD, BARN
reclaim, *v.* AILENNILL
reclamation, *n.* AILENNILL, DYCHWELYD,
ADFER
reclassification, *n.* AD-DDOSBARTHIAD
recline, *v.* LLEDORWEDD
recluse, *n.* MEUDWY, ENCILIWR
recode, *v.* AD-DDYNODI

recognition, *n.* ADNABYDDIAETH,
ADWYBOD
recognizable, *a.* Y GELLIR EI ADNABOD
recognizance, *n.* YMRWYMIAD LLYS
v. YMRWYMO
recognize, *v.* ADNABOD, CYDNABOD,
ARDDEL
recognized, *a.* CYDNABYDDEDIG
recoil, *n.* ADLAM
v. ADLAMU, CILIO
recollect, *v.* ATGOFIO, GALW I GOF
recollection, *n.* ATGOF
recommend, *v.* CYMERADWYO, ARGYMELL
recommendation, *n.* CYMERADWYAETH
recompense, *n.* TÂL (AM GOLLED)
v. AD-DALU
reconcile, *v.* CYMODI
reconciliation, *n.* CYMOD
recondite, *a.* TYWYLL, ANODD
recondition, *v.* ATGYFLYRU
reconditioning, *n.* ATGYFLYRU
reconnaissance, *n.* RHAGCHWILIAD
reconnoitre, *v.* RHAGCHWILIO
reconsider, *v.* AILYSTYRIED
reconstruct, *v.* AIL-LUNIO
reconstruction, *n.* AIL-LUNIAD
record, *n.* COFNOD, RECORD
v. COFNODI, RECORDIO
on record, AR GOFNOD
recorded, *a.* COFNODEDIG
recorder, *n.* COFNODWR, COFIADUR,
FFLIWTEN, RECORDER
record-office, *n.* ARCHIFDY
recount, *v.* ADRODD
re-count, *v. & n.* AILGYFRIF
recover, *v.* ADENNILL, ADFER, GWELLA
recovery, *n.* ADFERIAD
recreant, *a.* LLWFR
n. LLWFRYN, GWRTHGILIWR
recreate, *v.* ADLONNI, DIFYRRU
recreation, *n.* ADLONIANT, DIFYRRWCH
recreative, *a.* ADLONIADOL
recriminate, *v.* GWRTHGYHUDDO
recrimination, *n.* GWRTHGYHUDDIAD
recruit, *n.* RECRIWT
v. RECRIWTIO
rectangle, *n.* PETRYAL
rectangular, *a.* PETRYALOG
rectification, *n.* UNIONIAD, CYWIRIAD
rectifier, *n.* UNIONYDD
rectify, *v.* UNIONI, CYWIRO
rectilinear, *a.* UNIONLIN
rectitude, *n.* UNIONDEB, CYWIRDEB

rector, *n.* RHEITHOR
rectory, *n.* RHEITHORDY
rectum, *n.* RECTWM.
recumbent, *a.* GORWEDDOL
recuperate, *v.* YMADFER, CRYFHAU
recuperation, *n.* ADFERIAD
recur, *v.* AILDDIGWYDD
recurrence, *n.* DYCHWELIAD
recurring, *a.* CYLCHOL
recursive, *a.* AILADRODDUS
recurved, *a.* ATRO
recycle, *v.* AILDDEFNYDDIO
red, *a.* COCH, RHUDD
  dark red, COCHDDU
redaction, *n.* GOLYGIAD
redactor, *n.* GOLYGYDD
redbreast, *n.* BRONGOCH
redden, *v.* COCHI
reddish, *a.* COCHLYD
redeem, *v.* GWAREDU, ACHUB, PRYNU
redeemable, *a.* ATBRYN(ADWY)
redeemer, *n.* GWAREDWR, PRYNWR
redemption, *n.* PRYNEDIGAETH, ATBRYNIANT
redeployment, *n.* ADLEOLI,
  TRAWSGYFLOGAETH
red-handed, *a.* WRTH Y GWAITH
red-hot, *a.* EIRIAS
redness, *n.* COCHNI, GWRID
redolence, *n.* PERSAWR
redouble, *v.* DYBLU
redoubt, *n.* AMDDIFFYNFA
redoubtable, *a.* CRYF, GWROL
redress, *n.* IAWN (AM GAM)
  v. GWNEUD IAWN
redshank, *n.* COESGOCH
red-tape, *n.* MÂN-REOLAU
reduce, *v.* LLEIHAU, GOSTWNG, NEWID,
  RHYDWYTHO
  reducing agent, RHYDWYTHYDD
reduced, *a.* GOSTYNGOL
reduction, *n.* GOSTYNGIAD, RHYDWYTHIAD
redundancy, *n.* ANGHYFLOGAETH,
  DISWYDDIAD
redundant, *a.* DI-ALW-AMDANO, DI-SWYDD,
  AFRAID
  redundant (to make), DISWYDDO
redwood, *n.* COEDEN GOCH
reed, *n.* CORSEN, CAWNEN
reef, *n.* RÌFF, HWYLBLYG
  v. RIFFIO
reek, *n.* MWG, DREWDOD
  v. MYGU, DREWI
reel, *n.* RIL(EN), DAWNS
  v. DIRWYN, GWEGIAN

re-enact, *v.* AILDDEDDFU, AILBERFFORMIO
re-enter, *v.* ADFEWNI
re-entrance, *n.* ATCHWEL
re-entry, *n.* ADFEWNIAD
re-equip, *v.* AIL-GYFARPARU
reeve, *n.* MAER, RIF
re-examine, *v.* AIL-ARHOLI
re-export, *n.* ADFOR
  v. ADFORIO
refectory, *n.* FFREUTUR
refer, *v.* CYFEIRIO, CRYBWYLL
referee, *n.* RHEOLWR, CANOLWR
reference, *n.* CYFEIRNOD, CYFEIREB
referendum, *n.* REFFERENDWM
refill, *n.* ADLENWAD
  v. ADLENWI
refine, *v.* PURO, COETHI
refined, *a.* PUREDIG, COETH, BONHEDDIG
refinement, *n.* COETHDER
refiner, *n.* PURWR, COETHWR
refinery, *n.* PURFA
reflate, *v.* ADCHWYDDO
reflation, *n.* ADCHWYDDIANT
reflect, *v.* ADLEWYRCHU, MEDDWL
reflected, *a.* ADLEWYRCH(EDIG)
reflection, *n.* ADLEWYRCHIAD, LLUN
reflective, *a.* ADLEWYRCHOL
reflector, *n.* ADLEWYRCHYDD
reflex, *n.* ATGYRCH
  a. ATGYRCH(OL), YMATBLYG
reflexive, *a.* YMATBLYG
reflux, *n.* ADLIF
  v. ADLIFO
reform, *n.* DIWYGIAD
  v. DIWYGIO, GWELLA
re-form, *v.* AIL-LUNIO
reformation, *n.* DIWYGIAD
  counter-reformation, GWRTHDDIW-
  YGIAD
reformatory, *n.* YSGOL DDIWYGIO
  a. DIWYGIOL
reformed, *a.* DIWYGIEDIG
reformer, *n.* DIWYGIWR
refract, *v.* ACHOSI PLYG, GWRTHDORRI
refracted, *a.* PLYG
refraction, *n.* PLYGIANT, PLYGIAD
refractivity, *n.* PLYGIANNEDD
refractory, *a.* GWRTHSAFOL, ANHYDYN
refrain, *n.* BYRDWN
  v. YMATAL
refrangible, *a.* GWRTHDORADWY
refresh, *v.* ADFYWIO, DADEBRU
refresher, *n.* PETH ADFYWIOL

refreshing, *a.* ADFYWIOL, AMHEUTHUN
refreshment, *n.* YMBORTH, BWYD,
LLUNIAETH
refrigerant, *n.* RHEWYDD
refrigerate, *v.* RHEWEIDDIO
refrigerated, *a.* RHEWEIDDIEDIG
refrigeration, *n.* RHEWEIDDIAD
refrigerator, *n.* OERGELL, RHEWADUR,
OERGIST
deep freeze, RHEWGELL, RHEWGIST
refuge, *n.* NODDFA, LLOCHES
refugee, *n.* FFOADUR
refund, *n.* AD-DALIAD
v. AD-DALU
refusal, *n.* GWRTHODIAD, NACÂD
refuse, *n.* SBWRIEL
v. GWRTHOD, NACÁU
refutable, *a.* GWRTHBROFADWY
refutation, *n.* GWRTHBRAWF
refute, *v.* GWRTHBROFI
regain, *v.* ADENNILL
regal, *a.* BRENHINOL
regale, *n.* GWLEDD
v. GWLEDDA, DIDDANU
regalia, *n.pl.* TEYRNOLION, REGALIA
regard, *n.* YSTYRIAETH, PARCH
v. EDRYCH AR, YSTYRIED, PARCHU
regardful, *a.* YSTYRIOL, GOFALUS
regarding, *prp.* YNGLŶN Â, YNGHYLCH
regardless, *a.* DIOFAL, DIFATER
regatta, *n.* REGATA
regelation, *v.* ADREWI
regency, *n.* RHAGLYWIAETH, LLYWOD-
RAETHIAD
a. REGENTAIDD
regenerate, *v.* ATGYNHYRCHU
regeneration, *n.* AILENEDIGAETH,
ATFFURFEDD
regenerative, *a.* ATGYNHYRCHIOL
regent, *n.* RHAGLYW, DIRPRWY
LYWODRAETHWR
regicide, *n.* TEYRNLADDIAD
regime, *n.* LLYWODRAETHIAD
regimen, *n.* TREFN, RHEOL
regiment, *n.* CATRAWD
regimental, *a.* CATRODOL
region, *n.* RHANBARTH, ARDAL
feasible region, RHANBARTH DICHON-
ADWY
natural regions, RHANBARTHAU
NATURIOL
regional, *a.* RHANBARTHOL
regionalism, *n.* RHANBARTHIAETH
RHANBARTHOLDEB

register, *n.* COFRESTR, CWMPAS (LLAIS),
LLAIS, STOP
v. COFRESTRU
high register, NODAU UCHEL
chest register, LLAIS Y FREST
storage register, COFGELL(-AU)
registered, *a.* COFRESTREDIG
registrar, *n.* COFRESTRYDD
registration, *n.* COFRESTRIAD
registry, *n.* SWYDDFA GOFRESTRU
regrade, *v.* AILRADDIO
regrading, *n.* ADRADDIAD
regression, *n.* ATCHWELIAD
regret, *v.* EDIFARHAU, EDIFARU
n. EDIFAREDD
regretful, *a.* EDIFEIRIOL, EDIFARUS
regrettable, *a.* BLIN, GOFIDUS
regrettably, *ad.* GWAETHA'R MODD
regula, *n.* REGWLA
regular, *a.* RHEOLAIDD, CYSON
regularise, *v.* RHEOLUSO
regularity, *n.* RHEOLEIDD-DRA, CYSONDEB
regulate, *v.* RHEOLI, RHEOLEIDDIO
regulation, *n.* RHEOLIAD
regulator, *n.* RHEOLYDD
regurgitate, *v.* DADLYNCU, CODI CIL
rehabilitate, *v.* ADSEFYDLU
rehabilitation, *n.* ADSEFYDLIAD
rehash, *v.* AIL-WNEUD
n. AILWAMPIAD
rehearsal, *n.* RIHYRSAL, YMARFERIAD
rehearse, *v.* YMARFER, ADRODD
reheat, *v.* AIL-DWYMO
reign, *n.* TEYRNASIAD
v. TEYRNASU
reimburse, *v.* AD-DALU
reimbursement, *n.* AD-DALIAD
rein, *n.* AWEN, AFWYN
v. FFRWYNO
reincarnate, *v.* AILYMGNAWDOLI
reincarnation, *n.* AILYMGNAWDOLIAD
reindeer, *n.* CARW LAPDIR
reinforce, *v.* ATGYFNERTHU
reinforcement, *n.* ATGYFNERTHIAD
reinstate, *v.* ADFER
reinstatement, *n.* ATGYFANNU
reiterate, *v.* AILADRODD
reiteration, *n.* AILADRODDIAD
reject, *v.* GWRTHOD, LLYSU
rejection, *n.* GWRTHODIAD
rejoice, *v.* LLAWENHAU, GORFOLEDDU
rejoicing, *n.* LLAWENYDD, GORFOLEDD
rejoin, *v.* ATEB YN ÔL, GWRTHATEB

re-join, *v.* AILYMUNO, AILUNO
rejoinder, *n.* GWRTHATEB
rejuvenate, *v.* ADNEWYDDU
rejuvenated, *a.* ADNEWYDDEDIG
rejuvenation, *n.* ADNEWYDDIAD/IANT
rekindle, *v.* AILGYNNAU, AILENNYN
relapse, *n.* AIL-BWL, ATGWYMP
   v. ATGLAFYCHU, AILFOELYD
relate, *v.* ADRODD, PERTHYN, CYSYLLTU
related, *a.* PERTHNASOL, PERTHYNOL
relation, *n.* PERTHYNAS, CYSWLLT,
   ADRODDIAD
relationship, *n.* PERTHYNAS
relative, *n.* PERTHYNAS, CÂR
   a. CYMHAROL, PERTHYNOL
   relative pronoun, RHAGENW PERTHYNOL
   relative key, CYWAIR PERTHYNOL
relativism, *n.* PERTHNASOLAETH
relativistic, *a.* PERTHNASEDDOL
relativity, *n.* PERTHNASEDD
relax, *v.* LLACIO, YMLACIO, YMOLLWNG,
   LLAESU
relaxation, *n.* YMLACIAD, ADLONIANT
relaxed, *a.* LLAES, LLAC
relay, *n.* RELAI
   v. CYFNEWID
   relay race, RAS GYFNEWID
release, *n.* RHYDDHAD
   v. RHYDDHAU
relegation, *n.* DAROSTYNGIAD
relent, *v.* TYNERU, ILDIO
relentless, *a.* DIDOSTUR, CREULON
relevance, *n.* PRIODOLDER, PERTHNASEDD
relevant, *a.* PERTHNASOL
reliability, *n.* DIBYNADWYEDD, DIBYNNEDD
reliable, *a.* DIBYNADWY
reliance, *n.* YMDDIRIED, HYDER
reliant, *a.* HYDERUS
relic, *n.* CRAIR
relief, *n.* RHYDDHAD, CYMORTH, TIRWEDD,
   CERFWEDD
   relief map, MAP TIRWEDD
   bas relief, CERFWEDD ISEL
relieve, *v.* RHYDDHAU, CYNORTHWYO,
   ESMWYTHO
religion, *n.* CREFYDD
religiosity, *n.* CREFYDDOLDER
religious, *a.* CREFYDDOL
relinquish, *v.* GADAEL, GOLLWNG,
   YMADAEL
reliquary, *n.* CREIRFA
relish, *n.* BLAS, ENLLYN, RELIS
   v. BLASU, MWYNHAU

reluctance, *n.* AMHARODRWYDD, GWRTH-
   IANT
reluctant, *a.* AMHAROD, ANFODLON
rely, *v.* DIBYNNU, YMDDIRIED, PWYSO
remain, *v.* AROS, BOD AR ÔL / YN WEDDILL
remainder, *n.* GWEDDILL, RHELYW
remainderman, *n.* GWEDDILLIWR
remains, *n.pl.* GWEDDILLION, OLION,
   GWARGED
remand, *v.* REMANDIO
   remand home, CARTREF CADW,
   REMANDY
remark, *n.* SYLW, DYWEDIAD
   v. SYLWI, DWEUD
remarkable, *a.* HYNOD, NODEDIG
remarkably, *ad.* YN HYNOD O, YN OD O
remedial, *a.* ADFER(OL)
remedy, *n.* MEDDYGINIAETH, RHWYMEDI
   v. GWELLA
remember, *v.* COFIO
remembrance, *n.* COFFA(DWRIAETH)
remind, *v.* ATGOFFA
reminder, *n.* NODYN ATGOFFA
reminiscence, *n.* ATGOF
reminiscent, *a.* ATGOFUS, ATGOFIANNOL
remiss, *a.* ESGEULUS, DIOFAL, LLAC
remission, *n.* MADDEUANT, RHYDDHAD,
   DILEAD (O GOSB)
remit, *v.* DANFON, MADDAU, DYCHWELYD
remittance, *n.* TALIAD
remnant, *n.* SBARYN, ATBOR, GWARGED
remodel, *v.* ADLUNIO
remonstrance, *n.* GWRTHDYSTIAD
remonstrate, *v.* GWRTHDYSTIO, DADLAU
remorse, *n.* ATGNO, EDIFEIRWCH
remorseful, *a.* EDIFEIRIOL
remorseless, *a.* DIDOSTUR, DIDRUGAREDD
remote, *a.* PELL, ANGHYSBELL
   remote data station, GORSAF DATA PELL
   remote console, CONSOL PELL
remotely, *ad.* O BELL
remoteness, *n.* PELLENIGRWYDD
removeable, *a.* SYMUDADWY
removal, *n.* SYMUDIAD, DISWYDDIAD
remove, *n.* GWYRIAD, CAM
   v. SYMUD, DISWYDDO, MUDO
   first sharp remove, GWYRIAD Y
   LLONNOD
remunerate, *v.* CYDNABOD, TALU
remuneration, *n.* CYDNABYDDIAETH, TÂL
remunerative, *a.* BUDDIOG, PROFFIDIOL
renal, *a.* ARENNOL
Renaissance, *n.* DADENI

renascence, *v.* DADENI, AILENI
rend, *v.* RHWYGO, DRYLLIO, LLARPIO
render, *n.* RENDRAD, TAENIAD
   v. RENDRO, TAENU, DATGAN
rendering, *n.* DATGANIAD, TROSIAD
rendezvous, *n.* CYRCHFA, OED
rendition, *n.* DATGANIAD
renew, *v.* ADNEWYDDU
renewal, *n.* ADNEWYDDIAD
rennet, *n.* CWYRDEB, CAUL
rennin, *n.* RENNIN
renounce, *v.* YMWRTHOD Â, DIARDDEL
renovate, *v.* ADNEWYDDU
renovation, *n.* ADNEWYDDIAD
renown, *n.* ENWOGRWYDD, ENW, BRI
renowned, *a.* ENWOG, CLODFAWR
rent, *n.* RHENT, ARDRETH, RHWYG
   v. RHENTU
   imputed rent, RHENT PRIODOLEDIG
rental, *n.* RHENTAL
rent-roll, *n.* RHOL RENT
renunciation, *n.* YMWRTHODIAD,
   YMWADIAD
reopen, *v.* AILAGOR
reorganize, *v.* AD-DREFNU
reorientation, *n.* AILGYFEIRIADEDD
repair, *n.* CYWEIRIAD
   v. ATGYWEIRIO, CYWEIRIO, TRWSIO
   repair kit, SET DRWSIO
reparation, *n.* IAWN(DAL)
repartee, *n.* GWRTHEB
repast, *n.* PRYD BWYD, YMBORTH
repatriate, *v.* DADALLTUDIO
repatriation, *n.* DADALLTUDIAETH
repay, *v.* AD-DALU
repayable, *a.* AD-DALADWY
repayment, *n.* AD-DALIAD
repeal, *n.* DIDDYMIAD, DIRYMIAD
   v. DIDDYMU, DIRYMU
repeat, *n.* AILADRODDIAD
   v. AILADRODD, AIL-WNEUD
repeated, *a.* EILFYDD
repeatedly, *ad.* DROSODD A THROSODD,
   DRACHEFN
repeating, *a.* EILAIDD
repel, *v.* GWRTHYRRU, DIFLASU
repellent, *a.* ATGAS, GWRTHUN
repent, *v.* EDIFARHAU
repentance, *n.* EDIFEIRWCH
repentant, *a.* EDIFEIRIOL, EDIFARUS
repercussion, *n.* EFFAITH
repertoire, *n.* RHESTR, STOC
repertory, *n.* CRONFA
   repertory theatre, THEATR UN CWMNI

repetition, *n.* AILADRODD(IAD)
repine, *v.* POENI, ANFODLONI
replace, *v.* ALLOSOD, AMNEWID
replacement, *n.* ALLOSODYN, AMNEWIDYN
replenish, *v.* CYFLENWI, AIL-LANW
replenishment, *n.* CYFLENWAD
replete, *a.* YN LLAWN, CYFLAWN
repletion, *n.* LLAWNDER, SYRFFED
replica, *n.* COPI MANWL, REPLICA
replicate, *v.* AML-LUNIO
replication, *n.* GWRTHDYSTIOLAETH,
   COPÏEDD
reply, *n.* ATEB(IAD)
   v. ATEB
report, *n.* ADRODDIAD, COFNOD, SI, SŴN
   (ERGYD)
   v. ADRODD, GOHEBU
reporter, *n.* GOHEBYDD
repose, *n.* GORFFWYS
   v. GORFFWYS(O)
repository, *n.* YSTORFA
repossess, *v.* ADFEDDIANNU
repossession, *n.* ADFEDDIANT
reprehend, *v.* CERYDDU
reprehension, *n.* CERYDD
represent, *v.* CYNRYCHIOLI
representation, *n.* CYNRYCHIOLAETH
   proportional representation,
   CYNRYCHIOLIAD CYFRANNOL
representative, *n.* CYNRYCHIOLYDD
   a. CYNRYCHIOLIADOL
   representative assembly, CYNULLIAD
   CYNRYCHIOLIADOL
repress, *v.* ADWTHIO, LLETHU, ADWASGU
repression, *n.* ADWTHIAD, GWASTROD,
   ADWASGAETH
repressive, *a.* ADWTHIOL, ADWASGOL
reprimand, *n.* CERYDD
   v. CERYDDU
reprint, *n.* ADBRINT, AILARGRAFFIAD,
   AILBRINT
   v. ADBRINTIO, AILBRINTIO, AILARGRAFFU
reprisal, *n.* DIAL
reprise, *n.* ATBREIS
reproach, *n.* EDLIWIAD, CERYDD
   v. EDLIW, CERYDDU
reproachful, *a.* CERYDDGAR, EDLIWIOL
reprobate, *n.* DIHIRYN
   a. OFER, GWRTHODEDIG
   v. GWRTHOD
reproduce, *v.* ATGYNHYRCHU, COPÏO,
   CENHEDLU
reproduction, *n.* ATGYNHYRCHIAD,
   ATGENHEDLIAD

reproductive, *a.* ATGYNHYRCHIOL
reproof, *n.* CERYDD
reprove, *v.* CERYDDU
reproving, *a.* CERYDDOL
reptile, *n.* YMLUSGIAD
  a. YMLUSGOL
republic, *n.* GWERINIAETH
republican, *n.* GWERINIAETHWR
  a. GWERINIAETHOL
repudiate, *v.* GWADU
repudiation, *n.* GWADIAD
repugnance, *n.* ATGASRWYDD
repugnant, *a.* ATGAS, GWRTHUN
repulse, *v.* GWRTHYRRU
repulsion, *n.* GWRTHYRIAD, GWRTHNYSEDD
repulsive, *a.* ATGAS, GWRTHUN
reputable, *a.* PARCHUS, CYFRIFOL
reputation, *n.* ENW DA
repute, *n.* BRI, PARCH
  v. CYFRIF
reputed, *a.* HONEDIG, TYBIEDIG
request, *n.* CAIS, DYMUNIAD
  v. CEISIO, DYMUNO
requiem, *n.* OFFEREN Y MEIRW
require, *v.* CEISIO, YMOFYN
requirements, *n.pl.* GOFYNION, ANGHEN-
ION
requisite, *a.* GOFYNNOL, ANGENRHEIDIOL
requisites, *n.pl.* ANGENRHEIDIAU,
ANHEPGORION
requisition, *n.* ARCHEB
  v. ARCHEBU
requital, *n.* AD-DALIAD
requite, *v.* TALU, TALU'R PWYTH
reredos, *n.* REREDOS
resale, *n.* ADWERTH
rescind, *v.* DIDDYMU, DIRYMU
rescission, *n.* DIDDYMIAD, DIRYMIAD
rescribe, *v.* GWRTHYSGRIFENNU
rescue, *n.* ACHUBIAETH
  v. ACHUB, GWAREDU
rescuer, *n.* ACHUBWR, ACHUBYDD
research, *n.* YMCHWILIAD
  v. YMCHWILIO
researcher, *n.* YMCHWILIWR
resection, *n.* TORIAD, TOCIAD
resemblance, *n.* TEBYGRWYDD, CYFFEL-
YBRWYDD
resemble, *v.* TEBYGU, CYFFELYBU
resent, *v.* LLIDIO, DIGIO, FFROMI
resentful, *a.* DIGOFUS, CHWERW
resentment, *n.* DIG, DICTER, LLID
reservation, *n.* NEILLTUAD, CADW

reserve, *n.* CRONFA, CEFNLU, CHWARAE-
WR CADW, SWILDOD, GWARCHODFA
  v. CADW, NEILLTUO
  in reserve, WRTH GEFN
  nature reserve, GWARCHODFA NATUR
reserved, *a.* WEDI EI GADW, SWIL, TAWEDOG
reservist, *n.* AELOD O'R CEFNLU
reservoir, *n.* CRONFA, STORFA
resettlement, *n.* AILANHEDDIAD
reside, *v.* PRESWYLIO, BYW, CARTREFU,
TRIGO
residence, *n.* CARTREF SWYDDOGOL
resident, *n.* PRESWYLYDD, TRIGIANNYDD
  a. ARHOSOL
residential, *a.* PRESWYL
  non-residential home, CARTREF DYDD
residual, *a.* GWEDDILLIOL
  n. GWEDDILLEB
residuary, *a.* GWEDDILL
residue, *n.* GWEDDILL, GWARGED, RHELYW
residuum, *n.* GWADDOD, GWEDDILL
resign, *v.* YMDDISWYDDO
resignation, *n.* YMDDISWYDDIAD
resilience, *n.* HYDWYTHDER
resilient, *a.* HYDWYTH
resin, *n.* YSTOR
resinous, *a.* YSTORUS
resist, *n.* GWRTHYDD
  v. GWRTHIANNU, GWRTHSEFYLL
resistance, *n.* GWRTHIANT, YMWRTHEDD,
GWRTHSAFIAD
resistant, *a.* GWRTHIANNOL, GWRTH-
WYNEBUS
resistivity, *n.* GWRTHEDD
resistor, *n.* GWRTHYDD
resolute, *n.* CYDRAN
  a. PENDERFYNOL
resolution, *n.* CYDRANIAD, PENDERFYNIAD
resolve, *n.* PENDERFYNIAD
  v. PENDERFYNU, CYDRANNU, EGLURO,
ADFER
resolvent, *n.* CYDRENNYDD
  a. DATRYSOL
  resolvent kernel, CNEWYLLYN
DATRYSOL
resonance, *n.* CYSEINIANT, CYSEINEDD
resonant, *a.* CYSAIN
resonate, *v.* CYSEINIO
resonator, *n.* CYSEINYDD
resort, *n.* CYRCHFAN, CYMORTH
  v. CYRCHU
resound, *v.* DATSEINIO, DIASBEDAIN
resource, *n.* MODD, DYFAIS, SGIL

resources, *n.pl.* ADNODDAU
resourceful, *a.* DYFEISGAR, MEDRUS
resourcefulness, *n.* DYFAIS, MEDR
respect, *n.* PARCH, YSTYRIAETH, PERTHYNAS
   v. PARCHU
   with respect to, MEWN PERTHYNAS Â
respectability, *n.* PARCHUSRWYDD
respectable, *a.* PARCHUS
respectful, *a.* BONEDDIGAIDD
respectfully, *ad.* YN BARCHUS
respective, *a.* PRIODOL, UNIGOL, AR WAHÂN
respectively, *ad.* YN ÔL EU TREFN, Y NAILL
   Y LLALL
respiration, *n.* ANADLIAD, RESBIRADAETH
   artificial respiration, ADFER ANADLU
respirator, *n.* RESBIRADUR
respiratory, *a.* RESBIRADOL
respire, *v.* RESBIRADU, ANADLU
respite, *n.* EGWYL, SEIBIANT, HOE
resplendence, *n.* DISGLEIRDEB
resplendent, *a.* DISGLAIR
respond, *v.* ATEB, YMATEB, PORTHI
   n. GOBILER
respondent, *n.* ATEBWR
   co-respondent, CYD-ATEBWR
response, *n.* ATEB(IAD), YMATEB
responsibility, *n.* CYFRIFOLDEB
responsible, *a.* CYFRIFOL, ATEBOL
responsions, *n.pl.* ARHOLIAD CYNTAF
responsive, *a.* YMATEBOL
responsory, *a.* ATEBIADOL
rest, *n.* GORFFWYSFA, SEIBIANT, TAWNOD,
   DISYMUDEDD, Y GWEDDILL, CYNHALYDD,
   REST
   v. GORFFWYS, BWRW EI FLINO
   dotted rest, TAWNOD DOT
   rest centres, CANOLFANNAU GORFFWYS
   rest mass, MÁS DISYMUD
   slide rest, REST LLITHRYN
restaurant, *n.* TŶ BWYTA, BWYTY
restful, *a.* LLONYDD, ESMWYTH, TAWEL
restitution, *n.* ADFERIAD, IAWN
restive, *a.* ANHYWAITH
restiveness, *n.* YSTYFNIGRWYDD
restless, *a.* AFLONYDD, ANESMWYTH
restlessness, *n.* AFLONYDDWCH,
   ANESMWYTHDER
restoration, *n.* ADFERIAD, ATGYWEIRIAD
restorative, *n.* MEDDYGINIAETH
restore, *v.* ADFER, ATGYWEIRIO
restorer, *n.* ADFERWR, ATGYWEIRYDD
restoring, *a.* ADFEROL
restrain, *v.* ATAL, RHWYSTRO, FFRWYNO

restrained, *a.* GOCHELGAR, CYMEDROL
restraint, *n.* ATALFA, YMDDISGYBLAETH,
   ATAL(IAD)
restrict, *v.* CYFYNGU, CAETHIWO
restriction, *n.* CYFYNGIAD, AMOD
restrictive, *a.* CYFYNGOL, CAETH
result, *n.* CANLYNIAD, ATEB, MESUREB
   v. CANLYN, DILYN
   arithmetic results, MESUREBAU (CEMEG)
resultant, *n.* CYDEFFAITH
   a. CANLYNIADOL
resulting, *a.* CANLYNOL, YN DILYN
resume, *v.* AILDDECHRAU
résumé, *n.* CRYNODEB
resumption, *n.* AILDDECHREUAD
resurgent, *a.* YN AILGODI, ATGYFODOL
resurrect, *v.* ATGYFODI
resurrection, *n.* ATGYFODIAD
resuscitate, *v.* DADEBRU, ADFYWHAU
resuscitation, *n.* DADEBRIAD, ADFYWIAD
retail, *v.* ADWERTHU, MANWERTHU
   a. ADWERTHOL
retailer, *n.* ADWERTHWR, MÂNWERTHWR
retain, *v.* DARGADW, CADW, DAL
   a. ADWERTH
retainer, *n.* TÂL ARGADW, DALIEDYDD
   retaining fee, FFI ARGADW
retake, *v.* AILENNILL, ADENNILL
retaliate, *v.* DIAL, TALU'R PWYTH
retaliation, *n.* DIAL
retaliatory, *a.* DIALGAR
retard, *v.* ARAFU, RHWYSTRO
retardation, *n.* ARAFIAD, GOHIRIANT,
   OLGYNNYDD
retarded, *a.* OLGYNYDDOL, ARAF
retch, *v.* CEISIO CYFOGI, CHWYDU
retention, *n.* DARGADWAD, ARGADW
retentive, *a.* DARGADWOL, ARGADWOL
retentiveness, *n.* DARGADWAETH
reticence, *n.* TAWEDOGRWYDD
reticent, *a.* TAWEDOG, DISTAW, DI-DDWEUD
reticulate, *a.* RHWYDOL
reticulum, *n.* RETICWLWM
retina, *n.* RETINA
retinue, *n.* GOSGORDD(LU)
retire, *v.* YMDDEOL, CILIO, YMNEILLTUO,
   YMDDISWYDDO
retirement, *n.* YMDDEOLIAD, YMDDIS-
   WYDDIAD
retiring, *a.* CILGAR, YMGILGAR
retort, *n.* ATEB PAROD, RETORT
   v. GWRTHATEB
retouch, *v.* ATGYFFWRDD

retract, v. DAD-DDWEUD, TYNNU'N ÔL
retraction, n. DAD-DDYWEDIAD
retreat, n. ENCIL(IAD)
   v. ENCILIO
retrench, v. CWTOGI, TOLIO
retrenchment, n. CWTOGIAD, CYNILDEB
retribution, n. DIAL, BARN, AD-DALEDIG-
   AETH
retributive, a. YN DIAL, AD-DALIADOL
retrievable, a. ADFERADWY
retrieve, v. ADENNILL, ADFER
retriever, n. ADARGI
retroactive, a. RETROACTIF
retrocede, v. ENCILIO
retrogradation, n. OLRADDIAD
retrograde, a. DIRYWIOL
   n. OLREDIAD
retrogression, n. DIRYWIAD
retrogressive, a. DIRYWIOL
retrospect, n. ADOLWG
   v. OLSYLLU
retrospection, n. OLSYLLIAD
retrospective, a. ADOLYGOL, YN SYLLU'N
   ÔL, OLYDDOL
retrovert, v. GWRTHDROI
return, n. DYCHWEL(IAD), CYNNYRCH,
   ADRODDIAD YSTADEGOL
   v. DYCHWELYD
   law of diminishing returns, DEDDF
   ENILLION LLEIHAOL
returnable, a. DYCHWELADWY
returns, n.pl. ENILLION, CYFRIFON
reunion, n. ADUNIAD
reunite, v. ADUNO
revaluation, n. ADBRISIAD
revalue, v. ADBRISIO
reveal, v. DADLENNU, AMLYGU
   n. DADLEN
reveille, n. GALWAD, CORN BORE
revel, v. GWNEUD MIRI, GLODDESTA
revelation, n. DATGUDDIAD, AMLYGIAD
reveller, n. GLODDESTWR
revelry, n. GLODDEST, MIRI, CYFEDDACH
revenge, n. DIAL(EDD)
   v. DIAL
revengeful, a. DIALGAR
revenue, n. CYLLID, DERBYNIAD
   inland revenue, CYLLID GWLADOL
   sales revenue, DERBYNIADAU
   GWERTHIANT
reverberate, v. DATSEINIO, ADLEISIO
reverberation, n. DATSEINEDD
reverberatory, a. DATSEINIOL
   reverberatory furnace, FFWRNAIS

AD-DAFLU GWRES
revere, v. PARCHU
revered, a. PARCHEDIG
reverence, n. PARCHEDIGAETH
reverend, a. PARCHEDIG
reverent, a. PARCHUS, GWYLAIDD
reverie, n. SYNFYFYRDOD
revers, n.pl. LLABEDI
reversal, n. CILDROAD, GWRTHDROAD
reverse, n. GWRTHDRO, ANFFAWD
   a. CIL, CHWITH
   v. GWRTHDROI, CILDROI
   reverse side, TU CHWITH
reversed, a. CILDRO, GWRTHDRO
reversible, a. CILDROADWY
reversion, n. GWRTHDROAD, CILDROAD
revert, v. DYCHWELYD, YMCHWELYD
review, n. ADOLYGIAD
   v. ADOLYGU
reviewer, n. ADOLYGYDD
revile, v. DIFENWI, GWARADWYDDO
revise, v. DIWYGIO, CYWIRO, ADOLYGU
revised, a. DIWYGIEDIG
revision, n. CYWIRIAD, DIWYGIAD
revisionism, n. AILOLYGIAETH,
   CREDNEWYDDU
revival, n. DIWYGIAD, ADFYWIAD
   v. DIWYGIO, ADFYWIO
revivalist, n. DIWYGIWR
revive, v. ADFER, DADEBRU, ADFYWIO
reviver, n. ADNEWYDDWR, DIOD ADFYWIOL
revocable, a. DIRYMIADWY
revocation, n. DIRYMIAD
revoke, v. DIRYMU, DIDDYMU
revolt, n. GWRTHRYFEL
   v. GWRTHRYFELA
revolting, a. ATGAS, FFIAIDD
revolution, n. CHWYLDRO, CYLCHDRO
revolutionary, n. CHWYLDRÖWR
   a. CHWYLDROADOL
revolutionist, n. CHWYLDRÖWR,
   CHWYLDROADWR
revolutionize, v. CHWYLDROI
revolve, v. CHWYLDROI, CYLCHDROI
revolver, n. LLAWDDRYLL, RIFOLFAR
revulsion, n. GWRTHDRO
reward, n. GWOBR, TÂL
   v. GWOBRWYO, TALU
reynard, n. LLWYNOG, CADNO
rhapsody, n. RHAPSODI
rheostat, n. RHEOSTAT
rhesus, n. RHESWS
rhetoric, n. RHETHREG, AREITHEG

rhetorical, *a.* RHETHREGOL
rhetorician, *n.* RHETHREGWR
rheum, *n.* LLIF, LLYSNAFEDD
rheumatic, *a.* RHIWMATIG
rheumatism, *n.* GWYNEGON, CRYD
CYMALAU, CYMALWST
rhinitis, *n.* FFROENWST
rhinoceros, *n.* RHINOSEROS
rhizoid, *n.* RHISOID
rhizome, *n.* RHISOM
rhododendron, *n.* RHODODENDRON
rhomboid, *n.* RHOMBOID
rhombus, *n.* RHOMBWS
rhubarb, *n.* RIWBOB
rhumba, *n.* RHUMBA
rhyme, *n.* ODL, RHIGWM
v. ODLI, RHIGYMU
rhymer, rhymester, *n.* RHIGYMWR,
BARDD COCOS
rhythm, *n.* RHYTHM
rhythmic(al), *a.* RHYTHMIG
ria, *n.* RIA
rib, *n.* ASEN, RIB
chuck rib, ASEN WAR
spare rib, SBARIB, ASEN FRAS
ribald, *n.* MASWEDDWR
a. MASWEDDOL, SERTH
ribaldry, *n.* MASWEDD, SERTHEDD
riband, *n.* RHUBAN
ribbed, *a.* ASENNOG, RHESOG
ribbon, *n.* RHUBAN
a. RHUBANOG
rice, *n.* REIS
rice krispies, CREISION REIS
rich, *a.* CYFOETHOG, BRAS, FFRWYTHLON,
GOLUDOG
riches, *n.pl.* CYFOETH, GOLUD
richness, *n.* CYFOETHOGRWYDD, BRASTER,
FFRWYTHLONRWYDD
rick, *n.* TAS, HELM, BERA, BEISGAWN
rickets, *n.* LLECH(AU)
rickety, *a.* SIMSAN, BREGUS, LLECHOG
ricochet, *n.* ADLAM
v. ADLAMU
rid, *v.* GWAREDU, MYNNU GWARED O
riddance, *n.* GWARED(IGAETH)
riddle, *n.* POS, RHIDYLL, GOGR
v. RHIDYLLU, GOGRI
ride, *n.* REID, TRO
v. MARCHOGAETH, NOFIO (WRTH ANGOR)
rider, *n.* MARCHOGWR, ATODEG
ridge, *n.* CRIB, CEFN(EN), ESGAIR, TRUM,
GRWN

ridicule, *n.* GWAWD, GWATWAR
v. GWAWDIO, GWATWAR
ridiculous, *a.* CHWERTHINLLYD, GWRTHUN,
ARISEL
riding, *n.* MARCHOGAETH
rife, *a.* CYFFREDIN, AML
riffler, *n.* RHIFFLWR
riff-raff, *n.* GWEHILION, DIHIROD
rifle, *n.* REIFFL
v. YSBEILIO
rift, *n.* AGEN, HOLLT
v. RHWYGO, HOLLTI
rift valley, DYFFRYN HOLLT
rig, *n.* RIG
v. RIGIO, TACLU
rigger, *n.* RIGER
rigging, *n.* RIGIN
right, *n.* HAWL, IAWN, BRAINT
i. O'R GORAU! REIT!
a. IAWN, CYWIR, SGWÂR, DE(AU), UNION
ad. YN GYWIR, YN IAWN
right angle, ONGL SGWÂR
rights and customs, BRAINT A DEFOD
righteous, *a.* CYFIAWN, UNIAWN
righteousness, *n.* CYFIAWNDER
rightful, *a.* CYFIAWN, CYFREITHLON
rights, *n.pl.* IAWNDERAU, HAWLIAU
consumer rights, HAWLIAU PRYNWR
rigid, *a.* ANHYBLYG, TYN, HAEARNAIDD
rigidity, *n.* ANHYBLYGEDD
rigmarole, *n.* LOL, FFILOREG, FFREGOD
rigor, *n.* RIGOR
rigorism, *n.* RIGORIAETH
rigorist, *n.* RIGORYDD
rigorous, *a.* MANWL-GYWIR, LLYM
rigour, *n.* MANWL-GYWIRDEB, LLYMDER
rile, *v.* CYTHRUDDO, FFYRNIGO
rill, *n.* CORNANT, FFRWD
rim, *n.* YMYL, RHIMYN, CANT(EL)
rime, *n.* LLWYDREW, BARRUG, ARIEN
rimer, *n.* AGORELL
rind, *n.* CROEN, PIL
ring, *n.* MODRWY, CYLCH, DOLEN, SWN
CLOCH
v. MODRWYO, DIASBEDAIN, CANU CLOCH
ring gauge, MEDRYDD TORCH
piston rings, CYLCHAU PISTON
ring road, CYLCHFFORDD
ringed, *a.* MODRWYOG, CYLCHOG
ringing, *a.* SONIARUS, UCHEL
ringleader, *n.* PRIF DERFYSGWYR,
ARWEINYDD (DRWG)
ringlet, *n.* CUDYN CYRLIOG

ringworm, *n.* DARWDEN, GWREINYN
rink, *n.* RINC
rinse, *n.* RINS
   v. RINSIO, STRAELIO
riot, *n.* TERFYSG, REIAT
   v. TERFYSGU
rioter, *n.* TERFYSGWR
riotous, *a.* TERFYSGLYD
rip, *n.* RHIP, RHWYG
   v. RHIPIO, RHWYGO
ripe, *a.* AEDDFED, GWISGI
ripen, *v.* AEDDFEDU
ripeness, *n.* AEDDFEDRWYDD
riposte, *n.* RIPOST
ripping, *a.* CAMPUS, RHAGOROL
ripple, *n.* CRYCH(DON)
   v. CRYCHDONNI, CRYCHU
rise, *n.* CODIAD, DYRCHAFIAD
   v. CODI, TARDDU, DYRCHAFU
riser, *n.* CODWR
rising, *n.* CODIAD, GWRTHRYFEL
risk, *n.* PERYGL, RISG, MENTR
   v. PERYGLU, RISGIO
   risk averter, AFENTRWR
   risk lover, HYFENTRWR
risky, *a.* PERYGLUS, MENTRUS
rissole, *n.* RISOL
rite, *n.* DEFOD
ritual, *n.* DEFOD
   a. DEFODOL
ritualism, *n.* DEFODAETH
ritualist, *n.* DEFODWR
ritualistic, *a.* DEFODOL, SEREMONÏOL
rival, *n.* GWRTHWYNEBYDD
   v. GWRTHWYNEBU, CYSTADLU
rivalry, *n.* YMRYSON
river, *n.* AFON
   river capture, AFONLADRAD
riverside, *n.* GLAN AFON
rivet, *n.* RHYBED
   v. RHYBEDU
   pan head rivet, RHYBED PENBAN
   cask lead rivet, RHYBED GWRTHSODD
rivetted, *a.* RHYBEDOG
rivulet, *n.* AFONIG
roach, *n.* GWRACHEN
road, *n.* FFORDD, HEOL
   ring road, CYLCHFFORDD
   access road, FFORDD FYNEDIAD
roads, *n.* ANGORFA
roadside, *n.* MIN Y FFORDD
roadstead, *n.* ANGORLE
road-user, *n.* FFORDDOL(YN)

roam, *v.* CRWYDRO, GWIBIO
roan, *a.* BROC
roar, *n.* RHU
   v. RHUO
roaring, *a.* RHUADWY
roast, *a.* RHOST
   v. RHOSTIO
rob, *v.* LLADRATA, YSBEILIO
robber, *n.* LLEIDR, YSBEILIWR
robbery, *n.* LLADRAD, YSBEILIAD
   robbery with violence, YSBEILIAD TRWY
   DRAIS
robe, *n.* GŴN, GWISG
   v. GWISGO
robin, *n.* BRONGOCH, BRONRHUDDYN
robot, *n.* ROBOT
robust, *a.* GRYMUS, CRYF, CADARN
robustness, *n.* GRYMUSTER, CRYFDER,
   CADERNID
rock, *n.* CRAIG
   v. SIGLO
   sedimentary rock, CRAIG WADDOD
rocker, *n.* SIGLYDD, CADAIR SIGLO
rocket, *n.* ROCED
rocketeer, *n.* ROCEDWR
rock-garden, *n.* CREIGARDD
rocking-horse, *n.* CEFFYL SIGLO
rocky, *a.* CREIGIOG
rod, *n.* RHODEN, ROD
   track rod, RHODEN LWYBRO
rodent, *n.* RODENT, CNOFIL
rodes, *n.* RODES
roe, *n.* GRONELL, BOL CALED
   soft roe, LLEITHIAN, BOL MEDDAL
roebuck, *n.* IWRCH
rogation, *n.* GWEDDI, DEISYFIAD
rogue, *n.* GWALCH, CNAF
roguery, *n.* TWYLL
rôle, *n.* RÔL, RHAN, SWYDDOGAETH
roll, *n.* RHOLYN, RHÒL, RHESTR,
   v. RHOLIO, TREIGLO
   forward roll, RHÒL YMLAEN
   meat roll, RHOL GIG
roll-call, *n.* GALW ENWAU
rolled, *a.* RHOLEDIG
roller, *n.* RHOLER
   roller bearing, RHOLFERYN
rollers, *n.pl.* GWANEGAU
rolling, *a.* TONNOG
   rolling stock, RHOLSTOC
rolling-pin, *n.* RHOLBREN
roly-poly, *n.* ROLI-POLI
Roman, *n.* RHUFEINIWR
   a. RHUFEINIG

romance, *n.* RHAMANT
  v. RHAMANTU
romantic, *a.* RHAMANTUS
romanticism, *n.* RHAMANTIAETH
romp, *n.* RHAMP
  v. RHAMPIO
romper, *n.* RHOMPER
rondo, *n.* RONDO
rood, *n.* CROG, RWD
  rood screen, SGRIN Y GROG
roof, *n.* TO, NEN, CRONGLWYD
  v. TOI
  hip roof, TALCENDO
rook, *n.* YDFRAN, CASTELL (SIES)
room, *n.* LLE, YSTAFELL
roominess, *n.* HELAETHRWYDD, EHANGDER
roomy, *a.* HELAETH, EANG
roost, *n.* CLWYD
  v. CLWYDO
rooster, *n.* CEILIOG
root, *n.* GWREIDDYN, BÔN (GAIR), ISRADD
  (maths.)
  v. GWREIDDIO
  square root, AIL ISRADD
  root of the equation, GWREIDDYN YR
  HAFALIAD
  contractile root, GWREIDDYN CYFANGOL
root-cap, *n.* GWEIDDGAP
rootless, *a.* DIWRAIDD
rootstock, *n.* RHAFF
  v. RHAFFU, RHWYMO
rope, *n.* RHAFF
ropeway, *n.* RHAFFORDD
rosary, *n.* PADERAU, LLASWYR
rose, *n.* RHOSYN
rose-hips, *n.pl.* EGROES
rosemary, *n.* RHOSMARI
rosette, *n.* ROSÉT
rosewood, *n.* RHOSBREN
rostrum, *n.* ESGYNLAWR, ROSTRWM
rosy, *a.* RHOSYNNOG, DISGLAIR
rot, *n.* PYDREDD, BRAENEDD, LOL
  v. PYDRU, BRAENU
  dry rot, BRAEN SYCH
rota, *n.* RHOD, TÔN GRON, TREFN
rotary, *n.* CYLCHDRO, AMDRO, ROTARI
  rotary club, CLWB ROTARI
rotate, *v.* CYLCHDROI, AM-DROI
rotation, *n.* CYLCHDRO, AMDRO
rotational, *a.* CYLCHDRO(ADOL)
rote, *n.* TAFODLEFERYDD
  rote learning, RHOD-DDYSGU
rotor, *n.* ROTOR
rotten, *n.* PWDR, MALL, DRWG, CLWC

rottenness, *n.* PYDREDD, MALLTOD
rotter, *n.* DIHIRYN
rotund, *a.* CRWN, CYFRGRWN
rotunda, *n.* ROTWNDA
rouble, *n.* RWBL
rouge, *n.* RHUDDLIW, ROUGE
rough, *a.* GARW, CWRS, BRAS, LLED GYWIR
roughage, *n.* GARWFWYD, BRASFWYD
roughcast, *n.* PLASTR GARW
roughen, *v.* GARWHAU
  roughening tool, BRASNADDELL
rough-hew, *v.* BRASNADDU
rough-hewn, *a.* CWRS
roughness, *n.* GARWEDD
roughshod, *a.* TRWSGL
round, *n.* ROWND, TÔN GRON, CYLCH
  a. CRWN
  ad. O AMGYLCH
  prp. O GWMPAS
  v. CASGLU, CRYNHOI
  round off, TALGRYNNU
  round (of beef), MORDDWYD
roundabout, *n.* CYLCHFAN, TROGYLCH
  a. O AMGYLCH, CWMPASOG
roundelay, *n.* CYLCHGAN
rounders, *n.pl.* CHWARAE CYLCH,
  ROWNDERI
roundhead, *n.* PENGRYNIAD
roundness, *n.* CRYNDER
round-robin, *n.* DEISEB GRON
round-shouldered, *a.* GWARGRWM
rouse, *v.* DEFFRO, DIHUNO, CYFFROI
rousing, *a.* BYW(IOG)
rout, *n.* ANHREFN
  v. GYRRU AR FFO, YMLID
route, *n.* LLWYBR, TAITH
routine, *n.* RHEOLWAITH
  a. RHIGOLAIDD
rove, *v.* CRWYDRO, GWIBIO
rover, *n.* CRWYDRYN
row, *n.* RHES, GWANAF
  v. RHWYFO
rowan, *n.* CERDINEN, CRIAFOLEN
rowdy, *a.* STWRLLYD, TRYSTIOG
rowel, *n.* RHYWEL
rower, *n.* RHWYFWR
rowlock, *n.* ROLOC
royal, *a.* BRENHINOL
royalist, *n.* BRENHINWR
royalty, *n.* BREINDAL, BRENHINDOD
rub, *n.* RHWBIAD, RHWYSTR
  v. RHWBIO
rubber, *n.* RWBER

rubbish, *n.* SBWRIEL, LOL
rubble, *n.* RWBEL
rubicund, *a.* GWRITGOCH
rubric, *n.* CYFEIREB, RHUDDELL
rubricate, *v.* RHUDDELLU
ruby, *n.* RHUDDEM
   a. RHUDDGOCH
ruching, *n.* CRYCHYN
ruck, *n.* RYC, PLYG, CRYCHNI
   v. RYCIO, PLYGU, CRYCHU
rucking, *n.* RYCIO, CRYCHYN
rucksack, *n.* RHYCHSACH
rudder, *n.* LLYW
ruddy, *a.* RHUDD, GWRITGOCH
rude, *a.* ANFOESGAR, DIGYWILYDD
rudeness, *n.* ANFOESGARWCH
rudiment, *n.* EGWYDDOR, ELFEN
rudimentary, *a.* ELFENNOL
rue, *v.* EDIFARHAU, GOFIDIO
   n. RYW
rueful, *a.* TRIST, TRUENUS, GRESYNUS
ruff, *n.* COLER
ruffian, *n.* ADYN, DIHIRYN
ruffle, *n.* RYFFL
   v. RYFFLO
ruffler, *n.* RYFFLELL
rug, *n.* RYG
   rugmaking, RYGWAITH
rugby, *n.* RYGBI
rugged, *a.* GARW, ANWASTAD
ruggedness, *n.* GARWEDD
ruin, *n.* DISTRYW, ADFAIL
   v. DISTRYWIO, ANDWYO
ruination, *n.* DINISTR
ruinous, *a.* DINISTRIOL
rule, *n.* RHEOL, RIWL, LLYWODRAETH
   v. RHEOLI, RIWLIO, LLYWODRAETHU
   slide rule, RIWL RIFO, LLITHRIWL
ruled, *a.* LLINELLOG
ruler, *n.* RHEOLWR, RIWL(ER), LLYWOD-
   RAETHWR
ruling, *n.* DYFARNIAD, RIWLIAD
rum, *n.* RYM
   a. OD, RHYFEDD
rumble, *n.* TRWST
   v. TRYSTIO, MURMUR

rumbustious, *a.* CYFFROUS
rumen, *n.* RWMEN
ruminant, *n.* ANIFAIL CILGNO
ruminate, *v.* MYFYRIO, CNOI CIL
rumination, *n.* MYFYRDOD, CNOI CIL
rummage, *v.* CHWILOTA
rumour, *n.* SI, SÔN, SWAE, ACHLUST
rump, *n.* CLOREN, CRWMAN, RWMP
rumple, *v.* CRYCHU, SYBACHU
rumpus, *n.* CYNNWRF, TERFYSG
run, *n.* RHEDIAD, LIBART
   v. RHEDEG, RHEOLI
   approach run, ATREDIAD
runaway, *n.* FFOADUR
   a. AR FFO
rundown, *n.* DIHOENIAD
rung, *n.* FFON YSGOL
runnel, *n.* CORNANT, CORFFRWD
runner, *n.* RHEDWR, YMLEDYDD
running, *n.* RHEDIAD
   a. RHEDEGOG
runway, *n.* RHEDEGFA
rupture, *n.* TORGEST, CWERYL
rural, *a.* GWLEDIG
ruse, *n.* YSTRYW, CAST
rush, *n.* RHUTHR, BRWYNEN
   v. RHUTHRO
   rush hour, AWR FRYS
rushy, *a.* BRWYNOG
russet, *a.* LLWYTGOCH
rust, *n.* RHWD
   v. RHYDU
rustic, *n.* GWLADWR
   a. GWLADAIDD
rusticate, *v.* COSBI
rustification, *n.* CREIGWAITH
rustle, *n.* & *v.* SIFFRWD
rustless, *a.* GWRTHRWD
rusty, *a.* RHYDLYD
rut, *n.* RHIGOL
ruthless, *a.* DIDOSTUR, CREULON, DIARBED
ruthlessness, *n.* ANNHOSTURI
rye, *n.* RHYG
rye grass, *n.* RHYGWELLT

Sabbath, *n.* SABATH, SABOTH,
sabbatarian, *n.* SABATHYDD
sabbatarianism, *n.* SABATHYDDIAETH
sable, *n.* SABL
   a. DU, SABL
sabot, *n.* ESGID BREN
sabotage, *n.* DIFROD BWRIADOL
   v. DIFRODI
saboteur, *n.* SABOTWR
sabre, *n.* SABR
sac, *n.* CODEN
saccharine, *n.* SACARÎN
sacerdotal, *a.* OFFEIRIADOL
sachet, *n.* CWD AROGLUS
sack, *n.* SACH, FFETAN, DISWYDDIAD,
   MATH O WIN
   v. DISWYDDO
sackbut, *n.* SACBWT
sackcloth, *n.* SACHLIAIN
sacking, *n.* SACHLEN
sacral, *a.* CYSEGROL
sacrament, *n.* SAGRAFEN, SACRAMENT
sacramental, *a.* SAGRAFENNOL,
   SACRAMENTAIDD
sacramentarian, *n.* SAGRAFENYDD
sacred, *a.* CYSEGREDIG, GLÂN, SANCTAIDD
sacrifice, *n.* OFFRWM, ABERTH
   v. OFFRYMU, ABERTHU
sacrificial, *a.* ABERTHOL
sacrilege, *n.* HALOGIAD
sacrilegious, *a.* HALOGEDIG
sacristan, *n.* SACRISTAN, CLOCHYDD
sacristy, *n.* FESTRI
sacrosanct, *a.* DIHALOG, CYSEGREDIG
sacrum, *n.* SACRWM
sad, *a.* TRIST, BLIN, PRUDD, TRUENUS
sadden, *v.* TRISTÁU, PRUDDHAU
saddle, *n.* CYFRWY
   v. CYFRWYO
   saddle of lamb, CANOL CEFN OEN
saddlepoint, *n.* COL
saddler, *n.* CYFRWYWR
sadism, *n.* SADISTIAETH
sadist, *n.* SADIST, SADYDD
sadly, *ad.* YN DRIST/BRUDD
sadness, *n.* TRISTWCH, PRUDD-DER,
   TRYMDER
safe, *a.* DIOGEL, DIHANGOL, SAFF
   n. DIOGELL, CLOER
   safety guard, DIOGELYDD
   safety precautions, RHAGOFALON
   DIOGELWCH
safeguard, *n.* DIOGELWCH, AMDDIFFYN
   v. DIOGELU

safety, *n.* DIOGELWCH
safety-belt, *n.* RHWYMYN ARBED
safety-curtain, *n.* LLEN TÂN
safety-pin, *n.* PIN CAU
safety-valve, *n.* FALF DDIOGELWCH
saffron, *n.* SAFFRWM
sag, *n.* SAGIAD
   v. SAGIO, YMOLLWNG
saga, *n.* SAGA
sagacious, *a.* CALL, FFEL, CRAFF
sagacity, *n.* DEALL, CRAFFTER
sage, *n.* GŴR DOETH, SAETS
   a. DOETH, CALL
sagittal, *a.* SAETHOL
sago, *n.* SEGO
said, *a.* A ENWYD, Y DYWEDEDIG
sail, *n.* HWYL
   v. HWYLIO, MORIO
sailing, *n.* HWYLIAD
   a. YN HWYLIO
sailor, *n.* MORWR, LLONGWR
saint, *n.* SANT
   patron saint, NAWDDSANT
saintliness, *n.* SAN(C)TEIDDRWYDD
saintly, *a.* SAN(C)TAIDD
sake, *n.* MWYN
salad, *n.* SALAD
   salad cream, HUFEN SALAD
salami, *n.* SALAMI
salaried, *a.* CYFLOG(EDIG)
salary, *n.* CYFLOG
sale, *n.* GWERTHIANT, SÊL
   auction sale, ARWERTHIANT
   for sale, AR WERTH
saleable, a. GWERTHADWY
salesman, *n.* GWERTHWR
salesmanship, *n.* DAWN I WERTHU
salient, *n.* CAMEDD
   a. AMLWG
saline, *n.* HELI
   a. HALWYNOG, HALLT
salinity, *n.* HALWYNEDD
saliva, *n.* POER, SALIFA
sallow, *a.* MELYN AFIACH
sally, *n.* CYRCH, RHUTHR
   v. CYRCHU, RHUTHRO
salmon, *n.* EOG, SAMWN,
salmonella, *n.* SALMONELA
saloon, *n.* SALŴN
salon, *n.* SALON
salt, *n.* HALEN, HALWYN (CEMEG)
   v. HALLTU, HALWYNO
   a. HALLT
   salt deposits, DYDDODION HALEN

saltation, *n.* NEIDIANT
salt-cellar, *n.* LLESTR·HALEN
saltings, *n.* HALWYNDIR
saltpetre, *n.* SOLPITAR
salts, *n.pl.* HALWYNAU
salty, *a.* HALLT
salubrious, *a.* IACH(USOL)
salutary, *a.* IACHUS
salutation, *n.* CYFARCHIAD, ANNERCH
salute, *v.* CYFARCH, SALIWTIO
salvage, *n.* ARBEDIAD, ACHUBIAD
   v. ARBEDU, ACHUBIADU
salvation, *n.* IACHAWDWRIAETH, IECHYD-
   WRIAETH
salve, *n.* ELI, ENNAINT
   v. LLEDDFU
salver, *n.* HAMBWRDD
salvo, *n.* ERGYDION
salvor, *n.* ACHUBIADWR
samba, *n.* SAMBA
same, *a.* YR UN FATH/YR UN
   pn. HYNNY
   all the same, ER HYNNY
sameness, *n.* TEBYGRWYDD
sample, *n.* SAMPL
   v. SAMPLU
   random sample, HAPSAMPL
sampler, *n.* SAMPLER
sanatorium, *n.* SANATORIWM
sanctification, *n.* SANCTEIDDHAD
sanctify, *v.* SANCTEIDDIO, CYSEGRU
sanctimonious, *a.* SYCHDDUWIOL
sanction, *n.* ATALIAD, SANCSIWN,
   CYFYNGIAD, COSB
   v. CANIATÁU
   economic sanction, ATALIAD
   ECONOMAIDD
sanctioned, *a.* WEDI CAEL CANIATÂD
sanctity, *n.* SANCTEIDDRWYDD
sanctuary, *n.* CYSEGR, NODDFA, SEINTWAR,
   NAWDD, GWARCHODFA
sanctum, *n.* ENCIL, CYSEGR-LE
sand, *n.* TYWOD
   pl. TRAETH
   sandpit, TAFOD TYWOD
   parting sand, TYWOD PARTÏO
   whistling sand, TYWOD SÏO
sandal, *n.* SANDAL
sandbank, *n.* BANC TYWOD, TYWYN
sandcrack, *n.* HOLLT Y CARN
sand-dune, *n.* TWYN TYWOD
sand-eel, *n.* LLYMRÏEN
sandhill, *n.* BRYN TYWOD, TYWODFRYN

sandpaper, *n.* PAPUR GWYDROG
sander, *n.* SANDR
sandstone, *n.* TYWODFAEN
sandwich, *n.* BRECHDAN (DDWBL)
   v. GWTHIO RHWNG
   meat sandwich, BRECHDAN GIG
   sandwich cake, CACEN/TEISEN DDWBL
sandwich-board, *n.* HYSBYSFWRDD
sandy, *a.* TYWODLYD, MELYNGOCH
sane, *a.* CALL, SYNHWYROL, CYMEDROL
sang-froid, *n.* HUNANFEDDIANT
sanguinary, *a.* GWAEDLYD
sanguine, *a.* HYDERUS, BRWD, GOBEITHIOL
sanhedrim, *n.* SANHEDRIN
sanitary, *a.* IECHYDOL
sanitation, *n.* IECHYDAETH
sanity, *n.* IAWN BWYLL, CALLINEB
sap, *n.* NODD, SUDD, GWYNNIN
   v. SUGNO, TANSEILIO
sapient, *a.* DOETH, CALL, SYNHWYROL
sapling, *n.* GLASBREN
saponification, *n.* SEBONEIDDIAD
saponify, *v.* SEBONEIDDIO
sapper, *n.* MILWR BLAEN
sapphire, *n.* SAFFIR
sappy, *a.* IR, NODDLYD, MEDDAL
saprophyte, *n.* SAPROFFYT
saprophytic, *a.* SAPROFFYTIG
sapwood, *n.* GWYNNIN
sarcasm, *n.* COEGNI, GWAWD
sarcastic, *a.* COEGLYD, GWAWDLYD
sarcoma, *n.* SARCOMA
sarcophagus, *n.* ARCH GARREG
sardine, *n.* SARDÎN
sardonic, *a.* GWAWDLYD, COEGLYD
sari, *n.* SARI
sarong, *n.* SARONG
sartorial, *a.* TEILWRAIDD
sash, *n.* SAS, GWREGYS
Satan, *n.* SATAN
satanic, *a.* SATANAIDD, DIEFLIG,
   CYTHREULIG
satchel, *n.* SGREPAN
sate, *v.* DIWALLU, SYRFFEDU
satellite, *n.* LLOEREN, SÁTELIT
   a. GWASAIDD
   satellite town, CYLCHDREF
satiate, *v.* DIWALLU, SYRFFEDU, DIGONI
satiety, *n.* SYRFFED, DIFLASTOD
satin, *n.* SATIN
satire, *n.* DYCHAN, GOGAN
satirical, *a.* DYCHANOL
satirist, *n.* DYCHANWR, GOGANWR

satirize, *v.* DYCHANU, GOGANU
satisfaction, *n.* BODLONRWYDD, BODDHAD
satisfactory, *a.* BODDHAOL
satisfy, *v.* BODLONI, BODDIO, DIWALLU
satisfying, *a.* DIGONOL, BODDHAOL
saturate, *v.* DIRLENWI, TRWYTHO
saturated, *a.* DIRLAWN
saturation, *n.* DIRLAWNDER
Saturday, *n.* DYDD SADWRN
Saturn, *n.* SADWRN
saturnalian, *a.* ANFAD, TRYTHYLL
satyr, *n.* SATYR
sauce, *n.* SAWS, BLASLYN, HAERLLUGRWYDD
saucepan, *n.* SOSBAN
saucer, *n.* SOSER
sauciness, *n.* EHOFNDRA, HAERLLUGRWYDD
saucy, *a.* EOFN, EGR, HAERLLUG
sauna, *n.* SAWNA
sausage, *n.* SOSEJ, SELSIGEN
　sausage roll, RHOL SOSEJ/SELSIG
savage, *n.* ANWARIAD
　a. ANWAR, FFYRNIG
savageness, *n.* FFYRNIGRWYDD, MILEINDRA
savagery, *n.* CREULONDEB, BARBAREIDD-IWCH
savanna, *n.* SAFANA
savant, *n.* DYN DYSGEDIG
save, *v.* ARBED, ACHUB, CYNILO
　prp. & c. ODDIEITHR, OND
saver, *n.* ACHUBWR, ACHUBYDD
saving, *a.* ACHUBOL, DARBODUS
savings, *n.pl.* CYNILION
　n. YR ARBED
savings-bank, *n.* BANC CYNILO
savings-box, *n.* BLWCH CYNILO, CADW-MI-GEI
saviour, *n.* ACHUBWR/YDD, GWAREDWR, CEIDWAD, IACHAWDWR
savory, *n.* SAFRI FACH
savour, *n.* SAWR, BLAS
　v. SAWRU
savoury, *n.* BLASUSFWYD
　a. BLASUS, SAWRUS
savoy, *n.* CABETS CRYCH
saw, *n.* LLIF, HEN DDYWEDIAD
　v. LLIFIO
　bandsaw, CYLCHLIF
　jig saw, HERCLIF
　sheet saw, LLIF LEM
　coping saw, LLIF FWA FACH
sawdust, *n.* BLAWD LLIF
sawmill, *n.* MELIN LIFIO

sawyer, *n.* LLIFIWR
saxophone, *n.* SACSOFFÔN
say, *v.* DWEUD, DYWEDYD
saying, *n.* DYWEDIAD
scab, *n.* CRACHEN, SGAB, CLAFR
scabbard, *n.* GWAIN
scabby, *a.* CRACHLYD
scabies, *n.* Y CRAFU
scabland, *n.* GARWDIR BASALT
scaffold, *n.* CROCBREN
scaffolding, *n.* SGAFFALD(I)AU
scalar, *n.* SGALAR
scald, *n.* LLOSG, SGALDIAD
　v. SGALDANU, SGALDIO
scalding, *a.* BERW, POETH
scale, *n.* CLORIAN, TAFOL, GRADDFA, CEN, MAINT
　v. CLORIANNU, PWYSO, GRADDIO, DIGENNU, DRINGO
　number scale, GRADDFA RIF
　division of scale, GRADDEN
　diagonal scale, GRADDFA GROESLIN
scalene, *a.* ANGHYFOCHROG
scales, *n.* CLORIAN, TAFOL
scallop, *n.* SGOLOP
　v. SGOLOPIO
scallywag, *n.* DIHIRYN, GWALCH
scalp, *n.* COPA, CROEN Y PEN
　v. PENFLINGO
scalpel, *n.* SGALPEL
scaly, *a.* CENNOG
scamp, *n.* CNAF, DIHIRYN
scamper, *v.* PRANCIO
scampi, *n.* SGAMPI
scan, *v.* ARCHWILIO, CORFANNU, SGANIO
scandal, *n.* GWARTH, CYWILYDD
scandalize, *v.* GWARTHRUDDO
scandal-monger, *n.* CLEPGI
scandalous, *a.* GWARTHUS, TRAMGWYDDUS
scanner, *n.* SGANYDD
scansion, *n.* CORFAN(NU)
scant, *a.* PRIN, ANAML
scantiness, *n.* PRINDER
scanty, *a.* PRIN, ANNIGONOL
scapegoat, *n.* BWCH DIHANGOL
scapula, *n.* SGAPWLA
scape, *n.* LLUN, GWEDD
scar, *n.* CRAITH
　v. CREITHIO
scarce, *a.* PRIN
scarcely, *ad.* BRAIDD, PRIN, O'R BRAIDD
scarcity, *n.* PRINDER
scare, *n.* DYCHRYN, BRAW, OFN
　v. DYCHRYNU, BRAWYCHU, TARFU

scarecrow, *n.* BWGAN BRAIN, BWBACH
scared, *a.* OFNUS
scaremonger, *n.* BRAWYCHWR
scarf, *n.* SGARFF, CRAFAT
   v. SGARFFIO
scarlet, *a. & n.* YSGARLAD
scarp, *n.* SGARP, TARREN
scarpland, *n.* SGARPDIR
scathe, *v.* ANAFU, NIWEIDIO
scathing, *a.* DEIFIOL, MINIOG
scatter, *v.* GWASGARU, CHWALU, TAENU
scattered, *a.* GWASGAREDIG, AR WASGAR
scattering, *n.* GWASGARIAD
scavenge, *v.* CARTHYSU
scavenger, *n.* CARTHYSYDD
scenario, *n.* SENARIO
scene, *n.* LLE, MAN, GOLYGFA
scenery, *n.* GOLYGFA, SET
scenic, *a.* GOLYGFAOL
scent, *n.* AROGLAU, TRYWYDD
   v. AROGLEUO, FFROENI
sceptic, *n.* AMHEUWR, SGEPTIG
sceptical, *a.* AMHEUGAR
scepticism, *n.* AMHEUAETH, SGEPTIGAETH
sceptre, *n.* TEYRNWIALEN
sceptred, *a.* BRENHINOL, Â THEYRN-
   WIALEN
schedule, *n.* ATODLEN, TREFNLEN, RHESTR
scheme, *n.* CYNLLUN
   v. CYNLLUNIO, CYNLLWYNO
schemer, *n.* CYNLLWYNWR
scheming, *a.* DICHELLGAR
schism, *n.* SISM, SGISM
schismatic, *a.* RHWYGOL
schist, *n.* SCHIST, SGIST
schizophrenia, *n.* GWALLGOFRWYDD
scholar, *n.* YSGOLHAIG, YSGOLOR
scholarly, *a.* YSGOLHEIGAIDD
scholarship, *n.* YSGOLHEICTOD, YSGOL-
   ORIAETH
scholastic, *a.* ADDYSGOL, SGOLASTIG
scholasticism, *n.* SGOLASTIGIAETH
school, *n.* YSGOL, HAIG (O BYSGOD)
   v. DYSGU, ADDYSGU
   tertiary school, YSGOL DRYDYDDOL
   public school, YSGOL FONEDD
   boarding school, YSGOL BRESWYL
schoolhouse, *n.* YSGOLDY, TŶ YSGOL
schooling, *n.* YSGOL, ADDYSG
schoolmaster, *n.* ATHRO (YSGOL)
schoolmistress, *n.* ATHRAWES
schooner, *n.* SGWNER
sciatica, *n.* GWYNEGON

science, *n.* GWYDDONIAETH, GWYDDOR
scientific, *a.* GWYDDONOL
scientist, *n.* GWYDDONYDD
scientology, *n.* GWYDDONEG
scintillate, *v.* FFLACHENNU, SERENNU
scion, *n.* IMPYN, ETIFEDD, BLAGURYN
scission, *n.* TORIAD
scissors, *n.pl.* SISWRN
sclerosis, *n.* SGLEROSIS, CALEDIAD
scoff, *n.* GWAWD, GWATWAR
   v. GWAWDIO, GWATWAR
scoffer, *n.* GWAWDIWR, GWATWARWR
scold, *v.* TAFODI, DWRDIO
   n. CECREN
scone, *n.* SGON
   drop scone, SGON GYTEW
scoop, *n.* SGŴP, LLETWAD
   v. SGWPIO
scoot, *v.* HEGLU
scooter, *n.* SGWTER
scope, *n.* CWMPAS, LLE, TUEDD
scorch, *v.* DEIFIO, RHUDDO
scorching, *a.* DEIFIOL
score, *n.* SGÔR, RHIC, DYLED, UGAIN
   v. SGORIO, RHICIO
   raw score, SGÔR GRAI
scorer, *n.* SGORWR
scorn, *n.* DIRMYG, GWAWD
   v. DIRMYGU, GWAWDIO
scorner, *n.* DIRMYGWR, GWAWDIWR
scornful, *a.* DIRMYGUS, GWAWDLYD
scorpion, *n.* SGORPION
Scot, *n.* ALBANWR, SGOTYN
   Scotch eggs, WYAU SGOTYN/SELSIG
Scotland, *n.* YR ALBAN, SGOTLAND
scot-free, *a.* DI-GOSB, HEB NIWED
scoundrel, *n.* DIHIRYN, ADYN, CNAF
scour, *n.* SGWRIAD
   v. SGWRIO
scourer, *n.* SGWRIWR
scourge, *n.* FFLANGELL, CHWIP, PLA
   v. FFLANGELLU, CHWIPIO
scout, *n.* SGOWT
   v. SGOWTIO
scowl, *n.* CUWCH, GWG
   v. CUCHIO, GWGU
scowling, *a.* CUCHIOG, GWGUS
scrag, *n.* SGRAG, GWDDF
scragginess, *n.* TENEUWCH
scraggy, *a.* TENAU, ESGYRNOG
scramble, *n.* YSGARMES
   v. SGRAMBLO
scrambled, *a.* TAMEIDIOG
   scrambled egg, CYMYSGWY, WY SGRAMBL

scrap, *n.* TAMAID, SGRAP, ATBOR
scrapbook, *n.* LLYFR LLOFFION
scrape, *n.* CRAFIAD, HELBUL
   v. CRAFU, SGRAFELLU, RHYGNU
scraper, *n.* CRAFWR, SGRAFELL, CRAFELL
scrapie, *n.* YSFA
scrapings, *n.pl.* CREIFION, CRAFION
scrappy, *a.* DIGYSWLLT
scratch, *n.* CRAFIAD, CRIP(IAD), COSIAD
   v. CRAFU, CRIPIO
scratchy, *a.* ANNIBEN, YN CRAFU
scrawl, *v.* SGRIBLAN
scream, *n.* GWAEDD, SGRECH
   v. GWEIDDI, SGRECHIAN
scree, *n.* SGRI
screech, *n.* SGRECH
   v. SGRECHIAN
screen, *n.* SGRIN, CYSGOD
   v. DIDOLI, CYSGODI
   rood screen, SGRIN Y GROG
screw, *n.* SGRIW
   v. SGRIWIO
   cheesehead screw, SGRIW BENCOSYN
   grub screw, SGRIW DDIGOPA
   screw wrench, TYNDRO SGRIW
   drunken screw, SGRIW GAM
   lead screw, SGRIW DYWYS
screwdriver, *n.* TYRNSGRIW
   offset screwdriver, TYRNSGRIW
   ATREDOL
   posidrive screwdriver, TYRNSGRIW
   POSIDREIF
scribble, *n.* (Y)SGRIBL
   v. (Y)SGRIBLAN
scribbler, *n.* (Y)SGRIBLWR
scribe, *n.* YSGRIFENNYDD
   v. (Y)SGRIFELLU
scriber, *n.* (Y)SGRIFELL, SGRIFELLWR
   scribing block, MEDRYDD ARWYNEB
scrimp, *v.* BOD YN BRIN, CRINTACHU
scrip, *n.* SGRIP, SGREPAN
script, *n.* LLAWYSGRIF, SGRIPT
scriptural, *a.* YSGRYTHUROL
scripture, *n.* YSGRYTHUR, Y BEIBL
scroll, *n.* SGRÔL
scrotum, *n.* SGROTWM, PWRS, CEILLGWD
scrub, *n.* SGRWBIAD, PRYSG
   v. SGRWBIO, SGWRIO
scrubland, *n.* TIR PRYSG
scruff, *n.* GWAR, GWEGIL
scrum, *n.* SGRYM
   v. SGRYMIO
scrumptious, *a.* CAMPUS, HYFRYD

scruple, *n.* PETRUSTER
   v. PETRUSO
scrupulous, *a.* GOFALUS, MANWL
scrupulousness, *n.* GOFAL, MANYLDER
scrutineer, *n.* ARCHWILIWR
scrutinize, *v.* ARCHWILIO
scrutiny, *n.* ARCHWILIAD
scuffle, *n. & v.* YMGIPRYS
scull, *n.* SGWL
   v. SGWLIO, RHODLI
sculler, *n.* SGWLIWR
scullery, *n.* CEGIN GEFN/FACH
sculptor, *n.* CERFLUNYDD
sculpture, *n.* CERFLUNIAETH
   v. CERFLUNIO
scum, *n.* SGUM, SOROD
   v. SGUMIO
scurf, *n.* CEN, MARWDON
scurfy, *a.* CENNOG
scurrility, *n.* DIFRÏAETH, SERTHEDD
scurrilous, *a.* DIFRÏOL
scurvy, *n.* Y LLWG, CLEFRI POETH
scutage, *n.* YSGWYTRETH
scutcheon, *n.* PAIS ARFAU
scutellum, *n.* SGWTELWM
scuttle, *v.* SUDDO LLONG
   n. BWCED GLO
scutum, *n.* TARIAN, PADELL PEN-GLIN
scythe, *n.* PLADUR
   v. PLADURO
sea, *n.* MÔR
sea-angling, *v.* MÔR-ENWEIRIO
seaboard, *n.* MORLAN, GLAN Y MÔR
sea-captain, *n.* CAPTEN LLONG
seacoast, *n.* ARFORDIR
seafarer, *n.* MORWR
seafaring, *a.* MORDWYOL
seagull, *n.* GWYLAN
sea-holly, *n.* MÔR-GELYN
sea-horse, *n.* MORFARCH
seal, *n.* MORLO, SELNOD, SÊL
   v. SELIO, CADARNHAU
sealing, *n.* SELIAD
sealing-wax, *n.* CWYR SELIO
seam, *n.* GWRYM, SÊM, GWYTHÏEN
   v. TROSBWYTHO
   overfolded seam, SÊM ORLAP
   piped seams, SEMAU PEIP
seaman, *n.* MORWR, LLONGWR
seamanship, *n.* MORWRIAETH
seamed, *a.* GWRYMIOG
sea-mew, *n.* GWYLAN
seamless, *a.* DI-WNÏAD

seamstress, *n.* GWNIADYDDES, GWNIAD-
WRAIG
seamy, *a.* ANNYMUNOL
seance, *n.* SEAWNS
sea-plane, *n.* AWYREN FÔR
seaport, *n.* TREF BORTHLADD
seaquake, *n.* MORGRYN
sear, *n.* SYCH, CRIN
   v. SERIO
search, *n.* CHWILIAD
   v. CHWILIO
searcher, *n.* CHWILIWR
searching, *a.* TREIDDIOL, CRAFF
searchlight, *n.* CHWILOLAU
seascape, *n.* MORLUN
sea-shell, *n.* CRAGEN FÔR
seashore, *n.* GLAN Y MÔR, TRAETH
seasickness, *n.* SALWCH Y MÔR
seaside, *n.* GLAN Y MÔR
season, *n.* TYMOR, AMSER
   v. SESNO, SYCHU, BLASU
seasonable, *a.* TYMHORAIDD
seasonal, *a.* AMSEROL, TYMHOROL
seasoning, *n.* SESNIN
seat, *n.* SEDD, SÊT
   v. SEDDU, EISTEDD, DAL
   reserved seat, SEDD GADW
sea-wall, *n.* MORGLAWDD
seaward, *ad.* ATFOR, TUA'R MÔR
seaway, *n.* MORFFORDD
seaweed, *n.* GWYMON
seaworthy, *a.* ADDAS I'R MÔR
sebaceous, *a.* SEBACUS
secant, *n.* SECANT
secateurs, *n.pl.* GWELLAU
secede, *v.* TORCYSYLLTU, YMNEILLTUO
seceder, *n.* YMNEILLTUWR, ENCILIWR
secession, *n.* TORCYSWLLT, YMNEILLTUAD
sech, *n.* SECH
seclude, *v.* NEILLTUO
secluded, *a.* NEILLTUEDIG, DIARFFORDD
seclusion, *n.* NEILLTUAETH, UNIGRWYDD
second, *n.* EILIAD, EILYDD, EILFED
   a. AIL
   v. EILIO, CEFNOGI, SECONDIO
secondary, *a.* EILRADD, UWCHRADD,
EILAIDD
   secondary thickening, TEWYCHU
EILAIDD
second-best, *a.* AILORAU
second-hand, *a.* AIL-LAW
seconder, *n.* EILIWR, CEFNOGWR

secondment, *n.* SECONDIAD
second-nature, *n.* AILNATUR
second-rate, *a.* AILRADDOL
seconds, *n.pl.* CYNHEILIAID
secrecy, *n.* CYFRINACH
secret, *n.* CYFRINACH
   a. CUDD, DIRGEL, ARGEL
secretarial, *a.* YSGRIFENYDDOL
secretariat, *n.* YSGRIFENYDDIAETH,
SWYDDFA
secretary, *n.* YSGRIFENNYDD
secretaryship, *n.* YSGRIFENYDDIAETH
secrete, *v.* CELU, SECRETU
secretion, *n.* CHWARENLIF, CRONLIF,
SECRETIAD
secretive, *a.* YN CELU, TAWEDOG
secretiveness, *n.* TAWEDOGRWYDD
sect, *n.* SECT, ENWAD
sectar, *n.* SECTYDD
sectarian, *a.* ENWADOL, CUL
sectarianism, *n.* SECTYDDIAETH
sectary, *n.* SECTYDD
section, *n.* ADRAN, TRYCHIAD, TORIAD
   v. TORIANNU
   right section, TORIAD UNION
   conic section, TRYCHIAD CONIG
   cross section, CROESDORIAD
   transverse section, TRYCHIAD TRAWSLIN
sectional, *a.* ADRANNOL, TRYCHIADOL
   sectional drawing, TRYCHLUN
   sectional lines, LLINELLAU TRYCHU
sectism, *n.* SECTYDDIAETH
sector, *n.* SECTOR
secular, *a.* SECWLAR, BYDOL
secularism, *n.* SECWLARIAETH, BYDOLRWYDD
secularist, *n.* SECWLARYDD, BYDOLYN
secularize, *v.* SECWLAREIDDIO, BYDOLI
secure, *a.* DIOGEL, SICR
   v. DIOGELU, SICRHAU
security, *n.* DIOGELWCH, SICRWYDD,
ERNES, GWARANT
   government security, GWARANT Y
LLYWODRAETH
   social security, NAWDD CYMDEITHASOL
sedate, *a.* TAWEL, LLONYDD
sedateness, *n.* TAWELWCH, DIFRIFOLDEB
sedation, *n.* SEDATIFEDD
sedative, *n.* SEDATIF, LLEDDFOLYN
sedentary, *a.* EISTEDDOL
sedge, *n.* HESG
sediment, *n.* GWADDOD, GWAELODION
sedimentary, *a.* GWADDODOL
sedimentation, *n.* GWADDODIAD

sedition, *n.* TERFYSGIAD
seditious, *a.* TERFYSGLYD
seduce, *v.* DENU, CAMARWAIN
seducer, *n.* HUDWR, LLITHIWR
seduction, *n.* LLITHIAD, CAMARWEINIAD
seductive, *a.* LLITHIOL, DENIADOL
sedulous, *a.* DYFAL, DIWYD
sedulousness, *n.* DYFALWCH, DIWYD-
RWYDD
see, *n.* ESGOBAETH
v. GWELED, CANFOD
seed, *n.* HAD, HEDYN, EPIL
v. HADU
seed loaf, BARA CARWE
seed stock, HAD SAFONOL
seed-corn, *n.* HADYD, LLAFUR HAD
seediness, *n.* SALWCH
seedling, *n.* PLANHIGYN IEUANC
seedsman, *n.* GWERTHWR HADAU
seedy, *a.* LLAWN HADAU, SÂL, ANHWYLUS
seeing, *c.* GAN, YN GYMAINT Â
seek, *n.* YMOFYNIAD
v. YMOFYN, CHWILIO, ARGEISIO, CEISIO
seek time, AMSER YMOFYN
seeker, *n.* YMOFYNNYDD, CHWILIWR
seem, *v.* YMDDANGOS
seeming, *a.* YMDDANGOSIADOL
seemingly, *ad.* AR YR OLWG GYNTAF
seemliness, *n.* GWEDDUSTER
seemly, *a.* GWEDDUS, ADDAS
seep, *v.* TRYDDIFERU, GOLLWNG
seepage, *n.* TRYDDIFERIAD
seer, *n.* GWELEDYDD
see-saw, *n.* SIGLENYDD
seethe, *v.* BERWI, BYRLYMU
seething, *n.* BERW, BWRLWM
a. BERWEDIG, CYFFROUS
segment, *n.* SEGMENT, DARN, BYS
v. SEGMENTU
segmentation, *n.* SEGMENTIAD
segregate, *v.* DIDOLI, GWAHANU,
ARWAHANU
segregation, *n.* DIDOLIAD, GWAHANIAD
segregationist, *n.* DIDOLWR
seignorial, *a.* ARGLWYDDIAETHOL
seignory, *n.* ARGLWYDDIAETH
seisin, *n.* SEISIN
seismic, *a.* SEISMIG
seismograph, *n.* SEISMOGRAFF
seismology, *n.* SEISMOLEG
seize, *v.* GAFAEL, YMAFLYD, DAL
to seize the opportunity, ACHUB Y CYFLE
seizure, *n.* YMAFLIAD, DALIAD, STRÔC

seldom, *ad.* ANFYNYCH, ANAML
select, *a.* DEWIS, DETHOL
v. DEWISOL, DETHOL
selection, *n.* DEWISIAD, DETHOLIAD
selective, *a.* DETHOLUS, DETHOLIADOL
pre-selective, RHAGDDETHOLUS
selective employment tax, TRETH
GYFLOGI DETHOL
selectivity, *n.* DETHOLEDD
self, *pn. & n.* HUN(AN)
prx. HUNAN-, YM-
self-acting, *a.* HUNANWEITHREDOL
v. HUNANWEITHREDU
selfactivity, *n.* HUNANACTIFEDD
self-adhesive, *a.* ADLYN(OL)
selfassertion, *n.* YMHONIAD, YMWTHIAD
self-centredness, *n.* HUNANGANOLRWYDD
self-complacency, *n.* HUNANFODDHAD
self-conceit, *n.* HUNAN-DYB
self-concept, *n.* HUNAN-SYNIAD
self-confidence, *n.* HUNANHYDER
self-conscious, *a.* HUNANYMWYBODOL
self-consciousness, *n.* HUNANYMWYBYDD-
IAETH, SWILDOD
self-contained, *a.* ANNIBYNNOL, TAWEDOG
self-contradiction, *n.* YMWRTHEBIAD
self-control, *n.* HUNANLYWODRAETH
self-defence, *n.* HUNANAMDDIFFYNIAD
self-denial, *n.* HUNANYMWADIAD
self-depreciation, *n.* HUNANDDIBRISIAD
self-determination, *n.* YMBENDERFYNU,
HUNANBENDERFYNIAETH
self-development, *n.* HUNANDDATBLYG-
IAD
self-evident, *a.* YMWIRIOL
self-examination, *n.* HUNANYMHOLIAD
self-fertilization, *n.* HUNANFFERTILEIDD-
IAD
self-government, *n.* YMREOLAETH
selfhood, *n.* HUNANIAETH
selfish, *a.* HUNANOL
self-interest, *n.* HUNAN-LES
self-love, *n.* HUNANGARIAD
self-pollination, *n.* HUNANBEILLIAD
self-possessed, *a.* HUNANFEDDIANNOL
self-preservation, *n.* HUNANGADWRAETH
self-raising, *a.* CODI
self-regarding, *a.* HUNANGYFEIRIOL
self-respect, *n.* HUNAN-BARCH
self-righteous, *a.* HUNANGYFIAWN
self-sacrifice, *n.* HUNANABERTH
selfsame, *a.* YR UN, YR UNRHYW
self-satisfied, *a.* HUNANDDIGONOL

self-service, *n.* HUNANWASANAETH
self-sufficiency, *n.* HUNANDDIGONEDD
self-sufficient, *a.* HUNANDDIGONOL, HY,
  EOFN
self-tapping, *a.* HUNANDAPIO
self-will, *n.* HUNANUSRWYDD
self-willed, *a.* HUNANUS, YSTYFNIG
sell, *v.* GWERTHU, BRADYCHU, SIOMI
  n. SIOM, TWYLL
seller, *n.* GWERTHWR
sellotape, *n.* SELOTÂP
selva, *n.* SELFA
selvedge, *n.* SELFAIS, YMYLWE
semantics, *n.pl.* SEMANTEG
semaphore, *n.* SEMAFFOR
semblance, *n.* TEBYGRWYDD, RHITH
semen, *n.* SEMEN
semi-, *px.* HANNER-, GO-, LLED-, SEMI-
semibreve, *n.* HANNER BRIF
semi-chorus, *n.* RHANGOR
semicircle, *n.* HANNER CYLCH
semicolon, *n.* HANNER COLON
semi-conductor, *n.* LLED-DDARGLUDYDD
semi-detached, *a.* SEMI, HANNER, LLED, GO
  semi-detached house, GEFELLDY, TÝ PÂR
semi-elliptic, *a.* HANNER ELIPTIG, HANNER
  HIRGRWN
semi-final, *a.* CYNDERFYNOL
seminal, *a.* SEMINAIDD
seminar, *n.* SEMINAR
seminary, *n.* ADDYSGFA
semination, *n.* HEUAD, HADIAD
semi-permanent, *a.* HANNER-ARHOSOL
semiquaver, *n.* HANNER CWAFER
semitone, *n.* HANNER-TÔN
semi-vertical, *a.* SEMI-FERTIGOL
semivowel, *n.* LLEDLAFARIAD
semolina, *n.* SEMOLINA
senate, *n.* CYNGRES, SENEDD
senator, *n.* CYNGHRESYDD, SENEDDWR
senatorial, *a.* CYNGHRESOL, SENEDDOL
send, *v.* ANFON, GYRRU, DANFON
sender, *n.* ANFONWR
seneschal, *n.* SYNYSGOL
senile, *a.* OEDRANNUS, HEN, METHEDIG
senility, *n.* HENAINT, METHIANT
senior, *a.* HŶN, UWCH, UCHAF
seniority, *n.* HENORIAETH, BLAENORIAETH
sensation, *n.* IAS, SYNHWYRIAD
sensational, *a.* IASOL, CYFFROUS
sensationalism, *n.* SYNHWYRIADAETH
sense, *n.* SYNNWYR, YSTYR, CYFEIRIAD (maths)
  v. SYNHWYRO

senseless, *a.* DISYNNWYR, HURT
sensibility, *n.* SYNWYRIADRWYDD
sensible, *a.* SYNHWYROL
sensitive, *a.* SENSITIF, SYNHWYRUS,
  TEIMLADUS, HYDEIML
sensitivity, *n.* SENSITIFEDD
sensory, *a.* SYNHWYRAIDD
sensual, *a.* CNAWDOL, TRYTHYLL
sensualism, *n.* CNAWDOLRWYDD
sensualist, *n.* CNAWDOLYN
sensuality, *n.* CNAWDOLRWYDD
sensuous, *a.* SYNHWYRUS, TEIMLADOL
sentence, *n.* BRAWDDEG, DEDFRYD
  v. DEDFRYDU
  suspended sentence, DEDFRYD
  OHIRIEDIG
sententious, *a.* PWYSIG, FFURFIOL
sentiment, *n.* SENTIMENT, YMDEIMLAD
sentimental, *a.* TEIMLADOL
sentimentalism, *n.* SENTIMENTALIAETH
sentimentality, *n.* TEIMLADRWYDD
sentinel, *n.* GWYLIWR, GWYLIEDYDD
sentinence, *n.* SYNIANT
sentry, *n.* GWYLIWR
sepal, *n.* SEPAL
separable, *a.* GWAHANADWY
separate, *a.* GWAHANOL
  v. GWAHANU, DIDOLI, YMRANNU
separated, *a.* GWAHANEDIG
separately, *ad.* AR WAHÂN
separateness, *n.* GWAHANOLRWYDD
separates, *n.pl.* GWAHANION
separation, *n.* GWAHANIAD, DIDOLIAD
separatism, *n.* YMWAHANIAETH
separatist, *n.* YMWAHANWR
sepia, *a.* GWINAU
September, *n.* MEDI
septet, *n.* SEITHAWD
septic, *a.* SEPTIG
septicaemia, *n.* GWENWYNIAD GWAED
septum, *n.* GWAHANFUR
sepulchre, *n.* BEDD(ROD)
sepulture, *n.* CLADDEDIGAETH
sequel, *n.* CANLYNIAD
sequence, *n.* DILYNIANT, OLYNIAETH,
  RHEDIAD
sequential, *a.* DILYNOL, CANLYNOL
sequester, *v.* GORFODOGI
sequestered, *a.* NEILLTUEDIG
sequestor, *n.* GORFODOGWR
sequestration, *n.* GORFODOGAETH
sequin, *n.* SECWIN
seraph, *n.* SERAFF

seraphic, *a.* SERAFFAIDD
sere, *a.* CRIN
serenade, *n.* SERENÂD, NOSGAN
serene, *a.* TAWEL, ARAUL, TEG
serenity, *n.* TAWELWCH, SIRIOLDEB
serf, *n.* TAEOG
serfdom, *n.* TAEOGAETH
serge, *n.* BRETHYN GWRYMIOG
sergeant, *n.* SARSIANT, RHINGYLL
sergeant-major, *n.* UWCH-SARSIANT
sergeanty, *n.* SARSIANTAETH
serial, *n.* CYFRES
  a. CYFRESOL
serialism, *n.* RHESYDDIAETH
seriatim, *ad.* O'R BRON, YN OLYNOL
seriation, *n.* CYFRESIAD
sericulture, *n.* SIDANIAETH
series, *n.* CYFRES, RHES
serious, *a.* DIFRIF(OL)
seriousness, *n.* DIFRIFWCH, DIFRIFOLDEB
sermon, *n.* PREGETH
sermonette, *n.* PREGETH FER
serpent, *n.* SARFF
serpentine, *a.* DOLENNOG
serrated, *a.* DANHEDDOG
serried, *a.* CLÒS, OCHR YN OCHR
serum, *n.* SERWM
servant, *n.* GWAS, MORWYN
  civil servant, GWAS SIFIL
serve, *n.* SERFIAD
  v. GWASANAETHU, GWEINI, SERFIO
server, *n.* SERFIWR, HAMBWRDD
service, *n.* GWASANAETH, OEDFA, LLESTRI,
  SERFIAD
  let service, SERFIAD LET
serviceable, *a.* GWASANAETHGAR,
  DEFNYDDIOL
serviette, *n.* NAPCYN
servile, *a.* GWASAIDD, TAEOGAIDD
servility, *n.* GWASEIDD-DRA
servitor, *n.* GWAS, DILYNWR
servitude, *n.* CAETHIWED, GWASANAETH
session, *n.* SESIWN, EISTEDDIAD,
  BLWYDDYN (GOLEGOL)
sestet, *n.* CHWEBAN
set, *n.* SET
  v. TREFNU, SETIO, GOSOD, DODI, SADIO,
  MACHLUD, ANNOS
  a. FFURFIOL, SET
  set out, CYCHWYN, TRAETHU
  null set, SET WAG
  sub set, IS-SET
set-back, *n.* ATALFA

seton, *n.* SETWN
set-square, *n.* SGWARYN
sett, *n.* SET
settee, *n.* SETL, GLWTH
setter, *n.* CI HELIWR
setting, *n.* GOSODIAD, LLEOLIAD, SET,
  MACHLUDIAD
settle, *n.* SETL, SGIW
settle, *v.* ANHEDDU, SEFYDLU, PENDERFYNU,
  TALU, SETLO, CYTUNO
settled, *a.* SEFYDLOG
settlement, *n.* ANNEDD, SETLIAD, TÂL
settler, *n.* ANHEDDWR, GWLADYCHWR
seven, *n.* SAITH
  seven-a-side, SAITH BOB OCHR
seventeen, *a.* DAU (DWY) AR BYMTHEG, UN
  DEG SAITH
seventy, *a.* DEG A THRIGAIN, SAITH DEG
sever, *v.* TORRI, GWAHANU
several, *a.* AMRYW
severally, *ad.* BOB YN UN
severance, *n.* GWAHANIAD, DATGYSYLLT-
  IAD
severe, *a.* CALED, GERWIN, TOST, LLYM
severity, *n.* LLYMDER, GERWINDEB
sew, *v.* GWNÏO, PWYTHO
sewage, *n.* CARTHFFOSIAETH, CARTHION
sewer, *n.* CARTHFFOS
sewerage, *n.* CARTHFFOSIAETH
sewin, *n.* GWYNIEDYN, GLEISIAD, PENLLWYD
sewing-machine, *n.* PEIRIANT GWNÏO
sex, *n.* RHYW
  sex-determination, PENDERFYNAETH
  RHYW
  sex linkage, CYSYLLTEDD RHYW
  sex ratio, CYMHAREB Y DDEURYW
sex-education, *n.* ADDYSG RHYW
sexist, *n.* RHYWWR, RHYWYDD
sextant, *n.* SECSTANT
sextet, *n.* CHWECHAWD
sextig, *a.* SECSTIG
sexton, *n.* CLOCHYDD, TORRWR BEDDAU
sexual, *a.* RHYWIOL
  sexual intercourse, CYFATHRACH
  RYWIOL
  latent sexuality, RHYWIOLDEB CÊL
sexuality, *n.* RHYWIOLDEB
shabby, *a.* AFLÊR, ANNIBEN
shack, *n.* CABAN
shackle, *n.* GEFYN
  v. GEFYNNU
shade, *n.* CYSGOD, ARLLIW, CYSGODLEN,
  GWAWR

v. CYSGODI, ARLLIWIO, TYWYLLU, GRADD-
LIWIO
light and shade, TYWYLL A GOLAU
shading, *n.* TYWYLLWCH (AM LUN)
shadow, *n.* CYSGOD, RHITHYN
v. CYSGODI, DILYN
shadowy, *a.* CYSGODOL, RHITHIOL
shady, *a.* CYSGODOL, AMHEUS
shaft, *n.* GWERTHYD, SIAFFT, PLAID
shafting, *n.* GWERTHYD
shaggy, *a.* BLEWOG, GARW
shake, *n.* YSGYDWAD, SIGLAD, SIGLNOD
(CERDDORIAETH)
v. YSGWYD, SIGLO
shake-proof washer, WASIER WRTH-
GRYN
shaking, *n.* YSGYDWAD, SIGLAD
shaky, *a.* ANSAD, CRYNEDIG
shale, *n.* SIÂL, EISIN
shallots, *n.pl.* SIALOTS, SIBWNS
shallow, *a.* BAS
n. BASDDWR, BEISTON
shallowness, *n.* BASTER
sham, *a.* FFUG(IOL), GAU
v. FFUGIO
shambles, *n.pl.* GALANASTRA
shame, *n.* CYWILYDD, ACHLOD, GWARTH
v. CYWILYDDIO
shamefaced, *a.* SWIL, GWYLAIDD
shameful, *a.* CYWILYDDUS, GWARTHUS
shameless, *a.* DIGYWILYDD, EOFN
shamelessness, *n.* DIGYWILYDD-DRA,
HAERLLUGRWYDD
shampoo, *n.* SIAMPŴ
v. SIAMPŴO
shandygaff, *n.* CWRW SINSIR
shank, *n.* COES, GAR, GARAN
shanty, *n.* SIANTI
shape, *n.* FFURF, SIÂP
v. FFURFIO, SIAPIO
shapeless, *a.* AFLUNIAIDD, DI-LUN
shapeliness, *n.* LLUNIEIDD-DRA,
GOSGEIDDRWYDD
shapely, *a.* LLUNIAIDD, GOSGEIDDIG
shaper, *n.* PEIRIANT LLUNIO
share, *n.* RHAN, CYFRAN, CYFRANDDALIAD
v. CYDRANNU, RHANNU
equity share, SODDGYFRANDDALIAD
preference shares, CYFRANNAU BLAEN
shareholder, *n.* CYFRANDDALIWR
sharer, *n.* RHANNWR, CYFRANOGWR
shark, *n.* SIARC, MORGI
sharp, *n.* LLONNOD
a. LLYM, MINIOG, AWCHLYM, SIARP

sharpen, *v.* HOGI, AWCHU, AWCHLYMU,
MINIO
sharpener, *n.* MINELL, MINYDD
sharpening bevel, *n.* BEFEL HOGI
sharper, *n.* TWYLLWR
sharpness, *n.* LLYMDER, AWCH
sharpshooter, *n.* SAETHWR DA
shatter, *v.* DRYLLIO, CHWILFRIWIO
shatters, *n.pl.* CANDRYLL, YFFLON,
TEILCHION
shave, *n.* EILLIAD
v. EILLIO
shaver, *n.* EILLIWR, RASEL
shavings, *n.pl.* NADDION
shawl, *n.* SIÔL
shawm, *n.* SHAWM
she, *pn.* HI, HYHI, HITHAU
sheaf, *n.* YSGUB
shear, *n.* CROESWASGIAD, SIÊR
v. CROESWASGU, LLAFNU, SIERO, CNEIFIO
shearer, *n.* CNEIFIWR
shearing, *n.* CNEIFIAD
a. CROESRYM
shearing machine, GILOTIN
shearling, *n.* HESBIN
shears, *n.* GWELLAIF
pinking shears, GWELLAIF PINCIO
sheath, *n.* GWAIN
contraceptive sheath, MANEG ATAL
CENHEDLU
sheathe, *v.* GWEINIO
sheathing, *n.* GWEINIAD
sheave, *v.* RHWYMO
shed, *n.* SIED, PENTY
v. TYWALLT, DIOSG
sheen, *n.* LLEWYRCH, GWAWR
sheep, *n.* DAFAD
oestrum sheep, DAFAD YN RHYDIO/
MAHARENNA
sheepcote, *n.* CORLAN, FFALD
sheepdog, *n.* CI DEFAID
sheepfold, *n.* CORLAN, FFALD, LLOC
sheepish, *a.* SWIL, GWYLAIDD
sheepwalk, *n.* FFRIDD, RHOSFA
sheer, *a.* PUR, NOETH, SERTH
v. GWYRO
sheet, *n.* LLEN, LLIAIN, TAFLEN, DALEN,
CYNFAS
work sheet, TAFLEN GWAITH
sheet-anchor, *n.* PRIF ANGOR
sheet-metal, *n.* LLENFETEL
shekel, *n.* SICL
shelf, *n.* SILFF, ASTELL, SGRAFELL

shell, *n.* CRAGEN, PLISGYN, MASGL, SIÈL
 v. MASGLU, TANIO, SIELIO
shell-fish, *n.* PYSGOD CREGYN
shellac, *n.* SIELAC
shelly, *a.* CREGYNNOG
shelter, *n.* CYSGOD(FA), LLOCHES, CLYDWR
 v. CYSGODI, LLOCHESU
shelve, *v.* GOSOD SILFFOEDD, GOSOD O'R
 NEILLTU, GOLEDDU
shepherd, *n.* BUGAIL
 v. BUGEILIO
shepherdess, *n.* BUGEILES
sheriff, *n.* SIRYF
sherry, *n.* SIERI
shewbread, *n.* BARA GOSOD
shibboleth, *n.* SHIBOLETH
shield, *n.* TARIAN, TARIANDIR
 v. CYSGODI, AMDDIFFYN
shift, *n.* NEWID, SHIFFT, CAM, SYMUDIAD,
 STEM
 v. SYMUD, YMDOPI
shiftless, *a.* DIDORETH
shifty, *a.* DI-DDAL, ANWADAL
shilling, *n.* SWLLT
shilly-shally, *v.* ANWADALU, GWAMALU
shim, *n.* SIM
shimmer, *v.* TYWYNNU
shin, *n.* CRIMOG, COES LAS
shindy, *n.* TERFYSG, HELYNT, MWSTWR
shine, *n.* SGLEIN, LLEWYRCH
 v. SGLEINIO, TYWYNNU
shingle, *n.* GRAEAN BRAS, PEITHYNEN
shingles, *n.pl.* YR ERYR(OD)
shining, *a.* CLAER, DISGLAIR
shiny, *a.* GLOYW, DISGLAIR
ship, *n.* LLONG
 v. LLONGIADU
 ship agency, ASIANTAETH LLONGAU
shipbuilder, *n.* SAER LLONGAU
shipmate, *n.* CYD-FORWR
shipment, *n.* LLWYTH, CARGO, LLONGIAD
shipper, *n.* LLONGIADWR
shipping, *n.* LLONGAU (GWLAD)
shipshape, *a.* TACLUS, TREFNUS
shipwreck, *n.* LLONGDDRYLLIAD
shipwright, *n.* SAER LLONGAU
shipyard, *n.* IARD LONGAU
shire, *n.* SIR, SWYDD
shirk, *v.* OSGOI, GOCHEL
shirker, *n.* OSGÖWR, DIOGYN
shirr, *v.* CYGRYCHU
shirt, *n.* CRYS

shiver, *n.* ACHRYD, CRYNDOD, YSGRYD,
 DARN
 v. ACHRYNU, CRYNU, CHWILFRIWIO
shivered, *a.* CHWILFRIW, TEILCHION
shivery, *a.* CRYNEDIG, RHYNLLYD
shoal, *n.* HAIG, BASLE
 v. HEIGIO
shock, *n.* SIOC, CNWD, YSGYTIAD
 v. CAEL/RHOI SIOC, BRAWYCHU
 shock absorber, SIOC LADDWR
shocking, *a.* ARSWYDUS, YSGYTIOL
shoddy, *n.* BRETHYN EILBAN
 a. GWAEL
shoe, *n.* ESGID, PEDOL
 v. GWISGO ESGIDIAU, PEDOLI
shoehorn, *n.* SIESBIN, SIASBI
shoelace, *n.* CARRAI/LASEN ESGID
shoemaker, *n.* CRYDD
shoemaking, *n.* CRYDDIAETH
shoer, *n.* PEDOLWR
shoot, *n.* BLAGURYN, CYFFYN, SAETHFA
 v. BLAGURO, EGINO, SAETHU
shooter, *n.* SAETHWR, ERGYDIWR
shop, *n.* SIOP, GWEITHDY
 v. SIOPA
 self-service shop, SIOP HELPU'CH HUNAN
 pawn shop, SIOP WYSTLO
 cash and carry shop, SIOP TALU A
 CHLUDO
 mobile shop, SIOP AR GLUD/ SYMUDOL
shopkeeper, *n.* SIOPWR
shoplifter, *n.* SIOPLEIDR
shoplifting, *n.* SIOPLADRAD
shopper, *n.* PRYNWR, PWRCASWR
shopwalker, *n.* GORUCHWYLIWR
shore, *n.* TRAETH, ATEG
 dead shore, ATEG FANWL
shoreline, *n.* TRAETHLIN
short, *a.* BYR, CWTA, PRIN, DIFFYGIOL
shortage, *n.* PRINDER, DIFFYG
shortbread, *n.* TEISEN ABERFFRO, BARA BYR
short-circuit, *n.* CYLCHED FER/BWT
 v. PWTGYLCHEDU
shortcoming, *n.* DIFFYG, BAI, FFAELEDD
shortcrust, *n.* CRWST BRAU
short-cut, *n.* LLWYBR LLYGAD/TARW
shorten, *v.* BYRHAU, CWTOGI
shorthand, *n. & a.* LLAW-FER
short horn, *a.* BYRGORN
shortlived, *a.* BYRHOEDLOG
shortly, *ad.* AR FYR
shortness, *n.* BYRDER/DRA, BREUDER
shorts, *n.* SIORTS, TROWSUS BYR

short-sighted, *a.* BYR EI OLWG, ANNOETH
shot, *n.* ERGYD, CYNNIG, SAETHWR, LLUN
  a. SYMUDLIW
  smash shot, PWYAD
shott, *n.* SIOT
shoulder, *n.* YSGWYDD
  v. YSGWYDDA
shoulder-blade, *n.* SGAPWLA, PONT/
  TRYBEDD/CRAFELL YR YSGWYDD
shout, *n.* BLOEDD, GWAEDD
  v. BLOEDDIO, GWEIDDI
shove, *n.* GWTH, HWB, HERGWD
  v. GWTHIO, HWPIO
shovel, *n.* RHAW
  v. RHOFIO
show, *n.* SIOE, SIEW
  v. DANGOS, ARDDANGOS
shower, *n.* CAWOD
shower-bath, *n.* CAWODEN
showery, *a.* CAWODOG
showmanship, *n.* CREFFT ARDDANGOS
showroom, *n.* YSTAFELL DDANGOS
showy, *a.* COEGWYCH
shrapnel, *n.* TAMEIDIAU BOM
shred, *n.* CERPYN, LLARP, AFFLIW
  v. CARPIO, CYNHINIO
  shredded wheat, CARPION GWENITH
shrew, *n.* CHWISTLEN, LLYDOGEN GOCH,
  CECREN, LLYG
shrewd, *a.* CRAFF, CALL, FFEL
shrewdness, *n.* CRAFFTER, CALLINEB
shriek, *n.* YSGRECH
  v. YSGRECHIAN
shrievalty, *n.* SIRYFIAETH
shrift, *n.* CYFFES, MADDEUANT
shrike, *n.* Y CIGYDD
shrill, *a.* MAIN, GWICHLYD
shrimp, *n.* BERDYSYN
shrine, *n.* CYSEGRFA, ALLOR
shrink, *v.* TYNNU ATO, CULHAU, RHYBANNU
  shrink fit, FFITIO POETH
shrinkage, *n.* CULHAD
shrive, *v.* GWRANDO CYFFES, RHOI
  MADDEUANT
shrivel, *v.* CRYCHU, CREBACHU
shrivelled, *a.* WEDI CRYCHU, CREBACHLYD
shroud, *n.* AMWISG, AMDO, RHAFF MAST
  v. AMDÓI, GOR-DOI
Shrove Tuesday, *n.* DYDD MAWRTH YNYD
shrub, *n.* PRYSGYN, MANGOEDEN
  n.pl. PRYSGWYDD
shrug, *v.* CODI'R YSGWYDDAU
shudder, *n.* CRYNFA, IAS, ARSWYD
  v. CRYNU, ARSWYDO

shuffle, *v.* SIFFRWD, LLUSGO TRAED,
  CYMYSGU
shun, *v.* OSGOI, GOCHEL
shunt, *n.* SIYNT
  v. SIYNTIO
shut, *v.* CAU
  a. CAU, CAEËDIG
shutter, *n.* CAEAD
  v. CAEADU
shuttering, *n.* CAEËDYDD
shuttle, *n.* GWENNOL
shuttlecock, *n.* GWENNOL
shy, *a.* SWIL, OFNUS
  v. RHUSIO
shyness, *n.* SWILDOD, CYWILYDD
sibilant, *n.* SISIAD
  a. SISIOL
sibyl, *n.* DEWINES
sic, *ad.* FELLY
sick, *n.pl.* CLEIFION
  a. CLAF, YN CYFOGI, WEDI ALARU
sick-benefit, *n.* CLAF-DÂL
sicken, *v.* CLAFYCHU, DIFLASU
sickening, *a.* ATGAS, DIFLAS
sickle, *n.* CRYMAN
sick-list, *n.* RHESTR Y CLEIFION
sickly, *a.* AFIACH, CAS
sickness, *n.* AFIECHYD, CYFOG
sick-room, *n.* YSTAFELL Y CLAF
side, *n.* OCHR, TU, YMYL, YSTLYS
  v. OCHRI, PLEIDIO
  leeward side, TU CLYTAF
  side elevation, OCHR OLWG
  side mouth tongs, GEFEL GEGOCHR
  side of the face, cheek, BOCHGERN
sideboard, *n.* SELDFWRDD
sidecar, *n.* CYTGAR
sided, *a.* OCHROG
side-light, *n.* GOLAU BACH
side-line, *n.* ASGELL, YSTLYS
sidelong, *a.* NAILL OCHR
side-post, *n.* YSTLYSBOST
side-saddle, *n.* CYFRWY UNTU
side-show, *n.* ARDDANGOSFA ISRADD
sidesman, *n.* YSTLYSWR
side-step, *n.* OSGAM, LLETGAM
  v. OSGAMU, LLETGAMU
side-track, *v.* TROI O'R NEILLTU
sideways, *ad.* TUA'R OCHR, YN WYSG EI
  OCHR
side-whiskers, *n.pl.* LOCSEN, CERNFLEW
siding, *n.* SEIDIN
sidle, *v.* GWYRO

siege, *n. & v.* GWARCHAE
sierra, *n.* SIERRA
siesta, *n.* SIESTA
sieve, *n.* GOGR, RHIDYLL
 v. GOGRWN, RHIDYLLIO/U
sifter, *n.* RHIDYLL
sifting, *v.* RHIDYLLIO
sigh, *n.* OCHENAID, GRIDDFAN
 v. OCHNEIDIO, GRIDDFAN
sight, *n.* GOLWG, GOLYGFA
 v. GWELED
sightless, *a.* DALL, TYWYLL
sightly, *a.* GOLYGUS, TEG
sign, *n.* ARWYDD, AMNAID
 v. ARWYDDO, LLOFNODI
signal, *n.* ARWYDD, SIGNAL
 v. ARWYDDO
 a. HYNOD, NODEDIG
signalize, *v.* HYNODI, NODWEDDU
signalling, *n.* ARWYDDION
signalman, *n.* ARWYDDWR
signatory, *n.* LLOFNODWR, ARWYDDWR
signature, *n.* LLOFNOD, ARWYDDIANT
signboard, *n.* HYSBYSFWRDD
signed, *a.* ARWYDDEDIG
signet, *n.* SÊL, INSEL
 signet ring, SÊL-FODRWY
significance, *n.* ARWYDDOCÂD, YSTYR
significant, *a.* ARWYDDOCAOL
signification, *n.* ARWYDDOCÂD
signify, *v.* ARWYDDOCÁU, ARWYDDO
signpost, *n.* MYNEGBOST
silage, *n.* SILWAIR
silence, *n.* TAWELWCH, GOSTEG, TAW,
 DISTAWRWYDD
 v. DISTEWI, RHOI TAW AR
silencer, *n.* TAWELYDD
silent, *a.* DISTAW, TAWEL, MUD, TAWEDOG
silhouette, *n.* SILŴET, AMLINELL
silica, *n.* SILICA
silicon, *n.* SILICON
 silicon chips, SGLODION SILICON
silicosis, *n.* SILICOSIS
silk, *n.* SIDAN
silkworm, *n.* SIDANBRYF
silky, *a.* SIDANAIDD
sill, *n.* SIL
silliness, *n.* DWLI, FFOLINEB
silly, *a.* DWL, FFÔL, HURT, GWIRION
silo, *n.* SILO
silt, *n.* SILT
 v. SILTIO
silva, *n.* COED, FFOREST

silver, *n. & a.* ARIAN
 v. ARIANNU
 silver foil, FFOIL ARIAN
silverplate, *n.* PLÂT ARIAN
 v. ARIANOLCHI
silverside, *n.* OCHR LAS Y ROWND
silversmith, *n.* GOF ARIAN
silvery, *a.* ARIANNAID(D)
similar, *a.* TEBYG, CYFFELYB, CYFLUN
similarity, *n.* TEBYGRWYDD, CYFFELYB-
 IAETH, CYFLUNEDD
simile, *n.* CYMHARIAETH, CYFFELYBIAETH
similitude, *n.* CYFLUNIANT
simmer, *v.* MUDFERWI
simonist, *n.* SIMONWR
simony, *n.* SIMONIAETH
simoom, *n.* SIMŴM
simper, *n.* CILWEN, GLASWEN
 v. CILWENU, GLASWENU
simple, *a.* SYML, GWIRION
simpleton, *n.* SYMLYN, GWIRIONYN
simplicity, *n.* SYMLRWYDD
simplification, *n.* SYMLEIDDIAD
simplified, *a.* SYMLEDIG
simplify, *v.* SYMLEIDDIO
simply, *ad.* YN SYML/UNIG
simulate, *v.* EFELYCHU, DYNWARED
simulation, *n.* EFELYCHIAD, DYNWARED-
 IAD
simulator, *n.* EFELYCHYDD
simultaneity, *n.* CYDAMSEROLDEB
simultaneous, *a.* CYDAMSEROL
sin, *n.* PECHOD
 v. PECHU
since, *c.* AM, GAN, OHERWYDD
 prp. ER (PAN)
 ad. WEDI HYNNY
sincere, *a.* DIDWYLL, DILYS, DIFFUANT
sincerity, *n.* DIDWYLLEDD, DIFFUANT-
 RWYDD
sine, *n.* SIN
 prp. HEB
sinecure, *n.* SWYDD SEGUR
sinew, *n.* GIEWYN, GEWYN
sinewy, *a.* GEWYNNOG
sinful, *a.* PECHADURUS
sinfulness, *n.* PECHADURUSRWYDD
sing, *v.* CANU
singable, *a.* CANADWY
singe, *v.* DEIFIO
singer, *n.* CANWR, CANTWR, CANTORES
single, *a.* SENGL, UN
 v. DEWIS

single-handed, *a.* WRTHO'I HUN(AN)
single-minded, *a.* UNPLYG, CYWIR
singleness, *n.* DIDWYLLEDD
singles, *n.pl.* SENGLAU
singlet, *n.* CRYS ISAF, FEST
single-valued, *a.* UNWERTH
singly, *ad.* YN UNIGOL, AR WAHÂN
singsong, *n.* UNDONEDD, CYD-GANU,
    CYNGERDD (AR Y PRYD)
    a. UNDONOG
singular, *a.* HYNOD, UNIGOL
singularity, *n.* HYNODYN, HYNODEDD
sinh, *a.* SINH
sinister, *a.* YSGELER, ANFAD, SINISTR
sink, *n.* SINC, SUDDIANT
    v. SINCIO, SUDDO, CAFNU
sinless, *a.* DIBECHOD
sinner, *n.* PECHADUR
sin-offering, *n.* PECHABERTH
sinter, *n.* SINTER
    v. SINTERU
sinuosity, *n.* DOLENNEDD
sinuous, *a.* TROELLOG, DOLENNOG
sinus, *n.* SINWS, CEUDWLL
sinusoid, *n.* SINWSOID
sinusoidal, *a.* SINWSOIDAIDD
sip, *n.* LLYMAID
    v. LLYMEITIAN, SIPIAN
siphon, *n.* SIFFON
sipper, *n.* LLYMEITIWR
sir, *n.* SYR
sire, *n.* TAD
    v. TADOGI, CENHEDLU
siren, *n.* SEIREN
sirloin, *n.* ARLWYN, SYRLWYN
sirocco, *n.* SIROCO
sissy, *n.* CADI (FFAN)
sister, *n.* CHWAER
sisterhood, *n.* CHWAEROLIAETH
sister-in-law, *n.* CHWAER-YNG-
    NGHYFRAITH
sit, *v.* EISTEDD
site, *n.* SAFLE, LLE
    v. LLEOLI
sitter, *n.* EISTEDDWR
sitting, *n.* EISTEDDIAD
    a. YN EISTEDD
sitting-room, *n.* YSTAFELL EISTEDD
situated, *a.* WEDI EI LEOLI
situation, *n.* SAFLE, SEFYLLFA
six, *a.* CHWE, CHWECH
sizable, *a.* GWEDDOL FAWR
size, *n.* MAINT, MAINTIOLI, SEIS

sizzle, *v.* FFRIO, SIO
skate, *n.* LLITHREDYDD, CATH FÔR
    v. SGLEFRIO
skate-board, *n.* BWRDD SGLEFRIO,
    SGRIALYDD
skate-boarding, *v.* SGRIALU
skater, *n.* LLITHREDWR, SGLEFRIWR
skedaddle, *v.* RHEDEG YMAITH, HEGLU
skein, *n.* SGEIN, CENGL
skeleton, *n.* YSGERBWD, AMLINELLIAD,
    BRASLUN
skerry, *n.* SGERI
sketch, *n.* BRASLUN, SGETS
    v. BRASLUNIO
sketch-book, *n.* LLYFR BRASLUNIAU
sketchmap, *n.* LLINFAP
sketchy, *a.* BRAS, ANORFFENEDIG
skew, *n.* SGIW
    a. AR OGWYDD/OSGO
skewer, *n.* SGIWER, GWAELL
skewness, *n.* SGIWEDD
ski, *n.* SGI
    v. SGÏO
skid, *v.* LLITHRO
    n. LLITHRIAD
skier, *n.* SGÏWR
skiff, *n.* SGIFF
skilful, *a.* MEDRUS, SGILGAR, CELFYDD
skilfulness, *n.* MEDRUSRWYDD
skill, *n.* MEDR, SGIL
skilled, *a.* MEDRUS, CREFFTUS
skillet, *n.* SGILED
skim, *v.* SGIMIO
    n. SGIM, LLAETH GLAS
skimpy, *a.* CRINTACH
skin, *n.* CROEN
    v. BLINGO
skin-deep, *a.* ARWYNEBOL
skinflint, *n.* CYBYDD
skin-graft, *v.* IMPIO CROEN
skinhead, *n.* MOELYN
skinny, *a.* TENAU
skip, *n.* SGIP, LLAM
    v. SGIPIO
skipper, *n.* CAPTEN
skirmish, *n.* YSGARMES
    v. YMGIPRYS
skirt, *n.* SGERT, SGYRT
    v. YMYLU
skirting, *n.* SGYRTIN
skit, *n.* SGIT
skittish, *a.* NWYFUS, SIONC
skittle, *n.* CEILYSYN

skiver, *n.* SGIFER
skulk, *v.* LLECHU, SGWLCAN
skulker, *n.* LLECHGI, YSTELCIWR
skull, *n.* PENGLOG
skull-cap, *n.* CAP CLÒS / CORUN
skunk, *n.* DREWGI
sky, *n.* AWYR, WYBREN, WYBR
   v. AWYRU
   overcast sky, AWYR BENDDU
skycloth, *n.* NENLEN
skylark, *n.* EHEDYDD
skylight, *n.* FFENESTR DO
skyline, *n.* TRUMWEL
skyscraper, *n.* ADEILAD BRIGENTRYCH
slab, *n.* LLECH, SLAB
slack, *n.* GLO MÂN, LLACRWYDD, LLAC
   a. LLAC, ESGEULUS
slacken, *v.* LLACIO, LLAESU
slackness, *n.* LLACRWYDD, ESGEULUSTRA
slacks, *n.pl.* SLACS
slag, *n.* SLAG
slake, *v.* TORRI SYCHED, LLEIHAU
slam, *v.* CLEPIAN, CAU'N GLEP
slander, *n.* ATHROD
   v. ATHRODI
slanderer, *n.* ATHRODWR
slanderous, *a.* ATHRODUS
slang, *n.* SLANG, IAITH SATHREDIG,
   SLICIAITH
slangy, *a.* SATHREDIG
slant, *n.* GOLEDD, DRIFFT
   v. GOLEDDU
   slant edge, YMYL OLEDD
   slant height, UCHDER GOLEDDOL
slanting, *a.* AR OLEDD/OSGO
slap, *n.* SLAP
   ad. YN UNION
   v. SLAPIO
slapdash, *a.* FFWRDD-Â-HI, RHYWSUT-
   RYWFODD
slapstick, *n.* ACT SLAP
slash, *n.* SLAES
   v. SLAESIO
slashing, *a.* LLYM, MINIOG
slat, *n.* SLAT
slate, *n.* LLECHEN, LLECHFAEN (CRAIG)
   v. DIFRÏO
slater, *n.* TÖWR
slating, *n.* CERYDD LLYM
slattern, *n.* SLWT, SLEBOG, SOPEN
slaughter, *n.* LLADDFA, CYFLAFAN
   v. LLADD
slaughter-house, *n.* LLADD-DY

slave, *n.* CAETHWAS
   v. LLAFURIO, SLAF(I)O
slaver, *n.* POER(I), GLAFOER
   v. GLAFOERIO, DRIFLO
slavery, *n.* CAETHWASIAETH
slave-trade, *n.* CAETHFASNACH
slavish, *a.* GWASAIDD, SLAFAIDD
slavishness, *n.* GWASEIDD-DRA
slay, *n.* PEITHIN
   v. LLADD
slayer, *n.* LLADDWR
sledge, *n.* SLED, CAR LLUSG
sledge-hammer, *n.* GORDD
sleek, *a.* LLYFNDEW
sleekness, *n.* LLYFNDER
sleep, *n.* CWSG, HUN
   v. CYSGU, HUNO
sleeper, *n.* CYSGWR, SLIPER
sleepiness, *n.* CYSGADRWYDD, SYRTHNI
sleeping, *a.* YNGHWSG, YN CYSGU
sleeping-sickness, *n.* HUNGLWYF
sleeplessness, *n.* ANHUN
sleepy, *a.* CYSGLYD, SWRTH
sleet, *n.* EIRLAW
sleeve, *n.* LLAWES
   set-in sleeve, LLAWES OSOD
sleight, *n.* DEHEURWYDD, CYFRWYSTRA
   sleight of hand, CONSURIO
slender, *a.* MAIN, PRIN, TENAU
slenderness, *n.* MEINDER, PRINDER,
   TENEUDRA
slew, *v.* TROI ROWND
slice, *n.* SLEIS, TAFELL, SLEISEN, LLWYARN
   v. SLEISIO, TAFELLU
slick, *a.* LLYFN, TAFODRYDD, SLIC
slickness, *n.* SLICRWYDD
slide, *n.* LLITHRYN, SLEID, TRYLOYWDER
   v. LLITHRO, SGLEFRIO
slider, *n.* LLITHRYDD
slide rule, *n.* LLITHRIWL, RIWL RIFO
sliding-scale, *n.* GRADDFA (YN NEWID)
slight, *n.* DIRMYG, SARHAD
   v. DIRMYGU, SARHAU
   a. MAIN, TENAU
slim, *a.* MAIN
   v. MEINHAU
slime, *n.* LLYSNAFEDD, LLYS, LLWTRA
slimy, *a.* LLYSNAFEDDOG
sling, *n.* FFON-DAFL, RHWYMYN
   v. TAFLU
slink, *v.* CILIO (YN LLECHWRAIDD)
slip, *n.* LLITHR(AD), CAMGYMERIAD, SLIP
   slip road, SLIPFFORDD
   v. LLITHRO, CAMGYMRYD, SLIPIO

slip-knot, *n.* CWLWM RHEDEG
slipper, *n.* SLIPER
slippery, *a.* LLITHRIG, DIAFAEL
slipshod, *a.* ANNIBEN, LLYMRIG
slipway, *n.* LLITHRFA
slip, *n.* HOLLT, AGEN, SLIT
   v. HOLLTI, AGENNU
slither, *v.* YMLUSGO, LLITHRO
slobber, *n.* GLAFOER
   v. GLAFOERIO
sloe, *n.* DRAENEN DDU, EIRINEN DDU FACH
slog, *v.* GWEITHIO'N GALED
slogan, *n.* SLOGAN
sloop, *n.* SLŴP
slop, *v.* COLLI (DROS YMYL)
slope, *n.* GOLEDD, LLETHR, LLECHWEDD
   v. GOLEDDFU, LLECHWEDDU
sloping, *a.* AR OSGO
sloppiness, *n.* MEDDALWCH
sloppy, *a.* ANNIBEN, TEIMLADOL
slops, *n.pl.* GOLCHION, BWYD LLWY
slosh, *v.* BWRW, CURO
slot, *n.* AGEN, SLOT
   v. AGENNU
sloth, *n.* DIOGI, SLOTH
slothful, *a.* DIOG(LYD)
slouch, *n.* LLIPRYN
   v. GWARGRYMU
slouch-hat, *n.* HET LIPA
slouching, *a.* LLIBIN, LLIPA, AFROSGO
slough, *n.* CORS, SIGLEN, HEN GROEN
   v. BWRW CROEN
sloven, *n.* SLEBOG, SOPEN
slovenliness, *n.* ANNIBENDOD, AFLERWCH
slovenly, *a.* ANNIBEN, AFLÊR
slow, *a.* ARAF, HWYRFRYDIG
   v. ARAFU
slowly, *ad.* YN ARAF (DEG)
slowness, *n.* ARAFWCH, HWYRFRYDIG-
   RWYDD
slow-worm, *n.* SLORWM, NEIDR DDALL
sludge, *n.* LLACA, LLAID
slug, *n.* MALWEN, GWLITHEN, SLYG
sluggard, *n.* DIOGYN
sluggish, *a.* DIOG, SWRTH, MARWAIDD
sluggishness, *n.* DIOGI, SYRTHNI
sluice, *n.* LLIFDDOR
slum, *n.* SLYM
slumber, *n.* HUN, CWSG
   v. HUNO, CYSGU, SLWMBRAN
slump, *n.* SLWMP, LLITHRAD, DIRWASGIAD
   v. LLITHRO

slur, *n.* ANFRI, LLITHRIAD
   v. DIFRÏO, LLITHRO DROS
slurry, *n.* BISWAIL
slush, *n.* LLAID, LLACA, EIRA GWLYB
slut, *n.* SLWT, SOPEN
sluttish, *a.* ANNIBEN, BRWNT, AFLÊR
sluttishness, *n.* ANNIBENDOD, BRYNTNI
sly, *a.* CYFRWYS, FFALS, SLEI, TAN DIN
slyness, *n.* CYFRWYSTRA, FFALSTER
smack, *n.* CLEC, TRAWIAD, SMAC
   v. CLECIAN, TARO
small, *a.* BACH, MÂN, BYCHAN
   small of the back, MEINGEFN
small-beer, *n.* DIOD FAIN
small-coal, *n.* GLO MÂN
smallholding, *n.* TYDDYN, MÂN-DDALIAD
smallness, *n.* BYCHANDER, BYCHANDRA
smallpox, *n.* BRECH WEN
small-talk, *n.* MÂN-SIARAD
smarmy, *a.* GWENIEITHUS
smart, *n.* GWŶN, DOLUR
   v. GWYNIO, DOLURIO
   a. TWT, TACLUS, CYFLYM, CRAFF
smarten, *v.* TACLUSO, TRWSIO
smartness, *n.* SMARTRWYDD, FFRAETHDER
smash, *n.* GWRTHDRAWIAD
   v. MALU(RIO)
smattering, *n.* CRAP
smear, *v.* IRO, DWBIO
smell, *n.* AROGLAU
   v. AROGLEUO
smelly, *a.* DRYGSAWRUS
smelt, *n.* BRWYNIAD
   v. SMELTIO, MWYNDODDI
smelter, *n.* MWYNDODDYDD
smile, *n.* GWÊN
   v. GWENU
smiling, *a.* SIRIOL, AR (EI) WÊN
smirch, *v.* LLYCHWINO
smirk, *n.* CILWEN, GLASWEN
   v. CILWENU, GLASWENU
smite, *v.* TARO, BWRW
smith, *n.* GOF
smithereens, *n.pl.* TEILCHION, CYRBIBION,
   YFFLON
smithy, *n.* GEFAIL
smock, *n.* SMOC
smocking, *n.* SMOCWAITH
smog, *n.* SMOG, MWGWL
smoke, *n.* MWG, MYGYN
   v. MYGU, YSMYGU, COCHI, SMOCIO
   smoked salmon, EOG/SAMWN MWG
   smokeless fuel, TANWYDD DI-FWG

smoker, *n.* SMOCIWR, YSMYGWR
smoky, *a.* MYGLYD
smolt, *n.* EOG/SAMWN IFANC
smooth, *a.* LLYFN, ESMWYTH
  smooth curve, CROMLIN LEFN
smoothe, *v.* LLYFNHAU, LLYFNU
smoother, *n.* LLYFNWR
smoothly, *ad.* YN ESMWYTH/RHWYDD
smoothness, *n.* LLYFNDER
smother, *v.* MYGU, LLETHU
smoulder, *v.* MUDLOSGI
smudge, *n.* BAW, STAEN, SMOTYN
  v. DIFWYNO, TROCHI
smudgy, *a.* BRWNT
smug, *a.* HUNANFODDHAOL
smuggle, *v.* SMYGLO
smuggler, *n.* SMYGLWR
smuggling, *n.* SMYGLO
smugness, *n.* CYSÊT, HUNANOLDEB
smut, *n.* PARDDU, SIARAD AFLAN
  v. PARDDUO, DIFWYNO
smutty, *a.* AFLAN, BRWNT
snack, *n.* BYRBRYD, CEGAN, SNAC
  snack bar, SNACBAR, BAR CEGANAU
snaffle, *n.* GENFA, BIT
snag, *n.* BONCYFF, RHWYSTR ANNISGWYL
snail, *n.* MALWEN, MALWODEN
snake, *n.* NEIDR
snap, *n.* CLEC, CIPLUN, GÊM, CNOAD
  v. CLECIAN, CNOI, TYNNU LLUN
snaplink, *n.* CLESBYN
snappy, *a.* CYFLYM, CLAU
snapshot, *n.* CIPLUN, SNAP
snare, *n.* MAGL, CROGLATH
  v. MAGLU
  snare drum, DRWM WIFREN
snarl, *n.* CHWYRNAD
  v. CHWYRNU, CAFFLO
snatch, *n.* TAMAID, YSBAID, CRAP
  v. CIPIO, CRAPIO
sneak, *n.* LLECHGI, CACHGI
  v. LLECHIAN
sneaking, *a.* LLECHWRAIDD, CACHGÏAIDD
sneer, *n.* GLASWEN, GWAWD
  v. GLASWENU, GWAWDIO
sneering, *a.* GWAWDUS
sneeze, *n. & v.* TISIAN
sniff, *v.* FFROENI, GWYNTIO
snigger, *n. & v.* CHWERTHIN GWAWDLYD
snip, *n.* DERNYN, TORIAD
  v. TORRI
snipe, *n.* GÏACH
sniper, *n.* CELSAETHWR

snippet, *n.* TAMAID, DERNYN
snips, *n.* SNIPYDD
snivel, *v.* FFROENI, CWYNFAN
snob, *n.* CRECHYN, SNOB
  pl. CRACHACH
snobbery, *n.* SNOBYDDIAETH
snobbish, *a.* SNOBLYD
snobbishness, *n.* SNOBYDDIAETH
snoek, *n.* SNWC
snooker, *n.* SNWCER
snoop, *v.* CHWILMANTA
snooze, *n.* CYNTUN
  v. HEPIAN
snore, *n.* CHWYRNU
snorer, *n.* CHWYRNWR
snort, *n.* TRWYN PERISGOB
  v. FFROENI
snout, *n.* TRWYN, DURYN
snow, *n.* EIRA, ÔD
  v. BWRW EIRA, ODI
snowball, *n.* PELEN EIRA
  huge snowball, CASEG EIRA
snowdrift, *n.* LLUCHFA, LLUWCH
snowdrop, *n.* EIRLYS, CLOCH MABAN
snowfall, *n.* BWRW EIRA
snowfield, *n.* MAES EIRA
snowflake, *n.* PLUEN EIRA
snowline, *n.* LLINELL EIRA, EIRLIN
snow-plough, *n.* SWCH EIRA
snow-storm, *n.* STORM EIRA
snow-white, *a.* CLAERWYN, PURWYN
snowy, *a.* EIRAOG
snub, *n.* SEN, DIRMYG
  v. SENNU, DIRMYGU
  a. PWT, SMWT
snub-nosed, *a.* TRWYN SMWT
snuff, *n.* SNISIN, TRWYNLWCH
  v. SNWFFIAN
snuffbox, *n.* BOCS/BLWCH SNISIN
snuffle, *v.* FFROENI
snug, *a.* CLYD, DIDDOS
snuggle, *v.* GWASGU AT, ANWESU
so, *ad. & c.* MOR, CYN, FEL, FELLY
  so and so, HWN A HWN, HON A HON, Y PETH
  A'R PETH
soak, *v.* MWYDO
soap, *n.* SEBON
  soap flakes, FFLOCHION SEBON
  liquid soap, SEBON HYLIF
soapy, *a.* SEBONLLYD
soar, *v.* ESGYN
sob, *n.* IG
  v. BEICHIO WYLO, IGIAN

sober, *a.* SOBR, DIFRIFOL
sobriety, *n.* SOBRWYDD
socage, *n.* SOCAETH
sociability, *n.* CYMDEITHASGARWCH
sociable, *a.* CYMDEITHASGAR
social, *n.* YMGOMWEST, SOSIAL
   a. CYMDEITHASOL
   social amenity, AMWYNDER CYM-
DEITHASOL
socialism, *n.* SOSIALAETH
socialist, *n.* SOSIALYDD
   a. SOSIALAIDD
socialize, *v.* CYMDEITHASOLI, CYM-
DEITHASU
society, *n.* CYMDEITHAS, CYFEILLACH
sociogram, *n.* SOSIOGRAM
sociology, *n.* CYMDEITHASEG
sociometry, *n.* SOSIOMETREG
sock, *n.* SOCSEN, HOSAN
socket, *n.* SOCED
sod, *n.* TYWARCHEN
soda, *n.* SODA
   caustic soda, SODA CAWSTIG/LLOSG
soda-water, *n.* DŴR SODA
sodden, *a.* SOEGLYD
sodium, *n.* SODIWM
   sodium bicarbonate, SODA POBI
sodomy, *n.* SODOMIAETH
sofa, *n.* SOFFA
soft, *a.* MEDDAL, LLAITH, DWL, GWIRION
   soft pedal, PEDAL CHWITH
   soft drinks, DIODYDD GWAN
   soft furnishings, DODREFNAU MEDDAL
soften, *v.* MEDDALU, LLEDDFU
softener, *n.* MEDDALYDD
softness, *n.* MEDDALWCH, TYNERWCH
software, *n.* MEDDALWEDD
softwood, *n.* PREN MEDDAL
soggy, *a.* SOEGLYD, CORSLYD
soil, *n.* PRIDD, DAEAR, GWERYD
   v. BAEDDU, TROCHI
   soil texture, GWEADEDD Y PRIDD
   blown soil, HEDBRIDD
soirée, *n.* CWRDD ADLONIADOL
sojourn, *n.* ARHOSIAD, YMDAITH
   v. AROS, YMDEITHIO
sol, *n.* SOL
solace, *n.* CYSUR, SOLAS, DIDDANWCH
   v. CYSURO, DIDDANU
solar, *a.* HEULOG, SOLAR
   solar system, CYSAWD YR HAUL
solder, *n.* SODR
   v. SODRO
   cored solder, SODR CRAIDD

soldered, *a.* SODROG
soldier, *n.* MILWR
soldiering, *n.* MILWRIAETH
   v. MILWRIO
soldierly, *a.* MILWRAIDD
sole, *n.* GWADN, LLEDEN CHWITHIG
solecism, *n.* IAITH WALLUS, GWRTHUNI
solemn, *a.* DIFRIFOL, DEFODOL
solemnity, *n.* DIFRIFWCH, DEFOD
solemnization, *n.* GWEINYDDIAD
solemnize, *v.* GWEINYDDU
solenoid, *n.* SOLENOID
sol-fa, *n.* SOL-FFA
   v. SOLFFEUO
solicit, *v.* DEISYF, CREFU, CEISIO
solicitation, *n.* DEISYFIAD
solicitor, *n.* CYFREITHIWR, TWRNAI
   solicitor-general, CYFREITHIWR
CYFFREDINOL
solicitous, *a.* GOFALUS, AWYDDUS
solicitude, *n.* GOFAL, PRYDER
solid, *n.* SOLID
   a. SOLET, CALED
solidarity, *n.* CYDLYNIAD CADARN, BOD YN
GYTÛN, UNDOD
solidification, *n.* SOLIDIAD
solidify, *n.* YMSOLIDIO, CALEDU
solifidianism, *n.* UNIGFFYDDIAETH
solifluction, *n.* PRIDDLIFIAD
soliloquize, *v.* YMSON
soliloquy, *n.* YMSON
solipsism, *n.* SOLIPSIAETH, HUNAN-
YSTYRIAETH
solitaire, *n.* SOLITÊR
solitary, *a.* UNIG, ANGHYFANNEDD
solitude, *n.* UNIGEDD
solo, *n.* UNAWD
   a. UNIGOL
soloist, *n.* UNAWDYDD
so-long, *i.* DA BO CHWI! HWYL!
solstice, *n.* HEULSAF, HEULDRO
   Summer solstice, HEULDRO'R HAF,
   Winter solstice, HEULDRO'R GAEAF,
solubility, *n.* TODDADWYEDD, HYDODDEDD
soluble, *a.* TODDADWY, Y GELLIR EI
DDATRYS
solute, *n.* TODDYN
solution, *n.* TODDIANT, DATRYSIAD, ATEB
solvable, *a.* Y GELLIR EI DDATRYS
solvate, *v.* TODDYDDU
solve, *v.* DATRYS, DEHONGLI
solvency, *n.* Y GALLI I DODDI / DALU
solvent, *n.* TODDYDD
   a. DI-DDYLED

soma, *n.* SOMA
somatic, *a.* SOMATIG
sombre, *a.* TYWYLL, PRUDD
some, *a.* RHYW, RHAI, YCHYDIG
   pn. RHAI, RHYWRAI
   ad. TUA, RHYW
somebody, *n.* RHYWUN
somehow, *ad.* RHYWFODD, RHYWSUT
someone, *n.* RHYWUN
somersault, *n.* TROSBEN
   v. TROSBENNU
   hollow back somersault, TROSBEN
   CEUGEFN
something, *n.* RHYWBETH
sometime, *ad.* RHYWBRYD, GYNT
sometimes, *ad.* WEITHIAU, AR BRYDIAU,
   AMBELL WAITH
somewhat, *n.* RHYWBETH
   ad. GO, LLED, BRAIDD
somewhere, *ad.* (YN) RHYWLE
somnambulism, *n.* CERDDED MEWN CWSG
somnambulist, *n.* CWSG GERDDWR
somnolent, *a.* CYSGLYD
son, *n.* MAB
sonant, *n.* SONANT
sonata, *n.* SONATA
sonatina, *n.* SONATINA
song, *n.* CÂN, CERDD, CANIAD
   action song, CÂN ACTOL
songster, *n.* CANWR
sonic, *a.* SONIG
sonics, *n.pl.* SEINEG
son-in-law, *n.* MAB-YNG-NGHYFRAITH
sonnet, *n.* SONED
sonority, *n.* SONORIAETH
sonorous, *a.* SONIARUS
sonship, *n.* MABOLAETH
soon, *ad.* YN FUAN/EBRWYDD, AR FYR O DRO
soot, *n.* PARDDU, HUDDYGL
soothe, *v.* LLINIARU, LLEDDFU, DIDDANU
soothsayer, *n.* DYN HYSBYS, DEWIN
sop, *n.* LLWGRWOBRWY, TAMAID GWLYB
   v. MWYDO, GWLYCHU
sophism, *n.* SOFFYDDIAETH
sophist, *n.* SOFFYDD
sophisticated, *a.* SOFFISTIGEDIG
sophistication, *n.* SOFFISTIGEDD
sophistry, *n.* TWYLLYMRESYMIAD
soporific, *a.* SOPORIFFIG
soppy, *a.* SOEGLYD, TEIMLADOL, MWYDLYD
soprano, *n. & a.* SOPRANO
sorcerer, *n.* SWYNWR, DEWIN
sorcery, *n.* DEWINIAETH, SWYNGYFAREDD

sordid, *a.* GWAEL, FFIAIDD, BRWNT, BUDR
sordidness, *n.* BRYNTNI
sore, *n.* BRIW, CLWYF
   a. DOLURUS, BLIN
soreness, *n.* POEN, DOLUR
soroche, *n.* SALWCH MYNYDD
sorrow, *n.* GOFID, TRISTWCH, GALAR
sorrowful, *a.* GOFIDUS, TRIST
sorry, *a.* TRIST, BLIN
sort, *n.* MATH, DOSBARTH, TREFNIAD
   v. DOSBARTHU, TREFNU, DIDOLI
sorted, *a.* TREFNEDIG
sorter, *n.* DOSBARTHWR
sortie, *n.* RHUTHRGYRCH
so-so, *a.* CANOLIG, GWEDDOL
sot, *n.* MEDDWYN, DIOTYN
soteriology, *n.* SOTERIOLEG
sottish, *a.* MEDDW
soubrette, *n.* COEGEN
soufflé, *n.* SOUFFLÉ
sough, *n.* CWYNFAN, OCHAIN
soul, *n.* ENAID, PERSON
soulless, *a.* DIENAID
sound, *n.* SAIN, SŴN, TRWST, SWNT
   v. SWNIO, SEINIO, PLYMIO
   a. IACH, SOWND, DIOGEL
sound-board, *n.* SEINFWRDD
soundly, *ad.* YN DRWM/DDA
soundness, *n.* IACHUSRWYDD, CYFAN-
   RWYDD
sound-resisting, *a.* YN LLADD SŴN
sound-wave, *n.* SEINDON
soup, *n.* SŴP, POTES, CAWL
sour, *a.* SUR, CAS
   v. SURO
source, *n.* TARDDIAD, TARDDLE,
   FFYNHONNELL
sourness, *n.* SURNI, TYMER DDRWG
souse, *v.* PICLO, MWYDO
   soused herring, PENNOG PICL
south, *n.* DE, DE(H)AU
   a. DE
   ad. TUA'R DE
southerly, *a.* DEHEUOL
southern, *a.* DEHEUOL
south-paw, *n.* PEILENNWR
southward, *ad.* TUA'R DE
souvenir, *n.* COFRODD, SWFENIR
souwester, *n.* CAP MORWR, GWYNT DE-
   ORLLEWIN
sovereign, *n.* BRENIN, SOFREN, PUNT
   a. GORUCHAF, SOFRAN
sovereignty, *n.* PENARGLWYDDIAETH,
   SOFRANIAETH

soviet, *n.* SOFIET
sow, *n.* HWCH
sow, *v.* HAU, GWASGARU
sower, *n.* HEUWR
soya-beans, *n.pl.* FFA SOYA
spa, *n.* SBA
space, *n.* GOFOD, BWLCH
　　v. GOFODI, GWAHANU
　　space domain, PARTH GOFOD
spaceman, *n.* GOFODWR
spacer, *n.* GOFODYDD
space-ship, *n.* GOFODEN
space-time, *n.* GOFOD-AMSER
spacious, *a.* HELAETH, EANG
spaciousness, *n.* HELAETHRWYDD,
　　EHANGDER
spade, *n.* PÂL, RHAW
spaghetti, *n.* SBAGETI
span, *n.* RHYCHWANT, DYRNFEDD
　　v. RHYCHWANTU, PONTIO
spangle, *n.* SBANGL
　　v. SERENNU
spangled, *a.* SERENNOG
spaniel, *n.* SBANIEL
spank, *v.* TARO, SMACIO
spanking, *n.* COSFA, CWEIR
　　a. ANGHYFFREDIN
spanner, *n.* SBANER
　　adjustable spanner, SBANER CYMWYS-
　　ADWY
　　open end spanner, SBANER CEG-AGORED
span-new, *a.* NEWYDD SBON
spar, *n.* POLYN, SBAR
　　v. SBARIAN
　　sparring partner, PARTNER SBARIAN
spare, *a.* CYNNIL, SBÂR, DROS BEN
　　v. ARBED, HEPGOR
spare-rib, *n.* SBARIB, ASEN FRÂN
sparing, *a.* CYNNIL, CRINTACH, PRIN
spark, *n.* GWREICHIONEN
　　v. GWREICHIONI, TANIO
sparkle, *n.* DISGLEIRDEB
　　v. PEFRIO, SERENNU
sparkling, *a.* GLOYW, LLACHAR
sparrow, *n.* ADERYN Y TO
sparse, *a.* GWASGAROG, PRIN
spasm, *n.* PWL, SBASM, BRATH
spasmodic, *a.* ADEGOL, SBASMODIG
spastic, *n. & a.* SBASTIG
spat, *n.* SBAT
spate, *n.* LLIFEIRIANT SYDYN
spathe, *n.* GWAIN, FFLURWAIN
spatial, *a.* GOFODOL

spatter, *v.* YSGEINTIO, TASGU
spatula, *n.* SBATWLA
spavin, *n.* SBAFEN, LLYNCOES
spawn, *n.* SIL, GRAWN, GRIFFT
　　v. SILIO, BWRW GRAWN
　　spawning ground, SILFA
spay, *v.* YSBADDU, DISBADDU
speak, *v.* SIARAD, LLEFARU
speaker, *n.* SIARADWR, LLEFARYDD
　　speaker key, CWGN SAIN
spear, *n.* GWAYW(FFON)
　　v. TRYWANU
spearhead, *n.* BLAEN(WR), ARWEINYDD
special, *a.* ARBENNIG, NEILLTUOL
specialisation, *n.* ARBENIGIAD
specialised, *a.* ARBENIGOL
specialist, *n.* ARBENIGWR
　　a. ARBENIGOL
speciality, *n.* ARBENIGEDD
specialization, *n.* ARBENIGAETH
specialize, *v.* ARBENIGO
specialized, *a.* ARBENIGOL
specially, *ad.* YN ARBENNIG, YN ENWEDIG
species, *n.* MATH, RHYWOGAETH
specific, *a.* PENODOL, CYMHAROL,
　　SBESIFFIG
　　specific heat, GWRES CYMHAROL/
　　SBESIFFIG
specifically, *ad.* YN BENDANT
specification, *n.* MANYLDEB, MANYLION
specify, *v.* ENWI, RHESTRU
specimen, *n.* SAMPL, SBESIMEN,
　　ENGHRAIFFT
specious, *a.* YMDDANGOSIADOL, GWYCH
speck, *n.* BRYCHEUYN, SBECYN
　　v. BRYCHU
speckle, *n.* BRYCHNI
　　v. BRYCHU, BRITHO
speckled, *a.* BRYCH, BRITH
spectacle, *n.* GOLYGFA, DRYCH
spectacle-case, *n.* CAS SBECTOL
spectacles, *n.pl.* SBECTOL
spectacular, *a.* YSBLENNYDD
spectator, *n.* GWYLIWR
spectral, *a.* SBECTRAL, RHITHIOL
spectre, *n.* DRYCHIOLAETH, YSBRYD
spectrometer, *n.* SBECTROMEDR
spectrometry, *n.* SBECTROMEDREG
spectroscope, *n.* SBECTROSGOP
spectroscopy, *n.* SBECTROSGOPEG
spectrum, *n.* SBECTRWM
　　absorption spectrum, SBECTRWM
　　BYLCHLIW

speculate, *v.* DYFALU, SBECIANNU, HAPFASNACHU
speculation, *n.* DYFALIAD, SBECIANT, HAPFASNACH
speculative, *a.* DYFALIADOL, SBECIANNOL, HAPFASNACHOL
speculator, *n.* SBECIANNWR, HAPFASNACH-WR
speculum, *n.* SBECWLWM
speech, *n.* LLEFERYDD, ARAITH, YMADRODD, LLAFAR
speech training, LLEFAREG
speech therapist, THERAPYDD LLEFERYDD
speechless, *a.* MUD, DILEFERYDD
speed, *n.* BUANEDD, SBÌD, CYFLYMDER
 v. GORYRRU
speedometer, *n.* SBIDFEDR
speedy, *a.* BUAN, CYFLYM
spelaeologist, *n.* OGOFYDD/WR
spelaeology, *n.* OGOFEG
spell, *n.* YSBAID, SBEL, HOE, SWYN
 v. SILLAFU, CAEL HOE
spellbound, *a.* DAN GYFAREDD
spelling, *n.* SILLAFIAD
spelter, *n.* SBELTER
spend, *v.* GWARIO, TREULIO, BWRW, HALA
spendthrift, *n.* OFERWR
sperm, *n.* SBERM, HADLIF
spermatic, *a.* SBERMAIDD
spermatozoid, *n.* & *a.* SBERMATOSOID
spermatozoön, *n.* SBERMATOSŴON
spew, *v.* CHWYDU, CYFOGI
sphagnum, *n.* SBAGNWM
sphere, *n.* SFFÊR, CYLCH
spherical, *a.* SFFERAIDD
spheroid, *n.* SFFEROID
spherometer, *n.* SFFEROMEDR
sphinx, *n.* SFFINCS
spices, *n.pl.* SBEISYS, PERLYSIAU
spick-and-span, *a.* TWT, TACLUS
spicule, *n.* SBICWL, SBIGLYN
spicy, *a.* SBEISLYD, FFRAETH, POETH
spider, *n.* CORRYN, PRYF COP(YN)
spike, *n.* CETHREN, TYWYSEN, SBIGYN
 v. CETHRU, HOELIO, SBIGO
spikelet, *n.* SBIGOLYN, TYWYSENNIG
spikenard, *n.* SBIGNARD
spill, *n.* SBILSEN, CWYMP
 v. COLLI, TYWALLT
spillway, *n.* GORLIFAN
spin, *n.* SBIN
 v. NYDDU, SBINIO, TROWASGU
spin-drier, TROWASGWR

spinach, *n.* PIGOGLYS, SBINAIS
spinal, *a.* PERTHYNOL I ASGWRN Y CEFN, MADRUDDOL, SBINOL
spinal cord, *n.* MADRUDDYN Y CEFN
spindle, *n.* GWERTHYD
spine, *n.* ASGWRN CEFN, PIGYN
spineless, *a.* DI-ASGWRN-CEFN, LLIPA
spinet, *n.* SBINED
spinner, *n.* NYDDWR, SBINIWR
spinneret, *n.* NYDDYN, NYDDOLYN
spinney, *n.* CELLI, COEDWIG
spinning-top, *n.* TOP TRO
spinning-wheel, *n.* TRÖELL NYDDU
spinster, *n.* MERCH DDI-BRIOD, HEN FERCH
spiracle, *n.* SBIRAGL
spiral, *n.* & *a.* SBIRAL
spirant, *n.* CYTSAIN LAES
 a. LLAES
spirants, *n.pl.* LLAESION
spire, *n.* MEINDWR, PIGYN
spirillum, *n.* SBIRILWM
spirit, *n.* YSBRYD, GWIROD
spirit level, LEFEL WIROD
spirited, *a.* CALONNOG, NWYFUS, YSBRYDOL
spiritism, *n.* YSBRYDAETH
spiritless, *a.* DIGALON
spirits, *n.pl.* GWIRODYDD
spiritual, *a.* YSBRYDOL
 n. CREFYDDGAN NEGROAIDD
spiritualism, *n.* YSBRYDIAETH
spiritualist, *n.* YSBRYDEGYDD
spiritualistic, *a.* YSBRYDEGOL
spirituality, *n.* YSBRYDOLRWYDD
spiritualize, *v.* YSBRYDOLI
spit, *n.* POER(I), BÊR, TAFOD
 v. POERI
spite, *n.* MALAIS, SBEIT
 v. DWYN MALAIS, SBEITIO
spiteful, *a.* MALEISUS, SBEITLYD
spittle, *n.* POER(YN)
spittoon, *n.* LLESTR POERI
spiv, *n.* OFERWR, SBIF
splanchnic, *a.* PERFEDDOL
splash, *n.* SBLAS
 v. SBLASIO, TASGU
splay, *n.* GOLEDD, SBLAE
spleen, *n.* POTEN LUDW, DUEG, SBLEN, PRUDDGLWYF
splendid, *a.* YSBLENNYDD, RHAGOROL
splendour, *n.* YSBLANDER, GODIGOWG-RWYDD
splenetic, *a.* CROES, BLIN
splice, *v.* PLETHU, SBLEISIO

splint, *n.* SBLINT, PRENNYN
splinter, *n.* FFLEWYN, SBLINTER
split, *n.* YMRANIAD, HOLLT, CILHOLLT
   v. HOLLTI, RHANNU
   split levels, LEFELAU GWAHÂN
splutter, *v.* POERI SIARAD, TASGU
spoil, *n.* YSBAIL
   v. YSBEILIO, ANDWYO
spoiler, *n.* DIFETHWR, DIFRODWR
spoilt, *a.* MALDODUS, MWYTHLYD
spoke, *n.* ADAIN OLWYN, SBOGEN, BRAICH
spoken, *a.* LLAFAR
spokeshave, *n.* RHASGL, PLAEN DEUGARN
spokesman, *n.* SIARADWR, LLEFARWR
spoliation, *n.* YSBEILIAD
spondee, *n.* CORFAN HIR
sponge, *n.* SBWNG
   v. SBWNGIAN
sponger, *n.* CYNFFONNWR
spongy, *a.* MEDDAL, FEL SBWNG
sponsor, *n.* CEFNOGWR, TAD NEU FAM
FEDYDD
spontaneity, *n.* DIGYMHELLRWYDD
spontaneous, *a.* DIGYMELL
spook, *n.* YSBRYD, BWGAN, BWCI
spool, *n.* GWERTHYD, SBŴL
spoon, *n.* LLWY, GWIRIONYN
   v. CARU
   dessert spoon, LLWY BWDIN
spoor, *n.* TRYWYDD, ÔL
sporadic, *a.* ACHLYSUROL, HWNT AC YMA
spore, *n.* SBÔR, HEDYN
sporophyte, *n.* SBOROFFYT
sport, *n.* SBORT, DIFYRRWCH
sporting, *a.* YN LLAWN DIFYRRWCH, HOFF O
CHWARAE
sportive, *a.* CHWAREUS, NWYFUS
sports, *n.pl.* MABOLGAMPAU, CHWARAEON
sportsman, *n.* SBORTSMON, CHWARAEWR
sportsmanship, *n.* SBORTSMONAETH
spot, *n.* MAN, SBOT, LLECYN, SMOTYN
   v. SBOTIO, ADNABOD
   a. AR Y PRYD
spotless, *a.* DIFRYCHEULYD, DI-FAI, GLÂN
spotlamp, *n.* LAMP OLEUGYLCH
spotlight, *n.* GOLEUGYLCH
spotted, *a.* BRITH, BRYCH
spouse, *n.* PRIOD
spout, *n.* PIG, SBOWT, FFRWD
   v. PISTYLLU, FFRYDIO
sprag, *n.* SBRAGEN
   v. SBRAGIO
sprain, *n.* YSIGIAD
   v. YSIGO

sprat, *n.* SBRAT
sprawl, *n.* AFLERDWF
   v. YMLEDU, YMGREINIO
spray, *n.* SBRIGYN, TROCHION, CHWISTRELL-
IAD
   v. CHWISTRELLU
sprayer, *n.* CHWISTRELL
spread, *n.* TAENIAD, LLEDAENIAD
   v. TAENU, LLEDU, LLEDAENU
spreader, *n.* TINBREN
spree, *n.* SBRI, DIFYRRWCH
sprig, *n.* SBRIGYN, IMPYN
sprightliness, *n.* ASBRI, NWYF
sprightly, *a.* NWYFUS, HOENUS
spring, *n.* TARDDELL, FFYNNON, SBRING
   v. TARDDU, NEIDIO, HANFOD, DISGYN
   neck spring, SBRING GWAR
   handspring, SBRING UNTROED
   tension spring, SBRING TYNIANT
   flyspring, SBRING DEUDROED
   headspring, TALSPRING, SBRING PEN
   spring line, TARDDLIN
springbok, *n.* SBRINGBOC
springiness, *n.* YSTWYTHDER
spring-tide, *n.* GORLLANW
springtime, *n.* GWANWYN
springy, *a.* SBRINGAR
sprinkle, *v.* (Y)SGEINTIO, TAENELLU
sprinkler, *n.* (Y)SGEINTELL, SGEINTYDD,
TAENELLYDD
sprinkling, *n.* (Y)SGEINTIAD, TAENELLIAD
sprint, *n.* SBRINT
   v. SBRINTIO
sprit, *n.* SBRID
sprite, *n.* ELLYLL, YSBRYD
sprit-sail, *n.* BLAENHWYL
sprocket, *n.* SBROCED
sprout, *n.* EGINYN, BLAGURYN
   v. EGINO, BLAGURO
sprouts (Brussels), *n.pl.* YSGEWYLL
BRYSEL
spruce, *n.* SBRIWS, PYRWYDDEN
   a. TACLUS, DESTLUS, DILLYN
spruceness, *n.* TACLUSRWYDD, DESTLUS-
RWYDD
spry, *a.* SIONC, GWISGI, HOYW
spume, *n.* EWYN
   v. EWYNNU
spur, *n.* (Y)SBARDUN, TRYWYDD, CAINC,
SYMBYLIAD, CLOGWYN
   v. (Y)SBARDUNO, SYMBYLU
spurge, *n.* FFLAMGOED
spurious, *a.* FFUG, GAU, ANNILYS

spuriousness, *n.* TWYLL, GEUEDD
spurn, *v.* DIRMYGU, DISTYRU
spurt, *n.* SBYRT
   v. SBYRTIO, YMEGNÏO
sputnik, *n.* LLOEREN
sputter, *v.* POERI SIARAD, BALDORDDI
sputum, *n.* POER(I)
spy, *n.* (Y)SBÏWR
   v. (Y)SBÏO
squabble, *n.* FFRAE, FFRWGWD
   v. FFRAEO, CWERYLA
squad, *n.* SGWAD
squadron, *n.* SGWADRON
squadron-leader, *n.* SGWADRON-
   BENNAETH
squalid, *a.* AFLAN, BUDR, BRWNT
squall, *n.* HYRDDWYNT, SGRECH, SGÔL
squally, *a.* GWYNTOG, STORMUS
squalor, *n.* AFLENDID, BRYNTNI, BUDREDDI
squander, *v.* GWASTRAFFU, AFRADU
square, *n.* SGWÂR, MAES
   a. SGWÂR, PETRYAL
   v. SGWARIO, CYTUNO
square nosed tool, GEFEL GEGSGWAR
squash, *n.* SBONCEN, SGWAS, STECS,
   FFRADACH
   v. GWASGU
squat, *n.* CWRCWD
   a. BYRDEW
   v. CYRCYDU, SGWATIO
squatter, *n.* SGWATIWR
squawk, *n.* CRAWC, GWAWCH
   v. CRAWCIAN
squeak, *n.* GWICH
   v. GWICHIAN
squeaky, *a.* GWICHLYD
squeal, *n.* GWICH
   v. GWICHIAN
squeegee, *n.* GWESGI
squeeze, *n.* GWASGIAD, GWASGFA
   v. GWASGU
squeezer, *n.* GWASGELL
squelch, *v.* LLETHU
squib, *n.* SGWIB
squint, *n.* LLYGAD CROES
   a. LLYGATGROES
squire, *n.* SGWEIER, YSWAIN
squirm, *v.* GWINGO
squirrel, *n.* GWIWER
squirt, *n.* CHWISTRELL
   v. CHWISTRELLU, TASGU
stab, *n.* GWÂN, GWANIAD
   v. GWANU, TRYWANU

stability, *n.* SADRWYDD, SEFYDLOGRWYDD
stabilization, *n.* SEFYDLOGRWYDD
stabilize, *v.* SEFYDLOGI, SADIO
stabilizer, *n.* SEFYDLOGYDD, SADYDD
stabilizer, *n.* SADYDD
stable, *n.* YSTABL
   a. SAD, SEFYDLOG, SAFADWY
staccato, *a.* STACATO
stack, *n.* TAS, STAC, TWR
   v. TASU, PENTYRRU
stackyard, *n.* YDLAN
stadium, *n.* STADIWM
staff, *n.* FFON, STAFF, PUM LLINELL
stag, *n.* CARW, HYDD, ADFAEDD
stage, *n.* LLWYFAN, CYFNOD, STAD, CAM,
   GWEDD
   v. LLWYFANNU
stagecraft, CREFFT LLWYFAN
stage-coach, *n.* COETS FAWR
stager, *n.* LLWYFANNWR
stagger, *v.* GWEGIAN, DARWAHANU,
   SYFRDANU
staggered start, HWNT-GYCHWYN
staggers, *n.* PENDRO, Y DDERA, Y GYSB
staging, *n.* LLWYFANNU, (Y)SGAFFALDIAU
stagnant, *a.* LLONYDD, MARW, DI-DWF,
   LLONYDD
stagnant water, MERDDWR
stagnate, *v.* SEFYLL, CRONNI
stagnation, *n.* LLONYDDWCH, MARWEIDD-
   DRA, DIGYFFREDD
staid, *a.* SOBR, SAD
stain, *n.* STAEN, MEFL
   v. STAENIO
stainless, *a.* DIFRYCHEULYD, DI-STAEN,
   GLOYW, GWRTHSTAEN
stair, *n.* GRIS, STAER
staircase, *n.* GRISIAU, STAER
stairway, *n.* GRISFFORDD
stake, *n.* POLYN, PAWL, YSTANC, BONYN,
   GWYSTL
   v. NODI Â PHOLION, CYNGWYSTLO
creasing stake, BONYN CRYCHU
extinguisher stake, BONYN HIRBIG
at stake, YN Y FANTOL
stakeboat, *n.* BAD CLWM
stalactite, *n.* STALACTIT, PIBONWY CALCH
stalagmite, *n.* STALAGMIT, CALCHBOST
stale, *a.* HEN, DIFLAS
staleness, *n.* DIFLASRWYDD
stalk, *n.* COES(GYN), GWELLTYN
   v. MYND AR DRYWYDD
stall, *n.* STONDIN, STÂL, BWTH
   v. STOLIO

stallage, *n.* STONDINAETH
stalling, *v.* STOLIO
stallion, *n.* MARCH, STALWYN
stalwart, *a.* CYDNERTH, DEWR
stamen, *n.* BRIGER
stamina, *n.* STAMINA
stammer, *n.* & *v.* ATAL DWEUD
stammering, *a.* AG ATAL DWEUD
stamp, *n.* STAMP, DELW
    v. NODI, PYSTYLAD, STAMPIO
    trading stamp, STAMP MASNACHU
stampede, *n.* RHUTHR(AD)
    v. RHUTHRO
stance, *n.* SAFIAD, STANS
stanch, *v.* ATAL LLIF
stanchion, *n.* ANNEL, GWANAS
stand, *n.* SAFIAD, EISTEDDLE, STONDIN,
    EISTEDDFAN
    v. SEFYLL, GODDEF
    handstand, LLAWSAFIAD
    cone stand, ATEG CÔN
standard, *n.* LLUMAN, SAFON, BANER
    a. SAFONOL, CYFFREDIN
    standard deviation, GWYRIAD SAFONOL
    standard of living, SAFON BYW
standard-bearer, *n.* BANERWR
standardisation, *n.* SAFONIAD, SAFONI
standardise, *v.* SAFONI
standardised, *a.* SAFONEDIG
    standardised intelligence test, PRAWF
    DEALLUSRWYDD SAFONEDIG
standing, *n.* SAFLE, PARHAD
    a. YN SEFYLL, PARHAOL, SEFYDLOG
standpoint, *n.* SAFBWYNT
stannic, *a.* STANNIG
stanza, *n.* PENNILL
staple, *n.* PRIF NWYDD, STAPLEN, STWFFWL,
    EDEFYN
    a. PRIF, CYSON
stapler, *n.* STAPLER, STAPLYDD, STWFFLWR
star, *n.* SEREN
    v. SERENNU
    circumpolar star, SEREN AMBEGWN
    giant star, SEREN GAWR
    star turn, PRIF EITEM
starboard, *n.* STARBORD
starch, *n.* STARTS
    v. STARTSIO
starchy, *a.* YN CYNNWYS STARTS,
    ANYSTWYTH, TORDYN
stare, *n.* LLYGADRYTHIAD
    v. LLYGADRYTHU
stark, *a.* RHONC, SYTH
    ad. HOLLOL

starlight, *n.* GOLAU'R SÊR
starling, *n.* DRUDWEN, DRUDWY
starry, *a.* SERENNOG
start, *n.* CYCHWYN(IAD), NAID
    v. CYCHWYN, NEIDIO'N SYDYN
starter, *n.* CYCHWYNNWR, CYCHWYNNYDD
    (OFFERYN)
starting, *n.* CYCHWYNIAD
    starting block, BLOC CYCHWYN
startle, *v.* BRAWYCHU, DYCHRYNU
startling, *a.* BRAWYCHUS, SYN
starvation, *n.* NEWYN
starve, *v.* NEWYNU
state, *n.* CYFLWR, FFURF, SEFYLLFA,
    TALAITH, GWLADWRIAETH, STAD
    v. MYNEGI, DWEUD, DATGAN
    a. CYFLYROL
    buffer state, GWLADWRIAETH RAGOD
stated, *a.* PENODOL, PENODEDIG
stateliness, *n.* RHWYSG, URDDAS
stately, *a.* MAWREDDOG, URDDASOL
statement, *n.* MYNEGIAD, DATGANIAD,
    GOSODIAD, CYFRIFEN
    preliminary statement, BLAEN
    DDATGANIAD
statesman, *n.* GWLADWEINYDD,
    GWLEIDYDD
statesmanship, *n.* GWLADWEINIAETH
static, *a.* STATIG
statics, *n.* STATEG
station, *n.* GORSAF, STESION
    v. SEFYDLU, GOSOD
stationary, *a.* SEFYDLOG
    stationary waves, TONNAU UNFAN
stationer, *n.* GWERTHWR PAPUR
stationery, *n.* PAPUR YSGRIFENNU
station-master, *n.* GORSAF-FEISTR
statistic, *n.* YSTADEGYN
statistical, *a.* YSTADEGOL
statistician. *n.* YSTADEGWR
statistics, *n.pl.* YSTADEGAU
    n. YSTADEGAETH
    inferential statistics, YSTADEGAETH
    GASGLIADOL
stator, *n.* STATOR
statuary, *n.* CERFLUNIAETH, CERFLUNYDD
statue, *n.* CERFLUN, CERFDDELW
statuesque, *a.* DIGYFFRO
stature, *n.* MAINTIOLI, CORFFOLAETH,
    TALDRA
status, *n.* STATWS, SAFLE
    status symbol, SYMBOL STATWS
statute, *n.* (Y)STATUD, DEDDF

statute-book, *n.* DEDDF-LYFR

statutory, *a.* STATUDOL

statutory procedure, TREFNIADAETH STATUDOL

staunch, *a.* PYBYR, CYWIR, STANS

staunchness, *n.* PYBYRWCH, SÊL

stave, *n.* ERWYDD, ASTELL, CLEDREN

v. TYLLU, DRYLLIO

stay, *n.* ARHOSIAD, GWANAS, ATEG

v. AROS, OEDI, CYNNAL

to stay at home, GWARCHOD CARTREF

stays, *n.pl.* STAES

stead, *n.* LLE

steadfast, *a.* CADARN, DIYSGOG

steadfastness, *n.* SEFYDLOGRWYDD, CADERNID

steadiness, *n.* SADRWYDD

steady, *a.* SAD, CYSON, GWASTAD

n. SADYDD, GORFFWYSFAN

v. SADIO, ATAL

fixed steady, SADYDD DISYMUD

steak, *n.* STÊC, STECEN

rump steak, STEC(EN) FFOLEN

steal, *v.* LLADRATA, DWYN, CIPIO

stealing, *n.* LLADRAD, DWYN

stealthy, *a.* LLADRADAIDD

steam, *n.* AGER, ANWEDD, STÊM

v. AGER, STEMIO

steam coal, GLO RHYDD

steamboat, *n.* AGERFAD

steam-engine, *n.* AGERBEIRIANT

steamer, *n.* STEMAR, AGERLONG, AGERYDD, STEMYDD

steam-roller, *n.* STEMROLER

steed, *n.* CEFFYL, MARCH

steel, *n.* DUR

v. CALEDU

stainless steel, DUR GWRTHSTAEN

blister steel, DUR POTHELL

steel wool, GWLÂN DUR

steelyard, *n.* STILIARD

steep, *n.* DIBYN, CLOGWYN, LLETHR

a. SERTH, LLETHROG

v. MWYDO, TRWYTHO

steeple, *n.* PIGDWR

steeplechase, *n.* RAS FFOS A PHERTH

steeplejack, *n.* ATGYWEIRIWR SIMNAI

steepness, *n.* SERTHEDD

steer, *n.* BUSTACH, LLYWIAD

v. LLYWIO

steering, *a. & n.* LLYW(IO)

steering-wheel, *n.* LLYW

steersman, *n.* LLYWIWR

stellar, *a.* SEROL

stem, *n.* COES, BÔN, STEM, CYFF, COESYN

v. ATAL

stench, *n.* DREWDOD, DREWI

stencil, *n.* STENSIL

stenographer, *n.* STENOGRAFFYDD

stenography, *n.* STENOGRAFFEG

stentor, *n.* STENTOR

stentorian, *a.* CROCH, UCHEL

step, *n.* CAM, GRIS, STEP

v. CAMU

step by step, BOB YN GAM, CAM A CHAM

stepbrother, *n.* LLYSFRAWD

stepdaughter, *n.* LLYSFERCH

stepfather, *n.* LLYSTAD

stepmother, *n.* LLYSFAM

steppe, *n.* STEP

stepsister, *n.* LLYSCHWAER

stepson, *n.* LLYSFAB

steradian, *n.* STERADIAN

stereographic, *a.* STEREOGRAFFIG

stereography, *n.* STEREOGRAFFI

stereophonic, *a.* STEREOFFONIG

stereoscope, *n.* STEREOSGOP

stereoscopic, *a.* STEREOSGOPIG

stereotype, *n.* YSTRYDEB

v. YSTRYDEBU

stereotyped, *a.* YSTRYDEBOL

sterile, *a.* ANFFRWYTHLON, HYSB, ANHEINTIOL

sterilisation, *n.* STERILIAD

steriliser, *n.* STERYLLYDD, STERILYDD

sterilise, *v.* STERILIO

sterility, *n.* ANFFRWYTHLONEDD

sterling, *n.* STERLING

a. DILYS

stern, *n.* RHAN ÔL LLONG, STARN

a. LLYM, STERN

sternness, *n.* LLYMDER

sternum, *n.* STERNWM

steroid, *n.* STEROID

stet, *v.* GADAWER

stethoscope, *n.* STETHOSGOP

stevedore, *n.* LLWYTHWR/DADLWYTHWR LLONGAU

stew, *n.* STIW, ISGELL

v. STIWIO

steward, *n.* STIWARD

stewardess, *n.* STIWARDES

stewardship, *n.* STIWARDIAETH

stick, *n.* FFON, PRIC, GWIALEN

v. GLYNU, CYDIO

sticks! FFYN!

stickler, *n.* UN SELOG
sticky, *a.* GLUDIOG, ANHYBLYG
stiff, *a.* ANHYBLYG, YSTYFNIG
stiffen, *v.* SYTHU, YSTYFNIGO
stiffening, *n.* STIFFNIN
stiffnecked, *a.* YSTYFNIG, GWARGALED
stiffness, *n.* ANYSTWYTHDER, YSTYFNIG-
RWYDD
stifle, *v.* MYGU, TAGU
stigma, *n.* GWARTHNOD, STIGMA
stigmatise, *v.* CYHUDDO
stile, *n.* CAMFA, STICIL, CLEDREN
stiletto, *n.* STILETO
still, *a.* LLONYDD, TAWEL
    n. LLUN LLONYDD, OFFER DISTYLLU
    v. LLONYDDU, TEWI
    still life, BYWYD LLONYDD
stillness, *n.* LLONYDDWCH, TAWELWCH
stilt, *n.* STILT, STUDFACH
stilted, *a.* MAWREDDOG, STUDFACHOG
stimulant, *n.* SYMBYLYDD
    a. ADFYWIOL
stimulate, *v.* SYMBYLU, CYFFROI,
SBARDUNO
stimulating, *a.* YN SYMBYLU/CYFFROI,
ANOGOL
stimulation, *n.* SYMBYLIAD
stimulus, *n.* SWMBWL, SYMBYLIAD
sting, *n.* COLYN
    v. COLYNNU, PIGO
stinginess, *n.* CYBYDD-DOD
stinging, *a.* BRATHOG, LLYM
stingy, *a.* CYBYDDLYD, CRINTACH
stink, *n.* DREWDOD, DREWI
    v. DREWI
stinking, *a.* DREWLLYD
stint, *v.* PRINHAU, BOD YN GRINTACH
stinting, *a.* CYNNIL, CLÒS
stipend, *n.* CYFLOG, TÂL
stipendiary, *a.* CYFLOG, CYFLOGEDIG
stipple, *n.* DOTWAITH
    v. DOTWEITHIO
stipulate, *v.* AMODI
stipulation, *n.* AMODIAD
stipule, *n.* STIPWL
stir, *n.* CYFFRO, CYNNWRF
    v. CYFFROI, CYNHYRFU
stirrer, *n.* TRÖYDD, YMOTBREN
stirring, *a.* CYFFROUS, CYNHYRFUS
stirrup, *n.* GWARTHOL
stirrup-pump, *n.* PWMP TROED
stitch, *n.* PWYTH, MAGL (GWEU), GWAYW
    v. PWYTHO, GWNÏO

stem stitch, PWYTH CONYN
purl stitch, PWYTH O CHWITH
stoat, *n.* CARLWM
stock, *n.* BÔN, CYFF, ACH, STOC, ISGELL
    v. CYFLENWI, CADW, CRYNHOI
stocks and dies, CYFFION A DEIS
stock pot, POT ISGELL
stocks and shares, STOCIAU A CHYFRAN-
NAU
joint stock, STOC CYD-DDALIANNOL
gilt-edged stock, STOCIAU'R
LLYWODRAETH
Stock Exchange, CYFNEWIDFA STOC
stockade, *n.* FFENS BYST
stockbroker, *n.* BROCER STOC
stock-exchange, *n.* CYFNEWIDFA STOCIAU
stocking, *n.* HOSAN
stocks, *n.pl.* CYFFION
stock-size, *n.* Y MAINT ARFEROL
stock-still, *a.* HOLLOL LONYDD
stocktaking, *n.* CYFRIF STOC
stocky, *a.* CADARN, CRYF, CYDNERTH
stodgy, *a.* TRYMAIDD, TRWM, TOESLYD
stoep, *n.* CYNTEDD, FERANDA
Stoic, *n.* STOIC
Stoicism, *n.* STOICIAETH
stoke, *v.* TANIO, GOFALU AM DÂN
stoker, *n.* TANIWR
stole, *n.* YSTOLA, YSTÔL
stolid, *a.* DIGYFFRO, SWRTH, TWP
stolidity, *n.* SYRTHNI, CYSGADRWYDD
stolon, *n.* STOLON
stoloniferous, *a.* STOLONOG
stomach, *n.* YSTUMOG, CYLLA, AWYDD
    v. DYGYMOD Â
stomata, *n.* MÂN-DYLLAU
stomatitis, *n.* STOMATITIS
stone, *n.* CARREG, MAEN, STÔN
    a. MAEN, CARREG, CERRIG
    v. LLABYDDIO, DIGAREGU
stonechat, *n.* CREC YR EITHIN
stone-dead, *a.* MARW GELAIN
stone-deaf, *a.* HOLLOL FYDDAR
stone-mason, *n.* SAER MAEN, MEISWN
stonewall, *n.* GWAL GERRIG
stone wall, *v.* BATIO'N GYNDYN
stonework, *n.* CAREGWAITH
stony, *a.* CAREGOG, CALED
stook, *n.* (Y)STACAN
stool, *n.* (Y)STÔL
stoop, *v.* PLYGU, GWARGRYMU
stop, *n.* STOP, ATALNOD
    v. ATAL, AROS, DAL, STOPIO, LLENWI
    stop dead, STOPIO'N STOND

stop-clock, *n.* STOPGLOC
stop-cock, *n.* TAP
stopgap, *n.* PETH DROS DRO
stoppage, *n.* ATALIAD, RHWYSTR
stopper, *n.* TOPYN, CAEAD
stopping-place, *n.* MAN AROS
stop-press, *n.* NEWYDD DIWEDDAR
stop-start, *v.* ATAL A CHYCHWYN
stop-watch, *n.* STOPWATS
storage, *n.* STÔR, STORFA
  storage heater, STORYDD GWRES
store, *n.* STÔR, SIOP, STORFA
  self service store, STÔR HUNAN-
  WASANAETH
  department store, STÔR ADRANNOL
  chain store, SIOP GADWYN
  v. STORIO, CADW
storehouse, *n.* (Y)STORDY
storey, *n.* LLAWR (ADEILAD)
  multistorey, AML-LAWR
stork, *n.* STORC, CICONIA
storm, *n.* (Y)STORM
  v. YMOSOD
stormy, *a.* (Y)STORMUS
story, *n.* STORI, HANES
story-teller, *n.* STORÏWR, CHWEDLEUWR
stoss, *a.* LLYFN
stout, *a.* TEW, GWROL, CORFFOL
stoutness, *n.* TEWDRA, GWROLDEB
stove, *n.* FFWRN, STOF, CWCER
stow, *n.* STOW
  v. DODI HEIBIO
stowage, *n.* CADW, TÂL CADW
stowaway, *n.* TEITHIWR CUDD
straddle, *v.* STRADLO, BONGAMU
straddler, *n.* STRADLWR
straggle, *v.* CRWYDRO, YMLEDU
straggler, *n.* CRWYDRYN
straight, *a.* SYTH, UNION(SYTH)
straight-edge, *n.* YMYL SYTH
straighten, *v.* UNIONI
straightforward, *a.* DIDWYLL, GONEST
straightness, *n.* UNIONDER
straightway, *ad.* YN Y FAN, AR UNWAITH
strain, *n.* STRAEN, TRAS, RHYWOGAETH
  n.pl. NODAU
  v. HIDLO, YMESTYN, ANAFU
strained, *a.* TYN, ANNATURIOL
strainer, *n.* HIDL(EN)
strait, *n.* CULFOR
  a. CUL, CYFYNG
straiten, *v.* CYFYNGU
strait-laced, *a.* GORFANWL

straits, *n.* CYFYNGDER, ARGYFWNG
strand, *n.* BEISTON, TRAETHELL, CAINC
  v. CEINCIO
stranded, *a.* CEINCIOG, AMRYGOLL
strange, *a.* DIEITHR, RHYFEDD, OD
strangely, *ad.* YN RHYFEDD/HYNOD
strangeness, *n.* DIEITHRWCH
stranger, *n.* DIEITHRYN, ESTRON
strangle, *v.* TAGU, LLINDAGU
strangles, *n.pl.* YSGYFEINWST
strangulation, *n.* TAGIAD, LLINDAGIAD
strap, *n.* STRAP(EN), TRES
  v. STRAPIO
strapping, *a.* CYDNERTH, CADARN
strata, *n.pl.* STRATA, HAENAU
stratagem, *n.* CAST, YSTRYW, DICHELL
strategic, *a.* STRATEGOL
strategist, *n.* STRATEGWR
strategy, *n.* STRATEGAETH
strath, *n.* YSTRAD
stratification, *n.* HAENIAD
stratify, *v.* HAENU
stratigraphy, *n.* STRATIGRAFFEG
stratosphere, *n.* STRATOSFFER
stratum, *n.* STRATWM, HAEN
straw, *n.* GWELLT(YN)
strawberry, *n.* MEFUSEN
stray, *n.* ANIFAIL CRWYDR
  v. CRWYDRO, CYFEILIORNI
  a. CRWYDR, COLL
streak, *n.* LLINELL, RHES
streaky, *a.* BRITH, RHESOG
stream, *n.* FFRWD, NANT
  v. FFRYDIO, LLIFO
streamer, *n.* RHUBAN, BANER
streamflow, *n.* FFRYDLIF
streamlet, *n.* CORNANT, GOFER
streamline, *a.* LLILIN
  v. LLILINIO
streamlining, *n.* LLILINIAD
street, *n.* STRYD, HEOL
strength, *n.* CRYFDER, NERTH
strengthen, *v.* CRYFHAU, NERTHU
strenuous, *a.* EGNÏOL, YMDRECHGAR
stress, *n.* DIRIANT, GWASGIANT, PWYSLAIS
  v. ACENNU, PWYSLEISIO
  shearing stress, DIRIANT CROESRYM
stretch, *n.* YMESTYNIAD
  v. (YM)ESTYN
stretched, *a.* YMESTYNEDIG
stretcher, *n.* ESTYNNELL
strew, *v.* GWASGARU, TAENU
striated, *a.* RHYCHEDIG

striations, *n.pl.* RHYCHIADAU
strickle, *n.* STRICL, HEISTAIN
strict, *a.* MANWL, LLYM, CYFYNG, CAETH
strictness, *n.* LLYMDER, CAETHDER
stricture, *n.* CERYDD, CYFYNGIAD,
CAETHDER
stride, *n.* BRASGAM
 v. BRASGAMU
strident, *a.* CROCH, CRAS
strife, *n.* YMRAFAEL, CYNNEN, YMRYSON
strike, *n.* STREIC, TRAWIAD
 v. STREICIO, TARO
striker, *n.* STREICIWR, ERGYDIWR
striking, *a.* TRAWIADOL, HYNOD
 striking head, TRAWBEN
string, *n.* LLINYN, TANT, CORTYN
 v. LLINYNNU
stringency, *n.* CAETHDER, LLYMDER
stringent, *a.* CAETH, LLYM
stringer, *n.* STRINGER
stringy, *a.* LLINYNNOG
strip, *n.* LLAIN, STRIBED, STRIP, STRIBYN
 v. DIHATRU, DIOSG
 bimetallic strip, STRIBED DEUFETEL
 strip light, GOLAU STRIBED
 strip mill, MELIN STRIP
 strip cultivation, LLAIN DRINIAD
stripe, *n.* RHESEN, STREIP(EN)
striped, *a.* RHESOG, STREIPOG
stripling, *n.* GLASLANC, LLANC, LLENCYN
strip-tease, *n.* STRIP-BROFOCIO
strive, *v.* YMDRECHU
stroke, *n.* ERGYD, TRAWIAD, STRÔC
 backhand stroke, ERGYD GWRTHLAW
 forehand stroke, ERGYD BLAENLLAW
 upstroke, BLAENSTROC
stroll, *n.* TRO
 v. MYND AM DRO, RHODIO
stroller, *n.* RHODIANNWR
strong, *a.* CRYF, NERTHOL
stronghold, *n.* AMDDIFFYNFA
strop, *n.* STROP
 v. HOGI, MINIO
strophic, *a.* STROFFIG
structural, *a.* STRWYTHUROL, FFURF-
IANNOL, SAERNÏOL
structure, *n.* ADEILEDD, STRWYTHUR,
SAERNÏAETH, CYFLUNIAD
 v. ADEILEDDU, STRWYTHURO, CYFLUNIO
struggle, *n.* YMDRECH, BRWYDR
 v. YMDRECHU, GWINGO
strum, *v.* STRYMIO
strut, *n.* PWYSLATH, ATEG, CYNHEILIAD
 v. CYNHEILIO, TORSYTHU

strychnine, *n.* STRICNIN
stub, *n.* BONYN, STWB(YN)
 stub axle, ECHEL BWT
stubble, *n.* SOFL(YN)
stubborn, *a.* YSTYFNIG, CYNDYN
stubbornness, *n.* YSTYFNIGRWYDD,
CYNDYNRWYDD
stubby, *a.* BYR A THEW, LLAWN BONION
stucco, *n.* STUCCO, STWCO
stuck-up, *a.* FFROENUCHEL, BALCH
stud, *n.* STYDEN, HOELEN GLOPA
 stud of horses, GRE O FEIRCH
student, *n.* MYFYRIWR, EFRYDYDD
stud-farm, *n.* FFARM MAGU CEFFYLAU
studied, *a.* PWYLLOG, BWRIADOL
studio, *n.* STIWDIO
studious, *a.* MYFYRGAR, DYFAL
study, *n.* ASTUDIAETH, YMARFERIAD,
EFRYDFA, STYDI, ETUDE
 private study, EFRYDU PREIFAT
stuff, *n.* DEFNYDD, DEUNYDD
 v. STWFFIO
stuffing, *n.* STWFFIN
stuffy, *a.* TRYMLLYD, CLÒS
stultify, *v.* DIRYMU
stumble, *v.* HANNER CWYMPO, BAGLU
stumbling-block, *n.* MAEN TRAMGWYDD
stump, *n.* BONYN, STWMP, WICED, BONCYFF
 v. STWMPIO
stumper, *n.* WICEDWR
stumpy, *a.* BYRDEW
stun, *v.* SYFRDANU, HURTIO
stunning, *a.* SYFRDANOL
stunt, *v.* CRABIO, STYNTIO
 n. STYNT
stunted, *a.* CRABLYD
stupefaction, *n.* SYFRDANDOD
stupefy, *v.* SYFRDANU, HURTIO
stupendous, *a.* ARUTHROL
stupid, *a.* HURT, DWL, TWP
 stupid person, HURTYN, TWPSYN
stupidity, *n.* HURTRWYDD, TWPDRA, DYLNI
stupor, *n.* SYFRDANDOD, SYRTHNI
sturdiness, *n.* CADERNID, CRYFDER
sturdy, *n.* Y BENDRO
 a. CADARN, CRYF
sturgeon, *n.* STWRSIWN
stutter, *n.* ATAL DWEUD
 v. SIARAD AG ATAL
sty, *n.* TWLC, CUT
stye, *n.* LLEFRITHEN
style, *n.* ARDDULL, MODD, FFASIWN, STEIL,
CYFENW
 v. ARDDULLIO, CYFENWI

stylish, *a.* TRWSIADUS, LLUNIAIDD, COETH
stylist, *n.* ARDDULLIWR, CYNLLUNYDD
stylization, *n.* ARDDULLIAETH
stylus, *n.* STYLWS
suave, *a.* HYNAWS, MWYN
sub-, *prx.* IS-, TAN-, GO-, AIL-
subaerial, *a.* ISAWYROL
subcellular, *a.* ISGELLOG
sub-class, *n.* IS-DDOSBARTH
sub-committee, *n.* IS-BWYLLGOR
subconscious, *a.* ISYMWYBODOL
subconsciousness, *n.* ISYMWYBOD
sub-contract, *n.* IS-GONTRACT
　　v. IS-GONTRACTU
subdivide, *v.* ISRANNU
subdivision, *n.* ISRANIAD
subdominant, *n.* IS-LYWYDD
subdue, *v.* DAROSTWNG
subdued, *a.* ISEL
sub-factorial, *n.* IS-FFACTORIAL
sub-group, *n.* IS-GRŴP
sub-harmonic, *n.* IS-HARMONIG
subject, *n.* DEILIAD, TESTUN, PWNC, GODDRYCH
　　a. DAROSTYNGEDIG
　　v. DAROSTWNG
subjection, *n.* DAROSTYNGIAD
subjective, *a.* GODDRYCHOL
subjectivity, *n.* GODDRYCHEDD
subjugate, *v.* DAROSTWNG
subjugation, *n.* DAROSTYNGIAD
subjunctive, *a.* DIBYNNOL
sublet, *v.* ISOSOD
sublimate, *v.* DYRCHAFU, TROSGYFEIRIO, ARDDUNOLI, SYCHDARTHU (CEMEG)
　　n. SYCHDARTH
sublimation, *n.* DYRCHAFIAD, ARDD-UNOLIAD, SYCHDARTHIAD (CEMEG)
sublimity, *n.* ARUCHELEDD, ARDDUNEDD
sublingual, *a.* ISDAFODOL
submarine, *n.* LLONG DANFOR
　　a. TANFOR(OL)
submediant, *n.* IS-FEIDON
submerge, *v.* SODDI, SUDDO
submerged, *a.* SODDEDIG
submersion, *n.* SODDIAD
submission, *n.* YMOSTYNGIAD
submissive, *a.* GOSTYNGEDIG, UFUDD
submit, *v.* YMOSTWNG, ARGYMELL
submultiple, *a.* FFRACSIYNOL
sub-normal, *a. & n.* ISNORMAL
subnormality, *n.* ISNORMALEDD
sub-order, *n.* IS-URDD

subordinate, *n. & a.* ISRADD
　　v. DAROSTWNG
subordination, *n.* ISRADDOLDEB, DAROSTYNGIAD
suborn, *v.* LLWGRWOBRWYO, SYBORNU
sub-plot, *n.* IS-BLOT
subpoena, *n.* SWBPOENA
sub-region, *n.* IS-RANBARTH
subroutine, *n.* IS-REOLWAITH
subscribe, *v.* TANYSGRIFIO, CYDSYNIO
subscriber, *n.* TANYSGRIFIWR
subscript, *n.* IS-NODIAD
subscription, *n.* TANYSGRIFIAD
subsequence, *n.* IS-DDILYNIANT
subsequent, *a.* DILYNOL
subsequently, *ad.* WEDYN, AR ÔL HYNNY
subserve, *v.* BOD YN WASAIDD
subservience, *n.* GWASEIDD-DRA
subset, *n.* IS-SET
subside, *v.* YMSUDDO
subsidence, *n.* YMSUDDIANT
subsidiary, *n.* CYNORTHWYWR, ISGWMNI
　　a. ISRADDOL, ATEGOL
　　subsidiary course, CWRS ATEGOL
subsidize, *v.* RHOI CYMHORTHDAL
subsidy, *n.* CYMHORTHDAL, SYBSEIDI
subsist, *v.* YMGYNNAL
subsistence, *n.* CYNHALIAETH
subsoil, *n.* ISBRIDD
subsonic, *a.* IS-SONIG
sub-species, *n.* IS-RYWOGAETH
substance, *n.* SYLWEDD
substandard, *a.* IS-SAFONOL
substantial, *a.* SYLWEDDOL
substantiate, *v.* PROFI, GWIRIO
substantiation, *n.* PRAWF
substantive, *n.* ENW
　　a. GWREIDDIOL, SYLWEDDOL
sub-station, *n.* IS-BWERDY
substituent, *n.* AMNEWIDYDD
substitute, *n.* AMNEWIDYN, ALLDDODYN, DIRPRWY, AMNEWIDEB, EILYDD
　　v. AMNEWID, ALLDDODI, AMGENU
substitution, *n.* AMNEWID(IAD), DIRPRWYAD
substrate, *n.* IS-HAEN, SWBSTRAD
substratum, *n.* IS-HAEN
substring, *n.* ISLINYN
subtangent, *n.* ISTANGIAD
subtend, *v.* CYNNAL
　　subtended angle, ONGL GYNNAL
subterfuge, *n.* YSTRYW, TWYLL
subterranean, *a.* TANDDAEAROL

subtitle, *n.* IS-DEITL
subtle, *a.* CYFRWYS, CRAFF, TENAU
subtlety, *n.* CYFRWYSTRA, CRAFFTER
sub-town, *n.* ISTREF
subtract, *v.* TYNNU
subtraction, *n.* SYM DYNNU
subtractive, *a.* TYNIOL
subtropical, *a.* ISDROFANNOL
suburb, *n.* MAESTREF
suburban, *a.* MAESTREFOL
suburbia, *n.pl.* Y MAESTREFI
subversion, *n.* GWYRDROAD
subversive, *a.* GWYRDROADOL
subvert, *v.* GWYRDROI
subway, *n.* ISFFORDD, TANLWYBR,
 CEUFFORDD
succeed, *v.* LLWYDDO, DILYN, TYCIO
success, *n.* LLWYDDIANT, FFYNIANT
successful, *a.* LLWYDDIANNUS
succession, *n.* OLYNIAETH
successive, *a.* OLYNOL
successor, *n.* OLYNYDD
succinct, *a.* BYR, CRYNO
succour, *n.* CYMORTH, HELP
 v. CYNORTHWYO, HELPU
succulent, *a.* IR(AIDD), SUDDLON, LLERW
succumb, *v.* YMOLLWNG, ILDIO, MARW
such, *a.* Y FATH, CYFRYW, CYFFELYB
suck, *n.* SUG(NAD)
 v. SUGNO
sucker, *n.* SUGNWR, IMPYN
suckle, *v.* RHOI SUGN/BRON
suckling, *n.* PLENTYN/ANIFAIL SUGNO
sucrose, *n.* SWCROS
suction, *n.* SUGNEDD
sudd, *n.* SWD
sudden, *a.* SYDYN, DISYMWTH
suddenly, *ad.* YN SYDYN, YN DDISYMWTH
suddenness, *n.* SYDYNRWYDD
sudorifics, *n.pl.* CYFFURIAU CHWYSU
suds, *n.pl.* TROCHION
sue, *v.* ERLYN, YMBIL
suede, *n.* SWÊD
suet, *n.* SIWED, GWEREN
suffer, *v.* DIODDEF, CANIATÁU
sufferance, *n.* GODDEFIAD, CANIATÂD
sufferer, *n.* DIODDEFYDD
suffering, *n.* DIODDEFAINT, POEN
suffice, *v.* DIGONI, BOD YN DDIGON
sufficiency, *n.* DIGONEDD, GWALA
sufficient, *n.* DIGON
 a. DIGON(OL)
suffix, *n.* OLDDODIAD
 v. YCHWANEGU

suffocate, *v.* MYGU, MOGI, TAGU
suffocation, *n.* MYGFA, TAGIAD
suffragan, *n.* SWFFRAGAN
 a. CYNORTHWYOL
suffrage, *n.* PLEIDLAIS
suffragette, *n.* SWFFRAGÉT
suffuse, *v.* LLEDAENU
suffusion, *n.* LLEDAENIAD
sugar, *n.* SIWGR
 v. SIWGRO
 crystal sugar, SIWGR BRAS
 caster sugar, SIWGR MÂN
 icing sugar, SIWGR EISING
sugar-cane, *n.* CÊN SIWGR
suggest, *v.* AWGRYMU
suggestible, *a.* AWGRYMADWY
suggestion, *n.* AWGRYM(IAD)
suggestive, *a.* AWGRYMOG, AWGRYMUS
suggestiveness, *n.* AWGRYMUSRWYDD
suicidal, *a.* HUNANDDINISTRIOL
suicide, *n.* HUNANLADDIAD
suit, *n.* CWYN, SIWT
 v. GWEDDU, TARO
suitability, *n.* CYFADDASRWYDD,
 PRIODOLDEB
suitable, *a.* ADDAS, CYFADDAS, CYMWYS,
 PRIODOL
suit-case, *n.* BAG DILLAD
suite, *n.* CYFRES, SWÎT, SET
 three-piece suite, SET O DAIR
suitor, *n.* CWYNNWR, CARIADFAB
sulk, *v.* PWDU, SORRI
sulks, *n.pl.* PWD, SORIANT
sulky, *a.* PWDLYD, SORLLYD
sullen, *a.* DISERCH, SWRTH
sully, *v.* LLYCHWINO, DIWYNO
sulphate, *n.* SYLFFAD, SYLFFAT
sulphide, *n.* SYLFFID
sulphite, *n.* SYLFFAID
sulphur, *n.* SYLFFWR
sulphuric, *a.* SYLFFWRIG
sulphurous, *a.* SYLFFWRUS
sultan, *n.* SWLTAN
sultana, *n.* SWLTANA
sultriness, *n.* MYLLNI
sultry, *a.* MWLL, MWRN, CLÒS
sum, *n.* SWM, SYM
 v. SYMIO, CRYNHOI
 sum total, CYFANSWM
summable, *a.* SYMADWY, INTEGRADWY
summarily, *ad.* AR FYR
summarize, *v.* CRYNHOI

summary, *n.* CRYNODEB
  a. DIANNOD, DIYMDROI
  summary offence, TROSEDD DDIANNOD
summation, *n.* SYMIANT
summer, *n.* HAF
summer-house, *n.* HAFDY
summery, *a.* HAFAIDD
summit, *n.* COPA, BRIG, PEN
summon, *n.* GWYSIO, GALW
summons, *n.* GWŶS, SYMANS
  serve a summons, CYFLWYNO GWŶS
sump, *n.* SWMP
sumptuous, *a.* MOETHUS
sumptuousness, *n.* MOETHUSRWYDD
sun, *n.* HAUL, HUAN
  v. HEULO
  sun-proof, GWRTH-HAUL
sunbathe, *v.* TORHEULO
sunbeam, *n.* PELYDRYN (O HAUL)
sunburnt, *a.* MELYN, BROWN
Sunday, *n.* DYDD SUL,
  Sunday observance, CADWRAETH Y
  SUL
sunder, *v.* GWAHANU
sun-dial, *n.* DEIAL HAUL
sundown, *n.* MACHLUD HAUL
sundries, *n.pl.* AMRYWION
sundry, *a.* AMRYW(IOL)
sunflower, *n.* BLODYN YR HAUL
sunken, *a.* WEDI SUDDO, TENAU
sunlight, *n.* GOLAU HAUL
sunlit, *a.* HEULOG
sunny, *a.* HEULOG, ARAUL
sunrise, *n.* CODIAD HAUL
sunset, *n.* MACHLUD HAUL
sunshine, *n.* HEULWEN
sunspot, *n.* BRYCH HAUL
sunstroke, *n.* ERGYD TES, TWYMYN HAUL
sup, *n.* LLYMAID, DRACHT
  v. LLYMEITIAN, SWPERA, SIPIAN
super, *n.* SIWPER
super-, *px.* UWCH, GOR-, AR-, TRA-,
superable, *a.* GORCHFYGADWY
superabundance, *n.* GORMODEDD
superabundant, *a.* GORMODOL
superannuate, *v.* TALU PENSIWN
superannuation, *n.* BUDD-DÂL YMDDEOL,
  OED-DÂL
superb, *a.* ARDDERCHOG, RHAGOROL
supercharger, *n.* ARLWYTHWR
supercilious, *a.* FFROENUCHEL, BALCH
supercool, *a.* GOROER
supercooled, *a.* GOROEREDIG

super-ego, *n.* UWCH-EGO
superficial, *a.* ARWYNEBOL, BAS
superficiality, *n.* BASTER, ARWYNEBOL-
  RWYDD
superfine, *a.* COETH
superfluity, *n.* GORMODEDD
superfluous, *a.* GORMODOL
supergrid, *n.* UWCHGRID
super-human, *a.* UWCHDDYNOL
superimpose, *v.* AROSOD
superintend, *v.* AROLYGU
superintendence, *n.* AROLYGIAD
superintendency, *n.* AROLYGIAETH
superintendent, *n.* AROLYGWR
superior, *a.* UWCH, BALCH
  his superiors, EI WELL
superiority, *n.* RHAGORIAETH
superlative, *a.* UCHAF, EITHAF
supermarket, *n.* UWCH-FARCHNAD
supernatural, *a.* GORUWCHNATURIOL
supernaturalism, *n.* GORUWCHNATURIOL-
  AETH
supernormal, *a.* UCHAFRADD
supernova, *n.* SWPERNOFA
supernumerary, *n.* UN DROS BEN, UWCHRIF
superosculate, *a.* UWCHFINIAL
superpose, *v.* AROSOD
superposition, *n.* AROSODIAD
supersaturate, *v.* GORDDIRLENWI
supersaturated, *a.* GORDDIRLAWN
supersaturation, *n.* GORDDIRLAWNDER
superscript, *n.* UWCHNODIAD
supersede, *v.* DISODLI
supersonic, *a.* UWCHSONIG
superstition, *n.* OFERGOEL(IAETH)
superstitious, *a.* OFERGOELUS
superstructure, *n.* AR-ADEILEDD
supertax, *n.* UWCHDRETH
supertonic, *n.* UWCHDONYDD
supervene, *v.* DIGWYDD
supervention, *n.* DIGWYDDIAD, DAMWEIN-
  IAD
supervise, *v.* AROLYGU
supervision, *n.* AROLYGIAETH
supervisor, *n.* AROLYGWR
supine, *a.* AR Y CEFN, DIDARO
supper, *n.* SWPER
supplant, *v.* DISODLI
supplanter, *n.* DISODLWR
supple, *a.* HYDWYTH, YSTWYTH
supplement, *n.* ATODIAD, YCHWANEG-
  OLYN (BWYD)
  v. ATODI

supplemental, *a.* ATODOL
supplementary, *a.* ATODOL, YCHWANEGOL
suppleness, *n.* HYDWYTHEDD, YSTWYTH-
DER
suppliant, *n.* YMBILIWR, ERFYNIWR
a. YMBILGAR
supplicate, *v.* YMBIL, GWEDDÏO
supplication, *n.* YMBIL, GWEDDI
supplier, *n.* CYFLENWR
supply, *n.* CYFLENWAD
v. CYFLENWI
supply and demand, CYFLENWAD A
GALW
supply teacher, ATHRO LLANW (BWLCH)
excess supply, GORGYFLENWAD
joint supply, CYDGYFLENWAD
support, *n.* CYNHALIAETH, ATEG, CEFN-
OGAETH, CYNHALIAD
v. CYNNAL, CEFNOGI
supporter, *n.* CYNHALIWR, CEFNOGWR
suppose, *v.* TYBIED, TYBIO
supposition, *n.* TYB(IAETH), ATOSODIAD
suppository, *n.* TAWDDGYFFUR
suppress, *v.* LLETHU, DARWTHIO
suppression, *n.* LLETHIAD, DARWTHIAD
suppurate, *v.* CRAWNI, GORI
suppuration, *n.* CRAWN, GÔR
supremacy, *n.* GORUCHAFIAETH
supreme, *a.* GORUCHAF, PRIF
surcharge, *n.* GORDAL, SURBRIS, GORDOLL
v. CODI GORMOD
sur-claim, *n.* HAWL YCHWANEGOL
surd, *n.* SWRD
sure, *a.* SICR, SIWR
surely, *ad.* YN SICR, YN DDIAU
surety, *n.* ERNES, MEICHIAU
suretyship, *n.* MECHNÏAETH
surf, *v.* BRIGDONNI
n. GOREWYN
surf-bathe, BRIGDONNI, GOREWYNNU
surf-rider, BRIGDONNWR, BRIGWR
TONNAU
surface, *n.* ARWYNEB, ARWYNEBEDD
curved surface, ARWYNEB CRWN
surface-plate, *n.* WYNEBPLAT
surfeit, *n.* SYRFFED, ALAR(EDD)
v. SYRFFEDU, ALARU
surge, *n.* YMCHWYDD
v. YMCHWYDDO, TYRRU
surgeon, *n.* LLAWFEDDYG
surgery, *n.* LLAWFEDDYGAETH,
MEDDYGFA, SYRJERI
surgical, *a.* LLAWFEDDYGOL

surliness, *n.* SARUGRWYDD
surly, *a.* SARRUG, AFRYWIOG
surmise, *n.* TYB, DYFALIAD
v. TYBIO, TYBIED
surmount, *v.* TRECHU, GORCHFYGU
surname, *n.* CYFENW
v. CYFENWI
surpass, *v.* RHAGORI AR, TRECHU
surplice, *n.* GWENWISG
surplus, *n.* GORGED, GWEDDILL
surprise, *n.* SYNDOD
v. SYNNU, PERI SYNDOD
surprising, *a.* SYN, RHYFEDD
surreal, *a.* SWREAL
surrealism, *n.* SWREALAETH
surrealist, *n.* SWREALYDD
a. SWREALAIDD
surrender, *n.* ILDIAD
v. ILDIO, TRADDODI
surreptitious, *a.* LLADRADAIDD,
LLECHWRAIDD
surround, *v.* AMGYLCHU, AMGYLCHYNU,
CWMPASU
v. AMGYLCHYN
surroundings, *n.pl.* AMGYLCHOEDD,
CWMPASOEDD
surtax, *n.* GORDRETH, SURDRETH
surveillance, *n.* AROLYGIAETH
survey, *n.* AROLWG, MESURIAD TIR
v. GWNEUD AROLWG, MESUR TIR
surveyor, *n.* TIRFESURYDD
survival, *n.* GOROESIAD
survive, *v.* GOROESI, PARA I FYW
survivor, *n.* GOROESWR
survivorship, *n.* GOROESEDD
susceptibility, *n.* TUEDD, DERBYNNEDD
susceptible, *a.* TUEDDOL I
suspect, *n.* UN A DDRWGDYBIR
v. DRWGDYBIO
suspend, *v.* CROGI, ATAL, CROGIANNU,
GWAHARDD
suspended, *a.* AR GROG, CROG
suspended note, GOHIRNOD
suspender, *n.* SYSBENDAR
suspense, *n.* PRYDER
suspension, *n.* GOHIRIANT (CERDDOR-
IAETH). CROGLIN (MATHS.), GWAHARDD-
IAD, DALIANT, HONGIAD, ATALIAD
suspension bridge, PONT GROG
suspensoid, *n.* TRWYTHYN
suspensor, *n.* SWSBENSOR
suspicion, *n.* DRWGDYBIAETH
suspicious, *a.* DRWGDYBUS, AMHEUS

sustain, *v.* CYNNAL, DIODDEF
sustained, *a.* PARHAUS, CYSON
sustenance, *n.* CYNHALIAETH, BWYD
sustentation, *n.* CYNHALIAETH
suture, *n.* ASIAD
suzerain, *n.* PENARGLWYDD
suzerainty, *n.* PENARGLWYDDIAETH
swab, *n.* SWAB
　　v. SWABIO
swaddling-clothes, *n.pl.* CADACHAU
swag, *n.* YSBAIL, LLADRAD
　　v. DOLENNU
swage, *n.* DARFATH
　　v. DARFATHU
swagger, *v.* TORSYTHU, SWAGRO
swaggerer, *n.* SWAGRWR, TORSYTHWR
swallow, *n.* GWENNOL, LLWNC
　　v. LLYNCU
swamp, *n.* CORS, MIGNEN
　　v. GORLIFO, LLETHU
swampy, *a.* CORSOG
swan, *n.* ALARCH
　　swan neck (harp), GWYRIAD AR Y GRIB
swank, *n.* RHODRES(WR)
swan-song, *n.* CÂN OLAF
sward, *n.* TYWARCHEN
swarf, *n.pl.* NADDION
swarm, *n.* HAID, TORF
　　v. HEIDIO, TYRRU
swarthy, *a.* TYWYLL
swash, *n.* TORDDWR
　　v. TASGU
swastika, *n.* SWASTICA
swat, *v.* TARO
swath, *n.* YSTOD, GWANAF
　　swath turner, YMHOELWR
swathe, *n.* AMRWYM
　　v. AMRWYMO
sway, *n.* SWAE
　　v. SWAEO, SIGLO
swayback, *n.* TINDRO
swear, *v.* TYNGU, RHEGI
sweat, *n.* CHWYS
　　v. CHWYSU
sweater, *n.* CHWYSEN, SWETER
swede, *n.* RWDEN, SWEDSEN
sweep, *n.* (Y)SGUBWR, (Y)SGUBIAD
　　v. (Y)SGUBO
sweeping, *n.* EHANGYLCH
　　a. YSGUBOL, EITHAFOL
sweepings, *n.pl.* YSGUBION
sweepstake, *n.* SWÎP
sweet, *a.* MELYS, PÊR
　　n. MELYSFWYD, GOLWYTH MELYS

sweetbread, *n.* CEFNDEDYN
sweeten, *v.* MELYSU, PEREIDDIO
sweetmeat, *n.* FFERINS, CANDI
sweetener, *n.* MELYSYDD
sweetheart, *n.* CARIAD
sweetness, *n.* MELYSTER
sweet-peas, *n.pl.* PYS PÊR
sweets, *n.pl.* MELYSION, LOSIN
swell, *n.* YMCHWYDD, CHWYDD
　　v. YMCHWYDDO, CHWYDDO, CODI
swelled, *a.* CHWYDDEDIG
swelling, *n.* CHWYDD(I)
　　a. YMCHWYDDOL
swelter, *v.* DIFFYGIO, CHWYSU
sweltering, *a.* LLETHOL, TESOG
swerve, *v.* OSGOI, GWYRO, SWERFIO
swift, *n.* GWENNOL DDU
　　a. BUAN, CLAU, CYFLYM
swiftness, *n.* BUANDER, CYFLYMDER
swig, *n.* LLYMAID, DRACHT
　　v. DRACHTIO
swill, *n.* GOLCHION, AGOLCH
　　v. GOLCHI, SLOTIAN
swim, *n.* NAWF
　　v. NOFIO
swimmer, *n.* NOFIWR
swindle, *n.* TWYLL, HOCED
　　v. TWYLLO, HOCEDU
swindler, *n.* TWYLLWR, HOCEDWR
swine, *n.pl.* MOCH
swine-fever, *n.* CLEFYD Y MOCH
swineherd, *n.* MEICHIAD
swing, *n.* SIGLEN, SIGL, OSGILIAD
　　v. SIGLO, SWINGIO
swingletree, *n.* CAMBREN
swinish, *a.* MOCHAIDD
swipe, *n.* SWEIP
　　v. SWEIPIO
swirl, *v.* CHWYLDROI
swish, *n.* SWIS
　　v. SWISIO
switch, *n.* SWITS, BOTWM
　　v. SWITSIO
switchback, *n.* SWITSBAC
switchboard, *n.* SWITSFWRDD
swivel, *n.* BWYLLTID
swoon, *n.* LLEWYG, LLESMAIR
　　v. LLEWYGU, LLESMEIRIO
swoop, *n.* DISGYNIAD
　　v. DISGYN (AR)
swop, *n.* CYFNEWID
　　v. CYFNEWID
sword, *n.* CLEDD, CLEDDYF

swordsman, *n.* CLEDDYFWR
sycamore, *n.* SYCAMORWYDDEN
sycophancy, *n.* GWENIAITH
sycophant, *n.* GWENIEITHWR, CYNFFON-NWR
sylko, *n.* EDAU SGLEIN
syllabic, *a.* SILLAFOG
syllable, *n.* SILL, SILLAF
syllabus, *n.* MAES LLAFUR
syllogism, *n.* CYFRESYMIAD
syllogize, *v.* CYFRESYMU
sylph, *n.* MEINWEN
sylvan, *a.* COEDIOG
symbiosis, *n.* SYMBIOSIS
symbiotic, *a.* SYMBIOTIG
symbol, *n.* SYMBOL, SYMLEN
symbolic, *a.* SYMBOLIG
symbolism, *n.* SYMBOLAETH
symbolist, *a.* SYMBOLAIDD
symbolize, *v.* SYMBOLEIDDIO
symmetric, *a.* CYMESUR
symmetrical, *a.* CYMESUROL
symmetry, *n.* CYMESUREDD
sympathetic, *a.* CYDYMDEIMLADOL
sympathise, *v.* CYDYMDEIMLO
sympathiser, *n.* CYDYMDEIMLWR
sympathy, *n.* CYDYMDEIMLAD
sympetalous, *a.* CYDBETALOG
symphonic, *a.* SYMFFONIG
symphony, *n.* SYMFFONI
symposium, *n.* TRAFODAETH
symptom, *n.* ARWYDD, SYMPTOM
symptomatic, *a.* ARWYDDOL
synagogue, *n.* SYNAGOG
synchromesh, *a.* CYD-DDANT
synchronisation, *n.* CYDAMSERIAD
synchronise, *v.* CYDAMSERU
synchronous, *a.* CYDAMSEREDIG

synclinal, *a.* SYNCLINOL
syncline, *n.* SYNCLIN
syncopate, *v.* TRAWSACENNU
syncopation, *n.* TRAWSACENNU
syncope, *n.* LLEWYG, LLESMAIR
syncretism, *n.* SYNCRETIAETH
syndesis, *n.* CYMHEIRIO
syndicalism, *n.* SYNDICALIAETH
syndicate, *n.* CWMNI
syndrome, *n.* SYNDRÔM
synecdoche, *n.* CYDGYMERIAD
synergism, *n.* SYNERGEDD
synod, *n.* SYNOD
synodical, *a.* SYNODAIDD
synonym, *n.* CYFYSTYR
synonymous, *a.* CYFYSTYR
synopsis, *n.* CRYNODEB
synoptic, *a.* SYNOPTIG, CYFOLWG
synovial, *a.* SYNOFIAL
syntactic(al), *a.* CYSTRAWENNOL
syntax, *n.* CYSTRAWEN
synthesis, *n.* CYFOSODIAD, SYNTHESIS
synthesiser, *n.* SYNTHESEISYDD
synthesize, *v.* CYFOSOD, SYNTHESU
synthetic, *a.* CYFOSODOL, SYNTHETIG
    n. SYNTHETIGYN
syphilis, *n.* SYFFILIS
syringe, *n.* CHWISTRELL
    v. CHWISTRELLU
syrup, *n.* SUDDOG, SYRUP
system, *n.* CYFUNDREFN, SYSTEM
systematic, *a.* CYFUNDREFNOL, SYSTEMATIG
systematisation, *n.* CYFUNDREFNIANT
systematise, *v.* CYFUNDREFNU
systemic, *a.* HOLLGORFFOL, SYSTEMIG
systemware, *a.* SYSTEMWEDD

tab   T   tangible

tab, *n.* TAB, TAFOD
tab washer, WASIER DAFOD
tabby, *n.* CATH FRECH / FENYW, CLEBREN
tabernacle, *n.* TABERNACL
tablature, *n.* TABL NODIANT
table, *n.* BORD, BWRDD, TABL
  v. TAFLENNU
nest of tables, TAS FYRDDAU
tableau, *n.* TABLO
table-cloth, *n.* LLIAIN BWRDD / BORD
table-d'hote, *n.* PRYD CYFFREDIN(OL)
tableland, *n.* TIRFWRDD
tablespoon, *n.* LLWY FAWR
tablet, *n.* TABLED, LLECHEN
degassing tablets, TABLEDI SYMUD NWY
table tennis, *n.* TENIS BORD / BWRDD
tabloid, *n.* TABLOID
  a. CYWASGEDIG
taboo, *n.* TABŴ, YSGYMUNBETH
  v. GWAHARDD
tabour, *n.* TABWRDD
tabular, *a.* TABLAIDD, TAFLENNOL
tabulate, *v.* TABLU
tabulated, *a.* TABLEDIG
tabulation, *n.* TABLIAD
tabulator, *n.* TABLYDD
tachograph, *n.* TACOGRAFF
tachycardia, *n.* CHWIMGURIAD
tacit, *a.* DISTAW, DEALLEDIG
taciturn, *a.* TAWEDOG
taciturnity, *n.* TAWEDOGRWYDD, DYWEDWST
tack, *n.* HOELEN FER, TAC(SEN), BRASBWYTH
  v. TACIO, BRASBWYTHO
tacker, *n.* TACIWR
tackle, *n.* TACL, OFFER, GÊR, CELFI
  v. TACLO, YMGODYMU
sliding tackle, TACL LLITHR
tackler, *n.* TACLWR
tacnode, *n.* TACNOD
tact, *n.* TACT, DOETHINEB
tactful, *a.* DOETH
tactical, *a.* TACTEGOL
tactics, *n.pl.* TACTEG
tactile, *a.* CYFFYRDDOL
tactless, *a.* DI-DACT, ANNOETH
tadpole, *n.* PENBWL(A)
taffeta, *n.* TAFFETA
taffrail, *n.* CANLLAW LLONG
tag, *n.* TAG, DYWEDIAD
taiga, *n.* TAIGA
tail, *n.* CYNFFON, CWT, BÔN, ENTAEL, GODRE
tail-board, *n.* BORDEN ÔL

tail-light, *n.* GOLAU ÔL
tailor, *n.* TEILIWR
  v. TEILWRA
tailoress, *n.* TEILWRES
tailoring, *n.* TEILWRIAETH
tailstock, *n.* PEN LLONYDD
taint, *n.* STAEN, MEFL
  v. STAENIO, DIFWYNO, LLYGRU
tainted, *a.* STAENEDIG, LLYGREDIG
take, *v.* CYMRYD, DWYN, MYND, DAL,
take-away foods, BWYDYDD CARIO
take off, *v.* SYMUD, CODI, ESGYN
take-up lever, *n.* CODELL
taking, *a.* DENIADOL, ATYNIADOL
takings, *n.pl.* DERBYNIADAU
talcum, *n.* TALCWM
tale, *n.* CHWEDL, STORI, HANES, CLEC
tale-bearer, *n.* CLECYN, CLEPGI
talent, *n.* DAWN, TALENT
talented, *a.* DAWNUS, TALENTOG
talisman, *n.* SWYNBETH
talk, *n.* SIARAD, SÔN, YMGOM, CLEBER
  v. SIARAD, YMDDIDDAN, SÔN, CLEBRAN
talkative, *a.* SIARADUS, PARABLUS
talker, *n.* SIARADWR, YMGOMIWR, SGWRSIWR
tall, *a.* TAL, UCHEL
tallage, *n.* TOLLAETH
tallness, *n.* TALDRA, UCHDER
tallow, *n.* GWÊR
tally, *n.* CYFANSWM, CYFRIF, CYFATEBIAD
  v. CYFATEB, CYTUNO
tally marks, MARCIAU CYFRIF
talon, *n.* CRAFANC, EWIN
talus, *n.* TALWS
tambour, *n.* TABWRDD
tambourine, *n.* TAMBWRÎN
tame, *a.* DOF, GWÂR, LLWFR
  v. DOFI, GWAREIDDIO
tameness, *n.* BOD YN DDOF, LLWFRDRA
tamer, *n.* DOFWR
tamper, *v.* YMYRRYD
tan, *n.* LLOSG HAUL
  a. TAN
  v. LLOSGI YN YR HAUL, TRIN LLEDR, CYSTWYO
tandem, *n.* TANDEM
tang, *n.* SAWR, TAFOD, BLAS CRYF
tangency, *n.* TANGIADAETH
tangent, *n.* TANGIAD
tangential, *a.* TANGIADOL
tangible, *a.* SYLWEDDOL, PENDANT

tangle, *n.* DRYSWCH, CYMYSGEDD
  v. DRYSU, CYMYSGU
tango, *n.* TANGO
tangrams, *n.pl.* TANGRAMAU
tanh, *a.* TANH
tank, *n.* TANC
tankard, *n.* TANCARD
tanker, *n.* TANCER, LORI-DANC
tanner, *n.* BARCER, CRWYNWR
tannery, *n.* TANERDY, BARCTY
tannic, *a.* O RISGL, TANNIG
  tannic acid, ASID TANNIG
tannin, *n.* TANIN
tantalise, *v.* BLINO, POENI, PROFOCIO
tantalising, *a.* BLIN, POENUS, PROFOCLYD
tantamount, *a.* CYFYSTYR, CYFWERTH
tantrum, *n.* NATUR DDRWG, STRANC
tap, *n.* TRAWIAD, TAP
  v. TARO, TAPIO
  tap wrench, TYNDRO TAP
  taps and dies, TAPIAU A DEIAU
tape, *n.* TÂP, INCIL
  self adhesive tape, TÂP ADLYN(OL)
  ticker tape, TÂP TICIO
  prerecorded tape, TÂP PAROD
taper, *n.* TAPR
  v. MEINHAU, TAPRO
tape-recorder, *n.* TÂP-RECORDYDD
  video recorder, LLUN-RECORDYDD
tapered, *a.* TAPROG
tapering, *a.* BLAENFAIN, PIGFAIN
tapestry, *n.* TAPESTRI, TAPIN
tapeworm, *n.* LLYNGYREN
tapioca, *n.* TAPIOCA
tapir, *n.* TAPIR
tappet, *n.* TAPED
tap-root, *n.* PRIF WREIDDYN
tar, *n.* TAR, MORWR
  v. TARIO
tardy, *a.* ARAF, YMARHOUS
tare, *n.* EFRAU, PWYSAU
target, *n.* TARGED, NOD
tariff, *n.* TARIFF, TOLL
  tariff charge, TOLL CODIANT
tarn, *n.* LLYN MYNYDD
tarnish, *n.* TARNAIS
  v. TARNEISIO, LLYCHWINO
tarpaulin, *n.* TARPOLEN
tarry, *v.* OEDI, AROS, TRIGO
tarsal, *a.* TARSAL
tart, *n.* TARTEN, PASTAI
  a. SUR, EGR, LLYM
tartan, *n.* BRITHWE, PLOD

tartar, *n.* TARTAR, UN ANHYDRIN
tartaric, *a.* TARTARIG
task, *n.* TASG, GORCHWYL
  v. RHOI TASG
taskmaster, *n.* TASGFEISTR
tassel, *n.* TASEL
tasselled, *a.* TASELOG
taste, *n.* BLAS, CHWAETH
  v. BLASU, ARCHWAETHU, PROFI
tasteless, *a.* DI-FLAS, DI-CHWAETH
tasty, *a.* BLASUS, TACLUS
tatter, *n.* CERPYN, RHECSYN
tattered, *a.* CARPIOG, RHACSOG
tattle, *n.* CLEBER, CLEC, BALDORDD
  v. CLEBRAN
tattler, *n.* CLEBRYN
tattoo, *n.* TATŴ
  v. TATWO
taut, *a.* TYN
tauten, *v.* TYNHAU
tautology, *n.* TAWTOLEG, TAWTOLOGAETH,
  AILADRODD
tautomerism, *n.* TAWTOMEREDD
tavern, *n.* TAFARN(DY)
tawdry, *a.* COEGWYCH
tawny, *a.* MELYNDDU
tax, *n.* TRETH
  v. TRETHU
  Value Added Tax, TRETH AR WERTH
  tax rebate, AD-DALIAD TRETH
taxable, *a.* TRETHADWY
taxation, *n.* TRETHIAD, TRETHIANT
taxed, *a.* TRETHOL
tax-gatherer, *n.* CASGLWR TRETHI
taxi, *n.* TACSI
taximeter, *n.* OFFERYN TÂL
tea, *n.* TE
tea-break, *n.* EGWYL DE
teach, *v.* DYSGU, ADDYSGU
teachable, *a.* HAWDD EI DDYSGU,
  ADDYSGADWY
teacher, *n.* ATHRO, ATHRAWES
teaching, *n.* DYSGEIDIAETH, ATHRAWIAETH
teacloth, *n.* LLIAIN LLESTRI
teak, *n.* TÎC
teal, *n.* CORHWYAD
team, *n.* TÎM, GWEDD
teamaker, *n.* TEBOT LARWM
team-spirit, *n.* YSBRYD CYD-WEITHIO
teamster, *n.* GYRRWR GWEDD
teamwork, *n.* CYDWEITHREDIAD
teapot, *n.* TEBOT
tear, *n.* DEIGRYN

tear, *n.* RHWYG
   v. RHWYGO, LLARPIO
tearful, *a.* DAGREUOL
tease, *v.* POENI, PROFOCIO
teaser, *n.* POENWR, CRIBWR GWLÂN,
   PROFOCIWR
teaspoon, *n.* LLWY DE
teat, *n.* TETH, DIDEN
technical, *a.* TECHNEGOL
   technical drawing, LLUNIADU
   TECHNEGOL
technicality, *n.* GAIR TECHNEGOL
   pl. MANYLION TECHNEGOL
technician, *n.* TECHNEGWR/YDD
technique, *n.* TECHNEG
technologist, *n.* TECHNOLEGWR
technology, *n.* TECHNOLEG
tectonic, *a.* TECTONIG
teddy-bear, *n.* TEDI
teddy-boy, *n.* HOGYN NEDW
tedious, *a.* BLIN, HIR, DEIR
tedium, *n.* BLINDER, MEITHDER,
   DIFLASTOD
tee, *n.* TI
   v. TÏO
   teeing ground, LLAWR TÏO
teem, *v.* HEIGIO, EPILIO
teeming, *a.* HEIGIOG
teenage, *a.* ARDDEGOL
   n. ARDDEGOED
teenager, *n.* ARDDEG'.N (*pl.* ARDDEGWYR),
   ARDDEGEN
teens, *n.pl.* ARDDEGAU
teethe, *v.* TORRI DANNEDD
teetotal, *a.* LLWYRYMWRTHODOL
teetotaller, *n.* LLWYRYMWRTHODWR
teg, *n.* LLWDN (BLWYDD)
telecast, *n.* TELEDIAD
telecommunicate, *v.* TELATHREBU
telecommunication, *n.* TELATHREBIAETH
telefilm, *n.* TELEFFILM
telegram, *n.* TELEGRAM
telegraph, *n.* TELEGRAFF
   v. TELEGRAFFIO
telegraphic, *a.* TELEGRAFFIG
telegraphist, *n.* TELEGRAFFYDD
telegraphy, *n.* TELEGRAFFIAETH
teleological, *a.* DIBENYDDIOL
teleology, *n.* DIBENYDDIAETH
telepathy, *n.* TELEPATHI
telephase, *n.* QLGYFLWR
telephone, *n.* TELEFFON, FFÔN
   v. TELEFFONIO, FFONIO

telephonist, *n.* TELEFFONYDD
telephony, *n.* TELEFFONIAETH
telerecording, *n.* TELERECORDIAD
telescope, *n.* TELESGOP
telescopic, *a.* TELESGOPIG
telescoping, *v.* CYWASGU
teletype, *a.* TELETEIP
televise, *v.* TELEDU
television, *n.* TELEDU
   closed circuit television, TELEDU CYLCH
   CAU
   television set, TELEDYDD, SET DELEDU
tell, *v.* DYWEDYD, DWEUD, RHIFO, TRAETHU
tell off, *v.* CYHUDDO, CYMHENNU
teller, *n.* RHIFWR, TRAETHYDD
telling, *a.* CYRHAEDDGAR, TRAWIADOL
telltale, *n.* CLECYN, CLEPGI
   a. ARWYDDOCAOL
temerity, *n.* RHYFYG, EHOFNDRA
temper, *n.* TYMER, NAWS, NATUR
   v. TYMHERU, TEMPRO, NAWSEIDDIO
temperament, *n.* ANIAN(AWD)
temperamental, *a.* GWAMAL, DI-DDAL
temperance, *n.* DIRWEST, CYMEDROLDEB
temperate, *a.* TYMHERUS, CYMEDROL
   temperate zone, CYLCHFA DYMHERUS
temperature, *n.* TYMHEREDD
   mean temperature, TYMHEREDD
   CYMEDRIG
tempest, *n.* TYMESTL
tempestuous, *a.* TYMHESTLOG
template, *n.* PATRYMLUN, TEMPLAT
temple, *n.* TEML, ARLAIS, CANWE
tempo, *n.* TEMPO, AMSERIAD
temporal, *a.* TYMHOROL, BYDOL
temporality, *n.* EIDDO TYMHOROL
temporary, *a.* DROS AMSER / DRO
temporize, *v.* OEDI, YMDROI
tempt, *v.* TEMTIO, DENU
temptation, *n.* TEMTIAD, TEMTASIWN
tempter, *n.* TEMTIWR
tempting, *a.* DENGAR, DENIADOL
ten, *a.* DEG, DENG
   tens and units, DEGAU AC UNEDAU
tenable, *a.* Y GELLIR EI DDAL / GADW
tenacious, *a.* GAFAELGAR, GLYNOL,
   DALGAR
tenacity, *n.* DALGAREDD, DALFODEDD
tenancy, *n.* TENANTIAETH, DEILIADAETH
tenant, *n.* TENANT, DEILIAD
tenantable, *a.* TENANTIAETHOL
tenantry, *n.* TENANTIAD, DEILIAD
tench, *n.* TENS

tend, *v.* TUEDDU, TENDIO, GWEINI, GOFALU
tendance, *n.* GOFAL, SYLW, TENDANS
tendency, *n.* TUEDD(IAD), ASGEN
tendentious, *a.* PLEIDIOL, PLEIDGAR
tender, *n.* TENDR, CYNNIG
   a. TYNER, MWYN, BRAU
   v. TENDRO, CYNNIG
   legal tender, ARIAN CYMERADWY
tenderiser, *n.* TYNERYDD
tenderness, *n.* TYNERWCH
tendon, *n.* GEWYN, TENDON
tendril, *n.* TENDRIL
tenement, *n.* TENEMENT
tenet, *n.* BARN, TYB, DALIAD
tennis, *n.* TENIS
tenon, *n.* TYNO, TENON
tenor, *n.* CWRS, YSTYR, TENOR
   tenor stave, ERWYDD Y TENOR
tense, *n.* AMSER (GRAM.)
   a. TYN, ANGERDDOL, DWYS
tenseness, *n.* TYNDRA, ANGERDD
tensile, *a.* TYNNOL
   tensile stress, DIRIANT TYNNOL
tension, *n.* TYNDRA, TENSIWN, TYNIANT
tensor, *n.* TENSOR
tent, *n.* PABELL, LLUEST
tentacle, *n.* TEIMLYDD, TENTACL
tentative, *a.* DROS DRO
tenter-hook, *n.* BACH DEINTUR
   on tenter-hooks, AR BIGAU'R DRAIN
tenuity, *n.* MEINDER, TENEUEDD, PRINDER
   (AWYR)
tenuous, *a.* TENAU, PRIN, MAIN
tenure, *n.* DALIADAETH
tepid, *a.* CLAEAR
tepidity, *n.* CLAERINEB
terai, *n.* TERAI
tercentenary, *n.* TRICHANMLWYDDIANT
tercimal, *n.* TRIOLYN
   a. TRIOL
term, *n.* TYMOR, YMADRODD, TERM
   v. ENWI, GALW
   terms of reference, CYLCH PERTHNASOL
termagant, *n.* GWRAIG GAS
   a. CAS, ANNYNAD
terminable, *a.* TERFYNADWY
terminal, *n.* TERFYNELL, PEN
   a. TERFYNOL, EITHAF, TERMOL
   terminal room, TERFYNELLFA
terminate, *v.* TERFYNU
terminated, *a.* TERFYNEDIG
terminating, *a.* TERFYNUS
termination, *n.* TERFYNIAD

terminological, *a.* TERMEGOL
terminology, *n.* TERMEG
terminus, *n.* TERFYNFA, PEN Y DAITH
termite, *n.* MORGRUGYN GWYN
terms, *n.pl.* TELERAU, AMODAU
tern, *n.* GWENNOL Y MÔR
ternary, *a.* TEIRAN, TRIPHLYG, TRIAIDD
terne, *a.* TERN
terra, *n.* PRIDD, DAEAR, TERRA
terrace, *n.* TERAS
terracing, *n.* TERASIAD, CERLAN
   v. TERASU, CERLANNU
terrain, *n.* TIR, TERRAIN
terrestrial, *a.* DAEAROL
terrible, *a.* DYCHRYNLLYD, OFNADWY,
   ERCHYLL, ARSWYDUS
terrier, *n.* DAEARGI, TERIER
terrific, *a.* DYCHRYNLLYD, ERCHYLL
terrify, *v.* DYCHRYNU, BRAWYCHU
terrifying, *a.* BRAWYCHUS, DYCHRYNLLYD
territorial, *a.* TIRIOGAETHOL
territorialism, *n.* TIRIOGAETHEDD
territory, *n.* TIRIOGAETH, TIR
terror, *n.* DYCHRYN, BRAW, OFN
terrorise, *v.* DYCHRYNU, TERFYSGU,
   BRAWYCHU
terrorism, *n.* TERFYSGAETH,
   BRAWYCHIAETH
terrorist, *n.* TERFYSGWR, BRAWYCHWR
terse, *a.* CRYNO, CYNHWYSFAWR
terseness, *n.* CRYNODER, BYRDRA
tertiary, *a.* TRYDYDDOL, TERTAIDD
terylene, *n.* TERYLEN
tessellation, *n.* BRITHWAITH
test, *n.* PRAWF, ARBRAWF
   v. PROFI
   test tube, TIWB PROFI, PROFDIWB
   aptitude test, PRAWF DAWN
testa, *n.* PLISGYN, TESTA, HADGROEN
testacean, *n.* ANIFEILIAID / PYSGOD
   CREGYN
testament, *n.* TESTAMENT, EWYLLYS
testamentary, *n.* TESTAMENTAIDD,
   EWYLLYSIOL
testate, *a.* EWYLLYSIOL
testator, *n.* CYMYNNWR
testatrix, *n.* CYMYNWRAIG
testee, *n.* PROFEDIGAI
tester, *n.* PROFWR
testicle, *n.* CARREG, CAILL
testify, *v.* TYSTIO, TYSTIOLAETHU
testimonial, *n.* TYSTEB, TYSTLYTHYR
testimony, *n.* TYSTIOLAETH

testy, *a.* LLIDIOG, CROES
tetanus, *n.* GENGLO, TETANWS
tetany, *n.* TETANEDD
tête-a-tête, *n.* YMGOM (RHWNG DAU)
tetrachord, *n.* TETRACORD
tetrad, *n.* TETRAD
tetrahedral, *a.* TETRAHEDROL
tetrahedron, *n.* TETRAHEDRON
tetrarch, *n.* TETRARCH
tetrode, *n.* TETROD
tetromino, *n.* TETROMINO
tetroxide, *n.* TETROCSID
tether, *n.* TENNYN, RHWYMYN
   v. CLYMU, RHWYMO
text, *n.* TESTUN
text-book, *n.* GWERSLYFR
textile, *n.* GWEADWAITH, GWEOL
   a. GWEOL
   textile industry, DIWYDIANT GWEOL
textual, *a.* TESTUNOL
texture, *n.* GWEADEDD, GWEADWAITH,
   ANSAWDD, GWEDD (PREN)
thalloid, *a.* THALOID
thallus, *n.* THALWS
than, *c.* NA, NAG
thane, *n.* UCHELWR
thank, *v.* DIOLCH I
thankful, *a.* DIOLCHGAR
thankfulness, *n.* DIOLCHGARWCH
thank-offering, *n.* OFFRWM DIOLCH,
   ABERTH HEDD
thanks, *n.pl.* DIOLCH(IADAU)
thanksgiving, *n.* DIOLCHGARWCH
that, *pn. (dem.)* HWN (HON), YNA, HWN
   (HON) ACW, HWNNW, DYNA, DACW *(rel.)* A,
   Y, YR
   a. HWNNW, HONNO, HYNNY, YNA, ACW
   c. MAI, TAW, FEL Y(R)
thatch, *n.* TO (GWELLT)
   v. TOI
thatcher, *n.* TÖWR
thaw, *n.* DADLAITH, DADMER
   v. DADLAITH, TODDI, DADMER, MEIRIOLI
the, *def. art.* Y, YR, 'R
theatre, *n.* THEATR
theatrical, *a.* THEATRAIDD
thee, *pn.* TI, TYDI, TITHAU
theft, *n.* LLADRAD, YSBEILIAD
their, *pn.* EU
theirs, *pn.* (YR) EIDDYNT
theism, *n.* THEISTIAETH
theist, *n.* THEISTIAD
theistical, *a.* THEISTIG

them, *pn.* HWY, HWYNT, HWYTHAU
theme, *n.* THEMA
themselves, *pn.* EU HUNAIN
then, *ad.* Y PRYD HWNNW, YNA, WEDYN
   c. YNA, AM HYNNY, HYNNY, YNTEU
   now and then, YN AWR AC YN Y MAN
thence, *ad.* ODDI YNO
thenceforth, *ad.* O'R AMSER HWNNW
theocracy, *n.* THEOCRATIAETH
theodolite, *n.* THEODOLIT
theogony, *n.* THEOGONI
theologian, *n.* DIWINYDD
theological, *a.* DIWINYDDOL
theology, *n.* DIWINYDDIAETH
theophany, *n.* THEOFFANI
theorem, *n.* THEOREM
theoretical, *a.* DAMCANIAETHOL
theorise, *v.* DAMCANIAETHU, TYBIO
theorist, *n.* DAMCANIAETHWR
theory, *n.* DAMCANIAETH, THEORI
theosophy, *n.* THEOSOFFI
therapeutic, *a.* THERAPIWTIG
therapeutics, *n.pl.* THERAPIWTEG
therapist, *n.* THERAPYDD
therapy, *n.* THERAPI
   occupational therapy, THERAPI
   GWEITHGAREDDOL
there, *ad.* YNO, YNA, ACW, DYNA, DACW
thereabout(s), *ad.* TUA HYNNY
thereafter, *ad.* WEDYN
thereat, *ad.* AR HYNNY, YNO
thereby, *ad.* TRWY HYNNY
therefore, *c.* AM / GAN HYNNY, FELLY
therefrom, *ad.* ODDI YNO
therein, *ad.* YNO, YNDDO, YN HYNNY
thereof, *ad.* O HYNNY, AM HYNNY
thereto, *ad.* AT HYNNY
thereupon, *ad.* AR HYNNY
therewith, *ad.* GYDA HYNNY
therm, *n.* THERM
thermal, *a.* THERMOL
   n. THERMAL
   thermal reactor, ADWEITHYDD
   THERMOL
   thermal insulation, YNYSU GWRES
thermionic, *a.* THERMIONIG
thermocouple, *n.* THERMOCWPL
thermodynamics, *n.* THERMODYNAMEG
thermoelectric, *a.* THERMOELECTRIG
thermogram, *n.* THERMOGRAM
thermojunction, *n.* THERMOGYDIAD
thermometer, *n.* THERMOMEDR
thermometry, *n.* THERMOMEDREDD

thermonuclear, *a.* THERMON(I)WCLEAR
thermopile, *n.* THERMOPIL
thermoplastic, *n.* THERMOPLASTIG
thermoscope, *n.* THERMOSGOP
thermostat, *n.* THERMOSTAT
thesaurus, *n.* GWYDDONIADUR
these, *pn.* Y RHAI HYN, Y RHAIN
thesis, *n.* GOSODIAD, THESIS
they, *pn.* HWY, HWYNT, HWYTHAU
thick, *a.* TEW, TRWCHUS, PRAFF, AML
  n. CANOL, TRWCH
  ad. YN DEW / AML
thicken, *v.* TEWYCHU
thickening, *n.* TEWYCHYDD
thicket, *n.* DRYSLWYN, GARTH
thick-headed, *a.* PENDEW, HURT, TWP
thickness, *n.* TRWCH, PRAFFTER, TEWDER
thicknesser, *n.* TRYCHYDD
thick-set, *a.* CYDNERTH, BYRDEW
thick-skinned, *a.* CROENDEW
thief, *n.* LLEIDR, DYGWR, YSBEILIWR
thieve, *v.* LLADRATA, DWYN
thievish, *a.* LLADRONLLYD
thigh, *n.* MORDDWYD, CLUN
thimble, *n.* GWNIADUR
thin, *a.* TENAU, MAIN, CUL, ANAML
  v. TENEUO
thine, *pn.* EIDDOT, DY
thing, *n.* PETH, GWRTHRYCH
think, *v.* MEDDWL, SYNIED, TYBIO
thinkable, *a.* MEDDYLADWY, DIRNADWY
thinker, *n.* MEDDWL, TYB, BARN
  a. MEDDYLGAR
thinness, *n.* TENEUWCH, MEINDER
third, *n.* TRYDYDD, TRAEAN
  a. TRYDYDD, TRYDEDD
thirst, *n.* SYCHED
  v. SYCHEDU
thirsty, *a.* SYCHEDIG
this, *a. & pn.* HWN, HON, HYN
  this year, ELENI
thistle, *n.* YSGALLEN, YSGELLYN
thistle-down, *n.* HAD YSGALL
thither, *ad.* YNO, TUAG YNO
  hither and thither, YMA AC ACW
thong, *n.* CARRAI
thorax, *n.* THORACS
  a. THORASIG
thorn, *n.* DRAEN(EN)
thorny, *a.* DREINIOG, PIGOG
thorough, *a.* TRWYADL, TRYLWYR
thoroughbred, *a.* RHYWIOG, TRYRYW
thoroughfare, *n.* TRAMWYFA

thoroughness, *n.* TRYLWYREDD
those, *pn.* Y RHAI HYNNY, Y RHEINY
  a. HYNNY, YNA
thou, *pn.* TI, TYDI, TITHAU
though, *c.* ER, PE, SERCH, CYD
  ad. ER / SERCH HYNNY
thought, *n.* MEDDWL, SYNIAD, YSTYRIAETH
thoughtful, *a.* MEDDYLGAR, YSTYRIOL
thoughtfulness, *n.* MEDDYLGARWCH
thoughtless, *a.* DIFEDDWL
thoughtlessness, *n.* DIFFYG MEDDWL
thousand, *a.* MIL
thousandth, *a.* MILFED
thrall, *n.* CAETHWAS, CAETHIWED
thrash, *v.* CURO, FFUSTO
thrashing, *n.* CURFA, CWEIR, COT(EN)
thread, *n.* EDAU
  v. EDAFU
  drunken thread, EDAU CHWIL
  unified thread, EDAU UNOL
threadbare, *a.* LLWM, TREULIEDIG
threat, *n.* BYGYTHIAD
threaten, *v.* BYGWTH
threatening, *a.* BYGYTHIOL
three, *a.* TRI, TAIR
three-cornered, *a.* TRICHORNEL
three-dimensional, *n.* TRI-DIMENSIWN
threefold, *a.* TRIPHLYG
three-ply, *a.* TAIR-HAENOG
three-quarter, *n.* TRI-CHWARTER
threescore, *a.* TRIGAIN
threesome, *n.* TRIAWD
threshold, *n.* TROTHWY, (R)HINIOG
thrice, *ad.* TEIRGWAITH
thrift, *n.* DARBODAETH, CYNILDEB
thriftless, *a.* GWASTRAFFUS, AFRADLON
thrifty, *a.* DARBODUS, CYNNIL
thrill, *n.* IAS, GWEFR
  v. GWEFREIDDIO, CYFFROI
thriller, *n.* THRILEN, LLYFR CYFFRO, DRAMA
  GYFFRO
thrilling, *a.* IASOL, GWEFREIDDIOL
thrive, *v.* LLWYDDO, FFYNNU
throat, *n.* GWDDF, CORN GWDDF, LLWNC
throaty, *a.* GYDDFOL
throb, *v.* DYCHLAMU, CURO
throe, *n.* POEN, GWEWYR, GLOES
thrombosis, *n.* TOLCHENIAD, THROMBOSIS
thrombus, *n.* TOLCHEN, THROMBWS
throne, GORSEDD(FAINC)
throng, *n.* TORF, TYRFA, LLU
  v. TYRRU
throttle, *n.* THROTL, CORN GWDDF
  v. THROTLO, LLINDAGU

through, *prp.* TRWY, DRWY
  ad. DRWODD
throughout, *prp.* TRWY (GYDOL)
  ad. O BEN BWYGILYDD, DRWODD
throughput, *n.* TRYGYRCH
throw, *n.* TAFLIAD, TAFLEDD
  v. TAFLU, LLUCHIO, HYRDDIO
thrower, *n.* TAFLWR
thrum, *n.* EDDI
  v. TYNNU, HYMIAN
thrush, *n.* BRONFRAITH, TRYSGLI, LLINDAG,
  CLWY BYWYN Y CARN
thrust, *n.* GWTH, HERGWD, HWRDD
  v. GWTHIO, HYRDDIO
thrusting, *n.* YMWTHIAD
thud, *n.* TWRF, TWRW
thug, *n.* LLINDAGWR, YSBEILIWR
thumb, *n.* BAWD
  v. BODIO
thump, *n.* PWNIAD, DYRNOD
  v. PWNIO, DYRNU
thunder, *n.* TARAN, TWRW, TWRF
  v. TARANU
thunderbolt, *n.* TARANFOLLT
thunderclap, *n.* TARAN
thunderstorm, *n.* STORM FELLT A
  THARANAU
thunder-struck, *a.* WEDI SYNNU /
  RHYFEDDU
Thursday, *n.* DYDD IAU, DIFIAU
thus, *ad.* FEL HYN, FELLY
thwack, *v.* PWNIO, TARO
thwart, *v.* CROESI, GWRTHWYNEBU
thy, *pn.* DY, 'TH
thyme, *n.* TEIM
thyroid, *a.* THYROID
thyroxin, *n.* THYROCSIN
thyself, *pn.* DY HUN(AN)
tiara, *n.* CORON(IG)
tibia, *n.* TIBIA
tick, *n.* TIC, TROGEN, TIPIAD
  v. TICIO, TIPIAN, MARCIO
  on tick, AR GOEL, HEN GOWNT
ticket, *n.* TOCYN, TICED
tickle, *n.* GOGLAIS
  v. GOGLEISIO
ticklish, *a.* GOGLEISIOL, ANODD
tics, *n.pl.* TICIAU
tidal, *a.* LLANW
  tidal bore, EGER LLANW
tide, *n.* LLANW, AMSER
  ebb tide, TRAI
  spring tide, GORLLANW
  neap tide, ERTRAI

tidiness, *n.* TACLUSRWYDD
tidings, *n.pl.* NEWYDDION
tidy, *a.* TACLUS, TWT, DESTLUS, CYMEN
  v. TACLUSO, CYMHENNU
tie, *n.* CLWM, TEI, TYNLATH
  v. CLYMU, RHWYMO
  tie-line, CLYMLIN
tied, *a.* CLWM, CAETH
  tied house, TŶ CLWM
tier, *n.* RHENC, RHES
tiff, *n.* FFRAE FACH, DIOD
tiger, *n.* TEIGR
tight, *a.* TYN, CYFYNG, CLÒS, CYNDYN
tighten, *v.* TYNHAU
tightness, *n.* TYNDRA
tights, *n.pl.* TYNION
tile, *n.* TEILSEN
  v. TOI (Â THEILS)
tiler, *n.* TILER, TÖWR
till, *prp.* HYD (AT), TAN
  c. HYD ONI, NES
till, *n.* TIL, CLOGLAI
  v. AMAETHU, TRIN TIR
tillage, *n.* TRINIAETH TIR, TIR TRO
tiller, *n.* TRINIWR, TILER
  v. TILERU
tilt, *n.* GOGWYDD, GOLEDDF
  v. GOGWYDDO, GWANU
tilth, *n.* TILTH, FFAETHNI
timbal, *n.* DRWM BACH
timber, *n.* COED, COEDWYDD
  v. COEDIO
timbering, *n.* GWAITH COED
timbre, *n.* ANSAWDD
timbrel, *n.* TYMPAN
time, *n.* AMSER, PRYD, AMSERIAD, TRO
  v. AMSERU
  mean time, AMSER CYMEDRIG
  at times, AR ADEGAU / BRYDIAU
  for some time, ERS MEITIN
  time signal, AMSERNOD
  time-base, AMSERLIN
time-keeper, *n.* AMSERWR
timeliness, *n.* PRYDLONDEB
timely, *a.* AMSEROL
time-out, *n.* SAIB
timer, *n.* AMSERYDD
time-sheet, *n.* ORLEN
time-table, *n.* AMSERLEN
timid, *a.* OFNUS, SWIL
timidity, *n.* OFNUSRWYDD, SWILDOD
timorous, *a.* OFNUS, OFNOG
timothy, *n.* RHONWELLT Y GATH

tin, *n.* ALCAM, TUN
   v. TUNIO
tincture, *n.* TRWYTH
   v. TRWYTHO, LLIWIO
tinder, *n.* TENDAR
tinder-box, *n.* BLWCH TÂN
tinge, *n.* ARLLIW, NAWS
   v. ARLLIWIO
tingle, *v.* GOGLAIS, MERWINO
tinker, *n.* TINCER
tinkle, *v.* TINCIAL, TINCIAN
tinkling, *n.* TINCIAN
tinman, *n.* TUNIWR
tinned, *a.* TUN
tinplate, *n.* TUNPLAT
tinsel, *n.* TINSEL
tinsnips, *n.pl.* SNIPYDD TUN
tint, *n.* ARLLIW
   v. ARLLIWIO, TINTIO
tinworker, *n.* GWEITHIWR TUN
tiny, *a.* BACH, BYCHAN, PITW, MÂN
tip, *n.* BLAEN, BRIG, AWGRYM, CILDWRN, TOMEN
   v. BLAENU, TROI, DYMCHWELYD, TIPIO, RHOI CILDWRN
tippet, *n.* TIPED, MANTELL
tipple, *v.* LLYMEITIAN
tippler, *n.* LLYMEITIWR
tipster, *n.* TIPIWR
tipsy, *a.* MEDDW, BRWYSG
tiptoe, *n.* BLAEN TROED
tip-top, *a.* CAMPUS, PENIGAMP
tirade, *n.* ARAITH LEM
tire, *v.* BLINO, DIFFYGIO
tire, *n.* BLINEDIG, LLUDDEDIG
tired, *a.* BLINEDIG, LLUDDEDIG
tiredness, *n.* BLINDER, LLUDDED
tireless, *a.* DIFLINO, DYGN
tiresome, *a.* BLINDERUS, DIFLAS
tissue, *n.* MEINWE
tissues, *n.pl.* HANCESI PAPUR
titanic, *a.* ANFERTH, ENFAWR
titanium, *n.* TITANIWN
titbit, *n.* AMHEUTHUN, MOETHYN
tithe, *n.* DEGWM
   v. DEGYMU
tithing, *n.* DEGYMIAD
titivate, *v.* YMBINCIO, TWTIO
title, *n.* TEITL, ENW, HAWL
   title deeds, GWEITHREDOEDD EIDDO
title-page, *n.* WYNEBDDALEN
titrate, *v.* TITRADU
titration, *n.* TITRADAETH/IAD
titre, *n.* TITR

titter, *n. & v.* LLEDCHWERTHIN
tittle, *n.* GRONYN, MYMRYN, TIPYN
tittle-tattle, *n.* CLEBER, CLEP
titular, *a.* MEWN ENW
to, *prp.* I, AT, TUA, YN, HYD AT
toad, *n.* LLYFFANT (DU')
   toad in the hole, CYTEW SOSEJ
toadstool, *n.* CAWS LLYFFANT, BWYD Y BODA
toady, *n.* CYNFFONNWR
   v. CYNFFONNA
toast, *n.* TOST, LLWNCDESTUN
   v. TOSTIO, CYNNIG LLWNCDESTUN
toaster, *n.* TOSTYDD
tobacco, *n.* TYBACO, BACO
tobacconist, *n.* GWERTHWR TYBACO
toboggan, *n.* TOBOGAN
toccata, *n.* TOCATA
tocsin, *n.* LARWM
today, *ad.* HEDDIW
toddle, *v.* LLUSGO CERDDED
toddler, *n.* PLENTYN BACH
toe, *n.* BYS TROED
toe-cap, *n.* BLAEN ESGID, CAPAN DRWYN
toffee, *n.* CYFLAITH, TAFFI
toga, *n.* TWYG, TOGA
together, *ad.* YNGHYD, GYDA'I GILYDD, CYD-
toil, *n.* LLAFUR, TRAFFERTH
   v. LLAFURIO
toiler, *n.* LLAFURWR, GWEITHIWR
toilet, *n.* TOILED, TÎ-BACH
toils, *n.pl.* MAGL, RHWYD
toilsome, *a.* LLAFURUS, TRAFFERTHUS
token, *n.* ARWYDD, TOCYN
   token payment, RHAN-DÂL
tolerable, *a.* GODDEFOL, CYMEDROL
tolerance, *n.* GODDEFEDD, GODDEFIANT
tolerant, *a.* GODDEFGAR
tolerate, *v.* GODDEF, CANIATÁU
toleration, *n.* GODDEFIAD, GODDEFGARWCH
toll, *n.* TOLL, CANU (CLOCH)
   v. TOLLI, CNULIO, CANU CLOCH
tollbooth, *n.* TOLLFA
tollgate, *n.* TOLLBORTH
tomato, *n.* TOMATO
tomb, *n.* BEDD(ROD)
tombola, *n.* TOMBOLA
tomboy, *n.* HOEDEN, RHAMPEN
tombstone, *n.* BEDDFAEN, CARREG FEDD
tom-cat, *n.* GWRCATH, CWRCYN
tome, *n.* CYFROL FAWR

tomfoolery, *n.* LOL, YNFYDRWYDD
tommy bar, *n.* TWMFAR
tomorrow, *ad.* YFORY
  the day after tomorrow, TRENNYDD
tomtit, *n.* YSWIDW
tom tom, *n.* TOM TOM
ton, *n.* TUNNELL
tonal, *a.* CYWEIRAIDD, TONAIDD
tonality, *n.* CYWEIREDD
tone, *n.* TÔN, NAWS
  tone deaf, TÔN-FYDDAR
toner, *n.* TONYDD
tongs, *n.pl.* GEFEL
  hollow bit tongs, GEFEL GEGRON
tongue, *n.* TAFOD, IAITH
  v. TAFODI
  tongue and groove, TAFOD A RHIGOL
tongue-tied, *a.* TAFODRWYM, DYWEDWST
tonguing, *v.* TAFODI
tonic, *n.* TONYDD, TONIG
  a. TONIG
tonight, *ad.* HENO
tonnage, *n.* TUNELLEDD
  gross tonnage, TUNELLEDD GROS
tonne, *n.* TUNNELL FETRIG
tonsil, *n.* TONSIL
  n. TONSILITIS
tonsure, *n.* TONSUR
tonus, *n.* TONWS, YSTWYTHDER
too, *ad.* RHY, HEFYD, GOR-
tool, *n.* ERFYN, TECLYN, OFFER
  v. OFFERU
  knurling tool, ERFYN NWRLIO
  roughening tool, ERFYN BRASNADDELL
  recessing tool, ERFYN CILANNU
tool bar, *n.* BAR OFFER
toolmaker, *n.* OFFERWR
toot, *n.* TWT
  v. CANU CORN
tooth, *n.* DANT, COCOS
  canine tooth, DANT LLYGAD
toothache, *n.* DANNO(E)DD
tooth-brush, *n.* BRWS DANNEDD
toothless, *a.* MANTACH
tooth-paste, *n.* PAST DANNEDD
tooth-powder, *n.* POWDR DANNEDD
top, *n.* PEN, BRIG, TOP, COPA
  v. TOPIO, RHAGORI
  spinning top, CHWYRLIGAN
topaz, *n.* TOPAS
top-coat, *n.* COT FAWR / UCHAF
top-hat, *n.* HET UCHEL
top-heavy, *a.* PENDRWM

topic, *n.* PWNC, TESTUN
topical, *a.* PYNCIOL, TESTUNOL
topmost, *a.* UCHAF
topographic, *a.* TOPOGRAFFIG
topographical, *a.* TOPOGRAFFIGOL
topography, *n.* TOPOGRAFFI
topological, *a.* TOPOLEGOL
topology, *n.* TOPOLEG
topping, *a.* CAMPUS, TOPIN, PENIGAMP
topple, *v.* DYMCHWELYD, SYRTHIO
top rake, *n.* GWYREDD CAFN
topside, *n.* OCHR ORAU'R FORDDWYD
top slide, *n.* LLITHRYN UCHAF
topsyturvy, *ad.* WYNEB I WAERED, BLITH
  DRAPHLITH
tor, *n.* TOR, TWR
torch, *n.* TORS, FFAGL
torment, *n.* POENEDIGAETH
  v. POENYDIO
tormentor, *n.* TORFENNWR, POENYDIWR
tornado, *n.* TORNADO
torpedo, *n.* TORPIDO
torpid, *a.* MARWAIDD, SWRTH, DIFYWYD
torpidity, *n.* MARWEIDD-DRA
torpor, *n.* CYSGADRWYDD, SYRTHNI
torque, *n.* TORCH
torrent, *n.* CENLLIF, LLIFEIRIANT,
  FFRYDLIF
torrential, *a.* LLIFEIRIOL, TRWM
torrid, *a.* CRASBOETH, CRAS
torsion, *n.* DIRDRO
torso, *n.* TORSO
tort, *n.* TORT, CAMWEDD
tortfeasor, *n.* CAMWEDDWR
tortious, *a.* TORTUS, CAMWEDDUS
tortoise, *n.* CRWBAN
tortuous, *a.* TROELLOG, TROFAUS
torture, *n.* ARTAITH, DIRBOEN
  v. ARTEITHIO, DIRBOENI
torturer, *n.* ARTEITHIWR
torus, *n.* TORWS
Tory, *n.* CEIDWADWR, TORI
  a. CEIDWADOL, TORÏAIDD
toryism, *n.* TORÏAETH
toss, *n.* TAFLIAD
  v. TAFLU, YMRWYFO
tot, *n.* YCHYDIG
  v. ADIO
total, *n.* CYFANSWM, Y CYFAN
  a. CWBL, CYFAN, LLWYR, HOLLOL
  total chromatic, LLWYR GROMATIG
totalitarian, *n.* TOTALITARYDD
  a. TOTALITARAIDD

totality, *n.* CRYNSWTH, CYFAN
totalizator, *n.* PEIRIANT BETIO
totem, *n.* TOTEM
totemism, *n.* TOTEMIAETH
totter, *v.* GWEGIAN, SIGLO
tottering, *a.* SIGLEDIG, SIMSAN
toucan, *n.* TOWCAN
touch, *n.* CYFFYRDDIAD, CIS
   v. CYFFWRDD
   touch and run, CHWARAE CIS
   touch judge, YSTLYSWR
touching, *a.* TEIMLADWY
   prp. YNGLŶN Â
touch-line, *n.* LLINELL YSTLYS
touchstone, *n.* SAFON, MAEN PRAWF
touchy, *a.* CROENDENAU, LLIDIOG
tough, *a.* GWYDN, CALED
toughen, *v.* GWNEUD YN WYDN, CALEDU
toughness, *n.* GWYDNWCH, CALEDWCH
tour, *n.* TAITH, TRO
   v. TEITHIO
touring, *a.* TEITHIOL
tourism, *n.* TWRISTIAETH
tourist, *n.* TEITHIWR, TWRIST
tourn, *n.* TWRN
tournament, *n.* TWRNEIMANT, TWRN-AMAINT
tourniquet, *n.* OFFERYN ATAL GWAED, TYNHÄWR
tousle, *v.* ANHREFNU
tousled, *a.* ANHREFNUS
tout, *v.* SBIO, CEISIO CWSMERIAETH
   n. TOWT
tow, *n.* CARTH, LLUSG
   v. LLUSGO, TYNNU
towage, *n.* LLUSGIAD, LLUSGDAL
toward(s), *prp.* TUA, AT, TUAG AT
towel, *n.* TYWEL, LLIAIN
tower, *n.* TŴR
   v. ESGYN, YMGODI
towering, *a.* TYROG, UCHEL IAWN
town, *n.* TREF
   satellite town, CYLCHDREF
town-clerk, *n.* CLERC Y DREF
town-council, *n.* CYNGOR Y DREF
town-crier, *n.* CRÏWR Y DREF
town-hall, *n.* NEUADD Y DREF
townlet, *n.* TREFLAN
townscape, *n.* TREFLUN
township, *n.* TREFGORDD
towrope, *n.* LLUSGRAFF
toxaemia, *n.* GWENWYNIAD
toxic, *a.* GWENWYNIG

toxicity, *n.* GWENWYNDRA
toxicology, *n.* TOCSICOLEG
toxin, *n.* GWENWYN, TOCSIN
toy, *n.* TEGAN
   v. CELLWAIR, CHWARAE (Â)
trace, *n.* OLIN, TRYWYDD, ARLLIW, TRES
   v. OLRHAIN, DARGOPÏO
   trace element, ELFEN BRIN
traceable, *a.* OLRHEINIADWY
tracer, *n.* OLINWR, OLINYDD
tracery, *n.* OLINWAITH
trachea, *n.* PIBELL WYNT, BREUANT, TRACEA
tracheal, *a.* TRACEAL
tracing, *n.* DARGOPI
track, *n.* ÔL, TRAC, LLWYBR
   v. OLRHAIN, DILYN
tracker-dog, *n.* CI TRYWYDD
track-rod, *n.* RHODEN LWYBRO/LYWIO
track-suit, *n.* TRACWISG
trackway, *n.* FFORDD
tract, *n.* ARDAL, TRACT, TRAETHODYN
tractable, *a.* HYDRIN
traction, *n.* TYNIANT
tractive, *a.* TYNIADOL
tractor, *n.* TRACTOR
tractrix, *n.* TRACTRICS
trade, *n.* MASNACH, CREFFT
   v. MASNACHU
   retail trade, MASNACH ADWERTHOL
   fair trading, MASNACHU TEG
trade-mark, *n.* NOD MASNACH
trader, *n.* MASNACHWR
tradesman, *n.* SIOPWR, MASNACHWR
trade-union, *n.* UNDEB LLAFUR
trade-unionist, *n.* UNDEBWR
tradition, *n.* TRADDODIAD
traditional, *a.* TRADDODIADOL
traditionalism, *n.* TRADDODIADAETH
traduce, *v.* CABLU, DIFENWI
traducement, *n.* CABLEDD
traduction, *n.* TRADDWYTHIAD, TROS-GLWYDDIAD
traffic, *n.* TRAFNIDIAETH, TRAFFIG
   a. TRAFNIDIOL
   v. TRAFNIDIO, TRAMWY
trafficator, *n.* CYFEIRYDD
tragedian, *n.* TRASIEDYDD
tragedy, *n.* TRASIEDI
tragic, *a.* TRASIG, ECHRYSLON
trail, *n.* TRYWYDD, OLION
   v. TRYWYDDU, LLUSGO
   trail enamelling, ENAMLO LLUSG
trailer, *n.* TREILER, OLGERBYD, RHAGLUN

train, *n.* TRÊN, GOSGORDD, RHES, GODRE
  v. HYFFORDDI, YMARFER, TREINIO
trained, *a.* HYFFORDDEDIG
trainer, *n.* HYFFORDDWR, TREINIWR
training, *n.* HYFFORDDIANT, YMARFER
  a. HYFFORDDIADOL
  in-service training, HYFFORDDIANT
  MEWN SWYDD
  vocational training, HYFFORDDIANT
  GALWEDIGAETH
trait, *n.* TEITHWEDD, NODWEDD
traitor, *n.* BRADWR, TRAETUR
traitorous, *a.* BRADWRUS
trajectory, *n.* TAFLWYBR
tram, *n.* TRAM, DRAM
tramcar, *n.* TRAM
tramline, *n.* TRAMLIN
trammel, *n.* TRAMEL, RHWŶSTR
  v. RHWYSTRO
tramp, *n.* CRWYDRYN
  v. CRWYDRO
trample, *v.* SATHRU, MATHRU
trampoline, *n.* TRAMPLIN
trance, *n.* PERLEWYG
tranquil, *a.* TAWEL, LLONYDD
tranquility, *n.* TAWELWCH, LLONYDDWCH
tranquilizer, *n.* TAWELYN
trans-, *px.* TROS-, TRA-, TRY-, TRAWS-
transact, *v.* TRAFOD
transaction, *n.* TRAFODAETH
  a. TRAFODAETHOL
transatlantic, *a.* DROS IWERYDD
transcend, *v.* RHAGORI, TROSGYNNU
transcendence, *n.* RHAGORIAETH,
  TROSGYNOLDEB, BLAENORIAETH
transcendent, *a.* TRA-RHAGOROL,
  UWCH-FODOL
transcendental, *a.* TROSGYNNOL
transcendentalism, *n.* TROSGYNOLIAETH
transcribe, *v.* ADYSGRIFIO, TRAWSGRIFIO
  (CERDDORIAETH)
transcriber, *n.* ADYSGRIFIWR, COPÏWR
transcript, *n.* TRAWSGRIPT
transduction, *n.* TRAWSDDYGIAD
transect, *n.* TRAWSLUN
  v. TRAWSLUNIO
transept, *n.* CROES EGLWYS, CROESFA
transexual, *a.* TRAWSRYWIOL
transfer, *n.* TROSGLWYDDIAD, TRANSFFER,
  TROSLUN
  v. TROSGLWYDDO, TRANSFFERIO
transferable, *a.* TROSGLWYDDADWY
transferee, *n.* TROSGLWYDDAI

transference, *n.* TROSGLWYDDIAD
transferor, *n.* TROSGLWYDDWR
transfigure, *v.* GWEDDNEWID
transfinite, *a.* TRAWSFEIDRAIDD
transfix, *v.* TRYWANU
transform, *n.* TRAWSFFURF
  v. TRAWSFFURFIO
transformation, *n.* TRAWSFFURFIAD/IANT
transformer, *n.* NEWIDYDD
transfuse, *n.* TROSGLWYDDO
transfusion, *n.* TROSGLWYDDIAD,
  TRALLWYSIAD (GWAED)
transgress, *v.* TROSEDDU, CAMWEDDU
transgression, *n.* TROSEDDIAD, CAMWEDD
transgressor, *n.* TROSEDDWR
transhipment, *n.* TRAWSLWYTHO
transhumance, *n.* TRAWSTREFA
transient, *a.* DIFLANEDIG, DARFODEDIG
transistor, *n.* TRANSISTOR
transistorised, *a.* TRANSISTORAIDD
transit, *n.* CROESIAD, TRAWSTAITH
transition, *n.* TRAWSNEWID(IAD)
transitional, *a.* TRAWSNEWIDIOL,
  TROSIANNOL
transitive, *a.* ANGHYFLAWN (GRAM.)
  TROSAIDD
transitoriness, *n.* DIFLANEDIGRWYDD
transitory, *a.* DIFLANNOL, DARFODEDIG
translate, *v.* CYFIEITHU, TROSI, TRAWSFUDO
translation, *n.* CYFIEITHIAD, TRAWS-
  FUDIAD, TROSIAD
translator, *n.* CYFIEITHYDD
translocation, *n.* TRAWSLEOLEDD
translucent, *a.* TRYLEU, LLETGLIR
transmigrate, *v.* TRAWSFUDO
transmigration, *n.* TRAWSFUDIAD
transmission, *n.* TRAWSYRIANT,
  TROSGLWYDDIAD
transmit, *v.* TRAWSYRRU, TROSGLWYDDO
transmitter, *n.* TRAWSYRRYDD,
  TROSGLWYDDYDD
transmitting-station, *n.* GORSAF
  DROSGLWYDDO
transmutation, *n.* TRAWSNEWIDIAD
transmute, *v.* TRAWSNEWID
transom, *n.* TRAWSLATH
transparency, *n.* TRYLOYWDER
transparent, *a.* TRYLOYW
transpiration, *n.* TRANSBIRADAETH
transpire, *v.* TRANSBIRADU
transplant, *v.* TRAWSBLANNU
transplantation, *n.* TRAWSBLANIAD
transport, *n.* CLUDIANT
  v. CLUDO, ALLTUDIO

transported soil, CLUDBRIDD
transportation, *n.* TRAWSGLUDIAD,
ALLTUDIAETH
transpose, *v.* TROSI, TRAWSNODI,
TRAWSDDODI
transposition, *n.* TRAWSNODIAD, TROSIAD,
TRAWSDDODYN
transubstantiation, *n.* TRAWS-SYLWEDD-
IAD
transvaluation, *n.* TRAWSBRISIAD
transveral, *n.* ARDRAWSLIN
transverse, *a.* ARDRAWS, CROES
v. TRAMWY
n. TRAWSLIN
transverse section, TORIANT TRAWSLIN
trap, *n.* TRAP, MAGL
v. TRAPIO, MAGLU
trap-door, *n.* CEUDDRWS
trapeze, *n.* TRAPIS
trapezium, *n.* TRAPESIWM
trapezoid, *n.* TRAPESOID
trapper, *n.* TRAPIWR, MAGLWR
trappings, *n.pl.* GÊR, HARNAIS
trash, *n.* SOTHACH, SOROD
trashy, *a.* DI-WERTH
trauma, *n.* TRAWMA
traumatic, *a.* TRAWMATIG
travail, *n.* LLAFUR, TRAFAEL, GWEWYR
travel, *n.* TAITH, SIWRNAI
v. TEITHIO, SIWRNEIO, TRAFAELU
traveller, *n.* TEITHIWR, TRAFEILIWR
travelling, *a.* TEITHIOL
traverse, *n.* TRAWSTAITH, ATALFA
a. TRAWS, CROES
ad. AR DRAWS
v. CROESI
travesty, *n.* GWAWD, PARODI
v. GWAWDIO, PARODÏO
trawl, *n.* TREILLRWYD
v. TREILLIO
trawler, *n.* TREILLONG
tray, *n.* HAMBWRDD, TREI
treacherous, *a.* BRADWRUS
treachery, *n.* BRAD(WRIAETH)
treacle, *n.* TRIAGL, TRIOG
tread, *n.* SANG
v. TROEDIO, SANGU, SATHRU
treadle, *n.* TROEDLATH, TROEDLAS
treadmill, *n.* MELIN DROED
treason, *n.* TEYRNFRADWRIAETH, TRESWN,
BRAD
high treason, UCHEL-FRAD
treasure, *n.* TRYSOR
v. TRYSORI

treasure-house, *n.* TRYSORDY
treasurer, *n.* TRYSORYDD
treasureship, *n.* TRYSORYDDIAETH
treasure-trove, *n.* TRYSOR CUDDIEDIG
treasury, *n.* TRYSORDY, TRYSORFA
The Treasury, Y TRYSORLYS
treat, *n.* AMHEUTHUN, GWLEDD
v. TRAETHU, TRAFOD, TALU DROS
treatise, *n.* TRAETHAWD
treatment, *n.* TRINIAETH
treaty, *n.* CYTUNDEB, CYFAMOD
treble, *n.* TREBL
a. TRIPHLYG
v. TREBLU
treble cleff, ALLWEDD Y TREBL
tree, *n.* COEDEN, PREN
tree line, COEDLIN
trefoil, *n.* TEIRDALEN, TREFFOIL
trek, *v.* MUDO, TEITHIO
trellis, *n.* DELLTWAITH
tremble, *v.* CRYNU, ARSWYDO
trembling, *a.* CRYNEDIG
tremendous, *a.* ANFERTH, DYCHRYNLLYD
tremolo, *n.* TREMOLO
tremor, *n.* CRYNDOD, TIRGRYNIAD
tremulant, *n.* Y CRYNYDD
tremulous, *a.* CRYNEDIG
trench, *n.* FFOS, CWTER
v. FFOSIO, CLODDIO
trenchant, *a.* MINIOG, LLYM, TREIDDGAR
trencher, *n.* TREINSIWR
trend, *n.* TUEDD, GOGWYDD
v. TUEDDU, GOGWYDDO
trental, *n.* TRENTAL
trephine, *n.* TRYFFIN
v. TRYFFINIO
trepidation, *n.* CRYNDOD, OFN, DYCHRYN
trespass, *n.* TRESMASIAD, TRESBAS
v. TRESMASU, TRESBASU
trespasser, *n.* TRESMASWR, TRESBASWR
tress, *n.* TRES, CUDYN
trestle, *n.* TRESTL
trews, *n.* TRIWS
triad, *n.* TRIAWD, TRI
triads, TRIOEDD
trial, *n.* PRAWF, PROFEDIGAETH, TREIAL
triangle, *n.* TRIONGL
scalene triangle, TRIONGL ANGHYF-
OCHROG
equilateral triangle, TRIONGL
HAFALOCHROG
triangle of forces, TRIONGL GRYMOEDD
triangular, *a.* TRIONGLOG

triangulation, *n.* TRIONGLIANT
tribal, *a.* LLWYTHOL
tribe, *n.* LLWYTH, TYLWYTH
tribulation, *n.* TRALLOD, CYSTUDD
tribunal, *a.* TRIBIWNLYS
tribune, *n.* AREITHFA, TRIBIWN
tributary, *n.* ISAFON, LLEDNANT
tribute, *n.* TEYRNGED, TRETH
tricar, *n.* TREICAR
trice,
    in a trice, MEWN EILIAD
tricel, *n.* TRICEL
trick, *n.* YSTRYW, CAST, STRANC
    v. CHWARAE CAST AR, TWYLLO
trickery, *n.* YSTRYW, TWYLL
trickle, *v.* DIFERYNNU
trickster, *n.* CASTIWR, TWYLLWR
tricky, *a.* YSTRYWGAR, CASTIOG, DYRYS
tricoline, *n.* TRICOLIN
tricycle, *n.* TREISICL
trident, *n.* TRYFER
trifle, *n.* PETH DIBWYS, TREIFFL
    v. CELLWAIR
trifling, *a.* DIBWYS, DIWERTH
triforium, *n.* TRIFFORIWM
trigger, *n.* CLICIED, TRIGER
trigonometric, *a.* TRIGONOMETRIG
trigonometry, *n.* TRIGONOMETREG
trihedral, *a.* TRIHEDROL
trilithium, *n.* TRILITHIWM
trill, *n.* TRIL
    v. TRILIO
trilobite, *n.* TRILOBIT
trilogy, *n.* CYFRES O DAIR
trim, *n.* TRWSIAD, GWISG
    a. TRWSIADUS, TACLUS
    v. TRWSIO, TACLUSO, TRIMIO, TOCIO
    in good trim, MEWN GWEDD DDA
trimmer, *n.* TRWSIWR, TOCIWR, TRIMIWR
trimming, *n.* ADDURN, TRIMIN
    n.pl. ADDURNIADAU, TRIMINS
trimness, *n.* TACLUSRWYDD, DESTLUS-
    RWYDD
trinity, *n.* TRINDOD
trinket, *n.* TLWS, TEGAN
trinomial, *n.* TRINOMIAL
    a. TRINOMAIDD
trio, *n.* TRIAWD, TRIO
triode, *n.* TRIOD
trioxide, *n.* TRIOCSID
trip, *n.* LLITHRAD, TRIP
    v. LLITHRO, BAGLU, TRIPIO
tripartite, *n.* TEIRAN, TRIDARN

tripe, *n.* TREIP, LOL
triple, *n.* TRIPHLYG, TRIAWD
    a. TRIPHLYG
    triple harp, TELYN DEIRES
triplet, *n.* TRIPLED, TRIBAN
triplicate, *a.* TRIPHLYG
triploid, *n. & a.* TRIPLOID
tripod, *n.* TRYBEDD
tripos, *n.* TRIPOS
tripper, *n.* GWIBDEITHIWR
triptych, *n.* TRIPTYCH
trisect, *v.* TRAEANU
trisection, *n.* TRAEANIAD
trismus, *n.* GENGLO, TRISMWS
trite, *a.* CYFFREDIN, SATHREDIG
triteness, *n.* CYFFREDINEDD
tritheism, *n.* TRIDDUWIAETH
tritone, *n.* TEIRTON
triumph, *n.* BUDDUGOLIAETH
    v. GORCHFYGU, ENNILL
triumphal, *a.* BUDDUGOL
triumphant, *a.* BUDDUGOLIAETHUS
triumvir, *n.* TRÌWR
triumvirate, *n.* Y DRÌWRIAETH
trivet, *n.* TRYBEDD
trivial, *a.* DIBWYS, DISTADL
triviality, *n.* PETH DIBWYS
trochee, *n.* CORFAN RHYWIOG
trochoid, *n.* TROCOID
troll, *v.* TROLIO
    n. BOD GORUWCHNATURIOL, CÂN
trolley, *n.* TROLI, TROLEN
trombone, *n.* TROMBÔN
tromino, *n.* TROMINO
troop, *n.* TYRFA, MINTAI, HAID
    v. TYRRU, YMGYNNULL
trooper, *n.* MILWR (AR FARCH)
trope, *n.* TROAD
trophy, *n.* BUDDGED, TROFFI
tropic, *n.* TROFAN
tropical, *a.* TROFANNOL
tropism, *n.* TROPEDD, ATROAD
tropopause, *n.* TROPOPOS, TROPOFFIN
troposphere, *n.* TROPOSFFER
trot, *n.* TUTH, TROT
    v. TUTHIO, TROTIAN
troth, *n.* GWIR, CRED
trotter, *n.* TUTHIWR, TROED MOCHYN
troubadour, *n.* TRWBADŴR
trouble, *n.* GOFID, HELBUL, TRAFFERTH
    v. BLINO, TRWBLU, MALIO
troubled, *a.* BLINDERUS
troublesome, *a.* BLIN, TRWBLUS,
    TRAFFERTHUS

troublous, *a.* HELBULUS, BLIN
trough, *n.* CAFN
trounce, *v.* BAEDDU, CURO, CYSTWYO
trouncing, *n.* CURFA, CYSTWYAD
troupe, *n.* TRŴP, MINTAI
trouper, *n.* TRWPIWR
trousers, *n.* TROWSUS, TROWSER, LLODRAU
trousseau, *n.* TRWSO
trout, *n.* BRITHYLL
trouvé, *a.* HAPGAEL
trow, *v.* TYBIED, CREDU
trowel, *n.* TRYWEL
troy, *n.* PWYSAU (AUR / ARIAN)
truancy, *n.* TRIWANTA, TRIWANTIAETH
truant, *n. & a.* TRIWANT
truce, *n.* CADOEDIAD
truck, *n.* TRYC, NEWIDIAD
   v. CYFNEWID, FFEIRIO
   articulated lorry, LORI GYMAL(OG)
truckle, *v.* PLYGU, YMOSTWNG
truculence, *n.* FFYRNIGRWYDD
truculent, *a.* FFYRNIG, CWERYLGAR
trudge, *v.* YMLWYBRAN, TROEDIO
true, *a.* GWIR, CYWIR, FFYDDLON
truism, *n.* GWIREB, GWIREDD, YSTRYDEB
truly, *ad.* YN WIR / GYWIR
trump, *n.* TRWMP
trumpery, *n.* SOTHACH, FFWLBRI
trumpet, *n.* UTGORN, TRWMPED
trumpeter, *n.* TRWMPEDWR
truncate, *v.* TRYCHU, BLAENDORRI
truncated, *a.* TRYCH
truncation, *n.* TRYCHIAD, BLAENDORIAD
truncheon, *n.* TRENSIWN
trundle, *v.* TROLIO, TREIGLO, RHOLIO
trunk, *n.* BONCYFF, CIST, BONGORFF, TRYNC, CYFF
   a. PRIF
   trunk road, CEFNFFORDD
trunks, *n.pl.* TRYNCS, BONION
truss, *n.* BWNDEL, TRWS, TRYSIAD, CWPL
   v. TRYSIO, CLYMU
trussed, *a.* TRYSIEDIG, CYPLEDIG
trust, *n.* YMDDIRIEDAETH, YMDDIRIEDOL-
   AETH
   v. YMDDIRIED
trustee, *n.* YMDDIRIEDOLWR
trusteeship, *n.* YMDDIRIEDAETH
trustful, *a.* YMDDIRIEDUS
trustiness, *n.* FFYDDLONDEB
trustworthy, *a.* Y GELLIR YMDDIRIED
   YNDDO
trusty, *a.* FFYDDLON, CYWIR

truth, *n.* GWIR(IONEDD)
truthful, *a.* GEIRWIR, CYWIR
truthfulness, *n.* GEIRWIREDD
try, *n.* CAIS, CYNNIG
   v. CEISIO, PROFI
   converted try, TROSGAIS
trying, *a.* BLIN, POENUS, CALED
try-square, *n.* SGWÂR PROFI
tryst, *n.* OED
tsar, *n.* TSÂR
tub, *n.* TWB(A)
   v. TWBIO
tuba, *n.* TIWBA
tube, *n.* TIWB
   test tube, TIWB PRAWF
tuber, *n.* CLORONEN, TWBER
tubercle, *n.* TWBERCWL
tuberculosis, *n.* DARFODEDIGAETH,
   DYCLÉIN, DICÁU, PLA GWYN
tubing, *n.* TIWBIN
tubular, *a.* TIWBAIDD
tuck, *n.* TWC, PLYG
   v. TWCIO, RHOI GADW
   cross tuck, TWC CROES
Tuesday, *n.* DYDD MAWRTH
   Shrove Tuesday, DYDD MAWRTH YNYD
tuff, *n.* TWFF
tuft, *n.* CUDYN, TWFFYN
tufted, *a.* CUDYNNOG
tug, *n.* TYNIAD, PLWC, TYNFAD
   v. TYNNU, LLUSGO
tuition, *n.* HYFFORDDIANT
tulip, *n.* TIWLIP
tulle, *n.* TIWL
tumble, *n.* CWYMP, CODWM
   v. CWYMPO, TWMBLO
   tumble drier, SYCHWR TAFL
tumbler, *n.* GWYDR(YN), TWMBLER
tumbrel, *n.* TROL, CART
tumid, *a.* CHWYDDEDIG
tumour, *n.* TIWMOR
   malignant tumour, TIWMOR GWYLLT
tump, *n.* TWYN, CRUG
tumult, *n.* TERFYSG, CYNNWRF
tumultuous, *a.* TERFYSGLYD
tumulus, *n.* TWMWLWS
tun, *n.* CASGEN, BARIL
tuna, *n.* TIWNA
tundra, *n.* TWNDRA
tune, *n.* TÔN, TIWN, ALAW
   v. TIWNIO, CYWEIRIO
tuneful, *a.* SONIARUS
tuneless, *a.* AMHERSAIN, CRAS

tuner, *n.* TIWNIWR
tungsten, *n.* TWNGSTEN
tunic, *n.* TIWNIG, SIACED
tuning-fork, *n.* TRAWFFORCH
tunnel, *n.* TWNEL
    v. TWNELU
tunny, *n.* TYNNI
tup, *n.* HWRDD, MAHAREN
turban, *n.* TWRBAN
turbary, *n.* TYWYRCHFA, MAWNOG
turbid, *a.* LLEIDIOG, CYMYSGLYD, CYMYLOG
turbidity, *n.* CYMYLOGRWYDD
turbine, *n.* TYRBIN
turbo-generator, *n.* GENERADUR TYRBO
turbot, *n.* TORBWT
turbulence, *n.* TYRFEDD, TERFYSG
turbulent, *a.* TYRFOL, TERFYSGLYD
tureen, *n.* DYSGL GAWL
turf, *n.* TYWARCHEN
    v. TYWARCHU
turgid, *a.* TWRGID, CHWYDD-DYNN
turkey, *n.* TWRCI
    turkey hen, TWRCEN
turmoil, *n.* CYTHRWFL, HELBUL, BERW
turn, *n.* TRO(AD), TROFA, STEM, TRÖELL, TURN(EN)
    v. TROI, TURNIO
turncoat, *n.* GWRTHGILIWR
turner, *n.* TURNIWR
turnery, *n.* TURNWRIAETH
turning, *n.* TRO(AD)
turning-point, *n.* TROBWYNT
turnout, *n.* CYNULLIAD, ARDDANGOSFA
turnover, *n.* PASTEN JAM, TROGYRCH, TROSIANT
turnpike, *n.* TYRPEG, TOLLBORTH
turnscrew, *n.* TYRNSGRIW
turnspit, *n.* GWAS CEGIN
turnstile, *n.* CAMFA DRO
turntable, *n.* TROFWRDD
turpentine, *n.* TYRPANT
turquoise, *n.* MAEN GLAS
turret, *n.* TWRED
turtle, *n.* CRWBAN Y MÔR
turtle-dove, *n.* TURTUR
tusk, *n.* YSGITHR
tusked, *a.* YSGITHROG
tussle, *n.* YSGARMES
    v. YMGIPRYS
tussock, *n.* TUSW, TWMPATH
tut, *i.* TWT! PW!
tutelage, *n.* NAWDD, TIWTELAETH
tutelar, *a.* NAWDDOGOL

tutor, *n.* TIWTOR, ATHRO
    v. DYSGU, HYFFORDDI
tutorial, *a.* TIWTORIAL
tutorship, *n.* TIWTORIAETH
twaddle, *n.* LOL, DWLI, FFWLBRI
twain, *a.* DAU, DWY
twang, *n.* LLEDIAITH, SAIN
tweak, *n.* PINSIAD, GWASGFA
tweed, *n.* TWÎD
tweezers, *n.pl.* GEFEILIAU, COREFEL
twelve, *a.* DEUDDEG, DEUDDENG, UN DEG DAU
twenty, *a.* UGAIN, DAU DDEG
twice, *ad.* DWYWAITH
twiddle, *v.* FFIDLAN, CHWARAE BODIAU, etc.
twig, *n.* BRIGYN, YSBRIGYN
    v. DEALL, AMGYFFRED
twilight, *n.* CYFNOS, CYFDDYDD
twill, *n.* TWIL
twin, *n.* GEFELL
    v. GEFEILLIO
twine, *n.* CORTYN, LLINYN
    v. CORDEDDU
twinge, *n.* GWAYW, BRATH, CNOFA
twinkle, *n.* AMRANTIAD
twinkling, *n.* EILIAD, CHWINCIAD
twin-nut, *n.* CONGLEN
twins, *n.pl.* GEFEILLIAID
    identical twins, GEFEILLIAID UNFATH
twin-town, *n.* GEFELLDREF
twirl, *v.* CYLCHDROI, CHWYLDROI
    n. CYLCHDRO
twist, *n.* DIRDRO, TWIST
    v. DIRDRO, TWIST, CORDEDDU
twisted, *a.* DIRDRO
twisting, *n.* DIRDROAD
twit, *v.* DANNOD
twitch, *n.* GWAYW, BRATH
    v. BRATHU
twitter, *n. & v.* TRYDAR
two, *a. & n.* DAU, DWY, PÂR
    two by two, BOB YN DDAU, FESUL DAU
two-edged, *a.* DAUFINIOG
two-faced, *a.* DAUWYNEBOG
twofold, *a.* DEUBLYG
two-piece, *n.* DEUDDARN
two-stroke, *a.* DWYSTROC
two-tier, *a.* DEURIS, DWYRADD
tympan, *n.* TYMPAN
tympanites, *n.* BOLCHWYDDI
tympanum, *n.* TYMPANWM
type, *n.* TEIP, MATH, RHAGLUN
    v. TEIPIO

typescript, *n.* TEIPYSGRIF
typewriter, *n.* TEIPIADUR
typhoid, *n.* TEIFFOID
typhoon, *n.* TEIFFWN
typhus, *n.* TEIFFWS
typical, *a.* NODWEDDIADOL
typify, *v.* NODWEDDU
typist, *n.* TEIPYDD(ES)
typographer, *n.* CYNLLUNIWR ARGRAFFU

typographical, *a.* ARGRAFFYDDOL
typography, *n.* ARGRAFFYDDIAETH
typology, *n.* TEIPOLEG
tyrannical, *a.* GORMESOL
tyrannise, *v.* GORMESU
tyranny, *n.* GORMES
tyrant, *n.* GORMESWR, TEIRANT
tyre, *n.* TEIAR
tyro, *n.* DECHREUWR, NOFIS

ubiquitarianism, *n.* POBMANYDDIAETH
ubiquitous, *a.* HOLLBRESENNOL, POBMANAIDD
ubiquitous person, SIONI-BOB-MAN
ubiquity, *n.* HOLLBRESENOLDEB, POBMANRWYDD
udder, *n.* PIW, PWRS, CADER
ugh, *i.* ACH! YCH!
ugliness, *n.* HAGRWCH, HYLLTRA
ugly, *a.* HAGR, SALW, HYLL
ulcer, *n.* WLSER
ulcerate, *v.* CRAWNI, CASGLU
ulna, *n.* WLNA
ulterior, *a.* DIRGEL, CUDD, TU DRAW I
ultimate, *a.* EITHAF, DIWETHAF
ultimately, *ad.* O'R DIWEDD, YN Y PEN DRAW
ultimatum, *n.* WLTIMATWM
ultimo, *ad.* O'R MIS O'R BLAEN
ultra, *a.* EITHAFOL, GOR-, DROS BEN
ultramarine, *a.* TRAMOR, GLAS
ultra-modern, *a.* TRA MODERN, DIWEDDAR IAWN
ultramontane, *a.* WLTRAMONTAN
ultrasonic, *a.* WLTRASONIG, UWCHSONIG
ultrasonics, *n.* WLTRASONEG, UWCHSONEG
ultra-total, *a.* GORGYFAN
ultra-violet, *a.* UWCHLAS, WLTRA-FIOLED
umbel, *n.* WMBEL
umbilic, *a.* WMBILIG
umbilical cord, BOGEILIN, LLINYN Y BOGAIL
umbrage, *n.* CYSGOD
umbrageous, *a.* CYSGODOL
umbrella, *n.* YMBARÉL, YMBRELO
umpire, *n.* DYFARNWR
v. DYFARNU
un-, *px.* AN-, AM-, DI-, AF-, HEB-, ANG-
unabashed, *a.* DIGYWILYDD, HY
unabated, *a.* HEB OSTEG
unable, *a.* ANALLUOG
unabridged, *a.* CYFLAWN
unaccented, *a.* DIACEN
unacceptable, *a.* ANNERBYNIOL, ANGHYMERADWY
unaccompanied, *a.* DIGYFEILIANT, HEB GWMNI
unaccomplished, *a.* ANORFFENEDIG, TRWSGL
unaccountable, *a.* ANESBONIADWY
unaccustomed, *a.* ANGHYFARWYDD
unadulterated, *a.* PUR, DIGYMYSG
unadvisedly, *ad.* YN FYRBWYLL

unaffected, *a.* DIRODRES, NATURIOL
unalloyed, *a.* DIGYMYSG, PUR
unalterable, *a.* DIGYFNEWID, SAFADWY
unambiguous, *a.* DIAMWYS, EGLUR
unanimity, *n.* UNFRYDEDD
unanimous, *a.* UNFRYD(OL)
unanimously, *ad.* YN UNFRYD(OL)
unanswerable, *a.* ANATEBOL
unapprehensive, *a.* DIBRYDER, DI-OFN
unarmed, *a.* DI-ARF
unashamed, *a.* DIGYWILYDD, HY
unassailable, *a.* DIYSGOG
unassisted, *a.* HEB GYMORTH
unassuming, *a.* DIYMHONGAR
unattainable, *a.* ANGHYRAEDDADWY
unauthorised, *a.* HEB AWDURDOD
unavailing, *a.* OFER, DI-LES
unavoidable, *a.* ANORFOD, ANOCHEL(ADWY)
unaware, *a.* HEB WYBOD
unawareness, *n.* ANYMWYBOD
unawares, *ad.* YN DDIARWYBOD
unbalance, *n.* ANGHYDBWYSEDD
unbalanced, *a.* ANGHYTBWYS
unbearable, *a.* ANNIODDEFOL
unbecoming, *a.* ANWEDDUS
unbelief, *n.* ANGHREDINIAETH
unbeliever, *n.* ANGHREDADUN, ANFFYDD-IWR
unbelieving, *a.* ANGHREDINIOL
unbending, *a.* YSTYFNIG, ANHYBLYG
unbiased, *a.* DIDUEDD, ANFIASEDIG
unbind, *v.* DATOD, DADRWYMO, RHYDDHAU
unblamable, *a.* DI-FAI, DI-NAM
unborn, *a.* HEB EI ENI
unbounded, *a.* DIDERFYN, DIARFFIN
unbridled, *a.* HEB EI FFRWYNO
unbroken, *a.* DI-DOR
unburden, *v.* DADLWYTHO
uncalled, *a.* HEB EI ALW/WAHODD
uncalled for, DI-ALW-AMDANO
uncanny, *a.* RHYFEDD, ANNAEAROL
unceasing, *a.* DI-BAID, DIDDIWEDD
unceremonious, *a.* DISEREMONI
uncertain, *a.* ANSICR
uncertainty, *n.* ANSICRWYDD
uncertificated, *a.* DIDRWYDDED, HEB DYSTYSGRIF
unchangeable, *a.* DIGYFNEWID, ANGHYFNEWIDIOL
unchaste, *a.* ANNIWAIR, TRYTHYLL
unchastity, *n.* ANNIWEIRDEB, TRYTHYLL-WCH
unchecked, *a.* DIATAL, DIRWYSTR

uncial, *n.* WNSIAL
uncircumcised, *a.* DIENWAEDEDIG
uncivil, *a.* ANFOESGAR
uncivilised, *a.* ANWAR(AIDD)
unclad, *a.* NOETH
unclassified, *a.* ANNOSBARTHEDIG
uncle, *n.* EWYTHR
unclean, *a.* AFLAN, BRWNT, BUDR
uncleanness, *a.* AFLENDID, BRYNTNI
unclothe, *v.* DADWISGO, DIHATRU
uncomfortable, *a.* ANGHYSURUS
uncommon, *a.* ANGHYFFREDIN
unconcern, *n.* DIFATERWCH, DIFRAWDER
unconcerned, *a.* DIFATER, DIDARO
unconditional, *a.* DIAMOD(OL)
unconfirmed, *a.* HEB EI GADARNHAU /
  GONFFYRMIO
uncongenial, *a.* ANGHYDNAWS, AFRYWIOG
unconquerable, *a.* ANORCHFYGOL
unconscientious, *a.* DIGYDWYBOD
unconscious, *a.* ANYMWYBODOL
unconstitutional, *a.* ANGHYFANSODD-
  IADOL
uncontaminated, *a.* DILWGR, PUR
uncontrollable, *a.* AFLYWODRAETHUS
unconventional, *a.* ANNEFODOL
unconvinced, *a.* AMHEUS
uncouple, *v.* DATOD, GWAHANU
uncourteous, *a.* ANFOESGAR
uncouth, *a.* DIFOES, GARW
uncover, *v.* DADORCHUDDIO
uncovered, *a.* NOETH, DIORCHUDD
unction, *n.* ENEINIAD, ELI
unctuous, *a.* SEIMLYD, RHAGRITHIOL
uncultivated, *a.* HEB EI DRIN
undamaged, *a.* HEB EI NIWEIDIO
undaunted, *a.* HY, EOFN
undecided, *a.* PETRUS, AMHENDERFYNOL
undefended, *a.* DIAMDDIFFYN
undefiled, *a.* DIHALOG, PUR
undefined, *a.* AMHENODOL, ANNIFFINIEDIG
undeniable, *a.* DIYMWAD
under, *prp.* TAN, DAN, O DAN, IS(LAW)
  ad. DANODD, ODDI TANODD
  under floor heating, TWYMO ISLAWR
undercoat, *v.* TANBEINTIO
  n. TANBAENT
underclothing, *n.* DILLAD ISAF
undercurrent, *n.* ISLIF
undercut, *n.* TANDORIAD
  v. TANDORRI, TANBRISIO
underdeveloped, *a.* IS-DDATBLYGEDIG
under-employ, *v.* GAU-GYFLOGI,
  TANGYFLOGI

underemployment, *n.* TANGYFLOGAETH,
  TANWEITHDRA, GAUGYFLOGAETH
underestimate, *v.* TANBRISIO
underface, *a.* TANWYNEB
underfed, *a.* IS-FAETH, LLWGLYD
underflow, *a.* TANLIF
under-function, *v.* GOWEITHREDU
undergo, *v.* DIODDEF
undergraduate, *n.* RHAGRADDOLYN
  a. RHAGRADD
underground, *a.* TANDDAEAR(OL)
undergrowth, *n.* TANDWF
underhand, *a.* LLECHWRAIDD
underlay, *n.* ISLEN
underlie, *v.* GWAELODOLI
underline, *v.* TANLINELLU, PWYSLEISIO
underling, *n.* IS-WAS
underlying, *a.* GWAELODOL
undermine, *v.* TANSEILIO
undermost, *a.* ISAF
underneath, *prp.* TAN, DAN, ODDI TAN
  ad. ODDI TANODD
under-nourished, *a.* IS-FAETH, TAN-FAETH
underpass, *n.* TANFFORDD
underpopulated, *a.* TANBOBLOG
underrate, *v.* TANBRISIO
undersign, *v.* LLOFNODI
undersized, *a.* CRABLYD
underskirt, *n.* SGERT ISAF, PAIS
understand, *v.* DEALL, DIRNAD
understanding, *n.* DEALLTWRIAETH
understudy, *n.* DIRPRWY-ACTOR
undertake, *v.* YMGYMRYD
undertaker, *n.* TREFNWR ANGLADDAU
undertaking, *n.* YMRWYMIAD, CYTUNDEB
undertone, *n.* ISLAIS
undervalue, *v.* TANBRISIO
underworld, *n.* ISFYD, ANNWN, GWEHILION
  CYMDEITHAS
underwriter, *n.* TANSGRIFENNWR
underwriting, *n.* TANSGRIFENIAD
undeserved, *a.* ANHAEDDIANNOL
undesirable, *a.* ANNYMUNOL
undetermined, *a.* AMHENDANT
undeveloped, *a.* ANNATBLYGEDIG
undeviating, *a.* DIWYRO
undignified, *a.* ANURDDASOL
undisciplined, *a.* DIDDISGYBLAETH
undismayed, *a.* EOFN, CALONNOG, DI-OFN
undisputed, *a.* DIAMHEUOL
undisturbed, *a.* TAWEL, DIGYFFRO
undo, *v.* DATOD, DIFETHA, MYSGU
undoing, *n.* DISTRYW, DINISTR

undoubted, *a.* DIAMHEUOL
undress, *v.* DADWISGO, DIOSG, DIHATRU
undue, *a.* GORMODOL
undulate, *v.* YMDONNI
undulation, *n.* YMDONIAD
unduly, *ad.* YN ORMODOL
undying, *a.* DI-DRANC, ANFARWOL
unearned, *a.* HEB EI ENNILL
unearth, *v.* DATGUDDIO
unearthly, *a.* ANNAEAROL
uneasiness, *n.* ANESMWYTHDER, PRYDER
uneasy, *a.* ANESMWYTH, AFLONYDD,
   PRYDERUS
uneducated, *a.* ANNYSGEDIG
unemotional, *a.* ANEMOSIYNOL
unemployable, *a.* ANGHYFLOGADWY
unemployed, *a.* DI-WAITH, SEGUR
   n. Y DIWAITH
unemployment, *n.* ANGHYFLOGAETH,
   DIWEITHDRA
   unemployment benefit, BUDD-DÂL
   DIWAITH
   casual unemployment, DIWEITHDRA
   YSBEIDIOL
unending, *a.* DIDERFYN, DIDDIWEDD
unendowed, *a.* DIGYNHYSGAETH
unendurable, *a.* ANNIODDEFOL
unequal, *a.* ANGHYFARTAL
unequalled, *a.* DIGYMAR, DIHAFAL
unequivocal, *a.* DIAMWYS, CLIR
unerring, *a.* SICR, CYWIR
unessential, *a.* AFRAID, HEPGOROL
uneven, *a.* ANWASTAD
unevenness, *n.* ANWASTADRWYDD
uneventful, *a.* DIDDIGWYDDIAD
unexpected, *a.* ANNISGWYL(IADWY)
unexpired, *a.* HEB DDARFOD
unexploited, *a.* ANECSPLOITIEDIG
unextinguishable, *a.* ANNIFFODDADWY
unfailing, *a.* DI-FETH, DI-BALL
unfair, *a.* ANNHEG
unfairness, *n.* ANNHEGWCH
unfaithful, *a.* ANFFYDDLON
unfaithfulness, *n.* ANFFYDDLONDEB
unfamiliar, *a.* ANGHYFARWYDD,
   ANGHYNEFIN
unfasten, *v.* DATOD, MYSGU
unfathomable, *a.* DIWAELOD, ANNIRNAD-
   WY
unfavourable, *a.* ANFFAFRIOL
unfeeling, *a.* DIDEIMLAD, CALED
unfertile, *a.* ANFFRWYTHLON, DIFFRWYTH
unfettered, *a.* DILYFFETHAIR

unfinished, *a.* ANORFFENEDIG
unfirm, *a.* ANSAD, SIMSAN
unfit, *a.* ANADDAS, ANGHYMWYS
unfitness, *n.* ANADDASEDD, ANABLEDD
unfitting, *a.* ANWEDDUS, AMHRIODOL
unfix, *v.* DATOD
unflagging, *a.* DIFLIN, PRYSUR
unfledged, *a.* DI-BLU
unflinching, *a.* DIYSGOG, PYBYR
unfold, *v.* DATBLYGU, ESBONIO
unforeseen, *a.* ANRHAGWELEDIG
unforgiving, *a.* ANFADDEUGAR
unforgotten, *a.* DIANGOF
unformed, *a.* AFLUNIAIDD
unfortunate, *a.* ANFFODUS, ANFFORTUNUS
unfortunately, *ad.* YN ANFFODUS,
   GWAETHA'R MODD
unfounded, *a.* DI-SAIL
unfrequented, *a.* ANSATHREDIG
unfriendly, *a.* ANGHYFEILLGAR
unfrock, *v.* DIURDDO
unfruitful, *a.* ANFFRWYTHLON
unfulfilled, *a.* HEB EI GYFLAWNI
unfurl, *v.* LLEDU
unfurnished, *a.* HEB GELFI/DDODREFN
ungainly, *a.* TRWSGL, AFROSGO
ungenerous, *a.* CRINTACH
ungentle, *a.* ANFWYN, CWRS
ungentlemanly, *a.* ANFONHEDDIG
ungodliness, *n.* ANNUWIOLDEB
ungodly, *a.* ANNUWIOL
ungraded, *a.* ANRADDEDIG
ungrateful, *a.* ANNIOLCHGAR
ungratefulness, *n.* ANNIOLCHGARWCH
ungrudging, *a.* DIRWGNACH
unguarded, *a.* ANNISGWYL
unguent, *n.* ENNAINT, ELI
ungulate, *n. & a.* CARNOL
unhallowed, *a.* HALOGEDIG, LLWGR
unhappiness, *n.* ANHAPUSRWYDD,
   ANNEDWYDDWCH
unhappy, *a.* ANHAPUS, TRIST, ANNEDWYDD
unharmed, *a.* DIANAF
unhealthy, *a.* AFIACH
unheeding, *a.* DIOFAL, DIDARO
unhesitating, *a.* DIBETRUS
unhitch, *v.* DATGLYMU
unhook, *v.* DADFACHU
unhospitable, *a.* DIGROESO, ANLLETYGAR
unhurt, *a.* DIANAF
unicellular, *n. & a.* UNGELL
uniclinal, *a.* UNCLINOL
unicorn, *n.* UNCORN

unicursal, *a.* UNCWRSAIDD
unification, *n.* UNOLIAD, UNIAD
unified, *a.* UNEDIG, UNOL
uniform, *n.* GWISG UNFFURF, IWNIFFORM
   a. UNFFURF
uniformity, *n.* UNFFURFIAETH
unify, *v.* UNOLI, UNO
unilateral, *a.* UNOCHROG
unilateralism, *n.* UNOCHREDD
unimodular, *a.* UNFODWLAR
unimpaired, *a.* DIANAF, CYFAN
unimpeded, *a.* DILESTAIR, DIRWYSTR
unimportant, *a.* DIBWYS
unimposing, *a.* CYFFREDIN, DIOLWG
uninhabited, *a.* ANGHYFANNEDD
uninjured, *a.* DIANAF
uninspired, *a.* DIAWEN
unintelligent, *a.* ANNEALLUS
unintelligible, *a.* ANNEALLADWY
unintentional, *a.* ANFWRIADOL
uninteresting, *a.* ANNIDDOROL
uninterrupted, *a.* DI-DOR, DI-BAID
union, *n.* UNDEB, CYSWLLT, UNIAD
unionism, *n.* UNDEBAETH
unionist, *n.* UNDEBWR
unique, *a.* UNIGRYW, DIGYMAR
uniqueness, *n.* UNIGRYWIAETH
unisexual, *a.* UNRHYWIOL
unison, *n.* UNSAIN
   a. CYFUN, UNSAIN
unit, *n.* UNED
   sink unit, UNED SINC
Unitarian, *n.* UNDODWR
   a. UNDODAIDD
Unitarianism, *n.* UNDODIAETH
unitary, *a.* UNEDOL
unite, *v.* UNO, CYSYLLTU, CYFUNO
united, *a.* UNEDIG
unity, *n.* UNDOD, UNOLIAETH
univalent, *a.* UNFALENT
universal, *a.* CYFFREDINOL, BYDEANG,
   YMHOBMAN
universalism, *n.* CYFANFYDEDD,
   CYFFREDINOLAETH
universality, *n.* CYFFREDINOLRWYDD,
   CYFANFYDAETH
universals, *n.pl.* CYFFREDINOLION
universe, *n.* BYDYSAWD, CYFANFYD
university, *n.* PRIFYSGOL
univocal, *a.* UNYSTYR
unjust, *a.* ANGHYFIAWN
unjustifiable, *a.* ANGHYFIAWNADWY
unjustly, *ad.* AR GAM

unkempt, *a.* AFLÊR, ANNIBEN
unkind, *a.* ANGHAREDIG, CAS
unknowable, *a.* ANWYBODADWY
unknowing, *a.* DIARWYBOD
unknown, *a.* ANHYSBYS, ANADNABYDDUS
   n. ANHYSBYSYN
unlace, *v.* DATOD, MYSGU
unlawful, *a.* ANGHYFREITHLON
unlearned, *a.* ANNYSGEDIG
unleavened, *a.* CROYW, CRAI
unless, *c.* ONI(D), ODDIEITHR
unlettered, *a.* ANLLYTHRENNOG
unlicensed, *a.* DIDRWYDDED
unlike, *a.* ANNHEBYG
unlikely, *a.* ANNHEBYGOL
unlimited, *a.* ANNHERFYNOL, ANGHYF-
   YNGEDIG, DIDERFYN
unload, *v.* DADLWYTHO
unlock, *v.* DATGLOI
unloose, *v.* DATOD, RHYDDHAU
unlucky, *a.* ANLWCUS, ANFFODUS
unmanageable, *a.* ANHYDRIN, ANHRINGAR
unmanly, *a.* LLWFR, ANWROL
unmanned, *a.* DI-GRIW
unmannerly, *a.* ANFOESGAR, DIGYWILYDD
unmarred, *a.* DIANAF, DI-NAM
unmarried, *a.* DIBRIOD
unmask, *v.* DATGUDDIO
unmatched, *a.* DIGYMAR, DI-AIL
unmeditated, *a.* DIFYFYR
unmerciful, *a.* DIDRUGAREDD, ANHRUGAR-
   OG
unmerited, *a.* ANHAEDDIANNOL
unmindful, *a.* DIFEDDWL, ANYSTYRIOL
unmistakeable, *a.* DIGAMSYNIOL
unmitigated, *a.* HOLLOL, CYFAN GWBL
unmixed, *a.* DIGYMYSG, PUR
unmoved, *a.* DIGYFFRO
unnatural, *a.* ANNATURIOL
unnecessary, *a.* AFRAID, DIANGHENRAID
unneighbourly, *a.* ANGHYMDOGOL
unnerve, *v.* GWANHAU, DINERTHU
unnoticed, *a.* DISYLW
unnumbered, *a.* DI-RIF
unobserved, *a.* HEB EI WELED
unobtainable, *a.* NA ELLIR EI GAEL
unobtrusive, *a.* ANYMWTHIOL
unoccupied, *a.* SEGUR, GWAG
unoffending, *a.* DIDRAMGWYDD
unopened, *a.* HEB EI AGOR
unopposed, *a.* YN DDIWRTHWYNEBIAD
unorthodox, *a.* ANUNIONGRED, ANARFER-
   OL

unorthdoxy, *a.* ANUNIONGREDEDD
unostentatious, *a.* DIYMHONGAR
unpack, *v.* DADBACIO, AGOR
unpaid, *a.* DI-DÂL
unpalatable, *a.* ANNYMUNOL, DIFLAS
  unpalatable truth, CASWIR
unparalleled, *a.* DIGYMAR, DIGYFFELYB
unpardonable, *a.* ANFADDEUOL
unparliamentary, *a.* ANSENEDDOL
unpatriotic, *a.* ANWLATGAR
unpick, *v.* DADBWYTHO, DATOD
unpleasant, *a.* ANNYMUNOL
unpleasantness, *n.* DIFLASTOD, ANGHYD-
  FOD
unpleasing, *a.* ANFODDHAUS
unpolite, *a.* ANFOESGAR
unpolitical, *a.* AMHOLITICAIDD
unpolluted, *a.* DIHALOG, ANLLYGREDIG
unpopular, *a.* AMHOBLOGAIDD
unpopularity, *n.* AMHOBLOGRWYDD
unpractical, *a.* ANYMARFEROL
unprecedented, *a.* DIGYNSAIL
unpredictable, *a.* ANNAROGAN
unprejudiced, *a.* DIRAGFARN
unprepared, *a.* AMHAROD, DIFYFYR
unpretentious, *a.* GWYLAIDD, DI-
  YMHONGAR
unprincipled, *a.* DIEGWYDDOR
unproductive, *a.* ANGHYNHYRCHIOL
unprofitable, *a.* AMHROFFIDIOL
unprohibited, *a.* DIWARAFUN
unpromising, *a.* ANADDAWOL
unprosperous, *a.* AFLWYDDIANNUS
unprotected, *a.* DIAMDDIFFYN
unprovoked, *a.* DIACHOS
unqualified, *a.* DIAMODOL, DIGYMYSG
unquestionable, *a.* DIAMHEUOL
unravel, *v.* DATOD, DATRYS
unreactive, *a.* ANYMWEITHIOL
unready, *a.* AMHAROD
unreal, *a.* AFREAL
unreasonable, *a.* AFRESYMOL
unreasonableness, *n.* AFRESYMOLDEB
unredeemed, *a.* HEB EI ACHUB
unrelated, *a.* AMHERTHNASOL
unrelenting, *a.* DIDOSTUR
unremitting, *a.* DYFAL, DI-BAID
unrepenting, *a.* DIEDIFAR, ANEDIFEIRIOL
unrequited, *a.* HEB EI DALU'N ÔL,
  DIWOBRWY
unreserved, *a.* AGORED
unrest, *n.* AFLONYDDWCH
unrestrained, *a.* AFLYWODRAETHUS

unrighteousness, *n.* ANGHYFIAWNDER
unripe, *a.* ANAEDDFED
unripeness, *n.* ANAEDDFEDRWYDD
unrivalled, *a.* DIHAFAL
unroll, *v.* DADROLIO
unroof, *v.* DI-DOI
unruffled, *a.* DIGYFFRO, TAWEL
unruly, *a.* AFREOLUS, AFLYWODRAETHUS
unsafe, *a.* ANNIOGEL, PERYGLUS
unsaleable, *a.* ANWERTHADWY
unsatisfactory, *a.* ANFODDHAOL
unsatisfied, *a.* ANFODLON
unsaturated, *a.* ANHYDRWYTH
unsavoury, *a.* DI-FLAS
unscathed, *a.* CROENIACH
unschooled, *a.* DIHYFFORDD
unscrupulous, *a.* DIEGWYDDOR
unsearchable, *a.* ANCHWILIADWY
unseasonable, *a.* ANAMSEROL, ANNHYMOR-
  OL
unseat, *v.* TAFLU, DISEDDU
unsectarian, *a.* ANENWADOL
unseemliness, *n.* ANWEDDUSTRA
unseemly, *a.* AFLEDNAIS, ANWEDDAIDD
unseen, *a.* ANWELEDIG
unserviceable, *a.* ANNEFNYDDIOL
unset, *v.* DADOSOD
unsettle, *v.* ANSEFYDLOGI, POENI
unsettled, *a.* ANSEFYDLOG, CYFATAL, HEB
  EI DALU
unshaken, *a.* DIYSGOG, CADARN
unsightly, *a.* DIOLWG, SALW
unskilful, *a.* ANFEDRUS
unskilled, *a.* ANGHELFYDD, DI-SGIL
unsociable, *a.* ANGHYMDEITHASGAR
unsorted, *a.* AMHARTHEDIG
unsound, *a.* AFIACH, DIFFYGIOL
unsparing, *a.* DIARBED, HAEL
unspeakable, *a.* ANHRAETHADWY
unspent, *a.* ANHREULIEDIG
unstable, *a.* ANSAD, GWAMAL
unstained, *a.* DILYCHWIN, PUR
unsteadiness, *n.* ANSADWRYDD, AN-
  SEFYDLOGRWYDD
unsteady, *a.* ANSAD, SIMSAN, GWAMAL
unstinted, *a.* DIBRIN, HAEL
unstratified, *a.* DI-HAEN
unsuccessful, *a.* AFLWYDDIANNUS
unsuitable, *a.* ANADDAS, ANGHYMWYS
unsullied, *a.* DILYCHWIN, DIFRYCHEULYD
unsurpassed, *a.* DIGURO, DIHAFAL
unsuspecting, *a.* DI-FEDDWL-DDRWG
untainted, *a.* DILWGR, PUR

untangle, v. DATRYS
untarnished, a. DILYCHWIN, GLÂN
untempered, a. HEB EI DYMHERU
untenanted, a. DI-DDEILIAD, GWAG
unthankful, a. ANNIOLCHGAR
unthinking, a. DIFEDDWL
untidy, a. AFLÊR, ANNIBEN, ANGHYMEN
    v. ANHREFNU, ANNIBENNU
untie, v. DATOD, MYSGU
until, c. & prp. HYD, NES, TAN, ONI, HYD ONI
untimely, a. ANAMSEROL
untiring, a. DIFLIN(O)
unto, prp. I, AT, WRTH, HYD AT
untouchable, a. ANGHYFFWRDD
untouchables, n.pl. ANGHYFFWRDD-
    EDIGION, GWEHILION
untoward, a. ANFFODUS, BLIN
untractable, a. ANHYDRIN, YSTYFNIG
untrodden, a. ANSATHREDIG, UNIG
untrue, a. ANWIR(EDDUS), CELWYDDOG
untruth, n. ANWIREDD, CELWYDD
unusual, a. ANARFEROL, ANGHYFFREDIN
unutterable, a. ANHRAETHADWY
unvarying, a. DIGYFNEWID
unveil, v. DADORCHUDDIO
unversed, a. ANHYDDYSG
unwarranted, a. HEB WARANT /
    AWDURDOD
unwary, a. ANWYLIADWRUS
unwavering, a. DIYSGOG
unwearied, a. DIFLIN(O)
unwell, a. ANHWYLUS, CLAF, AFIACH
unwholesome, a. AFIACHUS
unwieldy, a. TRWSGL, AFROSGO
unwilling, a. ANFODLON, ANEWYLLYSGAR
unwind, v. DAD-DDIRWYN
unwise, a. ANNOETH, FFÔL
unwitting, a. HEB (YM)WYBOD
unwonted, a. ANARFEROL
unworthy, a. ANNHEILWNG
unwrap, v. DATOD, AGOR
unwritten, a. ANYSGRIFENEDIG
unyielding, a. DI-ILDIO
up, ad. & prp. I FYNY, I'R LAN
upbraid, v. CERYDDU, EDLIW
upbringing, n. MAGWRAETH
update, v. DIWEDDARU
upfold, n. UWCHBLYG
upgrade, v. UWCHRADDIO
upheaval, n. CYFFRO, TERFYSG
uphill, ad. I FYNY, I'R LAN
uphold, v. CYNNAL, ATEGU
upholster, v. DODREFNU

upholstery, n. CLUSTOGWAITH, POLSTRI
upkeep, n. CYNHALIAETH
upland, n. UWCHDIR
uplift, n. YMGODIAD
    v. YMGODI
uplifted, a. YMGODOL
upon, prp. AR, AR UCHAF, AR WARTHAF
upper, a. UCHAF
uppermost, a. & ad. UCHAF
upright, a. UNIONSYTH, GONEST, CYWIR
uprightness, n. UNIONDEB, GONESTRWYDD
uprising, n. GWRTHRYFEL, GWRTHGODIAD
uproar, n. TERFYSG, CYNNWRF
uproot, v. DIWREIDDIO
upset, v. DYMCHWELYD, CYFFROI
upshot, n. CANLYNIAD
upside-down, ad. WYNEB I WAERED
upstairs, n. LLOFFT
    ad. AR Y LLOFFT
upstart, n. CRACHFONHEDDWR
upstroke, n. BLAENSTROC
upthrust, n. BRIGWTH
uptime, n. AMSER MYND
up-to-date, a. CYFDDYDDIOL, CYFOES
upward, a. & ad. I FYNY, I'R LAN
upwards, ad. TUAG I FYNY, I FYNY, I'R LAN
    upwards of, MWY NA
uranium, n. WRANIWM
urban, a. TREFOL
urbane, a. BONEDDIGAIDD, HYNAWS
urbanisation, n. TREFOLIAD, TREFOLI
urbanity, n. MWYNDER, BONEDDIG-
    EIDDRWYDD
urbanize, v. TREFOLI
urbanized, a. TREFOLEDIG
urchin, n. CRWT/HOGYN DRYGIONUS
urea, n. WREA
ureter, n. WRETER
urethra, n. WRETHRA
urge, n. ANOGAETH, CYMHELLIAD
    v. ANNOG, CYMELL
urgency, n. BRYS
urgent, a. PWYSIG
uric, a. WRIG
urinate, v. PISO
urine, n. PISO, WRIN, TROETH
urn, n. WRN
us, pn. NI, NYNI, 'N, NINNAU
usage, n. ARFER, DEFNYDD
use, v. ARFER, DEFNYDDIO
    n. ARFER, DEFNYDDIAD, IWS
useful, a. DEFNYDDIOL
usefulness, n. DEFNYDDIOLDEB

useless, *a.* DIWERTH
user, *n.* DEFNYDDIWR
usher, *n.* TYWYSWR, GOSTEGWR
  v. CYFLWYNO
usherette, *n.* TYWYSWRAIG
usual, *a.* ARFEROL
  as usual, FEL ARFER
usurer, *n.* USURIWR
usurp, *v.* TRAWSFEDDIANNU
usurpation, *n.* TRAWSFEDDIANT
usury, *n.* USURIAETH
utensil, *n.* OFFER, LLESTR, TECLYN
uterine, *a.* CROTHOL
uterus, *n.* CROTH, BRU
utilitarian, *n.* DEFNYDDIOLWR
  a. DEFNYDDIOL

utilitarianism, *n.* DEFNYDDIOLIAETH,
  LLESYDDIAETH
utility, *n.* DEFNYDDIOLDEB, IWTILITI
  a. DEFNYDDIOL
utilization, *n.* DEFNYDDIAD
utilize, *v.* DEFNYDDIO
utmost, *a.* EITHAF, PELLAF
utopia, *n.* IWTOPIA
utopian, *a.* DELFRYDOL
utter, *a.* EITHAF, PELLAF, HOLLOL, LLWYR
  v. YNGAN, DWEUD, DOSBARTHU (ARIAN
  FFUG etc.)
utterance, *n.* YMADRODD, LLEFERYDD
uttermost, *a.* EITHAF, PELLAF
uvula, *n.* TAFOD BACH, WFWLA
uvular, *a.* TAFODIGOL, WFWLAR

vacancy, *n.* SWYDD WAG, LLE GWAG
vacant, *a.* GWAG, HURT, SYN
vacate, *v.* YMDDEOL, YMDDISWYDDO
vacation, *n.* GWYLIAU
vaccinate, *v.* BRECHU
vaccination, *n.* BRECHIAD
vaccine, *n.* BRECHLYN
vacillate, *v.* PETRUSO, GWAMALU
vacillation, *n.* PETRUSTER, GWAMAL-
   RWYDD
vacuity, *n.* GWACTER, GWEGNI
vacuole, *n.* GWAGYN
vacuum, *n.* GWACTOD
  vacuum cleaner, SUGNYDD LLWCH
  vacuum flask, POTEL WACTOD
vade-mecum, *n.* LLAWLYFR
vagabond, *n.* CRWYDRYN
  a. CRWYDR(OL)
vagary, *n.* MYMPWY, CHWILEN
vagina, *n.* LLAWES GOCH, CONT, FAGINA,
  GWAIN
vagrancy, *n.* CRWYDRO
vagrant, *n.* CRWYDRYN
  a. CRWYDROL
vague, *a.* AMWYS, AMHENDANT
vagueness, *n.* AMWYSEDD, AMHENDANT-
  RWYDD
vagus, *n.* FAGWS
vain, *a.* BALCH, OFER
vainglorious, *a.* YMFFROSTGAR
vainglory, *n.* YMFFROST
vainness, *n.* BALCHDER, GWAGEDD
valance, *n.* FALANS
vale, *n.* DYFFRYNDIR, BRO
valediction, *n.* FFARWÉL
valedictory, *a.* YMADAWOL
valency, *n.* FALENS(I)
valentine, *n.* FFOLANT, CARIAD
valet, *n.* GWAS
valiant, *a.* DEWR, GWROL
valid, *a.* DILYS, FALID
validate, *v.* DILYSU
validation, *n.* DILYSIANT
validity, *n.* DILYSRWYDD, FALIDEDD
valise, *n.* BAG TEITHIO
valley, *n.* DYFFRYN, GLYN, CWM
  rift valley, DYFFRYN HOLLT
valor, *n.* FALOR
valorous, *a.* DEWR, GWROL, PYBYR
valour, *n.* DEWRDER, GWROLDEB
valuable, *a.* GWERTHFAWR
valuation, *n.* PRISIAD, PRISIANT
value, *n.* GWERTH, ENRHIF
  v. GWERTHFAWROGI, PRISIO

V.A.T., TRETH-AR-WERTH
face value, WYNEBWERTH
limiting value, GWERTH TERFANNOL
surplus value, GORWERTH
valueless, *a.* DI-WERTH
valuer, *n.* PRISIWR
valve, *n.* FALF
vamp, *n.* FAMP
  v. TRWSIO, FAMPIO
vampire, *n.* SUGNWR GWAED
van, *n.* MEN, FEN, BLAEN BYDDIN
vanadium, *n.* FANADIWM
vandal, *n.* FANDAL
vandalise, *v.* FANDALEIDDIO
vandalism, *n.* FANDALIAETH
vane, *n.* CEILIOG GWYNT, BANER, PLUEN
  (SAETH)
vanguard, *n.* BLAEN CAD
vanilla, *n.* FANILA
vanish, *v.* DIFLANNU, DARFOD
vanishing, *a.* DIFLAN
  vanishing point, DIFLANBWYNT
vanity, *n.* BALCHDER, YMFFROST
vanquish, *v.* GORCHFYGU, TRECHU
vanquisher, *n.* GORCHFYGWR, TRECHWR
vantage, *n.* MANTAIS
vapid, *a.* DIFLAS
vapidity, *n.* DIFLASRWYDD
vaporize, *v.* ANWEDDU
vapour, *n.* ANWEDD
vapourization, *n.* ANWEDDIAD
variability, *n.* NEWIDIANT, AMRYWEDD
variable, *n.* NEWIDYN, AMRYWEB
  a. NEWIDIOL, ORIOG, CYFNEWIDIOL
  variable current, CERRYNT NEWIDIOL
  surplus variable, NEWIDYN GWEDDILL
variableness, *n.* ANWADALWCH
variance, *n.* ANGHYTUNDEB, AMRYWIANT
variant, *n.* AMRYWIOLYN, AMRYWIAD
  a. GWAHANOL
variate, *n.* AMRYWEB
variation, *n.* AMRYWIAD
  inverse variation, AMRYWIAD GWRTH-
  DRO
variational, *a.* AMRYWIADOL
varicose, *n.* CHWYDDEDIG
varied, *a.* AMRYWIOL, GWAHANOL
variegate, *v.* BRITHO
variegated, *a.* BRITH
variegation, *n.* BRITHEDD
variety, *n.* AMRYWIAETH, MATH, HANFATH
various, *a.* GWAHANOL, AMRYFODD,
  AMRYWIOL

varnish, *n.* FARNAIS
  v. FARNEISIO
  spirit varnish, FARNAIS GWIROD
vary, *v.* AMRYWIO, FARIO
vascular, *a.* FASGWLAR
vase, *n.* FFIOL, CAWG BLODAU
vaseline, *n.* FASELIN
vassal, *n.* TAEOG, GWAS
  vassal state, GWASWLAD
vast, *a.* EANG, HELAETH, DIRFAWR
vastness, *n.* EHANGDER, HELAETHRWYDD
vat, *n.* CERWYN
vaticinate, *v.* PROFFWYDO, DAROGAN
vaudeville, *n.* FODFIL
vault, *n.* CLADDGELL, CROMEN, LLOFNAID
  through vault, LLOFNAID FWLCH
  side vault, LLOFNAID OCHROL
vaulted, *a.* CROMENNOG
vaulter, *n.* LLOFNEIDIWR
vaunt, *n.* YMFFROST, BOST
  v. YMFFROSTIO, BROLIO, BOSTIO
vaunter, *n.* YMFFROSTIWR, BROLIWR
veal, *n.* CIG LLO
vector, *n.* FECTOR
  compounding vectors, CYFUNO
  FECTORAU
vectoral, *a.* FECTORAIDD
veer, *v.* TROI
vegetable, *n.* BWYDLYS
vegetarian, *n.* LLYSFWYTÄWR
vegetarianism, *n.* LLYSYDDIAETH
vegetate, *v.* SEGURA, BLAGURO
vegetation, *n.* LLYSTYFIANT
vehemence, *n.* ANGERDD, AWCH
vehement, *a.* ANGERDDOL, TANBAID
vehicle, *n.* CLUDYDD, CERBYD, CYFRWNG
  articulated vehicle, CERBYD CYMALOG
vehicular, *a.* CERBYDOL
veil, *n.* LLEN, GORCHUDD
  v. GORCHUDDIO
vein, *n.* GWYTHÏEN, TYMER
veld, *n.* FFELD
vellum, *n.* FELWM
velocity, *n.* CYFLYMDER
  lineal velocity, CYFLYMDER LLINOL
  velocity ratio, CYMHAREB CYFLYMDER
velvet, *n.* MELFED
velveteen, *n.* MELFEDÏN
velvety, *a.* MELFEDAIDD
vena, *n.* FENA
venal, *a.* ANONEST
venality, *n.* ANONESTRWYDD
vend, *v.* GWERTHU

vendetta, *n.* DIAL TYLWYTHAU, GALANAS
vendor, *n.* GWERTHWR
veneer, *n.* ARGAEN, WYNEBIAD
  v. ARGAENU
venerable, *a.* HYBARCH
venerate, *v.* PARCHU, MAWRYGU,
  DWYSBARCHU
veneration, *n.* PARCH, PARCHEDIG OFN,
  DWYSBARCHIAD
venereal, *a.* GWENEROL
venetian blind, *n.* BLEIND SLATIAU
vengeance, *n.* DIAL(EDD)
vengeful, *a.* DIALGAR
venial, *a.* MADDEUADWY
venison, *n.* CIG CARW
venom, *n.* GWENWYN, SBEIT
venomous, *a.* GWENWYNIG, SBEITLYD
vent, *n.* AWYRELL, FENT, ARLLWYSFA
  v. AWYRELLU, FENTIO, DATGAN
ventilate, *v.* AWYRO, GWYNTYLLU
ventilation, *n.* AWYRIANT, GWYNTYLLIANT
ventilator, *n.* AWYRYDD, AWYRIADUR
ventral, *a.* FENTRAL, BOLIOL
ventricle, *n.* FENTRICL
ventriloquist, *n.* TAFLEISIWR
venture, *n.* MENTER, ANTUR
  v. MENTRO, ANTURIO
venturesome, *a.* MENTRUS, ANTURUS
venturous, *a.* MENTRUS, ANTURUS
venue, *n.* MAN CYFARFOD
venule, *n.* MÂNWYTHÏEN
Venus, *n.* GWENER
veracious, *a.* GEIRWIR
veracity, *n.* GEIRWIREDD
verandah, *n.* FERANDA
verb, *n.* BERF
verbal, *a.* BERFOL, GEIRIOL
  verbal intelligence test, GEIRBRAWF
  DEALLUSRWYDD
verbalism, *n.* GEIRIOLEDD
verbally, *ad.* AIR AM AIR, MEWN GEIRIAU
verbatim, *ad.* AIR AM AIR
verbiage, *n.* GEIRIOGRWYDD
verb-noun, *n.* BERFENW
verbose, *a.* AMLEIRIOG
verbosity, *n.* GEIRIOGRWYDD
verdant, *a.* GWYRDD, TIRF
verderer, *n.* GWYRDDMON
verdict, *n.* DYFARNIAD, RHEITHFARN
verdigris, *n.* RHWD COPR
verdure, *n.* GWYRDDLESNI
verge, *n.* YMYL, MIN
  v. YMYLU, TUEDDU

verger, *n.* CEIDWAD, GOFALYDD
veridical, *a.* GWIR, GEIRWIR
verification, *n.* GWIREDDIAD
verify, *v.* GWIREDDU, GWIRIO
verily, *ad.* PENDIFADDAU, YN WIR / DDIAU
verisimilitude, *n.* RHITHWIREDD
veritable, *a.* GWIRIONEDDOL
verity, *n.* GWIR(IONEDD)
vermilion, *n.* FERMILIWN
vermin, *n.* FERMIN, PRYF
verminate, *v.* PRYFEDU
verminous, *a.* PRYFEDOG
vernacular, *a.* CYNHENID
vernal, *a.* GWANWYNOL
vernier, *n.* FERNIER
  vernier height gauge, FERNIER
  MEDRYDD UCHDER
versatile, *a.* AMRYDDAWN, AMLBWRPAS
versatility, *n.* AMLOCHREDD
verse, *n.* ADNOD, PENNILL, GWERS,
  BARDDONIAETH
versed, *a.* HYDDYSG
versification, *n.* MYDRYDDIAETH
versifier, *n.* MYDRYDDWR
versify, *v.* BARDDONI, PRYDYDDU
versine, *n.* FERSIN
version, *n.* CYFIEITHIAD, FERSIWN
vers libre, *n.* MESUR PENRHYDD, GWERS
  RYDD
versus, *prp.* YN ERBYN
vertebra, *n.* FERTEBRA
vertebrate, *n.* ANIFAIL AG ASGWRN CEFN
  a. AG ASGWRN CEFN
vertex, *n.* FERTIG
vertical, *a.* FERTIGOL, PLWM
  vertical line, LLINELL BLWM / FERTIGOL
verticality, *n.* FERTIGOLEDD
vertigo, *n.* PENDRO, MADRONDOD
verve, *n.* ASBRI, EGNI
very, *a. & ad.* GWIR, TRA, IAWN, I'R DIM
vesica, *n.* POTHELL, CHWYSIGEN
vesicate, *v.* POTHELLU, CHWYSIGENNU
vesicle, *n.* CHWYSIGEN, FESICL
vespers, *n.pl.* GOSBER, HWYROL WEDDI
vessel, *n.* LLESTR, LLONG
vest, *n.* FEST, GWASGOD
  v. GWISGO, URDDO
vestibule, *n.* CYNTEDD
vestment, *n.* URDDWISG
veto, *n.* FETO, GWAHARDDIAD
  v. RHOI FETO AR, GWAHARDD
vex, *v.* BLINO, GOFIDIO, POENI
vexation, *n.* BLINDER, GOFID

vexatious, *a.* BLIN, GOFIDUS, TRALLODUS
vexing, *a.* BLIN, PLAGUS
via, *prp.* TRWY, AR HYD
viability, *n.* HYFYWDRA
viable, *a.* HYFYW, BYWADWY, DICHONADWY
viaduct, *n.* PONTFFORDD
vial, *n.* FFIOL, COSTREL
viands, *n.pl.* BWYD, YMBORTH
vibrant, *a.* DIRGRYNOL
vibrate, *v.* DIRGRYNU
vibrating, *a.* DIRGRYNOL
vibration, *n.* DIRGRYNIAD
vibratory, *a.* DIRGRYN
vicar, *n.* FICER
vicarage, *n.* FICERDY
vice, *n.* GWŶD, FEIS, DIRBECHOD
  toolmaker's vice, FEIS OFFERWR
vice-, *px.* IS-, RHAG-
vice-admiral, *n.* IS-LYNGESYDD
vice-chairman, *n.* IS-GADEIRYDD
vice-chancellor, *n.* IS-GANGHELLOR
vice-president, *n.* IS-LYWYDD
viceroy, *n.* RHAGLAW
vice-versa, *ad.* I'R GWRTHWYNEB
vicinity, *n.* CYMDOGAETH, CYFFINIAU
vicious, *a.* GWYDLON, DRYGIONUS, MILAIN
viciousness, *n.* DRYGIONI
vicissitude, *n.* CYFNEWIDIAD
victim, *n.* DIODDEFWR
victimise, *v.* ERLID
victor, *n.* BUDDUGWR, GORCHFYGWR
victorious, *a.* BUDDUGOL(IAETHUS)
victory, *n.* BUDDUGOLIAETH
victual, *v.* PORTHI, BWYDO
victualler, *n.* BITELWR
victuals, *n.pl.* BWYD
vide, *v.* GWELER
videlicet (viz.) *ad.* SEF, HYNNY YW
video, *a.* FIDEO
videoscope, *n.* FIDEOSGOP
vie, *v.* CYSTADLU
view, *n.* GOLYGFA, GOLWG, BARN, TYB
  v. EDRYCH, GWELD
  sectional view, GOLWG DORIADOL
  front view, BLAENOLWG
viewpoint, *n.* SAFBWYNT
vigil, *n.* GWYLIADWRIAETH, GWYLNOS
vigilance, *n.* GWYLIADWRIAETH
vigilant, *a.* GWYLIADWRUS, EFFRO
vignette, *n.* FIGNET
vigorous, *a.* GRYMUS, EGNÏOL
vigour, *n.* GRYM, EGNI, ARIAL
viking, *n.* FICING

vile, *a.* GWAEL, FFIAIDD, BAWAIDD
vileness, *n.* GWAELDER, BAWEIDD-DRA, FFIEIDD-DOD
vilify, *v.* DIFRÏO, DIFENWI
villa, *n.* FILA
village, *n.* PENTREF
villager, *n.* PENTREFWR
villain, *n.* DIHIRYN, CNAF
villainous, *a.* YSGELER, ANFAD
villainy, *n.* YSGELERDER, ANFADWAITH
villein, *n.* BILAIN
villeinage, *n.* BILEINIAETH
vindicate, *v.* CYFIAWNHAU, DIHEURO
vindication, *n.* CYFIAWNHAD, AMDDIFFYN-IAD
vindictive, *a.* DIALGAR
vindictiveness, *n.* DIALGAREDD
vine, *n.* GWINWYDDEN
vinegar, *n.* FINEGR
vineyard, *n.* GWINLLAN
vintner, *n.* GWINWR
vinyl, *n.* FEINYL
viol, *n.* FEIOL
viola, *n.* FIOLA
violate, *v.* TROSEDDU
violation, *n.* TROSEDD
violence, *n.* TRAIS
violent, *a.* TREISIOL
   non-violent, DI-DRAIS
violet, *n.* FIOLED
   a. DULAS
violin, *n.* FFIDIL
violinist, *n.* FFIDLER
violincello, *n.* BASGRWTH, 'CELLO
viper, *n.* GWIBER
virago, *n.* CECREN
virgate, *n.* FIRGAT
virgin, *n.* GWYRYF, MORWYN
   a. GWYRYFOL, MORWYNOL
virginal, *n.* FIRDSINAL
   a. MORWYNAIDD
virginity, *n.* GWYRYFDOD, MORWYNDOD
virile, *a.* GWROL, EGNÏOL
virility, *n.* GWROLAETH
virtual, *a.* GWIREDDUS, RHITHWIR
   virtual work, GWAITH RHITHWIR
virtue, *n.* RHINWEDD, DIWEIRDEB
virtuoso, *n.* CELFYDDYDWR, FIRTUOSO
virtuous, *a.* RHINWEDDOL
virulence, *n.* GWENWYN, FFYRNIGRWYDD
virulent, *a.* GWENWYNIG, FFYRNIG
virus, *n.* FIRWS
visa, *n.* TEITHEB

visage, *n.* WYNEB, WYNEPRYD
viscera, *n.pl.* YMYSGAROEDD
viscid, *a.* GLUDIOG
viscose, *n.* FISCOS
viscosity, *n.* GLUDEDD
viscount, *n.* IS-IARLL
viscous, *a.* GLUDIOG
visibility, *n.* GWELEDEDD
visible, *a.* GWELADWY, GWELEDIG
   n. GWELEDYN
vision, *n.* GWELEDIGAETH, GOLWG, DRYCHIOLAETH
visionary, *n.* GWELEDYDD
   a. BREUDDWYDIOL
visit, *n.* YMWELIAD
   v. YMWELED
visitation, *n.* YMWELIAD, GOFWY
visiting, *a.* YMWELIADOL
visitor, *n.* YMWELYDD
visor, *n.* MISWRN
vista, *n.* GOLYGFA
visual, *a.* GWELEDOL
   visual aids, CYMHORTHION GWELEDOL
visualise, *v.* DELWEDDU
vital, *a.* HANFODOL, BYWIOL
vitalism, *n.* BYWYDAETH, BYWYDOLIAETH
vitality, *n.* BYWIOGRWYDD, NERTH
vitalize, *v.* BYWIOGI, BYWHAU
vitamin, *n.* FITAMIN
vitiate, *v.* LLYGRU, DIFETHA
viticulture, *n.* GWINWYDDAETH
vitreous, *a.* GWYDROG
vitriol, *n.* FITRIOL
vitriolic, *a.* FITRIOLAIDD, DEIFIOL
vituperate, *v.* DIFENWI, PARDDUO
vituperation, *n.* DIFENWAD
vivacious, *a.* BYWIOG, HOYW, NWYFUS
vivacity, *n.* HOEN, NWYF, BYWIOGRWYDD
vivarium, *n.* FIFARIWM, BYWYDFA
viva voce, *ad.* AR LAFAR
vivid, *a.* BYW, CLIR, LLACHAR
vividness, *n.* EGLURDER
vivify, *v.* BYWHAU, BYWIOCÁU
vivisect, *v.* DADELFENNU
vivisection, *n.* DADELFENIAD
vixen, *n.* LLWYNOGES, CADNAWES
vocabulary, *n.* GEIRFA
   range of vocabulary, AMREDIAD GEIRFA
vocal, *a.* LLEISIOL, LLAFAR
vocalic, *a.* LLAFAROG
vocalist, *n.* CANWR, DATGEINIAD
vocalise, *v.* LLEISIO
vocation, *n.* GALWEDIGAETH

vocational, *a.* GALWEDIGAETHOL
vocative, *a.* CYFARCHOL
vociferate, *v.* GWEIDDI, CROCHLEFAIN,
BLOEDDIO
vociferous, *a.* UCHEL, CROCH
vodka, *n.* FODCA
vogue, *n.* FFASIWN, SWAE, BRI
voice, *n.* LLAIS, STAD
v. LLEISIO, MYNEGI
voiced, *a.* LLAFAR, LLEISIOL
void, *n.* GWAGLE
a. DI-RYM
v. GWACÁU, DIRYMU
voidable, *a.* DIRYMIADWY
voile, *n.* FOIL
volatile, *a.* HEDEGOG, ANWEDDOG
volatility, *n.* ANWEDDEDD
volcanic, *a.* FOLCANIG
volcano, *n.* LLOSGFYNYDD, FOLCANO
volition, *n.* EWYLLYSIAD
volitional, *a.* EWYLLYSIOL
volley, *n.* FOLI
v. FOLIAN
volt, *n.* FOLT
voltage, *n.* FOLTEDD
voltameter, *n.* FOLTAMEDR
voltmeter, *n.* FOLTMEDR
voluble, *a.* SIARADUS, LLITHRIG, RHUGL,
HUAWDL
volume, *n.* CYFROL, CYFAINT, LLAIS, SŴN
volumetric, *a.* FOLIWMETRIG, CYFEINTIOL
voluminous, *a.* MAWR, AMLEIRIOG
voluntariness, *n.* GWIRFODDOLRWYDD
voluntary, *a.* GWIRFODDOL
n. FOLYNTARI
volunteer, *v.* GWIRFODDOLI
n. GWIRFODDOLWR
voluptuary, *n.* TRYTHYLLWR
voluptuous, *a.* TRYTHYLL, CNAWDOL

voluptuousness, *n.* TRYTHYLLWCH,
CNAWDOLRWYDD
volute, *n.* FOLIWT
vomit, *n.* CYFOG, CHWYDIAD, CHWYDFA
v. CYFOGI, CHWYDU
voracious, *a.* GWANCUS, RHEIBUS
voracity, *n.* GWANC, RHAIB
vortex, *n.* TROBWLL, FORTECS
votary, *n.* PLEIDIWR
vote, *n.* PLEIDLAIS
v. PLEIDLEISIO
vote of censure, PLEIDLAIS GERYDD
voter, *n.* PLEIDLEISIWR
votive, *a.* ADDUNEDOL
vouch, *v.* GWIRIO, GWARANTU
voucher, *n.* TALEB, GWARANT
vouchsafe, *v.* CANIATÁU
vow, *n.* ADDUNED, DIOFRYD
v. ADDUNEDU, ADDO
vowel, *n.* LLAFARIAD
vowel mutation, GWYRIAD
vowel affection, AFFEITHIAD
voyage, *n.* MORDAITH,
v. MORIO
voyager, *n.* MORDEITHIWR
vulcanise, *v.* FWLCANEIDDIO
vulcanite, *n.* FWLCANEIT
vulcanology, *n.* FWLCANOLEG
vulva, *n.* FWLFA
vulgar, *a.* CYFFREDIN, BRWNT, DI-FOES,
AFLEDNAIS
vulgar fraction, FFRACSIWN CYFFREDIN
vulgarism, *n.* YMADRODD AFLEDNAIS
vulgarity, *n.* AFLEDNEISRWYDD
vulgarize, *v.* DIRADDIO
Vulgate, *n.* FWLGAT
vulnerable, *a.* ARCHOLLADWY
vulture, *n.* FWLTUR

wad, *n.* WAD, SYPYN, TUSW
wadding, *n.* WADIN
waddle, *v.* HONCIAN, SIGLO
wade, *v.* RHYDIO
wader, *n.* RHYDIWR, ESGID UCHEL
wadi, *n.* WADI
wafer, *n.* AFRLLADEN, WAFFER
waffles, *n.pl.* WAFFLAU
waft, *v.* DYGLUDO
wag, *n.* CELLWEIRIWR, WÀG
   v. YSGWYD, SIGLO
wage, *n.* CYFLOG, HUR
   wage rate, CYFRADD CYFLOG
wager, *n.* GWYSTL, BET
   v. CYNGWYSTLO, BETIO
waggle, *v.* SIGLO, HONCIAN
waggon, *n.* WAGEN
waggoner, *n.* WAGENNWR
waggonette, *n.* WAGENÉT
waif, *n.* CRWYDRYN, PLENTYN DIGARTREF
wail, *v.* LLEFAIN, CWYNFAN, WYLOFAIN
   n. OERGRI, CWYNFAN
wain, *n.* MEN, WAGEN
wainscot, *n.* WENSGOT, PALIS
waist, *n.* GWASG, CANOL
waistcoat, *n.* GWASGOD
wait, *n.* ARHOSIAD
   v. AROS, DISGWYL, GWEINI
waiter, *n.* GWEINYDD
waiting, *n.* AROS
   waiting time, AMSER DISGWYL
   waiting list, RHESTR AROS
waitress, *n.* GWEINYDDES
waive, *v.* ILDIO, RHOI HEIBIO
waiver, *n.* ILDIAD
wake, *n.* ÔL LLONG, GWYLNOS
   v. DIHUNO, DEFFRO
wakefulness, *n.* ANHUNEDD
waken, *v.* DEFFRO, DIHUNO
walk, *n.* TRO, CERDDEDIAD
   v. RHODIO, CERDDED, MYND AM DRO
walker, *n.* CERDDWR, RHODIWR
walking-stick, *n.* FFON
wall, *n.* MUR, GWAL, MAGWYR
   v. MURIO, GWALIO
   cavity walls, WALIAU CEUDOD
wallet, *n.* GWALED
wallop, *v.* CURO, BAEDDU, FFUSTO
wallow, *v.* YMDREIGLO, YMDRYBAEDDU
wall-paper, *n.* PAPUR WAL
   embossed wallpaper, PAPUR WAL
   ARGRAFFEDIG

wall-plate, *n.* WALBLAT
walnut, *n.* CNEUEN FFRENGIG
walrus, *n.* MÔR-FARCH
waltz, *n.* WALTZ
wan, *a.* GWELW, LLWYD
wand, *n.* GWIALEN, LLATH
wander, *v.* CRWYDRO, GWIBIO
wanderer, *n.* CRWYDRYN
wandering, *a.* AR GRWYDR
wanderlust, *n.* AWCH AM GRWYDRO
wane, *n.* LLEIHAD, CIL, TRAI, ADEG,
   GWENDID
   v. LLEIHAU, TREIO, DARFOD
wangle, *v.* DYFEISIO, CYNLLUNIO
want, *n.* EISIAU, ANGEN
   v. BOD MEWN EISIAU / ANGEN
wanting, *a.* YN EISIAU /FYR / BRIN
wanton, *n.* MASWEDDWR
   a. MASWEDDOL, ANLLAD
wantonness, *n.* MASWEDD, ANLLADRWYDD
war, *n.* RHYFEL
   v. RHYFELA
warble, *n.* PRYF GWERYD
   v. TELORI, PYNCIO
warbler, *n.* TELOR(YDD)
war-cry, *n.* RHYFELGRI
ward, *n.* (G)WARD, GWARCHODAETH
   v. GWARDIO, GWARCHOD
warden, *n.* WARDEN
wardenship, *n.* WARDEINIAETH
warder, *n.* GWYLIWR, GWARCHODWR
wardrobe, *n.* WARDROB
ware, *n.* NWYDD, WÂR, CROCHENWAITH
warehouse, *n.* WARWS, STORFA
war-horse, *n.* CADFARCH
warfare, *n.* RHYFEL(A)
   germ warfare, RHYFEL HAINT
wariness, *n.* GOCHELGARWCH
warlike, *a.* RHYFELGAR
warm, *a.* CYNNES, TWYM, GWRESOG
   v. CYNHESU, TWYMO, GWRESOGI
warming-pan, *n.* PADELL BOETH
warmonger, *n.* RHYFELGI
warmth, *n.* CYNHESRWYDD, GWRES
warn, *v.* RHYBUDDIO
warning, *n.* RHYBUDD
warp, *n.* CAMDROAD, YSTOF
   v. CAMDROI, YSTOFI
   warp and weft, YSTOF AC ANWE
   warp beam, CARFAN FAWR
warrant, *n.* GWARANT
   v. GWARANTU
warrantor, *n.* GWARANTYDD

warranty, *n.* AWDURDOD, SICRWYDD
warren, *n.* WARREN, CWNINGAR
warrior, *n.* RHYFELWR PROFIADOL
warship, *n.* LLONG RYFEL
wart, *n.* DAFADEN
warty, *a.* DAFADENNOG
wary, *a.* GOCHELGAR, PWYLLOG, GWYLIADWRUS
wash, *n.* GOLCH(IAD)
 v. GOLCHI, YMOLCHI
washable, *a.* GOLCHADWY
washer, *n.* GOLCHWR, WASIER
washing, *n.* GOLCH(IAD)
washing machine, *n.* GOLCHYDD
 rotary washing machine, GOLCHYDD TRO
wasp, *n.* CACYNEN, GWENYNEN FEIRCH
wassail, *n.* GWASAEL, GWARSEL
wastage, *n.* COLLED, TRAUL
waste, *n.* GWASTRAFF, DIFFEITHWCH
 a. DIFFAITH, ANIAL
 v. GWASTRAFFU, AFRADU, NYCHU
 waste disposal unit, UNED GWAREDU SBWRIEL
 waste by-product, ISGYNNYRCH DI-WERTH
wasteful, *a.* GWASTRAFFUS, AFRADUS, AFRADLON
wastefulness, *n.* GWASTRAFF, AFRADLONEDD
waster, *n.* OFERWR, AFRADWR
wastrel, *n.* OFERWR, PETH GWRTHODEDIG
watch, *n.* GWYLIWR, WATS, ORIAWR, GWYLIADWRIAETH *v.* GWYLIO
watchdog, *n.* GWARCHODGI
watcher, *n.* GWYLIWR
watchful, *a.* GWYLIADWRUS, EFFRO
watchfulness, *n.* GWYLIADWRIAETH
watchmaker, *n.* ORIADURWR
watchman, *n.* GWYLIWR, GWARCHODWR
watchnight, *n.* GWYLNOS
watchword, *n.* ARWYDDAIR
water, *n.* DŴR, DWFR
 v. DYFRHAU
 water heater, TWYMYDD DŴR
 low water, DISTYLL
water-bailiff, *n.* BEILI DŴR
water-cock, *n.* DWSEL, TAP
water-colour, *n.* LLUN DYFRLLIW
water-course, *n.* AFONIG, DYFRFFOS
watercress, *n.* BERWR Y DŴR
waterfall, *n.* RHAEADR, SGWD
water-fowl, *n.* ADAR DŴR
water-hen, *n.* IÂR FACH Y DŴR

watering-place, *n.* DYFRFAN
water-lily, *n.* LILI'R DŴR, ALAW
waterlogged, *a.* DWRLAWN
waterman, *n.* CYCHWR
watermark, *n.* DYFRNOD
water-mill, *n.* MELIN DDŴR
water-polo, *n.* POLO'R DŴR
waterproof, *a.* GWRTH-DDŴR, DIDDOS
 v. DIDDOSI
watershed, *n.* CEFNDEUDDWR
watertight, *a.* DWRGLOS
waterway, *n.* DYFRFFORDD
waterworks, *n.* GWAITH DŴR
watery, *a.* DYFRLLYD
watt, *n.* WAT
wattage, *n.* WATEDD
wattle, *n.* PLETHWAITH, BANGORWAITH
 v. BANGORI
 wattle fence, PLETHFFENS
wave, *n.* TON, GWANEG, CHWIFIAD LLAW
 v. TONNI, CHWIFIO, CODI LLAW
wave-form, *n.* TONFFURF
wavefront, *a.* BLAENDON
wavelength, *n.* TONFEDD
wave mechanics, *n.* TON-FECANEG
wave motion, *n.* MUDIANT TON
waver, *v.* ANWADALU, GWAMALU, PETRUSO
waverer, *n.* ANWADALWR
wavering, *a.* ANWADAL, GWAMAL
wavy, *a.* TONNOG
wax, *n.* CWYR, GWÊR
 v. CWYRO, CYNYDDU
 wax polish, LLATHRYDD CWYR, LLATHREDD CWYR (*shine*)
 candle wax, GWÊR CANNWYLL
waxworks, *n.pl.* ARDDANGOSFA DELWAU CWYR
waxy, *a.* CWYRAIDD
way, *n.* FFORDD, MODD, LLWYBR, ARFER
wayfarer, *n.* FFORDDOLYN
waylay, *v.* RHAGOD
wayleave, *n.* FFORDD-FRAINT
wayside, *n.* MIN/YMYL Y FFORDD
wayward, *a.* YSTYFNIG, CYNDYN
waywardness, *n.* YSTYFNIGRWYDD, CYNDYNRWYDD
we, *pn.* NI, NYNI, NINNAU
weak, *a.* GWAN, EGWAN
weak-hearted, *a.* GWANGALON
weakly, *a.* GWANNAIDD, GWANLLYD, LLESG
weakling, *n.* LLIPRYN, EDLYCH
weakness, *n.* GWENDID, LLESGEDD, DIFFYG
weal, *n.* GWRYM, LLES

weald, *n.* RHOS, FFOREST
wealth, *n.* CYFOETH, GOLUD, DA
wealthy, *a.* CYFOETHOG, GOLUDOG, CEFNOG
wean, *v.* DIDDYFNU
weapon, *n.* ARF, ERFYN
wear, *n.* GWISG, TRAUL
   v. GWISGO, TREULIO
   wear and tear, TRAUL A GWISGO
wearer, *n.* GWISGWR
weariness, *n.* BLINDER, LLUDDED
wearisome, *a.* BLINDERUS, POENUS, BLIN
weary, *a.* BLIN(EDIG), LLUDDEDIG
   v. BLINO, DIFLASU
weasel, *n.* GWENCI
weather, *n.* TYWYDD, HIN
   v. HINDREULIO
weather-glass, *n.* BAROMEDR
weathering, *n.* HINDREULIAD
weather-vane, *n.* CEILIOG GWYNT
weave, *n.* GWEHYDDIAD
   v. GWEHYDDU, GWEU
weaver, *n.* GWEHYDD
web, *n.* GWE
webbing, *n.* WEBIN
weber, *n.* WEBER
web-footed, *a.* CYFANDROED
wed, *v.* PRIODI
wedding, *n.* PRIODAS, NEITHIOR
wedge, *n.* LLETEM
   v. LLETEMU
wedlock, *n.* PRIODAS
Wednesday, *n.* DYDD MERCHER
   Ash Wednesday, DYDD MERCHER Y LLUDW
wee, *a.* BACH, PITW, BYCHAN
weed, *n.* CHWYNNYN
   v. CHWYNNU
weedicide, *n.* CHWYNLEIDDIAD
weedy, *a.* LLAWN CHWYN, GWANNAIDD
week, *n.* WYTHNOS
week-day, *n.* DYDDGWAITH, DIWRNOD GWAITH
weekend, *n.* PENWYTHNOS
weekly, *n.* WYTHNOSOLYN
   a. WYTHNOSOL
   ad. YN WYTHNOSOL
week-night, *n.* NOSON WAITH
weep, *v.* WYLO, CRIO, LLEFAIN
weevil, *n.* GWYFYN YR ŶD
weft, *n.* ANWE
weigh, *v.* PWYSO, CLORIANNU
weighbridge, *n.* TAFOL CERBYDAU

weighed, *a.* PWYSEDIG
weigher, *n.* PWYSWR
weight, *n.* PWYSAU, PWYSYN
   v. PWYSOLI
weighted, *a.* PWYSOL
weighting, *n.* PWYSIAD, LLWYTHIAD
weighty, *a.* PWYSFAWR, PWYSIG, TRWM
weir, *n.* CORED
weird, *a.* ANNAEAROL
welcome, *n.* CROESO
   v. CROESAWU
weld, *n.* WELD
   v. WELDIO
   fillet weld, LLEINWELD
   butt weld, WELD BÔN
welfare, *n.* LLES(IANT), BUDD
   welfare hall, NEUADD LES(IANT)
   welfare state, Y WLADWRIAETH LES
   social welfare, LLES CYMDEITHASOL
well, *n.* FFYNNON
   v. LLIFO, FFRYDIO
   a. IACH, DA, IAWN
   i. WEL!
   ad. YN DDA
   fairly well, YN LLED DDA
   well of bench, CAFN MAINC
   very well, O'R GORAU
well-advised, *a.* CALL, SYNHWYROL
wellbalanced, *a.* CYTBWYS
well-being, *n.* LLES, BUDD
well-bred, *a.* BONEDDIGAIDD, O FRID DA
well-fed, *a.* CADWRUS
well-off, *a.* CEFNOG, ABL
Welsh *(language),* *n.* CYMRAEG
Welsh, *a.* CYMRAEG (o ran iaith), CYMREIG (o ran teithi)
   Welsh rarebit, CAWS POB / ENLLYN CAWS
   Welsh cakes, TEISENNAU CRI, PICAU BACH, PICAU AR Y MAEN
welsher, *n.* YMGILIWR
Welshman, *n.* CYMRO *(pl.* CYMRY)
Welshwoman, *n.* CYMRAES
welt, *n.* GWALD(AS)
   v. GWALDU
welter, *n.* ANHREFN
   a. WELTER
   v. YMDRYBAEDDU
wen, *n.* WEN
wench, *n.* GENETH, LLANCES, HOGEN
wend, *v.* YMLWYBRO, CERDDED
Wesleyan, *n.* WESLEAD
   a. WESLEAIDD
west, *n.* GORLLEWIN
   a. GORLLEWINOL

western, *a.* GORLLEWINOL
westernization, *n.* GORLLEWINEIDDIO
wet, *n.* GWLYBANIAETH
  a. GWLYB
  v. GWLYCHU
wether, *n.* GWEDDER, MOLLTYN
wetness, *n.* GWLYBANIAETH
wetting, *n.* GWLYCHFA
whack, *n.* TRAWIAD, DOGN
  v. TARO
whacking, *n.* CWEIR, CURFA, CYSTWYAD
  a. ANFERTH
whale, *n.* MORFIL
whalebone, *n.* ASGWRN MORFIL
wharf, *n.* GLANFA, CEI
wharfage, *n.* LLE MEWN GLANFA, TÂL
  GLANFA
what, *i.* BETH!
  a. PA
  pn. PA BETH
whatever, *pn.* BETH BYNNAG
whatsoever, *pn.* PA BETH BYNNAG
wheat, *n.* GWENITH
  wheaten bread, BARA GWENITH / CAN
wheat-germ, *n.* BYWYN GWENITH
wheedle, *v.* DENU, HUDO
wheel, *n.* OLWYN, RHOD
  v. OLWYNO
  idler wheels, OLWYNION CYSWLLT
  wheel brace, CARNTRO OLWYN
  cog wheel, OLWYN GOCOS
wheelbarrow, *n.* BERFA, WHILBER
wheelchair, *n.* CADAIR OLWYN
wheelwright, *n.* SAER TROLIAU
wheeze, *n.* GWICH
  v. GWICHIAN
wheezy, *a.* GWICHLYD
whelk, *n.* GWALC, CHWALC
whelp, *n.* CENAU
when, *ad. & pn.* PA BRYD, PAN
whence, *ad.* O BA LE, O BLE
whenever, *ad.* PA BRYD BYNNAG
where, *ad.* YMHA LE, PA LE, YN Y LLE, LLE
whereabouts, *ad.* YMHLE
  n. LLE, MANGRE
whereas, *c.* GAN, YN GYMAINT
whereby, *ad.* TRWY YR HYN (HWN) Y
wherefore, *ad.* AM HYNNY, PAHAM
wherein, *ad.* YN YR HYN (HWN)
whereinto, *ad.* I'R HYN, I'R HWN
whereof, *ad.* Y . . . IDDO
whereupon, *ad.* AR HYNNY
wherever, *ad.* BLE BYNNAG

wherewith(al), *ad.* Â'R HYN, Â'R HWN,
  Y . . . AG EF
  the wherewithal, Y MODD (ARIAN)
wherry, *n.* YSGRAFF
whether, *c.* AI, PA UN AI A
whetstone, *n.* HOGFAEN, CARREG HOGI,
  AGALEN
whey, *n.* MAIDD
which, *rel. pn.* A, Y, YR
  inter. pn. PA, P'UN, P'RUN?
  a. PA
whichever, *pn. & a.* PA UN BYNNAG
whiff, *n.* PWFF, CHWIFF
  v. PWFFIO, CHWIFFIO
whig, *n.* CHWIG
  a. CHWIGAIDD
whigism, *n.* CHWIGIAETH
while, *n.* ENNYD, TALM
  v. TREULIO, BWRW (AMSER)
  ad. TRA, PAN
  a good while since, ER YS TRO, ERS TRO
whilst, *ad.* CYHYD, TRA
whim, *n.* MYMPWY, CHWILEN
whimper, *v.* CWYNFAN, CRIO
whimsical, *a.* MYMPWYOL
whinberries, *n.pl.* LLUS
whine, *n. & v.* CWYNFAN
whinny, *n.* GWERYRAD
  v. GWERYRU
whip, *n.* CHWIP, CHWIPIAD, FFLANGELL,
  YSGOGIAD
  v. CHWIPIO, FFLANGELLU
  whipped cream, HUFEN CHWISG/CHWIP
whip-hand, *n.* LLAW UCHAF
whippet, *n.* CORFILGI
whipping, *n.* CHWIPIAD, FFLANGELLIAD
whir, *n.* CHWYRN-DRO
  v. CHWYRN-DROI
whirl, *n.* CHWYRLÏAD
  v. CHWYRLÏO
whirligig, *n.* CHWYRLIGWGAN
whirlpool, *n.* TROBWLL, PWLL TRO
whirlwind, *n.* TROWYNT, CHWYRLWYNT
whisk, *n.* CHWISG, CHWYRLYDD
  v. CHWISGO, CHWYRLÏO
whiskers, *n.pl.* BARF, BLEW, LOCSEN
whisky, *n.* CHWISGI
whisper, *n.* SIBRYDIAD, SIBRWD, SISIAL
  v. SIBRWD, SISIAL
whisperer, *n.* SIBRYDWR, SISIALWR
whist, *n.* CHWIST
whistle, *n.* CHWIB(ANOGL)
  v. CHWIBANU

whit, *n.* MYMRYN, TAMAID
white, *a.* GWYN, CAN
  white lie, CELWYDD GWYN
  white heat, GWRES GWYNIAS
  white matter, GWYNNYN
white metal, *n.* ALOI GWYN
whiten, *v.* GWYNNU, CANNU
whiteness, *n.* GWYNDER, GWYNDRA
whitewash, *n.* GWYNGALCH
  v. GWYNGALCHU
whither, *ad.* I BA LE, I BLE
whithersoever, *ad.* I BA LE BYNNAG, I BLE
  BYNNAG
whiting, *n.* GWYNIAD Y MÔR, POWDR SIALC
whitish, *a.* GWYNNAIDD
whitlow, *n.* FFELWM, EWINOR, BYSTWN
Whitmonday, *n.* LLUNGWYN
Whitsunday, *n.* SULGWYN
whittle, *v.* NADDU
whiz, *n.* SI
  v. SIO
who, *pn.* A, Y, YR, PWY
whoever, *pn.* PWY BYNNAG
whole, *n.* CWBL, CYFAN
  a. CYFAN, HOLL, IACH, HOLLIACH
  whole number, RHIF CYFAN
  on the whole, AT EI GILYDD
wholehearted, *a.* O DDIFRIF, CALONNOG
wholemeal bread, *n.* BARA GWENITH
  TRWYDDO
wholeness, *n.* CYFANRWYDD
wholesale, *n.* CYFANWERTH
  a. CYFANWERTHOL
wholesaler, *n.* CYFANWERTHWR
wholesome, *a.* IACH, IACHUSOL, LLESOL
wholesomeness, *n.* IACHUSRWYDD,
  BUDDIOLDEB
wholly, *ad.* YN GYFAN GWBL, YN HOLLOL
whom, *pn.* A, Y, YR
whomsoever, *n.* PWY BYNNAG
whoop, *n.* BLOEDD, GWAEDD
whooping-cough, *n.* Y PAS
whop, *v.* MAEDDU, FFUSTO
whopper, *n.* UN MAWR
whopping, *a.* ENFAWR, ANFERTH
whore, *n.* PUTAIN, HWREN
  v. PUTEINIO
whirl, *n.* SIDELL, TRÖELL
whose, *pn.* Y . . . EI, EIDDO PWY
whosoever, *pn.* PWY BYNNAG
why, *ad.* PAHAM, PAM
wick, *n.* WIC, PABWYR(YN)
wicked, *a.* DRYGIONUS, DRWG

wickedness, *n.* DRYGIONI
wicker, *n.pl.* GWIAIL
wickerwork, *n.* BASGEDWAITH, PLETH-
  WAITH
wicket, *n.* WICED
  wicket-keeper, WICEDWR
wide, *a.* LLYDAN, RHWTH
wide-awake, *a.* EFFRO
widely, *ad.* AR LED, YN EANG
widen, *v.* LLEDU, LLYDANU
wideness, *n.* LLED
wide-spread, *a.* CYFFREDINOL
widgeon, *n.* (CH)WIWELL
widow, *n.* GWEDDW, GWIDW
  a. GWEDDW
widowed, *a.* GWEDDW
widower, *n.* GŴR GWEDDW, GWIDMAN
widowhood, *n.* GWEDDWDOD
width, *n.* LLED
wield, *v.* TRAFOD, ARFER
wife, *n.* GWRAIG, PRIOD
wig, *n.* WIG, GWALLT GOSOD, PERWIG
  v. CERYDDU
wigging, *n.* CERYDD
wight, *n.* PERSON, BOD
wigwam, *n.* WIGWAM
wild, *n.* ANIAL
  a. GWYLLT, ANIAL
wilderness, *n.* ANIAL(WCH), DIFFEITHWCH
wildfire, *n.* TÂN GWYLLT
wildness, *n.* GWYLLTINEB
wile, *n.* DICHELL, CAST, YSTRYW
wilful, *a.* BWRIADOL
wilfully, *ad.* YN FWRIADOL
wilfulness, *n.* YSTYFNIGRWYDD
wiliness, *n.* DICHELL, CYFRWYSTRA
will, *n.* EWYLLYS
  v. EWYLLYSIO, MYNNU
willing, *a.* BODLON, PAROD
willingly, *ad.* O WIRFODD (CALON), O FODD
willingness, *n.* PARODRWYDD
will-o'-the-wisp, *n.* JACOLANTERN,
  CANNWYLL GORFF
willow, *n.* HELYGEN
will-power, *n.* GRYM EWYLLYS
willy, *n.* CHWALWR
willy-nilly, *ad.* O FODD NEU ANFODD
wilt, *n.* EDWINO, GWYWO
wily, *a.* DICHELLGAR, CYFRWYS
wimple, *n.* GWEMPL
win, *v.* ENNILL
  to win the day, CARIO'R DYDD
wince, *v.* GWINGO, YMNYDDU

winch, *n.* WINS
  v. WINSIO, GWINGO
wind, *n.* GWYNT, ANADL
  dominant wind, GWYNT CRYFAF
  wind shield, SGRIN WYNT
wind, *v.* DIRWYN, TROELLI
windbag, *n.* CLEBRYN
wind-break, *n.* ATALFA WYNT
winder, *n.* DIRWYNYDD
windfall, *n.* FFAWDELW, AFAL CWYMPO
winding, *n.* WINDIAD
  v. WINDIO *a.* TROELLOG
windlass, *n.* WINS
windmill, *n.* MELIN WYNT
window, *n.* FFENESTR
  dormer window, FFENESTR DORMER
  bow window, FFENESTR FWA
window-pane, *n.* PAEN, CWAREL
windpipe, *n.* Y BIBELL WYNT, CORN GWYNT
windproof, *a.* GWYNTGLOS
windscreen, *n.* SGRIN WYNT
windsurfing, *n.* HWYLFORIO
windward, *a. & ad.* ATWYNT
windy, *a.* GWYNTOG
wine, *n.* GWIN
wineglass, *n.* GWYDRYN GWIN
winepress, *n.* GWINWRYF
wing, *n.* ASGELL, ADEN, ADAIN, ASGELLWR
  (CHWARAEON)
  a. ASGELLOG
  wing nut, NYTEN ASGELLOG
wing-commander, *n.* ASGELL-GOMANDER
winged, *a.* ASGELLOG, ADEINIOG
wing-forward, *n.* BLAENASGELL
wing-half, *n.* HANERWR ASGELL
wink, *n.* AMRANTIAD, WINC
  v. WINCIO
  forty winks, CYNTUN, NAP
winkle, *n.* GWICHIAD
winner, *n.* ENILLWR, ENILLYDD, (Y)
  BUDDUGOL
winning, *a.* ENILLGAR, DENIADOL
winnings, *n.pl.* ENILLION
winnow, *v.* NITHIO
winnower, *n.* NITHIWR
winnowing, *n.* NITHIAD
winsome, *a.* DENIADOL, SERCHUS/OG
winter, *n.* GAEAF
  v. GAEAFU
wintry, *a.* GAEAFOL, GAEAFAIDD
wipe, *n.* SYCHIAD
  v. SYCHU
  to wipe out, DIFA

wiper, *n.* SYCHYDD, SYCHWR
wire, *n.* GWIFREN, WEIAR
  v. GWIFRO, WEIRO
  wire wool, GWLÂN DUR
wired, *a.* GWIFROG
wireless, *n.* RADIO
wire-pulling, *n.* CYNLLWYN, TYNNU RHAFFAU
wire-worm, *n.* HOELEN DDAEAR
wiring, *n.* GWIFRAD
wiry, *a.* GWYDN, CALED
wisdom, *n.* DOETHINEB, CALLINEB
wise, *n.* DULL, MODD
  a. DOETH, CALL
wiseacre, *n.* DOETHYN, YMHONNWR
wish, *n.* DYMUNIAD, EWYLLYS
  v. DYMUNO, EWYLLYSIO
wish-bone, *n.* ASGWRN TYNNU
wishful, *a.* AWYDDUS, CHWANNOG
  wishful thinking, BREUDDWYD GWRACH
wisp, *n.* TUSW, TWFFYN
wistful, *a.* HIRAETHUS, TRIST
wistfulness, *n.* HIRAETH, TRISTWCH
wit, *n.* FFRAETHINEB, SYNNWYR, UN
  FFRAETH
  to wit, HYNNY YW
witch, *n.* GWRACH, DEWINES, CROMLIN
  (MATHS.)
witchcraft, *n.* GWRACHYDDIAETH,
  DEWINIAETH, DEWINDABAETH
with, *prp.* Â, AG, GYDA, GYDAG, EFO
withal, *ad.* GYDA, HEFYD, HEBLAW HYNNY
withdraw, *v.* TYNNU'N ÔL, CILIO, CODI
  (ARIAN)
withdrawal, *n.* (EN)CILIAD, ALLDYNIAD,
  CODIAD ARIAN
withdrawn, *a.* ENCILGAR
withe, *n.* GWDEN
wither, *v.* GWYWO, CRINO
withering, *a.* GWYWOL, CRIN, DEIFIOL
withers, *n.* GWAR MARCH
withhold, *v.* ATAL, CADW ('N ÔL)
within, *prp.* I MEWN, YN, O FEWN
  ad. TU MEWN
without, *prp.* HEB
  ad. TU ALLAN/FAES
withstand, *v.* GWRTHSEFYLL
witless, *a.* DISYNNWYR, YNFYD
witness, *n.* TYST, TYSTIOLAETH
  v. TYSTIO(LAETHU)
  competent witness, TYST CYMWYS
wits, *n.pl.* SYNHWYRAU, PWYLL
witticism, *n.* FFRAETHEB, JÔC
wittiness, *n.* FFRAETHINEB

wittingly, *ad.* YN FWRIADOL
witty, *a.* FFRAETH, ARABUS
wizard, *n.* DEWIN, SWYNWR
wizardry, *n.* DEWINIAETH, HUD
wizened, *a.* CREBACHLYD, GWYW
woad, *n.* LLIWUR GLAS
wobble, *v.* SIGLO, HONCIAN, SIMSANU
wobbly, *a.* SIMSAN, SIGLEDIG
woe, *n.* GWAE, TRALLOD
woeful, *a.* ATHRIST, BLIN
wold, *n.* RHOS, MYNYDD-DIR
wolf, *n.* BLAIDD
woman, *n.* MERCH, BENYW, GWRAIG
womanhood, *n.* GWREICTOD
womanish, *a.* BENYWAIDD
womankind, *n.* Y BENYWOD, Y GWRAGEDD
womanly, *a.* BENYWAIDD, GWREIGAIDD
womb, *n.* CROTH, BRU
wonder, *n.* RHYFEDDOD, SYNDOD
   v. RHYFEDDU, SYNNU
   I wonder, TYBED
wonderful, *a.* RHYFEDDOL, ARUTHROL
wondrous, *a.* ARUTHR, RHYFEDDOL
wont, *n. & a.* ARFER
woo, *v.* CARU
wood, *n.* COED, PREN, GWŶDD, COEDWIG
   ply wood, PREN HAENOG
   synthetic wood, PREN GWNEUD
woodcock, *n.* CYFFYLOG
woodcut, *n.* TORLUN PREN
woodcutter, *n.* CYMYNWR, TORRWR COED
wooded, *a.* COEDIOG
wooden, *a.* PRENNAIDD, COED, PREN
woodland, *n.* COETIR
woodlark, *n.* EHEDYDD Y COED
woodlouse, *n.* MOCHYN Y COED
woodpecker, *n.* CNOCELL Y COED
wood-pigeon, *n.* YSGUTHAN
woods (golf), *n.pl.* CLYBIAU PREN
woodwind, *n.pl.* CERDDBRENNI, OFFER
   PREN CHWYTH
woodwork, *n.* GWAITH COED
woodworm, *n.* PRYF PREN
woody, *a.* COEDIOG, PRENNOG
wooer, *n.* CARWR
woof, *n.* ANWE
wool, *n.* GWLÂN, EDAFEDD
woolgather, *v.* MEDDYLU, GWLANA
woollen, *a.* GWLÂN, GWLANOG
woollens, *n.pl.* NWYDDAU GWLÂN
word, *n.* GAIR
   v. GEIRIO
   word orientated, YN EIRIOL GYFEIRIEDIG

word-blind, *a.* GEIRDDALL
wordiness, *n.* GEIRIOGRWYDD
wording, *n.* GEIRIAD
wordy, *a.* AMLEIRIOG
work, *n.* GWAITH, TASG, LLAFUR
   v. GWEITHIO, LLAFURIO
   work sheet, TAFLEN GWAITH
workable, *a.* YMARFEROL
work-box, *n.* BASGED WNÌO
worked, *a.* GWEITHIEDIG
worker, *n.* GWEITHIWR
   key worker, GWEITHIWR ALLWEDDOL
   skilled worker, GWEITHIWR CREFFTOL
workforce, *n.* LLAFURLU
work-harden, *v.* GWAITHGALEDU
workhouse, *n.* TLOTY, WYRCWS
working, *a.* GWAITH, GWEITHIOL
   working party, GWEITHGOR
workless, *a.* DI-WAITH
workman, *n.* GWEITHIWR
workmanlike, *a.* GWEITHGAR, CELFYDD
workmanship, *n.* CREFFT, SAERNÌAETH
workshop, *n.* GWEITHDY, SIOP WAITH
   workshop approach, DULL GWEITHDY
world, *n.* BYD
worldliness, *n.* BYDOLRWYDD
wordling, *n.* BYDOLYN
worldly, *a.* BYDOL
world-wide, *a.* BYD-EANG
worm, *n.* ABWYD(YN), PRYF
   worm wheel, OLWYN ABWYD
wormeaten, *a.* PRYFDYLLOG
wormery, *n.* ABWYDFA
wormwood, *n.* WERMOD
worn-out, *a.* WEDI BLINO/DIFA
worry, *n.* PRYDER, GOFID
   v. PRYDERU, GOFIDIO
worse, *a.* GWAETH
   worse luck, GWAETHA'R MODD
worsen, *v.* GWAETHYGU
worship, *n.* ADDOLIAD
   v. ADDOLI
worshipful, *a.* PARCHEDIG, ANRHYDEDDUS
worshipper, *n.* ADDOLWR
worst, *a.* GWAETHAF
worsted, *n. & a.* WSTID
wort, *n.* BRECI
worth, *n.* GWERTH, TEILYNGDOD
worthiness, *n.* TEILYNGDOD
worthless, *a.* DI-WERTH
worthy, *a.* TEILWNG, GWIW, AROBRYN
   n. GWR CLODFAWR, PARCHUSYN
wot, *v.* GWN, GWŶR, etc.

wound, *n.* CLWYF, ARCHOLL, BRIW
   v. CLWYFO, ARCHOLLI
wrack, *n.* GWYMON, DRYLLIAD
wraith, *n.* DRYCHIOLAETH, YSBRYD
wrangle, *n.* FFRAE, CWERYL, YMRYSON
   v. FFRAEO, CWERYLA, CECRU
wrangler, *n.* CWERYLWR, CECRYN
wrap, *n.* AMLAP
   v. RHWYMO, AMLAPIO
wrath, *n.* DIGOFAINT, LLID, SORIANT
wrathful, *a.* DIGOFUS, LLIDIOG
wreak, *v.* DIAL
wreath, *n.* TORCH, PLETHDORCH
wreathe, *v.* AMDORCHI, PLETHU
wreck, *n.* DRYLLIAD, HAWL BROC
   v. DRYLLIO
wreckage, *n.* BROC MÔR
wrecker, *n.* DRYLLIWR
wren, *n.* DRYW
wrench, *n.* RHWYG, TYNDRO, TORCH
   v. RHWYGO, TYNDROI
   torque wrench, TYNDRO TORCH
   self-grip wrench, TORCH HUNANAFAEL
wrest, *v.* CIPIO, DIRDYNNU
wrestle, *v.* YMGODYMU, YMAFLYD CODWM
wrestler, *n.* YMGODYMWR, TAFLWR CODWM
wretch, *n.* ADYN, TRUAN, GWALCH
wretched, *a.* TRUENUS, GRESYNUS
wretchedness, *n.* TRUENI, TRALLOD
wriggle, *v.* YMNYDDU, GWINGO
wriggler, *n.* YMNYDDWR, GWINGWR
wright, *n.* SAER

wring, *v.* RINGIO
wringer, *n.* RINGER, GWASGWR
wrinkle, *n.* CRYCH, AWGRYM
   v. CRYCHU
wrinkled, *a.* CRYCH(IOG)
wrist, *n.* ARDDWRN
wristband, *n.* BAND LLAWES
wristwatch, *n.* WATS ARDDWRN
writ, *n.* GWRIT
   writs and summonses, GWRITIAU A
   GWYSION
write, *v.* YSGRIFENNU
   to write a name, TORRI ENW
writer, *n.* YSGRIFENNWR
write-off, *n.* DILEAD
   v. DILEU
writhe, *v.* GWINGO, YMNYDDU
writing, *n.* YSGRIFEN(IAD)
written, *a.* YSGRIFENEDIG
wrong, *n.* CAM(WEDD), BAI
   a. ANGHYWIR, RONG
   v. GWNEUD CAM Â, NIWEIDIO
wrongdoer, *n.* TROSEDDWR
wrongdoing, *n.* TROSEDD, CAMWEDD
wrongful, *a.* ANGHYFIAWN
wronksian, *n.* RONCSIAN
wroth, *a.* LLIDIOG, DIG(OFUS)
wrought iron, *n.* HAEARN GYR
wry, *a.* CAM, GŴYRGAM
wry-mouthed, *a.* MINGAM
wryneck, *n.* GYDDFGAM
wrynecked, *a.* GYDDFGAM

xenophobia, *n.* ALLGASEDD, SENOFFOBIA
xenophobic, *a.* ALLGAS, SENOFFOBIG
x-ray, *n.* PELYDRYN X
xerograffic, *a.* SEROGRAFFIG
xerophyte, *n.* SEROFFYT

xerotherm, *n.* SEROTHERM
x-shift, *a.* SYMUDYDD X
xylem, *n.* SYLEM
xylophone, *n.* SEILOFFÔN

yacht, *n.* IOT
yachtsman, *n.* IOTIWR
yam, *n.* IAM
Yankee, *n.* IANCI
yap, *n.* CYFARTHIAD
   v. CYFARTH
yard, *n.* LLATH(EN) BUARTH, IARD, CLOS
yardstick, *n.* FFON FESUR, PREN MESUR
yarn, *n.* STORI
   n.m. EDAFEDD
yawl, *n.* IÔL
yawn, *v.* DYLYFU GÊN, AGOR CEG
y-chromosome, *n.* CROMOSOM-Y
ye, *pn.* CHWI, CHI, CHWYCHWI, CHWITHAU
yea, *ad.* IE, YN WIR
year, *n.* BLWYDDYN, BLWYDD (*OED*),
   BLYNEDD (*AFTER NUMERALS*)
   a. BLWYDD
   year book, BLWYDDIADUR
   last year, Y LLYNEDD
   this year, ELENI
yearling, *n.* LLWDN/ANIFAIL BLWYDD
yearly, *a.* BLYNYDDOL
yearn, *v.* DYHEU, HIRAETHU
yeast, *n.* BURUM, BERMAN, BEREM
yell, *n.* SGRECH, GWAEDD
   v. SGRECHIAN, GWEIDDI
yellow, *a.* MELYN
yellowhammer, *n.* MELYN YR EITHIN
yellowish, *a.* MELYNAIDD
yelp, *n. & v.* CIPIAL
yeoman, *n.* IWMON
yes, *ad.* IE, OES, DO, *etc.*

yesterday, *n. & ad.* DOE, DDOE
   the day before yesterday, ECHDOE
yet, *ad.* ETO, (Y)CHWAITH, ER HYNNY
yew, *n.* YWEN
yield, *n.* CYNNYRCH, CNWD
   v. CYNHYRCHU, CNYDIO, ILDIO
   yield point, PWYNT ILDIO
yodel, *n.* IODL
   v. IODLAN, IODLO
yogurt, *n.* YOGURT
yoke, *n.* IAU
   v. IEUO, UNO
yoked, *a.* IEUOG
yolk, *n.* MELYNWY
yonder, *ad.* ACW, DRAW
yore, *n.* YR HEN AMSER
you, *pn.* CHWI, CHI, CHWYCHWI, CHWITHAU
young, *n.* IEUANC, IFANC
youngster, *n.* CRWT(YN), HOGYN
your, *pn.* EICH, 'CH
yours, *pn.* EIDDOCH, YR EIDDOCH
   yours truly, YR EIDDOCH YN GYWIR
   yours faithfully, YR EIDDOCH YN
   FFYDDLON
   yours sincerely, YR EIDDOCH YN BUR
yourself, *pn.* EICH HUN(AN)
yourselves, *pn.* EICH HUNAIN
youth, *n.* LLANC, LLENCYN, BACHGENDOD,
   IEUENGRWYDD, IEUENCTID
youthful, *a.* IEUANC, IFANC
youthfulness, *n.* IEUENGRWYDD
yule-log, *n.* BONCYFF NADOLIG
yule-tide, *n.* ADEG Y NADOLIG
yuppie, *n.* IYPI

zeal, *n.* SÊL, EIDDGARWCH, AIDD
zealot, *n.* PENBOETHYN
zealous, *a.* SELOG, EIDDGAR
zebra, *n.* SEBRA
   zebra crossing, CROESFAN SEBRA
zenith, *n.* SENITH, ANTERTH, ENTRYCH
zenithal, *a.* ANTERTHOL
zeotrope, *n.* SEOTROP
zephyr, *n.* SEFFYR
zero, *n.* SERO
   absolute zero, SERO EITHAF
zero-hour, *n.* YR AWR DDEWISEDIG
zeroise, *v.* SEROEIDDIO
zero suppression, *n.* SERO DDARWTHIAD
zest, *n.* AWCH, AFIAITH
zig-zag, *a.* IGAM OGAM
   v. IGAMOGI
zinc, *n.* SINC
Zionism, *n.* SEIONIAETH
zip, *n.* SIP
   v. SIPIO

zither, *n.* SITHER
Zodiac, *n.* SIDYDD
   signs of the Zodiac, Y SYGNAU,
   ARWYDDION Y SIDYDD
zonal, *a.* CYLCHFAOL
zonation, *n.* CYLCHFÄEDD
zone, *n.* CYLCHFA, RHANBARTH
   torrid zone, CYLCHFA GRASBOETH
   temperate zone, CYLCHFA DYMHERUS
zoning, *v.* CYLCHFAEO
zoo, *n.* SW
zoological, *a.* SWOLEGOL
zoologist, *n.* SWOLEGWR
zoology, *n.* SWOLEG
zoospore, *n.* SWOSBOR
zygomorphic, *a.* SYGOMORFFIG
zygospore, *n.* SYGOSBOR
zygote, *n.* SYGOT

MISCELLANEOUS LISTS
English — Welsh

RHESTRAU AMRYWIOL
Saesneg — Cymraeg

Personal Names — Enwau Personau

Adam, ADDA
Alice, ALIS
Ambrose, EMRYS
Andrew, ANDREAS
Anthony, ANTWN
Arnold, ARNALLT
Augustine, AWSTIN
Bartholomew, BARTHOLOMEUS
Beaumont, BEMWND
Bede, BEDA
Bedivere, BEDWYR
Bennet, BENED
Betty, BETI, BETSAN
Bevan, BIFAN
Boadicea, BUDDUG
Bride, Bridget, FFRAID
Cadoc, CADOG, CADWG
Caesar, CESAR
Caiaphas, CAIAFFAS
Calvin, CALFIN
Caratacus, CARADOG
Catherine, CATRIN
Cecil, SEISYLLT
Charlemagne, SIARLYMAEN
Charles, SIARL
Clare, CLÊR
Constantine, CYSTENNIN
Cymbeline, CYNFELYN
Daniel, DEINIOL
David, DAFYDD, DEWI, DEIO
Devonald, DYFNWAL
Edmund, EDMWND, EMWNT
Edward, IORWERTH, EDWARD
Eleanor, ELINOR
Elijah, ELIAS
Elisha, ELISEUS
Elizabeth, LEISA, LISBETH
Evan, IEUAN, IWAN, IFAN, IANTO
Eve, EFA
Foulk, FFOWC
Geoffrey, SIEFFRE
George, SIÔR, SIORS
Gerald, GERALLT
Germanus, GARMON
Gerontius, GERAINT
Gladys, GWLADUS
Glendower, GLYNDŴR
Gregory, GRIGOR
Griffith, GRUFFUDD

Guinevere, GWENHWYFAR
Helen, ELEN
Henry, HENRI, HARRI
Hercules, ERCWLFF
Hopkin, HOPCYN
Horace, HORAS
Horsa, HORS
Howell, HYWEL
Hugh, HUW
Humphrey, WMFFRE
Isaiah, ESEIA
Iseult, ESYLLT
James, IAGO, SIÂMS
Jane, SIÂN
Janet, SIONED
Jeffrey, SIEFFRE
Jenkin, SIENCYN
Joan, Joanna, SIWAN
John, IOAN, SIÔN
Julian, SULIEN
Julius, IWL
Jupiter, IAU
Kay, CAI
Kenrick, CYNFRIG
Lancelot, LAWNSLOT
Laura, LOWRI
Lear, LLŶR
Levy, LEFI
Lloyd, LLWYD
Lucy, LLEUCU
Lud, LLUDD
Mabel, MABLI
Madoc, MADOG
Magdalene, MADLEN, MODLEN, MAGDALEN
Margaret, MARGED, MERERID, MARED
Mark, MARC
Mars, MAWRTH
Mary, MAIR, MARI
Matilda, Maud, MALLT
Maurice, MEURIG
Maximus, MACSEN
Meredith, MAREDUDD
Merlin, MYRDDIN
Michael, MIHANGEL
Modred, MEDRAWD, MEDROD
Molly, MALI
Morris, MORYS, MORUS
Moses, MOSES, MOESEN
Nelly, NELI

Neptune, NEIFION
Oliver, OLFYR
Oswald, OSWALLT
Ovid, OFYDD
Owen, OWAIN, OWEN
Patrick, PADRIG
Paul, PAWL
Paulinus, PAWL HEN
Payne, PAEN
Perceval, PEREDUR
Peter, PEDR
Philip, PHYLIP
Pierce, PYRS
Price, Preece, PRYS
Prothero, PRYDDERCH
Pugh, PUW
Rees, Rice, RHYS
Reginald, RHEINALLT
Richard, RHISIART

Roderick, RHYDDERCH
Rosser, Roger, RHOSIER
Rowena, RHONWEN
Rowland, ROLANT
Saturn, SADWRN
Solomon, SOLOMON, SELYF
Stephen, STEFFAN
Tacitus, TEGID
Thomas, TOMOS, TOM, TWM
Timothy, TIMOTHEUS
Tristan, TRYSTAN
Tudor, TUDUR, TEWDWR
Vaughan, FYCHAN
Victor, GWYTHUR
Virgil, FYRSIL, FFERYLL
Vortigern, GWRTHEYRN
Walter, GWALLTER
William, GWILYM, WILIAM
Winifred, GWENFFREWI

Place Names — Enwau Lleoedd

Abergavenny, Y FENNI
Abermule, ABER-MIWL
Abertillery, ABERTYLERI
Adpar, TREHEDYN
Africa, AFFRICA
Alpau, YR ALPAU
America, AMERICA
Ammanford, RHYDAMAN
Anglesey, MÔN
Antarctic, ANTARCTIG
Arctic, ARCTIG
Argentine, ARIANNIN
Atlantic Ocean, MÔR IWERYDD
Australia, AWSTRALIA
Austria, AWSTRIA
Bala Lake, LLYN TEGID
Balkans, Y BALCANAU
Bangor-on-Dee, BANGOR IS-COED
Baltic Sea, MÔR LLYCHLYN
Bardsey Island, YNYS ENLLI
Barmouth, ABERMO, Y BERMO
Barry, Y BARRI
Basingwerk, MAESGLAS

Basque Country, EUSKADI, GWLAD Y BASG
Bassaleg, MAESALEG
Bath, CAERFADDON
Battle, Y BATEL
Beaufort, CENDL
Beaumaris, BIWMARES
Beaupré, Y BEWPYR
Begelly, BEGELI
Belgium, GWLAD BELG
Berriew, ABERRIW
Bersham, BERS
Birkenhead, PENBEDW
Blackwood, COED DUON
Blaina, BLAENAU (GWENT)
Blorenge, BLORENS
Bonvilston, TRESIMWN
Brazil, BRASIL
Brawdy, BREUDETH
Brecknock Beacons, BANNAU BRYCH-
EINIOG
Brecon, ABERHONDDU
Bridgend, PEN-Y-BONT AR OGWR
Bristol, BRYSTE, CAERODOR

Bristol Channel, MÔR HAFREN
Britain, PRYDAIN
Brittany, LLYDAW
Broughton, BRYCHDWN
Buckley, BWCLE
Builth Wells, LLANFAIR-YM-MUALLT
Bulgaria, BWLGARIA
Burgundy, BWRGWYN
Burry Port, PORTH TYWYN
Cadoxton, LLANGATWG
Caerleon, CAERLLION
Caernarvon, CAERNARFON
Caldy, YNYS BŶR
Cambridge, CAER-GRAWNT
Camrose, CAMROS
Canterbury, CAER-GAINT
Canton, CANTWN, TRECANNA
Cardiff, CAERDYDD
Cardigan, ABERTEIFI
Carew, CAERIW
Carlisle, CAERLIWELYDD
Carmarthen, CAERFYRDDIN
Catterick, CATRAETH
Chepstow, CAS-GWENT
Chester, CAER, CAERLLION FAWR
China, TSIEINA
Chirk, Y WAUN
Chubut, CAMWY
Churchstoke, YR YSTOG
C.I.S., COMMONWEALTH OF
    INDEPENDENT STATES
Clyne, Y CLUN
Cornwall, CERNYW
Cowbridge, Y BONT-FAEN
Coychurch, LLANGRALLO
Cray, CRAI
Crete, CRETA
Crickhowell, CRUCYWEL
Czechoslovakia, TSIECOSLOFACIA
Danube, DONAW
Dead Sea, Y MÔR MARW
Dee, DYFRDWY
Denbigh, DINBYCH
Denmark, DENMARC
Devil's Bridge, PONTARFYNACH
Devon, DYFNAINT
Dolgelley, DOLGELLAU
Dublin, DULYN
Dunraven, DWN-RHEFN
Ebbw Vale, GLYNEBWY
Edinburgh, CAEREDIN
E.E.C., Y GYMUNED ECONOMAIDD
    EWROPEAIDD
Egypt, YR AIFFT

England, LLOEGR
English Channel, MÔR UDD
Europe, EWROP
Exeter, CAER-WYSG
Finland, Y FFINDIR
Fishguard, ABERGWAUN
Flanders, FFLANDRYS
Flemingston, TREFFLEMIN
Flint, FFLINT
Fonmon, FFWL-Y-MWN
France, FFRAINC
Gascony, GWASGWYN
Gaul, GÂL
Germany, YR ALMAEN
Gileston, SILSTWN
Glamorgan, MORGANNWG
Glasbury, Y CLAS-AR-WY
Glastonbury, YNYS AFALLON
Gloucester, CAERLOYW
Goodwick, WDIG
Gower, GŴYR
Great Orme, Y GOGARTH
Greece, GROEG
Halghton, HALCHDYN
Halkyn, HELYGAIN
Haverfordwest, HWLFFORDD
Hawarden, PENARLÂG
Hay, Y GELLI (GANDRYLL)
Hebrides, YNYSOEDD HELEDD
Hereford, HENFFORDD
Holland, ISALMAEN
Holyhead, CAERGYBI
Holy Isle, YNYS GYBI
Holywell, TREFFYNNON
Hungary, HWNGARIA
Iceland, YNYS YR IÂ
Ilston, LLANILLTUD GŴYR
Ireland, IWERDDON
Irish Sea, MÔR IWERDDON
Isle of Man, YNYS MANAW
Isle of Wight, YNYS WYTH
Istanbul, CAERGYSTENNIN
Italy, YR EIDAL
Jerusalem, CAERSALEM, JERWSALEM
Jordan, GWLAD IORDDONEN
Kent, CAINT
Killay, CILÂ
Knelston, LLAN-Y-TAIR-MAIR
Knighton, TREFYCLAWDD
Laleston, TRELALES
Lampeter, LLANBEDR PONT STEFFAN
Lancashire, SIR GAERHIRFRYN

Landore, GLANDŴR
Laugharne, LACHARN, TALACHARN
Lebanon, LIBANUS
Leeswood, COED-LLAI
Leicester, CAERLŶR
Leominster, LLANLLIENI
Little Newcastle, CASNEWYDD BACH
Liverpool, LERPWL
Llanblethian, LLANFLEIDDAN
Llandaff, LLAN-DAF
Llandovery, LLANYMDDYFRI
Llandow, LLANDŴ
Llanthony, LLANDDEWI NANT HODNI
Llantwit Major, LLANILLTUD FAWR
Llantwit Vardre, LLANILLTUD FAERDREF
Lleyn, LLŶN
Lisvane, LLYS-FAEN
London, LLUNDAIN
Loughor, CASLLWCHWR
Ludlow, LLWYDLO
Manchester, MANCEINION
Manorbier, MAENORBŶR
Mediterranean Sea, Y MÔR CANOLDIR
Menevia, MYNYW
Menai Bridge, PORTHAETHWY
Menai Straits, AFON MENAI
Menevia, MYNYW
Milford Haven, ABERDAUGLEDDAU
Minera, MWYNGLAWDD
Mold, YR WYDDGRUG
Monmouth, TREFYNWY
Monnow, MYNWY
Morriston, TREFORYS
Mountain Ash, ABERPENNAR
Moylgrove, TREWYDDEL
Narberth, ARBERTH
Neath, CASTELL-NEDD
Nerquis, NERCWYS
Netherlands, YR ISELDIROEDD
Nevern, NANHYFER, NYFER
Newcastle Emlyn, CASTELL NEWYDD
    EMLYN
Newborough, NIWBWRCH
Newmarket (Clwyd), TRELAWNYD
Newport (Dyfed), TREFDRAETH
Newport (Gwent), CASNEWYDD
New Quay, Y CEINEWYDD
Newton Nottage, Y DRENEWYDD YN
    NOTAIS
Newtown, Y DRENEWYDD
New Zealand, SELAND NEWYDD
New York, EFROG NEWYDD
Nile, NÎL, NEIL

North Sea, MÔR TAWCH, MÔR Y GOGLEDD
Norway, NORWY
Oakford, DERWEN-GAM
Offa's Dyke, CLAWDD OFFA
Orkney Islands, YNYSOEDD ERCH
Oswestry, CROESOSWALLT
Oxford, RHYDYCHEN
Oystermouth, YSTUMLLWYNARTH
Pacific Ocean, Y MÔR / CEFNFOR TAWEL
Painscastle, CASTELL-PAEN
Pendine, PENTYWYN
Peru, PERIW
Plynlimon, PUMLUMON
Poland, GWLAD PWYL
Pontypool, PONT-Y-PŴL
Port Dinorwic, Y FELINHELI
Portugal, PORTIWGAL
Presteign, LLANANDRAS
Puffin Island, YNYS SEIRIOL
Pyle, Y PÎL
Pyrenees, PYRENEAU
Ramsey Island, YNYS DEWI
Red Sea, Y MÔR COCH
Rhayader, RHAEADR GWY
Rhine, RHEIN
Roath, Y RHATH
Rogerstone, Y TŶ DU
Rome, RHUFAIN
Rumania, ROMANIA
Russia, RWSIA
St Asaph, LLANELWY
St Athans, SAIN TATHAN
St Brides Major, SANT-Y-BRID
St Davids, TYDDEWI
St Dogmaels, LLANDUDOCH
St Fagans, SAIN FFAGAN
St Mellons, LLANEIRWG
Salisbury, CAERSALLOG
Scandinavia, LLYCHLYN, SGANDINAFIA
Scotland, YR ALBAN
Severn, HAFREN
Shrewsbury, AMWYTHIG
Sketty, SGETI
Snowdon, YR WYDDFA
Solva, SOLFACH
Somerset, GWLAD YR HAF
Soughton, SYCHDYN
Spain, SBAEN
Staylittle, PENFFORDD-LAS
Stonehenge, CÔR Y CEWRI
Strata Florida, YSTRAD FFLUR
Sudan, SWDAN
Sugar Loaf (Abergavenny), PEN-Y-FÂL

594

Swallow Falls, RHAEADR EWYNNOL
Swansea, ABERTAWE
Switzerland, Y SWISTIR
Synod Inn, POST-MAWR
Talley, TALYLLYCHAU
Tenby, DINBYCH-Y-PYSGOD
Thames, TAFWYS
The Hebrides, YNYSOEDD HELEDD
Tintern, DINDYRN
Troy, CAERDROEA, TROEA
Tumble, Y TYMBL
Turkey, TWRCI
Tythegston, LLANDUDDWG
Ukraine, WCRAIN
United States, YR UNOL DALEITHIAU
Usk (river), WYSG
Vale of Glamorgan, BRO MORGANNWG

Valle Crucis, GLYN EGWESTL, GLYN Y GROES
Wales, CYMRU
Welshpool, Y TRALLWNG
Wenvoe, GWENFÔ
West Indies, INDIA'R GORLLEWIN
Whitford, CHWITFFORDD
Whitland, YR HENDY-GWYN (AR DAF)
Wick, Y WIG
Winchester, CAER-WYNT
Wirral, CILGWRI
Wiston, CAS-WIS
Wolf's Castle, CAS-BLAIDD
Worcester, CAERWRANGON
Wrexham, WRECSAM
Wye (river), GWY
York, EFROG, CAER EFROG
Yugoslavia, IWGOSLAFIA

Animals — Anifeiliaid

MAMMALS, INSECTS, Etc., and REPTILES
(MAMOLION, TRYCHFILOD, Etc., ac YMLUSGIAID)

adder (viper), GWIBER
alligator, CROCODIL AMERICA, ALIGATOR
ant, MORGRUGYN
ape, EPA
aphides (green fly, etc.), LLYSLAU, PRYFED (CLÊR) GWYRDD
asp, ASB
ass, ASYN (f. ASEN)
baboon, BABŴN
badger, MOCHYN DAEAR, MOCHYN BYCHAN, BROCH, PRY LLWYD
bat, YSTLUM, SLUMYN
bear, ARTH (f. ARTHES)
beaver, AFANC, LLOSTLYDAN
bee (honey), GWENYNEN
beetle, CHWILEN
blackbeetle (cockroach), CHWILEN DDU
blindworm (slow-worm), NEIDR DDEFAID, NEIDR DDALL, SLORWM
bluebottle, CLEREN LAS, CLEREN CHWYTHU
boa, BOA
burying beetle, CHWILEN BRIDD

butterfly, GLÖYN BYW, IÂR FACH YR HAF
brimstone, IÂR FACH FELYNLLIW
common blue, IÂR FACH LAS
large white, IÂR WEN FAWR
orange tip, BONEDDIGES Y WIG
scarlet admiral, IÂR FACH GOCH
small blue, IÂR FACH WERDDLAS
small copper, IÂR FACH GOPRLLIW
small white, IÂR FACH WEN
caddis fly, PRY PRIC, PRYF Y GWELLT, CAESBRYF
camel, CAMEL
cat, CATH
tomcat, GWRCATH
wild cat, CATH WYLLT
caterpillar, LINDYSYN
cabbage, LINDYS Y BRESYCH
looper, LINDYS DOLENNOG
cattle, DA, GWARTHEG
cow, BUWCH
bull, TARW
ox, BUSTACH, YCH

595

heifer, TREISIAD, ANNER
calf, LLO
barrener, MYSWYNOG
centipede, NEIDR GANTROED
chameleon, MADFALL SYMUDLIW
chrysalis, CHWILER, CRISALIS
cleg, CLEREN LWYD
cobra, COBRA, SARFF GYCYLLOG
cockchafer, CHWILEN BWM
cockroach (black beetle), CHWILEN DDU
cocoon, RHWYDWE (PRYFYN)
crane-fly (daddy-long-legs), PRYF
TEILIWR, JAC-Y-BAGLAU
cricket, CRICSYN, CRICEDYN, PRYF TÂN
crocodile, CROCODIL (pl. -OD)
daddy-long-legs, PRYF TEILIWR, JAC-Y-
BAGLAU, HIRHEGLYN
death watch beetle, PRYF CORFF
deer (hart), HYDD, CARW
fallow deer, DANYS, GAFR DANYS
red deer, CARW COCH
roe deer, hind, EWIG, IYRCHES
roebuck, IWRCH
ci, CI
bitch, GAST
pup, CI BACH, CENAU, COLWYN
dog winkle, GWICHYDD Y CŴN
dorbeetle, CHWILEN Y BWM, CHWILEN Y BAW
dormouse, PATHEW, PATHOR
dragon fly, GWAS Y NEIDR, GWACHELL Y
NEIDR
drone fly, GWENYNEN ORMES
earwig, CHWILEN GLUST, PRYF CLUST
earthworm, ABWYDYN, PRYF GENWAIR
eelworm, LLYNGYR LLYSIAU (TATWS)
eft, MADFALL Y DŴR
elephant, ELIFFANT
ferret, FFURED
flea, CHWANNEN
fly, (house), CLEREN, CYLIONEN
fox, CADNO, LLWYNOG
fritillary, IÂR FACH FRITHEG
snake's head, BRITHEG PEN Y NEIDR
frog (common), BROGA, LLYFFANT MELYN
froghopper, LLYFFANT GWAIR
gadfly, PRYF LLWYD, CLEREN LWYD
gall flies, CLÊR Y DERW
gall wasps, CACWN BUSTL
glow-worm, MAGIEN, TÂN BACH DINIWED
gnat, GWYBEDYN, CYLIONYN
goat, GAFR
billy goat, BWCH GAFR
kid, MYN

grasshopper, CEILIOG Y RHEDYN, SIONCYN
Y GWAIR
greenfly, LLYSLAU, BUCHOD Y MORGRUG,
CLÊR GWYRDD
hare (brown), YSGYFARNOG, CEINACH
hart (deer), HYDD, CARW
hedgehog, DRAENOG
hornet (wasp), CACYNEN, PICWNEN
horse, CEFFYL, CEL
mare, CASEG
stallion, MARCH, STALWYN
foal, EBOL, SWCLYN
filly, EBOLES, SWCLEN
horse-fly, CLEREN LWYD, ROBIN Y GYRRWR
hover flies, GWYBED HOFRAN
hyena, UDFIL
jackal, SIACAL
lady bird, BUWCH FACH (GOCH) GOTA
leech, GELEN, GELE
leopard, LLEWPART
limpet, LLYGAD MAHAREN
lion, LLEW (f. LLEWES)
liver fluke, LLEDOD BACH YR IAU
lizard, MADFALL, GENAU GOEG,
MADRCHWILEN, BUDRCHWILEN
louse, LLEUEN
maggot, CYNRHONYN, PRYF, PRYFYN
mandrill, BABWN WYNEBLAS, MANDRIL
marmoset, MWNCI BACH Â CHWT HIR,
MARMOSET
marten (pine), BELE, BELAU
may fly, CLEREN (CYLIONEN) FAI
midge (gnat), GWYBEDYN, CYLIONYN
millepede, NEIDR FILTROED
mites, GWIDDON
mole, GWADD, TWRCH DAEAR
monkey, MWNCI
mosquito, MOSGITO
moth, GWYFYN, PRYFYN DILLAD
cinnabar, GWYFYN CLAERGOCH
tiger, garden, TEIGR WYFYN, GWYFYN
ADEINIOG
mouse (house), LLYGODEN FACH
field, LLYGODEN Y MAES
mule, MUL, BASTARD MUL, MWLSYN
mussel, MISGLEN, CREGYNEN LAS
newt (common), MADFALL Y DŴR
crested, MADFALL GRIBOG
otter, DWRGI, DYFRGI
pig, MOCHYN
sow, HWCH
gilt, HWCH IFANC, BANWES
boar, BAEDD, TWRCH

596

pigling, PORCHELL
youngest of brood, CARDYDWYN
polecat, FFWLBART
pondskater, RHIAIN Y DŴR
pupa (chrysalis), LINDYS, CYNRHONYN, CHWILER
python, PEITHON (*pl.* -IAID), SARFF FAWR
rabbit, CWNINGEN
rat, LLYGODEN FAWR, LLYGODEN FFRENGIG
rattlesnake, NEIDR STWRLLYD NEU GYNFFONDRWST
reptile, YMLUSGIAD
sand-hopper, CHWANNEN DRAETH
sea cucumber, GWERDDWR
scarlet admiral, IÂR FACH GOCH, ATALANTA
sheep, DAFAD
ewe, MAMOG
ram, HWRDD, MAHAREN
wether, GWEDDER, MOLLT, LLWDN
lamb, OEN
yearling ewe, HESBIN
yearling sheep : teg, HESBWRN
shrew, LLYGODEN GOCH
silk-worm, SIDANBRYF, PRYF SIDAN
slow-worm (blindworm), NEIDR DDEFAID, NEIDR DDALL, SLORWM
slug, GWLITHEN WEN
snail, MALWODEN, MALWEN
snake, (*grass***),** NEIDR (FRAITH)
spider, CORRYN, PRYF COPYN
gossamer, COPYN (CORRYN) Y GWAWN

squirrel, GWIWER
grey, GWIWER LAS
red, GWIWER GOCH
stag beetle, CHWILEN GORNIOG
stoat, CARLWM
tadpole, PENBWL, PENBWLA
tapeworm, LLYNGYREN
tick, TROGEN
toad, LLYFFANT
tortoise, CRWBAN
turtle, CRWBAN Y MÔR
viper, GWIBER
vole (*field***),** LLYGODEN Y MAES
water, LLYGODEN Y DŴR
warble fly, PRYF GWERYD, ROBIN Y GYRRWR
wasp (hornet), CACYNEN, PICWNEN, GWENYNEN FEIRCH
waterbeetle, CHWILEN DDŴR
waterboatman, RHWYFWR MAWR, CEFFYL DŴR
water flea, CHWANNEN DDŴR
water gnat, GWYBEDYN Y DŴR, PIWIAD
weasel, GWENCI, BRONWEN
weevil, GWIDDON, GWYFYN YR ŶD
whale, MORFIL
whirligig beetle, CHWILEN FWGAN, CHWYRLIGWGAN
wolf, BLAIDD (*f.* BLEIDDAST)
woodlouse, MOCHYN Y COED, GWRACHEN Y LLUDW
woolly bear (larva of tiger moth), SIANI FLEWOG, TEILIWR BLEWOG

Birds — Adar

bird, ADERYN
bird of prey, ADERYN YSGLYFAETHUS, ADERYN RHAIB
bittern, ADERYN Y BWN, BWM Y GORS
little, BWM BACH Y GORS
blackbird, ADERYN DU, MWYALCHEN (YR IÂR)
blackcap, PENDDU
blackcock (blackgame), CEILIOG Y MYNYDD, IÂR DDU Y MYNYDD

blue tit, YSWIDW, GLAS BACH Y WAL
brambling (mountain finch), BRONRHUDDYN Y MYNYDD
bullfinch, COCH Y BERLLAN
bunting (corn), BRAS YR ŶD
blackheaded/reed, BRAS YR ŶD PENDDU
snow, BRAS YR EIRA
yellow/yellow hammer, BRAS YR EITHIN, Y BENFELEN, MELYN YR EITHIN
cirl, BRAS FFRAINC

bustard, GWERNIAR
buzzard, BODA, BWNCATH
cassowary, (ADERYN TEBYG I'R ESTRYS),
CASOWARI
chaffinch, ASGELL FRAITH, PINC, JI-BINC
chiff-chaff, PIA BACH, DRYW FELEN
chough, BRÂN GERNYW, BRÂN GOESGOCH
cockatoo, COCATŴ, PAROT CRIBOG
coot, COTIAR, IÂR Y GORS
cormorant, MORFRAN, MULFRAN,
BILIDOWCAR, LLANCIAU LLANDUDNO, WIL
WAL WALIOG
  green/shag, MULFRAN WERDD
corncrake (landrail), RHEGEN YR ŶD,
RHEGEN Y RHYCH, SGRECH YR ŶD, SGRECH
WAIR
crane, GARAN, CRYCHYDD, CRËYR
crossbill, Y GYLFIN GROES, CROESBIG
crow, BRÂN
  carrion, BRÂN DYDDYN / SYDDYN
  hooded, BRÂN LWYD
cuckoo, COG, Y GOG, Y GWCW
curlew, GYLFINIR, CWRLIG, CWRLIP, CWRLIF
dabchick, GWYACH BACH
dipper (water ouzel), TROCHWR, ADERYN
DU'R DŴR
diver, (MATH O ADERYN Y DŴR), TROCHYDD
dotterel, HUTAN
  ringed/ringed plover, HUTAN Y MÔR
dove, COLOMEN
  ring/wood pigeon, YSGUTHAN,
  COLOMEN WYLLT
  rock, COLOMEN Y GRAIG
  stock, CUDDAN, YSGYTHELL
  turtle, TURTUR, COLOMEN FAIR
duck, HWYAD, HWYADEN
  drake, MEILART, ADIAD, BARLAT
  black/scoter, HWYAD DDU (WYLLT)
  eider, (MATH O HWYAD WYLLT)
  pintail, HWYAD LOSTFAIN
  scaup, HWYAD BENDDU
  shoveller, HWYAD LYDANBIG, HWYAD
  BIGLYDAN
  wild/mallard, HWYAD WYLLT, CORS-
  HWYAD
  tufted, HWYAD GOPOG
dunlin (red-backed sandpiper), PIBYDD Y
MAWN, LLWYD Y TYWOD
eagle, ERYR
  golden, ERYR MELYN, ERYR EURAIDD
  spotted, ERYR BRITH
  white-tailed, ERYR TINWYN, ERYR
  CYNFFON WEN

falcon, HEBOG, CURYLL
  peregrine, HEBOG GLAS, GWALCH GLAS
fieldfare, SOGIAR, CASEG Y DDRYCIN
finch, ASGELL FRAITH, PINC
  bachelor, JI-BINC
  green, LLINOS WERDD, PILA GWYRDD
  mountain/brambling, BRONRHUDDYN Y
  MYNYDD
firecrest, DRYW RHUDDGRIBOG
flamingo, FFLAMINGO
flycatcher, GWYBEDOG
gadwall, CORSHWYAD LWYD, CORS-
HWYADEN WYLLT
gannet, MULFRAN WEN, GWYLANWYDD
garden warbler, TELOR Y BERLLAN
garganey, HWYAD ADDFAIN
glede, BODA, BARCUD
godwit, (MATH O ADERYN RHYDIO), GÏACH
PENGAFR
goldcrest, DRYW EURBEN
goldeneye, HWYAD LYGAD-AUR
golden oriole, EURGEG
goldfinch, NICO, EURBINC, TEILIWR
LLUNDAIN
goosander, HWYAD DDANHEDDOG
goose, GŴYDD
  gander, CEILIAGWYDD, CLACWYDD
  barnacle, GŴYDD Y MÔR
  bean, GŴYDD Y LLAFUR
  brent, GŴYDD DDU
  grey-lag, wild goose, GŴYDD WYLLT
  pink-footed, GŴYDD DROED-BINC
  red-breasted, GŴYDD FRONGOCH
  snow, GŴYDD YR EIRA
  white-fronted, GŴYDD DALCEN WEN,
  GŴYDD FRONWEN
goshawk, GWYDDWALCH, GOSOG
grasshopper warbler, NYDDWR BACH
grebe, GWYACH
  little/dabchick, GWYACH BACH (FACH)
greenfinch, LLINOS WERDD
greenshank, PIBYDD COESWERDD
grouse, GRUGIAR, IÂR Y MYNYDD
guillemot, HELIGOG, GWYLOG
gull, GWYLAN, YR WYLAN, (see SEAGULL)
harrier (*hen***),** BODA DINWEN, HEBOG
LLWYDLAS
  marsh, BOD Y GWERNI, HEBOG Y GORS
  montagu's, BODA MONTAGU, HEBOG
  MONTAGU
hawfinch, (ADERYN O DEULU'R PINC),
PENDEW
hawk, HEBOG, GWALCH, CURYLL, CUDYLL
  sparrow, GWALCH GLAS, CURYLL GLAS

hen, IÂR
cockerel, CEILIOG
chicken, CYW
pullet, CYWEN, CYWENNEN
heron, CRYCHYDD, CRËYR GLAS
hobby, HEBOG YR HEDYDD, HEBOG BITW
house martin, GWENNOL Y BONDO,
GWENNOL Y BARGOD
humming bird, ADERYN Y SI
jackdaw, CORFRAN, COGFRAN, JAC-Y-DO
jay, SGRECH Y COED
kestrel, CURYLL COCH
kingfisher, GLAS Y DORLAN, PYSGOTWR
kite, BARCUT, BODA GWENNOL
kittiwake, (ADERYN O DEULU'R WYLAN),
GWYLAN GOESDDU
knot, (MATH O ADERYN RHYDIO O DEULU'R
CORNICYLL), MYNIAR Y TRAETH
landrail (corncrake), RHEGEN YR ŶD,
RHEGEN Y RHYCH
lapwing (peewit), CORNICYLL, CORN-
CHWIGLEN
lark (skylark), EHEDYDD, UCHEDYDD
wood, EHEDYDD Y COED
lesser woodchat, Y CIGYDD BACH
linnet, LLINOS, MELYNOG
green/green finch, LLINOS WERDD, PILA
GWYRDD
little auk, PENGWYN BACH
long tailed tit, YSWIDW HIRGWT, YSWIDW
GYNFFON HIR
love bird, (MATH O BAROT)
mallard, HWYAD WYLLT
magpie, PIODEN, PIA
meadow pipit, PIBYDD Y WAUN, EHEDYDD
BACH, HEDYDD Y WAUN
merlin, GWALCH BACH
moorhen, IÂR FACH Y DŴR, IÂR FACH YR
HESG
nightjar, TROELLWR, BRÂN Y NOS
nightingale, EOS
nuthatch, TELOR Y CNAU
osprey, GWALCH Y MÔR, ERYR Y MÔR
ostrich, ESTRYS
ouzel (*ring*), MWYALCHEN Y MYNYDD
water/dipper, ADERYN DU'R DŴR,
TROCHWR
owl, TYLLUAN, GWDIHŴ
barn/screech/white, TYLLUAN WEN,
ADERYN CORFF
brown/tawny/wood, TYLLUAN FRECH,
GWDIHŴ GOCH
little, TYLLUAN FECHAN

long-eared, TYLLUAN GLUSTIOG
snowy, TYLLUAN YR EIRA
oyster-catcher, PIODEN FÔR, TWM PIB,
LLYMARCHOG
parakeet, PAROTAN
partridge, PETRISEN, CORIAR
peacock, PAUN
peewit (lapwing, plover), CORNICYLL,
CORNCHWIGLEN
pelican, PELICAN
penguin, PENGWIN
petrel, ADERYN Y DDRYCIN, PEDRYN
pheasant, FFESANT, CEILIOG Y COED,
COEDIAR
pied wagtail, BRITH YR OGED, SIGLEN
FRAITH, SIGL-I-GWT
pigeon, COLOMEN
wood/ring dove, YSGUTHAN, COLOMEN
WYLLT
pintail, HWYAD GYNFFONFAIN, HWYAD
LOSTFAIN
plover (*green, lapwing, peewit*),
CORNICYLL, CORNCHWIGLEN
golden, CHWILGORN Y MYNYDD
ringed/ringed dotterel, HUTAN Y MÔR,
MÔR-HEDYDD
pochard, HWYAD BENGOCH
white-eyed, HWYAD GOCHDDU
ptarmigan, GRUGIAR YR ALBAN
puffin, ADERYN PÂL, CORNICYLL Y DŴR
quail, SOFLIAR
rail, RHEGEN
raven, CIGFRAN
razorbill, GWALCH Y PENWAIG, ADERYN
BRITH
redbreast, BRONGOCH, ROBIN GOCH, Y
GOCH-GAM
red-headed pochard, HWYAD BENGOCH
redpoll (*lesser*), LLINOS FRONGOCH, Y
GOCH-GAM
mealy, LLINOS LWYDWEN
redshank, COESGOCH, TROEDGOCH, PIBYDD
COESGOCH
redstart, TINGOCH
redwing, ADAIN GOCH, ASGELL GOCH, COCH
YR ADAIN
robin, (see REDBREAST)
rock pipit, EHEDYDD Y GRAIG, PIBYDD Y
GRAIG
rook, YDFRAN, BRÂN BIGWEN
sanderling, HUTAN LWYD, HUTAN Y TYWOD
sand martin, GWENNOL Y GLENNYDD,
GWENNOL Y TRAETH

sandpiper (*common*), PIBYDD Y DORLAN
purple, PIBYDD DU
green, PIBYDD GWYRDD Y TRAETH
scoter (*common*), MÔR-HWYAD DDU
scaup, HWYAD BENDDU
seagull, GWYLAN
blackheaded, GWYLAN BENDDU
blackbacked, GWYLAN GEFNDDU
herring, GWYLAN LWYD
shag, MULFRAN WERDD
shearwater (sea swift), GWYLAN MANAW,
PWFFIN MANAW
sheld-duck, HWYAD FRAITH, HWYAD YR
EITHIN
shoveller, HWYAD LYDANBIG, HWYAD
BIGLYDAN
shrike (*red-backed,* butcher bird),
Y CIGYDD CEFNGOCH
great grey, Y CIGYDD LLWYD MAWR
siskin, PILA GWYRDD, (MATH O ADER YN
BACH)
skylark, EHEDYDD, UCHEDYDD
smew, LLEIAN WEN
snipe, GÌACH, YSNIDEN
sparrow hawk, CURYLL GLAS, GWALCH
GLAS
sparrow (*house*), ADERYN Y TO, LLWYD Y
TO
hedge, LLWYD Y BERTH (GWRYCH)
tree, LLWYD Y MYNYDD
starling, DRUDWEN, DRUDWY, ADERYN YR
EIRA
stonechat, TINWEN Y GRAIG, CLOCHDAR Y
GARREG
stork, CICONIA, STORC
swallow, GWENNOL
swan, ALARCH
mute, ALARCH DOF
bewick's, ALARCH BEWIC
whooper, ALARCH GWYLLT
swift, GWENNOL DDU
teal, HWYAD, CORHWYAD
tern, GWENNOL Y MÔR, MÔR-WENNOL
sandwich, MÔR-WENNOL BIGDDU
black, MÔR-WENNOL DDU
arctic, MÔR-WENNOL Y GOGLEDD
little, MÔR-WENNOL FACH
thrush (*missel*), TRESGLEN, BRONFRAITH
FAWR
song, BRONFRAITH (FACH)
tit, YSWIDW, YSWIGW, TITW
bearded, YSWIDW FARFOG, TITW BARFOG
blue/titmouse/tomtit, GLAS BACH Y
WAL, YSWIDW LAS

coal, PENLOYW, GLAS BACH PENDDU,
YSWIDW BENDDU
great/ox-eye, YSWIDW'R COED, YSWIDW
FAWR
long-tailed, YSWIDW HIRGWT, YSWIDW
GYNFFON HIR
marsh, YSWIDW'R GWERN
willow, YSWIDW'R HELYG
titlark (meadow pipit), HEDYDD Y WAUN,
EHEDYDD BACH, PIBYDD Y WAUN
tomtit, (see TIT)
toucan, TOWCAN, (ADERYN Â PHIG MAWR)
tree creeper (brown woodpecker), Y
DRINGWR BACH, Y GREPIANOG
tree pipit, PIBYDD Y COED
turkey, TWRCI (*f.* TWRCEN)
twite, LLINOS Y MYNYDD
vulture, FWLTUR
wagtail, SIGLEN, SIGL-I-GWT
grey, SIGLEN LAS
pied, SIGLEN FRAITH, BRITH YR OGED
water, SIGWTI FACH Y DŴR
white, SIGLEN WEN
yellow, SIGLEN FELEN
warbler, TELOR
garden, LLWYD Y BERLLAN, TELOR Y
BERLLAN
grasshopper, NYDDWR BACH
willow, TELOR YR HELYG, DRYW'R HELYG
wood, TELOR Y COED, DRYW'R COED
sedge/reed, TELOR YR HESG. LLWYD Y
GORS
water hen (moorhen), IÂR FACH Y DŴR,
IÂR FACH YR HESG
water-rail, RHEGEN Y DŴR
waxwing, ADEN GWŶR, Y GYNFFON SIDAN
wheatear, Y GYNFFONWEN, TINWEN Y
GARREG
whimbrel, COEGYLFINIR
whinchat, CLOCHDAR YR EITHIN
whitethroat (willow wren), DRYW WEN
widgeon, WIWELL, (MATH O HWYAD WYLLT),
CHWIWELL
windhover (kestrel), CURYLL COCH
wind thrush (redwing), COCH YR ADEN,
ADEN GOCH, TRESGLEN GOCH
woodcock, CYFFYLOG
woodlark, EHEDYDD Y COED, UCHEDYDD Y
COED
woodpecker, (*brown,* tree creeper),
Y DRINGWR BACH, Y GREPIANOG
green, CNOCELL Y COED, TYLLWR Y COED,
TARADR Y COED

woodpigeon, YSGUTHAN, COLOMEN WYLLT
wren, DRYW

wryneck, GYDDFGAM, PENGAM
yellow hammer (yellow bunting), MELYN
YR EITHIN, Y BENFELEN

Fishes — Pysgod

anchovy, (PYSGODYN BACH Y MÔR
CANOLDIR), BRWYNIAD
barbel, BARFOGYN
barnacle, CRACHEN Y MÔR, CREGYN
LLONGAU, GWYRAIN
bass (sea perch), DRAENOGIAD Y MÔR
bream, GWRACHEN DDU, BRÊM
white/silver, GWRACHEN WEN
brill, PYSGODYN TEBYG I'R TORBWT, BRIL
bullhead, PENBWL, PENLLETWAD
burbot, LLOFEN, (PENFRAS DŴR CROYW)
carp, CARP, (PYSGODYN LLYN)
catfish, MORGATH
char, TORGOCH
chub, ANNOG
cockles, COCOS, RHYTHON
cod, PENFRAS
conger eel, CYHYREN, MÔR-LYSYWEN
cowry, CRAGEN FAIR
crab, CRANC
crayfish, CIMWCH COCH, SEGER
dace, BRWYNIAD
dogfish, PENCI
dragonet, BWGAN DŴR
eel, LLYSYWEN
flounder (fluke), LLEDEN FACH
grayling, CROTHELL
gudgeon, GWYNIAD
gwyniad, GWYNIAD (LLYN TEGID)
haddock, CORBENFRAS, HADOG
hake, CEGDDU
halibut, LLEDEN Y MÔR
heart urchin, GWELCHYN Y DŴR
herring, YSGADENYN, PENNOG
jelly fish, SGLEFREN FÔR
kipper, YSGADENYN HALLT (NEU SYCH),
CIPER
ling, HONOS, BRENHINBYSG
loach, GWRACHEN FARF
lobster, CIMWCH
mackerel, MACRELL
miller's thumb (bullhead), PENBWL,
PENLLETWAD

minnow, SILDYN, SILCYN
mullet, HYRDDYN
oyster, LLYMARCH, WYSTRYSEN
perch, DRAENOGIAD
periwinkle, GWICHIAD
pike, PENHWYAD
plaice, LLEDEN
porpoise, LLAMHIDYDD (*pl.* LLAMIDYDD-
ION), LLAMBEDYDDIOL (*coll.*)
prawn, CORGIMWCH
ray, CATH FÔR
roach, GWRACHEN, BRACHYN
rudd, RHUDDBYSG
salmon, EOG, SAMWN
scallop, CRAGEN GYLCHOG
sea-horse, MORFARCH
seal, MORLO
sea-perch (bass), DRAENOGIAD Y MÔR
sea-trout, BRITHYLL Y MÔR
sea-urchin, DRAENOG Y MÔR
sewin, GWYNIEDYN, PENLLWYD, SEWIN
shad, GWANGEN
shark, MORGI, SIARC
skate (ray), CATH FÔR
shrimp, PERDYSEN, SIONI NAILL OCHR
smelt, MORFRITHYLL
sole, LLEDEN CHWITHIG
sponge, YSBWNG
starfish, SEREN FÔR
stickleback, BRITHYLL Y DON
sting winkle, GWICHIAD COLIOG
sturgeon, STWRSIWN
tench, TENS
top shell, CRAGEN GRIB
trout, BRITHYLL
turbot, TORBWT
venus shell, CRAGEN Y FORWYN
whelk, GWALC, CHWALC
whiting, GWYNIAD Y MÔR
wrasse, GWRACHEN Y MÔR

Plants — Planhigion

abele (white poplar), POPLYSEN WEN
acacia (*false, locust tree*), ACESIA
acanthus, TROED YR ARTH
adonis, BLODAU'R GWYNT, LLYSIAU'R CWSG
agrimony, LLYSIAU'R DRYW
  hemp, Y BYDDON (FEDON) CHWERW
alder, GWERNEN
alga, GWMAN, TEULU'R GWYMON
allheal, LLYSIAU'R GŴR DA
anemone, BLODYN Y GWYNT, ANEMONI
  scarlet, ANEMONI COCH
anemophilous plants, LLYSIAU
  ANEMOFFILAIDD (RHAI Y DYGIR EU HAD
  GAN Y GWYNT)
angelica, LLYSIAU'R ANGEL, LLYSIAU'R
  YSGYFAINT
anise, ANIS, LLYSIEUYN O DEULU'R PERSLI
annual, (LLYSIEUYN) BLYNYDDOL
  hardy annual, BLODEUYN CALED
  BLYNYDDOL
anther, BLYCHAU PAILL, PEILLGOD, BRIGER
antirrhinum (snapdragon), PEN CI BACH,
  TRWYN Y LLO
apple tree, AFALLEN, PREN AFALAU
aquilegia (columbine), TROED Y
  GOLOMEN, BLODAU'R SIPSI
artichoke, MARCH-YSGALL
ash, ONNEN
  mountain: rowan, CERDINEN, CERDDI-
  NEN, PREN CRIAFOL
asparagus (sparrow grass), MERLLYS,
  LLYSIAU'R DYFRGLWYF
aspen, AETHNEN
aster, SÊR-FLODAU, ASTER
aubretia, OBRISIA, (BLODYN BACH
  GWASTADOL)
avens (water), BENDIGEIDLYS Y DŴR
bachelor's button, BOTWM GŴR IFANC
balm, BALM
balsam (touch-me-not), FFROMLYS
barberry, Y PREN MELYN, PREN Y CLEFYD
  MELYN
barrenwort, ANHILIOG
bay tree (laurel), LLAWRYFEN, PREN
  LLAWRYF
beans (broad), FFA
  buck, FFA'R GORS
  kidney, FFA FFRENGIG, CIDNABÊNS
  runner: scarlet runners, FFA COCH, FFA
  DRINGO

bear's foot (green hellebore), CRAFANC
  YR ARTH WERDD.
bedstraw, (yellow), LLYSIAU'R CYWER,
  BRIWYDD FELEN.
beech, FFAWYDDEN
beet, BETYS
betony (wood), CRIBAU SANT FFRAID
biennial, BLODEUYN SY'N BLODEUO'R AIL
  FLWYDDYN, BLODEUYN AIL-FLYNYDDOL
bilberries (whinberries), LLUS, LLUSI,
  LLUSI/LLYSAU DUON BACH
bindweed (field), TAGLYS, LADI WEN
  larger: convolvulus, TAGWYDD, CLYCH
  Y PERTHI
  sea: kidney-shaped, Y GYNGHAFOG
  ARFOR
bi-pinnate leaves, DAIL DWBL-BLUFOG
birch, BEDWEN
  silver birch, BEDWEN ARIAN
bird's nest (twayblade), DWYDDALEN,
  DEULAFN
bitter-sweet (woody nightshade),
  MOCHLYS
blackberry (bramble), MIAREN
black-thorn, DRAENEN DDU
bloom (blossom), BLODAU, FFLURON
bluebell, CLYCHAU'R GOG, CROESO HAF
bluebottle (corn, blue cornflower),
  PENLAS YR ŶD
bogbean (buckbean), FFA'R GORS
bole (stem, trunk), BÔN PREN, BONCYFF
borage, TAFOD YR YCH
box tree (box bush), PREN BOCS, PREN
  BOCYS, BOCYSEN, BOCYSWYDDEN
bract, BLODEULEN, BRACT, DEILIGEN
bramble, MIAREN, PREN MWYAR DUON
branch, CAINC, CANGEN
briar, DRYSÏEN, DRAENEN, MIAREN
  sweet, MIAREN MAIR, DRYSÏEN BÊR
broccoli, BLODFRESYCH CALED, BLOD-
  FRESYCH GAEAF, BROCILO
brooklime, LLYSIAU TALIESIN, LLYNCLYN
  Y DŴR
broom, BANADL
  butcher's, BANADL PIGOG, CELYN MAIR
  witches, YSGUBELLAU'R WITSYS (AR Y
  FEDWEN)
broom rape, CORN YR HYDD
bruisewort (soapwort), SEBONLLYS

602

brussels sprouts, YSGEWYLL BRYSEL
bryony, GRAWN Y PERTHI, CWLWM Y COED
 black, MEIPEN FAIR
buckthorn, BREUWYDDEN
bud, EGINYN, BLAGURYN
bugle, GLESYN Y COED, BUAL
bugloss (viper's), GWIBERLYS, TAFOD Y
 BWCH
bulb, ODDF, GWREIDDYN CRWN, BWLB
bullace, EIRIN PERTHI
bulrushes, HESG, LLAFRWYN
burdock, CEDOWRACH, CACAMWCI
burnet (great), COCHLYS
butcher's broom, CELYN MAIR, BANADL
 PIGOG
butterbur, DAIL TRYFAN
buttercup, BLODYN MELYN, CRAFANC Y
 FRÂN, BLODYN YMENYN
 creeping: creeping crowfoot, CRAFANC
 ORWEDDOL, EGYLLT YMLUSGOL
butterwort, TAFOD Y GORS, EURYFEDIG
cabbage, BRESYCH, CABAITS
calamint, MINTYS Y TWYNI, CALAMINT
calendula (common marigold), GOLD
 MAIR, MELYN MAIR
calyx (sepal), BLODAMLEN, CALICS
camomile, CAMRI
 corn, CAMRI'R ŶD
campion (red, red robin), LLYSIAU'R
 YCHEN, CEILIOG COCH
 white, BLODAU'R NEIDR, LLUGLYS GWYN
canterbury bells, CLYCHAU'R PERTHI,
 CLYCHAU'R CAWR
capsule, HADLESTR
carnation, CARNASIWN, CEIAN
carpels (pistil cells), FFRWYTHDDAIL
carrots, MORON
 wild, MORON Y MEYSYDD
catkins, CENAWON, GWYDDAU BACH
cat's ear, CLUST Y GATH, MELYNYDD
cauliflower, BRESYCHEN WEN, COLIFFLWR,
 BLODFRESYCH(HAF)
cedar, CEDRWYDDEN
celandine(greater), LLYM Y LLYGAD
 lesser, LLYGAD EBRILL, MILFYW
celery, SELERI, HELOGAN
centaury, YSGOL FAIR, CAMRI'R COED
charlock, CADAFARTH, ESGYNNYDD, AUR
 YR ŶD
cherry tree, PREN CEIRIOS
 wild: gean, RHUDDWERNEN
chervil, Y BERLLYS, SIERFEL
 rough, GORTHYFAIL
 wild: beaked parsley, NODWYDD Y

 BUGAIL
chickweed, LLYSIAU'R DOM, GWLYDD Y
 DOM
 mouse-ear, CORNWLYDDYN BRECHLYS
 wild: succory, YSGALL Y MEIRCH, SICORI
chives, CENNIN SYFI
chrysanthemum, BLODYN MIHANGEL
cinquefoil, PUMBYS, PUMNALEN
 strawberry-leaved: barren straw-
 berry, SYFÏEN GOEG, MEFUSEN GOEG
clary, CLAIS, Y MOCH
cleavers (goose grass), GWLYDD Y
 PERTHI, LLAU'R PERTHI
clematis, BARF YR HEN ẀR
cloudberry, MIAREN GOR, MIAREN Y
 MYNYDD
clover, MEILLIONEN
 hop: hop trefoil, LLEWYS Y BLAIDD
 red, MEILLION COCH
 white, MEILLION GWYN
cockle(darnel), LLER, EFRAU
 corn-cockle, BULWG, CLYCHAU'R ŶD
cocksfoot, TROED Y CEILIOG, BYSWELLT
coltsfoot, DAIL TROED YR EBOL
columbine, TROED Y GLOMEN, BLODAU'R
 SIPSI
column (style), COLOFNIG
comfrey, LLYSIAU'R CWLWM
convolvulus (bindweed), CLYCH Y PERTHI,
 TAGWYDD
coriander, LLYSIAU'R BARA
cornel (wild, dogwood), CWYROS
cornflower (corn bluebottle), PENLAS
 YR ŶD
corolla, CORONIG, COROLA
cosmary, LLYSIAU MAIR FAGDALEN
cotton grass, PLU'R GWEUNYDD, SIDAN Y
 WAUN
cotyledons ("keys"), HAD-DDAIL
cowbane, CEGID Y DẀR
cow-parsnips, (hogweed), PANNAS Y
 FUWCH, EFWR
cowslip, BRIALLU MAIR, SAWDL Y FUWCH
cow-wheat, CLINOGAI, BIWLITH MELYN
crab-apple tree, COED AFALAU SURION
 (BACH)
cranebill, PIG YR ARAN, MYNAWYD Y BUGAIL
 meadow, GARANBIG Y WEIRGLODD
 shining, GARANBIG LLACHAR
creeping-jenny (moneywort),
 CANCLWYF, CEINIOGLYS
cress, BERW, BERWR
 garden, BERW'R ARDD

603

hairy bitter, BERW CHWERW
thale: wall, BERW'R FAGWYR
water, BERW'R DŴR, BERWR Y DŴR
crocus, SAFFRWN
crossfertilize, CROESFFRWYTHLONI,
CROESBEILLIONI
crosswort, CROESLYS
crowberry (black-berried heath),
CREIGLYS
crowfoot (bulbous, buttercup), BLODYN
YMENYN, CRAFANC Y FRÂN, BLODYN MELYN
creeping: creeping buttercup,
CRAFANC ORWEDDOL, EGYLLT YMLUSGOL
corn, EGYLLT YR ŶD
meadow, CRAFANC Y MAES, EGYLLT Y
GWEUNYDD
water, EGYLLT Y DŴR, EGYLLT YR AFON
wood (goldilocks), EGYLLT Y COED,
PENEURAID
cruciform, (LLWYTH) CROESWEDDOG,
CROESFFURF
cuckoo-pint, (wild arum), PIDYN Y GOG
cudweed, LLWYD Y FFORDD, YR
EDAFEDDOG
cyme, BLODEUGAINC GANGHENNOG, SEIM
cypress, CYPRESWYDDEN
daffodil, CENHINEN BEDR, LILI BENGAM
dahlia, DELIA
daisy, LLYGAD Y DYDD
michaelmas, FFARWEL HAF
dandelion, DANT Y LLEW
darnel(cockle), EFRAU, LLER, DREWG
deadnettle, MARDDANHADLEN, DAN-
HADLEN FUD
red: henbit, MARDDANHADLEN GOCH
white, MARDDANHADLEN WEN
yellow: yellow archangel, MARDDAN-
HADLEN FELEN
delphinium (larkspur), LLYSIAU'R
HEDYDD
devil-in-a-bush (true-love knot), CWLWM
CARIAD CYWIR
devil's bit (scabious), GLASWENWYN
dicotyledon, DAU-HADGIBOG, PLANHIGYN
Â DWY HAD-DDEILEN
didynamous, (PLANHIGYN) DAURIN-
WEDDOG
dill, FFENNIGL, LLYSIAU'R GWEWYR
dioecious plants, LLYSIAU DWYANEDDOL
dock, DAIL TAFOL
water, TAFOL Y DŴR
dog-daisy (marguerite), LLYGAD Y DYDD
MAWR, LLYGAD LLO MAWR

dogrose (wild rose), RHOSYN GWYLLT
dog's mercury (herb mercury), BRESYCH
Y CWN
dogwood (wild cornel), CWYROS
dove's foot (columbine), TROED Y
GOLOMEN, BLODAU'R SIPSI
dropwort, CEGIDEN
water, CEGIDEN Y DŴR, GYSPLYS
duckweed, BWYD YR HWYAD, LLINOS Y DŴR
dyer's weed, EURFANADL
earth star, SEREN DDAEAR, (FFWNG)
eglantine (sweet briar), MIAREN MAIR,
DRYSÏEN BÊR
elder, YSGAWEN
elecampane (large scabious), CLAFRLLYS
MAWR
elm, LLWYFEN
entomophilous plants, LLYSIAU
ENTOMOFFILAIDD (Y DYGIR EU HAD GAN
DRYCHFILOD)
ergot, MALLRYG
eryngo (sea holly), MÔR-GELYN, CELYN Y
MÔR
eyebright, EFFROS, ARIAN GWYNION
fennel, FFENIGL
fern, RHEDYN
adder's tongue, TAFOD Y NEIDR
hard, RHEDYN BRAS
hart's tongue, TAFOD YR HYDD
horsetail, RHAWN Y MARCH
lady's, RHEDYN MAIR
male, MARCHREDYN
polypody, MARCHREDYN Y DŴR
royal, RHEDYN CYFRODEDD
fertilize, FFRWYTHLONI, FFRWYTHOGI
fescue, PEISGWELLT
feverfew, WERMOD WEN
figwort, GWENITH Y GOG
fir, FFYNIDWYDDEN, FFERREN
flag (yellow, iris), GELLHESG
flax, LLIN, CYWARCH
mountain, LLIN Y MYNYDD
fleabane, AMHRYDLWYD, CHWEINLLYS
fleawort, LLYSIAU'R LLUDW
floret, BLODIGYN
flower, BLODEUYN, BLODYN, FFLUR
flowerbud, BLAGURYN, EGINYN
flowerheads (capitate flowers),
FFLURBENNAU, (TWR O FFLURON UN-
GOESIG)
forget-me-not, GLAS Y GORS, N'AD FI'N
ANGOF
foxgloves, BYSEDD Y CWN, BYSEDD COCHION

604

fuchsia, FFWSIA, DROPS COCHION
fumitory, MWG Y DDAEAR
fungus, FFWNG, FFWNGAU, FFYNGOEDD,
  CAWS LLYFFANT
bracket, FFWNG YSGWYDD
club, CNWP FADARCH
cup, CWPAN ROBIN GOCH
gigantic, FFWNG CAWRAIDD
stinkhorn, Y GINGROEN
furze (gorse), EITHIN
galingale, YSNODEN FAIR
garlic, GARLLEG, CRAF
broad-leaved, CRAF Y GEIFR, CRA'R
  GERDDI
gean (white cherry), RHUDDWERNEN
geranium, MYNAWYD Y BUGAIL
gillyflower (wallflower), LLYSIAU'R
  FAGWYR, BLODYN MAM-GU
gladioli, BLODAU CLEDDYF
goat's beard, LLYSIAU'R GWENYN
yellow, BARF YR AFR FELEN
golden chain (laburnum), TRESI AUR
golden rod, Y WIALEN AUR, EURWIALEN,
  MELYN EURAIDD
goldilocks (wood crowfoot), PENEURAID,
  EGYLLT Y COED
goose grass (cleavers), GWLYDD Y
  PERTHI, LLAU'R PERTHI / OFFEIRIAD
gorse, EITHIN
grass, GLASWELLT, PORFA
greater stitchwort, BARA CAN A LLAETH
groundsel, GREULYS, PENFELEN
hardhead (knapweed), PENGALED
harebell, CLOCH YR EOS
hawk's beard, GWALCHLYS
hawkweed, LLYSIAU'R HEBOG, HEBOGLYS
mouse-ear, CLUST Y LLYGODEN
wall, HEBOGLYS Y MUR
hawthorn, DRAENEN WEN
hazel, COLLEN, PREN CNAU
heartsease (wild pansy), LLYSIEUYN Y
  DRINDOD, PANSI
heath (black-berried, crowberry),
  CREIGLYS
heather, GRUG
cross-leaved, GRUG CROESDDAIL
scotch: ling, GRUG MÊL
hellebore (black), HYDYF DU
green: bear's foot, CRAFANC YR ARTH
  WERDD
stinking: setterwort, CRAFANC YR
  ARTH, PAWEN YR ARTH
hemlock, CEGID, CEGR PUMBYS, HEMLOG

hemp, CYWARCH
hemp nettle, PENBOETH
henbane, LLEWYG YR IÂR, FFA'R MOCH
henbit (red deadnettle), MARDDAN-
  HADLEN GOCH
herb bennet (wood avens), LLYSIAU
  F'ANWYLYD, Y FAPGOLL
herb mercury (dog's mercury), SAWDL Y
  CRYDD, BRESYCH Y CŴN
herb robert, LLYSIAU'R LLWYNOG, DAIL
  ROBIN, Y GOESGOCH
hogweed (cow parsnip), EFWR, PANNAS Y
  FUWCH
holly, CELYNNEN
sea, MÔR-GELYN
hollyhock, HOCYS (Y GERDDI)
holm-oak, PRINWYDDEN, DERWEN
  FYTHWYRDD
honesty, CEINIOG ARIAN, SBECTOL HEN ŴR
honeysuckle, GWYDDFID, LLAETH Y GASEG
hops, HOPYS
hornbeam, OESTRWYDD
horse chestnut, CASTANWYDDEN
sweet chestnut, CASTANWYDDEN BÊR
hound's tongue, TAFOD Y CI
hyacinth (wild, bluebell), CROESO HAF,
  CLYCHAU'R GOG
hyssop, ISOP
impatiens (balsam), FFROMLYS
inflorescence, FFLURBEN, BLODEUGAINC
involucre, CYLCHAMLEN
iris (yellow flag), GELLHESG
ivy, IORWG, EIDDEW
ground, EIDDEW'R DDAEAR, IORWG LLESG
jack-by-the-hedge (garlic mustard),
  GARLLEGOG, JAC-Y-GWRYCH
jasmine, jessamine, SIASMIN
Jew's ear, CLUST YR IDDEW (FFWNG AR
  GOED BYW)
jonquil (narcissus), CROESO'R GWANWYN
juniper, MERYWEN
kale, BRESYCH DEILIOG
keys (cotyledons), HAD-GIBAU
knapweed (hardhead), PENGALED
greater, Y GRAMENOG FAWR
knotgrass, CANCLWM, BERW'R IEIR
kohl rabi, MEIPEN DDEILIOG
laburnum, TRESI AUR
lady's bedstraw, LLYSIAU'R CYWER
lady's bower (clematis), BARF YR HEN ŴR
lady's comb, NODWYDD Y BUGAIL
lady's fingers (kidney vetch), MEILLION
  MELYN, PYS YR AREN

lady's mantle, TROED Y LLEW, MANTELL
FAIR
lady's nightcap (convolvulus), CLYCH Y
PERTHI, TAGWYDD
lady's slipper (bird's-foot trefoil),
BASGED BYSGOTA, PYS Y CEIRW
lady's smock, BLODYN Y GOG (GWCW)
lady's thimble (bluebell), CLYCHAU'R
GOG, CROESO HAF
lady's tresses, CANCLWM
lampas, MINTAG, MINDAG
larch, LLARWYDDEN
larkspur (delphinium), LLYSIAU'R
HEDYDD
latex (plant milk), LLAETH
laurel (common, bay), LLAWRYFEN, PREN
LLAWRYF
lavender, LAFANT
leeks, CENNIN
house, CENNIN TŶ, GERLLYS
lettuce, LETYS
cos, LETYS CÒS
lichen, CEN Y CERIG, CEN Y COED
lilac, LELOG
lily, LILI, ALAW
arum, LILI'R GROG, LILI'R PASG
martagon, CAP Y TWRC
water, LILI'R DŴR, ALAW
lily of the valley, LILI'R DYFFRYNNOEDD,
LILI'R MAES
lime tree, PALALWYFEN, PISGWYDDEN
linden (lime tree), PALALWYFEN,
PISGWYDDEN
ling, GRUG YSGUB
liverwort, LLYSIAU'R AFU, CLUST YR ASEN
lobelia, BIDOGLYS
locust tree (false acacia), ACESIA
(MATH O)
London pride, BALCHDER LLUNDAIN,
CRIB Y CEILIOG
loosestrife, LLYSIAU'R MILWR COCH
lords and ladies (cuckoo pint), PIDYN Y
GOG
lousewort (marsh, red rattle), CRIBELL
GOCH, BLODYN Y LLYFFANT
love lies bleeding, Y GALON WAEDLYD,
MARI WAEDLYD
lucerne, MAGLYS, LWSERN
lungwort (pulmonaria), LLYSIAU'R
YSGYFAINT
lupin, BYS Y BLAIDD
lychnis (meadow, ragged robin),
BLODAU'R BRAIN, CARPIOG Y GORS

lyme grass, AMDOWELLT
madder, Y FRIWYDD WEN
magnolia, MAGNOLIA
mallow (common), MALWS, HOCYS
marsh, HOCYS Y GORS
mandrake, MANDRAGORA
maple, MASARNEN FACH, GWNIOLEN
marguerite (white ox-eye daisy),
LLYGAD-Y-DYDD MAWR, LLYGAD LLO
MAWR
marigold, GOLD MAIR, MELYN MAIR
corn: yellow ox-eye daisy, GOLD YR ŶD,
MELYN YR ŶD
marsh, GOLD Y GORS, MELYN Y GORS
marjoram, MINTYS Y GRAIG
masterwort, LLYSIAU'R DDANNOEDD
may tree (hawthorn), DRAENEN WEN
mayweed (scentless, corn mayweed),
LLYGAD YR YCH, AMRANWEN
meadow sweet, ERWAIN, BLODAU'R MÊL
medlar tree, MERYSWYDDEN
melilot, MÊL Y CEIRW
common yellow, MEILLIONEN FELEN Y
CEIRW
mercury (dog, herb mercury), BRESYCH
Y CŴN
mignonette, PERLLYS
mildew, LLWYDNI, LLWYDI
milfoil (yarrow), MILDDAIL, LLYSIAU'R
GWAEDLIF
milkwort, AMLAETHAI, LLAETHLYS
mint, MINTYS
water, MINTYS Y DŴR
mistletoe, UCHELWYDD, UCHELFAR
moneywort (creeping jenny), CANCLWYF,
CEINIOGLYS
monkshood (wolf's bane), LLYSIAU'R
BLAIDD, CWCWLL Y MYNACH
monocotyledon, UNHADGIBOG, PLAN-
HIGYN AG UN HAD-DDEILEN
moonwort, CRIB Y CEILIOG (RHEDYN)
moschatel, MWSGLYS
moss, MWSOGL, MWSWM
bog, MIGWYN
club, CORN CARW'R MYNYDD
common cord, RHEFFYN MWSOGL
common hair, GWALLT Y DDAEAR
feather, MWSOGL PLUFAIDD
spring, MWSOGL Y FFYNHONNAU
motherwort, LLYSIAU'R FAM
mugwort, LLYSIAU LLWYD, GWRYSGEN
LLWYD
mulberry tree, MORWYDDEN

mullein, CLUST Y FUWCH
mushroom, MADARCH
musk, MWSG
  monkey, MWSG YR EPA
mustard, MWSTARD
  garlic: hedge, GARLLEGOG, JAC-Y-
  GWRYCH
  wild: charlock, CADAFARTH, AUR YR ŶD,
  ESGYNNYDD
myrtle, MYRTWYDD
narcissus, CROESO'R GWANWYN
nasturtium, CAPAN CORNICYLL, MERI A
  MARI
navelwort (wall pennywort), DEILEN
  GRON, CEINIOGLYS
  wild, LLYSIAU'R GEINIOG
navew (common wild), MAIP YR ŶD
nettles (stinging), DANADL, DYNAINT,
  DYNAD, DANADL (DAIL) POETHION
  blind, DANADL DALL
  common hemp, PENBOETH
nightshade (black), MOCHLYS DUON
  deadly: belladonna, CODWARTH
  enchanter's, LLYSIAU STEFFAN,
  LLYSIAU'R SWYNWR
  woody: bitter sweet, MOCHLYS,
  LLYSIAU'R MOCH
nipplewort, CARTHEIG
node, CLWM, CWLWM, CWGN
oak, DERWEN, DÂR
oat, CEIRCHEN
old man (southernwood), HEN ŴR,
  SILIGABŴD
old man's beard (clematis), BARF YR
  HEN ŴR
oleander, RHOSWYDDEN
oleaster, OLEWYDDEN WYLLT
olive tree, OLEWYDDEN
onions, WNIWN, WYNWYN
orchis, TEGEIRIAN
  butterfly, TEGEIRIAN DWYDDALEN
  early purple, TEGEIRIAN COCH Y
  GWANWYN
  meadow, TEGEIRIAN Y WAUN
  spotted, TEGEIRIAN MANNOG
organy (wild), MINTYS Y CREIGIAU
osmons royal, RHEDYN MAIR
ox-eye daisy, LLYGAD LLO MAWR, LLYGAD
  Y DYDD MAWR
  yellow: corn marigold, MELYN YR ŶD,
  GOLD YR ŶD
oxlip, LLYSIAU'R PARLYS
palm, PALMWYDDEN

pansy, LLYSIEUYN Y DRINDOD, PANSI
  purple, PANSI LAS, Y FEIDIOG LAS
  white, PANSI WEN, Y FEIDIOG WEN
  yellow, PANSI FELEN, Y FEIDIOG FELEN
parsley, PERSLI
  beaked: wild chervil, NODWYDD Y
  BUGAIL
  fool's, GEUBERLYS
  hedge, TROED Y CYW
parsnip, PANASEN
pear tree, PREN GELLYG, PREN PÊR,
  GELLYGEN
peas, PYS
  everlasting, PYS TRAGWYDDOL
  yellow: meadow vetchling, YTBYS Y
  WAUN
pedicle, BLODEUGOES
peduncle, PALEDRYN, COES
pellitory (wall), MURLYS, PELYDR Y
  GWELYDD
pennyroyal, LLYSIAU'R GWAED, COLUDD-
  LYS
pennywort (wall, navelwort), DEILEN
  GRON, CEINIOGLYS
peony, RHOSYN Y MYNYDD, RHOSYN Y GROG
peppermint, MINTYS POETHION, BOTWM
  GWYN
perennial, (BLODYN) BYTHOL, GWASTADOL,
  PARHAOL
perianth (flower-leaves), FFLURDDAIL,
  PERIANTH
persicaria (pink), LLYSIAU'R DOMEN
petal, FFLURDDALEN, PETAL
phlox, LADIS GWYNION, FFLOCS
pilewort (lesser celandine), MILFYW,
  LLYGAD EBRILL
pillwort, PELENLLYS (RHEDYN)
pine, PINWYDDEN, PÎN
pink, PINC, CEILYS
  sea: thrift, BLODAU GORFFENNAF,
  CLUSTOG FAIR
pinnate leaves, DAIL PLUFOG
pistil, CYNFFRWYTH, PALADR, PISTIL,
  PALEDRYN
plane tree, PLÂN, PLANWYDDEN
plantain (broad-leaved), DAIL LLYDAIN Y
  FFORDD
  ribwort, LLWYNHIDYDD
  sea, LLYRIAD Y MORFA
  small, DAIL LLWYN Y NEIDR
  water, LLYRIAD Y DŴR
plum tree, PREN EIRIN
plumicle, PLUFHEDYN

pollen, PAILL
polyanthus, BRIALLU COCHION. BRIALLU
AMRYLIW
polypodium, LLAWREDYN
poplar, POPLYSEN
black, POPLYSEN DDU
grey, POPLYSEN LWYD
lombardy, POPLYSEN LOMBARDI
white: abele, POPLYSEN WEN
poppy (field), PABI COCH YR ŶD
scarlet, PABI COCH. LLYGAD Y BWGAN
potatoes, TATWS. CLORON
primrose(s), BRIALLU. BLODAU LLO BACH
double, BRIALLU DWBL
pin-eyed, BRIALLU LLYGAD PIN
thrum-eyed, BRIALLU LLYGAD SIOBYN
privet, GWYROS. PRIFED. YSWYDDEN
puff ball, CODEN FWG
pulmonaria, LLYSAU'R YSGYFAINT
quaking grass (quakers), GWENITH YR
YSGYFARNOG
quillwort, GWAIR MERLLYN. (RHEDYN)
radicle (stem), CYNWREIDDYN. COESIG
radish, RHUDDYGL. RADIS
ragged robin, BLODAU'R BRAIN. CARPIOG Y
GORS. FFRILS Y MERCHED
ragwort, LLYSIAU'R GINGROEN
ramsons (broad-leaved garlic), CRAF Y
GEIFR. CRA'R GERDDI
rape, RÊP. ERFIN GWYLLT
broom, CORN YR HYDD
red hot poker, LILI'R FFAGL
red rattle (marsh lousewort), CRIBELL
COCH. BLODYN LLYFFANT
red robin (red campion), LLYSIAU'R
YCHEN. CEILIOG COCH
reed, CORSEN. CAWNEN
rest harrow (wild liquorice), TAG YR
ARADR
rhizome, GWREIDDGYFF
rhododendron, RHODODENDRON
rhubarb, RHIWBOB
rocket (field, yellow), BERW CAERSALEM
rose, RHOSYN
dog: wild, RHOSYN GWYLLT
guelder, YSGAWEN Y GORS. CORSWIGEN
trailing dog, MARCHFIAREN YMLUSGOL
winter: Christmas, RHOSYN NADOLIG
rosemary, RHOS MAIR. RHOSMARI
rose of Sharon, RHOSYN SARON
rowan (mountain ash), CERDINEN.
CERDDINEN. PREN CRIAFOL
rue (meadow), RYW (BLODYN)

rush, BRWYNEN. PABWYREN
rye, RHYG
ryegrass, RHYGWELLT
perennial ryegrass, RHYGWELLT
EIDALAIDD
saffron, SAFFRWN. SAFFRWM
meadow, SAFFRWN Y GWEUNYDD
sage, SAETS
wood: wild, SAETS GWYLLT. CHWERWLYS
YR EITHIN
sainfoin, GWYRAN FENDIGAID. Y GODOG
St John's wort, DAIL Y FENDIGAID.
LLYSIAU IOAN
sallow (goat willow), HELYGEN
GRYNDDAIL. MERHELYGEN
samaras, HADAU ASGELLOG
sanicle (wood), CLUST YR ARTH
savory, SAFRI
savoy, SAFWY
saxifrage (burnet), GWREIDDEIRIOG
golden, TORMAEN. EGLYN
scabious (field), PENLAS. CLAFRLYS. CLAIS
devil's bit, GLASWENWYN
large: elecampane, CLAFRLLYS MAWR
sheep's bit, CLEFRYN
small, CLAFRLLYS LLEIAF
scale leaves, CEN-DDAIL. CRAITH-DDAIL
scarlet pimpernel, BRITHLYS. LLYSIAU'R
CRYMAN. COCH YR ŶD
scarlet runner (runner bean), FFÄEN
GOCH
scorpion grass, YSGORPIONLLYS
scurvy grass, DAIL Y SGYRFI. LLWGLYS
seakale, MORFRESYCH
seaweed, GWYMON. GWMON
sedges, HESG
self-heal, CRAITH UNNOS. Y FEDDYGES LAS
sepal (calyx), CIBRAN. CIBRON. SEPAL
service tree, PREN CRIAFOL (MATH O)
setterwort (stinking hellebore),
CRAFANC YR ARTH. PAWEN YR ARTH
shallots, SIBWNS. SIBWLS. NIONOD DODWY
shamrock, SAMROG. MATH O FEILLIONEN
shepherd's purse, PWRS Y BUGAIL.
LLYSIAU TRYFAL
shoes and stockings, PYS Y CEIRW
silverweed, DAIL ARIAN. TANSI WYLLT
snapdragon (antirrhinum), PEN CI BACH.
TRWYN Y LLO
ivy-leaved: ivy-leaved toadflax
TRWYN Y LLO DAIL IORWG
snowdrop, EIRLYS. BLODYN YR EIRA. CLOCH
MABAN

608

soapwort (bruisewort), SEBONLLYS
Solomon's seal, LLYSIAU SOLOMON, SÊL SELYF
sorrel (common), DAIL SURION BACH, SURAN
sheep's, SURAN YR ŶD
wood, SURAN Y COED
sparrow grass (asparagus), MERLLYS, LLYSIAU'R DYFRGLWYF
spathe, AMDDALEN
spearwort (greater), POETHFFLAM
lesser, BLAEN Y GWAYW
speedwell, LLYSIAU LLYWELYN, LLYGAD Y GATH
mountain, RHWYDDLWYN Y BRYNIAU
spindle tree, PISWYDDEN
spleenwort (black), DU-WALLT Y FORWYN, (RHEDYN)
maiden hair, GWALLT Y FORWYN
wall rue, RYW'R MURIAU
spore, HEDYN, HAD, IMPRITH
spruce, PYRWYDDEN, SBRIWS
spurge, FFLAMGOED
petty, LLAETH Y CYTHRAUL
sea, LLAETH Y FAMAETH
sun, LLAETH YR YSGYFARNOG
spurrey (corn), LLIN Y LLYFFANT, TROELLIG YR ŶD
squill, SERENYN, WNIWN Y MÔR
stalk, COES, COESIGEN, GWELLTYN
stamen, BRIGER
star of Bethlehem, SEREN FETHLEHEM, (BLODYN)
stem (bole, radicle), COES, BÔN
stigma, STIGMA
stinkhorn, CINGROEN
stipule, STIPIWL
stitchwort, LLYGAD MADFALL, BOTWM CRYS, BLODAU NADREDD
stomata, MÂN-DYLLAU
stonecrop (yellow), PIG Y DERYN, LLYSIAU'R FAGWYR
stonewort, RHAWN YR EBOL
stork's bill, PIG Y CRÊYR (CRYCHYDD)
style (column), Y GOLOFN, COLOFNIG
succory (chicory), YSGALL Y MEIRCH, SICORI
sundew, CHWYS YR HAUL, GWLITHLYS
sunflower, BLODYN YR HAUL, HEULFLODYN
swedes, RWDINS, SWÊDS, ERFIN (COCHION)
sycamore, SYCAMORWYDDEN, MASARNEN
syringa, PIBWYDD
tamarisk, (MATH O LWYN BYTHWYRDD)

tansy, TANSI
tares (hairy vetch), EFRAU, PYS Y WIG
teasel, LLYSIAU'R CRIBAU, LLYSIAU'R CREIGIAU
small, FFON Y BUGAIL
teil (linden), PISGWYDDEN
tendril, TENDRIL, AMDORCH
thistle, YSGALLEN, YSGELLYN
field, YSGALL, YSGALL YR ÂR
marsh, YSGALL Y GORS
musk, YSGALL GOGWYDD
sow : milk, LLAETH-YSGALL, YSGALL Y MOCH
spear plume, MARCHYSGALL
thorn, DRAEN, DRAENEN
black, DRAENEN DDU
white : hawthorn, DRAENEN WEN
thrift (sea), BLODAU GORFFENNAF, CLUSTOG FAIR
thyme, TEIM
timothy, RHONWELLT Y GATH
toadflax (ivy-leaved, icy-leaved snapdragon), TRWYN Y LLO DAIL IORWG
yellow, LLIN Y LLYFFANT, TRWYN Y LLO
toadstool, BWYD Y BODA / BARCUT, CAWS LLYFFANT
torchweed, CANNWYLL YR ADAR
tormentil, TRIAGL (TRESGL) Y MOCH, MELYN YR EITHIN
traveller's joy (clematis), BARF YR HEN ŴR
trefoil, MEILLIONEN
bird's foot : lady's slipper, BASGED BYSGOTA, PYS Y CEIRW
hare's foot, MEILLIONEN GEDENNOG
hop : hop clover, LLEWYG Y BLAIDD, Y WE FELEN
marsh : buckbean, FFA'R GORS
marsh bird's foot, FFA'R IEIR, TROED ADERYN
true love-knot (devil in a bush), CWLWM CARIAD CYWIR
trunk (bole), BONCYFF, CYFF, BÔN
tuber, CLORONEN
tulip, TIWLIP
turnip, ERFINEN, MEIPEN
twayblade (bird's nest), DWYDDALEN, DEULAFN
twining plant, LLYSIEUYN DIRWYNOL
umbrel, (FFURF) FFEDON, CLWSTWR O FLODAU AR UN GOES
valerian, TRIAGLOG
great wild, LLYSIAU CADWGAN
red spur, TRIAGLOG COCH

vervain, LLYSIAU'R HUDOL, Y FERFAIN
vetch, PYS LLYGOD, FFACBYS
  bitter : meadow pea, PYS Y MAES
  bush, PYS Y BERTH
  hairy : tares, EFRAU
  horseshoe, PYS Y BEDOL
  kidney : lady's fingers, PYS YR AREN, MEILLION MELYN
  tufted, PYS Y GATH
  tuberous bitter, PYS Y COED
  wood, FFACBYS Y WIG
  yellow, EURBYS
violet, FIOLED, CRINLLYS
  dog, FIOLED Y CI, SANAU'R GWCW
  hairy, FIOLED FLEWOG
  marsh, FIOLED Y GORS
  sweet, FIOLED BÊR
  white sweet, FIOLED WEN BÊR
virgin's bower (clematis), BARF YR HEN ŴR
wake robin (cuckoo pint), PIDYN Y GOG
wallflower, LLYSIAU'R FAGWYR, BLODAU MAM-GU
wayfaring tree, YSGAWEN Y GORS, CORSWIGEN
whitlow grass, LLYSIAU'R BYSTWN, LLYSIAU'R EWINOR
wild arum (cuckoo pint), PIDYN Y GOG
wild liquorice (rest harrow), TAG YR ARADR
willow, HELYGEN
  goat : sallow, HELYGEN GRYNDDAIL,

MERHELYGEN
  osier, HELYGEN WIAIL, PREN GWYDDAU BACH
  weeping, HELYGEN WYLOFUS, HELYGEN BABILON
willow herb (lesser), HELYGLYS
  greater, LLYSIAU'R MILWR
  rosebay : french, LLYSIAU ST MAIR
windflower (wood anemone), BLODYN Y GWYNT, ANEMONI'R COED
witches' broom, YSGUBELLAU'R WITSYS (AR Y FEDWEN)
witches' butter, YMENYN Y WITSYS, (FFWNG AR GOED MARW)
wolf's bane (monkshood), LLYSIAU'R BLAIDD, CWCWLL Y MYNACH
woodbine (honeysuckle), GWYDDFID, LLAETH Y GASEG
woodruff, LLYSIAU'R ERYR, FANDON
wormwood, WERMOD, WERMWD LWYD
woundwort (stachys), BRIWLYS, CLAFRLLYS
yarrow, MILDDAIL, LLYSIAU GWAEDLIF
yellow archangel (yellow deadnettle), MARDDANHADLEN FELEN
yellow pimpernel, GWLYDD MELYN MAIR, MELYN Y TYWYDD, SEREN FELEN
yellow rattle, PWRS Y BUGAIL, CLYCHAU'R MEIRCH, PEN SIARAD, PWRS BROGA, ARIAN COR, CLYCHAU BACH
yew, YWEN

Fruits — Ffrwythau

acorn, MESEN
almond, ALMON
apple, AFAL
  crab-apple, AFAL SUR, AFAL GWYLLT
apricots, BRICYLL
berries, AERON, GRAWN
bilberries (whinberries), LLUS, LLUSI (LLYSAU) DUON BACH, LLUSI
blackberries, MWYAR (DUON), MAFON DUON
blackcurrants, CYREN DUON, CWRENS DUON
bullace, EIRIN PERTHI, EIRIN BWLAS
cherries, CEIRIOS
  winter, SURAN CODOG
  bird, LLWNGWR

cucumber, CUCUMER
currants, CYREN, CWRENS, RHYFON
damsons, EIRIN DUON
dewberry, MWYAREN LASLWYD, MWYAREN MAIR
earthnuts (groundnuts), CNAU'R DDAEAR, CLORON
elderberries, EIRIN YSGAW
figs, FFIGYS
gooseberries, GWSBER, GWSBERYS, EIRIN MAIR
grapes, GRAWNWIN
greengage, EIRINEN WERDD
groundnuts (earthnuts, pignuts), CNAU'R DDAEAR, CLORON

haws, CRIAFOL Y MOCH, CRAWEL Y MOCH
hips, EGROES, AFALAU'R BWCI, OGFAEN
kernel, CNEWYLLYN
lemon, LEMON, LEMWN
linseed, HAD LLIN
nuts, CNAU
orange, OREN, ORAENS
peaches, EIRIN GWLANOG
pear, GELLYGEN, PEREN
pignuts (groundnuts), CNAU'R DDAEAR
pip, CARREG (AFAL, etc.), DEINCODYN
plums, EIRIN
pomegranate, POMGRANAD
quince, CWINS, AERON CWINS

raspberries, AFAN (COCHION), MAFON
rose-hips, EGROES, OGFAEN
rowanberries, CRIAFOL, CRAWEL
sloes, EIRIN PERTHI, EIRIN DUON BACH
stone fruits, MAEN-FFRWYTHAU
strawberries, MEFUS, SYFI
  wild, SYFI, MEFUS Y GOEDWIG
vegetable marrow, PWMPEN
walnut, CNEUEN FFRENGIG
whinberries (bilberries), LLUS, LLUSI
  DUON BACH
whortleberries (bilberries), LLUS, LLUSI
  DUON BACH